2023 대비

FORTUNE
민사소송법

김춘환 저

머리말 — 2023대비 FORTUNE 完打 민사소송법 전면혁신 3

 길고 길었던 코로나 Pandemic 도 이제 지나가는 것 같다가, 다시 재유행을 하는 상황이다. 마스크를 쓰고 수업을 듣고, 저자도 강의를 하느라 많이 힘이 들었다. 코로나 영향 때문인지 우리 법원직 시험도 작년과는 다르게, 6월 25일로 시험일을 이동해서 실시하게 되었다. 코로나 19로 인하여 많이 힘든 상황이지만, 모두가 이를 이겨내고 정상적인 삶을 영위하였으면 좋겠다. 이번 2023년 판의 특징은 다음과 같다.

1. 2022년 7월까지의 최신 판례는 모두 이를 반영하여, up-date한 교재가 될 수 있도록 하였다.

2. 말 그대로 '기본서'의 역할을 충실히 할 수 있도록, 2022 변호사시험, 2022 서기보 시험의 지문, 모의고사에 출제하였던 중요지문은 모두 이를 반영하였다.

3. 법학전문대학원협의회에서 선정한 '민사소송법표준판례'를 전부 반영하였다. 최근의 추세가 표준판례를 반영하여 출제하는 경향이 강하므로, 이를 반영한 것이다.

4. 마지막으로 오탈자를 가다듬고, 어색한 표현은 이를 다시 고쳐서 서술하였다.

 현재 법원직 면접반을 진행하고 있다. 면접반의 예비합격생들이 전부 최종합격하기를 바라며, 이 교재로 공부하는 모든 수험생들이 바라는 시험에서 최종합격하기를 간절히 기원해 본다.

2022. 7. 25
시흥동 寓居에서
김춘환 드림

머리말 2022대비 FORTUNE 민사소송법 전면혁신 2판

    계속되는 코로나 19로 인하여, 강의나 공부하기가 무척이나 힘들어졌고, 일반 국민들의 삶도 방역에 대한 피로도로 많이 피곤해져 가는 것 같다. 우리 수험생들도 계속 마스크를 쓰고 강의를 듣는 것이 피곤한 일이지만, 조금 더 힘을 내서 열심히 공부해 주시기를 바란다. 존경하는 前 대법원장 街人 김병로 선생은 '法理觀'이라는 논문에서 법학에 대하여 "法學 즉 法律學은 個人의 心界現象에 근거ᄒᆞ야 사회의 意思組成에 관련ᄒᆞ 현상 즉 人格者間의 활동관계의 認定的 規律에 관ᄒᆞ 현상을 대상으로 ᄒᆞ는 자."라고 하였다(최종고, 한국법사상사, 376면, 서울대학교출판부, 2004). 즉 법학은 기본적으로 인격자들 사이의 활동관계를 대상으로 하므로, 법학이란 것을 하려면 기본적으로 자신이 '인격자'가 되기 위한 부단한 노력이 필요한 것임을 인식하고, 수험생활도 그런 사람이 되기 위한 과정이라고 생각하면 좋겠다. 이번 전면혁신 2판의 특징은 다음과 같다.

1. 각 '편' 별로 그 단원의 난이도, 출제지문, 출제율을 따로 분석하여 수험생 입장에서는 어떤 부분을 주의해서 공부해야 하는 지를 한 눈에 알아볼 수 있도록 하였다.

2. '강제집행의 정지' 등과 같은 주제에 대하여, 상당한 부분의 보강을 하였다. 실무상 중요한 부분들은 실무의 입장도 반영하여, 수험생 입장에서 공부를 할 수 있게 서술하였다.

3. 2021.3월까지의 최신 判例를 모두 반영하고, 최근까지의 민소법 최신 이론도 이를 반영하였다.

4. 그리고 마지막으로 기존의 오탈자를 가다듬고, 형식적으로 어색한 부분들은 모두 수정을 하였다.

    모든 수험생의 최종 합격을 간절히 바라며.....

2021. 4. 12
시흥동 寓居에서
김춘환 드림

머리말 2021대비 FORTUNE 민사소송법 전면혁신 판

    이번 2020년 법원직 시험은 코로나가 퍼지기 직전이었던 관계로 연기가 되지 않고, 실시가 되었다. 마스크를 하고 시험을 본 수험생들이 무척이나 고생을 하였다. 무엇보다 이번 시험은 편저자의 기본서, OX 집에서 100% 출제가 되었다. 다만 작년 시험과는 달리, 너무 최신의 판례 보다는 가장 기본적인 내용을 묻는 문제가 많았다. 그래서 판례 위주로 공부한 사람은 조금은 경향이 낯설다는 느낌이 있었던 것 같다. 개인적으로는 2004년부터 민사소송법 강의를 시작하였으니, 민소법 강의를 한 지도 16년이 되어 간다. 처음 강의 시에 긴장하고, 설레었던 기억이 생생하다. 특히 그 때의 교재를 보면 완성도 면에서 부끄러움이 느껴진다. 그러나 반대로 민사소송법을 제대로 가르쳐야 한다는 책임감은 그 어느 때보다도 높았던 것 같다. 세월이 흐르면서, 그런 책임감이 퇴색되지는 않았지만, 매너리즘에 빠지는 것은 아니었는지, 강사 자신을 되돌아보게 된다. 이번 전면혁신 판은 그에 대한 반성으로 많은 부분에서 혁신을 단행하였다. 이번 판의 특징은 다음과 같다.

1. 교재의 내용을 처음부터 다시 가다듬었다. 기본적으로 법원직 시험을 위한 교재라는 것을 명심하면서, 시험에 꼭 필요한 이론, 판례, 사례를 담고 있으면서도 내용의 간결성을 유지하려고 노력하였다. 그러한 노력의 결과, 기존 판 보다 약 200면을 줄였다.

2. 민사소송법은 국가가 법원이라는 재판기관을 설치하고 국가의 공권력에 의하여 민사 분쟁을 강제로 해결하는 절차법이므로, 절차의 이해가 선행되어야 한다. 따라서 절차의 진행에 대한 순서에 따라 서술한 기존 판의 기조를 유지함으로 써, 간접적으로라도 민사소송절차를 느끼면서 공부할 수 있도록 하였다.

3. 중요 判例, 최신 判例 등을 2020년 3월 判例까지 충분히 정리하였다. 객관식 시험에서 판례는 "판례=현찰"이라는 말이 있듯이 점수득점의 측면에서 상당히 중요하므로, 이를 고려하여 정리하였다.

4. 간단한 사례 문제를 중요주제 앞이나 뒤에 배열하여, 중요주제에 대한 이해가 선명하도록 하였다. 민사소송법은 절차법인 만큼 내용만 보아서는 이해가 충분하지 못한 면이 많기 때문에, 판례의 사실관계를 토대로, 간단한 사례문제를 접해 봄으로써 실제로 어떻게 문제가 될 수 있는지를 알 수 있도록 하였다.

5. 중요조문은 해당 주제에 같이 배열하고, 간단한 조문해설도 같이 서술하였다. 즉 공부의 효율성을 위해 중요조문은 같이 병기하여 관련 내용과 같이 공부할 수 있도록 배려하였다.

기본적으로는 기존 교재를 개정하는 것이었지만, 내용 서술, 체계, 목차 등에 대하여 많은 수정을 하였던 관계로, 발행시기가 많이 늦어졌다. 편저자의 게으름 탓이 크겠지만, 보다 좋은 교재를 위해 많은 시간을 들였다는 것을 수험생 분들이 알아주었으면 좋겠다. 감사를 드릴 분들이 있다. 현재 재학 중인 중앙대학교 대학원의 지도교수님이신 이규호 교수님(법학박사, 변호사·변리사·공인노무사시험 출제·채점위원)과 학문하는 자세를 항상 일깨워 주시는 동 대학원의 김상용 교수님(법학박사, 변호사시험 출제위원)께 감사의 맘을 전한다. 그리고 이 책의 출판에 대해 신경 써 주신 이인규 박사님께 감사드리고, 마지막으로 사랑하는 아내 권지은과 두 아이들에게 무한한 고마움을 전한다. 마지막으로 하늘에 계시는 아버지께 부끄럽지 않은 삶을 살 것을 스스로 약속하면서, 이 책으로 공부하는 모든 분들이 합격의 영광을 안고, 건강한 삶을 영위하기를 간절히 기원해 본다.

2020. 4. 13
시흥동 寓居에서
편저자 김춘환 드림

참고 1 Leo Rosenberg의 생애와 업적

I 생애[1]

1. Leo Rosenberg는 20세기에 있어서 독일 민사소송법의 체계와 이론을 새로운 기초 위에 올려놓은 대표적인 학자입니다. 그는 1897년 1월 7일 Schlesien 지방의 Fraustadt에서 한 제조업자의 아들로 출생하였습니다. 이미 17세의 나이에 일차 월반을 하면서 김나지움을 졸업한 후 Freiburg, München, Breslau의 법과대학에서 법학을 공부하였습니다. 그는 만 21세가 되기 전인 1900년에 그 당시 유명한 소송법 교수였던 Otto Fischer(오토 피셔)의 지도하에 증명책임에 관한 논문으로 Breslau 대학에서 법학박사학위를 취득하였습니다. Rosenberg가 증명책임에 관하여 관심을 갖기 시작한 것은 그가 대학에서 아직 소송법 강의를 수강하기 전부터였으며, 그 후 이 주제에 대한 그의 강력한 학문적 집념은 결국 학위논문을 쓰기에 이르게 되었습니다. 이 증명책임론에서 제창된 규범설(Normentheorie)은 학계와 판례에 기준적 영향을 미쳤습니다. 그의 저서 「Die Beweislast」는 1923년에 초판과 재판이 출간된 이래 1963년 C.H.Beck 출판사에서 제5판이 발간되었습니다. 그는 대학의 조교생활을 거치거나 어느 특정 지도교수의 지원을 받은 일이 없이 1905년에 Göttingen 대학교 법과대학에「소송에 있어서의 대리(Stellvertretung im Prozeβ)」라는 제목으로 교수자격취득논문을 제출합니다. 특히 이 책은 소송에 있어서의 대리의 본질을 소송법학적으로 심도 있게 추구한 최초의 연구서라는 점에서 그 문헌사적 의의가 높이 평가되고 있습니다. Rosenberg는 이 당시 Göttingen 대학교 식물학 교수의 딸인 Hedwig Peter와 결혼하여 첫딸을 얻게 됩니다.

2. Rosenberg의 학자로서의 명성과 교수로서의 학문적 진지성이 세상에 널리 알려지면서 그는 1912년에 Gieβen대학교의 교수로 초빙이 됩니다. 처음에는 비정규교수로 임명되었으나, 1916년에 정교수가 됩니다. Rosenberg는 Gieβen대학의 법과대학에서 1932년까지 16년간 봉직하면서 그의 생애에 있어서 전성기를 맞습니다. 이 시기에 그는 두 개의 역저를 출간하게 됩니다. 하나는 1919년에 Hölder와 Schollmeyer에 의하여 계획된 민법 주역서(Kommentar) 중 물권법의 상권(제854조부터 제902조까지)이 빛을 보게 된 것이며, 다른 하나는 1927년에 민사소송법 교과서 초판이 탄생된 것입니다. 전자의 민법 주역서는 끝내 완간을 보지 못하였지만, Rosenberg가 저술한 물권법 부분은 그 후 학계와 실무계에 크게 영향을 미쳤으며 오늘날에도 인용되고 있습니다. 민사소송법 교과서는 소송법학계에 새로운 학문적 계기를 마련한 업적으로 높이 평가 받았습니다. 1929년에 제2판이, 1931년에 제3판이 거듭 출판되면서 Rosenberg는 독일소송법학계의 정상에 이르게 됩니다

---

[1] 立證責任論(Die Beweislast), Leo Rosenberg著, 吳錫洛·金亨培·康鳳洙 共譯, 박영사, 11면 이하

(Rosenberg의 민사소송법 교과서는 1969년 제10판부터는 두 권으로 분리되어 판결절차법은 민사소송법이라는 이름으로 Karl Heinz Schwab에 의해서, 그리고 강제집행법은 Gaul에 의해서 속간되었으며, 민사소송법은 1993년 제15판부터는 Peter Gottwald에 의해서 수정·증보 되어 출간되고 있습니다). 이 교과서의 초판이 출간되었던 1927년에 Rosenberg는 48세의 나이로 Gieβen대학교의 총장으로 선출되었습니다. 가정적으로도 어진 아내와 네 딸을 거느린 가장으로서 행복한 생활을 영위하고 있었습니다.

3. 1932년에 Rosenberg는 Richard Schmidt 교수의 후임으로 Leipzig 법과대학으로 옮기게 됩니다. 거기서 그는 유명한 소송법학자인 Ernst Jaeger와 함께 활발한 학문 활동을 계속합니다. 그러나 그의 나이 55세가 되던 1934년에 그는 유태인숙청이라는 나치정권의 압력을 받아 교수직으로부터 강제로 추방됩니다. 그리고 몇 년 후 부터는 연금도 받을 수 없게 됩니다. 그는 생계유지를 위하여 2년 동안 변호사 사무실에서 근무하기도 하였지만, 그러한 생활도 청산합니다. 제3제국 당시에 겪은 어려움에 대해서 그는 평소에 좀처럼 입을 여는 일이 없었다는 것이 주위 사람들의 얘기지만, 이 기간 중에 Rosenberg는 두 자매의 학살을 경험하게 됩니다. Rosenberg 자신은 Allgäu 지방의 한 한촌인 Stiefenhofen에 있는 작은 농가에 은둔하면서 나치의 억압을 구사일생으로 극복합니다. 그러나 1944년 어린 딸이 사망하면서 그는 심한 고통에 빠지기도 하였습니다.

4. Rosenberg는 그가 67세이던 1945년에 München 대학교의 교수로 다시 초빙됩니다. 이미 퇴직할 나이였으나 그는 München에서 교수생활을 재개할 수 있는 기회와 권리를 회복합니다. 제2차 대전이 끝난 후 München의 도시상황과 대학의 시설은 매우 빈곤한 상태였습니다. 따라서 Rosenberg는 단칸방에서 온 가족이 함께 기거하지 않으면 안 되는 어려움을 이겨내야 했습니다. 1946년부터 1955년까지 그는 민사소송법뿐만 아니라 민법총칙·물권법·상속법을 강의했습니다. 1946년의 겨울은 매우 추웠으며 그 이듬해 겨울에도 마찬가지였으나, 대학의 강의실은 난방이 되지 않았습니다. 학생들은 외투를 입은 채 떨면서 강의를 들었지만, Rosenberg는 언제나 외투를 걸치지 않고 강의를 했습니다. 그는 그 당시 외투가 없었습니다. 훗날 Rosenberg는 어려웠던 그 시절을 회상하면서 그는 일찍부터 추위에 단련되어 있었다고 술회하였다 합니다. Rosenberg의 강의는 결코 수사학적 능변에서 뛰어난 것은 아니었으나 그의 사고의 명료성과 강의내용의 함축성에서 그 명성은 널리 인정되었습니다. 그리고 1949년에 그의 민사소송법 교과서 제4판이 출간되었고, 제5판은 스페인의 Antonio Bosch 출판사에서 번역되었습니다. Rosenberg는 제10판이 출간될 때까지 직접 개정작업을 수행하였습니다. 그가 70세 되던 1949년에 그와 전공을 같이 하는 동료교수들로부터 기념논문집을 증정 받았는데, 이 논문집은 전후 독일에서 발간된 최초의 기념논문집입니다.

5. Rosenberg는 73세가 되던 1952년에 은퇴하였습니다. 그러나 은퇴 후에도 한 동안은 강의를 계속하였고 대학에서 강의를 중단한 이후에도 여러 해 동안 조교의 도움 없이 교과서 개정작업을 수행하였으며, 민사소송법잡지(ZZP:Zeitschrift für Zivilprozeβ)의 편집책임을 맡아 많은 일을 하였습니다. Rosenberg가 80세되던 해에 민사소송법 잡지의 편집자였던 Friedrich Lent 교수의 주관 하에 동료교수들의 논문이 실린 동 잡지의 기념호가 발간됩니다. 그 후 Rosenberg의 85세 생일을 축하하는 또 하나의 기념호가 계획되었지만, 그는 만 85세를 채우지 못하고 그의 생애를 마감합니다.

그는 1963년 12월 18일 서거할 때까지 쉬지 않고 일했습니다. 민사소송법 잡지 제77호는 그의 죽음을 추도하는 것으로 기획되었으며, 그의 제자 Eduard Bötticher 교수가 추도사를 썼습니다 (ZZP 77, 1ff.). Rosenberg는 그의 인생의 말년에 München대학과 Innsbruck대학으로부터 명예박사학위를 받았습니다. Bayern 한림과학원은 그에게 회원자격을, 연방정부는 공로십자대훈장을 수여하였습니다. 그리고 그의 사후에 Bayern정부는 공로훈장을 추서하였습니다. Gießen대학교는 Rosenberg를 동 대학교의 명예평의원으로 임명하였습니다. Gießen대학교에서의 교수생활과 총장으로서의 활동을 기념하기 위한 것이었습니다. München의 Waldfriedhof에 자리하고 있는 그의 묘비에는 그가 민사소송법학자로서, Hessen주의 탁월한 교수로서, 또한 Gießen대학교의 총장으로서 훌륭한 업적을 남겼다고 적혀 있습니다.

II 업적

민사소송법학에 있어 Rosenberg의 두드러진 공로는 ① 새로운 소송물이론을 개발했다는 점, ② 증명책임에 있어서 규범설(Normentheorie)을 창설했다는 점, ③ 소송행위(Prozesshandlung)를 상세하게 구명했다는 점, 그리고 ④ 기판력의 신소송법설(반복금지설)을 체계화했다는 점 등을 들 수 있습니다.

1. 소송물이론

Rosenberg는 1927년에 간행된 그의 민사소송법 교과서 제1판에서 소송물과 실체법상의 권리 사이의 고리를 단절하고, 이른바 소송법설(신소송물이론)을 제창하였습니다. 그는 실체법상의 권리가 복수로 존재하는 청구권경합의 경우에는 필연적으로 소송물도 복수로 존재한다는 실체법설(구소송물이론)을 비판하면서, 소송물은 소송법적 요소인 신청과 사안에 의하여 또는 신청만으로 구성된다고 주장하였습니다. 예컨대 불법행위로 인한 손해배상청구소송이 계속 중에 동일한 사안을 기초로 채무불이행으로 인한 손해배상청구를 별개의 소송으로 제기하면 중복소송이 된다고 설명하였습니다. 이와 같은 소송법설은 소의 중복, 소의 변경, 소의 계속, 기판력과 관련하여 소송법상 커다란 영향을 주었습니다. 즉 어떤 특정사안을 기초로 한 하나의 소송에서 원고가 경합되는 실체법상의 두 청구를 주장한다고 해서 청구의 병합이 되지 않으며, 한 쪽을 다른 쪽으로 변경해도 소의 변경이 될 수 없고, 한 쪽을 주장하며 패소하면 다른 쪽에도 그 기판력이 미치게 된다는 것입니다. 그의 소송법설은 오늘날 독일의 통설로서 자리를 굳혔고, 우리나라에서는 유력설로 주장되고 있습니다(이지설). Rosenberg의 소송법설은 소송법학이 학문으로서의 독자성을 확립하는데 크게 기여하였습니다. 특히 소권론과 관련해서 Rosenberg는 그 당시까지 Wach, Hellwig, Stein 등에 의해서 주장되었던 독일의 통설인 권리보호청구권설을 소송물의 본질과 조화될 수 없는 것이라고 비판하였습니다. 즉 이 설은 소의 중복, 소의 변경, 소의 계속, 기판력 등과 같은 소송상의 중요 문제들을 설명하는데 적합하지 않은 것이라고 지적하였습니다. Rosenberg는 소권을 구체적 사안에 따라 법원에 대해서 법률상 필요한 행위를 요구하는 권리라고 파악하는 사법행위청구권설을 주장하였습니다. 다시 말하면 당사자는 법원에 의한 재판을 받을 권리를 가지기 때문에 법원이 심문을 행하고 실체법의 규준에 따라 사안에 적합한 사법상의 행위를 취하도록 요구하는 것이 소권의 내용이라고 그는 설명하였습니다. 권리보호청구권설이 사권의 보호라는 관점에서 권리부여의 청구를 지목하는 것이라면, 사법행위청구권설은 국가에 대한 재판청구를 그 내용으로 하고 있으며, 이 권리는 헌법상 보장되어 있는 것이라고 하였습니다. 이 설에 의하면 소권은 실체법과 소송을 가교시키는 역할을 담당하는 것이라고 설명이 됩니다.

2. 증명책임에 있어서 규범설

Rosenberg는 증명책임과 관련하여 규범설(법률요건분류설)을 창설한 학자로 알려져 있습니다. 규범설은 그의 박사학위논문에서 그 기초가 다져진 학설로서 오늘날까지 그 타당성이 인정되고 있습니다. 이 설은 실체법규범의 법적 성질에 따라 각 당사자는 그에게 유리한 규범의 요건의 존재를 증명해야 한다고 설명합니다. 즉 원고는 권리근거적 규범의 요건에 대하여, 그리고 피고는 권리소멸적 또는 권리장애적 규범의 요건에 대하여 증명책임을 부담합니다. 그러므로 증명책임에 관한 규범은 실체법규범과 밀접하게 관련되어 있습니다. 이와 같은 증명책임에 관한 규범은 명문의 규정이 흠결되어 있는 경우에는 불문규범으로서 실체법의 내용을 구성하며 법관에 대한 준칙이 됩니다. 최근 50여년간 규범설에 대한 의문과 비판의 소리가 제기되기도 하였으나, 이 설의 기초를 흔들어 놓지는 못했습니다. 규범설이 재판의 실무에 미친 영향은 거의 절대적이라고 할 수 있으며, 다만 증명의 분배, 업무상의 의무의 위반, 제조물 책임 등에 있어서 새로운 관점들이 함께 고려되면서 규범설이 부분적으로 수정되고 있을 뿐입니다(소위 수정법률요건분류설).

3. 소송행위론

Rosenberg는 소송행위의 설명에 대해서도 특별한 비중을 두고 있습니다. 민법에 있어서 법률행위가 그 기초를 이루고 있듯이 소송법에 있어서는 소송행위가 그 기초가 됩니다. 그러나 이 두 행위는 서로 구별되지 않으면 안 됩니다. 다시 말하면 법률행위와 소송행위는 그 요건에 있어서나 효과에 있어서 동일하지 않습니다(요건 및 효과설). 소송행위에 있어서는 양 당사자뿐 아니라 법원도 참가하고 있으므로 소송행위가 행하여지는 법형식에 있어서 법률행위와는 다른 규정이 적용됩니다. 소송행위가 행하여지는 기간에 관하여도 마찬가지입니다. 특히 법률행위와는 달리 소송행위는 취소될 수 없습니다. 이러한 차이점들을 정확하게 파악하는 것은 소송법이 민법의 유출물이 아니고, 자기 고유의 학문적 내용을 지니고 있는 분야임을 깨닫게 하는 것입니다. 소송행위에 관한 이와 같은 연구는 Rosenberg가 거둔 커다란 공로 중의 하나입니다.

4. 기판력론

Rosenberg의 이름은 기판력이론에 관한 한 영원히 잊혀 지지 않을 것입니다. 그는 민사소송법 교과서 제1판에서 이미 소송법설 또는 반복금지설을 주장했습니다. 그는 기판력의 본질은 일사부재리, 즉 재판에 의한 분쟁해결의 일회성의 요청에서 구해야 한다고 하였습니다. 이 반복금지설은 그 후 그의 제자인 Eduard Bötticher의 교수자격논문에서 이론적으로 완성되었습니다. 그 당시에 있어서는 실체법설(주장자:Kohler, Pohle, Pagenstecher 등)이 지배적인 견해였습니다. 이 설에 의하면 판결의 효력은 당사자 사이의 실체법적 권리관계에 영향을 미친다고 하였습니다. 그러나 Rosenberg는 기판력의 본질을 소송법상의 효과로서 설명하면서 후소법원과 당사자는 기판력 있는 전소판결에 구속된다고 하는 소송법설을 주장하였습니다. Rosenberg가 신소송법설을 주장하기 전에도 이른바 구소송법설인 모순금지설이 Stein이나 Hellwig와 같은 학자에 의하여 주장되었습니다. 이 설에 의하면 법관은 전소의 판결에 구속되어 이와 모순되는 판단을 할 수 없으므로 원고가 동일한 신소를 제기하면 전소판결을 원용하여 청구를 기각하여야 한다고 설명합니다. 그러나 Rosenberg는 후소법원이 다시 변론이나 재판을 하는 것은 기판력이 가지는 구속력에 반하기 때문에 소의 제기는 처음부터 금지되며, 따라서 전소의 판결의 결과가 승소이든, 패소이든 이에 대하여 다시 소를 반복하는 것은 적법하지 않으므로 각하되어야 한다고 주장합니다. 그 결과 기판력은 소극적 소송요건으로 평가됩니다. Rosenberg가 이 견해를 주장했던 당시에는 그의 설이 지배설에서 벗어난 소수설에 지나지 않았지만, 이 설은 독일 判例와 학설의 지지를 얻어 오늘날 지배설로서 자리하고 있습니다. 그의 반복금지설은 동일한 소송물에 대하여 반복 또는 모순되는 판결을 내릴 수 없는 절차법의 과제에 가장 적합한 이론이라고 할 수 있습니다. 이 반복금지설은 소권의 본질과 관련하여 사법행위청구권설과 밀접히 연관되어 있습니다.

참고 2 민사소송절차 개관

민사소송절차 개관

訴의 제기 → 재판장의 소장심사 → 소장부본송달 →

- 1. 訴는 법원에 소장을 제출함으로써 제기(제248조)
- 2. 訴(Klage)란 법원에 대하여 일정한 내용의 판결을 해달라고 하는 당사자의 신청

- 1. 소장심사의 대상(제254조)
  : 소장의 필수적 기재사항(제249조)과 인지 첩부 여부
- 2. 소장 부적식
  : 보정명령(제254조 1항, 사무관등 가능)
- 3. 보정명령 불이행
  : 재판장의 소장각하명령(동조 2항)
- 4. 불복방법
  : 즉시항고(동조 3항)

- 1. 규정 - 제255조
- 2. 소송계속의 발생시기
  (1) 독일과 달리 명문의 규정 X
  (2) 소장제출시설(少), 소장부본송달시설(通,判)
- 3. 소송계속의 효과
  (1) 중복소제기금지(259조)
  (2) 소송참가(71,82,83조)
  (3) 소송고지(84조)
  (4) 관련청구의 재판적(79조,264조,269조)

답변서 제출 의무 → 변론기일 지정 → 임의적 변론준비절차

- 1. 답변서 제출 - 원칙적 의무(제256조)
- 2. 답변서 제출 - 구체적으로 다투는 이유를 적시(규칙 65조)
- 3. 답변서 부제출 - 자백간주, 원고무변론승소판결 가능(제257조)

- 1. 변론준비절차 - 필수적에서 임의적 절차로 변경 (08년 12월 26)
- 2. 원칙적인 변론기일 지정 (제258조)

- 1. 변론준비절차의 실시(제279조, 08년 12월 26일 문구 개정)
  : 변론준비절차에서는 변론이 효율적이고 집중적으로 실시될 수 있도록 당사자의 주장과 증거를 정리하여야 한다.
  개정 前 - 정리하여 소송관계를 뚜렷하게 하여야 한다.
- 2. 변론준비절차 진행(제280조 2항)
  : 재판장 등이 담당 → 직접심리주의 침해 염려(한충수)
- 3. 변론준비절차에서의 증거조사(제281조 3항)
  : 증인신문 및 당사자신문을 제외한 집중적인 증거조사
- 4. 변론준비기일(제282조)
  : 비공개가 원칙(대판 2004다69581) → 공개주의 침해(한충수)
- 5. 변론준비절차 종결(제284조)
- 6. 변론준비"기일"의 종결 효과(제285조)
  : 원칙적 실권효 - 서면에 의한 변론준비절차는 실권효X.

변론기일(요건심리) → 소각하 판결 → 변론기일(본안심리) → 본안판결

- 1. 법원에 대한 것
  (1) 피고에 대한 재판권이 있을 것
  (2) 국제재판관할권이 있을 것
  (3) 민사소송사항일 것
  (4) 토지·사물 및 직분관할 등 사건에 대하여 관할권이 있을 것
- 2. 당사자에 대한 것
  (1) 당사자가 실재할 것
  (2) 당사자능력이 있을 것(제51조, 제52조)
  (3) 당사자적격이 있을 것
  (4) 소송능력·법정대리권·소송대리권이 있을 것

- (5) 원고가 소송비용의 담보를 제공할 필요가 없을 것
- 3. 소송에 관한 것
  (1) 소송물의 특정
  (2) 권리보호의 자격·이익·필요(소의 이익)
  (3) 중복소제기의 금지(제259조)나 재소금지(제267조 2항)에 저촉되지 않을 것
  (4) 기판력의 부존재(반복금지설)
- 4. 특수소송에 관한 것(특수소송요건)

- 1. 처분권주의(제203조)
  (1) 절차의 개시(제248조)
  (2) 심판의 대상과 범위(제203조)
  (3) 절차의 종료(제266조, 제220조)

- 2. 변론주의
  (1) 사실의 주장책임(제202조)=사실주장 =사실자료
  (2) 자백의 구속력(제288조)
  (3) 보충적 직권증거조사(제292조)=원칙적 직권증거조사금지=증거신청=증명활동= 주관적 증명책임=증거자료

심증형성

1. 법원의 심증형성○
-자유심증주의(제202조)
2. 법원의 심증형성X
- 증명책임, 법률요건분류설
(=규범설, 통설, 判例)

변론의 종결

1. 사실심변론종결시=기판력의 표준시=기판력의 시적한계
2. 명문의 규정X
- 제218조 1항, 제208조 1항 5호, 민사집행법 제44조에서 간접적으로 규정

판결의 선고

1. 기속력 - 판결법원이 스스로 판결을 취소·변경할 수 없는 효력(제205조)
2. 기속력의 배제 및 완화
(1) 배제
- 변경판결X, 결정·명령[기속력X, 재도의 고안(제446조)]
(2) 완화
- 판결의 경정(제211조)

상소여부

1. 판결서 송달 후 2주 이내(제396조, 제425조)
2. 상소장의 원심법원 제출주의(제397조, 제425조)
3. 상소의 효력
(1) 확정차단의 효력(제498조)
(2) 이심의 효력
(3) 상소불가분의 원칙

형식적 확정력

1. 상소를 제기할 수 있는 기간 이내에 적법한 상소제기가 없는 경우 -형식적 확정력○(제498조)
2. 형식적 확정력 - '통상'의 불복방법으로 불복할 수 없는 효력
3. '비상'의 불복방법
- 재심(제451조) or 상소의추후보완(제173조)

기판력(실질적 확정력)

1. 의의, 근거
(1) 기판력 - 전소확정판결의 효력이 후소법원과 후소의 당사자에게 미치는 효력
(2) 법적안정성(多), 절차보장 =이원설(이시윤)
2. 본질론 -모순금지설(判), 반복금지설(多)
3. 범위
(1) 주관적 범위(제218조)
(2) 객관적 범위(제216조)
(3) 시적 범위
4. 작용
소송물동일, 선결, 모순관계
5. 법원의 판결
(1) 문제점
전소확정판결의 당사자가 다시 동일한 후소를 제기한 경우
(2) 모순금지설(判例)
1) 승소자-소각하판결(권리보호이익X)
2) 패소자-청구기각판결(권리보호이익○ but 전소와 모순되는 판단X)
(3) 반복금지설
승소·패소 불문 - 소각하판결(소송요건흠결)

참고 3 　민사소송절차 단계별 분석

I. 총 설

1. 민사소송의 의의

민사소송이란 당사자 사이의 민사분쟁을 법원이라는 재판기관을 이용하여 강제로 해결하는 절차이므로, 기본적으로 민사분쟁이 있을 것을 전제로 한다. 이 때 민사분쟁이라는 것을 잘 살펴보면 甲, 乙 간에 계약 등의 법률행위가 있을 때, 누군가가 이를 이행하지 않을 경우에 분쟁이 발생하고, 이에 대해 그 분쟁으로 생긴 권리에 대한 권리자가 의무자에 대해 자신의 청구권(Anspruch)을 행사하게 된다. 이 경우 청구권을 구체적으로 법원이라는 기관을 이용하여 행사하는 절차가 민사소송절차가 된다. 즉 원고 甲이 소송에서 주장하는 청구권이 있는지, 없는지를 판단하는 주체는 법원이므로, 기본적으로는 법원의 입장에서 그 사건을 바라보아야 한다.

2. 단계별 분석

아래에서는 乙이 甲에게 금 1억원을 대여하고서도, 이를 변제하지 않는 경우를 상정해서, 각 단계별 분석을 해 보기로 한다.

II. 각 단계별 고찰

1. 소의 제기 단계

(1) 소장 제출

이 경우 甲은 '법원에 소장을 제출하여 소를 제기'하게 된다(제248조). 이 때 甲은 아래와 같이 소장을 작성하게 된다(제249조, 규칙 제62조).

> 제248조(소제기의 방식) 소는 법원에 소장을 제출함으로써 제기한다.

> 규칙 제62조(소장의 기재사항) 소장의 청구원인에는 다음 각호의 사항을 적어야 한다.
> 1. 청구를 뒷받침하는 구체적 사실
> 2. 피고가 주장할 것이 명백한 방어방법에 대한 구체적인 진술
> 3. 입증이 필요한 사실에 대한 증거방법

> 제249조 (소장의 기재사항) ① 소장에는 당사자와 법정대리인, 청구의 취지와 원인을 적어야 한다.
> ② 소장에는 준비서면에 관한 규정을 준용한다.

접 수 인		

소 장

사 건 번 호	
배당순위번호	
담 당	제 단독

사 건 명

원 고   갑   (****** - *******)
　　　　　서울시 동작구 노량진동 공단기 - 법검단기 민사법 대표강사
　　　　　전화 (02) 812 - 6521, 휴대폰 (010) - 9895- 3234
　　　　　팩스번호 (02)   , 이메일 주소 unclechun@hanmail.net

피 고   을   (주민등록번호   -   )
　　　　　서울시 관악구 대학동   (연락처)

소송목적의 값		원	인지		원
(인지첩부란)					

청 구 취 지

1. 피고는 원고에게 100,000,000원 및 이에 대하여 2020.5.11.부터 이 사건 소장 부본 송달일 까지는 연 5%의, 그 다음날부터 다 갚는 날까지 연 12%의 비율로 계산한 돈을 지급하라.
2. 소송비용은 피고가 부담한다.
3. 제1항은 가집행할 수 있다.
라는 판결을 구함.

청 구 원 인

원고는 피고에게 2020.5.10. 금 1억원을, 변제기 2021.5.10.로 정하여 대여하였습니다. 그런데 피고가 변제기에 변제하지 않으므로 원고는 피고에 대하여 위 원금 1억원 및 이에 대하여 변제기 다음날인 2021.5.11.부터 이 사건 소장 부본 송달 일까지는 민법이 정한 연 5%의, 그 다음날부터 다 갚는 날까지는 소송촉진 등에 관한 특례법이 정한 연 12%의 각 비율에 의한 지연손해금을 구하고자 이 건 청구에 이른 것입니다.

입 증 방 법

갑 제1호증   (차용금증서)

첨 부 서 류

1. 위 입증서류   각 1통
1. 소장부본   1부
1. 송달료납부서   1부

2022. 3. 3.

위 원고   甲 (서명 또는 날인)

서울중앙지방법원   귀중

2. 소장의 심사단계

(1) 보정권고
이 소장을 재판권, 관할권이 있는 서울중앙지법에 제출하는 경우, 법원사무관 등은 소장이 적식하지 않다고 판단되면, 보정을 '권고'할 수 있다(민사소송규칙 제5조 3항). 다만 이는 권고에 불과하므로, 당사자에게 강제력은 없다.

(2) 소장심사
이 경우 소장이 접수가 되면 재판부에 배당이 되고, 재판부의 재판장은 소장을 정식으로 심사하게 된다(재판장의 소장심사권, 민소 제254조). 이 재판장의 소장심사의 대상은 소장의 '필수적 기재사항'과 '인지'의 첨부 여부, 증거방법의 기재여부이다(민소 제254조 1항, 4항). 다만 증거방법의 기재여부는 심사의 대상은 되지만, 이를 갖추지 않았다는 이유로 소장각하명령을 할 수는 없다. 그리고 제254조 1항의 내용을 갖추지 못한 소장은 부적식(또는 부적법)하다고 표현하고, 재판장은 상당한 기간을 정하여 보정을 명하게 된다(보정명령, 제254조 1항). 그리고 <u>개정법은 재판장이 법원사무관등으로 하여금 보정명령을 하게 할 수 있도록 하였다</u>. 이 상당한 기간 안에 보정이 행해지지 않으면, 재판장은 소장각하명령을 하게 된다(소장각하명령, 민소 제254조 2항). 이 소장각하명령에 대해서는 즉시항고를 할 수 있다(민소 제254조 3항).

> 규칙 제5조(소송서류의 접수와 보정권고) ① 당사자, 그 밖의 소송관계인이 제출하는 소송서류는 정당한 이유 없이 접수를 거부하여서는 아니 된다.
> ② 소송서류를 접수한 공무원은 소송서류를 제출한 사람이 요청한 때에는 바로 접수증을 교부하여야 한다.
> ③ 법원사무관등은 접수된 소송서류의 보완을 위하여 필요한 사항을 지적하고 보정을 권고할 수 있다.

> 신법 제254조(재판장등의 소장심사권) - 2015.7.1. 시행
> ① 소장이 제249조제1항의 규정에 어긋나는 경우와 소장에 법률의 규정에 따른 인지를 붙이지 아니한 경우에는 재판장은 상당한 기간을 정하고, 그 기간 이내에 흠을 보정하도록 명하여야 한다. <u>재판장은 법원사무관등으로 하여금 위 보정명령을 하게 할 수 있다.</u> 〈개정 2014.12.30.〉
> ② 원고가 제1항의 기간 이내에 흠을 보정하지 아니한 때에는 재판장은 명령으로 소장을 각하하여야 한다.
> ③ 제2항의 명령에 대하여는 즉시항고를 할 수 있다.
> ④ 재판장은 소장을 심사하면서 필요하다고 인정하는 경우에는 원고에게 청구하는 이유에 대응하는 증거방법을 구체적으로 적어 내도록 명할 수 있으며, 원고가 소장에 인용한 서증(書證)의 등본 또는 사본을 붙이지 아니한 경우에는 이를 제출하도록 명할 수 있다. [제목개정 2014.12.30.]

3. 소장부본의 송달 단계

(1) 소송법률관계(=소송계속)
소장이 적식하다고 심사를 통과하면, 소장부본이 피고에게 송달이 되게 된다. 이 경우에 비로소 피고는 소가 제기된 것을 알게 되고, 이 경우 원고, 법원, 피고 간의 3각관계가 창설이

되게 된다. 이를 '소송법률관계(Rechtsverhältniss)가 형성'되어 '소송이 계속'되었다(소송계속)고 표현한다.

(2) 소송계속의 효과

소송계속의 효과로서 소제기의 소송법상 효과가 생기게 되는데, 중복소제기의 금지(민소 제259조), 참가의 기회부여(민소 제71조, 제82조, 제83조), 소송고지(민소 제84조), 관련청구의 재판적(민소 제79조, 제264조, 제269조) 등이 그것이다.

> 제255조 (소장부본의 송달) ① 법원은 소장의 부본을 피고에게 송달하여야 한다.
> ② 소장의 부본을 송달할 수 없는 경우에는 제254조제1항 내지 제3항의 규정을 준용한다.

> 제259조 (중복된 소제기의 금지) "법원"에 "계속"되어 있는 "사건"에 대하여 "당사자"는 다시 "소"를 제기하지 "못한다".

> 제451조 (재심사유) ① 다음 각호 가운데 어느 하나에 해당하면 확정된 종국판결에 대하여 재심의 소를 제기할 수 있다. 다만, 당사자가 상소에 의하여 그 사유를 주장하였거나, 이를 알고도 주장하지 아니한 때에는 그러하지 아니하다.
> 10. 재심을 제기할 판결이 전에 선고한 확정판결에 어긋나는 때

4. 피고의 답변서 제출단계

02년에 전면 개정된 현행 민소법은 피고의 답변서제출을 강제하고 있다(민소 제256조, 규칙 제65조). 이 경우 답변서를 제출하지 아니하거나, 자백 취지의 답변서를 제출하는 경우에 원고무변론 승소판결을 하게 된다(민소 제257조 1, 2항). 이는 판결의 필수적 변론의 중대한 예외가 된다. 그리고 소장부본이 공시송달 된 경우, 직권조사사항이 있는 경우, 판결 선고 시까지 답변서가 제출되는 경우에는 무변론판결을 할 수 없다(민소 제256조 1항 단서, 제257조 1항 단서).

답 변 서

사 건 명
원 고   갑   (****** - *******)
            서울시 동작구 노량진동 공단기 - 법검단기 민사법 대표강사
            전화 (02) 812 - 6521, 휴대폰 (010) - 9895- 3234
            팩스번호 (02)   , 이메일 주소 unclechun@hanmail.net

피 고   을   (주민등록번호   -   )
            서울시 관악구 대학동   (연락처)

청 구 취 지 에 대 한 답 변

1. 청구를 기각하라.
2. 소송비용은 원고가 부담한다.
라는 판결을 구함.

청 구 원 인 에 대 한 답 변

제가 원고 갑에게 2020.5.10. 1억원을 대여한 것은 사실이지만, 갑의 부인인 소외 병에게 2021.5.10. 위 1억원을 병의 국민은행 xxxxx-xxxxx 계좌로 입금 하였습니다. 즉 2021.5.5. 경 소외 병이 저를 찾아와 남편 갑이 현재 교통사고로 인해 xx병원에 있으므로, 자신에게 돈을 송금하기를 부탁하기에, 평소 친구 갑의 부인으로서 안면이 있던 병의 계좌로 위 금액을 입금한 것입니다. 그럼에도 불구하고 갑이 저에게 1억원 지급을 구하고 있는 것이므로, 갑의 청구는 마땅히 기각되어야 합니다.

입 증 방 법

을 제1호증   (입금전표)

첨 부 서 류

1. 위 입증서류   각 1통
1. 답변서부본   1부

2022. 4. 5.

위 피고   을 (서명 또는 날인)

서울중앙지방법원 귀중

제256조 (답변서의 제출의무) ① 피고가 원고의 청구를 다투는 경우에는 소장의 부본을 송달받은 날부터 30일 이내에 답변서를 제출하여야 한다. 다만, 피고가 공시송달의 방법에 따라 소장의 부본을 송달받은 경우에는 그러하지 아니하다.
② 법원은 소장의 부본을 송달할 때에 제1항의 취지를 피고에게 알려야 한다.
③ 법원은 답변서의 부본을 원고에게 송달하여야 한다.
④ 답변서에는 준비서면에 관한 규정을 준용한다.

규칙 제65조(답변서의 기재사항 등) ① 답변서에는 법 제256조 제4항에서 준용하는 법 제274조 제1항의 각호 및 제2항에 규정된 사항과 청구의 취지에 대한 답변 외에 다음 각호의 사항을 적어야 한다.
  1. 소장에 기재된 개개의 사실에 대한 인정 여부
  2. 항변과 이를 뒷받침하는 구체적 사실
  3. 제1호 및 제2호에 관한 증거 방법
② 답변서에는 제1항제3호에 따른 증거방법 중 입증이 필요한 사실에 관한 중요한 서증의 사본을 첨부하여야 한다.
③ 제1항 및 제2항의 규정에 어긋나는 답변서가 제출된 때에는 재판장은 법원사무관등으로 하여금 방식에 맞는 답변서의 제출을 촉구하게 할 수 있다.

> 제257조 (변론 없이 하는 판결) ① 법원은 피고가 제256조제1항의 답변서를 제출하지 아니한 때에는 청구의 원인이 된 사실을 자백한 것으로 보고 변론 없이 판결할 수 있다. 다만, 직권으로 조사할 사항이 있거나 판결이 선고되기까지 피고가 원고의 청구를 다투는 취지의 답변서를 제출한 경우에는 그러하지 아니하다.
> ② 피고가 청구의 원인이 된 사실을 모두 자백하는 취지의 답변서를 제출하고 따로 항변을 하지 아니한 때에는 제1항의 규정을 준용한다.
> ③ 법원은 피고에게 소장의 부본을 송달할 때에 제1항 및 제2항의 규정에 따라 변론 없이 판결을 선고할 기일을 함께 통지할 수 있다.

5. 임의적 변론준비절차

(1) 08년 개정법

02년 전면개정의 민소법은 변론준비절차를 필수적 절차로 규정하였으나, 08년 12월 26일에 제258조가 개정 되어, 변론준비절차가 임의적 절차로 변경이 되었다. 따라서 법원은 변론기일을 바로 지정하는 것이 원칙이고, 변론준비절차에 들어가는 것은 예외적인 것이 되었다(민소 제258조 제1항).

(2) 변론준비절차의 특징

다만 변론준비절차에 들어가는 경우에는 변론준비절차의 진행은 재판장 등이 담당하고(제280조 2항, 다만 이에 대해서는 직접심리주의 침해 염려가 있다는 견해가 있다(한충수)), 변론준비절차에서의 증거조사는 증인신문 및 당사자신문을 제외한 집중적인 증거조사를 한다(제281조 3항). 서면에 의한 변론준비절차만으로 쟁점정리가 되지 않는 경우에는 변론준비기일을 열 수도 있다(제282조). 다만 이 변론준비기일은 비공개가 원칙이다(대판 2004다69581, 이에 대해서는 공개주의 침해라는 견해도 있다(한충수)). 변론준비절차가 종결 되고(제284조), 변론준비"기일"까지 열어 변론준비기일이 종결되는 경우에는 원칙적으로 실권효가 있어(제285조), 서면에 의한 변론준비절차만 거친 경우와는 다르다.

> 舊法 제258조 (변론준비절차) ① 재판장은 제257조제1항 및 제2항의 규정에 따라 변론 없이 판결하는 경우 외에는 바로 사건을 변론준비절차에 부쳐야 한다. 다만, 변론준비절차를 따로 거칠 필요가 없는 경우에는 그러하지 아니하다.
> ② 제1항 단서에 해당되는 경우 또는 변론준비절차가 끝난 경우에는 재판장은 바로 변론기일을 정하고 당사자에게 이를 통지하여야 한다.

> 新法 제258조 (변론기일의 지정) ① 재판장은 제257조제1항 및 제2항에 따라 변론 없이 판결하는 경우 외에는 바로 변론기일을 정하여야 한다. 다만, 사건을 변론준비절차에 부칠 필요가 있는 경우에는 그러하지 아니하다.
> ② 재판장은 변론준비절차가 끝난 경우에는 바로 변론기일을 정하여야 한다.

> 제279조 (변론준비절차의 실시) '08년 12월 26일 개정 ① 변론준비절차에서는 변론이 효율적이고 집중적으로 실시될 수 있도록 당사자의 주장과 증거를 정리하여 (소송관계를 뚜렷하게 하여야 한다).
> ☞ "당사자의 주장과 증거를 정리하여야 한다"로 한다.로 개정
> ② 재판장은 특별한 사정이 있는 때에는 변론기일을 연 뒤에도 사건을 변론준비절차에 부칠 수 있다.

제280조 (변론준비절차의 진행) ① 변론준비절차는 기간을 정하여, 당사자로 하여금 준비서면, 그 밖의 서류를 제출하게 하거나 당사자 사이에 이를 교환하게 하고 주장사실을 증명할 증거를 신청하게 하는 방법으로 진행한다.
② 변론준비절차의 진행은 "재판장"이 담당한다.
③ 합의사건의 경우 재판장은 합의부원을 수명법관으로 지정하여 변론준비절차를 담당하게 할 수 있다.
④ 재판장은 필요하다고 인정하는 때에는 변론준비절차의 진행을 다른 판사에게 촉탁할 수 있다.

제281조 (변론준비절차에서의 증거조사) ① 변론준비절차를 진행하는 재판장, 수명법관, 제280조제4항의 판사(이하 "재판장등"이라 한다)는 변론의 준비를 위하여 필요하다고 인정하면 증거결정을 할 수 있다.
② 합의사건의 경우에 제1항의 증거결정에 대한 당사자의 이의신청에 관하여는 제138조의 규정을 준용한다.
③ 재판장등은 제279조제1항의 목적을 달성하기 위하여 필요한 범위안에서 증거조사를 할 수 있다. 다만, 증인신문 및 당사자신문은 제313조에 해당되는 경우에만 할 수 있다.
④ 제1항 및 제3항의 경우에는 재판장등이 이 법에서 정한 법원과 재판장의 직무를 행한다.

제282조 (변론준비기일) ① 재판장등은 변론준비절차를 진행하는 동안에 주장 및 증거를 정리하기 위하여 필요하다고 인정하는 때에는 변론준비기일을 열어 당사자를 출석하게 할 수 있다.
② 사건이 변론준비절차에 부쳐진 뒤 변론준비기일이 지정됨이 없이 4월이 지난 때에는 재판장등은 즉시 변론준비기일을 지정하거나 변론준비절차를 끝내야 한다.
③ 당사자는 재판장등의 허가를 얻어 변론준비기일에 제3자와 함께 출석할 수 있다.
④ 당사자는 변론준비기일이 끝날 때까지 변론의 준비에 필요한 주장과 증거를 정리하여 제출하여야 한다.
⑤ 재판장등은 변론준비기일이 끝날 때까지 변론의 준비를 위한 모든 처분을 할 수 있다.

제283조 (변론준비기일의 조서) ① 변론준비기일의 조서에는 당사자의 진술에 따라 제274조제1항제4호와 제5호에 규정한 사항을 적어야 한다. 이 경우 특히 증거에 관한 진술은 명확히 하여야 한다.
② 변론준비기일의 조서에는 제152조 내지 제159조의 규정을 준용한다.

제284조 (변론준비절차의 종결) ① 재판장등은 다음 각호 가운데 어느 하나에 해당하면 변론준비절차를 종결하여야 한다. 다만, 변론의 준비를 계속하여야 할 상당한 이유가 있는 때에는 그러하지 아니하다.
  1. 사건을 변론준비절차에 부친 뒤 6월이 지난 때
  2. 당사자가 제280조제1항의 규정에 따라 정한 기간 이내에 준비서면 등을 제출하지 아니하거나 증거의 신청을 하지 아니한 때
  3. 당사자가 변론준비기일에 출석하지 아니한 때
② 변론준비절차를 종결하는 경우에 재판장등은 변론기일을 미리 지정할 수 있다.

제285조 (변론준비기일을 종결한 효과) ① 변론준비기일에 제출하지 아니한 공격방어방법은 다음 각호 가운데 어느 하나에 해당하여야만 변론에서 제출할 수 있다.
  1. 그 제출로 인하여 소송을 현저히 지연시키지 아니하는 때
  2. 중대한 과실 없이 변론준비절차에서 제출하지 못하였다는 것을 소명한 때
  3. 법원이 직권으로 조사할 사항인 때
② 제1항의 규정은 변론에 관하여 제276조의 규정을 적용하는 데에 영향을 미치지 아니한다.
③ 소장 또는 변론준비절차 전에 제출한 준비서면에 적힌 사항은 제1항의 규정에 불구하고 변론에서 주장할 수 있다. 다만, 변론준비절차에서 철회되거나 변경된 때에는 그러하지 아니하다.

제286조 (준용규정) 변론준비절차에는 제135조 내지 제138조, 제140조, 제142조 내지 제151조, 제225조 내지 제232조, 제268조 및 제278조의 규정을 준용한다.

> 제287조 (변론준비절차를 마친 뒤의 변론) ① 법원은 변론준비절차를 마친 경우에는 첫 변론기일을 거친 뒤 바로 변론을 종결할 수 있도록 하여야 하며, 당사자는 이에 협력하여야 한다.
> ② 당사자는 변론준비기일을 마친 뒤의 변론기일에서 변론준비기일의 결과를 진술하여야 한다.
> ③ 법원은 변론기일에 변론준비절차에서 정리된 결과에 따라서 바로 증거조사를 하여야 한다.

6. 변론기일 - 요건심리

(1) 소송요건심리

현행법상으로는 바로 변론기일이 지정되는 것이 원칙이므로, 변론에 들어가게 되는데, 법원은 먼저 소송요건에 대해 심리하게 된다. 이를 요건심리라고 한다. 이는 소의 적법요건을 심리한다는 말이고, 소는 법원, 당사자, 청구(=소송물)로 이루어지므로, 이에 대한 요건을 심리하게 된다. 먼저 법원에 대해서는 재판권, 관할권이 있는지를 심리하고, 당사자에 대해서는 당사자의 실재, 당사자능력, 당사자적격, 소송능력이 있는지를 심리하게 된다. 그리고 청구에 대해서는 청구의 특정(=소송물이론), 권리보호의 자격·이익, 법률상·계약상 소제기 금지 사유가 있는지를 심리하게 된다. 그리고 소가 병합소송이라면 그에 대한 병합요건을 검토하게 된다.

(2) 소 각하 판결

이렇게 소의 적법요건을 심리해서 이에 대한 요건흠결이 있으면, '소 각하'의 '소송'판결을 한다. 다만 관할권이 없는 경우 소각하 판결을 하는 것이 아니고, 관할권이 있는 법원에 소송을 이송하게 된다(민소 제34조). 그리고 병합요건에 흠이 있는 경우 독립의 소로 심판할 수 있으면, 독립의 소로 심판한다.

> 제51조(당사자능력·소송능력 등에 대한 원칙) 당사자능력(당사자능력), 소송능력(소송능력), 소송무능력자(소송무능력자)의 법정대리와 소송행위에 필요한 권한의 수여는 이 법에 특별한 규정이 없으면 민법, 그 밖의 법률에 따른다.

> 제52조(법인이 아닌 사단 등의 당사자능력) 법인이 아닌 사단이나 재단은 대표자 또는 관리인이 있는 경우에는 그 사단이나 재단의 이름으로 당사자가 될 수 있다.

> 제55조(제한능력자의 소송능력) ① 미성년자 또는 피성년후견인은 법정대리인에 의해서만 소송행위를 할 수 있다. 다만, 다음 각 호의 경우에는 그러하지 아니하다.
> 1. 미성년자가 독립하여 법률행위를 할 수 있는 경우
> 2. 피성년후견인이 「민법」 제10조제2항에 따라 취소할 수 없는 법률행위를 할 수 있는 경우
> ② 피한정후견인은 한정후견인의 동의가 필요한 행위에 관하여는 대리권 있는 한정후견인에 의해서만 소송행위를 할 수 있다. [전문개정 2016.2.3.]

> 제60조(소송능력 등의 흠과 추인) 소송능력, 법정대리권 또는 소송행위에 필요한 권한의 수여에 흠이 있는 사람이 소송행위를 한 뒤에 보정된 당사자나 법정대리인이 이를 추인(추인)한 경우에는, 그 소송행위는 이를 한 때에 소급하여 효력이 생긴다.

> 제34조 (관할위반 또는 재량에 따른 이송) ① 법원은 소송의 전부 또는 일부에 대하여 관할권이 없다고 인정하는 경우에는 결정으로 이를 관할법원에 이송한다.

> ② 지방법원 단독판사는 소송에 대하여 관할권이 있는 경우라도 상당하다고 인정하면 직권 또는 당사자의 신청에 따른 결정으로 소송의 전부 또는 일부를 같은 지방법원 합의부에 이송할 수 있다.
> ③ 지방법원 합의부는 소송에 대하여 관할권이 없는 경우라도 상당하다고 인정하면 직권으로 또는 당사자의 신청에 따라 소송의 전부 또는 일부를 스스로 심리·재판할 수 있다.
> ④ 전속관할이 정하여진 소에 대하여는 제2항 및 제3항의 규정을 적용하지 아니한다.

7. 변론기일 - 본안심리

(1) 본안심리

소가 적법하다면 본안심리를 하게 되는데, 이 때 본안이란 청구 즉 소송물이 실체법상(민법, 상법 등) 이유가 있는지를 심리하는 것을 말한다. 이 경우 어떠한 심리방식을 따를지가 중요하게 되는데, 현행 민소법은 처분권주의, 변론주의 방식에 의하고 있다.

(2) 처분권주의

처분권주의란 절차의 개시, 심판의 대상과 범위, 절차의 종료를 법원이 아니고 당사자에게 주도권을 주는 방식을 말한다(민소 제203조). 절차의 개시는 소의 제기는 원고가 법원에 소장을 제출함으로써 제기하는 것을 말하고(민소 제248조), 심판의 대상과 범위는 양적·질적 상한을 말한다(민소 제203조). 그리고 절차의 종료는 소 취하(민소 제266조), 청구의 포기·인낙(민소 제220조), 화해(민소 제220조)를 말한다.

(3) 변론주의

변론주의란 (광의의)소송자료 즉 사실자료(협의의 소송자료)와 증거자료의 제출책임을 법원이 아니고, 당사자에게 제출책임을 지우는 원칙을 말한다. 그 내용은 (주요)사실의 주장책임(민소 제202조), 자백의 구속력(민소 제288조), 원칙적 직권조사금지(민소 제292조)로 이루어진다.

(4) 본안판결

이러한 심리방식에 따라 소송물이 실체법상 이유가 있다고 판단되면, 법원은 청구인용판결을 하고, 이유가 없다고 판단되면 청구기각판결을 한다. 인용판결과 기각판결을 합해 '본안'판결이라고 한다.

> 제203조 (처분권주의) 법원은 당사자가 신청하지 아니한 사항에 대하여는 판결하지 못한다.

> 제266조 (소의 취하) ① 소는 판결이 확정될 때까지 그 "전부"나 "일부"를 취하할 수 있다.
> ② 소의 취하는 상대방이 본안에 관하여 준비서면을 제출하거나 변론준비기일에서 진술하거나 변론을 한 뒤에는 상대방의 동의를 받아야 효력을 가진다.
> ③ 소의 취하는 서면으로 하여야 한다. 다만, 변론 또는 변론준비기일에서 말로 할 수 있다.
> ④ 소장을 송달한 뒤에는 취하의 서면을 상대방에게 송달하여야 한다.
> ⑤ 제3항 단서의 경우에 상대방이 변론 또는 변론준비기일에 출석하지 아니한 때에는 그 기일의 조서 등본을 송달하여야 한다.
> ⑥ 소취하의 서면이 송달된 날부터 2주 이내에 상대방이 이의를 제기하지 아니한 경우에는 소취하에 동의한 것으로 본다. 제3항 단서의 경우에 있어서, 상대방이 기일에 출석한 경우에는 소를 취하한 날부터, 상대방이 기일에 출석하지 아니한 경우에는 제5항의 등본이 송달된 날부터 2주 이내에 상대방이 이의를 제기하지 아니하는 때에도 또한 같다.

> 제220조 (화해, 청구의 포기·인낙조서의 효력) 화해, 청구의 포기·인낙을 변론조서·변론준비기일조서에 적은 때에는 그 조서는 **확정판결과 같은 효력**을 가진다.
>
> 규칙 제69조의2(당사자의 조사의무) 당사자는 주장과 입증을 충실히 할 수 있도록 사전에 사실관계와 증거를 상세히 조사하여야 한다.
>
> 제202조(자유심증주의) 법원은 **변론 전체의 취지와 증거조사의 결과**를 참작하여 **자유로운 심증으로 사회정의와 형평의 이념에 입각하여 논리와 경험의 법칙에 따라 사실주장이 진실한지 아닌지**를 판단한다.
>
> 제288조 (불요증사실) 법원에서 당사자가 자백한 사실과 현저한 사실은 증명을 필요로 하지 아니한다. 다만, 진실에 어긋나는 자백은 그것이 착오로 말미암은 것임을 증명한 때에는 **취소할 수 있다**.
>
> 제292조 (직권에 의한 증거조사) 법원은 당사자가 신청한 증거에 의하여 심증을 얻을 수 없거나, 그 밖에 필요하다고 인정한 때에는 **직권으로 증거조사**를 할 수 있다.
>
> 제289조 (증거의 신청과 조사) ① 증거를 신청할 때에는 증명할 사실을 표시하여야 한다.
> ② 증거의 신청과 조사는 변론기일전에도 할 수 있다.

8. 심증형성

(1) 자유심증주의

법원은 '사회정의와 형평의 이념에 입각하여 논리칙과 경험칙에 따라 자유로운 심증으로 사실주장이 진실인지 아닌지를 판단'하게 되는데, 이를 자유심증주의라고 한다(민소 제202조).

(2) 증명책임

이 때 법원은 심증이 형성되지 않는다고 해도, 재판을 거부할 수 없으므로, 어떻게든 판결을 해야 하는데 그에 대한 소송기술을 증명책임이라고 한다. 즉 누구에게 패소의 불이익을 부여하느냐에 관한 문제를 말하는 것이다. 이렇듯 항상 심증이 형성되지 않는 경우의 문제이므로, '자유심증주의가 끝나는 곳에서 증명책임이 시작'되는 것이다.

> 제202조 (자유심증주의) 법원은 **변론 전체의 취지와 증거조사의 결과**를 참작하여 **자유로운 심증으로 사회정의와 형평의 이념에 입각하여 논리와 경험의 법칙에 따라 사실주장이 진실한지 아닌지를 판단**한다.

9. 변론의 종결

(1) 변론종결 시

법원은 甲과 乙 사이의 권리관계의 존부에 대해 판단하는 것이므로, 그 시점이 중요하게 된다. 즉 법원은 심증이 형성되었으면, 변론을 종결하게 되는데, 변론을 종결하는 바로 그 시점의 권리관계를 판단하게 되는 것이다. 이를 사실심의 변론종결시라고 하고, 이는 기판력의 표준시, 시적 한계가 된다.

(2) 기판력의 표준시

기판력의 표준시가 변론종결시가 된다는 조문 자체는 없지만, 민소 제218조 1항, 제208조 1항 5호, 민사집행법 제44조 2항의 규정상 명백하다고 할 수 있다.

> 제218조 (기판력의 주관적 범위) ① 확정판결은 **당사자, 변론을 종결한 뒤의 승계인**(변론 없이 한 판결의 경우에는 판결을 선고한 뒤의 승계인) 또는 <u>그를 위하여</u> 청구의 목적물을 소지한 사람에 대하여 효력이 미친다.
> ② 제1항의 경우에 **당사자가 변론을 종결할 때**(변론 없이 한 판결의 경우에는 판결을 선고할 때)까지 승계사실을 진술하지 아니한 때에는 **변론을 종결한 뒤**(변론 없이 한 판결의 경우에는 판결을 선고한 뒤)<u>에 승계한 것으로 추정</u>한다.
> ③ 다른 사람을 위하여 원고나 피고가 된 사람에 대한 확정판결은 그 다른 사람에 대하여도 효력이 미친다.
> ④ 가집행의 선고에는 제1항 내지 제3항의 규정을 준용한다.

> 제208조 (판결서의 기재사항 등) ① 판결서에는 다음 각 호의 사항을 적고, 판결한 법관이 서명날인 하여야 한다.
>   1. <u>당사자와 법정대리인</u>
>   2. <u>주문</u>
>   3. 청구의 취지 및 상소의 취지
>   4. <u>이유</u>
>   5. <u>변론을 종결한 날짜</u>. 다만, 변론 없이 판결하는 경우에는 판결을 선고하는 날짜
>   6. 법원
> ② 판결서의 이유에는 <u>주문이 정당하다는 것을 인정할 수 있을 정도로 당사자의 주장, 그 밖의 공격·방어방법에 관한 판단을 표시</u>한다.
> ③ 제2항의 규정에 불구하고 "제1심 판결"로서 다음 각 호 가운데 어느 하나에 해당하는 경우에는 청구를 특정함에 필요한 사항과 제216조제2항의 판단에 관한 사항만을 간략하게 표시할 수 있다.
>   1. 제257조의 규정에 의한 무변론 판결
>   2. 제150조제3항이 적용되는 경우의 판결
>   3. 피고가 제194조 내지 제196조의 규정에 의한 공시송달로 기일통지를 받고 변론기일에 출석하지 아니한 경우의 판결
> ④ 법관이 판결서에 서명날인함에 지장이 있는 때에는 다른 법관이 판결에 그 사유를 적고 서명날인하여야 한다.

10. 판결의 선고

(1) 판결의 선고

법원은 변론을 종결했으면, 판결 선고기일을 지정하고, 판결서를 작성하여 판결을 선고하게 된다(민소 제208조, 제205조).

(2) 기속력

1) 의의

이 경우 판결이 선고되면 판결법원은 그 판결을 취소·변경할 수 없는 효력이 생기게 되는데, 이를 기속력(자기구속력, 자박력)이라고 한다.

2) 기속력의 배제

그리고 기속력은 판결에만 있고, 결정·명령에는 없다(기속력의 배제, 민소 제446조, 재도의 고안 참고).

3) 기속력의 완화

다만 판결에는 기속력을 배제하는 제도(변경판결)는 없으나, 완화하는 제도는 있는데, 이를 판결의 경정(민소 제211조)이라고 한다.

> 제205조 (판결의 효력발생) 판결은 선고로 효력이 생긴다.

> 제211조 (판결의 경정) ☞ 판결의 기속력, 재도의 고안(제446조) 정리 ① 판결에 잘못된 계산이나 기재, 그 밖에 이와 비슷한 잘못이 있음이 분명한 때에 법원은 직권으로 또는 당사자의 신청에 따라 경정결정(경정결정)을 할 수 있다.
> ② 경정결정은 판결의 원본과 정본에 덧붙여 적어야 한다. 다만, 정본에 덧붙여 적을 수 없을 때에는 결정의 정본을 작성하여 당사자에게 송달하여야 한다.
> ③ 경정결정에 대하여는 즉시항고를 할 수 있다. 다만, 판결에 대하여 적법한 항소가 있는 때에는 그러하지 아니하다.

> 제446조 (항고의 처리) ☞ 再度의 考案(재도의 고안), 판결의 기속력과 연결
> 원심법원이 항고에 정당한 이유가 있다고 인정하는 때에는 그 재판을 경정하여야 한다.

11. 상소 여부

(1) 상소기간

판결서가 송달이 되면 불리한 판결을 받은 당사자는 2주 이내에 상소를 제기할 수 있다(민소 제396조).

(2) 원심법원제출주의

이 경우 상소장은 원심법원에 제출한다(원심법원제출주의, 민소 제397조, 제425조). 예를 들어 甲이 청구기각의 판결을 받았다면 그 청구기각판결을 한 1심법원에 항소장을 제출하면 되는 것이다.

(3) 확정차단·이심의 효력

상소가 제기되면 확정이 차단되고(민소 제498조), 상소불가분의 원칙상 전 소송이 상소심으로 이심 되는 것이 원칙이다.

> 제396조 (항소기간) ① 항소는 판결서가 송달된 날[2]부터 2주 이내에 하여야 한다. 다만, 판결서 송달 전에도 할 수 있다.
> ② 제1항의 기간은 불변기간으로 한다.

---

2) 따라서 판결정본 송달의 하자는 항소기간이라는 불변기간의 기산점이 되므로, 비록 소송서류송달의 하자이지만 예외적으로 강행규정이 되어 이의권의 포기·상실의 대상이 될 수 없다(통설, 判例).

> 제397조 (항소의 방식, 항소장의 기재사항) ① 항소는 <u>항소장을 제1심 법원에 제출함</u>으로써 한다.
> ② 항소장에는 다음 각 호의 사항을 적어야 한다.
>   1. <u>당사자와 법정대리인</u>
>   2. <u>제1심 판결의 표시</u>와 <u>그 판결에 대한 항소의 취지</u>

> 제425조 (항소심절차의 준용) 상고와 상고심의 소송절차에는 특별한 규정이 없으면 제1장의 규정을 준용한다.

> 제253조 (소의 객관적 병합) <u>여러 개의 청구</u>는 <u>같은 종류의 소송절차에 따르는 경우에만</u> <u>하나의 소로 제기할 수 있다.</u>

> 제415조(항소를 받아들이는 범위) 제1심 판결은 그 불복의 한도 안에서 바꿀 수 있다. 다만, 상계에 관한 주장을 인정한 때에는 그러하지 아니하다.

> 제407조(변론의 범위) ① 변론은 당사자가 제1심 판결의 변경을 청구하는 한도 안에서 한다.
> ② 당사자는 제1심 변론의 결과를 진술하여야 한다.

12. 형식적 확정력

(1) 의의

상소를 제기하지 않거나, 상소기간이 도과되는 경우에 그 판결은 확정된다(민소 제498조). 이를 형식적 확정력이라고 하는데, 당사자는 이제 통상의 불복방법으로는 그 판결에 불복할 수 없게 된다.

(2) 비상불복방법

다만 비상의 불복방법으로는 불복이 가능한데, 이는 재심(민소 제451조), 상소의 추후보완(민소 제173조)이 있다.

> 제498조 (판결의 확정시기) 판결은 <u>상소를 제기할 수 있는 기간</u> 또는 <u>그 기간 이내에 적법한 상소제기가 있을 때에는 확정되지 아니한다.</u>

> 제451조 (재심사유) ① 다음 각 호 가운데 어느 하나에 해당하면 확정된 종국판결에 대하여 재심의 소를 제기할 수 있다. 다만, <u>당사자가 상소에 의하여 그 사유를 주장하였거나</u>, <u>이를 알고도 주장하지 아니한 때에는</u> <u>그러하지 아니하다.</u>
>   1. 법률에 따라 판결법원을 구성하지 아니한 때
>   2. 법률상 그 재판에 관여할 수 없는 법관이 관여한 때
>   3. **법정대리권·소송대리권 또는 대리인이 소송행위를 하는 데에 필요한 권한의 수여에 흠이 있는 때**. 다만, <u>제60조 또는 제97조의 규정에 따라 추인한 때에는</u> <u>그러하지 아니하다.</u>
>   4. 재판에 관여한 법관이 그 사건에 관하여 직무에 관한 **죄를 범한** 때
>   5. **형사상 처벌을 받을** 다른 사람의 행위로 말미암아 자백을 하였거나 판결에 영향을 미칠 공격 또는 방어방법의 제출에 방해를 받은 때
>   6. 판결의 증거가 된 문서, 그 밖의 물건이 위조되거나 변조된 것인 때
>   7. 증인·감정인·통역인의 거짓 진술 또는 당사자신문에 따른 당사자나 법정대리인의 거짓 진술이 판결의 증거가 된 때
>   8. 판결의 기초가 된 민사나 형사의 판결, 그 밖의 재판 또는 행정처분이 다른 재판이나 행정처분에

> 　　　　따라 바뀐 때
> 　9. 판결에 영향을 미칠 중요한 사항에 관하여 판단을 누락한 때
> 　10. 재심을 제기할 판결이 전에 선고한 확정판결에 어긋나는 때
> 　11. 당사자가 상대방의 주소 또는 거소를 알고 있었음에도 있는 곳을 잘 모른다고 하거나 주소나 거소를 거짓으로 하여 소를 제기한 때
> ② 제1항 제4호 내지 제7호의 경우에는 처벌받을 행위에 대하여 유죄의 판결이나 과태료부과의 재판이 확정된 때 또는 증거부족 외의 이유로 유죄의 확정판결이나 과태료부과의 확정재판을 할 수 없을 때에만 재심의 소를 제기할 수 있다.
> ③ 항소심에서 사건에 대하여 본안판결을 하였을 때에는 제1심 판결에 대하여 재심의 소를 제기하지 못한다.

> 제173조(소송행위의 추후보완) ① 당사자가 책임질 수 없는 사유로 말미암아 불변기간을 지킬 수 없었던 경우에는 그 사유가 없어진 날부터 2주 이내에 게을리 한 소송행위를 보완할 수 있다. 다만, 그 사유가 없어질 당시 외국에 있던 당사자에 대하여는 이 기간을 30일로 한다.
> ② 제1항의 기간에 대하여는 제172조의 규정을 적용하지 아니한다.

13. 실질적 확정력(=기판력)

(1) 의의 및 근거

1) 의의

　형식적 확정력이 있으면, 무효판결이 아닌 한, 실질적 확정력 즉 기판력이 생긴다.

2) 근거

　이는 전소확정판결의 효력이 후소에 미치는 구속력을 말하는데, 근거는 법적안정성과 당사자의 절차보장에 있다(이원설).

(2) 범위

　기판력은 甲이 乙에게(주관적 범위), 1억 대여금이행청구권이 있음(객관적 범위)을, 사실심 변론종결시가 2019.9.1. 이라면 바로 그 때(시적 범위), 권리를 확인하는 효력이고, 이는 후소에 미치게(=작용)된다.

(3) 작용

　이 때 기판력은 후소에 소송물동일, 선결, 모순관계로 미치게 된다.

(4) 본질론

1) 모순금지설 · 반복금지설

　예를 들어 甲이 乙에게 청구기각의 확정판결을 받고도, 동일한 소를 乙에게 다시 제기하였다면, 기판력이 작용하게 된다. 이 경우 기판력의 본질에 관한 모순금지설은 전소의 승·패를 나누어 승소확정판결을 받은 자가 다시 동일한 소를 제기하면 권리보호이익이 없어 소를 각하하지만, 패소확정판결을 받은 경우라면 권리보호이익은 있어 본안심리에 나아가지만 전소법원과 모순되는 판단을 할 수 없어 청구를 기각하게 된다. 하지만 반복금지설은 전소의 승·패를 불문하고 다시

동일한 소를 제기하면 소극적 소송요건 흠결로 소를 각하하게 된다.

2) 判例 및 다수설

判例는 모순금지설의 입장[3]이지만, 다수설은 반복금지설의 입장이다.

> 제216조 (기판력의 객관적 범위) ① 확정판결(확정판결)은 주문에 포함된 것에 한하여 기판력(기판력)을 가진다.
> ② 상계를 주장한 청구가 성립되는지 아닌지의 판단은 상계하자고 대항한 액수에 한하여 기판력을 가진다.

14. 소의 객관적 병합(제253조)

> 제253조(소의 객관적 병합) 여러 개의 청구는 같은 종류의 소송절차에 따르는 경우에만 하나의 소로 제기할 수 있다.

(1) 원시적 병합

1) 단순 병합

원고가 수 개의 청구에 대해 병렬적으로 심판을 구하는 형태의 병합으로, 병합된 모든 청구에 대해 법원의 심판을 요한다.

2) 선택적 병합

원고로서는 병합된 수개의 청구 가운데 어느 하나가 인용되면 소의 목적을 달성할 수 있으므로, 다른 청구에 대해서는 심판을 바라지 않는 형태를 말한다. 따라서 법원은 이유 있는 청구 어느 하나를 선택하여 원고 청구를 인용하면 된다.

3) 예비적 병합

논리적으로 양립되지 않는 수개의 청구를 하면서 1차 청구(주위적 청구)가 기각·각하될 때를 대비하여 2차 청구에 대하여 심판을 구하는 경우이다[4]. 따라서 1차 청구를 먼저 심리하여 보고 인용되면 2차 청구에 대해서는 심판할 필요가 없고, 1차 청구를 기각하면 2차 청구를 심판하여야 한다.

---

3) 判例는 원고가 전소에서 일부승소의 확정판결을 받아 놓고 다시 동일한 피고에게 보관금반환청구의 소를 제기한 사안에서 "원고의 이 사건 소 중 그 승소부분에 해당하는 2분의1 부분은 권리보호의 요건을 갖추지 못한 부적법한 것이라 하여 이를 각하하여야 하고 패소부분에 해당하는 나머지 2분의1 부분은 그와 모순되는 판단을 할 수 없는 것이라 하여 형식적으로 이를 기각하여야 한다(대판 1979.09.11. 79다1275)"고 하고, "확정된 승소판결에는 기판력이 있으므로 승소 확정판결을 받은 당사자가 전소의 상대방을 상대로 다시 승소 확정판결의 전소와 동일한 청구의 소를 제기하는 경우, 특별한 사정이 없는 한 후소는 권리보호의 이익이 없어 부적법하다(대판 2017.11.14. 2017다23066)."고 하여 모순금지설의 입장이다.
4) 즉 주위적 청구가 인용이 될 것을 해제조건부로 예비적 청구에 대하여 심판을 구하는 형태를 말한다.

(2) 후발적 병합

1) 청구의 변경

> 제262조(청구의 변경) ① 원고는 청구의 기초가 바뀌지 아니하는 한도 안에서 변론을 종결할 때(변론 없이 한 판결의 경우에는 판결을 선고할 때)까지 청구의 취지 또는 원인을 바꿀 수 있다. 다만, 소송절차를 현저히 지연시키는 경우에는 그러하지 아니하다.
> ② 청구"취지"의 변경은 서면으로 신청하여야 한다.
> ③ 제2항의 서면은 상대방에게 송달하여야 한다.

청구의 변경이란 소의 변경 즉 소송물의 변경을 말한다(제262조).

2) 중간확인의 소

> 제264조(중간확인의 소) ① 재판이 소송의 진행 중에 쟁점이 된 법률관계의 성립여부에 매인 때에 당사자는 따로 그 법률관계의 확인을 구하는 소를 제기할 수 있다. 다만, 이는 그 확인청구가 다른 법원의 관할에 전속되지 아니하는 때에 한한다.
> ② 제1항의 청구는 서면으로 하여야 한다.
> ③ 제2항의 서면은 상대방에게 송달하여야 한다.

중간확인의 소란 소송계속 중 본래의 청구의 판단에 관하여 전제문제를 이루는 선결적 법률관계의 존재여부에 관하여 소송절차를 병합하여 제기하는 확인의 소를 말한다(제264조).

3) 반소

> 제269조(반소) ① 피고는 소송절차를 현저히 지연시키지 아니하는 경우에만 변론을 종결할 때까지 본소가 계속된 법원에 반소를 제기할 수 있다. 다만, 소송의 목적이 된 청구가 다른 법원의 관할에 전속되지 아니하고 본소의 청구 또는 방어의 방법과 서로 관련이 있어야 한다.
> ② 본소가 단독사건인 경우에 피고가 반소로 합의사건에 속하는 청구를 한 때에는 법원은 직권 또는 당사자의 신청에 따른 결정으로 본소와 반소를 합의부에 이송하여야 한다. 다만, 반소에 관하여 제30조의 규정에 따른 관할권이 있는 경우에는 그러하지 아니하다.

소송계속 중에 피고가 그 소송절차를 이용하여 원고에 대하여 제기하는 소를 반소라고 한다. 이는 소송중의 소로서 이에 의하여 청구의 추가적 병합으로 된다.

15. 소의 주관적 병합

(1) 원시적 병합 - 공동소송

1) 의의

> 제65조(공동소송의 요건) 소송목적이 되는 권리나 의무가 여러 사람에게 공통되거나 사실상 또는 법률상 같은 원인으로 말미암아 생긴 경우에는 그 여러 사람이 공동소송인으로서 당사자가 될 수 있다. 소송목적이 되는 권리나 의무가 같은 종류의 것이고, 사실상 또는 법률상 같은 종류의 원인으로 말미암은 것인 경우에도 또한 같다.

공동소송이라 함은 1개의 소송절차에 수인의 원고 또는 피고가 관여하는 소송형태를 말한다. 이 경우 원고 또는 피고 측에 서는 수인을 공동소송인이라 한다. 공동소송을 소의 주관적 병합이라고도 한다. 공동소송이 되기 위해서는 당사자가 복수이어야 하는 바, 당사자 이외의 소송대리인이 여러 사람일 때에는 공동소송으로 되지 않는다.

2) 종류

> 제66조(통상공동소송인의 지위) 공동소송인 가운데 한 사람의 소송행위 또는 이에 대한 상대방의 소송행위와 공동소송인 가운데 한 사람에 관한 사항은 다른 공동소송인에게 영향을 미치지 아니한다.

> 제67조(필수적 공동소송에 대한 특별규정)
> ① 소송목적이 공동소송인 모두에게 합일적으로 확정되어야 할 공동소송의 경우에 공동소송인 가운데 한 사람의 소송행위는 모두의 이익을 위하여서만 효력을 가진다(능동적 소송행위, 소송자료의 통일).
> ② 제1항의 공동소송에서 공동소송인 가운데 한 사람에 대한 상대방의 소송행위는 공동소송인 모두에게 효력이 미친다(수동적 소송행위, 소송자료의 통일).
> ③ 제1항의 공동소송에서 공동소송인 가운데 한 사람에게 소송절차를 중단 또는 중지하여야 할 이유가 있는 경우 그 중단 또는 중지는 모두에게 효력이 미친다(소송진행의 통일).

공동소송은 공동소송인간에 합일확정이 필수적인가의 여부에 의하여 통상공동소송과 필수적 공동소송으로 구분되는데, 전자는 공동소송인 사이에 합일확정이 필수적이 아닌 공동소송으로서, 공동소송인 사이에서 승패가 일률적으로 될 필요가 없는 공동소송의 형태를 말한다. 예외적으로 인정되는 필수적 공동소송을 제외하고 공동소송은 모두 통상공동소송이며, 이를 보통공동소송 또는 단순공동소송이라고도 한다. 한편, 후자는 공동소송인 사이에 합일확정을 필수적으로 요하는 공동소송이다(민사소송법 제67조). 구법에서는 필요적 공동소송이라 했다. 공동소송인간에 소송의 승패를 일률적으로 할 필요가 있고, 따라서 공동소송인 중 A는 승소, B는 패소 등 본안판결의 결과를 구별하게 되는 것이 법률상 허용되지 아니하는 경우이다.

(2) 후발적 병합 - 제3자의 참가

1) 독립당사자참가

> 제79조(독립당사자참가) ① 소송목적의 전부나 일부가 "자기"의 "권리"라고 "주장"하거나, 소송결과에 따라 "권리"가 "침해"된다고 "주장"하는 제3자는 당사자의 양 쪽 또는 "한 쪽"을 상대방으로 하여 당사자로서 소송에 참가할 수 있다.
> ② 제1항의 경우에는 제67조 및 제72조의 규정을 준용한다.

2) 공동소송참가

> 제83조(공동소송참가) ① 소송목적이 한 쪽 당사자와 제3자에게 합일적으로 확정되어야 할 경우 그 제3자는 공동소송인으로 소송에 참가할 수 있다.
> ② 제1항의 경우에는 제72조의 규정을 준용한다.

3) 공동소송적 보조참가

> 제78조(공동소송적 보조참가) 재판의 효력이 참가인에게도 미치는 경우에는 그 참가인과 피참가인에 대하여 제67조 및 제69조를 준용한다.

4) 보조참가

> 제71조(보조참가) 소송결과에 이해관계가 있는 제3자는 한 쪽 당사자를 돕기 위하여 법원에 계속 중인 소송에 참가할 수 있다. 다만, 소송절차를 현저하게 지연시키는 경우에는 그러하지 아니하다.

(3) 당사자의 변경

1) 임의적 당사자 변경

① 의의

임의적 당자자의 변경이란 소송계속 중 당사자의 의사에 의하여 종전의 원고나 피고에 갈음하여 제3자를 가입시키거나, 종전의 원고나 피고에 추가하여 제3자를 가입시키는 것을 말한다. 명문이 있는 경우는 다음과 같다.

② 피고의 경정

> 제260조(피고의 경정) ① 원고가 피고를 잘못 지정한 것이 분명한 경우에는 제1심 법원은 변론을 종결할 때까지 원고의 신청에 따라 결정으로 피고를 경정하도록 허가할 수 있다. 다만, 피고가 본안에 관하여 준비서면을 제출하거나, 변론준비기일에서 진술하거나 변론을 한 뒤에는 그의 동의를 받아야 한다.
> ② 피고의 경정은 서면으로 신청하여야 한다.
> ③ 제2항의 서면은 상대방에게 송달하여야 한다. 다만, 피고에게 소장의 부본을 송달하지 아니한 경우에는 그러하지 아니하다.
> ④ 피고가 제3항의 서면을 송달받은 날부터 2주 이내에 이의를 제기하지 아니하면 제1항 단서와 같은 동의를 한 것으로 본다.

③ 필수적 공동소송인의 추가

> 제68조(필수적 공동소송인의 추가) ① 법원은 제67조 제1항의 규정에 따른 공동소송인 가운데 일부가 누락된 경우에는 제1심의 변론을 종결할 때까지 원고의 신청에 따라 결정으로 원고 또는 피고를 추가하도록 허가할 수 있다. 다만, 원고의 추가는 추가될 사람의 동의를 받은 경우에만 허가할 수 있다.
> ② 제1항의 허가결정을 한 때에는 허가결정의 정본을 당사자 모두에게 송달하여야 하며, 추가될 당사자에게는 소장부본도 송달하여야 한다.
> ③ 제1항의 규정에 따라 공동소송인이 추가된 경우에는 처음의 소가 제기된 때에 추가된 당사자와의 사이에 소가 제기된 것으로 본다.
> ④ 제1항의 허가결정에 대하여 이해관계인은 추가될 원고의 동의가 없었다는 것을 사유로 하는 경우에만 즉시항고를 할 수 있다.
> ⑤ 제4항의 즉시항고는 집행정지의 효력을 가지지 아니한다.
> ⑥ 제1항의 신청을 기각한 결정에 대하여는 즉시항고를 할 수 있다.

④ 예비적·선택적 공동소송

> 제70조(예비적·선택적 공동소송에 대한 특별규정) ① 공동소송인 가운데 일부의 청구가 다른 공동소송인의 청구와 법률상 양립할 수 없거나 공동소송인 가운데 일부에 대한 청구가 다른 공동소송인에 대한 청구와 법률상 양립할 수 없는 경우에는 제67조 내지 제69조를 준용한다. 다만, 청구의 포기·인낙, 화해 및 소의 취하의 경우에는 그러하지 아니하다.
> ② 제1항의 소송에서는 모든 공동소송인에 관한 청구에 대하여 판결을 하여야 한다.

2) 소송승계

① 당연승계 = 포괄승계

> 제233조(당사자의 사망으로 말미암은 중단) ① 당사자가 죽은 때에 소송절차는 중단된다. 이 경우 상속인·상속재산관리인, 그 밖에 법률에 의하여 소송을 계속하여 수행할 사람이 소송절차를 수계(수계)하여야 한다. ② 상속인은 상속포기를 할 수 있는 동안 소송절차를 수계하지 못한다.

당연승계란 실체법상 사망 등의 포괄승계의 원인이 있으면 소송법상으로도 당사자의 지위는 포괄승계인에게 그대로 이전한다는 것을 말한다(제233조 등).

② 소송물의 양도 = 특정승계 = 변론종결 전의 승계인 = 신청승계

> 제81조(승계인의 소송참가) 소송이 법원에 계속되어 있는 동안에 제3자가 소송목적인 권리 또는 의무의 전부나 일부를 승계하였다고 주장하며 제79조의 규정에 따라 소송에 참가한 경우 그 참가는 소송이 법원에 처음 계속된 때에 소급하여 시효의 중단 또는 법률상 기간준수의 효력이 생긴다.

> 제82조(승계인의 소송인수) ① 소송이 법원에 계속되어 있는 동안에 제3자가 소송목적인 권리 또는 의무의 전부나 일부를 승계한 때에는 법원은 당사자의 신청에 따라 그 제3자로 하여금 소송을 인수하게 할 수 있다.
> ② 법원은 제1항의 규정에 따른 결정을 할 때에는 당사자와 제3자를 심문(심문)하여야 한다.
> ③ 제1항의 소송인수의 경우에는 제80조의 규정 가운데 탈퇴 및 판결의 효력에 관한 것과, 제81조의 규정 가운데 참가의 효력에 관한 것을 준용한다.

참고4 참고문헌

◈ 교과서 ◈
이시윤, 신민사소송법 제15판, 2021, 박영사
김홍규·강태원, 민사소송법 초판, 2008, 삼영사
정동윤·유병현, 민사소송법 제6판, 2017, 법문사
호문혁, 민사소송법 제13판, 2016, 법문사
강현중, 민사소송법 제4판, 2004, 박영사
오시영, 민사소송법 초판, 2004, 학현사
전병서, 민사소송법 제4판 보정, 2003, 법문사
김용진, (실통본)민사소송법 제5판, 2008, 신영사
김홍엽, 민사소송법 제8판, 2019, 박영사
이시윤, 신민사집행법, 2019, 박영사

◈ 연구서, 연습서 및 판례평석 ◈
조관행 등, 민사재판의 제 문제(하), 송천이시윤박사화갑기념, 1995, 박영사
호문혁, 민사소송법연구(Ⅰ), 1998, 박영사
호문혁, 민사소송법연습, 제3판, 2009, 법문사
김상수, 민사소송법판례백선, 2007, 법우사
한충수, 민사소송법이론과 실무, 2006, 홍문사
호문혁 집필부분, "90년대 주요민사판례평석", 박영사
이동률, 민사소송의 당사자론, 2007, 삼우사
Leo Rosenberg, 강봉수·김형배·오석락 공역, 입증책임론, 1995, 박영사
오석락, 입증책임론, 신판, 박영사
전병서, 개정 민사소송법 해설, 2002, 중앙대학교
이규호, 민사소송법강의안, 2007, 광운대학교 산학협력단
민사소송(한국민사소송법학회지), 제14권 제2호, 2010, 한국사법행정학회
이시윤·조관행·이원석, 판례해설 민사소송법, 2011, 박영사
양경승, 민사법과 민사소송의 구조, 2014, 법문사

◈ 실무서 ◈
법원실무제요(Ⅰ), (Ⅱ), (Ⅲ), 2017, 법원행정처
민사소송법 개정내용과 해설, 2002, 법원행정처
요건사실론, 2016, 사법연수원
보전소송, 2016, 사법연수원
주석 민사소송법(집필대표 : 김능환·민일영) (Ⅰ),(Ⅱ),(Ⅲ),(Ⅳ),(Ⅴ),(Ⅵ),(Ⅶ), 2012, 한국사법행정학회
민사소송실무(Ⅰ), (Ⅲ), 2017, 법원공무원교육원

◈ 외국서 ◈
Rosenberg/Schwab/Gottwald, Zivilprozessrecht(15, Aufl. 1993)
Arens/Lüke, Zivilprozessrecht(6, Aufl. 1994)

목 차

제1편 총 론

제1장 민사소송 ··· 3
  제1절 민사소송의 목적 및 개념 ··· 3
    Ⅰ. 민사소송의 목적 ··· 3
    Ⅱ. 민사소송의 개념 ··· 3
  제2절 민사소송과 다른 제도 ·· 4
    Ⅰ. 소송의 종류 ·· 4
    Ⅱ. 소송 외의 분쟁 해결을 위한 여러 제도 ·· 9
    Ⅲ. 조 정 ··· 10
    Ⅳ. 중 재 ··· 11
  제3절 민사소송의 이상과 신의칙 ··· 12
    Ⅰ. 민사소송의 이상 ··· 12
    Ⅱ. 신의성실의 원칙 ··· 14
  제4절 민사소송절차의 종류 ·· 20
    Ⅰ. 통상소송절차 ··· 20

제2장 민사소송법 ··· 31
  제1절 민사소송법의 의의와 성격 ··· 31
  제2절 민사소송법규의 해석과 종류 ··· 31
    Ⅰ. 해 석 ··· 31
    Ⅱ. 종 류 ··· 32
  제3절 민사소송법의 효력의 한계 ··· 34
    Ⅰ. 시적 한계 ·· 34
    Ⅱ. 장소적 한계 ·· 34

제2편 소송주체

제1장 법 원 ··· 38

제1절 민사재판권 ··· 38
Ⅰ. 재판권 일반 ··· 38
Ⅱ. 민사재판권 의의 및 범위 ··· 38
Ⅲ. 민사재판권의 대인적 제약과 국가에 대한 재판권면제 ··· 38
Ⅳ. 국제재판관할권 ··· 39
Ⅴ. 장소적 범위 및 재판권 없을 때의 효과 ··· 46

제2절 민사법원의 종류와 구성 ··· 47
Ⅰ. 법원의 종류와 심급제도 ··· 47
Ⅱ. 법원의 구성 ··· 48
Ⅲ. 법 관 ··· 49
Ⅳ. 그 밖의 사법기관 ··· 51

제3절 법관의 제척·기피·회피(중립성) ··· 55
Ⅰ. 제도의 의의와 적용범위 ··· 55
Ⅱ. 법관의 제척 ··· 56
Ⅲ. 법관의 기피 ··· 58
Ⅳ. 법관의 회피 ··· 63

제4절 관 할 ··· 63

제1관 관할의 의의와 종류
Ⅰ. 관할의 의의 ··· 63
Ⅱ. 관할의 종류 ··· 63

제2관 직분관할 ··· 65

제3관 사물관할 ··· 66
Ⅰ. 서설 ··· 66
Ⅱ. 합의부의 관할 ··· 67
Ⅲ. 단독판사의 관할 ··· 69
Ⅳ. 소송목적의 값(소가) ··· 69

제4관 토지관할(=재판적) ··· 72
Ⅰ. 의의와 종류 ··· 72
Ⅱ. 보통재판적 ··· 73
Ⅲ. 특별재판적 ··· 74
Ⅳ. 관련재판적(병합청구의 재판적) – 한 청구의 재판적이 있는 곳 ··· 80

제5관 지정관할 ··· 82

제6관 합의관할 ··· 83
Ⅰ. 서 설 ··· 83
Ⅱ. 법적성질 ··· 83
Ⅲ. 요 건 ··· 83

Ⅳ. 합의의 모습 ··· 84
　　Ⅴ. 합의의 효력 ··· 85
　　Ⅵ. 약관에 의한 관할의 합의 ··· 86
　제7관 변론관할(응소관할) ··· 87
　　Ⅰ. 서 설 ··· 87
　　Ⅱ. 요 건 ··· 88
　　Ⅲ. 효 과 ··· 89
　제8관 관할권의 조사 ··· 89
　제9관 소송의 이송 ··· 91
　　Ⅰ. 의의, 취지 및 구별개념 ··· 91
　　Ⅱ. 이송의 원인(이송요건) ··· 91
　　Ⅲ. 이송절차 ··· 98
　　Ⅳ. 이송의 효과 ··· 99

제2장 당사자(원고와 피고) ··· 102

제1절 총 설 ··· 102
　Ⅰ. 당사자의 의의 ··· 102
　Ⅱ. 이당사자대립주의 ··· 103
　Ⅲ. 당사자권(절차적 기본권) - 이른바 당사자권 이론 ··· 103

제2절 당사자의 확정 ··· 104
　Ⅰ. 의의, 필요성 및 구별개념 ··· 104
　Ⅱ. 확정의 기준에 관한 학설 ··· 105
　Ⅲ. 당사자표시의 정정 ··· 106
　Ⅳ. 성명모용소송 - 당사자 동일성의 조사 ··· 110
　Ⅴ. 법인격부인과 당사자의 표시정정 ··· 111
　Ⅵ. 사망자를 당사자로 한 소송 ··· 113

제3절 당사자의 자격 ··· 122
　제1관 당사자능력 ··· 122
　　Ⅰ. 의 의 ··· 122
　　Ⅱ. 당사자능력자 ··· 122
　　Ⅲ. 당사자능력의 조사와 그 능력 없을 때의 효과 ··· 129
　제2관 당사자적격 ··· 130
　　Ⅰ. 서 설 ··· 130
　　Ⅱ. 당사자적격을 갖는 자(정당한 당사자) ··· 131
　　Ⅲ. 당사자적격 없을 때의 효과 ··· 141
　제3관 소송능력 ··· 142
　　Ⅰ. 의의 및 취지 ··· 142
　　Ⅱ. 소송능력자 ··· 142
　　Ⅲ. 소송무능력자 ··· 143
　　Ⅳ. 소송능력의 소송법상 효과 ··· 145

제4관 변론능력 ·········· 148
  I. 서 설 ·········· 148
  II. 변론무능력자 ·········· 148
  III. 변론능력 흠결의 효과 ·········· 150
제4절 소송상의 대리인 ·········· 151
제1관 총 설 ·········· 151
  I. 의의 및 비교개념 ·········· 151
  II. 소송상 대리인의 종류 ·········· 152
제2관 법정대리인 ·········· 152
  I. 개 념 ·········· 152
  II. 종 류 ·········· 152
  III. 법정대리인의 권한 ·········· 157
  IV. 법정대리인의 지위 ·········· 159
  V. 법정대리권의 소멸 ·········· 161
  VI. 법인 등의 대표자 ·········· 161
제3관 임의대리인(소송대리인) ·········· 163
  I. 개념과 종류 ·········· 163
  II. 소송대리인의 자격 – 변호사대리의 원칙 ·········· 164
  III. 소송대리권의 수여 ·········· 168
  IV. 소송대리권의 범위 ·········· 169
  V. 소송대리인의 지위 ·········· 172
  VI. 소송대리권의 소멸 ·········· 173
제4관 무권대리인 ·········· 175
  I. 의 의 ·········· 175
  II. 소송상의 취급 ·········· 175
  III. 쌍방대리의 금지 – 변호사법 제31조 위반의 대리행위의 효력 ·········· 176
  IV. 소송행위와 표현대리 ·········· 178
  V. 비변호사의 대리행위 ·········· 179

제3편 제1심의 소송절차

제1장 소송의 개시 ·········· 186
제1절 소의 제기 ·········· 186
  I. 소제기의 방식 ·········· 186
  II. 소장의 기재사항 ·········· 187
제2절 재판장의 소장심사와 소제기후의 조치 ·········· 190
  I. 재판장의 소장심사 ·········· 190
  II. 소장부본의 송달 ·········· 195

Ⅲ. 피고의 답변서제출의무와 무변론판결 · 196
　　Ⅳ. 변론기일의 지정 · 198
제3절 소의 의의와 종류 · 199
　　Ⅰ. 소의 의의 · 199
　　Ⅱ. 소의 종류 · 199
제4절 소송 요건 · 204
　제1관 총설 · 204
　　Ⅰ. 소송요건의 종류 · 204
　　Ⅱ. 소송요건의 모습 · 205
　　Ⅲ. 소송요건의 조사 · 206
　　Ⅳ. 조사결과 · 208
　제2관 소의 이익(권리보호요건) · 209
　　Ⅰ. 소의 이익의 의의, 당사자적격 · 210
　　Ⅱ. 권리보호의 자격(공통적인 소의 이익) · 210
　　Ⅲ. 권리보호의 이익 또는 필요(각종의 소에 특수한 소의 이익) · 216
　　Ⅳ. 소송상의 취급 · 232
제5절 소송물 · 232
　　Ⅰ. 서 설 · 232
　　Ⅱ. 민사소송에 있어 소송물 식별기준에 대한 견해 대립 · 233
　　Ⅲ. 확인의 소에 있어서 소송물의 식별 · 234
　　Ⅳ. 판례 입장의 유형화 · 235
　　Ⅴ. 후유증, 일부청구, 지연손해금채권 · 238
　　Ⅵ. 채권자취소소송 정리 · 239
제6절 소송구조 · 241
　　Ⅰ. 총 설 · 241
　　Ⅱ. 구조의 요건 · 241
　　Ⅲ. 구조의 절차 · 242
　　Ⅳ. 구조의 효과 · 244
제7절 소제기의 효과 · 246
　　Ⅰ. 소송계속 · 246
　　Ⅱ. 중복된 소제기의 금지 · 247
　　Ⅲ. 실체법상의 효과 · 255
제8절 소제기의 특수방식 - 배상명령제도 · 261
　　Ⅰ. 의의 · 261
　　Ⅱ. 요건 · 261
　　Ⅲ. 배상신청절차 · 262
　　Ⅳ. 배상명령의 효력 · 263

제2장 변 론(심리) · 264
제1절 변론의 의의와 종류 · 264
Ⅰ. 민사소송절차에서 변론의 중요성 · 264
Ⅱ. 필수적 변론의 원칙 · 264
Ⅲ. 임의적 변론 · 265
제2절 심리에 관한 제 원칙 · 266
제1관 공개심리주의 · 266
Ⅰ. 의의 및 비교 개념 · 266
Ⅱ. 적용범위 · 266
Ⅲ. 소송상의 취급 · 266
제2관 쌍방심리주의 · 268
Ⅰ. 의 의 · 268
Ⅱ. 적용 범위 · 269
제3관 구술심리주의 · 269
Ⅰ. 구술심리의 원칙 · 269
Ⅱ. 서면주의에 의한 보완 · 269
Ⅲ. 구술심리주의의 활성화 · 270
제4관 직접심리주의 · 270
Ⅰ. 직접주의의 원칙 · 270
Ⅱ. 직접주의의 예외 · 271
Ⅲ. 직접주의의 위반 · 272
제5관 처분권주의 · 272
Ⅰ. 서 설 · 272
Ⅱ. 절차의 개시 · 273
Ⅲ. 심판의 대상과 범위 · 273
Ⅳ. 절차의 종료 · 281
Ⅴ. 처분권주의 위배의 효과 · 282
제6관 변론주의 · 282
Ⅰ. 서 설 · 282
Ⅱ. 변론주위의 내용 · 283
Ⅲ. 변론주의의 한계와 제한 · 289
Ⅳ. 변론주의의 수정 · 290
Ⅴ. 변론주의의 보완책 · 290
제7관 적시제출주의(공격방어방법의 제출시기) · 301
Ⅰ. 서 설 · 301
Ⅱ. 적절한 시기(적시)의 의미 · 301
Ⅲ. 적시제출주의의 실효성 확보수단 · 302
제8관 집중심리주의 · 306
Ⅰ. 집중심리주의의 개요 · 306

제9관 직권진행주의와 소송지휘권 · 308
  Ⅰ. 의 의 · 308
  Ⅱ. 소송지휘권 · 309
  Ⅲ. 소송절차에 관한 이의권 · 309

제3절 변론의 준비(기일전의 절차) · 312
제1관 준비서면 · 312
  Ⅰ. 서 설 · 312
  Ⅱ. 준비서면의 종류 · 312
  Ⅲ. 준비서면의 기재사항 · 312
  Ⅳ. 준비서면의 제출·교환 · 313
  Ⅴ. 준비서면의 제출·부제출의 효과 · 313
제2관 변론준비절차(주장과 증거의 정리절차) · 315
  Ⅰ. 개정된 변론준비절차와 비판 · 315
  Ⅱ. 개 요 · 316
  Ⅲ. 변론준비절차의 진행 · 316
  Ⅳ. 변론준비절차의 종결 · 319
  Ⅴ. 변론준비절차 뒤의 변론의 운영 · 320

제4절 변론의 내용 · 321
  Ⅰ. 변론에 있어서 당사자의 소송행위 · 321
  Ⅱ. 소송행위 일반 · 327
  Ⅲ. 소송행위의 성질 · 331

제5절 변론의 개시 · 334
  Ⅰ. 변론의 경과 · 334
  Ⅱ. 변론의 제한, 분리, 병합 · 335
  Ⅲ. 변론의 재개 · 336
  Ⅳ. 변론의 일체성 · 337
  Ⅴ. 변론조서 · 337

제6절 변론기일에 있어서의 당사자의 결석(기일의 해태) · 342
  Ⅰ. 서 설 · 342
  Ⅱ. 양쪽 당사자의 결석 – 소의 취하간주(쌍불취하) · 344
  Ⅲ. 한쪽 당사자의 결석 · 346

제7절 기일·기간 및 송달 · 349
제1관 기 일 · 349
  Ⅰ. 의 의 · 349
  Ⅱ. 기일의 지정 · 349
  Ⅲ. 기일의 변경 · 350
  Ⅳ. 기일의 통지와 실시 · 351
제2관 기 간 · 353
  Ⅰ. 기간의 종류 · 353

Ⅱ. 기간의 계산 · 353
　　Ⅲ. 기간의 진행 · 354
　　Ⅳ. 기간의 신축 · 354
　　Ⅴ. 기간의 不遵守 – 소송행위의 추후보완 · 354
　제3관 송　달 · 360
　　Ⅰ. 의 의 · 360
　　Ⅱ. 송달기관 · 360
　　Ⅲ. 송달서류 · 363
　　Ⅳ. 송달받을 사람 · 363
　　Ⅴ. 송달실시의 방법 · 365
　　Ⅵ. 외국에 하는 송달(촉탁송달) · 374
　　Ⅶ. 송달의 하자(흠) · 374
　제8절 소송절차의 정지 · 375
　　Ⅰ. 서 설 · 375
　　Ⅱ. 소송절차의 중단 · 375
　　Ⅲ. 소송절차의 중지 · 386
　　Ⅳ. 소송절차정지의 효과 · 386

제3장 증 거 · 389

제1절 총 설 · 389
　Ⅰ. 증거의 필요성 · 389
　Ⅱ. 증거의 의의 · 389
　Ⅲ. 증거능력과 증거력 · 389
　Ⅳ. 증거의 종류 · 391
　Ⅴ. 증명의 정도 – 증명과 소명 · 392

제2절 증명의 대상(요증사실) · 392
　Ⅰ. 사　실 – 증명의 대상(요증사실) · 392
　Ⅱ. 경험법칙 · 393
　Ⅲ. 법 규 · 394

제3절 불요증사실 · 395
　Ⅰ. 서 설 · 396
　Ⅱ. 재판상 자백 · 396
　Ⅲ. 자백간주(의제자백) · 401
　Ⅳ. 현저한 사실 · 403
　Ⅴ. 법률상 추정 · 406

제4절 증거조사의 개시와 실시 · 406
　제1관 증거조사의 개시 · 406
　　Ⅰ. 증거신청 · 406
　　Ⅱ. 증거의 채부결정 · 408
　　Ⅲ. 보충적 직권증거조사 · 412

제2관 증거조사의 실시 ··· 413
　　　Ⅰ. 서 설 ··· 413
　　　Ⅱ. 증인신문 ·· 415
　　　Ⅲ. 감정 - 감정인과 증인의 차이 : 대체성 ··································· 429
　　　Ⅳ. 서 증 ··· 432
　　　Ⅴ. 검 증 ··· 449
　　　Ⅵ. 당사자신문 ·· 451
　　　Ⅶ. 그 밖의 증거 ·· 453
　　　Ⅷ. 조사·송부의 촉탁(사실조회) ··· 454
　　　Ⅸ. 증거보전 ·· 456
　제5절 자유심증주의 ··· 459
　　　Ⅰ. 서 설 ··· 460
　　　Ⅱ. 증거원인 ·· 461
　　　Ⅲ. 자유심증의 정도 ·· 462
　　　Ⅳ. 사실인정의 위법과 상고 ·· 464
　　　Ⅴ. 자유심증주의의 예외 ·· 464
　제6절 증명책임 ··· 466
　　　Ⅰ. 서 설 ··· 466
　　　Ⅱ. 증명책임의 분배 ·· 468
　　　Ⅲ. 증명책임의 전환 ·· 472
　　　Ⅳ. 증명책임의 완화 ·· 472
　　　Ⅴ. 주장책임 ·· 479
　　　Ⅵ. 증명책임 없는 당사자의 이른바 해명의무 ··························· 479

제4편 소송의 종료

제1장 총 설(소송종료선언) ··· 484
　　Ⅰ. 서 설 ·· 484
　　Ⅱ. 소송종료선언의 사유 ··· 485
　　Ⅲ. 주문·효력 ··· 487
제2장 당사자의 행위에 의한 종료 ·· 488
　제1절 소의 취하 ··· 488
　　　Ⅰ. 의의 및 구별개념 ·· 488
　　　Ⅱ. 소취하의 요건 ·· 489
　　　Ⅲ. 소취하의 방법 ·· 491
　　　Ⅳ. 소취하의 효과 ·· 492
　　　Ⅴ. 소취하 간주 ·· 496
　　　Ⅵ. 소취하에 대한 다툼 ·· 497

제2절 청구의 포기·인낙 ··· 497
 Ⅰ. 의의, 구별개념 및 법적 성질 ··· 497
 Ⅱ. 요 건 ·· 498
 Ⅲ. 시기와 방법 ·· 499
 Ⅳ. 효 과 ·· 500

제3절 재판상 화해 ·· 501
 Ⅰ. 의의 및 제도적 취지 ·· 501
 Ⅱ. 소송상 화해 ·· 502
 Ⅲ. 제소전화해 ·· 506
 Ⅳ. 화해간주와 형사피고사건의 민사화해 ····················· 510
 Ⅴ. 화해권고결정 ·· 510

제3장 종국판결에 의한 종료 ·· 514

제1절 재 판 ··· 514
 Ⅰ. 재판의 의의 및 구별개념 ······································ 514
 Ⅱ. 재판의 종류 ·· 514

제2절 판 결 ··· 516
제1관 판결의 종류 ·· 516
 Ⅰ. 중간판결 ··· 516
 Ⅱ. 종국판결 ··· 518
제2관 판결의 성립 ·· 523
 Ⅰ. 판결내용의 확정 ··· 523
 Ⅱ. 판결서 ·· 523
 Ⅲ. 판결의 선고 ·· 526
 Ⅳ. 판결의 송달 ·· 527
제3관 판결의 효력 ·· 527
 Ⅰ. 기속력 ·· 528
 Ⅱ. 형식적 확정력 ··· 532
 Ⅲ. 실질적 확정력(기판력) 일반 ·································· 534
 Ⅳ. 기판력의 범위 ··· 544
 Ⅴ. 판결의 그 밖의 효력 ·· 568
 Ⅵ. 판결의 무효 ·· 571
 Ⅶ. 판결의 편취(사위판결) ·· 572
제4관 종국판결의 부수적 재판 ······································ 575
 Ⅰ. 가집행 선고 ·· 575
 Ⅱ. 소송비용 ··· 580

제5편 병합소송

제1장 병합청구소송(청구의 복수) ·· 596

  제1절 청구의 병합(소의 객관적 병합) ··· 596
    Ⅰ. 의의, 취지 및 구별개념 ··· 596
    Ⅱ. 병합요건 ··· 597
    Ⅲ. 병합의 형태 ··· 598
    Ⅳ. 병합청구의 절차와 심판 ·· 601
  제2절 청구의 변경 ·· 607
    Ⅰ. 서 설 ·· 607
    Ⅱ. 모 습 ·· 608
    Ⅲ. 요 건 ·· 610
    Ⅳ. 절 차 ·· 612
    Ⅴ. 심 판 ·· 613
  제3절 중간확인의 소 ·· 615
    Ⅰ. 서 설 ·· 615
    Ⅱ. 요 건 ·· 616
    Ⅲ. 절차와 심판 ··· 617
  제4절 반 소 ·· 618
    Ⅰ. 서 설 ·· 618
    Ⅱ. 반소의 모습 ··· 619
    Ⅲ. 요 건 ·· 620
    Ⅳ. 절차와 심판 ··· 623

제2장 다수당사자소송(당사자의 복수) ·· 625

  제1절 공동소송 ·· 625
  제2절 선정당사자 ·· 642
    Ⅰ. 서 설 ·· 642
    Ⅱ. 요 건 ·· 642
    Ⅲ. 선정의 방법 ··· 643
    Ⅳ. 선정의 효과 ··· 644
    Ⅴ. 선정당사자 자격 없을 때의 효과 ·· 647
  제3절 증권관련 집단소송 ··· 648
  제4절 제3자의 소송참가 ··· 649
    Ⅰ. 보조참가 ··· 649
    Ⅱ. 공동소송적 보조참가 ··· 657
    Ⅲ. 소송고지 ··· 659
    Ⅳ. 독립당사자참가 ·· 663

Ⅴ. 공동소송참가 ··· 672
　제5절 당사자의 변경 ·· 674
　　Ⅰ. 임의적 당사자 변경 ··· 674
　　Ⅱ. 소송승계 ·· 678

제6편 상소심절차

제1장 총 설 ·· 690
　　Ⅰ. 상소의 의의 및 3심제 ··· 690
　　Ⅱ. 상소의 종류 ·· 690
　　Ⅲ. 상소요건 ·· 691
　　Ⅳ. 상소의 효력 ·· 698

제2장 항 소 ·· 701
　제1절 총 설 ·· 701
　　Ⅰ. 항소의 의의 ·· 701
　　Ⅱ. 항소심의 구조 ··· 701
　　Ⅲ. 항소요건 ·· 702
　　Ⅳ. 항소의 당사자 ··· 702
　제2절 항소의 제기 ·· 702
　　Ⅰ. 항소제기의 방식 ··· 702
　　Ⅱ. 재판장의 항소장심사권 – 제399조, 제402조 ····················· 703
　　Ⅲ. 항소제기의 효력 ··· 706
　　Ⅳ. 항소의 취하 ·· 706
　　Ⅴ. 부대항소 ·· 708
　제3절 항소심의 심리 ·· 712
　　Ⅰ. 항소의 적법성의 심리 ·· 712
　　Ⅱ. 본안심리 ·· 712
　제4절 항소심의 종국적 재판 ·· 713
　　Ⅰ. 항소장각하 ·· 713
　　Ⅱ. 항소각하 ·· 713
　　Ⅲ. 항소기각 ·· 713
　　Ⅳ. 항소의 인용 ·· 713

제3장 상 고 ·· 719
　제1절 상고심의 특색 ·· 719
　제2절 상고이유 ·· 719
　　Ⅰ. 일반적 상고이유 ··· 720

Ⅱ. 절대적 상고이유 ·· 720
　　Ⅲ. 그 밖의 상고이유 – 재심사유 ·· 720
　　Ⅳ. 소액사건심판법상의 상고이유(소액사건심판법 제3조) ······················ 721
　　Ⅴ. 상고심절차에 관한 특례법 ·· 721
　제3절 상고심의 절차 ·· 722
　　Ⅰ. 상고심의 절차 ·· 722
　　Ⅱ. 상고심의 종료 ·· 728

제4장 항 고 ·· 732
　　Ⅰ. 항고의 의의와 목적 ·· 732
　　Ⅱ. 항고의 종류 ·· 732
　　Ⅲ. 항고절차 ·· 733
　　Ⅳ. 재항고 ·· 737
　　Ⅴ. 특별항고 ·· 739

제7편 재심 절차

　　Ⅰ. 재심의 개념 ·· 746
　　Ⅱ. 재심소송의 소송물 ·· 746
　　Ⅲ. 적법요건 ·· 746
　　Ⅳ. 재심사유 ·· 750
　　Ⅴ. 재심절차 ·· 756
　　Ⅵ. 준재심 ·· 760
　　Ⅶ. 판결의 집행정지 ·· 762

제8편 간이소송절차

　　Ⅰ. 서 설 ·· 772
　　Ⅱ. 소액사건심판절차 ·· 772
　　Ⅲ. 독촉절차 ·· 779
　　Ⅳ. 공시최고절차 ·· 785

판례색인 ·· 791

FORTUNE 김/춘/환 민사소송법

제 1 편
총 론

제1장 민사소송
제2장 민사소송법

제1장 민사소송

제1절 민사소송의 목적 및 개념

I 민사소송의 목적

1. 자력구제의 금지 및 민사소송 제도의 실현

自力救濟(자력구제)는 권리실현의 신속·경제적인 수단이지만, 인권침해·사회혼란·법치주의 부정이 될 수 있으므로, 근대 국가는 긴급한 경우를 제외하고는(민법 제209조, 점유권에 의한 자력구제 등) 자력구제를 금지하고 있다. 이런 자력구제의 한계 때문에 국가는 국가구제의 제도를 신설하여 법에 의한 권리구제 실현 제도를 마련하고 있는데, 이것이 민사소송제도이다. 민사소송의 목적에 대해서는 다음과 같은 견해가 대립된다.

2. 학 설

① 민사소송의 목적을 국가가 사권을 확정하여 개인의 권리보호와 의무준수의 보장에 두는 입장인 사권보호설 ② 국가가 제정한 사법질서를 유지하고 그 실효성을 보장하기 위하여 민사소송제도가 생겼다고 보는 사법질서유지설 ③ 민사소송의 목적은 사권의 보호인 동시에 사법질서의 유지라고 보는 사권보호 및 사법질서유지설 ④ 민사소송은 사인간의 민사분쟁의 해결을 목적으로 설치된 제도라고 보는 분쟁해결설 ⑤ 민사소송의 목적은 양 당사자로 하여금 대등한 입장에서 변론을 할 수 있도록 보장해 주는 적법절차의 보장에 있다는 절차보장설 등이 있다.

3. 검 토

원래 私權의 존재는 사법질서의 존재를 전제로 하는 것이며, 따라서 사권과 사법은 같은 현상을 다른 측면에서 본 것에 지나지 않는다. 그러므로 민사소송은 이를 이용하는 개인의 입장에서 볼 때 사권의 보호가 되고, 국가제도라는 차원에서는 사법질서의 유지가 된다. 따라서 민사소송의 목적을 다원적으로 보는 사권보호 및 사법질서유지설이 타당하다(이시윤).

II 민사소송의 개념

1. 민사소송은 사법상의 권리관계를 대상으로 한다.

따라서 권리관계가 아닌 사실관계 자체는 민사소송의 대상이 되지 않는다(법원조직법 제2조 1항,

법률상의 쟁송). 다만 민소법은 예외적으로 사실관계의 확인청구를 인정하는 경우가 있는데, 그것이 증서의 진정여부를 확인하는 소이다(제250조).

2. 민사소송은 널리 사법상의 권리관계의 보전·확정·실현 등을 내용하는 절차이다.

(1) 내 용

확정된 권리의 실현에 대비하여 미리 잡아두는 보전절차가 가압류·가처분 절차이고, 권리가 있다 없다는 확정절차가 판결절차이며, 권리의 강제적인 실현절차가 강제집행절차로서 넓은 의미의 민사소송은 세 가지 절차를 모두 포함하지만, 좁은 의미의 민사소송은 판결절차만을 의미한다.

(2) 전문개정의 민사소송법

구민사소송법은 세 가지 절차를 모두 규정하고 있었으나, 02년 전문개정의 현행법은 판결절차만을 규정하고, 보전절차와 강제집행절차는 민사집행법으로 분리해서 규정하고 있다.

3. 민사소송은 재판상의 절차이다.

(1) 재판상의 절차

민사소송은 국가기관인 법원이 판결을 목적으로 대립하는 원·피고를 참여시켜 전개하는 모든 소송행위의 통합적인 과정으로 재판상의 절차를 말한다.

(2) 시간적 순서

이의 시간적 순서는 보전절차(가압류·가처분 절차) → 판결절차 → 강제집행절차가 된다.

제2절 민사소송과 다른 제도

I 소송의 종류

1. 형사소송

(1) 의 의

형사소송은 사인에 대한 국가의 형벌권의 행사에 관한 사건(형사사건)을 대상으로 하는 점에서 민사사건을 대상으로 하는 민사소송과 구별된다. 민사소송은 사익에 관한 절차이므로 당사자주의에 의하지만, 형사소송은 공익에 관한 절차이므로 직권주의[1]에 의한다.

---

[1] 다만 判例는 "형사소송 법령의 내용과 그 개정 경위, 공소장일본주의의 기본취지, 우리나라 형사소송법이 당사자주의와 공판중심주의 원칙 및 직접심리주의와 증거재판주의 원칙 등을 채택하고 있다는 점 등을 아울러 살펴보면, 공소장일본주의는 위와 같은 형사소송절차의 원칙을 공소제기의 단계에서부터 실현할 것을 목적으로 하

(2) 다른 절차와의 관계

이처럼 양자는 대상과 절차를 달리하므로 같은 증거에 대하여 형사법원과 민사법원 사이에 그 가치판단을 달리할 수 있다(대판 1968.04.23. 66다2499). 다만 형성판결 등 대세적 효력이 있는 민사판결은 형사법원을 구속하며, 관련 형사판결에서 인정된 사실은 민사나 행정소송에서 유력한 증거자료가 되므로 특별한 사정이 없는 한 이와 반대되는 사실을 인정하여서는 아니 된다(대판 2000.09.08. 99다58471 등).

(3) 배상명령제도

다만 민사소송과 형사소송을 별개의 독립적인 것으로 두면, 소송경제에 반하고 같은 증거에 대하여 상이한 평가가 되어 재판이 모순될 염려가 있다. 따라서 이 경우 소송촉진 등에 관한 특례법 제25조 이하에서는 배상신청, 즉 부대소송의 형식으로 불법행위에 의한 배상청구를 당해 형사소송절차에 함께 병합청구 할 수 있도록 하였다.

■ **민사사건의 형사사건화 경향**

순수한 민사사건임에도 고소·고발로 형사사건화 시키는 경향이 우리나라의 실정이다. 이것은 채무자 측에 심리적 압박을 가하여 이행을 하게 하거나, 장래 제기할 민사사건에서 '증거만들기(증거확보)'가 그 목적이다. 우리 민소법은 미국법과 같이 공판전의 증거개시제도(pretrial discovery)가 없으므로, 증거 수집이 어려워 생긴 현상이다(이시윤). 실무는 형사사건에서 만들어진 수사결과를 민사사건에게 증거화 하기 위하여 수사기관에 기록송부촉탁(제294조), 법원 외에서 서증조사신청(제297조, 규칙 제112조) 등을 하는 경향이다. 이에 대해서는 '수사당국이 민사문제와 형사문제의 한계를 제대로 가려 민사문제에서는 개입을 자제해 주지 않으면 국가수사인력의 낭비와 인권의 침해는 피할 수 없는 일이며, 국가민사사법의 건전화는 영원히 한낱 구호가 되지 않을 수 없다.'고 비판적인 견해가 유력하다(이시윤).

2. 행정소송

(1) 의 의

행정소송은 행정법상의 법률관계에 관한 사건(행정사건)을 대상으로 하는 점에서 민사소송과 구별된다. 행정사건이란 형벌권 이외의 행정권의 행사, 그 밖의 공법상의 권리관계에 관한 사건을 말하며, 우리나라는 행정사건도 일반법원인 행정법원에서 심리한다(헌법 제101조, 행정소송법 제9조).

(2) 민사소송에 대한 특칙

행정소송법은 ① 임의적 행정심판전치주의(동법 제18조) ② 관련청구의 병합(동법 제10조) ③ 피고적격을 처분청으로 한정(동법 제13조) ④ 제척기간의 제한(동법 제20조) ⑤ 집행부정지(동법 제23조) ⑥ 사정판결(동법 제28조) ⑦ 취소판결의 기속력[2](동법 제30조) ⑧ 제3자에 의한 재심청구(동법 제31조)

는 제도적 장치로서 우리나라 형사소송구조의 한 축을 이루고 있다고 보아야 한다(대판(전) 2009.10.22. 2009도7436)."고 하여 형사소송도 당사자주의를 취하고 있다고 본다.

2) 행정소송법 제30조 제1항은 "처분 등을 취소하는 확정판결은 그 사건에 관하여 당사자인 행정청과 그 밖의 관계

⑨ 거부처분취소판결의 간접강제(동법 제34조) 등의 절차상 특칙을 두고 있지만, 그 외의 사항에 대해서는 민사소송법을 준용하고 있다(동법 제8조). 따라서 행정소송은 특별민사소송절차로서의 일면을 가지고 있다(정동윤·유병현·김경욱).

(3) 행정처분의 효력 · 적법성과 선결문제

1) 문제점

민사소송에서 청구의 당부를 판단할 때 행정처분의 효력과 적법성이 선결문제로 되는 경우가 있다.

2) 당연무효인 경우[3]

행정처분이 당연무효인 경우에는 행정소송절차에 의하지 않고, 민사법원이 이를 심리할 수 있으며, 따라서 조세부과처분이 당연무효인 경우에는 민사법원이 그 부당이득의 반환을 명할 수 있다는 것이 통설, 판례이다(행정소송법 제11조 참고).

3) 判例

判例는 유효성의 관점에서 단순 취소사유에 해당하는 경우에는 "부당이득반환청구사건에서 행정처분이 적법하게 취소되지 않는 한 그 효력을 부인할 수 없다(대판 1999.08.20. 99다20179)."고 하여 소극적으로 보지만, 위법성의 관점에서는 "국가배상법에 의한 손해배상청구사건에서 행정처분이 행정청이나 행정소송에 의하여 취소되지 않고 효력이 있는 경우에도 민사법원은 그 행정처분의 위법을 이유로 청구를 인용할 수 있다(대판 1972.04.28. 72다337)."고 하여 적극적으로 본다.

행정청을 기속한다."라고 규정하고 있다. 이러한 <u>취소 확정판결의 '기속력'은 취소 청구가 인용된 판결에서 인정되는 것으로서 당사자인 행정청과 그 밖의 관계행정청에게 확정판결의 취지에 따라 행동하여야 할 의무를 지우는 작용</u>을 한다. 이에 비하여 행정소송법 제8조 제2항에 의하여 행정소송에 준용되는 민사소송법 제216조, 제218조가 규정하고 있는 '기판력'이란 기판력 있는 전소 판결의 소송물과 동일한 후소를 허용하지 않음과 동시에, <u>후소의 소송물이 전소의 소송물과 동일하지는 않더라도 전소의 소송물에 관한 판단이 후소의 선결문제가 되거나 모순관계에 있을 때에는 후소에서 전소 판결의 판단과 다른 주장을 하는 것을 허용하지 않는 작용</u>을 한다. 취소 확정판결의 기속력은 판결의 주문 및 전제가 되는 처분 등의 구체적 위법사유에 관한 판단에도 미치나, 종전 처분이 판결에 의하여 취소되었더라도 종전 처분과 다른 사유를 들어서 새로이 처분을 하는 것은 기속력에 저촉되지 않는다. 여기에서 동일 사유인지 다른 사유인지는 확정판결에서 위법한 것으로 판단된 종전 처분사유와 기본적 사실관계에서 동일성이 인정되는지 여부에 따라 판단되어야 하고, 기본적 사실관계의 동일성 유무는 처분사유를 법률적으로 평가하기 이전의 구체적인 사실에 착안하여 그 기초인 사회적 사실관계가 기본적인 점에서 동일한지에 따라 결정된다. 또한 행정처분의 위법 여부는 행정처분이 행하여진 때의 법령과 사실을 기준으로 판단하므로, 확정판결의 당사자인 처분 행정청은 종전 처분 후에 발생한 새로운 사유를 내세워 다시 처분을 할 수 있고, 새로운 처분의 처분사유가 종전 처분의 처분사유와 기본적 사실관계에서 동일하지 않은 다른 사유에 해당하는 이상, 처분사유가 종전 처분 당시 이미 존재하고 있었고 당사자가 이를 알고 있었더라도 이를 내세워 새로이 처분을 하는 것은 확정판결의 기속력에 저촉되지 않는다(대판 2016.03.24. 2015두48235).

3) 단순 위법인 경우, 행정처분이 단순 위법에 해당하는 경우에도 민사법원이 그 위법성을 심사할 수 있는가에 대해서는 ① 행정행위의 공정력 및 행정소송법 제11조를 근거로 위법성을 심사할 수 없다는 소극설 ② 행정행위의 공정력을 행정행위의 적법성 추정으로 이해하는 것을 반대하거나 실체적 필요성에 의해 위법성 심사가 가능하다는 적극설이 있다.

3. 가사소송

(1) 의의

가사소송은 가사소송법에 규정된 가사소송사건(동법 제2조의 가류·나류·다류 사건)을 동법의 절차에 따라 심판하는 절차를 말한다. 가사소송의 대상이 되는 사항은 혼인관계·부모와 자의 관계[4]·입양관계의 무효·취소·존재 여부 확인 등 신분관계에 관한 분쟁 및 이에 관련된 손해배상청구와 원상회복청구 등 한정된 범위의 재산관계의 분쟁이다.

(2) 민사소송법의 준용 및 특칙

가사소송절차에 관하여는 가사소송법에 특별한 규정이 없으면 원칙적으로 민사소송법이 준용된다(동법 제12조). 다만 전체적으로 본인출석주의가 강제되고(동법 제7조), 가류 및 나류 사건에 관하여는 처분권주의와 변론주의가 제한되고(동법 제12조 단서, 제17조), 나류 및 다류 사건에 관하여는 조정전치주의가 적용되는 점(동법 제50조)에 비추어, 가사소송절차에는 비송적 성격을 띠고 있다. 따라서 가사소송절차는 특별민사소송사건이라고 볼 수 있다.

4. 특허소송

특허소송에 있어서의 심판 대상은 민사소송의 대상인 사법상 권리에 대한 쟁송 중에서 특허, 실용신안, 상표, 디자인보호 등 지식재산권에 관한 쟁송이다. 이에 대한 전문법원으로 고등법원급의 특허법원에서 특허소송을 담당한다. 특허법원은 특허소송의 전문성을 고려하여 특허청 공무원을 파견하여 기술심리관으로 재판에 참여하게 하고 있다. 다만 기술심리관은 재판장의 허가를 받아 기술적인 사항에 관하여 소송관계인에게 질문을 할 수 있고, 재판의 합의에서 의견을 진술할 수 있다(법원조직법 제54조의2 3항).

5. 비송사건

(1) 의 의

비송사건이란 법원의 관할에 속하는 민사사건 중 소송절차로 처리하지 않는 사건을 이른다. 즉 형식적으로는 비송사건절차법에 정해진 사건과 그 총칙규정의 적용 또는 준용을 받는 사건을 말한다.

---

[4] 인지청구의 소는 부와 자 사이에 사실상의 친자관계의 존재를 확정하고 법률상의 친자관계를 창설함을 목적으로 하는 소송으로서, 당사자의 증명이 충분하지 못할 때에는 법원이 직권으로 사실조사와 증거조사를 하여야 하고, 친자관계를 증명할 때는 부와 자 사이의 혈액형검사, 유전자검사 등 과학적 증명방법이 유력하게 사용되며, 이러한 증명에 의하여 혈연상 친생자관계가 인정되어 확정판결을 받으면 당사자 사이에 친자관계가 창설된다. 이와 같은 인지청구의 소의 목적, 심리절차와 증명방법 및 법률적 효과 등을 고려할 때, 인지의 소의 확정판결에 의하여 일단 부와 자 사이에 친자관계가 창설된 이상, 재심의 소로 다투는 것은 별론으로 하고, 확정판결에 반하여 친생자관계부존재확인의 소로써 당사자 사이에 친자관계가 존재하지 않는다고 다툴 수는 없다(대판 2015.06.11. 2014므8217).

(2) 소송과 비송의 구별기준[5]

　목적설은 소송사건은 사법질서의 유지와 확정을 목적으로 하는데 비해, 비송사건은 사법질서의 형성을 목적으로 한다고 본다. 대상설은 원고의 피고에 대한 권리주장 즉 법적 분쟁을 대상으로 하는 것이 소송사건임에 대해, 국가에 의한 사인간의 생활관계에의 후견적 개입을 대상으로 하는 것이 비송사건이라고 한다. 실체법설은 비송사건에 대한 개념정의를 포기하고 입법자가 비송사건으로 명시적으로 지정한 것은 비송사건이고, 그 밖의 사건은 소송사건으로 볼 것이라 한다.

(3) 소송과 비송의 특징

소 송	비 송
이당사자 대립구조	편면적 구조
처분권주의(제203조) ○, 불이익변경금지원칙(제415조, 제407조) ○	처분권주의(불이익변경금지의 원칙) ×
변론주의	직권탐지주의
대리인자격의 제한(제87조)	대리인자격의 무제한
필수적 변론의 원칙(제134조 1항 본문)	필수적 변론의 원칙 배제와 심문
공개주의	비공개주의
원칙적 검사 참여 ×	검사의 참여
조서의 작성(제152조 이하)	조서의 재량 작성
판결의 형식에 의한 재판	결정의 형식에 의한 재판
불복방법 - 항소(제390조), 상고(제422조)	불복방법 - 항고(제439조), 재항고(제442조)
기판력 ○(제216조, 제218조)	기판력 × - 취소·변경의 자유
절차권 보장이 강함	절차권 보장이 약함

(4) 과거의 양육비 청구 [대결(전) 1994.05.13. 92스21]

1) 문제점

　양육비는 이혼 후 양육비 청구 시까지의 과거의 양육비와 그 이후의 장래의 양육비로 나눌 수 있는데 후자에 대해서는 민법 제837조, 가사소송법 제2조1항(나)목(2)마류3호에 의해 비송사건으로 되어 있으나, 전자의 과거의 양육비 청구에 대해서는 명확한 규정이 없어 비송사건인지가 문제된다.

---

[5] 우리나라는 독일처럼 법규로 명확히 규정하여 소송사건과 비송사건의 구별에 대해 논란이 없는 법제가 아니므로 실체법설은 문제가 있고, 비송사건에도 기존의 법률관계를 확정하는 데 그치는 것이 있는가 하면(예: 가사비송사건 중 유아인도청구), 소송사건에도 법률관계를 발생·변경·소멸을 목적으로 하는 것(예: 형성의 소)이 있으므로 목적설에도 문제가 있다. 따라서 대상설이 합당하지만, 사법과 행정의 구별자체가 명확한 것이 아니고, 비송사건에도 속하는 것들의 성질이 다양하여 각 사건마다 특색이 있으므로 구체적 사건에서는 이를 고려하여 판단하여야 할 것이다(이시윤).

2) 判例

"이행청구 이후의 양육비와 동일한 기준에서 정할 필요는 없고, 부모 중 한 쪽이 자녀를 양육하게 된 경위와 그에 소요된 비용의 액수, 그 상대방이 부양의무를 인식한 건인지 여부와 그 시기, 그것이 양육에 소요된 통상의 생활비인지 아니면 이례적이고 불가피하게 소요된 다액의 특별한 비용(치료비등)인지 여부와 당사자들의 재산상황이나 경제적 능력과 부단의 형평성 등 여러 사정을 고려하여 적절하다고 인정되는 분담의 범위를 정할 수 있다."고 하여 **비송사건으로 판단**하였다[6].

심화학습

과거의 양육비를 가정법원에 소송사건으로 청구하는 경우 가정법원은 어떻게 판단해야 하는가?

해 설

반대의견에 따르면 이는 적법하므로 심리를 계속 진행하면 되나, 다수의견에 의하면 관할위반의 문제가 발생한다. 이 경우 <u>判例(비송사건인 법인의 임시이사의 해임을 소송사건으로 청구한 사안)는 부적법각하해야 한다는 것을 명백히 하였다</u>(대판 1956.01.12. 4288민상126; 대판 1963.12.12. 63다449). 하지만 학설은 비송사건도 통상의 민사법원의 재판권에 속하는 것이므로 이 경우에 재판권 흠결의 문제가 생길 수는 없고, 따라서 직분관할위반의 경우를 유추하여 민사소송법 제34조에 의하여 이송하여야 한다고 보고 있다.

II 소송 외의 분쟁 해결을 위한 여러 제도

1. 서 설

원래 민사분쟁은 당사자가 자주적으로 해결하는 것이 그 이후의 당사자의 생활관계를 원만히 유지하는데 도움이 되므로, 당사자 사이의 합의에 의하여 분쟁을 해결하거나 당사자 사이의 자주적 해결을 도와주기 위한 제도들이 있다. 화해·조정·중재 등이 있는데, 이들을 대체적 분쟁해결제도(Alternative Dispute Resolution, ADR)라 한다. 대체적 분쟁해결제도는 비법률화, 비형식화, 비전문화가 그 특징으로 언급된다. ADR은 분쟁해결비용을 줄이고 민사분쟁을 해결하는데 기여하는 반면, 소위 큰 소리 치는 사람이 유리하고 양보하는 사람이 손해를 보는 경우가 많아 법치주의의 이념을 퇴색시키고, 국민의 재판받을 권리를 침해할 염려가 있다. 따라서 최근에는 이 ADR에 관한 연구가 미국, 일본 등에서 활발히 진행되고 있고, 우리나라에서도 이에 관한 관심이 높아지고 있는 추세이다.

---

[6] ② 반대의견 - "이혼한 당사자의 아이의 양육에 관하여 가정법원이 비송사건으로서 행하는 심판은 어디까지나 아이의 현재와 장래의 양육에 관한 사항을 정하거나 이미 정하여진 사항을 변경하는 절차이지, 지나간 과거에 마땅히 이행되었어야 할 부양에 관한 사항을 다시 정하거나 이미 지출된 비용의 분담에 관한 사항을 결정하는 절차가 아니기 때문이다."고 하여 <u>소송사건으로 판단하였다</u>. ③ 보충의견 - "가정법원이 자의 연령 및 부모의 재산상황 등 기타 사정을 참작하여 심판으로 정하여야 할 것이지 지방법원이 민사소송절차에 따라 판정할 것은 아니라고 해석함이 상당하다."고 하여 비송사건으로 판단하였다.

2. 화 해

> 민법 제731조(화해의 의의) 화해는 당사자가 상호양보 하여 당사자 간의 분쟁을 종지할 것을 약정함으로써 그 효력이 생긴다.

> 제220조(화해, 청구의 포기·인낙조서의 효력) 화해, 청구의 포기·인낙을 변론조서·변론준비기일조서에 적은 때에는 그 조서는 확정판결과 같은 효력을 가진다.

> 제385조(화해신청의 방식) ① 민사상 다툼에 관하여 당사자는 청구의 취지·원인과 다투는 사정을 밝혀 상대방의 보통재판적이 있는 곳의 지방법원에 화해를 신청할 수 있다.

　화해란 사법상의 화해(재판외의 화해)와 재판상의 화해가 있고, 재판상의 화해는 다시 제소전화해와 소송상의 화해로 나뉜다. 사법상의 화해(재판외의 화해)는 당사자가 서로 양보하여 당사자들 사이의 분쟁을 끝낼 것을 약정하는 것(민법 제731조)이다. 소송상의 화해는 일단 소송이 개시된 뒤 당사자가 서로 양보하여 합의한 내용을 법원에 진술하여, 재판에 의하지 않고 소송을 종료시키는 것(제220조)이고, 제소전화해는 소송계속 전에 당사자가 법원에 출석하여 화해하는 것이다(제385조). 재판상의 화해가 조서에 기재되면 확정판결과 동일한 효력이 있다(제220조). 재판상의 화해는 법원이 관여하지만, 당사자의 합의를 필요로 하므로 자주적 분쟁해결방법에 속한다. 02년 개정법은 화해의 활성화를 위해서 서면에 의한 화해제도(제148조 3항)과 화해권고제도(제225조 이하)를 규정하고 있다.

III 조 정

> 민사조정법 제29조(조정의 효력) 조정은 재판상의 화해와 동일한 효력이 있다.
> 동법 제30조(조정을 갈음하는 결정) 조정담당판사는 합의가 성립되지 아니한 사건 또는 당사자 사이에 성립된 합의의 내용이 적당하지 아니하다고 인정한 사건에 관하여 상당한 이유가 없으면 직권으로 당사자의 이익이나 그 밖의 모든 사정을 고려하여 신청인의 신청 취지에 반하지 아니하는 한도에서 사건의 공평한 해결을 위한 결정을 하여야 한다.

　조정에는 법원에 의한 조정과 행정부 산하기관에 의한 조정이 있다. 전자는 조정담당판사 또는 조정위원회에 의하여 행하여지고 조정위원회는 판사인 조정장 또는 판사 아닌 상임조정위원과 민간인인 조정위원 2인 이상으로 구성된다. 후자는 행정부 산하의 각종 조정위원회에 의하여 행하여지는데, 조정위원회는 공무원, 해당 분야의 전문가 등으로 구성된다. 조정에는 조정위원회가 개입하지만 분쟁당사자들의 합의에 의하여 화해가 성립하여야만 조정이 성립하므로 이는 자주적 분쟁해결방법 중 하나이다. 법원에 의한 조정은 민사조정(민사조정법), 가사조정(가사소송법 제49조 이하), 광해조정(광업법 제97조) 등이 있다. 민사조정에 관한 기본법으로 민사조정법이 있는데, 당사자 사이에 합의된 사항이 조서에 기재되어 조정이 성립되면 이는 재판상의 화해와 동일한 효력이 있다(동법 제29조). 그리고 조정이 성립하지 아니할 때 조정담당판사나 조정장은 직권으로 당사자의 이익 그 밖의 모든 사정을 참작하여 조정에 갈음하는 결정을 할 수 있는데, 이를 강제조정이라 한다(민사조정법 제30조). 다만 강제조정은 당사자 합의를 기초로 하는 것이 아니므로 강학상의 조정은 아니다. 강제조정은 당사자의 이의신청이 있으면 효력을 상실한다(동법 제34조).

Ⅳ 중 재

> **중재법 제9조(중재합의와 법원에의 제소)** ① 중재합의의 대상인 분쟁에 관하여 소가 제기된 경우에 피고가 중재합의가 있다는 항변(항변)을 하였을 때에는 법원은 그 소를 각하(각하)하여야 한다. 다만, 중재합의가 없거나 무효이거나 효력을 상실하였거나 그 이행이 불가능한 경우에는 그러하지 아니하다.
> ② 피고는 제1항의 항변을 본안(본안)에 관한 최초의 변론을 할 때까지 하여야 한다.
> ③ 제1항의 소가 법원에 계속(계속) 중인 경우에도 중재판정부는 중재절차를 개시 또는 진행하거나 중재판정을 내릴 수 있다.

> **동법 제35조(중재판정의 효력)** 중재판정은 양쪽 당사자 간에 법원의 확정판결과 동일한 효력을 가진다. 다만, 제38조에 따라 승인 또는 집행이 거절되는 경우에는 그러하지 아니하다.

중재란 양 당사자가 그들 사이의 분쟁을 사인인 제3자(중재인)의 판정에 따라 해결하기로 합의(중재계약)하고, 이에 기해 중재인이 행하는 심판절차를 말한다. 분쟁을 강제로 해결하는 방법이고 소위 사적 재판인 점에서 양 당사자가 서로 양보하여 분쟁을 해결하는 화해나 조정과 구별되지만, 당사자 사이에 중재계약의 존재를 필요로 하는 점에서 자주적 해결방법이라고 할 수 있다. 중재는 간이 신속하고 비용이 저렴한 분쟁해결방법이고, 특별한 전문지식과 경험을 필요로 하는 분야, 특히 국제적인 상사거래와 관련된 분쟁의 해결에 적합하므로 그 이용도가 높다[7]. 중재법이 중재에 관한 기본법인데, 이 법에 의한 상사분쟁에 의한 중재기관으로 법무부장관 또는 산업통상자원부장관이 지정한 사단법인 대한상사중재원이 있다.(동법 제40조). 대한상사중재원은 대법원장의 승인을 얻은 중재규칙을 마련하고 있다. 중재판정에는 법원의 확정판결과 같은 효력이 인정된다(동법 제35조). 중재계약이 존재함에도 불구하고 소를 제기한 경우에는 피고가 본안(본안)에 관한 최초의 변론을 할 때까지 중재계약의 항변을 할 수 있고, 이 경우 그 소는 소의 이익이 없는 것으로서 부적법 각하 된다(동법 제9조). 그리고 判例는 "중재법 제6조, 제9조, 제17조의 문언, 내용, 체계 등에 비추어 보면, 중재법이 법원이 중재절차에 관여할 수 있는 경우를 '중재법에서 정한 사항'으로 엄격하게 한정하면 서 중재절차의 진행을 정지하는 가처분을 허용하는 규정을 두고 있지 않는 이상 중재합의가 없거나 무효이거나 효력을 상실하였거나 그 이행이 불가능(이하 '중재합의의 부존재나 무효 등'이라 한다)하다고 주장하면서 법원에 가처분의 방법으로 중재절차의 진행을 정지해달라고 신청하는 것은 허용되지 않는다고 보아야 한다[8](대결 2018.02.02. 2017마6087)."고 본다.

---

7) 당사자 간의 합의에 따라 국제상업회의소(ICC) 산하 국제중재법원(ICA)이나 미국중재협회(AAA) 또는 London 중재법원(LCIA)을 중재기관으로 정할 수 있다. 싱가폴과 서울에도 각 국제중재센터가 생겼다. 스포츠분쟁사건에 관하여는 스위스 로잔의 CAS라는 국제중재기구가 있다. 영토분쟁해결을 위한 중재재판도 있다(PCA). 정당한 이유 없는 수입규제 대해서는 세계무역기구(WTO)에 제소하여 그 판정을 받는다. 상대방 국가의 정책으로 투자손해를 보았을 때 유치국의 국내법원이 아닌 제3의 국제중재기구에서 분쟁해결을 하기로 중재합의 하는 것이 실무이다(투자자·국가소송제도, ISD).

제3절 민사소송의 이상과 신의칙

I 민사소송의 이상

> 제1조9)(민사소송의 이상과 신의성실의 원칙) ① 법원은 소송절차가 공정하고 신속하며 경제적으로 진행되도록 노력하여야 한다.
> ② 당사자와 소송관계인은 신의에 따라 성실하게 소송을 수행하여야 한다.

1. 적 정

(1) 의 의

올바르고 잘못이 없는 진실발견의 재판은 소송의 가장 중요한 요청이다. 즉 법관은 올바르게 사실을 확정하고, 이 확정된 사실에 법을 올바르게 적용하여 재판을 통해 사회정의를 구현하여야 한다. 이는 법원의 의무인 것이므로 당사자로서는 권리로서 요구할 수 있다(이시윤).

(2) 구현제도

변호사대리의 원칙(제78조), 구술주의(제134조), 직접주의(제204조), 석명권행사(제136조), 직권증거조사(제292조), 교호신문제도(제327조)와 3심제도(제248조, 제390조, 제422조), 재심제도(제451조) 등의 불복신청제도 등이 있으며, 법관의 자격제한과 신분보장제도 등도 이의 예이다. 재판도 헌법소원의 대상으로 삼고 있는 나라에서는 판결의 내용이 현저히 부당한 때에 하는 헌법소원도 그 예가 된다.

(3) 한 계

민사소송의 심리에 있어서는 처분권주의(제203조)와 변론주의의 원칙에 의하여 반드시 모든 사람에게 보편타당한 정의의 구현이 아니라 당사자 사이에만 타당한 분쟁의 상대적 해결로 만족해야 한다. 예를 들어 당사자가 자백하는 경우에 사실의 진실여부를 가리지 않고, 법원은 그대로 사실을 확정해야 하는 것이다(제288조). 다만 실체적 진실을 위하여 무제한 심리를 반복할 수는

---

8) 한편 중재법 제10조는 "중재합의의 당사자는 중재절차의 개시 전 또는 진행 중에 법원에 보전처분을 신청할 수 있다."라고 정하고 있다. 이 규정은 중재합의를 전제로 중재합의의 대상인 분쟁에 관하여 중재판정이 있기 전에 현상 변경을 막거나 다툼이 있는 권리관계에 끼칠 현저한 손해나 급박한 위험 등을 피하기 위하여 법원에 보전처분을 신청할 수 있도록 한 것으로 중재판정의 실효성을 확보하기 위한 것이다. 따라서 중재법 제10조는 중재합의의 부존재나 무효 등을 이유로 법원에 중재절차의 정지를 구하는 가처분신청을 할 수 있다는 근거가 될 수 없다.
9) 2002년 개정전 민소법 1조는 '신의성실의 원칙'이라는 표제 하에 '법원은 소송절차가 공정,신속하고 경제적으로 진행되도록 노력하여야 하며, 당사자와 관계인은 신의에 좇아 성실하게 이에 협력하여야 한다'고 규정하고 있었다. 하지만 1조의 내용이 반드시 신의칙만이 아니므로 제목을 '민사소송의 이상과 신의성실의 원칙'으로 변경하여야 하고, 구법 1조 후단의 '협력하여야 한다'라는 표현은 근래 독일에서의 '협동주의(Kooperationsmaxime)'라는 급진적인 주장을 받아들이는 인상을 줄 우려가 있다는 비판이 유력하였다(호문혁, 민사소송법연구(Ⅰ), 박영사, 97-98면 참고). 이런 비판을 받아들여 2002년 개정법은 제목을 위와 같이 변경하고, 전단의 책무와 후단의 신의칙을 종전같이 병렬적으로 구성하지 아니하고 1항과 2항으로 분리해서 규정하면서 문구도 변경하였다.

없다. 진실은 시간이 갈수록 희석이 되는 것이고 진실규명에 들이는 시간, 노력, 비용도 고려하여야 하기 때문이다.

2. 공 평

(1) 의 의

"한쪽말만 듣고 송사하지 못 한다"는 말대로 재판의 적정을 위해서는 당사자의 한쪽에 치우쳐서는 안 되며 양쪽 당사자를 공평하게 취급하여야 한다. 따라서 법관은 '중립적 제3자'의 위치에서 어느 쪽에도 편파 됨이 없이 양쪽 당사자의 진술을 경청하는 도량을 가져야 하며, 각자 자기의 이익을 주장할 수 있는 기회를 부여하여야 한다(절차보장, 이시윤). 즉 양쪽 당사자에게 쟁점이 될 소송자료 및 법률적 견해를 제출할 기회를 동등하게 부여하여야 하며(제136조 4항, 규칙 제28조 2항), 상대방의 방어권을 봉쇄한 채 당사자 한쪽의 주장·입증만으로 불의의 타격을 가하는 일을 피하여야 한다. 법관의 중립성이나 무기평등의 원칙을 강조하는 이유도 여기에 있는 것이다. 이는 법원의 의무이기도 하지만, 당사자는 권리로서 이를 요구할 수 있다. 헌법재판소도 "정보보도 청구의 소에서 사실증명에 관해서 증명 아닌 간이한 소명으로 대체함은 당사자인 언론사의 공정한 재판을 받을 권리를 침해 한다(헌재결 2006.06.29. 2005헌마165·314 등)."고 하면서 공정한 재판을 권리를 인정하고 있다.

(2) 구현제도

심리의 공개, 법관의 제척·기피·회피제도(제41조), 쌍방심리주의[10], 소송절차의 중단·중지제도(제233조), 대리인제도, 준비서면에 예고하지 않은 사실의 진술금지제도(제276조)가 있다.

3. 신 속

(1) 의 의

'권리보호의 지연은 권리보호의 거절과 같은 것'이고, '지연되는 정의는 정의가 아니다'라는 법언이 있다. 소송촉진은 아무리 강조하여도 지나친 것이라 할 수 없는 것으로서, 법원의 의무인 동시에 우리 헌법 제27조 제3항 전문에서 보장하고 있는 기본권의 하나이다(신속한 재판을 받을 권리).

(2) 구현제도

① 독촉절차(제462조)·제소전화해절차(제385조)·소액사건심판절차(소액사건심판법) 등 특수절차 ② 변론준비절차(제279조) ③ 기일연기의 제한(규칙 제41조) ④ 적시제출주의(제146조) ⑤ 재정기간을 지키지 아니한 경우의 실권효(제147조), 실기한 공격방어방법에 대한 각하(제149조), 기일불출석에 대한 제재인 자백간주(제150조)·취하간주(제268조) ⑥ 선고기간의 법정(제207조), 상·하급심 간의 기록송부기간(제400조, 제438조) ⑦ 소송지휘권에 의한 절차의 직권진행(제135조) 등이 있다. 피고의 소송지연에 대한 방지책으로 연 12%의 지연손해금(소촉법 제3조), 바로 변론기일의 지정(제258조),

---

10) 이를 위반한 경우 확정 전에는 상소(제424조 1항 4호), 확정 후에는 재심이 가능하다(제451조 1항 3호)

소송지연을 목적으로 한 제척·기피신청에 대한 간이각하(제45조), 원칙적 가집행선고(제213조), 원심재판장의 상소장심사제도(제399조, 제425조), 소액사건심판법상의 이행권고결정제(소심법 제5조의 3항), 변론종결후의 즉시 판결의 선고(제207조), 판결서의 이유기재의 생략(제208조), 상고의 제한(제423조, 제424조), 상고심절차에 관한 특례법의 심리불속행제도 등으로 소송의 촉진을 구현하고 있다. 그리고 쟁점정리 뒤의 집중증인신문(제293조) 등으로 심리를 마치도록 한 집중심리제도도 예가 된다.

(3) 구제방법

신속한 재판을 받을 권리를 침해한 경우는 헌법소원(헌법재판소법 제68조)에 의한 구제의 길이 열려 있으며, 국가배상청구의 여지가 있다.

4. 경 제

(1) 의 의

소송수행에 있어서 법원이나 당사자가 과다한 비용과 노력을 소모하게 된다면 승소확정판결을 받아도 큰 실익이 없고 민사소송은 무용한 제도로 전락할 수밖에 없으므로, 이에 소요되는 비용과 노력은 최소한으로 그쳐야 한다. 이러한 저비용·고효율의 신법운용도 법원의 의무인 동시에 당사자의 권리로서 당사자는 그 보장을 요구할 수 있는 것이다.

(2) 구현제도

① 구술신청제(제161조) ② 소액사건에서의 구술제소(소심법 제4조)와 상고제한(동법 제3조) ③ 소의 병합(제253조) ④ 소송구조(제128조)와 소송이송(제34조) ⑤ 추인이나 이의권의 상실에 의한 절차상의 흠의 치유제(제151조) ⑥ 현실성 있는 변호사보수의 소송비용산입제 ⑦ 지급보증위탁계약서 이른바 보증서에 의한 담보의 제공 제도 ⑧ 현행법상의 답변서제출의무(제256조)와 무변론판결제도(제257조) 등이 그 예이다. 일부 보험회사 차원에서 시도되는 소송보험제도의 확립이 바람직하다는 견해가 유력하다(이시윤).

Ⅱ 신의성실의 원칙

1. 신의칙의 의의 및 보충적 적용여부

(1) 의 의

신의칙이란 모든 사람은 사회공동생활의 일원으로서 서로 상대방의 신뢰를 헛되이 하지 않도록 성실하게 행동하여야 한다는 원칙을 말한다.

(2) 보충적 적용여부[11]

---

[11] 학 설 - ① 보충적 적용설은 민소법 제1조는 민법 제2조의 주의적 규정이라는 보는 전제에서, 신의칙은 민사소송의 이상을 달성하기 위한 수단이지 그 자체가 이상은 아니라는 전제에서 소송법이 투쟁법이라는 성격을 부인할 수는 없으므로 실체법에 있어서보다 신의칙을 더 신중하게 적용할 것이라고 한다(호문혁, 전병서). ② 선택적 적용설은 민소법 제1조는 민법 제2조에 대한 특별규정이라고 보는 전제에서 건전한 소송윤리의 확립, 법의

判例도 소 취하계약에 반해 소를 유지한 사안에서 계약해석이나 소의 이익으로 해결할 수 있음에도 "신의칙에 반한다."고 각하하여 선택적 적용설의 입장으로 볼 수 있다(대판 1993.05.14. 92다21760, 정동윤·유병현·김경욱).[12]

2. 신의칙이 적용되는 사람

민사소송법 제1조 2항은 "당사자와 소송관계인"이라 규정하고 있으므로, 신의칙은 당사자인 원고, 피고뿐만 아니라 보조참가인, 법정대리인·소송대리인은 물론 증인·감정인, 나아가서 조사·송부촉탁을 받은 자에게도 미친다(통설).

3. 발현형태

(1) 소송상태의 부당형성

1) 의 의

당사자 일방이 부당한 방법으로 자기에게 유리한 소송상태나 상대방에게 불리한 상태를 만들어 놓고 이를 이용하는 행위를 하는 것을 말한다.

2) 구체적 예[13]

① 국내에 재판적이 없는 자에 대해 재산을 국내에 만들어 소송하는 재판적의 부당형성[14], ② 고액채권을 소액채권[15]으로 세분하여 일부청구를 하는 경우(선택적 적용설에 의하면 소액사건심판법 제5조의2 위반이자 신의칙위반이 되나, 보충적 적용설에 의하면 같은 법 위반), ③ 주소 있는 자를 주소불명의 행방불명자인 것처럼 해놓고 공시송달을 하게 하는 공시송달의 남용(보충적 적용설에 의하면 제173조 추후보완상소나 제451조 제1항 제3호, 제11호 재심사유로 해결), ④ 권리자가 소송에서 제3자로

형식적 적용에 의해 생기는 양식·통념에 반하는 결과의 조정을 위하여 이의 활용을 등한히 해서는 안 될 것이라고 한다(이시윤, 정동윤등 다수설). 원래 신의칙이란 총칙규정·제왕규정이므로, 실체법에서와 같이 최후적·보충적으로 적용되어야 한다는 견해도 충분히 수긍이 간다. 하지간 소송법은 실체법만큼 모든 경우를 규율하는 것이 쉽지 않다는 점, 소송법에서 개별규정·해석론이 적용되는 경우와 신의칙이 적용되는 경우를 구별하기가 용이하지 않다는 점을 고려할 때, 신의칙이 선택적으로 적용될 수 있다는 선택적 적용설이 타당하다.

12) 수험생의 입장에서는 기존의 학설들이 논하고 있는 예가 거의 개별규정이나 법해석에 의해서도 설명되는 예라는 점을 고려할 때, 신의칙 부분을 풍부하게 논하기 위해서는 기존 다수설, 判例의 입장을 따르는 것이 좋을 것이라고 생각한다.
13) 보충적 적용설의 입장에서는 위 ②의 경우는 소액사건심판법 제5조의 2에서 판결로 소를 각하하도록 하고 있으므로 보충적 적용설의 입장에서 보면 동법 제5조의 2 위반일 뿐이지 신의칙 위반의 예로 거론할 필요는 없다. 그리고 ③의 경우에도 민소법 제451조 1항 3호, 11호의 사유나 제173조(추후보완상소)에 해당하는 경우이지 굳이 신의칙 위반을 언급할 필요는 없다.
14) 변호사 甲과 乙사찰(금산사)이, 소송위임계약으로 인하여 생기는 일체 소송은 전주지방법원을 관할 법원으로 하기로 합의하였는데, 甲이 乙 사찰을 상대로 소송위임계약에 따른 성공보수금 지급 청구 소송을 제기하면서 乙사찰의 대표단체인 丙 재단을 공동피고로 추가하여 丙 재단의 주소지를 관할하는 서울중앙지방법원에 소를 제기한 사안에서, 甲의 위와 같은 행위는 관할선택권의 남용으로서 신의칙에 위반하여 허용될 수 없으므로 관련재판적에 관한 민사소송법 제25조는 적용이 배제되어 서울중앙지방법원에는 甲의 乙 사찰에 대한 청구에 관하여 관할권이 인정되지 않는다(대결 2011.09.29. 2011마62).
15) 2천만원 이하에서 3천만원 이하로 상향조정. 〈시행 2017.1.1〉

서 증인으로 나서기 위해 타인에게 권리를 양도하는 외관을 갖추고 그 권리자를 증인으로 신청하는 행위(대판 1983.05.24. 82다카1919). ⑤ 유치권을 고의적으로 성립시켜 경매절차에서 유치권이 최우선순위 담보권자의 순위가 되도록 부당하게 이용하는 행위(대판 2011.12.22. 2011다84298). ⑥ 법이 정한 절차를 지키지 못하게 만든 자가 뒤에 이를 이용하여 절차를 제대로 지키지 아니하였음을 주장하는 것[16] 등이 있다.

(2) 선행행위와 모순되는 거동

1) 의 의

당사자의 일방이 과거 일정한 태도를 취하여 상대방이 이를 신뢰하고 자기의 소송상의 지위를 형성하였는데 이 신뢰에 반하여 종전의 태도와 모순되는 거동을 하는 경우를 말한다.

2) 구체적 예[17]

① 부제소특약에 반하는 소의 제기 ② 소취하계약에 반하는 소송의 유지 ③ 일부청구임을 명시하지 않은 경우에 판결확정 후 하는 잔부청구[18] ④ 어느 사실의 존재를 계속해서 주장·증명한 자가 그 사실에 기해 소를 제기당한 경우 태도를 바꾸어 이 사실을 부인하는 경우[19] ⑤ 항소심이 추완항소를 받아들여 심리결과 본안판단에서 그 항소가 이유 없다고 기각하자, 추완항소를 신청했던 당사자 자신이 상고이유에서 그 부적법을 스스로 주장하는 것[20] ⑥ 무효인 공정증서상 집행채무자로 표시된 자가 그 공정증서를 채무명의로 한 경매절차가 진행되는 동안 이를 방치하고, 오히려 변제를 주장하여 경락허가결정에 대한 항고절차를 취하고 경락대금까지 배당받은 후 경락인에 대하여 공정증서의 무효를 이유로 이에 기한 강제경매도 무효라고 주장하는 것[21] 등이

---

16) 주권교부의무를 이행하지 아니한 자가 주주총회결의부존재확인청구를 하는 경우(대판 1991.12.13. 90다카1158), 선박을 편의치적 하기 위하여 만든 Paper Company가 현재 가압류된 선박의 소유권은 가압류채무자가 아니라 자기에게 있다고 주장하며 제3자이의의 소를 제기하는 것은 신의칙상 허용될 수 없다(대판 1988.11.22. 87다카1671).
17) 보충적 적용설의 입장 - ①, ②의 경우는 계약해석의 문제나 소의 이익(항변권발생설) 문제로 보면 충분하다고 한다. 다만 ③의 경우에 이를 실체법상의 신의칙 위반의 문제 즉 민법 제2조가 적용될 수 있는 문제이지 민사소송법 제1조가 적용될 사항이 아니라는 견해가 있으나, 보충적 적용설에 의한다고 해도 이는 기판력의 문제로 보고 이를 해결하면 된다고 하는 견해가 타당하다고 본다. 그리고 ④의 문제는 소위 증명력설의 입장으로 해결하면 된다고 한다.
18) 일부청구의 허부에 관한 명시설과 일부청구부정설에 따를 경우
19) 예를 들어 매수인 甲이 매도인 乙을 상대로 매매계약이 유효하다고 주장하며 목적물반환청구를 하여 승소확정판결을 받자, 후소로 매도인 乙이 매매계약이 유효임을 이유로 대금인도청구를 한 경우에, 매수인 甲이 태도를 바꾸어 매도인 乙을 상대로 매매계약이 무효라고 주장하는 경우이다.
20) 민사소송의 당사자 및 관계인은 소송절차가 공정 신속하고, 경제적으로 진행되도록 신의에 쫓아 성실하게 소송절차에 협력해야 할 의무가 있다고 할 것인바(민사소송법 제1조 참조), 이 사건에서와 같이 당사자 일방이 과거에 일정방향의 태도를 취하여 상대방이 이를 신뢰하고 자기의 소송상의 지위를 구축하였는데, 그 신뢰를 저버리고 종전의 태도와 지극히 모순되는 소송행위를 하는 것은 신의법칙상 허용되지 않는다고 할 것이고, 따라서 추완항소를 신청했던 피고 자신이 그 부적법을 스스로 주장하는 것은 허용될 수 없다 할 것이다(대판 1995.01.24. 93다25875).
21) 대판 1992.07.28. 92다7726

있다.

3) 한 계

뒤의 행위가 진실이고 모순의 정도나 상대방의 불이익의 정도가 크지 않은 경우와 가사소송과 같이 객관적 진실을 우선 시켜야 하는 경우에는 신의칙의 적용이 제한되어야 한다.

(3) 소권(소송상 권능)의 실효

1) 의 의

당사자의 일방이 소송상의 권능을 장기간에 걸쳐 행사하지 않아 행사하지 않으리라는 정당한 기대가 상대방에게 생기고, 상대방이 그에 기하여 행동한 때에는 그 소송상의 권능은 실효된다는 것을 말한다.

2) 구체적 예

학설은 보통 기간의 정함이 없는 항소권[22], 통상항고, 이의, 판결경정신청 등의 각종의 신청, 형성소권 등에 적용된다고 한다.

3) 소송상 권능(소권)의 실효 인정 여부

소권 즉 소송상 권능이 실효된다는 것을 인정할 수 있는지 학설의 입장[23]이 대립한다. 判例는 아버지가 편취판결을 받아 소유권을 넘겨간 것을 알고도 4년간 아무런 법적 조치를 취하지 않던 아들이 아버지의 그 부동산 처분 사실을 듣고 항소를 제기한 사안에서 "실체법상 권리 뿐 아니라 항소권과 같은 소송법상 권리에도 실효의 원칙을 적용"한다[24](대판 1996.07.30. 94다51840). 그리고 判例는 노사 간의 고용관계에 관한 분쟁에 있어서 신속한 분쟁해결의 요청 때문에 실효의

---

[22] 피고의 허위주소로 소장부본, 소송서류, 판결정본 등이 송달된 경우, 소장부본 등의 소송서류 송달의 흠은 이의권의 포기·상실(제151조)로 유효하게 되어 피고의 답변서 부제출로 인한 원고무변론승소판결(편취판결, 사위판결)이 선고되고(제256조, 제257조), 이 판결정본이 다시 피고의 허위주소로 송달된 경우에, 判例는 판결정본 송달이 무효라고 보아, 여전히 피고는 항소가 가능하다는 입장이다(항소설).

[23] 학설은 이 경우 ⅰ) 소제기의 권능 자체가 실효한다는 견해(소권실효긍정설) ⅱ) 소권 자체는 공권 내지는 기본권이므로 실효하지 않고, 소권남용의 문제로 다루어야 한다는 견해(소권실효부정설)가 있는 반면, ⅲ) 소권실효의 문제로 다룰 필요 없이 실체법상 권리의 실효로 보면 된다는 견해(실체법상의 문제로 보는 설)가 있다. 구체적 실익은 소권실효긍정설이나 소권실효부정설에 의하면 소나 항소를 각하하지만, 실체법상 문제로 보는 설에 의하면 청구를 기각한다는데 있다.

[24] 실효의 원칙이라 함은 권리자가 장기간에 걸쳐 그 권리를 행사하지 아니함에 따라 그 의무자인 상대방이 더 이상 권리자가 권리를 행사하지 아니할 것으로 신뢰할 만한 정당한 기대를 가지게 된 경우에 새삼스럽게 권리자가 그 권리를 행사하는 것은 법질서 전체를 지배하는 신의성실의 원칙에 위반되어 허용되지 아니한다는 것을 의미하고, 항소권과 같은 소송법상의 권리에 대하여도 이러한 원칙은 적용될 수 있다고 할 것이다. 피고(항소인, 아들)는 이 사건 제1심판결이 있음을 알게 된 당시 원고(피항소인, 아버지)에게 이의를 제기하고 법률사무소에 그 구제방법을 문의하였으나 소송비용도 없고 다른 사람도 아닌 아버지인 원고의 이름으로 해 두었으니 설마 다른 사람에게 팔겠느냐 하는 생각에서 별다른 조치 없이 일단 피고가 살고 있는 미국으로 출국하였다는 것으로, 그 후 4년 남짓 동안 이 사건 제1심판결에 대한 항소나 원고에 대한 형사고소 등을 거론한 바 없었다 하여 원고의 입장에서 피고가 더 이상 위 판결에 대한 항소권을 행사하지 않으리라는 정당한 기대를 가지게 되었다고 단정할 수는 없고, 원고 보조참가인이 원고를 이 사건 부동산의 진정한 권리자라고 믿고 원고로부터 이를 매수한 사정이 인정된다 하여 달리 보기는 어렵다고 할 것이다.

원칙을 적극적으로 적용할 필요성이 있다고 강조하고 있다(이시윤). 즉 "동일한 사유로 의원면직된 다른 자가 그 무효 확인의 소를 제기하여 대법원의 승소확정판결을 받음으로써 의원면직처분이 무효임을 안 자가 그 후 2년 6월, 사직원 제출 후 12년이 지난 뒤에 제기한 해고무효소송은 인정되지 않는다(대판 1992.01.21. 91다30118)."고 하고, "근로자가 사직원의 작성·제출이 자신이 아닌 그의 형에 의하여 이루어졌음을 이유로 의원면직의 무효 확인을 구하는 사안에서, 근로자의 형이 사직원을 제출하게 된 경위 및 근로자가 아무런 이의 없이 퇴직금을 수령한 점 등 제반 사정에 비추어 볼 때 의원면직일로부터 5년이 넘게 경과한 후에 위와 같은 소송을 제기한 것은 신의칙에 반하는 것이다(대판 2005.10.28. 2005다45827)."라고 한다. 그리고 토지양도약정의 이행 후 15년이 지난 시점에 이르러 약정무효의 주장에 실효이론을 적용한 判例[25]가 있다.

(4) 소권(소송상 권능)의 남용

1) 의 의

겉으로는 법률상 인정된 소송상 권능을 행사한 것으로 보이나 실제로는 소송 외적 목적의 추구를 위한 소송상 권능을 행사 하는 경우를 말한다.

2) 구체적 예[26]

① 소 아닌 보다 간편한 방법으로 목적을 달성할 수 있는 경우나 통상의 소 이외에 특별절차를 마련해 놓고 있는 경우인데 소를 제기하는 경우 ② 소권의 행사가 법의 목적에 반하는 때 무익한 소권의 행사[27] ③ 소송 지연이나 사법기능의 혼란, 마비를 조성하는 소권의 행사(대법원에서 같은 이유로 계속 되풀이하는 재심청구(대판 1997.12.23. 96재다226)) ④ 재산상의 이득이나 탈법 따위를 목적으로 하는 소권의 행사[28] ⑤ 공동소송참가가 소권 남용에 해당하는 경우[29] 등이 예이다.

---

25) 甲이 乙이 장래 설립·운영할 丙 주식회사에 토지를 현물로 출자하거나 매도하기로 약정하고 丙 회사 설립 후 소유권이전등기를 마쳐 준 다음 회장 등 직함으로 장기간 丙 회사의 경영에 관여해 오다가, 丙 회사가 설립된 때부터 약 15년이 지난 후에 토지 양도의 무효를 주장하면서 소유권이전등기의 말소를 구한 사안에서, 위 약정은 상법 제290조 제3호에서 정한 재산인수로서 정관에 기재가 없어 무효이나, 丙 회사로서는 丙 회사의 설립에 직접 관여하여 토지에 관한 재산인수를 위한 약정을 체결하고 이를 이행한 다음 설립 후에는 장기간 丙 회사의 경영에까지 참여하여 온 甲이 이제 와서 丙 회사의 설립을 위한 토지 양도의 효력을 문제 삼지 않을 것이라는 정당한 신뢰를 가지게 되었고, 甲이 乙과 체결한 사업양도양수계약에 따른 양도대금채권이 시효로 소멸하였으며, 甲이 丙 회사 설립 후 15년 가까이 지난 다음 토지의 양도가 정관의 기재 없는 재산인수임을 내세워 자신이 직접 관여한 회사설립행위의 효력을 부정하면서 무효를 주장하는 것은 회사의 주주 또는 회사 채권자 등 이해관계인의 이익 보호라는 상법 제290조의 목적과 무관하거나 오히려 이에 배치되는 것으로서 신의성실의 원칙에 반하여 허용될 수 없다(대판 2015.03.20. 2013다88829).
26) 보충적 적용설에 의하면 ①은 권리보호이익의 문제로, ③의 경우는 기판력 문제로 볼 수 있으므로, 굳이 신의칙을 언급할 필요가 없다고 한다. 특히 ①과 관련하여 判例는 일부판결의 위법을 상소로 다툴 수 있음에도 불구하고 다투지 아니하고 다시 소를 제기하는 것은 소의 이익(권리보호요건)의 흠으로 부적법하다고 하였다(대판 2002.09.04. 98다17145). 이에 대해 보충적 적용설을 따르는 견해는 판례가 권리보호이익을 부당하게 확대적용한 것으로 보아 별소가 가능하다고 한다.
27) 예를 들어 3인의 공동상속인 중 1인만이 무자력자인데, 그가 상속재산(공유물)보전을 위한 소를 제기하고, 그가 소송구조신청을 하는 경우를 들 수 있다(이시윤).
28) 예를 들어 학교법인의 경영권을 타인에게 양도하기로 결의함에 따라 이사직을 사임하고, 현재의 이사진이 학교법인을 인수·경영하는데 아무런 이의를 하지 않고 있다가 다소의 금원을 지급받을 목적으로만 이사회

4. 신의칙 위반의 효과

(1) 신의칙위반의 조사여부

당사자 간에서는 상대방의 원용을 기다려 참작할 것이라는 견해[30](원용설), 직권으로 판단하는 직권판단사항[31]이지 직권조사사항은 아니라는 견해(호문혁)도 있으나, 법원이 직권으로 조사하여 판단해야 한다는 직권조사사항[32]이라는 견해(다수설)가 신의칙은 소송요건이라는 면에서 타당하다.

(2) 신의칙에 반하여 제기된 소의 처리여부

청구가 실체법상 이유가 없는 것이 되어 청구기각판결을 해야 한다는 견해(호문혁)가 있으나, 소의 이익이 없어 부적법각하 해야 한다는 견해(다수설, 判例)가 소송요건으로 보아야 한다는 면에서 타당하다고 본다.

(3) 신의칙에 반하는 소송행위의 처리여부

신의칙에 반하는 개개의 소송행위는 무효가 된다[33](김홍엽).

(4) 신의칙위반을 간과하고 한 판결

확정 전에는 상소로 취소할 수 있고, 확정 후에는 재심사유에 해당된다면(판결의 편취), 재심사유가 될 수 있다(제451조 1항 11호). 따라서 당연무효의 판결은 아니다. 그리고 판결이 집행된 뒤에

결의부존재확인의 소를 제기한 경우(대판 1974.09.24. 74다767)를 들 수 있다.
29) A주식회사의 대주주이며 대표이사로서 위 회사를 사실상 지배하던 甲의 처인 乙, 처남인 丙 등이 甲을 위하여 회사경영에 참여해 오다가 甲이 丁에게 대가를 받고 회사의 소유와 경영을 넘겨주면서 앞으로 어떠한 권리주장이나 청구도 하지 않기로 확약하였고 그에 따라 乙, 丙 역시 회사경영에서 완전히 손을 떼었음에도 불구하고 그로부터 3년 정도나 경과한 뒤에 甲이 丁과의 합의를 무시하고 다시 회사의 경영권을 되찾아 보려고 나서자 乙, 丙 역시 甲의 의도에 부응하여 甲이 제기한 주주총회결의부존재확인소송에 공동소송참가를 하였다면 이는 신의성실의 원칙에 반하는 제소로서 소권의 남용에 해당한다(대판 1988.10.11. 87다카113).
30) 정확히는 당사자와 법원 사이에서는 법원의 직권조사사항이나, 당사자들 사이에서는 상대방의 원용을 기다려 참작하면 충분할 것이라고 한다(정동윤·유병현·김경욱).
31) 이 견해는 "직권판단사항이란 당사자의 주장이나 항변과 관계없이 법원이 스스로 판단해야 할 사항을 말하는 것으로, 사실문제가 아닌 법률의 해석이나 적용에 관한 사항이 여기에 해당한다. 즉 당사자의 주장, 입증으로 확정한 사실관계에 대하여 법원이 어떠한 법규정을 적용할 것인지, 그 사건에 적용할 구체적 법규정을 어떻게 해석할 것인지, 당사자의 주장이나 행위를 법적으로 어떻게 평가할 것인지는 법원이 직권으로 판단한다. 이러한 법률문제는 당사자가 처분할 사항이 아니기 때문이다. 따라서 여기에는 변론주의가 적용되지 않는다. 판례는 신의칙이나 권리남용 등 강행규정 위반, 과실상계, 가집행선고, 사실인 관습 등의 경우에 법원이 직권으로 판단해야 한다고 판시하고 있다(호문혁)."고 한다.
32) 이시윤 교수는 위 견해에 대해 "우리 소송법에 직권조사사항과 달리 직권판단사항이 있는 것인지도 모호하거니와, 법률의 해석·적용문제도 일반 소송요건과 같은 차원에서 직권조사사항이라 보는 것이 일반적인 것 같다"고 하고 있다.
33) 즉 소송행위의 종류를 나누어 보지 않는 견해(이시윤), 이를 나누어 여효적 소송행위가 신의칙에 반하는 경우에는 무효(유효성의 문제)로 되고 취효적 소송행위가 신의칙에 위반될 때에는 부적법(적법성의 문제)하게 되므로 법원에 의해 배척된다고 보는 것이 타당하다는 견해(정동윤·유병현) 등이 있다. 여효적 소송행위란 재판을 통하지 아니하고 직접적으로 소송법상의 효과가 발생하는 행위를 이르고, 취효적 소송행위란 법원에 일정한 내용의 재판을 구하는 행위 및 재판의 기초가 될 자료제공행위를 이른다.

는 부당이득 내지는 손해배상의 문제가 생기게 된다.

(5) 개정법상 신의칙 적용례

피고의 부당응소일 때에는 소송촉진등에 관한 특례법 제3조에 의한 소송이자인 연 12%의 지연손해금을 물어야 하며, 소장·준비서면 그 밖의 소송기록상 청구가 이유 없음이 명백한 때에는 법원이 직권으로 원고에게 소송비용담보제공을 명할 수 있다(제117조 2항). 원고가 불응하면 소를 각하할 수 있다(제124조).

제4절 민사소송절차의 종류

I 통상소송절차

1. 판결절차

재판에 의하여 사법상의 권리관계를 확정하는 절차를 말한다. 좁은 의미의 민사소송은 판결절차를 말하는데, 이는 소에 의해 개시되어(제248조) 법원의 종국판결(제198조)에 의하여 끝이 난다. 다만 재판의 적정을 보장하기 위해 3심제도를 인정하는데, 1심법원의 종국판결에 불복이 있는 자는 항소 그리고 항소심 판결에 대해서는 상고를 할 수 있다. 즉 판결절차는 다시 심급에 의하여 1심, 항소심, 상고심 절차로 나뉘는 것이다. 1심의 소송절차라고 해도 지방법원 합의부의 절차와 지방법원 단독판사의 절차 사이에는 차이가 있다. 즉 지방법원 단독판사의 절차는 ① 비변호사의 소송대리(제88조 1항, 고액단독사건 제외) ② 준비서면의 불필요(제272조 2항) ③ 사정변경에 의한 관할의 변동(제269조 2항) ④ 지방법원 단독판사 사건은 지법항소부가 항소심 ⑤ 소송목적의 값이 3천만원 이하인 소액사건의 심판에 있어서는 소액사건심판법이 적용되는 특례가 있다.

2. 민사집행절차

판결절차에 의하여 확정된 사법상의 의무가 임의로 이행되지 않는 경우에 채권자의 신청으로 국가의 강제력에 의하여 사법상의 이행의무를 실현하기 위한 절차를 말한다. 02년 개정법 전에는 민사소송법 제7편에 규정이 있었으나, 개정 시에 민사집행법이라는 단일법전으로 독립하였다. 판결절차와는 독립된 별개의 절차이며, 판결절차에 필수적으로 부수되는 것도 아니고, 판결절차와는 그 목적을 달리한다. 이를 취급하는 기관(집행기관)도 판결절차와는 다르다.

3. 부수절차

(1) 의의

판결절차나 강제집행절차의 기능을 충분히 발휘하기 위한 절차이다. 판결절차에 부수하는 것으로는 증거보전절차, 소송비용액확정절차가 있고, 강제집행절차에 부수하는 절차로는 가압류·

가처분절차 · 집행문부여절차가 있다.

(2) 증거보전절차

판결절차에서 정식의 증거조사가 시기까지 기다리다가는 어떤 증거의 조사가 불가능하거나 곤란하게 될 염려가 있을 때에 미리 그 증거를 조사하여 그 결과를 보전하기 위한 절차이다(제375조). 판결절차를 개시하기 전에도 가능하다

(3) 가압류 · 가처분 절차

현상을 방치하면 뒤에 승소판결을 얻는다고 해도 이에 의한 강제집행이 불능하거나 현저하게 곤란하게 될 염려가 있는 경우에 판결이 있을 때까지의 잠정조치로 현상의 변경을 금하거나 일정한 법률관계를 형성하는 등의 방법으로 장래의 강제집행의 보전을 명하는 절차이다. 이는 집행보전철차, 보전소송이라고도 한다.

> 제276조 (가압류의 목적) ① 가압류는 금전채권이나 금전으로 환산할 수 있는 채권에 대하여 동산 또는 부동산에 대한 강제집행을 보전하기 위하여 할 수 있다.
> ② 제1항의 채권이 조건이 붙어 있는 것이거나 기한이 차지 아니한 것인 경우에도 가압류를 할 수 있다.
> 제281조 (재판의 형식) ① 가압류신청에 대한 재판은 결정으로 한다. 〈개정 2005.1.27〉
> ② 채권자는 가압류신청을 기각하거나 각하하는 결정에 대하여 즉시항고를 할 수 있다.
> ③ 담보를 제공하게 하는 재판, 가압류신청을 기각하거나 각하하는 재판과 제2항의 즉시항고를 기각하거나 각하하는 재판은 채무자에게 고지할 필요가 없다.

가압류는 금전채권 또는 금전으로 환산할 수 있는 채권에 기초하여 동산 · 부동산 · 채권에 대한 강제집행을 보전하기 위한 절차를 말한다[34](민사집행법 제276조).

---

[34] [1] 부동산에 가압류등기가 경료되면 채무자가 당해 부동산에 관한 처분행위를 하더라도 이로써 가압류채권자에게 대항할 수 없게 되는데, 여기서 처분행위란 당해 부동산을 양도하거나 이에 대해 용익물권, 담보물권 등을 설정하는 행위를 말하고 특별한 사정이 없는 한 점유의 이전과 같은 사실행위는 이에 해당하지 않는다. 다만 부동산에 경매개시결정의 기입등기가 경료되어 압류의 효력이 발생한 후에 채무자가 제3자에게 당해 부동산의 점유를 이전함으로써 그로 하여금 유치권을 취득하게 하는 경우 그와 같은 점유의 이전은 처분행위에 해당한다는 것이 당원의 판례이나, 이는 어디까지나 경매개시결정의 기입등기가 경료되어 압류의 효력이 발생한 후에 채무자가 당해 부동산의 점유를 이전함으로써 제3자가 취득한 유치권으로 압류채권자에게 대항할 수 있다고 한다면 경매절차에서의 매수인이 매수가격 결정의 기초로 삼은 현황조사보고서나 매각물건명세서 등에서 드러나지 않는 유치권의 부담을 그대로 인수하게 되어 경매절차의 공정성과 신뢰를 현저히 훼손하게 될 뿐만 아니라, 유치권신고 등을 통해 매수신청인이 위와 같은 유치권의 존재를 알게 되는 경우에는 매수가격의 즉각적인 하락이 초래되어 책임재산을 신속하고 적정하게 환가하여 채권자의 만족을 얻게 하려는 민사집행제도의 운영에 심각한 지장을 줄 수 있으므로, 위와 같은 상황하에서는 채무자의 제3자에 대한 점유이전을 압류의 처분금지효에 저촉되는 처분행위로 봄이 타당하다는 취지이다. 따라서 이와 달리 <u>부동산에 가압류등기가 경료되어 있을 뿐 현실적인 매각절차가 이루어지지 않고 있는 상황하에서는 채무자의 점유이전으로 인하여 제3자가 유치권을 취득하게 된다고 하더라도 이를 처분행위로 볼 수는 없다.</u> [2] 토지에 대한 담보권 실행 등을 위한 경매가 개시된 후 그 지상건물에 가압류등기가 경료되었는데, 甲이 채무자인 乙 주식회사에게서 건물 점유를 이전받아 그 건물에 관한 공사대금채권을 피담보채권으로 한 유치권을 취득하였고, 그 후 건물에 대한 강제경매가 개시되어 丙이 토지와 건물을 낙찰받은 사안에서, 건물에 가압류등기가 경료된 후 乙 회사가 甲에게 건물 점유를 이전한 것은 처분행위에 해당하지 않아 가압류의 처분금지효에 저촉되지 않으므로, 甲은 丙에게 건물에 대한 유치권을 주장할 수 있다(대판 2011.11.24. 2009다19246).

채 권 가 압 류 신 청 서

수입인지
원

채 권 자　　(이름)
　　　　　　(주소)
채 무 자　　(이름)
　　　　　　(주소)
제3채무자　　(이름)
　　　　　　(주소)

신 청 취 지

채무자의 제3채무자에 대한 별지 목록 기재의 채권을 가압류한다.
제3채무자는 채무자에게 위 채권에 관한 지급을 하여서는 아니 된다.
라는 결정을 구함

청구채권(피보전권리)의 내용
청구금액　금　　　　　원

신 청 이 유

소 명 방 법

1.
2.

　　　　　　　　　　　20　．　．　．
　　　　　　신청인　　　　　　(날인 또는 서명)
　　(연락처 :　　　　　　　　　)

　　　　　　　　　　　　　　　지방법원　　　　귀중

◇ 유 의 사 항 ◇

1. 청구채권(피보전권리)의 내용란에는 채권의 발생일자와 발생원인 등을 기재한다.(예시) 2003. 1. 1.자 대여금
2. 신청인은 연락처란에 언제든지 연락 가능한 전화번호나 휴대전화번호(팩스번호, 이메일 주소 등도 포함)를 기재하기 바랍니다.
3. 공무원 또는 대기업직원의 임금 또는 퇴직금채권에 대한 가압류를 신청할 때에는 채무자의 이름과 주소 외에 소속부서, 직위, 주민등록번호, 군번/순번(군인/군무원의 경우) 등 채무자를 특정할 수 있는 사항을 기재하시기 바랍니다.
4. 이 신청서를 접수할 때에는 당사자 1인당 3회분의 송달료를 송달료수납은행에 예납하여야 합니다.

> 제300조 (가처분의 목적) ① 다툼의 대상에 관한 가처분은 현상이 바뀌면 당사자가 권리를 실행하지 못하거나 이를 실행하는 것이 매우 곤란할 염려가 있을 경우에 한다.
> ② 가처분은 다툼이 있는 권리관계에 대하여 임시의 지위를 정하기 위하여도 할 수 있다. 이 경우 가처분은 특히 계속하는 권리관계에 끼칠 현저한 손해를 피하거나 급박한 위험을 막기 위하여, 또는 그 밖의 필요한 이유가 있을 경우에 하여야 한다.

가처분은 다툼의 대상에 관한 가처분(동법 제300조 1항)과 임시지위를 정하기 위한 가처분(동법 제300조 2항)이 있다. 전자는 비금전채권의 보전을 위한 것임에 반해, 후자는 본안판결이 날 때까지 법률관계의 불안정을 배제하고 급박한 위험을 방지하기 위하여 잠정적으로 법적 지위를 정하는 절차를 말한다. 특히 임시지위를 정하기 위한 가처분은 그 성질상 비송사건적인 면이 있다. 가처분결정이 지닌 위력 때문에 적지 않은 사건이 가처분의 단계에서 분쟁이 종국적으로 해결된다. 이를 가처분의 본안소송화 경향이라고 한다.

4. 강제집행 과정

(1) 집행권원의 취득

> **민사집행법 제24조(강제집행과 종국판결)** 강제집행은 확정된 종국판결(종국판결)이나 가집행의 선고가 있는 종국판결에 기초하여 한다.

집행권원(=채무명의)이란 채권자가 채무자에 대해 가지는 급부청구권의 존재와 내용이 공적으로 증명된 것을 말한다. 이에는 확정된 종국판결, 가집행 선고 있는 종국판결 등이 있다(민사집행법 제24조).

(2) 집행력 있는 정본

> **동법 제28조 (집행력 있는 정본)** ① 강제집행은 집행문이 있는 판결정본(이하 "집행력 있는 정본"이라 한다)이 있어야 할 수 있다.
> ② 집행문은 신청에 따라 제1심 법원의 법원서기관·법원사무관·법원주사 또는 법원주사보(이하 "법원사무관등"이라 한다)가 내어 주며, 소송기록이 상급심에 있는 때에는 그 법원의 법원사무관등이 내어 준다.
> ③ 집행문을 내어 달라는 신청은 말로 할 수 있다.
> **동법 제29조 (집행문)** ① 집행문은 판결정본의 끝에 덧붙여 적는다.
> ② 집행문에는 "이 정본은 피고 아무개 또는 원고 아무개에 대한 강제집행을 실시하기 위하여 원고 아무개 또는 피고 아무개에게 준다."라고 적고 법원사무관등이 기명날인하여야 한다.

제1심법원의 사무관등은 판결정본의 끝에 '원고가 피고에 대한 강제집행을 실시하기 위해 이 정본을 내어준다.'는 문구 즉 '집행문'을 덧붙여 적는다(민집 제28조, 제29조).

(3) 강제집행 실시

집행력 있는 정본에 기해 집행기관은 강제집행을 실시하게 된다. 집행기관은 집행관·집행법원·제1심법원(=수소법원)이 있는데, 물권의 인도 집행은 집행관(민집 제257조, 제258조), 부동산에 대한 강제집행은 그 부동산이 있는 곳의 지방법원이(민집 제79조), 대체집행·간접강제의 경우에는 제1심 법원(민집 제260조, 제261조)이 관할한다.

5. 금전채권에 대한 집행 - 압류명령, 추심명령, 전부명령

(1) 신청의 방식

> **동법 제4조 (집행신청의 방식)** 민사집행의 신청은 서면으로 하여야 한다.
> **동법 제225조 (압류명령의 신청)** 채권자는 압류명령신청에 압류할 채권의 종류와 액수를 밝혀야 한다.

금전채권에 대한 압류명령신청은 채권자가 서면으로 하여야 한다. 압류명령신청은 현금화를 위한 추심명령이나 전부명령신청과 병합하여 하는 것이 일반적이다. 신청서에는 채권자·채무자·제3채무자 및 집행권원을 표시하는 외에(규칙 제159조) 압류할 채권의 특정을 위하여 압류할 채권의 종류와 액수를 밝혀야 한다(제225조).

> **동법 제226조 (심문의 생략)** 압류명령은 제3채무자와 채무자를 심문하지 아니하고 한다.
> **동법 제227조 (금전채권의 압류)** ① 금전채권을 압류할 때에는 법원은 제3채무자에게 채무자에 대한 지급을 금지하고 채무자에게 채권의 처분과 영수를 금지하여야 한다.
> ② 압류명령은 제3채무자와 채무자에게 송달하여야 한다.
> ③ 압류명령이 제3채무자에게 송달되면 압류의 효력이 생긴다.
> ④ 압류명령의 신청에 관한 재판에 대하여는 즉시항고를 할 수 있다.

(2) 압류명령의 신청 및 심문

집행법원은 신청이 방식에 맞는지, 압류금지채권은 아닌지, 초과압류가 아닌지 등을 심사하여 적법하다고 인정하면, 사법보좌관은 압류명령을 발령 한다[35]. 압류명령에서 집행법원은 제3채무자에게는 채무자에 대한 지급을 금지시키고, 채무자에게는 채권의 처분과 영수를 금지시킨다[36]. 압류명령은 즉시 채무자와 제3채무자에게 송달되어야 하고, 제3채무자에게 송달이 된 때에 압류의 효력이 생긴다(제227조 2, 3항). 채무자의 제3채무자에 대한 채권을 압류나 가압류한 경우에 집행채권에 대하여 시효중단의 효력이 생기며(민법 제168조 2호), 그 효력은 압류명령 신청시에 생긴다(대판 2009.06.25. 2008모1396). 그러나 채무자의 제3채무자에 대한 채권 즉 피압류채권은 민법 제168조 2호에 준하는 시효중단의 효력은 없고, 민법 제174조 시효중단사유인 최고로서의 효력이 생길 뿐이다(대판 2003.05.13. 2003다16238).

> **제229조 (금전채권의 현금화방법)** ① 압류한 금전채권에 대하여 압류채권자는 <u>추심명령</u>이나 <u>전부명령</u>을 신청할 수 있다.
> ② 추심명령이 있는 때에는 압류채권자는 대위절차 없이 압류채권을 추심할 수 있다.
> ③ 전부명령이 있는 때에는 압류된 채권은 지급에 갈음하여 압류채권자에게 이전된다.
> ④ 추심명령에 대하여는 제227조제2항 및 제3항의 규정을, 전부명령에 대하여는 제227조제2항의 규정을 각각 준용한다. ⑤ <u>전부명령이 제3채무자에게 송달될 때까지 그 금전채권에 관하여 다른 채권자가 압류·가압류 또는 배당요구를 한 경우에는 전부명령은 효력을 가지지 아니한다.</u>
> ⑥ 제1항의 신청에 관한 재판에 대하여는 즉시항고를 할 수 있다.
> ⑦ 전부명령은 확정되어야 효력을 가진다.
> ⑧ 전부명령이 있은 뒤에 제49조제2호 또는 제4호의 서류를 제출한 것을 이유로 전부명령에 대한 즉시항고가 제기된 경우에는 항고법원은 다른 이유로 전부명령을 취소하는 경우를 제외하고는 항고에 관한 재판을 정지하여야 한다.
> **제232조 (추심명령의 효과)** ① 추심명령은 그 채권전액에 미친다. 다만, 법원은 채무자의 신청에 따라 압류채권자를 심문하여 압류액수를 그 채권자의 요구액수로 제한하고 채무자에게 그 초과된 액수의 처분과 영수를 허가할 수 있다.
> ② 제1항 단서의 제한부분에 대하여 다른 채권자는 배당요구를 할 수 없다. ③ 제1항의 허가는 제3채무자와 채권자에게 통지하여야 한다.

---

35) 즉시항고 할 수 있는 사법보좌관의 처분이므로, 사법보좌관의 처분에 대한 이의신청으로 판사의 판단을 받을 수 있다(사법보좌관규칙 제4조).
36) 다만 압류의 처분금지효력은 절대적인 것이 아니고, 채무자의 처분행위 또는 제3채무자의 변제로써 처분·변제 전의 선행압류채권자나 배당요구채권자에게 대항하지 못한다는 의미에서 상대적 효력만이 생긴다.

(3) 추심명령

채권압류 및 추심명령 신청서

수입인지
원

채 권 자   (이름)   (주민등록번호   -   )
           (주소)
채 무 자   (이름)   (주민등록번호   -   )
           (주소)
제3채무자 (이름)   (주민등록번호   -   )
           (주소)

신 청 취 지

채무자의 제3채무자에 대한 별지 기재의 채권을 압류한다.
제3채무자는 채무자에게 위 채권에 관한 지급을 하여서는 아니 된다.
채무자는 위 채권의 처분과 영수를 하여서는 아니 된다.
위 압류된 채권은 채권자가 추심할 수 있다.
라는 결정을 구함

청구채권 및 그 금액 : 별지 목록 기재와 같음

신 청 이 유

첨 부 서 류

1. 집행력 있는   정본 1통
2. 송달증명원 1통

20   .   .   .

채권자   (날인 또는 서명)
   (연락처 :   )

지방법원   귀중

◇ 유 의 사 항 ◇

1. 채권자는 연락처란에 언제든지 연락 가능한 전화번호나 휴대전화번호(팩스번호, 이메일 주소 등도 포함)를 기재하기 바랍니다.
2. 집행력 있는 집행권원은 "확정된 종국판결, 가집행선고 있는 종국판결, 화해·인낙·조정조서, 확정된 지급명령, 확정된 이행권고결정, 확정된 화해권고결정, 공정증서, 확정된 배상명령" 등이 있습니다.
3. 공무원 또는 대기업직원의 임금 또는 퇴직금채권에 대한 채권압류 및 추심명령을 신청할 때에는 채무자의 이름과 주소 외에 소속부서, 직위, 주민등록번호, 군번/순번(군인/군무원의 경우) 등 채무자를 특정할 수 있는 사항을 기재하시기 바랍니다.
4. 이 신청서를 접수할 때에는 당사자 1인당 2회분의 송달료를 송달료수납은행에 예납하여야 합니다.

(4) 추심의 소(추심금청구소송)

> 제238조 (추심의 소제기) 채권자가 명령의 취지에 따라 제3채무자를 상대로 소를 제기할 때에는 일반 규정에 의한 관할법원에 제기하고 채무자에게 그 소를 고지하여야 한다. 다만, 채무자가 외국에 있거나 있는 곳이 분명하지 아니한 때에는 고지할 필요가 없다.
>
> 제249조 (추심의 소) ① 제3채무자가 추심절차에 대하여 의무를 이행하지 아니하는 때에는 압류채권자는 소로써 그 이행을 청구할 수 있다.
> ② 집행력 있는 정본을 가진 모든 채권자는 공동소송인으로 원고 쪽에 참가[37]할 권리가 있다.
> ③ 소를 제기당한 제3채무자는 제2항의 채권자를 공동소송인으로 원고 쪽에 참가하도록 명할 것을 첫 변론기일까지 신청할 수 있다.
> ④ 소에 대한 재판은 제3항의 명령을 받은 채권자에 대하여 효력이 미친다.

집행채권의 부존재나 소멸은 집행채무자가 청구이의의 소에서 주장할 사유이지 추심의 소에서 제3채무자가 이를 항변으로 주장하여 집행채무의 변제를 거절할 수 있는 것이 아니다(대판 1994.11.11. 94다34012). 그러나 피압류채권의 부존재·소멸·기한유예 등은 제3채무자의 항변사유가 된다. 즉 피압류채권의 부존재·소멸은 추심의 소에서 다툴 사유이고 제3자의 것이면 제3자이의의 소의 사유가 된다(대판 1998.08.31. 98마1535). 추심의 소는 채권자대위소송과 유사하다. 그러므로 추심의 소와 채권자대위소송은 경합할 수 있다. 이 경우 다툼이 있으나, 국가가 수권한 추심권에 기한 추심의 소를 우선하여 추심의 소 계속 중에는 채권자대위소송은 부적합한 것으로 보아야 한다[38](박두환, 강대성, 이시윤). 채무자가 제3채무자를 상대로 한 소송계속 중 채권자가 제기하는 대위소송은 중복소송이지만, 그러한 소송계속 중 추심의 소는 중복소송이 아니라는 것이 判例이다(대판(전) 2013.12.18. 2013다202120).

---

37) 공동소송참가가 되고(제83조), 유사필수적공동소송관계가 된다(이시윤).
38) 그러나 日本 判例는 이 경우 병합심리가 가능하다고 하였다[最高裁 1970.6.2.(민집 24-6, 447면)].

(5) 전부명령, 전부금청구소송

채권압류 및 전부명령 신청서

	수입인지 원

채 권 자　　(이름)　　　　(주민등록번호　　　-　　　)
　　　　　　(주소)
채 무 자　　(이름)　　　　(주민등록번호　　　-　　　)
　　　　　　(주소)
제3채무자　　(이름)　　　　(주민등록번호　　　-　　　)
　　　　　　(주소)

신 청 취 지

채무자의 제3채무자에 대한 별지 기재의 채권을 압류한다.
제3채무자는 채무자에게 위 채권에 관한 지급을 하여서는 아니 된다.
채무자는 위 채권의 처분과 영수를 하여서는 아니 된다.
위 압류된 채권은 지급에 갈음하여 채권자에게 전부한다.
라는 결정을 구함

청구채권 및 그 금액 : 별지 목록 기재와 같음

신 청 이 유

첨 부 서 류

1. 집행력 있는 　　　　　정본 1통
2. 송달증명서 1통

　　　　　　　　　　　20　．　．　．
　　　　　　　채권자　　　　　㊞ (서명　　　　)
　　　　　　(연락처 :　　　　　　)

　　　　　　　　　　　　　　　　　　　　　지방법원　　　　귀중

◇ 유 의 사 항 ◇

1. 채권자는 연락처란에 언제든지 연락 가능한 전화번호나 휴대전화번호(팩스번호, 이메일 주소 등도 포함)를 기재하기 바랍니다.
2. 집행력 있는 집행권원은 "확정된 종국판결, 가집행선고 있는 종국판결, 화해·인낙·조정조서, 확정된 지급명령, 확정된 이행권고결정, 확정된 화해권고결정, 공정증서, 확정된 배상명령" 등이 있습니다.
3. 공무원 또는 대기업직원의 임금 또는 퇴직금채권에 대한 채권압류 및 추심명령을 신청할 때에는 채무자의 이름과 주소 외에 소속부서, 직위, 주민등록번호, 군번/순번(군인/군무원의 경우) 등 채무자를 특정할 수 있는 사항을 기재하시기 바랍니다.
4. 이 신청서를 접수할 때에는 당사자 1인당 2회분의 송달료를 송달료수납은행에 예납하여야 합니다.

> **제231조 (전부명령의 효과)** 전부명령이 확정된 경우에는 전부명령이 제3채무자에게 송달된 때에 채무자가 채무를 변제한 것으로 본다. 다만, 이전된 채권이 존재하지 아니한 때에는 그러하지 아니하다.

1) 전부명령의 효과

예를 들어 甲은 乙에게 받을 집행채권 1억원을 가지고 있고, 乙은 丙에게 액면금 1억원의 금전채권이 있을 때에 전부명령이 나면 乙의 丙에 대한 채권 1억원의 액면액 대로 乙은 집행채권 1억원은 변제한 것이 되고, 甲의 집행채권은 소멸한다. 즉 피압류채권에 의한 대물변제와 같은 효과가 생기므로, 압류채권자로서는 제3채무자가 무자력일 경우의 위험을 부담하여야 하지만, 이에 의하여 그대로 집행절차가 종료되고 다른 채권자가 이중압류나 배당요구를 할 여지가 없게 만들어 압류채권자가 사실상 우선변제나 독점적 만족을 얻게 되는 이점이 있다. 제3채무자가 국가, 지방자치단체 등 공법인, 금융기관, 대기업 등을 경우 이용이 바람직하다39). 전부명령은 압류우선주의의 독일에서는 인기가 없으나, 평등주의의 우리 법제에서는 예외적 제도로서 인기가 높다. 금전채권에서만 가능하고, 비금전채권 즉 쌀인도채권(대판 1962.01.25. 4294민상148), 건설공제조합의 조합원지분권(대판 1979.12.11. 79다1487)은 금전채권이 아니므로 피전부적격이 없다.

2) 전부금청구소송

전부명령에 의하여 권리이전효가 발생하였음에도 제3채무자가 집행채권자에게 임의지급을 하지 아니하는 경우, 채권자는 제3채무자에게 전부금(轉付金)청구소송을 할 수 있다. 추심명령의 경우에 추심의 소에 대응하지만, 명문의 규정은 없다. 제3채무자는 여기에서 전부명령의 원인인 집행채권의 부존재·소멸은 다툴 수 없다40). 그러나 압류채권의 부존재 등 전부명령이 무효인 경우에는 제3채무자는 전부금청구소송에서 무효를 주장할 수 있다(대판 1987.03.24. 86다카1588).

3) 피압류채권의 부존재

이전된 피압류채권의 부존재의 경우에 전부명령은 무효이며, 변제의 효과와 집행채권의 소멸의 효과가 생기지 아니 한다(대판 2007.04.12. 2005다1407). 이전된 채권이 존재하지 아니한 때란 처음부터 존재하지 아니하는 경우 뿐 아니라, 권리소멸(취소, 해제, 상계, 소멸시효 완성 등)·권리저지(조건의 미성취, 기한의 미도래)의 항변 행사에 의하여 후발적으로 존재하지 아니한 경우도 포함한다41). 그리고 제3채무자는 전부명령이 송달되기 전에 채무자에게 상계적상에 있었던 반대채

---

39) 가사소송법 제63조의 2에서는 양육비지급심판은 받은 채무자가 2회 이상 지체를 한 경우 양육비지급명령을 발하여 소득세원천징수의무자(제3채무자)에 대하여 의무있는 배우자(채무자)의 월급에서 양육비를 공제하여 양육비지급채무자에게 직접 지급하는 제도를 신설하였는데, 이는 압류명령과 전부명령이 겸유된 특례로서, 전부명령제도의 원용이다(이시윤).
40) 집행력 있는 채무명의에 기하여 채권의 압류 및 전부명령이 적법하게 이루어진 이상 피압류채권은 집행채권의 범위내에서 당연히 집행채권자에게 이전하는 것이어서 그 집행채권이 이미 소멸하였거나 소멸할 가능성이 있다고 하더라도 위 채권의 압류 및 전부명령의 효력에는 아무런 영향이 없다 할 것이므로 전부금 청구사건에 있어서는 특단의 사정이 없는 한 그 집행채권의 소멸 또는 소멸가능성에 대하여 심리판단이 필요 없다(대판 1976.05.25. 76다626).
41) 예를 들어 甲이 乙의 丙에 대한 매매대금채권에 전부명령을 받아 甲이 丙에 대하여 전부금 청구의 소를 제기한 경우, 丙이 제출한 소멸시효의 항변이 이유가 있으면 피전부채권의 부존재로 전부명령은 무효가 된다. 이 경우 집행채권은 소멸하지 않으므로, 압류채권자는 피전부채권이 부존재함을 증명하여 다시 집행력 있는 정본을 부여 받아 채무자의 다른 재산에 대하여 강제집행 할 수 있다(대판 1996.11.22. 96다37176).

권을 가지고 그 명령이 송달된 이후에 상계로써 전부채권자에게 대항할 수 있다(대판 1980.09.09. 80다939). 이때에 압류된 채권은 상계적상 시로 소급하여 소멸하므로(민법 제493조), 전부명령은 무효가 된다.

6. 도산절차

(1) 의의 및 입법연혁

채무자가 무자력 상태에 빠져 다수의 채권자의 채권을 만족시킬 수 없게 된 경우에 채권자 사이에 공평을 꾀하고 나아가 채무자의 재건을 위하여 특별히 마련된 소송절차이다. 도산절차에는 채권자들 사이의 공평을 꾀하면서 채무자의 재건책을 강구하는 재건형과 채무자의 총재산을 모든 채권자를 위하여 공평하게 청산하는 청산형의 두 가지가 있다. 재건형에 속하는 도산절차로서는 회생절차, 개인회생절차가 있고, 청산형에 속하는 도산절차로서는 파산절차가 있다. 원래 도산관계법은 화의법, 회사정리법, 파산법으로 나뉘어져 시행된 바 있고, 2004년에는 개인채무자회생법이 추가되었다. 그러다가 2005년에는 이러한 법률들이 모두 '채무자 회생 및 파산에 관한 법률'이라는 하나의 법률로 통합·개선되었다. 그리하여 각각의 법률에 따라 별도로 개시되고 별도의 절차로 규율되었던 것들이 하나의 절차로 통합되어, 재건형과 청산형의 절차가 하나의 절차 속에서 효율적으로 진행될 수 있게 되었다. 새 법에서는 화의절차는 폐지되고 회생절차로 단일화되었으며, 국제도산절차가 새로 규정되었다. 그리고 2017.3.1.부터 **회생법원이 신설되었다.**

(2) 회생절차

회생절차는 재정적 궁핍으로 파탄에 직면하여 있으나 회생의 가망이 있는 기업에 관하여 채권자·주주, 그 밖의 이해관계인의 이해를 조절하면서 그 사업의 정리·재건을 꾀하는 절차이다. 흔히 법정관리라고 부른다. 과거에는 회사정리법에서 규정하였고 그 이용대상을 주식회사에 한정하였으나, 새 법률에서는 이러한 제한이 없다.

(3) 파산절차

파산절차는 채무자의 자력이 불충분하여 모든 채권자의 채권을 만족시킬 수 없는 경우에 채권자의 개별적인 소송이나 강제집행을 배척하고 채무자의 모든 재산으로부터 모든 채권자가 채권액의 비율에 따라 공평하게 만족을 받게 하는 절차이다. 과거에는 파산법에서 규정하였다.

(4) 개인회생절차

개인회생절차란 재정적 어려움으로 인하여 파탄에 직면하고 있는 개인 채무자로서 장래 계속적으로 또는 반복하여 수입을 얻을 가능성이 있는 사람에 대하여 채권자 등 이해관계인의 법률관계를 조정함으로써 채무자의 효율적 회생과 채권자의 이익을 도모하는 절차이다.

제2장 민사소송법

제1절 민사소송법의 의의와 성격

1. 의 의

민사소송법은 형식적으로는 민사소송법이라고 불리는 법전을 가리키지만, 실질적으로는 민사소송제도를 규율하는 법규의 총체를 말한다. 실질적인 민사소송법에는 민사소송을 처리하는 법원의 조직·권한, 소송에 관여하는 자의 능력, 자격, 재판을 하기 위한 요건·절차·효과 따위에 관한 일체의 법규가 포함된다.

2. 성 격

민사소송법은 공법과 사법의 구별에 있어서는 공법에, 민사법과 형사법의 관점에서는 민사법에, 실체법과 절차법의 구별에서는 절차법에 속한다.

제2절 민사소송법규의 해석과 종류

Ⅰ 해 석

1. 소송법의 해석

소송법의 해석도 대체로 법의 해석에 관한 일반론에 따르므로, 법규의 의미에 충실하고(문리적 해석), 다른 법규와 의미관련성을 고려하고(논리적 해석), 전체와의 관련에서 법규의 의미와 목적을 명확히 하여야 한다(목적론적 해석). 그리고 유추해석과 반대해석이 인정되는 것도 실체법을 해석할 때와 동일하다. 그리고 소송법은 적정·공평·신속·경제를 그 이상으로 하므로 이를 달성할 수 있도록 합목적적으로 해석하여야 하고, 민사소송절차는 헌법상의 요청에서 유래하는 여러 원칙들에 의하여 지배되므로 이들을 고려하여 합헌적 해석을 해야 한다. 따라서 강제동원 위자료 청구권이 청구권협정의 적용대상에 포함되었다고 볼 수 없으므로, 甲 등이 주장하는 신일철주금에 대한 손해배상청구권은 청구권협정의 적용대상에 포함되지 않는다(대판(전) 2018.10.30. 2013다

61381). 또한 계약당사자가 채무불이행으로 인한 전보배상에 관하여 손해배상액을 예정한 경우에 채권자가 채무불이행을 이유로 계약을 해제하거나 해지하더라도 원칙적으로 손해배상액의 예정은 실효되지 않고, 전보배상에 관하여 특별한 사정이 없는 한 손해배상액의 예정에 따라 그 배상액을 정해야 한다(대판 2022.04.14. 2019다292736·292743).

2. 절차안정의 요청 및 획일적 처리의 요청

소송법은 법원과 당사자의 행위의 연쇄에 의하여 진행되는 절차를 규율하므로, 대체로 선행행위의 효력을 부인하면 후행행위의 효력은 의미가 없게 된다. 따라서 될 수 있으면 이미 진행한 절차를 존중하려는 해석을 하게 된다(절차안정의 요청). 그리고 법원은 다수의 사건을 가능한 한 신속히 처리하여야 하므로, 개개의 사건의 개성을 고려할 수 없고 이들을 집단적·획일적으로 처리할 수밖에 없다(획일적 처리의 요청).

3. 표시주의, 외관주의

이러한 절차의 안정성 및 획일적 요청 때문에 소송법규를 해석할 때에는 실체법에 비하여 표시주의, 외관주의적 경향이 강하게 나타난다.

Ⅱ 종 류

1. 효력규정과 훈시규정

효력규정이란 이에 위반하면 그 행위나 절차의 효력에 영향을 미치는 규정이고, 훈시규정[1]은 이에 위반해도 그 행위나 절차의 효력에 영향을 미치지 않는 규정을 말한다. 소송법규는 대부분 효력규정이지만, 직무를 정한 규정 중에는 훈시규정이 적지 않다. 이런 훈시규정의 예로는 판결선고의 기간(제199조), 판결 선고의 기일(제207조 1항), 판결송달의 기간(제210조), 변론기일의 지정(제258조), 항소기록의 송부기간(제400조), 상고이유서·답변서의 송달기간(제428조 2항) 등을 들 수 있다. 효력규정은 다시 강행규정과 임의규정으로 나뉜다.

2. 강행규정과 임의규정

(1) 강행규정

강행규정은 법원과 당사자의 의사나 태도에 의하여 그 구속을 배제할 수 없는 규정을 말한다. 따라서 이에 위반한 행위나 절차는 무효이며, 법원은 직권으로 그 위반 여부를 조사하지 않으면 안 된다. 고도의 공익적 요청에 기한 규정이 이에 해당하는데, 예를 들어 법원의 구성(제424조 1항

---

[1] 당사자는 법원 또는 상대방의 소송행위가 소송절차에 관한 규정을 위반한 경우 민사소송법 제151조에 의하여 그 소송행위의 무효를 주장하는 이의신청을 할 수 있고 법원이 당사자의 이의를 이유 있다고 인정할 때에는 그 소송행위를 무효로 하고 이에 상응하는 조치를 취하여야 하지만, 소송절차에 관한 규정 중 단순한 훈시적 규정을 위반한 경우에는 무효를 주장할 수 없다. 민사소송법 제199조, 제207조 등은 모두 훈시규정이므로 법원이 종국판결 선고기간 5월을 도과하거나 변론종결일로부터 2주 이내 선고하지 아니하였다 하더라도 이를 이유로 무효를 주장할 수는 없다(대판 2008.02.01. 2007다9009, 김명호 교수 재임용거부 사건).

1호, 제451조 1항 1호), 법관의 제척(제41조), 전속관할(제31조, 제424조 1항 3호), 심판의 공개(제424조 1항 5호), 불변기간(제173조), 당사자능력(제51조, 제52조), 소송능력(제51조) 등에 관한 규정 등이 있다. 다만 강행규정 위반의 행위나 절차가 무효라고 하여도 이를 주장할 수 있는 시기나 방법은 다시 고려해 보아야 한다. 즉 소송법은 절차안정의 요청이 강하게 요청되는 소송절차를 규율하고 있으므로, 시기나 방법을 고려하지 않고 이를 인정하면 절차의 혼란이 나타날 염려가 크기 때문이다. 따라서 판결전의 강행규정 위반은 독립하여 무효로 보아 배척할 것이지만, 일단 판결이 선고되면 판결 자체의 당연무효의 주장은 허용되지 아니하므로, 그 이전의 위반은 상소의 이유가 될 뿐이고, 판결 확정 후에는 재심사유에 해당하는 경우 외에는 강행규정 위반을 주장할 수 없다.

(2) 임의규정

임의규정은 당사자의 의사나 태도에 의해 그 구속을 어느 정도 완화·배척할 수 있는 규정을 말한다. 주로 사익적 규정이 이에 해당하지만, 소송법에서는 절차의 획일성, 안정성이 요청되므로 임의규정이라고 하여도 사법상의 임의규정과는 그 성격이 다르다. 즉 私法에서는 임의규정과 다른 당사자의 합의를 하면 그 합의가 임의규정에 우선하여 적용되지만, 소송법에서는 절차의 안정이 중요하므로 당사자의 합의에 의하여 임의로 소송절차를 변경하는 것은 원칙적으로 허용되지 아니한다. 이를 임의소송금지의 원칙 내지 편의소송금지의 원칙이라고 한다. 따라서 소송법 상으로는 계약자유의 원칙은 인정되지 않으며, 다만 법이 허용되는 범위 내에서만 임의규정과는 달리 당사자의 합의를 할 수 있다. 이 경우 법이 명문으로 인정하는 예로는 관할의 합의(제29조), 불항소의 합의(제390조 1항 단서) 등이 있고, 명문의 규정이 없는 예로는 부제소의 합의, 소취하의 합의, 부집행의 합의, 증거계약의 일부가 이에 해당된다. 그리고 임의규정의 위반이 있더라도 이로 인하여 불이익을 받는 자가 이의를 하지 않으면 그 흠이 치유되도록 하는 것이다(소송절차에 관한 이의권의 포기·상실, 제151조). 이는 적극적으로 임의규정과는 다른 합의를 하는 소송상의 합의와는 달리, 소극적으로 임의규정 위반 행위에 대해 이를 이의하지 않으면 그 위반을 문제 삼지 않도록 한 것이다. 따라서 이 경우 법원은 직권으로 그 위반여부를 조사할 필요가 없고, 당사자가 이의를 제기한 경우에 한하여 그 위반을 고려하면 된다. 예를 들어 당사자의 소송행위의 방식, 법원의 기일통지서·출석요구서·소송서류의 송달[2]·증거조사의 방식 등에 관한 규정이 이에 속한다.

---

[2] 다만 판결정본 송달은 상소제기기간의 기산점이 되므로(제396조), 이는 강행규정에 속한다(통설, 판례).

제3절 민사소송법의 효력의 한계

I 시적 한계

1. 문제점

민사소송법이 개정된 경우에 신법과 구법 가운데 어느 법규를 적용할 지가 문제된다.

2. 실체법과의 비교 - 소급효 여부

실체법에서는 기득권을 존중하여 법률불소급의 원칙이 채택되고 있지만, 소송법에서는 절차의 안정성, 획일성을 기하기 위해 개정된 신법의 소급효를 인정하는 것이 원칙이다. 다만 구법 시에 완결된 소송행위는 구법에 따른 효력을 유지한다.

II 장소적 한계

1. 원 칙

민사소송은 국가권력에 의한 사법작용의 발동이기 때문에, 재판하는 나라의 법인 법정지법의 지배를 받는 것이 원칙이다. 따라서 우리나라의 법원에서 심리되는 사건은 당사자가 외국인이든, 소송물의 내용이 무엇이든, 준거법이 외국법이든 막론하고 우리나라의 민사소송법의 규율 받게 된다(이시윤).

2. 외국에서 한 소송행위

외국법원에 계속된 민사소송사건에서는 그 법정지의 소송법에 의하지만, 그곳에서 행한 소송행위가 우리나라에서 어떠한 효력을 갖는지에 대해서는 우리 민사소송법이 판단한다(제217조). 그리고 외국의 사법기관이 우리나라 법원의 촉탁을 받아 송달이나 증거조사를 할 때에는 그 외국의 민사소송법에 의하지만, 그 소송행위가 그 법정지법에 어긋나더라도 우리나라 소송법에 의하면 적법한 것인 한 유효한 것으로 본다(제296조 2항).

FORTUNE 김/춘/환 민사소송법

제**2**편
소송주체

제1장 법 원
제2장 당사자(원고와 피고)

학습개요		중요도	핵심사항	대표 지문
제1장 법원	제1절 민사재판권	中	• 재판권 • 법관의 제척·기피·회피 • 관 할	• 재판권이 없음을 간과한 판결이 확정된 뒤에는 재심의 소를 제기할 수 있다. (X) • 최종변론 전의 변론이나 증거조사에만 관여한 경우는 이전심급의 재판에 관여한 때라고 할 수 없다. (O) • 전속관할위배는 상소이유가 되나 재심사유는 되지 않는다. (O) • 심급관할을 위배한 이송결정의 기속력은 이송 받은 상급심 법원에도 미친다. (X)
	제2절 민사법원의 종류와 구성	中		
	제3절 법관의 제척·기피·회피	上		
	제4절 관 할	上		
제 2 장 당사자 (원고와 피고)	제1절 총 설	上	• 당사자실재 • 당사자능력 • 당사자적격 • 소송능력 • 소송상의 대리인	• 이행의 소에 있어서 원고적격은 자기가 이행청구권을 가지고 있다고 주장하는 자가 가지는 반면, 피고적격은 원고적격을 가지는 자에 의하여 이행의무자라고 주장된 자가 아니라, 정당한 의무이행자로 인정된 자가 갖는다. (X) • 미성년자의 친권자가 미성년자를 대리하여 소송행위를 하는 경우에도 법정대리권이 있음을 서면으로 증명하여야 한다. (O) • 상급심에서 파기환송 되었을 경우 환송 전 원심의 소송대리인의 대리권은 다시 부활하지 않는다. (X)
	제2절 당사자의 확정	上		
	제3절 당사자의 자격	上		
	제4절 소송상의 대리인	上		

구 분	법원서기보								
	2014	2015	2016	2017	2018	2019	2020	2021	2022
제1장 법 원	2	2	2	2	1	1	3	0	1
제2장 당사자 (원고와 피고)	2	2	4	2	2	3	3	4	3
출제율	16%	16%	24%	16%	12%	16%	24%	16%	16%

Advice

1. 법 원

법원 부분은 1~2문제 정도가 재판권, 관할권 부분에서 출제 된다. 재판권을 흠결한 판결의 효력, 관할권에 대한 세부적 숙지가 필요하다. 관할은 사물관할, 토지관할, 합의관할, 변론관할 위주로 정리하고 있어야 한다.

2. 당사자

당사자는 2~4문제가 출제된다. 당사자의 실재(사망자당사자소송, 성명모용소송, 법인격부인론), 당사자능력(비법인사단, 조합), 당사자적격(이행의 소에서 당사자적격, 확인의 소에서 당사자적격, 제3자소송담당), 소송능력(법정대리인과 임의대리인의 구별, 미성년자 행위), 변론능력 등의 중요주제를 판례의 입장 위주로 정리하고 있어야 한다. 이 부분은 자주 출제되는 부분이니만큼 꼭 정리가 필요하다.

제1장 법원

제1절 민사재판권

I 재판권 일반

재판권은 법질서실현을 위한 국가의 권능을 말하는데, 일반적으로 사법권으로 통칭된다(헌법 제101조).

II 민사재판권 의의 및 범위

1. 의의

민사재판권은 민사사건에 대해 재판할 수 있는 국가의 권능을 이르고 여기에는 ① 민사본안재판권, ② 비송재판권이 있다. 특히 민사본안재판권은 민사 분쟁을 처리하기 위하여 판결, 강제집행, 가압류, 가처분 등을 행하는 국가의 권능을 이른다.

2. 범위

① 누구에게(대인적 제약) ② 어떠한 사건에(대물적 제약) ③ 어느 장소에서 행사할 수 있는가(장소적 제약)가 문제된다.

III 민사재판권의 대인적 제약과 국가에 대한 재판권면제

1. 문제점

민사재판권은 국가의 영토고권 때문에 국적을 불문하고 국내에 있는 모든 자에게 미치는 것이 원칙이나 치외법권자에게는 예외적으로 미치지 않는다. 이 치외법권자에는 ① 외교사절단의 구성원과 그 가족 ② 영사관원과 그 사무직원 ③ 외국의 원수·수행원 및 그 가족 ④ 외국국가 ⑤ 주한미군이 있는바, ④ 외국국가에 대한 재판권면제가 특히 문제된다.

2. 절대적 면제주의와 상대적 면제주의

19세기에는 특별한 예외를 제외하고는 외국국가에 대한 재판권면제가 인정되었지만(절대적 면제주의), 20세기 이후에 들어와서는 국가가 사적분쟁의 당사자가 되는 경우가 증가한 관계로 국가에 대한 재판권이 면제되지 않는 것(상대적 면제주의1))이 국제적 관습이라고 할 수 있다.

3. 判例

(1) 과거 判例

"본래 국가는 국제관례상 외국의 재판권에 복종하지 않게 되어 있으므로 특히 조약에 의하여 예외로 된 경우나 스스로 외교상의 특권을 포기하는 경우를 제외하고는 외국국가를 피고로 하여 우리나라가 재판권을 행사할 수는 없는 것이라 할 것이다(대판 1975.05.23. 74마281)"고 하여 절대적 면제주의의 입장이었다.

(2) 현재 判例2)

"외국의 사법적 행위가 주권적 활동에 속하거나 이와 관련이 있어 이에 대한 재판권 행사가 외국의 주권적 활동에 대한 부당한 간섭이 될 우려가 있다는 등의 특별한 사정이 없는 한, 외국의 사법적 행위에 대하여는 당해 국가를 피고로 하여 우리나라의 법원이 재판권을 행사할 수 있다(대판(전) 1998.12.17. 97다39216)"고 하여 상대적 면제주의로 입장을 변경하였다.

Ⅳ 국제재판관할권

1. 국제재판관할권의 의미

(1) 문제점

우리나라 사람이나 기업이 외국과 수출입을 하다보면, 손해배상 등의 민사사건 등이 생기기 마련이다. 이 경우 그 사건을 우리나라에서 재판할 지, 그 외국에서 재판할 지의 문제가 생기는데 이를 국제재판관할권3)이라고 한다.

(2) 의미

통설적 입장은 국제재판관할권이란 하나의 국제적 사건에 대해 우리나라 법원뿐만 아니라 외국의 법원도 당해 사건에 대해 관할권을 갖는 경우, 어느 법원이 재판권을 가지는가의 문제라고 설명한다.

---

1) 상대적 면제주의는 국가기관이 공인격의 지위에서 행하였는지 사인격의 지위에서 행하였는지에 따라 그 범위를 정하여야 한다는 견해(기관성격기준설), 그 행위가 국가만이 할 수 있는 행위인지 사인도 할 수 있는 행위인지에 따라 정하여야 한다는 견해(기관능력기준설), 그 행위위가 주권적 활동에 속하는 것인지 단순한 사법적 행위에 불과한 것인지에 따라 정하여야 한다는 견해(행위성질기준설), 그 행위가 상사적 활동인지 비상사적 활동인지에 따라 정하여야 한다는 견해(상사활동기준설) 등이 있다(주석신민사소송법(Ⅰ), 110면, 김홍엽 33면).
2) 이 사건은 원고가 미합중국 산하의 비세출자금기관인 '육군 및 공군 교역처'(The United States Army and Air Force Exchange Service)에 고용되어 미군 2사단 소재 캠프 케이시(Camp Cacey)에서 근무하다가 1992. 11. 8. 정당한 이유 없이 해고되었다고 주장하면서 미합중국을 피고로 하여 위 해고의 무효확인과 위 해고된 날로부터 원고를 복직시킬 때까지의 임금의 지급을 구한 사안이다.
3) 구체적으로 국제재판관할권은 그 국가의 입장에서 보면 자국이 재판권을 행사하는 전제로서 관할권을 갖느냐는 문제인 직접적 일반관할권과 외국의 재판을 자국에서 승인·집행할 요건으로서 타국에 관할권이 있느냐는 문제인 간접적 일반관할권의 문제로 나눌 수 있다(강현중).

2. 국제사법의 규정

(1) 법 규정

종래에는 국제재판관할권에 대해 성문규정이 없었으나, 현재는 섭외사법을 대체한 국제사법 제2조에서 "① 법원은 당사자 또는 분쟁이 된 사안이 대한민국과 실질적 관련이 있는 경우에 국제재판관할권을 가진다. 이 경우 법원은 실질적 관련의 유무를 판단함에 있어 국제재판관할 배분의 이념에 부합하는 합리적인 원칙에 따라야 한다. ② 법원은 국내법의 관할 규정을 참작하여 국제재판관할권의 유무를 판단하되, 제1항의 규정의 취지에 비추어 국제재판관할의 특수성을 충분히 고려하여야 한다."고 규정하고 있다.

(2) 실질적 관련성의 의미

이에 대해 법무부 국제사법해설(2001), 24면 이하는 "우리나라 법원이 재판관할권을 행사하는 것을 정당화할 수 있을 정도로 당사자 또는 분쟁 대상이 우리나라와 관련성을 갖는 것을 의미하며, 그 구체적인 인정 여부는 법원이 개별 사건마다 종합적인 사정을 고려하여 판단하게 될 것이다."고 하고 있다.

3. 개정 전의 견해 대립

(1) 문제점

현재는 위 국제사법 제2조로 국제재판관할권의 결정기준이 정해지는 것이지만, 이 경우에도 국제재판관할과 토지관할의 관계가 모호하고, 이 규정이 단순히 대법원의 판례를 반영하는데 그치고 있어, 현재도 종전의 견해 대립이 재현되는 면[4]이 있어 이를 살펴보기로 한다[5].

(2) 判 例

1) 중국민항기 사건
법원이 국제재판관할권의 유무를 판단함에 있어서 당사자 간의 공평, 재판의 적정, 신속 및 경제를 기한다는 기본이념에 따라 국제재판관할을 결정하여야 하고, 구체적으로는 소송당사자들의 공평, 편의 그리고 예측가능성과 같은 개인적인 이익뿐만 아니라 재판의 적정, 신속, 효율 및 판결의 실효성 등과 같은 법원 내지 국가의 이익도 함께 고려하여야 하며, 이러한 다양한 이익 중 어떠한 이익을 보호할 필요가 있을지 여부는 개별 사건에서 법정지와 당사자의 실질적 관련성 및 법정지와 분쟁이 된 사안과의 실질적 관련성을 객관적인 기준으로 삼아 합리적으로 판단하여야 한다. 2002년 김해공항 인근에서 발생한 중국 항공기 추락사고로 사망한 중국인 승무원의 유가족이 중국 항공사를 상대로 대한민국 법원에 손해배상청구소송을 제기한 사안

---

[4] 김용진, 실체법을 통하여 본 민사소송법(제5판), 42면
[5] [학 설] ① 역추지설(토지관할규정유추설)은 당해 사건에 대해 우리 민사소송법의 규정상 토지관할권이 있으면 이를 역으로 파악해 재판권이 있는 것으로 보자는 하는 견해이다. ② 조리설(관할배분설)은 국제재판관할권의 문제는 재판의 적정, 당사자 간의 공평, 소송의 신속이라는 민사소송의 이념을 고려하여 조리에 의해 결정하자고 한다. ③ 수정역추지설(절충설, 특단의 사정설)은 국내의 토지관할규정도 적정, 공평, 신속이라는 민사소송의 이상을 무시한 것은 아니므로 원칙적으로는 역추지설에 의하되, 이로 인해 심히 부당한 특단의 사정이 있는 경우 조리설에 의하여도 좋다고 한다.

에서, 민사소송법상 토지관할권, 소송당사자들의 개인적인 이익, 법원의 이익, 다른 피해유가족들과의 형평성 등에 비추어 위 소송은 대한민국과 실질적 관련이 있다고 보기에 충분하므로, 대한민국 법원의 국제재판관할권을 인정한다(대판 2010.07.15. 2010다18355). 특히 피해자·가해자 모두 중국 국적이라는 점이나 준거법(중국법)은 국제재판관할권 인정에 방해가 되지 않는다고 판시하였다.

2) 일제징용자 손해배상사건

일제강점기에 국민징용령에 의하여 강제징용되어 일본국 회사인 미쓰비시중공업 주식회사(이하 '구 미쓰비시'라고 한다)에서 강제노동에 종사한 대한민국 국민 갑 등이 구 미쓰비시가 해산된 후 새로이 설립된 미쓰비시중공업 주식회사(이하 '미쓰비시'라고 한다)를 상대로 국제법 위반 및 불법행위를 이유로 한 손해배상과 미지급 임금의 지급을 구한 사안에서, 미쓰비시가 일본법에 의하여 설립된 일본 법인으로서 주된 사무소를 일본국 내에 두고 있으나 대한민국 내 업무 진행을 위한 연락사무소가 소 제기 당시 대한민국 내에 존재하고 있었던 점, 대한민국은 구 미쓰비시가 일본국과 함께 갑 등을 강제징용한 후 강제노동을 시킨 일련의 불법행위 중 일부가 이루어진 불법행위지인 점, 피해자인 갑 등이 모두 대한민국에 거주하고 있고 사안의 내용이 대한민국의 역사 및 정치적 변동 상황 등과 밀접한 관계가 있는 점, 갑 등의 불법행위로 인한 손해배상청구와 미지급임금 지급청구 사이에는 객관적 관련성이 인정되는 점 등에 비추어 대한민국은 사건 당사자 및 분쟁이 된 사안과 실질적 관련성이 있다는 이유로, 대한민국 법원의 국제재판관할권을 인정한다(대판 2012.05.24. 2009다22549).

3) 고엽제참전군인 사건

물품을 제조·판매하는 제조업자에 대한 제조물책임소송에서 손해발생지 법원에 국제재판관할권이 있는지를 판단하는 경우에는 제조업자가 손해발생지에서 사고가 발생하여 그 지역의 법원에 제소될 것임을 합리적으로 예견할 수 있을 정도로 제조업자와 손해발생지 사이에 실질적 관련성이 있는지를 고려하여야 하면서 대한민국의 국제재판관할권을 인정하였다(대판 2013.07.12. 2006다17539).

4) 일본국 대여금 사건

일본국에 주소를 둔 재외동포 갑이 일본국에 주소를 둔 재외동포 을을 상대로 3건의 대여금채무에 대한 변제를 구하는 소를 대한민국 법원에 제기한 사안에서, 3건의 대여금 청구 중 2건은 분쟁이 된 사안과 대한민국 사이에 실질적 관련성이 있어 대한민국 법원에 국제재판관할권이 인정되고, 나머지 1건도 당사자 또는 분쟁이 된 사안과 법정지인 대한민국 사이에 실질적 관련성이 있다고 볼 수는 없지만 변론관할에 의하여 대한민국 법원에 국제재판관할권이 생겼다고 봄이 타당하다(대판 2014.04.10. 2012다7571).

5) 개성공업지구 사건

개성공업지구 현지기업 사이의 민사분쟁은 우리 헌법이 규정하고 있는 자유시장경제질서에 기초한 경제활동을 영위하다가 발생하는 것이라는 점 등까지 고려하면, 대한민국 법원은 개성공업지구 현지기업 사이의 민사분쟁에 대하여 당연히 재판관할권을 가진다고 할 것이고, 이는 소송의 목적물이 개성공업지구 내에 있는 건물 등이라고 하여 달리 볼 것이 아니다(대판 2016.08.30. 2015다255265).

6) 중국인이 중국에서 체결된 대여금채권에 대하여 대한민국에 재산이 있는 중국인에게 소를 제기한 사건

① 국제사법 제2조 제1항은 "법원은 당사자 또는 분쟁이 된 사안이 대한민국과 실질적 관련이 있는 경우에 국제재판관할권을 가진다. 이 경우 법원은 실질적 관련의 유무를 판단함에 있어 국제재판관할 배분의 이념에 부합하는 합리적인 원칙에 따라야 한다."라고 정하고 있다. 여기에서 '실질적 관련'은 대한민국 법원이 재판관할권을 행사하는 것을 정당화할 정도로 당사자 또는 분쟁이 된 사안과 관련성이 있는 것을 뜻한다. 이를 판단할 때에는 당사자의 공평, 재판의 적정, 신속과 경제 등 국제재판관할 배분의 이념에 부합하는 합리적인 원칙에 따라야 한다. 구체적으로는 당사자의 공평, 편의, 예측가능성과 같은 개인적인 이익뿐만 아니라, 재판의 적정, 신속, 효율, 판결의 실효성과 같은 법원이나 국가의 이익도 함께 고려하여야 한다. 이처럼 다

양한 국재재판관할의 이익 중 어떠한 이익을 보호할 필요가 있을지는 개별 사건에서 실질적 관련성 유무를 합리적으로 판단하여 결정하여야 한다. 국제사법 제2조 제2항은 "법원은 국내법의 관할 규정을 참작하여 국제재판관할권의 유무를 판단하되, 제1항의 규정의 취지에 비추어 국제재판관할의 특수성을 충분히 고려하여야 한다."라고 정하여 제1항에서 정한 실질적 관련성을 판단하는 구체적 기준 또는 방법으로 국내법의 관할 규정을 제시한다. 따라서 <u>민사소송법 관할 규정은 국제재판관할권을 판단하는 데 가장 중요한 판단기준으로 작용한다.</u> 다만 <u>이러한 관할 규정은 국내적 관점에서 마련된 재판적에 관한 규정이므로 국제재판관할권을 판단할 때에는 국제재판관할의 특수성을 고려하여 국제재판관할 배분의 이념에 부합하도록 수정하여 적용해야 하는 경우도 있다.</u>

② 민사소송법 제3조 본문은 "사람의 보통재판적은 그의 주소에 따라 정한다."라고 정한다. 따라서 당사자의 생활 근거가 되는 곳, 즉 생활관계의 중심적 장소가 토지관할권의 가장 일반적 · 보편적 발생근거라고 할 수 있다. 민사소송법 제2조는 "소는 피고의 보통재판적이 있는 곳의 법원이 관할한다."라고 정하고 있는데, 원고에게 피고의 주소지 법원에 소를 제기하도록 하는 것이 관할 배분에서 당사자의 공평에 부합하기 때문이다. 국제재판관할에서도 피고의 주소지는 생활관계의 중심적 장소로서 중요한 고려요소이다. 국제재판관할에서 특별관할을 고려하는 것은 분쟁이 된 사안과 실질적 관련이 있는 국가의 관할권을 인정하기 위한 것이다. 민사소송법 제11조는 "대한민국에 주소가 없는 사람 또는 주소를 알 수 없는 사람에 대하여 재산권에 관한 소를 제기하는 경우에는 청구의 목적 또는 담보의 목적이나 압류할 수 있는 피고의 재산이 있는 곳의 법원에 제기할 수 있다."라고 정한다. 원고가 소를 제기할 당시 피고의 재산이 대한민국에 있는 경우 대한민국 법원에 피고를 상대로 소를 제기하여 승소판결을 얻으면 바로 집행하여 재판의 실효를 거둘 수 있다. 이와 같이 피고의 재산이 대한민국에 있다면 당사자의 권리구제나 판결의 실효성 측면에서 대한민국 법원의 국제재판관할권을 인정할 수 있다. 그러나 그 재산이 우연히 대한민국에 있는 경우까지 무조건 국제재판관할권을 인정하는 것은 피고에게 현저한 불이익이 발생할 수 있다. 따라서 원고의 청구가 피고의 재산과 직접적인 관련이 없는 경우에는 그 재산이 대한민국에 있게 된 경위, 재산의 가액, 원고의 권리구제 필요성과 판결의 실효성 등을 고려하여 국제재판관할권을 판단해야 한다. 나아가 예측가능성은 피고와 법정지 사이에 상당한 관련이 있어서 법정지 법원에 소가 제기되는 것에 대하여 합리적으로 예견할 수 있었는지를 기준으로 판단해야 한다. 피고가 대한민국에서 생활 기반을 가지고 있거나 재산을 취득하여 경제활동을 할 때에는 대한민국 법원에 피고를 상대로 재산에 관한 소가 제기되리라는 점을 쉽게 예측할 수 있다.

③ <u>국제재판관할권은 배타적인 것이 아니라 병존할 수도 있다.</u> 지리, 언어, 통신의 편의 측면에서 다른 나라 <u>법원이 대한민국 법원보다 더 편리하다는 것만으로 대한민국 법원의 재판관할권을 쉽게 부정할 수는 없다</u> (대판 2019.06.13. 2016다33752).

7) 외국 국적의 원고가 이혼과 위자료 및 재산분할을 청구한 사건

원고는 피고가 국적국인 캐나다가 아닌 대한민국에 머물면서 원고와 1년 이상 별거하여 원고를 악의로 유기하고 종전 혼인관계와 재산의 사용에 관하여 기망하는 등 정신적 고통을 입혔다는 이유로 이혼을 청구함과 함께 그에 따른 재산분할을 청구하여 원심 법원이 이를 받아들였고 피고가 상고이유로 국제재판관할권 위반 등을 주장한 사건에서, 대한민국에 당사자들의 국적이나 주소가 없어 대한민국 법원에 국내법의 관할 규정에 따른 관할이 인정되기 어려운 경우라도 이혼청구의 주요 원인이 된 사실관계가 대한민국에서 형성되었고(부부의 국적이나 주소가 해외에 있더라도 부부의 한 쪽이 대한민국에 상당 기간 체류함으로써 부부의 별거상태가 형성되는 경우 등) 이혼과 함께 청구된 재산분할사건에서 대한민국에 있는 재산이 재산분할대상인지 여부가 첨예하게 다투어지고 있는 사정 등이 있다면, 피고의 예측가능성, 당사자의 권리구제, 해당 쟁점의 심리 편의와 판결의 실효성 차원에서 대한민국과 해당 사안 간의 실질적 관련성을 인정할 수 있다 (대판 2021.02.04. 2017므12552).

8) 중국 회사들 사이의 물품거래에 따른 미지급 물품대금을 중국 회사의 100% 지분을 보유하고 있는 한국 회사를 상대로 그 지급을 대한민국 법원에 청구한 사건

민사소송법 관할 규정은 국제재판관할권을 판단하는 데 가장 중요한 판단기준으로 작용한다. 다만 이러한 관할 규정은 국내적 관점에서 마련된 재판적에 관한 규정이므로 국제재판관할권을 판단할 때에는 국제재판관할의 특수성을 고려하여 국제재판관할 배분의 이념에 부합하도록 수정하여 적용해야 하는 경우도 있다. 민사소송법 제2조는 "소는 피고의 보통재판적이 있는 곳의 법원이 관할한다."라고 정하고 있고, 민사소송법 제5조 제1항 전문은 "법인, 그 밖의 사단 또는 재단의 보통재판적은 이들의 주된 사무소 또는 영업소가 있는 곳에 따라 정한다."라고 정하고 있다. 이는 원고에게 피고의 주된 사무소 또는 영업소가 있는 법원에 소를 제기하도록 하는 것이 관할 배분에서 당사자의 공평에 부합하기 때문이므로, 국제재판관할에서도 피고의 주된 사무소가 있는 곳은 영업관계의 중심적 장소로서 중요한 고려요소가 된다. 한편 국제재판관할에서 특별관할을 고려하는 것은 분쟁이 된 사안과 실질적 관련이 있는 국가의 관할권을 인정하기 위한 것이다. 가령 민사소송법 제11조에서 재산이 있는 곳의 특별재판적을 인정하는 것과 같이 원고가 소를 제기할 당시 피고의 재산이 대한민국에 있는 경우 대한민국 법원에 피고를 상대로 소를 제기하여 승소판결을 얻으면 바로 집행하여 재판의 실효를 거둘 수 있으므로, 당사자의 권리구제나 판결의 실효성 측면에서 대한민국 법원의 국제재판관할권을 인정할 수 있는 것이다. 나아가 예측가능성은 피고와 법정지 사이에 상당한 관련이 있어서 법정지 법원에 소가 제기되는 것에 대하여 합리적으로 예견할 수 있었는지를 기준으로 판단해야 한다. 만일 법인인 피고가 대한민국에 주된 사무소나 영업소를 두고 영업활동을 할 때에는 대한민국 법원에 피고를 상대로 재산에 관한 소가 제기되리라는 점을 쉽게 예측할 수 있다. 국제재판관할권은 배타적인 것이 아니라 병존할 수도 있다. 지리, 언어, 통신의 편의, 법률의 적용과 해석 등의 측면에서 다른 나라 법원이 대한민국 법원보다 더 편리하다는 것만으로 대한민국 법원의 재판관할권을 쉽게 부정해서는 안 된다(대판 2021.03.25. 2018다230588).

4. Hpweb.com 사건(대판 2005.01.27. 2002다59788)

(1) 사실관계 및 원심의 판단

대한민국 내에 주소를 두고 영업을 영위하는 자가 미국의 도메인 이름 등록기관에 등록·보유하고 있는 도메인 이름에 대한 미국의 국가중재위원회의 이전 판정에 불복하여 제기한 소송이다. 원심은 도메인 이름과 관련된 분쟁에서 당사자 간의 공평이라는 소송절차상의 정의, 재판의 적정·신속 측면을 모두 고려하여 볼 때[6], 위와 같은 사정만으로는 원고 또는 이 사건이 대한민국과 실질적 관련이 있다고 보기 어렵다고 하여 국제재판관할권 부정하였다.

(2) 대법원의 판단

국제재판관할을 결정함에 있어서는 당사자 간의 공평, 재판의 적정, 신속 및 "경제"를 기한다는 기본이념에 따라야 한다고 하여 국제재판관할권 인정하였다.

(3) 평 석

이 판시 이후로, 관할배분설의 입장에 의할 때 민사소송의 이상 중 "경제"가 추가되었다는데 그 의미가 있다.

---

[6] "경제"가 빠져 있는데 대법원의 입장과 비교해 볼 것

5. 구체적 기준 – 역추지설의 예외 및 긴급관할

(1) 역추지설의 예외

민사소송법의 토지관할규정에 의하여 국내 법원에 관할권이 생겨도, 다음은 국내법원의 국제재판관할권이 인정되지 않는다.

① 외국에 있는 부동산소송 – 부동산은 영토를 구성하므로 그 나라에 전속적이다.

② 외국의 권리나 그 이해에만 관계되는 소송 – 외국의 특허권·상표권에 관한 소송, 미국의 국적확인소송 등이 그 예이다.

③ 외국인 상호간의 이혼사건은 피고의 주소가 국내에 없는 한 원칙적으로 재판관할권이 없다는 것이 판례이다(피고 주소지주의).

(2) 긴급관할(보충관할)

반대로 국내에 토지관할권이 없어도 예외적으로 국내법원에 국제재판관할을 인정하는 경우가 있는데 이를 긴급 또는 보충관할이라고 한다. 즉 외국의 어느 법원에서도 사법적 구제를 받기 어렵고 외국에서 집행할 수 없을 때 우리나라의 국제재판관할을 인정할 것이다. <u>判例도 사안과 가장 실질적 관련성이 있는 중국법원이 당사자 간의 소를 각하하였고 이제 와서 우리나라 법원의 국제재판관할권을 부인한다면 당사자의 권리구제를 도외시하는 결과가 야기될 수 있다는 점 등을 고려하여 우리나라 법원에 국제재판관할권을 인정한 사안</u>이 있다[7](대판 2008.05.29. 2006다71908·71915).

6. 효 과

(1) 직권조사사항

국제재판관할권의 존재는 소송요건으로서 절차의 어느 단계에서도 직권조사를 하여야 하며, 이는 외국판결의 승인요건도 된다(제217조).

(2) 소 각하판결

다만 우리나라 법원에 국제재판관할권의 흠이 있으면 소를 각하할 것으로, 이점이 소송이송에 의하는 토지관할과 법리를 달리한다(제34조 참고).

---

[7] 대한민국 회사가 일본 회사에게 러시아에서 선적한 냉동청어를 중국에서 인도하기로 하고 그 대금은 선적 당시의 임시 검품 결과에 따라 임시로 정하여 지급하되 인도지에서 최종 검품을 하여 최종가격을 정한 후 위 임시가격과의 차액을 정산하기로 한 매매계약에서, 그 차액 정산에 관한 분쟁은 최종 검품 여부 및 그 결과가 주로 문제되므로 인도지인 중국 법원이 분쟁이 된 사안과 가장 실질적 관련이 있는 법원이나, 대한민국 법원에도 당사자 또는 분쟁이 된 사안과 실질적 관련이 있어 국제재판관할권을 인정할 수 있다(대판 2008.05.29. 2006다71908, 청어알 사건).

7. 국제적 관할의 합의

(1) 부가적 합의

국내의 관할권을 배척하는 것이 아니므로 유효하다.

(2) 전속적 합의

외국법원만을 배타적 관할법원으로 하는 전속적 합의일 경우, 判例는 ① 국내(대한민국)재판권에 전속하지 않는 사건이고 ② 합의한 외국법원이 당해 외국법상 그 사건에 관할권을 가지며 ③ 당해 사건이 그 외국법원에 대하여 합리적 관련성이 있고 ④ 합의가 현저하게 불합리하고 불공정하지 않을 것 즉 공서양속에 반하지 않을 것 등의 요건을 갖추었을 경우에는 유효한 전속적 관할합의로 본다(대판 1997.09.09. 96다20093). 다만 學說 중에는 당사자들의 합의에도 불구하고 단지 관련성 요건을 충족하지 못했다는 이유로 관할합의의 효력을 부인하는 것은 법적 안정성을 해친다는 문제점이 있으므로 이를 요건에서 제외하는 견해도 유력하다(한충수 등).

8. 국제적 중복소송

(1) 문제점

동일사건에 대하여 외국법원에 소송계속 중임에도 국내법원에 다시 소제기하는 경우나 그 반대의 경우가 중복소송에 해당하는 지가 문제된다. 이는 제259조의 '법원'에 외국법원을 포함하는 지가 핵심이 된다[8].

(2) 判例

일제강점기하에 일본 정부에 의하여 강제징용 되어 일본국 내 기업에서 강제노동에 종사한 대한민국 국민이 위 기업을 상대로 불법행위로 인한 손해배상청구를 한 사안에서 "외국법원의 확정판결은 민사소송법 제217조 각 호의 요건을 모두 충족하면 우리나라에서 그 효력이 인정되고, 외국법원의 확정판결이 위 승인요건을 구비하는 경우에는 이와 동일한 소송을 우리나라 법원에 다시 제기하는 것은 외국법원의 확정판결의 기판력에 저촉되어 허용되지 않으므로, <u>외국법원에 소가 제기되어 있는 경우 그 외국법원의 판결이 장차 민사소송법 제217조에 의하여 승인받을 가능성[9]</u>이 예측되는 때에는 민사소송법 제259조에서 정한 소송계속으로 보아야 할 것이므로, 이와

---

[8] 학설은 ① 제259조의 법원에 외국법원은 포함하지 않는다는 제259조 부적용설(규제소극설) ② 국제적 사건과 국내 사건을 동일하게 취급하여 제259조의 법원에 외국법원도 포함한다는 제259조 적용설 ③ 외국법원의 판결이 장래 제217조에 의하여 우리나라에서 승인받을 가능성이 예측되는 경우에는 중복소송에 해당한다는 승인예측설 ④ 사안별로 어느 나라의 법정이 적절한 법정지인지를 비교형량하여 결정할 것으로, 만일 외국법원이 보다 적절한 법정지인에도 국내법원에 제소하면 중복소송에 해당한다는 비교형량설(조리설)이 있다.

[9] 민사소송법 제217조 제3호는 외국법원의 확정판결의 효력을 인정하는 것이 대한민국의 선량한 풍속이나 그 밖의 사회질서에 어긋나지 아니하여야 한다는 점을 외국판결 승인요건의 하나로 규정하고 있는데, 여기서 외국판결의 효력을 인정하는 것, 즉 외국판결을 승인한 결과가 대한민국의 선량한 풍속이나 그 밖의 사회질서에 어긋나는지는 그 승인 여부를 판단하는 시점에서 외국판결의 승인이 대한민국의 국내법 질서가 보호하려는 기본적인 도덕적 신념과 사회질서에 미치는 영향을 외국판결이 다룬 사안과 대한민국과의 관련성의 정도에

동일한 사건에 대하여 우리나라 법원에 제소한다면 중복제소에 해당하여 부적법하다(부산지법 2007.02.02. 2000가합7960).".고 하여 승인예측설의 입장이 있다.

Ⅴ 장소적 범위 및 재판권 없을 때의 효과

1. 장소적 범위

영토주권의 원칙에 의해 국내재판권은 자국 내에만 미치고 외국에까지 확대될 수 없다. 다만 외국과의 사법공조협정 등이 있는 경우에는 외국 주재 대사·공사 또는 영사 혹은 외국법원에 송달을 촉탁하거나 증거조사를 촉탁할 수 있다.

2. 재판권 없을 때의 효과

(1) 소송요건, 직권조사사항

재판권은 소송요건이며 직권조사사항이다. 따라서 재판권이 없으면 소를 각하하는 것이 원칙이다.

(2) 재판권 없음이 명백한 경우

재판권 없음이 명백하면 소장부본을 송달할 수 없는 경우에 해당하므로 재판장의 명령으로 소장을 각하하여야 한다[10](이시윤, 정동윤·유병현·김경욱).

(3) 재판권 없음이 명백하지 않은 경우

재판권 없음이 명백하지 않으면 변론을 열어야 하므로 법원은 소장부본을 송달하여야 한다. 변론의 결과 재판권의 부존재가 판명되면 판결로써 소를 각하하여야 한다.

(4) 재판권 없음을 간과한 판결

비추어 판단하여야 하고, 이때 그 외국판결의 주문뿐 아니라 이유 및 외국판결을 승인할 경우 발생할 결과까지 종합하여 검토하여야 한다. 일제강점기에 국민징용령에 의하여 강제징용되어 일본국 회사인 미쓰비시중공업 주식회사(이하 '구 미쓰비시'라고 한다)에서 강제노동에 종사한 대한민국 국민 갑 등이 구 미쓰비시가 해산된 후 새로이 설립된 미쓰비시중공업 주식회사(이하 '미쓰비시'라고 한다)를 상대로 국제법 위반 및 불법행위를 이유로 한 손해배상과 미지급 임금의 지급을 구한 사안에서, 갑 등이 미쓰비시를 상대로 동일한 청구원인으로 일본국에서 제기한 소송의 패소확정판결(이하 '일본판결'이라고 한다) 이유에는 일본의 한반도와 한국인에 대한 식민지배가 합법적이라는 규범적 인식을 전제로 하여 일제의 국가총동원법과 국민징용령을 한반도와 갑 등에게 적용하는 것이 유효하다고 평가한 부분이 포함되어 있는데, 대한민국 헌법 규정에 비추어 볼 때 일제강점기 일본의 한반도 지배는 규범적인 관점에서 불법적인 강점(强占)에 지나지 않고, 일본의 불법적인 지배로 인한 법률관계 중 대한민국의 헌법정신과 양립할 수 없는 것은 그 효력이 배제된다고 보아야 하므로, <u>일본판결 이유는 일제강점기의 강제동원 자체를 불법이라고 보고 있는 대한민국 헌법의 핵심적 가치와 정면으로 충돌하는 것이어서 이러한 판결 이유가 담긴 일본판결을 그대로 승인하는 결과는 그 자체로 대한민국의 선량한 풍속이나 그 밖의 사회질서에 어긋나는 것임이 분명하므로 우리나라에서 일본판결을 승인하여 효력을 인정할 수 없는데도, 이와 달리 본 원심판결에 법리오해의 위법이 있다</u>(대판 2012.05.24. 2009다22549).

10) 다만 이 경우 기일을 지정하지 아니하고 사실상 소장부본을 송달하여 알리고 재판권 없음이 명확해지면 소각하 판결을 해야 한다는 견해(정영환), 재판장이 소장각하명령(제254조 2항)을 해서는 아니 되며, 법원이 소장부본의 송달(제255조 1항)과 기일통지(제167조 1항)를 하여야 한다는 견해(김홍엽)가 있다.

재판권 없음을 간과하고 본안판결을 한 경우에는 확정 전에 상소가 가능하지만, 확정 후에는 재심청구를 할 수 없다. 판결이 확정되어도 무효의 판결이 된다.

3. 치외법권자의 경우

(1) 원칙

치외법권자는 보전처분·소송·강제집행의 상대방이 되지 않으며, 증인능력·감정인능력이 없다.

(2) 예외

치외법권자가 그 특권을 명시적으로 포기하면 피고 내지 상대방이 될 수 있다. 예를 들어 치외법권자가 원고로서 소제기를 하거나, 집행채권자 내지 담보권자로서 경매신청 등을 하는 것은 허용된다. 그리고 치외법권자가 증인으로 임의출석하여 증언하면 증언거부권을 포기한 것이 되므로, 증언은 효력이 있다. 치외법권자라도 먼저 원고로서 제기한 소송에서 방어소송(반소) 내지 부수소송(재심의 소, 청구에 관한 이의의 소, 제3자이의의 소 등)의 피고가 될 수는 있다.

제2절 민사법원의 종류와 구성

Ⅰ 법원의 종류와 심급제도

1. 법원의 종류

(1) 민사법원

법원은 대법원, 고등법원, 특허법원, 지방법원, 가정법원, 행정법원, 회생법원 등의 7가지 종류가 있다(법원조직법 제3조 1항). 그 중 대법원, 고등법원, 지방법원은 민사사건을 다루는 민사법원이고, 특허법원, 행정법원, 가정법원 등은 민사법원과는 다른 전문법원이다.

(2) 지원, 시·군 법원 및 고등법원 원외재판부

지방법원 지원, 가정법원 지원, 시·군법원은 지방법원의 출장소 격에 지나지 않는다(김홍엽). 지방법원 소재지에 설치되는 고등법원 원외재판부[11](동법 제27조 4, 5항)도 고등법원의 출장소 격이다.

---

[11] 1995.3.1. 광주고법 제주재판부를 설치한 것을 시초로 광주고법 전주재판부, 대전고법 청주재판부, 부산고법 창원재판부, 서울고법 춘천재판부가 원외재판부로 운영되고 있다(고등법원 부의 지방법원 소재지에서의 사무처리에 관한 규칙).

2. 심급 제도

2016. 9.6 규칙 개정으로 고등법원은 지방법원과 그 지원 합의부의 제1심 판결·결정·명령에 대한 항소 또는 항고사건을 제2심으로 심판하고, 지방법원 항소부는 지방법원 단독판사의 제1심 판결·결정·명령에 대한 항소 또는 항고사건을 제2심으로 심판하도록 하였다. 즉 <u>고액단독사건(1억원 초과 ~ 2억원 이하)도 항소법원이 지방법원 항소부가 된 것이 특징이다.</u> 다만 고액단독사건은 여전히 비변호사대리는 가능하지 않다. 그리고 사물관할에 관한 규칙 제2조 각 호(수표·어음금 청구 사건, 금융기관이 원고인 대여금 등의 사건, 자동차손해배상보장법상 손배사건 및 근로자의업무상 재해로 인한 손해배상 사건과 이에 관한 채무부존재확인 사건, 재정단독사건 등)는 소가가 2억원을 초과해도 여전히 단독사건이므로 비변호사 대리가 가능하다(제88조, 규칙 제15조 참고).

```
                  제1심              제2심           제3심
 단독사건 : 지법단독판사  →  지법, 지원 항소부  →  대법원
 합의부사건 : 지법 합의부    →   고법   →   대법원
```

Ⅱ 법원의 구성

1. 법원의 의의

법원이란 넓은 의미로는 법관, 법원사무관, 집행관 기타의 법원직원을 포함한 사법관서를 뜻하고, 좁은 의미로는 민사재판권을 행사하는 재판기관, 즉 합의부와 단독판사를 뜻한다. 법원조직법에서는 대체로 전자의 의미로 쓰이고, 민사소송법에서는 주로 후자의 의미로 쓰인다.

2. 재판기관(좁은 의미의 법원)

재판기관으로서의 법원은 법관만으로 구성된다. 우리 법제가 영미에서 인정되는 배심제도를 받아들이지 않았기 때문이다.

3. 합의체

(1) 재판장

합의체에 있어서는 구성법관 중 1인이 재판장이 되지만, 누가 재판장이 되느냐에 대해서는 명문의 규정이 없다. 통상 대법원장이나 각급법원장이 합의체의 구성원일 때에는 그가, 부장판사가 구성원일 때에는 그가, 그 밖의 경우에는 그 중의 선임자가 재판장이 된다. 재판장은 합의체의 합의를 주재하지만, 합의에 있어서는 다른 합의부원과 동등한 표결권을 갖는다. 이러한 의미에서 재판장은 동료중의 1인자라 할 수 있다.

(2) 수명법관과 수탁판사

수명법관이란 합의체의 구성 법관 중에서 1인을 정하여 일정한 사항의 처리를 위임한 법관을 말한다. 특히 화해의 권고, 법원 외에서 증거조사, 당사자의 이의 없는 경우의 증인신문(제313조

3호), 변론준비절차의 진행(제280조) 등이 중요 위임사항이다. 직접심리주의 원칙(제204조) 때문에 합의체가 수명법관에 위임처리 시킬 수 있는 사항에는 스스로 한계가 있다. 따라서 수명법관에게 모든 사항의 처리를 포괄위임 하는 것은 안 된다. 수탁판사란 수소법원이 같은 급의 다른 법원에 일정한 재판사항의 처리를 부탁한 경우에 그 처리를 맡은 다른 법원의 단독판사를 말한다. 특히 수탁판사가 한 처분 또는 재판은 소송법상 재판장, 수명법관이 한 것과 마찬가지가 된다. 수명법관·수탁판사의 재판에 대하여 불복이 있으면 수소법원에 이의할 수 있다(제441조, 준항고). 수명법관은 실무상 널리 활용되지만 수탁판사제도는 교통, 통신의 발달로 거의 활용되지 않는다.

(3) 주심법관

합의부 사건의 경우에는 사건배당과정에서 합의부 구성원 중 1인을 주심으로 정하여 운영한다. 주심법관은 기록의 철저한 검토, 합의의 준비, 합의결과에 따른 판결문의 작성을 책임진다. 실무상 주심이 수명법관의 자격에서 변론준비절차를 진행하는 경우가 많다. 대법원에서는 주심대법관을 판결문에서 밝힌다.

III 법 관

1. 법관의 종류와 임명자격

법관에는 대법원장, 대법관, 판사의 세 가지 종류가 있다. 과거에는 사법시험에 합격하여 사법연수생으로서 2년간의 수습을 마친 자이면 소송법상의 법관으로서 임명자격을 취득하였으나, 현재는 판사, 검사, 변호사 등의 직에 10년 이상 있었던 자만 법관이 될 수 있다[12]. 즉 2013년부터는 3년, 2018년부터는 5년, 2022년부터는 7년 이상의 법조경력자로 순차적으로 늘리면서 2026년부터 완전 시행된다.

2. 법관의 독립성

(1) 물적 독립

법관은 헌법과 법률에 의하여 그 양심에 따라 독립하여 심판하는 것을 뜻한다(헌법 제103조). 이는 다음 세 가지로 나타난다.

1) 지시에서의 자유

법관은 구체적 사건에서 어떻게 재판할 것인가에 대해서 어느 누구의 지시나 명령을 받지 아

---

[12] 법원조직법 제42조(임용자격) ① 대법원장과 대법관은 20년 이상 다음 각 호의 직에 있던 45세 이상의 사람 중에서 임용한다. 〈개정 2011.7.18.〉
 1. 판사·검사·변호사
 2. 변호사의 자격이 있는 자로서 국가기관, 지방자치단체, 「공공기관의 운영에 관한 법률」제4조에 따른 공공기관, 그 밖의 법인에서 법률에 관한 사무에 종사한 자
 3. 변호사의 자격이 있는 자로서 공인된 대학의 법률학 조교수이상의 직에 있던 자
② 판사는 10년 이상 제1항 각 호의 직에 있던 사람 중에서 임용한다. 〈개정 2011.7.18.〉
③ 제1항 각호에 규정한 2이상의 직에 재직한 자에 대하여는 그 연수를 통산한다.

니하며 자기 자신의 의사에 의하여 재판한다. 결코 다른 기관에서 국익을 내세워 결정한 의사를 사실상 대외적으로 선고하는 것이어서는 안 된다(헌재결 1990.06.25. 89헌가98).

2) 책임에서의 자유

법관은 원칙적으로 그 재판내용을 이유로 형사상 또는 징계상의 책임을 지지 않는다. 다만 법관이 고의 또는 과실로 오판을 하여 당사자에게 손해를 가한 경우에 국가가 국가배상법에 의한 배상책임을 지는가가 문제된다. 이 경우 학설은 ① 무조건 국가배상법이 적용된다는 무제한설 ② 악의에 의한 사실인정 또는 법령해석의 왜곡이 있는 경우에 한하여 적용된다는 제한설이 있다. 오판의 시정을 위해 심급제도를 두고 있고, 무제한적으로 적용할 때 사법권의 독립성을 해칠 우려가 있는 점 등을 고려하면 다수설인 제한설이 타당하다(이시윤). 대법원도 제한설에 따라 법관이 그에게 부여된 권한을 그 취지에 명백히 어긋나게 행사했다고 인정할 만한 특별한 사정이 있어야 한다고 판시(대판 2001.04.24. 2000다16114)하였고, 헌법재판소도 동일한 입장(헌재결 1989.07.14. 88헌가5·8)이다. 다만 대법원은 헌법재판심판청구기간이 도과되지 아니한 것을 도과한 것으로 보아 각하 결정한 사안에서 이에 대한 불복방법이 없다는 이유로 국가배상책임(위자료)를 인정한 사례가 있다(대판 2003.07.11. 99다24218).

3) 활동자유

어느 누구라도 법관의 직무상 활동을 막을 수 없는 것을 말하며, 법관의 요구에 대하여 정부나 수사기관이 이를 방해할 수 없다. 문제되는 것은 법관이 재판을 함에 있어서 선례 즉 대법원 판례에 구속을 받느냐 인데, 원칙적으로 대륙법계에 속하는 우리나라에서는 '헌법과 법률 그리고 양심'에 구속을 받기 때문에 대법원판례의 불구속도 물적 독립의 내용을 이룬다. 다만 대법원의 파기환송판결에서 판시한 법령의 해석은 당해 사건에 있어서 하급심을 기속하며(제436조 2항), 대법원도 이에 구속되어 이와 다른 견해를 취할 수 없는 것이 원칙[13]이다.

(2) 인적 독립

법관은 탄핵 또는 금고 이상의 형의 선고에 의하지 아니하고는 파면되지 아니하며 징계처분에 의하지 않고는 정직·감봉되거나 불리한 처분을 받지 아니한다(헌법 제106조 1항)는 것을 말한다.

(3) 독립성유지에 적합한 법관의 자세

법관은 직무 내외로 독립성의 신뢰를 침해하지 않도록 처신하여야 함을 말한다. 특히 법관은 재판업무와 관련하여 법령이 허용하는 절차 밖에서 당사자나 그 소송대리인과 면담하여서는 아니 된다(법관윤리강령 제4조 4항).

---

13) 다만 판례는 원고가 손실보상금재결처분취소를 구한 사안에서 "대법원의 전원합의체가 종전의 환송판결의 법률상 판단을 변경할 필요가 있다고 인정하는 경우에는, 그에 기속되지 아니하고 통상적인 법령의 해석적용에 관한 의견의 변경절차에 따라 이를 변경할 수 있다고 보아야 할 것이다(대판(전) 2001.03.15. 98두15597)."고 하여 재상고심의 전원합의체에는 환송판결의 기속력을 부정한다.

Ⅳ 그 밖의 사법기관

1. 법원사무관 등

(1) 의의 및 권한

법원서기관·법원사무관·법원주사·법원주사보(이하 법원사무관 등이라고 한다)는 대법원과 각급법원에 배치되어 있는 단독제의 기관으로서, 심판에의 참여, 사건에 대한 조서·기록의 작성·보관·송부, 송달사무(제175조), 소송비용의 계산(제115조), 소송상 사항의 공증, 집행문의 부여(민사집행법 제29조) 등 재판의 부수사무를 처리하는 권한을 가진다. 구술의 녹취, 그 밖의 서류의 작성·변경에 관하여는 법관의 명을 받는다(제153조).

(2) 이의신청

법원사무관 등의 처분에 관한 이의신청에 대해서는 그 법원사무관 등이 속한 법원이 결정으로 재판한다(제223조). 다만 조서의 기재는 관계인의 이의가 있을 때에 조서에 그 취지를 기재하여야 한다(제164조). 법관에 제척·기피·회피에 관한 규정이 준용된다(제50조). 법원사무관 등은 이 밖에도 공탁(공탁법 제2조), 가족관계등록 등 비송사건을 관장한다. 등기는 등기관의 소관이다(부동산등기법 제11조).

2. 사법보좌관

대법원과 각급법원에 배치되어, 대법원규칙이 정하는 바에 따라 민사소송법상의 소송비용액·집행비용액 확정결정절차, 독촉절차, 공시최고절차의 사무를 담당하고, 민사집행법상의 집행문부여절차, 재산조회절차, 채무불이행자명부등재절차, 부동산·동산·자동차 등에 대한 강제경매절차, 담보권실행 등을 위한 경매절차, 제소명령절차, 가압류·가처분의 집행취소절차 등의 사무를 담당하는 기관이다[14](법원조직법 제54조). 법원사무관·등기사무관 이상의 직급으로 5년 이상 근무한 자, 법원주사보·등기주사보 이상의 직급으로 10년 이상 근무한 자 중에서 사법보좌관규칙이 정하는 바에 따라 보직이 되는 법원공무원이며(법원조직법 제54조 4, 5항), 법복도 입는다.

3. 집행관

집행관은 지방법원과 지방법원지원에 배치되어 실력행위를 요하는 강제집행의 실시와 소송

---

[14] 사법보좌관의 처분에 대해서는 사법보좌관규칙이 정하는 바에 따라 법관에 대하여 이의신청을 할 수 있다(법원조직법 제54조 3항). 사법보좌관의 처분 중 단독판사 또는 합의부(단독판사 등)가 처리하는 경우 항고·즉시항고 또는 특별항고의 대상이 되는 처분에 대하여 이의신청을 하는 때에는 '민사소송등 인지법' 또는 해당 법률에서 정하는 인지를 붙일 필요가 없다(사보규 제4조 1항, 4항). 사법보좌관의 처분에 대하여 이의신청이 있으면 사법보좌관은 사건을 소속법원의 단독판사 등에게 송부한다(사보규 제4조 5항). 이를 송부받은 단독판사 등은 그 이의신청이 이유 있다고 인정되는 때에는 사법보좌관의 처분을 경정하고(사보규 제4조 6항 3호), 이의신청이 이유 없다고 인정되는 때에는 사법보좌관의 처분을 인가하고 이의신청사건을 항고법원에 송부하고, 이 경우 이의신청은 해당 법률에 의한 항고 또는 즉시항고로 본다(사보규 제4조 6항 5호). 그 이의신청사건을 송부 받은 항고법원은 단독판사 등이 한 인가처분에 대한 항고 또는 즉시항고로 보아 재판절차를 진행한다(사보규 제4조 9항; 대결 2008.06.23. 2007마634).

서류의 송달사무에 종사하는 단독제의 국가기관이다(법원조직법 제55조). 집행관은 10년이상 법원·등기주사보 또는 검찰주사보·마약주사보 이상의 직에 있던 자 중에서 지방법원장이 임명하며, 그 임기를 4년으로 하고 연임할 수 없다. 집행관의 처분에 대하여 집행법원에 집행에 관한 이의를 신청할 수 있다(민사집행법 제16조). 집행관은 국가로부터 봉급을 받지 않고 사건의 취급에 따른 수수료를 받는 특징이 있으나, 실질적 공무원에 속한다. 따라서 집행관의 위법집행으로 인하여 손해를 입은 경우에는 국가배상법에 의해 국가에 대하여 손해배상을 청구할 수 있다(대판 1968.05.07. 68다326). 다만 집행관이 당사자로부터 수수료를 받는 것은 여러 가지 폐해를 낳고 있으므로, 집행관을 법원직원으로 삼는 문제를 검토해야 한다(정동윤·유병현).

4. 재판연구관 등

재판연구관은 대법원장의 명을 받아 대법원에서 사건의 심리 및 재판에 관한 조사연구를 행하는 재판보조기관이다(법원조직법 제24조 2항). 그리고 특허법원의 권한에 속하는 특허 등의 소송에서 심리에 참여하여 질문하거나 합의에서 의견진술을 할 수 있는 기술심리관(법원조직법 제54조의 2)과 대법관과 각급법원에 둘 수 있는 조사관(법원조직법 제54조의 3)이 있다.

5. 전문심리위원

> 제164조의2(전문심리위원의 참여) ① 법원은 소송관계를 분명하게 하거나 소송절차(증거조사·화해 등을 포함한다. 이하 이 절에서 같다)를 원활하게 진행하기 위하여 직권 또는 당사자의 신청에 따른 결정으로 제164조의4제1항에 따라 전문심리위원을 지정하여 소송절차에 참여하게 할 수 있다.
> ② 전문심리위원은 전문적인 지식을 필요로 하는 소송절차에서 설명 또는 의견을 기재한 서면을 제출하거나 기일에 출석하여 설명이나 의견을 진술할 수 있다. 다만, 재판의 합의에는 참여할 수 없다.
> ③ 전문심리위원은 기일에 재판장의 허가를 받아 당사자, 증인 또는 감정인 등 소송관계인에게 직접 질문할 수 있다.
> ④ 법원은 제2항에 따라 전문심리위원이 제출한 서면이나 전문심리위원의 설명 또는 의견의 진술에 관하여 당사자에게 구술 또는 서면에 의한 의견진술의 기회를 주어야 한다.
>
> 제164조의3(전문심리위원 참여결정의 취소) ① 법원은 상당하다고 인정하는 때에는 직권이나 당사자의 신청으로 제164조의2제1항에 따른 결정을 취소할 수 있다.
> ② 제1항에도 불구하고 당사자가 합의로 제164조의2제1항에 따른 결정을 취소할 것을 신청하는 때에는 법원은 그 결정을 취소하여야 한다.
>
> 제164조의4(전문심리위원의 지정 등) ① 법원은 제164조의2제1항에 따라 전문심리위원을 소송절차에 참여시키는 경우 당사자의 의견을 들어 각 사건마다 1인 이상의 전문심리위원을 지정하여야 한다.
> ② 전문심리위원에게는 대법원규칙으로 정하는 바에 따라 수당을 지급하고, 필요한 경우에는 그 밖의 여비, 일당 및 숙박료를 지급할 수 있다.
> ③ 전문심리위원의 지정에 관하여 그 밖에 필요한 사항은 대법원규칙으로 정한다.
>
> 제164조의5(전문심리위원의 제척 및 기피) ① 전문심리위원에게 제41조부터 제45조까지 및 제47조를 준용한다.
> ② 제척 또는 기피 신청을 받은 전문심리위원은 그 신청에 관한 결정이 확정될 때까지 그 신청이 있는 사건의 소송절차에 참여할 수 없다. 이 경우 전문심리위원은 당해 제척 또는 기피 신청에 대하여 의견을 진술할 수 있다.

> 제164조의6(수명법관 등의 권한) 수명법관 또는 수탁판사가 소송절차를 진행하는 경우에는 제164조의2제2항부터 제4항까지의 규정에 따른 법원 및 재판장의 직무는 그 수명법관이나 수탁판사가 행한다.
> 제164조의7(비밀누설죄) 전문심리위원 또는 전문심리위원이었던 자가 그 직무수행 중에 알게 된 다른 사람의 비밀을 누설하는 경우에는 2년 이하의 징역이나 금고 또는 1천만원 이하의 벌금에 처한다.
> 제164조의8(벌칙 적용에서의 공무원 의제) 전문심리위원은 「형법」 제129조부터 제132조까지의 규정에 따른 벌칙의 적용에 서는 공무원으로 본다.

(1) 의 의

2007년 개정법에서 일본의 전문위원제도를 모델로 신설한 제도이다. 첨단산업분야·지식재산권·건축공사관계·국제금융분야·파생상품 등 전문적 지식을 요구하는 현대형 소송사건에서 관계전문가를 전문심리위원으로 지정하여 재판부가 재판진행 중에 조언을 구하는 제도이다. 당사자의 신청 또는 직권으로도 선임이 가능하다.

(2) 취 지

법정에 전문심리위원이 있으면 당사자의 허위진술을 방지할 수 있고, 일방 당사자가 신청하는 중인보다 중립적이며, 전문성 있는 사건의 쟁점정리나 비싼 감정료의 절감에 도움이 되는 점에서 의미가 있는 제도이다.

(3) 내 용

전문심리위원은 소송절차에서 설명 또는 의견을 서면으로 제출하거나 변론기일이나 변론준비기일에 출석하여 진술할 수 있으나, 재판의 합의에는 참여할 수 없다. 기일에 재판장의 허가를 받아 증인·감정인 등에 직접 질문할 수 있으며, 법원은 전문심리위원제출의 설명 또는 의견의 진술에 관하여 당사자에게 의견진술의 기회를 주어야 한다. 전문심리위원은 제척·기피 제도가 준용되며, 벌칙적용에 있어 공무원으로 의제된다. 의료·건축·토목 분야 등에서 활용되지만, 전체적으로 활용이 저조하다.

(4) 전문심리관 제도의 도입 고려

의사·건축사·대학교수·전문관리 등 전문가들로 하여금 사실인정·증거판단 등에 관한 의견을 제시하고, 감정에 관한 의견제시 및 관리감독을 하도록 하는 전문심리관 제도의 도입이 검토되고 있다. 이에 대해서 '전문심리위원의 옥상옥(屋上屋)'이라는 비판이 있다(이시윤).

6. 변호사

(1) 변호사의 중요성

일부 단독사건을 제외한 일반사건에 있어서 변호사만이 소송대리를 할 수 있기 때문에(제87조), 법원의 직원은 아니지만 민사소송에 있어서 변호사제도는 매우 중요한 의미를 가진다. 변호사는 기본적 인권을 옹호하고 사회정의를 실현함을 목적으로 하는 공직자로서 독립하여 그 직무를 행하기 때문에(변호사법 제2조), 결코 위임인의 피용자가 아니다. 따라서 변호사 자신은 물론 당사자로 하여금 소송상의 의무를 지키고 소송을 성실하게 사리에 맞게 행하도록 배려하여야 한다.

(2) 변호사와 당사자의 관계

변호사와 당사자와의 관계는 문제가 있으나, 통설·判例는 위임계약관계로 본다. 따라서 수임인은 위임의 본지에 따라 선량한 관리자의 주의의무로써 위임사무를 처리하여야 한다(대판 2004.05.14. 2004다7354). 이 경우 보수약정이 있으면 약정에 따라 변호사는 위임인에게 청구할 수 있음이 원칙이나, 보수약정이 출연한 노력과 비용의 정도에 비추어 현저히 과다한 경우에는 신의칙에 반하는 것으로 상당하다고 인정되는 범위를 초과하는 보수액은 청구할 수 없다(대판 1993.02.09. 92다30382). 특히 判例는 사건위임에 있어 보수약정이 없어도 무보수의 약정이 없는 한 응분의 보수를 지급할 약정이 있었다고 보아 이를 청구할 수 있다고 하므로[15](대판 1993.11.12. 93다36882), 위임을 무상계약으로 규정하고 있는 민법상의 원칙은 변호사보수에 관한 한 수정된 셈이다(이시윤). 다만 형사성공보수금은 민법 제103조에 위반된다는 判例[16]가 나왔다. 변호사가 당사자에게 손해

---

15) 변호사의 소송위임사무처리에 대한 보수에 관하여 의뢰인과의 사이에 약정이 있는 경우에 위임사무를 완료한 변호사는 특별한 사정이 없는 한 약정된 보수액을 전부 청구할 수 있는 것이 원칙이기는 하지만, 의뢰인과의 평소부터의 관계, 사건 수임의 경위, 착수금의 액수, 사건처리의 경과와 난이도, 노력의 정도, 소송물의 가액, 의뢰인이 승소로 인하여 얻게 된 구체적 이익과 소속변호사회의 보수규정, 기타 변론에 나타난 제반 사정을 고려하여 약정된 보수액이 부당하게 과다하여 신의성실의 원칙이나 형평의 원칙에 반한다고 볼 만한 특별한 사정이 있는 경우에는 예외적으로 상당하다고 인정되는 범위 내의 보수액만을 청구할 수 있다고 보아야 한다 (대판 2013.07.11. 2011다18864).

16) 형사사건에 관하여 체결된 성공보수약정이 가져오는 여러 가지 사회적 폐단과 부작용 등을 고려하면, 비록 구속영장청구 기각, 보석 석방, 집행유예나 무죄 판결 등과 같이 의뢰인에게 유리한 결과를 얻어내기 위한 변호사의 변론활동이나 직무수행 그 자체는 정당하다 하더라도, <u>형사사건에서의 성공보수약정은 수사·재판의 결과를 금전적인 대가와 결부시킴으로써, 기본적 인권의 옹호와 사회정의의 실현을 그 사명으로 하는 변호사 직무의 공공성을 저해하고, 의뢰인과 일반 국민의 사법제도에 대한 신뢰를 현저히 떨어뜨릴 위험이 있으므로, 선량한 풍속 기타 사회질서에 위반되는 것으로 평가할 수 있다.</u> 다만 선량한 풍속 기타 사회질서는 부단히 변천하는 가치관념으로서 어느 법률행위가 이에 위반되어 민법 제103조에 의하여 무효인지 여부는 그 법률행위가 이루어진 때를 기준으로 판단하여야 하고, 또한 그 법률행위가 유효로 인정될 경우의 부작용, 거래자유의 보장 및 규제의 필요성, 사회적 비난의 정도, 당사자 사이의 이익균형 등 제반 사정을 종합적으로 고려하여 사회통념에 따라 합리적으로 판단하여야 한다. 그런데 그동안 대법원은 수임한 사건의 종류나 그 특성에 관한 구별 없이 성공보수약정이 원칙적으로 유효하다는 입장을 취해 왔고, 대한변호사협회도 1983년에 제정한 '변호사보수기준에 관한 규칙'에서 형사사건의 수임료를 착수금과 성공보수금으로 나누어 규정하였으며, 위 규칙이 폐지된 후에 권고양식으로 만들어 제공한 형사사건의 수임약정서에도 성과보수에 관한 규정을 마련하여 놓고 있었다. 이에 따라 변호사나 의뢰인은 형사사건에서의 성공보수약정이 안고 있는 문제점 내지 그 문제점이 약정의 효력에 미칠 수 있는 영향을 제대로 인식하지 못한 것이 현실이고, 그 결과 당사자 사이에 당연히 지급되어야 할 정상적인 보수까지도 성공보수의 방식으로 약정하는 경우가 많았던 것으로 보인다. 이러한 사정들을 종합하여 보면, 종래 이루어진 보수약정의 경우에는 보수약정이 성공보수라는 명목으로 되어 있다는 이유만으로 민법 제103조에 의하여 무효라고 단정하기는 어렵다. 그러나 <u>대법원이 이 판결을 통하여 형사사건에 관한 성공보수약정이 선량한 풍속 기타 사회질서에 위반되는 것으로 평가할 수 있음을 명확히 밝혔음에도 불구하고 향후에도 성공보수약정이 체결된다면 이는 민법 제103조에 의하여 무효로 보아야 한다.</u> 이와 달리 종래 대법원은 형사사건에서의 성공보수약정이 선량한 풍속 기타 사회질서에 어긋나는지를 고려하지 아니한 채 위임사무를 완료한 변호사는 특별한 사정이 없는 한 약정된 보수액을 전부 청구할 수 있는 것이 원칙이고, 다만 약정된 보수액이 부당하게 과다하여 신의성실의 원칙이나 형평의 원칙에 반한다고 볼 만한 특별한 사정이 있는 경우에는 예외적으로 상당하다고 인정되는 범위 내의 보수액만을 청구할 수 있다고 판시하여 왔는바,

배상책임을 질 경우, 법무법인은 합명회사법을 준용하여 그 구성원과 법인이 연대하여 무한책임을 지고(변호사법 제58조), 유한법무법인은 담당변호사와 법인이 연대하여 5억원의 출자범위 내의 유한책임을(변호사법 제58조의 11), 법무조합은 담당변호사가 진다(변호사법 제58조의 25).

(3) 법률시장 개방

한EU FTA, 한미 FTA협정에 따라 법률시장이 3단계로 개방된다. 외국로펌이 1단계는 외국법 자문, 2단계(2014년)는 내국법·외국법 혼재사건(국내로펌과 공동처리), 3단계는 국내로펌과 합작의 사업체 구성(국내 변호사 고용의 순)의 순으로 개방된다. 현재 3단계 개방의 근거법인 외국법자문사법 개정법이 2016.3. 국회를 통과하여 2016.7. EU로펌에, 2017.3.부터 미국로펌에 시장이 개방된다.

7. 검사와 경찰공무원

(1) 검 사

검사는 제한된 경우에 한해 민사소송에 관여한다. 즉 가사소송에 의하여 처리되는 혼인관계 및 부모와 자와의 관계에 관한 사건의 경우에는 직무상의 당사자로 관여하고, 국가를 당사자로 하는 소송에서 법무부장관의 지정을 받으면 검사가 소송수행자로서 소송에 관여한다(국가를 당사자로 하는 소송에 관한 법률 제3조, 송무검사). 그리고 법무부장관은 국가의 이익 또는 공공의 복리에 중대한 관계에 있는 국가소송 및 행정소송에 대하여는 법원의 허가를 얻어 검사로 하여금 법원에 대하여 법률적 의견을 제출하게 할 수 있다.

(2) 경찰공무원

경찰공무원이 민사소송과정에서 공조기관이 될 때가 있는데, 증거조사과정에 저항을 받을 때(제342조, 제366조)와 송달에 필요한 때(제176조 3항)에는 경찰공무원의 원조를 요청할 수 있다.

제3절 법관의 제척·기피·회피(중립성)

I 제도의 의의와 적용범위

1. 제도의 의의

재판의 공정성을 유지하기 위하여 법관이 자기가 담당하는 구체적 사건과 인적으로나 물적으로 특수한 관계에 있는 경우에 그 사건의 직무집행에서 배제되는 제도를 법관의 제척·기피·회피라고 한다.

대법원 2009.7.9. 선고 2009다21249 판결을 비롯하여 그와 같은 취지의 판결들은 이 판결의 견해에 배치되는 범위 내에서 모두 변경하기로 한다[대판(전) 2015.07.23. 2015다200111].

2. 적용범위

> 제50조(법원사무관등에 대한 제척·기피·회피) ① 법원사무관등에 대하여는 이 절의 규정을 준용한다.
> ② 제1항의 법원사무관등에 대한 제척 또는 기피의 재판은 그가 속한 법원이 결정으로 하여야 한다.

법관 이외에도 법원사무관 등과 통역관에게도 준용된다. 이 경우 법원사무관 등이란 법원서기관, 법원사무관, 법원주사, 법원주사보 등을 의미한다(제40조 1항 참고). 법관 이외의 자는 제41조 5호의 전심관여를 원인으로 제척될 수는 없다. 감정인에게도 기피제도가 있으며, 집행관에 대해서도 따로 제척의 규정을 두고 있다.

Ⅲ 법관의 제척

1. 제척이유

(1) 의 의

제척이란 법관이 구체적인 사건에 대하여 법률에서 정한 특수한 관계가 있는 때에 법률에 의하여 당연히 그 사건에 관한 직무집행을 못하게 되는 경우를 법관의 제척이라고 한다.

(2) 사 유

> 제41조(제척의 이유) 법관은 다음 각 호 가운데 어느 하나에 해당하면 직무집행에서 제척된다. 〈개정 2005.3.31〉
> 1. 법관 또는 그 배우자[17]나 배우자이었던 사람이 사건[18]의 당사자가 되거나, 사건의 당사자와 공동권리자·공동의무자 또는 상환의무자[19]의 관계에 있는 때
> 2. 법관이 당사자와 친족의 관계에 있거나 그러한 관계에 있었을 때
> 3. 법관이 사건에 관하여 증언이나 감정을 하였을 때
> 4. 법관이 사건당사자의 대리인이었거나 대리인이 된 때
> 5. <u>법관이 불복사건의 "이전심급"의 재판에 "관여"하였을 때.</u> 다만, 다른 법원의 촉탁에 따라 그 직무를 수행한 경우에는 그러하지 아니하다.

1) 법관 또는 그 배우자나 배우자이었던 사람이 사건의 당사자가 되거나, 사건의 당사자와 공동권리자·공동의무자 또는 상환의무자의 관계에 있는 때

① 배우자

법률혼을 의미하고 사실혼 등은 이에 해당하지 않는다. 그리고 이 때 사건은 현재 계속 중인 사건을 가리킨다(대판 1965.08.31. 65다1102).

② 공동권리자·공동의무자

공유자, 연대채무자 또는 주채무자와 보증인 같이 그 사건에서 다투어지는 법률관계에 법률상의 이해관계가 있는 것을 말하며, 단순히 사실적·경제적·간접적 영향을 받는 경우(예: 법관이

---

17) 법률혼을 의미하고 사실혼 등은 이에 해당하지 않는다.
18) 이때 사건은 현재 계속 중인 사건을 가리킨다(대판 1965.08.31. 65다1102).
19) 어음법·수표법에 의한 상환(소구)의무자 및 재상환(소구)의무자를 말한다.

당사자인 법인의 주주 또는 채권자인 경우)는 여기에 포함되지 않는다. 判例는 "종중의 종중원들은 종중원의 재산상·신분상 권리의무 관계에 직접적인 영향을 미치는 종중 규약을 개정한 종중 총회 결의의 효력 유무에 관하여 공통되는 법률상 이해관계가 있다고 할 것이다[20](대판 2010.05.13. 2009다102254)."고 본다.

③ 상환의무자

어음법·수표법에 의한 상환의무자 및 재상환의무자를 말한다.

2) 법관이 당사자와 친족의 관계에 있거나 그러한 관계에 있었을 때

친족의 범위와 가족의 개념은 민법의 규정에 따른다.

3) 법관이 사건에 관하여 증언이나 감정을 하였을 때

4) 법관이 사건당사자의 대리인이었거나 대리인이 된 때

5) 법관이 불복사건의 "이전심급"의 재판에 "관여"하였을 때

① '이전심급(前審)'의 의미

이전심급(前審)이란 그 불복사건의 하급심 재판으로서 상급심의 판단을 받을 중간적 재판, 상고심에서 간접적으로 불복대상이 된 제1심판결 등도 포함된다. 다만 ⅰ) 환송이나 이송되기 전의 원심판결(단 이 경우는 제436조 3항에 의해 관여할 수 없다) ⅱ) 재심소송에 있어서 재심의 대상이 된 확정판결(대판 2000.08.18. 2000재다87) ⅲ) 청구에 관한 이의의 소에 있어서 그 대상이 된 확정판결 ⅳ) 본안소송에 관한 관계에서 가압류·가처분에 관한 재판(대결 1962.07.20. 61민재항3) ⅴ) 집행정지신청사건에 대하여 집행권원을 성립시킨 본안재판(대판 1969.11.04. 69그17) ⅵ) 본안소송의 재판장에 대한 기피신청사건의 재판(대판 1991.12.27. 91마631) ⅶ) 소송상화해에 관여한 법관이 그 화해 내용에 따른 목적물에 대한 인도청구소송 등에 관여하는 것(대판 1969.12.09. 69다1232) 등은 전심재판에 해당하지 않는다. 다만 이러한 경우에도 기피사유에 해당할 수는 있다.

② '관여'의 의미

전심 '관여'란 판결의 기본이 되는 최종변론, 실질적으로 사건에 관한 판단을 하는 판결의 합의(평의)나 판결의 작성에 관여한 경우를 말하므로, 단지 최종변론전의 변론, 준비절차, 증거조사 또는 판결의 선고에만 관여하는 것은 제척사유가 되지 않는다.

---

[20] 민사소송법 제41조 제1호에서 "법관 또는 그 배우자나 배우자이었던 사람이 사건의 당사자가 되거나, 사건의 당사자와 공동권리자·공동의무자 또는 상환의무자의 관계에 있는 때"를 제척사유의 하나로 규정하고 있다. 여기서 말하는 사건의 당사자와 공동권리자·공동의무자의 관계라 함은 소송의 목적이 된 권리관계에 관하여 공통되는 법률상 이해관계가 있어 재판의 공정성을 의심할 만한 사정이 존재하는 지위에 있는 관계를 의미하는 것으로 해석할 것이다. 한편, 종중은 종중 소유 재산의 관리방법과 종중 대표자를 비롯한 임원의 선임, 기타 목적사업의 수행을 위하여 성문의 종중 규약을 제정할 수 있고, 종중에 종중 규약이 존재하는 경우에 종중원의 총유로 귀속되는 종중 소유 재산의 사용수익은 종중 규약에 따르고 그 관리·처분도 종중 규약 내지 종중 규약이 정하는 바에 따라 개최된 종중 총회의 결의에 의하며, 종중 임원의 선임권 등 신분상 권리의무 관계에 대하여도 종중 규약에서 정하는 바에 따르게 된다.

2. 제척의 재판

> 제42조(제척의 재판) 법원은 제척의 이유가 있는 때에는 직권으로 또는 당사자의 신청에 따라 제척의 재판을 한다.

(1) 확인적 의미

제척의 효과는 재판 유무에 관계없이 법률상 당연히 발생하므로 제척의 재판은 <u>확인적(선언적) 의미</u>를 갖는다.

(2) 소송절차 정지 및 예외

당사자로부터 제척신청이 있는 경우 그에 관한 재판이 확정될 때까지 그 소송절차를 정지하여야 한다(제48조). 다만 제척신청이 각하되거나 종국판결의 선고와 긴급을 요하는 행위(멸실될 염려가 있는 증거신청·가압류·가처분 등)는 예외적으로 허용된다(제48조 단서).

3. 제척의 효과

(1) 당연배제

제척사유에 해당하면 법관은 법률상 당연히 그 사건에 관하여 직무를 집행할 수 없다.

(2) 제척사유를 간과하고 판결한 경우

제척사유를 간과하고 종국판결에 이른 경우, 판결확정 전이면 절대적 상고이유(제424조 1항 2호)가 되고, 판결확정 후에는 재심사유(제451조 1항 2호)가 된다.

Ⅲ 법관의 기피

1. 서 설

> 제43조(당사자의 기피권) ① 당사자는 법관에게 공정한 재판을 기대하기 어려운 사정이 있는 때에는 기피신청을 할 수 있다.
> ② 당사자가 법관을 기피할 이유가 있다는 것을 알면서도 본안에 관하여 변론하거나 변론준비기일에서 진술을 한 경우에는 기피신청을 하지 못한다.

(1) 의 의

기피란 법률상 정해진 제척이유 이외의 재판의 공정을 기대하기 어려운 사정이 있는 경우에 당사자의 신청을 기다려 재판에 의하여 비로소 법관이 직무집행에서 배제되는 것을 이르는 것으로, 적정하고 공평한 재판과 재판의 독립을 목적으로 규정한 제도이다.

(2) 제척, 회피와의 구별

민사소송법 제41조상의 이유에 의해 법관이 당연히 사건에서 제외되는 제척과 법관 스스로가 특정 사건의 직무집행을 피하는 회피(제49조)와는 구별된다.

(3) 기피이유

1) 법관에게 공정한 재판을 기대하기 어려운 사정(제43조 1항)

判例는 "통상인의 판단으로서 법관과 사건과의 관계에서 편파적이고 불공평한 재판을 하지 않을까 하는 염려를 일으킬 객관적 사정을 가리킨다(대결 1966.04.04. 66마830)."고 한다. 따라서 당사자 측에서 품는 불공정한 재판을 받을지도 모른다는 주관적인 의혹만으로는 해당되지 않는다(대결 1966.04.04. 64마830).

2) 당사자와 법관과의 관계

법관이 약혼·사실혼 관계 등 애정관계, 친밀한 우정관계, 친척관계(단 민법상 친족에 해당하면 제척사유, 제41조 2호), 정치적·종교적 대립관계를 비롯한 원한관계, 당사자가 법인인 경우 법관이 그 주주 등 구성원, 재판 외에서 당사자와 법률상담을 한 경우 등이 이에 해당한다.

3) 소송대리인과 법관과의 관계

법관이 소송대리인과 혼인관계, 민법 소정의 친족관계, 특별한 친근 관계, 불화관계가 있을 때에는 당사자와의 관계만큼 엄격한 기준에 의할 것은 아니라도 연고와 의리의 풍토에서 법조의 정화를 위해서나 제41조 2호와의 균형상 기피사유에 해당한다(긍정설, 이시윤). 특히 '전관예우' 문제가 심각한 우리나라의 현실에서는 더욱 문제가 있다.

(4) 구체적 예

1) 긍정례

법관이 당사자의 한쪽과 약혼중인 경우, 사건의 승패에 경제적으로 특별한 이해관계를 가지는 경우, 당사자의 한쪽과 친구이거나 원수인 경우, 소송대리인이 법관의 장인인 경우 등을 예로 들 수 있다. 그리고 判例는 원고와 친밀한 관계에 있는 자와 당해 사건의 2심 재판장이 문자를 주고 받은 경우(대결 2019.01.04. 2018스563)에 기피사유를 인정하였다. 특히 평균적 일반인으로서의 당사자의 관점에서 의심을 가질 만한 객관적인 사정이 있는 때에는 실제로 법관에게 편파성이 존재하지 아니하거나 헌법과 법률이 정한 바에 따라 공정한 재판을 할 수 있는 경우에도 기피가 인정될 수 있다(대결 2019.01.04. 2018스563).

2) 부정례

기일 연기신청을 각하하거나 자기의 증거신청을 각하하는 등 소송지휘에 불만이 있는 경우, 재판장의 변경에 따라 당사자 한 쪽이 소송대리인을 교체하는 경우(대결 1992.12.30. 92마783), 같은 종류의 사건에 관하여 판결을 한 일이 있는 경우(대결 1993.06.22. 93재누97), 법률의 해석에 관한 견해를 발표한 일이 있는 경우(대결 1982.11.05. 82마637) 등을 예로 들 수 있다.

2. 기피신청

> 제44조(제척과 기피신청의 방식) ① 합의부의 법관에 대한 제척 또는 기피는 그 합의부에, 수명법관·수탁판사 또는 단독판사에 대한 제척 또는 기피는 그 법관에게 이유를 밝혀 신청하여야 한다.

> ② 제척 또는 기피하는 이유와 소명방법은 신청한 날부터 3일 이내에 서면으로 제출하여야 한다.

(1) 신청법원 및 신청권자

합의부의 법관에 대한 제척 또는 기피는 그 합의부에, 수명법관·수탁판사 또는 단독판사에 대한 제척 또는 기피는 그 법관에게 이유를 밝혀 신청하여야 한다(제44조 1항). 기피신청은 당사자(또는 보조참가인)만이 할 수 있고, 소송대리인은 그 고유의 권한으로서 기피권이 없으며, 단지 당사자의 대리인으로서 할 수 있을 뿐이다(이시윤).

(2) 신청방식

신청의 방식은 서면이든 말이든 무방하다(제161조). 다만 제척 또는 기피하는 이유와 소명방법은 신청한 날부터 3일 이내에 서면으로 제출하여야 한다(제44조 2항). 자의적인 기피신청권의 행사를 방지하는 것이 취지이다. 3일 이내의 소명기간은 유예기간[21]이므로 방식 위배로 신청이 각하되기 전까지만 소명하면 된다. 소명방법을 서면에 한정하였으므로 서증을 제출하여야 하며, 보증금의 공탁이나 선서로써 소명에 갈음할 수 없다(제299조). 다만 기피사유가 본안사건의 기록상 명백한 사항일 때에는 기피이유를 소명할 필요는 없다[22](대판 1978.10.23. 78마255).

(3) 신청권의 행사시기와 상실

기피신청은 기피사유가 있음을 알고 있다면 지체 없이 행사하여야 한다. 즉 당사자가 법관을 기피할 이유가 있다는 것을 알면서도 본안에 관하여 변론하거나 변론준비기일에서 진술을 한 경우에는 기피신청권을 상실한다(제43조 2항). 이 점이 절차의 어느 단계에서나 직권조사를 요하는 제척이유와 다르다. 그리고 기피신청 후 사건이 다른 재판부로 재배당되는 등 기피당한 법관이 그 사건에 관하여 직무를 집행할 수 없게 된 경우는 신청의 이익이 없다[23](대결 1992.09.28. 92두25).

3. 기피신청에 대한 재판

(1) 간이각하

> 제45조(제척 또는 기피신청의 각하 등) ① 제척 또는 기피신청이 제44조의 규정에 어긋나거나 소송의 지연을 목적으로 하는 것이 분명한 경우에는 신청을 받은 법원 또는 법관은 결정으로 이를 각하한다.
> ② 제척 또는 기피를 당한 법관은 제1항의 경우를 제외하고는 바로 제척 또는 기피신청에 대한 의견서를 제출하여야 한다.

---

21) 당사자, 그 밖의 소송관계인의 이익을 보호할 목적으로 어느 행위를 할 것인가에 관하여 고려와 준비를 위하여 일정기간의 유예를 두는 것으로서 중간기간이라고도 한다(숙려기간).
22) 증인신문신청의 각하를 기피원인 사실로 삼고 있을 때와 같이 본안사건의 기록상 기피원인 사실이 명백한 사항일 경우에는 기피신청인은 그 사실을 달리 소명할 필요가 없다(대판 1978.10.23. 78마255).
23) 법관에 대한 기피신청제도는 당사자의 법관에 대한 불신감을 제거하고 재판의 공정을 보장하기 위하여 법관이 어떤 특정한 사건을 재판함에 있어서 공정을 기대하기 어려운 사정이 있는 경우에는 그 법관을 그 사건의 재판에 관하여 직무집행을 하지 못하게 하는 제도이므로 어떤 이유이든 기피당한 법관이 그 사건에 관하여 직무를 집행할 수 없게 되었을 때에는 기피신청은 그 목적을 잃게 되어 이를 유지할 이익이 없게 되었다고 보아야 한다(대결 1992.09.28. 92두25).

제척 또는 기피신청이 제44조의 규정에 어긋나거나 소송의 지연을 목적으로 하는 것이 분명한 경우에는 신청을 받은 법원 또는 법관은 결정으로 이를 각하한다(제45조 1항). 제척 또는 기피를 당한 법관은 제1항의 경우를 제외하고는 바로 제척 또는 기피신청에 대한 의견서를 제출하여야 한다(제45조 2항).

(2) 기피신청에 대한 재판

> 제46조(제척 또는 기피신청에 대한 재판) ① 제척 또는 기피신청에 대한 재판은 그 신청을 받은 법관의 소속 법원 "합의부[24]"에서 결정으로 하여야 한다.
> ② 제척 또는 기피신청을 받은 법관은 제1항의 재판에 관여하지 못한다. 다만, 의견을 진술할 수 있다.
> ③ 제척 또는 기피신청을 받은 법관의 소속 법원이 합의부를 구성하지 못하는 경우에는 바로 위의 상급법원이 결정하여야 한다.

기피신청에 대한 재판은 그 신청을 받은 법관의 소속 법원 합의부에서 결정으로 하여야 하고, 기피신청을 받은 법관은 위 합의부의 결정에 관여하지 못 하지만, 의견을 진술할 수는 있다. 기피신청을 받은 법관의 소속 법원이 합의부를 구성하지 못하는 경우에는 바로 위의 상급법원이 결정하여야 한다(제46조).

(3) 당사자의 불복방법

> 제47조(불복신청) ① 제척 또는 기피신청에 정당한 이유가 있다는 결정에 대하여는 불복할 수 없다.
> ② 제45조 제1항의 각하결정 또는 제척이나 기피신청이 이유 없다는 결정에 대하여는 즉시항고를 할 수 있다.
> ③ 제45조 제1항의 각하결정에 대한 즉시항고는 집행정지의 효력을 가지지 아니한다.

기피신청에 대해서는 제46조에 의해 그 신청을 받은 법관의 소속법원 합의부에서 결정으로 심판하지만, 법원이 기피신청을 받았음에도 소송절차를 정지하지 아니하고 변론을 종결하여 판결 선고기일을 지정하였다면 당사자는 어떻게 불복할 수 있는가에 대해 判例는 "법원이 기피신청을 받았음에도 소송절차를 정지하지 아니하고 변론을 종결하여 판결 선고기일을 지정하였다고 하더라도 종국판결에 대한 불복절차에 의하여 그 당부를 다툴 수 있을 뿐 이에 대하여 별도로 항고로써 불복을 할 수 없다(대결 2000.04.15. 2000그20)."고 하고 있다.

4. 기피신청의 효과(본안소송절차의 정지)

> 제48조(소송절차의 정지) 법원은 제척 또는 기피신청이 있는 경우에는 그 재판이 확정될 때까지 소송절차를 정지하여야 한다. 다만, 제척 또는 기피신청이 각하된 경우 또는 종국판결을 선고하거나 긴급을 요하는 행위를 하는 경우에는 그러하지 아니하다.

(1) 원칙 및 예외

법원은 제척 또는 기피신청이 있는 경우에는 그 재판이 확정될 때까지 소송절차를 정지하여야 한다. 다만 제척 또는 기피신청이 각하된 경우 또는 종국판결을 선고하거나, 긴급을 요하는 행위

---

[24] 일종의 직분관할

를 하는 경우에는 소송절차를 진행할 수 있다(제48조).

(2) 하자치유여부

1) 문제점

예외사유에 해당하지 않는데, 법원이 기피신청이 있는데도 절차를 정지하지 않고, 증거조사 등을 시행하여 판결을 하는 것은 제48조 위반으로 위법하지만, 나중에 기피신청이 기각(각하)된 경우에 그 위법의 하자가 치유되는지 논란이 있다[25].

2) 判例

① **판결이 선고된 경우 - 하자 치유 긍정**

원심의 원판결 선고가 민사소송법 제48조 단서의 경우에 해당하지 아니하여 위법한 것이라 하더라도 <u>기피신청을 당한 법관이 그 기피신청에 대한 재판이 확정되기 전에 한 판결은 그 후 그 기피신청이 이유 없는 것으로 배척되고 그 결정이 확정되는 때에는 유효한 것으로 된다</u>(대판 1978.10.31. 78다1242).

② **쌍불취하의 경우 - 하자 치유 부정**

<u>기피신청에 대한 각하결정 전에 이루어진 변론기일의 진행 및 위 각하결정이 당사자에게 고지되기 전에 이루어진 변론기일의 진행은 모두 민사소송법 제48조의 규정을 위반하여 쌍방불출석의 효과를 발생시킨 절차상 흠결이 있고, 특별한 사정이 없는 이상, 그 후 위 기피신청을 각하하는 결정이 확정되었다는 사정만으로 민사소송법 제48조의 규정을 위반하여 쌍방불출석의 효과를 발생시킨 절차 위반의 흠결이 치유된다고 할 수 없다</u>[26](대판 2010.02.11. 2009다78467・78474).

---

[25] 학설 - ① **적극설**: 기피신청이 있은 후에 긴급을 요하지 않는 행위를 하면 위법이 되지만 뒤에 기피신청이 이유 없다고 하는 재판이 확정되면 그 위법이 치유된다는 견해로서, 기피신청을 당한 법관이 그 기피신청에 대한 재판이 확정되기 전에 한 판결은 위법한 것이라 하더라도 그 후 그 기피신청이 이유 없는 것으로서 배척되고 그 결정이 확정되는 때에는 유효한 것으로 된다는 대법원 78다1242 판결을 들고 있다(강현중). ② **소극설**: 민사소송법 제48조 명문의 규정에 따르면 기피이유가 있는지 여부에 관계없이 긴급을 요하는 행위 등 예외가 아닌 이상, 소송절차를 그대로 진행하는 것은 위법하고, 또한 정지하여야 함에도 절차를 진행하는 것은 대부분 기피신청을 당한 법관 자신이 기피신청이 이유 없다고 믿고 있는 경우일 것이므로 적극설과 같이 그 흠이 치유되어 유효하다고 한다면 당연한 결과로 기피신청이 있어도 그대로 소송절차를 진행할 것이고, 그렇다면 소송절차의 정지를 규정하고 있는 법의 취지에 어긋나는 결과가 된다. 따라서 그 흠이 치유되는 것은 아니라고 한다(전병서). ③ **절충설**: 기피신청한 사람은 정지 중에는 절차에 관여할 것을 강요당하지 않으며, 관여하지 않은 것에 대하여 불이익을 주는 것은 부당하므로 무조건으로 흠이 치유된다고 풀이할 것은 아니고, 기피신청한 사람의 소송상 이익을 해치지 않은 때에는 흠이 치유된다고 한다(이시윤 등). 즉 모든 경우가 아니라 기피신청인이 충분한 소송활동을 하여 소송상 불이익을 입지 않은 경우에만 흠이 치유된다고 본다.

[26] 이 사건 대상판결이 판시에서 "특별한 사정이 없는 이상, 그 후 위 기피신청을 각하하는 결정이 확정되었다는 사정만으로 민사소송법 제48조의 규정을 위반하여 쌍방불출석의 효과를 발생시킨 절차 위반의 흠결이 치유된다고 할 수 없다."고 하여, 기피신청 각하결정이 확정되는 사정 이외에 다른 사정이 있으면(가령 기피신청인이 충분한 소송활동을 하여 불이익을 입지 않은 경우) 흠결이 치유되는 경우도 있을 수 있다는 취지로 볼 수 있어 우리나라의 다수설인 위 절충설을 따른 판결이라고 할 수 있다(오상현, 법관기피신청과 소송절차의 정지, 법조 통권 670호(2012.7.); 김홍엽 유사).

Ⅳ 법관의 회피

> 제49조(법관의 회피) 법관은 제41조 또는 제43조의 사유가 있는 경우에는 감독권이 있는 법원의 허가를 받아 회피할 수 있다.

1. 의의

법관이 스스로 제척 또는 기피 이유가 있다고 인정하여 자발적으로 직무집행을 피하는 것을 말한다. 이 경우 별도의 재판을 요하지 않으며, 감독권 있는 법원(법관 소속의 법원장, 지원장)의 허가를 받으면 된다.

2. 회피의 근거

회피의 경우에도 제척이나 기피이유를 근거로 하여야 한다. 회피의 허가는 재판이 아니기 때문에 허가를 받은 뒤에 그대로 그 사건에 관여하였다고 하더라도 그 행위의 효력에는 영향이 없다. 제척이나 기피의 신청이 있을 때, 그 재판 전에 법관이 회피하면 그 신청은 목적을 달성하게 되므로 그에 대한 재판은 필요하지 않게 된다. 실무에서는 법관이 정식의 절차보다 다른 재판부로 재배당신청을 하여 사실상 회피의 목적을 달성하는 경우가 많다.

제4절 관할

제1관 관할의 의의와 종류

Ⅰ 관할의 의의

관할이란 재판권을 행사하는 여러 법원 사이에서 어떤 법원이 어떤 사건을 담당처리 하느냐의 재판권의 분담관계를 정해놓을 것을 말한다.

Ⅱ 관할의 종류

1. 법정관할, 재정관할, 당사자 거동에 의한 관할

(1) 법정관할

법률에 의해 직접 정해진 관할을 말하는데, 이는 다시 직분관할, 사물관할, 토지관할로 나뉜다.

(2) 재정관할(지정관할)

관할법원이 재판권을 법률상 또는 사실상 행사할 수 없거나, 법원의 관할구역이 분명하지 않을 때 관계법원의 직근 상급법원이 그 관계된 법원 또는 당사자 신청에 따라 결정으로 정한 법원을 말한다(제28조).

(3) 당사자의 거동에 의한 관할

당사자의 합의에 관할인 합의관할(제29조)과 원고가 관할권 없는 법원에 소제기 하였을 때 피고가 이의 없이 변론한 경우에 생기는 변론관할(제30조)로 나뉜다.

2. 전속관할과 임의관할

(1) 전속관할

법정관할 가운데 재판의 적정·공평 등 고도의 공익적 요구에 기하여 특정법원만이 오로지 배타적 관할을 갖게 된 관할을 말한다(제31조). 직분관할은 명문의 규정이 없어도 전속관할이며, 사물관할이나 토지관할은 법률이 전속관할로 명백히 정해놓은 경우에 한한다. 따라서 전속관할은 임의관할에 비해 적다(제252조, 제453조 등). 예를 들어 재심은 재심을 제기할 판결을 한 법원의 전속관할로 한다(제453조 1항). 제1심의 종국판결에 대하여 항소심에서 본안판결을 한 경우에는, 제451조 3항에 의하여 제1심 판결에 대해서는 재심이 허용되지 아니하므로 제1심 법원은 관할권이 없다. 이때에는 항소심 판결이 재심의 대상이 되므로 항소법원이 관할권을 갖게 된다[실무제요(Ⅲ), 1727면]. 또한 정기금판결에 대한 변경의 소는 제1심 판결법원의 전속관할로 한다(제252조 2항). 그리고 할부거래나 방문판매의 경우 소제기 당시 매수인(소비자)의 주소를 관할하는 지방법원이 전속관할법원이다(할부거래에 관한 법률 제16조 본문 전단, 방문판매 등에 관한 법률 제46조 본문 전단). 독촉사건(제463조), 공시최고사건(제476조 3항)에 있어서도 관할은 전속관할이다. 전속관할은 법원의 직권조사사항이며, 합의관할이나 변론관할이 인정되지 않는다(제31조). 관할의 경합이 생길 수 없으며, 관할위반의 경우를 제외하고는 소송이송이 허용되지 않는다(제34조, 제35조). 다만 특허권 등의 지식재산권에 관한 소는 전속관할임에도 불구하고, 관할경합(서울중앙지법과 다른 고법 소재지 지법간의 선택적 관할)과 재량이송이 허용된다(이시윤 제12판, 94면). 관할위반이 있으면 당사자는 상소이유로 주장할 수 있으나(제411조 단서, 제424조 1항 3호), 재심사유는 되지 않는다(제451조 참고). 전속관할이 있는 경우에 당사자는 전속관할법원에 소를 제기하여야 한다[27].

(2) 임의관할

당사자의 편의와 공평을 위한 사익적 견지에서 정하여진 것으로, 당사자 간의 합의나 피고의 변론(응소)에 의하여 다른 법원에 관할을 발생시킬 수 있는 것을 말한다. 임의관할 위반은 항소심에서는 이를 주장할 수 없다(제411조 본문). 사물관할이나 토지관할은 원칙적으로 임의관할이며,

---

[27] 회생절차가 종결된 후 회생채권자표에 대한 청구이의의 소를 제기하여야 하는 관할 법원이 어디인지가 문제된다. 채무자가 판결에 따라 확정된 청구에 관하여 이의하려면 제1심 판결법원에 청구에 관한 이의의 소를 제기하여야 하지만(민사집행법 제44조 제1항), 회생채권자표에 대한 청구이의의 소는 회생계속법원의 관할에 전속한다[채무자 회생 및 파산에 관한 법률(이하 '채무자회생법'이라 한다) 제255조 제3항]. 여기에서 <u>회생계속법원</u>이란 회생사건이 계속되어 있는 회생법원을 말하는데(채무자회생법 제60조 제1항), 회생절차가 종결되거나 폐지된 후에는 회생절차가 계속되었던 회생법원을 가리킨다(대판 2019.10.17. 2019다238305).

직분관할 중 심급관할은 비약상고(제390조 1항 단서)의 경우에 한하여 임의관할이다(대결 1961.10.02. 4294민재항445).

제2관 직분관할

1. 의의

직분관할(직무관할)이란 담당직분의 차이를 표준으로 법원 사이에 재판권의 분담관계를 정해 놓은 것을 말한다.

2. 수소법원과 집행법원의 직분관할

(1) 의의

수소법원이란 판결절차 담당법원을 말하고(제62조, 제297조, 제298조 참고), 집행법원이란 강제집행 등 민사집행에 관한 권한을 가진 법원을 말한다(민사집행법 제3조).

(2) 수소법원의 관할

판결절차는 소송사건을 접수·심판하는 수소법원의 직분에 속한다. 수소법원은 판결절차 말고도 수소법원의 자격에서 당해 사건의 증거보전절차(제376조), 가압류·가처분절차(민사집행법 제278조, 제303조), 작위·부작위의무의 집행, 즉 대체집행·간접강제(민사집행법 제260조, 제261)도 담당한다.

(3) 집행법원의 관할

채권과 부동산에 대한 직접 집행처분 이외에 집행관 및 사법보좌관의 집행감독(민사집행법 제16조, 법원조직법 제54조 3항), 급박한 경우에는 집행정지명령을 하는 권한을 갖는다(민사집행법 제46조 4항, 제48조). 원칙적으로 집행법원의 업무는 지방법원소속 사법보좌관이 맡으나 단독판사가 맡을 수도 있다(법원조직법 제54조 2항 2호).

3. 지방법원 단독판사와 지방법원 합의부 및 본원 합의부의 직분관할

(1) 법원조직법의 특색

법원조직법의 특색은 외국처럼 지방법원과 별도로 간이법원을 설치하지 않고, 편법으로 지방법원 단독판사 또는 시군판사에게 간이법원의 역할을 맡기고 있다. 따라서 간이한 사항, 급속을 요하는 사항에 대해서는 지법단독판사의 특별한 직분[28]으로 하고 있다.

(2) 지방법원 합의부 사건

지방법원 합의부에는 중요성과 신중한 판단을 요하는 사항에 대하여 특별한 권한이 주어져 있다. 정정보도청구 등의 소(언론중재 및 피해구제 등에 관한 법률 제26조 5항), 지방법원 판사에 대한

---

[28] 증거보전절차 중 특수한 경우(제376조 1항 후문), 제소전화해절차(제385조), 독촉절차와 조정절차(법원조직법 제34조 1항 2호), 법관의 공조(제297조 1항)

제척·기피사건(제46조) 등이 이에 해당한다. 사건의 중요성을 특별히 고려하여 파산·개인회생·회생 등 도산사건, 증권관련소송, 소비자단체소송은 지방법원 지원이 아닌 본원합의부의 관할로 하였고, 도산사건이 서울 동·서·남·북부 지방법원의 관할일 경우에는 서울중앙지방법원이 집중관할이었다가, 2017년 3월부터는 신설된 회생법원의 관할이 되었다.

4. 심급관할

(1) 의의

3심제도 때문에 각 심급마다의 법원이 다르기 때문에 생긴 관할이다. 심급관할은 비약상고의 경우를 제외하고는 전속관할이다. 따라서 1심 사건을 2심 법원에 소제기 하면 전속관할 위반이 된다.

(2) 3심제도

판결절차에 있어서는 상소로서 항소·상고의 두 단계를 인정하는 3심 제도를 취하고 있다.

> 제1심 : 지방법원과 그 지원의 단독판사, 합의부
> 제2심 : 지방법원 본원 또는 일부 지원의 합의부, 고등법원 또는 그 지부
> 제3심 : 대법원

(3) 소송행위를 할 법원

제1심은 소의 제기에 의하여(제248조), 상소심은 상소의 제기(제390조, 제422조)에 의하여 각 개시되며 종국판결정본의 송달(제396조, 제425조)로써 심급이 끝이 난다. 따라서 판결이 선고된 뒤라도 판결정본이 송달되고 상소가 제기되기 전까지는 아직 소송이 당해 심급에 계속되어 있기 때문에 그 곳에서 소송행위를 할 것(제397조)이고, 판결정본이 송달된 뒤에도 상소의 제기 전까지는 원심법원이 가압류·가처분사건에 대한 관할권을 갖는다. 소의 취하(제266조)·화해(제220조) 등의 소송행위 역시 원심법원에서 해야 한다.

제3관 사물관할

I 서설

1. 의의

사물관할이란 제1심 사건을 다루는 지방법원 단독판사(시군법원)와 지방법원 합의부 사이에서 사건의 경중을 표준으로 재판권의 분담관계를 정해 놓은 것을 말한다.

2. 지법단독판사와 합의부

지법 단독판사와 지법 합의부는 같은 지방법원 내의 재판기관이기 때문에 조직상 별개의 법원은 아니지만, 우리나라에서는 소송상으로 별개의 법원으로 보므로, 양자의 재판권의 분담관계는

사무분담의 문제가 아니라 관할의 문제가 된다.

Ⅱ 합의부의 관할

1. 재정합의사건(법원조직법 제32조 1항 1호)

단독판사의 법정관할에 속하는 사건이라도 그 내용이 복잡하고 중요하면 재정합의부의 결정으로 합의재판으로 할 수 있다(동법 제31조 2항, 3항).

2. 소송목적의 값이 5억원을 초과하는 민사사건

지방법원 및 지방법원지원의 합의부는 소송목적의 값이 5억원을 초과하는 민사사건 및 민사소송등인지법 제2조 제4항의 규정에 해당하는 민사사건을 제1심으로 심판한다.

3. 민사소송 등 인지법 제2조 4항 소정의 민사사건

(1) 비재산권상의 소[29]

경제적 이익을 목적으로 하지 않는 권리관계에 관한 소를 말한다. 이와 같은 소송은 소가를 산정할 수 없는 경우에 해당한다(제26조 2항). 성명권·초상권 그 밖의 인격권에 관한 소송이나 유골인도청구소송, 비영리법인의 사원권확인, 해고무효확인, 상법의 규정에 의한 회사관계소송, 회사 이외의 단체에 관한 소가 이에 속한다. 다만 인격권 등에 바탕을 두어도 경제적 이익을 내용으로 하고 있는 청구(명예훼손[30]에 의한 손해배상청구)는 재산권상의 소에 속한다.

(2) 재산권상의 소로서 소가를 산출할 수 없는 경우

예를 들어 상호사용금지의 소, 주주대표소송[31] 또는 유지청구의 소, 무체재산권에 관한 소, 낙찰자지위확인의 소[32] 등이 이에 속한다.

---

29) 민사소송등 인지규칙 제15조(회사등 관계소송 등)
② 제1항에 규정된 것을 제외하고 상법의 규정에 의한 회사관계 소송은 비재산권을 목적으로 하는 소송으로 본다.
③ 회사 이외의 단체에 관한 것으로서 제2항에 규정된 소에 준하는 소송은 비재산권을 목적으로 하는 소송으로 본다.
④ 해고무효확인의 소는 비재산권을 목적으로 하는 소송으로 본다.
30) 동규칙 제14조(명예회복을 위한 처분 청구의 소)
"「민법」" 제764조의 규정에 의한 명예회복을 위한 적당한 처분을 구하는 소는 그 처분에 통상 소요되는 비용을 산출할 수 있는 경우에는 그 비용을 소가로 하고, 그 비용을 산출하기 어려운 경우에는 비재산권상의 소로 본다.
31) 동규칙 제15조(회사등 관계소송 등)
① 주주의 대표소송, 이사의 위법행위유지청구의 소 및 회사에 대한 신주발행유지청구의 소는 소가를 산출할 수 없는 소송으로 본다.
32) 낙찰자의 지위는 계약상대자로 결정되어 계약을 체결할 수 있는 지위에 불과하고 계약을 체결하여 계약상의 권리의무가 발생한 계약당사자의 지위와는 다르다고 보여 지므로, 최초입찰에 있어서 낙찰자지위확인을 구하는 소에서 원고가 승소하더라도 원고는 계약당사자와 같이 공사대금의 청구 등 계약상의 권리를 취득하게 되는 것이 아니라 단순히 원고가 유효한 낙찰자의 지위에 있음을 확인받아 그에 따른 계약을 체결하여 줄 것을

■ 민사소송 등 인지규칙 개정 내용[33]

구법	신법
제18조의2(소가를 산출할 수 없는 재산권상의 소 등) 〈개정 2002.8.26〉) 재산권상의 소로서 그 소가를 산출할 수 없는 것과 비재산권을 목적으로 하는 소송의 소가는 <u>2,000만 100원</u>으로 한다. 다만, 제15조제1항 내지 제3항, 제15조의2, 제17조의2, 제18조에 정한 소송의 소가는 <u>5,000만100원</u>으로 한다. 〈개정 2007.11.28〉	제18조의2(소가를 산출할 수 없는 재산권상의 소 등) 재산권상의 소로서 그 소가를 산출할 수 없는 것과 비재산권을 목적으로 하는 소송의 소가는 <u>5천만 원</u>으로 한다. 다만, 제15조제1항 내지 제3항, 제15조의2, 제17조의2, 제18조에 정한 소송의 소가는 <u>1억 원</u>으로 한다. 〈개정 2014.7.1〉

> 제15조(회사등 관계소송 등) ① 주주의 대표소송, 이사의 위법행위유지청구의 소 및 회사에 대한 신주발행유지청구의 소는 소가를 산출할 수 없는 소송으로 본다.
> ② 제1항에 규정된 것을 제외하고 상법의 규정에 의한 회사관계 소송은 비재산권을 목적으로 하는 소송으로 본다.
> ③ 회사 이외의 단체에 관한 것으로서 제2항에 규정된 소에 준하는 소송은 비재산권을 목적으로 하는 소송으로 본다.
> ④ 해고무효확인의 소는 비재산권을 목적으로 하는 소송으로 본다.
> 제15조의2(소비자단체소송) 「소비자기본법」 제70조에 따라 제기된 금지·중지 청구에 관한 소송은 비재산권을 목적으로 하는 소송으로 본다.
> 제17조의2(특허소송) 특허법원의 전속관할에 속하는 소송의 소가는 재산권상의 소로서 그 소가를 산출할 수 없는 것으로 본다.
> 제18조(무체재산권에 관한 소) 무체재산권에 관한 소 중 금전의 지급이나 물건의 인도를 목적으로 하지 아니하는 소는 소가를 산출할 수 없는 소송으로 본다.

4. 관련청구

본소가 합의부의 관할에 속하는 경우에는 이에 병합 제기하는 반소(제269조), 중간확인의 소(제264조), 독립당사자참가(제79조)등의 관련청구는 그 소가에 관계없이 본소와 함께 합의부의 관할에 속한다.

청구할 수 있는 권리를 취득하는 것이고 이는 <u>결국 금전으로 가액을 산출하기 어려운 경제적 이익을 얻는 데 불과하므로 낙찰자지위확인을 구하는 소는 재산권상의 소로서 그 소가를 산출할 수 없는 경우에 해당한다</u>(대판 1994.12.02. 94다41454).

[33] * 개정이유 - 소가를 산출할 수 없는 재산권상의 소 등은 합의부 사물관할에 속하나 소가가 사물관할 기준액과 큰 차이가 있고, 특허심판의 청구료가 서면제출의 경우 26만 원인 데 비해 그 심판에 불복하여 제기하는 특허소송의 인지대는 23만 원에 불과한 문제점 등이 있으므로, 소가 인정액을 합리적인 범위 내에서 상향 조정하여 합의부 사물관할 기준액과의 차이를 좁히고, 특허심판과의 인지액 역전을 해소하고자 함.

Ⅲ 단독판사의 관할

1. 소송목적의 값이 5억원 이하인 사건

소액단독사건은 소가 1원 ~ 3천만원이하, 중액단독사건은 소가 3천만원 초과 ~ 2억원이하, 고액단독사건은 2억원 초과 ~ 5억원이하 이다. 소액·중액단독사건은 항소심이 지방법원 항소부, 고액단독사건은 항소심이 고등법원이 된다(2022. 3. 1. 시행).

2. 수표금·어음금 청구사건

사안이 일반적으로 단순하다는 점과 유통증권인 점에 비추어 권리의 신속한 실현이 요청되기 때문이다.

3. 금융기관이 원고인 대여금 등의 청구사건

은행·농업협동조합·수산업협동조합·축산업협동조합·산림조합·신용협동조합·신용보증기금·기술신용보증기금·지역신용보증재단·새마을금고·상호저축은행·종합금융회사·시설대여회사·보험회사·신탁회사·증권회사·신용카드회사·할부금융회사 또는 신기술사업금융회사가 원고인 대여금·구상금·보증금 청구사건

4. 자동차손해배상보장법 및 근로자의 업무상 재해로 인한 사건

자동차손해배상보장법에서 정한 자동차·원동기장치자전거·철도차량의 운행 및 근로자의 업무상재해로 인한 손해배상 청구사건과 이에 관한 채무부존재확인사건

5. 재정단독사건

단독판사가 심판할 것으로 합의부가 결정한 사건을 말한다. 합의부의 법정관할에 속해도 사건이 단순하면 재량으로 단독재판으로 돌릴 수 있다.

6. 관련청구

본소가 단독판사의 관할일 때에 이에 병합하여 제기하는 독립당사자참가(제79조), 청구의 변경(제262조), 반소(제269조 2항의 경우는 합의부이송), 중간확인의 소(제264조) 등의 관련청구(합산의 원칙 배제)는 단독판사의 관할로 된다.

Ⅳ 소송목적의 값(소가)

> 제26조(소송목적의 값의 산정) ① 법원조직법에서 소송목적의 값에 따라 관할을 정하는 경우 그 값은 소로 주장하는 이익을 기준으로 계산하여 정한다.
> ② 제1항의 값을 계산할 수 없는 경우 그 값은 민사소송등인지법의 규정에 따른다.
> 제27조(청구를 병합한 경우의 소송목적의 값) ① 하나의 소로 여러 개의 청구를 하는 경우에는 그 여러 청구의 값을 모두 합하여 소송목적의 값을 정한다.
> ② 과실(과실)·손해배상·위약금(위약금) 또는 비용의 청구가 소송의 부대목적(부대목적)이 되는 경우에는 그 값은 소송목적의 값에 넣지 아니한다.

1. 소송목적의 값의 의의 및 기능

(1) 의의

소송목적의 값(소가)이란 소송물 즉 원고가 소로써 달성하려는 목적이 갖는 경제적 이익을 화폐단위로 평가한 금액을 말한다. 제26조 1항의 '소로써 주장하는 이익'이 이에 해당된다. 법문 상 소송목적의 가액 또는 소송물의 가액이라고 한다(민사소송 등 인지법 제2조).

(2) 기능

소가는 ① 사물관할을 정하는 기준이 되고, ② 소장 등을 제출할 때 납부할 인지액을 정하는 표준이 되며, ③ 변호사보수액의 기준이 된다.

2. 소가의 산정방법

(1) 객관적 평가

원고가 청구취지로써 구하는 범위 내에서 원고가 전부 승소할 경우에 직접 받는 경제적 이익을 기준으로, 객관적으로 평가 산정하여야 한다.

(2) 상환이행청구, 일부청구

상환이행청구 등의 경우에도 반대급부를 공제할 필요가 없고, 일부청구 시는 그 청구취지로 구하는 일부만이 소가산정의 기준이 된다.

(3) 소가 산정의 기준

소가 산정의 기준에 관하여서는 대법원규칙인 민사소송 등 인지규칙[34]으로 정해 놓고 있다.

3. 산정의 표준시기

(1) 원 칙

소가는 소를 제기한 때(법률의 규정에 의하여 소의 제기가 의제되는 경우에는 그 소를 제기한 것으로 되는 때)를 기준으로 하여 산정한다(민사소송 등 인지규칙 제7조). 따라서 소제기시를 표준으로 하여 산정된 소가에 의하여 사물관할이 정해지기 때문에(제33조, 관할의 항정), 소제기 후 목적물의 훼손, 가격의 변동 등 사정변경이 있어도 관할에 영향을 줄 수 없다.

---

[34] 제19조(합산의 원칙) 1개의 소로써 수개의 청구를 하는 경우에 그 수개의 청구의 경제적 이익이 독립한 별개의 것인 때에는 합산하여 소가를 산정한다. 제20조(중복청구의 흡수) 1개의 소로써 주장하는 수개의 청구의 경제적 이익이 동일하거나 중복되는 때에는 중복되는 범위 내에서 흡수되고, 그중 가장 다액인 청구의 가액을 소가로 한다. 제21조(수단인 청구의 흡수) 1개의 청구가 다른 청구의 수단에 지나지 않을 때에는 특별한 규정이 있는 경우를 제외하고, 그 가액은 소가에 산입하지 아니한다. 다만, 수단인 청구의 가액이 주된 청구의 가액보다 다액인 경우에는 그 다액을 소가로 한다. 제22조(비재산권상의 청구의 병합) 1개의 소로써 수개의 비재산권을 목적으로 하는 청구를 병합한 때에는 각 청구의 소가를 합산한다. 다만, 청구의 목적이 1개의 법률관계인 때에는 1개의 소로 본다.

(2) 예 외

예외적으로 단독판사에 계속 중 청구취지의 확장에 의하여 소가가 2억원을 초과하는 때에는 관할위반의 문제가 생기므로, 변론관할이 생기지 아니하였다면 합의부로 이송하여야 한다(제34조 1항). 그러나 합의부에 계속 중 소의 일부취하나 청구취지의 감축에 의하여 소가가 2억원 이하로 떨어졌을 때는 오히려 이송이 소송경제에 반하고 합의부에서의 계속심리가 당사자에게 불리하지 않기 때문에 단독판사로 이송할 필요가 없다.

4. 청구병합의 경우의 소송목적의 값

(1) 합산의 원칙

1개의 소로써 수개의 청구를 하는 때에는 그 가액을 합산하여 그에 의하여 사물관할을 정한다(제27조 1항). 원고가 제기한 청구의 병합이 객관적이든, 주관적이든, 후발적이든 불문하나 수개의 청구의 경제적 이익이 독립한 별개일 것을 요한다. 그리고 1개의 부동산에 경료 된 수개의 저당권에 대하여 등기원인의 무효를 이유로 말소를 구하는 경우에는 말소의 원인이 동일하더라도 경제적 이익이 공통되지 않으므로 합산의 법칙을 적용하되 목적물건의 가액을 한도로 한다.

(2) 예 외

1) 중복청구의 흡수

청구의 선택적·예비적 병합, 수인의 연대채무자에 대한 청구, 대상청구의 병합 등의 경우 중복되는 범위 내에서 흡수되고 그 중 다액인 청구가액을 소가로 한다(동 규칙 제20조). 그리고 동일한 권원에 기하여 확인 및 이행청구를 병합한 경우 가장 다액의 청구를 소송목적의 값으로 한다[실무제요(Ⅰ), 115면]. 그리고 원고가 소유권보존등기, 이에 터잡은 근저당권설정등기, 소유권이전등기의 각 등기명의인을 공동피고로 하여 위 각 등기의 말소소송을 제기하여 원고 전부승소판결이 선고된 후, 그 등기명의인들이 상소할 경우 인지첩부액은 경제적 이익이 동일하거나 중복되는 때에 해당하므로 중복되는 범위 내에서 흡수된다고 할 것이어서 제1심에서 산정된 소가를 기준으로 하여 항소장 또는 상고장에 인지를 첩부하면 된다[35].

---

35) 소유권보존등기가 이루어지고 이에 터잡아 근저당권설정등기가 경료된 후 그 소유등기명의가 전전 이전된 동일 부동산에 대하여 소유권보존등기명의자, 근저당권자 및 전득자 등을 공동피고로 하여 제기된 소유권보존등기, 근저당권설정등기, 소유권이전등기의 각 말소를 구하는 소송에 있어서는 1개의 소로써 주장하는 수 개의 청구의 경제적 이익이 동일하거나 중복되는 때에 해당하므로 중복되는 범위 내에서 흡수되고 그 중 가장 다액인 청구의 가액을 소가로 할 것이며, 위 소송에서 원고의 전부승소판결이 선고되어 그 등기명의인들이 전부 불복하여 상소를 제기하는 경우에도 하나의 상소장으로써 공동명의로 상소를 제기한 등기명의인들 사이에는 경제적 이익이 동일하거나 중복되는 때에 해당하므로 중복되는 범위 내에서 흡수된다고 할 것이어서 제1심에서 산정된 소가를 기준으로 하여 항소장 또는 상고장에 인지를 첩부하면 된다고 할 것이나, 다만 그 등기명의인들이 수 개의 항소장 또는 상고장으로 나누어 상소를 제기하는 경우에는 각각 별도로 제1심의 소가를 기준으로 하여 산정한 인지를 항소장 또는 상고장에 첩부하여야 할 것이고, 그 등기명의인들이 당초에는 수 개의 항소장 또는 상고장으로 나누어 상소를 제기하였다가 나중에 공동명의로 하여 하나의 항소장 또는 상고장을 다시 제출하였다고 하더라도 이와 달리 취급할 것은 아니다(대결 1998.07.27. 98마938).

2) 수단인 청구의 흡수

건물철거청구와 함께 대지의 인도청구를 구하는 경우처럼 1개의 청구(건물철거청구)가 다른 청구(토지인도)의 수단에 지나지 않을 때에는 그 가액은 소가에 산입하지 않는다(동 규칙 제21조). 다만 수단청구인 건물철거청구의 값이 대지인도청구의 값보다 다액이면 건물철거청구에 관한 소송목적의 값에 따라 인지액을 계산하여야 한다(동조 단서). 그리고 수익자에 대한 사해행위취소 및 원상회복청구와 채무자에 대한 금전지급청구가 병합된 경우에는 수익자에 대한 청구의 소송목적의 값은 산입하지 아니하지만, 그 소송목적의 값이 채무자에 대한 소송목적의 값보다 다액인 경우에는 이를 소송목적의 값으로 한다.

3) 부대청구의 불산입(제27조 2항)

주된 청구와 그 부대목적인 과실, 손해배상금, 위약금, 비용의 청구는 별개의 소송물이나, 이 두 가지를 한 개의 소로써 청구하는 때에는 계산의 번잡을 피하려는 취지에서 부대청구의 가액은 소가에 산입하지 않는다. 그러나 과실·손해배상 등의 청구만을 독립하여 청구하는 경우에는 그 자체만을 별도로 소송목적의 값으로 정할 수밖에 없다. 즉 청구취지에서 특정된 금액에 부대청구가 포함되어 있지 아니한 경우에는 그 특정된 금액을 소송목적의 값으로 하고, 청구취지에서 특정된 금액에 부대청구가 포함되어 있는 경우에는 위 특정된 금액에서 부대청구에 해당하는 금액을 뺀 나머지 금액을 소송목적의 값으로 하며, 부대청구가 독립하여 이루어진 경우에는 그 청구금액을 소송목적의 값으로 한다(실무제요(Ⅰ), 140면). 그리고 부동산의 인도와 그 부동산에 관한 임료 내지 임료 상당의 손해배상금 또는 부당이득금을 병합하여 청구하는 경우, 임료 등은 부동산의 인도소송에 부대목적이 되므로 소송목적의 값에 산입하지 않는다[36].

제4관 토지관할(=재판적)

I 의의와 종류

1. 의 의

소재지를 달리하는 동종의 법원 사이에 재판권(특히 제1심 사건)의 분담관계를 정해 놓은 것을 토지관할이라고 한다. 그리고 이 토지관할의 결정표준 내지 발생원인이 되는 관련지점을 재판적이라고 한다.

---

[36] 민사소송 등 인지규칙 제12조(통상의 소) 4호, 부동산의 명도·인도와 임료 등을 병합하여 청구하는 경우의 소가 산정에 관한 업무처리지침(재판예규 제871-34호 〔재민 98-5〕 2002. 6. 27.) - 1개의 소로써 부동산의 명도·인도와 그 부동산에 관한 임료 내지 임료 상당의 손해배상금 또는 부당이득금(「임료 등」)을 병합하여 청구하는 경우, 그 임료 등 청구는 부동산의 명도·인도 소송의 부대목적이 된다 할 것이므로(27조 〔청구를 병합한 경우의 소송목적의 값〕 2항), 그 청구가 이미 발생한 임료 등인가, 장래 발생할 임료 등인가에 관계없이 그 임료 등의 값을 소가에 산입하지 않도록 하여 주시기 바랍니다. 다만 임료 등의 청구만을 독립하여 청구하는 경우에는 민사소송등 인지규칙 12조(통상의 소) 4호를 준용하여 기발생분 및 1년분의 임료 등 합산액을 그 소가로 하시기 바랍니다.

2. 종 류

(1) 보통재판적과 특별재판적

보통재판적은 모든 소송사건에 대하여 일반적으로 적용되는 재판적임에 대하여(제2조 이하), 특별재판적은 특수한 종류·내용의 사건에 대하여 한정적으로 적용되는 재판적이다(제7조 이하). 특별재판적에는 다른 사건과 관련 없이 인정되는 독립재판적과 다른 사건과 관련하여 비로소 인정되는 관련재판적[37]이 있다. 보통재판적은 언제나 독립재판적이다.

(2) 인적 재판적과 물적 재판적

인적재판적이란 당사자 특히 피고와 관계되어 인정되는 재판적을 말함에 대해, 물적재판적은 소송물과 관계되어 있는 재판적을 말한다. 보통재판적은 언제나 인적 재판적이다.

3. 재판적의 경합

하나의 사건에 대하여 수개의 재판적이 경합하는 경우 원고는 그 가운데 하나를 임의로 선택하여 소제기 할 수 있으며, 특별재판적이 보통재판적보다 우선하는 것이 아니다. 이 경우 한 법원에 대한 소제기가 타법원의 관할권 소멸을 가져오는 것은 아니며 중복소송이 될 뿐이다(제259조).

Ⅱ 보통재판적

1. 의 의

> 제2조(보통재판적, 피고주소지주의 원칙) 소는 피고의 보통재판적이 있는 곳의 법원이 관할한다.

모든 사건에 공통적으로 적용되는 재판적을 보통재판적이라고 한다. 이는 피고와 관계있는 곳을 기준으로 정해 놓고 있다(일반관할). 소제기 당시에 원고의 청구가 이유 있는지 알 수 없으므로, 응소하는 피고의 편의와 경제를 고려한 것이다.

2. 자연인 - 피고주소지주의 원칙

> 제3조(사람의 보통재판적) 사람의 보통재판적은 그의 주소에 따라 정한다. 다만, 대한민국에 주소가 없거나 주소를 알 수 없는 경우에는 거소에 따라 정하고, 거소가 일정하지 아니하거나 거소도 알 수 없으면 마지막 주소에 따라 정한다.

피고가 자연인이면 보통재판적은 1차적으로 그 주소에 의한다. 다만 피고가 대한민국에 주소가 없거나 주소를 알 수 없는 경우에는 2차적으로 거소에 따라 정하고, 거소가 일정하지 아니하거나 거소도 알 수 없으면 3차적으로 마지막 주소에 따라 정한다.

---

[37] 이 경우 반소, 중간확인의 소, 독립당사자참가는 당연히 본소청구를 관할하는 법원에 관할권이 생긴다.

3. 법인 기타의 사단 또는 재단 – 본점소재지주의

> 제5조(법인등의 보통재판적) ① 법인, 그 밖의 사단 또는 재단의 보통재판적은 <u>이들의 주된 사무소 또는 영업소가 있는 곳</u>에 따라 정하고, 사무소와 영업소가 없는 경우에는 주된 업무담당자의 주소에 따라 정한다.
> ② 제1항의 규정을 외국법인, 그 밖의 사단 또는 재단에 적용하는 경우 <u>보통재판적은 대한민국에 있는 이들의 사무소·영업소 또는 업무담당자의 주소</u>에 따라 정한다.

피고가 법인 등이면 1차적으로 그 주된 사무소나 영업소가 있는 곳에 따라 정하고, 사무소와 영업소가 없는 경우에는 2차적으로 주된 업무담당자의 주소에 따라 정한다. 외국법인·단체의 경우에는 한국에 있는 사무소·영업소에 의하고, 그것이 없으면 한국에 있는 업무담당자의 주소에 의한다.

4. 국 가

> 제6조(국가의 보통재판적) 국가의 보통재판적은 <u>그 소송에서 국가를 대표하는 관청 또는 대법원이 있는 곳</u>으로 한다.

피고가 국가인 경우에는 법무부 소재지(수원지법 안양지원) 또는 대법원 소재지(서울중앙지법)에 의한다(제6조).

Ⅲ 특별재판적

1. 종 류

특정사건에 관하여 특별히 인정되는 특별재판적은 ① 보통재판적과의 경합여부에 따라 경합이 인정되는 것(독립재판적, 법 제7조~제23조)과 경합이 부정되는 것(전속관할, 민집법 제21조, 제278조, 제303조)으로 분류하거나, ② 다른 사건과의 관련성 여부에 따라 관련성이 부정되는 독립재판적과 인정되는 관련재판적으로 분류가 가능하다. 특히 독립재판적은 보통재판적과 경합이 가능하므로 피고주소지주의의 원칙이 형해화 될 염려가 있어, 민소법은 원고가 임의로 선택하여 소 제기한 법원에 응소하는 것이 피고에게 현저한 손해가 있게 되는 경우 법원의 직권 또는 피고의 신청으로 소송을 이송할 수 있도록 하고 있다(제35조).

2. 개별적 고찰

(1) 의무이행지

> 제8조(의무이행지의 특별재판적) <u>재산권에 관한 소를 제기하는 경우에는 거소지 또는 의무이행지</u>의 법원에 제기할 수 있다.

1) 입법론 상 문제점

민법은 특정물의 인도를 제외하고는 지참채무의 원칙[38]에 따라 채무자의 이행지를 채권자의 현주소지로 정하고 있는 관계(민법 제467조 2항[39])로, 채권자라고 주장하는 사람의 주소지에 독립재판적을 인정한 것이 된다. 따라서 사실상 피고주소지주의 원칙의 취지가 대부분 몰각될 수밖에 없다. 이에 대해서는 '손해나 지연을 피하기 위한 소송의 이송' 규정(제35조)을 적극 활용하여 당사자 사이의 형평을 꾀해야 한다는 견해가 유력하다(정동윤·유병현).

2) 해 설

계약상의 의무뿐 아니라 법률의 규정에 의하여 발생하는 불법행위·부당이득·사무관리에 기한 청구도 여기에 해당된다. 또 계약에 관한 의무이행지가 존재하면 계약관계나 채권관계의 확인 청구, 계약불이행으로 인한 손해배상, 계약해제로 인한 원상회복청구도 의무이행지 법원에 제기할 수 있다.

3) 사해행위취소소송과 의무이행지

判例는 "채권자가 사해행위의 취소와 함께 수익자 또는 전득자로부터 책임재산의 회복을 구하는 사해행위취소의 소를 제기한 경우 그 취소의 효과는 채권자와 수익자 또는 전득자 사이의 관계에서만 생기는 것이므로, 수익자 또는 전득자가 사해행위의 취소로 인한 원상회복 또는 이에 갈음하는 가액배상을 하여야 할 의무를 부담한다고 하더라도 이는 채권자에 대한 관계에서 생기는 법률효과에 불과하고 채무자와 사이에서 그 취소로 인한 법률관계가 형성되는 것은 아닐 뿐만 아니라, <u>이 경우 채권자의 주된 목적은 사해행위의 취소 그 자체보다는 일탈한 책임재산의 회복에 있는 것이므로, 사해행위취소의 소에 있어서의 의무이행지는 '취소의 대상인 법률행위의 의무이행지'가 아니라 '취소로 인하여 형성되는 법률관계에 있어서의 의무이행지'라고 보아야 한다. 부동산등기의 신청에 협조할 의무의 이행지는 성질상 등기지의 특별재판적에 관한 민사소송법 제21조에 규정된 '등기할 공무소 소재지'라고 할 것이므로, 원고가 사해행위취소의 소의 채권자라고 하더라도 사해행위취소에 따른 원상회복으로서의 소유권이전등기 말소등기의무의 이행지는 그 등기관서 소재지라고 볼 것이지, 원고의 주소지를 그 의무이행지로 볼 수는 없다</u>(대결 2002.05.10. 2002마1156)."고 한다. 이에 대해서는 등기소 소재지와 채권자주소지 모두 포함된다는 견해가 있다(이시윤).

(2) 어음·수표 지급지

> 제9조(어음·수표 지급지의 특별재판적) 어음·수표에 관한 소를 제기하는 경우에는 지급지의 법원에 제기할 수 있다.

어음 수표에 관한 소는 어음채무자와 소구의무자를 상대로 그 지급지의 법원에 제기할 수 있

---

38) 독일의 경우에도 우리와 같이 의무이행지의 특별재판적이 규정되어 있으나(독민소 제29조 2항), 독일 민법이 추심채무(독일 민법 제269조) 또는 송부채무(동법 제270조)의 원칙을 취하고 있어 채무자의 주소지가 독립재판적으로 되기 때문에 우리와 같은 문제는 없다.
39) **제467조(변제의 장소)** ① 채무의 성질 또는 당사자의 의사표시로 변제장소를 정하지 아니한 때에는 특정물의 인도는 채권성립당시에 그 물건이 있던 장소에서 하여야 한다. ② <u>전항의 경우에 특정물인도 이외의 채무변제는 채권자의 현주소에서 하여야 한다. 그러나 영업에 관한 채무의 변제는 채권자의 현영업소에서 하여야 한다.</u>

다. 채권자의 주소지가 아님을 주의해야 한다. 判例도 "민법 제467조 2항의 법의는 불특정물의 급부를 목적으로 하는 채무는 그 채무의 성질 또는 당사자의 별단의 의사표시에 의하여 채무이행 장소가 정하여 지지 않는 한 통상 지참채무로 본다는 뜻이므로 약속어음은 그 성질상 그 어음상에 표시된 지급지가 의무이행지라 할 것이며 그리고 소송이 어음금청구인 이상 지급기일에 지급장소에서 어음이 제시되어 지급거절 된 경우에도 그 의무이행지에 무슨 변동이 생기는 것도 아니다. 그러므로 이 약속어음금 청구사건에 대한 관할법원은 채권자의 주소지를 관할하는 서울민사지방법원이 아니고 그 지급지의 소재지를 관할하는 부산지방법원 마산지원임이 뚜렷하므로....(대결 1973.11.26. 73마910; 대결 1980.07.22. 80마208)."라고 판시 한다.

(3) 선원·군인·군무원

> 제10조(선원·군인·군무원에 대한 특별재판적) ① 선원에 대하여 재산권에 관한 소를 제기하는 경우에는 선적이 있는 곳의 법원에 제기할 수 있다.
> ② 군인·군무원에 대하여 재산권에 관한 소를 제기하는 경우에는 군사용 청사가 있는 곳 또는 군용 선박의 선적이 있는 곳의 법원에 제기할 수 있다.

거소지의 특별재판적(제8조 전단)에 관한 특별규정이다. 선원은 그 선박이 그 거소지라고 볼 수 있는데, 선박은 언제나 장소를 옮기게 마련이고 기껏해야 그 선적지에서나 조금 오래 주재하는 것이 예사일 것이므로 선적지를 거소에 맞먹는 것으로 본 것이다. 군인·군무원의 경우에는 그들의 상주지가 군사용 청사소재지나 군함선(그 선적 소재지)이 대부분이므로, 이를 거소지에 맞먹는 것으로 본 것이다[주석 민소법(Ⅰ), 180면].

(4) 재산이 있는 곳

> 제11조(재산이 있는 곳의 특별재판적) 대한민국에 주소가 없는 사람 또는 주소를 알 수 없는 사람에 대하여 재산권에 관한 소를 제기하는 경우에는 청구의 목적 또는 담보의 목적이나 압류할 수 있는 피고의 재산이 있는 곳의 법원에 제기할 수 있다.

1) 취 지

주소가 없는 사람도 재산을 가지고 있으면 강제집행이 용이하므로, 이를 규정하고 있다.

2) 내 용

피고가 국내에 주소가 없는 경우에만 적용된다. 주로 외국인이 해당되지만, 한국 국적의 해외거주 교포도 국내에 주소가 없으면 적용된다. 피고 재산소재지의 법원이 관할권을 갖는 것이므로 피고의 재산이 유체물인 경우에는 그 소재지, 채권인 경우에는 제3채무자의 주소·영업소 또는 그 채권에 대한 책임재산이 있는 곳 등이 관할법원이 된다.

(5) 사무소·영업소

> 제12조(사무소·영업소가 있는 곳의 특별재판적) 사무소 또는 영업소가 있는 사람에 대하여 그 사무소 또는 영업소의 업무와 관련이 있는 소를 제기하는 경우에는 그 사무소 또는 영업소가 있는 곳의 법원에 제기할 수 있다.

1) 취 지

이에 따라 지점을 거느리는 대기업회사·외국회사를 피고로 할 경우에 본점까지 갈 필요 없이 가까운 지점소재지에 소제기를 할 수 있다. 다만 영업소가 있는 자가 원고일 경우에는 적용되지 않는다.

2) 내 용

여기의 업무는 광의의 개념으로 영업 등 사익적 사업에 한하지 않고, 공익적 사업이나 행정사무도 포함된다. 사무소나 영업소는 업무의 전부·일부를 총괄경영 하는 장소를 말하며, 주된 사무소·본점 뿐 아니라 지점도 포함 된다(대판 1992.07.28. 91다41897). 다만 업무의 성질상 본점만이 취급할 수 있는 것인 때에는 지점에 재판적이 없다(대판 1967.09.20. 67마560).

(6) 선적, 선박이 있는 곳

> 제13조(선적이 있는 곳의 특별재판적) 선박 또는 항해에 관한 일로 선박소유자, 그 밖의 선박이용자에 대하여 소를 제기하는 경우에는 선적이 있는 곳의 법원에 제기할 수 있다.
> 제14조(선박이 있는 곳의 특별재판적) 선박채권, 그 밖에 선박을 담보로 한 채권에 관한 소를 제기하는 경우에는 선박이 있는 곳의 법원에 제기할 수 있다.

선박이라는 것을 하나의 경영단위로 보고 이 선박을 업무의 중심으로 보아서 선적 소재지를 마치 그 업무의 사무소 또는 영업소로 본 것이다. 선박을 책임재산으로 하는 채권에 기인한 소에 관하여 선박소재지의 특별재판적을 인정한 것이다. 제11조와 입법취지가 유사하나, 제11조와는 달리 피고를 채무자로 한정시키지 않으므로, 물적 재판적이다.

(7) 사원의 경우

> 제15조(사원 등에 대한 특별재판적) ① 회사, 그 밖의 사단이 사원에 대하여 소를 제기[40]하거나 사원이 다른 사원에 대하여 소를 제기하는 경우[41]에는 그 소가 사원의 자격으로 말미암은 것이면 회사, 그 밖의 사단의 보통재판적이 있는 곳의 법원에 소를 제기할 수 있다.
> ② 사단 또는 재단이 그 임원[42]에 대하여 소를 제기[43]하거나 회사가 그 발기인 또는 검사인에 대하여 소를 제기하는 경우[44]에는 제1항의 규정을 준용한다.
> 제16조(사원 등에 대한 특별재판적) 회사, 그 밖의 사단의 채권자가 그 사원에 대하여 소를 제기하는 경우[45]에는 그 소가 사원의 자격으로 말미암은 것이면 제15조에 규정된 법원에 제기할 수 있다.

---

40) 사원된 자격에 기인하는 소에 적용. 예를 들어 사원의 지위확인, 사원에 대한 출자청구, 사원권 부인청구, 업무집행의 보고청구 등. 사단이 사원을 상대로 한 대여금반환청구, 대금지급청구 또는 불법행위로 인한 청구 등은 사원된 자격과 관계가 없으므로 포함 안 됨.
41) 사원의 다른 사원에 대한 소로서 사원된 자격에 기인한 소를 의미. 예를 들어 합명회사의 사원 상호간의 지분확인청구(상법 제197조), 업무집행권에 관한 청구 등.
42) 이사, 감사, 청산인 기타의 대표자 등 기관이 된 사람. 법원이 선임하는 임시이사(민법 제63조), 특별대리인(민법 제64조), 이사직무대행자(상법 제386조, 407조, 제408조) 포함.
43) 임원의 직무해태로 인한 손해배상청구(상법 제399조, 제414조) 등.
44) 발기인이 회사설립에 관하여 임무를 해태한 경우(상법 제288조, 제322조), 검사인이 그 업무를 게을리 한 경우(상법 제310조, 제325조)에 회사가 제기하는 손해배상의 소 등.
45) 합명회사의 사원이나 합자회사의 무한내지 유한책임사원이 책임을 지는 경우(상법 제212조, 제269조, 제279조),

> 제17조(사원 등에 대한 특별재판적) 회사, 그 밖의 사단, 재단, 사원 또는 사단의 채권자가 그 사원·임원·발기인 또는 검사인이었던 사람에 대하여 소를 제기하는 경우[46]와 사원이었던 사람이 그 사원에 대하여 소를 제기하는 경우[47]에는 제15조 및 제16조의 규정을 준용한다.

회사 그 밖의 사단 내지 재단의 보통재판적은 제5조의 규정에 의하여 그 주된 사무소 또는 영업소 소재이고, 여기의 법원에서 위 제15조, 제16조, 제17조에 의한 소송을 심리하는 것은 거기에 회사, 사단 내지 재단관계의 서류가 보관되어 있고 증인을 신문하기도 용이하며 수많은 동종의 사건을 일률적으로 심리할 수 있기 때문에 소송경제에도 적합하고 당사자에게도 편리하기 때문이다.

(8) 불법행위지

> 제18조(불법행위지의 특별재판적) ① 불법행위에 관한 소를 제기하는 경우에는 행위지의 법원에 제기할 수 있다.
> ② 선박 또는 항공기의 충돌이나 그 밖의 사고로 말미암은 손해배상에 관한 소를 제기하는 경우에는 사고선박 또는 항공기가 맨 처음 도착한 곳의 법원에 제기할 수 있다.

1) 취지 및 적용

피해자에게 즉시 제소할 수 있는 권리를 도모하는 동시에 증거들이 모두 가까운 곳에 있어 그 수집이 용이하기 때문에 규정이다. 불법행위지에 가해자인 피고가 거주하거나 책임재산이 있거나 관계가 없다[48]. 물적 재판적이므로 외국인이 가해자인 경우도 적용한다. 피해자가 제기하는 불법행위로 인한 손해배상의 적극적 청구뿐 아니라, 가해자가 제기하는 손해배상책임부존재확인의 소에도 적용된다(주석 민소법(Ⅰ), 194면). 불법행위에 관한 소는 금전배상원칙(민법 제394조, 제763조)에 의하여 손해배상청구를 주된 내용으로 하지만, 원상회복청구도 명예회복청구(민법 제764조), 광해배상(광업법 제93조) 등과 같이 법률이 인정하는 경우에는 포함한다.

2) 불법행위

① 불법행위의 의미

일반불법행위뿐만 아니라 무과실책임[49]을 지는 특수불법행위도 포함한다. 민법상의 불법행위[50]와 국가배상법·자동차손해배상보장법 등의 특별법에 의한 불법행위도 포함한다.

② 불법행위에 채무불이행의 경우가 포함되는지 여부

채무불이행의 경우도 광의의 위법행위에 속하는 것 및 증거자료 수집의 편의 등의 고려는 불법

사원이 아닌 자라도 사원과 동일한 책임을 지는 경우(상법 제215조, 제269조, 제281조) 등.
[46] 발기인이나 검사인이 회사에 대하여 책임을 지는 경우 퇴직 후에도 그 책임을 면하지 못하므로 그것을 추궁하는 소(상법 제322조, 제325조), 퇴사한 사원이 회사의 채무에 대하여 지는 책임을 회사채권자가 추궁하는 소 등.
[47] 사단의 퇴사한 사원이 남아 있는 사원에 대하여 지분액의 환급을 구하는 소(상법 제222조, 제269조) 등.
[48] 불법행위에 관한 소는 그 행위지의 법원에 제기할 수 있으므로 본건 재항고인(피고)의 주소가 제주도라 하더라도 불법행위지가 서울이므로 서울민사지방법원에 관할이 있다(대결 1973.09.26. 73마815).
[49] 가집행채권자의 배상책임(민소법 제215조 2항), 무권대리인 책임(민법 제135조), 광업법상 광해배상책임(광업법 제91조), 우편법상 배상책임(우편법 제38조) 등.
[50] 법인의 불법행위책임(민법 제35조), 사용자 책임(민법 제756조) 등.

행위와 마찬가지라고 할 것이므로 본조의 불법행위에 포함 한다[51](적극설, 통설). 다만 소극설은 단순히 채무불이행이 문제되는 사건에서는 본조를 원용할 수 없고, 다만 본조의 재판적에 의하여 불법행위지의 법원에 제소되었을 때 마침 채무불이행에 기한 손해배상청구도 문제된다면 제25조 관련재판적에 의하여 관할권을 가질 수 있다고 한다(이시윤).

3) 행위지

행위자의 가해행위지와 손해발생지가 다르면 가해행위지와 손해발생지에 각각 재판적이 생겨 관할이 경합한다(통설). 예를 乙이 甲의 지식재산권을 침해하여 물건을 제주에서 만들어 대구에서 팔았다면 제주지법(가해행위지)와 대구지법(손해발생지)에 관할권이 생긴다.

(9) 부동산이 있는 곳

> 제20조(부동산이 있는 곳의 특별재판적) 부동산에 관한 소를 제기하는 경우에는 부동산이 있는 곳의 법원에 제기할 수 있다.

부동산에 관한 권리를 목적으로 하는 소를 말하는데 부동산에 대한 물권에 관한 소(소유권 등 물권에 관한 확인소송, 물권적 청구권에 기한 소송 등)와 채권에 관한 소(계약에 기한 부동산의 이전등기, 인도 등을 구하는 소)가 포함된다. 하지만 계약에 기한 매매대금, 임대료 등의 지급을 구하는 소는 포함되지 않는다(통설).

(10) 등기 · 등록지

> 제21조(등기 · 등록에 관한 특별재판적) 등기 · 등록에 관한 소를 제기하는 경우에는 등기 또는 등록할 공공기관이 있는 곳의 법원에 제기할 수 있다.

등기 · 등록 "자체"에 대한 소를 제기하는 경우를 이른다. 따라서 예를 들어 특허권 침해로 인한 손해배상을 구하는 소를 제기하는 경우 특허권 자체의 등록에 관한 소가 아니므로 특허청 소재지인 대전지방법원에 관할권이 있다고 볼 수는 없다.

(11) 지식재산권

> 구법 제24조(지식재산권 등에 관한 특별재판적) 지식재산권과 국제거래에 관한 소를 제기하는 경우에는 제2조 내지 제23조의 규정에 따른 관할법원 소재지를 관할하는 "고등법원이 있는 곳"의 "지방법원"에 제기할 수 있다.
>
> 신법 제24조(지식재산권 등에 관한 특별재판적) ① 특허권, 실용신안권, 디자인권, 상표권, 품종보호권(이하 "특허권등"이라 한다)을 제외한 지식재산권과 국제거래에 관한 소를 제기하는 경우에는 제2조 내지 제23조의 규정에 따른 관할법원 소재지를 관할하는 고등법원이 있는 곳의 지방법원에 제기할 수 있다. 다만, 서울고등법원이 있는 곳의 지방법원은 서울중앙지방법원으로 한정한다. 〈개정 2011.5.19., 2015.12.1.〉
> ② 특허권 등의 지식재산권에 관한 소를 제기하는 경우에는 제2조부터 제23조까지의 규정에 따른 관할법원 소재지를 관할하는 고등법원이 있는 곳의 지방법원의 전속관할로 한다. 다만, 서울고등법원이

---

51) 제25조의 "여러 개의 청구"라는 법조문에 비추어 신소송물이론에 있어서 하나의 청구에 관한 문제인 위 경우를 적용하는 것은 결국 구소송물이론을 인정하는 자가당착이 될 수 있으므로, 적극설이 타당하다(김용진).

있는 곳의 지방법원은 서울중앙지방법원으로 한정한다. 〈신설 2015.12.1.〉
③ 제2항에도 불구하고 당사자는 서울중앙지방법원에 특허권 등의 지식재산권에 관한 소를 제기할 수 있다. 〈신설 2015.12.1.〉 [제목개정 2011.5.19.] [시행일 : 2016.1.1.]

지식재산권 분쟁해결에 관한 전문성 제고를 위하여 지식재산권 분쟁에 관한 소를 '특허권 등의 지식재산권'과 '특허권 등을 제외한 지식재산권'으로 구분하여 규정하였다. '특허권 등을 제외한 지식재산권'과 국제거래에 관한 소를 제기하는 경우에는 현재와 같이 제2조부터 제23조까지의 규정에 따른 관할법원 소재지를 관할하는 고등법원이 있는 곳의 지방법원에 제기할 수 있도록 규정하였다. '특허권 등을 제외한 지식재산권'과 국제거래에 관한 소를 서울고등법원이 있는 곳의 지방법원에 제기하는 경우에는 서울중앙지방법원에 한정하여 제기할 수 있도록 하였다. '특허권 등의 지식재산권'에 관한 소를 제기하는 경우[52]에는 제2조부터 제23조까지의 규정에 따른 관할법원 소재지를 관할하는 고등법원이 있는 곳의 지방법원의 전속관할로 하는 규정을 신설하여 특허권 등에 관한 소송의 전문성 및 효율성을 제고하였다(제24조 제2항). 전속관할의 경우에도 당사자의 선택으로 특허권 등의 지식재산권에 관한 소를 서울중앙지방법원에도 제기할 수 있도록 중복관할에 관한 규정을 신설하였다(제24조 제3항 신설). 소송당사자가 서울중앙지방법원이 축적해 온 특허권 등의 지식재산권 소송의 전문성을 활용하고자 하는 경우 전속관할법원 외에 서울중앙지방법원에 소송을 제기할 수 있도록 한 것이다.

Ⅳ 관련재판적(병합청구의 재판적) - 한 청구의 재판적이 있는 곳

제25조(관련재판적) ① 하나의 소로 "여러 개"의 청구를 하는 경우에는 제2조 내지 제24조의 규정에 따라 그 여러 개 가운데 하나의 청구에 대한 관할권이 있는 법원에 소를 제기할 수 있다.
② 소송목적이 되는 권리나 의무가 여러 사람에게 공통되거나 사실상 또는 법률상 같은 원인으로 말미암아 그 여러 사람이 공동소송인으로서 당사자가 되는 경우에는 제1항의 규정을 준용한다.

1. 의의 및 취지

(1) 의 의

---

[52] 甲 연구소가 구 민·군겸용기술사업촉진법(2004.9.23. 법률 제7217호로 개정되기 전의 것)에서 정한 민·군겸용기술개발사업의 하나로 乙 주식회사와 후·박막공정을 이용한 저 자가방전 초소형 전지 개발을 위한 민·군겸용기술개발과제 협약(응용연구단계)을 체결한 후, 乙 회사를 상대로 위 협약에 기한 특허권 지분의 귀속의무 불이행을 원인으로 하는 손해배상을 구한 사안에서, 위 협약에 따른 특허권 지분의 귀속의무 불이행에 따른 손해배상청구권의 존부 및 범위는 민사법률관계에 해당하므로 이를 소송물로 다투는 소송은 민사소송에 해당하는 것으로 보아야 하고, 위 소송에 대한 심리·판단은 특허권 등의 지식재산권에 관한 전문적인 지식이나 기술에 대한 이해가 필요한 소송으로 민사소송법 제24조 제2항이 규정하는 특허권 등의 지식재산권에 관한 소로 보아야 하므로, 2015.12.1. 법률 제13522호로 개정된 법원조직법 시행일 전에 소가 제기되어 시행일 이후에 제1심판결이 선고된 위 사건에 대한 항소사건은 특허법원의 전속관할에 속한다(대결 2019.04.10. 2017마6337). 그리고 특허권, 상표권 등의 침해금지를 구하지 않고 손해배상만 청구한 사건의 제1심을 지방법원 단독판사가 담당한 경우에도 그 항소심은 지방법원 합의부 관할이 아닌 특허법원의 전속관할에 속하게 된다(대판 2020.02.27. 2019다284186).

관련재판적이란 원고가 하나의 소로써 수 개의 청구를 하는 경우에 그 중 1개의 청구에 관하여 관할권이 있으면 본래 그 법원에 법정관할권이 없는 나머지 청구에 대하여도 그 법원에 관할권이 생기는 것[53]을 말한다(제25조).

(2) 취 지

원고는 병합청구가 용이해지고, 피고로서도 응소할 바에야 한 군데 법원에서 재판을 받는 이점이 있으며, 법원으로서도 분쟁을 통일적으로 해결할 수 있어 유리한 점이 있다.

2. 적용범위

(1) 토지관할에 적용

제25조는 토지관할권에 적용되고, 청구를 병합제기 하는 경우의 사물관할에 관하여는 적용이 없다(제27조에 의해 합산된 소가에 의해 사물관할이 정해질 뿐이다).

(2) 규정의 해석

제25조의 법문에는 제2조 내지 제24조의 규정이라고 하고 있으나 반드시 이에 한할 필요는 없다(즉 제29조의 합의관할 등으로 관할권을 갖는 경우에도 적용된다). 다만 다른 법원의 전속관할에 속하는 청구는 적용이 배제된다(제31조).

3. 관련재판적과 공동소송

(1) 문제점

90년 개정법 전에는 소의 주관적 병합 즉 공동소송[54]의 경우에도 관련재판적이 인정될 수 있느냐에 대해 견해 대립이 있었다.

(2) 견해의 대립

① 제25조의 문리 상 제한이 없고, 피고가 입을 불이익은 이송규정으로 해결하면 됨을 근거로 공동소송에 전면적으로 적용된다는 적극설 ② 주관적 병합의 경우 명문의 규정이 없고, 다른 피고들의 관할규정상의 이익을 해치게 됨을 근거로 공동소송에는 적용이 없다는 소극설(판례) ③ 제65조 전문의 경우에만 적용되고, 후문의 경우에는 적용되지 않는다는 절충설이 그것이다.

(3) 검 토

90년 개정법은 입법으로 절충설을 채택하였고, 제65조 전문의 경우에는 서로가 실질적 관련성이 있는 관계이므로 관련재판적을 인정한 것은 타당한 입법이다.

---

53) 예를 들어 甲이 乙을 상대로 약속어음금 청구와 매매대금청구를 위 어음의 지급지를 관할하는 A법원에 제기한 경우에, A법원은 본래 관할권이 없는 매매대금청구에 대하여도 관할권을 갖게 되는 경우를 말한다.
54) 예를 들어 채권자가 연대채무자 甲, 乙을 상대로 A법원에 공동소송을 제기한 경우 A법원이 피고 甲에 대해서는 관할권이 있지만 피고 乙에 대해서는 관할권이 없을 때에 피고 甲에 대한 관할권으로 인하여 피고 乙에 대해서도 관할권이 생기는가가 문제되는 것이다.

4. 판 례 - 관할선택권의 남용

민사소송의 당사자와 소송관계인은 신의에 따라 성실하게 소송을 수행하여야 하고(민사소송법 제1조 제2항), 민사소송의 일방 당사자가 다른 청구에 관하여 관할만을 발생시킬 목적으로 본래 제소할 의사 없는 청구를 병합한 것이 명백한 경우에는 관할선택권의 남용으로서 신의칙에 위배되어 허용될 수 없으므로, 그와 같은 경우에는 관련재판적에 관한 민사소송법 제25조의 규정을 적용할 수 없다. 변호사 甲과 乙사찰이, 소송위임계약으로 인하여 생기는 일체 소송은 전주지방법원을 관할 법원으로 하기로 합의하였는데, 甲이 乙 사찰을 상대로 소송위임계약에 따른 성공보수금 지급 청구 소송을 제기하면서 乙사찰의 대표단체인 丙 재단을 공동피고로 추가하여 丙 재단의 주소지를 관할하는 서울중앙지방법원에 소를 제기한 사안에서, 乙 사찰은 종단에 등록을 마친 사찰로서 독자적인 권리능력과 당사자능력을 가지고, 乙 사찰의 甲에 대한 소송위임약정에 따른 성공보수금 채무에 관하여 丙 재단이 당연히 연대채무를 부담하게 되는 것은 아니며, 법률전문가인 甲으로서는 이러한 점을 잘 알고 있었다고 보아야 할 것인데, 甲이 위 소송을 제기하면서 丙 재단을 공동피고로 추가한 것은 실제로는 丙 재단을 상대로 성공보수금을 청구할 의도는 없으면서도 단지 丙 재단의 주소지를 관할하는 서울중앙지방법원에 관할권을 생기게 하기 위함이라고 할 것이고, 따라서 甲의 위와 같은 행위는 관할선택권의 남용으로서 신의칙에 위반하여 허용될 수 없으므로 관련재판적에 관한 민사소송법 제25조는 적용이 배제되어 서울중앙지방법원에는 甲의 乙 사찰에 대한 청구에 관하여 관할권이 인정되지 않는다(대결 2011.09.29. 2011마62).

제5관 지정관할

> 제28조(관할의 지정) ① 다음 각 호 가운데 어느 하나에 해당하면 관계된 법원과 공통되는 바로 위의 상급법원이 그 관계된 법원 또는 당사자의 신청에 따라 결정으로 관할법원을 정한다.
>   1. 관할법원이 재판권을 법률상 또는 사실상 행사할 수 없는 때
>   2. 법원의 관할구역이 분명하지 아니한 때
> ② 제1항의 결정에 대하여는 불복할 수 없다.

법률에 규정이 없어 재판권행사가 불가능하게 되었거나 장애가 생긴 경우에 상급법원이 관할법원인 어디인지 재판으로 지정하는 관할이다. 상급법원이 지정한다는 점에서 지방법원합의부가 직권으로 사물관할을 바꾸는 재정합의·재정단독사건 제도와는 다르다. 관할의 지정은 제1심법원의 토지관할에 문제되지만, 사물관할·전속관할·직분관할에 대해서도 행사할 수 있다. 다만 각급법원의 설치에 관한 법률이 있어서 법원의 관할구역이 분명하지 않은 경우는 없으므로, 실무상으로는 사문화 되어 있는 제도이다.

제6관 합의관할

> 제29조(합의관할) ① "당사자"는 "합의"로 "제1심 관할법원"을 정할 수 있다.
> ② 제1항의 합의는 "일정한 법률관계"로 말미암은 소에 관하여 "서면"으로 하여야 한다.

I 서 설

1. 의 의

합의관할이란 법정관할과 다른 관할을 정하는 당사자 간의 합의에 의하여 정하여지는 관할로서 임의관할의 일종이다(제29조).

2. 인정이유

공익적 요청에 의한 전속관할을 제외한 임의관할에 관한 규정은 주로 당사자 간의 공평 및 소송수행의 편의를 위하여 인정된 것이어서, 당사자 쌍방이 다른 관할을 원하는 경우 이를 부정할 이유는 없으므로 전속관할이 아닌 임의관할의 경우에 한해 이를 인정하게 된 것이다.

II 법적성질

1. 소송계약

관할의 합의는 그 요건과 효과가 민소법에 의하여 규율되는 소송행위로서 소송계약의 일종이다. 따라서 관할의 합의에는 소송능력이 필요하며, 사법상의 행위와 구별되어 사법상의 계약이 무효, 취소 또는 해제되어도 원칙적으로 합의관할의 효력에는 영향이 없다(무인성).

2. 합의의 흠

관할의 합의는 소송행위이기는 하지만 소송 외에서 법원의 관여 없이 당사자 간에 체결되는 것이므로 합의에 민법상의 흠(하자)에 관한 규정(민법 제103조, 제104조, 제107조, 제108조, 제109조, 제110조 등)이 유추적용 될 수 있다는 것이 통설의 견해이다.

III 요 건

1. 소송능력이 있는 당사자의 간의 합의일 것

관할의 합의는 소송행위이므로 소송능력이 필요하다. 즉 미성년자가 법정대리인의 동의를 얻어 사법상 계약을 체결하면서 이와 함께 한 관할의 합의는 법정대리인의 추인이 없는 한 무효가 된다.

2. 제1심 관할 법원의 임의관할에 관하여 할 것

관할의 합의는 제1심 토지관할과 사물관할 등 임의관할에 한하여 할 수 있고, 공익적 요청에 의한 전속관할의 경우에는 할 수 없다(제31조).

3. 일정한 법률관계에 기인한 소에 관한 합의일 것

소송의 대상이 되는 법률관계를 특정하여 합의하여야 하며, 포괄적 합의는 예측가능성이 없어 피고의 관할이익을 침해할 우려가 있으므로 무효가 된다.

4. 서면에 의한 합의일 것

관할의 합의는 당사자의 의사를 명확히 하여 후일의 분쟁을 미연에 방지하기 위하여 서면에 의하여야 한다. 이 경우 반드시 동일서면일 필요는 없으며, 별개의 서면이나 때를 달리하여도 무방하다.

5. 합의의 시기

합의의 시기는 소제기 전후를 불문하나, 소제기 후의 합의에 의하여 관할이 변경되는 것은 아니므로 소제기 후의 합의는 소송이송(제35조)의 전제로서 의미가 있을 뿐이다.

6. 관할법원이 특정되었을 것

수개의 법원을 지정하여도 무방하지만, 전국의 모든 법원을 관할법원으로 하거나 모든 법원의 관할을 배제하는 합의[55] 또는 지정권을 원고에게만 일임하는 합의[56]는 피고의 관할에 대한 이익을 박탈하기 때문에 무효이다.

Ⅳ 합의의 모습

1. 부가적 합의와 전속적 합의

(1) 의 의

법정관할 외에 1개 또는 수개의 법원을 부가하는 부가적 합의와 특정의 법원에만 관할권을 인정하고 그 밖의 법원의 관할을 배제하는 전속적 합의 두 가지가 있다.

(2) 구별기준

양자는 현저한 손해를 이유로 재량이송이 가능한가 여부에서 차이가 있다. 당사자의 합의가 어떤 것인지는 당사자의 의사에 따를 것이지만 의사가 불분명한 경우에 문제가 된다. 원칙적으로는 석명을 하여야 하지만(제136조), 그에 따르지 않을 경우에 어떻게 볼 것인지가 문제된다.

2. 관할의 합의가 불명한 경우의 구별기준

判例는 "당사자들이 법정 관할법원에 속하는 여러 관할법원 중 어느 하나를 관할법원으로

---

55) 부제소특약으로는 해석이 가능하다.
56) 당사자중 "일방이 지정하는 법원을 관할 법원으로 한다"는 내용의 관할에 관한 합의는 피소자의 권리를 부당하게 침해하고 공평의 원칙에 어긋나는 결과가 되어 무효이다(대결 1977.11.09. 77마284).

하기로 약정한 경우, 그와 같은 약정은 그 약정이 이루어진 국가 내에서 재판이 이루어질 경우를 예상하여 그 국가 내에서의 "전속적 관할법원을 정하는 취지의 합의"라고 해석될 수 있지만, 특별한 사정이 없는 한 다른 국가의 재판관할권을 완전히 배제하거나 다른 국가에서의 전속적인 관할법원까지 정하는 합의를 한 것으로 볼 수는 없다. 따라서 채권양도 등의 사유로 외국적 요소가 있는 법률관계에 해당하게 된 때에는 다른 국가의 재판관할권이 성립할 수 있고, 이 경우에는 위 약정의 효력이 미치지 아니하므로 관할법원은 그 국가의 소송법에 따라 정하여진다고 봄이 상당하다(대판 2008.03.13. 2006다68209)."고 하여 통설의 입장에 있다(유병현).

3. 국제재판관할의 합의

(1) 문제점

국내법원 외에 외국법원을 관할법원으로 하는 부가적 합의와 외국법원만을 배타적으로 관할법원으로 하는 전속적 합의가 있는데, 전자는 별문제가 없지만 후자는 우리나라의 재판권을 배제하는 것이 때문에 문제가 있다(이시윤).

(2) 判 例

① 국내(대한민국)재판권에 전속하지 않는 사건일 것 ② 합의한 외국법원이 당해 사건에 국제재판관할권을 가질 것 ③ 당해 사건이 그 외국법원에 대하여 합리적 관련성이 있을 것[57] ④ 전속적 합의가 현저히 불합리하고 불공정하지 않을 것 즉 공서양속에 반하지 않을 것 등의 요건을 갖추었을 때 유효한 전속적 합의로 본다(대판 1997.09.09. 96다20093).

(3) 국제사법의 특례

동법 제27조, 제28조에서는 소비자계약에 관한 소와 근로계약 관한 소에 있어서 국제재판관할의 합의를 함에 있어서는 다음의 요건을 갖추면 유효하도록 하였다. 즉 ① 서면합의일 것, ② 이미 분쟁이 발생한 뒤인 사후적 합의일 것 ③ 제27조, 제28조의 법정관할법원에 추가한 합의일 것 등이다.

V 합의의 효력

1. 관할의 변동

(1) 원 칙

합의내용에 따라 관할이 변동되지만, 합의관할은 전속적 합의관할의 경우에도 그 성질상 임의관할이며 법정의 전속관할이 아니다. 따라서 원고가 합의를 무시한 채 다른 법정관할법원에 소를

---

[57] 이에 대해서는 대법원이 ③의 합리적 관련성이 있을 것의 요건을 요구하는데 대해 비판적 견해가 있다. 즉 이 견해는 대등한 지위에 있는 합의 당사자들이 이러한 불편과 고비용을 감수하더라도 제3국의 법원을 선택하고자 하면 그 선택은 존중되어야 하고, 합리적 요건을 강조하게 되면 결국은 원·피고의 주소지나 상거소에서 재판을 받을 수 밖에 없게 되며 결국 국제재판관할합의는 그 효용성이 반감될 것이라고 하여 판례에 반대하고 있다(한충수, 515면).

제기하여도 피고가 이의 없이 본안변론을 하면 변론관할(제30조)이 생긴다.

(2) 재량이송의 문제(제35조)

전속적 합의의 경우에도 현저한 지연을 피한다는 공익상의 필요가 있을 때에는 합의의 대상이 될 수 없었으므로, 다른 법정관할법원에 이송할 수 있다는 견해가 통설이다.

2. 효력의 주관적 범위

(1) 문제점

관할의 합의가 일반승계인에게 미치는 것은 의문이 없으나, 특정승계인에게도 미치는지가 문제된다.

(2) 소송물성질과의 관계

소송물을 이루는 권리관계가 채권인 경우에는 양수인도 변경된 내용의 권리를 양수 받았다고 볼 수 있기 때문에 그 효력이 미친다고 할 것이나(민법 제451조 2항), 그 내용이 물권인 경우에는 물권법정주의(민법 제185조)와 등기부상 합의된 바를 공시할 수 없음을 고려할 때 합의에 구속된다고 할 수 없다(대결 1994.05.26. 94마536). 따라서 근저당권설정자와 근저당권자 사이의 관할합의의 효력이 근저당권설정자로부터 부동산을 양수한 자에게 미치는지 않는다[58].

(3) 일반 제3자와의 관계

합의가 일반 제3자를 구속할 수 없음은 물론이다. 따라서 채권자와 주채무자간의 합의, 채권자와 연대채무자 중의 1인간의 합의는 각각 보증채무자나 다른 연대채무자에게는 미치지 않는다(대판 1988.10.25. 87다카1728). 다만 합의관할의 효력이 미치지는 아니하나 보증채무자나 다른 연대채무자에게 관련재판적으로(제25조 2항) 관할권이 미칠 수는 있다.

VI 약관에 의한 관할의 합의

1. 문제점

관할의 합의는 보통 기본이 되는 사법상의 계약과 함께 체결되고, 특히 보통거래약관 속에 관할합의조항이 포함되어 남용되는 경우가 많아 그 규제가 요구된다.

2. 입법적 규제

약관의 규제에 관한 법률 제14조는 약관상의 관할의 합의조항이 고객에게 부당하게 불리할 때에는 무효로 규정하고 있다.

---

[58] 관할의 합의의 효력은 부동산에 관한 물권의 특정승계인에게는 미치지 않는다고 새겨야 할 것인바, 부동산 양수인이 근저당권 부담부의 소유권을 취득한 특정승계인에 불과하다면(근저당권 부담부의 부동산의 취득자가 그 근저당권의 채무자 또는 근저당권설정자의 지위를 당연히 승계한다고 볼 수는 없다), 근저당권설정자와 근저당권자 사이에 이루어진 관할합의의 효력은 부동산 양수인에게 미치지 않는다(대결 1994.05.26. 94마536).

3. 부당하게 불리한지 여부의 결정기준

동법 제14조의 적용대상이 되는 "부당하게 불리"한 경우인지 여부는 ① 관할합의의 성질 ② 전속적 합의관할의 경우, 그 필요성의 합리적 근거와 일반 고객의 불이익을 비교하여 결정하여야 한다.

4. 判例 - 전속적 합의관할과 약관조항[59] (대결 2009.11.13. 2009마1482)

위 회사의 내부적인 업무조정에 따라 위 약관조항에 의한 전속적 합의관할이 변경된다고 볼 경우에는 당사자 중 일방이 지정하는 법원에 관할권을 인정한다는 관할합의조항과 다를 바 없고, 사업자가 그 거래상의 지위를 남용하여 사업자의 영업소를 관할하는 지방법원을 전속적 관할로 하는 약관조항을 작성하여 고객과 계약을 체결함으로써 건전한 거래질서를 훼손하는 등 고객에게 부당하게 불이익을 주는 것으로서 무효인 약관조항이라고 볼 수밖에 없으므로, 위 약관조항에서 말하는 '위 회사의 관할 영업점 소재지 법원'은 주택분양보증계약이 체결될 당시 이를 관할하던 위 회사의 영업점 소재지 법원을 의미한다.

제7관 변론관할(응소관할)

> **제30조(변론관할)** 피고가 제1심 법원에서 관할위반이라고 항변하지 아니하고 <u>본안에 대하여 변론하거나 변론준비기일에서 진술</u>하면 그 법원은 관할권을 가진다.

I 서 설

1. 의 의

원고가 관할권이 없는 법원에 소제기 하였는데, 피고가 관할위반의 항변을 제출하지 아니하고 본안에 관하여 변론을 하거나 변론준비기일에서 진술하는 경우에 그 법원에 생기는 관할을 말한다(제30조).

2. 인정이유

원고가 관할권 없는 법원에 소제기 하여도 피고가 문제 삼지 않고 변론한 때에는 일부러 관할법원에 이송할 필요까지는 없고, 오히려 합의관할에 준하여(묵시적 합의관할) 그 법원에 관할을 인정하는 것이 당사자의 이익, 소송촉진에 도움이 되기 때문에 인정되는 것이다.

3. 구별개념

변론관할도 당사자의 거동에 의해 생긴다는 점에서는 합의관할과 동일하나, 합의관할은 소제기

---

[59] 甲은 주택보증보험 주식회사(乙)과 주택분양보증계약 체결 당시에는 관할지점은 부산지점이었으나, 피고 乙 회사의 내부적인 업무조정으로 대구지점으로 관할지점이 변경 되었다. 이 경우 주택분양보증약관에서 '乙 주식회사의 관할 영업점 소재지 법원'을 전속적 합의관할 법원으로 정한 경우, 전속적 합의관할 법원이 부산지점에서 대구지점으로 변경되는지가 문제된 사안이다.

전후에 관계없이 인정됨에 반하여 변론관할은 소제기 후에 문제된다.

Ⅱ 요 건

1. 소가 관할권 없는 제1심법원에 제기되었을 것

관할권을 어긴 경우라도 제1심의 토지관할과 사물관할 등 임의관할을 어긴 경우에 인정되는 것이지, 전속관할 위반의 경우에는 변론관할이 생기지 않는다(제31조). 소 제기 당시에는 관할권이 있었으나 그 뒤 청구취지의 확장, 반소 등의 제기에 의하여 관할위반이 된 경우라도 이에 대하여 상대방이 변론하면 변론관할이 생긴다(제269조 2항 참고).

2. 피고가 이의 없이 본안변론을 구술로 하였을 것

(1) '본안'에 관한 변론 또는 진술

이는 피고 측에서 원고의 청구의 당부에 관하여 사실상, 법률상의 진술을 하는 것을 말한다. 따라서 실체사항이 아닌 절차사항인 기피신청, 기일변경신청, 소각하판결의 신청 등은 본안에 관한 진술이 아니다.

(2) 피고가 청구기각의 판결만을 구하고, 청구의 원인에 관한 답변을 뒤로 미루는 경우에 변론관할이 생기는지 여부

통설은 청구기각의 신청만으로도 원고의 청구가 이유 없다 하여 그 청구를 배척하여 달라는 취지인 것이므로 이 경우에도 본안에 관한 변론에 들어간 것으로 보아 변론관할이 생긴다고 하였고, 유력설은 피고의 관할이익을 침해한다고 하여 변론관할이 생기는 것을 반대하였다(김홍규). 그러나 현행법은 피고의 답변서의 기재가 구체적일 것을 요구하므로(제256조, 민소규칙 제65조), 이와 같이 답변을 뒤로 미루는 일이 어려워졌기 때문에 논쟁의 실익이 거의 없다(이시윤).

(3) 구술로 변론할 것

본안에 관한 '변론'은 관할위반임을 알고 할 필요는 없으나, 변론기일에 출석하여 구술로 현실적으로 하여야 한다. 따라서 본안에 관한 진술을 기재한 준비서면을 제출하였더라도 피고가 변론기일에 불출석하거나 출석하여도 무변론인 경우에는 변론관할이 발생하지 않는다. 또한 비록 본안의 변론을 위하여 준비서면만 제출하고 불출석한 때 진술간주(제148조, 제286조)가 되어도 변론관할이 발생하지 않는다는 것이 판례[60]이다(대결 1980.09.26. 80마403). 피고가 관할위반의 법원에 출석할 의무가 없기 때문이다.

3. 피고의 관할위반의 항변이 없을 것

관할위반의 항변은 반드시 명시적이어야 하는 것은 아니고, 묵시적이라도 무방하다. 피고가 그 법원에 일응 관할권이 있는 것을 조건으로 본안에 관한 변론을 하는 때에는 관할위반의 항변

---

[60] 다만 학설은 이 경우 진술간주 규정에 따라 변론관할이 발생한다고 하여 판례에 대하여 비판적이다(이시윤).

이 있는 것으로 보아야 한다.

III 효 과

1. 관할의 창설
피고가 관할위반의 항변을 하지 않고 본안에 관하여 진술하는 때에는 그 시점에서 변론관할이 생긴다. 따라서 그 이후 피고의 관할위반의 항변은 허용되지 않는다.

2. 취소불가
피고가 이의 없이 본안에 관하여 변론한 것에 대해서 뒤에 의사의 흠결이라는 이유로 취소할 수 없다.

3. 효력의 범위
변론관할은 당해 사건에 한해 발생하기 때문에 소의 취하 또는 각하 후에 제기하는 소제기까지는 그 효력이 미치지 않는다.

제8관 관할권의 조사

> 제32조(관할에 관한 직권조사) 법원은 관할에 관한 사항을 직권으로 조사할 수 있다.
> 제33조(관할의 표준이 되는 시기) 법원의 관할은 소를 제기한 때를 표준으로 정한다.

1. 직권조사

(1) 소송요건, 직권조사사항
소제기 법원에 관할권이 있어야 하는 것은 소송요건이므로 직권조사사항이다.

(2) 임의관할의 경우
임의관할의 경우에는 변론관할이 생길 여지가 있으므로 즉시 이송의 재판을 할 것이 아니라 변론기일을 정하는 것이 옳다. 그리고 임의관할위반의 하자는 항소심에서 다툴 수 없으므로(제411조 본문), 그 조사는 1심에 한한다.

(3) 전속관할의 경우
전속관할의 경우는 전속관할위반의 하자가 절대적 상고이유이므로(제424조 1항 3호), 어느 때나 이를 조사하여 발견 즉시 이송해야 한다.

2. 조사의 정도·자료

(1) 판단기준
관할이 청구의 종류나 법적 성질에 의하여 정하여지는 때에 그 종류나 법적 성질은 청구의 취지와 청구의 원인에서 원고가 주장한 사실관계를 토대로 판단하여야 하며, 본안의 심리를 한 후에 관할의 유무를 결정할 것은 아니다. 관할이 청구의 법적 성질과 관계없이 법원과의 특수 관계 때문에 발생되는 경우, 관할의 원인이 되는 사실에 대하여 증거조사를 하여야 한다.

(2) 전속관할·임의관할의 경우

전속관할의 존부는 직권조사사항이지만, 임의관할에 대해서는 당사자 간에 다툼이 없으면 증명 없이 관할을 인정할 수 있다 할 것이다.

3. 관할결정의 표준시기

(1) 관할의 항정

다른 소송요건의 판단 표준시가 사실심의 변론종결시인 점과는 달리 수소법원이 관할권이 있는지 여부는 소제기한 때를 표준으로 하여 정한다(제33조). 소제기시에 관할이 인정되는 한 그 뒤 사정변경은 관할에 아무런 영향이 없다(관할의 항정).

(2) 관할항정원칙의 예외

단독판사에 본소사건이 계속 중인데 합의부관할에 속하는 사건이 반소로 제기된 경우(제269조 2항), 청구취지의 확장으로 합의부의 관할이 된 경우에는 합의부로의 이송원인이 된다.

(3) 하자의 치유

다만 소제기 시에 관할이 없는 경우라도 사실심의 변론종결 시까지 관할원인이 생겼으면 관할위반이 치유된다.

4. 조사의 결과

(1) 이 송

조사의 결과 관할권이 없을 때에는 소각하 판결을 할 것이 아니라, 관할권이 있는 법원으로 직권 이송할 것이다(제34조 1항).

(2) 관할위반을 간과하고 본안판결 한 경우

임의관할의 경우에는 그 하자가 치유되지만(제411조 본문), 전속관할의 경우에는 상소심에서 이를 다툴 수 있다(제411조 단서, 제424조 1항 3호). 다만 확정 후에는 재심으로 다툴 수는 없다(제451조 1항 참고).

제9관 소송의 이송

I 의의, 취지 및 구별개념

1. 의 의

관할의 이송이란 어느 법원에 계속된 소송을 그 법원의 재판에 의하여 다른 법원에 이전하는 것을 말한다.

2. 취 지

(1) 관할위반의 경우 소를 각하하기보다 이송함으로써 다시 소제기에 들이는 시간, 노력, 비용 등을 절감케 하고, 소제기에 의한 시효중단의 효력 및 제척기간 준수의 효력을 유지시켜 소송경제에 도움이 된다.

(2) 관할위반이 아닌 경우 소송촉진과 소송경제의 견지에서 보다 편리한 법원으로 옮겨 심판하게 하려는데 그 제도적 의의가 있다.

3. 구별개념

(1) 이부, 변론의 병합

이부란 사물관할을 같이 하는 단독판사 상호간, 합의부 상호간에 사건을 송부하는 사법행정의 조치라는 점에서, 변론의 병합이란 동일한 재판부에서 다른 사건을 같은 기회에 심리하는 것을 의미하는 점에서, 소송의 이송과는 구별된다.

(2) 소송기록의 송부

이송결정을 하는 것이 아니라 기록송부라는 사실행위만이 있는 경우로 소송의 이송과는 구별된다. 실무적으로는 대법원에 특별항고(제449조)만 허용되는 재판에 대해 항고장을 제출하면서 특별항고장이라는 표시와 대법원이라는 표시를 하지 아니한 채 고등법원에 일반항고를 하였을 때 고등법원은 이송결정 없이도 대법원에 소송기록을 넘기는 경우가 있다(대결 2011.02.21. 2010마1689).

II 이송의 원인(이송요건)

1. 관할위반에 의한 이송(제34조 1항)

> 제34조(관할위반 또는 재량에 따른 이송) ① 법원은 소송의 전부 또는 일부에 대하여 관할권이 없다고 인정하는 경우에는 결정으로 이를 관할법원에 이송한다.

(1) 의의 및 취지

소송의 이송이라 함은 어느 법원에 일단 계속된 소송을 그 법원이 재판에 의하여 다른 법원에 이전하는 것을 말한다. 이와 같은 소송의 이송이 이루어지는 원인은 관할위반으로 인한 경우

(제34조 1항)와 심판의 편의에 의한 경우(제35조), 그리고 반소제기에 의한 경우(제269조 2항)가 있다. 관할위반을 이유로 한 이송을 인정하는 이유는 이를 이유로 소를 각하하기 보다는 관할권이 있는 법원에 이송함으로써 소제기에 들이는 시간, 노력, 비용을 절감케 하고, 소제기에 의한 시효중단, 제척기간준수에 효력을 유지시켜 소송경제에 도움이 되게 하려는 데 있다.

(2) 적용범위

1) 문제점

　관할위반으로 인한 이송에서 관할위반은 전속관할에 한하지 않으며 사물관할이든 토지관할이든 가리지 않는다. 이와 관련하여 관할위반으로 인한 이송규정이 제1심 법원 사이에 적용됨을 넘어 다른 절차에서도 유추적용이 될 수 있는지 문제가 된다.

2) 소제기 법원의 심급을 오해한 경우

① 심급을 오해하여 상급심법원에 소를 제기한 경우

　이 경우 당사자가 다른 법원의 재판을 받을 의사를 명확히 한 때에는 바로 소를 각하할 것이라는 견해도 있으나 심급관할의 문제는 공익적인 것이기 때문에 당사자 의사를 고려함이 없이 관할법원으로 이송함이 타당할 것이다. 判例도 이러한 경우에 원심법원의 즉시항고장각하결정에 대하여 불복하면서 재항고장이라고 기재되었다 하여도 이는 즉시항고로 보아야 한다는 이유로 대법원이 항고법원에 이송한 예(대결 1995.05.15. 94마1059·1060)가 있다.

② 상급법원에 제기해야 할 사건을 하급법원에 소제기한 경우

　이 경우 항소심법원에 제기해야 할 재심의 소를 제1심법원에 제기한 경우 항소법원으로 이송해야 한다(제453조, 제451조 3항). 따라서 이송은 소급효가 있으므로, 제1심법원에 제기된 때가 기준이 된다(제40조 1항 참고). 判例도 "항소심에서 본안판결을 한 경우에는 제1심판결에 대하여 재심의 소를 제기하지 못하므로 그 경우 항소심판결이 아닌 제1심 판결에 대하여 제1심법원에 제기된 재심의 소는 재심대상이 아닌 판결을 대상으로 한 것으로서 재심의 소송요건을 결여한 부적합한 소송이며 단순히 재심의 관할을 위반한 소송이라고 볼 수는 없으나, 항소심에서 본안판결을 한 사건에 관하여 제기된 재심의 소가 제1심판결을 대상으로 한 것인가 또는 항소심판결을 대상으로 한 것인가의 여부는 재심소장에 기재된 재심을 할 판결의 표시만 가지고 판단할 것이 아니라 재심의 이유에 기재된 주장내용(재심사유가 항소심 판결에 관한 것인지 여부)을 살펴보고 재심을 제기한 당사자의 의사를 참작하여 판단할 것이다. (따라서) 재심의 소가 재심제기기간 내에 제1심법원에 제기되었으나 재심사유 등에 비추어 항소심판결을 대상으로 한 것이라 인정되어 위 소를 항소심법원에 이송한 경우에 있어서 재심제기기간의 준수여부는 민사소송법 제40조 제1항의 규정에 비추어 제1심법원에 제기된 때를 기준으로 할 것이지 항소법원에 이송된 때를 기준으로 할 것은 아니다(대판(전) 1984.02.28. 83다카1981)."고 한다.

③ 상소법원을 혼동하여 상소를 제기한 경우[61]

　이 경우 관할위반을 이유로 이송을 할 수 있는가도 문제가 되는데 이를 부정하는 견해도 있으나,

---

61) 비재산권에 대한 1심 판결에 대해 고등법원이 아닌 지법 항소부에 항소한 경우

민사소송법 제34조는 상소심에서도 적용될 수 있는 총칙규정인 점과 각하하면 상소기간준수의 이익을 잃게 되는 점을 고려하면 이송을 긍정하여야 할 것이다.

3) 민사소송사항으로 혼동하여 소제기한 경우

① 문제점

이러한 경우는 이른바 구제절차를 혼동한 경우이다.

② 가사소송사건을 일반민사법원에 제기한 경우

판례, 통설은 가정법원에 이송을 인정 한다(대결 1980.11.25. 80마445). 즉 서울가정법원의 전속관할인 청구이의의 소를 서울지방법원에 제기하였다면 이는 전속관할위반이지만 가정법원에서도 가사소송법 제12조에 의하여 그 성질에 반하지 아니하는 한도 내에서는 민사소송법의 규정을 준용하도록 되어 있으므로 위 법원은 위 소를 각하할 것이 아니라 민사소송법 제34조 제1항에 의하여 서울가정법원으로 이송하여야 한다(대결 1980.11.25. 80마445).

③ 행정사건을 민사법원에 제기한 경우

이 경우는 민사법원에 동시에 관할권이 있으면 심리할 것이고, 그렇지 않으면 관할법원으로 이송해야 한다[62](행정소송법 제7조). 다만 그 소가 이송된 후에 부적법각하 될 것이 명백하다면 이송하여서는 아니 된다.

④ 민사사건을 행정사건으로 제기한 경우

행정사건이 아닌 민사사건은 지방법원의 전속관할에 속하지 않으므로 이 사건 원심 역시 관할위반의 잘못은 없다. 당사자는 항소심에서 전속관할이 아닌 제1심법원의 관할위반을 주장하지 못한다(민사소송법 제411조). 나아가 행정사건의 심리절차는 행정소송의 특수성을 감안하여 행정소송법이 정하고 있는 특칙이 적용될 수 있는 점을 제외하면 심리절차 면에서 민사소송 절차와 큰 차이가 없으므로, 특별한 사정이 없는 한 민사사건을 행정소송 절차로 진행한 것 자체가 위법하다고 볼 수도 없다[63](대판 2018.02.13. 2014두11328).

---

[62] 수신료 부과행위의 법적 성질(=공권력 행사) 및 수신료 징수권한 여부를 다투는 소송의 성격(=공법상 당사자소송) 및 행정사건을 민사사건으로 오해하여 민사소송을 제기한 경우, 수소법원이 취하여야 할 조치
원고가 고의 또는 중대한 과실 없이 행정소송으로 제기하여야 할 사건을 민사소송으로 잘못 제기한 경우, 수소법원으로서는 그 행정소송에 대한 관할을 가지고 있지 아니하다면 당해 소송이 이미 행정소송으로서의 전심절차 및 제소기간을 도과하였거나 행정소송의 대상이 되는 처분 등이 존재하지도 아니한 상태에 있는 등 행정소송으로서의 소송요건을 결하고 있음이 명백하여 행정소송으로 제기되었더라도 어차피 부적법하게 되는 경우가 아닌 이상 이를 부적법한 소라고 하여 각하할 것이 아니라 관할 법원에 이송하여야 한다(대판 2008.07.24. 2007다25261).

[63] 이 사건 최초계약과 변경계약은 피고가 원고들에게 음식물류 폐기물의 수집·운반, 가로 청소, 재활용품의 수집·운반 업무의 대행을 위탁하고 그에 대한 대행료를 지급하는 것을 내용으로 하는 용역계약으로서 이 사건 변경계약에 따른 대행료 정산의무의 존부는 민사 법률관계에 해당하므로 이를 소송물로 다투는 소송은 민사소송에 해당하는 것으로 보아야 한다. ……또한 이 사건에서 피고는 상고이유로 원심이 민사소송인 이 사건을 행정소송법상의 당사자소송이라고 판단한 잘못만을 지적하고 있을 뿐 구체적인 심리절차상의 위법 사유를 주장하고 있지 않다. 따라서 이 사건 소송이 공법상 당사자소송에 해당한다고 판단한 원심판결에는 당사자소송에 관한 법리를 오해한 잘못이 있으나, 원심의 위와 같은 잘못은 판결 결과에 영향을 미쳤다고 보기 어렵다.

⑤ 비송사건을 소송사건으로 제기한 경우

判例는 비송사건인 법인의 임시이사해임을 소송사건으로 구한 사안에서 부적법각하 하였다(대판 1956.01.12. 4288민상126). 다만 제34조를 유추하여 비송사건과 소송사건의 한계 모호함에서 오는 당사자의 위험부담을 줄이는 관점에서 이러한 경우에도 이송을 인정하는 것이 통설이다.

⑥ 법원과 다른 국가기관 사이의 이송

제34조 1항의 규정은 법원 간의 이송을 전제로 하므로, 특허법원이 행정기관인 특허심판원으로 이송하는 것은 허용되지 않는다(대판 1994.10.21. 94재후57). 헌법재판소와 일반법원 사이도 이송은 허용되지 않는다(이시윤).

(3) 직권이송

1) 직권이송의 원칙

관할위반을 이유로 한 이송은 다른 경우와는 달리 직권으로 이송하지 않으면 안 된다. 이 점에서 다른 사유를 원인으로 한 이송과는 차이가 있다.

2) 당사자의 이송신청권

관할위반의 경우에 당사자에게 이송신청권이 없으므로 당사자의 이송신청은 법원의 직권발동을 촉구하는 의미 이상은 없고, 따라서 이송신청에 대해 재판을 필요로 하지 않으며, 이송신청각하결정을 하여도 즉시항고(제39조)가 허용될 수 없다고 한다. 나아가서 대법원에 특별항고(제449조)도 허용되지 않는다[64](대결(전) 1993.12.06. 93마524).

(4) 이송절차(형식)

1) 원칙 – 결정

이송의 재판은 결정으로 한다(제34조).

2) 예외 – 판결

상소심에서 원판결을 취소 또는 파기하고 이송하는 때에는 예외적으로 판결의 형식으로 한다(제419조, 제425조, 제436조).

3) 변론여부

이송재판은 결정의 형식으로 하는 이상 반드시 변론을 거칠 필요는 없다(제134조 1항 단서).

(5) 이송의 효과

1) 구속력 – 전속관할의 경우

이송결정이 확정되면 이송을 받은 법원을 구속한다(제38조). 이와 관련하여 전속관할에 관한

피고의 이 부분 상고이유 주장은 이유 없다.
[64] 제34조 1항이 관할위반의 경우에 법원이 직권으로 소송의 이송을 하도록 규정한 것은 피고의 관할이익을 보호하여야 할 법원의 책무를 규정한 것이지 피고의 이송신청권을 부정한 것이라고 볼 수는 없다(위 결정의 반대의견).

규정에 위반하여 이송이 된 경우에도 이러한 구속력을 인정할 것인가가 문제되는데 이에 대해서는 견해가 나뉘지만, 判例는 "전속관할위반의 이송의 경우에도 원칙적으로 구속력이 있으나, 심급관할 위배의 이송의 경우는 당사자의 심급의 이익박탈 등을 이유로 기속력이 상급심법원에는 미치지 않는다(상급심불구속설, 대결 1995.05.15. 94마1059·1060)."고 하였다.

2) 소급효

이송판결이 확정되었을 때에는 소송은 처음부터 이송을 받은 법원에 계속된 것으로 본다(제40조). 따라서 소제기에 의한 시효중단이나 기간준수의 효력은 그대로 지속된다. 이와 관련하여 이송 전에 행한 소송행위가 이송 후에도 그 효력이 있는가의 문제가 있는데 이에 대하여 견해가 나뉘나, 관할위반에 의한 이송의 경우에는 소송계속의 일체성이 인정되는 이상 이를 긍정하여야 할 것이다.

2. 심판의 편의에 의한 이송(재량이송)

(1) 현저한 손해, 지연을 피하기 위한 이송(제35조)

> 제35조(손해나 지연을 피하기 위한 이송) 법원은 소송에 대하여 관할권이 있는 경우라도 <u>현저한 손해 또는 지연을 피하기 위하여</u> 필요하면 직권 또는 당사자의 신청에 따른 결정으로 소송의 전부 또는 일부를 다른 관할법원에 이송할 수 있다. 다만, 전속관할이 정하여진 소의 경우에는 그러하지 아니하다.

1) 현저한 손해

주로 피고에게 응소에 부당하게 많은 부담이 되어 소송불경제가 된다는 의미로서, 사익적 규정이다. 다만 판례는 현저한 손해에 대하여 피고 측의 소송수행상의 부담을 주로 의미하는 것이기는 하나 손해를 판단함에 있어서 원고 측의 손해도 도외시하여서는 아니 된다고 하면서 피고 측이 소송수행을 하는데 많은 비용과 시간이 소요된다는 사정만으로는 제35조의 이송사유가 되지 아니 한다[65]고 하였다(대결 1998.08.14. 98마1301).

2) 지 연

법원이 증거조사 등으로 소송의 완결이 지연되어 소송의 촉진이 저해된다는 취지로서 공익적 규정이다.

---

[65] 判例는 "원심이 들고 있는 '수형자의 민사소송 수행을 위한 장거리 호송에 소요되는 상당한 인적·물적 비용'은 대한민국이 소송 상대방(피고)으로서 부담하는 것이 아니라 제1심 법원에 적극적으로 소를 제기한 수형자인 재항고인(원고)의 관리주체로서 부담하는 것이라 할 것인데, <u>이러한 행정적 부담까지 법 제35조의 손해에 포함된다고 볼 수는 없고, 위 법리에 비추어 원심이 들고 있는 나머지 사정들만으로는 법 제35조에서 말하는 현저한 손해 또는 소송의 지연을 가져올 사유가 된다고 볼 수 없으며</u>, 그밖에 달리 제1심법원(대전지법)에서 광주지방법원 목포지원으로 본안사건을 이송하여 심리하도록 하는 것이 소송수행상 현저한 손해나 지연을 피할 수 있다고 인정할 만한 사정을 기록상 찾아볼 수 없다. 더욱이 기록에 의하면 재항고인이 원심결정 전인 2009.10.21. 안동교도소로 수형장소가 변경되었다는 내용의 보정서를 제출한 사실도 알 수 있다(대결 2010.03.22. 2010마215)."고 하여 여전히 제35조에 의한 소송이송에 대해 부정적이다. - 대전교도소 사건

3) 전속적 합의관할[66]의 경우에 적용 여부

현저한 손해는 사익적 요소이므로 당사자가 처분이 가능하지만, 현저한 지연은 공익적 요소여서 처분이 불가능하므로 전속적 합의의 효력을 인정할 수 없기 때문에 현저한 지연의 경우에는 전속적 합의가 있는 경우에도 이송이 가능하다(통설). 다만 약관에 의한 합의관할에 있어서는 그 불공평을 시정하기 위하여 현저한 손해라는 사익적 측면의 고려에 적극적이어야 한다고 본다[67] (전병서).

(2) 지법단독판사로부터 지법합의부로의 이송

> 제34조(관할위반 또는 재량에 따른 이송) ② 지방법원 단독판사는 소송에 대하여 관할권이 있는 경우라도 상당하다고 인정하면 직권 또는 <u>당사자의 신청</u>에 따른 결정으로 소송의 전부 또는 일부를 같은 지방법원 합의부에 이송할 수 있다.

지법 단독판사는 자신의 관할에 속하는 소송이라도 상당하다고 인정하면 지법 합의부로 이송할 수 있다. 상당성 유무는 판사의 자유재량에 속하는 것이나 사안의 난이도·복잡성, 관련사건의 합의부 계속 등 여러 가지 사정을 고려하여 판단해야 한다(대판 1966.08.30. 66마324). 이송은 신청 또는 직권으로 한다. 시군법원 관할의 소액사건도 본 조항에 따라 지법 합의부로 이송할 수 있다(대판 1974.08.01. 74마71).

(3) 지식재산권 등에 관한 소송의 이송

> 구법 제36조(지식재산권 등에 관한 소송의 이송) ① 법원은 지식재산권과 국제거래에 관한 소가 제기된 경우 직권 또는 당사자의 신청에 따른 결정으로 그 소송의 전부 또는 일부를 제24조의 규정에 따른 관할법원에 이송할 수 있다. 다만, 이로 인하여 소송절차를 현저하게 지연시키는 경우에는 그러하지 아니하다.
> ② 전속관할이 정하여져 있는 소의 경우에는 제1항의 규정을 적용하지 아니한다.
>
> 제36조(지식재산권 등에 관한 소송의 이송) ① 법원은 특허권 등을 제외한 지식재산권과 국제거래에 관한 소가 제기된 경우 직권 또는 당사자의 신청에 따른 "결정"으로 그 소송의 전부 또는 일부를 제24조 제1항에 따른 관할법원에 이송할 수 있다. 다만, 이로 인하여 소송절차를 현저하게 지연시키는 경우에는 그러하지 아니하다. 〈개정 2011.5.19., 2015.12.1.〉
> ② 제1항은 전속관할이 정하여져 있는 소의 경우에는 적용하지 아니한다. 〈개정 2015.12.1.〉
> ③ 제24조제2항 또는 제3항에 따라 특허권 등의 지식재산권에 관한 소를 관할하는 법원은 현저한 손해 또는 지연을 피하기 위하여 필요한 때에는 직권 또는 당사자의 신청에 따른 "결정"으로 소송의 전부 또는 일부를 제2조부터 제23조까지의 규정에 따른 지방법원으로 이송할 수 있다. 〈신설 2015.12.1.〉
> [제목개정 2011.5.19.] [시행일 : 2016.1.1.]

---

66) 다만 전속관할이 정해져 있을 경우에는 이송할 수 없다(제35조 단서).
67) 예를 들어 약관에 있어서 합의관할조항이 있더라도 일반적으로 관할의 합의를 부가적 합의로 해석한다면 상대방(예를 들어 거대기업의 상대방인 소비자)은 제35조에 의하여 다른 관할법원에 이송신청을 하는 것에 의하여 어느 정도 불이익을 면할 수 있고, 전속적 합의라고 보는 경우에도 제35조를 탄력적 또는 확장적으로 해석하는 것에 의하여 이송을 인정하여 구제할 수 있다. 따라서 제35조의 이송이 최근 활발하게 논의되고 있는 배경에는 합의관할조항의 문제점에서 비롯되는 측면이 있다(전병서).

전속관할이 정하여진 특허권 등 지식재산권에 관한 소이더라도 현저한 손해 또는 지연을 피하기 위해 필요한 경우에는 법원의 직권 또는 당사자의 신청에 따른 결정으로 그 소송의 전부 또는 일부를 이송할 수 있는 규정을 신설하였다(제36조 제3항 신설). 즉 특허권 등에 관한 지식재산권 소송이 전속관할로 됨에 따라 소송 과정에서의 소송당사자 피해를 방지하고 사법 접근성을 보장하기 위하여 이송 규정을 신설한 것이다. 그리고 관할법원은 소송에 의한 현저한 손해 또는 지연을 피하기 위해 필요하다고 인정되면 직권 또는 당사자의 신청에 따른 결정으로 그 소송의 전부 또는 일부를 제2조부터 제23조까지의 규정에 따른 지방법원에 이송할 수 있다.

3. 반소제기에 의한 이송

> 제269조 ② 본소가 단독사건인 경우에 피고가 반소로 합의사건에 속하는 청구를 한 때에는 법원은 직권 또는 당사자의 신청에 따른 결정으로 본소와 반소를 합의부에 이송하여야 한다. 다만, 반소에 관하여 제30조의 규정에 따른 관할권이 있는 경우에는 그러하지 아니하다.

본소가 단독사건인 경우에 피고가 지방법원 합의부의 사물관할에 속하는 반대청구를 한 경우[68]에 원고가 반소청구에 대하여 합의부에서 심리를 받는 이익을 박탈하지 않기 위해, 직권 또는 당사자의 신청에 의하여 본소와 반소를 일괄하여 합의부로 이송하여야 한다. 그러나 <u>단독사건에 대한 항소사건을 심판하는 도중에 지방법원합의부 관할에 속하는 반소가 제기되어도 이미 정하여진 항소심관할에 영향이 없어 이송의 여지가 없다</u>[69](대결 2011.07.14. 2011그65). 02년 현행법은 반소에 관하여 원고가 본안변론을 하면 변론관할이 생겨 이송할 필요가 없다는 규정을 신설하였다.

4. 상소심에서 환송에 갈음하는 이송

> 제419조(관할위반으로 말미암은 이송) 관할위반을 이유로 제1심 판결을 취소한 때에는 항소법원은 판결로 사건을 관할법원에 이송하여야 한다.
> 제436조(파기환송, 이송) ① 상고법원은 <u>상고에 정당한 이유가 있다고 인정할 때에는</u> 원심판결을 파기하고 <u>사건을 원심법원에 환송하거나, 동등한 다른 법원에 이송하여야 한다.</u>

원래 이송은 '결정'의 형식으로 하는 것이지만, '판결'의 형식으로 하는 경우가 있다. 관할위반으로 말미암은 이송의 경우(제419조), 대법원의 파기환송의 경우에는 '판결'의 형식으로 한다.

---

68) 본소의 소가가 1억원인 단독사건인데, 반소의 소가가 2억 5천만원의 합의부사건인 경우
69) 본소 피고가 항소 후 지방법원 합의부의 관할에 속하는 반소를 제기하면서 이송신청을 하였는데, 원심이 민사소송법 제34조, 제35조를 들어 이송결정을 한 사안에서, 본소에 대하여 제1심법원의 토지관할 및 변론관할이 인정되어 위 소송의 항소심은 제1심법원의 항소사건을 담당하는 원심법원의 관할에 속하며, <u>지방법원 합의부가 지방법원 단독판사의 판결에 대한 항소사건을 제2심으로 심판하는 도중에 지방법원 합의부의 관할에 속하는 반소가 제기되었더라도 이미 정하여진 항소심 관할에는 영향이 없고, 민사소송법 제35조는 전속관할인 심급관할에는 적용되지 않아 손해나 지연을 피하기 위한 이송의 여지도 없다</u>는 이유로 원심결정을 파기한 사례(대결 2011.07.14. 2011그65).

III 이송절차

1. 직권 또는 신청

(1) 이송신청권

다른 원인에 의한 이송의 경우인 제34조 2항, 제35조, 제36조, 제269조 2항의 경우와 비교하여 관할위반에 의한 이송(제34조 1항)의 경우에도 이송신청권이 인정되는지가 문제된다. 判例는 관할위반에 의한 이송의 경우에는 이송신청권을 부정한다.

(2) 신청의 방식

소송의 이송신청을 하는 때에는 신청의 이유를 밝혀야 한다. 이송신청은 기일에 출석하여 하는 경우가 아니면 서면으로 하여야 한다(규칙 제10조).

2. 이송의 재판

이송의 재판은 결정으로 한다(제34조 1항). 다만 상소심에서 원판결을 취소 또는 파기하고 이송하는 때에는 예외적으로 판결의 형식으로 한다(제419조, 제425조, 제436조). 이송재판은 결정의 형식으로 하는 이상 반드시 변론을 거칠 필요는 없다.

3. 즉시항고

(1) 이송결정의 경우

이송결정이라 함은 소송의 전부 또는 일부를 다른 법원에 이송하는 결정을 말한다. 여기에는 제34조 제1항에 규정된 직권에 의한 이송결정과 제34조 제2항 및 제35조에 규정된 직권 또는 당사자의 신청에 의한 이송결정이 있다. 따라서 이론상으로는 본소와 반소를 합의부에 이송한 경우에도 불복이 가능하다(제34조 2항·3항 참조)(주석 민사소송법[Ⅰ], 271면). 즉 관할 위반을 이유로 한 이송신청에 대한 기각결정은 判例에 따라 즉시항고가 불가하지만, 이송결정에 대해서는 제39조에 따라 즉시항고가 가능하다.

■ 관할위반에 의한 이송결정에 대한 즉시항고

수소법원의 재판관할권 유무는 법원의 직권조사사항으로서 법원이 그 관할에 속하지 아니함을 인정한 때에는 민사소송법 제34조 제1항에 의하여 직권으로 이송결정을 하는 것이고, 소송당사자에게 관할위반을 이유로 하는 이송신청권이 있는 것은 아니다. 따라서 당사자가 관할위반을 이유로 한 이송신청을 한 경우에도 이는 단지 법원의 직권발동을 촉구하는 의미밖에 없다. 한편 <u>법원이 당사자의 신청에 따른 직권발동으로 이송결정을 한 경우에는 즉시항고가 허용되지만(민사소송법 제39조), 위와 같이 당사자에게 이송신청권이 인정되지 않는 이상 항고심에서 당초의 이송결정이 취소되었다 하더라도 이에 대한 신청인의 재항고는 허용되지 않는다</u>(대결 2018.01.19. 2017마1332).

(2) 이송신청의 기각(각하)결정의 경우

1) 문제점

관할위반 이외의 사유에 기한 이송의 경우에는 당사자에게 이송신청권이 인정되므로 문제가 없으나, 관할위반에 의한 이송의 경우(제34조 1항)에 문제가 있다.

2) 判 例

判例는 조문 상 이송신청권이 없으므로, 당사자가 이를 신청해도 직권발동을 촉구하는 의미 밖에 없고, 따라서 이송신청각하결정에 대해 즉시항고도 불가하다고 한다. 나아가서 대법원에 특별항고(제449조)도 허용되지 않는다고 한다(대결(전) 1993.12.06. 93마524).

Ⅳ 이송의 효과

1. 구속력

> 제38조(이송결정의 효력) ① 소송을 이송 받은 법원은 이송결정에 따라야 한다.
> ② 소송을 이송받은 법원은 사건을 다시 다른 법원에 이송하지 못한다.

(1) 문제점

제38조에 의한 이송결정의 구속력은 관할에 관한 조사의 반복을 피하여 소송의 신속, 경제를 실현하자는 취지이므로 이는 이송 받은 법원을 구속한다. 다만 전속관할의 경우에는 공익과 관련되므로 이 경우에도 이송결정의 구속력이 있는지 문제된다.

(2) 判 例

1) 원칙

判例는 "민사소송법 제34조 제1항, 제2항의 규정에 의하면 이송결정은 이송을 받은 법원을 기속하여 이송을 받은 법원은 다시 사건을 다른 법원에 이송하지 못하도록 되어 있다. 이와 같은 이송결정의 기속력은 당사자에게 이송결정에 대한 불복방법으로 즉시항고가 마련되어 있는 점이나 이송의 반복에 의한 소송지연을 피하여야 할 공익적 요청은 전속관할을 위배하여 이송한 경우라고 하여도 예외일 수 없는 점에 비추어 볼 때 당사자가 이송결정에 대하여 즉시항고를 하지 아니하여 확정된 이상 <u>원칙적으로 전속관할의 규정을 위배하여 이송한 경우에도 미친다고</u> 할 것이다.

2) 예외

그러나 심급관할을 위배하여 이송한 경우에도 이송결정의 기속력이 이송 받은 상급심 법원에도 미친다고 한다면 당사자의 심급의 이익을 박탈하여 부당할 뿐만 아니라, 이송을 받은 법원이 법률심인 대법원인 경우에는 직권조사사항을 제외하고는 새로운 소송자료의 수집과 사실확정이 불가능한 관계로 당사자의 사실에 관한 주장, 입증의 기회가 박탈되는 불합리가 생긴다고 할 것이므로 심급관할을 위배한 이송결정의 기속력이 이송 받은 상급심 법원에는 미치지 않는다고 보아야 할 것이다. 한편 심급관할을 위배한 이송결정의 기속력이 이송 받은 하급심 법원에는 미치지 않는다고 한다면 사건이 하급심과 상급심 법원 간에 반복하여 전전이송 되는 불합리한 결과를 초래하게 될 가능성이 있어 이송결정의 기속력을 인정한 취지에 반하는 것일 뿐더러 민사소송의 심급의 구조상 상급심의 이송결정은 특별한 사정이 없는 한 하급심을 구속하게 되는 바, 이와 같은 법리에도 반하게 되므로 <u>심급관할을 위배한 이송결정의 기속력은 이송 받은 하급심 법원에는 미친다고 보아야 할 것이다. 결국 심급관할을 위배한 이송결정의 기속력은 이송 받은 같은 심급의 법원과 하급심 법원에만 미치고, 상급심 법원에는 미치지 않는다고 해석함이 타당하다고 할 것이다</u>(대결 1995.05.15. 94마1059·1060)."라고 판시하고 있다(상급심 불구속설).

관련사례

집행법원이 채권자 甲에 의한 채권압류 및 전부명령을 인용하자, 채무자 乙은 이에 불복하여 즉시항고를 하였으나 집행법원은 항고기간이 도과되었다고 하여 항고장각하명령을 하였다. 이에 乙은 항고장각하에 대해 불복하여 광주지방법원을 항고법원으로 표시하여 즉시항고를 하였고, 광주지방법원은 乙의 즉시항고를 재항고에 해당한다고 보아 대법원에 이송하였다. 이 경우 대법원은 어떻게 조치해야 하는가?

해설

위 설문은 94마1059·1060 대법원결정의 사실관계를 재구성한 것이다. 이 경우 판례는 집행법원의 항고장각하명령을 제1차적 처분으로 보아 이에 대한 乙의 즉시항고를 재항고가 아닌 최초의 항고라고 보고 있다. 따라서 항고의 관할법원은 2심(제443조, 제439조 참고)이므로 광주지방법원 합의부가 관할법원이 되는 것이 옳다. 그런데 광주지법은 대법원에 이를 이송하였으므로 이 이송결정에 대해 기속력이 인정된다면, 대법원은 다시 광주지법으로 이송하지 못한다. 그러나 판례는 이 경우 이송결정의 기속력은 원칙적으로 전속관할 위반에도 미친다고 하면서도 심급관할위반 중 상급심에는 미치지 않는다고 하고 있다. 따라서 이 경우 대법원은 다시 광주지방법원으로 乙의 즉시항고를 이송할 수 있다.

2. 소송계속의 이전 - 이송결정 이전에 이송법원이 행한 소송행위의 효력이 이송 뒤에도 존속하는지 여부

> 제40조(이송의 효과) ① 이송결정이 확정된 때에는 소송은 처음부터 이송 받은 법원에 계속된 것으로 "본다".

제40조 1항이 관할위반에 의한 이송의 경우에도 소송계속의 일체성을 인정하고 있고, 더욱이 제37조가 이송결정 확정 후에도 이송법원이 긴급한 처분을 할 수 있도록 한 점에 비추어 이송결정 이전에 이송법원이 행한 소송행위의 효력이 이송 뒤에도 존속 한다[70](이시윤, 정동윤·유병현, 김홍규, 독일의 통설).

---

[70] 다만 소수설은 관할위반에 의한 이송과 그 이외의 이송을 구별하여, 전자의 경우에는 이송결정에 의하여 이송 전의 소송행위가 취소된 것으로 보고, 후자의 경우에는 이송법원이 본래 관할권이 있었으므로 이송전의 소송행위의 효력이 그대로 지속된다고 한다(이영섭, 신도).

3. 소송기록의 송부

> 제40조(이송의 효과) ② 제1항의 경우에는 이송결정을 한 법원의 법원서기관·법원사무관·법원주사 또는 법원주사보(이하 "법원사무관등"이라 한다)는 그 결정의 "정본"을 소송기록에 붙여 이송 받을 법원에 보내야 한다.
>
> 제37조(이송결정이 확정된 뒤의 긴급처분) 법원은 소송의 이송결정이 확정된 뒤라도 급박한 사정이 있는 때에는 직권으로 또는 당사자의 신청에 따라 필요한 처분을 할 수 있다. 다만, 기록을 보낸 뒤에는 그러하지 아니하다.

이송결정이 확정되면 사실상의 조치로서 그 결정의 정본을 소송기록에 붙여 이송 받을 법원 등에게 보내야 한다(제40조 2항). 다만 소송기록이 이송법원에 있는 동안만은 급박한 사정이 있을 때에는 직권·당사자의 신청에 의하여 증거조사나 가압류·가처분 등의 필요한 처분을 할 수 있다(제37조).

제2장 당사자(원고와 피고)

제1절 총설

I. 당사자[1]의 의의

> 제51조(당사자능력·소송능력 등에 대한 원칙) 당사자능력(당사자능력), 소송능력(소송능력), 소송무능력자(소송무능력자)의 법정대리와 소송행위에 필요한 권한의 수여는 이 법에 특별한 규정이 없으면 민법, 그 밖의 법률에 따른다.

> 제52조(법인이 아닌 사단 등의 당사자능력) 법인이 아닌 사단이나 재단은 대표자 또는 관리인이 있는 경우에는 그 사단이나 재단의 이름으로 당사자가 될 수 있다.

1. 형식적 당사자개념

민사소송에 있어서 당사자란 자기의 이름으로 법원에 대하여 소를 제기하거나 제기 당함으로써 판결의 명의인이 되는 자를 말한다. 당사자는 실체법상의 권리·의무자와 관계없는 소송법상의 형식적 개념이다(형식적 당사자개념, 제52조).

2. 비교 개념

자기명의이어야 하므로 사실상 현실적으로 소송수행을 하더라도 타인명의로 하는 자, 예를 들어 미성년자의 법정대리인, 소송대리인 기타 법인의 대표자 등은 당사자가 아니다. 또한 자기 명의로 판결을 요구하거나 이를 받을 상대방이 되어야 하므로 자기의 이름으로 소송에는 관여하지만 판결을 요구하는 자가 아닌 보조참가인 등은 당사자와는 구별된다. 증인이나 감정인도 당사자가 아님은 물론이다.

---

[1] 당사자는 판결절차의 제1심에서는 원고·피고, 제2심에서는 항소인·피항소인, 그리고 제3심에서는 상고인·피상고인이라고 각각 부른다. 또한 강제집행절차와 독촉절차에서는 채권자·채무자라고 하며, 가압류·가처분절차에서는 채권자·채무자 또는 신청인·피신청인이라고 칭한다. 그 외에 제소전 화해절차, 증거보전절차 및 소송비용확정절차에서는 신청인·상대방이라는 명칭을 쓴다. 이처럼 절차의 종류에 따라 명칭을 달리하고 있으나 법원에 대하여 자기 이름으로 권리보호를 요구하는 자 또는 그 상대방이라는 점은 동일하다.

II 이당사자대립주의

1. 의 의

소송의 기본구조로 소송의 개시부터 종료 시까지 이당사자가 반드시 맞서 대립해 있지 않으면 안 된다는 것(대석구조)을 이당사자대립구조라고 하며, 소송의 적정과 공평을 기하기 위한 것이다.

2. 자기소송 금지의 원칙(Verbot des Insichprozesses)

<u>민사소송은 이당사자대립을 전제로 하므로, 원고와 피고가 동일하면 안 된다</u>(자기소송금지의 원칙). 따라서 자기 자신을 상대로 소를 제기할 수 없고, 같은 회사의 본점·지점 사이의 소송은 부적법하며, 원고와 피고가 동일한 사람인 경우 즉 소송계속 중 당사자 한 쪽의 지위를 상속이나 법인의 합병에 의하여 다른 쪽이 승계한 때에는 당사자의 혼동에 의하여 소송은 종료된다. 그리고 소송물을 승계할 자가 없을 때 즉 이혼소송의 한 쪽 당사자가 소송계속 중 사망한 경우에도 소송은 종료된다(대판 1982.12.18. 81므53). 주식회사의 이사가 회사를 상대로 하여 주주총회결의취소의 소를 제기하는 경우에는 그 이사는 실체법상의 채권자로서 소를 제기한 것이다(통설). 그리고 원고와 피고는 서로 대립하는 지위에 있으므로, 한 쪽이 다른 쪽의 대리인이나 공동소송인 또는 보조참가인이 될 수 없고, 한 사람이 당사자 양 쪽을 대리할 수도 없다.

3. 공동소송의 경우

원고·피고는 반드시 한 사람일 필요는 없고, 한 쪽이나 양 쪽이 여러 사람이어도 무방한데, 이를 공동소송이라고 한다. 공동소송의 경우에도 원고·피고가 여러 사람일 뿐 기본적으로 원고·피고가 대립하고 있으므로, 이당사자대립구조는 계속 유지된다. 다만 이당사자대립구조의 예외로서 세 사람 이상의 당사자가 대립하고, 그 사이의 분쟁을 하나의 소송절차에 일거에 해결하는 경우가 있는데, 이의 예로 독립당사자참가(제79조)를 들 수 있다(3면소송설, 다만 3개소송병합설에 의하면 이당사자대립구조의 예외가 아니다).

III 당사자권(절차적 기본권) - 이른바 당사자권 이론

1. 개 념

민사재판에서 당사자가 소송의 주체인 지위에서 향유하는 여러 가지 권리의 총칭을 의미한다. 이와 같은 당사자권의 보장을 절차보장이라고 한다.

2. 효 용

당사자권의 개념은 ① 소송사건과 비송사건에 있어서 전자는 당사자권의 보호정도가 강하고 후자는 그 보호가 미약하므로 소송사건과 비송사건의 구별을 명확하게 하여 '소송의 비송화'경향에 제동을 걸게 하고(절차보장의 제1파이론) ② 당사자에게 기판력이 미치는 근거를 제시하여 당사자권(변론권)이 충분히 보장되지 못한 경우 판결이 무효·취소 할 수 있는 근거가 될 수 있게 한다(절차보장의 제2파이론).

3. 신당사자주의(절차보장의 제3파이론)

절차적 정의론에 근거하여 민사소송에 있어서 절차적 기본권을 강조하면서 재판결과보다도 재판과정에서의 당사자의 주도적 역할을 보장하는 것을 중요시하여 소송법이론을 결과지향형에서 절차지향형으로 바꾸어야 한다는 이론이다.

제2절 당사자의 확정

I 의의, 필요성 및 구별개념

1. 의 의

현실적으로 계속되어 있는 소송사건에서 원고가 누구이며 피고가 누구인가를 명확히 하는 것을 당사자의 확정이라고 한다.

2. 당사자확정의 필요성

당사자가 누구인가에 의해 절차에 관여할 자, 판결의 명의인과 소송부본의 송달명의인이 정해지며, 인적재판적, 제척원인, 소송절차의 수계, 송달, 소송물의 동일성, 기판력·집행력의 주관적 범위, 증인능력 등이 결정되므로 당사자확정이 필요하다. 특히 소송에서 당사자가 누구인가는 당사자능력, 당사자적격 등에 관한 문제와 직결되는 중요한 사항이므로, 사건을 심리·판단하는 법원으로서는 직권으로 소송당사자가 누구인가를 확정하여 심리를 진행하여야 한다2)(대판 2016.12.27. 2016두50440).

3. 구별개념

당사자의 확정은 당사자의 특정과 구별하여야 하는데, 당사자를 확정하는 주체는 법원이며, 법원에 의한 당사자의 확정은 원고에 의한 당사자의 특정을 전제로 한다. 즉 원고에 의하여 소장의

---

2) 소송에서 당사자가 누구인가는 당사자능력, 당사자적격 등에 관한 문제와 직결되는 중요한 사항이므로, 사건을 심리·판단하는 법원으로서는 직권으로 소송당사자가 누구인가를 확정하여 심리를 진행하여야 한다. 개인이나 법인이 과세처분에 대하여 심판청구 등을 제기하여 전심절차를 진행하던 중 사망하거나 흡수합병 되는 등으로 당사자능력이 소멸하였으나, 전심절차에서 이를 알지 못한 채 사망하거나 합병으로 인해 소멸된 당사자를 청구인으로 표시하여 청구에 관한 결정이 이루어지고, 상속인이나 합병법인이 결정에 불복하여 소를 제기하면서 소장에 착오로 소멸한 당사자를 원고로 기재하였다면, 실제 소를 제기한 당사자는 상속인이나 합병법인이고 다만 그 표시를 잘못한 것에 불과하므로, 법원으로서는 이를 바로잡기 위한 당사자표시정정신청을 받아들인 후 본안에 관하여 심리·판단하여야 한다(대판 2016.12.27. 2016두50440).

필수적 기재사항으로서 당사자로 특정된 주체가 일정한 기준에 비추어, 소송상 당사자로서의 지위와 권능을 가지는 자와 일치하는가 여부를 판정하는 작업이 당사자의 확정이며, 법원은 확정된 당사자에 대하여 심판을 하는 것이다.

Ⅱ 확정의 기준에 관한 학설

1. 문제점

학설은 소송의 목적인 권리관계의 주체인 자를 당사자로 보려는 권리주체설(실체법설)도 있으나, 이는 형식적당사자개념(제52조), 제3자 소송담당 등의 개념 등을 설명할 수 없어 현재는 주장되지 않으므로, 소송현상을 기준으로 당사자를 확정하려는 소송현상설(소송법설)을 중심으로 이를 살펴본다.

2. 判例

(1) 원 칙

판례는 "제3자가 피고를 참칭, 모용 하여 소송을 진행한 끝에 판결이 선고되었다면 피모용자인 피고는 그 소송에 있어서 적법히 대리되지 않는 타인에 의하여 소송절차가 진행됨으로 말미암아 결국 소송관여의 기회를 얻지 못하였다 할 것이니 피고는 상소 또는 재심의 소를 제기하여 그 판결의 취소를 구할 수 있다(대판 1964.11.17. 64다328 등)."고 하여 실질적 표시설의 입장이다.

(2) 예 외

사망자임을 모르고 그를 피고로 하여 소제기한 경우에는 "원고가 이미 사망한 당사자를 그 사망사실을 모르고 피고로 표시하여 소를 제기하였을 경우에 사실상의 피고는 사망자의 상속인이고 다만 그 표시를 그릇한 것에 불과하다고 해석함이 타당하므로 사자를 피고로 하였다가 그 후 그 상속인들로 당사자표시를 정정하는 신청은 적법하다(대판 1983.12.27. 82다146 등)."고 하여 의사설을 부분적으로 따르고 있다.

> ■ **소제기 전 사망과 상속 포기**
>
> 원고가 사망 사실을 모르고 사망자를 피고로 표시하여 소를 제기한 경우에, 청구의 내용과 원인사실, 당해 소송을 통하여 분쟁을 실질적으로 해결하려는 원고의 소제기 목적 내지는 사망 사실을 안 이후의 원고의 피고표시 정정신청 등 여러 사정을 종합하여 볼 때 사망자의 상속인이 처음부터 실질적인 피고이고 다만 그 표시를 잘못한 것으로 인정된다면, 사망자의 상속인으로 피고의 표시를 정정할 수 있다. 그리고 이 경우에 실질적인 피고로 해석되는 사망자의 상속인은 실제로 상속을 하는 사람을 가리키고, 상속을 포기한 자는 상속 개시 시부터 상속인이 아니었던 것과 같은 지위에 놓이게 되므로 제1순위 상속인이라도 상속을 포기한 경우에는 이에 해당하지 아니하며, 후순위 상속인이라도 선순위 상속인의 상속포기 등으로 실제로 상속인이 되는 경우에는 이에 해당한다(대결 2006.07.04. 2005마425). 원고가 피고의 사망 사실을 모르고 사망자를 피고로 표시하여 소를 제기한 경우에, 청구의 내용과 원인사실, 당해 소송을 통하여 분쟁을 실질적으로 해결하려는 원고의 소제기 목적 내지는 사망 사실을 안 이후 원고의 피고표시정정신청 등 여러 사정을 종합하여 볼 때에, 실질적인 피고는 당사자능력이 없어 소송당사자가 될 수 없는 사망자가 아니라 처음부터 사망자의 상속자이고 다

만 그 표시에 잘못이 있는 것에 지나지 않는다고 인정되면 사망자의 상속인으로 피고의 표시를 정정할 수 있다 할 것인바, 상속개시 이후 상속의 포기를 통한 상속채무의 순차적 승계 및 그에 따른 상속채무자 확정의 곤란성 등 상속제도의 특성에 비추어 위의 법리는 채권자가 채무자의 사망 이후 그 1순위 상속인의 상속포기 사실을 알지 못하고 1순위 상속인을 상대로 소를 제기한 경우에도 채권자가 의도한 실질적 피고의 동일성에 관한 위 전제요건이 충족되는 한 마찬가지로 적용이 된다(대판 2009.10.15. 2009다49964).

III 당사자표시의 정정

1. 의의 및 비교개념

당사자표시정정[3]은 동일성이 있는 한도[4]에서 소장의 당사자란을 변경하는 것을 말한다. 동일성이 없는 경우 당사자를 변경하는 임의적당사자변경(피고경정)과는 다르다. 따라서 당사자는 소장에 기재한 표시만에 의할 것이고 청구의 내용과 원인사실을 종합하여 확정하여야 하는 것이고 당사자 정정신청을 하는 경우에도 실질적으로 당사자가 변경되는 것은 허용할 수 없는 것이므로, 원고 주식회사 전주백화점 대표자 甲을 甲으로 하는 정정신청은 당사자인 원고를 변경하는 것으로 허용될 수 없다(대판 1986.09.23. 85누953).

2. 표시정정의 요건

(1) 명백히 잘못된 기재

가족관계등록부, 주민등록표, 법인등기부·부동산등기부 등 공부상의 기재에 비추어 당사자의 이름에 잘못 기재나 누락이 있음이 명백한 경우 당사자표시정정을 허용해야 한다. 예를 들어 원고의 이름을 박종선(朴鐘宣)으로 기재하여야 하는데 박종의(朴鐘宜)로 잘못 기재한 경우 표시정정이 허용된다(대판 2011.01.27. 2008다27615).

(2) 당사자능력 없는 자를 당사자로 한 것이 명백한 경우

예를 들어 소장의 당사자란에 학교법인 대신에 학교, 대한민국 대신에 관계행정관청, 본점 대신에 지점, 점포주인 대신에 점포명 등을 당사자로 표시한 경우에 당사자란을 변경하는 방법이 문제된다. 통설, 判例는 이를 명백한 오기로 보고 학교법인 등의 당사자능력자로 당사자를 확정하여 당사자표시정정이 가능하다고 본다. 하지만 유력설[5]은 피고경정(제260조)으로 가능하다고 한다.

---

[3] 원고가 당사자를 정확히 표시하지 못하고 당사자능력이나 당사자적격이 없는 자를 당사자로 잘못 표시하였다면 법원은 당사자를 소장의 표시만에 의할 것이 아니고 청구의 내용과 원인사실을 종합하여 확정한 후 확정된 당사자가 소장의 표시와 다르거나 소장의 표시만으로 분명하지 아니한 때에는 당사자의 표시를 정정보충시키는 조치를 취하여야 하고 이러한 조치를 취함이 없이 단지 원고에게 막연히 보정명령만을 명한 후 소를 각하하는 것은 위법하다(대판 2013.08.22. 2012다68279).

[4] 소송당사자인 종중의 법적 성격에 관한 당사자의 법적 주장이 무엇이든 실체에 관하여 당사자가 주장하는 사실관계의 기본적 동일성이 유지되고 있다면 법적 주장의 추이를 가지고 당사자변경에 해당한다고 할 것은 아니다. 그 경우에 법원은 직권으로 조사한 사실관계에 기초하여 당사자가 주장하는 단체의 실질이 고유한 의미의 종중인지 혹은 종중 유사의 단체인지, 공동선조는 누구인지 등을 확정한 다음 법적 성격을 달리 평가할 수 있고, 이를 기초로 당사자능력 등 소의 적법 여부를 판단하여야 한다(대판 2016.07.07. 2013다76871).

[5] 즉 유병현 교수는 "당사자능력이 없는 자를 있는 자로 변경하는 경우도 당사자 적격이 있는 자를 잘못 안 경우

(3) 당사자능력(적격)이 없는 자를 당자자로 잘못 표시한 경우

원고가 당사자를 정확히 표시하지 못하고 당사자능력이나 당사자적격이 없는 자를 당사자로 잘못 표시하였다면 법원은 당사자를 소장의 표시 만에 의할 것이 아니고 청구의 내용과 원인사실을 종합하여 확정한 후 확정된 당사자가 소장의 표시와 다르거나 소장의 표시만으로 분명하지 아니한 때에는 당사자의 표시를 정정 보충시키는 조치를 취하여야 하고 이러한 조치를 취함이 없이 단지 원고에게 막연히 보정명령만을 명한 후 소를 각하하는 것은 위법하다6)(대판 2013.08.22. 2012다68279). 이에 대하여 판례의 표시정정이론의 진화인 듯하지만, 표시정정제도를 비대화시켜 실질적인 피고의 경정과 같아지는 것을 경계할 일이라는 견해가 있다(이시윤).

3. 절 차7)

(1) 당사자표시정정 신청이 있는 경우

이 경우 문건으로 전산입력하고, 법원으로서는 당사자를 확정한 연후에 원고가 정정신청한 당사자 표시가 확정된 당사자의 올바른 표시이며 동일성이 인정되는지의 여부를 살피고, 그 확정된 당사자로 피고의 표시를 정정하도록 하는 조치를 취하여야 한다(대판 1996.10.11. 96다3852). 따라서 소장에 표시된 당사자가 잘못된 경우에 정당한 당사자능력이 있는 사람으로 당사자표시를 정정하게 하는 조치를 취함이 없이 바로 소를 각하할 수는 없다(대판 2002.03.29. 2001다83258).

(2) 표시정정을 허용할 경우

이 경우는 별도의 명시적인 결정을 할 필요 없이 이후의 소송절차(기일통지, 조서작성, 판결서 작성 등)에서 정정 신청된 바에 따라 당사자의 표시를 해 줌으로써 족하다. 그러나 당사자표시정정은 당사자의 신청이 있을 때에 한하여 허용되고, 이는 소장에서의 필수적 기재사항인 당사자 표시를 정정하는 것이므로 소변경신청서에 준하여 당사자에게 송달하고 변론(준비)기일에 이를 진술하는 것이 실무례이다.

(3) 정정신청을 불허할 경우

이 경우에는 반드시 즉시 불허의 결정을 하여야 한다(이후의 소송절차에서는 종전대로 표시를 하

이다. 당사자 적격이란 "구체적인 소송에서 특정한 자를 위하여 법원이 절차를 진행하여 줄 필요가 있는가"의 문제이다. 사망자 또는 그밖에 당사자능력이 없는 자를 위하여 법원이 절차를 진행하여 줄 필요가 없음은 물론이다. 당사자능력이 없는 자를 당사자로 정한 경우에는 직접적으로 "그 자는 당사자능력이 없다"고 말하지만 그 사건에 관한 한 "당사자 적격자를 오인한 경우이다"라고 말할 수도 있는 것이다. 따라서 당사자능력이 없는 자를 있는 자로 바꾸는 그러한 경우도 곧바로 민사소송법 제260조의 적용대상이 되는 것이다."라고 하여 피고경정의 방법으로 당사자를 바꾸는 것이 타당하다고 한다(피고경정설).

6) 甲에 대하여 회생절차를 개시하면서 관리인을 선임하지 아니하고 甲을 관리인으로 본다는 내용의 회생절차개시결정이 있은 후 乙 주식회사가 甲을 상대로 사해행위 취소의 소를 제기한 사안에서, 원심으로서는 乙 회사에, 甲을 채무자 본인으로 본 것인지 아니면 관리인으로 본 것인지에 관하여 석명할 필요 없이 관리인의 지위에 있는 甲을 상대로 소를 제기한 것으로 보고 관리인으로서 甲의 지위를 표시하라는 취지로 당사자표시 정정의 보정명령을 내렸어야 하는데도, 그와 같은 조치를 취하지 않고 甲이 당사자적격이 없다는 이유로 소를 각하한 원심판결에 법리오해 등의 잘못이 있다.

7) 법원실무제요 민사소송(Ⅰ), 255면, 2014

게 될 것이다). 정정신청이 불허될 경우란 주로 당사자가 변경되는 결과가 생기는 경우일 터인데, 만약 즉시 불허의 결정을 하지 아니한 채 만연히 새로운 당사자를 대상으로 하여 이후의 절차를 진행하였다가 종국판결 단계에서 정정신청을 불허하게 된다면 판결절차가 위법하게 되는 결과가 될 수 있어 부당하기 때문이다.

4. 임의적 당사자변경과의 비교

> 제260조(피고의 경정) ① 원고가 피고를 잘못 지정한 것이 분명한 경우에는 제1심 법원은 변론을 종결할 때까지 원고의 신청에 따라 결정으로 피고를 경정하도록 허가할 수 있다. 다만, 피고가 본안에 관하여 준비서면을 제출하거나, 변론준비기일에서 진술하거나 변론을 한 뒤에는 그의 동의를 받아야 한다.
> ② 피고의 경정은 서면으로 신청하여야 한다.
> ③ 제2항의 서면은 상대방에게 송달하여야 한다. 다만, 피고에게 소장의 부본을 송달하지 아니한 경우에는 그러하지 아니하다.
> ④ 피고가 제3항의 서면을 송달받은 날부터 2주 이내에 이의를 제기하지 아니하면 제1항 단서와 같은 동의를 한 것으로 본다.

(1) 명문의 규정

피고의 경정은 민사소송법 제260조의 명문 규정이 있으나, 당사자표시정정은 법전에는 없지만 판례법으로 확립된 제도이다(이시윤).

(2) 구피고의 동의

임의적 당사자변경 즉 피고경정은 구피고의 동의를 필요로 하지만(제260조 1항), 당사자표시정정은 구피고의 동의가 필요 없다.

(3) 상급심에서 허용여부

피고경정은 항소심에서는 허용되지 않지만(제260조 1항), 당사자표시정정은 당사자의 심급의 이익을 박탈하는 것이 아니므로, 항소심에서도 허용된다. 그리고 표시정정은 심급의 제한 없이 허용된다는 것이 일반적인 입장이지만, 최근 判例는 "민사소송에서 소송당사자의 존재나 당사자능력은 소송요건에 해당하고, 이미 사망한 자를 상대로 한 소의 제기는 소송요건을 갖추지 않은 것으로서 부적법하며, 상고심에 이르러서는 당사자표시정정의 방법으로 그 흠결을 보정할 수 없다(대판 2012.06.14. 2010다105310)."고 한 것이 있다.

(4) 원고 변경의 경우

임의적 당사자변경 중 원고경정은 명문의 규정이 없어서 허용되지 않지만, 당사자표시정정은 동일성이 인정되는 한도 내에서 변경하는 것이므로, 명문의 규정이 없어도 원고표시정정이 허용된다.

(5) 시효중단 효 등

피고의 경정은 시효중단 등의 효력이 소급하지 않으나(제265조 참고), 당사자표시정정은 시효중단 등의 효력이 최초의 소장제출 시로 소급[8]한다.

5. 당사자표시정정을 임의적당사자변경으로 오해한 경우

제1심에서의 당사자 표시 변경이 당사자표시정정에 해당하는 것으로서, 제1심이 소송당사자를 제대로 확정하여 판결하였음에도 불구하고, 항소심이 제1심에서의 당사자표시 변경이 임의적 당사자의 변경에 해당하여 허용될 수 없는 것이라고 잘못 판단하여 소송당사자 아닌 자를 소송당사자로 취급하여 변론을 진행시키고 판결을 선고한 경우, 진정한 소송당사자는 상고를 제기하여 이를 다툴 수 없다[9](대판 1996.12.20. 95다26773).

■ **당사자표시정정의 허용한계, 신의칙**

당사자표시정정은 원칙적으로 당사자의 동일성이 인정되는 범위에서만 허용되는 것이므로 회사의 대표이사였던 사람이 개인 명의로 제기한 소송에서 그 개인을 회사로 당사자표시정정을 하는 것은 부적법하다. 제1심 법원이 제1차 변론준비기일에서 부적법한 당사자표시정정신청을 받아들이고 피고도 이에 명시적으로 동의하여 제1심 제1차 변론기일부터 정정된 원고인 회사와 피고 사이에 본안에 관한 변론이 진행된 다음 제1심 및 원심에서 본안판결이 선고되었다면, 당사자표시정정신청이 부적법하다고 하여 그 후에 진행된 변론과 그에 터잡은 판결을 모두 부적법하거나 무효라고 하는 것은 소송절차의 안정을 해칠 뿐만 아니라 그 후에 새삼스럽게 이를 문제 삼는 것은 소송경제나 신의칙 등에 비추어 허용될 수 없다[10](대판 2008.06.12. 2008다11276).

---

[8] 채무자 甲의 乙 은행에 대한 채무를 대위변제한 보증인 丙이 채무자 甲의 사망사실을 알면서도 그를 피고로 기재하여 소를 제기한 사안에서, 채무자 甲의 상속인이 실질적인 피고이고 다만 소장의 표시에 잘못이 있었던 것에 불과하므로, 보증인 丙은 채무자 甲의 상속인으로 피고의 표시를 정정할 수 있고, 따라서 당초 소장을 제출한 때에 소멸시효중단의 효력이 생긴다(대판 2011.03.10. 2010다99040).

[9] 이 사건 소는 김철호 등 83명이 김철호를 선정당사자로 선정하여 제기한 것으로 보아야 할 것이고, 제1심이 이 사건 원고의 표시를 '대한예수교장로회 순천순광교회 대표자 담임목사 김철호'에서 '원고(선정당사자) 김철호'로 변경한 것은 당사자의 동일성이 인정되는 범위 내에서의 당사자 표시정정에 지나지 않는다고 할 것임에도 불구하고 원심이 이 사건의 원고를 '대한예수교장로회 순천순광교회'로 보고 '선정당사자 김철호'로 변경하는 것은 임의적 당사자 변경에 해당하여 허용될 수 없다는 전제 아래 '대한예수교장로회 순천순광교회'에게 항소장부본을 송달한 후 그를 원고로 취급하여 변론을 진행하여 판결을 선고한 것은 소송당사자 아닌 자를 소송당사자로 보고 소송을 진행하여 판결을 한 것이므로 이 사건 원고에 대하여는 항소심 판결이 아직 선고되지 않았다고 할 것이고, 원고와 사이의 이 사건은 아직 원심에서 변론도 진행되지 않은 채 계속 중이라고 할 것이므로 <u>원고는 상고를 제기할 것이 아니라 원심에 이 사건에 대한 변론기일지정신청을 하여 소송을 다시 진행함이 상당하다고 할 것이며, 원심이 선고한 판결은 원고에 대한 관계에 있어서는 적법한 상고대상이 되지 아니한다.</u>

[10] 당사자변경에 당사자표시정정이 허용되지 아니하는 경우에도 이미 절차가 진행되어 판결이 선고된 경우에는 그 부적법을 문제삼을 수 없다는 것이다. 위 판례의 사안에서와 같이 원고를 대표이사 개인으로부터 회사로 변경한 것은 당사자변경에 해당한다. 그런데 만일 임의적 당사자변경을 피고의 경정(민사소송법 제260조)에 한하는 것으로 풀이하면, 당사자변경을 신청하여도 허용될 수 없다. 그러나 임의적 당사자변경의 제도의 취지가 소송경제에 있음을 고려하면 해석론 상 원고의 변경을 불허할 이유가 없다. 즉 추가되는 원고의 동의가 있으면 변경은 허용될 수 있는 것이다. 위 사안에서와 같이 이미 원고가 변경되어 변론이 진행된 경우에는 그 부적법을 문제 삼을 수 없다면 원고의 변경 자체도 허용 못 할 리 없을 것이다. 그리고 당사자변경의 경우에 종전의 당사자의 소송상태에 구속되는가의 문제가 있는데, 판례는 위 사안에서와 같이 당사자가 실질적으로 동일한 경우에는 이를 인정할 수 있다는 것을 간접적으로 말하고 있다. 한편, 민사소송법은 예비적 선택적 공동소송을 허용하고 있으므로 위 사안에서와 같은 경우에 이를 이용할 수 있는지 여부도 검토하여 볼 수 있을 것이다.

-유병현, 고시계 2009/2, 43면-

Ⅳ 성명모용소송 – 당사자 동일성의 조사

1. 의의 및 문제점

(1) 의 의
성명모용소송이란 무단히 타인 명의로 소를 제기하여 소송을 수행하거나(원고 측 모용), 타인에 대한 소송에 무단히 타인명의로 응소하는 경우(피고 측 모용)와 같이 소장에 표시된 성명에는 아무런 잘못이 없는데 제3자가 타인의 성명을 모용하여 소송을 수행하는 것을 말한다.

(2) 문제점
당사자가 누구인지, 소송에 관여한 바 없는 피모용자에게 판결의 효력이 미치는지, 만약 미친다면 피모용자를 소송법상 어떻게 구제할 것인지가 문제 된다.

2. 확정의 기준

(1) 문제점
소송의 목적인 권리관계의 주체인 자를 당사자로 보려는 권리주체설(실체법설)도 있으나, 형식적당사자개념(제52조), 제3자 소송담당 등의 개념 등을 설명할 수 없어 현재는 주장되지 않으므로, 소송현상을 기준으로 당사자를 확정하려는 소송현상설[11](소송법설)을 중심으로 살펴본다.

(2) 判例

1) 원칙

"제3자가 피고를 참칭, 모용 하여 소송을 진행한 끝에 판결이 선고되었다면 피모용자인 피고는 그 소송에 있어서 적법히 대리되지 않는 타인에 의하여 소송절차가 진행됨으로 말미암아 결국 소송관여의 기회를 얻지 못하였다 할 것이니 피고는 상소 또는 재심의 소를 제기하여 그 판결의 취소를 구할 수 있다(대판 1964.11.17. 64다328 등)."고 하여 실질적 표시설의 입장이다.

2) 예외

사망자임을 모르고 그를 피고로 하여 소제기한 경우에는 "원고가 이미 사망한 당사자를 그 사망사실을 모르고 피고로 표시하여 소를 제기하였을 경우에 사실상의 피고는 사망자의 상속인이고 다만 그 표시를 그릇한 것에 불과하다고 해석함이 타당하므로 사자를 피고로 하였다가 그 후 그 상속인들로 당사자표시를 정정하는 신청은 적법하다(대판 1983.12.27. 82다146 등)."고 하여 의사설을 부분적으로 따르고 있다.

---

[11] 소송법설은 ① 원고나 법원이 당사자로 삼으려는 자가 당사자 된다는 의사설, ② 소송상 당사자로 취급되거나 또는 당사자로 행동하는 자가 당사자라고 하는 행위설(행동설), ③ 소송이 개시되는 때에는 표시설에 의하되, 소송진행 뒤에는 누가 당사자로서 행동하였는가, 누가 분쟁주체로서 절차보장을 받았는가를 기준으로 당사자를 확정해야 한다는 규범분류설도 있으나 ④ 소장에 나타난 당사자의 표시를 원칙으로 청구의 취지, 원인 그 밖의 일체의 기재사항 등 소장의 전체를 기준으로 합리적으로 해석, 판단해야 한다는 표시설 내지 실질적 표시설이 통설이다.

3. 성명모용사실 발견시의 법원의 조치

(1) 원고 측 모용의 경우

피모용자가 추인하지 않는 한 소를 각하하여야 하고, 소송비용은 모용자가 부담하게 된다(제108조, 제107조 2항).

(2) 피고 측 모용의 경우

모용자의 소송관여를 배척하고 진정한 피고에게 기일통지를 하여야 한다.

4. 판결의 효력이 미칠 경우 피모용자 구제수단

피모용자는 무권대리인이 대리권을 행사한 경우 같이 판결 확정전이면 상소(제424조 1항 4호), 판결 확정 후이면 재심(제451조 1항 3호)을 제기하여 판결의 효력을 배제할 수 있다. 判例도 "당사자의 이름을 모용하고 이루어진 결정이 확정된 경우에는 적법하게 소송관계의 기회가 부여되지 아니한 것이 될 것으로서 본조 제1항 제3호에서 소송대리권의 흠결을 사유로 하여 재심의 소를 제기할 수 있다(대판 1964.03.31. 63다656)."고 하였다.

Ⅴ 법인격부인과 당사자의 표시정정

1. 법인격부인론의 의의

회사의 독립된 법인격 그 자체는 인정하면서 특정한 법률관계에 한하여 회사의 법인격을 무시하고 그 배후에 있는 실체를 포착하여 구체적으로 타당한 해결을 추구하는 이론을 말한다.

2. 문제점

① 이 사건의 피고는 누구인지, ② 소송물은 몇 개인지, ③ 판결의 효력은 누구에게 미치는지 등의 여러 가지 문제가 제기되는데, 피고 변경의 방법에 대해 살펴본다.

3. 당사자변경의 방법

(1) 학 설

임의적당사자변경설은 법인격부인이라 하여 법인의 존재 자체를 부인하는 것은 아니므로 일반적인 경우는 당사자의 변경이라고 한다(이시윤, 강현중, 전병서). 소송승계설은 부인되는 권리주체와 그 배후자가 형식적으로는 별개의 법인격이지만 실질적으로는 일체성을 가지고 있어 이를 조정할 필요가 있는 점, 절차의 안정성과 명확성을 꾀하여야 한다는 점을 고려하여 소송승계에 준하여 회사로부터 배후자로 참가(제81조)·인수승계(제82조)의 방법을 이용해야 한다고 본다(정동윤·유병현·김경욱).

(2) 判例

1) 소송법적 측면

判例는 구회사에 대한 승소확정판결의 효력이 새로 설립된 신회사에게 미치는가가 문제된 사안에서 "권리관계의 공권적인 확정 및 그 신속, 확실한 실현을 도모하기 위하여 절차의 명확 안정을 중시하는 소송절차 및 강제집행절차에 있어서는 그 절차의 성격상 구회사에 대한 판결의 기판력 및 집행력의 범위를 신회사에까지 확장하는 것은 허용되지 아니한다고 할 것이다(대결 1995.05.12. 93마44531)."라고 판시하였다.

2) 실체법적 측면

① 회사가 외형적으로는 법인의 형식을 갖추고 있으나 법인의 형태를 빌리고 있는데 지나지 않고, ② 실질적으로는 그 배후인 타인의 개인기업에 불과한 경우 그 배후 인에 대하여도 회사의 행위책임을 추궁하는 것이 가능하다(대판 2008.09.11. 2007다90982). 기존회사가 채무를 면탈할 목적으로 기업의 형태·내용이 실질적으로 동일한 신설회사를 설립하였다면, 신설회사 설립은 기존회사의 채무면탈이라는 위법한 목적달성을 위하여 회사제도를 남용한 것이므로, 기존회사의 채권자에게 위 두 회사가 별개의 법인격을 갖고 있음을 주장하는 것은 신의성실 원칙상 허용될 수 없다 할 것이어서 기존회사의 채권자는 위 두 회사 어느 쪽에 대하여서도 채무 이행을 청구할 수 있다(대판 2011.05.13. 2010다94472; 대판 2013.02.15. 2011다103984).

(3) 검 토

일반적으로 구회사와 신회사는 다른 법인격을 가진 것이므로 제260조 등에 의한 당사자변경의 절차에 의할 것, 예외적으로 상대방에 대한 채무면탈을 목적으로 구회사와 인적구성이나 영업목적이 실질적으로 같은 신회사를 설립한 경우에 한하여 소송법상 동일성을 인정하여 당사자표시정정절차에 의해 소장의 피고 당사자란을 정정가능하다(수정임의적당사자변경설).

관련사례

원고 甲은 피고 회사 乙을 상대로 대여금청구의 소에서 승소확정판결을 받았다. 이 때 피고 회사의 대표이사 A가 채무면탈을 목적으로 실질적으로는 인적구성, 영업조직 등이 동일한 회사 丙을 설립하고 있었다면, 甲은 乙회사에 대한 집행권원(구법상의 채무명의)에 기해 丙회사에 대해 강제집행이 가능한가?

해 설

판례는 이 경우 판결의 확장을 인정하지 않는다. 따라서 甲은 乙회사에 대한 집행권원으로는 丙회사에 대해 집행할 수 없다. 다만 이에 대해서는 소송상의 승계인에 준하여 승계집행문에 기해 집행이 가능하다는 견해도 있다. 그러므로 판결의 실효성을 확보하기 위해서는 甲은 乙회사와 丙회사를 공동소송의 형태로 소를 제기하여야 한다. 다만 이 경우의 소송형태에 대해 유사필수적공동소송이라는 견해도 있으나 소송법상 합일확정의 필요는 없으므로 제65조상의 통상공동소송으로 봄이 타당하다(정동윤·유병현·김경욱).

Ⅵ 사망자를 당사자로 한 소송

1. 서 설

(1) 직권조사사항 및 당사자능력의 전제

소송은 비송사건과는 달리 이당사자대립구조를 취한다. 이러한 구조 하에서 대립당사자의 존재는 소송요건이자 법원의 직권조사사항이며 당사자능력의 전제가 된다. 이러한 이당사자대립구조를 관철한다면 일방당사자 사망 시, 소는 소송요건 흠결로 각하되어야 할 것이나, 이러한 결과는 피상속인 사망 시 상속인이 피상속인의 권리·의무를 포괄승계한다는 점과 소송경제의 관점에서 볼 때 불합리한 점이 있다.

(2) 민사소송법의 규정 및 절차진행에 따른 당사자 사망의 영향

민사소송법은 소송계속중의 당사자 일방의 사망은 소송절차의 중단·수계(제233조)나 소송승계(제218조) 등의 문제로 대처하고 있다. 그러나 소제기 당시 이미 일방이 사망한 경우에 대하여는 규정이 없는데, 이 경우 상속인과 피상속인 중 누구를 당사자로 볼 것인가(당사자확정)의 문제가 생긴다. 따라서 소송절차의 진행단계에 따라 당사자의 사망이 소송에 미치는 영향을 검토할 필요가 있다.

2. 소제기 전 사망의 경우의 문제(당사자 확정의 문제)

(1) 당사자확정의 기준

1) 문제점

누가 당사자인지가 확정되어야 그 자가 당사자능력이 있는지, 당사자적격이 있는지 등을 판정할 수 있으므로, 이는 소송요건에 있어 항상 선행해야 하는 문제이다. 민법상의 법률행위에 있어 당사자를 확정하는 것과 유사한 평면의 문제가 된다[12].

2) 判例

① 원 칙

判例는 "제3자가 피고를 참칭, 모용하여 소송을 진행한 끝에 판결이 선고되었다면 피모용자인 피고는 그 소송에 있어서 적법히 대리되지 않는 타인에 의하여 소송절차가 진행됨으로 말미암아 결국 소송관여의 기회를 얻지 못하였다 할 것이니 피고는 상소 또는 재심의 소를 제기하여 그 판결의 취소를 구할 수 있다(대판 1964.11.17. 64다328 등)."고 하여 <u>실질적 표시설의 입장</u>이다.

---

[12] 학설은 소송의 목적인 권리관계의 주체인 자를 당사자로 보려는 **권리주체설**(실체법설)도 있으나 이는 형식적당사자개념(제52조), 제3자 소송담당 등의 개념 등을 설명할 수 없어 현재는 주장되지 않으므로, 소송현상을 기준으로 당사자를 확정하려는 **소송현상설**(소송법설)을 중심으로 이를 살펴본다. 이 경우 소송법설은 원고나 법원이 당사자로 삼으려는 자가 당사자 된다는 **의사설**, 소송상 당사자로 취급되거나 또는 당사자로 행동하는 자가 당사자라고 하는 **행동설**(행위설)도 있으나, 소장에 나타난 당사자의 표시를 원칙으로 청구의 취지, 원인 그 밖의 일체의 기재사항 등 소장의 전체를 기준으로 합리적으로 해석, 판단해야 한다는 **표시설** 내지 **실질적 표시설**이 통설이다.

② 예 외

사망자임을 모르고 그를 피고로 하여 소제기한 경우에는 "원고가 이미 사망한 당사자를 그 사망사실을 모르고 피고로 표시하여 소를 제기하였을 경우에 사실상의 피고는 사망자의 상속인이고 다만 그 표시를 그릇한 것에 불과하다고 해석함이 타당하므로 사자를 피고로 하였다가 그 후 그 상속인들로 당사자표시를 정정하는 신청은 적법하다(대판 1983.12.27. 82다146 등)."고 하여 의사설을 부분적으로 따르고 있다.

(2) 효 과

1) 소송요건·직권조사사항, 소각하 판결

당사자가 실재하는 것은 소송요건의 하나이므로, 당사자가 사망하였는지 여부는 법원이 직권으로 문제 삼아 판단하여야 한다. 특히 표시설에 의하면 사망자가 당사자이기 때문에 당사자가 실재하지 않는 소송이 되어 부적법하게 되며, 법원은 판결로 소를 각하하여야 한다.

2) 소제기 전 사망을 간과한 판결의 효력

소제기 전 사망을 간과하고 판결한 경우 그 판결은 당연무효이다. 이 경우 그 판결이 상속인에게 송달되는 등으로 형식적으로 확정된 것 같은 외형이 생겼다고 하더라도 사망자를 상대로 한 판결이 상속인에 대하여 유효하게 된다고 할 수는 없다(대판 2017.05.17. 2016다274188). 다만 심문절차 내지 변론절차를 거치지 않는 가압류·가처분신청에 대한 결정에 대해서는 ① 신청 전에 이미 사망한 경우에 그 결정은 무효가 되지만(대판 1982.10.26. 82다카884; 대결 1991.03.29. 89그9), ② 신청 후에 사망하였다면 이러한 결정은 유효가 된다[13](대판 1993.07.27. 92다48017).

3) 누락한 상속인에 대한 추가

사망자를 피고로 하여 제소한 제1심에서 원고가 상속인으로 당사자표시정정을 함에 있어서 일부상속인을 누락시킨 탓으로 그 누락된 상속인이 피고로 되지 않은 채 제1심판결이 선고된 경우에 원고는 항소심에서 그 누락된 상속인을 다시 피고로 정정 추가 할 수 없다(대판 1974.07.16. 73다1190).

4) 당연무효 판결에 대한 상소

당사자가 소제기 이전에 이미 사망하여 주민등록이 말소된 사실을 간과한 채 본안 판단에 나아간 원심판결은 당연무효라 할 것이나, 민사소송이 당사자의 대립을 그 본질적 형태로 하는 것임에 비추어 사망한 자를 상대로 한 상고는 허용될 수 없다 할 것이므로, 이미 사망한 자를 상대방으로 하여 제기한 상고는 부적법하다(대판 2000.10.27. 2000다33775). 그러나 그 외관[14]을 제거하

---

13) 당사자 쌍방을 소환하여 심문절차를 거치거나 변론절차를 거침이 없이 채권자 일방만의 신청에 의하여 바로 내려진 처분금지가처분결정은 신청 당시 채무자가 생존하고 있었던 이상 그 결정 직전에 채무자가 사망함으로 인하여 사망한 자를 채무자로 하여 내려졌다고 하더라도 이를 당연무효라고 할 수 없다(대판 1993.07.27. 92다48017).
14) 외관의 의미에 대해서 ① 유효한 판결처럼 보이는 외관을 의미한다고 보는 견해(이시윤, 정동윤)가 있으나, ② 무효인 판결에 의해서 생긴 외관 즉 무효인 판결에 의하여 경료된 등기·등록 등을 말한다고 이해하는 견해가 유력하다(김홍엽).

기 위한 상소는 유효하다. 즉 무효인 가처분결정에 의하여 생긴 외관을 제거하기 위한 방편으로 가처분결정에 대한 이의신청으로써 그 취소를 구할 수 있다(대판 2002.04.26. 2000다30578)[15]. 이 경우 상속인은 언제든지 상소를 할 수 있다[16]. 그리고 죽은 사람의 이름으로 항고를 제기하였더라도 실지 항고를 제기한 행위가 그의 상속인이었다면 항고장에 항고인의 표시를 잘못한 것으로 보고 이를 정정하게 하여야 한다(대결 1971.04.22. 71마279).

5) 당연무효 판결에 대한 재심

원래 재심의 소는 종국판결의 확정력을 제거함을 그 목적으로 하는 것으로 확정된 판결에 대하여서만 제기할 수 있는 것이므로 소송수계 또는 당사자표시 정정 등 절차를 밟지 아니하고 사망한 사람을 당사자로 하여 선고된 판결은 당연무효로서 확정력이 없어 이에 대한 재심의 소는 부적법하다(대판 1994.12.09. 94다16564).

6) 소제기 전 사망자 상대 소송의 판결이 상속인에게 미치는지 여부

표시설을 엄격하게 적용할 경우 당사자는 사망한 피상속인이지 상속인이 아니므로 그 판결의 효력이 상속인에게 미치지 않는다. 다만 이 경우 피고가 사망자임을 모르고 소제기 하고 상속인이 현실적으로 소송에 관여하여 소송을 수행함으로써 상속인과 실질적인 소송관계가 성립된 경우라면 신의칙상 상속인에게 그 소송수행의 결과나 판결의 효력을 미치게 할 수 있다고 본다(통설).

3. 소제기 후 소장부본 송달 전의 경우

(1) 학설

당사자가 소송대리인에게 소송을 의뢰한 후 사망하거나 법원에 소장 발송 후 당사자가 사망한 경우에는 실질적으로 소송계속 후 변론종결 전에 당사자가 사망한 경우와 비슷하므로 제233조의 규정을 유추하여 상속인에게 소송수계를 인정해야 한다는 견해(이시윤), 이 경우는 아직 이당사자 대립구조가 발현된 것이 아니므로 이러한 경우도 제소전 사망의 경우와 동일하게 당사자확정의 문제로 취급하면 된다는 견해(정동윤, 전병서)가 있다.

(2) 判例

1) 소장 제출 후 소장부본 송달 전에 사망한 경우

사망자를 피고로 하는 소제기는 원고와 피고의 대립당사자 구조를 요구하는 민사소송법상의 기본원칙이 무시된 부적법한 것으로서 실질적 소송관계가 이루어질 수 없으므로, 그와 같은 상태에서 제1심판결이 선고되었다 할지라도 판결은 당연무효이며, 판결에 대한 사망인인 피고의 상속인들에 의한 항소나 소송수계신청은 부적법하다. 이러한 법리는 소제기 후 소장부본이 송달

---

[15] 이미 사망한 자를 채무자로 한 처분금지가처분신청은 부적법하고 그 신청에 따른 처분금지가처분결정이 있었다고 하여도 그 결정은 당연무효로서 그 효력이 상속인에게 미치지 않는다고 할 것이므로, 채무자의 상속인은 일반승계인으로서 무효인 그 가처분결정에 의하여 생긴 외관을 제거하기 위한 방편으로 가처분결정에 대한 이의신청으로써 그 취소를 구할 수 있다.

[16] 소제전 사망을 간과한 판결은 당연무효이고, 상속인에 대한 송달도 무효이므로 상소기간이 진행되지 않는다고 보아야 한다.

되기 전에 피고가 사망한 경우에도 마찬가지로 적용 된다(대판 2015.01.29. 2014다34041). (따라서) 사망자를 채무자로 하여 지급명령을 신청하거나 지급명령 신청 후 정본이 송달되기 전에 채무자가 사망한 경우에는 지급명령은 효력이 없다. 설령 지급명령이 상속인에게 송달되는 등으로 형식적으로 확정된 것 같은 외형이 생겼다고 하더라도 사망자를 상대로 한 지급명령이 상속인에 대하여 유효하게 된다고 할 수는 없다. 그리고 회생절차폐지결정이 확정되어 효력이 발생하면 관리인의 권한은 소멸하므로, 관리인을 채무자로 한 지급명령의 발령 후 정본의 송달 전에 회생절차 폐지결정이 확정된 경우에도 채무자가 사망한 경우와 마찬가지로 보아야 한다(대판 2017.05.17. 2016다274188).

2) 소송대리인에게 소송의뢰 후 사망한 경우

당사자가 사망하더라도 소송대리인의 소송대리권은 소멸하지 아니하므로(민사소송법 제95조 제1호), 당사자가 소송대리인에게 소송위임을 한 다음 소 제기 전에 사망하였는데 소송대리인이 당사자가 사망한 것을 모르고 당사자를 원고로 표시하여 소를 제기하였다면 소의 제기는 적법하고, 시효중단 등 소 제기의 효력은 상속인들에게 귀속 된다. 이 경우 민사소송법 제233조 제1항 이 유추적용 되어 사망한 사람의 상속인들은 소송절차를 수계하여야 한다(대판 2016.04.29. 2014다210449).

4. 소송계속 후 변론종결 전의 사망의 경우의 문제

(1) 문제점

이 경우는 당연승계를 전제로 한 소송중단, 상속인에게로 수계사유가 될 뿐 당사자의 확정과는 무관하다. 따라서 이 경우 소송절차 중단과 관련하여 당연승계의 개념과 소송수계절차를 살펴볼 필요가 있다.

(2) 중단요건

> 제233조(당사자의 사망으로 말미암은 중단) ① 당사자가 죽은 때에 소송절차는 중단된다. 이 경우 상속인·상속재산관리인, 그 밖에 법률에 의하여 소송을 계속하여 수행할 사람이 소송절차를 수계(수계)하여야 한다. ② 상속인은 상속포기를 할 수 있는 동안 소송절차를 수계하지 못한다.

소송절차가 중단이 되기 위해서는 ① 소송계속 중 당사자사망 ② 상속인의 존재 ③ 소송물인 권리의무가 상속의 대상이 되어야 한다(제233조). 그리고 피상속인의 사망 전에 선임된 ④ 소송대리인이 없어야 한다(제238조).

(3) 당연승계의 개념인정여부와 소송수계절차와의 비교

1) 의 의

당연승계란 실체법상 사망 등의 포괄승계의 원인이 있으면 소송법상으로도 당사자의 지위는 포괄승계인에게 그대로 이전한다는 것을 말한다.

2) 判例

"당사자가 사망하여 실재하지 아니한 자를 당사자로 하여 소가 제기된 경우는 당초부터 원고와 피고의 대립당사자 구조를 요구하는 민사소송법상의 기본원칙이 무시된 것이므로, 그와 같은 상태 하에서의 판결은 당연무효라고 할 것이지만 일응 대립당사자 구조를 갖추고 적법히 소가 제기되었다가 소송도중 어느 일방의 당사자가 사망함으로 인해서 그 당사자로서의 자격을 상실하게 된 때에는 그 대립당사자 구조가 없어져 버린 것이 아니고, <u>그때부터 그 소송은 그의 지위를 당연히 이어 받게 되는 상속인들과의 관계에서 대립당사자 구조를 형성하여 존재하게 되는 것이고</u>...[대판(전) 1995.05.23. 94다28444]"라고 하여 긍정하는 입장이다.

3) 소송의 당연승계와 소송절차의 수계

소송의 당연승계는 당사자가 사망한 경우 실체법상 피상속인의 권리의무가 상속인에게 승계되고 그것에 대응하여 소송법상 상속인이 피상속인에 대신하여 즉시 당연히 당사자의 지위에 서게 되는 것을 이른다. 이 때 소송절차에 참여할 상속인의 이익보호를 위해 절차가 일시중단 되고(제233조), 상속인은 당사자로서 소송을 속행하기 위하여 절차를 수계하게 된다. 바로 이것이 소송절차의 수계의 개념이다. 즉 <u>상속인은 수계하는 것에 의하여 당사자로 되는 것</u>(이렇게 보는 입장의 최근의 당연승계부정설의 입장이다.)이 아니고, 상속으로 말미암아 당사자로 되는 것에 의해 수계하지 않으면 안 되는 것이다(전병서). 소송의 승계와 소송절차의 수계는 이렇듯 표현은 유사하지만 당연승계의 경우에 개념적으로 확실히 구별해야 할 개념이다.

(4) 중단의 해소

1) 의 의

수계신청이란 당사자 측에서 중단된 절차가 계속 진행되도록 속행을 구하는 신청을 말한다.

2) 수계신청권자

소송절차의 중단은 수계신청이나 법원의 속행명령에 의하여 해소된다. 수계신청권자는 상속인, 상속재산관리인, 유언집행자 또는 수증자들이고(제233조), 상대방도 수계신청을 할 수 있다(제241조).

3) 수계신청법원

종국판결이 송달된 뒤에 중단된 경우에 수계신청을 어디에 내어야 하는지 문제된다. 통설은 제243조 2항과 제397조(상소장의 원법원제출주의)를 근거로 원법원에 해야 한다는 원심법원설이지만, 원법원 또는 상소법원에 수계신청을 할 수 있다는 선택설(판례, 대판 1996.02.09. 94다61649)이 당사자의 절차권 보장을 위해 타당하다고 본다.

4) 수계신청절차

① 형 식

수계신청은 신수행자가 수계의 의사를 명시하여 서면 또는 말로 할 수 있다(제161조). 다만 상대방에게 이를 통지하여야 하므로(제242조) 서면으로 하는 것이 보통이다(주석 민소법[Ⅲ], 507면). 그 신청에 있어서 새로운 수행자는 절차속행의 의사를 표명하는 외에 직권조사에 대비하기 위하여 새로운 수행자의 자격이나 권한을 증명하는 자료, 예를 들면 가족관계증명서, 상업등기부등본, 파산법원의 증명서 등도 제출하여야 한다. 수계신청에는 소정의 인지를 붙여야 한다(민사소송등인지법 10조).

② 실질적 판단

수계신청인가의 여부는 명칭에 구애됨이 없이 실질적으로 판단하여야 한다. 따라서 기일지정신청 또는 당사자표시정정신청도 경우에 따라 수계신청으로 볼 수 있다(수계신청도 당사자표시정정으로 선해할 수 있다)는 것이 판례이다(대판 1980.10.14. 80다623·624). 묵시의 수계도 가능하다(대판 1955.07.07. 4288민상53).

③ 통 지

소송절차의 수계신청이 있는 때에는 법원은 상대방에게 이를 통지하여야 한다(제242조).

5) 수계에 관한 재판

① 소송절차의 수계신청은 법원이 직권으로 조사하여 이유가 없다고 인정한 때에는 결정으로 기각하여야 한다(제243조 1항). 이 결정에 대해서는 통상항고를 할 수 있다. 기각이 되면 중단은 해소되지 않기 때문에 새로운 수계신청이 필요하다. 진정한 수계인이 아닌 참칭수계인임에도 이를 간과한 채 받아들여 본안판결을 하였을 때에는 진정한 수계인에 대한 관계에서는 소송은 중단 상태에 있지만, 참칭수계인에 대해서는 기판력이 미친다(대판 1981.03.10. 80다1895).

② 재판이 송달된 뒤에 중단된 소송절차의 수계에 대하여는 그 재판을 한 법원이 결정하여야 한다(동조 2항). 判例는 "소송수계신청의 적법여부는 법원의 직권조사사항으로서 조사결과 수계가 이유 없다고 인정한 경우에는 이를 기각하여야 하나 이유 있을 때에는 별도의 재판을 할 필요 없이 그대로 소송절차를 진행할 수 있는 것이다(대판 1984.06.12. 83다카1409)."고 한다.

6) 법원의 속행명령

법원은 당사자가 소송절차를 수계하지 아니하는 경우에 <u>직권으로 소송절차를 계속하여 진행하도록 명할 수 있다</u>(제244조).

(5) 당사자사망을 간과하고 한 판결의 효력

1) 문제점

소송계속 중에 당사자가 사망하면 소송은 중단의 예외사유가 없는 한, 소송절차는 중단되어야 하지만 이를 간과하고 판결을 한 경우에 유효한 판결인지가 문제된다[17].

---

17) 학설은 ① 당연승계부정설을 근거로 상속인에 의한 수계가 행해지지 않는 한 이는 당자자가 실재하지 아니한 소송으로서 무효가 된다는 **무효설**(호문혁)도 있으나, ② 당연승계를 긍정하는 전제에서 이 경우 상속인은 즉시 당연히 소송법상 당사자가 되는 것이므로 이당사자대립구조가 무너진 것이 아니고 쌍방심리주의를 보장한다는 소송절차의 중단을 간과한 것에 불과하므로 위법하기는 하지만 일응 유효한 판결이라는 **위법설**(=유효설)

2) 판결의 효력

과거에는 "항소심 소송계속중 당사자가 사망하여 소송이 중단되었으나 소송수계 등 절차를 밟음이 없이 그대로 소송이 진행되어 판결이 선고된 경우 이는 사망한 사람을 당사자로 하여 한 판결로서 당연무효라 할 것이다(대판 1992.06.12. 92다13394 등)."라고 하여 상고의 대상적격도 부정하였다. 그러나 변경된 判例는 "소송계속 중 어느 일방 당사자의 사망에 의한 소송절차 중단을 간과하고 변론이 종결되어 판결이 선고된 경우에는 그 판결은 소송에 관여할 수 있는 적법한 수계인의 권한을 배제한 결과가 되는 절차상 위법은 있지만 <u>그 판결이 당연무효라 할 수는 없고</u>, 다만 <u>그 판결은 대리인에 의하여 적법하게 대리되지 않았던 경우와 마찬가지로 보아 대리권흠결을 이유로 상소 또는 재심에 의하여 그 취소를 구할 수 있을 뿐</u>이므로, 판결이 선고된 후 적법한 상속인들이 수계신청을 하여 판결을 송달 받아 상고하거나 또는 사실상 송달을 받아 상고장을 제출하고 <u>상고심에서 수계절차를 밟은 경우에도 그 수계와 상고는 적법한 것</u>이라고 보아야 하고, 그 상고를 판결이 없는 상태에서 이루어진 상고로 보아 부적법한 것이라고 각하해야 할 것은 아니다[대판(전) 1995.05.23. 94다28444]."고 하여 <u>위법설(=유효설)의 입장</u>을 취하고 있다.

3) 위법한 판결의 추인

소송절차의 중단을 간과한 판결이 반드시 수계인 등 당사자에게 불리한 것은 아니므로, 위법설에 의하면 당사자는 이를 추인할 수 있고, 추인되면 상소사유 또는 재심사유가 소멸한다[18](대판 2003.11.14. 2003다34038). 추인은 상고심에서도 할 수 있다. 당사자의 추인은 명시적 또는 묵시적으로 할 수 있다[대판(전) 1995.05.23. 94다28444].

4) 판결의 형식적 확정

판결은 선고로 효력이 생긴다(제205조). 그러나 형식적 확정은 상고심 판결의 경우에는 선고와 동시에 생기므로 그 시기가 문제되지 않지만, 제1심판결 및 항소심판결의 경우에는 원칙적으로 상소기간 내에 상소를 제기하지 않은 경우에 생긴다(제498조). 따라서 소송절차 중단 중에 판결정본 송달은 무효이고, 소송절차 중단 중에는 상소기간의 진행도 정지되므로(제247조 2항), 절차 중단이 해소되기 전까지는 그 판결의 형식적 확정은 이루어질 수 없다. 그러므로 판결이 형식적으로 확정되기 위해서는 먼저 중단 사유가 발생한 당사자나 상대방의 적법한 수계신청 또는 법원의 속행명령에 의하여 소송절차 중단이 해소된 다음 판결서 송달부터 하여야 한다[주석 민소법(Ⅲ), 531면].

이 통설이다.
18) 소송 계속중 어느 일방 당사자의 사망에 의한 소송절차 중단을 간과하고 변론이 종결되어 판결이 선고된 경우에는 그 판결은 소송에 관여할 수 있는 적법한 수계인의 권한을 배제한 결과가 되는 절차상 위법은 있지만 그 판결이 당연무효라 할 수는 없고, 다만 그 판결은 대리인에 의하여 적법하게 대리되지 않았던 경우와 마찬가지로 보아 대리권흠결을 이유로 상소 또는 재심에 의하여 그 취소를 구할 수 있을 뿐이므로, 판결이 선고된 후 적법한 상속인들이 수계신청을 하여 판결을 송달받아 상고하거나 또는 사실상 송달을 받아 상고장을 제출하고 상고심에서 수계절차를 밟은 경우에도 그 수계와 상고는 적법한 것이라고 보아야 하고, 그 상고를 판결이 없는 상태에서 이루어진 상고로 보아 부적법한 것이라고 각하해야 할 것은 아니고, 민사소송법 제424조 제2항을 유추하여 볼 때 당사자가 판결 후 명시적 또는 묵시적으로 원심의 절차를 적법한 것으로 추인하면 위와 같은 상소사유 또는 재심사유는 소멸한다고 보아야 한다.

5) 판결의 집행

① 문제점

소송계속 중의 사망을 간과하고 판결이 선고되어 형식적으로 확정된 경우, 확정되지 아니한 가집행선고부판결의 경우, 이미 사망한 자가 당사자로 표시된 판결에 기하여 승계인이 강제집행을 하거나 승계인에 대하여 강제집행을 하기 위해서는 소송상 지위를 당연승계한 상속인의 이름으로 집행문을 부여 받아야 하는데, 그 방법이 문제된다.

② 집행문 부여 방법

판결문 상 당사자 표시가 실질적 당사자와 달리 표시된 것이므로 우선 제211조에 의한 판결경정결정에 의하여 판결문상 당사자표시를 승계인으로 시정한 후 승계인 명의로 통상의 집행문을 부여받아야 한다는 판결경정설(조관행)과 민사집행법 제31조를 유추적용하거나 준용하여 승계집행문을 부여받아야 한다는 승계집행문설(유병현)이 있다. 判例는 "소송계속 중 어느 일방 당사자의 사망에 의한 소송절차 중단을 간과하고 변론이 종결되어 판결이 선고된 경우에는 그 판결은 소송에 관여할 수 있는 적법한 수계인의 권한을 배제한 결과가 되는 절차상 위법은 있지만 그 판결이 당연 무효라 할 수는 없고, 다만 그 판결은 대리인에 의하여 적법하게 대리되지 않았던 경우와 마찬가지로 보아 대리권 흠결을 이유로 상소 또는 재심에 의하여 그 취소를 구할 수 있을 뿐이므로, 이와 같이 사망한 자가 당사자로 표시된 판결에 기하여 사망자의 승계인을 위한 또는 사망자의 승계인에 대한 강제집행을 실시하기 위하여는 민사소송법 제481조(현 민사집행법 제31조)를 준용하여 승계집행문을 부여함이 상당하다(대결 1998.05.30. 98그7)."고 하여 승계집행문설의 입장이다.

4. 변론종결 뒤의 사망

(1) 변론종결 뒤, 판결 선고 전에 사망한 경우

이 경우 법원은 판결을 선고할 수도 있다(제247조 1항). 변론이 종결된 이상 당사자가 관여할 소송행위가 없는 것이 보통이고, 신속히 판결을 선고하는 것이 적당하기 때문이다. 판결 선고가 적법하기 위해서는 중단 전에 선고기일이 지정되어 유효한 고지가 있어야 한다[19]. 중단 후에는 기일지정을 할 수 없기 때문이다. 중단 중에 적법하게 선고된 판결이라고 하더라도 중단 중에 이를 송달 하는 행위는 효력이 없으므로[20], 그 송달은 중단 해소 후에 하여야 한다.

---

[19] 판결의 선고는 당사자가 재정하지 아니하는 경우에도 할 수 있는 것이므로 법원이 적법하게 변론을 진행한 후 이를 종결하고 판결선고기일을 고지한 때에는 재정하지 아니한 당사자에게도 그 효력이 있는 것이고, 그 당사자에 대하여 판결선고기일 통지서를 송달하지 아니하였다 하여도 이를 위법이라고 할 수 없다(대판 2003.04.25. 2002다72514).

[20] 피고가 변론종결 후에 사망한 상태에서 판결이 선고된 경우, 망인에 대한 판결정본의 공시송달은 무효이고, 상속인이 소송절차를 수계하여 판결정본을 송달받기 전까지는 그에 대한 항소 제기 기간이 진행될 수도 없다(대판 2007.12.14. 2007다52997).

(2) 판결 선고 후, 판결확정 전에 사망한 경우

이 경우는 판결문 송달의 문제가 생기는데 소송수계를 한 승계인에게 송달되어야 한다. 그리고 소송대리인이 있어 절차가 중단되지 않는 경우에는 소송대리인에게 송달이 행해져야 할 것이나, 判例는 본인(상속인)에게 송달이 되어도 위법한 것은 아니라고 한다(대결 1964.05.12. 63아37).

(3) 판결이 확정된 후에 사망한 경우

이 경우 판결의 기판력은 변론 종결 뒤의 승계인인 상속인에게 당연히 미친다(제218조). 그리고 이 판결을 집행하기 위해서는 승계집행문을 부여받아야 한다(민사집행법 제31조, 유병현). 다만 판결의 경정(제211조)이 가능하다고 보는 견해도 있다(조관행).

5. 기타문제

(1) 공동소송의 경우

통상공동소송의 경우 당해 사망자와 그 상대방 사이에서만 중단되나(제66조), 필수적 공동소송의 경우 전원에 대하여 중단의 효과가 발생한다(제67조).

(2) 보조참가의 경우

보조참가인이 사망한 경우 보조참가인은 당사자가 아니므로, 본 소송은 중단되지 않는다. 다만 공동소송적 보조참가인의 경우에는 소송절차가 중단된다(제78조).

(3) 선정당사자의 경우

선정당사자의 일부가 사망한 경우에는 중단되지 않으며, 다른 선정당사자가 소송을 속행한다(제54조). 선정당사자의 전원이 사망한 경우에는 선정당사자 전원 또는 새로운 선정당사자가 소송을 수계할 때까지 중단된다(제237조 2항). 선정자가 사망한 경우에는 선정당사자의 자격에 영향을 미치지 않는다.

(4) 태아가 당사자인 경우

태아의 당사자능력을 인정하는 학설 중 해제조건설에 의하면, 소송계속 중에 사산되면 당사자능력 흠결로서 소를 각하할 것이고, 판결확정 후 사산되는 경우에는 무효 판결이 된다.

제3절 당사자의 자격

	* 법률행위론		*소송행위론	
	성립요건	효력요건	성립요건	효력요건
당사자		권리능력(民 제3조) 의사능력 행위능력(民 제4조)	당사자 (원,피고)	당사자능력 - 실체적 당사자개념(民訴 제51조) 　　　　　　형식적 당사자개념(民訴 제52조)
				당사자적격 =특정소송 자격 =민법상 관리처분권 =소송수행권
				소송능력(民訴 제51조)
목적	확정, 가능, 적법, 타당		청구 = 소송물	확정, 가능, 적법, 타당
의사표시	의사와 표시의 일치 하자(瑕)가 없어야 함.		의사표시	하자불고려설(다수설, 판례) 하자고려설

제1관 당사자능력

I 의 의

　　당사자능력이란 일반적으로 당사자가 될 수 있는 소송법상의 능력, 즉 소송법상의 모든 효과의 귀속주체가 될 수 있는 능력을 말한다. 원고나 피고가 될 수 있는 능력으로, 민법상의 권리능력에 대응하는 개념이다(제51조).

II 당사자능력자

1. 권리능력자

> 제51조(당사자능력·소송능력 등에 대한 원칙) 당사자능력(당사자능력), 소송능력(소송능력), 소송무능력자(소송무능력자)의 법정대리와 소송행위에 필요한 권한의 수여는 이 법에 특별한 규정이 없으면 민법, 그 밖의 법률에 따른다.

(1) 자연인[21]

　　자연인은 모두 민사소송에 있어서의 당사자능력자이다(민사소송법 제51조, 도롱뇽[22] 등의 당사

---

[21] 동물의 생명보호, 안전 보장 및 복지 증진을 꾀하고 동물의 생명 존중 등 국민의 정서를 함양하는 데에 이바지함을 목적으로 한 동물보호법의 입법 취지나 그 규정 내용 등을 고려하더라도, 민법이나 그 밖의 법률에 동물에 대하여 권리능력을 인정하는 규정이 없고 이를 인정하는 관습법도 존재하지 아니하므로, 동물 자체가 위자료 청구권의 귀속주체가 된다고 할 수 없다. 그리고 이는 그 동물이 애완견 등 이른바 반려동물이라고 하더라도 달리 볼 수 없다(대판 2013.04.25. 2012다118594).

[22] 도롱뇽은 천성산 일원에 서식하고 있는 도롱뇽목 도롱뇽과에 속하는 양서류로서 자연물인 도롱뇽 또는 그를

능력은 부정된다. 아르헨티나 법원은 우랑우탄에 비인간인격체(non-human person) 인정). 외국인은 외국 국적자와 무국적자를 포함하는데 내국인과 같은 당사자능력이 인정된다. 치외법권자도 우리나라의 재판권에 복종하지 아니할 뿐 당사자능력이 있다. 따라서 원고로서 스스로 소제기 할 수 있고 치외법권을 포기하면 피고로 될 수 있다. 태아의 경우에는 자연인의 권리능력이 출생으로부터 시작되므로 당사자능력도 출생으로부터 시작된다. 그러므로 태아는 당사자능력이 없음이 원칙이다. 그런데 민법은 태아에 관하여 개별적 보호주의를 취하여, 불법행위로 인한 손해배상청구, 재산상속, 대습상속, 유증 등의 경우에는 이미 출생한 것으로 보아 태아에게도 자연인과 동일한 권리능력이 있는 것으로 본다. 이것을 소송법상 어떻게 해석하느냐의 문제는 있다(정지조건설, 해제조건설의 대립).

(2) 법 인

1) 법인은 공법인, 사법인, 영리법인, 비영리법인을 막론하고 모두 당사자능력이 인정된다(민법 제34조, 민사소송법 제51조). 법인은 해산 또는 파산하더라도 청산이나 파산의 목적의 범위 내에서 존속하므로 당사자능력이 있다. 청산이 종료되면 당사자능력을 상실하는 것이 원칙이지만 청산종결등기를 하였더라도 채권이 있다면 그 한도에서 청산이 종료된 것은 아니므로 청산법인은 당사자능력을 보유한다(대판 1992.10.09. 92다23087). 소송계속 중 법인이 합병을 하여 법인격이 소멸되면 당사자능력이 없게 되고(대판 1969.06.24. 69다837), 이때에는 합병 후 신설회사나 합병 후 존속회사가 소송을 승계한다. 또한 법인의 기관인 학교장[23](대판 1987.04.04. 86다카2479), 그 지방조직, 내부부서에 불과한 지점[24](대판 1982.10.12. 80누495)이나 분회 등에는 당사자능력이 인정되지 않는다. 지방자치단체인 군(郡)의 하부행정구역인 읍·면도 당사자능력이 부정 된다(대판 2002.03.29. 2001다83258). 그리고 사회복지법인 등 비영리법인과 단체가 신청에 따라 보장기관으로부터 '지역자활센터'로 지정되는 것이므로 특별한 사정이 없는 한 '지역자활센터'를 그 신청인과는 별개의 독립된 단체로 볼 수는 없다(대판 2013.10.11. 2013다38442). 또한 노인요양원이나 노인요양센터도 당사자능력이 부정 된다[25](대판 2018.08.01. 2018다227865).

포함한 자연 그 자체로서는 소송을 수행할 당사자능력을 인정할 수 없다(대결 2006.06.02. 2004마1148·1149, 천성산원효터널 공사금지가처분사건).
23) 사립대학교 학장은 학교법인의 기관의 하나에 지나지 아니하여 민사소송상의 당사자 적격이 인정되지 아니하며, 이러한 결론은 사립학교법(1981.2.28 법률 제3373호로 개정된 것) 제53조의2 제2항, 제61조 제1항이 학교장에게 대학교육기관의 교원의 임면권 및 교원징계처분권을 부여하고 있고 이에 따라 위 대학장이 교수에 대한 파면처분을 하게 되었다 하여도 이는 학교법인의 한 기관으로서 그 소관사무를 처리한데 지나지 않는 것이므로 그러한 사항에 관한 민사소송에 있어서도 당사자 적격이 있다고는 할 수 없다(대판 1987.04.14. 86다카2479).
24) 법인의 지점은 법인격이 없으며 소득세법 제1조 제2항 제4호가 외국법인의 국내지점 또는 국내영업소(출장소 기타 이에 준하는 것을 포함한다)는 소득세법에 의하여 원천징수한 소득세를 납부할 의무를 진다고 규정하고 있으나 이는 외국법인의 국내지점에서 소득세를 원천징수할 소득금액 또는 수입금액을 지급하는 경우에는 그 소득세를 원천징수, 납부할 의무가 있다는 취지의 규정에 지나지 아니할 뿐 나아가 동 외국법인의 국내지점에 법인격을 부여하는 취지의 규정이라 볼 수 없으므로 외국법인의 국내지점은 소송 당사자 능력이 없다(대판 1982.10.12. 80누495).
25) [1] 민사소송법 제51조는 '당사자능력은 이 법에 특별한 규정이 없으면 민법, 그 밖의 법률에 따른다.'고 정하고, 제52조는 '법인이 아닌 사단이나 재단은 대표자 또는 관리인이 있는 경우에는 그 사단이나 재단의 이름으

2) 국가·지방자치단체·영조물법인·공공조합 등도 민법상 법인이어서 권리능력을 가지므로, 당사자능력이 있다(제6조 참조). 그러나 국가의 기관임에 그치는 행정청은 행정소송에서는 피고능력이 인정되지만(행정소송법 제13조), 일반민사소송의 당사자능력은 인정되지 않는다(반론보도청구는 예외). 그러므로 입법기관인 국회(대판 1961.10.05. 4292행상63), 행정기관인 농지위원회(대판 1962.04.18. 4294민상1397) 등은 당사자능력이 없다.

> ■ **국가소송에 대한 특례**
>
> **1. 국가소송수행자**
> 법무부장관은 검사·공익법무관·각급 행정청의 직원 중에서 국가소송수행자를 임의로 지정할 수 있으므로, 변호사의 자격이 없어도 소송수행자로 지정될 수 있다(국가를 당사자로 하는 소송에 관한 법률 제3조).
>
> **2. 인지 납부 여부**
> 국가는 국가를 당사자로 하는 소송 및 행정소송 절차에서 인지납부와 담보공탁을 요하지 않는다(인지·첨부·첨부 및 공탁제공에 관한 특례법 제2조, 제3조). 다만 國이 당사자 일방을 위하여 보조참가하고 있는 소송은 본조에서 말하는 국가를 당사자로 하는 소송이 아니므로 國이 보조참가인의 자격으로 제1심판결에 불복하여 항소를 제기함에 있어서는 응당 민사소송인지법 소정의 인지를 첨부하여야 한다(대결 1969.10.18. 69마683).

2. 법인 아닌 사단·재단

> 제52조(법인이 아닌 사단 등의 당사자능력) 법인이 아닌 사단이나 재단은 대표자 또는 관리인이 있는 경우에는 그 사단이나 재단의 이름으로 당사자가 될 수 있다.

(1) 제52조의 취지

민사소송법 제52조가 비법인사단의 당사자능력을 인정하는 것은 법인이 아니라도 사단으로서의 실체를 갖추고 그 대표자 또는 관리인을 통하여 사회적 활동이나 거래를 하는 경우에는, 그로 인하여 발생하는 분쟁은 그 단체가 자기 이름으로 당사자가 되어 소송을 통하여 해결하도록 하기 위한 것이다(대판 2021.06.24. 2019다278433). 그러므로 여기서 말하는 사단이라 함은 일정한 목적을 위하여 조직된 다수인의 결합체로서 대외적으로 사단을 대표할 기관에 관한 정함이 있는 단체를 말하고, 어떤 단체가 비법인사단으로서 당사자능력을 가지는가 하는 것은 소송요건에 관한 것으로서 사실심의 변론종결일을 기준으로 판단하여야 한다.

(2) 법인 아닌 사단

1) 의 의

법인 아닌 사단이란 일정한 목적하에 이루어진 다수인의 결합체로서, 그 구성원의 가입·탈퇴

로 당사자가 될 수 있다.'고 정하고 있다. 따라서 권리능력이 있는 자연인과 법인은 원칙적으로 민사소송의 주체가 될 수 있는 당사자능력이 있으나, 법인이 아닌 사단과 재단은 대표자 또는 관리인이 있는 경우에 한하여 당사자능력이 인정된다. [2] 노인요양원이나 노인요양센터는 일반적으로 노인성질환 등으로 도움을 필요로 하는 노인을 위하여 급식·요양과 그 밖에 일상생활에 필요한 편의를 제공함을 목적으로 하는 시설, 즉 노인의료복지시설을 가리킨다. 이는 법인이 아님이 분명하고 대표자 있는 비법인 사단 또는 재단도 아니므로, 원칙적으로 민사소송에서 당사자능력이 인정되지 않는다(대판 2018.08.01. 2018다227865).

에 관계없이 존속하며, 대내적으로 그 결합체의 의사를 결정하고 업무를 집행할 기관에 관한 정함이 있고, 대외적으로 그 결합체를 대표할 대표자나 관리인의 정함이 있는 것을 말하지만, 법인 등기를 하지 않은 단체를 의미한다.

2) 구체적 예

학회, 동창회, 설립중의 회사, 노동조합, 정당, 동민회, 자연부락, 직장주택조합(직장청산위원회), 교회(천주교회는 제외), 사찰, 불교신도회, 문중, 종중, 아파트입주자대표회의, 소비자단체, 상가번영회 등이 이에 해당한다. 다만 법인격 없는 사단 자체가 당사자능력을 갖는 것이므로, 그 내부기관(노동조합의 선거관리위원회, 대한불교조계종의 총무원 등)은 당사자능력이 인정되지 않는다. 그러나 하부조직이라고 하더라도 독자적인 규약을 가지고 독립한 활동을 하고 있는 독자적인 사회적 조직체로 인정되는 경우에는 당사자능력이 인정된다(대판 1977.01.25. 76다2194, 전국해원노동조합 목포지부; 대판 2009.01.30. 2006다60908, 충남대전 △△△△△△시민연합 등).

(3) 법인 아닌 재단

1) 의 의

법인 아닌 재단이란 일정한 목적을 위하여 결합된 재산의 집단으로서 출연자 자신으로부터 독립하여 존재하며 관리, 운영되는 것을 말하지만, 법인 등기를 하지 않은 단체를 의미한다. 즉 제52조에 의하여 당사자로 인정되는 것은 재단의 실질을 갖고 있으나 주무관청의 허가가 없어 법인격을 취득하지 못한 것이다.

2) 구체적 예

사회사업을 위해 모집한 기부재산, 육영회, 대학교장학회, 유치원 등을 말한다.

3) 학 교

判例는 국립·공립·사립·각종 학교 등 어느 것을 막론하고 교육을 위한 시설(영조물)에 불과하다고 하여 학교의 당사자능력을 부인하고 있다. 즉 학교의 경우에는 ① 국립학교[26)]의 경우에는 국가가 ② 공립학교의 경우에는 자치단체가 ③ 사립학교의 경우에는 학교법인이 ④ 각종 학교의 경우에는 설립자 등 운영주체가 당사자가 된다. 즉 학교는 교육시설의 명칭으로서 일반적으로 법인도 아니고 대표자 있는 법인격 없는 사단 또는 재단도 아니기 때문에, 원칙적으로 민사소송에서 당사자능력이 인정되지 않는다. 이러한 법리는 비송사건에서도 마찬가지이다[27)](대결 2019.03.25. 2016마5908).

---

26) 서울대학교가 국가가 설립·경영하는 학교임은 공지의 사실이고, 학교는 법인도 아니고 대표자 있는 법인격 없는 사단 또는 재단도 아닌 교육시설의 명칭에 불과하여 민사소송에 있어 당사자능력을 인정할 수 없다(대판 2001.06.29. 2001다21991). 다만 최근 서울대법인화법의 통과로 현재 서울대학교는 특수법인이다.
27) 甲 외국인학교의 이사인 乙이 甲 학교의 임시이사를 선임해달라는 신청을 한 사안에서, 위 신청은 甲 학교의 당사자능력이 인정되지 않아 부적법하므로 각하하여야 하는데도, 이를 간과하고 본안에 하여 판단한 원심판단에 법리오해의 잘못이 있다고 한 사례

(4) 소송상 취급

1) 원 칙

　법인 아닌 사단이나 재단이 원고 또는 피고가 된 경우에는 법인이 당사자일 때와 마찬가지의 소송상 취급을 한다.

2) 당사자

　법인 아닌 사단·재단 그 자체가 당사자가 되며, 사단 또는 재단의 대표자·관리인은 법정대리인에 준해 취급된다(제64조). 사단의 구성원 또는 재단의 출연자는 당사자가 아니다. 인적 재판적이나 법관의 제척·기피의 원인은 그 사단·재단 자체를 표준으로 하여 결정된다.

3) 판결의 효력

　판결의 기판력이나 형성력은 당사자인 사단이나 재단에 대해서만 미치고 사단의 구성원이나 재단의 출연자는 그 효력을 받지 아니 한다[28](대판 1978.11.01. 78다1206).

4) 강제집행의 대상

　강제집행의 대상은 사단이나 재단의 고유재산 뿐이며, 사단·재단 자체가 집행당사자(채권자·채무자)로서 취급된다.

3. 조합의 경우 - 조합의 당사자능력인정여부(제52조 유추적용여부)

(1) 비법인사단과 조합의 구별

　이의 구별에 대해서는 일반적으로 그 단체성의 강약을 기준으로 판단하여야 하는 바, 민법상 조합의 명칭을 가지고 있는 단체라 하더라도 고유의 목적을 가지고 사단적 성격을 가지는 규약을 만들어 이에 근거하여 의사결정기관 및 집행기관인 대표자를 두는 등의 조직을 갖추고 있고, 기관의 의결이나 업무집행방법이 다수결의 원칙에 의하여 행해지며, 구성원의 가입, 탈퇴 등으로 인한 변경에 관계없이 단체 그 자체가 존속하고, 그 조직에 의하여 대표의 방법, 총회나 이사회

---

[28] 확정판결의 기판력은 그 판결의 주문에 포함된 것, 즉 소송물로 주장된 법률관계의 존부에 관한 판단의 결론 그 자체에만 생기는 것이고, 판결이유에 설시된 그 전제가 되는 법률관계의 존부에까지 미치는 것은 아니고, 건물철거 및 토지인도청구권을 소송물로 하는 소송은 소유권 자체의 확정이 아니라 건물철거청구권 및 토지인도청구권의 존부만을 목적으로 할 따름이므로 그 소송에서 부동산의 권리귀속에 관한 판단이 있었다고 하더라도 그 기판력은 판결주문에 표시된 건물철거청구권 및 토지인도청구권에 국한되고 판결이유 중의 부동산 권리귀속에 관한 판단 부분에까지 미치지는 아니한다. 또한 기판력이 미치는 주관적 범위는 신분관계소송이나 회사관계소송 등에서 제3자에게도 그 효력이 미치는 것으로 규정되어 있는 경우를 제외하고는 원칙적으로 당사자, 변론을 종결한 뒤의 승계인 또는 그를 위하여 청구의 목적물을 소지한 사람과 다른 사람을 위하여 원고나 피고가 된 사람이 확정판결을 받은 경우의 그 다른 사람에 국한되고, 그 외의 제3자나 변론을 종결하기 전의 승계인에게는 미치지 않는 것이며(민사소송법 제218조 제1항, 제3항), 한편 민사소송법 제52조에 의하여 대표자가 있는 법인 아닌 사단이 소송의 당사자가 되는 경우에도 그 법인 아닌 사단은 대표자나 구성원과는 별개의 주체이므로, 그 대표자나 구성원을 당사자로 한 판결의 기판력이 법인 아닌 사단에 미치지 아니함은 물론 그 법인 아닌 사단을 당사자로 한 판결의 기판력 또한 그 대표자나 구성원에게 미치지 아니하는 것이 당연하다(대판 2010.12.23. 2010다58889).

등의 운영, 자본의 구성, 재산의 관리 기타 단체로서의 주요사항이 확정되어 있는 경우에는 비법인사단으로서의 실체를 가진다고 할 것이다(대판 1992.07.10. 92다2431).

(2) 조합의 당사자능력 인정 여부29)

判例는 "구성원의 직업재활과 자립정착의 달성 등을 목적으로 하여 설립된 <u>원호대상자광주목공조합</u>은 조합에 가입하려면 전 조합원의 동의를 얻어야 하고, 탈퇴하려면 조합원 3분의2 이상의 동의를 얻어야 하며, 조합자산은 원칙적으로 균일지분에 의하여 조합원에게 합유적으로 귀속되어 조합원이 단독으로 그 분할청구를 하지 못하도록 되어 있는 사실에 비추어 보면 민법상의 조합의 실체를 가지고 있으므로 <u>소송상 당사자능력이 없다</u>(대판 1991.06.25. 88다카6358)."한다. 그리고 "채권자 137명이 정관이나 규약을 작성하지는 아니한 채, 다만 소외 甲, 乙, 丙 등 10인을 대표자로 선임하여 「주식회사 A의 채권단」을 구성한 사안에서 위 채권단이 비법인사단으로서의 실체를 갖추지 못하였다는 이유로 당사자능력을 부정(대판 1999.04.23. 99다4504)."하여 부정설의 입장이다. 그리고 '건설공동수급체30)', '번호계31)'도 당사자능력이 없다.

(3) 기타의 경우

변호사법 제58조의 26은 법무조합이 민법상 조합규정을 준용함에도 당사자능력을 인정하였다. 그리고 언론중재 및 피해구제에 관한 법률 제14조 4항에서도 당사자능력 없는 자라도 정정 보도를 청구할 수 있다고 하였다. 조합의 명칭이 가지고 있다고 하여도 바로 민법상 조합이라고 판단하여서는 아니 되고, 명칭에 구애됨이 없이 사단인가 조합인가는 실질에 의하여 판단하여야 한다(대판 1992.07.10. 92다2431). 농업협동조합·수산업협동조합·도시 및 주거환경정비법상의 조합·협동조합법상의 협동조합 등은 명칭은 조합이지만, 실질은 법인이다.

---

29) ① 부정설은 민법 제703조와 같이 조합은 공동의 사업목적을 위한 조합원간의 계약적 기속관계에 불과하므로 사단과 명백히 구별되는 것이고, 민법 제712조가 조합의 채무에 대하여 조합재산 외에 조합원 개인도 분담하여 각자의 재산으로 무한책임을 지게하고 있는 것에 비추어 볼 때, 조합의 당사자능력을 인정하는 경우 조합 자체에 대한 판결로써 그 구성원인 조합원에 대한 분할책임을 추구할 수 있을 것인가 하는 문제가 발생하므로 부정함이 타당하다는 견해이다. ② 긍정설은 민법상 조합도 비록 약하기는 하나 단체성이 인정되는 점, 당사자능력을 부정하는 경우 조합과 사단의 구별의 상대성에 의하여 절차의 안정 및 명확성의 이념에 반하는 문제가 있는 점, 조합에 대한 소송 시 누가 조합원인지 조사하여야 하고 전원을 피고로 하여 소송을 제기하여야 하는 불편이 있는 점에 비추어 민법상 조합의 소송능력을 인정함이 타당하다는 견해이다.
30) 공동이행방식의 공동수급체는 기본적으로 민법상 조합의 성질을 가지는 것이므로, 공동수급체가 공사를 시행함으로 인하여 도급인에 대하여 가지는 채권은 원칙적으로 공동수급체 구성원에게 합유적으로 귀속하는 것이어서 특별한 사정이 없는 한 구성원 중 1인이 임의로 도급인에 대하여 출자지분 비율에 따른 급부를 청구할 수 없고, 구성원 중 1인에 대한 채권으로써 그 구성원 개인을 집행채무자로 하여 공동수급체의 도급인에 대한 채권에 대하여 강제집행을 할 수 없다. 그러나 공동이행방식의 공동수급체와 도급인이 공사도급계약에서 발생한 채권과 관련하여 공동수급체가 아닌 개별 구성원으로 하여금 지분비율에 따라 직접 도급인에 대하여 권리를 취득하게 하는 약정을 하는 경우와 같이 공사도급계약의 내용에 따라서는 공사도급계약과 관련하여 도급인에 대하여 가지는 채권이 공동수급체 구성원 각자에게 지분비율에 따라 구분하여 귀속될 수도 있고, 위와 같은 약정은 명시적으로는 물론 묵시적으로도 이루어질 수 있다(대판(전) 2012.05.17. 2009다105406).
31) 집행판결을 청구하는 소도 소의 일종이므로 통상의 소송에서와 마찬가지로 당사자능력 등 소송요건을 갖추어야 한다. 따라서 <u>원고는 번호계로서 법인 아닌 사단으로서의 실체를 가지지 못하여 당사자능력이 없으므로</u> 집행판결을 청구하는 원고의 이 사건 소는 부적법하다고 판단한 것은 정당하다(대판 2015.02.26. 2013다87055).

(3) 소송수행방법의 간명 화 수단의 고찰

1) 문제점

 조합의 경우 공동소유형태가 합유가 되어 민법상 관리처분권이 공동으로 귀속하는 관계이므로, 고유필수적공동소송관계가 되어 소송관계가 복잡해지고 소송이 지연될 수 있는 문제가 있으므로, 간명 화 수단의 강구가 필요하다. 공통의 소송대리인을 선임하여 소송을 수행하는 방법도 소송을 간명하게 수행하는 방법이기는 하나, 이 경우 소송대리인은 변호사여야 하고(제87조), 조합원 개개인마다 소송요건의 존부에 대한 심리를 하여야 하므로 보다 효율적인 방법이 필요하다.

2) 업무집행조합원이 당사자가 되는 경우

 ① 선정당사자제도의 활용

 조합원간은 필수적 공동소송관계에 있거나 권리·의무가 동일한 사실상·법률상 원인에 의하여 발생한 관계에 있으므로, 제53조의 공동의 이해관계가 있는 공동소송에 해당하는 바, 선정당사자를 선정하여 그로 하여금 소송을 수행케 함으로써 소송관계를 간명히 할 수 있다. 선정당사자가 받은 판결은 제218조 3항에 의해 당연히 선정자에게 미치나, 선정당사자명의의 판결로써 선정자에게 집행하기 위해서는 승계집행문을 부여받아야 한다.

 ② 임의적 소송담당의 인정여부

 가. 문제점

 원칙적으로 소송신탁금지(신탁법 제6조)와 변호사대리의 원칙(제87조)을 잠탈할 우려가 있기 때문에 선정당사자제도와 같이 명문의 규정이 있는 경우를 제외하고는 임의적 소송담당은 허용되지 않는다.

 나. 判例

 判例는 동백홍농계 사건에서 "민법상의 조합에 있어서 조합규약이나 조합결의에 의하여 자기의 이름으로 조합재산을 관리하고 대외적 업무를 집행할 권한을 수여받은 업무집행조합원이 조합재산에 관한 소송에 관하여 조합원으로부터 임의적 소송신탁을 받아 자기의 이름으로 소송을 수행하는 것은 허용 된다(대판 1984.02.14. 83다카1815)."고 하여, 임의적 소송담당을 예외적으로 인정하고 있다[32].

3) 업무집행 조합원이 소송대리인이 되는 경우

 ① 업무집행조합원을 법률상 대리인으로 인정하는 방법

---

[32] 1979.8.13에 열린 동백홍농계원 임시총회는 20여건에 이르는 소송수행 등 계의 효율적 운영을 위하여 이 사건 피고 홍규석을 계장 겸 계업무 특별수권집행자 같은 송성용을 상임이사 겸 계업무 특별수권집행자로 각 선출하였음이 갑 제5호증에 의하여 인정되는 바이므로 원심이 이를 조합원이 피고들에게 그 이름으로 소송행위를 하도록 소송수행권을 부여한 것이 아니라 조합의 업무집행 및 대표권에 관한 것일 뿐임을 인정할 수 있다는 증거판단 자체도 위 서증의 명문에 반할 뿐더러 원심으로서는 위 결의의 취지를 심리하여 그 의결이 임의적 소송신탁을 포함하는 것이라면 피고에게 이 사건의 당사자적격을 인정하였음이 마땅하다 할 것임에도 불구하고 앞에 쓴 바와 같은 이유로 이 사건 소를 부적법하다고 이를 각하한 제1심판결을 유지한 원심판결은 민사소송법의 해석을 그르친 것으로 이 점에 관한 상고논지는 그 이유가 있다(대판 1984.02.14. 83다카1815).

민법 제709조의 해석상 포괄적 대리권이 있으므로 소송행위 대리권도 포함되고, 간명한 소송수행과 소송경제 관점에서 법률상 대리인을 긍정해야 한다(통설).

② 소송위임에 의한 소송대리인

제88조 제1항은 단독사건의 경우 법원의 허가를 얻으면 비변호사도 소송대리인으로 선임을 할 수 있게 하고 있다. 조합의 업무집행조합원이 비변호사인 경우 기타 특별한 관계에 있는 자라고 할 수 있으므로 제88조 제1항에 따라 법원의 허가를 얻어 소송대리인이 될 수 있다.

III 당사자능력의 조사와 그 능력 없을 때의 효과

1. 직권조사사항

(1) 당사자능력이 없는 자의 이름으로는 재판을 할 수 없는 것이므로 당사자능력의 존부는 본안판결을 하기 위한 전제요건이다. 따라서 법인 아닌 사단·재단의 존부 및 그 대표자의 자격에 관한 사항은 직권조사사항이고 그 결과 법원은 당사자의 자백에 구속되지 않는다.

(2) 그러나 법원이 그 판단의 기초자료인 사실과 증거를 직권으로 탐지하여야 하는 것은 아니며, 직권조사사항이라고 하더라도 법원이 그 사항에 관하여 의문을 갖지 아니하는 경우에는 특별히 석명을 하거나 기타 조사를 할 필요도 없다.

(3) 피고로부터 당사자능력 흠결의 항변이 있으나 조사결과 당사자능력이 있는 것으로 드러나면 중간 판결이나 종국판결의 이유에서 이를 판단한다.

2. 당사자능력에 흠이 있는 경우

(1) 당사자능력이 없을 때

조사결과 당사자능력이 없을 때에는 종국판결로써 소를 각하하고(민사소송법 제219조), 원고에게 당사자능력이 없는 때에는 사실상 소를 제기한 자에게, 그리고 피고에게 당사자능력이 없는 때에는 원고에게 각각 소송비용의 부담을 명하여야 할 것이다.

(2) 당사자능력자로 보정할 수 있는 경우

소장의 기재로 보아 당사자가 당사자능력이 없어도 소장전체의 취지를 합리적으로 해석하여 당사자능력자로 보정할 수 있는 경우, 예를 들어 처분행정청을 국가로 보정할 수 있는 경우에는 민사소송법 제59조(소송능력 흠결의 보정)를 유추적용 하여 당사자표시정정의 형태로 보정을 명하고 각하할 것이 아니다(당사자표시정정설). 당사자능력이 없다고 하여 소각하한 판결에 대하여는 상소로써 그 취소를 구할 수 있고 이 경우에는 상소한 무능력자를 상소제기의 한도 내에서 능력자로 취급한다.

3. 소송계속 중 당사자능력의 상실

소송계속 중에 사망, 합병 등의 사유로 인하여 당사자능력이 상실된 경우에는 승계인이 수계할 때까지 소송절차가 중단됨이 원칙이다(제233조, 제234조 등).

4. 당사자능력의 흠을 간과한 판결

(1) 확정 前

당사자능력이 없음을 간과하였거나 능력이 없음에도 불구하고 있는 것으로 오인하여 판결이 선고된 경우, 이는 법적 평가를 그르친 것으로서 당사자가 사망자이거나 비실재인인 경우와 같이 당사자라는 실체가 전혀 부존재하여 당연무효가 되는 경우와는 다르기 때문에 당연무효가 되는 것은 아니고, 따라서 상소에 의하여 취소를 구할 수 있다[33].

(2) 확정 後

이러한 판결이 확정된 경우에는 무효설(호문혁), 재심설(정동윤·유병현·김경욱)이 있으나 무효설은 당사자부존재일 경우와는 다르다는 점, 재심설은 당사자능력의 흠은 재심사유로 규정되어 있지 않다는 점에서 타당하지 못하다. 특히 전혀 존재하지 않는 자에 의한 소송의 경우와는 달리 일응 사회생활단위로서 소송상 행동하여 판결을 받은 것이므로 재심의 소로써 다툴 이익은 없을 것이다. 따라서 간과한 판결이 확정된 경우는 당해 사건에 한하여 당사자능력이 있는 것으로 취급할 것이어서, 반드시 집행불능의 문제가 생길 수 없으므로 다수설인 유효설이 타당하다(이시윤).

제2관 당사자적격

I 서 설

1. 의 의

당사자적격이란 어떤 특정한 권리나 법률관계(소송물)에 관하여 원고나 피고로서 소송을 수행하여 본안판결을 구할 수 있는 자격을 말한다. 즉, 당사자적격은 구체적 소송에 있어서 어떤 사람들을 당사자로 하여야 분쟁해결이 유효적절할 것인가 하는 관점에서 인정되며 이를 소송수행권(=민법상의 관리처분권)이라고도 하고, 그 사람만이 정당하게 당사자로서 기능을 할 수 있다는 뜻에서 정당한 당사자라고도 한다.

---

[33] 실종선고의 효력이 발생하기 전에는 실종기간이 만료된 실종자라 하여도 소송상 당사자능력을 상실하는 것은 아니므로 실종선고 확정 전에는 실종기간이 만료된 실종자를 상대로 하여 제기된 소도 적법하고 실종자를 당사자로 하여 선고된 판결도 유효하며 그 판결이 확정되면 기판력도 발생한다고 할 것이고, 이처럼 판결이 유효하게 확정되어 기판력이 발생한 경우에는 그 판결이 해제조건부로 선고되었다는 등의 특별한 사정이 없는 한 그 효력이 유지되어 당사자로서는 그 판결이 재심이나 추완항소 등에 의하여 취소되지 않는 한 그 기판력에 반하는 주장을 할 수 없는 것이 원칙이라 할 것이며, 비록 실종자를 당사자로 한 판결이 확정된 후에 실종선고가 확정되어 그 사망간주의 시점이 소 제기 전으로 소급하는 경우에도 위 판결 자체가 소급하여 당사자능력이 없는 사망한 사람을 상대로 한 판결로서 무효가 된다고는 볼 수 없다. 실종자에 대하여 공시송달의 방법으로 소송서류가 송달된 끝에 실종자를 피고로 하는 판결이 확정된 경우에는 실종자의 상속인으로서는 실종선고 확정 후에 실종자의 소송수계인으로서 위 확정판결에 대하여 소송행위의 추완에 의한 상소를 하는 것이 가능하다(대판 1992.07.14. 92다2455). - 법원실무제요(I), 327면

2. 구별개념

당사자적격은 언제나 특정소송과의 관계에서 정하여지는 것이므로 어떤 소송에 관하여 당사자적격이 있다고 하여 다른 소송에서도 당연히 당사자적격이 있는 것은 아니다. 이러한 점에서 개개의 사건과 관계없이 일반적으로 민사소송의 당사자가 될 수 있는 추상적 자격을 가리키는 당사자능력과 구별되고, 현재 계속 중의 소송에서 누가 당사자인가를 가려내는 문제인 당사자확정의 문제와도 구별된다.

II 당사자적격을 갖는 자(정당한 당사자)

1. 일반적인 경우

(1) 이행의 소

1) 원　칙

원래 이행의 소에서는 자기가 이행청구권자임을 주장하는 자가 원고적격을 가지고 그로부터 이행의무자로 주장된 자가 피고적격을 가지는 것으로서, 원고의 주장 자체에 의하여 당사자적격 유무가 판가름되며, 원고·피고가 실제로 이행청구권자이거나 이행의무자임을 요하는 것은 아니다(대판 1994.06.14. 94다14797). 그러한 이행청구권이나 이행의무의 존부는 본안에서 판단할 사항인 것이다(실무제요 [I], 332면).

2) 예　외[34]

① 判　例 - 이전등기말소청구, 근저당권설정등기말소청구, 추심명령의 경우

判例는 예외적으로 "등기의무자, 즉 등기부상의 형식상 그 등기에 의하여 권리를 상실하거나 기타 불이익을 받을 자가 아닌 자를 상대로 한 등기의 말소절차이행을 구하는 소는 당사자적격이 없는 자를 상대로 한 부적법한 소(대판 1994.02.25. 93다39225 등)."라고 하고, "부기등기에 의하여 이전된 근저당권 또는 가등기 등의 말소등기청구는 양수인만을 상대로 하면 족하고 양도인은 그 말소등기청구에 있어서 피고적격이 없다[35](대판 2000.04.11. 2000다5640 등)."고 하여 이런 경우 소를

---

[34] 학설은 청구권 내지 의무가 존재하는가에 대하여는 법원이 실체관계를 심리한 후 결정되는 것(독일에서의 본안적격)이므로 정당한 원고가 반드시 실체법상의 권리자이고 정당한 피고가 반드시 실체법상의 의무자는 아니라고 하여(본안적격과 당사자적격의 구별) 이런 경우 청구를 기각해야 한다고 본다(청구기각설). 그러나 이행의 소의 경우 원고가 실제 청구권자이며 피고가 이행의무자인지는 본안심리에서 가릴 본안의 문제라고 하더라도, 원고가 주장하는 사실관계만으로도 원고 또는 피고가 당사자적격이 없다고 판단된다면 본안심리에 들어갈 필요가 없으므로, 이러한 경우에 한하여 소를 각하함이 상당하므로, 판례의 태도는 충분히 수긍할 수 있다는 견해도 있다(김홍엽, 153면, 제8판, 2019).

[35] 근저당권 이전의 부기등기는 기존의 주등기인 근저당권설정등기에 종속되어 주등기와 일체를 이루는 것이어서, 피담보채무가 소멸된 경우 또는 근저당권설정등기가 당초 원인무효인 경우 주등기인 근저당권설정등기의 말소만 구하면 되고 그 부기등기는 별도로 말소를 구하지 않더라도 주등기의 말소에 따라 직권으로 말소되는 것이며, 근저당권 양도의 부기등기는 기존의 근저당권설정등기에 의한 권리의 승계를 등기부상 명시하는 것뿐으로, 그 등기에 의하여 새로운 권리가 생기는 것이 아닌 만큼 근저당권설정등기의 말소등기청구는 양수인

각하해야 한다고 본다(소각하설). 그리고 "채권에 대한 압류 및 추심명령이 있으면 제3채무자에 대한 이행의 소는 추심채권자만이 제기할 수 있고 채무자는 피압류채권에 대한 이행소송을 제기할 당사자적격을 상실한다고 하여야 할 것이다[36](대판 2000.04.11. 99다23888)."라고 본다(소각하설).

(2) 확인의 소
1) 내 용

청구에 대하여 확인의 이익을 가지는 자가 원고로서의 적격이 있고, 이러한 자와 반대의 이해관계를 가지고 있는 자에게 피고적격이 있다. 즉 확인의 소에 있어서는 권리보호요건으로서 확인의 이익이 있어야 하고 그 확인의 이익은 원고의 권리 또는 법률상의 지위에 현존하는 불안, 위험이 있고 그 불안, 위험을 제거함에는 피고를 상대로 확인판결을 받는 것이 가장 유효적절한 수단일 때에만 인정된다. 그리고 확인의 소의 피고는 원고의 권리 또는 법률관계를 다툼으로써 원고의 법률적 지위에 불안을 초래할 염려가 있는 자, 다시 말하면 원고의 보호법익과 대립 저촉되는 이익을 주장하고 있는 자이어야 하고 그와 같은 피고를 상대로 하여야 확인의 이익이 있게 된다(대판 2013.02.15. 2012다67399). 따라서 <u>확인의 소에 있어서 당사자적격의 문제는 확인의 이익의 문제로 흡수된다</u>.

2) 단체소송에서 피고적격

단체의 내부분쟁의 일종인 단체의 대표자선출결의의 무효·부존재확인의 소에서 피고를 단체로 하지 않고 문제된 결의에 의하여 선출된 대표자 개인을 피고로 함은 확인의 이익이 없다고 했다[37] (단체피고설). 즉 判例는 "주식회사의 이사회결의는 회사의 의사결정이고 회사는 그 결의의 효력에 관한 분쟁의 실질적인 주체라 할 것이므로 그 효력을 다투는 사람이 <u>회사를 상대로 하여 그 결의의 무효 확인을 소구할 수 있다</u> 할 것이나 그 이사회결의에 참여한 이사들은 그 이사회의 구성원에 불과하므로 특별한 사정이 없는 한 <u>이사 개인을 상대로 하여 그 결의의 무효 확인을 소구할 이익은 없다</u>(대판(전) 1982.09.14. 80다2425)."고 한다. 그리고 判例는 "임시의 지위를 정하기 위한 가처분은 그 가처분의 성질상 그 주장 자체에 의하여 다툼이 있는 권리관계에 관한 정당한 이익이 있는 자가 그 가처분의 신청을 할 수 있으며, 그 경우 그 주장 자체에 의하여 신청인과 저촉되는 지위에 있는 자를 피신청인으로 하여야 한다[38][39](대판 1997.07.25. 96다15916)."고 한다.

만을 상대로 하면 족하고 양도인은 그 말소등기청구에 있어서 피고적격이 없으며, 근저당권의 이전이 전부명령 확정에 따라 이루어졌다고 하여 이와 달리 보아야 하는 것은 아니다(대판 2000.04.11. 2000다5640).
36) 2인 이상의 불가분채무자 또는 연대채무자(이하 '불가분채무자 등'이라 한다)가 있는 금전채권의 경우에, 그 불가분채무자 등 중 1인을 제3채무자로 한 채권압류 및 추심명령이 이루어지면 그 채권압류 및 추심명령을 송달받은 불가분채무자 등에 대한 피압류채권에 관한 이행의 소는 추심채권자만이 제기할 수 있고 추심채무자는 그 피압류채권에 대한 이행소송을 제기할 당사자적격을 상실하지만, 그 채권압류 및 추심명령의 제3채무자가 아닌 나머지 불가분채무자 등에 대하여는 추심채무자가 여전히 채권자로서 추심권한을 가지므로 나머지 불가분채무자 등을 상대로 이행을 청구할 수 있고, 이러한 법리는 위 금전채권 중 일부에 대하여만 채권압류 및 추심명령이 이루어진 경우에도 마찬가지이다(대판 2013.10.31. 2011다98426).
37) 학설은 대표적인 이행관계인은 문제의 결의에 의하여 선출된 대표자이기 때문에 그 사람을 상대방으로 하여 소송케 함이 옳다는 견해(대표자피고설), 단체와 당해 대표자 모두를 피고로 하여야 한다는 견해(필수적 공동소송설)도 있다.
38) 통합 정당을 상대로 합당결의가 무효임을 주장하면서 그에 기하여 총재로 선출된 자가 정당의 대표로서의

(3) 형성의 소[34]

형성의 효과를 받는 데 관하여 이익이 있는 자에게 원고적격이, 그와 반대의 이해관계를 갖는 자에게 피고적격이 있다. 형성의 소는 형성권을 일방적인 의사표시가 아닌 소의 형식으로만 행사하도록 법률에 정해놓은 경우에 문제되는데 그 법규에서 당사자 적격자가 누구인가를 명시하고 있다. 예를 들어 상법 제376조는 "① 총회의 소집절차 또는 결의방법이 법령 또는 정관에 위반하거나 현저하게 불공정한 때 또는 그 결의의 내용이 정관에 위반한 때에는 주주·이사 또는 감사는 결의의 날로부터 2월내에 결의취소의 소를 제기할 수 있다."고 하여 원고적격을 주주, 이사,

---

직무를 집행하지 못하도록 해달라는 신청은, 그 법적 성격이 민사집행법 제300조 제2항 소정의 임시의 지위를 정하기 위한 가처분 신청이어서, 이 경우 피신청인이 될 수 있는 자는 신청인들이 주장하는 법률상의 지위와 정면으로 저촉되는 지위에 있는 총재 개인에 한정되므로, 신청인들이 신설된 통합 정당을 피신청인으로 한 위 직무집행정지 가처분 신청은 당사자적격을 갖지 아니하는 자에 대한 것으로서 부적법하다.

39) 判例는 "대표이사의 직무집행정지 및 직무대행자 선임의 가처분이 이루어진 이상, 그 후 대표이사가 해임되고 새로운 대표이사가 선임되었다 하더라도 가처분결정이 취소되지 아니하는 한 직무대행자의 권한은 유효하게 존속하는 반면 새로이 선임된 대표이사는 그 선임결의의 적법 여부에 관계없이 대표이사로서의 권한을 가지지 못한다 할 것이고, 한편 위 가처분은 그 성질상 당사자 사이에서 뿐만 아니라 제3자에게도 효력이 미치므로, 새로이 선임된 대표이사가 위 가처분에 반하여 회사 대표자의 자격에서 한 법률행위는 결국 제3자에 대한 관계에서도 무효이고, 이때 위 가처분에 위반하여 대표권 없는 대표이사와 법률행위를 한 거래상대방은 자신이 선의였음을 들어 위 법률행위의 유효를 주장할 수는 없다고 할 것이다(대판 1992.05.12. 92다5638)."고 한다.

40) 채권자의 사해행위취소 및 원상회복청구가 인정되면, 수익자 또는 전득자는 원상회복으로서 사해행위의 목적물을 채무자에게 반환할 의무를 진다. 만일 원물반환이 불가능하거나 현저히 곤란한 경우에는 원상회복의무의 이행으로서 사해행위 목적물의 가액 상당을 배상하여야 하는데, 여기서 원물반환이 불가능하거나 현저히 곤란한 경우는 원물반환이 단순히 절대적, 물리적으로 불가능한 경우가 아니라 사회생활상의 경험법칙 또는 거래상의 관념에 비추어 채권자가 수익자나 전득자로부터 이행의 실현을 기대할 수 없는 경우를 말한다. 채무자 소유 부동산에 관하여 소유권이전청구권을 보전하기 위한 가등기를 마친 경우에, 가등기 자체만으로는 소유권이전의 효력이 발생하지 않지만 후일 본등기를 마치면 가등기 시에 소급하여 소유권변동의 효력이 발생하고 그 결과 채권자가 채무자의 재산으로부터 완전한 변제를 받을 수 없게 되어 채권자를 해할 수 있다. 따라서 채권자를 해하는 가등기의 원인인 법률행위는 사해행위로서 취소의 대상이 되고, 그 법률행위가 사해행위로 취소되면 특별한 사정이 없는 한 가등기권자는 그 취소에 따른 원상회복으로서 원물반환의무인 가등기말소의무를 진다. 한편 가등기에 의하여 순위 보전의 대상이 되는 물권변동의 청구권은 그 성질상 양도될 수 있는 재산권일 뿐만 아니라 가등기로 인하여 그 권리가 공시되어 결과적으로 공시방법까지 마련된 셈이므로, 이를 양도한 경우에는 양도인과 양수인의 공동신청으로 그 가등기상의 권리의 이전등기를 가등기에 대한 부기등기의 형식으로 할 수 있다. 위와 같은 법리들을 종합하여 보면, 사해행위인 매매예약에 기하여 수익자 앞으로 가등기를 마친 후 전득자 앞으로 그 가등기 이전의 부기등기를 마치고 나아가 그 가등기에 기한 본등기까지 마쳤다 하더라도, 위 부기등기는 사해행위인 매매예약에 기초한 수익자의 권리의 이전을 나타내는 것으로서 위 부기등기에 의하여 수익자로서의 지위가 소멸하지는 아니하며, 채권자는 수익자를 상대로 그 사해행위인 매매예약의 취소를 청구할 수 있다. 그리고 설령 부기등기의 결과 위 가등기 및 본등기에 대한 말소청구소송에서 수익자의 피고적격이 부정되는 등의 사유로 인하여 수익자의 원물반환의무인 가등기말소의무의 이행이 불가능하게 된다 하더라도 달리 볼 수 없으며, 특별한 사정이 없는 한 수익자는 위 가등기 및 본등기에 의하여 발생된 채권자들의 공동담보 부족에 관하여 원상회복의무로서 가액을 배상할 의무를 진다 할 것이다. 이와 달리 사해행위인 매매예약에 의하여 마친 가등기를 부기등기에 의하여 이전하고 그 가등기에 기한 본등기를 마친 경우에, 그 가등기에 의한 권리의 양도인은 가등기말소등기청구 소송의 상대방이 될 수 없고 본등기의 명의인도 아니므로 가액배상의무를 부담하지 않는다는 취지의 대법원 2005.3.24. 선고 2004다70079 판결 등은 이 판결의 견해에 배치되는 범위 안에서 이를 변경하기로 한다(대판(전) 2015.05.21. 2012다952).

감사에 한정[41]하고 있다. 그리고 채권자취소소송은 수익자 또는 전득자에게만 피고적격이 있고, 채무자에게는 피고적격이 없다[42](대판 2009.01.15. 2008다72394). 또한 채권자가 수익자와 전득자를 공동피고로 삼아 채권자취소의 소를 제기하면서 청구취지로 '채무자와 수익자 사이의 사해행위 취소 청구'를 구하는 취지임을 명시한 경우 전득자에 대한 관계에서 채무자와 수익자 사이의 사해행위를 취소하면서 채권자취소권을 행사한 것으로 보아야 한다. 사해행위 취소를 구하는 취지를 수익자에 대한 청구취지와 전득자에 대한 청구취지로 분리하여 각각 기재하지 않았다고 하더라도 취소를 구하는 취지가 수익자에 대한 청구에 한정된 것이라고 볼 수는 없다(대판 2021.02.04. 2018다271909).

(4) 고유필수적 공동소송

소송의 목적이 여러 당사자에 대하여 합일적으로 확정되어야 하는 고유필수적 공동소송의 경우에는 그들 모두가 공동으로 하여야만 당사자적격이 있으므로, 그 전원이 공동으로 소제기하거나 소제기 당하지 않으면 당사자적격을 흠결한 것으로서 부적법 각하된다.

> 1. 공시송달에 의하여 형식적으로 확정된 공유물분할판결에 대하여 적법한 추완항소가 제기된 경우, 공유물 분할소송의 당사자적격 판단시점(항소심 변론종결일)
> 2. 무권리자 처분행위 추인에 따른 부당이득반환의 범위(무권리자가 처분행위로 인하여 얻은 이득)
>
> 공유물분할청구소송은 분할을 청구하는 공유자가 원고가 되어 다른 공유자 전부를 공동피고로 삼아야 하는 고유필수적 공동소송이다. 따라서 소송계속 중 원심 변론종결일 전에 공유자의 지분이 이전된 경우에는 원심 변론종결 시까지 민사소송법 제81조에서 정한 승계참가나 민사소송법 제82조에서 정한 소송인수 등의 방식으로 그 일부 지분권을 이전받은 자가 소송당사자가 되어야 한다. 그렇지 못할 경우에는 소송 전부가 부적법하게 된다. 무권리자에 의한 처분행위를 권리자가 추인한 경우에 권리자는 무권리자에 대하여 무권리자가 처분행위로 인하여 얻은 이득의 반환을 청구할 수 있다(대판 2022.06.30. 2020다210686·210693).

---

[41] 주주명부에 적법하게 주주로 기재되어 있는 자는 회사에 대한 관계에서 주식에 관한 의결권 등 주주권을 행사할 수 있고, 회사 역시 주주명부상 주주 외에 실제 주식을 인수하거나 양수하고자 하였던 자가 따로 존재한다는 사실을 알았든 몰랐든 간에 주주명부상 주주의 주주권 행사를 부인할 수 없으며, 주주명부에 기재를 마치지 아니한 자의 주주권 행사를 인정할 수도 없다(대판(전) 2017.03.23. 2015다248342). 그리고 주주총회에서 이사나 감사를 선임하는 경우, 선임결의와 피선임자의 승낙만 있으면, 피선임자는 대표이사와 별도의 임용계약을 체결하였는지와 관계없이 이사나 감사의 지위를 취득한다(대판(전) 2017.03.23. 2016다251215).

[42] <u>사해행위취소권은 사해행위로 이루어진 채무자의 재산처분행위를 취소하고 사해행위에 의해 일탈된 채무자의 책임재산을 수익자 또는 전득자로부터 채무자에게 복귀시키기 위한 것이므로 환취권의 기초가 될 수 있다.</u> 수익자 또는 전득자에 대하여 회생절차가 개시된 경우 채무자의 채권자가 사해행위의 취소와 함께 회생채무자로부터 사해행위의 목적인 재산 그 자체의 반환을 청구하는 것은 환취권의 행사에 해당하여 회생절차개시의 영향을 받지 아니한다. 따라서 채무자의 채권자는 사해행위의 수익자 또는 전득자에 대하여 회생절차가 개시되더라도 관리인을 상대로 사해행위의 취소 및 그에 따른 원물반환을 구하는 사해행위취소의 소를 제기할 수 있다(대판 2014.09.04. 2014다36771).

2. 제3자의 소송담당

법정소송담당		법정소송담당	임의적 소송담당		법원허가에 의한 소송담당
담당자를 위한 소송담당		직무상의 당사자 (피담당자를 위한 소송담당)	명문○	명문X	1. 증권관련 집단소송법에서의 대표당사자 (동법 제2조 1항) 2. 소비자단체 소송에서의 소비자단체 (소비자기본법 제70조)
병행형	갈음형				
① 채권자대위 소송의 채권자 ② 주주대표 소송의 주주 ③ 채권질의 질권자 ④ 공유자전원을 위해 보존행위를 하는 공유자	① 파산관재인 ② 회생회사관리인 ③ 채권추심명령을 받은 압류채권자 ④ 상속재산관리인 ⑤ 유언에 관한 소송에서 유언집행자 ⑥ 주한미군에 대한 손해배상청구소송에서 미군측을 위해 나서는 국가	① 가사소송에서 피고적격자가 사망한 뒤의 검사 ② 해양사고구조료 청구에서의 선장	① 선정당사자 (제53조) ② 추심위임배서에 의한 피배서인(어음법 제18조) ③ 금융기관의 연체대출금의 회수위임을 맡은 한국자산관리공사	① 원칙 - X ② 예외:변호사대리원칙 신탁법취지에 반하지 않는 경우 - 업무집행조합원 (判例)	

(1) 의의 및 유형

권리관계의 주체 이외의 제3자가 타인의 권리관계에 관하여 당사자적격을 갖는 경우를 말하는데, 민사소송법이 형식적 당사자개념을 채택하고 있으므로 인정되는 개념이다. 제3자의 소송담당은 발생원인에 따라 법정소송담당, 임의적 소송담당, 법원허가에 의한 소송담당으로 나뉜다.

(2) 법정소송담당

1) 담당자를 위한 소송담당

① 권리관계의 주체와 함께 소송수행권을 갖는 경우(병행형)

가. 예

채권자대위소송의 채권자, 회사대표소송의 주주, 채권질의 질권자, 공유자전원을 위해 보존행위를 하는 공유자 등이 이에 속한다.

나. 문제점

채권자대위소송의 채권자가 법정소송담당에 속하는지가 문제된다.

> 민법 제404조(채권자대위권) ① 채권자는 자기의 채권을 보전하기 위하여 채무자의 권리를 행사할 수 있다. 그러나 일신에 전속한 권리는 그러하지 아니하다.
> ② 채권자는 그 채권의 기한이 도래하기 전에는 법원의 허가 없이 전항의 권리를 행사하지 못한다. 그러나 보전행위는 그러하지 아니하다.
> 제405조(채권자대위권행사의 통지) ① 채권자가 전조 제1항의 규정에 의하여 보전행위 이외의 권리

> 를 행사한 때에는 채무자에게 통지하여야 한다.
> ② 채무자가 전항의 통지를 받은 후에는 그 권리를 처분하여도 이로써 채권자에게 대항하지 못한다[43].

다. 학 설

고유의 대위권설은 이를 민법 제404조에 규정된 자신의 실체법상 권리를 재판상 행사한다고 보아 이는 법정소송담당이 아니라 고유의 독자적 소송이라는 견해이다(호문혁, 이동률). 법정소송담당설은 엄연히 민법 제404조가 채권자가 자기 채권을 보전할 수 있도록 채무자인 타인의 권리에 관하여 소송수행권을 부여한 전형적인 법정소송담당으로 보아야 한다고 보고, 통설의 태도이기도 하다.

라. 判 例

判例는 채권자대위소송이 법정소송담당임을 부정[44]하다가, 1975년 전원합의체로 "채권자가 채권자 대위권을 행사하는 방법으로 제3채무자를 상대로 소송을 제기하여 판결을 받은 경우에 어떠한 사유로 인하였던 간에 채무자가 채권자 대위권에 의한 소송이 제기된 사실을 알았을 경우에는 그 확정판결의 효력은 채무자에게도 미친다(대판(전) 1975.05.13. 74다1664)."고 하여 법정소송담당설로 입장을 변경하였다.

마. 검 토

만일 유력설과 같은 입장에 선다면 1회적 채무를 질뿐인 제3채무자가 여러 채권자들이 있을 때에 그들에 의하여 두 번 세 번 소제기를 당하게 되는 등 파상공격의 시달림을 피할 수 없게 되므로 긍정하는 통설, 판례가 타당하다.

바. 구 조

통설, 판례에 의할 때 대위채권(피보전채권)의 존재, 채무자가 권리를 행사하지 않을 것[45], 채권

---

[43] 채권자대위소송이 제기되고 대위채권자가 채무자에게 대위권 행사사실을 통지하거나 채무자가 이를 알게 되면 민법 제405조 제2항에 따라 채무자는 피대위채권을 양도하거나 포기하는 등 채권자의 대위권 행사를 방해하는 처분행위를 할 수 없게 되고 이러한 효력은 제3채무자에게도 그대로 미치는데, 그럼에도 그 이후 대위채권자와 평등한 지위를 가지는 채무자의 다른 채권자가 피대위채권에 대하여 전부명령을 받는 것도 가능하다고 하면, 채권자대위소송의 제기가 채권자의 적법한 권리행사방법 중 하나이고 채무자에게 속한 채권을 추심한다는 점에서 추심소송과 공통점도 있음에도 그것이 무익한 절차에 불과하게 될 뿐만 아니라, 대위채권자가 압류·가압류나 배당요구의 방법을 통하여 채권배당절차에 참여할 기회조차 가지지 못하게 한 채 전부명령을 받은 채권자가 대위채권자를 배제하고 전속적인 만족을 얻는 결과가 되어, 채권자대위권의 실질적 효과를 확보하고자 하는 민법 제405조 제2항의 취지에 반하게 된다. 따라서 채권자대위소송이 제기되고 대위채권자가 채무자에게 대위권 행사사실을 통지하거나 채무자가 이를 알게 된 이후에는 민사집행법 제229조 제5항이 유추적용되어 피대위채권에 대한 전부명령은, 우선권 있는 채권에 기초한 것이라는 등의 특별한 사정이 없는 한, 무효이다(대판 2016.08.29. 2015다236547).

[44] 과거 판례는 채권자가 대위권 행사로 제3자에게 제기한 소송은 "채권자가 자기의 채권을 보전하기 위하여 자기의 이름으로, 또한 자기의 권리로 행사한 것"이라 하면서, "채권자가 채권자대위권을 행사하는 방법으로 제3채무자에 대하여 소송을 제기하고 판결을 받은 경우에 그 확정판결의 효력은 당사자 아닌 채무자에게 미치지 않는다(대판 1967.03.28. 67다212)."라고 하였다. 또한 1975년 대법원 전원합의체 판결이유에서 그 이전의 채권자대위소송의 법적 성격에 관하여 "종전의 판례나 통설이 채권자대위소송에 있어서 법이론적인 면에서 채권자가 자기 이름으로 당사자가 되는 점에 착안하여 판결의 효력은 당사자간에 국한된다."며, 채권자대위소송이 법정소송담당이라는 것을 부인하였다(이동률, 민사소송의 당사자론, 삼우사, 156면 이하).

보전의 필요성46)은 당사자적격, 피대위채권은 소송물이 된다(다만 유력설에 의하면 모두 본안판단사항이 된다).

사. 판결의 형식

대위채권이 부존재할 경우 통설, 判例는 당사자적격 흠결로 소각하판결을 해야 한다(고유의 대위권설에 의하면 청구기각판결을 해야 한다). 즉 채권자대위소송에서 대위에 의하여 보전될 채권자의 채무자에 대한 권리가 인정되지 아니할 경우에는 채권자가 스스로 원고가 되어 채무자의 제3채무자에 대한 권리를 행사할 당사자적격이 없게 되므로 그 대위소송은 부적법하여 각하할 것이므로, 피대위자인 채무자가 실존인물이 아니거나 사망한 사람인 경우 역시 피보전채권인 채권자의 채무자에 대한 권리를 인정할 수 없는 경우에 해당하므로 그러한 채권자대위소송은 당사자적격이 없어 부적법하다(대판 2021.07.21. 2020다300893).

② 제3자가 권리관계의 주체인 자에 갈음하여 소송수행권을 갖는 경우(갈음형)

유언소송에 있어서의 유언집행자, 파산재단소송에서의 파산관재인, 정리회사의 재산에 관한 소송에서 관리인, 채권추심명령을 받은 압류채권자, 주한미군에 대한 손해배상청구소송에서 미군측을 위해 나서는 국가 등을 예로 들 수 있다. 당사자적격이 없는 권리주체인 자는 공동소송적 보조참가로서 자기 이익을 보호받을 수 있다. 특히 추심명령과 관련하여, 判例는 "추심채권자의 제3채무자에 대한 추심소송 계속 중에 채권압류 및 추심명령이 취소되어 추심채권자가 추심권능을 상실하게 되면 추심소송을 제기할 당사자적격도 상실한다. 이러한 사정은 직권조사사항으로서 당사자가 주장하지 않더라도 법원이 직권으로 조사하여 판단하여야 하고, 사실심 변론종결

---

45) 채권자대위권은 채무자가 스스로 제3채무자에 대한 권리를 행사하지 아니하는 경우에 한하여 채권자가 자기의 채권을 보전하기 위하여 행사할 수 있는 것이어서, 채권자가 대위권을 행사할 당시에 이미 채무자가 그 권리를 재판상 행사하였을 때에는 채권자는 채무자를 대위하여 채무자의 권리를 행사할 수 없다. 그런데 비법인사단이 사원총회의 결의 없이 제기한 소는 소제기에 관한 특별수권을 결하여 부적법하고, 그 경우 소제기에 관한 비법인사단의 의사결정이 있었다고 할 수 없다. 따라서 비법인사단인 채무자 명의로 제3채무자를 상대로 한 소가 제기되었으나 사원총회의 결의 없이 총유재산에 관한 소가 제기되었다는 이유로 각하판결을 받고 그 판결이 확정된 경우에는 채무자가 스스로 제3채무자에 대한 권리를 행사한 것으로 볼 수 없다(대판 2018.10.25. 2018다210539).
46) 채권자가 자신의 '금전채권'을 보전하기 위하여 채무자를 대위하여 '부동산에 관한' 공유물분할청구권을 행사하는 것은, 책임재산의 보전과 직접적인 관련이 없어 채권의 현실적 이행을 유효·적절하게 확보하기 위하여 필요하다고 보기 어렵고 채무자의 자유로운 재산관리행위에 대한 부당한 간섭이 되므로 보전의 필요성을 인정할 수 없다. 또한 특정 분할방법을 전제하고 있지 않는 공유물분할청구권의 성격 등에 비추어 볼 때 그 대위행사를 허용하면 여러 법적 문제들이 발생한다. 따라서 극히 예외적인 경우가 아니라면 금전채권자는 부동산에 관한 공유물분할청구권을 대위행사 할 수 없다고 보아야 한다. 이는 채무자의 공유지분이 다른 공유자들의 공유지분과 함께 근저당권을 공동으로 담보하고 있고, 근저당권의 피담보채권이 채무자의 공유지분 가치를 초과하여 채무자의 공유지분만을 경매하면 남을 가망이 없어 민사집행법 제102조에 따라 경매절차가 취소될 수밖에 없는 반면, 공유물분할의 방법으로 공유부동산 전부를 경매하면 민법 제368조 제1항에 따라 각 공유지분의 경매대가에 비례해서 공동근저당권의 피담보채권을 분담하게 되어 채무자의 공유지분 경매대가에서 근저당권의 피담보채권 분담액을 변제하고 남을 가망이 있는 경우에도 마찬가지이다. 이와 달리 공유물에 근저당권 등 선순위 권리가 있어 남을 가망이 없다는 이유로 민사집행법 제102조에 따라 공유지분에 대한 경매절차가 취소된 경우에는 공유자의 금전채권자는 자신의 채권을 보전하기 위하여 공유자의 공유물분할청구권을 대위행사 할 수 있다는 취지로 판단한 대법원 2015. 12. 10. 선고 2013다56297 판결은 이 판결의 견해에 배치되는 범위에서 이를 변경하기로 한다(대판(전) 2020.05.21. 2018다879).

이후에 당사자적격 등 소송요건이 흠결되거나 그 흠결이 치유된 경우 상고심에서도 이를 참작하여야 한다(대판 2021.09.15. 2020다297843)."고 한다.

 2) 직무상의 당사자(피담당자를 위한 소송담당)

타인(권리의무의 주체)의 이익을 위하여 일정한 직무에 있는 자에게는 법률이 자기와 개인적으로 아무런 관계없는 소송에 관하여도 소송수행권을 부여하는데, 이러한 자를 직무상의 당사자라고 한다. 가사소송에 있어서 적격자 사망 후의 검사(민법 제849조, 제864조), 해난구조료청구에 있어서의 선장(상법 제894조 2항), 피성년후견인의 친생부인의 소에서 성년후견인(민법 제848조 1항) 등이 그 예이다.

(3) 임의적 소송담당

1) 의 의

권리관계의 주체인 자 본인이 그의 의사로 제3자에게 자기의 권리에 대하여 소송수행권을 수여하는 경우이다.

2) 법률에 명문의 규정이 있는 경우

① 선정당사자(제53조), 추심위임배서의 피배서인[47](어음법 제18조), 금융기관의 연체대출금의 회수위임을 맡은 한국자산관리공사(금융기관부실자산 등의 효율적 처리 및 한국자산관리공사의 설립에 관한 법률 제26조 1항) 등이 그 예이다.

② 判例는 "약속어음의 (숨은)추심위임배서가 실체법상의 관리처분권의 이전 없이 오로지 소송수행권의 부여만을 그 주된 목적으로 하는 경우에는 신탁법 제6조에 위반하는 권리이전행위이므로 무효이다(대판 1982.03.23. 81다540)."라고 한다.

3) 한 계(명문의 규정이 없는 경우)

① 원칙적 불허

명문으로 인정한 경우 이외에는 임의적 소송담당은 원칙적으로 허용되지 않는다는 것이 통설, 判例이다. 이를 무제한 허용한다면 변호사대리의 원칙(제87조)과 소송신탁금지의 취지(신탁법 제6조[48])에 반할 염려가 있기 때문이다.

② 예외적 허용

변호사대리의 원칙과 소송신탁의 금지를 회피·잠탈할 우려가 없고, 또 이를 인정할 합리적 필요성이 있을 경우에는 허용된다고 보는 것이 통설이다. 이러한 경우로는 담당자에게 <u>추탈소송의 우려가 있는 경우</u>(예: 담보책임을 지는 경우)와 같이 소송수행에 자기고유의 이익이 있는 경우와 <u>광범위한 관리처분권이 부여되어 그 지위와 이익을 지킬 정당한 업무에 터잡아 권리귀속주체와 동등한 정도의 소송수행을 기대할 수 있는 경우</u>(예: 조합의 업무집행조합원)가 이에 해당한다.

---

47) 피배서인은 어음·수표로부터 발생하는 일체의 권리를 재판상·재판 외 행사할 수 있는 포괄적 대리권을 가지는 법률상 대리인으로 봄이 상당하는 견해도 있다(송상현·박익환, 호문혁, 한충수). 이의 구별실익은 임의적 소송담당으로 보면 배서인은 피배서인에게 공동소송적 보조참가를 할 수 있으나, 법률상 대리인으로 보면 소송참가를 할 수 없게 되는 점에 있다.

48) 신탁법 제6조(소송을 목적으로 하는 신탁의 금지) 수탁자로 하여금 소송행위를 하게 하는 것을 주된 목적으로 하는 신탁은 무효로 한다.

③ 구체적 예

노동조합 등 단체의 대표자, 계금채권·채무에 관한 소송에 있어서의 계주 등이 그 예이며, 최근에는 근로기준법 위반의 해고자와 같은 영세근로자가 그 소속 노동조합에, 집단적 피해자가 그 소속단체에 그 소송수행권을 신탁하여 노동조합이나 단체를 내세워 소송하는 경우를 인정하는 견해[49]도 있다(이시윤). 判例는 소위 동백흥농 계 사안에서 민법상의 조합에 있어서 조합규약이나 조합결의에 의하여 자기의 이름으로 조합재산을 관리하고 대외적 업무를 집행할 권한을 수여받은 업무집행조합원이 조합재산에 관한 소송에 관하여 조합원으로부터 임의적 소송신탁을 받아 자기의 이름으로 소송을 수행하는 것은 허용된다고 하여, 임의적 소송담당을 예외적으로 인정하고 있다(대판 1984.02.14. 83다카1815). 그리고 관리단으로부터 집합건물의 관리업무를 위임받은 위탁관리회사도 특별한 사정이 없는 한 구분소유자 등을 상대로 자기 이름으로 소를 제기하여 관리비를 청구할 당사자적격이 있다(대판 2016.12.15. 2014다87885). 또한 집합건물의 관리단이 입주자대표회의에 공용부분 변경에 관한 업무를 포괄적으로 위임한 경우에는, 입주자대표회의가 공용부분 변경에 관한 업무를 수행하는 과정에서 체납된 비용을 추심하기 위하여 직접 자기 이름으로 비용에 관한 재판상 청구를 하는 것은 임의적 소송신탁에 해당한다(대판 2017.03.16. 2015다3570). 그러나 한국음악저작권협회가 위 음악저작물 일부에 관하여는 공연권 등의 저작재산권자로부터 국내에서 공연을 허락할 권리를 부여받았을 뿐 공연권까지 신탁받지는 않았고, 권리주체가 아닌 협회에 위 음악저작물 일부에 대한 소송에 관하여 임의적 소송신탁을 받아 자기의 이름으로 소송을 수행할 합리적 필요가 있다고 볼 만한 특별한 사정이 없으므로, 협회는 위 음악저작물 일부에 대한 침해금지청구의 소를 제기할 당사자적격이 없다[50](대판 2012.05.10. 2010다87474).

(4) 법원허가에 의한 소송담당

1) 당사자적격은 분쟁의 개별적 해결원칙에 의하여 소송물에 관한 관리처분권을 가진 실체적 권리주체 또는 법률에 의하여 소송수행권을 갖게 된 자에게만 인정됨이 대원칙이다. 그러나 오늘날에는 환경소송, 소비자소송 등 분쟁이 크고 반복적으로 발생하므로 이를 집단적으로 한 번에 해결해야 할 필요성이 높아졌다. 이를 해결하기 위한 방법으로 논의되는 것이 집단소송과 단체소송이다. 영미법상의 집단소송(Class Action)은 당사자적격의 개념을 다소 완화하여 평균적 피해자에게 대표당사자로서의 적격을 부여하는 방식이고, 독일의 단체소송(Verbandsklage)은 단체 자체에 당사자적격을 부여하는 방식인데 이 두 가지 방식은 분쟁의 개별적 해결이라는 원칙을 다소 완화하는 것을 전제로 한다.

---

49) 이외에도 계원의 담보책임자인 계주에게 자기의 계금청구에 관한 소송수행권을 수여하는 경우를 예로 드는 견해도 있다(김홍규·강태원). 다만 이에 대해서는 법률의 규정이 없는 경우 임의적 소송담당을 확대할 것인지 신중한 검토가 필요하다는 견해가 있고(김홍엽), 법률의 규정이 없다면 실체법상 관리처분권이 아닌 소송수행권만의 수권이 되므로, 변호사대리원칙이나 소송신탁금지원칙에 정면으로 위배될 가능성이 있다는 견해가 있다(이동률).
50) 재산권상의 청구에 관하여는 소송물인 권리 또는 법률관계에 관하여 관리처분권을 갖는 권리주체에게 당사자적격이 있음이 원칙이다. 다만 제3자라고 하더라도 법률이 정하는 바에 따라 일정한 권리나 법률관계에 관하여 당사자적격이 부여되거나 본래의 권리주체로부터 그의 의사에 따라 소송수행권을 수여받음으로써 당사자적격이 인정되는 경우가 있으나, 이러한 임의적 소송신탁은 민사소송법 제87조가 정한 변호사대리의 원칙이나 신탁법 제6조가 정한 소송신탁의 금지를 잠탈하는 등의 탈법적 방법에 의하지 않은 것으로서 이를 인정할 합리적 필요가 있다고 인정되는 경우에 한하여 제한적으로만 허용된다.

2) 증권관련 집단소송법에서는 영미의 Class Action과 같이 법원의 허가에 의하여 수권된 대표당사자가 소송수행에 나서도록 하였고(동법 제2조 1항), 08년부터 시행되는 소비자단체소송에서도 소비자단체가 법원의 허가를 얻어 소송수행권을 갖도록 했다(소비자기본법 제70조). 개인정보 소송도 동일하다(개인정보법 제54조, 제55조). 남소의 방지를 목적으로 한 것이다.

3. 제3자의 소송담당과 기판력

(1) 제218조 3항의 적용

> 제218조(기판력의 주관적 범위) ③ 다른 사람을 위하여 원고나 피고가 된 사람에 대한 확정판결은 그 다른 사람에 대하여도 효력이 미친다.

소송담당자에 대한 판결의 효력은 피담당자에게도 미친다.

(2) 제3자가 권리주체와 함께 소송수행권을 가지는 경우(병행형) 제218조 3항의 적용여부

1) 병행형의 법정소송담당과 제218조 3항의 적용

제3자 소송담당과 기판력에 관한 제218조 3항은 임의적 소송담당이나 법정소송담당 중 갈음형의 경우에는 전면적으로 적용된다. 병행형의 법정소송담당의 경우에도 제218조 3항을 전면적으로 적용하면, 담당자의 불성실한 소송수행으로 피담당자의 후소가 기판력에 저촉되게 되어 피담당자에게 지나치게 가혹한 측면이 있으므로, 이를 제한할 필요가 생기게 된다.

2) 채권자대위소송과 기판력

① 학설

가. 소극설은 대위소송이 법정소송담당임을 부정하는 전제에서 채무자와 채권자는 동일한 당사자가 아니고, 소송물도 다르다고 하여 기판력이 미치지 않는다고 한다(호문혁).

나. 적극설은 대위소송을 한 채권자를 법 제218조 제3항의 다른 사람을 위하여 원고로 된 자로 보아 채무자에게 기판력이 무조건 미친다고 한다(곽윤직).

다. 절충설은 채무자가 고지 등을 받아서 대위소송이 제기된 사실을 알아 참가 등을 통한 절차보장이 되었을 때 채무자에게 기판력이 미친다고 본다(이시윤 등 다수설).

② 判例

가. 과거 판례는 채권자 대위소송의 법적 성격을 법정소송담당으로 보지 않아 피담당자에게 기판력이 미치는 것을 부정하는 소극설의 입장(대판 1967.03.28. 67다212)이었다.

나. 하지만 현재 1975년 전원합의체로 입장을 변경하여 법정소송담당으로 보고 있다. 즉, 다수의견은 "채권자가 채권자 대위권을 행사하는 방법으로 제3채무자를 상대로 소송을 제기하여 판결을 받은 경우에 <u>어떠한 사유로 인하였던 간에 채무자가 채권자 대위권에 의한 소송이 제기된 사실을 알았을 경우에는 그 확정판결의 효력은 채무자에게도 미친다</u>(대판(전) 1975.05.13. 74다1664)"고 하여 절차보장설의 입장이다. 그러나 반대의견은 기판력의 주관적 범위를 규정한 민사소송법 제218조 제3항의 규정에 의하면 타인을 위하여 원고가 된 자에 대한 확정판결은 그 타인에 대하여도 효력이

있다고 되어 있다는 것을 근거로 "이 채권자가 한 대위소송을 채무자가 알든 모르든(지·부지 간에) 이에 대하여 모든 경우에 그 기판력이 있다고 해석하여야 한다"고 하여 적극설의 입장이다.

③ 검토

먼저 소극설은 법정소송담당을 부정하는 입장이므로 타당하지 않고, 적극설도 대위소송이 확정판결이 나서 기판력이 생긴 경우에는 소송계속중인 경우와는 달리 채무자의 참가기회가 없으므로 일률적으로 기판력이 미친다는 것은 채무자에게 너무 가혹하다. 따라서 채무자가 대위소송이 계속 중임을 알게 되어 절차보장이 되었을 때 기판력이 미친다는 절충설(절차보장설)[51]이 타당하다고 본다.

(3) 기타의 경우

증권관련집단소송에서는 대표당사자가 받은 판결은 제외신청을 하지 아니한 구성원에게 기판력이 미치는 특칙이 있다(동법 제37조). 소비자단체소송에서도 단체가 패소판결을 받았을 때에 원칙적으로 동일한 단체에 그 판결의 효력이 미친다(소비자기본법 제75조).

Ⅲ 당사자적격 없을 때의 효과

1. 직권조사사항

당사자적격은 당사자에게 소송수행권이 있는지 여부에 관한 문제인 동시에 본안판결을 하기 위한 전제요건, 즉 소송요건이므로 법원의 직권조사사항이다. 따라서 당사자적격이 흠결된 경우 소는 부적법 각하된다. 특히 <u>채권자대위소송을 하는 원고가 채권자라고 주장하여도 실제로 아닌 것으로 판명되면 소송담당자인 제3자로서 당사자적격이 없게 되어 소 각하하여야 한다</u>[52].

2. 소송계속 중 당사자적격의 상실

소송 진행 중에 당사자적격을 상실하면 그 당사자 사이의 판결은 의미가 없으므로 절차는 중단된다(제237조 1항). 다만, 그 승계인이 있는 경우에는 소송승계의 문제가 발생한다. 당연승계의 경우라면 당연승계 규정에 따라 승계인이 절차를 승계하여야 하며(제53조 2항, 제54조, 제233조 내지 제236조), 특정승계의 경우에는 새로운 적격자가 소송참가 또는 인수의 방법으로 승계할 수 있다(제81조, 제82조).

---

51) 절차보장설은 법적안정성을 위하여 인정된 기판력이 미치는지 여부가 채무자의 주관적 사정에 따라 좌우된다는 문제가 있다. 하지만 민법 제405조 1항에 의해 채권자대위권을 행사하는 채권자는 이를 채무자에게 통지하도록 되어 있으므로, 대부분의 경우 채무자가 대위소송의 제기사실을 알 것이기 때문에 실제로는 대부분 기판력이 채무자에게 미칠 것이어서 큰 문제는 없다고 본다. 따라서 권리주체인 제3자 보호의 측면과 소송상대방의 이익보호를 고려하는 절차보장설이 타당하다.

52) 즉, 자신의 권리에 관하여 이행의 소를 제기하는 경우에 한하여 당사자적격은 주장 자체로 판가름하게 되어 있는 것이고, 그 나머지의 경우, 예를 들어 채권자대위소송의 경우처럼 제3자 소송담당의 경우에는 주장 자체로 당사자적격을 가리는 것은 아니다(이시윤).

3. 당사자적격의 흠을 간과한 판결

당사자적격의 흠을 간과하고 내려진 판결은 상소로써 다툴 수 있으나, 확정 후에는 재심사유가 되지 아니한다. 그러나 이러한 판결이 확정되더라도 본래 정당한 당사자로 될 자에 대하여 효력이 미치지 않으며, 실제로 소송에 참여한 당사자적격 없는 자에 대하여도 그 내용에 따른 효과를 발생하지 않으므로 그런 의미에서 판결은 무효이다(통설).

제3관 소송능력

I 의의 및 취지

1. 의 의

소송능력이란 당사자(또는 보조참가인)로서 유효하게 소송행위를 하거나 소송행위를 받기 위하여 갖추어야 할 능력을 말한다.

2. 취 지

소송능력은 민법상의 행위능력에 대응하는 것으로서 소송상 자기의 권익을 주장·옹호 할 수 없는 소송무능력자를 보호해주기 위한 제도이다. 소송절차내의 소송행위는 물론 소송개시 전의 행위나 소송대리권 수여와 같은 소송외의 행위도 소송절차에 영향을 주기 때문에 소송능력이 필요하다. 그러나 증거조사의 대상이 되는 경우(제372조 단서)에는 예외적으로 허용된다. 다른 사람의 대리인으로서 소송행위를 할 경우 소송능력자일 필요가 없다는 견해도 있으나(이시윤, 구판, 민법 제117조 참고), 소송무능력자인 대리인의 개입에 의하여 피해를 입어서는 안 되기 때문에, 대리위임을 받은 변호사는 소송능력이 있어야 한다(이시윤). 소송능력이 없는 자는 법정대리인은 될 수 없다(민법 제937조).

II 소송능력자

1. 민법상의 행위능력자(제51조)

> 제51조(당사자능력·소송능력 등에 대한 원칙) 당사자능력, 소송능력, 소송무능력자의 법정대리와 소송행위에 필요한 권한의 수여는 이 법에 특별한 규정이 없으면 민법, 그 밖의 법률에 따른다.

제51조는 소송능력에 관하여는 민사소송법에 특별한 규정이 없으면 민법 기타의 법률에 의한다고 하므로, 민법상의 행위능력자는 소송능력을 갖는 것이 원칙이다.

2. 법인의 소송능력

> 제64조(법인 등 단체의 대표자의 지위) 법인의 대표자 또는 제52조의 대표자 또는 관리인에게는 이 법 가운데 법정대리와 법정대리인에 관한 규정을 준용한다.

법인이 행위능력 내지 소송능력을 갖느냐의 여부는 이론상 법인의 본질에 관하여 실재설과 의제설에 따라 달라진다. 그러나 민사소송법 제64조에서는 법인이나 법인 아닌 사단·재단에 대하여 소송무능력자임을 전제로 그 대표자·관리인을 소송무능력자의 법정대리인에 준하여 취급하고 있다.

3. 외국인의 소송능력

> 제57조(외국인의 소송능력에 대한 특별규정) 외국인은 그의 본국법에 따르면 소송능력이 없는 경우라도 대한민국의 법률에 따라 소송능력이 있는 경우에는 소송능력이 있는 것으로 본다.

외국인의 경우에는 행위능력과 마찬가지로 소송능력도 본국법에 의하여 정한다, 다만 외국인을 내국인 이상으로 보호할 필요는 없기 때문에 본국법상 소송무능력자라 하여도 대한민국법에 의하면 소송능력자일 때에는 소송능력자로 본다(제57조).

4. 당사자적격을 상실한 자

민법상의 행위능력자이면 어느 누구나 소송능력자이므로, 자기의 재산에 관하여 관리처분권을 상실하여 당사자적격을 잃은 자라 하여도 소송능력은 상실되지 않는다.

III 소송무능력자

> 구법 제55조(미성년자·한정치산자·금치산자의 소송능력) 미성년자·한정치산자 또는 금치산자는 법정대리인에 의하여서만 소송행위를 할 수 있다. 다만, 미성년자 또는 한정치산자가 독립하여 법률행위를 할 수 있는 경우에는 그러하지 아니하다.
>
> 신법 제55조(제한능력자의 소송능력) ① 미성년자 또는 피성년후견인은 법정대리인에 의해서만 소송행위를 할 수 있다. 다만, 다음 각 호의 경우에는 그러하지 아니하다.
>   1. 미성년자가 독립하여 법률행위를 할 수 있는 경우
>   2. 피성년후견인이 「민법」 제10조제2항에 따라 취소할 수 없는 법률행위를 할 수 있는 경우
> ② 피한정후견인은 한정후견인의 동의가 필요한 행위에 관하여는 대리권 있는 한정후견인에 의해서만 소송행위를 할 수 있다. [전문개정 2016.2.3.] [시행 2017.2.4.]

1. 제한능력자

(1) 입법상황

민법에서 장애, 노령 등의 성인에게 도움이 필요한 경우 후견인이 재산 관리 및 일상생활을 지원하는 성년후견, 한정후견 제도가 2013.7.1.부터 시행 되었다. 이에 맞추어 민사소송법도 2016.2.3. 개정 되어 2017.2.4.부터 새 제도가 시행 되고 있다.

(2) 제한능력자

만 19세 미만의 미성년자의 소송행위는 법정대리인의 대리에 의하여야 한다. 그리고 피성년후견인도 원칙적으로 법정대리인의 대리에 의해서만 소송행위를 할 수 있다(제55조 1항 본문). 다만 취소할 수 없는 법률행위의 한도 내에서는 행위능력이 있으므로(민법 제10조 2, 4항[53]), 소송능력

을 인정하였다. 피한정후견인은 원칙적으로 민법상 행위능력자이므로, 소송능력이 인정되는 것이 원칙54)이다. 다만 피한정후견인은 한정후견인의 동의가 필요한 행위(민법 제13조 1항, 4항55))에 관하여는 행위능력이 없어 그 범위 내에서는 소송능력이 없으므로, 대리권 있는 한정후견인에 의해서만 소송행위를 할 수 있다(제55조 2항).

(3) 의사능력이 없는 자

의사능력이 없는 자의 소송행위는 무효이다. 다만 의사능력은 행위능력과 달리 개별적으로 판정하여야 하므로, 예를 들어 성년후견개시심판을 받지 않은 성년자라도 지능이 12,13세 정도 밖에 되지 않는 자, 치매환자 등이 한 소송행위(항소취하)는 무효가 된다(이시윤). 다만 개정법 제62조의2는 종래 판례를 반영하여 의사무능력자를 위한 특별대리인 제도를 신설하였다.

(4) 미성년자

1) 원 칙

미성년자는 민법상 행위능력이 없으므로, 소송무능력자 되는 것이 원칙이다. 그리고 민법상 단독으로 법률행위가 허용되는 동의(민법 제5조56)), 처분을 허락한 재산(민법 제6조57))에 대해서도 동의 유무나 처분이 허락된 재산의 범위를 탐색하는 것이 번잡하고 소송절차의 안정을 해할 우려가 있어, 소송능력이 부정된다.

2) 예 외

① 미성년자가 혼인한 때에는 완전하게 소송능력을 가지며(민법 제826조의 2), ② 미성년자는 피성년후견인의 경우와 달리 독립하여 법률행위를 할 수 있는 경우[예: 법정대리인의 허락을 얻어 영업에 관한 법률행위를 하는 경우(민법 제8조), 회사의 무한책임사원이 될 것이 허락된 경우(상법 제7조)]에 그 범위 내에서는 소송능력이 인정된다(제51조 단서). ③ 미성년자는 근로계약의 체결, 임금의 청구를 스스로 할 수 있기 때문에(근로기준법 제67조, 제68조), 그 범위의 소송에 대해서는 소송능력이 인정된다58). 그리고 ④ 미성년자가 법정대리인 상대의 입양무효의 소를 제기할 경우

---

53) 민법 제10조(피성년후견인의 행위와 취소) ① 피성년후견인의 법률행위는 취소할 수 있다. ② 제1항에도 불구하고 가정법원은 취소할 수 없는 피성년후견인의 법률행위의 범위를 정할 수 있다. ③ 가정법원은 본인, 배우자, 4촌 이내의 친족, 성년후견인, 성년후견감독인, 검사 또는 지방자치단체의 장의 청구에 의하여 제2항의 범위를 변경할 수 있다. ④ <u>제1항에도 불구하고 일용품의 구입 등 일상생활에 필요하고 그 대가가 과도하지 아니한 법률행위는 성년후견인이 취소할 수 없다.</u>
54) 개정 민법으로 인하여 피한정후견인은 지급명령신청, 3000만원이하의 소액사건 뿐만 아니라 가정법원이 지정하는 법률행위(동의 유보행위)를 제외한 나머지 사건에 대하여서도 한정후견인의 개입 없이 독립하여 소송행위를 할 수 있게 하였다(이시윤).
55) 민법 제13조(피한정후견인의 행위와 동의) ① 가정법원은 피한정후견인이 한정후견인의 동의를 받아야 하는 행위의 범위를 정할 수 있다. ④ 한정후견인의 동의가 필요한 법률행위를 피한정후견인이 한정후견인의 동의 없이 하였을 때에는 그 법률행위를 취소할 수 있다. 다만, <u>일용품의 구입 등 일상생활에 필요하고 그 대가가 과도하지 아니한 법률행위에 대하여는 그러하지 아니하다.</u>
56) 제5조(미성년자의 능력) ① 미성년자가 법률행위를 함에는 법정대리인의 동의를 얻어야 한다. 그러나 <u>권리만을 얻거나 의무만을 면하는 행위는 그러하지 아니하다.</u>
57) 제6조(처분을 허락한 재산) 법정대리인이 <u>"범위를 정하여"</u> 처분을 허락한 재산은 미성년자가 임의로 처분할 수 있다.

후견감독인(과거 친족회)의 동의를 얻으면 된다(대결 1969.11.25. 69므25).

Ⅳ 소송능력의 소송법상 효과

1. 소송행위의 유효요건

소송능력은 개개의 소송행위의 유효요건이다. 따라서 소송무능력자의 소송행위나 무능력자에 대한 소송행위는 무효이다. 민법상 무능력자의 행위에 대하여 취소를 할 수 있게 한 것과 달리 소송절차의 안정을 위해서 무효로 한 것이다. 예를 들어 소송무능력자에 의한 소송대리인의 선임, 청구의 포기·인낙은 무효로 된다(단 소·상소의 취하·포기는 예외). 기일에 무능력자가 출석하여 변론을 하면 그 자의 소송관여를 배척하고 기일불출석으로 취급한다. 기일통지나 송달도 무능력자에게 하면 무효로 되며, 특히 판결정본의 경우 소송무능력자에게 송달된 경우에도 법적 안정성을 위해 송달이 유효한 것으로 보자는 견해도 있으나(강현중, 제424조 1항 4호, 제451조 1항 3호 참고), 무능력자 보호의 취지에서 볼 때 무능력자에게만 송달되고 법정대리인에게는 송달되지 않았으면 상소기간은 진행하지 않고 판결은 확정되지 않는다고 보는 것이 타당하다(이시윤, 제179조 참고). 무능력자의 행위가 소의 제기와 같은 것일 때에는 당연무효로 방치할 것이 아니라 각하의 재판으로 명확히 응답하여야 한다.

2. 추　인

> **제60조(소송능력 등의 흠과 추인)** 소송능력, 법정대리권 또는 소송행위에 필요한 권한의 수여에 흠이 있는 사람이 소송행위를 한 뒤에 <u>보정된 당사자나 법정대리인이 이를 추인(추인)한 경우에는</u>, 그 소송행위는 이를 한 때에 소급하여 효력이 생긴다.

(1) 의의 및 취지

소송무능력자의 소송행위나 그에 대한 소송행위라도 확정적 무효는 아니며, 이른바 불확정적(=유동적) 무효이다. 따라서 법정대리인(또는 능력을 취득한 본인)이 추인하면 그 행위 시에 소급하여 유효로 된다(제60조). 왜냐하면 무능력자의 소송행위라도 본인에게 반드시 불리한 것은 아니므로 그 소송행위를 되살릴 여지를 남기는 것이 좋고, 또 같은 소송행위를 반복하지 않음으로써 소송경제에도 합치되기 때문이다.

(2) 추인의 방법

추인은 법원 또는 상대방에 대하여 명시·묵시의 의사표시로 할 수 있다. 즉 ① 미성년자가 직접 선임한 변호사의 제1심의 소송수행에 대해 제2심에서 법정대리인에 의하여 선임된 소송대리인이 아무런 이의가 없으면 묵시의 추인이 된다(대판 1980.04.22. 80다308). ② 미성년자가 스스로 소송행위를 하거나 소송대리인의 선임행위를 하였다고 하더라도, 그 뒤 성년이 되었으면 묵시적으로 추인하였다고 볼 것이다(대판 1970.12.22. 70다2297).

---

58) 미성년자는 원칙적으로 법정대리인에 의하여서만 소송행위를 할 수 있으나 미성년자 자신의 노무제공에 따른 임금의 청구는 근로기준법 제68조의 규정에 의하여 미성년자가 독자적으로 할 수 있다(대판 1981.08.25. 80다3149).

(3) 추인의 시기

추인의 시기에 관하여는 아무런 제한이 없으므로, 상급심에서도 소송무능력자가 한 하급심의 소송행위를 추인할 수 있다.

(4) 추인의 범위

추인은 원칙적으로 소송행위 전체에 대하여 하여야 하며, 일부추인은 허용되지 않는다. 그러나 소의 취하를 제외한 나머지 소송행위만을 추인하는 경우와 같이 소송의 혼란을 야기할 염려가 없고, 소송경제상으로도 적절하다고 인정될 때에는 예외적으로 일부추인도 유효하다고 할 것이다(대판 1973.07.24. 69다60).

3. 소송능력의 조사와 법원의 조치

(1) 소송능력의 조사와 보정

> 제59조(소송능력 등의 흠에 대한 조치) 소송능력·법정대리권 또는 소송행위에 필요한 권한의 수여에 흠이 있는 경우에는 법원은 기간을 정하여 이를 보정(보정)하도록 명하여야 하며, 만일 보정하는 것이 지연됨으로써 손해가 생길 염려가 있는 경우에는 법원은 보정하기 전의 당사자 또는 법정대리인으로 하여금 일시적으로 소송행위를 하게 할 수 있다.

소송능력의 유무는 법원이 절차의 어느 단계에서도 조사하여야 할 직권조사사항이다. 조사의 결과 능력흠결일 때에는 법원은 소를 각하해야 하나, 추인의 여지를 고려하여 기간을 정하여 그 보정을 명하여야 한다(제59조 전단). 보정을 기다리자면 지연으로 인하여 손해가 생길 염려가 있는 때에는(급히 해야 할 증거조사, 집행정지 따위), 법원은 보정을 조건으로 일시적인 소송행위를 하게 할 수 있다(제59조 후단).

(2) 소송능력의 유무와 법원의 조치

1) 소송능력이 있다고 판단되는 경우

법원의 조사결과 소송능력이 있다고 판단되는 경우 중간판결(제201조 1항)이나 종국판결의 이유에서 판단한다.

2) 소송능력이 없다고 판단되는 경우

소제기시에 소송능력에 흠결이 있는 경우에는 소가 부적법하게 되므로, 소를 각하하여야 한다[59]. 다만 법정대리인의 추인이나 소송무능력자가 능력자가 된 후의 추인으로 흠결을 보정할 수 있다. 그리고 소제기 후에 소송능력에 흠결이 생긴 경우에는 소가 부적법한 것이 아니므로, 소를 각하하여서는 안 된다. 이 경우에는 법정대리인이 수계할 때까지 소송절차가 중단 된다(제235조). 다만 소송대리인이 있는 경우에는 소송절차가 중단되지 아니 한다(제238조).

---

[59] 다만 원고의 경우와는 달리, 피고가 소송무능력자인 경우에는 원고의 소가 부적법한 것이 아니라는 견해가 있다(호문혁). 즉 피고 측의 무능력은 원고의 소제기의 유무효, 적법, 부적법과 관계가 없기 때문이라고 한다.

3) 소송능력을 다투기 위한 소송행위의 효력 여부

소송능력을 다투기 위하여 소송행위를 하는 경우에는 그 범위 내에서는 유효한 소송행위로 취급한다. 예를 들어 소송능력 흠결을 이유로 원고 甲의 소를 각하한 경우에 甲이 소송능력이 있음을 이유로 항소를 제기하는 경우 그 항소제기는 유효하다(즉 그 판결이 甲에게 송달이 된 경우는 유효하고 상소기간도 진행되는 것이다). 그리고 소송능력이 없는 사람이 소를 취하한 경우에는 원래는 무효가 되어야 하는 것이지만, 부적법한 소송을 종료시키는 것은 절차안정의 원칙상 허용된다고 보아야 하므로, 유효하다고 해석된다.

(3) 소송능력을 간과한 판결의 효력

1) 소송무능력자가 패소한 경우

소송무능력자가 패소한 경우에 소송능력을 간과한 판결은 당연무효는 아니지만, 위법하다. 즉 판결 확정 전이면 상고(제424조 1항 4호), 판결 확정 후에는 재심이 허용된다(제451조 1항 3호). 다만 판결 선고 후 또는 판결 확정 후에 법정대리인이 또는 보정이 된 당사자가 이를 추인하면 상고나 재심은 허용되지 아니한다(제424조 2항, 제451조 1항 3호).

2) 소송무능력자가 승소한 경우

소송무능력자가 승소한 경우에는 패소한 상대방은 승소한 당사자의 소송능력 흠결을 주장하여 상소나 재심의 소를 제기할 수 없다. 소송능력제도는 소송무능력자 본인을 보호하기 위한 제도이기 때문이다.

■ **소송무능력을 간과한 판결의 효력과 상소의 경우에 상소심의 조치**

1. 1심이 원고나 피고가 소송능력이 없다는 이유로 소각하의 판결을 하였는데, 이에 불복하는 당사자가 소송능력이 있다며 항소를 한 경우에 소송능력을 다투는 범위에서는 소송능력이 있는 것으로 보므로 항소를 각하할 수는 없고, 항소심은 소송능력이 있다고 판단되면 항소를 인용하여 1심판결을 취소(제416조)하고 당사자의 심급의 이익 때문에 필수적 환송을 하여야 한다(제418조).

2. 1심이 소송무능력자에게 불리한 판결을 한 경우(예, 원고가 소송무능력자인데 청구기각판결을 한 경우)에 소송무능력자가 소송무능력을 이유로 항소를 한 경우, 항소심은 ⅰ) 소송능력이 있다고 판단되면 항소를 기각하고(제414조 1항) ⅱ) 소송능력이 없다고 판단되면 항소를 인용하여 1심을 취소하고(제416조) 소각하의 自判을 하면 된다.

3. 1심이 소송무능력자에게 유리한 판결을 한 경우(예, 원고가 소송무능력자인데 청구인용판결을 한 경우)에는 항소를 각하해야 한다. 즉 소송무력자는 전부승소를 한 경우이므로 항소의 이익이 없고(형식적 불복설), 상대방도 무능력자 보호의 취지나 신의칙상 항소의 이익이 없기 때문이다.

제4관 변론능력

I 서 설

1. 의 의

법원에 출석하여 법원에 대한 관계에서 유효하게 소송행위를 하기 위해 요구되는 능력을 변론능력이라고 한다.

2. 구별개념

소송능력은 일반적으로 당사자를 보호하려는 제도를 말하는데 반해, 변론능력은 소송의 원활, 신속을 위한 제도이다. 변론능력은 상당한 법률적 소양을 필요로 하므로 소송능력자라고 하여도 모두 변론능력을 구비한다고 할 수 없다. 그러나 우리나라는 변호사강제주의를 채택하지 아니하고 본인소송을 허용하기 때문에 소송능력이 있으면 변론능력이 인정되는 관계상 큰 의미는 없다.

II 변론무능력자

1. 진술금지의 재판 및 변호사선임명령

> 제144조(변론능력이 없는 사람에 대한 조치) ① 법원은 소송관계를 분명하게 하기 위하여 **필요한 진술을 할 수 없는 당사자 또는 대리인**의 진술을 금지하고, 변론을 계속할 새 기일을 정할 수 있다.
> ② 제1항의 규정에 따라 진술을 금지하는 경우에 필요하다고 인정하면 법원은 변호사를 선임하도록 명할 수 있다.
> ③ 제1항 또는 제2항의 규정에 따라 대리인에게 진술을 금지하거나 변호사를 선임하도록 명하였을 때에는 본인에게 그 취지를 통지하여야 한다.

(1) 진술금지의 재판

당사자 또는 대리인[60]이 소송관계를 분명하게 하기 위한 진술을 하지 못하는 경우에 법원은 진술금지의 재판을 할 수 있다(제144조 1항). 이러한 재판을 받은 자는 변론능력을 상실하게 되는데, 그 효력은 당해 변론기일에만 한정하는 것이 아니라 그 심급 이후의 변론 전부에 미친다[61]. 그리고 진술이 금지되는 대리인 중 변호사인 대리인이 포함되는지 문제가 있다[62].

---

[60] 이 경우 대리인은 변호사 아닌 대리인(비변호사 대리인 즉 법률상 대리인이거나 변호사 아닌 소송위임에 의한 소송대리인)을 말한다는 견해가 있다(김홍엽). 따라서 법정대리인 또는 법인 등의 대표자는 당사자 본인으로 취급된다고 한다. 그 이유는 동조 3항에서 대리인에게 진술금지를 하거나 변호사선임을 명하는 경우 그 취지를 본인에게 통지하도록 하고 있는데, 법정대리인이나 대표자를 동조 1항의 대리인으로 보는 경우, 본인에 대한 통지를 법정대리인이나 대표자에게 하게 되는 결과가 되기 때문이라고 한다.
[61] 진술금지를 명한 기일에만 한정된다는 설도 있다[주석 민소법(II), 420면].
[62] 일본의 구민사소송법은 제127조에서 변호사에 대하여는 진술을 금지할 수 없다는 취지를 명시하였으나, 일본의 현행 민소법과 우리 민소법은 이러한 규정을 두지 않고 있다. 이 경우 변호사인 대리인은 포함되지 않는다는 견해(김홍엽), 변호사라 하더라도 진술능력을 결하는 경우도 있을 것이므로 포함된다는 견해(주석 민소법(II), 419면)가 있다.

(2) 변호사선임명령

진술금지재판의 경우 법원은 변호사의 선임을 명할 수 있다(동조 2항). 대리인에게 진술을 금지하거나 변호사의 선임을 명했을 때는 그 취지를 본인[63]에게 통지하여야 한다(동조 3항).

2. 변호사대리의 원칙

> 제87조(소송대리인의 자격) 법률에 따라 재판상 행위를 할 수 있는 대리인 외에는 변호사가 아니면 소송대리인이 될 수 없다.

변호사대리의 원칙을 소송대리인의 변론능력제한의 일종이라고 보는 것이 다수설이지만, 변호사대리의 원칙은 당사자의 보호를 목적으로 하는 제도이기 때문에 변론능력과는 별개라는 견해도 있다(호문혁, 전병서). 判例는 변리사들이 상표권침해의 민사소송에서 소송대리인으로서 상고장을 작성·제출한 사안에서 변호사가 아니어서 재판상 행위를 할 수 없는 사람이 대리인으로서 상고제기를 한 것으로 변호사대리의 원칙 제87조에 위배되어 부적법하다고 하였다(대판 2012.10.25. 2010다108104).

3. 듣거나 말하는데 장애가 있는 자 등(제143조 제1항)

> 제143조(통역) ① 변론에 참여하는 사람이 우리말을 하지 못하거나, 듣거나 말하는 데 장애가 있으면 통역인에게 통역하게 하여야 한다. 다만, 위와 같은 장애가 있는 사람에게는 문자로 질문하거나 진술하게 할 수 있다.
> ② 통역인에게는 이 법의 감정인에 관한 규정을 준용한다.

통역인을 붙이는 데, 변론무능력자로 보는 견해가 있다.

4. 진술보조인

> 개정법 제143조의2(진술 보조) ① 질병, 장애, 연령, 그 밖의 사유로 인한 정신적·신체적 제약으로 소송관계를 분명하게 하기 위하여 필요한 진술을 하기 어려운 당사자는 법원의 허가를 받아 진술을 도와주는 사람과 함께 출석하여 진술할 수 있다.
> ② 법원은 언제든지 제1항의 허가를 취소할 수 있다.

---

63) [1] 민사소송법 제144조 제1항, 제2항, 제4항의 각 규정에 의하면 당사자 또는 대리인이 법원의 변호사 선임명령을 받고도 신기일까지 변호사를 선임하지 아니한 때에는 소가 각하될 수 있고, 그러한 경우 당사자는 경제적·시간적으로 많은 불이익을 입게 되므로 이러한 점을 고려하여 같은 조 제3항의 규정에 의하면 특별히 당사자 본인이 아닌 대리인에게 진술을 금하고 변호사의 선임을 명하였을 때에는 실질적으로 변호사 선임권한을 가진 본인에게 그 취지를 통지하여 그로 하여금 변호사 선임 여부를 결정할 수 있는 기회를 부여하도록 하고 있다고 보여지므로 그러한 통지가 없는 경우에는 변호사를 선임하지 아니하였다 하여도 소를 각하할 수는 없다. [2] 선정당사자는 비록 그 소송의 당사자이기는 하지만 선정행위의 본질이 임의적 소송신탁에 불과하여 다른 선정자들과의 내부적 관계에서는 소송수행권을 위임받은 소송대리인과 유사한 측면이 있고, 나아가 선정당사자가 법원의 선임명령에 따라 변호사를 선임하기 위하여는 선정자들의 의견을 고려하지 않을 수 없는 현실적 사정을 감안하면, 선정당사자에게 변론을 금함과 아울러 변호사 선임명령을 한 경우에도 민사소송법 제144조 제3항의 규정을 유추하여 실질적으로 변호사 선임권한을 가진 선정자들에게 법원이 그 취지를 통지하거나 다른 적당한 방법으로 이를 알려주어야 하고, 그러한 조치 없이는 변호사의 선임이 이루어지지 아니하였다 하여 곧바로 소를 각하할 수는 없다고 봄이 상당하다(대결 2000.10.18. 2000마2999).

③ 제1항 및 제2항에 따른 진술보조인의 자격 및 소송상 지위와 역할, 법원의 허가 요건·절차 등 허가 및 취소에 관한 사항은 대법원규칙으로 정한다. [본조신설 2016.2.3.] [시행 2017.2.4.]

질병, 장애, 연령 등 정신적·신체적 제약으로 소송에서 필요한 진술을 하기 어려운 당사자들을 위해 법원의 허가를 조건으로 법정에서 그들의 의사소통을 도와줄 수 있도록 진술보조인 제도를 신설하였다. 실질적 당사자 평등 원칙을 실현하기 위해서는 소송능력은 있으나 법정에서 제대로 된 진술을 하기 힘들거나, 소송대리인에게 소송을 맡길 경제적 능력이 없는 사람들을 위한 소송수행 지원책을 마련할 필요가 있다. 법률 서비스 사각지대에 있는 사회적 약자의 소송수행능력을 보완해 주는 각종 제도적 장치를 마련함으로써, 그들의 사법접근권을 보장함과 아울러 실질적 당사자 평등을 실현하여 사법복지 증진에 크게 기여할 것으로 기대된다.

5. 발언금지명령

제135조(재판장의 지휘권) ① 변론은 재판장(합의부의 재판장 또는 단독판사를 말한다. 이하 같다)이 지휘한다.
② 재판장은 발언을 허가하거나 그의 명령에 따르지 아니하는 사람의 발언을 금지할 수 있다.

재판장은 소송지휘권의 행사로 발언을 허가하거나, 그의 명령에 따르지 아니하는 사람의 발언을 금지하는 명령을 할 수 있다(제135조 2항). 진술금지재판과 변호사선임명령은 법원의 권한으로 결정의 형식이지만, 발언금지명령은 재판장의 권한으로 명령의 형식이다. 발언금지명령을 받은 사람은 해당 기일에만 변론능력이 없다.

III 변론능력 흠결의 효과

1. 소송행위의 무효

변론능력은 소송행위의 유효요건이므로, 변론무능력자의 소송행위는 무효이며, 소급적 추인은 안 된다. 법원은 변론무능력자의 소송관여를 배척하고 그에 의한 소송행위를 무시할 수 있다. 즉, 변론무능력자는 출석해도 불출석으로 취급되어 기일해태의 불이익을 받게 된다. 이 점은 변호사 아닌 자가 대리인이 된 경우에 거듭 출석한 경우에도 같다. 변호사 아닌 자의 소송대리는 본인의 수권 없는 대리처럼 무권대리라고 본 판례도 있으나, 대리권은 있으나 변론능력이 없는 것으로 부적법하다고 보는 것이 타당하다(이시윤).

2. 소, 상소의 각하[64]

제144조 ④ 소 또는 상소를 제기한 사람이 제2항의 규정에 따른 명령을 받고도 제1항의 새 기일까지 변호사를 선임하지 아니한 때에는 법원은 결정으로 소 또는 상소를 각하할 수 있다.
⑤ 제4항의 결정에 대하여는 즉시항고를 할 수 있다.

---

[64] 이 제도는 문제점이 있다. 즉 ① 보통 변호사선임명령을 받는 자는 법률적·경제적 약자일 경우가 많으므로, 함부로 이를 적용시키면 국민의 재판청구권(헌법 제27조)을 침해하게 되므로, 신중한 운영을 하여야 한다. 그리고 ② 피고 등 소극적 당사자가 같은 선임명령을 받은 경우에는 아무런 제재가 없다. 따라서 파행적이며 헌법상 평등의 원칙에 반한다(헌법 제11조)는 점이 있다.

진술금지의 재판과 함께 변호사선임명령을 받은 사람이 새 기일까지 변호사를 선임하지 아니한 때 법원은 결정으로 소 또는 상소를 각하할 수 있다[65]. 이 결정에 대해서는 즉시항고 할 수 있다(제144조 4항, 5항). 다만 判例는 선정당사자가 진술금지와 함께 변호사선임명령을 받은 경우에는 이 사실을 선정자에게 통지하지 않은 경우에는 변호사 불선임을 이유로 소각하 할 수 없다고 한다(대결 2000.10.18. 2000마2999).

3. 변론능력을 간과한 판결의 효력

법원이 변론능력의 흠결을 간과한 판결은 당연유효가 된다. 왜냐하면 소송의 원활, 신속을 목적으로 하는 변론능력제도의 취지에 비추어 법원이 변론무능력자의 소송관여 배척이나 소각하 결정 등을 문제 삼지 않았으면 그 하자는 일응 치유된 것으로 볼 수 있기 때문이다.

제4절 소송상의 대리인

제1관 총 설

I 의의 및 비교개념

1. 의 의

당사자의 이름으로 소송행위를 하거나 소송행위를 받는 제3자를 말한다. 대리인의 행위는 본인에게만 효력이 미치고, 대리인에게는 미치지 않는다. 소송상의 대리는 사법상의 대리의 소송법적 측면이다(이시윤).

2. 비교개념

대리인은 자신의 의사에 기해 소송행위를 하는 사람이므로 다른 사람의 소송행위를 전달하는 경우, 다른 사람의 소송행위를 수령하는 사람은 使者(사자)이지 대리인은 아니다. 그리고 대리인은 본인의 이름으로 소송행위를 하는 사람이므로 다른 사람의 권리관계에 관하여 자신의 이름으로 하는 소송담당자는 대리인이 아니며, 자신의 이름으로 하는 소송행위가 다른 사람에게 효력을 미치는 보조참가인도 대리인이 아니다.

---

[65] 변호사강제주의인 소비자단체소송에서 원고가 변호사선임명령을 받고 불응하는 때에도 소를 각하한다(소비자단체소송규칙 제14조).

II 소송상 대리인의 종류

1. 대리권 수여 여부

대리권이 당사자의 의사에 기하여 수여되었는가에 따라 법정대리인과 임의대리인으로 나뉜다.

2. 포괄적 대리인과 개별적 대리인

일체의 소송행위를 대리하는 포괄적 대리인이 원칙이지만, 개개의 특정한 소송행위에만 국한하여 대리할 수 있는 개별적 대리인[66]도 있다. 소송상의 대리인 중 포괄적 대리권을 가진 임의대리인을 소송대리인이라고 한다.

3. 민법상 대리와의 차이

소송상의 대리는 민법상 대리와는 달리 소송절차의 안정을 위하여 대리권의 존재와 범위의 명확화·획일화가 필요하다. 즉 ① 소송상 대리권의 서면증명(제58조, 제89조) ② 대리권 소멸 통지(제63조, 제97조) ③ 대리권 범위의 법정(제56조, 제90조) ④ 민법상 표현대리의 배제(判例) 등이 민법상 대리와의 차이점이다.

제2관 법정대리인

I 개 념

본인의 의사에 관계없이 법률의 규정 또는 법원의 재판에 의하여 정해지는 대리인을 말한다.

II 종 류

1. 실체법상의 법정대리인

(1) 원칙

누가 법정대리인이 되느냐는 민법 기타 법률에 의하므로(제51조), 실체법상 법정대리인은 소송법상 법정대리인이 된다.

(2) 제한능력자의 경우

미성년자의 경우는 친권자인 부모(민법 제909조, 제911조) 또는 미성년후견인(민법 제928조, 제938조 1항), 피성년후견인의 경우 성년후견인(민법 제936조, 제938조 1항), 피한정후견인의 경우 한정후견인에게 대리권이 수여되었다면(즉 가정법원이 대리권을 수여하는 심판을 하였다면) 한정후견인(민법 제959조의4 1항)이 소송법상으로도 법정대리인이 된다.

---

[66] 예를 들어 송달영수에 국한하여 대리인이 되는 교도소장 등(제182조), 군사용 청사의 장 등(제181조), 화해를 위한 대리인 등이 이에 해당한다.

(3) 기타의 경우

민법상 특별대리인(민법 제64조, 제921조), 법원이 선임한 부재자의 재산관리인(민법 제22조 내지 제26조) 등도 소송법상 법정대리인이 된다[67].

2. 소송상의 특별대리인

> **구법 제62조(특별대리인)** ① 법정대리인이 없거나 법정대리인이 대리권을 행사할 수 없는 경우에 미성년자·한정치산자 또는 금치산자를 상대로 소송행위를 하고자 하는 사람은 소송절차가 지연됨으로써 손해를 볼 염려가 있다는 것을 소명하여 수소법원(수소법원)에 특별대리인을 선임하여 주도록 신청할 수 있다.
> ② 제1항의 경우로서 미성년자·한정치산자 또는 금치산자가 소송행위를 하는 데 필요한 경우에는 그 친족·이해관계인 또는 검사는 소송절차가 지연됨으로써 손해를 볼 염려가 있다는 것을 소명하여 수소법원에 특별대리인을 선임하여 주도록 신청할 수 있다.
> ③ 법원은 언제든지 특별대리인을 개임(개임)할 수 있다.
> ④ 특별대리인이 소송행위를 하기 위하여서는 후견인(후견인)과 같은 권한을 받아야 한다.
> ⑤ 특별대리인의 선임 또는 개임은 법원의 결정으로 하며, 그 결정은 특별대리인에게 송달하여야 한다.
> ⑥ 특별대리인의 선임에 관한 비용과 특별대리인의 소송행위에 관한 비용은 신청인에게 부담하도록 명할 수 있다.
>
> **개정법 제62조(제한능력자를 위한 특별대리인)** ① 미성년자·피한정후견인 또는 피성년후견인이 당사자인 경우, 그 친족·이해관계인(미성년자·피한정후견인 또는 피성년후견인을 상대로 소송행위를 하고자 하는 사람을 포함한다)·대리권 없는 성년후견인·대리권 없는 한정후견인·지방자치단체의 장·대법원규칙이 정하는 단체의 장 또는 검사는 다음 각호의 경우에 <u>소송절차가 지연됨으로써 손해를 볼 염려가 있다는 것</u>을 소명하여 <u>수소법원(수소법원)에 특별대리인을 선임하여 주도록 신청할 수 있다.</u>
>   1. 법정대리인이 없거나 법정대리인에게 소송에 관한 대리권이 없는 경우
>   2. 법정대리인이 사실상 또는 법률상 장애로 대리권을 행사할 수 없는 경우
>   3. 법정대리인의 불성실하거나 미숙한 대리권 행사로 소송절차의 진행이 현저하게 방해받는 경우
> ② 법원은 소송계속 후 필요하다고 인정하는 경우 직권으로 특별대리인을 선임·개임하거나 해임할 수 있다.
> ③ 특별대리인은 대리권 있는 후견인과 같은 권한이 있다. 특별대리인의 대리권의 범위에서 법정대리인의 권한은 정지된다.
> ④ 특별대리인의 선임·개임 또는 해임은 법원의 결정으로 하며, 그 결정은 특별대리인에게 송달하여야 한다.
> ⑤ 특별대리인의 보수·선임 비용·소송행위에 관한 비용은 소송비용에 포함된다.
> ⑥ 특별대리인의 선임에 관한 비용과 특별대리인의 소송행위에 관한 비용은 신청인에게 부담하도록 명할 수 있다.

(1) 의의, 비교 개념 및 준용

1) 의 의

미성년자·피한정후견인(동의 유보 범위 내에서의)·피성년후견인은 법정대리인이 없거나 법정대리인이 대리권을 행사할 수 없을 때 수소법원에 그를 대리해 줄 특별대리인의 선임을 신청할 수

---

[67] 判例는 상속재산관리인·유언집행자를 모두 당사자적격을 가지는 소송담당자로 본다.

있다. 예를 들어 친권자가 없거나 친권자가 장기간 병원에 입원 중에 있는 미성년자 甲이 乙을 상대로 대여금청구의 소 등을 제기할 때 문제가 된다.

2) 비교 개념

여기의 특별대리인은 수소법원에 의하여 선임되는 소송법상의 특별대리인이므로, 민법 등 실체법에 의한 법정대리인과 본인의 이해가 상반되는 경우에 선임되는 특별대리인(민법 제64조, 제921조)과는 구별하여야 한다. 실체법상의 특별대리인은 수소법원이 아니라 일정한 관할에 따라 정해지는 지방법원 또는 가정법원에서 선임하게 된다[비송사건절차법 제33조 1항, 가사소송법 제2조 1항 2호 가목 16)의 라류 비송사건]. 다만 判例는 법인이 아닌 사단과 대표자 사이에 이익 상반 사항에 관한 소송행위에는 실체법, 즉 민법 제64조에 의하여 특별대리인을 선임하지 않고 소송법상의 특별대리인을 선임하도록 하고 있다[68](대판 1992.03.10. 91다25208).

3) 준 용

법인(또는 비법인단체)에 대표자·관리인이 없거나 그가 대표권을 행사할 수 없을 때 본조가 준용된다(제64조). 그러나 뒤에 대표권의 흠이 보완이 된 경우라면 수소법원의 해임결정이 있기 전이라도 그 대표자가 법인을 위한 소송행위를 할 수 있다[69](대판 2011.01.27. 2008다85758).

(2) 요 건

1) 소송무능력자를 피고로 하여 소송행위를 하는 경우나 소송무능력자 측이 원고가 되어 소송행위를 하는 경우일 것

> 제62조의2(의사무능력자를 위한 특별대리인의 선임 등) ① 의사능력이 없는 사람을 상대로 소송행위를 하려고 하거나 의사능력이 없는 사람이 소송행위를 하는 데 필요한 경우 특별대리인의 선임 등에 관하여는 제62조를 준용한다. 다만, 특정후견인 또는 임의후견인도 특별대리인의 선임을 신청할 수 있다.
> ② 제1항의 특별대리인이 소의 취하, 화해, 청구의 포기·인낙 또는 제80조에 따른 탈퇴를 하는 경우 법원은 그 행위가 본인의 이익을 명백히 침해한다고 인정할 때에는 그 행위가 있는 날부터 14일 이내에 결정으로 이를 허가하지 아니할 수 있다. 이 결정에 대해서는 불복할 수 없다. [본조신설 2016.2.3.]

의사무능력자이지만 성년후견개시 심판을 받지 않은 자도 여기의 소송무능력자에 포함된다고

---

[68] 비법인사단과 그 대표자 사이의 이익이 상반되는 사항에 관한 소송행위에 있어서는 위 대표자에게 대표권이 없으므로, 달리 위 대표자를 대신하여 비법인사단을 대표할 자가 없는 한 이해관계인은 민사소송법 제60조, 제58조의 규정에 의하여 특별대리인의 선임을 신청할 수 있고 이에 따라 선임된 특별대리인이 비법인사단을 대표하여 소송을 제기할 수 있다(대판 1992.03.10. 91다25208).
[69] 법인 대표자의 자격이나 대표권에 흠이 있어 그 법인이 또는 그 법인에 대하여 소송행위를 하기 위하여 민사소송법 제64조, 제62조에 따라 수소법원에 의하여 선임되는 특별대리인은 법인의 대표자가 대표권을 행사할 수 없는 흠을 보충하기 위하여 마련된 제도이므로, 이러한 제도의 취지에 비추어 보면 특별대리인이 선임된 후 소송절차가 진행되던 중에 법인의 대표자 자격이나 대표권에 있던 흠이 보완되었다면 특별대리인에 대한 수소법원의 해임결정이 있기 전이라 하더라도 그 대표자는 법인을 위하여 유효하게 소송행위를 할 수 있다(대판 2011.01.27. 2008다85758).

이해되었고(통설, 判例[70]), 개정법 제62조의 2는 이를 받아들여 규정을 신설한 것이다. 따라서 의사무능력자는 성년후견이나 한정후견과 같은 상시적인 후견이 아니라 법적 분쟁이 발생한 경우 일시적으로만 지원을 받고자 하는 의사무능력자, 즉 아직 성년후견개시의 심판을 받지 않았거나 심판을 받았지만 대리권 범위 제한으로 인하여 당해 제한능력자에게 소송능력이 인정되는 자를 말한다(실무제요[Ⅰ], 426면).

2) 소송무능력자에게 법정대리인이 없거나 법정대리인이 대리권을 행사할 수 없을 것

① 법정대리인이 없거나 법정대리인에게 소송에 관한 대리권이 없는 경우

미성년자에게 친권자가 없고, 후견인도 지정되지 아니한 경우가 전형적 예이다. 그러나 도시 및 주거환경정비법에 따른 조합의 이사가 자기를 위하여 조합을 상대로 소를 제기하는 경우 그 소송에 관하여는 감사가 조합을 대표하므로(도시 및 주거환경정비법 제22조 제4항), 조합에 감사가 있는 때에는 조합장이 없거나 조합장이 대표권을 행사할 수 없는 사정이 있더라도 조합은 특별한 사정이 없는 한 민사소송법 제64조, 제62조에 정한 '법인의 대표자가 없거나 대표자가 대표권을 행사할 수 없는 경우'에 해당하지 아니하여 특별대리인을 선임할 수 없다. 나아가 수소법원이 이를 간과하고 특별대리인을 선임하였더라도 특별대리인은 이사가 제기한 소에 관하여 조합을 대표할 권한이 없다(대판 2015.04.09. 2013다89372). 또한 새로이 선임된 대표이사가 주식회사의 적법한 대표자의 자격이 없으니 당초의 대표이사가 상법 제386조, 제389조 3항[71])에 의하여 적법한 대표이사가 새로 선임되어 취임할 때까지 회사의 대표이사의 권리의무를 지므로 당해 회사는 민사소송법 62조, 64조에 의한 "대표자가 없거나 대표자가 대표권을 행사할 수 없는 경우"에 해당하지 않아 특별대리인을 선임할 수 없다(대판 1974.12.10. 74다428).

② 법정대리인이 사실상 또는 법률상 장애로 대리권을 행사할 수 없는 경우

이해상반 등으로 대리권행사에 법률상의 장애가 있는 경우에 한정할 것이라는 견해(이영섭)도 있으나, 통설은 당사자의 권리실현의 편의를 위한 제도이므로 법률상 장애[72][73](민법 제64조, 921조 등)만이 아니라, 널리 사실상의 장애(법정대리인의 질병, 장기간의 해외여행 등)가 있는 경우도 포함된다고 한다. 개정법은 이를 명백히 하였다. 判例는 "의식불명의 식물인간 상태와 같이 의사무능력자인 금치산자(=피성년후견인)의 경우, 민법 제947조, 제949조에 의하여 금치산자(=

---

70) 특별대리인의 선임제도는 소송능력이 없는 자에 대하여 소송행위를 하고자 하는 자의 소송의 지연으로 인하여 발생하는 손해를 방지하기 위하여 둔 것이므로 사실상 의사능력을 상실한 상태에 있어 소송능력이 없는 사람에 대하여 소를 제기하는 경우에도 특별대리인을 선임할 수 있다(대판 1993.07.27. 93다8986).
71) 제386조(결원의 경우) ① 법률 또는 정관에 정한 이사의 원수를 결한 경우에는 임기의 만료 또는 사임으로 인하여 퇴임한 이사는 새로 선임된 이사가 취임할 때까지 이사의 권리의무가 있다. 제389조(대표이사) ③ 제208조제2항, 제209조, 제210조와 제386조의 규정은 대표이사에 준용한다. 〈개정 1962.12.12〉
72) 양모가 미성년자를 상대로 한 소유권이전등기소송은 민법 제921조 1항의 이해상반행위에 해당하고 양자의 친생부모는 친권자가 되지 못하므로 법원은 특별대리인을 선임하여야 한다(대판 1991.04.12. 90다17491).
73) 비법인사단과 그 대표자 사이의 이익이 상반되는 사항에 관한 소송행위에 있어서는 위 대표자에게 대표권이 없으므로, 달리 위 대표자를 대신하여 비법인사단을 대표할 자가 없는 한 이해관계인은 민사소송법 제64조, 제62조의 규정에 의하여 특별대리인의 선임을 신청할 수 있고 이에 따라 선임된 특별대리인이 비법인사단을 대표하여 소송을 제기할 수 있다(대판 1992.03.10. 91다25208).

피성년후견인)의 요양·감호와 그의 재산관리를 기본적 임무로 하는 후견인이 금치산자(=피성년후견인)를 대리하여 그 배우자를 상대로 재판상 이혼을 청구할 수 있고, 그 후견인이 배우자인 때에는 가사소송법 제12조 본문, 민사소송법 제62조 제1, 2항에 따라 수소법원에 특별대리인의 선임을 신청하여 그 특별대리인(=피성년후견인의 어머니)이 배우자를 상대로 재판상 이혼을 청구할 수 있다(대판 2010.04.08. 2009므3652)."고 한다.

③ 법정대리인의 불성실하거나 미숙한 대리권 행사로 소송절차의 진행이 현저하게 방해받는 경우
개정법에서 추가된 요건이다.

3) 지연으로 손해를 받을 염려가 있을 것

민법에 의하여 법정대리인이나 특별대리인을 선임하기까지 기다리자면 신청인 측에 손해가 생길 염려가 있을 때를 말한다. 가압류·가처분 또는 시효중단의 필요가 있을 때가 그 예이다.

(3) 선임 및 개임 절차

1) 선 임

특별대리인은 신청에 의해 선임된다. 신청권자는 ① 소송무능력자를 피고로 하여 소제기할 경우에는 소송행위를 하려는 원고 본인이 되고 ② 소송무능력자 측이 원고가 되어 소제기할 경우에는 무능력자의 친족, 이해관계인 또는 검사이며 <u>무능력자 본인은 될 수 없다</u>(대판 1981.11.19. 81다카43). 다만 <u>개정법은 이를 확대하여 그 친족·이해관계인</u>(미성년자·피한정후견인 또는 피성년후견인을 상대로 소송행위를 하고자 하는 사람을 포함한다)<u>·대리권 없는 성년후견인·대리권 없는 한정후견인·지방자치단체의 장·대법원규칙이 정하는 단체의 장 또는 검사로 신청권자를 확대하였다</u>. 선임신청은 수소법원에 하여야 하는데, 여기의 수소법원이란 본안사건이 장래에 계속될 또는 현재 계속되어 있는 법원을 말하며, 반드시 이미 계속된 본안사건의 담당재판부를 가리키는 것은 아니다(대판 1969.03.25. 68그21).

2) 소 명

신청인은 지연으로 인하여 손해를 볼 염려가 있음을 소명하여야 한다. 선임재판은 결정의 형식으로 한다. 선임신청의 기각결정에 대하여는 항고할 수 있으나(제439조), 선임결정에 대해서는 항고 할 수 없다(대결 1963.05.02. 63마4). 선임된 사람은 취임의무를 갖는 것은 아니나, 변호사가 선임되었을 때에는 정당한 이유가 없는 한 취임을 거부할 수 없다(변호사법 제27조 2항).

3) 개 임

법원은 언제든지 직권으로 특별대리인을 개임할 수 있다(제62조 2항). 당사자의 개임신청은 법원의 직권발동을 촉구하는 의미를 가질 뿐이다(대판 1969.03.25. 68그21).

(4) 권 한

특별대리인의 권한은 법정대리인과 동일하다(제62조 3항). 따라서 <u>일체의 소송행위 뿐 아니라 사법상의 실체법상 권리도 행사할 수 있다</u>(대판 1993.07.27. 93다8986). 그리고 특별대리인의 대리권의 범위에서 법정대리인의 권한은 정지된다(제62조 3항). 하지만 그 권한은 원칙적으로 선임된 당

해 소송에 국한된다(다만 재심소송에서 선임된 특별대리인은 재심의 대상이 되어 있는 소송에 있어서 대리권의 흠을 추인할 권한이 있다(대판 1969.07.22. 69다507)). 소송법상 특별대리인은 법인 또는 법인 아닌 사단의 대표자와 동일한 권한을 가져 그 소송수행에 관한 일체의 소송행위를 할 수 있으므로(대판 2010.06.10. 2010다5373), 소송법상 특별대리인은 특별한 사정이 없는 한 법인을 대표하여 수행하는 소송에 관하여 상소를 제기하거나 이를 취하할 권리가 있다(대판 2018.12.13. 2016다210849(본소),2016다210856(반소)).

(5) 판결절차 이외의 특별대리인

무능력자를 위한 특별대리인 이외에도 증거보전절차(제378조), 상속재산에 대한 집행절차(민집 제52조 2항)에도 특별대리인 제도가 있다.

Ⅲ 법정대리인의 권한

> **구법 제56조(법정대리인의 소송행위에 대한 특별규정)** ① 법정대리인이 상대방의 소제기 또는 상소에 관하여 소송행위를 하는 경우에는 친족회[74]로부터 특별한 권한을 받을 필요가 없다.
> ② 법정대리인이 소의 취하, 화해, 청구의 포기·인낙(인낙) 또는 제80조의 규정에 따른 탈퇴를 하기 위하여서는 특별한 권한을 받아야 한다.
> **개정법 제56조(법정대리인의 소송행위에 관한 특별규정)** ① 미성년후견인, 대리권 있는 성년후견인 또는 대리권 있는 한정후견인이 상대방의 소 또는 상소 제기에 관하여 소송행위를 하는 경우에는 그 후견감독인으로부터 특별한 권한을 받을 필요가 없다.
> ② 제1항의 법정대리인이 소의 취하, 화해, 청구의 포기·인낙(認諾) 또는 제80조에 따른 탈퇴를 하기 위해서는 후견감독인으로부터 특별한 권한을 받아야 한다. 다만, 후견감독인이 없는 경우에는 가정법원으로부터 특별한 권한을 받아야 한다. [전문개정 2016.2.3.]
> **민법 제950조(후견감독인의 동의를 필요로 하는 행위)** ① 후견인이 피후견인을 대리하여 다음 각 호의 어느 하나에 해당하는 행위를 하거나 미성년자의 다음 각 호의 어느 하나에 해당하는 행위에 동의를 할 때는 후견감독인이 있으면 그의 동의를 받아야 한다.
> 5. 소송행위

1. 법정대리권의 범위

대리권의 범위도 특별한 규정이 없는 한 민법을 따른다(제51조). 친권자가 자를 대리하여 소송수행을 할 때에는 아무런 제약 없이 변호사선임행위 등 일체의 소송행위를 할 수 있다(민법 제920조). 후견인이 피후견인을 대리하여 능동적 소송행위를 하는 경우에는 후견감독인의 동의를 얻어야 한다(민법 제950조). 다만 후견인이 상대방의 소제기 또는 상소에 관하여 수동적인 소송행위를 하는 경우에는 후견감독인으로부터 특별한 권한을 받을 필요가 없다(제56조 1항). 그리고 후견인은 소의 취하, 화해, 청구의 포기·인낙 또는 제80조의 규정에 따른 탈퇴를 하기 위하여서는 후견감독인으로부터 특별한 권한을 받아야 한다(제56조 2항 본문). 다만 제56조 2항의 특별수권에 관한 규정은 후견인에 대해서만 적용된다고 함이 통설이다. 따라서 생모인 법정대리인이 소취하를 하

---

[74] 개정 민법 하에서는 친족회는 폐지되고, 후견감독인으로 바뀌었다.

는 경우에는 친족회(=후견감독인)의 특별수권이 필요 없다(대판 1974.10.22. 74다1216). 개정법은 이를 반영하여 제56조 2항에서 친권자는 포함시키지 않았다(제56조 2항 단서). 후견감독인이 없는 경우에는 가정법원으로부터 특별한 권한을 받아야 한다. 민법상의 특별대리인은 당해 소송에 관하여는 일체의 소송행위를 할 수 있고, 무능력자를 위한 특별대리인은 후견인에 준하며(제62조 4항), 부재자재산관리인이 제56조 2항 소정의 중요한 소송행위를 함에 있어서는 법원의 허가를 요한다(대판 1968.04.30. 67다2117).

2. 공동대리

(1) 원 칙

공동대리의 경우, 법정대리인[75]이 하는 소송행위(능동대리)는 원칙적으로 공동으로 하여야만 본인에게 효력이 있다고 본다(민법 제909조 2항, 상법 제389조 2항). 따라서 소나 상소의 제기, 소나 상소의 취하, 화해, 청구의 포기·인낙, 소송탈퇴 등은 제56조 2항에 따라 대리인이 특별한 권한(후견감독인의 동의)을 받을 필요가 있는 것과 균형을 맞추기 위하여 모두가 명시적으로 공동으로 하여야 유효하지만(제56조 2항 유추설), 이들 이외의 소송행위는 단독으로 하여도 다른 대리인이 묵인하는 경우[76]에는 공동으로 한 것으로 인정할 수 있을 것이다(이시윤, 정동윤·유병현·김경욱).

(2) 각 대리인의 변론내용이 모순되는 경우

각 대리인의 변론내용이 모순될 때에는 본인에게 더 이익이 되는 쪽을 인정하면 될 것이다. 다만 이 경우 법 제67조를 준용하여 공동대리인 가운데 한 사람의 행위가 본인에게 유리하면 효력이 있으나, 본인에게 불리한 때에는 공동대리인 모두가 함께 할 때에만 효력이 있다는 견해(제67조 준용설, 강현중)도 있다. 그러나 대리에 관한 문제이므로 필수적 공동소송에 관한 제67조보다 대리규정인 제56조 2항을 유추적용 하는 것이 옳다고 본다(이시윤).

3. 대리권의 증명

> **제58조(법정대리권 등의 증명)** ① 법정대리권이 있는 사실 또는 소송행위를 위한 권한을 받은 사실은 서면으로 증명하여야 한다. 제53조의 규정에 따라서 당사자를 선정하고 바꾸는 경우에도 또한 같다.
> ② 제1항의 서면은 소송기록에 붙여야 한다.

법정대리권이 있는 사실 또는 소송행위를 위한 권한을 받은 사실은 서면으로 증명하여야 한다. 이를 서면증명의 원칙이라고 한다. 가족관계증명서·법인등기부등본·초본 등이 이에 해당한다. 이는 소송기록에 붙여야 한다.

---

[75] 이에 반해 소송대리인은 개별대리가 원칙이다(제93조).
[76] 예를 들어 한사람의 대리인에 의한 답변서의 제출, 변론, 자백 등에 관하여 다른 대리인이 곧 이의를 제출하지 않는 경우를 들 수 있다.

Ⅳ 법정대리인의 지위

사 례

> 미성년자 X의 아버지 甲은 X를 대리하여 Y를 상대로 소유권이전등기청구의 소를 제기하면서 변호사 乙을 대리하여 선임하였다. 甲과 乙의 지위는 소송법상 어떻게 다른가? (50점, 司試 제40회 기출문제)

1. 법정대리인과 소송대리인

(1) 의 의

① 소송상의 대리인이라 함은 당사자를 대리하여 본인의 이름으로 소송행위를 하거나 상대방 또는 법원의 소송행위를 받는 자를 말하며, 대리권이 당사자의 의사에 기하여 수여되었는가에 따라 법정대리인과 임의대리인으로 나뉜다.

② 임의대리인 중 특히 포괄적인 소송수행을 위하여 본인의 의사에 의하여 위임하는 경우를 소송위임에 의한 소송대리인이라 하고, 법정대리인에는 실체법상의 법정대리인과 소송상의 특별대리인의 두 가지가 있다.

(2) 기본적 차이

소송대리인과 법정대리인은 대리인이라는 점에서 본질적으로 동일하나, 소송대리인은 본인이 소송수행을 할 수 있음에도 불구하고 이를 대리함에 지나지 아니하여 그 소송에 대하여는 제3자에 불과하지만, 법정대리인은 본인이 무능력 등의 이유로 스스로는 소송행위가 불가능한 경우에 이를 전면적으로 대리하는 것이므로 본인의 대역적 요소를 갖는다는 점에서 차이가 있다.

2. 대리권의 범위

(1) 법정대리인

1) 대리권의 범위

대리권의 범위는 소송법에 특별한 규정이 없으면 민법 기타 법률에 의한다(제51조). 따라서 친권자는 일체의 소송행위를 할 수 있다(제56조 참고).

2) 소멸원인

소멸원인도 민법 기타의 법령에 의한다. 본인 또는 법정대리인의 사망, 소송대리인이 성년후견 개시심판 또는 파산선고를 받거나 본인이 소송능력을 갖게 되면 소멸한다.

(2) 소송위임에 의한 소송대리인

1) 대리권의 범위

그 대리권의 범위는 포괄적으로 법정되어 있으며 이것을 제한할 수는 없다. 그리하여 소송위임에 의한 소송대리인은 위임을 받은 사건의 소송수행을 위하여 필요한 일체의 소송행위를 할 수 있다. 그러나 민사소송법 제90조 제2항에 정해진 사항에 대해서는 본인의 특별수권이 필요하다.

2) 소멸원인

소송대리인의 대리권은 위임사무의 완료, 대리인의 사망 및 성년후견개시심판과 파산, 위임계약 해지 또는 본인의 파산 등 기본관계소멸과 동시에 대리권도 소멸하는 경우에 소멸한다. 그러나 민법의 경우와는 달리 당사자의 사망, 소송능력의 상실 등의 경우에는 소멸하지 않는다.

3. 소송수행상의 지위

(1) 공통점

법정대리인이라 하더라도 당사자 본인이 아니기 때문에 법관의 제척, 재판적의 판정기준이 되지 아니하며 기판력과 집행력 등 판결의 효력을 받지 않는다. 이는 소송위임에 의한 소송대리인의 경우도 마찬가지인 것이다. 또한 소송수행에 있어서의 고의, 과실과 같은 사유가 소송법상의 효과에 영향을 미칠 때에는 모두 대리인을 표준으로 결정한다.

(2) 차이점

1) 대리인의 표시

법정대리인의 표시는 소장이나 판결의 필수적 기재사항이다(제208조 1항 1호, 제249조). 그러나 소송대리인의 표시는 필수적 기재사항이 아니다.

2) 대리방법

① 법정대리인

법정대리인이 수인인 경우에 상대방이 하는 소송행위의 수령은 단독으로 할 수 있다. 그러나 소, 상소의 제기와 취하, 화해, 청구의 포기·인낙, 소송탈퇴 등 제56조 2항의 소송행위를 함에 있어서는 명시적으로 공동으로 하지 않으면 무효로 된다(제56조 2항 유추설).

② 소송대리인

소송대리인이 수인인 경우에 대리인 각자가 당사자를 대리하며, 당사자가 다른 약정을 하더라도 효력이 없다(제93조). 수인의 소송대리인 간에 모순되는 행위가 동시에 행해진 경우에는 어느 것도 효력이 발생하지 않는다. 그러나 이시에 행해진 경우에는 선행행위가 철회될 수 있는 것이면 후행행위에 의해 철회된 것으로 보고, 철회할 수 없는 행위이면 후행행위가 효력을 상실한다.

3) 증인능력

법정대리인은 참가인, 증인능력이 없으며 신문은 당사자본인신문의 방식에 의한다(제372조). 소송대리인은 당해 소송에 있어서 증인이나 감정인이 될 수 있다.

4) 송 달

법정대리의 경우에 송달은 반드시 법정대리인에게 하여야 하고 본인에게 하여서는 안 되나(제179조), 소송대리의 경우에는 본인은 자기 자신의 소송수행권을 상실하지 않으므로 법원은 본인 명의의 기일통지서나 소송서류를 본인에게 송달할 수 있으며, 소송대리인이 있어도 본인에게 출석을 명하여 진술을 청취할 수 있다.

5) 소송절차 중단

법정대리인이 사망하거나 대리권이 상실되면 소송수행을 할 수 있는 자가 없어지므로 소송절차가 중단되지만(제235조), 소송대리인의 사망 또는 대리권소멸의 경우에도 본인이 스스로 소송행위를 할 수 있으므로 소송절차는 중단되지 않는다(제238조).

6) 경정권

법정대리인은 당사자 본인이 출석하여야 하는 경우에 본인에 갈음하여 출석하지만, 소송대리인의 경우에는 본인이 스스로 소송행위를 할 수 있을 뿐 아니라 소송대리인의 사실상의 진술에 관해 경정권을 갖는다(제94조).

Ⅴ 법정대리권의 소멸

> 제63조(법정대리권의 소멸통지) ① 소송절차가 진행되는 중에 법정대리권이 소멸한 경우에는 본인 또는 대리인이 상대방에게 소멸된 사실을 통지하지 아니하면 소멸의 효력을 주장하지 못한다. 다만, 법원에 법정대리권의 소멸사실이 알려진 뒤에는 그 법정대리인은 제56조 제2항의 소송행위를 하지 못한다.
> ② 제53조의 규정에 따라 당사자를 바꾸는 경우에는 제1항의 규정을 준용한다.

구법 제59조 제1항은 법정대리권이 소멸하였더라도 그 사실을 상대방에게 통지하지 아니하면 그 효력이 없다고 규정하였고, 위 규정은 구법 제60조에 의해 법인의 대표자, 법인이 아닌 사단 또는 재단의 대표자·관리인에게, 구법 제88조에 의해 일반 소송대리인에게 각 준용되고 있었다. 즉 判例는 "제64조, 제63조 1항의 취지는 법인(법인 아닌 사단도 포함)대표자의 대표권이 소멸하였다고 하더라도 당사자가 그 대표권의 소멸사실을 알았는지의 여부, 모른 데에 과실이 있었는지의 여부를 불문하고 그 사실의 통지 유무에 의하여 대표권의 소멸 여부를 획일적으로 처리함으로써 소송절차의 안정과 명확을 기하기 위함에 있으므로, 법인대표자의 대표권이 소멸된 경우에도 그 통지가 있을 때까지는 다른 특별한 사정이 없는 한 소송절차상으로는 그 대표권이 소멸되지 아니한 것으로 보아야 하므로, 대표권소멸사실의 통지가 없는 상태에서 구 대표자가 한 소취하는 유효하고, 상대방이 그 대표권소멸사실을 알고 있었다고 하여 이를 달리 볼 것은 아니다(대판(전) 1998.02.19. 95다52710)."고 판시하였다. 이런 결론은 본인에게 지나치게 가혹한 면이 있으므로 단서를 신설하여 대리권 등의 소멸사실이 법원에 명확한 이상 처분행위를 금지한 것이다(민사소송법 개정내용 해설, 21~22면).

Ⅵ 법인 등의 대표자

1. 서 설

법인 또는 법인 아닌 사단·재단의 소송행위는 그 대표자에 의하므로, 법인 등의 대표자는 법정대리인에 준하여 취급된다(제64조). 특히 대표자란 법인 등의 대표기관으로 그 법인 등의 이름으로 자기의 의사에 기해 행위를 하는 자로 그 행위의 효과가 직접 법인 등에 귀속되는 자를 말한다. 누가 대표자인가는 실체법에 따라 정해진다.

2. 법인 등의 대표기관

(1) 사법인, 법인 아닌 사단

민법상 법인의 경우는 이사(민법 제59조), 주식회사의 경우에는 대표이사(상법 제389조)·청산인(상법 제542조, 제255조)·대표이사직무대행자(상법 제408조)이고, 유한회사의 경우에는 이사(상법 제562조)이다. 비법인 사단의 경우(예: 종중, 문중)에는 특별한 종중규약이 없으면 종장·문장이 그 종중원을 소집하여 출석자의 과반수의 결의로 선임하는 사람이 종중대표자가 된다(대판 1983.07.26. 80다3106).

(2) 공법인

국가가 민사소송의 당사자로 될 때에는 법무부장관[77]이 국가를 대표한다(국가를 당사자로 하는 소송에 관한 법률 제2조). 행정소송 중 항고소송은 처분 등을 행한 행정청을 피고로 한다(행정소송법 제12조). 외국을 당사자로 하는 소송에서는 당사자국의 외교사절이 대표자로 된다(외교관계에 관한 비엔나협약 제3조). 특별시·광역시·도·시·군·자치구 등 지방자치단체가 당사자인 소송에서는 시장·도지사·군수·구청장 등이 지방자치단체를 대표한다(지방자치법 제2조, 제85조, 제92조). 다만 교육·학예에 관해서는 서울특별시·광역시 및 도의 교육감이 그 지방자치단체를 대표[78]한다(지방교육자치에 관한 법률 제20조 2항).

3. 대표자의 권한과 지위

> 제64조(법인 등 단체의 대표자의 지위) 법인의 대표자 또는 제52조의 대표자 또는 관리인에게는 이 법 가운데 법정대리와 법정대리인에 관한 규정을 준용한다.

(1) 법인 등의 대표자의 소송상의 권한과 지위에 대하여도 법정대리인의 소송상의 권한과 지위에 준한다(제64조). 법인 등의 대표자의 권한도 법정대리인의 경우와 마찬가지로 제51조에 의해 실체법상 규정을 따른다. 법인 등의 대표자는 그 법인의 목적인 사업의 수행에 필요한 일체의 행위를 할 수 있지만, 실체법에 제한이 있으면 소송행위도 그 한도에서 제한을 받게 된다. 다만 민법상 법인의 대표자는 법인의 사무의 일체에 대하여 대표권이 있고(민법 제59조), 이에 어떠한 제한이 있어도 등기하지 않으면 제3자에게 대항 할 수가 없으므로(민법 제60조), 일체의 소송행위를 할 수 있다. 비법인사단이 보존행위에 관한 소송을 하는 경우에도 대표자 개인이 아니라 사원총회의 결의를 거쳐 그 사단 명의로 하거나 구성원 전원이 필수적 공동소송의 형태로 소를 제기하여야 한다(대판(전) 2005.09.15. 2004다44971). 특히 대표이사가 주주총회특별결의사항에 관하여 그

---

[77] 다만 국가의 대표자인 법무부장관이나 행정청의 장은 직접 소송수행을 하지 않고 소송수행자에게 이를 담당하게 할 수 있는데, 이를 지정대리인이라고 한다(국가를 당사자로 하는 소송에 관한 법률 제3조, 제5조). 이들은 법률상 대리인으로 소송대리인 선임 이외의 모든 소송행위를 할 수 있다(동법 제7조).

[78] 소장에는 '서울특별시, 교육상 대표자, 서울특별시 교육감 ㅇㅇㅇ'라고 표시한다.

결의 없이 제소전화해를 한 때에는 특별수권의 흠결로 재심사유가 된다(대판 1980.12.09. 80다584). 다만 공익법인이 제기한 기본재산에 관한 소의 취하에는 주무관청의 허가가 필요 없다(대판 1989.07.11. 87다카2406).

(2) 주식회사의 대표이사직무대행자가 하는 소송대리인의 선임·보수계약의 체결 등은 회사의 常務(상무)에 속한다[79](대판 1970.04.14. 69다1613). 하지만 청구의 인낙·항소의 취하 등 상무에 속하지 않는 행위는 법원의 특별수권을 얻어야 한다(상법 제408조). 학교법인의 이사직무대행자의 항소권 포기도 특별수권을 얻어야 한다(대판 2006.03.01. 2003다36225).

제3관 임의대리인(소송대리인)

I 개념과 종류

1. 법정대리인과 임의대리인

법정대리인이란 본인의 의사에 관계없이 법률의 규정 또는 법원의 재판에 의하여 정해지는 대리인을 말한다. 이에 반해 임의대리인이란 본인의 의사에 기해 대리권이 수권된 대리인을 말하는데, 이는 개별적 대리인과 포괄적 대리인으로 나뉜다. 특히 포괄적인 임의대리인을 소송대리인이라고 한다. 소송대리인은 법률(령)상의 소송대리인과 소송위임에 의한 소송대리인으로 나뉘는데, 이하에서는 법률상의 대리인에 대해 살펴보기로 한다.

2. 법률상 대리인의 의의 및 예

법률상 본인을 위해 일정한 범위의 업무에 관하여 일체의 재판상의 행위를 할 수 있는 것으로 인정된 자를 말하며, 지배인[80](상법 제11조), 선장(상법 제765조), 국가소송수행자(국가를 당사자로 하는 소송에 관한 법률 제3조), 조합의 업무집행조합원(민법 제709조, 통설) 등이 이에 해당한다.

3. 문제되는 경우

(1) 조합의 업무집행조합원의 경우

判例는 "조합의 어음행위는 전조합원의 어음상의 서명에 의한 것은 물론 대표조합원이 그 대표자격을 밝히고 조합원 전원을 대리하여 서명 경우에도 유효하다(대판 1970.08.31. 70다1360)."고 한다. 이 경우 업무집행조합원이 법률상 대리인으로서 본인의 이름을 나타내는 현명의 방법으로 모든 조합원이 아니라 조합 자체를 내세울 수 있다면 상대방이 모든 조합원을 조사하여야 하는

---

[79] 변론기일에 불출석하여 자백간주판결로 패소하고 그에 대한 항소의 부제기는 상무에 속하고(대판 1991.12.24. 91다4355), 학교법인의 직무대행자가 이사회의 특별수권 없이 보조참가하는 것은 허용된다(대판 2003.05.30. 2002두11073).
[80] 지배인이란 영업주에 갈음하여 그 영업에 관한 재판상 또는 재판 외의 모든 행위를 할 수 있는 대리권을 가진 상법사용인을 말한다. 지배인으로 선임되기 위해서는 특별한 자격이 요구되는 것도 아니기 때문에 실무상으로는 회사 등의 법인이 변호사대리의 원칙을 피하는 편법으로 이용되는 경향이 있다.

불편을 제거할 수 있다고 한다(이시윤). 민법 제709조는 그에게 업무집행의 대리권이 있는 것으로 추정하는 바이고, 그 범위는 업무에 관한 포괄적 대리자일 수밖에 없으므로 법률상 대리인으로 보아야 할 것이다(통설).

(2) 국가소송수행자의 경우

① 국가를 당사자로 하는 소송에 한정하고 지방자치단체를 당사자로 하는 소송에는 그 법률의 적용이 없다. ② 변호사의 자격이 없어도 지정될 수 있다(단 지방자치단체 소송에서는 그 산하 공무원은 안 되고 변호사이어야 함). ③ 복대리인의 선임을 제외하고 일체의 소송행위를 대리할 수 있다(국가를 당사자로 하는 소송에 관한 법률 제7조). 예를 들어 甲이 국가를 상대로 소유권이전등기청구를 한 경우에 국가측 소송수행자인 기획재정부 직원 乙이 법무부장관의 승인 없이 청구를 인낙해도 유효하다(이시윤).

4. 특징 및 규정

법률상 대리인은 본인이 그 의사로 정하고 상실하게 할 수 있으므로, 성질상 임의대리인이다. 하지만 본인에 갈음해서 당연히 일체의 행위를 할 수 있고, 소송위임에 의해 변호사에게 소송수행을 시킬 수 있다는 점에서 법정대리인과 유사한 면이 있다. 법률상 대리인의 권한은 각 법령에서 정해 놓고 있으며, 재판상 행위를 할 수 있음이 원칙이다. 특히 대리인의 법정권한은 제한 할 수 없으며(제92조), 이를 제한하여도 효력이 없다.

법원은 법률상 대리인의 자격 또는 권한을 심사할 수 있고, 그 심사에 필요한 때에는 소송대리인·당사자본인 또는 참고인을 심문하거나 관련 자료를 제출하게 할 수 있다(규칙 제16조 1항).

5. 소송위임에 의한 소송대리인

소송위임에 의한 소송대리인은 변호사인 소송대리인과 비변호사인 소송대리인이 있다.

II 소송대리인의 자격 – 변호사대리의 원칙

> 제87조(소송대리인의 자격) 법률에 따라 재판상 행위를 할 수 있는 대리인 외에는 변호사가 아니면 소송대리인이 될 수 없다.
> 제88조(소송대리인의 자격의 예외[81]) ① 단독판사가 심리·재판하는 사건 가운데 그 소송목적의 값이 일정한 금액 이하인 사건에서, 당사자와 밀접한 생활관계를 맺고 있고 일정한 범위안의 친족관계에

---

81) [개정취지] (1) 2002년 개정 전 실무상 단독사건에서의 비변호사에 의한 소송대리는 법원의 허가가 매우 관대하게 이루어짐에 따라 폭넓게 이용되고 있는 실정이었다. (2) 하지만 그 결과 당초의 입법취지와는 달리 예외가 원칙이 되는 결과가 되었고 재정단독결정이 있는 모든 사건에 대해 비변호사대리를 허용한다는 것은 변호사 소송대리원칙의 중대한 침해이고, 금융기관이나 건설업체 등과 같이 자주 단독사건의 당사자가 되는 기업에서는 법원의 허가를 얻어 거의 전문적으로 소송대리만을 전담하는 직원을 둠으로써 변호사대리의 원칙을 잠탈하는 등 문제점이 심각하였다. (3) 따라서 개정 법률은 이를 방지하고 집중심리를 지향하는 개정법률의 원활한 정착을 위해 법률전문가에 의한 소송수행의 필요성을 강화하는 입법을 한 것이다(동 해설, 33-34면). (4) 특히 변호사 소송대리 허용 여부의 기준이 되는 소가액이나 소송대리인의 구체적인 자격요건은 향후 탄력적인 운영이 가능하도록 법에 직접 명시하기보다 대법원규칙에 위임하고 있다.

있는 사람 또는 당사자와 고용계약 등으로 그 사건에 관한 통상사무를 처리·보조하여 오는 등 일정한 관계에 있는 사람이 법원의 허가를 받은 때에는 제87조를 적용하지 아니한다.
② 제1항의 규정에 따라 법원의 허가를 받을 수 있는 사건의 범위, 대리인의 자격 등에 관한 구체적인 사항은 대법원규칙으로 정한다.
③ 법원은 언제든지 제1항의 허가를 취소할 수 있다.

규칙 제15조 (단독사건에서 소송대리의 허가) ① 단독판사가 심리·재판하는 사건으로서 다음 각 호의 어느 하나에 해당하는 사건에서는 변호사가 아닌 사람도 법원의 허가를 받아 소송대리인이 될 수 있다.
  1. 「민사 및 가사소송의 사물관할에 관한 규칙」 제2조 단서 각 호의 어느 하나에 해당하는 사건
  2. 제1호 사건 외의 사건으로서 다음 각 목의 어느 하나에 해당하지 아니하는 사건
    가. 소송목적의 값이 소제기 당시 또는 청구취지 확장(변론의 병합 포함) 당시 1억원을 넘는 소송사건
    나. 가목의 사건을 본안으로 하는 신청사건 및 이에 부수하는 신청사건(다만, 가압류·다툼의 대상에 관한 가처분 신청사건 및 이에 부수하는 신청사건은 제외한다)
② 제1항과 법 제88조제1항의 규정에 따라 법원의 허가를 받을 수 있는 사람은 다음 각호 가운데 어느 하나에 해당하여야 한다.
  1. 당사자의 배우자 또는 4촌 안의 친족으로서 당사자와의 생활관계에 비추어 상당하다고 인정되는 경우
  2. 당사자와 고용, 그 밖에 이에 준하는 계약관계를 맺고 그 사건에 관한 통상사무를 처리·보조하는 사람으로서 그 사람이 담당하는 사무와 사건의 내용 등에 비추어 상당하다고 인정되는 경우
③ 제1항과 법 제88조제1항에 규정된 허가신청은 서면으로 하여야 한다.
④ 제1항과 법 제88조제1항의 규정에 따른 허가를 한 후 사건이 제1항제2호 각 목의 어느 하나에 해당하는 사건(다만, 제1항제1호에 해당하는 사건은 제외한다) 또는 민사소송등인지법 제2조제4항에 해당하게 된 때에는 법원은 허가를 취소하고 당사자 본인에게 그 취지를 통지하여야 한다. [개정 2010.12.13, 2015.1.28, 2016.9.6] [[시행일 2016.10.1]]

1. 변호사대리의 원칙

(1) 의 의

우리나라는 변호사강제주의를 취하지 아니하므로 본인이 소송행위를 할 수 있다. 그러나 대리인에 의하여 소송행위를 하는 경우에는 법률에 따라 재판상 행위를 할 수 있는 대리인 이외에는 원칙적으로 변호사가 아니면 소송대리인이 될 수 없는데(제87조), 이를 변호사대리의 원칙이라 한다.

(2) 취 지

소송대리에 있어서 변호사대리를 원칙으로 한 것은 당사자 본인의 보호와 복잡한 사안의 효율적 심리를 위해서이다.

(3) 기 능

1) 명문의 규정 없는 임의적 소송담당의 불허

명문의 규정이 없는 경우 임의적 소송담당을 허용하는 것은 변호사대리의 원칙을 잠탈할 염려가 있으므로 원칙적으로 금지된다.

2) 선정당사자의 선정요건

선정당사자는 공동의 이해관계 있는 사람 중에서 선정해야 하는데, 이는 만일 이해관계 없는 제3자도 선정할 수 있게 하면 변호사대리의 원칙을 잠탈 할 염려가 있기 때문이다.

3) 보조참가이유의 소명

보조참가이유의 유무에 대해서는 당사자의 이의가 있는 경우에 조사함이 원칙이나(제73조 제1항), 개정법은 당사자의 이의신청이 없는 경우라도 필요하다면 직권으로 참가이유를 소명하도록 명할 수 있게 하였다(제73조 제2항). 이는 참가이유도 없이 사실상 소송대리의 목적으로 보조참가 신청하는 등 변호사대리 원칙을 잠탈하는 것을 방지하기 위함이다.

2. 변호사대리의 원칙의 예외

(1) 단독사건에서의 소송대리의 효과

1) 문제점

단독판사가 심리하는 사건 가운데 소송목적의 값이 일정한 금액 이하인 사건에서는 친족관계나 고용 등 일정한 관계에 있는 사람이 법원의 허가를 받은 때에는 변호사가 아니라도 소송대리인이 될 수 있다(제88조 제1항). 02년 개정법은 변호사대리의 원칙의 예외를 종전과 같이 단독사건 전부가 아니라 일정금액 이하의 사건으로 제한하는 동시에, 법원의 허가를 받을 사건의 범위·대리인 자격 등에 대하여 대법원규칙으로 정할 수 있게 했다(제88조 제2항). 그동안 재정단독사건이 꾸준히 증가하였을 뿐 아니라, 이제 단독사건의 사물관할이 크게 확대되어 복잡하고 전문적인 단독사건이 늘어날 것에 대처하기 위함이다. 이를 위해 민사소송규칙은 다음과 같은 제한 하에서 법원의 허가를 받을 수 있도록 하였다.

2) 비변호사대리가 허용되는 사건

① 「민사 및 가사소송의 사물관할에 관한 규칙」 제2조 단서 각 호의 어느 하나에 해당하는 사건

수표·어음금 청구 사건, 금융기관이 원고인 대여금 등의 사건, 자동차손해배상보장법상 손해배상사건 및 근로자의업무상 재해로 인한 손해배상 사건과 이에 관한 채무부존재확인 사건, 재정단독사건 등은 소가가 2억원을 초과하여도 여전히 단독사건이므로 비변호사 대리가 가능하다.

② 소송목적의 값이 소제기 당시 또는 청구취지 확장(변론의 병합 포함) 당시 1억원을 넘지 않는 소송사건 및 이를 본안으로 하는 신청사건 및 이에 부수하는 신청사건

소가 2억원 이하의 단독사건 중 소가 1억원을 초과하지 아니하는 사건까지 비변호사대리가 허용된다. 즉 고액단독사건은 비변호사대리가 허용되지 아니한다.

3) 자 격

당사자의 배우자 또는 4촌 이내의 친족으로서 당사자와의 생활관계에 비추어 상당하다고 인정되는 자 또는 당사자와 고용관계 등 계약관계를 맺고 그 사건에 관한 통상업무를 처리·보조

하는 자로서 그 담당사무 등에 비추어 상당하다고 인정되는 자라야 한다(규칙 제15조 제2항).

4) 법원의 허가

위 요건을 구비한 자는 서면 신청 하여 법원으로부터 선임허가를 받아야 한다(규칙 제15조 제3항). 따라서 법원의 허가가 있기 전에 변호사가 아닌 대리인에게 한 송달은 부적법하다(대판 1982.07.27. 82다68). 즉 단독판사가 심판하는 사건에 있어서 소송대리 허가신청에 의한 소송대리권은 법원의 허가를 얻은 때로부터 발생하는 것이므로 소송대리인이 대리인의 자격으로 변론기일 소환장을 수령한 날짜가 법원이 허가한 날짜 이전이라면 그 변론기일 소환장은 소송대리권이 없는 자에 대한 송달로서 부적법하다. 그리고 법원이 변호사 아닌 자의 대리인선임을 허가하였더라도 어느 때나 취소할 수 있다(제88조 제3항).

(2) 배상신청

형사공판절차 내에서의 배상명령신청의 경우에는 피해자가 법원의 허가를 얻어서 그 배우자, 직계혈족, 형제자매로 하여금 그 소송행위를 대리하게 할 수 있다(특례법 제27조 제1항).

(3) 소액사건

소가 3,000만원 이하의 소액사건의 1심에 있어서는 당사자의 배우자, 직계혈족, 형제자매는 따로 법원의 허가가 없이도 소송대리인이 될 수 있다(소액사건심판법 제8조).

(4) 가사소송사건

가사소송사건은 합의사건이라도 본인출석주의이며, 특별한 사정이 있을 때 대리인을 출석하게 할 수 있는데, 이 경우에 비변호사가 대리인이 되기 위해서는 법원의 허가를 요한다(가사소송법 제7조 제1항·제2항).

(5) 산업재산권에 관한 소송

변리사는 특허심결 등 취소소송의 소송대리인이 될 수 있다(변리사법 제8조). 변리사의 소송대리권을 특허침해소송의 경우로까지 확대할 것인가에 대해서는 논란[82]이 있으나 당사자의 전문적인 지식과 경험을 갖춘 변리사를 통하여 권리구제를 받을 수 있도록 허용하여야 할 것이다.

---

82) [1] 민사소송법 제87조는 "법률에 따라 재판상 행위를 할 수 있는 대리인 외에는 변호사가 아니면 소송대리인이 될 수 없다"라고 정하여 이른바 변호사 소송대리의 원칙을 선언하고 있다. 한편 변리사법 제2조는 "변리사는 특허청 또는 법원에 대하여 특허, 실용신안, 디자인 또는 상표에 관한 사항을 대리하고 그 사항에 관한 감정과 그 밖의 사무를 수행하는 것을 업으로 한다."고 정하는데, 여기서 '특허, 실용신안, 디자인 또는 상표에 관한 사항'이란 특허·실용신안·디자인 또는 상표(이하 '특허 등'이라고 줄여 부른다)의 출원·등록, 특허 등에 관한 특허심판원의 각종 심판 및 특허심판원의 심결에 대한 심결취소소송을 의미한다. 따라서 "변리사는 특허, 실용신안, 디자인 또는 상표에 관한 사항의 소송대리인이 될 수 있다"고 정하는 변리사법 제8조에 의하여 변리사에게 허용되는 소송대리의 범위 역시 특허심판원의 심결에 대한 심결취소소송으로 한정되고, 현행법상 특허 등의 침해를 청구원인으로 하는 침해금지청구 또는 손해배상청구 등과 같은 민사사건에서 변리사의 소송대리는 허용되지 아니한다. [2] 甲 등 변리사들이 상표권 침해를 청구원인으로 하는 민사소송에서 원고의 소송대리인 자격으로 상고장을 작성·제출한 사안에서, 위 상고는 변호사가 아니면서 재판상 행위를 대리할 수 없는 사람이 대리인으로 제기한 것으로 민사소송법 제87조에 위배되어 부적법하다(대판 2012.10.25. 2010다108104).

(6) 비송사건

소송능력자이면 소송대리인이 될 수 있다(비송사건절차법 제6조).

3. 변호사대리 원칙위반의 효과

(1) 징계에 의한 업무정지 중의 변호사

법원은 무자격자의 소송관여를 배척해야 한다. 간과하고 배척하지 않은 경우 의뢰자, 상대방의 불측의 손해방지와 절차안정·소송경제의 관점에서 그 소송행위는 유효로 보아야 한다.

(2) 변호사 아닌 자의 소송행위

소송행위를 대리하는 경우 무효이나, 추인이 가능하다. 다만 이익을 받을 목적 또는 직업으로 타인의 소송행위를 대리하는 경우에는 변호사법 제109조를 정면으로 위배한 경우로 추인할 수 없다고 보아야 한다. 그리고 소송수행을 전담시킬 목적으로 비변호사를 지배인으로 선임하여 법령상의 소송대리인으로 소송수행을 하게 하는 것도 同규정 위반으로 볼 수 있는 한 역시 무효이다.

Ⅲ 소송대리권의 수여

1. 단독행위

대리권을 주는 수권행위는 소송대리권의 발생이라는 소송법상의 효과를 목적으로 하는 소송행위이고, 또 대리인으로 되는 자의 승낙을 요하지 않는 단독행위이다. 수권행위는 취소할 수 있으나, 소급효는 없다. 대리권 수여의 기본관계는 본인과 대리인간에 위임계약을 체결하는 것이 통례(약정서 작성)이며, 소송대리권의 보수청구권과 성실의무는 내부관계인 위임계약에 의하여 생기지만, 대외적 효력이 생기는 대리권 수여 자체(위임장을 써 주는 것)는 이와 별개의 단독적 소송행위이다.

2. 소송능력

본인이 소송위임을 함에 있어서는 소송능력이 있어야 한다. 법정대리인이나 법률상대리인도 소송위임을 할 수 있다. 본인으로부터 소송위임에 관한 대리권을 수여받은 자도 소송대리인을 선임할 수 있으나, 자기소송 대리인의 선임을 상대방당사자에게 위임해 주는 것은 금지된다.

3. 대리권수여의 방식

> 제89조(소송대리권의 증명) ① 소송대리인의 권한은 서면으로 증명하여야 한다.
> ② 제1항의 서면이 사문서인 경우에는 법원은 공증인, 그 밖의 공증업무를 보는 사람(이하 "공증사무소"라 한다)의 인증을 받도록 소송대리인에게 명할 수 있다.
> ③ 당사자가 말로 소송대리인을 선임하고, 법원사무관 등이 조서에 그 진술을 적어 놓은 경우에는 제1항 및 제2항의 규정을 적용하지 아니한다.

대리권 수여의 방식은 자유이므로, 서면 또는 말로 할 수 있다. 그러나 대리권의 존재와 범위는 서면으로 증명하여야 하므로, 서면으로 하는 것이 실무이다. 소송위임에 의한 소송대리인의 경우는 당사자 본인이 써 주는 소송위임장을 제출하며, 지배인 등의 법률상 대리인의 경우에는 상업등기부초본을 제출할 것이나 법원이 관계 자료의 제출을 요구할 수 있다(규칙 제16조). 서면이 소송위임장과 같이 사문서이면 법원은 공증인 그 밖의 공증업무를 보는 사람의 인증을 받도록 명할 수 있다(제89조 2항). 인증명령을 할 것인지 여부는 법원의 자유재량에 속한다. 다만 당사자가 말로 소송대리인을 선임하고, 법원사무관 등이 조서에 그 진술을 적어 놓은 경우는 서면증명이 필요 없다. 그리고 민사소송법 제89조 제1항에 의하면, 소송대리인의 권한은 서면으로 증명하여야 하는 것이지만, 소송대리인이 소송대리위임장을 법원에 제출한 이상 소송대리권이 있다고 할 것이고, 법원의 잘못 등으로 그 소송대리위임장이 기록에 편철되지 아니하거나 다른 기록에 편철되었다고 하여 소송대리인의 소송대리행위가 무효가 되는 것은 아니다(대판 2005.12.08. 2005다36298).

Ⅳ 소송대리권의 범위

사례

> 乙은 소속 근로자인 甲에게 임금을 지급하지 못하고 있다. 이에 甲은 乙을 피고로 하여 임금청구의 소를 제기하였다. 이때 위 소송에서 甲이 변호사 A를 소송대리인으로 선임한 경우 소송대리인 A의 대리권의 범위는 어떠한가? 그리고 甲의 청구는 인용되었고 乙은 항소하였다. 乙의 항소에 대해 A는 당연히 응소할 수 있는가?

> 제90조(소송대리권의 범위) ① 소송대리인은 위임을 받은 사건에 대하여 반소(반소)·참가·강제집행·가압류·가처분에 관한 소송행위 등 일체의 소송행위와 변제(변제)의 영수를 할 수 있다.
> ② 소송대리인은 다음 각 호의 사항에 대하여는 특별한 권한을 따로 받아야 한다.
> 　1. 반소의 제기
> 　2. 소의 취하, 화해, 청구의 포기·인낙 또는 제80조의 규정에 따른 탈퇴
> 　3. 상소의 제기 또는 취하
> 　4. 대리인의 선임

1. 원칙적 권한

(1) 제90조 제1항

소송대리인은 위임을 받은 사건에 대하여 반소·참가·강제집행·가압류·가처분에 관한 소송행위 등 일체의 소송행위와 변제의 영수를 할 수 있다. 즉 이는 본인의 특별수권여부와는 관계없이 원래 소송대리인이 할 수 있는 원칙적 권한이다.

(2) "반소"의 의미

여기에서 반소는 제90조 2항의 "반소의 제기"와의 관계에서 "반소에 대한 응소"를 의미한다(통설). 따라서 사안에서 피고 乙이 甲을 상대로 반소를 제기한다면 소송대리인 A는 본인 甲의 특별수권이 없어도 반소에 대해 응소 할 수 있다.

(3) '변제의 영수'의 의미

이는 예시적인 것으로 소송대리인은 본인의 취소권, 해제권, 상계권 등의 사법상의 권리를 행사할 수 있다(통설). 따라서 사안에서 소송대리인 A는 본인 甲의 취소권, 해제권, 상계권 등의 사법상의 권리를 행사할 수 있다.

(4) 가압류·가처분의 경우

가압류·가처분 등 보전소송사건을 수임받은 소송대리인의 소송대리권은 수임받은 사건에 관하여 포괄적으로 미친다고 할 것이므로 가압류사건을 수임받은 변호사의 소송대리권은 그 가압류신청사건에 관한 소송행위뿐만 아니라 본안의 제소명령을 신청하거나, 상대방의 신청으로 발하여진 제소명령결정을 송달받을 권한에까지 미친다(대결 2003.03.31. 2003마324).

2. 특별수권 사항[83]

(1) 제90조 제2항

소송대리인은 ① 반소의 제기 ② 소의 취하(다만 소송대리인이 소취하에 대하여 동의할 때에는 특별수권을 요하지 않는다(대판 1984.03.13. 82므40)), 화해, 청구의 포기·인낙 또는 제80조의 규정에 따른 탈퇴 ③ 상소의 제기 또는 취하(이에는 불상소합의, 상소권의 포기도 포함된다) ④ 대리인의 선임에 대해서는 본인으로 부터 특별한 권한을 따로 받아야 한다. 다만 <u>소송상 화해나 청구의 포기에 관한 특별수권이 되어 있다면, 특별한 사정이 없는 한 그러한 소송행위에 대한 수권만이 아니라 그러한 소송행위의 전제가 되는 당해 소송물인 권리의 처분이나 포기에 대한 권한도 수여되어 있다고 봄이 상당하다</u>(대결 2000.01.31. 99마6205). 그리고 소취하에 대한 소송대리인의 동의는 민사소송법 제90조 제2항 소정의 특별수권사항이 아닐 뿐 아니라, 소송대리인에 대하여 특별수권사항인 소취하를 할 수 있는 대리권을 부여한 경우에도 상대방의 소취하에 대한 동의권도 포함되어 있다고 봄이 상당하므로 그같은 소송대리인이 한 소취하의 동의는 소송대리권의 범위내의 사항으로서 본인에게 그 효력이 미친다(대판 1984.03.13. 82므40).

(2) 법정대리인과의 비교

원래 대리권의 범위는 소송법에 특별한 규정이 없으면 민법 기타 법률에 의한다(제51조). 따라서 친권자인 법정대리인은 일체의 소송행위를 할 수 있다(제56조 참고). 다만 후견인의 경우에는 소의 취하, 화해, 청구의 포기·인낙 또는 제80조의 규정에 따른 탈퇴를 하기 위해서는 특별한 권한을 받아야 한다(제56조 2항). 이와 비교하여 소송대리인은 그 외에도 반소의 제기, 상소의 제기 또는 취하, 대리인의 선임에 있어서 본인의 특별수권이 필요하므로, 법정대리인 보다 제한되는

---

[83] 예전의 실무는 변호사가 고객인 당사자로부터 소송위임을 받을 때 4가지의 특별수권사항을 전부 기재(상소의 제기는 제외)하여 미리 인쇄하여 두는 소송위임장이라는 용지에 도장을 찍게 하여 포괄적으로 권한을 받아 두는 방식이었다. 그러나 이런 방식은 특별수권사항의 취지를 무색하게 만들므로, 공정거래위원회는 위임장에 의뢰 당사자가 각 특별수권사항에 대리권부여 여부를 OX로 선택할 수 있게 하고, 특별수권사항의 의미와 효과도 위임장에 적시하여 이를 정확히 파악할 수 있도록 하였다.

범위가 더 크다고 할 수 있다.

3. 특별수권사항과 관련된 문제점

(1) 심급대리의 원칙[84] - 제3호 상소의 제기에 상소에 대한 응소가 포함되는지 여부

다수설, 判例는 해석상 당연히 상소에 대한 응소가 포함된다고 한다(심급대리원칙 긍정). 이렇게 조문을 해석하면 본인을 대리해서 상소를 제기하든 상대방의 상소에 대해 응소를 하든 본인 甲으로부터 특별수권을 받아야 하는 것이므로, 소송대리인 A의 원래 권한은 판결정본을 송달 받을 때까지 소송대리인으로서 권한이 유지되게 되어, 소위 심급대리의 원칙을 인정하게 된다. 判例도 "소송대리권의 범위는 원칙적으로 당해 심급에 한정되지만, 소송대리인이 상소 제기에 관한 특별한 권한을 따로 받았다면 특별한 사정이 없는 한 상소장을 제출할 권한과 의무가 있으므로, 상소장에 인지를 붙이지 아니한 흠이 있다면 소송대리인은 이를 보정할 수 있고 원심재판장도 소송대리인에게 인지의 보정을 명할 수 있다(대결 2013.07.31. 2013마670)."고 하고, "소송대리권의 범위는 특별한 사정이 없는 한 당해 심급에 한정되어, 소송대리인의 소송대리권의 범위는 수임한 소송사무가 종료하는 시기인 당해 심급의 판결을 송달받은 때까지라고 보고 있다[82]. (대판 1994.03.08. 93다52105 등)."고 한다.

(2) 환송 전 항소심 소송대리인의 대리권이 상급심의 파기환송에 의하여 환송된 항소심에서 당연히 부활하는지 여부

1) 학 설

긍정설은 ㉠ 환송 뒤라도 항소심이며 ㉡ 처음 1차 항소심대리인은 사실관계에 정통하고 ㉢ 본인은 언제든지 소송대리인 해임이 가능하므로 이를 긍정한다(강현중). 부정설은 ㉠ 심급대리원칙 하에서 환송판결은 종국판결이며 ㉡ 환송 후 항소심은 원래 항소심보다 사실관계가 더 복잡하고 ㉢ 본인과 신뢰관계가 없으므로 부정하는 것이 타당하다고 한다(이시윤, 정동윤, 호문혁).

2) 判 例

상급심에서 원판결이 파기환송 되었을 경우에는 환송 전 원심의 상태로 환원되었으므로 환송

---

[84] 유력설(이시윤, 전병서)은 법문 상 응소가 포함되지 않는다고 한다(심급대리 원칙 부정). 구 민소법은 "상소(항소·상고)"라고 하고 있어 상소의 제기든 상소에 대한 응소든 모두 특별수권사항이라 해석할 수 있었지만, 현행 민소법은 "상소의 제기"라고만 하고 있으므로, "상소에 대한 응소"는 포함되지 않는다고 한다. 이렇게 조문을 해석하면 소송대리인 A는 피고 乙의 항소에 대한 응소를 본인 甲의 특별수권이 없어도 할 수 있게 되므로, 심급대리의 원칙을 부정하게 된다.

[85] 수임인은 위임사무를 완료하여야 보수를 청구할 수 있는 것이 원칙이다(민법 제686조 제2항 참조). 항소심 사건의 소송대리인인 변호사 또는 법무법인, 법무법인(유한), 법무조합(이하 '변호사 등'이라 한다)의 위임사무는 특별한 약정이 없는 한 항소심판결이 송달된 때에 종료되므로, 변호사 등은 항소심판결이 송달되어 위임사무가 종료되면 원칙적으로 그에 따른 보수를 청구할 수 있다. 그러나 항소심판결이 상고심에서 파기되고 사건이 환송되는 경우에는 사건을 환송받은 항소심법원이 환송 전의 절차를 속행하여야 하고 환송 전 항소심에서의 소송대리인인 변호사 등의 소송대리권이 부활하므로, 환송 후 사건을 위임사무의 범위에서 제외하기로 약정하였다는 등의 특별한 사정이 없는 한 변호사 등은 환송 후 항소심 사건의 소송사무까지 처리하여야만 비로소 위임사무의 종료에 따른 보수를 청구할 수 있다(대판 2016.07.07. 2014다1447).

전의 과거 소송대리인의 대리권이 당연 부활한다(대판 1985.05.28. 84후102[86] 등). 다만 파기환송 후 항소심에서 다시 상고되었을 경우 환송 전의 상고심에서 소송대리인의 대리권이 당연 부활하는 것은 아니다(대결 1996.04.04. 96마148).

3) 검 토

判例의 태도는 파기환송판결이 항소심의 중요쟁점을 정리하여 종국적인 해결에 도움을 주는 중간판결이 아니라, 심급의 이동이 있는 종국판결이라는 판례 자신의 입장과 모순되며, 한 심급이 끝나면 소송대리인의 권한이 소멸한다는 심급대리의 원칙과도 맞지 않고, 소송대리인과 본인은 신뢰관계가 없으므로, 당연 부활하지 않는다는 부정설이 타당하다.

4. 소송대리권의 범위와 위임계약상 의무와의 관계

통상 소송위임장이라는 것은 민사소송법 제89조 제1항에 따른 소송대리인의 권한을 증명하는 전형적인 서면이라고 할 것인데, 여기에서의 소송위임(수권행위)은 소송대리권의 발생이라는 소송법상의 효과를 목적으로 하는 단독 소송행위로서 그 기초관계인 의뢰인과 변호사 사이의 사법상의 위임계약과는 성격을 달리하는 것이고, 의뢰인과 변호사 사이의 권리의무는 수권행위가 아닌 위임계약에 의하여 발생한다. 민사소송법 제90조의 규정은 소송절차의 원활·확실을 도모하기 위하여 소송법상 소송대리권을 정형적·포괄적으로 법정한 것에 불과하고 변호사와 의뢰인 사이의 사법상의 위임계약의 내용까지 법정한 것은 아니므로, 본안소송을 수임한 변호사가 그 소송을 수행함에 있어 강제집행이나 보전처분에 관한 소송행위를 할 수 있는 소송대리권을 가진다고 하여 의뢰인에 대한 관계에서 당연히 그 권한에 상응한 위임계약상의 의무를 부담한다고 할 수는 없고, 변호사가 처리의무를 부담하는 사무의 범위는 변호사와 의뢰인 사이의 위임계약의 내용에 의하여 정하여진다[87](대판 1997.12.12. 95다20775).

V 소송대리인의 지위

1. 제3자인 지위

소송대리인의 행위는 본인 자신이 한 것과 효과가 동일한 것으로 당연히 본인에게 그 효력이

---

[86] 소송대리인(甲)이 대법원의 파기환송전 항고심의 소송대리인이었고, 대법원의 파기환송판결에 의하여 사건이 동 항고심에 다시 계속하게 되었다면 위(甲)에게 한 특허청장 명의의 환송번호 및 심판관지정통지서의 송달은 적법하다.

[87] 소유권이전등기 청구소송을 수임한 변호사가 소송 계속중인 그 수임시로부터 6개월이 지난 시점에 그 소송의 상대방 9인 중의 1인이 계쟁 토지에 관하여 협의분할에 의한 재산상속을 원인으로 단독 명의로 소유권이전등기를 마친 사실을 등기부등본을 열람한 결과 알게 되자 상대방이 그 토지를 제3자에게 처분할 염려가 있다고 판단하여 소송대리인의 권한으로써 그 토지에 대한 처분금지가처분신청을 하였으나 그 담보 제공에 따른 가처분기입등기가 마쳐지기 전에 상대방이 제3자에게 근저당권설정등기를 경료해 준 사안에서, 소송의 수임 당시 변호사가 의뢰인에게 그 토지에 대한 소유권이전등기청구권을 보전할 필요성 및 처분금지가처분절차에 관하여 충분히 설명을 하였어야 할 구체적 사정이 존재하였다고 보기는 어렵다는 이유로, 변호사의 의뢰인에 대한 선량한 관리자로서의 주의의무 위반으로 인한 손해배상책임을 인정한 원심판결을 파기한 사례.

미치며 대리인에게 미치지 않는다. 따라서 소송대리인이 소송수행한 판결의 기판력 등은 본인에게만 미친다. 이런 의미에서 소송대리인은 제3자이며, 증인·감정인능력이 있는 것이다.

2. 소송수행자로서의 지위

소송대리인의 지·부지, 고의·과실은 대리인을 표준으로 한다. 그리고 당사자본인은 고의·과실이 있고, 대리인은 없는 경우라고 해도 당사자는 대리인의 고의·과실 없었음을 주장할 수 없다(민법 제116조).

3. 본인의 지위(당사자의 경정권)

> 제94조(당사자의 경정권) 소송대리인의 사실상 진술은 당사자가 이를 곧 취소하거나 경정(경정)한 때에는 그 효력을 잃는다.

경정권은 본인 또는 법정대리인이 갖는데, 경정의 대상은 자백 등의 사실상의 진술에 한하므로, ① 신청 ② 소송물을 처분하는 행위 ③ 법률상의 진술·경험법칙은 포함되지 않는다. 지체 없이 경정하지 않으면 대리인의 행위는 본인이 한 것과 동일한 효력을 갖는다. 다만 이 경우 본인이 취소 또는 경정을 하기 위하여는 소송대리인과 함께 변론기일에 출석해 있어야 한다(대판 1962.10.18. 62다548, 법원실무제요(Ⅰ), 356면).

4. 개별대리의 원칙

> 제93조(개별대리의 원칙) ① 여러 소송대리인이 있는 때에는 각자가 당사자를 대리한다. ② 당사자가 제1항의 규정에 어긋나는 약정을 한 경우 그 약정은 효력을 가지지 못한다.

소송대리인이 수인인 경우에 대리인 각자가 당사자를 대리하며, 당사자가 다른 약정을 하더라도 효력이 없다(제93조). 수인의 소송대리인간에 모순되는 행위가 동시에 행해진 경우에는 어느 것도 효력이 발생하지 않는다. 그러나 이시에 행해진 경우에는 선행행위가 철회될 수 있는 것이면 후행행위에 의해 철회된 것으로 보고, 철회할 수 없는 행위이면 후행행위가 효력을 상실한다.

Ⅵ 소송대리권의 소멸

1. 불소멸사유

> 제95조(소송대리권이 소멸되지 아니하는 경우) 다음 각호 가운데 어느 하나에 해당하더라도 소송대리권은 소멸되지 아니한다.
> 1. 당사자의 사망 또는 소송능력의 상실
> 2. 당사자인 법인의 합병에 의한 소멸
> 3. 당사자인 수탁자(수탁자)의 신탁임무의 종료
> 4. 법정대리인의 사망, 소송능력의 상실 또는 대리권의 소멸·변경
>
> 제96조(소송대리권이 소멸되지 아니하는 경우) ① 일정한 자격에 의하여 자기의 이름으로 남을 위하여 소송당사자가 된 사람에게 소송대리인이 있는 경우에 그 소송대리인의 대리권은 당사자가 자격을 잃

> 더라도 소멸되지 아니한다.
> ② 제53조의 규정에 따라 선정된 당사자가 그 자격을 잃은 경우에는 제1항의 규정을 준용한다.

소송대리권은 위의 사정으로 소멸하지 않는다. 이는 수권자인 당사자·법정대리인의 사망 등의 사정 때문에 소송대리인의 대리권에 영향이 없다는 것을 뜻한다. 이 점이 민법과 다른 것으로, 민법의 위임은 개인적 신뢰관계를 바탕으로 하므로 신뢰가 파괴되는 사정 즉 본인 사망 등의 경우 대리권은 소멸하지만(민법 제127조, 제128조, 제690조), 소송위임에서 있어서는 소송절차의 신속·안정화, 위임의 명확화(제90조 2항, 제91조) 그리고 수임자가 변호사임이 원칙임에 비추어 신뢰관계를 저버릴 가능성이 거의 없다는 점을 근거로 소멸하지 않게 한 것이다. 원래 위의 사유는 소송절차의 중단사유로 되지만(제233조~제237조), 소송대리인이 있는 한 소송은 중단되지 않으며(제238조), 소송대리인은 위임자의 승계인을 위해 대리인으로 소송을 수행할 수 있다. 判例도 "당사자가 사망하더라도 소송대리인의 소송대리권은 소멸하지 아니하므로(민사소송법 제95조 제1호), <u>당사자가 소송대리인에게 소송위임을 한 다음 소 제기 전에 사망하였는데 소송대리인이 당사자가 사망한 것을 모르고 당사자를 원고로 표시하여 소를 제기하였다면 소의 제기는 적법하고, 시효중단 등 소 제기의 효력은 상속인들에게 귀속 된다. 이 경우 민사소송법 제233조 제1항 이 유추적용 되어 사망한 사람의 상속인들은 소송절차를 수계</u>하여야 한다(대판 2016.04.29. 2014다210449)."고 한다.

2. 소멸사유

(1) 대리인[88]의 사망·성년후견개시 또는 파산

다만 변호사의 자격상실·정직처분은 변론능력의 소멸원인이 됨에 그치고, 대리권 자체의 소멸원인으로 되지 아니한다고 할 것이나(이시윤), 변호사자격을 대리권의 발생·존속요건으로 보는 설(정동윤·유병현, 호문혁)에서는 소멸원인이 된다고 본다.

(2) 위임사건의 종료

심급대리의 원칙을 유지하는 한 당해 심급의 판결정본의 송달에 의하여 대리사무가 종료된다(대판 1983.10.25. 83다카850). 단 상소기간을 알려주거나 상소기간의 준수의무는 있다.

(3) 기본관계의 소멸

소송위임계약의 해지(민법 제689조), 본인의 파산(민법 제690조)에 의하여 대리인의 대리권도 소멸하지만, 이 경우에 그 뜻을 상대방에게 통지하지 않는 한 소멸의 효력이 생기지 않는다(제97조, 제63조).

3. 상대방에 대한 통지

> 제97조(법정대리인에 관한 규정의 준용) 소송대리인에게는 제58조제2항·제59조·제60조 및 제63조의 규정을 준용한다.

---

[88] 변호사의 자격상실이나 정직처분은 변론능력의 소멸원인이 됨에 그치고, 대리권 그 자체의 소멸원인으로 되지 아니한다고 볼 것이나(이시윤), 변호사자격을 대리권의 발생·존속요건으로 보는 설에서는 대리권의 소멸원인으로 본다(정동윤·유병현, 호문혁).

> 제63조(법정대리권의 소멸통지) ① 소송절차가 진행되는 중에 법정대리권이 소멸한 경우에는 본인 또는 대리인이 상대방에게 소멸된 사실을 통지하지 아니하면 소멸의 효력을 주장하지 못한다. 다만, 법원에 법정대리권의 소멸사실이 알려진 뒤에는 그 법정대리인은 제56조제2항의 소송행위를 하지 못한다. ② 제53조의 규정에 따라 당사자를 바꾸는 경우에는 제1항의 규정을 준용한다.

다만 소송대리인이 사임서를 법원에 제출하여도 상대방에게 그 사실을 통지하지 않은 이상 그 대리인의 대리권은 존속한다(제97조, 제63조).

제4관 무권대리인

I 의 의

대리권이 없는 대리인을 무권대리인이라고 한다.

II 소송상의 취급

1. 소송행위의 유효요건

대리권의 존재는 소송행위의 유효요건이므로 무권대리인에 의한 또는 그에 대한 소송행위는 무효이다[89]. 이 경우 확정적 무효는 아니므로 본인이나 정당한 대리인이 추인하면 소급하여 유효하게 된다. 그리고 추인의 시기는 제한이 없으므로, 상고심에서도 가능하다. 그리고 무권대리인이 행한 소송행위의 추인은 특별한 사정이 없는 한 소송행위의 전체를 대상으로 하여야 하고, 그 중 일부의 소송행위만을 추인하는 것은 허용되지 아니한다[90](대판 2008.08.21. 2007다79480). 따라서 무권대리인의 행위 중 상고제기행위만을 추인하는 것은 허용될 수 없다.

2. 직권조사사항

흠결 발견 시 대리인의 소송관여를 배척할 것이지만, 보정의 가능성이 있으면 기일을 정하여 보정을 명해야 하며, 보정되지 않는 한 법원은 종국판결로서 소를 각하하여야 한다.

---

[89] 공정증서가 집행권원으로서 집행력을 가질 수 있도록 하는 집행인낙의 표시는 공증인에 대한 소송행위이므로, 무권대리인의 촉탁에 의하여 공정증서가 작성된 때에는 집행권원으로서의 효력이 없고, 이러한 공정증서에 기초하여 채권압류 및 전부명령이 발령되어 확정되었더라도 채권압류 및 전부명령은 무효인 집행권원에 기초한 것으로서 강제집행의 요건을 갖추지 못하여 실체법상 효력이 없다. 따라서 제3채무자는 채권자의 전부금 지급청구에 대하여 그러한 실체법상의 무효를 들어 항변할 수 있다(대판 2016.12.29. 2016다22837).

[90] 무권대리인의 소송행위는 무효인데, 사후에 추인하면 처음에 소급하여 유효로 될 수 있는 유동적 무효이다. 그런데 이러한 추인은 소송절차의 안정성의 요청상 전체의 행위를 추인하여야 한다. 따라서 무권대리인의 소송행위 중 상고제기행위만을 추인하는 것은 허용될 수 없다는 것이다. 또한 이미 추인을 거절한 경우에는 재추인은 추인의 대상이 없어서 불가능하다는 입장이다. 다만 종래의 판례에 따르면 소의 취하행위만을 제외하고 추인하는 경우와 같이 소송절차의 안정과 무관한 경우에는 예외적으로 일부의 소송행위에 대한 추인도 유효하다는 입장이다(대판 1973.07.24. 69다60). - 유병현, 고시계 2009/2, 33면 -

3. 추인

(1) 시기

　　추인의 시기는 제한이 없다. 따라서 권한 없는 대표자가 한 소송행위의 추인은 상고심에서도 할 수 있다. 환송 후 원심으로서는 상고심에서 제출된 추인서까지 포함하여 소송요건을 갖춘 것인지 여부를 심리·판단할 필요가 있다(대판 2022.04.14. 2021다276973).

(2) 방식

　　공정증서가 채무명의로서 집행력을 가질 수 있도록 하는 집행인낙의 표시는 공증인에 대한 소송행위이므로, 무권대리인의 촉탁에 의하여 공정증서가 작성된 때에는 집행권원으로서의 효력이 없다. 공정증서상의 집행인낙의 의사표시는 공증인가 합동법률사무소 또는 공증인에 대한 채무자의 단독 의사표시로서 성규의 방식에 따라 작성된 증서에 의한 소송행위이어서, 대리권 흠결이 있는 공정증서 중 집행인낙에 대한 추인의 의사표시 또한 당해 공정증서를 작성한 공증인가 합동법률사무소 또는 공증인에 대하여 그 의사표시를 공증하는 방식으로 하여야 하므로, 그러한 방식에 의하지 아니한 추인행위가 있다 한들 그 추인행위에 의하여는 채무자가 실체법상의 채무를 부담하게 됨은 별론으로 하고 무효의 집행권원이 유효하게 될 수는 없다(대판 2006.03.24. 2006다2803).

4. 대리권 흠결을 간과한 판결

　　흠결을 간과하고 판결한 경우, 확정 *前*이면 상소(제424조 1항 4호), 확정 *後*이면 재심(제451조 1항 3호)에 의해 구제받을 수 있다. 그러나 취소·파기 전의 판결은 당연무효는 아니며 당사자 본인에 대하여 효력이 생긴다. 다만 민사소송법에서 법정대리권 등의 흠결을 재심사유로 규정한 취지는 원래 그러한 대표권의 흠결이 있는 당사자 측을 보호하려는 데에 있으므로, 그 상대방이 이를 재심사유로 삼기 위하여는 그러한 사유를 주장함으로써 이익을 받을 수 있는 경우에 한하고, 여기서 이익을 받을 수 있는 경우란 위와 같은 대표권 흠결 이외의 사유로도 종전의 판결이 종국적으로 상대방의 이익으로 변경될 수 있는 경우를 가리킨다(대판 1967.02.28. 66다2569, 대판 1983.02.08. 80사50 등 참고).

Ⅲ 쌍방대리의 금지 - 변호사법 제31조 위반의 대리행위의 효력

> **변호사법 제31조(수임제한)** ① 변호사는 다음 각 호의 어느 하나에 해당하는 사건에 관하여는 그 직무를 수행할 수 없다. 다만, 제2호 사건의 경우 수임하고 있는 사건의 위임인이 동의한 경우에는 그러하지 아니하다.
> 1. 당사자 한쪽으로부터 상의(상의)를 받아 그 수임을 승낙한 사건의 상대방이 위임하는 사건
> 2. 수임하고 있는 사건의 상대방이 위임하는 다른 사건
> 3. 공무원·조정위원 또는 중재인으로서 직무상 취급하거나 취급하게 된 사건

1. 문제점

변호사법 제31조는 변호사의 직무의 공정성 확보, 품위유지 및 당사자의 보호를 위하여 쌍방대리의 금지를 규정하고 있는데, 이를 위반하면 변호사법상의 징계사유가 되는 것은 물론이지만, 그에 위반한 소송행위의 효력은 어떠한지에 대립이 있다.

2. 학 설

① 단순한 직무규정에 불과하므로 이는 유효하다는 직무규정설, ② 이는 강행법규위반이므로 절대적으로 무효라는 절대무효설, ③ 일단 무효이긴 하지만 당사자가 추인하면 유효하다는 추인설도 있으나, 소송대리인의 본인의 상대방이 이의를 주장하면(제151조) 비로소 법원이 이를 고려하여 무효로 판단할 것이라는 이의설이 통설적 견해이다.

3. 판 례

(1) 주류적 입장

"원고 소송복대리인으로서 변론기일에 출석하여 소송행위를 하였던 변호사가 피고 소송복대리인으로도 출석하여 변론한 경우라도, 당사자가 그에 대하여 아무런 이의를 제기하지 않았다면 그 소송행위는 소송법상 완전한 효력이 생긴다(대판 1995.07.28. 94다44903 등 다수)."고 하고, "변호사법 제31조 제1호의 규정에 위반한 변호사의 소송행위에 대하여는 상대방 당사자가 법원에 대하여 이의를 제기하는 경우 그 소송행위는 무효이고 그러한 이의를 받은 법원으로서는 그러한 변호사의 소송관여를 더 이상 허용하여서는 아니 될 것이지만, 다만 상대방 당사자가 그와 같은 사실을 알았거나 알 수 있었음에도 불구하고 <u>사실심 변론종결 시까지 아무런 이의를 제기하지 아니하였다면</u> 그 소송행위는 소송법상 완전한 효력이 생긴다(대판 2003.05.30. 2003다15556)."고 하여 이의설의 입장이다.

(2) 예외적 입장

"소송행위가 구변호사법 제16조에 의하여 무권대리행위라 하여도 추인하면 그 효력이 있다(대판 1970.06.30. 70다809 등)."고 하여 추인설을 따른 예도 있다.

(3) 적용 범위

判例는 "형사사건에서 피고인의 변호인으로 선임된 법무법인의 업무담당변호사 A가 그 법무법인이 해산된 이후 변호사 개인의 지위에서 위 형사사건의 피해자에 해당하는 상대방 당사자를 위하여 실질적으로 동일한 쟁점을 포함하고 있는 민사사건의 소송대리를 하는 것도 변호사법 제31조 위반(대판 2003.05.30. 2003다15556)."이라고 하였다.

4. 검 토

변호사법 제31조는 그러한 변호사를 이용하여 선임한 본인보다는 주로 상대방당사자의 보호를 목적으로 한다고 할 것이므로 통설인 이의설이 가장 타당하다고 본다. 다만 이의의 시기에 대해서는 이러한 이의를 소송절차에 관한 이의권(제151조)의 일종으로 보아 즉시 이의하지 아니하면 이의권을 상실한다고 주장하는 견해가 있으나, 즉시 이의하지 아니하면 그 이의권을 상실하게 하는 것은 당사자의 보호, 절차의 안정성을 감안하면 부당하므로 사실심 변론종결시까지 이의권을 행사할 수 있도록 하는 것이 타당하다.

Ⅳ 소송행위와 표현대리

1. 문제점

민법, 상법 등의 실체법에서는 외관법리라 하여 본인에게 귀책사유가 있고 상대방에게 신뢰가 존재하는 경우에는 표현대리, 표현대표이사 등의 법리를 적용하여 상대방을 보호하는데, 소송법에서도 대표권, 대리권 등이 없는 자가 행위 하여 상대방의 신뢰 등의 요건이 구비된 경우에 실체법과 같은 표현법리를 유추적용 할 수 있는지가 문제된다.

2. 학 설

(1) 긍정설은 ① 소송도 거래관계의 연장이고, 법 제63조가 법정대리권의 소멸은 상대방에게 통지하지 않으면 효력이 생기지 않는다고 규정하고 있듯이 소송에서도 절차의 안정을 도모하고 있으며 ② 등기를 게을리 한 법인의 재판을 받을 권리의 보장을 위하여, 등기를 신뢰한 상대방을 희생하는 것은 공평에 반하고, ③ 부정설과 같이 전체의 절차를 다시 진행해야 한다고 하는 것은 소송경제에 반하고, 상대방으로서도 등기부 이외에 대표자를 일일이 확실히 조사할 방법은 없다는 근거를 들어 유추적용을 인정할 수 있다고 한다.

(2) 부정설은 ① 표현대리는 거래의 안전을 도모하기 위한 것이고, 상법 제14조 제1항 단서에서 재판상 행위에 대해서는 표현지배인의 법리를 제외시키고 있고 ② 법인의 진실한 대표자에 의하여 재판을 받을 권리는 헌법 제27조에 의해 보장되고 있고, 대표권에 흠이 있는 때에는 절대적 상고이유, 재심사유인 것과 같이 침해하기 어려운 기본적인 권리이고, ③ 표현대리의 적용을 인정하면 상대방의 선의, 악의에 따라 취급이 별개로 되어 혼란이 발생된다는 등의 근거를 들어 적용을 부정한다.

(3) 절충설은 법인에 있어서 절차보장, 즉 진정한 법인대표자에 의하여 재판을 받을 권리(헌법 제27조)를 존중하는 의미에서 소극설이 일반적으로는 타당하되, 부실등기의 원인이 법인 자신의 태만에 기인하는 경우에는 표현대리를 적용하여도 좋다고 한다.

3. 판 례

"이행지체가 있으면 즉시 강제집행을 하여도 이의가 없다는 강제집행수락 의사표시는 소송행위라 할 것이고 이러한 소송행위는 민법상의 표현대리규정을 적용 또는 유추적용될 수가 없는 것이므로…(대판 1994.02.22. 81다카621)."라고 하여 부정설의 입장이다.

4. 검 토

절차의 안정성, 명확성 등이 지배하는 소송행위에 있어서 실체법상의 표현대리규정을 일반적으로 적용하는 것은 타당하지 못하지만, 등기를 고치지 않는 등의 법인의 직무태만이 있는 경우에는 실질적 타당성을 위해 표현대리규정의 적용을 인정하는 절충설이 타당하다고 본다.

Ⅴ 비변호사의 대리행위

1. 징계에 의한 업무정지 중의 변호사

법원은 무자격자의 소송관여를 배척해야 한다. 간과하고 배척하지 않은 경우 의뢰자, 상대방의 불측의 손해방지와 절차안정·소송경제의 관점에서 그 소송행위는 유효로 보아야 한다.

2. 변호사 아닌 자의 소송행위

소송행위를 대리하는 경우 무효이나, 추인이 가능하다. 다만 이익을 받을 목적 또는 영업으로서 타인의 소송행위를 대리하는 경우에는 변호사법 제109조를 정면으로 위배한 경우로 추인할 수 없다. 나아가 소송수행을 전담하게 할 목적으로 비변호사를 지배인으로 선임하여 법령상의 소송대리인으로 소송수행을 하게 하는 것도 동규정의 위반으로 볼 수 있는 한 무효이다.

FORTUNE 김/춘/환 민사소송법

제3편
제1심의 소송절차

제1장 소송의 개시
제2장 변 론(심리)
제3장 증 거

학습개요		난이도	핵심사항	시험별 대표 지문
제1장 소송의 개시	제1절 소의 의의와 종류	中	• 소송요건 • 소송물 • 소송구조 • 중복소제기의 금지	• 소송요건은 재판상의 자백이나 자백간주의 대상이 될 수 없다. (O) • 소유권이전등기가 원인무효라는 이유로 그 등기의 말소를 구하는 소에 있어서 소송물은 그 원인무효사유들에 따라서 달라진다. (X) • 소송구조에 대한 재판은 소송기록을 보관하고 있는 법원이 하고, 소송구조는 이를 받은 사람에게만 효력이 미친다. (O) • 별소로 계속 중인 채권을 자동채권으로 하는 소송상 상계의 주장은 허용되지 아니한다. (X)
	제2절 소송요건	上		
	제3절 소송물	上		
	제4절 소의 제기	中		
	제5절 재판장의 소장심사와 소제기후의 조치	中		
	제6절 소송구조	中		
	제7절 소제기의 효과	上		
제2장 변론(심리)	제1절 변론의 의의와 종류	中	• 처분권주의와 변론주의 • 변론의 준비 • 부인과 항변 • 당사자의 결석(기일의 해태) • 기간 • 송달 • 소송절차의 정지	• 변론주의는 주요사실에 대하여만 인정되고, 간접사실과 보조사실에는 그 적용이 없다. (O) • 양쪽 당사자가 변론준비기일에 한 번, 변론기일에 두 번 불출석한 경우에 변론준비기일에서 불출석의 효과가 변론기일에 승계된다. (X) • 근무장소 외의 송달할 장소에서 송달받을 사람을 만나지 못한 때에는 그 사무원, 피용자 또는 동거인으로서 사리를 분별할 지능이 있는 사람에게 서류를 교부할 수 있다. (O) • 공시송달은 직권 또는 당사자의 신청에 따라 재판장의 명령으로 한다. (O)
	제2절 심리에 관한 제원칙	上		
	제3절 변론의 준비(기일전의 절차)	中		
	제4절 변론의 내용	中		
	제5절 변론의 개시	中		
	제6절 변론기일에 있어서의 당사자의 결석	上		
	제7절 기일·기간 및 송달	上		
	제8절 소송절차의 정지	上		
제3장 증거	제1절 총설	中	• 자백 • 증거조사의 개시와 실시 • 서증 • 증명책임	• 자백을 취소하는 당사자가 그 자백이 진실에 반하는 것임을 증명하면 착오에 의한 자백임이 추정된다. (X) • 감정증인은 특별한 학식과 경험을 통하여 얻은 과거의 구체적 사실을 보고하는 사람을 말하는데, 경험을 보고하는 이상 증인이므로 법원은 증인과 마찬가지의 절차로 조사한다. (O) • 당사자가 법원으로부터 제출을 명령받은 문서를 제출하지 아니하는 경우 법원은 문서의 기재에 대한 상대방의 주장을 진실할 것으로 인정할 수 있다. (O) • 문서에 찍힌 인영의 진정함을 인정하는 것은 문서의 성립에 관한 자백과는 다르므로 문서에 찍힌 인영의 진정함을 인정한 당사자는 자유롭게 이를 철회할 수 있다.(X)
	제2절 증명의 대상(요증사실)	中		
	제3절 불요증사실(288조)	上		
	제4절 증거조사의 개시와 실시	上		
	제5절 자유심증주의	中		
	제6절 증명책임	上		

구 분	법원서기보								
	2014	2015	2016	2017	2018	2019	2020	2021	2022
제1장 소송의 개시	3	1	4	5	5	3	2	2	4
제2장 변론(심리)	4	7	2	4	2	5	4	6	4
제3장 증거	1	2	1	2	3	3	3	2	2
출제율	32%	40%	28%	44%	40%	44%	36%	40%	40%

제1장 소송의 개시

이제 우리는 법원과 당사자의 문제를 검토하고, 소송을 시작하려는 단계에 있다. 제1심 소송절차에서는 항상 민사소송의 단계를 머리에 그리면서 자신이 재판장이 되었다는 생각으로 공부해야 효과가 있다. 즉, 민사소송의 거의 모든 문제는 소의 적법성 내지 법원의 조치 등 법원의 판단을 묻는 경우가 많아 자신이 재판장이라는 생각으로 책을 보면 더 입체적으로 소송절차의 문제가 눈에 들어올 것이기 때문이다. 객관식 시험에서 이 부분은 2~5문제 정도가 출제되는데, 소송요건 전반에 대한 정리가 필요하다. 즉, 소의 내용인 법원, 당사자, 청구(소송물)에 대한 적법요건을 위주로 철저한 정리를 해야 한다. 이를 세부적으로 보면, 소가 제기되었다면 이 소장이 과연 적식한지를 먼저 살펴보고, 적식하지 않다면 재판장 등이 보정명령을 내리고 원고가 이에 응하지 않는다면 소장각하명령을 내리게 되는 구조란 것을 머리 속에 각인시킬 필요가 있다(제254조). 그리고 소장이 적식한 경우 소장부본은 피고에게 송달됨으로써 소송계속이 일어나고 그 효과로서 소제기의 소송법상 효과인 중복소제기의 금지(제259조) 등의 문제가 일어난다는 것을 명심해야 한다[다만, 실체법상 효과인 시효중단 등은 일단 소장제출 시에 일어나지만(제265조) 부적법각하, 기각 등이 되는 경우 그 효과가 없음은 민법(제170조)에서 배운 바 있다]. 그리고 현행법 제256조에서는 피고의 답변서제출의무를 규정하고 있으며, 답변서를 제출하지 아니하거나 자백취지의 답변서를 제출하는 경우에는 무변론승소판결이 가능(법 제257조)하다. 법원이 변론을 개시하기 전까지 소장이 부적식 할 경우에 소장각하명령을 내릴 수 있는지에 대해 약간의 논점이 있으며 이는 판결의 형식에서 형식에 어긋나는 재판의 문제와 연결될 수 있다. 그리고 08년 12월 26일에 개정된 법률은 필수적 절차였던 변론준비절차를 임의적 절차로 하고, 변론기일을 바로 지정하도록 하였다(제258조). 요건심리와 관련하여 법원은 소송요건흠결 등을 살핀다. 또한 소송요건 중 각종 소에 있어 소의 이익, 특히 확인의 소에 있어 확인의 이익이 가장 중요하다. 그리고 소송계속의 범위, 시효중단의 범위, 기판력의 범위와 관련하여 소송물의 식별이 중요하므로 이를 꼼꼼히 살펴볼 필요가 있다.

제 2 장 변론(심리)

소가 적법하게 제기되어 변론 단계에 왔다면 변론의 제 원칙을 준수하면서 심리를 해야 한다. 이 부분은 2~7문제 정도가 출제되는데, 심리방식에 대한 이해와 정리가 필요하다. 특히 처분권주의, 변론주의는 중요판례 위주로 정리하고 있어야 한다. 그리고 당사자의 결석, 기일, 기간 및 송달, 소송절차의 정지도 정리가 필요하다.

여기서 중요원칙을 살펴보면 먼저 처분권주의에서는 그 의의와 심판의 대상, 범위 등을 꼼꼼히 보아야 한다. 19세기 민사소송의 초창기에 처분권주의란 소송의 개시, 진행, 대상, 범위, 종료를 당사자에게 일임하는 것이었으나, 절차의 혼란 등 여러 난점이 나타나 오늘날에는 거의 소송진행은 법원에 일임하는 직권주의를 취하고 있고, 그 반대급부로 당사자에게 이의권(책문권, 제151조)을 준 것이라는 점을 이해해야 한다(그래서 이의권의 대상은 절차상 사항, 사익적 사항에 한하는 것이다). 그리고 건물철거 및 명도청구에 건물명도와 상환으로 건물매매대금을 지급할 의사가 포함되어 있는지에 관한 판례가 특히 중요하다[94다34265(전)].

변론주의는 가장 중요한 소송법상의 원칙으로 이 변론주의 때문에 당사자는 법관에게 확신을 주기 위해 주장·증명활동을 하게 되며, 주장·증명 하였음에도 법관이 심증을 형성하지 못한 경우(진위불명의 상태) 그 패소 불이익인 증명책임(입증책임)은 변론주의와 상관없다는 점도 이해하고 있어야 한다. 변론주의는 항상 ① 사실의 주장책임, ② 자백의 구속력, ③ 직권조사금지라는 3요소를 이해하여 관계 논점이 나올 경우 항상 맞출 수 있어야 한다. 그리고 변론주의의 보완책으로 등장하는 석명권(제136조)도 중요하다. 또 최근 공개심리주의에 대해 논의가 있고, 소송절차 중단제도는 이당사자대립구조가 아니라 쌍방심리주의의 관철에 있다는 것을 주의해야 한다(그래서 당사자 사망을 간과한 판결은 무효가 아니라, 위법은 있지만, 일응 유효한 판결인 것이다). 그리고 현행법은 수시제출주의가 아니라 적시제출주의(제146조)를 취하고 있다.

변론의 준비절차는 예전에는 중요시되지 않았으나 현행법이 되도록 1회에 변론을 마치려는 새로운 심리제도를 채택하였으므로 이를 주의해서 볼 필요가 있다(다만 08년 12월 26일 제258조 개정으로 필수적 절차에서 임의적 절차가 되었음을 주의). 그리고 당사자의 소송행위 특히 부인과 항변의 구별, 소송상 형성권의 행사, 소송상 합의의 성질, 소송행위의 철회와 하자에 대한 구제방법 등이 중요하다. 이 부분은 부인과 항변의 구별과 함께 예상문제로서 자세히 볼 필요가 있다. 그리고 변론의 제한, 분리, 병합 등은 한 번 살펴볼 필요는 있다. 당사자의 결석은 양쪽 당사자의 결석과 한쪽 당사자의 결석으로 효과를 나누어 파악하고 있어야 한다. 또한 기간, 기일 및 송달에서 기간의 부준수에 대한 소송행위의 추후보완(제173조)이 중요(특히 이는 재심, 정기금판결에 대한 변경의 소와 함께 민사소송에서 확정된 판결에 대한 구제수단의 하나라는 점을 유의)하고, 송달부분은 판결문의 송달과 공시송달부분을 판결의 편취와 연결시켜 보아야 한다. 그리고 소송행위의 정지 중 소송행위의 중단은 당사자 사망과 관련하여 사망자명의소송을 이해하는 토대가 된다. 당연승계를 부정하는 견해가 있으므로(호문혁), 기존 견해의 문제점이 무엇인지를 생각해보고 이는 대법원 92.11.05 고지 91마342 결정과 관련하여 이해하여야 한다. 이 결정은 최근 대판 2010.12.23. 2007다22859의 입장과 비교하여 이해하고 있어야 한다.

제 3장 증거

이제 당사자가 주장을 하였으면 증명을 하기 위해서 증거를 세워 법관에게 확신을 주어야 하는데, 증거부분은 이와 관계된다. 증거도 2~3문제가 출제되는데, 요증사실과 불요증사실, 개별적인 증거조사 부분인 증인, 서증, 당사자신문, 증거보전 등을 숙지하고 있어야 한다. 특히, 자유심증주의와 증명책임 부분도 판례 위주로 정리가 필요하다. 증거부분에서는 먼저 본증과 반증, 반대사실의 증거를 구별할 수 있어야 하며 그 증명의 정도에 대해서도 이를 연결해서 이해해야 한다. 그리고 증명의 대상에서는 재판상의 자백(제288조)과 자백간주(제150조)가 중요한데, 재판상의 자백은 권리자백부분을 중심으로 꼼꼼히 살펴볼 필요가 있다.

증거조사 개시의 실시 부분은 먼저 증인신문과 관련하여 현행법 제310조가 서면증언의 특례를 인정하고 있다는 것을 유의해야 하고, 서증절차는 문서의 증거력의 추정에 대한 판례의 입장을 정확히 정리하고 있어야 한다. 그리고 서증신청의 절차와 관련하여 문서제출명령이 중요하다. 문서제출명령은 민사소송법 개정소위원회 시절부터 중요논의대상이었던 일반인에 대한 제출의무의 확대(법 제344조 제2항)가 중요하며, 문서부제출의 효과도 살펴 볼 필요가 있다. 그리고 당사자신문과 관련해서는 법 제367조에서 보충성을 폐지하고 있다는 것을 유의해야 한다. 그리고 현행법 제374조는 그 밖의 증거라는 제목으로 신종증거를 규정하고 있다.

그리고 자유심증주의(제202조)는 조문과 판례 위주로 정리하고 있어야 한다. 또한 증명책임은 변론주의와 관계없이 직권탐지주의 하에서도 문제될 수 있다는 것을 명심해 두어야 하고, 특히 법률요건분류설의 내용과 증명책임의 완화 부분의 법률상의 추정 부분을 정리해 두어야 한다. 즉, 추정은 ① 통상의 경험칙에 의한 사실상의 추정, ② 고도의 개연성 있는 경험칙에 의한 일응의 추정, ③ 법규화 된 경험칙에 의한 법률상의 추정으로 대별할 수 있다는 것과 이 추정들의 차이점을 인식하고 있어야 한다. 그리고 일응의 추정과 간접반증이론은 판례 위주로 정리하고 있어야 한다.

제1장 소송의 개시

제1절 소의 제기

I 소제기의 방식

1. 소장제출주의

> 제248조(소제기의 방식) 소는 법원에 소장을 제출함으로써 제기한다.

> 규칙 제5조(소송서류의 접수와 보정권고) ① 당사자, 그 밖의 소송관계인이 제출하는 소송서류는 정당한 이유 없이 접수를 거부하여서는 아니 된다.
> ② 소송서류를 접수한 공무원은 소송서류를 제출한 사람이 요청한 때에는 바로 접수증을 교부하여야 한다.
> ③ 법원사무관등은 접수된 소송서류의 보완을 위하여 필요한 사항을 지적하고 보정을 권고할 수 있다.

소는 법원에 소장을 제출함으로써 제기한다. 이 소장을 재판권, 관할권이 있는 법원에 제출하는 경우, 법원사무관 등은 소장이 적식하지 않다고 판단되면, 보정을 '권고'할 수 있다(민사소송규칙 제5조 3항). 다만 이는 권고에 불과하므로, 당사자에게 강제력은 없다.

2. 구술에 의한 소제기 등의 예외

소송목적의 값(소가) 3000만원 이하의 소액사건에서는 구술에 의한 소의 제기를 할 수 있다(소액사건심판법 제4조). 그리고 이밖에 양당사자가 법원에 임의출석 하여 변론함으로써 간편하게 소제기 할 수 있는 임의출석제를 인정하고 있다(소액사건심판법 제5조). 배상명령사건에서도 구술 또는 법원의 직권에 의하여 할 수 있다.

3. 소제기의 간주

독촉절차에 의한 지급명령에 대하여 채무자의 이의가 있는 경우(제472조), 제소전 화해의 불성립으로 소제기신청이 있는 경우(제388조), 조정이 성립되지 아니하거나 조정에 갈음한 결정에 이의신청을 한 때(민사조정법 제36조)는 소송절차로 이행되는데, 이 경우 지급명령신청이나 화해 또는 조정신청을 한 때에 소가 제기된 것으로 간주한다.

4. 전자소송법

(1) 의 미

"민사소송 등에서의 전자문서 이용 등에 관한 법률"이 2009년 12월 30일에 정부안으로 국회에 제출되어 현재 시행 중에 있다. 전자문서에 의한 절차는 이미 지급명령을 발하는 독촉절차에서 운영되고 있었다. 근거법률인 "독촉절차에서의 전자문서 이용 등에 관한 법률"은 민사소송에서 전자문서를 이용하여 절차를 이용할 수 있도록 한 최초의 법률이라는 점에서 그 의미가 있었으나, 현재는 전자소송법에 통합되었다.

(2) 내 용

서류를 내는 것은 법원의 전자소송시스템에 아이디와 비밀번호를 입력하여 접속한 다음 전자문서(전자파일)를 법원의 시스템에 등재하는 방법으로 하며, 종이문서에 대한 기명날인 또는 서명은 전자서명으로 대신한다. 서류가 시스템에 기록(등재)된 시점이 접수시점이다. 시스템에 서류가 등재된 사실은 자동으로 제출자 및 상대방에게 전자우편으로 통지된다. 법원은 조서 재판서 등을 전자문서로 작성하여 시스템에 등재한다. 송달할 서류가 시스템에 등재되면 그 사실이 전자우편으로 통지되고, 통지받은 자가 시스템에 접속하여 문서를 확인하면 그 때 송달된 것으로 본다. 확인하지 아니하여도 1주가 지나면 송달된 것으로 본다. - 유병현, 고시계 10/2, 38~39면-

Ⅱ 소장의 기재사항

1. 필수적 기재사항

> 제249조(소장의 기재사항) ① 소장에는 당사자와 법정대리인, 청구의 취지와 원인을 적어야 한다.

(1) 당사자 및 법정대리인의 표시

1) 당사자의 표시는 누가 원고이며, 누가 피고인가 알아볼 수 있도록 그 동일성을 특정할 수 있는 정도로 기재한다.

2) 당사자는 소장의 기재에 의하여 확정되며(표시설), 이를 표준으로 당사자능력·당사자적격·재판적의 유무 등이 가려지기 때문에 신중하게 당사자를 정하여야 한다. 당사자의 동일성을 벗어나지 않는 표시정정은 자유롭게 허용되나, 이를 벗어나는 당사자의 변경은 피고 경정(제260조)의 요건을 갖추어야 한다.

3) 당사자가 무능력자인 경우에는 당사자의 법정대리인을 기재하여야 한다. 당사자가 법인 또는 제52조의 사단·재단일 경우에는 그 대표자나 관리인을 기재하여야 한다.

(2) 실무상 통용되는 당사자의 호칭

1) **통상의 소** : 원고 / 피고
2) **반 소** : 원고(반소피고) / 피고(반소원고)
3) **민사소송법 제70조** : 예비적선택적 공동소송의 경우에는 모든 공동소송인에 관한 청구에

대하여 판단하여야 하고 공동소송인 중 일부만 상소한 경우 상소하지 아니한 당사자에 대한 부분도 상소심으로 이심되므로, 예컨대 피고가 복수인 예비적 공동소송의 경우에는 "주위적 피고 ○○○ / 예비적 피고 ○○○"로, 선택적 피고가 있는 경우에는 "선택적 피고 1. ○○○ / 2. ○○○"로 표시한다.

4) 참 가

① 민사소송법 제71조 : 보조참가인
② 민사소송법 제78조 : 공동소송적 보조참가인
③ 민사소송법 제79조 : 독립당사자참가인 또는 당사자참가인
④ 민사소송법 제80조 : 승계참가인 / 원고 ○○○ 승계참가인(원고들 중 1인 승계)
⑤ 민사소송법 제82조 : 인수참가인

승계참가 및 인수참가의 경우 피승계인이 민사소송법 80조에 의하여 소송에서 탈퇴하였다고 하더라도 피승계인을 여전히 기재하되, "원고(탈퇴)"의 방식으로 괄호 안에 탈퇴하였다는 표시를 병기한다.

⑥ 민사소송법 제83조 : 공동소송참가인

(3) 청구의 취지

1) 의 의

청구의 취지는 원고가 어떠한 내용과 종류의 판결을 요구하는지를 밝히는 판결신청이고 소의 결론부분이다. 청구의 원인 앞에 기재하며, 여기에는 원고가 바라는 판결주문을 적게 되어 있으며 이를 간단명료하게 표시하여야 한다. 이 밖에 소송비용에 관한 재판과 가집행선고의 신청을 기재하는 일이 많다.

2) 청구취지의 명확성 · 확정성 · 간결성

청구취지를 기재함에 있어서는 청구가 인용되는 경우 이를 판결의 주문으로 그대로 옮겨 적을 수 있을 만큼 정확하여야 한다. 청구취지에서 요구되는 판결의 내용은 확정적이어야 한다. 따라서 조건부 또는 기한부로 판결을 구하는 것은 절차의 안정을 해하므로 허용되지 않는 것이 원칙이다. 다만 당해 소송절차 내에서 밝혀진 사실을 조건으로 하여 청구취지를 기재하는 예비적 청구나 예비적 반소는 소송절차의 안정을 해할 염려가 없기 때문에 허용되며, 현행 민사소송법은 일정한 요건 하에 예비적 공동소송(민소 제70조)도 허용하고 있다. 청구취지는 원고가 소를 달성하고자 하는 목적만을 간결하게 기재하여야 한다. 예컨대 금전의 지급을 구하는 청구일 때에는 지급할 금전의 액수와 부대금액의 발생기간과 비율 등을 명시하면 충분하고, 그 외에 차용금인지 손해배상금인지, 부대금액이 이자인지 지연손해금인지 따위를 기재할 필요는 없다.

3) 각종 소에 관한 청구취지의 기재요령

① 이행의 소

이행의 소에서는 "피고는 원고에게 금 10,000,000원을 지급하라", "피고는 원고에게 ○○건물을

인도하라"라는 이행명령을 구하는 취지를 간결하게 표시하여야 한다. 이행의 대상, 내용과 함께 이행판결을 구하는 취지를 기재할 것을 요한다.

② 확인의 소

확인의 소에는 적극적 확인의 소, 소극적 확인의 소가 있는 바, "○○부동산이 원고의 소유임을 확인 한다", "원고의 피고에 대한 2020. 5. 10. 자 금 10,000,000원의 대여금 채무가 존재하지 아니함을 확인 한다"와 같이 확인의 대상이 되는 권리 또는 법률관계가 특정될 수 있도록 그 종류·범위·발생원인 등을 명확히 하고 목적물도 특정하여 표시한 후 그 존재나 부존재의 확인을 구하는 취지를 기재하여야 한다.

③ 형성의 소

형성의 소에 있어서는 "원고와 피고는 이혼 한다" 또는 "피고 ○○회사의 2020. 1. 5. ○○주주총회의 결의를 취소한다"와 같이 권리관계의 변동을 구하는 취지를 명확하게 하여야 한다. 다만 형식적 형성의 소에서는 어떠한 내용의 판결을 할 것인가는 법관의 재량에 맡겨져 있기 때문에 청구취지를 명확히 할 필요는 없고, 법관의 재량권 행사의 기초가 청구취지에 나타나 있으면 된다(대판 1993.11.23. 93다41792).

4) 소송비용부담과 가집행선고에 대한 기재

> 제98조(소송비용부담의 원칙) 소송비용은 패소한 당사자가 부담한다.

> 제213조(가집행의 선고) ① 재산권의 청구에 관한 판결은 가집행(가집행)의 선고를 붙이지 아니할 상당한 이유가 없는 한 직권으로 담보를 제공하거나, 제공하지 아니하고 가집행을 할 수 있다는 것을 선고하여야 한다. 다만, 어음금·수표금 청구에 관한 판결에는 담보를 제공하게 하지 아니하고 가집행의 선고를 하여야 한다.

청구취지 란에 반드시 기재하여야 하는 것은 아니나, 청구에 관한 심판을 구하는 취지의 기재 외에 "소송비용은 피고가 부담 한다"라는 소송비용에 관한 재판(제98조)과 가집행선고의 신청(제213조)을 기재함이 보통이다. 이러한 신청은 처분권주의의 예외로서, 당사자의 청구가 없어도 법원이 직권으로 판단할 수 있다.

(4) 청구의 원인

1) 의 의

청구원인은 ① 중간판결의 일종인 원인판결과 관계에서의 청구원인(제201조) ② 실무상 쓰이는 넓은 의미(광의)의 청구원인을 뜻하는 청구의 이유 ③ 청구취지와 더불어 이를 보충하여 청구를 특정하기에 필요한 사실관계(좁은 의미의 청구원인, 협의의 청구원인) 등으로 사용된다. 특히 소송물의 특정을 위하여 청구취지 외에 항상 청구원인이 고려되어야 하는가, 또 어떠한 경우에 청구원인에 의한 보충이 필요한가 하는 문제는 소송물이론에 따라 달라진다.

2) 사실기재의 정도

원고가 청구원인에 어느 정도의 사실을 기재하여야 하는가에 관하여, ① 소송물인 권리관계를 청구취지와 더불어 다른 권리관계와 구별시키기에 충분한 정도의 사실(협의의 청구원인)을 기재하면 족하다는 식별설과 ② 청구를 이유 있게 하는 모든 사실(광의의 청구원인)을 빠짐없이 기재하여야 한다는 이유기재설의 대립이 있다. 소장에 청구를 이유 있게 할 사실을 모두 적어내야 하는 동시제출주의가 아니라 적시에 순차적으로 내어도 되는 적시제출주의를 채택하고 있는 현행법상으로는 식별설이 타당하지만, 민소규칙 제62조는 청구의 원인에 청구를 뒷받침할 구체적 사실, 피고가 주장할 것이 명백한 방어방법에 대한 구체적 진술, 입증이 필요한 사실에 대한 증거방법까지도 적도록 하여 이유기재설에 입각하고 있다(이시윤, 김홍규). 그리고 청구원인에는 소송물을 특정하기 위해 필요한 사실관계를 기재하면 족하고, 이 사실관계를 법률적 용어로 표현하거나 법조문을 표시할 필요는 없다.

2. 임의적 기재사항(제249조 2항)

소장에 기재하지 아니하여도 소장각하명령을 받지 않을 사항이다. 뒤에 원고가 준비서면(제274조)으로 기재하여 제출하여도 될 것을 소장을 이용하여 미리 기재하는 것이다. 예를 들어 ① 관할원인 등 소송요건에 기초가 될 사실 ② 청구를 이유 있게 할 사실상의 주장(넓은 의미의 청구원인) ③ 청구원인사실에 대응하는 증거방법의 구체적 기재(제254조 4항) 등이다. 따라서 ③을 제외하고는 재판장의 소장심사의 대상이 되지 않는다.

제2절 재판장의 소장심사와 소제기후의 조치

I 재판장의 소장심사

> 제254조(재판장등의 소장심사권) ① 소장이 제249조제1항의 규정에 어긋나는 경우와 소장에 법률의 규정에 따른 인지를 붙이지 아니한 경우에는 재판장은 상당한 기간을 정하고, 그 기간 이내에 흠을 보정하도록 명하여야 한다. 재판장은 법원사무관등으로 하여금 위 보정명령을 하게 할 수 있다. 〈개정 2014.12.30〉
> ② 원고가 제1항의 기간 이내에 흠을 보정하지 아니한 때에는 재판장은 명령으로 소장을 각하하여야 한다.
> ③ 제2항의 명령에 대하여는 즉시항고를 할 수 있다.
> ④ 재판장은 소장을 심사하면서 필요하다고 인정하는 경우에는 원고에게 청구하는 이유에 대응하는 증거방법을 구체적으로 적어 내도록 명할 수 있으며, 원고가 소장에 인용한 서증(서증)의 등본 또는 사본을 붙이지 아니한 경우에는 이를 제출하도록 명할 수 있다.[개정 2014.12.30]

1. 서 설

(1) 의 의

원고가 제출한 소장이 법원에 접수되면 합의부의 경우에는 재판장이, 단독사건의 경우에는 단독판사가 소장이 적식한가의 여부를 심사하는 권한을 말한다(제254조).

(2) 취 지

이를 인정한 것은 판단이 비교적 용이하고 수소법원이 변론에 들어가기 전에 소장의 명백한 하자를 재판장이 미리 시정함으로써 법원이나 피고의 소송경제를 도모함에 있다. 민사소송법은 제254조에서 제1심 재판장의 소장심사권을, 제399조 및 제425조에서 원심재판장의 상소장심사권을, 그리고 제402조 및 제425조에서 상소심 재판장의 상소장심사권을 각각 규정하여 소송의 전 과정을 통하여 이러한 취지를 관철하고 있다.

(3) 순 서(소장심사의 선순위성)

소장의 심사는 원칙적으로 소송요건의 존부나 청구의 당부보다 먼저 심사하는 것이 원칙이나, 보정불능인 소송요건의 흠결이 있어 어차피 소각하판결하여야 할 경우에는 소장심사에 앞서 소각하판결을 할 수 있다고 본다.

2. 심사의 대상

(1) 필수적 기재사항의 기재여부 및 인지 첨부 여부

제249조 1항 소정의 당사자, 법정대리인, 청구취지와 청구원인은 소장에 반드시 기재하여야 할 사항으로서 이 중 한 가지라도 기재가 흠결되어 있으면 소송으로서 성립할 수 없고, 원고로서는 국가의 소송제도를 이용하는 대가로서 소정의 인지[1]를 붙여야 하므로 이 두 가지가 심사의 대상이 된다. 다만 소장에 대표자표시가 되어 있는 이상 그 표시에 잘못이 있는 경우도 보정명령을 하고 그 불응을 이유로 소장각하를 할 수 없다[2](대결 2013.09.09. 2013마1273).

(2) 증거방법의 기재여부 등

제254조 4항에 의하면 청구하는 이유에 대응하는 증거방법의 기재, 소장에서 인용된 서증의 등본·사본을 붙였는지가 심사의 대상이 된다. 소송의 초기단계에서부터 주장에 따른 구체적인 입증을 하여야만 집중심리를 이룰 수 있기 때문이다. 다만 이를 불이행하여도 소장각하를 할 수 없다는 점을 유의하여야 한다.

---

[1] 인지제도의 목적은 수익자부담의 원칙에 따라 국가 또는 공공단체가 특정 개인을 위하여 행하는 역무에 대한 반대급부로서의 수수료의 성질을 가짐과 아울러 불필요하고 성공가능성이 없는 소송을 방지하고 남소에 따른 법원의 과중한 업무부담에서 오는 법원업무의 양질성과 효율성 저하를 방지하는 데에 있는 것이다(헌재결 1996.10.04. 95헌가1·4).

[2] 민사소송법 제254조에 의한 재판장의 소장심사권은 소장이 같은 법 제249조 제1항의 규정에 어긋나거나 소장에 법률의 규정에 따른 인지를 붙이지 아니하였을 경우에 재판장이 원고에 대하여 상당한 기간을 정하여 그 흠결의 보정을 명할 수 있고, 원고가 그 기간 내에 이를 보정하지 않을 때에 명령으로써 그 소장을 각하한다는 것일 뿐이므로, 소장에 일응 대표자의 표시가 되어 있는 이상 설령 그 표시에 잘못이 있다고 하더라도 이를 정정 표시하라는 보정명령을 하고 그에 대한 불응을 이유로 소장을 각하하는 것은 허용되지 아니한다. 이러한 경우에는 오로지 판결로써 소를 각하할 수 있을 뿐이다(대결 2013.09.09. 2013마1273).

3. 보정명령

(1) 의 의

소장에 흠결이 있는 때에는 재판장은 원고에게 상당한 기간을 정하여 보정을 명하여야 한다[3]. 따라서 상소인이 인지의 보정명령에 따라 인지액에 해당하는 현금을 수납은행에 납부하면서 잘못하여 인지로 납부하지 않고 송달료로 납부한 경우에는 인지가 납부되었다고 할 수 없어 인지 보정의 효과가 발생하지 않으나, 그 경우에도 인지액에 해당하는 현금을 송달료로 잘못 납부한 상소인에게는 다시 인지를 보정할 수 있는 기회를 부여함이 타당하다. 이러한 보정의 기회를 부여하지 않은 채 상소장을 각하하는 것은 석명의무를 다하지 않아 심리를 제대로 하지 않은 것으로 위법하다(대결 2021.03.11. 2020마7755). 다만 <u>개정법은 실무의 입장을 반영하여 재판장이 법원사무관등으로 하여금 보정명령을 할 수 있게 하였다.</u> 그리고 보정명령에 정한 보정기간 경과 후일지라도 각하의 재판을 하지 않고 있는 사이에 보정을 하면 신청 등을 각하할 수 없다. 그러나 인지보정명령에 대하여 소정기간 내에 보정을 하지 아니하여 소장각하명령이 있은 경우에는 이에 대하여 즉시항고를 하고 인지를 보정하였을 경우라 하더라도 재판을 경정할 수 없다(대결(전) 1968.07.29. 6849). 소장·상소장 각하의 경우뿐 아니라 기타 신청서의 각하에 있어서도 마찬가지로 해석할 것이다(실무제요[Ⅰ], 163면).

(2) 보정 효력의 발생 시기

보정시설(비소급설), 소장제출시설(소급설) 등이 있으나, 判例는 "인지 등 보정명령에 따른 인지 등 상당액의 현금 납부에 관하여는 송달료규칙 제3조에 정한 송달료 수납은행에 현금을 납부한 때에 인지 등 보정의 효과가 발생되는 것(대결 2007.03.30. 2007마80)."이라고 하여 보정시설(비소급설)의 입장이다.

(3) 불복신청

재판장의 보정명령에 대해서는 독립하여 이의신청이나 항고를 할 수 없다. 이 점에서 소장각

---

[3] 인지와 송달료는 납부절차, 관리주체, 납부금액의 처리방법 등에 차이가 있는 점 등을 고려하면, 신청인이 인지의 보정명령에 따라 인지액 상당의 현금을 수납은행에 납부하면서 잘못하여 인지로 납부하지 아니하고 송달료 납부서에 의하여 송달료로 납부한 경우에는 인지가 납부되었다고 할 수 없어 인지 보정의 효과가 발생되지 아니한다. 그러나 이 경우 신청인은 인지의 보정명령을 이행하기 위하여 인지액 상당의 현금을 수납은행에 납부한 것이고, 그 결과 인지 보정과 유사한 외관이 남게 되어 이를 객관적으로 인식할 수 있는 점, 인지와 송달료의 납부기관이 수납은행으로 동일하여 납부 과정에서 혼동이 생길 수 있는 점, 신청인에게 인지 납부 과정의 착오를 시정할 수 있는 기회를 제공함이 정의관념에 부합하는 것으로 보이는 점 등을 고려하면, <u>인지액 상당의 현금을 송달료로 잘못 납부한 신청인에게는 다시 인지를 보정할 수 있는 기회를 부여함이 타당하다.</u> 따라서 소장 등을 심사하는 재판장으로서는 인지 보정명령 이후 수납은행의 영수필확인서 및 영수필통지서가 보정기간 내에 제출되지 아니하였다 하더라도 곧바로 소장이나 상소장을 각하하여서는 아니 되고, 인지액 상당의 현금이 송달료로 납부된 사실이 있는지를 관리은행 또는 수납은행에 전산 기타 적당한 방법으로 확인한 후, 만일 그러한 사실이 확인되는 경우라면 신청인에게 인지를 보정하는 취지로 송달료를 납부한 것인지에 관하여 석명을 구하고 다시 인지를 보정할 수 있는 기회를 부여하여야 한다. <u>이러한 보정의 기회를 부여하지 아니한 채 소장이나 상소장을 각하하는 것은 석명의무를 다하지 아니하여 심리를 제대로 하지 아니한 것으로서 위법하다</u>(대결 2014.04.30. 2014마76).

하명령과 구별된다. 그리고 특별항고도 허용되지 아니한다[4]).

4. 소장각하명령

(1) 소장각하명령의 효력

원고가 소장의 하자를 보정하지 않을 경우 재판장은 명령으로서 소장을 각하하여야 한다(제254조 2항). 이로써 소송이 종료되는 점에서 소각하판결과 동일한 효력을 가진다. 이 경우 소장을 각하할 때에는 소장원본을 각하할 것이고, 그 부본을 각하할 것이 아니다. 다만 判例는 소장부본을 각하해도 되고, 따라서 소장원본을 반환하지 않아도 된다고 한다(대판 1975.09.23. 75다1109).

(2) 행사시기

소장부본송달시설(소송계속시설), 변론개시시설 등이 있으나, 判例는 변론개시시설의 입장[5])이다. 그러나 현재 소송실무[6])는 **소장부본송달시설의 입장**이다. 소장심사의 단계에서 흠을 간과하고 소장부본이 피고에게 송달된 경우에는 재판장의 소장각하명령권은 소멸하고, 법원은 판결로 소를 각하하여야 한다(소장부본송달시설). 그리고 최근 判例도 "항소심재판장은 항소장 부본을 송달할 수 없는 경우 항소인에게 상당한 기간을 정하여 그 기간 이내에 흠을 보정하도록 명해야 하고, 항소인이 이를 보정하지 않으면 항소장 각하명령을 해야 한다(민사소송법 제402조 제1항, 제2항 참조). 이러한 항소심재판장의 항소장 각하명령은 항소장 송달 전까지만 가능하다. 따라서 항소장이 피항소인에게 송달되어 항소심법원과 당사자들 사이의 소송관계가 성립하면 항소심재판장은 더 이상 단독으로 항소장 각하명령을 할 수 없다[7])(대결 2020.01.30. 2019마5599·5600)."고 하여 소

---

4) 소장 또는 상소장에 관한 재판장의 인지보정명령은 민사소송법에서 일반적으로 항고의 대상으로 삼고 있는 같은 법 제439조 소정의 '소송절차에 관한 신청을 기각한 결정이나 명령'에 해당하지 아니하고, 또 이에 대하여 불복할 수 있음을 정하는 별도의 규정도 없으므로, 그 명령에 대하여는 이의신청이나 항고를 할 수 없다. 뿐만 아니라 인지보정명령에 따른 인지를 보정하지 아니하여 소장이나 상소장이 각하되면 이 각하명령에 대하여 즉시항고로 다툴 수 있으므로, 인지보정명령은 소장 또는 상소장의 각하명령과 함께 상소심의 심판을 받는 중간적 재판의 성질을 가지는 것으로서 민사소송법 제449조에서 특별항고의 대상으로 정하고 있는 '불복할 수 없는 명령'에도 해당하지 않는다. 따라서 이 사건 특별항고는 특별항고의 대상이 될 수 없는 재판에 대한 것으로서 부적법하다(대결 2015.03.03. 2014그352).
5) 항소심에 관한 것이기는 하나 "민사소송법 제402조의 취지는 항소심재판장은 항소심변론에 들어가기 전에 먼저 항소장을 심사하여 그 흠결을 발견하면 그 보정을 명하고 이에 불응할 때 명령으로 항소장을 각하하라는 것이니…(대결 1973.10.26. 73마641; 대결 1981.11.26. 81마275; 대판 1995.05.03. 95마337)."라고 한다. 다만 김홍규, 339면은 이 判例를 소송계속시설의 입장으로 보는 듯하다.
6) 즉 민사소송(Ⅱ), 2017, 640면은 "소장각하명령은 소장이 부적법하다하여 수리할 수 없다는 취지의 재판이므로 소장을 수리한 후 소가 부적법하다 하여 각하하는 소각하판결과는 다르다. 피고에게 소장을 송달한 후에는 소송계속이 이루어져 당사자 쌍방 대립관계의 절차가 개시되기 때문에 명령에 의한 소장각하를 할 수 없고, 종국판결로 소를 부적법각하하여야 한다. 즉 소장심사단계에서 흠이 간과된 채 소장부본이 피고에게 송달되어 버린 때에는 이로써 재판장의 소장각하명령권은 소멸하고 그 후에는 법원이 판결로써 소를 각하하여야 한다. 일단 소장이 송달되면 소송계속의 효과로 원고, 피고 쌍방이 관여하는 소송절차로 발전하기 때문에 그 때는 소장각하명령의 고지만으로 소송을 종료시킬 수 없다."고 한다.
7) 민사소송법 제79조에 의한 독립당사자참가소송은 동일한 권리관계에 관하여 원고, 피고, 참가인 사이의 다툼을 하나의 소송절차로 한꺼번에 모순 없이 해결하는 소송형태이므로, 위 세 당사자들에 대해서는 하나의 종국판결을 선고하여 합일적으로 확정될 결론을 내려야 하고, 이러한 본안판결에 대해 일방이 항소한 경우 제1심판결

장부본송달시설의 입장이다.

(3) 소장각하명령의 방식

소장각하명령은 원고에게만 고지하는데, 보통은 명령의 정본을 송달하는 방법에 의하여 고지한다. 소장각하명령의 방식은 [전산양식 A1135]와 같다(민사소송(Ⅱ), 2017. 640면).

○ ○ 법원
명 령

사 건   20   가단1000 대여금
원 고
피 고

주 문

이 사건 소장을 각하한다.

이 유

이 사건 소장에 관하여 원고에게 피고 의 송달 가능한 주소를 보정할 것을 명하였으나, 원고가 위 명령에서 정한 기간 이내에 이를 이행하지 아니하므로 민사소송법 제255조 제2항, 제254조 제2항에 따라 주문과 같이 명령한다.

20 . .

판사   ㊞

---

5. 즉시항고

(1) 의 의

재판장의 소장각하명령에 대해서는 즉시항고 할 수 있다(제254조 3항).

(2) 재도의 고안

判例는 소장의 적법여부는 각하명령을 한 때를 기준으로 할 것이고 뒤에 즉시항고를 제기하고 항고심 계속 중에 흠을 보정하였다고 하여 그 흠이 보정되는 것은 아니라고 하면서, 이 경우 각하명령을 한 재판장은 제446조의 재도의 고안에 의한 각하명령을 취소할 수도 없다고 한다(대결 1968.07.29. 68마756, 대결 1968.07.30. 68마756).

(3) 비 판

그러나 각하명령의 성립시를 기준으로 하여 그 뒤 보정을 할 수 없다는 것은 원고에게 지나치게

전체의 확정이 차단되고 사건 전부에 관하여 이심의 효력이 생긴다. 이처럼 항소심재판장이 단독으로 하는 항소장 각하명령에는 시기적 한계가 있고 독립당사자참가소송의 세 당사자들에 대하여는 합일적으로 확정될 결론을 내려야 하므로, 독립당사자참가소송의 제1심 본안판결에 대해 일방이 항소하고 피항소인 중 1명에게 항소장이 적법하게 송달되어 항소심법원과 당사자들 사이의 소송관계가 일부라도 성립한 것으로 볼 수 있다면, 항소심재판장은 더 이상 단독으로 항소장 각하명령을 할 수 없다(대결 2020.01.30. 2019마5599 · 5600).

가혹하므로, 적법 여부는 항고심이 속심임에 비추어 그 심리종결시를 기준으로 판단함이 옳을 것이다(이시윤).

6. 형식에 어긋나는 재판(위식의 재판)

> 제440조(형식에 어긋나는 결정·명령에 대한 항고) 결정이나 명령으로 재판할 수 없는 사항에 대하여 결정 또는 명령을 한 때에는 항고할 수 있다.

(1) 문제점

소장각하명령에 대해서는 즉시항고로, 소각하판결에 대해서는 항소로 불복해야 하는데, 소장각하명령을 해야 할 것을 소각하판결을 한 경우와 같이 형식에 어긋나는 재판을 할 경우에 어떻게 불복해야 하는지가 문제된다.

(2) 견해의 대립

① 재판의 현재 취한 형식에 따라 불복방법의 종류를 정할 것이라는 주관설(判例, 제440조) ② 본래 하여야 할 재판의 형식에 따라 불복방법의 종류를 정할 것이라는 객관설이 있으나, ③ 당사자에게 법관보다 더 자세한 법률지식을 요구할 수 없음을 고려할 때 선택설(절충설)이 타당하다고 본다.

II 소장부본의 송달

> 제255조(소장부본의 송달) ① 법원은 소장의 부본을 피고에게 송달하여야 한다.
> ② 소장의 부본을 송달할 수 없는 경우에는 제254조제1항 내지 제3항의 규정을 준용한다.

1. 소송계속의 효과

재판장은 제출된 소장을 심사하여 적식하면 소장부본을 바로 피고에게 송달하여야 한다. 피고에 대한 소장부본의 송달은 소송계속의 효과가 발생하고, 소장에 기재된 최고·해제·해지 등 실체법상 의사표시의 효력이 생긴다. 判例도 "어음금의 지급을 구하는 소장부본의 송달은 어음의 지급제시와 동일한 효력이 있고(대판 1960.06.06. 4292민상932·933).", "계약의 존속과 양립할 수 없는 청구를 하는 소장부본의 송달은 해제권행사의 효력이 생기며(대판 1982.05.11. 80다916)", "소송부본의 송달로서 보험계약의 해약효과가 생긴다(대판 2009.06.23. 2007다26165)."고 하였다.

2. 소장부본송달의 의미

소장부본을 바로 송달하는 것은 ① 피고로 하여금 조속한 방어를 할 수 있게 함으로써 소송촉진에 도움이 되고 ② 소송계속의 효과를 빨리 발생하게 하며 ③ 지연손해금의 법정이율이 소장부본 송달 다음 날 부터는 연 12%(소촉법 제3조 1항)로 되기 때문에 원고에게 도움을 주는 의미가 있다.

3. 소장의 송달불능

소장에 기재된 피고의 주소가 잘못되었거나 법정대리인의 표시가 없는 경우에는 송달불능으로 된다. 송달하고자 하는 소장부본이 송달불능 된 경우에는 제254조 1항을 준용하여 재판장이 원고에게 상당한 기간을 정하여 주소보정명령을 해야 하며, 이에 불응하면 소장을 각하한다 (제254조 2항, 제255조 2항). 그리고 공시송달 요건에 해당한다고 볼 여지가 충분한 데도 불구하고 공시송달신청에 대한 허부재판을 도외시한 채 주소보정 흠결을 이유로 소장각하명령을 한 것은 위법하다(대결 2003.12.12. 2003마1694).

4. 답변서제출의무의 고지와 선고기일의 통지

현행법은 소장부본을 송달하면서 피고에게 답변서제출의무의 고지와 그 불이행시에 무변론판결의 선고기일의 통지를 함께 하도록 되어 있다. 의무고지는 필수적이고, 선고기일의 통지는 재량이다.

Ⅲ 피고의 답변서제출의무와 무변론판결

1. 답변서제출의무

> 제256조 (답변서의 제출의무) ① 피고가 원고의 청구를 다투는 경우에는 소장의 부본을 송달받은 날부터 30일 이내에 답변서를 제출하여야 한다. 다만, 피고가 공시송달의 방법에 따라 소장의 부본을 송달받은 경우에는 그러하지 아니하다.
> ② 법원은 소장의 부본을 송달할 때에 제1항의 취지를 피고에게 알려야 한다.
> ③ 법원은 답변서의 부본을 원고에게 송달하여야 한다.
> ④ 답변서에는 준비서면에 관한 규정을 준용한다.

> 규칙 제65조(답변서의 기재사항 등) ① 답변서에는 법 제256조 제4항에서 준용하는 법 제274조 제1항의 각호 및 제2항에 규정된 사항과 청구의 취지에 대한 답변 외에 다음 각 호의 사항을 적어야 한다.
>   1. 소장에 기재된 개개의 사실에 대한 인정 여부
>   2. 항변과 이를 뒷받침하는 구체적 사실
>   3. 제1호 및 제2호에 관한 증거 방법
> ② 답변서에는 제1항제3호에 따른 증거방법 중 입증이 필요한 사실에 관한 중요한 서증의 사본을 첨부하여야 한다.
> ③ 제1항 및 제2항의 규정에 어긋나는 답변서가 제출된 때에는 재판장은 법원사무관등으로 하여금 방식에 맞는 답변서의 제출을 촉구하게 할 수 있다.

구 민사소송법상 답변서란 단지 '피고가 최초에 제출하는 본안의 신청이 포함된 준비서면'을 가리키는 것일 뿐이고, 그 자체가 준비서면과 구별되는 어떤 법률적 의미 내지는 소송상 지위가 인정되는 것은 아니었다. 그러나 02년 개정 법률에 의하여 변론 없이 하는 판결 제도(제257조)가 도입되어 서면 답변이 없는 경우 변론 없이 바로 판결할 수 있게 되면, 답변서는 변론기일에서의 진술을 준비하는 서면으로서 뿐만 변론기일에서의 진술 이전에 그 자체만으로 변론 없이 하는 판결을 저지하는 법적 효과가 부여되는 셈이 되므로, 이러한 답변서에 관하여는 별도로 그 법률적 근거가 마련된 것이다(개정 민소법 해설, 133면).

2. 무변론 판결

> 제257조(변론 없이 하는 판결) ① 법원은 피고가 제256조제1항의 답변서를 제출하지 아니한 때에는 청구의 원인이 된 사실을 자백한 것으로 보고 변론 없이 판결할 수 있다. 다만, 직권으로 조사할 사항이 있거나 판결이 선고되기까지 피고가 원고의 청구를 다투는 취지의 답변서를 제출한 경우에는 그러하지 아니하다.
> ② 피고가 청구의 원인이 된 사실을 모두 자백하는 취지의 답변서를 제출하고 따로 항변을 하지 아니한 때에는 제1항의 규정을 준용한다.
> ③ 법원은 피고에게 소장의 부본을 송달할 때에 제1항 및 제2항의 규정에 따라 변론 없이 판결을 선고할 기일을 함께 통지할 수 있다.

(1) 의의 및 취지

민사소송법은 필수적 변론주의의 원칙을 채택하고 있다(제134조). 02년 개정법은 필수적 변론주의에 대한 중대한 예외를 인정하는 무변론판결제도에 관한 규정을 신설하였다(제257조). 다툼이 없는 사건을 조기에 걸러내어 쟁점이 복잡한 사건에 심리집중을 기하기 위한 것이다. 법 개정 이전에는 피고가 다툴 의사가 없는 경우에도 소장부본이 송달됨과 동시에 당사자에게 변론기일을 통지하여 절차를 진행함으로써 심리의 지연을 초래하였다. 이에 집중심리를 위한 정지작업의 일환으로 무변론판결제도를 도입하게 된 것이다.

(2) 무변론판결을 할 수 있는 경우

피고가 답변서기간 내에 답변서를 제출하지 아니한 경우(제257조 제1항 본문)와 답변서를 제출하였지만 청구원인 된 사실 모두를 자백하는 취지의 답변서를 제출하고 따로 항변하지 아니한 경우(동조 제2항)가 있다.

(3) 무변론판결을 할 수 없는 경우

1) 민사소송법 규정

공시송달의 방법에 의해 송달된 때(제256조 1항 단서), 직권조사사항이 있는 때·판결 선고 시까지 피고가 원고의 청구를 다투는 취지의 답변서를 제출하는 때(제257조 1항 단서)에는 무변론 판결을 할 수 없으나, 사안은 이 경우에 해당하지 아니한다.

2) 소액사건심판법의 경우

소액사건의 경우에는 무변론판결에 관한 민사소송법의 규정이 배제되는 것은 아니지만, 소액사건심판법은 소가 제기되면 법원은 원칙적으로 이행권고결정을 하도록 하고 있으며 이행권고결정에 대하여 피고가 이의신청을 한 때에는 법원은 바로 변론기일을 지정하여야 하고 이 때에는 원고가 주장한 사실을 다툰 것으로 보게 되므로(소액법 5조의4), 이행권고결정절차에 회부된 소액사건은 무변론판결의 대상이 될 여지가 없다. 또 이행권고결정절차를 밟지 아니하는 소액사건의 경우에도 30일간의 답변서제출기한을 반드시 거치도록 하는 것은 소액사건의 특성에 비추어 적합하지 아니하므로(소액법 7조 참조), 실무운영상 소액사건에서 무변론판결을 활용할 여지는 거의 없게 된다[법원실무제요(Ⅱ), 438면].

3) 지급명령의 경우

지급명령에 대하여 채무자가 이의신청을 한 사건의 경우에는, 이의신청을 한 채무자가 지급명령을 송달 받은 날로 소급하여 그 때부터 30일 안에 답변서를 제출할 의무를 부담한다고 볼 것인지 여부에 관하여 해석상 이론이 있을 수 있는 점, 이행권고결정에 대하여 피고가 이의신청을 한 경우에는 원고가 주장한 사실을 다툰 것으로 보고 있는 점 등을 고려할 때, 무변론판결에 적합하지 아니하다고 할 것이다[실무제요(Ⅱ), 365면].

심화학습

乙은 甲의 재산을 관리하던 중 관리비용을 받지 못하자 甲의 아파트를 관리비용으로 생각하고 무단으로 자신에게로 소유권이전등기를 하였다. 후에 甲은 소유권이전등기말소소송을 제기하자 소장부본을 송달받은 乙은 집에서 "甲의 승낙 없이 소유권이전등기를 한 것은 사실이다. 이전등기를 말소하라면 말소해 주겠다."는 취지만을 기재한 답변서를 작성하여 바로 동네 우체통에 넣었고 이 답변서는 법원에 접수되었다. 乙은 그 이후 아무런 소송행위를 하지 아니하였다. 법원은 이 사건을 바로 이 상태에서 종결할 수 있는가?

해 설

"甲의 승낙 없이 소유권이전등기를 한 것은 사실이다"는 내용의 답변서는 피고가 원고의 청구원인을 모두 자백하는 취지로 해석되고, "이전등기를 말소하라면 말소해주겠다"는 내용으로부터는 청구를 인낙하는 취지의 답변서라고 해석된다. 따라서 사안에서 무변론판결을 할 수 있는 요건이 충족되었으므로, 주장 자체로 보아 청구를 이유 없다고 볼 수 있는 사유가 존재하지 않는 한, 법원은 청구인용 판결을 할 수 있다.

Ⅳ 변론기일의 지정

> **舊法 제258조(변론준비절차)** ① 재판장은 제257조제1항 및 제2항의 규정에 따라 변론 없이 판결하는 경우 외에는 바로 사건을 변론준비절차에 부쳐야 한다. 다만, 변론준비절차를 따로 거칠 필요가 없는 경우에는 그러하지 아니하다.
> ② 제1항 단서에 해당되는 경우 또는 변론준비절차가 끝난 경우에는 재판장은 바로 변론기일을 정하고 당사자에게 이를 통지하여야 한다.
> **新法 제258조(08년 12월 26일 개정) (변론기일의 지정)** ① 재판장은 제257조제1항 및 제2항에 따라 변론 없이 판결하는 경우 외에는 바로 변론기일을 정하여야 한다. 다만, 사건을 변론준비절차에 부칠 필요가 있는 경우에는 그러하지 아니하다.
> ② 재판장은 변론준비절차가 끝난 경우에는 바로 변론기일을 정하여야 한다.

구법과는 달리 현행법은 답변서가 제출되었으면 변론절차로 들어가는 것이 원칙이므로 바로 사건을 검토하여 가능한 최단기간 안의 날로 제1회 변론기일을 지정하여야 한다. 다만 필요한 경우에만 변론기일의 지정 없이 변론준비절차에 회부할 수 있다. 답변서가 제출되면 재판장은 사건을 검토하여 변론준비절차에 부칠 예외적인 사건과 바로 변론기일을 정할 원칙적인 사건으로 분류하여야 한다.

제3절 소의 의의와 종류

I 소의 의의

1. 의 의

訴(Klage)라 함은 법원에 대하여 일정한 내용의 판결을 해달라고 하는 당사자의 신청이다. 다시 말하면 원고가 피고를 상대방으로 하여 일정한 법원에 대하여 특정의 청구의 당·부에 관해 심판을 요구하는 소송행위이다.

2. 소송절차의 개시행위

'소 없으면 판결 없다'라는 법언 그대로 판결절차는 소로써만 개시된다(제248조). 재판 절차는 소에 의하여 개시되고, 판결로써 종료된다.

3. 심리·판결의 요구

무엇에 대한 심판을 구하는가를 밝히는 의미에서 소송물의 특정, 누구에 대한 관계에서 어느 법원에 심판을 구하는 것인가를 명확히 하는 의미에서 법원과 피고의 특정이 필요하다.

4. 법원에 대한 판결신청

소는 법원에 대한 판결 신청이다. 신청(Antrag)이란 결정·명령만이 아니라 판결까지 포함되는 재판 일반의 요구이므로, 판결 신청인 소도 신청의 한 종류이다. 즉 소는 신청이기 때문에 소송행위이다. 소의 제기에 민법상 시효중단, 기간준수 등의 효과가 생기지만, 이것은 민법이 소제기를 하나의 법률요건으로 보아서 이에 부여한 부수적 효과이지, 사법상의 법률행위는 아니다.

5. 응답 의무

소가 제기되면 접수가 거부(=소장각하명령)되지 않는 한, 어떠한 종류의 것이든 각하·기각·인용 등 법원은 판결로 응답할 의무를 진다. 따라서 소의 제기에 의하여 당사자에게 소에 대응한 판결청구권(=소권)이 발생하게 된다.

II 소의 종류

1. 청구의 성질·내용에 의한 분류

(1) 이행의 소

1) 의 의

이행의 소란 이행청구권의 확정과 피고에 대한 이행명령을 목적으로 하는 소송이다. 따라서 원고는 피고에게 이행의 소를 통하여 사법상의 청구권에 기인한 일정한 이행의무를 명하는 판결을 구할 수 있다.

2) 실체법상의 청구권

이행의 소는 원칙적으로 실체법상의 청구권이 바탕이 되어야 한다. 사법상의 청구권은 물론, 공법상의 청구권이라도 민사소송사항이라면 무방하며 채권이든 물권이든 관계없다. 청구권이면 금전의 지급, 물건의 인도, 의사표시, 작위, 부작위, 인용 등 어느 것을 내용으로 하여도 무방하다.

3) 변론종결시가 기준

이행의 소는 변론종결시를 기준으로 이행기가 도래한 이행청구권을 주장하는 현재이행의 소, 이행기가 아직 도래하지 않은 청구권을 주장하는 장래이행의 소로 구별 된다. 현재이행의 소는 지연손해금에 대해 소장부본 송달 다음날부터 연12%의 비율로 청구할 수 있는 특례가 있고(소촉법 제3조 1항), 장래이행의 소는 '미리 청구할 필요'가 있어야 소의 이익이 있다(제251조).

4) 기판력 및 집행력

이행의 소가 인용판결이 확정되면 이행청구권이 존재확정(=기판력)이 되고, 강제집행 할 수 있는 집행력이 발생한다. 그러므로 이행판결은 확인판결 이상의 의미가 있다. 그러나 기각판결은 청구권의 부존재를 확정하는 확인판결에 지나지 않는다.

(2) 확인의 소

1) 의 의

확인의 소란 다툼 있는 권리·법률관계의 존재·부존재의 확정을 요구하는 소이다. 소유권확인 등의 권리관계의 존재확정을 목적으로 하는 소를 적극적 확인의 소, 채무부존재확인 등의 부존재 확정을 목적으로 하는 소를 소극적 확인의 소라고 한다. 확인의 소에서는 그 청구에 관하여 확인의 이익을 가지는 자가 원고적격을, 그 확인에 대한 반대의 이익을 가지는 자가 피고적격을 갖는다.

2) 대상적격

원칙적으로 권리·법률관계만이 대상적격을 갖는다. 그러나 증서의 진정여부를 확인하는 소는 서면이 진실로 작성명의자에 의하여 작성되었는가 아니면 위조·변조 되었는가를 확정하는 사실관계의 확인이지만, 예외적으로 허용된다(제250조).

3) 事實婚關係存否確認請求(사실혼관계존부확인청구)

① 문제점

사실혼관계부존재확인청구는 확인소송으로 보는데 이설이 없지만, 존재확인청구에 대해 견해가 대립된다.

② 확인소송설

혼인의 법률상 요건인 당사자의 혼인의사에 관한 합의의 존부를 확인하는 것을 내용으로 하는 소로 본다. 특히 이 설은 혼인신고를 사실혼관계가 존재하는 것을 근거로 인정된 신고라고 보아, 이 신고는 창설적 신고이며, 이에 따라 혼인신고 시에 혼인이 성립한다고 본다(통설, 판례[8]).
　③ 형성소송설
　　이 소송으로 인해 법률혼이 창설되는 것으로 이해한다. 따라서 혼인신고는 당연히 보고적 신고이며, 재판의 확정시에 혼인이 성립되는 것으로 본다(이시윤).

4) 중간확인의 소
　　선결적 법률관계에 대한 확인을 구하는 의미로 인정되는 소송이다(제264조).

5) 이행의 소와의 차이
　　청구권만이 대상이 되는 이행의 소와는 달리 소유권·상속권·특허권·인격권·인터넷주소 보유권 등의 절대권 자체나 임대차관계·고용관계·단체관계·신분관계의 포괄적인 권리관계 등 모든 권리관계를 소의 대상으로 할 수 있다. 현재 청구권의 액수를 확정할 수 없어 그 지급을 구하는 이행의 소를 제기할 수 없는 경우에도 시효중단을 시키기 위해 청구권의 존재라도 판단을 받아 둘 필요가 있을 때에는 확인의 소가 그 대역이 된다. 채무부존재확인 등의 소극적 확인의 소에 의하여 법률관계를 명확히 함에 동시에 소제기하려는 상대방에 대한 선제공격으로 사전에 분쟁의 예방용이 될 수 있다. 이른바 선제적타격형(torpedo)[9] 소송인 점에서 부작위청구소송과 기능이 유사하다.

6) 기판력
　　확인의 소에서 원고 승소확정판결이 나면 원고가 주장한 법률관계의 존재에 대해 기판력이 생기며, 이 한도 내에서는 이행판결과 공통성을 띠지만 집행력은 발생하지 않는다. 그리고 패소확정판결은 그 법률관계의 부존재에 기판력이 생긴다.

(3) 형성의 소

1) 의 의
　　판결에 의하여 법률관계가 변동될 것을 주장하는 소이다. 형성판결은 형성요건의 존재를 확정하는 동시에 새로운 법률관계를 발생케 하거나, 기존의 법률관계를 변경·소멸시킨다.

2) 형성권(형성요건)
　　형성권에는 당사자의 일방적 의사표시에 의하여 법률관계를 변동시킬 수 있는 것(해제권·해지

---

8) 피청구인들의 혼인에 민법 제815조 소정 혼인의 무효사유가 없는 이상 피청구인들이(특히 피청구인 김혜자가 위 확정한 사실을 지실하고 있었다고 하여도) 청구인이 장차 사실혼관계확인 청구사건이 청구인 승소로 확정되어 확정판결에 기하여 청구인이 피청구인 임성빈과의 혼인신고를 방해할 목적으로 혼인신고를 하였다고 하더라도 피청구인들의 행위가 헌법 제31조에 위배되고 공서양속에 위반되며 신의성실의 원칙에 반하고 반사회적이라 하더라도 피청구인들의 혼인신고가 당연히 무효가 된다고 할 수 없으며 <u>청구인이 피청구인 임성빈을 상대로 한 사실혼관계확인 청구소송이 승소로 확정되었다고 하여도 그에 기인하여 혼인신고를 하지 아니한 이상 민법 제810조 소정 중혼이 될 수 없고</u> 따라서 같은 법 제816조 혼인의 취소사유도 되지 않는다(대판 1973.01.16. 72므25).
9) torpedo action을 어뢰소송 내지 선제타격형 소송으로 번역한 것에 "선제타격형 국제소송에 관한 연구", 이규호 중앙대법학전문대학원 교수, 민사소송 제14권 제2호, 118면 이하, 2010 한국사법행정학회

권·취소권·상계권·추인권·지상물매수청구권 등)과 소를 제기하여 법원의 판결을 받아서 비로소 법률관계를 변동시키는 것(채권자취소권, 재판상이혼권 등)이 있는데, 후자를 특히 形成訴權(형성소권)이라고 한다.

3) 명문의 규정

형성의 소는 법적 안정성을 침해하므로 명문의 규정으로 허용되는 경우에만 인정되는 것이 원칙이다[10]. 따라서 법적 근거가 없는 이사해임청구의 소 등은 인정되지 않는다. 그리고 형성판결은 대세적 효력 때문에 법적 안정성을 위해 명문으로 제소권자·제소기간 등을 한정하여 놓은 경우가 많다.

4) 종 류

① 실체법상 형성의 소
  ⅰ) 예
실체법상 법률관계의 변동을 구하는 것으로 가사소송, 회사관계 소송이 이에 속한다. 행정처분의 취소·변경을 목적으로 하는 항고소송, 선거무효·당선무효의 소(공직선거법 제222조, 제223조), 위헌제청(헌재법 제47조 2항), 헌법소원(헌재법 제68조)도 이에 해당한다.
  ⅱ) 주주총회결의무효확인의 소
확인소송인지 형성소송인지 다툼이 있다. 확인의 소로 본다면 다른 소송에서 항변이나 선결문제로 결의무효를 다툴 수 있고, 형성의 소로 본다면 오직 소로써만 무효를 다투어야 한다는 차이가 있다. 확인소송설이 다수설이며 판례[11]이다(대판 1962.05.17. 61민상1114; 대판 1992.08.18. 91다39924). 다만 결의무효확인의 소도 결의취소의 소와 마찬가지로 형성의 소로 보는 견해도 있다(이시윤).
  ⅲ) 사해행위취소의 소(채권자취소소송)
형성소송설, 이행소송설 등이 있으나, 사해행위의 취소와 재산의 원상회복을 구하는 즉 형성소송과 이행소송의 병합이라는 병합설이 다수설이다. 判例도 "채권자가 사해행위취소 및 원상회복청구를 하면서 보전하고자 하는 채권을 추가하거나 교환하는 것은 사해행위취소권과 원상회복청구권을 이유 있게 하는 공격방법에 관한 주장을 변경하는 것일 뿐이지 소송물 또는 청구 자체를 변경하는 것이 아니므로....(대판 2012.07.05. 2010다80503)."라고 하여 병합설이다.

---

10) 기존 법률관계의 변동 형성의 효과를 발생함을 목적으로 하는 형성의 소는 법률에 명문의 규정이 있는 경우에 한하여 인정되는 것이고 법률상의 근거가 없는 경우에는 허용될 수 없다. 화해조항의 실현을 위하여 부동산을 경매에 붙여 그 경매대금에서 경매비용 등을 공제한 나머지 대금을 원고들 및 피고들에게 배당할 것을 구하는 소는 그 청구의 성질상 형성의 소라 할 것인데 재판상 화해의 실현을 위하여 부동산을 경매에 붙여 대금의 분배를 구하는 소를 제기할 수 있다는 아무런 법률상의 근거가 없으므로 위와 같은 소는 허용될 수 없다(대판 1993.09.14. 92다35462).
11) 상법 제380조가 규정하고 있는 주주총회의결의부존재확인판결은, "주주총회의 결의"라는 주식회사 내부의 의사결정이 일단 존재하기는 하지만 그와 같은 의사결정을 위한 주주총회의 소집절차 또는 결의방법에 중대한 하자가 있기 때문에 그 결의를 법률상 유효한 주주총회의 결의라고 볼 수 없음을 확인하는 판결을 의미하는 것으로 해석함이 상당하다(대판 1992.08.18. 91다39924).

② 소송법상 형성의 소

소송법상 법률관계의 변동을 목적으로 하는 것으로 재심의 소(제451조), 준재심의 소(제461조), 정기금판결에 대한 변경의 소(제252조), 중재판정취소의 소(중재법 제36조), 제권판결에 대한 불복의 소(제490조) 등이 해당된다. 그리고 청구에 관한 이의의 소(민집 제44조), 집행문부여에 대한 이의의 소(민집 제45조), 제3자 이의의 소(민집 제48조), 배당이의의 소(민집 제154조) 등 집행법상의 이의의 소도 형성의 소로 보는 것이 통설·판례이다.

③ 형식적 형성의 소

형식적 형성의 소란 형식은 소송사건이지만 실질은 비송사건인 경우를 이르는데, 구체적으로 어떠한 내용의 권리관계를 형성할 것인가를 법관의 자유재량에 일임하고 있는 형성의 소이다. 이 경우 법원은 당사자주장의 범위나 내용에 구속받지 않고 재량대로 판단할 수 있어 ⅰ) 제203조상의 처분권주의 예외를 이루어 처분권주의가 배제되며, ⅱ) 불이익변경금지의 원칙도 적용되지 아니한다. 예를 들어 경계확정의 소에 있어서 원고의 "A,B 두 토지의 경계를 구한다"는 신청에는 구속되나, "A,B 두 토지의 경계선은 X선이다"라는 신청에는 구속되지 아니하며 그 경계선을 Y선 또는 Z선 등으로 자유로이 정할 수 있다(대판 1993.11.23. 93다41729·41808). 또 공유물분할청구의 소에서도 분할방법에 대한 당사자의 신청은 법원을 구속할 수 없다. 원고가 현물분할을 청구하여도 경매에 의한 가격분할을 명할 수 있는 것이다(대판 1993.12.07. 93다27819 등). ⅲ) 어떠한 형식으로라도 판결을 하여야 하므로 원고의 청구를 기각할 수도 없다. 예를 들어 토지경계확정의 소, 부를 정하는 소(민법 제845조), 공유물분할청구(민법 제269조), 법정지상권의 지료결정청구 등이 있다. 복지국가를 지향하는 오늘날에는 개인의 사생활관계에 대해 국가의 후견적 관여의 정도가 높아가고 '소송의 비송화' 경향이 두드러짐에 따라 형식적 형성의 소는 증가되어 나가는 추세임을 의식할 필요가 있다.

5) 기판력 및 형성력

형성의 소에 대한 청구기각판결은 형성소권의 부존재를 확정하는 확인판결에 그친다. 그러나 청구인용의 판결 즉 형성판결은 형식적으로 확정되면 형성소권의 존재에 대해 기판력이 발생하는 동시에 법률관계를 발생·변경·소멸시키는 형성력이 발생한다. 다만 형성판결에 기판력이 인정되는지 논란은 있으나, 긍정해야 할 것이다. 만일 이를 부정한다면, 예를 들어 남편 甲이 처 乙에게 이혼소송을 하여 승소확정판결을 받았는데, 처 乙이 여전히 혼인관계가 존재함을 전제로 부양료 청구를 해 오면 이혼판결의 기판력을 인정하지 않으면 이를 막을 수 없게 되기 때문에 부당하다.

6) 선결문제

형성의 소는 형성의 소제기와 판결의 확정에 의해서만 변동의 효과가 생기므로, 판결확정 전까지는 누구나 그 법률관계를 존중하여야 한다. 判例도 주주총회소집 및 결의절차에 위법이 있다 하더라도, 그 결의가 취소되지 아니한 이상, 그 결의의 효력에 영향을 줄 수 없다고 하였다(대판 1974.12.24. 72다1532). 그리고 아무리 혼인취소사유나 이혼사유가 있다 하여도 혼인취소 또는 이혼판결을 받음이 없이 혼인관계가 해소되었음을 전제로 하는 위자료청구는 할 수 없다고 하였다(대판 1977.01.25. 76다2223).

2. 청구의 수에 의한 분류

1인의 원고가 1인의 피고를 상대로 1개의 청구를 하는 "단일의 소", 1인의 원고가 1인의 피고를 상대로 여러 개의 청구를 하는 경우(소의 객관적 병합)와 여러 명의 원고가 여러 명의 피고를 상대로 한 개 또는 여러 개의 청구를 하는 경우(소의 주관적 병합, 공동소송) 등과 같은 "병합의 소" 형태가 있다. 특히 병합의 소의 경우에는 기본적인 소송요건 이외에 병합요건을 구비하여야 한다.

3. 시기에 의한 분류

다른 소송절차와 관계없이 그 제기에 의하여 새로이 판결절차를 개시하는 "독립의 소"와 계속 중인 소송절차를 이용하여 이에 병합시키려고 제기하는 새로운 소인 "소송중의 소"로 구별할 수 있다.

제4절 소송 요건

제1관 총설

I 소송요건의 종류

1. 법원에 관한 것

(1) 피고에 대한 재판권이 있을 것

(2) 국제재판관할권이 있을 것

(3) 민사소송사항일 것

(4) 토지·사물 및 직분관할 등 사건에 대하여 관할권이 있을 것

2. 당사자에 관한 것

(1) 당사자가 실재할 것(당사자의 확정) - 사망자당사자소송, 성명모용소송, 법인격부인론

(2) 당사자능력이 있을 것 - 법인, 비법인사단, 조합의 당사자능력

(3) 당사자적격이 있을 것 - 각종 소의 당사자적격, 제3자소송담당

(4) 소송능력[12] · 법정대리권 · 소송대리권이 있을 것

(5) 원고가 소송비용의 담보를 제공할 필요가 없을 것

3. 소송물에 관한 것

(1) 소송물의 특정[13]

(2) 권리보호의 자격 · 이익 · 필요(소의 이익)

(3) 중복소제기의 금지(제259조)나 재소금지(제267조 2항)에 저촉되지 않을 것

(4) 기판력의 부존재(반복금지설에 의할 경우)

4. 특수소송에 관한 것(특수소송요건)

(1) 공동소송(제65조), 청구의 병합(제253조), 소의 변경(제262조), 반소(제269조), 중간확인의 소(제264조), 당사자참가(제71조, 제78조, 제79조, 제83조), 필수적 공동소송인의 추가에 있어 그 요건(제68조), 장래이행의 소에 있어서 '미리 청구할 필요'(제251조), 확인의 소에 있어 확인의 이익(제250조), 상소에 있어서 상소요건을 갖출 것(제390조, 제422조 등)

(2) 소제기 기간을 준수할 것

(3) 선행적 절차가 있는 경우 그 절차를 거칠 것

II 소송요건의 모습

1. 적극적 요건과 소극적 요건

적극적 요건이란 그 존재가 소를 적법하게 만드는 것을 말하고, 소극적 요건이란 그 부존재가 소를 적법하게 만드는 것을 말한다.

2. 직권조사사항과 항변사항

(1) 소송요건의 흠과 본안전항변

소송요건의 흠을 다투는 피고의 주장을 본안전항변(本案前抗辯)이라고 한다. 소송요건은 원칙적으로 직권조사사항이고 이에 대하여 다투는 주장은 직권발동을 촉구하는 의미에 불과하다. 이러한 본안전항변은 이에 대한 판단을 누락할 경우, 상고이유가 되지 아니한다.

---

[12] 변론능력은 소송요건이 아니며, 그 흠결이 있을 때에는 기일해태의 불이익이 있을 뿐이다. 단 변호사강제주의가 적용되는 소송에서는 소송요건이 된다(헌법재판소법 제25조 참고).
[13] 민사소송에서 당사자가 소송물로 하는 권리 또는 법률관계는 특정되어야 하고, 소송물이 특정되지 아니한 때에는 법원이 심리 · 판단할 대상과 재판의 효력범위가 특정되지 않게 되므로, 소송물이 특정되었는지 여부는 소송요건으로서 법원의 직권조사사항에 속한다(대판 2013.03.14. 2011다28946).

(2) 방소항변

소송요건 가운데 피고의 주장을 기다려서 판단하는 경우도 있다(항변사항). 이러한 본안전항변을 방소항변 또는 소송장애사유라고 하는데, 예를 들어 임의관할(제30조), 부제소특약14), 소·상소취하계약, 중재합의, 소송비용의 담보제공(제117조)을 어겼다는 주장을 말한다. 다만 2010년 개정으로 피고의 신청이 없어도 직권으로도 담보제공을 명할 수 있다(제117조 2항). 그리고 임의관할 위반(제30조), 소송비용의 담보제공(제118조), 중재합의의 항변은 본안에 관한 최초의 변론을 할 때까지 하여야 한다(중재법 제9조 2항).

III 소송요건의 조사

1. 직권조사사항

항변사항을 제외한 나머지 소송요건은 소송제도의 유지에 필요한 공익적 성격을 띠고 있기 때문에 법원의 직권조사사항이다. 그러므로 존부가 의심스러우면 피고의 항변유무에 관계없이 조사하여야 한다. 직권조사사항은 ① 이의권의 포기·상실의 대상이 되지 않고(제151조), ② 답변서 부제출의 경우에도 무변론판결을 할 수 없으며(제257조 1항 단서), ③ 자백(제288조)이나 자백간주(제150조)의 대상이 될 수 없으며 ④ 실기한 공격방어방법이라고 하여 각하할 수 없고(제149조 1항), ⑤ 상고이유서 부제출로 인한 상고기각판결도 할 수 없다(제429조 단서).

2. 소송요건에 있어 판단자료 수집방법

(1) 문제점

소송요건은 항변사항을 제외하고는 법원의 직권조사사항이다. 하지만 직권조사사항인 소송요건에 대한 조사의 개시가 법원의 직권에 의한다고 하여도 스스로 직권으로 조사를 개시해야 한다는 것을 의미한다는데 머무르고, 그 소송요건 구비의 판단을 행하기 위한 판단자료마저 언제나 법원의 직권에 의하여 수집되어야 한다는 것은 아니다. 즉 소송요건의 존부에 대하여 필요한 판단자료를 어떻게 수집할 것인가의 문제는 여전히 남게 되는 것이다. 이에 대해서는 본안의 소송자료수집방법과 동일한 방법에 의할 것인가, 아니면 독자적인 방법에 의할 것인가에 대해 최근에 논의15)가 있다(전병서).

---

14) 특정한 권리나 법률관계에 관하여 분쟁이 있어도 제소하지 아니하기로 합의(이하 '부제소 합의'라고 한다)한 경우 이에 위배되어 제기된 소는 권리보호의 이익이 없고, 또한 당사자와 소송관계인은 신의에 따라 성실하게 소송을 수행하여야 한다는 신의성실의 원칙(민사소송법 제1조 제2항)에도 어긋나는 것이므로, <u>소가 부제소 합의에 위배되어 제기된 경우 법원은 직권으로 소의 적법 여부를 판단할 수 있다</u>(대판 2013.11.28. 2011다80449).
15) ① **직권탐지형·변론주의형의 이원적 입장** : 소송요건에 대한 판단자료수집방법은 민사소송법상 일반원칙에 따라 법원이 직권으로 수집하는 직권탐지주의와 당사자가 제출한 자료에 의존하는 변론주의가 있는데, 이 중 어느 방법에 의하는가는 그 소송요건이 가진 공익성의 정도에 따라 결정된다고 한다. 즉 이 설은 본안의 소송자료의 수집방법과 동일한 방법에 의한다는 것으로, 이에 의하면 재판권의 유무, 전속관할, 당사자의 실재, 당사자능력, 소송대리권 등은 직권탐지에 의하고 임의관할, 소의 이익, 당사자적격 등은 공익성이 강하지 않으므로 변론주의에 의한다고 한다(정동윤). ② **직권조사형** : 직권조사사항의 조사방법은 청구(소송물)에 있어서의

(2) 判 例

1) 법인 소송

법인이 당사자인 사건에 있어서 그 법인의 대표자에게 적법한 대표권이 있는지 여부는 소송요건에 관한 것으로서 법원의 직권조사사항이므로, 법원으로서는 그 판단의 기초 자료인 사실과 증거를 직권으로 탐지할 의무까지는 없다 하더라도, 이미 제출된 자료들에 의하여 그 대표권의 적법성에 의심이 갈 만한 사정이 엿보인다면 상대방이 이를 구체적으로 지적하여 다투지 않더라도 이에 관하여 심리 · 조사할 의무가 있다 할 것이고, 이는 당사자가 비법인사단인 경우에도 마찬가지라 할 것이다(대판 2009.12.10. 2009다22846).

2) 채권자대위소송

채권자대위소송에서 대위에 의하여 보전될 채권자의 채무자에 대한 권리(피보전채권)가 존재하는지 여부는 소송요건으로서 법원의 직권조사사항이므로, 법원으로서는 그 판단의 기초자료인 사실과 증거를 직권으로 탐지할 의무까지는 없다 하더라도, 법원에 현출된 모든 소송자료를 통하여 살펴보아 피보전채권의 존부에 관하여 의심할 만한 사정이 발견되면 직권으로 추가적인 심리 · 조사를 통하여 그 존재 여부를 확인하여야 할 의무가 있다[16](대판 2009.04.23. 2009다3234).

3. 증명의 방법

(1) 엄격한 증명 여부

소송요건에 대한 증명을 엄격한 증명에 의하는지, 자유로운 증명으로 족한지 논의가 있다[17]. 엄격한 증명이란 법률에서 정한 증거방법에 대해서, 법률에서 정한 증거조사절차에 의하여 행하여지는 증명을 말하고, 자유로운 증명이란 이에서 해방되는 증명을 말한다.

조사방법과 다른 독자의 방법인 직권조사(Prüfung von Amts wegen)에 의한다고 한다. 즉 이는 소송요건에 대한 판단자료의 제출책임은 원칙적으로 당사자에게 있기 때문에 이에 대해서는 변론주의와 공통되지만, 당사자의 합의나 이의권의 포기 등에 의하여 법원의 직권행사를 배제할 수 없고, 자백이나 자백간주의 대상이 될 수도 없으며, 공격방어방법과는 달리 제출시기에 제한(제149조)을 받지 않는다는 점에서 직권탐지주의와 공통되므로 변론주의와 직권탐지주의의 중간에 위치하는 특별한 심리방식으로 보아야 한다고 한다(이시윤). ③ **직권탐지형 · 변론주의형 · 직권조사형의 삼원적 입장** : 소송요건은 공익성이 약한 것부터 재판권과 같이 공익성이 강한 것도 있으므로 이를 한가지 방법에 의할 수는 없고, 위 양설을 종합하여 공익성의 정도에 따라 직권탐지형 · 변론주의형 · 직권조사형으로 구분하는 것이 타당하다고 한다. 즉 이에 의하면 재판권은 직권탐지형, 임의관할은 변론주의형, 당사자적격은 직권조사형에 속한다고 한다(강현중).

16) 채권자가 채권자대위권을 행사하여 제3자에 대하여 하는 청구에 있어서, 제3채무자는 채무자가 채권자에 대하여 가지는 항변으로 대항할 수 없고, 채권의 소멸시효가 완성된 경우 이를 원용할 수 있는 자는 원칙적으로는 시효이익을 직접 받는 자뿐이고, 채권자대위소송의 제3채무자는 이를 행사할 수 없다고 할 것이나, 채권자가 채무자에 대한 채권을 보전하기 위하여 제3채무자를 상대로 채무자의 제3채무자에 대한 채권에 기한 이행청구의 소를 제기하는 한편, 채무자를 상대로 피보전채권에 기한 이행청구의 소를 제기한 경우, 채무자가 그 소송절차에서 소멸시효를 원용하는 항변을 하였고, 그러한 사유가 "현출"된 채권자대위소송에서 심리를 한 결과, 실제로 피보전채권의 소멸시효가 적법하게 완성된 것으로 판단되면, 채권자는 더 이상 채무자를 대위할 권한이 없게 된다고 할 것이다(대판 2008.01.31. 2007다64471).

17) 엄격한 증명설(정동윤 · 유병현 · 김경욱, 호문혁, 김홍엽), 자유로운 증명설(이시윤, 강현중)

(2) 증명책임

직권조사사항인 소송요건에 대한 증명책임은 원고에게 있다(대판 1997.07.25. 96다39301). 그러나 채권자취소소송에서 그 제척기간의 도과에 관한 입증책임은 채권자취소소송의 상대방에게 있다 (대판 2009.10.29. 2009다47852). 그리고 방소항변의 경우에는 원칙적으로 피고에게 증명책임이 있다.

4. 소송요건 존재의 표준시

소송요건의 존부를 판정하는 시기는 원칙적으로 사실심의 변론종결 시[18]이다. 따라서 소송요건은 소제기 당시에는 부존재하여도 사실심의 변론종결 시까지 구비하면 된다. 다만 소제기 당시에는 소송요건이 구비되어 있어도 그 뒤에 소멸되는 경우 본안판결을 할 수 없게 된다. 특히 상고심 계속중에 소의 이익이 없게 되었다고 하여도, 소는 부적법하므로 소를 각하하여야 한다 (대판 2003.01.10. 2002다57904). 그리고 확정판결의 존부에 관하여는 법원이 직권으로 조사 판단하여야 하며, 상고심에서도 이를 주장, 증명할 수 있다(대판 1989.10.10. 89누1308).

Ⅳ 조사결과

1. 요건심사의 先순위성

소송요건은 본안판결의 요건이므로, 소송요건심사는 본안심리에 선순위가 인정된다(통설). 判例도 "소송(심판)요건에 흠결 등이 있어서 본안에 들어가 판단을 할 수 없는 경우에 있어서는 그 소송(심판)은 부적법하다 하여 각하하여야 하고 본안에 대하여는 판단을 할 수 없으므로, 이러한 경우에 본안에 대한 판단이 없다 하여 이를 판결(심결)결과에 영향이 있는 판단누락이라고 할 수 없다(대판 1997.06.27. 97후235)."고 하여 선순위성을 인정한다.

2. 조사결과와 그 심판

(1) 각하판결

소송요건은 본안판결의 전제요건이므로 본안판결을 하기 전에 미리 조사하여 요건이 갖추어진 경우에 본안판결을 하여야 한다. 조사결과 소송요건의 흠결이 있으면 먼저 보정을 명하되, 보정할 수 없거나 보정하지 않으면 종국판결로써 소를 부적법 각하하여야 한다(제219조). 이 경우 판결주문에서 '이 사건 소를 각하한다.'고 표시한다[19]. 이러한 각하판결은 소송판결이라고도 하며 소송요건의 부존재를 확정한 확인판결의 일종으로써 그 부존재에 대하여 기판력이 생긴다 (통설, 判例[20]).

---

[18] 자연발생적으로 성립하는 고유한 의미의 종중이라도 그와 같은 비법인사단의 요건을 갖추어야 당사자능력이 인정된다 할 것이고 이는 소송요건에 관한 것으로서 사실심의 변론종결 시를 기준으로 판단하여야 한다(대판 2013.01.10. 2011다64607).
[19] 확인의 소에 있어서 법원이 확인의 이익이 없다는 이유로 소를 각하한다고 하지 아니하고 청구를 기각한다는 판결을 한 경우에도 그 청구의 본안에 대한 기판력이 발생하는 것이 아니므로 판결의 위와 같은 주문의 표현을 들어 파기사유로 주장할 수 없다(대판 1979.11.27. 79다575; 대판 1992.11.24. 91다29026; 대판 1993.07.13. 92다48857).

(2) 본안전항변

소송요건에 대하여 피고가 다투는 경우를 본안전항변이라 하는데, 조사결과 소송요건이 갖추어져 있다면 중간판결이나 종국판결의 이유 중에서 이를 판단하여야 한다.

(3) 흠결을 간과한 판결의 효력 및 구제

소송요건의 흠결을 간과한 본안판결은 위법하므로 상소에 의하여 취소할 수 있고, 판결확정 후에는 재심사유에 해당할 때에 한하여 재심의 소를 제기하여 취소할 수 있다. 소송요건이 구비되었음에도 각하판결을 한 경우에는 상소심법원은 이 소송판결을 취소하고 원심으로 환송하여야 한다. 다만, 하급심에서 본안판결을 할 수 있을 정도로 심리가 된 경우 또는 당사자의 동의가 있는 경우에는 상급법원은 스스로 본안판결을 할 수 있다(제418조, 제425조).

제2관 소의 이익(권리보호요건)

■ **소의 이익과 소권이론**

1. 문제점

사인이 법원에 소를 제기하여 판결을 구하는 것을 그 자의 권리로 보아 소권(또는 판결청구권)이라고 한다. 이러한 권리를 인정할 것인가, 어떠한 내용의 권리인가에 대하여 소권이론이 전개되고 있다. 특히 소의 이익 내지 권리보호요건과 밀접한 관련이 있으므로 이를 간단히 살펴보기로 한다.

2. 소권이론

(1) 문제점

과거에는 소권을 사법상의 청구권을 소송상 실현하는 수단이라고 이해하는 사법적 권리설이 있었으나, 이에 의하면 실체법상의 권리자만 소를 제기할 수 있게 되어, 소극적 확인의 소(채무부존재확인소송)가 인정되는 오늘날에는 타당하지 못하다. 따라서 현재는 소권을 공법상의 권리라고 보는 공법적 권리설을 전제로 견해가 대립되고 있다.

(2) 학 설

1) 추상적 소권설
소권을 소송판결이든 본안판결이든 판결을 구하는 권리로 본다.

2) 구체적 소권설(권리보호청구권설, 승소판결청구권설)
소권을 판결에 기한 권리보호청구권 즉 승소판결청구권으로 파악하는 견해이다.

3) 본안판결청구권설
소권이란 승소이든 패소이든 불문하고 본안판결을 구하는 권리라고 본다.

4) 사법행위청구권설
추상적소권설의 발전적 형태로서, 법원은 헌법과 법률에 따라서 재판을 할 의무를 지며, 당사자는 사법고권의

---

20) 소송판결의 기판력은 그 판결에서 확정한 소송요건의 흠결에 관하여 미치는 것이지만, 당사자가 그러한 소송요건의 흠결을 보완하여 다시 소를 제기한 경우에는 그 기판력의 제한을 받지 않는다(대판 2003.04.08. 2002다70181).

담당자로서 그에 기한 헌법상의 재판청구권을 가진다고 한다.

3. 검 토

소권을 일종의 재판제도이용권이라는 적극적, 능동적 권리라고 보고 이념적으로 헌법 제27조의 '재판받을 권리'와 공통적인 기반 위에 서는 것이라고 본다면 사법행위청구권설이 타당하다(이시윤). 재판의 거절, 지연에 대해서는 사법행위청구권의 침해로서 헌법재판소에 헌법소원에 의한 구제(헌재법 제68조 1항)가 가능하므로 실정법적 근거도 있다.

■ 기판력 본질론과의 관계
1. 구체적 소권설(권리보호청구권설, 승소판결청구권설) → 모순금지설과 연결
2. 사법행위청구권설 → 반복금지설과 연결

I 소의 이익의 의의, 당사자적격

1. 의 의

소의 이익이란 소송상의 청구에 관하여 본안판결을 구하는 것을 정당화시킬 수 있는 현실적 이익 또는 필요를 말한다. 즉 청구의 내용이 본안판결을 받기에 적합한 일반적 자격이 있어야 하고(권리보호의 자격 또는 원고적격), 그러한 자격 있는 청구에 대하여 판결을 구할 현실적 이익 또는 필요(권리보호의 이익 내지 현실적인 필요성)가 있어야 한다는 의미이다.

2. 당사자적격과의 구별

두 가지 요건은 "객관적으로" 청구내용 자체에 관하여 본안판결의 필요성과 실효성을 따진다는 점에서, "주관적으로" 특정된 당사자에 대하여 본안판결을 할 필요성 및 실효성이 있는지를 문제로 삼는 당사자적격과 구별된다.

II 권리보호의 자격(공통적인 소의 이익)

1. 청구가 소구할 수 있는 구체적 권리 또는 법률관계일 것

(1) 청구가 재판상 청구할 수 있는 것이라야 한다.

자연채무에 대한 청구 또는 소로써만 행사할 수 있는 형성권을 제외한 나머지 형성권[21]을 행사하기 위한 형성의 소의 제기는 소의 이익이 없다[22]. 약혼의 강제이행(민법 제803조)이나 입법을 해 달라는 청구는 허용되지 않는다.

(2) 청구가 구체적인 권리관계의 주장일 것을 요한다.

1) 법률상 쟁송이어야 한다.

가. 원칙

判例는 ①임야·토지·건축물대장[23]상의 명의말소청구·변경청구 또는 주소기입청구(대판

---

21) 해제권, 해지권, 상계권, 취소권 등의 당사자 일방의 의사표시에 의해 행사할 수 있는 것
22) 예를 들어 '甲·乙 간의 계약을 해제한다.'는 내용의 소는 불가하다.

1979.02.28. 78다913 등), ② 지적도의 경계오류정정청구(대판 1965.12.28. 65다2172), ③ 족보에 등재금지·변경청구(대판 1992.10.27. 92다756), ④ 제사주재자 등에 관한 제사주재자 지위 확인청구(대판 2012.09.13. 2010다88699), ⑤ 통일교가 기독교종교단체인지에 관한 청구(대판 1980.01.29. 79다1124), ⑥ 어떤 사찰이 특정 종파에 속한다는 확인청구(대판 1984.10.17. 83다325) 등에 대해 권리관계주장이 아니라고 함으로써 소의 이익을 부인하였다.

나. 예외

행정상 편의 또는 사업상 목적을 위하여 행정관청 또는 기업이 작성·비치한 장부라고 하여도 그 행정관청 또는 기업이 이에 등재된 사람의 명의변경을 허용하고, 그 사람을 일정한 권리자로 인정하는 경우(예를 들어 무허가건물대장상 건물주명의변경의 경우 철거보상금을 지급받을 수 있는 보상청구권[24], 시영아파트를 특별 분양 받을 수 있는 시영아파트분양권 등)에는 권리관계의 양수인이 양도인을 상대로 그 지위의 양도를 구하는 대신 위 장부상 명의변경을 소로써 청구하여 권리양수의 목적을 달성할 수 있다(김홍엽, 민사소송법 제8판, 262면).

	대 장	등 기
관리 주체	행정부 토지대장, 임야대장 : 국가 건축물대장 : 지방자치단체	법원
목 적	조세징수 등	권리관계의 공시
기재 내용	토지, 임야, 건축물의 현황 등 사실관계	권리관계
소의 이익	소의 이익×	소의 이익○

2) '쟁송' 즉 사건성이 있어야 한다.

법률문제라도 하여도 구체적 이익분쟁과 관계없는 추상적인 법령의 해석이나 해석의견을 다투는 소송은 허용되지 않는다. 즉 법률·명령 자체의 합헌성 여부(대판 1992.03.10. 91누12639), 정관 등의 무효 여부(대판 1992.08.18. 92다13875), '집회 또는 시위를 자유로이 할 수 있는 공법상의 권리

---

23) 무허가건물대장은 행정관청이 무허가건물 정비에 관한 행정상 사무처리의 편의를 위하여 직권으로 무허가건물의 현황을 조사하고 필요 사항을 기재하여 비치한 대장으로서 건물의 물권 변동을 공시하는 법률상의 등록원부가 아니며 무허가건물대장에 건물주로 등재된다고 하여 소유권을 취득하는 것이 아닐 뿐만 아니라 권리자로 추정되는 효력도 없는 것이므로, 참칭상속인 또는 그로부터 무허가건물을 양수한 자가 무허가건물대장에 건물주로 기재되어 있다고 하여 이를 상속회복청구의 소에 있어 상속권이 참칭상속인에 의하여 침해된 때에 해당한다고 볼 수 없다(대판 1998.06.26. 97다48937).
24) 건축공사가 완료되고 소유권보존등기까지 마쳐진 건물의 경우에는 이미 허가된 내용에 따른 건축이 더 이상 있을 수 없어 건축주명의변경이 필요 없을 뿐 아니라, 건축허가서는 허가된 건물에 관한 실체적 권리의 득실변경의 공시방법이 아니며 추정력도 없어 건축주명의를 변경한다고 하더라도 그 건물의 실체적 권리관계에 아무런 영향을 미치는 것이 아니므로 위와 같은 건물에 관해서는 건축주명의의 변경을 청구할 소의 이익이 없다고 할 것이나, 건축허가에 관한 건축주명의의 변경은 미완성의 건물에 대하여 건축공사를 계속하거나 건축공사를 완료한 후 부동산등기법 등에 따른 소유권보존등기를 하는 데에 필요한 것이므로 건축 중인 건물을 양수한 자가 양도인을 상대로 건축주명의변경절차의 이행을 구하는 소는 소의 이익이 있다고 할 것이다(대판 2007.12.27. 2006다60229).

확인' 등의 추상적인 권리의 존부확인청구(대판 1961.09.28. 4294민상50)는 소의 대상이 되지 않는다. 추상적인 권리만 규정하여 놓고 그 권리의 구체적 내용·한도를 정함에 필요한 법률상 규정이 아직 정해지지 않은 경우에도 소의 대상이 아니다(대판 1970.11.20. 70다1376).

3) 법원의 권한에 속하는 법률상 쟁송이 아닌 것은 청구적격이 없다.

통치행위, 부분사회의 내부분쟁25) 등은 원칙적으로 청구적격이 없다. 다만 처분 자체가 현저히 불공정하고 내부의 절차규정에 위배되는 경우와 단체의 재산인도 등 시민법 질서와 관련된 것은 법률상의 쟁송으로 보아야 한다. 그리고 통치행위라고 해도 국민의 기본권에 영향을 주는 경우(헌재결 1996.02.29. 93헌마186), 기본권보장규정과 충돌하는 경우(대판(전) 2010.12.16. 2010도5986)에는 사법적 심사의 대상이 되는 것으로 본다.

2. 법률상·계약상의 소제기금지사유가 없을 것

(1) 법률상 사유

중복소제기의 금지(제259조), 재소금지(제267조 2항) 등의 사유가 있다.

(2) 계약상 사유

1) 부제소특약(합의26))

① 의 의

어떠한 분쟁이 발생하였을 때 당사자 사이에 타협을 한 후 장래에 민·형사상 일체의 소송을 제기하지 않겠다는 합의를 말한다(합의각서, 소제기금지 조항, 기한부 합의도 있음).

② 유효성

특정한 권리나 법률관계에 관하여 분쟁이 있어도 제소하지 아니하기로 합의한 경우 이에 위반하여 제기한 소는 권리보호의 이익이 없다(대판 1993.05.14. 92다21760, 유효설). 다만 행정소송에 있어서 소권은 개인의 국가에 대한 공권이므로 당사자의 합의로써 이를 포기할 수 없다(대판 1995.09.15. 94누4455).

---

25) 종교활동은 헌법상 종교의 자유와 정교분리의 원칙에 의하여 국가의 간섭으로부터 그 자유가 보장되어 있으므로, 국가기관인 법원은 종교단체 내부관계에 관한 사항에 대하여는 그것이 일반 국민으로서의 권리의무나 법률관계를 규율하는 것이 아닌 이상 원칙적으로 그 실체적인 심리판단을 하지 아니함으로써 당해 종교단체의 자율권을 최대한 보장하여야 한다. 따라서 일반 국민으로서의 특정한 권리의무나 법률관계와 관련된 분쟁에 관한 것이 아닌 이상 종교단체의 내부관계에 관한 사항은 원칙적으로 법원에 의한 사법심사의 대상이 되지 않는다(대판 2015.04.23. 2013다20311).

26) 부제소합의는 소송당사자에게 헌법상 보장된 재판청구권의 포기와 같은 중대한 소송법상의 효과를 발생시키는 것이다. 이와 같이 그 합의의 존부 판단에 따라 당사자들 사이에 이해관계가 극명하게 갈리게 되는 소송행위에 관한 당사자의 의사를 해석 할 때는 표시된 문언의 내용이 불분명하여 당사자의 의사해석에 관한 주장이 대립할 소지가 있고 나아가 당사자의 의사를 참작한 객관적·합리적 의사해석과 외부로 표시된 행위에 의하여 추단되는 당사자의 의사조차도 불분명하다면, 가급적 소극적 입장에서 그러한 합의의 존재를 부정할 수밖에 없다. 그리고 권리의무의 주체인 당사자 간에 서의 부제소합의라도 그 당사자가 처분할 수 있는 특정된 법률관계에 관한 것으로서 그 합의 당시 각 당사자가 예상할 수 있는 상황에 관한 것이어야 유효하게 된다(대판 2019.08.14. 2017다217151).

③ 직권조사사항

특정한 권리나 법률관계에 관하여 분쟁이 있어도 제소하지 아니하기로 합의(이하 '부제소 합의'라고 한다)한 경우 이에 위배되어 제기된 소는 권리보호의 이익이 없고, 또한 당사자와 소송관계인은 신의에 따라 성실하게 소송을 수행하여야 한다는 신의성실의 원칙(민사소송법 제1조 제2항)에도 어긋나는 것이므로, 소가 부제소 합의에 위배되어 제기된 경우 법원은 직권으로 소의 적법 여부를 판단할 수 있으나, 당사자들의 부제소합의에 대한 다툼이 없는데도, 법원이 직권으로 부제소합의의 위배를 이유로 소를 각하하는 것은 석명의무 위반이 될 수 있다(대판 2013.11.28. 2011다80449).

④ 사해행위취소청구의 피보전채권에 대한 부제소합의

甲 주식회사가 乙 주식회사에 대한 물품대금채권에 관하여 민·형사상 법적 절차를 취하지 않겠다는 취지의 합의각서를 작성하였는데, 그 후 위 채권을 피보전채권으로 하여 丙 주식회사를 상대로 사해행위취소의 소를 제기한 사안에서, 丙 회사가 합의각서로 인하여 甲 회사가 乙 회사에 대한 물품대금채권을 소송상 행사할 수 없다고 주장하였음에도, 이를 판단하지 않은 원심판결에 위법이 있다(대판 2012.03.29. 2011다81541).

2) 중재계약

① 부제소합의에 준함

전속적 중재계약이라면 중재합의가 있음에도 법원에 소를 제기한 경우 소의 이익이 없다.

② 범 위

장래의 분쟁을 중재에 의하여 해결하겠다는 중재합의가 있는 것으로 인정되는 경우, 중재합의의 대상인 분쟁의 범위를 명확하게 특정하여 한정하였다는 등의 특별한 사정이 없는 한 당사자들 사이의 특정한 법률관계에서 비롯되는 모든 분쟁을 중재에 의하여 해결하기로 정한 것으로 봄이 상당하다(대판 2011.12.22. 2010다76573).

3. 소제기장애사유가 없을 것

법률이 통상의 소 이외의 간이하고 특별한 구제절차를 마련해 놓고 있는 경우에는 그에 의하는 것이 국가제도의 합리적·능률적 운영이 되기 때문에 소제기 장애사유[27]가 된다. 최근 判例는 "재심무죄판결이 확정된 경우에 채권자로서는 민사상 손해배상청구에 앞서, 그보다 간이한 절차라고 할 수 있는 '형사보상 및 명예회복에 관한 법률'(이하 '형사보상법'이라 한다)에 따른 형사보상을 먼저 청구할 수 있다(대판 2013.12.12. 2013다201844)."고 하였으나, "국가는 무단점유자를 상대로

---

27) 判例는 주위적 청구가 확정된 경우에 누락한 예비적 청구에 대해 별소를 제기한 사안에서 "판결이 확정되면 판단하지 아니한 청구부분에 관하여는 기판력은 생기지 아니하나, 그 흠을 상소심절차를 이용하여 시정할 수 있었으므로, 그렇지 아니하고 별소를 제기하는 것은 권리보호의 이익이 없어 부적법하다(대판 2002.09.04. 98다17145)"고 하였다. 이에 대해 학설은 ① 이는 권리보호이익을 부당하게 확대적용하는 것이므로 별소를 허용해야 한다는 견해(호문혁) ② 예비적 병합청구의 경우에 일부에 대한 판단을 누락한 것을 판단누락에 준하는 것으로 보아 그 흠을 상소로써만 고칠 수 있다고 본다면, 판례의 입장이 논리일관된 것으로 보인다는 견해(유병현 고시계 2004/4 272면, 정동윤·유병현 857면)가 있다.

변상금 부과·징수권의 행사와 별도로 국유재산의 소유자로서 민사상 부당이득반환청구의 소를 제기할 수 있다(대판(전) 2014.07.16. 2011다76402)."고 하였다.

4. 원고가 동일청구에 대하여 승소확정의 판결을 받은 경우가 아닐 것[28]

원고가 이미 승소확정판결을 받아 놓았기 때문에 즉시 강제집행을 할 수 있을 때에는 동일청구에 대한 신소의 제기는 원칙적으로 소의 이익이 없다[29]. 다만 예외적으로 ① 판결원본의 멸실, ② 시효중단의 필요[30], ③ 판결내용의 불특정 등 특별한 사정이 있을 때에는 소의 이익이 인정된다.

■ **시효중단 관련 중요 判例**

1. 시효중단과 소의 이익
확정된 승소판결에는 기판력이 있으므로, 승소 확정판결을 받은 당사자가 그 상대방을 상대로 다시 승소 확정판결의 전소(前訴)와 동일한 청구의 소를 제기하는 경우 그 후소(後訴)는 권리보호의 이익이 없어 부적법하다. 하지만 예외적으로 확정판결에 의한 채권의 소멸시효기간인 10년의 경과가 임박한 경우에는 그 시효중단을 위한 소는 소의 이익이 있다. 이러한 법리는 현재에도 여전히 타당하다(대판(전) 2018.07.19. 2018다22008). 즉 확정된 승소판결에는 기판력이 있으므로, 승소 확정판결을 받은 당사자가 그 상대방을 상대로 다시 승소 확정판결의 전소(前訴)와 동일한 청구의 소를 제기하는 경우 그 후소(後訴)는 권리보호의 이익이 없어 부적법하다. 하지만 예외적으로 확정판결에 의한 채권의 소멸시효기간인 10년의 경과가 임박한 경우에는 그 시효중단을 위한 소는 소의 이익이 있다(대판 1987.11.10. 87다카1761, 대판 2006.04.14. 2005다74764 등 참조). 이러한 법리는 현재에도 여전히 타당하다. 다른 시효중단사유인 압류, 가압류나 승인 등의 경우 이를 1회로 제한하고 있지 않음에도 유독 재판상 청구의 경우만 1회로 제한되어야 한다고 보아야 할 합리적인 근거가 없다. 또한 확정판결에 의한 채무라 하더라도 채무자가 파산이나 회생제도를 통해 이로부터 전부 또는 일부 벗어날 수 있는 이상, 채권자에게는 시효중단을 위한 재소를 허용하는 것이 균형에 맞다.

2. 소송의 형태
위와 같은 종래 실무의 문제점[31]을 해결하기 위해서, 시효중단을 위한 후소로서 이행소송 외에 전소 판결로

---

[28] 승소확정판결의 존재가 소의 이익의 흠이 되는 것은 기판력의 본질에 관한 모순금지설의 입장이며, 반복금지설에 의하면 그 존재는 독자적 소송요건이 되지만, 편의상 모순금지설의 입장처럼 설명한다(이시윤).
[29] 법원에 계속되어 있는 사건에 대하여 당사자는 다시 소를 제기하지 못한다(민사소송법 제259조). 따라서 당사자와 소송물이 동일한 소송이 시간을 달리하여 제기된 경우 전소(前訴)가 후소(後訴)의 변론종결 시까지 취하·각하 등에 의하여 소송계속이 소멸되지 않으면 후소는 중복제소금지에 위반하여 제기된 소송으로서 부적법하다. 한편 확정된 승소판결에는 기판력이 있으므로 승소 확정판결을 받은 당사자가 전소의 상대방을 상대로 다시 승소 확정판결의 전소와 동일한 청구의 소를 제기하는 경우, 특별한 사정이 없는 한 후소는 권리보호의 이익이 없어 부적법하다(대판 2017.11.14. 2017다23066).
[30] 시효중단 등 특별한 사정이 있어 예외적으로 확정된 승소판결과 동일한 소송물에 기한 신소가 허용되는 경우라 하더라도 신소의 판결이 전소의 승소 확정판결의 내용에 저촉되어서는 아니 되므로, 후소 법원으로서는 그 확정된 권리를 주장할 수 있는 요건이 구비되어 있는지에 관하여 다시 심리할 수 없다. 따라서 피고가 후소에서 전소의 확정된 권리관계를 다투기 위하여는 먼저 전소의 승소 확정판결에 대하여 적법한 추완항소를 제기함으로써 그 기판력을 소멸시켜야 할 것인데, 이는 전소의 소장부본과 판결정본 등이 공시송달의 방법에 의하여 송달되어 피고가 그 책임질 수 없는 사유로 전소에 응소할 수 없었던 경우라고 하여 달리 볼 것이 아니다(대판 2013.04.11. 2012다111340; 대판 2018.04.24. 2017다293858).
[31] 종래 대법원은 시효중단사유로서 재판상의 청구에 관하여 반드시 권리 자체의 이행청구나 확인청구로 제한하지 않을 뿐만 아니라, 권리자가 재판상 그 권리를 주장하여 권리 위에 잠자는 것이 아님을 표명한 것으로 볼 수 있는 때에는 널리 시효중단사유로서 재판상의 청구에 해당하는 것으로 해석하여 왔다. 이와 같은 법리는 이미 승소 확정판결을 받은 채권자가 그 판결 상 채권의 시효중단을 위해 후소를 제기하는 경우에도 동일하게

확정된 채권의 시효를 중단시키기 위한 조치, 즉 '재판상의 청구'가 있다는 점에 대하여만 확인을 구하는 형태의 '새로운 방식의 확인소송'이 허용되고, 채권자는 두 가지 형태의 소송 중 자신의 상황과 필요에 보다 적합한 것을 선택하여 제기할 수 있다고 보아야 한다[32](대판(전) 2018.10.18. 2015다232316).

3. 시효기간이 지난 경우의 법원 판단

시효중단을 위한 후소를 심리하는 법원으로서는 전소 판결이 확정된 후 소멸시효가 중단된 적이 있어 그 중단사유가 종료한 때로부터 새로이 진행된 소멸시효기간의 경과가 임박하지 않아 시효중단을 위한 재소(再訴)의 이익을 인정할 수 없다는 등의 특별한 사정이 없는 한, 후소가 전소 판결이 확정된 후 10년이 지나 제기되었다 하더라도 곧바로 소의 이익이 없다고 하여 소를 각하해서는 아니 되고, 채무자인 피고의 항변에 따라 원고의 채권이 소멸시효 완성으로 소멸하였는지에 관한 본안판단을 하여야 한다[33](대판 2019.01.17. 2018다24349). 즉 시효중단을 위한 후소의 판결은 전소의 승소 확정판결의 내용에 저촉되어서는 아니 되므로, 후소 법원으로서는 그 확정된 권리를 주장할 수 있는 모든 요건이 구비되어 있는지에 관하여 다시 심리할 수 없으나(위 2018다22008 전원합의체판결 등 참조), 위 후소 판결의 기판력은 후소의 변론종결시를 기준으로 발생하므로, 전소의 변론종결 후에 발생한 변제, 상계, 면제 등과 같은 채권소멸사유는 후소의 심리대상이 된다. 따라서 채무자인 피고는 후소 절차에서 위와 같은 사유를 들어 항변할 수 있고 심리결과 그 주장이 인정되면 법원은 원고의 청구를 기각하여야 한다. 이는 채권의 소멸사유 중 하나인 소멸시효 완성의 경우에도 마찬가지이다. 이처럼 판결이 확정된 채권의 소멸시효기간의 경과가 임박하였는지 여부에 따라 시효중단을 위한 후소의 권리보호이익을 달리 보는 취지와 채권의 소멸시효 완성이 갖는 효과 등을 고려해 보면......

5. 신의칙 위반의 소제기가 아닐 것[34]

신의칙에 반하는 소제기는 권리보호의 가치가 없는 소송으로 소의 이익이 부인된다. 判例는

적용되므로, 채권자가 전소로 이행청구를 하여 승소 확정판결을 받은 후 그 채권의 시효중단을 위한 후소를 제기하는 경우, 그 후소의 형태로서 항상 전소와 동일한 이행청구만이 시효중단사유인 '재판상의 청구'에 해당한다고 볼 수는 없다. 시효중단을 위한 이행소송은 다양한 문제를 야기한다. 그와 같은 문제들의 근본적인 원인은 시효중단을 위한 후소의 형태로 전소와 소송물이 동일한 이행소송이 제기되면서 채권자가 실제로 의도하지도 않은 청구권의 존부에 관한 실체 심리를 진행하는 데에 있다. 채무자는 그와 같은 후소에서 전소 판결에 대한 청구이의사유를 조기에 제출하도록 강요되고 법원은 불필요한 심리를 해야 한다. 채무자는 이중집행의 위험에 노출되고, 실질적인 채권의 관리·보전비용을 추가로 부담하게 되며 그 금액도 매우 많은 편이다. 채권자 또한 자신이 제기한 후소의 적법성이 10년의 경과가 임박하였는지 여부라는 불명확한 기준에 의해 좌우되는 불안정한 지위에 놓이게 된다. 이처럼 시효중단을 위한 이행소송은 이를 제기한 채권자의 의사에도 부합하지 않을 뿐만 아니라 채권자와 채무자의 법률적 지위마저 불안정하게 한다. 그럼에도 시효중단을 위한 후소로서 이행소송만이 제기되어 온 것은 종래 '재판상의 청구'의 가장 전형적인 형태가 이행소송이라고 하는 고정관념에 따라 확정판결의 기판력과 집행력에 관한 깊이 있는 고찰 없이 단지 기판력 저촉을 우회하는 수단으로서 시효완성이 임박했다는 모호한 기준에 기초하여 이를 규율해 오면서도, 보다 적정하고 효율적인 절차적 도구를 고안함으로써 위와 같은 불합리를 시정하려는 노력을 기울이지 않은 데 그 원인이 있다.

32) 앞으로 실무에서 새로운 방식의 확인소송이 시효중단을 위한 후소의 원칙적인 모습이 되는 것이 바람직하다는 취지의 대법관 이기택의 다수의견에 대한 보충의견이 있음.

33) 시효중단을 위한 후소가 전소 판결 확정 후 10년이 지나 제기되더라도 곧바로 소의 이익이 없다고 하여 각하해서는 아니 되고, 채무자인 피고의 항변에 따라 원고의 채권이 소멸시효 완성으로 소멸하였는지에 관한 본안판단을 하여야 한다는 이유로, 직권으로 소를 각하한 1심을 유지한 원심은 잘못이나, 피고의 소멸시효 완성 주장에 따라 원고의 청구는 결과적으로 기각될 것이 분명하여 불이익변경금지의 원칙에 따라 상고를 기각한 사례

34) 신의칙위반의 소제기가 권리보호의 가치가 없어 소의 이익이 없는 것이 된다는 것이 통설, 판례이다. 다만 이에 대해서는 이는 실체법상의 문제이며 권리보호자격과는 무관하다는 반대설이 유력하다(호문혁).

"학교법인의 경영권을 타에 양도하기로 결의함에 따라 그 법인 이사직을 사임한 사람이 현 이사로부터 지급받은 금원에 대한 분배금을 받지 못하자 학교법인의 이사로서의 직무수행의사는 없으면서 오로지 학교법인이나 현 이사들로부터 다소의 금원을 지급받을 목적만으로 학교법인의 이사회결의부존재확인을 구하는 것은 권리보호의 자격 내지 소의 이익이 없는 부적법한 것이다(대판 1974.09.24. 74다767)."고 한다. 이 판례에 대해서는 신의칙에 대한 leading case의 하나라고 하는 견해도 있다(이시윤).

III 권리보호의 이익 또는 필요(각종의 소에 특수한 소의 이익)

1. 이행의 소

(1) 현재이행의 소

현재이행의 소란 변론종결시 현재 이행기가 도래하였으나 이행되지 않은 이행청구권의 존재를 주장하는 것으로 원칙적으로 권리보호의 이익이 인정되지만[35], 다음 몇 가지가 문제된다.

1) 집행이 불가능하거나 현저하게 곤란한 경우

통상의 소에 있어서 이행판결을 받아도 이행 또는 집행불능이거나 현저하게 곤란한 사유가 있는 경우에는 소의 이익이 문제된다(예, 채무자가 무자력인 경우의 금전지급청구). 다만 <u>판결절차는 분쟁의 관념적 해결절차로서 사실적인 해결방법인 강제집행절차와는 별도로 독자적인 존재의의를 갖고 있는 것이고, 집행권원의 보유는 피고에 대한 심리적 압박이 되기 때문에 소의 이익을 긍정하여야 할 것이다.</u> 判例도 ① 원고 甲이 乙→丙→丁 순차로 마친 소유권이전등기의 각 말소를 청구하는 소송에서 후순위 등기명의자인 피고 丁에 대하여 이미 패소판결이 확정되었다 해도 선순위 등기명의자인 피고 乙·丙 명의의 등기에 대해 말소를 구할 이익이 있다고 했고(대판 1995.10.12. 94다47483), ② 乙의 丙에 대한 채권이 甲에 의하여 가압류·가처분 된 경우에 채무자인 乙이 제3채무자인 丙에 대한 이행의 소를 제기할 수 있다고 하였다. 즉 이 경우 제3채무자 丙에 대하여 강제집행을 할 수 없을 뿐이고 언젠가는 강제집행을 할 수 있는 집행권원을 얻는 것까지 금할 것은 아니라고 하여 무조건의 이행판결을 구할 수 있다는 것[36]이다(대판 2002.04.26. 2001다59033). 다만 소유권이전등기청구권에 대한 가압류가 되어 있는 경우[37], 채무자가 제3채무자를 상

---

[35] 유동적 무효 상태에 있는, 토지거래허가구역 내 토지에 관한 매매계약에서 계약의 쌍방 당사자는 공동허가신청절차에 협력할 의무가 있고, 이러한 의무에 위배하여 허가신청절차에 협력하지 않는 당사자에 대하여 상대방은 협력의무의 이행을 소구할 수도 있다(대판 2009.04.23. 2008다50615).

[36] 원고의 대여금청구에 대해 피고(제3채무자)는 대여금채권이 압류·전부 또는 압류·추심 되었다고 항변할 수 있다. 즉 압류·전부된 경우에는 피고(제3채무자)에게 전부명령 송달 시에 소급하여 당연히 전부채권자에게 집행채권이 이전하고 동시에 집행채권 소멸의 효력이 발생하므로 이는 본안에 관한 항변사유이고, 압류·추심된 경우에는 피고(제3채무자)에 대한 이행의 소는 추심채권자만이 제기 할 수 있고, 원고(채무자)는 피압류채권에 채권에 대한 이행의 소를 제기할 당사자적격을 상실하게 되므로, 이는 소각하의 본안전 항변사유이다. 하지만 대여금채권이 단순히 압류·가압류 되었음을 들어 항변할 수는 없다(대판 2000.04.11. 99다23888).

[37] 소유권이전등기청구권에 대한 가압류가 있으면 그 변제금지의 효력에 의하여 제3채무자는 채무자에게 임의로 이전등기를 이행하여서는 아니되는 것이나, 그와 같은 가압류는 채권에 대한 것이지 등기청구권의 목적물인 부동산에 대한 것이 아니고, 채무자와 제3채무자에게 결정을 송달하는 외에 현행법상 등기부에 이를 공시하는

대로 그 이행을 구하는 소송을 제기할 수 있고, 법원은 '가압류의 집행해제를 조건'으로 판결을 선고하여야 한다[38](대판(전) 1992.11.10. 92다4680). ③ 이행의 소는 원칙적으로 원고가 이행청구권의 존재를 주장하는 것으로서 권리보호의 이익이 인정되고, 이행판결을 받아도 집행이 사실상 불가능하거나 현저히 곤란하다는 사정만으로 그 이익이 부정되는 것은 아니다. 제3자를 위한 계약에서 제3자는 채무자(낙약자)에 대하여 계약의 이익을 받을 의사를 표시한 때에 채무자에게 직접 그 이행을 청구할 수 있는 권리를 취득하고(민법 제539조), 요약자는 제3자를 위한 계약의 당사자로서 원칙적으로 제3자의 권리와는 별도로 낙약자에 대하여 제3자에게 급부를 이행할 것을 요구할 수 있는 권리를 가진다. 이때 낙약자가 요약자의 이행청구에 응하지 아니하면 특별한 사정이 없는 한 요약자는 낙약자에 대하여 제3자에게 급부를 이행할 것을 소로써 구할 이익이 있다(대판 2022.01.27. 2018다259565). 다만 <u>판결절차는 분쟁의 관념적 해결절차로서 강제집행절차와는 별도로 독자적인 존재 의의를 갖는 것이므로 집행이 가능한지는 이행의 소의 이익을 부정하는 절대적인 사유가 될 수 없더라도, 이행을 구하는 아무런 실익이 없어 법률상 이익이 부정되는 경우까지 소의 이익이 인정된다고 볼 수는 없다.</u> 특히 의사의 진술을 명하는 판결은 확정과 동시에 그러한 의사를 진술한 것으로 간주되므로(민사집행법 제263조 제1항), 의사의 진술이 간주됨으로써 어떤 법적 효과를 가지는 경우에는 소로써 구할 이익이 있지만 그러한 의사의 진술이 있더라도 아무런 법적 효과가 발생하지 아니할 경우에는 소로써 청구할 법률상 이익이 있다고 할 수 없다(대판 2016.09.30. 2016다200552).

방법이 없는 것으로서 당해 채권자와 채무자 및 제3채무자 사이에만 효력을 가지며, 제3자에 대하여는 가압류의 변제금지의 효력을 주장할 수 없으므로 소유권이전등기청구권의 가압류는 청구권의 목적물인 부동산 자체의 처분을 금지하는 대물적 효력은 없다 할 것이고, 제3채무자나 채무자로부터 이전등기를 경료한 제3자에 대하여는 취득한 등기가 원인무효라고 주장하여 말소를 청구할 수는 없는 것이므로, 제3채무자가 가압류결정을 무시하고 이전등기를 이행하고 채무자가 다시 제3자에게 이전등기를 경료하여 준 결과 채권자에게 손해를 입힌 때에는 불법행위를 구성하고 그에 따른 배상책임을 지게 된다고 할 것인데, 소유권이전등기를 명하는 판결은 의사의 진술을 명하는 판결로서 이것이 확정되면 채무자는 일방적으로 이전등기를 신청할 수 있고 제3채무자는 이를 저지할 방법이 없으므로, 소유권이전등기청구권이 가압류된 경우에는 변제금지의 효력이 미치고 있는 제3채무자로서는 일반채권이 가압류된 경우와는 달리 채무자 또는 그 채무자를 대위한 자로부터 제기된 소유권이전등기 청구소송에 응소하여 그 소유권이전등기청구권이 가압류된 사실을 주장하고 자신이 송달받은 가압류결정을 제출하는 방법으로 입증하여야 할 의무가 있다고 할 것이고, 만일 제3채무자가 고의 또는 과실로 위 소유권이전등기 청구소송에 응소하지 아니한 결과 의제자백에 의한 판결이 선고되어 확정됨에 따라 채무자에게 소유권이전등기가 경료되고 다시 제3자에게 처분된 결과 채권자가 손해를 입었다면, 이러한 경우는 제3채무자가 채무자에게 임의로 소유권이전등기를 경료하여 준 것과 마찬가지로 불법행위를 구성한다고 보아야 한다(대판 1999.06.11. 98다22963).

38) 일반적으로 채권에 대한 가압류가 있더라도 이는 채무자가 제3채무자로부터 현실로 급부를 추심하는 것만을 금지하는 것이므로 채무자는 제3채무자를 상대로 그 이행을 구하는 소송을 제기할 수 있고, 법원은 가압류가 되어 있음을 이유로 이를 배척할 수 없는 것이 원칙이나, <u>소유권이전등기를 명하는 판결은 의사의 진술을 명하는 판결로서 이것이 확정되면 채무자는 일방적으로 이전등기를 신청할 수 있고 제3채무자는 이를 저지할 방법이 없으므로 이와 같은 경우에는 가압류의 해제를 조건으로 하지 아니하는 한 법원은 이를 인용하여서는 안 되고</u>, 제3채무자가 임의로 이전등기의무를 이행하고자 한다면 민사소송법 제577조(현 민사집행법 제244조)에 의하여 정하여진 보관인에게 권리이전을 하여야 할 것이고, 이 경우 보관인은 채무자의 법정대리인의 지위에서 이를 수령하여 채무자 명의로 소유권이전등기를 마치면 된다(대판(전) 1992.11.10. 92다4680).

2) 목적의 실현·실익이 없는 경우

判例는 저당권설정등기말소소송의 계속 중에 그 저당권이 실행되어 저당권설정등기가 말소되었을 때(대판 2003.01.10. 2002다57904), 원고의 소유권이전등기청구소송 중에 다른 원인에 의하여 원고 앞으로 소유권이전등기 된 경우(대판 1996.10.15. 96다11785), 건물이 전부멸실 된 경우(대판 1976.09.14. 75다399)에 그 건물에 대한 등기청구 등의 경우에는 소의 이익이 없다고 한다. 다만 종전의 건물을 헐어내고 새 건물을 신축한 경우에 종전건물에 대한 이전등기 말소의 경우에는 소의 이익이 있다고 한다(대판 1992.03.31. 91다39184).

3) 일부청구의 경우

다액의 채권을 소액사건심판법의 적용을 받을 목적으로 분할하여 구하는 일부청구는 소권의 남용으로 되어 판결로 소를 각하하여야 한다(소액사건심판법 제5조의 2). 그러나 그 밖의 경우에는 소권의 남용임이 뚜렷하지 않는 한 소의 이익을 긍정하여야 할 것이다. 소송경제나 현실적 필요성이 있기 때문이다.

(2) 장래이행의 소

> 제251조(장래의 이행을 청구하는 소) 장래에 이행할 것을 청구하는 소는 미리 청구할 필요가 있어야 제기할 수 있다.

1) 의의, 취지 및 현재이행의 소와의 구별

① 의 의

장래이행의 소란 변론종결시를 표준으로 이행기가 장래에 도래하는 이행청구권을 주장하는 소를 말한다(제251조).

② 취 지

채무자의 임의이행거부를 대비하기 위한 것[39]이고, 강제집행의 곤란에 대비하기 위한 것이 아니므로 집행이 곤란해질 사유가 있으면 가압류·가처분의 사유가 될 뿐[40]이다.

③ 구 별

장래이행의 소는 변론종결시를 기준으로 하여 이행기가 아직 도래하지 않았다는 점에서 이미

---

[39] 일반적으로 채무자가 채무의 이행기 도래 전부터 채무의 존재를 다투기 때문에 이행기가 도래하거나 조건이 성취되었을 때에 임의의 이행을 기대할 수 없는 경우에는 장래이행의 소로써 미리 청구할 필요가 인정되는데, 양도인측이 계약이 무효가 되었다고 주장하여 양수인으로부터 받은 매매대금을 변제공탁 하였다면 양도인측이 양도 부동산에 관한 소유권이전의무의 존재를 다투고 있는 것이므로 양수인으로서는 위 의무의 이행기 도래 전에도 그 의무의 이행을 미리 청구할 필요가 있다고 보아야 한다(대판 1993.11.09. 92다43128).

[40] 장래의 이행을 청구하는 소는 미리 청구할 필요가 있는 경우에 한하여 제기할 수 있는 바, 여기서 미리 청구할 필요가 있는 경우라 함은 이행기가 도래하지 않았거나 조건 미성취의 청구권에 있어서는 채무자가 미리부터 채무의 존재를 다투기 때문에 이행기가 도래되거나 조건이 성취되었을 때에 임의의 이행을 기대할 수 없는 경우를 말하고, 이행기에 이르거나 조건이 성취될 때에 채무자의 무자력으로 말미암아 집행이 곤란해진다던가 또는 이행불능에 빠질 사정이 있다는 것만으로는 미리 청구할 필요가 있다고 할 수 없다(대판 2000.08.22. 2000다25576).

이행기가 도래한 현재이행의 소와 구별된다. 소제기 시에는 이행기가 도래하지 않았지만 변론종결 시에 이행기가 도래하면 현재이행의 소이다.

2) 장래이행의 소에 있어서 소의 이익

① 청구적격(대상적격)

가. 청구권

기한부 청구권·정지조건부 청구권·장래 발생할 청구권도 이미 그 기초관계가 성립되고 그 계속이 확실한 경우에는 장래이행의 소의 대상이 된다.

나. 정지조건부 청구권

조건성취의 개연성[41]이 인정되는 경우에 청구적격을 갖는다. 判例도 행정관청의 허가를 조건으로 하는 청구[42](대판 1994.07.29. 94다9986)에 대하여 청구적격을 인정하고 있다. 다만 공유물분할판결이 확정될 것을 조건으로 하는 이전등기청구[43](대판 1969.12.29. 68다2425)는 청구적격을 부정하고 있다. 그리고 토지거래허가를 조건으로 하는 소유권이전등기청구[44]는 청구적격이 부정되지만, 허가신청절차에 대한 상대방의 협력의무이행을 소로써 구할 수는 있다(대판(전) 1991.12.24. 90다12243).

다. 장래 발생할 청구권[45][46]

---

[41] 제권판결 불복의 소와 같은 형성의 소는 그 판결이 확정됨으로써 비로소 권리변동의 효력이 발생하게 되므로 이에 의하여 형성되는 법률관계를 전제로 하는 이행소송 등을 병합하여 제기할 수 없는 것이 원칙이다. 또한 제권판결에 대한 취소판결의 확정 여부가 불확실한 상황에서 그 확정을 조건으로 한 수표금 청구는 장래이행의 소의 요건을 갖추었다고 보기 어려울 뿐만 아니라, 제권판결 불복의 소의 결과에 따라서는 수표금 청구소송의 심리가 무위에 그칠 우려가 있고, 제권판결 불복의 소가 인용될 경우를 대비하여 방어하여야 하는 수표금 청구소송의 피고에게도 지나친 부담을 지우게 된다는 점에서 이를 쉽사리 허용할 수 없다(대판 2013.09.13. 2012다36661).

[42] 농지개혁법 제19조 제2항 소정의 소재지 관서의 증명이 없어도 농지매매 당사자 사이에 채권계약으로서의 효력이 발생하지 않는 것은 아니고 단지 매매로 인한 소유권이전의 효과가 발생하지 않는 것뿐이므로, 농지를 매수한 자는 매도인에 대하여, 그 필요가 있는 한 농지매매증명이 발급되는 것을 조건으로 미리 농지에 관한 소유권이전등기절차의 이행을 청구할 수 있다(대판 1994.07.29. 94다9986).

[43] 공유물 분할청구의 소는 공유자 사이의 기존의 공유관계를 폐기하고 각자의 단독 소유권을 취득하게 하는 형성의 소로서 공유자 사이의 권리관계를 정하는 창설적 판결을 구하는 것이므로 그 판결 전에는 공유물은 아직 분할되지 않고 따라서 분할물의 급부를 청구할 권리는 발생하지 않으며 분할판결의 확정으로 각자의 취득부분에 대하여 비로소 단독소유권이 창설되는 것이므로 미리 그 부분에 대한 소유권 확인의 청구도 할 수 없다 할 것이다(대판 1969.12.29. 68다2425).

[44] 규제지역 내에 있는 토지에 대하여 체결된 매매계약이 처음부터 허가를 배제하거나 잠탈하는 내용의 계약이 아니라 허가를 전제로 한 계약이라고 보여지므로 원심이 원고의 청구 중 피고에 대하여 토지거래허가신청절차의 이행을 구하는 부분을 인용한 것은 정당하지만, 허가가 있을 것을 조건으로 하여 소유권이전등기절차의 이행을 구하는 부분에 있어서는 위 "가"항의 법리와 같이 허가받기 전의 상태에서는 아무런 효력이 없어 권리의 이전 또는 설정에 관한 어떠한 이행청구도 할 수 없는 것이므로 원심이 이 부분 청구까지도 인용한 것은 같은 법상의 토지거래허가와 거래계약의 효력에 관한 법리를 오해하여 판결에 영향을 미친 위법을 저지른 것이라 하여 이를 파기한 사례(대판(전) 1991.12.24. 90다12243).

[45] 이혼한 부부 중 일방이 미성년자의 자녀에 대한 양육자 지정청구와 함께 장래의 이행을 청구하는 소로서 양육비 지급을 동시에 청구할 수 있고, 위와 같은 청구에 따라 장래의 양육비 지급을 명한 확정판결이나 이와 동일한 효력이 있는 조정조서나 화해권고결정 등에서 사건본인이 성년에 이르는 전날까지 양육비 지급을 명한 경우 재판의 확정 후 사건본인이 성년에 도달하기 전에 법률의 개정으로 성년에 이르는 연령이 변경되었다면

判例는 일반적으로 물건의 불법점유로 인한 차임상당의 손해배상청구를 하는 경우에 이와 병합하여 앞으로 그 물건을 인도할 때까지의 기간에 관하여 손해배상금의 지급을 구하는 것을 인정하고 있다. 그리고 判例는 한 때 장래의 임료상당의 부당이득의 반환청구를 성질상 허용되지 않는다고 하여 부정하였으나, 현재는 "부당이득은 현재의 부당이득뿐만 아니라 장래의 부당이득도 그 이행기에 지급을 기대할 수 없어 미리 청구할 필요가 있으면 미리 청구할 수 있다(대판(전) 1975.04.22. 74다1184)."고 하여 이를 허용하고 있다.

라. 선이행의 청구

선이행 청구의 경우는 원고나 제3자의 선이행이 있어야 비로소 장래 이행청구권이 발생하므로 원칙적으로 허용되지 않는다. 그러나 예외적으로 判例는 "양도담보나 가등기담보의 경우에 채권자가 담보의 목적이 아님을 다툰다든가 피담보채무의 액수를 다투기 때문에 채무자가 변제하여도 이전된 등기의 말소에 즉시 협력을 기대할 수 없으면 미리 청구할 필요가 인정되어 청구적격이 인정 된다(대판 1992.01.21. 91다35175)."고 한다.

② 미리 청구할 필요

가. 의무자의 태도

이행기에 즉시 이행을 기대할 수 없는 경우로 계속적·반복적 이행청구의 경우, 이행기 미도래의 부작위청구의 경우, 계속적 불법행위에 의한 장래의 손해배상 또는 부당이득 반환청구의 경우를 들 수 있다. 특히 계속적 불법행위의 경우에 判例는 채무의 이행기가 장래에 도래하고 그 불이행사유가 계속하여 존속될 것이 변론종결 시[47]에 확정적으로 예정할 수 있어야 한다고 판시

변경된 성년 연령이 양육비를 지급하는 종료 기준시점이 된다. 따라서 2011.3.7. 법률 제10429호로 개정되어 2013. 7. 1.부터 시행된 민법 제4조에 의하여 성년에 이르는 연령이 종전 20세에서 19세로 변경되었으므로 법 시행 이전에 장래의 양육비 지급을 명하는 재판이 확정되었더라도 법 시행 당시 사건본인이 아직 성년에 도달하지 아니한 이상 양육비 종료 시점은 개정된 민법 규정에 따라 사건본인이 19세에 이르기 전날까지로 봄이 타당하다(대결 2016.04.02. 2016으2).

46) 1. 제1심 가정법원이 이혼 청구를 받아들이면서 변론종결 당시 비양육친이었던 부모 일방을 양육자로 지정하고 제1심판결 선고 일 다음 날을 기산점으로 삼아 장래양육비의 분담을 정한 경우, 항소심법원이 양육에 관한 사항을 심리한 결과 여전히 비양육친이 양육하지 않고 있는 사실이 확인된다면 이를 반영하여 장래양육비의 지급을 명하는 기산일을 다시 정하여야 한다. 2. 민법 제843조, 제837조 제4항, 제3항은 이혼 소송에서 당사자 사이에 미성년 자녀의 양육에 관한 사항의 협의가 이루어지지 아니하거나 협의할 수 없는 때에 가정법원이 직권으로 자녀의 의사, 연령과 부모의 재산상황, 그 밖의 사정을 참작하여 양육에 관한 사항을 결정하도록 규정하고 있고, 여기에는 양육자의 결정, 양육비용의 부담, 면접교섭권의 행사 여부 및 그 방법이 포함된다. 가사소송규칙 제93조 제2항은 가정법원이 금전의 지급을 구하는 청구에 대하여는 청구의 취지를 초과하여 의무의 이행을 명할 수 없으나, 자의 복리를 위하여 양육에 관한 사항을 정하는 경우에는 그렇지 않은 것으로 규정하고 있다. 따라서 가정법원은 양육비용의 분담을 정함에 있어 자의 복리를 위하여 청구에 구애받지 않고 직권으로 양육비용의 분담에 관한 기산일을 정할 수 있다. 3. 위 양육비용의 분담을 포함하여 가정법원이 양육에 관한 사항을 정함에 있어서는 친자법을 지배하는 기본이념인 '자녀의 복리를 위하여 필요한지'를 기준으로 하여야 하고, 그 결정이 궁극적으로 자녀의 복리에 필요한 것인지에 따라 판단하여야 한다(대판 2022.01.14. 2021므15145(본소), 2021므15152(반소)).

47) 민사소송법 제251조는 "장래에 이행할 것을 청구하는 소는 미리 청구할 필요가 있어야 제기할 수 있다."라고 정하고 있다. 채무자의 태도나 채무의 내용과 성질에 비추어 채무의 이행기가 도래하더라도 채무자의 이행을 기대할 수 없다고 판단되는 경우에는 미리 청구할 필요가 있다고 보아야 한다. 장래에 채무의 이행기가 도래할

한다(대판 2018.07.26. 2018다227551). 이러한 취지에서 지방자치단체가 사유지를 도로로 무단점유·사용한 사례에서 "시가 위 토지를 매수할 때까지"로 기간을 정한 장래의 차임 상당 부당이득반환청구는 허용되지 않는다(대판 1991.10.08. 91다17139)고 하였으나, "도로의 폐쇄에 의한 피고의 점유종료일 또는 원고의 이 사건 도로에 대한 소유권상실 일까지"의 이행기 도래분에 대한 장래 부당이득반환청구(대판 1993.03.09. 91다46717)는 긍정하고 있다. 다만 최근에는 "사실심의 재판 실무에서 장래의 부당이득금의 계속적·반복적 지급을 명하는 판결의 주문에 '원고의 소유권 상실일까지'라는 표시가 광범위하게 사용되고 있다. 그러나 '원고의 소유권 상실일까지'라는 기재는 이행판결의 주문 표시로서 바람직하지 않다."는 判例가 있다[48](대판 2019.02.14. 2015다244432).

나. 의무이행의 성질

이행이 제때 이루어지지 아니하면 채무본지의 이행이 되지 아니하는 경우(정기행위)나, 이행을 지체하면 회복할 수 없는 손해가 발생하는 경우(부양료청구)의 경우에는 미리 청구할 필요가 있다.

③ 현재이행의 소와 병합하여 제기하는 장래이행의 소

원금청구와 함께 원금완제 시까지의 지연이자청구, 가옥명도와 함께 명도 시까지의 임료상당의 손해배상청구를 하는 경우가 대표적인 예이다. 특히 목적물의 인도청구와 병합하여 장래의 집행 불능에 대비한 대상청구를 하는 것은 집행불능을 대비하기 위한 것이므로 허용되지 않는다고 볼 수도 있으나, 이를 불허하면 소송불경제가 되므로 예외적으로 허용된다고 하는 것이 통설, 判例의 태도이다(다만 이에 대해서는 의무자의 태도에 따라 미리 청구할 필요가 인정되는 예라고 하는 견해도 있다 - 김홍규). 그리고 병합형태는 단순병합[49]이다. 다만 목적물의 인도청구와 이행불능에 대비한 대상청구의 병합은 예비적 병합이 된다.

3) 심판절차

① 원칙 - 처분권주의

장래이행의 소도 이행의 소이므로 원칙적으로 현재이행의 소와 심판절차가 동일하다. 다만

예정인 경우에도 채무불이행 사유가 언제까지 존속할 것인지가 불확실하여 변론종결 당시에 확정적으로 채무자가 책임을 지는 기간을 예정할 수 없다면 장래의 이행을 명하는 판결을 할 수 없다. 그러나 채무의 이행기가 장래에 도래할 예정이고 그때까지 채무불이행 사유가 계속 존속할 것이 변론종결 당시에 확정적으로 예정되어 있다면, 장래의 이행을 명하는 판결을 할 수 있다(대판 2018.07.26. 2018다227551).

48) 그 이유는 다음과 같다. ① '원고의 소유권 상실일까지'라는 기재는 집행문 부여기관, 집행문 부여 명령권자, 집행기관의 조사·판단에 맡길 수 없고, 수소법원이 판단해야 할 사항인 소유권 변동 여부를 수소법원이 아닌 다른 기관의 판단에 맡기는 형태의 주문이다. ② '원고의 소유권 상실일까지'라는 기재는 확정된 이행판결의 집행력에 영향을 미칠 수 없는 무의미한 기재이다. ③ '원고의 소유권 상실일'은 장래의 부당이득반환의무의 '임의 이행' 여부와는 직접적인 관련이 없으므로, 이를 기재하지 않더라도 장래의 이행을 명하는 판결에 관한 법리에 어긋나지 않는다.

49) 채권자가 본래적 급부청구에다가 이에 대신할 전보배상을 부가하여 대상청구를 병합하여 소구한 경우의 대상청구는 본래적 급부청구의 현존함을 전제로 하여 이것이 판결확정 후에 이행불능 또는 집행불능이 된 경우에 대비하여 전보배상을 미리 청구하는 경우로서 양자의 경합은 현재의 급부청구와 장래의 급부청구와의 단순병합에 속한다 할 것이고 이 경우의 대상금액의 산정시기는 사실심 변론의 종결당시의 본래적 급부의 가격을 기준으로 산정하여야 한다(대판 1975.07.22. 75다450).

미리 청구할 필요가 없으면 소가 각하되고, 심리 도중에 이행기가 도래하면 현재이행의 소로 취급된다.

② 判例

원고가 피담보채무의 소멸을 이유로 저당권설정등기말소나 소유권이전등기말소청구를 한 경우에, 심리 결과 원고에게 아직 채무가 남아 있는 것으로 밝혀졌을 때, 위 청구 중에는 특별한 사정이 없으면 장래의 이행청구로서 남은 채무의 변제를 조건으로 등기말소를 구하는 취지도 포함되었다고 보아 남은 채무의 선이행을 조건으로 청구를 인용하여야 할 것이다(대판 1996.11.12. 96다33938).

4) 장래이행판결의 집행

① 집행문부여의 요건

불확정기한의 도래나 선이행의무제공과 같이 성질상 쉽게 판단이 되지 않는 것은 "집행문부여의 요건"이 되고 집행법원이 판단한다(민사집행법 제30조).

② 집행개시요건

확정기한의 도래나 집행불능에 대비한 대상청구 같이 집행관이 쉽게 판정 가능한 것은 "집행개시요건"이 된다(민사집행법 제41조).

5) 소송상 취급

① 직권조사사항과 법원의 판결

장래이행의 소의 이익은 소송요건이므로 수소법원의 직권조사사항이라 할 것이다. 따라서 이를 흠결하였을 경우 소를 각하하여야 한다.

② 불복방법

장래이행의 소의 요건을 갖추지 못했음에도 법원이 간과하고 판결이 선고된 경우 확정 전에는 상소가 가능하나, 확정 후에는 재심사유는 아니므로 재심은 불가하다 할 것이다(제423조, 제451조).

2. 확인의 소

(1) 확인의 이익의 의의 및 요건

1) 의 의

확인의 소에 있어서는 논리적으로는 확인의 대상자체가 무제한하기 때문에 확인의 소에 의해 정당화시킬 일정한 이익이 다른 어느 소보다 더 요구되는데, 이를 확인의 소에 있어 확인의 이익이라 한다. 즉 확인의 소에 있어서는 권리보호요건으로서 확인의 이익이 있어야 하고 그 확인의 이익은 원고의 권리 또는 법률상의 지위에 현존하는 불안, 위험이 있고 그 불안, 위험을 제거함에는 피고를 상대로 확인판결을 받는 것이 가장 유효적절한 수단일 때에만 인정된다. 그리고 확인의 소의 피고는 원고의 권리 또는 법률관계를 다툼으로써 원고의 법률적 지위에 불안을 초래할 염려가 있는 자, 다시 말하면 원고의 보호법익과 대립 저촉되는 이익을 주장하고 있는 자이어야 하고 그와 같은 피고를 상대로 하여야 확인의 이익이 있게 된다(대판 2013.02.15. 2012다67399).

2) 요 건

구체적으로 ① 대상적격과 ② 즉시확정의 이익을 요건으로 한다.

(2) 대상적격

1) 의 의

확인의 소는 현재의 권리·법률관계를 대상으로 한다. 즉 민사소송은 법률상의 쟁송을 목적으로 하는 것이므로 확인의 대상이 될 수 있는 것도 현재의 권리·법률관계에 한정하는 것이 원칙이기 때문이다.

2) 원 칙

일단 권리·법률관계여야 하므로 '단군이 우리 국조임'을 확인을 구하는 등의 역사적 사실이나 불법행위에서 '과실여부확인'을 구하는 등의 법률요건사실 등의 확인 등은 부적법하게 된다[50]. 判例도 '甲이 학교법인의 설립자임을 확인', '어느 대지가 어느 건물의 부지가 아니라는 확인' 등을 구하는 것은 사실관계의 확인이라 하여 부적법하다고 하였다. 다만 **예외가 증서의 진정여부를 확인하는 소**(제250조)이다. 그리고 현재의 권리·법률관계여야 하므로 과거의 법률관계의 확인[51]은 부정된다. 원칙적으로 과거의 법률관계는 현재의 법률관계의 문제를 해결하는데 유효, 적절한 수단이 되지 못하기 때문이다. 判例도 대학교수가 직위해제나 면직처분의 무효를 구하는 확인청구는 과거의 법률관계를 구하는 것이라 하여 부적법하다고 하였다[대판(전) 2000.05.08. 95재다199[52]]. 또한 위헌정당 해산결정에 따른 효과로 위헌정당 소속 국회의원은 국회의원직을 상실

---

50) [1] 민법 제1008조의3의 규정에 의한 제사용 재산의 승계는 본질적으로 상속에 속하는 것으로서 일가의 제사를 계속할 수 있게 하기 위하여 상속의 한 특례를 규정한 것으로 보는 것이 타당하다. 민법 제1008조의3의 입법연혁 및 규정내용에 비추어 보면, 당사자 사이에 제사용 재산의 귀속에 관하여 다툼이 있는 등으로 구체적인 권리 또는 법률관계와 관련성이 있는 경우에 다툼을 해결하기 위한 전제로서 제사주재자 지위의 확인을 구하는 것은 법률상의 이익이 있다고 할 것이지만, 그러한 권리 또는 법률관계와 무관하게 공동선조에 대한 제사를 지내는 종중 내에서 단순한 제사주재자의 자격에 관한 시비 또는 제사 절차를 진행할 때에 종중의 종원 중 누가 제사를 주재할 것인지 등과 관련하여 제사주재자 지위의 확인을 구하는 것은 그 확인을 구할 법률상 이익이 있다고 할 수 없다. [2] 제사주재자와 제3자 사이에 제사용 재산의 소유권 등에 관한 다툼이 있는 경우 이는 공동상속인들 사이의 민법 제1008조의3에 의한 제사용 재산의 승계 내지 그 기초가 되는 제사주재자 지위에 관한 다툼이 아니라 일반적인 재산 관련 다툼에 지나지 않으므로, 제사주재자로서는 제3자를 상대로 민법 제1008조의3에서 규정하는 제사주재자 지위 확인을 구할 것이 아니라 제3자를 상대로 직접 이행청구나 권리관계 확인청구를 하여야 한다(대판 2012.09.13. 2010다88699).

51) 확인의 소에서 확인의 대상은 현재의 권리 또는 법률관계일 것을 요하므로 특별한 사정이 없는 한 과거의 권리 또는 법률관계의 존부확인은 인정되지 아니하는바, 근저당권의 피담보채무에 관한 부존재확인의 소는 근저당권이 말소되면 과거의 권리 또는 법률관계의 존부에 관한 것으로서 확인의 이익이 없게 된다(대판 2013.08.23. 2012다17585).

52) 구 사립학교법(1990.4.7. 법률 제4226호로 개정되기 전의 것) 제53조의2 제2항의 규정에 의하여 <u>기간을 정하여 임용된 사립학교 교원이 임용기간 만료 이전에 해임·면직·파면 등의 불이익 처분을 받은 후 그 임용기간이 만료된 때에는 그 불이익 처분이 무효라고 하더라도 학교법인의 정관이나 대학교원의 인사규정상 임용기간이 만료되는 교원에 대한 재임용의무를 부여하는 근거규정이 없다면 임용기간의 만료로 당연히 교원의 신분을 상실한다고 할 것이고, 따라서 임용기간 만료 전에 행해진 직위해제 또는 면직 처분이 무효라고 하더라도 교원</u>

한다고 보아야 하므로, 국회의원지위의 확인을 구하는 소는 확인의 이익이 없다(대판 2021.04.29. 2016두39856).

3) 예 외

과거의 법률관계도 현재의 분쟁에 유효, 적절한 수단이 된다면 확인의 이익이 인정된다. 즉 "비록 매매계약무효확인의 소는 이를 과거의 법률관계의 확인을 구하는 것이 아니라 현재 매매계약에 기한 채권채무가 존재하지 않는다는 확인을 구하는 취지를 간결하게 표현한 것으로 선해해야 한다(대판 1966.03.15. 66다17 등)."고 한다. 그리고 "과거의 포괄적 법률관계의 확인(신분관계, 사단관계, 행정소송관계 등)이라 할지라도 현재의 권리 또는 법률관계의 기초를 이루는 것이어서 현재의 권리 또는 법률상의 지위에 대한 위험이나 불안의 근원이 되고 그리하여 과거의 기본적 법률관계를 확정하는 것이 이를 전제로 하는 일체의 지분적 분쟁을 직접적이고 발본적으로 해결하는 유효적절한 수단이 되는 경우에는 그 법률관계에 대한 확인을 구할 수 있다(대판 1995.03.28. 94므1447 등)."고 한다. 다만 당사자가 현재의 권리나 법률관계에 존재하는 불안·위험이 있어 확인을 구하는 소를 제기하였으나 법원의 심리 도중 시간적 경과로 인해 확인을 구하는 대상이 과거의 법률관계가 되어 버린 경우, 법원으로서는 확인의 대상이 과거의 법률관계라는 이유로 확인이 이익이 없다고 보아 곧바로 소를 각하할 것이 아니라, 당사자에게 현재의 권리 또는 법률상 지위에 대한 위험이나 불안을 제거하기 위해 과거의 법률관계에 대한 확인을 구할 이익이나 필요성이 있는지 여부를 석명하여 이에 관한 의견을 진술하게 하거나 당사자로 하여금 청구취지를 변경할 수 있는 기회를 주어야 한다[53](대판 2022.06.16. 2022다207967).

의 신분을 회복할 수 없는 것으로서 그 무효확인청구는 과거의 법률관계의 확인청구에 지나지 않는다고 할 것이며, 한편 과거의 법률관계라 할지라도 현재의 권리 또는 법률상 지위에 영향을 미치고 있고 현재의 권리 또는 법률상 지위에 대한 위험이나 불안을 제거하기 위하여 그 법률관계에 관한 확인판결을 받는 것이 유효적절한 수단이라고 인정될 때에는 그 법률관계의 확인소송은 즉시확정의 이익이 있다고 보아야 할 것이고, 또 이렇게 보는 것이 확인소송의 분쟁해결 기능과 분쟁예방 기능에도 합치하는 것이라 할 것이지만, 직위해제 또는 면직된 경우에는 징계에 의하여 파면 또는 해임된 경우와는 달리 공직이나 교원으로 임용되는 데에 있어서 법령상의 아무런 제약이 없을 뿐만 아니라, 현행 사립학교법과 같이 교원의 임기 만료시에 교원인사위원회의 심의를 거쳐 당해 교원에 대한 재임용 여부를 결정하도록 하는 의무규정도 없었던 구 사립학교법 관계하에서 임기가 만료된 사립학교 교원에 대하여는 위와 같은 전력이 있으면 공직 또는 교원으로 임용되는 데에 있어서 그러한 전력이 없는 사람보다 사실상 불이익한 장애사유로 작용한다 할지라도 그것만으로는 법률상의 이익이 침해되었다고는 볼 수 없으므로 그 무효확인을 구할 이익이 없다(대판(전) 2000.05.18. 95재다199).

[53] ☞ 피고 주식회사의 이사로 근무하던 원고가 임기 만료로 퇴사하였는데, 피고 회사의 이사 정원이 부족하다는 이유로 자신이 현재 이사의 지위에 있음에 대하여 확인을 구하는 소를 제기하였다가, 그 후 피고 주식회사의 새로운 이사가 다시 선임되자 자신이 퇴사한 이후부터 새로운 이사의 선임 시까지 이사의 지위에 있었고 그 기간에 이사보수청구권이 발생하였다고 주장하면서 과거의 법률관계인 '위 일정기간 이사 지위에 있었음'에 대한 확인을 구하는 취지로 청구를 변경한 사건에서, 과거 법률관계에 대한 확인의 소는 권리보호 이익이 없음이 원칙이고 이사보수청구권의 발생 가능성만으로는 예외적으로 확인의 이익을 인정하기 부족하며, 법원으로서는 당사자가 과거 법률관계의 확인을 구하는 취지로 청구를 변경한 경우 직권조사사항인 확인의 이익 유무를 보다 구체적으로 심리하여 당사자에게 청구취지 변경 등을 석명하였어야 한다는 이유로, 원고가 과거의 이사 지위 확인을 구할 이익이 있다고 본 원심을 파기한 사례

(3) 즉시확정의 이익

1) 의 의

즉시 확정의 이익이란 권리 또는 법률상의 지위에 현존하는 불안·위험이 있고, 그 불안·위험을 제거함에는 확인판결을 받는 것이 가장 유효적절한 수단인 경우에 인정된다. 따라서 원고 소유의 이 사건 점포를 피고가 점유하고 있는 경우에는 이 사건 점포의 인도를 구하는 것이 원고의 소유권에 대한 불안과 위험을 유효하고 적절하게 제거하는 직접적인 수단이 되므로 이와 별도로 피고를 상대로 이 사건 점포에 대한 유치권의 부존재확인을 구하는 것은 확인의 이익이 없어 부적법하다(대판 2014.04.10. 2010다84932).

2) 법률상의 이익[54]

판결에 의하여 불안을 제거함으로써 원고의 법률상의 지위에 영향을 줄 수 있는 경우이어야 한다. 특히 납세의무자가 무자력이거나 그 소재가 불명하여 압류의 집행에도 착수할 수 없는 등 특별한 사정이 있는 경우에는 조세징수권의 소멸시효 중단을 위하여 납세의무자를 상대로 조세채권 존재확인의 소를 제기할 수 있으며, 과세주체가 소멸시효 중단을 위하여 납세의무자를 상대로 제기한 조세채권확인의 소는 공법상 당사자소송에 해당한다(대판 2020.03.02. 2017두41771). 그리고 부동산 경매절차에서 유치권이 주장되지 아니한 경우에는, 담보목적물이 매각되어 그 소유권이 이전됨으로써 근저당권이 소멸하였더라도 채권자인 근저당권자는 유치권을 주장하는 자를 상대로 유치권 부존재확인을 구할 법률상 이익이 있다[55](대판 2020.01.16. 2019다247385).

---

54) 민사집행법 제268조에 의하여 담보권의 실행을 위한 경매절차에 준용되는 같은 법 제91조 제5항에 의하면 유치권자는 경락인에 대하여 피담보채권의 변제를 청구할 수는 없지만 자신의 피담보채권이 변제될 때까지 유치목적물인 부동산의 인도를 거절할 수 있어 경매절차의 입찰인들은 낙찰 후 유치권자로부터 경매목적물을 쉽게 인도받을 수 없다는 점을 고려하여 입찰하게 되고 그에 따라 경매목적 부동산이 그만큼 낮은 가격에 낙찰될 우려가 있다. 이와 같이 저가낙찰로 인해 경매를 신청한 근저당권자의 배당액이 줄어들거나 경매목적물 가액과 비교하여 거액의 유치권 신고로 매각 자체가 불가능하게 될 위험은 경매절차에서 근저당권자의 법률상 지위를 불안정하게 하는 것이므로 위 불안을 제거하는 근저당권자의 이익을 단순한 사실상·경제상의 이익이라고 볼 수는 없다. 따라서 근저당권자는 유치권 신고를 한 사람을 상대로 유치권 전부의 부존재뿐만 아니라 경매절차에서 유치권을 내세워 대항할 수 있는 범위를 초과하는 유치권의 부존재 확인을 구할 법률상 이익이 있고, 심리 결과 유치권 신고를 한 사람이 유치권의 피담보채권으로 주장하는 금액의 일부만이 경매절차에서 유치권으로 대항할 수 있는 것으로 인정되는 경우에는 법원은 특별한 사정이 없는 한 그 유치권 부분에 대하여 일부 패소의 판결을 하여야 한다(대판 2016.03.10. 2013다99409).
55) 가. 확인의 소는 원고의 권리 또는 법률상의 지위에 현존하는 불안·위험이 있고, 확인판결을 받는 것이 그 분쟁을 근본적으로 해결하는 가장 유효·적절한 수단일 때에 허용된다. 그리고 확인의 이익 등 소송요건은 직권조사사항으로서 당사자가 주장하지 않더라도 법원이 직권으로 조사하여 판단하여야 하고, 사실심 변론종결 이후에 소송요건이 흠결되거나 그 흠결이 치유된 경우 상고심에서도 이를 참작하여야 한다. 다. 근저당권자에게 담보목적물에 관하여 각 유치권의 부존재 확인을 구할 법률상 이익이 있다고 보는 것은 경매절차에서 유치권이 주장됨으로써 낮은 가격에 입찰이 이루어져 근저당권자의 배당액이 줄어들 위험이 있다는 데에 근거가 있고(대법원 2016. 3. 10. 선고 2013다99409 판결, 대법원 2004. 9. 23. 선고 2004다32848 판결 등 참조), 이는 소유자가 그 소유의 부동산에 관한 경매절차에서 유치권의 부존재 확인을 구하는 경우에도 마찬가지이다. 위와 같이 경매절차에서 유치권이 주장되었으나 소유부동산 또는 담보목적물이 매각되어 그 소유권이 이전되어 소유권을 상실하거나 근저당권이 소멸하였다면, 소유자와 근저당권자는 유치권의 부존재 확인을 구할 법률상

3) 법적 불안 또는 위험의 존재

다툼이 있는 경우이어야 한다. 다만 권리관계에 대하여 당사자 사이에 아무런 다툼이 없어 법적 불안이 없으면 원칙적으로 확인의 이익이 없다고 할 것이나, 피고가 권리관계를 다투어 원고가 확인의 소를 제기하였고 당해 소송에서 피고가 권리관계를 다툰 바 있다면 특별한 사정이 없는 한 항소심에 이르러 피고(피고)가 권리관계를 다투지 않는다는 사유만으로 확인의 이익이 없다고 할 수 없다(대판 2009.01.15. 2008다74130). 그러나 ① 소멸시효완성 단계 ② 공부상 기재 때문에 권리가 위협, 방해를 받는 경우에는 다툼이 없어도 법적 불안이 있는 것으로 본다. 그리고 법률관계, 특히 권리 또는 의무의 발생, 변경, 소멸이라는 법률효과는 원인 되는 법률요건이 충족될 경우에 그 결과로서 생기므로, 당사자가 주장하는 법률효과가 동일하다고 하더라도 주장하는 법률요건이 다를 때에는 당사자 사이에 법률관계에 관한 다툼이 없다고 볼 수 없다[56](대판 2017.03.09. 2016다256968). 또한 권리관계에 대하여 당사자 사이에 아무런 다툼이 없어 법적 불안이 없으면 원칙적으로 확인의 이익이 없다고 할 것이나, 피고가 권리관계를 다투어 원고가 확인의 소를 제기하였고 당해 소송에서 피고가 권리관계를 다툰 바 있다면 특별한 사정이 없는 한 항소심에 이르러 피고(피고)가 권리관계를 다투지 않는다는 사유만으로 확인의 이익이 없다고 할 수 없다(대판 2009.01.15. 2008다74130).

4) 불안제거에 유효적절한 수단일 것(방법선택의 적절)

① 적극적 확인청구와 소극적 확인청구의 경우

이 경우에는 분쟁의 발본적 해결의 관점에서 원칙적으로 적극적 확인청구에 의해야 한다. 예를 들어 채권의 귀속에 관하여 다툼이 있는 경우, 어느 한 쪽이 다른 쪽을 상대로 채권귀속에 관한 적극적 확인을 구해야 한다[57](대판 2004.03.12. 2003다49092). 다만 원고에게 내세울 소유권이 없고

이익이 없다. 한편 민법 제575조는 '매매의 목적물이 유치권의 목적이 된 경우에 매수인이 이를 알지 못한 때에는 이로 인하여 계약의 목적을 달성할 수 없는 경우에 한하여 매수인은 계약을 해제할 수 있다. 기타의 경우에는 손해배상만을 청구할 수 있다.'고 규정하고 있고, 같은 법 제578조 제1항, 제2항은 '① 경매의 경우에는 경락인은 전 8조의 규정에 의하여 채무자에게 계약의 해제 또는 대금감액의 청구를 할 수 있다. ② 전항의 경우에 채무자가 자력이 없는 때에는 경락인은 대금의 배당을 받은 채권자에 대하여 그 대금 전부나 일부의 반환을 청구할 수 있다.'고 규정하고 있다. 위와 같이 경매절차에서 유치권이 주장되지 아니한 경우에는, 담보목적물이 매각되어 그 소유권이 이전됨으로써 근저당권이 소멸하였더라도 채권자는 유치권의 존재를 알지 못한 매수인으로부터 위 각 규정에 의한 담보책임을 추급당할 우려가 있고, 위와 같은 위험은 채권자의 법률상 지위를 불안정하게 하는 것이므로, 채권자인 근저당권자로서는 위 불안을 제거하기 위하여 유치권 부존재 확인을 구할 법률상 이익이 있다. 반면 채무자가 아닌 소유자는 위 각 규정에 의한 담보책임을 부담하지 아니하므로, 유치권의 부존재 확인을 구할 법률상 이익이 없다(대판 2020.01.16. 2019다247385).

56) 甲이 乙 주식회사의 계약 위반을 이유로 전속계약을 해지하였다고 주장하면서 전속계약의 효력이 존재하지 아니함의 확인을 구하는 소를 제기하자, 乙 회사가 소송 중 준비서면의 송달로써 甲의 계약 위반을 이유로 전속계약을 해지한다고 통지한 사안에서, 甲의 주장은 乙 회사의 계약 위반을 이유로 한 전속계약 해지를 전제로 전속계약의 효력이 존재하지 않는다는 것인데 비하여, 乙 회사는 자신의 계약 위반을 부인하며 오히려 甲의 계약 위반을 주장하고 있으므로, 甲과 乙 사이에 전속계약의 효력이 존재하지 않게 되었다는 데에 다툼이 없다고 할 수 없다(대판 2017.03.09. 2016다256968).

57) 일반적으로 채권은 채무자로부터 급부를 받는 권능이기 때문에 소송상으로도 채권자는 통상 채무자에 대하여

반면 피고의 소유권이 부정됨으로써 원고의 법적 지위에 불안이 제거되어 분쟁이 해결될 수 있는 경우에는 피고의 소유권에 대한 소극적 확인 등을 구할 수 있다(대판 1984.03.27. 83다카2337 등). 그리고 보험계약의 당사자 사이에 계약상 채무의 존부나 범위에 관하여 다툼이 있는 경우 그로 인한 법적 불안을 제거하기 위하여 보험회사는 먼저 보험수익자를 상대로 소극적 확인의 소를 제기할 확인의 이익이 있다고 할 것이다(대판(전) 2021.06.17. 2018다257958·257965). 또한 채무자가 채권자에 대하여 채무부담행위를 하고 그에 관하여 강제집행승낙문구가 기재된 공정증서를 작성하여 준 후, 공증증서에 대한 청구이의의 소를 제기하지 않고 공정증서의 작성원인이 된 채무에 관하여 채무부존재확인의 소를 제기한 경우, 그 목적이 오로지 공정증서의 집행력 배제에 있는 것이 이상 청구이의의 소를 제기할 수 있다는 사정만으로 채무부존재확인소송이 확인의 이익이 없어 부적법하다고 할 것은 아니다(대판 2013.05.09. 2012다108863).

② 본안판단의 전제문제로서 판단되어야 할 절차문제

이 경우는 당해 소송 내에서 확인하면 충분하므로 별소로 확인할 이익은 없다. 예를 들어 소취하 무효확인 등은 당해 절차 내에서 기일지정신청에 따라 그 종국판결의 이유나 중간판결에서 판단하면 충분하므로, 별소로 확인을 구할 이익은 없다(민사소송규칙 제67조 참고).

5) 확인의 소의 보충성

① 의 의

해결방법의 적절성으로서, 이행의 소를 제기할 수 있는데 확인의 소를 제기하는 것은 근본적인 해결책이 되지 못 하므로, 즉시 확정의 이익이 없다는 것을 말한다.

② 예 외

현재 손해액수의 불명확, 확인판결이 나면 피고의 임의이행이 기대될 때(특히 피고가 국가 또는 공공단체인 경우), 기본 되는 포괄적 법률관계로부터 파생하는 청구권을 주장하여 이행의 소가 가능한 경우라도, 당해 기본적 권리관계 자체의 확인을 구하는 것은 즉시확정의 필요가 있는 이상 확인의 이익이 있다[58]. 그러나 判例의 주류는 확인의 이익이 없는 것으로 본다. 예를 들어 저당

채권의 존재를 주장하고 그 급부를 구하면 되는 것이지만, 만약 하나의 채권에 관하여 2인 이상이 서로 채권자라고 주장하고 있는 경우에 있어서는 그 채권의 귀속에 관한 분쟁은 채무자와의 사이에 생기는 것이 아니라 스스로 채권자라고 주장하는 사람들 사이에 발생하는 것으로서 참칭채권자가 채무자로부터 변제를 받아버리게 되면 진정한 채권자는 그 때문에 자기의 권리가 침해될 우려가 있어 그 참칭채권자와의 사이에서 그 채권의 귀속에 관하여 즉시 확정을 받을 필요가 있고, 또 그들 사이의 분쟁을 해결하기 위하여는 그 채권의 귀속에 관한 확인판결을 받는 것이 가장 유효 적절한 권리구제 수단으로 용인되어야 할 것이므로 스스로 채권자라고 주장하는 어느 한쪽이 상대방에 대하여 그 채권이 자기에게 속한다는 채권의 귀속에 관한 확인을 구하는 청구는 그 확인의 이익이 있으나, 자기의 권리 또는 법률상의 지위를 부인하는 상대방이 자기 주장과는 양립할 수 없는 제3자에 대한 권리 또는 법률관계를 주장한다고 하여 상대방 주장의 그 제3자에 대한 권리 또는 법률관계가 부존재한다는 것만의 확인을 구하는 것은, 설령 그 확인의 소에서 승소판결을 받는다고 하더라도 그 판결로 인하여 상대방에 대한 관계에서 자기의 권리가 확정되는 것도 아니고 그 판결의 효력이 제3자에게 미치는 것도 아니어서 그와 같은 부존재확인의 소는 자기의 권리 또는 법률적 지위에 현존하는 불안·위험을 해소시키기 위한 유효 적절한 수단이 될 수 없으므로 확인의 이익이 없다 할 것이다(대판 2004.03.12. 2003다49092).

58) 매수인이 매도인에 대해 매매계약무효확인을 구하는 것에 대해, 일부 수험서에서는 이를 대상적격은 있으나 부당이득반환청구(매매대금반환청구) 등의 이행의 소가 가능한데 확인의 소를 제기한 것이므로 이는 즉시확정

권설정계약에 의한 피담보채무의 부존재확인청구와 함께 그 저당권설정등기의 말소청구를 한 경우에 피담보채무의 부존재를 이유로 그 등기말소청구를 하면 되고 별도로 그 채무부존재확인의 청구는 확인의 이익이 없고(대판 2000.04.11. 2000다5640), 매도인이 매수인의 미등기건물을 매수하였을 때 매도인은 매수인에게 소유권이전등기의 이행을 구하면 되고 그 건물에 대한 사용·수익·처분권이 자신에게 있다는 확인청구는 확인의 이익 없다(대판 2008.07.10. 2005다41153).

6) 행정소송법상의 무효확인청구

判例는 "행정처분의 근거 법률에 의하여 보호되는 직접적이고 구체적인 이익이 있는 경우에는 행정소송법 제35조에 규정된 '무효확인을 구할 법률상 이익'이 있다고 보아야 하고, 이와 별도로 무효확인소송의 보충성이 요구되는 것은 아니므로 행정처분의 무효를 전제로 한 이행소송 등과 같은 직접적인 구제수단이 있는지 여부를 따질 필요가 없다(대판(전) 2008.03.20. 2007두6342)."고 판시하고 있다.

7) 국가를 상대로 한 토지소유권확인청구

국가를 상대로 한 토지소유권확인청구는 그 토지가 미등기이고 토지대장이나 임야대장상에 등록명의자가 없거나 등록명의자가 누구인지 알 수 없을 때와 그 밖에 국가가 등기 또는 등록명의자인 제3자의 소유를 부인하면서 계속 국가소유를 주장하는 등 특별한 사정이 있는 경우에 한하여 그 확인의 이익이 있다59)(대판 2009.10.15. 2009다48633).

▶ 확인의 이익에 관한 判例

1. 부동산등기법 제92조 제1항에 따라 丙 회사의 위 가압류등기가 직권으로 말소되는지가 위 가등기가 순위보전을 위한 가등기인지 담보가등기인지에 따라 결정되는 것이 아니므로, 丙 회사의 법률상 지위에 현존하는 불안·위험이 존재한다고 볼 수 없고, 만약 위 가등기가 담보가등기임에도 乙이 청산절차를 거치지 않은 채 본등기를 마친다면, 丙 회사로서는 甲을 대위하여 본등기의 말소를 구할 수 있고 그에 따라 위 가

의 이익이 없어 확인의 이익이 없다고 하고 있다. 하지만 확인의 소의 보충성이 의미하는 것은 이행의 소가 가능한데 이행청구권 자체의 확인을 구하는 경우는 부적법하다는 의미이지, 기본법률관계에 다툼이 있어 매매계약관계 자체의 무효확인을 구하는 것은 현재의 채권채무관계가 존재하지 아니한다는 것을 청구하는 것으로 이는 즉시 확정의 필요가 인정된다고 본다(전병서, 240면도 유사한 입장이다.). 또한 判例가 매매계약무효확인청구를 부적법각하한 사안들은 이를 검토해보면 확인의 이익이 없어 각하한 것이 아니라 다른 이유로 각하한 사안들이다(대법 1987.7.7. 86다카2675 등 참조). 그리고 判例는 매매계약해제확인청구에 대해서는 "매매계약해제의 효과로서 이미 이행한 것의 반환을 구하는 이행의 소를 제기할 수 있을지라도 그 기본 되는 매매계약의 존부에 대하여 다툼이 있어 즉시 확정의 이익이 있는 때에는 계약이 해제되었음의 확인을 구할 수도 있는 것이므로 매매계약이 해제됨으로써 현재의 법률관계가 존재하지 않는다는 취지의 소는 확인의 이익이 있다(대판 1982.10.26. 82다108)."고 있다.

59) 「공간정보의 구축 및 관리 등에 관한 법률」 제87조 제4호에 의하면 채권자는 자기의 채권을 보전하기 위하여 채무자인 토지소유자가 위 법에 따라 하여야 하는 신청을 대위할 수 있으나, 같은 법 제84조에 따른 지적공부의 등록사항 정정은 대위하여 신청할 수 없다. 토지대장상의 소유자 표시 중 주소 기재의 일부가 누락된 경우에는 등록명의자가 누구인지 알 수 없는 경우에 해당하여 그 토지대장에 의하여 소유권보존등기를 신청할 수 없고, 토지대장상 토지소유자의 채권자는 토지소유자를 대위하여 토지대장상 등록사항을 정정할 수 없으므로, 토지대장상 토지소유자의 채권자는 소유권보존등기의 신청을 위하여 토지소유자를 대위하여 국가를 상대로 소유권확인을 구할 이익이 있다고 보아야 한다(대판 2019.05.16. 2018다242246).

압류등기도 회복시킬 수 있을 것이므로, 담보가등기라는 확인의 판결을 받는 것 외에 달리 구제수단이 없다고 보기 어려운데도, 丙 회사의 청구가 확인의 이익이 있다고 본 원심판단에 법리오해의 잘못이 있다(대판 2017.06.29. 2014다30803).

2. 시장·군수·구청장 등으로부터 면허를 받아 어업권을 취득하기 전이라면 법적으로 보호되는 어촌계의 업무구역이 존재한다고 할 수 없으므로, 설사 면허를 받게 될 업무구역의 경계에 관하여 다른 어촌계와 다툼이 있을 여지가 있다고 하더라도 그러한 사정만으로 원고의 현재의 권리 또는 법률상 지위에 어떠한 구체적인 불안이나 위험이 있다고 할 수 없다. 또한 시장·군수·구청장 등이 다른 어촌계의 업무구역과 중복된다는 등의 이유로 어업면허를 거부하거나 취소하는 등의 처분을 하는 경우에는 행정처분의 효력을 다투는 항고소송의 방법으로 처분의 취소 또는 무효확인을 구하는 것이 분쟁을 해결하는 데에 직접적인 수단이 되는 것이므로, 그와 별도로 민사상 다른 어촌계를 상대로 업무구역의 확인을 구하는 것은 원고의 법적 지위에 대한 불안·위험을 제거하는 데 가장 유효·적절한 수단이라고 보기도 어렵다(대판 2017.07.11. 2017다216271).

3. 파산채무자에 대한 면책결정의 확정에도 불구하고 어떠한 채권이 비면책채권에 해당하는지 여부 등이 다투어지는 경우에 채무자는 면책확인의 소를 제기함으로써 권리 또는 법률상 지위에 현존하는 불안·위험을 제거할 수 있다. 그러나 면책된 채무에 관한 집행권원을 가지고 있는 채권자에 대한 관계에서 채무자는 청구이의의 소를 제기하여 면책의 효력에 기한 집행력의 배제를 구하는 것이 법률상 지위에 현존하는 불안·위험을 제거하는 유효적절한 수단이 된다. 따라서 이러한 경우에도 면책확인을 구하는 것은 분쟁의 종국적인 해결 방법이 아니므로 확인의 이익이 없어 부적법하다(대판 2017.10.12. 2017다17771).

4. 확인의 소에는 권리보호요건으로서 확인의 이익이 있어야 하고, 확인의 이익은 원고의 권리 또는 법률상의 지위에 현존하는 불안·위험이 있고 확인판결을 받는 것이 불안·위험을 제거하는 가장 유효·적절한 수단일 때에 인정된다. 지상권은 용익물권으로서 담보물권이 아니므로 피담보채무라는 것이 존재할 수 없다. 근저당권 등 담보권 설정의 당사자들이 담보로 제공된 토지에 추후 용익권이 설정되거나 건물 또는 공작물이 축조·설치되는 등으로 토지의 담보가치가 줄어드는 것을 막기 위하여 담보권과 아울러 설정하는 지상권을 이른바 담보지상권이라고 하는데, 이는 당사자의 약정에 따라 담보권의 존속과 지상권의 존속이 서로 연계되어 있을 뿐이고, 이러한 경우에도 지상권의 피담보채무가 존재하는 것은 아니다. 따라서 지상권설정등기에 관한 피담보채무의 범위 확인을 구하는 청구는 원고의 권리 또는 법률상의 지위에 관한 청구라고 보기 어려우므로, 확인의 이익이 없어 부적법하다(대판 2017.10.31. 2015다65042).

5. 채무자가 채무초과의 상태에 이미 빠졌거나 그러한 상태가 임박함으로써 채권자가 원래라면 자기 채권의 충분한 만족을 얻을 가능성이 현저히 낮아진 상태에서 이미 채무자 소유의 목적물에 저당권 기타 담보물권이 설정되어 있어서 유치권의 성립에 의하여 저당권자 등이 그 채권 만족상의 불이익을 입을 것을 잘 알면서 자기 채권의 우선적 만족을 위하여 위와 같이 취약한 재정적 지위에 있는 채무자와의 사이에 의도적으로 유치권의 성립요건을 충족하는 내용의 거래를 일으키고 그에 기하여 목적물을 점유하게 됨으로써 유치권이 성립하였다면, 유치권자가 그 유치권을 저당권자 등에 대하여 주장하는 것은 다른 특별한 사정이 없는 한 신의칙에 반하는 권리행사 또는 권리남용으로서 허용되지 아니한다. 그리고 저당권자 등은 경매절차 기타 채권실행절차에서 위와 같은 유치권을 배제하기 위하여 그 부존재의 확인 등을 소로써 청구할 수 있다고 할 것이다(대판 2011.12.22. 2011다84298).

6. 과거 일정기간 동안의 혼인관계의 존부의 문제라 해도 혼인무효의 효과는 기왕에 소급하는 것이고 그것이 적출자의 추정, 재혼의 금지 등 당사자의 신분법상의 관계 또는 연금관계법에 기한 유족연금의 수급자격, 재산상속권 등 재산법상의 관계에 있어 현재의 법률상태에 직접적인 중대한 영향을 미치는 이상 그 무효확인을 구할 정당한 법률상의 이익이 있다 할 것이다(대판 1978.07.11. 78므7).

(4) 증서의 진정여부를 확인하는 소

관련사례

임차인 甲은 임대인 乙을 상대로 임대차보증금 반환청구의 소를 제기한 후에 임대차계약서에 대해 증서의 진정여부를 확인하는 소를 제기하였다면 이는 적법한가? 만약 임대차보증금 반환청구의 소를 제기하기 전이라면 어떠한가?

해 설

서면에 의하여 증명되어야 할 법률관계를 둘러싸고 이미 소가 제기되어 있는 경우에는 그 소송에서 분쟁을 해결하면 되므로 그와 별도로 임대차계약서의 진정여부를 확인하는 소를 제기하는 것은 확인의 이익이 없어 부적법하지만, 소가 제기되기 전이라면 임대차계약서의 진정여부의 확인을 구하는 소는 확인의 이익이 있어 적법하다(대판 2007.06.14. 2005다29290·29306).

1) 의 의

민사소송법이 예외적으로 사실관계의 확인을 구하는 소를 인정하는 경우이다(제250조).

2) 요 건

① 법률관계를 증명하는 서면

'법률관계를 증명하는 서면'이란 그 기재 내용으로부터 직접 일정한 현재의 법률관계의 존부가 증명될 수 있는 서면을 말한다(대판 1967.03.21. 66다2154 등). 예를 들어 어음·수표 등의 유가증권, 정관·매매계약서·차용증서·각종 각서 등을 말한다. 따라서 대차대조표나 회사결산보고서는 사실관계의 보고문서에 지나지 않는다고 하여 그 대상이 아니고(대판 1967.03.21. 66다2154), 당사자신문조서도 대상이 아니다(대판 1974.11.23. 74다24). 그리고 세금계산서도 재화·용역을 공급한 과거의 사실을 증명하기 위한 보고문서라 하여 대상이 되지 않는다(대판 2001.12.24. 2001다53714). 임대차보증금의 영수증도 직접 임대차관계의 존부를 증명하는 서면이 아니라고 하여 그 대상이 되지 않는다(대판 2007.06.14. 2005다29270).

② 진정여부

서면이 그 작성명의자에 의해 작성된 것인가 아니면 위조·변조되었는가를 말하는 것이지, 내용의 진정을 뜻하는 것이 아니다(대판 1991.12.10. 91다15317).

③ 확인의 이익

원고의 권리 또는 법적 지위의 위험·불안을 제거함에 문서의 진정여부 확인이 필요하고 적절한 수단이 되어야 함을 이른다. 따라서 서면에 의하여 증명되는 법률관계에 대하여 당사자 간에 다툼이 없거나 법률관계가 소멸되면 확인의 이익이 없다(대판 1967.10.25. 66다2489). 그리고 서면에 의하여 증명되어야 할 법률관계를 둘러싸고 이미 소가 제기되어 있는 경우에는 그 소송에서 분쟁을 해결하면 되므로 그와 별도로 서면의 진정여부를 확인하는 소를 제기하는 것은 확인의 이익이 없다(대판 2007.06.14. 2005다29290·29306).

3. 형성의 소

(1) 원 칙

원칙적으로 특별한 규정을 두고 있는 경우에 한하여 제기할 수 있으며, 법률의 규정에 따라 제기한 경우에는 원칙적으로 소의 이익이 인정된다. 따라서 토지 경계가 불분명하여 다툼이 있는 경우 토지경계확정의 소의 권리보호이익이 인정되지만, 당사자가 주장하는 경계선에 법원이 기속되지는 아니한다[60](대판 1993.11.23. 93다41792).

(2) 예 외

1) 사정변경의 경우

소송 전 또는 소송 중 사정변경에 의해 형성의 필요가 없게 된 경우 권리보호의 필요가 없게 된 경우인데, 이를 살펴본다. 먼저 형성판결에 소급효가 인정되지 않고 장래효만 있는 경우에는 형성의 대상이 소멸하면 권리보호의 필요가 소멸한다. 이의 예로는 이혼소송 중에 협의이혼이 성립하거나 부부 한 쪽이 사망하는 경우를 들 수 있다. 그러나 형성판결이 소급효를 가지는 경우에는 형성의 대상이 소멸해도 권리보호의 필요가 소멸되지 않는다. 예를 들어 협의이혼으로 혼인관계가 해소된 경우에도 (혼인무효확인청구를 형성소송으로 본다면) 혼인무효확인청구는 권리보호이익이 있다. 주주총회결의의 형식적 흠을 원인으로 결의취소의 소를 제기한 경우에도 회사에서 흠이 없는 새로운 결의를 하면 결의취소의 소의 권리보호이익이 소멸 한다(대판 1995.02.24. 94다50427). 그리고 채권자가 채무자의 부동산에 관한 사해행위를 이유로 수익자를 상대로 그 사해행위의 취소 및 원상회복을 구하는 소송을 제기하여 그 소송계속 중 위 사해행위가 해제 또는 해지되고 채권자가 그 사해행위의 취소에 의해 복귀를 구하는 재산이 벌써 채무자에게 복귀한 경우에는, 특별한 사정이 없는 한, 그 채권자취소소송은 이미 그 목적이 실현되어 더 이상 그 소에 의해 확보할 권리보호의 이익이 없어지는 것이고, 이는 그 목적재산인 부동산의 복귀가 그 이전등기의 말소 형식이 아니라 소유권이전등기의 형식을 취하였다고 하여 달라지는 것은 아니다(대판 2008.03.27. 2007다85157). 또한 제3자이의의 소는 강제집행의 목적물에 대하여 소유권이나 양도 또는 인도를 저지하는 권리를 가진 제3자가 그 권리를 침해하여 현실적으로 진행되고 있는 강제집행에 대하여 이의를 주장하고 집행의 배제를 구하는 소이므로, 당해 강제집행이 종료된 후에 제3자이의의 소가 제기되거나 또는 제3자이의의 소가 제기된 당시 존재하였던 강제집행이 소송계속 중 종료된 경우에는 소의 이익이 없어 부적법하다(대판 1996.11.22. 96다37176).

---

[60] 토지경계확정의 소는 인접한 토지의 경계가 사실상 불분명하여 다툼이 있는 경우에 재판에 의하여 그 경계를 확정하여 줄 것을 구하는 소송으로서, 토지소유권의 범위의 확인을 목적으로 하는 소와는 달리, 인접한 토지의 경계가 불분명하여 그 소유자들 사이에 다툼이 있다는 것만으로 권리보호의 필요가 인정된다. 토지경계확정의 소에 있어서 법원으로서는 원·피고 소유의 토지들 내의 일정한 지점을 기초점으로 선택하고 이를 기준으로 방향과 거리 등에 따라 위치를 특정하는 등의 방법으로 지적도상의 경계가 현실의 어느 부분에 해당하는지를 명확하게 표시할 필요가 있고, 당사자가 쌍방이 주장하는 경계선에 기속되지 아니하고 스스로 진실하다고 인정하는 바에 따라 경계를 확정하여야 한다(대판 1993.11.23. 93다41792).

2) 다른 권리구제절차가 있는 경우

형성의 소에 의하지 않고 더 간편한 방법이나 다른 권리구제절차가 있는 경우에는 형성의 소는 권리보호이익이 없다. 예를 들어 지상물철거와 이를 불이행하는 경우 대집행한다는 내용의 계고처분을 한 경우에 그에 따라 대집행이 완료되었다면, 철거명령의 위법을 이유로 국가배상청구를 하여야 하는 것이지, 계고처분취소청구는 권리보호이익이 없다(대판 1993.06.08. 93누6164).

Ⅳ 소송상의 취급

소의 이익은 소송요건의 일종으로 직권조사사항이고, 본안판결의 요건이다. 따라서 이의 흠결이 있을 때에는 소를 부적법 각하판결 하여야 한다는 것이 통설, 判例이다[61].

제5절 소송물

Ⅰ 서 설

1. 의의 및 규정

소송물은 강학상의 표현으로 일반적으로 소송의 객체, 소송상의 청구, 심판의 대상으로 표현된다(민사집행법 제309조 참고). 민사소송법에는 사건(제259조), 소(제267조 2항), 주문(제216조 1항), 청구(제262조, 제253조), 신청(제203조)으로 규정되어 있다.

2. 비교개념

처분권주의에서 소송물은 원고가 특정할 책임이다. 피고의 방어방법은 아무런 관계가 없다(단 소극적 확인의 소는 예외). 청구의 목적물=계쟁물과는 구별하여야 한다. 소송에 이르게 된 사실관계 자체는 소송물 아니다.

---

[61] 다만 권리보호청구권설에서는 이를 원고승소판결요건으로 보아 그 흠결이 있는 경우 청구기각판결을 해야 한다고 본다(호문혁).

Ⅱ 민사소송에 있어 소송물[62] 식별기준에 대한 견해 대립

1. 학 설

　　구소송물이론(구실체법설)은 원고가 소송에서 주장하고 있는 실체법상의 권리 그 자체를 소송물로 파악한다. 즉 이 견해는 소장의 청구취지 뿐만 아니라 청구원인상의 주장하는 권리까지도 고려하여 소송물을 식별해야 한다는 견해이다. 신소송물이론(소송법설)은 소송물을 실체법상 권리에 구애받지 않고 소송법 독자의 관점에서 파악하고자 하는 견해로서 ① 신청과 사실관계[63][64](Sachverhalt, 우리 법의 청구원인의 사실관계)라는 두 가지 요소에 기해 소송물을 식별하는 이지설(이원설, Leo Rosenberg), ② 소송물을 오로지 신청(Antrag, 우리 법의 청구취지)이라는 소송법적 요소로만 식별하여 청구원인에서 판단되는 실체법상 권리를 법적 관점 내지는 공격방어방법으로 보는 일지설(일원설, 다만 이 설도 금전·대체물청구소송 같은 경우는 동일당사자 사이에 복수의 채권이 존재할 가능성이 있으므로 이 경우에는 청구원인의 사실관계까지 고려한다. Karl Heinz Schwab)로 나뉜다.

2. 判例[65]

　　判例는 보통파 종자를 옥파 종자로 속여 판 사안에서 "불법행위를 원인으로 손해배상청구에

---

[62] 소송물에 대한 논의는 1925년 로젠베르크(Leo Rosenberg)가 이를 문제로 삼은 이래 오늘날까지 계속되고 있는데, 이 논쟁의 테마는 다음 세 가지로 요약된다. ① 첫째로 소송물의 정의 또는 방향에 관한 것인데 이는 소송물은 피고에 대한 권리주장인가(권리주장설), 법원에 대한 특정한 판결의 요구인가(요구설)라는 문제이다. 하지만 청구(소송물)는 권리주장이라는 면에서 상대방에 대한 주장임과 동시에, 법원에 대한 심판요구라는 면에서 법원에 대한 주장이라는 양면을 모두 가지므로 논쟁의 실익이 없어 소송물 논쟁의 관심 밖에 있다. ② 둘째로 소송물의 단복·이동에 관한 식별기준이 무엇인가에 대한 논의인데 이것이 현재 소송물 논쟁의 핵심을 이루고 있다. 이는 구실체법설, 소송법설 및 신실체법설이 대립하고 있고, 소송법설은 다시 이지설과 일지설로 나뉜다. ③ 셋째로 소송물개념의 상대성에 관한 것이다. 이것은 소송물의 개념을 소송절차의 지배원리, 소의 종류 및 소송물의 기능국면을 불문하고 통일적으로 구성할 것이냐 아니면 위 각 요소를 고려하여 개별적으로 구성할 것이냐의 문제이다. 물론 소송물의 상대성을 강조하는 견해는 소송물의 개념이 소송절차의 각 국면에서 수행하는 역할을 명백히 한 공적이 있으나 모든 경우에 통용되는 통일적인 소송물 개념이 가능하다면 그편이 나을 것이므로, 통일적 소송물개념을 취하는 것이 타당하다고 생각된다(정동윤·유병현 239-240면 참조).

[63] 이 경우 사실관계를 어떻게 파악하느냐가 문제인데, 이 설에서는 실체법상의 권리 또는 법률관계를 발생 또는 구성하는데 필요한 사실을 뜻하는 것으로 좁게 풀이하지 않고, 이보다 훨씬 넓게 사회적·역사적으로 볼 때 하나라고 할 수 있는 일련의 사실관계를 뜻하는 것으로 풀이하는데 그 안에서 다시 ① 역사적 개별현상설과 ② 전체로서의 생활관계설이 대립하고 있다(정동윤·유병현, 231면 참조).

[64] 이분지설은 이 사실관계의 모호함으로 인해 비판 받고 있으나, Habscheid는 '생활상의, 자연스럽게 내용적으로 결정된 권리요구에 비추어 하나의 단위를 구성하는 사실의 전체로서의 생활사실관계라는 개념이 그 윤곽이 명확하지 못하기 때문에 모든 문제를 100%해결할 수 없다는 점은 나도 인정한다. 그러나 이런 점은 실체법도 마찬가지이다. 손해배상청구권에서 인과관계의 적합성에 관하여도 구체적 문제에 있어서는 다툼이 있을 수 있다. 어떻든 사람들이 더 좋은 기준을 찾아내지 않는 한 나는 이 입장을 견지할 것이다.'라고 하면서 이분지설을 지지하고 있다(호문혁, 민사소송법연구(Ⅰ),3 91면 참조).

[65] 저작인격권이나 저작재산권을 이루는 개별적인 권리들은 저작인격권이나 저작재산권이라는 동일한 권리의 한 내용에 불과한 것이 아니라 각 독립적인 권리로 파악하여야 하므로 위 각 권리에 기한 청구는 별개의 소송물이 된다(대판 2013.07.12. 2013다22775).

대하여 채무불이행을 원인으로 한 손배배상을 명하는 것은 당사자가 신청하지 아니한 사항을 판결한 것이므로 처분권주의에 반하여 위법하다(대판 1963.07.25. 63다241 등)."고 하여 <u>구소송물이론의 입장</u>이다.

3. 검 토

변호사소송이 아닌 당사자소송이 다수인 현실에서는 기판력의 범위를 좁혀 원고의 이익보호에 유리한 구소송물이론이 기본적으로 타당하다.

III 확인의 소에 있어서 소송물의 식별

1. 학 설

통설은 확인을 구하는 권리관계는 청구취지에 기재하는 것이 통례이므로, 청구취지만으로 소송물의 동일성이 식별되며, 따로 청구원인에 의한 보충이 필요 없다고 하여 <u>청구취지만이 소송물이고 청구원인에서 주장되는 사실관계는 공격·방어방법에 불과하다고 한다</u>(이행의 소에서의 구소송물이론은 이 결론을 취하고, 특히 신소송물이론 중 이 결론을 취하는 경우 청구취지만에 의해 특정된다는 면에서 이를 일원설이라고도 한다. 그리고 이지설 중에서 확인의 소에 있어서만은 이 입장을 취할 경우는 예외를 이루므로 예외설이 된다). 유력설은 확인의 소에 있어서도 이지설을 일관하여 <u>청구취지뿐 아니라 청구원인의 사실관계까지 고려하여 소송물을 식별해야 한다고 한다</u>(사실관계까지 고려한다는 면에서 이원설이라고도 하고, 이분지설 중에서 이 입장을 취할 경우에는 일관하는 태도를 보이므로 일관설이 된다).

2. 판 례

판례는 전소의 피고가 토지에 대한 소유권확인의 소의 패소확정판결을 받고 나서, 다시 변론종결전의 사유인 매매나 취득시효의 완성을 주장한 사안에서 "<u>특정한 토지에 대한 소유권확인의 본안판결이 확정되면 그에 대한 권리 또는 법률관계가 그대로 확정되는 것이므로 그 사건의 변론종결 전에 그 확인원인이 되는 다른 사실이 있었다 하더라도 그 확정판결의 기판력은 거기까지 미친다</u>(대판 1987.03.10. 84다카2132)."고 하여 통설의 입장이다. 그러나 전소에서 원고가 단독상속인이라고 주장하여 소유권확인을 구하였으나 공동상속인에 해당한다는 이유로 상속분에 해당하는 부분에 한해 원고의 청구를 인용하는 판결이 선고되어 확정된 경우, 전소의 기판력이 전소 변론종결 후 상속재산분할협의에 의하여 원고가 소유권을 취득한 나머지 상속분에 대한 소유권확인을 구하는 후소에 미치지 않는다[66](대판 2011.06.30. 2011다24340, 기판력의 시적 범위).

---

66) 소유권확인청구의 소송물은 소유권 자체의 존부이므로, 전소에서 원고가 소유권을 주장하였다가 패소 판결이 확정되었다고 하더라도, 전소 변론종결 후에 소유권을 새로이 취득하였다면 전소의 기판력이 소유권확인을 구하는 후소에 미칠 수 없는데, 상속재산분할협의가 전소 변론종결 후에 이루어졌다면 비록 상속재산분할의 효력이 상속이 개시된 때로 소급한다 하더라도, 상속재산분할협의에 의한 소유권 취득은 전소 변론종결 후에 발생한 사유에 해당한다. 따라서 전소에서 원고가 단독상속인이라고 주장하여 소유권확인을 구하였으나 공동상속인에 해당한다는 이유로 상속분에 해당하는 부분에 대해서만 원고의 청구를 인용하고 나머지 청구를 기각하

3. 검 토

확인의 소는 그 청구하는 권리관계 자체가 청구취지에서 분명하게 드러나므로[67] 청구취지만으로 식별이 가능하다는 통설, 判例의 입장이 타당하다(정동윤·유병현·김경욱).

Ⅳ 판례 입장의 유형화

1. 이행의 소

(1) 원칙적 입장

판례의 주류는 구이론의 입장에서 청구원인에 의하여 특정되는 실체법상의 권리관계를 소송물로 보며, 청구원인에 의하여 동일성이 식별되는 것으로 본다. 따라서 <u>부당이득반환청구권과 불법행위로 인한 손해배상청구권은 서로 실체법상 별개의 청구권으로 존재하고 그 각 청구권에 기초하여 이행을 구하는 소는 소송법적으로도 소송물을 달리한다</u>[68](대판 2013.09.13. 2013다45457).

(2) 점유권소송과 본권소송

동일물의 반환청구를 소유권에 기한 경우와 점유권에 기한 경우가 별개의 소송물에 관한 청구이므로, 전자의 청구임이 명백하면 후자의 청구인가에 대해 석명할 의무가 없다(대판 1996.06.14. 94다53006).

는 판결이 선고되어 확정되었다면, 전소의 기판력은 전소 변론종결 후에 상속재산분할협의에 의해 원고가 소유권을 취득한 나머지 상속분에 관한 소유권확인을 구하는 후소에는 미치지 않는다(대판 2011.06.30. 2011다24340).

[67] 정동윤·유병현·김경욱, 제6판, 281면은 "먼저 ① 청구권 확인의 경우 'ㅇ년 ㅇ월 ㅇ일 체결된 원·피고 사이의 소비대차에 기한 금ㅇ만원의 대여금채권은 존재하지 아니함을 확인한다.'라고 청구취지를 적고 있어서 청구취지에 청구권의 발생원인사실까지 표시되는 것이 보통이므로, 청구취지 외에 따로 청구원인의 도움 없이도 소송물이 특정된다. 그리고 ② 절대권 확인의 경우, 'ㅇㅇ토지는 원고의 소유임을 확인한다'라는 소유권의 확인은 청구취지만으로 특정된다. 이 경우에는 일물일권주의에 의하여 특정물과 그에 대한 권리를 기재하면 충분하고, 청구원인의 기재는 불필요하다. 청구원인에는 매매·취득시효등 소유권의 취득원인이 기재되는데, 이는 확인하려는 권리(소유권)의 성질에 아무 영향을 주지 못한다. 왜냐하면 그 토지를 매수한 경우의 소유권과 이를 시효취득한 경우의 소유권이 달라지는 것은 아니기 때문이다. 이러한 해석은 일견 이지설의 입장과 배치되는 듯 하지만, 절대권 확인의 경우에는 절대권의 속성에서 나오는 것이고, 상대권의 경우에는 청구취지 안에 청구원인에 기재할 사항이 포함되어 있기 때문이며, 확인의 소에 한하여 소송물을 달리 구성하는 것이 아님을 주의해야 한다."고 서술하고 있다.

[68] <u>부당이득반환청구권과 불법행위로 인한 손해배상청구권은 서로 실체법상 별개의 청구권으로 존재하고 그 각 청구권에 기초하여 이행을 구하는 소는 소송법적으로도 소송물을 달리하므로</u>, 채권자로서는 어느 하나의 청구권에 관한 소를 제기하여 승소 확정판결을 받았다고 하더라도 아직 채권의 만족을 얻지 못한 경우에는 다른 나머지 청구권에 관한 이행판결을 얻기 위하여 그에 관한 이행의 소를 제기할 수 있다. 그리고 채권자가 먼저 부당이득반환청구의 소를 제기하였을 경우 특별한 사정이 없는 한 손해 전부에 대하여 승소판결을 얻을 수 있었을 것임에도 우연히 손해배상청구의 소를 먼저 제기하는 바람에 과실상계 또는 공평의 원칙에 기한 책임제한 등의 법리에 따라 그 승소액이 제한되었다고 하여 그로써 제한된 금액에 대한 부당이득반환청구권의 행사가 허용되지 않는 것도 아니다(대판 2013.09.13. 2013다45457).

(3) 상사소송

상법 제148조에 의한 손해배상청구권과 불법행위에 기한 손해배상청구권은 소송물이 다르다고 하였고(대판 1962.06.21. 62다102), 수치인이 목적물을 멸실함으로써 계약상 반환의무의 불이행과 불법행위에 의한 손해배상을 주장하면 청구의 병합이 된다(대판 (전) 1983.03.22. 82다카1533)고 하여 소송물을 다르게 본다. 어음채권에 기한 청구와 원인채권에 기한 청구도 별개의 소송물임을 전제로 이를 동시에 주장하면 청구병합이 되고, 어음채권에 기한 청구에서 원인채권에 기한 청구로 다르게 주장하는 것은 청구의 변경이 된다고 한다(대판 1961.11.02. 4293민상325 등).

(4) 등기소송

이전등기청구사건에 있어서 등기원인을 전소에서는 매매(또는 대물변제)를 후소에서는 취득시효완성을 주장하면서 청구하는 경우, 공격방어방법의 차이가 아니라 등기청구권의 발생원인의 차이라 하여 소송물이 별개라는 전제[69]에서 전소의 기판력은 후소에 미치지 않는다고 본다[70](대판 1996.08.23. 94다49922). 이에 반해 말소등기소송의 소송물은 등기원인무효를 주장하는 것이면 어느 경우나 막론하고 하나의 소송물로 보아야 하고, 그 원인을 달리 구성한다고 해도 공격방법의 차이에 지나지 않는다[71]고 본다. 다만 근저당권말소등기청구권의 발생원인인 등기원인의 무효를 들어 말소등기청구를 하는 것과 계약상 권리에 기하여 원상회복으로서 근저당권말소등기청구를 하는 것은 별개의 소송물이다[72](대판 1986.09.23. 85다353).

---

[69] 소유권이전등기청구사건에 있어서 등기원인을 달리하는 경우에는 그것이 단순히 공격·방어방법의 차이에 불과한 것이 아니고 등기원인별로 별개의 소송물로 인정 된다(대판 1996.08.23. 94다49922).

[70] 대물변제예약에 기한 소유권이전등기청구권과 매매계약에 기한 소유권이전등기청구권은 그 소송물이 서로 다르므로 동일한 계약관계에 대하여 그 계약의 법적 성질을 대물변제의 예약이라고 하면서도 새로운 매매계약이 성립되었음을 인정하여 매매를 원인으로 한 소유권이전등기 절차를 이행할 의무가 있다고 하는 것은 위법하다(대판 1997.04.25. 96다32133).

[71] 말소등기청구사건의 소송물은 당해 등기의 말소등기청구권이고 그 동일성 식별의 표준이 되는 청구원인, 즉 말소등기청구권의 발생원인은 당해 등기원인의 무효라 할 것으로서 등기원인의 무효를 뒷받침하는 개개의 사유는 독립된 공격방어방법에 불과하여 별개의 청구원인을 구성하는 것이 아니라 할 것이므로 전소에서 원고가 주장한 사유나 후소에서 주장하는 사유들은 모두 등기의 원인무효를 뒷받침하는 공격방법에 불과할 것일 뿐 그 주장들이 자체로서 별개의 청구원인을 구성한다고 볼 수 없고 모두 전소의 변론종결 전에 발생한 사유라면 전소와 후소는 그 소송물이 동일하여 후소에서의 주장사유는 전소의 확정판결의 기판력에 저촉되어 허용될 수 없는 것이다(대판 1993.06.29. 93다11050). 다만 최근에는 "원고의 피상속인이 후행 보존등기가 중복등기에 해당하여 무효임을 주장하지 않고, 자신이 진정한 상속인이고 후행 보존등기로부터 상속을 원인으로 이루어진 소유권이전등기의 명의인은 진정한 상속인이 아니므로 그 소유권이전등기는 무효이고 그에 이어 이루어진 소유권이전등기도 무효라고 주장하여 소유권말소등기의 소를 제기하였다가 그 소가 상속회복청구의 소에 해당하고 제척기간이 경과하였다는 이유로 패소 판결이 확정되었다고 하더라도, 후행 보존등기가 중복등기에 해당하여 무효라는 이유로 말소등기를 구하는 원고의 후소는 패소 판결이 확정된 전소와 청구원인을 달리하는 것이어서 전소의 기판력에 저촉되지 않는다(대판 2011.07.14. 2010다107064)."고 한 것이 있다.

[72] 원고가 제1심에서 사기에 의한 의사표시취소를 원인으로 한 근저당권설정등기의 말소청구와 함께 피담보채무의 부존재를 원인으로 한 근저당권설정등기의 말소청구를 하였다가 청구기각의 본안판결을 받은 후 항소심에서 위 기망을 원인으로 한 말소청구부분만을 유지하고 피담보채무의 부존재를 원인으로 한 말소청구는 철회하여 적법히 취하한 후 다시 같은 청구를 추가한 경우, 위 청구들은 각 그 청구원인을 달리하는 별개의 독립된 소송물로서 선택적 병합관계에 있다고 볼 것이고 동일한 소송물로서 그 공격방법만을 달리하는 것은 아니므로 위 피담보채무의 부존재를 원인으로 한 말소청구는 종국판결인 제1심판결의 선고후 취하되었다가 다시 제기된

(5) 인명사고 소송

불법행위로 말미암아 신체의 상해를 입었기 때문에 가해자에게 대하여 손해배상을 청구할 경우에 있어서는 그 소송물인 손해는 통상의 치료비 따위와 같은 적극적 재산상 손해와 일실수익 상실에 따르는 소극적 재산상 손해 및 정신적 고통에 따르는 정신적 손해(위자료)의 3가지로 나누어진다고 볼 수 있고 일실수익상실로 인한 소극적 재산상 손해로서는 예를 들면 일실 노임 일실상여금 또는 후급적 노임의 성질을 띤 일실퇴직금 따위가 모두 여기에 포함된다(대판 1976.10.12. 76다1313).

2. 확인의 소

(1) 주주총회결의 관련소송

회사의 총회결의에 대하여 결의무효확인을 구하고 있다 하여도 이는 결의부존재확인을 구하는 의미로서 부존재확인을 구하는 것으로 풀이할 수 있다고 하였다(대판(전) 1983.03.22. 82다카1810).

(2) 과세처분무효확인소송

과세처분무효확인소송의 경우에 청구취지만으로 소송물의 동일성이 특정된다고 할 것이고, 당사자가 청구원인에서 무효사유로 내세운 개개의 주장은 공격방법에 불과하다고 하였다(대판 1992.02.25. 91누6108). 이에 대해서는 판례가 이 한도에서 청구취지 일분지설을 정면으로 받아들였다고 하는 견해가 있다(이시윤).

3. 형성의 소

(1) 이혼소송 및 재심소송

이혼소송에서는 각 이혼사유마다 소송물이 별개이며(대판 1963.01.31. 62다812), 재심의 소의 소송물은 각 재심사유마다 별개가 된다(대판 1970.01.02. 69다1888)는 입장이다. 특히 <u>재심사유는 그 하나하나의 사유가 별개의 청구원인을 이루는 것이므로, 여러 개의 유죄판결이 재심대상판결의 기초가 되었는데 이후 각 유죄판결이 재심을 통하여 효력을 잃고 무죄판결이 확정된 경우, 어느 한 유죄판결이 효력을 잃고 무죄판결이 확정되었다는 사정은 특별한 사정이 없는 한 별개의 독립된 재심사유라고 보아야 한다. 재심대상판결의 기초가 된 각 유죄판결에 대하여 형사재심에서 인정된 재심사유가 공통된다거나 무죄판결의 이유가 동일하다고 하더라도 달리 볼 수 없다</u>[73](대판

것이어서 재소금지의 원칙에 어긋나는 부적법한 소라 할 것이므로 주문에서 이 부분 소를 각하하는 판결을 하여야 한다(대판 1986.09.23. 85다353).

73) ☞ 이른바 '구로동 분배농지 사건'에서 수분배자들의 분배농지에 관한 소유권이전등기청구를 기각한 재심대상판결에 대하여, 재심대상판결의 기초가 된 복수의 유죄판결들 중 일부가 형사재심을 통해 변경되자 이를 민사소송법 제451조 제1항 제8호의 재심사유("판결의 기초가 된 민사나 형사의 판결, 그 밖의 재판 또는 행정처분이 다른 재판이나 행정처분에 따라 바뀐 때")로 주장했던 원고들의 1차 재심청구가 재심제기기간 도과로 각하되었으나, 나머지 유죄판결들 역시 형사재심을 통해 변경되자, 원고들이 이를 다시 민사소송법 제451조 제1항 제8호의 재심사유로 주장하며 2차 재심을 청구한 사건에서, 위 유죄판결들 중 어느 한 유죄판결이 변경된 사정은 다른 유죄판결이 변경된 사정과 별개로 독립하여 민사소송법 제451조 제1항 제8호의 재심사유가 된다고 보아, 원고들의 2차 재심청구를 받아들인 원심에 대한 피고의 상고를 모두 기각한 사례

2019.10.17. 2018다300470).

(2) 주주총회결의취소소송

결의취소의 소와 결의부존재확인의 소는 소송물을 공통으로 한다는 전제하에 결의부존재확인의 소가 상법 제376조의 제소기간 내에 제기되었으면 동일 결의에 대하여 2개월의 제소기간 경과 후에 그 취소소송으로 변경·추가되어도 제소기간을 준수한 것으로 보아야 한다고 본다(대판 2003.07.11. 2001다45584). 다만 주주총회결의 취소의 소는 상법 제376조 제1항에 따라 그 결의의 날로부터 2개월 내에 제기하여야 하고, 이 기간이 지난 후에 제기된 소는 부적법하다. 그리고 주주총회에서 여러 개의 안건이 상정되어 각기 결의가 행하여진 경우 위 제소기간의 준수 여부는 각 안건에 대한 결의마다 별도로 판단되어야 한다[74](대판 2010.03.11. 2007다51505).

(3) 행정처분취소소송과 무효확인소송

양자는 형식적으로 별개의 소송물로 보이지만 행정처분에 의하여 조성된 위법상태를 배제를 목적으로 한다는 점에서 소송물을 공통으로 한 것으로 본다(이시윤). 특히 과세처분취소청구를 기각하는 판결이 확정되면 그 처분이 적법하다는 점에 관하여 기판력이 생기고 그 후 원고는 그 무효확인을 소구할 수 없다고 한다(대판 1996.06.25. 95누18880).

Ⅴ 후유증, 일부청구, 지연손해금채권

1. 후유증과 소송물

判例는 "불법행위로 인한 적극적 손해의 배상을 명한 전소송의 변론종결 후에 새로운 적극적 손해가 발생한 경우에 그 소송의 변론종결 당시 그 손해의 발생을 예견할 수 없었고 또 그 부분 청구를 포기하였다고 볼 수 없는 등 특별한 사정이 있다면 <u>전 소송에서 그 부분에 관한 청구가 유보되어 있지 않다고 하더라도 이는 전소송의 소송물과는 별개의 소송물이므로 전소송의 기판력에 저촉되는 것이 아니다</u>(대판 1980.11.25. 80다1671)."고 하여 별개의 소송물설의 입장이다.

2. 일부청구의 소송물

判例는 "前 소송에서 불법행위를 원인으로 치료비청구를 하면서 일부만을 특정하여 청구하고 그 밖의 부분은 별도소송으로 청구하겠다는 취지를 명시적으로 유보한 때에는 그 전 소송의 소송물은 그 청구한 일부의 치료비에 한정하는 것이라고 보아야 한다(대판 1985.04.09. 84다552)."라고 하여 명시적 일부청구설의 입장이다[75].

---

[74] 임시주주총회에서 이루어진 여러 안건에 대한 결의 중 이사선임결의에 대하여 그 결의의 날로부터 2개월 내에 주주총회결의 무효확인의 소를 제기한 뒤, 위 임시주주총회에서 이루어진 정관변경결의 및 감사선임결의에 대하여 그 결의의 날로부터 2개월이 지난 후 주주총회결의 무효확인의 소를 각각 추가적으로 병합한 후, 위 각 결의에 대한 주주총회결의 무효확인의 소를 주주총회결의 취소의 소로 변경한 경우, 위 정관변경결의 및 감사선임결의 취소에 관한 부분은 위 각 주주총회결의 무효확인의 소가 추가적으로 병합될 때에 주주총회결의 취소의 소가 제기된 것으로 볼 수 있으나, 위 추가적 병합 당시 이미 2개월의 제소기간이 도과되었으므로 부적법하다(대판 2010.03.11. 2007다51505).

3. 확정 지연손해금에 대한 지연손해금채권

판결이 확정된 채권자가 시효중단을 위한 신소를 제기하면서 <u>확정판결에 따른 원금과 함께 원금에 대한 확정 지연손해금 및 이에 대한 지연손해금을 청구하는 경우, 확정 지연손해금에 대한 지연손해금채권은 채권자가 신소로써 확정 지연손해금을 청구함에 따라 비로소 발생하는 채권으로서 전소의 소송물인 원금채권이나 확정 지연손해금채권과는 별개의 소송물이므로</u>, 채무자는 확정 지연손해금에 대하여도 이행청구를 받은 다음 날부터 지연손해금을 별도로 지급하여야 하되 그 이율은 신소에 적용되는 법률이 정한 이율을 적용하여야 한다. 그리고 금전채무의 지연손해금채무는 금전채무의 이행지체로 인한 손해배상채무로서 이행기의 정함이 없는 채무에 해당하므로, 채무자는 확정된 지연손해금채무에 대하여 채권자로부터 이행청구를 받은 때부터 지체책임을 부담하게 된다. 한편 원금채권과 금전채무불이행의 경우에 발생하는 지연손해금채권은 별개의 소송물이다(대판 2022.04.14. 2020다268760).

Ⅵ 채권자취소소송 정리

1. 판결의 효력, 소의 피고, 청구취지와 판결주문의 내용

	형성권설	청구권설	병합설	책임설
판결의 효력	절대적 무효	법률행위 효력에 영향 없음	취소의 효과는 악의의 수익자나 전득자에 대한 관계에서만 발생 (상대적 무효)	취소는 책임법적으로만 효과가 있어 일탈재산에 대한 집행가능성의 회복을 가져올 뿐, 사해행위 효력 자체를 취소하는 것이 아님
소의 피고	채무자와 수익자 (악의의 전득자 포함) 양자	수익자 또는 전득자만 피고	수익자 또는 전득자만 피고	수익자 또는 전득자만 피고
청구취지와 판결주문	반드시 사해행위의 취소를 적어야 함	사행행위 취소는 적을 필요 없고, 일탈재산의 반환을 구해야함	원칙적으로 취소와 반환(원상회복)의 양쪽을 구해야 함(채무면제 등의 경우에는 취소만으로 족함)	책임법적 취소와 강제집행의 수인을 구해야 함

---

75) 학설은 ① 일부청구임을 명시한 바 없어도 잔부와의 관계에서 청구한 일부분만 소송물이 된다는 일부청구긍정설, ② 이행기의 차이나 담보권이 설정여부 등으로 특정되어 있지 않는 한 전부청구가 소송물이 되는 것이며 일부청구는 단지 인용한도액을 확정한 것에 그친다는 일부청구부정설, ③ 원고가 일부청구임을 명시한 것이라면 그 일부만 소송물이 되지만 명시하지 않은 경우에는 전부의 청구가 소송물이 된다는 명시적 일부청구설(절충설)이 있다.

2. 채권자취소소송의 소송물 = 사해행위취소권+원상회복청구권

(1) 대판 2005.03.25. 2004다10985,10992 – 사해행위취소권

채권자가 채무자의 어떤 금원지급행위가 사해행위에 해당된다고 하여 그 취소를 청구하면서 다만 그 금원지급행위의 법률적 평가와 관련하여 "증여" 또는 "변제"로 달리 주장하는 것은 그 "사해행위취소권"(소송물)을 이유 있게 하는 공격방법에 관한 주장을 달리하는 것일 뿐이지 소송물 또는 청구 자체를 달리하는 것으로 볼 수 없다.

(2) 대판 2006.12.7. 2004다54978 – 원상회복청구권

사해행위 후 그 목적물에 관하여 제3자가 저당권이나 지상권 등의 권리를 취득한 경우에는 수익자가 목적물을 저당권 등의 제한이 없는 상태로 회복하여 이전하여 줄 수 있다는 등의 특별한 사정이 없는 한 채권자는 수익자를 상대로 원물반환 대신 그 가액 상당의 배상을 구할 수 있지만, 그렇다고 하여 채권자가 스스로 위험이나 불이익을 감수하면서 원물반환을 구하는 것까지 허용되지 아니하는 것으로 볼 것은 아니며, 채권자는 원상회복 방법으로 가액배상 대신 수익자를 상대로 채무자 앞으로 직접 소유권이전등기절차를 이행할 것을 구할 수도 있다. 이 경우 원상회복청구권(소송물)은 사실심 변론종결 당시의 채권자의 선택에 따라 원물반환과 가액배상 중 어느 하나로 확정되며, 채권자가 일단 사해행위 취소 및 원상회복으로서 원물반환 청구를 하여 승소 판결이 확정되었다면, 그 후 어떠한 사유로 원물반환의 목적을 달성할 수 없게 되었다고 하더라도 다시 원상회복청구권을 행사하여 가액배상을 청구할 수는 없으므로 그 청구는 권리보호의 이익이 없어 허용되지 않는다(모순금지설)고 할 것이다.

(3) 대판 2012.07.05. 2010다80503 – 사행행위취소권+원상회복청구권

채권자가 사해행위취소 및 원상회복청구를 하면서 보전하고자 하는 채권을 추가하거나 교환하는 것은 사해행위취소권과 원상회복청구권을 이유 있게 하는 공격방법에 관한 주장을 변경하는 것일 뿐이지 소송물 또는 청구 자체를 변경하는 것이 아니므로, 채권자가 보전하고자 하는 채권을 달리하여 동일한 법률행위의 취소 및 원상회복을 구하는 채권자취소의 소를 이중으로 제기하는 경우 전소와 후소는 소송물이 동일하다고 보아야 하고, 이는 전소나 후소 중 어느 하나가 승계참가신청에 의하여 이루어진 경우에도 마찬가지이다.

제6절 소송구조

I 총 설

1. 소송구조 제도의 마련

경제적 약자에게 '재판을 받을 권리'의 실질적 보장을 위하여 민사소송법은 제128조 이하에서 우선 비용 안 들이고 소송할 수 있는 소송구조제도를 마련하였다.

2. 신청 및 직권

일본의 제도를 모방한 과거의 제도는 매우 불완전하여, 그 동안 법률의 개정에 의하여 변호사보수를 구조범위에 포함시키고, 구조요건을 완화하였으며, 신법에서는 직권구조결정을 도입하는 등 제도를 크게 개선하였다(이시윤).

3. 비송사건이 소송구조의 대상인지 여부

비송사건절차법에서 민사소송법의 개별 규정을 준용하고 있으나 소송구조에 관한 규정은 준용하지 않고 있으므로(비송사건절차법 제8조, 제10조 참조), 비송사건절차법이 적용 또는 준용되는 비송사건은 소송구조의 대상이 되지 아니하고, 이러한 비송사건을 대상으로 하는 소송구조 신청은 부적법하다(대결 2009.09.10. 2009스89).

II 구조의 요건

> 제128조(구조의 요건) ① 법원은 소송비용을 지출할 자금능력이 부족한 사람의 신청에 따라 또는 직권으로 소송구조(소송구조)를 할 수 있다. 다만, 패소할 것이 분명한 경우에는 그러하지 아니하다.

1. 소송비용

여기의 소송비용은 민사소송비용법에 정한 법정비용만이 아니라, 널리 구체적 소송사건의 소송수행을 위하여 당연히 지출을 필요로 하는 경비전부, 그리고 사건의 내용상 필요하다면 조사연구비나 변호사비용을 포함한다(통설).

2. 자금능력이 부족한 자

소송비용을 전부 지출하게 되면 자기나 그 동거가족이 통상의 경제생활에 위협을 받게 될 경우를 말한다. 따라서 반드시 무자력자나 일반생활수준에 미달하는 극빈자에 한하지 않는다. '소송구조제도의 운영에 관한 예규'에서는 '국민기초생활 보장법', '기초노령연금법', '한부모가족지원법'에 따른 보호대상자는 여기의 자금능력이 부족한 자로 보고, 다른 요건의 심사만으로 구조 여부를 결정할 수 있게 하였다. <u>구조의 대상은 자연인일 것을 요하지 않으며 법인 그 밖의 단체라도 무방하다</u>(이시윤). 즉 소를 제기하려는 사람과 소송계속 중의 당사자는 소송구조를 신청할 수 있다. 소송계속 중의 당사자에는 원고·피고·참가인·소송승계인 등이 포함된다. 외국인도

소송구조의 요건을 구비하면 소송구조를 받을 수 있으며(소송구조예규 3조 3항), 법인도 공법인·사법인, 영리법인·비영리법인을 구분하지 않고 소송구조가 허용된다. 제3자 소송담당의 담당자도 소송구조를 신청할 수 있다(법원실무제요 I], 439면). 문제되는 것은 집단소송에 있어 구조신청의 경우이다. 이 경우 피해자들이 충분한 조사능력과 비용부담능력을 갖춘 가해기업·단체를 상대로 하는 것이므로, 구조요건으로서의 자력을 상대방의 '자금능력'을 고려하여 상대적으로 평가하여야 할 것이다.

3. 패소할 것이 분명한 경우가 아닐 것

(1) 항소심

<u>민사소송법 제128조 제1항의 규정에서 패소할 것이 명백하지 않다는 것은 소송상 구조신청의 소극적 요건이므로 신청인이 승소의 가능성을 적극적으로 진술하고 소명하여야 하는 것은 아니고</u> 법원이 당시까지의 재판절차에서 나온 자료를 기초로 패소할 것이 명백하다고 판단할 수 있는 경우가 아니라면 그 요건은 구비되었다고 할 것이며, 항소심은 속심으로서 원칙적으로 제1심에서 제출하지 않았던 새로운 주장과 증거를 제출할 수 있으므로 제1심에서 패소하였다는 사실만으로 항소심에서도 패소할 것이 명백하다고 추정되는 것은 아니어서 제1심에서 패소한 당사자가 항소심에서 소송상구조를 신청하는 경우에도 신청인이 적극적으로 항소심에서 승소할 가능성을 진술하고 소명하여야 하는 것은 아니고 법원은 신청인의 신청이유와 소명자료는 물론 본안소송에서의 소송자료 및 증거자료도 함께 종합하여 항소심에서 신청인이 패소할 것이 확실한지를 판단하여야 할 것이다. 민사소송법 제129조의 구조의 범위는 일부 구조도 가능하다(대결 2001.06.09. 2001마1044).

(2) 상고심

항소심에서 패소한 당사자가 상고심에서 소송상의 구조를 신청한 경우, 민사소송법 제128조 제1항 단서에 규정되어 있는 '패소할 것이 명백한 경우'가 아닐 것이라는 요건의 존부를 판단함에 있어서, 그 당사자가 항소심에서 패소한 사실만을 가지고 막바로 상고심에서도 패소할 것이 명백하다고 단정할 수는 없는 것이지만, 패소할 것이 명백한 경우가 아니라는 점에 관한 소명의 정도는 제1심이나 항소심에서 소송상의 구조를 신청하는 경우에 비하여 좀 더 구체적인 소명을 필요로 하는 것이라고 보아야 할 것이므로, 신청인이 상고심에서 소송상의 구조를 신청하려면, 자신이 항소심에서는 패소하였지만, 항소심 판결에 법률상의 하자 등이 있어 그 판결이 취소될 개연성이 없지 않다는 점 등을 구체적으로 명시하여 그 사유를 소명하여야 한다(대결 2001.03.08. 2001카기38).

III 구조의 절차

1. 구조사유를 소명할 것

제128조(구조의 요건) ① 법원은 소송비용을 지출할 자금능력이 부족한 사람의 신청에 따라 또는 직권

> 으로 소송구조(소송구조)를 할 수 있다. 다만, 패소할 것이 분명한 경우에는 그러하지 아니하다.
> ② 제1항의 신청인은 구조의 사유를 소명하여야 한다.
> ③ 소송구조에 대한 재판은 소송기록을 보관하고 있는 법원이 한다.
> ④ 제1항에서 정한 소송구조요건의 구체적인 내용과 소송구조절차에 관하여 상세한 사항은 대법원규칙으로 정한다.

소송구조는 구조 받고자 하는 당사자가 서면으로 신청하여야 하고, 신청서에는 신청인과 그와 같이 사는 가족의 자금능력을 적은 서면을 붙여야 한다(규칙 제24조). 다만 이는 소명을 위한 한 가지의 방법으로 예시된 것이고 다른 방법의 소명을 배제하는 것은 아니다(대판 2003.05.23. 2003마89). 법원은 신청인으로 하여금 구조사유를 소명케 하여 결정으로 재판한다. 구법은 구조결정을 당사자의 신청만 가능하도록 하였으나, 현행법은 법원의 직권도 가능하도록 하였다. 구법과는 달리 당사자가 상소를 제기하면서 상소장 인지의 구조신청을 하는 경우라도 구조결정은 소송기록을 보관하는 법원이 하도록 하였다.

2. 불복신청

> 제133조(불복신청) 이 절에 규정한 재판에 대하여는 즉시항고를 할 수 있다. 다만, 상대방은 제129조 제1항 제3호의 소송구조결정을 제외하고는 불복할 수 없다.

구조신청기각결정에 대해서 신청인은 즉시항고를 할 수 있다. 구조결정에 대하여 상대방이 항고할 수 있는지 견해 대립이 있었으나, 현행법은 상대방 당사자는 소송비용 담보의 면제결정이 난 경우를 제외하고는 즉시항고를 할 수 없도록 하였다. 원고가 소장에 인지를 붙이지 아니하고 소송구조 신청을 한 경우에는 소송구조 신청에 대한 기각결정이 확정되기 전에 인지 미보정을 이유로 소장을 각하 할 수는 없다[76](대결 2002.09.27. 2002마3411).

심화학습

> 종전의 인지보정명령에 따른 보정기간 중에 제기된 소송구조신청에 대하여 기각결정이 확정되면 재판장으로서는 다시 인지보정명령을 할 필요는 없지만 종전의 인지보정명령에 따른 보정기간이 경과한 때에 비로소 소장 등에 대한 각하명령을 할 수 있으므로 "명령 송달일로부터 7일 이내에 인지 등을 보정하라."는 보정명령이 2017.1.5. 원고에게 송달되었고, 원고가 2017.1.10. 소송구조신청을 하여 소송구조기각결정이 2017.2.15. 확정되었다면 2017.2.20. 무렵에는 적법하게 소장각하명령을 할 수 있다. [서기보 17]   (   )

---

76) 항소인인 재항고인이 항소장을 제출하면서 소정의 인지를 첨부하지 아니하고 소송상 구조신청을 한 경우, 이 소송상 구조신청사건의 결정이 확정되기 전에 항소장의 인지가 첨부되어 있지 아니함을 이유로 항소장을 각하하여서는 안 된다고 할 것이나, 일단 소송상 구조신청을 기각하는 결정이 확정된 후 인지 등 보정을 명하고 이를 보정하지 아니하였음을 이유로 항소장을 각하하는 것은 정당하고 처음의 소송상 구조신청의 기각결정이 확정된 후 재차 소송상 구조신청이 있었다고 하더라도 이 구조신청이 이유 있어 받아들여졌다면 모르되, 그렇지 아니하는 한 다음의 구조신청에 대한 기각결정의 확정 여부와는 상관없이 항소장을 각하할 수 있다(대결 1993.01.25. 92마1134).

해설

(X) : 인지보정명령이 발하여진 후 소송구조신청이 있고 그에 관한 기각결정이 확정된 경우 다시 인지보정명령을 할 필요는 없으나, 종전의 인지보정명령에 따른 보정기간 전체가 다시 진행되어 그 기간이 경과된 때에 비로소 소장 등을 각하할 수 있다고 보는 것이 타당하다. 따라서 2017.2.15.에서 7일이 지난 2017.2.22.에 소장각하명령을 할 수 있는데, 사안은 2017.2.20. 무렵에는 적법하게 소장각하명령을 할 수 있다고 하였으므로, 틀린 지문이다.

3. 구조의 취소

> 제131조(구조의 취소) 소송구조를 받은 사람이 소송비용을 납입할 자금능력이 있다는 것이 판명되거나, 자금능력이 있게 된 때에는 소송기록을 보관하고 있는 법원은 직권으로 또는 이해관계인의 신청에 따라 언제든지 구조를 취소하고, 납입을 미루어 둔 소송비용을 지급하도록 명할 수 있다.

구조결정이 있은 후에 구조 받은 자가 소송비용을 납입할 자금능력이 있다는 것이 판명되거나 자금능력이 회복된 때에는, 법원은 구조결정을 취소하고 유예한 비용의 납입을 명할 수 있다.

Ⅳ 구조의 효과

1. 객관적 범위

> 제129조(구조의 객관적 범위) ① 소송과 강제집행에 대한 소송구조의 범위는 다음 각호와 같다. 다만, 법원은 상당한 이유가 있는 때에는 다음 각호 가운데 일부에 대한 소송구조를 할 수 있다.
> 1. 재판비용의 납입유예
> 2. 변호사 및 집행관의 보수와 체당금(替當金)의 지급유예
> 3. 소송비용의 담보면제
> 4. 대법원규칙이 정하는 그 밖의 비용의 유예나 면제
> ② 제1항 제2호의 경우에는 변호사나 집행관이 보수를 받지 못하면 국고에서 상당한 금액을 지급한다.

구조결정은 원칙적으로 비용의 지급유예이지 면제가 아니다. 나중에 구조 받은 자가 패소하여 종국판결로 소송비용의 부담재판을 받은 경우 그가 이를 지급하지 않으면 안 된다. 재판비용 즉 국고에 납입할 인지대[77]와 체당금은 납입유예 되는 것이 원칙이다. 구조결정을 받은 경우에는 인지를 납부하지 아니하여도 소장이 수리되기 때문에 문제가 없으나, 지급유예 되는 송달료·증거조사비용 등은 국고에서 대납 받아 지출한다(규칙 제25조). 변호사 및 집행관의 보수도 지급유예 된다. 당사자가 스스로 선임하는 변호사 보수도 구조의 객관적 범위에 포함된다(예규에 의하면 소송구조 변호사의 보수는 심급마다 100만원으로 하고 50%까지 증액 지급이 가능하다. 이행권고결정·지급명령·자백판결·자백간주나 무변론판결로 완결된 사건은 그 1/2로 한다. 다만 개정 민소규칙 제26조 2항, 3항은 이 때의 변호사·집행관의 보수액은 변호사보수규칙 또는 집행관수수료규칙을 참조하여 재판장의 감독 하에 법원사무관이 정한다고 규정하고 있다). 소송비용의 담보는 면제된다. 그 밖에 대법원규칙이 정하는

---

[77] 월남전 고엽제로 인한 배상청구소송에서 소가 5조 1618억원의 인지대 270억원이 소송구조결정으로 인하여 납입유예 된 적이 있다.

비용도 유예 또는 면제된다. 소송구조는 소송비용의 전부 뿐만 아니라 인지대만의 납입유예 등 일부에 대해서도 이루어질 수 있다.

2. 주관적 범위

> 제130조(구조효력의 주관적 범위) ① 소송구조는 이를 받은 사람에게만 효력이 미친다.
> ② 법원은 소송승계인에게 미루어 둔 비용의 납입을 명할 수 있다.

(1) 제1항 - 일신전속적 효과

구조의 효과는 個別的(개별적)·屬人的(속인적)이고, 구조 받은 사람 외에는 미치지 않는다. 즉 일신전속적이므로 승계인에게 미치지 않는다. 또 선정당사자가 구조신청을 한 경우에는 그 선정당사자 혹은 어느 선정자에 대한 구조신청인가를 밝히고 어느 범위에서 소송구조를 하는 것인가를 명백히 하여야 한다(대결 2003.05.23. 2003마89).

(2) 제2항 - 비용의 납입 결정

비용의 납입결정이란 소송구조를 한 사건에 대하여 미루어둔 비용을 소송구조를 받은 사람의 승계인(포괄승계인만을 의미)이나 구조결정이 취소된 사건의 소송구조를 받은 사람에게 납입하도록 명하는 것을 말한다[민사소송실무(Ⅲ) 2014, 법원공무원교육원 169면].

3. 시적 범위

(1) 당해 심급에 한정

<u>소송구조결정은 당해 심급에 한하여 효력이 있다.</u> 당해 심급에서 이송이 있어도 구조결정의 효력은 이송법원에까지 미친다. 독촉절차에서 결정한 구조의 효력은 이의신청 후의 제1심 소송절차에 미친다고 본다. 또 <u>제1심 소송사건에 대한 구조의 결정은 소송비용액 확정결정의 신청에도 미친다.</u> 그러나 <u>상소심에서의 소송구조는 파기환송 또는 이송된 경우에 하급심에는 미치지 않는다.</u> 소의 추가적 또는 교환적 변경이나 반소의 제기가 있는 경우에는 종전의 소에 대한 구조의 효력이 미치지 않는다. 당사자참가가 있을 경우 참가인에 대하여 응소하는 것은 별개의 사건이므로 종전의 구조결정의 효력이 미치지 않는다. 상소인에 대한 구조결정의 효력은 상대방의 부대항소에 대한 응소행위에도 미치나, 피상소인에 대한 구조의 효력은 그가 제기한 부대항소에는 미치지 않는다[민사소송실무(Ⅲ) 2014, 법원공무원교육원 169면].

(2) 강제집행절차

소송절차에서의 구조의 효력이 강제집행절차에까지 미치는가에 대하여 견해가 나뉘지만, 소극적으로 볼 것이다. 실무운영상 강제집행에 관한 소송구조는 집행권원이 성립한 후에 부여하는 것을 원칙으로 하여 개별적인 강제집행 목적물의 종류·가액과 예상되는 소요비용 등을 고려하여 결정하여야 할 것이다.

4. 납입유예비용의 추심

> 제132조(납입유예비용의 추심) ① 소송구조를 받은 사람에게 납입을 미루어 둔 비용은 그 부담의 재판을 받은 상대방으로부터 직접 지급받을 수 있다.
> ② 제1항의 경우에 변호사 또는 집행관은 소송구조를 받은 사람의 집행권원으로 보수와 체당금에 관한 비용액의 확정결정신청과 강제집행을 할 수 있다.
> ③ 변호사 또는 집행관은 보수와 체당금에 대하여 당사자를 대위(代位)하여 제113조 또는 제114조의 결정신청을 할 수 있다.

상대방이 패소하여 소송비용의 부담재판을 받은 경우에는 국가가 상대방에 대해 직접 추심권을 갖는다. 변호사나 집행관에게도 추심권이 인정되는데, 만일 보수를 받지 못하는 때에는 마치 국선변호사처럼 국고에서 상당한 금액을 지급하게 되어 있다. 보수 받을 사람의 신청에 의하여 그 심급의 소송절차가 완결된 때 또는 강제집행절차가 종료된 때 지급한다(규칙 제26조 1항).

제7절 소제기의 효과

I 소송계속

1. 의 의

특정한 청구에 대하여 법원에 판결절차가 현실적으로 존재하는 상태, 즉 법원이 판결하는데 필요한 행위를 할 수 있는 상태를 소송계속이라고 한다.

2. 발생 시기

독일과 달리 우리나라는 이에 관한 명문의 규정은 없다. 소장제출시설이 있으나, 소송법률관계가 법원·원고·피고 사이의 삼면적 법률관계라고 본다면, 이와 같은 소송법률관계는 피고에게 소장부본이 송달됨으로써 성립되기 때문에, 소송계속의 발생시기는 소장부본의 송달시로 볼 것이다(소장부본송달시설, 통설, 判例).

3. 효 과

소송계속의 효과로는 중복소제기의 금지(제259조), 소송참가(제71조, 제82조, 제83조), 소송고지(제84조)의 기회가 생기게 되고, 관련청구의 재판적이 인정된다(제79조, 제264조, 제269조).

4. 종 료

(1) 소송계속은 소장의 각하, 판결의 확정, 화해조서, 청구의 포기·인낙조서의 작성 또는 소의 취하·취하 간주 등에 의하여 소멸된다.

(2) 선택적 병합이나 예비적 병합의 경우에 어느 한 청구를 인용한 판결이나 주위적 청구를 인용한 판결이 확정되면 심판을 받지 않는 다른 청구나 예비적 청구는 소급적으로 소송계속이 소멸된다.

(3) 소송계속종료의 효력을 다투어 기일지정신청을 한 경우 그 이유가 없거나 소송계속의 종료를 간과한 채 심리를 진행한 경우에는 판결로써 소송종료선언을 해야 한다(규칙 제67조).

	중복소제기의 금지	재소금지	기판력
조문 및 취지	제259조, 기판력 있는 판결의 모순·저촉 방지 (제451조 1항 10호)	1. 제267조 2항 2. 종국판결에 대한 농락방지[소취하남용제재, 재소남용방지(이원설)]	1. 제216조·제218조 2. 법적안정성(多) + 절차보장 (이원설, 이시윤)
요 건	1. 당사자동일 2. 사건의 동일 3. 전소계속중의 후소제기	1. 당사자동일 2. 소송물의 동일 3. 본안의 종국판결후의 소취하 4. 새로운 권리보호이익 없을 것	1. 주관적 범위 2. 객관적 범위 3. 시적 범위
소송요건 여부	소극적 소송요건 직권조사사항	소극적 소송요건 직권조사사항	소극적 소송요건(반복금지설) 권리보호이익(모순금지설) 직권조사사항
효 과	소각하판결	소각하판결	(1) 소각하판결(반복금지설) (2) 모순금지설(판례)에 의할 때 원고승소확정판결의 경우는 소각하판결, 원고패소확정판결의 경우는 청구기각판결

II 중복된 소제기의 금지

> 제259조(중복된 소제기의 금지) 법원에 계속되어 있는 사건에 대하여 당사자는 다시 소를 제기하지 못한다.

1. 의의 및 취지

(1) 의 의

중복소제기의 금지는 법원에 계속되어 있는 사건에 대하여 당사자는 다시 소를 제기하지 못한다는 것을 이른다(제259조). 보전처분에도 준용이 된다(대결 2018.10.04. 2017마6308)[78].

---

78) 보전처분 신청에 관하여도 중복된 소제기에 관한 민사소송법 제259조의 규정이 준용되어 중복신청이 금지된다. 이 경우 보전처분 신청이 중복신청에 해당하는지 여부는 후행 보전처분 신청의 심리종결 시를 기준으로 판단하여야 하고, 보전명령에 대한 이의신청이 제기된 경우에는 이의소송의 심리종결 시가 기준이 된다.

(2) 취 지

기판력 있는 판결의 모순, 저촉을 방지함으로서 소송경제를 실현하는데 있다(제451조 1항 10호).

2. 해당요건

(1) 당사자의 동일

1) 원·피고가 바뀌어도 무방

당사자가 동일해도 원고와 피고가 전소와 후소에서 서로 바뀌어도 무방하다. 예를 들어 전소에서의 원고가 후소에서는 피고가 되어도 된다[79]. 다만 청구의 목적물이 동일하여도 당사자가 다르면 전소와 후소가 동일사건이라고 할 수 없다. 예를 들어 원고와 피고가 서로 상대방에 대하여 자기의 소유권의 확인을 구하는 소를 제기하는 것은 동일한 사건이 아니다(다수설)[80].

2) 기판력이 확장되는 경우

전·후소의 당사자가 같지 아니하여도, 후소의 당사자가 기판력의 확장으로 전소 판결의 효력을 받는 경우에는 동일한 당사자이다. 예를 들어 선정당사자가 소를 제기한 뒤에 선정자가 별소를 제기한 경우에는 동일한 당사자가 되어 중복소송에 해당한다. 이 경우 법정소송담당 중에서 병행형인 채권자대위소송이 문제된다.

3) 채권자대위소송과 중복소제기의 금지

① 문제점

중복소제기의 금지(제259조)는 전소의 소송계속 중 후소 제기, 당사자 동일, 소송물 동일이라는 요건이 필요한 바, 채권자대위소송은 당사자 동일의 요건에서 채무자와 채권자가 동일한 당사자인지 문제된다. 경우를 나누어 살펴본다.

② 채권자대위소송 계속 중에 채무자가 제3채무자에게 소를 제기한 경우

채권자가 채무자를 대위하여 제3채무자를 상대로 제기한 채권자대위소송이 법원에 계속 중 채무자와 제3채무자 사이에 채권자대위소송과 소송물을 같이하는 내용의 소송이 제기된 경우, 양 소송은 동일소송이므로 후소는 중복제소금지 원칙에 위배되어 제기된 부적법한 소송이라 할 것이나, 이 경우 전소, 후소의 판별기준은 소송계속의 발생시기의 선후에 의할 것이다(대판

---

[79] 예를 들어 甲이 乙 상대의 소유권확인청구에 乙이 甲 상대의 소유권부존재확인청구를 하는 경우를 말한다.
[80] 전소의 기각판결은 전소의 원고의 권리를 부인하는 것일 뿐 전소의 피고의 권리를 확인하는 것은 아니기 때문이라는 것을 그 논거로 한다. 그러나 이에 대하여는 중복소제기금지의 원칙은 기판력의 모순·저촉을 방지하는데 주요한 취지가 있다고 보고, 원고가 피고를 상대로 물건에 대한 소유권확인소송을 제기하였는데 피고도 별소로 원고를 상대로 동일물에 관하여 소유권확인소송을 제기한 경우에는 전·후 양소가 모순관계에 있으므로 중복소제기금지의 원칙을 적용하여야 할 것이라는 견해도 있다. 생각건대 동일성문제는 제2의 소송의 판결과 제1의 소송의 판결이 동일한 기판력 작용을 가지는가, 또한 원고가 소로서 얻고자 하는 권리보호도 동일한가 라는 관점에서 조사하여야 한다고 본다. 다시 말하면 전소의 판결이 후소의 판결을 무익하게 만들 경우에 대하여만 동일 사건으로 판정할 수 있다. 따라서 중복소송이 아니라고 하는 다수설의 입장이 타당하다. 그러나 법원은 이부, 이송 또는 변론의 병합에 의하여 단일 소송절차로 병합심리하려고 노력함이 판결의 모순, 저촉을 막을 수 있는 한 방법이 될 것이다.

1994.11.25. 94다12517·12524, 긍정설).

③ 채무자의 제3채무자에 대한 소송이 계속 중인데 채권자대위소송이 제기된 경우

채권자가 채무자를 상대로 제기한 소송이 계속 중 제3자가 채권자를 대위하여 같은 채무자를 상대로 청구취지 및 원인을 같이하는 내용의 소송을 제기한 경우에는 양 소송은 동일소송이므로 후소는 중복제소금지 규정에 저촉된다(대판 1981.07.07. 80다2751, 긍정설). 그리고 채권자대위권은 채무자가 제3채무자에 대한 권리를 행사하지 아니하는 경우에 한하여 채권자가 자기의 채권을 보전하기 위하여 행사할 수 있는 것이기 때문에 채권자가 대위권을 행사할 당시 이미 채무자가 그 권리를 재판상 행사하였을 때에는 설사 패소의 확정판결을 받았더라도 채권자는 채무자를 대위하여 채무자의 권리를 행사할 당사자적격이 없다(대판 2009.03.12. 2008다65839; 대판 1993.03.26. 92다32876). 당사자적격 흠결로 보아 각하 하는 경향이다(이시윤).

④ 채권자대위소송이 계속 중인데 또 다른 채권자가 채권자대위소송을 제기한 경우

채권자대위소송의 계속 중 다른 채권자가 같은 채무자를 대위하여 같은 제3채무자를 상대로 법원에 출소한 경우 두개 소송의 소송물이 같다면 후소는 <u>중복제소금지의 원칙에 위배하여 제기된 부적법한 소송으로서 각하를 면할 수 없다</u>(대판 1989.04.11. 87다카3155, 긍정설).

4) 채권자취소소송과 중복소제기의 금지

<u>채권자취소권의 요건을 갖춘 각 채권자는 고유의 권리로서 채무자의 재산처분 행위를 취소하고 그 원상회복을 구할 수 있는 것이므로 각 채권자가 동시 또는 이시에 채권자취소 및 원상회복 소송을 제기한 경우 이들 소송이 중복제소에 해당하는 것이 아니다.</u> 어느 한 채권자가 동일한 사해행위에 관하여 채권자취소 및 원상회복청구를 하여 승소판결을 받아 그 판결이 확정되었다는 것만으로 그 후에 제기된 다른 채권자의 동일한 청구가 권리보호의 이익이 없어지게 되는 것은 아니고, <u>그에 기하여 재산이나 가액의 회복을 마친 경우에 비로소 다른 채권자의 채권자취소 및 원상회복청구는 그와 중첩되는 범위 내에서 권리보호의 이익이 없게 된다</u>(대판 2003.07.11. 2003다19558). 그리고 채권자가 사해행위취소 및 원상회복청구를 하면서 보전하고자 하는 채권을 추가하거나 교환하는 것은 사해행위취소권과 원상회복청구권을 이유 있게 하는 공격방법에 관한 주장을 변경하는 것일 뿐이지 소송물 또는 청구 자체를 변경하는 것이 아니므로, <u>채권자가 보전하고자 하는 채권을 달리하여 동일한 법률행위의 취소 및 원상회복을 구하는 채권자취소의 소를 이중으로 제기하는 경우 전소와 후소는 소송물이 동일하다고 보아야 하고</u>, 이는 전소나 후소 중 어느 하나가 승계참가신청에 의하여 이루어진 경우에도 마찬가지이다(대판 2012.07.05. 2010다80503).

(2) 사건의 동일

1) 소송물이론

소송물이론에 따라 다르다. 예를 들어 채무불이행을 이유로 1억원의 손해배상청구의 소를 제기하여 소송계속 중 불법행위를 이유로 같은 1억원의 손해배상청구의 소를 제기한 경우에 구이론은 소송물이 다르므로 중복소송이 되지 않는다고 하지만, 신이론은 소송물이 동일하므로 중복소송

에 해당한다고 본다.

2) 문제점

소송물이 동일한 것은 아니지만 상계항변, 확인소송 계속 중 이행의 소를 제기한 경우 등이 중복소송에 해당하는지가 문제된다.

3) 상계의 항변

① 문제점

소송상의 상계의 항변은 공격방어방법이면서도 출혈적인 예비적 항변의 성질을 가진다는 점, 기판력이 생긴다는 점(제216조 제2항)에서 소제기의 성질을 가진다. 따라서 보통의 항변과는 달리 상계항변을 하면서 별소로써 그 채권의 청구를 하는 경우 또는 반대의 경우에, 중복소송에 해당하지 않고 별소가 허용되느냐가 판결의 모순·저촉 방지라는 중복소제기금지의 취지와 관련하여 문제된다.

➲ 최근에는 상계항변을 먼저 한 경우를 상계선행형이라 하고, 먼저 별소를 제기하고 있는 경우를 별소선행형이라고 부르는 견해가 있다(전병서).

학설

ㄱ. 적극설(중복소송부정설)은 비록 상계의 항변이 기판력이 생기는 등 소제기의 성질도 있으나 엄연히 소송물이 아닌 공격방어방법이므로 별소가 허용된다고 한다(송상현, 김홍규). ㄴ. 소극설(중복소송긍정설)은 상계의 항변이 기판력이 생긴다는 점에서 이는 중간확인의 반소의 성질을 지니며 적극적으로 풀이할 때 하나의 채권에 대해 심리의 중복·기판력 있는 판결의 모순저촉의 염려가 생기므로 허용될 수 없다고 하거나, 중복제소의 금지를 준용할 수 있다고 한다(강현중). ㄷ. 반소병합설은 상계의 항변은 예비적 항변의 성질 때문에 법원의 판단이 날지 안 날지 불확실하므로 피고의 권리보호를 위해 원칙적으로 소제기는 허용되나, 이미 계속 중인 소송에서 상계항변으로 제공된 반대채권에 대해서는 별도의 소제기를 금하고 기왕의 소송에서 반소를 제기하도록 유도해야 한다고 한다. 다만 피고가 별도의 소를 제기했을 경우에는 바로 소를 각하할 것이 아니라 별소를 소송의 이부, 이송 또는 변론의 병합에 의해 기왕의 소송에 몰아서 그 절차의 반소로 병합되도록 노력해야 한다고 한다는 견해이다(이시윤, 정동윤). ㄹ. 상계항변의 성격으로 구분하는 설은 이부, 이송 등으로 병합하여 심리하도록 하되, 그것이 불가능하면 경우를 나누어 전소의 상계항변이 예비적이면 후소를 적법한 소로 허용하고, 무조건적인 것이면 중복소송으로 처리하는 것이 가장 부작용이 없다는 견해이다(호문혁). ㅁ. 변론을 중지하자는 설은 어느 한쪽의 변론을 중지하여 자동채권에 대한 이중의 심판을 방지하고자 하는 견해로 독일 민사소송법(ZPO §148)의 입장이다(방순원).

② 判例

원고가 피고에게 별소로 손해배상청구가 계속 중이었으나 다른 소에서 그 별소로 계속 중인 손해배상채권에 기해 상계의 항변을 한 사안에서 "<u>별소로 계속 중인 채권을 자동채권으로 하는 소송상 상계의 주장은 허용된다</u>(대판 1965.12.01. 63다848)."고 하고, "상계의 항변을 제출할 당시 이미 자동채권과 동일한 채권에 기한 소송을 별도로 제기하여 계속 중인 경우, 사실심의 담당재판부로서는 전소와 후소를 같은 기회에 심리·판단하기 위하여 이부, 이송 또는 변론병합 등을 시도함으로써 기판력의 저촉·모순을 방지함과 아울러 소송경제를 도모함이 바람직하였다고 할 것이나, 그렇다고 하여 특별한 사정이 없는 한 <u>별소로 계속 중인 채권을 자동채권으로 하는 소송상</u>

상계의 주장이 허용되지 않는다고 볼 수는 없다(대판 2001.04.27. 2000다4050)."고 하여 중복소송부정설의 입장이다.

4) 단일청구에 대한 확인청구와 이행청구

① 문제점

원칙적으로 청구취지가 다르면 신·구소송물이론을 가리지 않고 소송물이 다르므로, 이는 중복제소에 해당하지 않지만 심리의 중복과 판결의 모순, 저촉 방지라는 중복소제기 금지의 취지상 그 기초를 이루는 권리관계가 동일한 경우에 중복소송이냐가 문제된다.

② 判例

判例는 동일한 원고가 반복해서 소를 제기하는 사안은 아니지만, 채권자가 채무인수자를 상대로 제기한 채무이행청구소송(前訴)중에 채무인수자가 채권자를 상대로 별소로 채무부존재확인소송을 제기한(後訴) 사안에서 "전소와 후소는 청구취지와 청구원인이 서로 다르므로 중복소송에 해당되지 않지만, 후소인 채무부존재확인소송은 소의 이익이 없어 각하해야 한다(대판 2001.07.24. 2001다22246)."고 판시하였다.

하지만 원고가 제기한 손해배상채무부존재확인의 소에 대해 반소로 피고가 그 채무이행을 구하는 소를 제기한 사안에서는 "소송요건을 구비하여 적법하게 제기된 본소가 그 후에 상대방이 제기한 반소로 인하여 소송요건에 흠결이 생겨 다시 부적법하게 되는 것은 아니므로, 원고가 피고들에 대하여 위 교통사고와 관련한 손해배상채무의 부존재확인을 구할 이익이 있어 본소로 그 확인을 구하였다면, 피고가 그 후에 그 손해배상채무의 이행을 구하는 반소를 제기하였다 하더라도 그러한 사정만으로 본소청구에 대한 확인의 이익이 소멸하여 본소가 부적법하게 된다고 볼 수는 없다(대판 1999.06.08. 99다17401·17418)."고 하고 있다.

그리고 "반소청구에 본소청구의 기각을 구하는 것 이상의 적극적 내용이 포함되어 있지 않다면 반소청구로서의 이익이 없고, 어떤 채권에 기한 이행의 소에 대하여 동일 채권에 관한 채무부존재확인의 반소를 제기하는 것은 그 청구의 내용이 실질적으로 본소청구의 기각을 구하는 데 그치는 것이므로 부적법하다(대판 2007.04.13. 2005다40709·40716)."고 하였다.

또한 "민사소송법 제271조는 본소가 취하된 때에는 피고는 원고의 동의 없이 반소를 취하할 수 있다고 규정하고 있고, 이에 따라 원고가 반소가 제기되었다는 이유로 본소를 취하한 경우 피고가 일방적으로 반소를 취하함으로써 원고가 당초 추구한 기판력을 취득할 수 없는 사태가 발생할 수 있는 점을 고려하면, 위 법리와 같이 반소가 제기되었다는 사정만으로 본소청구에 대한 확인의 이익이 소멸한다고는 볼 수 없고, 달리 판례변경의 필요가 있다고 보이지 아니 한다[81](대

---

[81] 즉 최근의 대판 2010.07.15. 2010다2428, 2435는 "원심판결 이유에 의하면, 원심은 채무부존재확인 소송의 제소강제적 기능이 채권자의 반소에 의하여 이행의 소의 제기라는 형태로 현실화된 경우에는 본소인 채무부존재확인 소송은 그 당초의 기능상의 목적을 다하는 것인 점, 피고가 이행의 소를 반소로 제기한 경우에 반소청구를 기각하는 판결의 기판력은 원칙적으로 본소의 원고가 채무부존재확인 소송에 의하여 달성하려는 목적과 동일한 점 등 그 판시와 같은 이유를 들어 위 판례는 변경되어야 하고, 소송실무의 운용도 이와 같은 경우에 채무부존재의 확인을 구하는 원고의 본소를 취하하도록 권고하는 방향으로 개선할 필요가 있으며, 따라서 원고(반소피고, 이하 '원고'라 한다)가 이 사건 채무부존재확인 소송을 제기하던 중 피고(반소원고, 이하 '피고'라 한다)가 그 채무의 이행을

판 2010.07.15. 2010다2428·2435)."고 한다.

5) 일부청구와 중복소제기의 금지

判例는 "전 소송에서 불법행위를 원인으로 치료비청구를 하면서 일부만을 특정하여 청구하고 그 이외의 부분은 별도소송으로 청구하겠다는 취지를 명시적으로 유보한 때에는 그 전소송의 소송물은 그 청구한 일부의 치료비에 한정되는 것이고 전 소송에서 한 판결의 기판력은 유보한 나머지 부분의 치료비에까지는 미치지 아니한다 할 것이므로 전 소송의 계속 중에 동일한 불법행위를 원인으로 유보한 나머지 치료비청구를 별도소송으로 제기하였다 하더라도 중복제소에 해당하지 아니한다(대판 1985.04.09. 84다552)."고 하여 명시적 일부청구설의 입장이다.

(3) 전소계속 중의 후소 제기

1) 소의 형태는 제한 없음

전, 후 양소가 동일한 사건이면 전소와 같은 법원에 제기되었든 다른 법원에 제기되었든 가리지 않는다. 후소가 단일한 독립의 소일 것에 한하지 않으며, 다른 청구와 병합되어 있든지 다른 소송에서 소의 변경, 반소 또는 소송참가의 방법으로 제기되었든지 문제 되지 않는다.

2) 전소는 부적법한 소라도 무방

이 경우 전소는 소송요건을 구비하지 못한 부적법한 소라도 무방하나 후소의 소제기 당시에 전소가 계속되어 있어도 후소의 변론종결 시까지 취하, 각하 등에 의하여 그 소송계속이 소멸되면 중복소송에 해당하지 않는다[82]. 따라서 당사자와 소송물이 동일한 소송이 시간을 달리하여 제기된 경우 전소가 후소의 변론종결 시까지 취하·각하 등에 의하여 소송계속이 소멸되지 않으면 후소는 중복제소금지에 위반하여 제기된 소송으로서 부적법하다(대판 2017.11.14. 2017다23066).

3) 判例(대판(전) 2013.12.18. 2013다202120)

채무자가 제3채무자를 상대로 제기한 이행의 소가 이미 법원에 계속되어 있는 상태에서 압류채권자가 제3채무자를 상대로 제기한 추심의 소의 본안에 관하여 심리·판단한다고 하여, 제3채무자에게 불합리하게 과도한 이중 응소의 부담을 지우고 본안 심리가 중복되어 당사자와 법원의 소송경제에 반한다거나 판결의 모순·저촉의 위험이 크다고 볼 수 없다. 압류채권자는 채무자가 제3채무자를 상대로 제기한 이행의 소에 민사소송법 제81조, 제79조에 따라 참가할 수도 있으나, 채무자의 이행의

구하는 반소를 제기한 이상, 원고의 본소는 결과적으로 확인의 이익이 없어 부적법하다고 판단하였다. 그러나 (대법원의 판단) 민사소송법 제271조는 본소가 취하된 때에는 피고는 원고의 동의 없이 반소를 취하할 수 있다고 규정하고 있고, 이에 따라 원고가 반소가 제기되었다는 이유로 본소를 취하한 경우 피고가 일방적으로 반소를 취하함으로써 원고가 당초 추구한 기판력을 취득할 수 없는 사태가 발생할 수 있는 점을 고려하면, 위 법리와 같이 반소가 제기되었다는 사정만으로 본소청구에 대한 확인의 이익이 소멸한다고는 볼 수 없고, 달리 판례변경의 필요가 있다고 보이지 아니한다. 결국 원심의 판단에는 채무부존재확인 소송의 소의 이익에 관한 법리를 오해하여 판결 결과에 영향을 미친 위법이 있다 하겠으므로, 이 점을 지적하는 상고논지는 이유 있다."고 판시한다.

[82] 특허심판원에 계속 중인 심판(이하 '전심판'이라 한다)에 대하여 동일한 당사자가 동일한 심판을 다시 청구한 경우(이하 '후심판'이라 한다), 후심판의 심결 시를 기준으로 한 전심판의 심판계속 여부에 따라 후심판의 적법 여부를 판단하여야 한다(대판 2020.04.29. 2016후2317).

소가 상고심에 계속 중인 경우에는 승계인의 소송참가가 허용되지 아니하므로 압류채권자의 소송참가가 언제나 가능하지는 않으며, 압류채권자가 채무자가 제기한 이행의 소에 참가할 의무가 있는 것도 아니다. 채무자가 제3채무자를 상대로 제기한 이행의 소가 법원에 계속되어 있는 경우에도 압류채권자는 제3채무자를 상대로 압류된 채권의 이행을 청구하는 추심의 소[83]를 제기할 수 있고, 제3채무자를 상대로 압류채권자가 제기한 추심의 소는 채무자가 제기한 이행의 소에 대한 관계에서 민사소송법 제259조가 금지하는 중복된 소제기에 해당하지 않는다고 봄이 타당하다[84].

3. 효 과

(1) 소극적 소송요건, 직권조사사항

소극적 소송요건이고 직권조사사항이므로, 이에 해당하면 판결로써 후소를 각하한다.

(2) 전소계속 중 후소가 제기된 경우

중복소송에 해당하는 후소에 대한 본안판결은 위법하므로 상소로 다툴 수 있고, 후소의 판결이 전소보다 먼저 확정된 경우에는 후소의 기판력이 전소를 구속한다.

(3) 양소가 모두 확정된 경우

전후 양소가 모두 확정된 경우에는, 기판력이 서로 모순·저촉되었을 때 어느 것이 먼저 소제기되었는지와 관계없이 먼저 확정된 판결이 효력이 있고 뒤에 확정된 판결이 재심의 소에 의하여 취소된다(제451조 1항 10호). 즉 기판력 있는 전소판결과 저촉되는 후소판결이 그대로 확정된 경우에도 전소판결의 기판력이 실효되는 것이 아니고 재심의 소에 의하여 후소판결이 취소될 때까지 전소판결과 후소판결은 저촉되는 상태 그대로 기판력을 갖는 것이고 또한 후소판결의 기판력이 전소판결의 기판력을 복멸시킬 수 있는 것도 아니어서, 기판력 있는 전소판결의 변론종결 후에 이와 저촉되는 후소판결이 확정되었다는 사정은 변론종결 후에 발생한 새로운 사유에 해당되지 않으므로, 그와 같은 사유를 들어 전소판결의 기판력이 미치는 자 사이에서 전소판결의 기판력이 미치지 않게 되었다고 할 수 없다(대판 1997.01.24. 96다32706).

(4) 판결의 우선 여부

다만 재심판결에 의해 취소되기까지는 뒤의 판결도 당연무효는 아니다. 이 경우 어느 판결이 우선하는지가 문제되는데, 전소판결이 우선한다는 견해(정동윤·유병현·김경욱)와 후소판결이 우선한다는 견해(이시윤)가 대립한다.

---

83) 집행채권의 부존재나 소멸은 집행채무자가 청구이의의 소에서 주장할 사유이지 추심의 소에서 제3채무자인 피고가 이를 항변으로 주장하여 채무의 변제를 거절할 수 있는 것이 아니다(대판 1996.09.24. 96다13781).
84) 반대의견은 "채무자가 제3채무자를 상대로 먼저 제기한 이행의 소와 압류채권자가 제3채무자를 상대로 나중에 제기한 추심의 소는 비록 당사자는 다를지라도 실질적으로 동일한 사건으로서 후소는 중복된 소에 해당한다."고 본다. 즉 전소가 소송요건을 갖추지 못한 부적법한 소라고 하더라도 전소의 소송 계속이 소멸하지 않는 한 그 소송 계속 중에 다시 제기된 후소는 중복된 소제기의 금지에 저촉되는 부적법한 소로서 각하를 면할 수 없다는 것이 그 이유이다.

4. 국제적 중복소제기(국제소송의 경합)

(1) 문제점

동일사건에 대하여 외국법원에 소송계속 중임에도 국내법원에 다시 소제기하는 경우나 그 반대의 경우가 중복소송에 해당하는 지가 문제된다. 이는 제259조의 '법원'에 외국법원을 포함하는 지가 핵심이 된다[85].

(2) 判例

일제강점기하에 일본 정부에 의하여 강제징용 되어 일본국 내 기업에서 강제노동에 종사한 대한민국 국민이 위 기업을 상대로 불법행위로 인한 손해배상청구를 한 사안에서 "외국법원의 확정판결은 민사소송법 제217조 각 호의 요건을 모두 충족하면 우리나라에서 그 효력이 인정되고, 외국법원의 확정판결이 위 승인요건을 구비하는 경우에는 이와 동일한 소송을 우리나라 법원에 다시 제기하는 것은 외국법원의 확정판결의 기판력에 저촉되어 허용되지 않으므로, 외국법원에 소가 제기되어 있는 경우 그 외국법원의 판결이 장차 민사소송법 제217조에 의하여 승인받을 가능성이 예측되는 때에는 민사소송법 제259조에서 정한 소송계속으로 보아야 할 것이므로, 이와 동일한 사건에 대하여 우리나라 법원에 제소한다면 중복제소에 해당하여 부적법하다(부산지법 2007.02.02. 2000가합7960)."고 하였고, "일본판결 이유는 일제강점기의 강제동원 자체를 불법이라고 보고 있는 대한민국 헌법의 핵심적 가치와 정면으로 충돌하는 것이어서 이러한 판결 이유가 담긴 일본판결을 그대로 승인하는 결과는 그 자체로 대한민국의 선량한 풍속이나 그 밖의 사회질서에 어긋나는 것임이 분명하므로 우리나라에서 일본판결을 승인하여 효력을 인정할 수 없다(대판 2012.05.24. 2009다22549)."고 하여 승인예측설의 입장[86]이다.

---

[85] 학설은 ① 제259조의 법원에 외국법원은 포함하지 않는다는 제259조 부적용설(규제소극설) ② 국제적 사건과 국내사건을 동일하게 취급하여 제259조의 법원에 외국법원도 포함한다는 제259조 적용설 ③ 외국법원의 판결이 장래 제217조에 의하여 우리나라에서 승인받을 가능성이 예측되는 경우에는 중복소송에 해당한다는 승인예측설 ④ 사안별로 어느 나라의 법정이 적절한 법정지인지를 비교형량 하여 결정할 것으로, 만일 외국법원이 보다 적절한 법정지인데 국내법원에 소제기 하면 중복소송에 해당한다는 비교형량설(조리설)이 있다.

[86] 민사소송법 제217조 제3호는 외국법원의 확정판결의 효력을 인정하는 것이 대한민국의 선량한 풍속이나 그 밖의 사회질서에 어긋나지 아니하여야 한다는 점을 외국판결 승인요건의 하나로 규정하고 있는데, 여기서 외국판결의 효력을 인정하는 것, 즉 <u>외국판결을 승인한 결과가 대한민국의 선량한 풍속이나 그 밖의 사회질서에 어긋나는지는 그 승인 여부를 판단하는 시점에서 외국판결의 승인이 대한민국의 국내법 질서가 보호하려는 기본적인 도덕적 신념과 사회질서에 미치는 영향을 외국판결이 다룬 사안과 대한민국과의 관련성의 정도에 비추어 판단하여야 하고, 이때 그 외국판결의 주문뿐 아니라 이유 및 외국판결을 승인할 경우 발생할 결과까지 종합하여 검토하여야 한다.</u> 일제강점기에 국민징용령에 의하여 강제징용되어 일본국 회사인 미쓰비시중공업 주식회사(이하 '구 미쓰비시'라고 한다)에서 강제노동에 종사한 대한민국 국민 甲 등이 구 미쓰비시가 해산된 후 새로이 설립된 미쓰비시중공업 주식회사(이하 '미쓰비시'라고 한다)를 상대로 국제법 위반 및 불법행위를 이유로 한 손해배상과 미지급 임금의 지급을 구한 사안에서, 甲 등이 미쓰비시를 상대로 동일한 청구원인으로 일본국에서 제기한 소송의 패소확정판결(이하 '일본판결'이라고 한다) 이유에는 일본의 한반도와 한국인에 대한 식민지배가 합법적이라는 규범적 인식을 전제로 하여 일제의 국가총동원법과 국민징용령을 한반도와 甲 등에게 적용하는 것이 유효하다고 평가한 부분이 포함되어 있는데, 대한민국 헌법 규정에 비추어 볼 때 일제강점기 일본의 한반도 지배는 규범적인 관점에서 불법적인 강점(强占)에 지나지 않고, 일본의 불법적인 지배로 인한 법률관계 중 대한민국의 헌법정신과 양립할 수 없는 것은 그 효력이 배제된다고 보아야 하므로, <u>일본판결 이유는 일제강</u>

III 실체법상의 효과

1. 총 설

소제기의 실체법상 효과로서 주된 것은 시효중단과 법률상의 기간(제척기간) 준수의 효과(제265조), 연12%의 소송이자의 발생이지만, 그 밖에 선의점유자의 악의의 의제(민법 제197조 2항), 어음법상의 상환청구권의 소멸시효기간의 개시(어음법 제70조) 등의 효과가 따른다.

2. 시효의 중단

(1) 응소행위가 시효중단에 포함되는지 여부

1) 문제점

시효중단의 대상은 그 주장하는 권리관계인 소송물인 것이 원칙인데 소송에서 주장하는 공격방어방법도 이에 해당하는가이다. ① 학설의 전통적인 견해는 소제기에 의해 행사하는 시효의 대상은 소송물인 권리관계이지 공격방어방법은 이에 해당하지 않는다(권리확정설)고 하지만, ② 현재 통설의 입장은 소송에서 주장된 공격방어방법으로서의 권리관계라 할지라도 그것이 청구를 인용하거나 배척하기 위한 전제로서 주장되고 받아들여졌을 때에는 이들 관계에 대해서도 시효중단효를 인정해야 한다고 한다(권리행사설).

2) 判例

判例는 종래에는 공격방법으로 주장된 권리와는 달리 피고가 주장하는 방어방법에 대해서는 시효중단효를 인정하지 않다가, 대판(전) 1993.12.21. 92다47861 판결에서 "민법 제168조 제1호, 제170조 제1항에서 시효중단사유의 하나로 규정하고 있는 재판상의 청구라 함은, 통상적으로는 권리자가 원고로서 시효를 주장하는 자를 피고로 하여 소송물인 권리를 소의 형식으로 주장하는 경우를 가리키지만, 이와 반대로 <u>시효를 주장하는 자가 원고가 되어 소를 제기한 데 대하여 피고로서 응소하여 그 소송에서 적극적으로 권리를 주장하고 그것이 받아들여진 경우도 마찬가지로 이에 포함되는 것으로 해석함이 타당하다.</u>"고 하여 이를 긍정하고 있다[87]. 다만 <u>민법 제168조 1호에서 말하는 청구라 함은 권리자가 의무자를 상대로 청구하는 경우를 말하므로</u>, 물상보증인이 그 피담보채무의 부존재 또는 소멸을 이유로 제기한 저당권설정등기 말소등기절차이행청구소송에서 채권자 겸 저당

징기의 강제동원 자체를 불법이라고 보고 있는 대한민국 헌법의 핵심적 가치와 정면으로 충돌하는 것이어서 이러한 판결 이유가 담긴 일본판결을 그대로 승인하는 결과는 그 자체로 대한민국의 선량한 풍속이나 그 밖의 사회질서에 어긋나는 것임이 분명하므로 우리나라에서 일본판결을 승인하여 효력을 인정할 수 없는데도, 이와 달리 본 원심판결에 법리오해의 위법이 있다(대판 2012.05.24. 2009다22549).

[87] 시효를 주장하는 자가 원고가 되어 소를 제기한 경우에 있어서, 피고가 응소행위를 하였다고 하여 바로 시효중단의 효과가 발생하는 것은 아니고, 변론주의 원칙상 시효중단의 효과를 원하는 피고로서는 당해 소송 또는 다른 소송에서의 응소행위로서 시효가 중단되었다고 주장하지 않으면 아니 되고, 피고가 변론에서 시효중단의 주장 또는 이러한 취지가 포함되었다고 볼 만한 주장을 하지 아니하는 한, 피고의 응소행위가 있었다는 사정만으로 당연히 시효중단의 효력이 발생한다고 할 수는 없는 것이나, 응소행위로 인한 시효중단의 주장은 취득시효가 완성된 후라도 사실심 변론종결 전에는 언제든지 할 수 있다(대판 2003.06.13. 2003다17927,17934).

권자가 청구기각의 판결을 구하고 피담보채권의 존재를 주장하였다고 하더라도 이로써 직접 채무자에 대하여 재판상 청구를 한 경우로 볼 수는 없으므로 피담보채권의 소멸시효에 관하여 규정한 민법 제168조 제1호 소정의 '청구'에 해당하지 아니 한다(대판 2004.01.16. 2003다30890).

(2) 일부청구와 시효중단

判例는 과거에는 명시여부를 불문하고 시효중단의 효력은 청구한 일부에만 미친다고 하다가(대판 1970.04.14. 69다597, 대판 1975.02.25. 74다1557 등), ① "한 개의 채권 중 일부에 관하여만 판결을 구한다는 취지를 명백히 하여 소송을 제기한 경우에는 소제기에 의한 소멸시효중단의 효력이 그 일부에 관하여만 발생하고, 나머지 부분에는 발생하지 아니한다."고 하면서도, ② "비록 그중 일부만을 청구한 경우에도 그 취지로 보아 채권 전부에 관하여 판결을 구하는 것으로 해석된다면 그 청구액을 소송물인 채권의 전부로 보아야 하고, 이러한 경우에는 그 채권의 동일성의 범위 내에서 그 전부에 관하여 시효중단의 효력이 발생한다고 해석함이 상당하다(대판 1992.04.10. 91다43695)."고 한다. 그리고 "청구의 대상으로 삼은 채권 중 일부만을 청구한 경우에도 그 취지로 보아 채권 전부에 관하여 판결을 구하는 것으로 해석되는 경우에는 그 동일성의 범위 내에서 그 전부에 관하여 시효중단의 효력이 발생하고, 이러한 법리는 특정 불법행위로 인한 손해배상채권에 대한 지연손해금청구의 경우에도 마찬가지로 적용된다(대판 2001.09.28. 99다72521)."고 한다.

■ 전소에서 부당이득금 중 일부만을 청구한 다음 후소에서 나머지를 청구하는 사건

하나의 채권 중 일부에 관하여만 판결을 구한다는 취지를 명백히 하여 소송을 제기한 경우에는 소제기에 의한 소멸시효중단의 효력이 그 일부에 관하여만 발생하고, 나머지 부분에는 발생하지 아니하나, 소장에서 청구의 대상으로 삼은 채권 중 일부만을 청구하면서 소송의 진행경과에 따라 장차 청구금액을 확장할 뜻을 표시하고 당해 소송이 종료될 때까지 실제로 청구금액을 확장한 경우에는 소제기 당시부터 채권 전부에 관하여 판결을 구한 것으로 해석되므로, 이러한 경우에는 소제기 당시부터 채권 전부에 관하여 재판상 청구로 인한 시효중단의 효력이 발생한다. 소장에서 청구의 대상으로 삼은 채권 중 일부만을 청구하면서 소송의 진행경과에 따라 장차 청구금액을 확장할 뜻을 표시하였으나 당해 소송이 종료될 때까지 실제로 청구금액을 확장하지 않은 경우에는 소송의 경과에 비추어 볼 때 채권 전부에 관하여 판결을 구한 것으로 볼 수 없으므로, 나머지 부분에 대하여는 재판상 청구로 인한 시효중단의 효력이 발생하지 아니한다. 그러나 이와 같은 경우에도 소를 제기하면서 장차 청구금액을 확장할 뜻을 표시한 채권자로서는 장래에 나머지 부분을 청구할 의사를 가지고 있는 것이 일반적이라고 할 것이므로, 다른 특별한 사정이 없는 한 당해 소송이 계속 중인 동안에는 나머지 부분에 대하여 권리를 행사하겠다는 의사가 표명되어 최고에 의해 권리를 행사하고 있는 상태가 지속되고 있는 것으로 보아야 하고, 채권자는 당해 소송이 종료된 때부터 6월내에 민법 제174조에서 정한 조치를 취함으로써 나머지 부분에 대한 소멸시효를 중단시킬 수 있다. 한편 대법원은, 보통의 최고와는 달리 법원의 행위를 통해 이루어지는 소송고지로 인한 최고에 대하여는 당해 소송이 계속 중인 동안 최고에 의해 권리를 행사하고 있는 상태가 지속되는 것으로 보아 당해 소송이 종료된 때부터 6월내에 민법 제174조에 정한 조치를 취함으로써 소멸시효를 중단시킬 수 있다는 점을 밝혀 왔다[88](대판 2020.02.06. 2019다223723).

---

88) ☞ 선행소송의 소장에 '일부청구'라는 제목 하에 소송의 진행경과에 따라 장차 청구금액을 확장할 뜻을 표시하면서 우선 2,000,000원 및 이에 대한 지연손해금만을 청구하였으나, 선행소송이 종료될 때까지 청구금액을 확장하지 아니한 이상 나머지 부분에 대하여는 재판상 청구로 인한 시효중단의 효력이 발생하지 아니하고, 선행소송이 종료된 때로부터 6월이 지난 이후에야 나머지 부분의 지급을 구하는 이 사건 소송을 제기한 이상 나머지 부분에 대하여는 소멸시효가 완성되었다고 본 원심의 판단을 수긍한 사례

(3) 어음채권과 원인채권

원인채권의 지급을 확보하기 위한 방법으로 어음이 수수된 경우에 원인채권과 어음채권은 별개로서 채권자는 그 선택에 따라 권리를 행사할 수 있고, 원인채권에 기하여 청구를 한 것만으로는 어음채권 그 자체를 행사한 것으로 볼 수 없어 어음채권의 소멸시효를 중단시키지 못한다. 원인채권의 지급을 확보하기 위한 방법으로 어음이 수수된 경우, 이러한 어음은 경제적으로 동일한 급부를 위하여 원인채권의 지급수단으로 수수된 것으로서 그 어음채권의 행사는 원인채권을 실현하기 위한 것일 뿐만 아니라, 원인채권의 소멸시효는 어음금 청구소송에 있어서 채무자의 인적항변 사유에 해당하는 관계로 채권자가 어음채권의 소멸시효를 중단하여 두어도 채무자의 인적항변에 따라 그 권리를 실현할 수 없게 되는 불합리한 결과가 발생하게 되므로, 채권자가 원인채권에 기하여 청구를 한 것이 아니라 어음채권에 기하여 청구를 하는 반대의 경우에는 원인채권의 소멸시효를 중단시키는 효력이 있다고 봄이 상당하고, 이러한 법리는 채권자가 어음채권을 피보전권리로 하여 채무자의 재산을 가압류함으로써 그 권리를 행사한 경우에도 마찬가지로 적용된다(대판 1999.06.11. 99다16378).

3. 법률상의 기간준수

(1) 의 의

법률상의 기간이란 출소기간 그 밖의 청구를 위한 제척기간 등 권리나 법률상태를 보존하기 위하여 일정한 기간 안에 소를 제기하지 않으면 안 되며, 그것이 지나면 권리 등이 없어지게 되는 기간을 말한다(이시윤). 민법상의 점유소송의 제소기간[89], 채권자취소소송[90], 상속회복소송[91]에 있어서 제소기간 등이 그 예이다.

(2) 범 위

제척기간준수의 범위도 시효중단의 범위와 마찬가지로 소송물인 권리관계와 일치하는 것이 원칙이다. 예를 들어 제척기간 내에 명시적 일부청구를 한 채권에 터 잡아 잔부를 확장하여도, 제척기간 내에 청구한 수액을 초과한 부분의 청구는 제척기간의 도과로 소멸되었다고 할 것이다(명시설).

4. 효력발생 및 소멸시기

(1) 효력발생

> 제265조(소제기에 따른 시효중단의 시기) 시효의 중단 또는 법률상 기간을 지킴에 필요한 재판상 청구는 소를 제기한 때 또는 제260조제2항·제262조제2항 또는 제264조제2항의 규정에 따라 서면을 법원에 제출한 때에 그 효력이 생긴다.

시효중단·법률상의 기간준수의 효력은 소의 제기 시, 즉 소장을 법원에 제출한 때에 발생한다

---

[89] 민법 제204조 3항, 제205조 2·3항, 제206조 2항
[90] 민법 제406조 2항
[91] 민법 제999조

(제265조 전단). 특히 소송계속효과와는 달리 소장제출 시에 발생하게 한 것은 법원이 피고에 대한 소장부본의 송달을 지연시킴으로써 소장부본의 송달 전에 시효완성이나 출소기간이 도과해 버리는 원고의 불이익을 막자는 데 있다.

(2) 소멸시기

> 민법 제170조(재판상의 청구와 시효중단) ① 재판상의 청구는 소송의 각하, 기각 또는 취하의 경우에는 시효중단의 효력이 없다.
> ② 전항의 경우에 6월내에 재판상의 청구, 파산절차참가, 압류 또는 가압류, 가처분을 한 때에는 시효는 최초의 재판상청구로 인하여 중단된 것으로 본다.

시효중단, 기간준수의 효력은 소의 취하, 각하로 소급하여 소멸한다(민법 제170조 1항). 그리고 민법 제168조 제1호, 제170조 제1항에서 시효중단사유의 하나로 규정하고 있는 재판상의 청구라 함은, 통상적으로는 권리자가 원고로서 시효를 주장하는 자를 피고로 하여 소송물인 권리를 소의 형식으로 주장하는 경우를 가리키지만, 이와 반대로 시효를 주장하는 자가 원고가 되어 소를 제기한 데 대하여 피고로서 응소하여 그 소송에서 적극적으로 권리를 주장하고 그것이 받아들여진 경우도 이에 포함되고, 위와 같은 응소행위로 인한 시효중단의 효력은 피고가 현실적으로 권리를 행사하여 응소한 때에 발생한다. 한편, 권리자인 피고가 응소하여 권리를 주장하였으나 그 소가 각하되거나 취하되는 등의 사유로 본안에서 그 권리주장에 관한 판단 없이 소송이 종료된 경우에도 민법 제170조 제2항을 유추적용하여 그때부터 6월 이내에 재판상의 청구 등 다른 시효중단조치를 취하면 응소시에 소급하여 시효중단의 효력이 있는 것으로 봄이 상당하다[92](대판 2010.08.26. 2008다42416,42423). 또한 민법 제170조 제1항에 규정하고 있는 '재판상의 청구'란 종국판결을 받기 위한 '소의 제기'에 한정되지 않고, 권리자가 이행의 소를 대신하여 재판기관의 공권적인 법률판단을 구하는 지급명령 신청도 포함된다고 보는 것이 타당하다. 그리고 민법 제170조의 재판상 청구에 지급명령 신청이 포함되는 것으로 보는 이상 특별한 사정이 없는 한, 지급명령 신청이 각하된 경우라도 6개월 이내 다시 소를 제기한 경우라면 민법 제170조 제2항에 의하여 시효는 당초 지급명령 신청이 있었던 때에 중단되었다고 보아야 한다(대판 2011.11.10. 2011다54686).

> **관련판례**
>
> ① **채권자대위소송과 시효중단** : 원고가 채권자대위권에 기해 청구를 하다가 당해 피대위채권 자체를 양수하여 양수금청구로 소를 변경한 사안에서 "이는 청구원인의 교환적 변경으로서 채권자대위권에 기한 구 청구는 취하된 것으로 보아야 하나, 그 채권자대위소송의 소송물은 채무자의 제3채무자에 대한 계약금반환청구권인데 위 양수금 청구는 원고가 위 계약금반환청구권 자체를 양수하였다는 것이어서 양 청구는 동일한 소송물에 관한

---

[92] 응소행위에 대하여 소멸시효중단의 효력을 인정하는 것은 그것이 권리 위에 잠자는 것이 아님을 표명한 것에 다름 아닐 뿐만 아니라 계속된 사실상태와 상용할 수 없는 다른 사정이 발생한 때로 보아야 한다는 것에 기인한 것이므로, 채무자가 반드시 소멸시효완성을 원인으로 한 소송을 제기한 경우이거나 당해 소송이 아닌 전 소송 또는 다른 소송에서 그와 같은 권리주장을 한 경우이어야 할 필요는 없고, 나아가 변론주의 원칙상 피고가 응소행위를 하였다고 하여 바로 시효중단의 효과가 발생하는 것은 아니고 시효중단의 주장을 하여야 그 효력이 생기는 것이지만, 시효중단의 주장은 반드시 응소시에 할 필요는 없고 소멸시효기간이 만료된 후라도 사실심 변론종결 전에는 언제든지 할 수 있다.

권리의무의 특정승계가 있을 뿐 그 소송물은 동일한 점, 시효중단의 효력은 특정승계인에게도 미치는 점, 계속 중인 소송에 소송목적인 권리 또는 의무의 전부나 일부를 승계한 특정승계인이 소송참가하거나 소송인수한 경우에는 소송이 법원에 처음 계속된 때에 소급하여 시효중단의 효력이 생기는 점, 원고는 위 계약금반환채권을 채권자대위권에 기해 행사하다 다시 이를 양수받아 직접 행사한 것이어서 위 계약금반환채권과 관련하여 원고를 '권리 위에 잠자는 자'로 볼 수 없는 점 등에 비추어 볼 때, 당초의 채권자대위소송으로 인한 시효중단의 효력이 소멸하지 않는다(대판 2010.06.24. 2010다17284).

② **소송고지와 시효중단** : 소송고지의 요건이 갖추어진 경우에 소송고지서에 고지자가 피고지자에 대하여 채무의 이행을 청구하는 의사가 표명되어 있으면 민법 제174조에 정한 시효중단사유로서의 최고의 효력이 인정된다. 나아가 시효중단제도는 제도의 취지에 비추어 볼 때 기산점이나 만료점을 원권리자를 위하여 너그럽게 해석하는 것이 바람직하고, 소송고지에 의한 최고는 보통의 최고와는 달리 법원의 행위를 통하여 이루어지는 것이므로 만일 법원이 소송고지서의 송달사무를 우연한 사정으로 지체하는 바람에 소송고지서의 송달 전에 시효가 완성된다면 고지자가 예상치 못한 불이익을 입게 된다는 점 등을 고려하면, 소송고지에 의한 최고의 경우에는 민사소송법 제265조를 유추 적용하여 당사자가 소송고지서를 법원에 제출한 때에 시효중단의 효력이 발생한다(대판 2015.05.14. 2014다16494).

③ **지급명령과 시효중단** : 민사소송법 제472조 제2항은 "채무자가 지급명령에 대하여 적법한 이의신청을 한 경우에는 지급명령을 신청한 때에 이의신청된 청구목적의 값에 관하여 소가 제기된 것으로 본다."라고 규정하고 있는바, 지급명령 사건이 채무자의 이의신청으로 소송으로 이행되는 경우에 지급명령에 의한 시효중단의 효과는 소송으로 이행된 때가 아니라 지급명령을 신청한 때에 발생한다(대판 2015.02.12. 2014다228440).

④ **소제기 전 사망을 간과한 판결과 시효중단** : 민법 제170조 제1항은 재판상 청구가 민법 제168조에 의하여 시효중단사유가 됨을 전제로 "재판상의 청구는 소송의 각하, 기각 또는 취하의 경우에는 시효중단의 효력이 없다."고 규정하고, 같은 조 제2항은 "전항의 경우에 6월내에 재판상의 청구, 파산절차참가, 압류 또는 가압류, 가처분을 한 때에는 시효는 최초의 재판상 청구로 인하여 중단된 것으로 본다."고 규정함으로써 최초의 재판상 청구에 소송요건의 결여 등의 흠이 있는 경우 일정기간 내에 새로운 재판상 청구 등이 이루어지면 최초의 제소 시로 시효중단의 소급을 인정하고 있다. 그런데 이미 사망한 자를 피고로 하여 제기된 소는 부적법하여 이를 간과한 채 본안 판단에 나아간 판결은 당연무효로서 그 효력이 상속인에게 미치지 않고, 채권자의 이러한 제소는 권리자의 의무자에 대한 권리행사에 해당하지 않으므로, 상속인을 피고로 하는 당사자표시정정이 이루어진 경우와 같은 특별한 사정이 없는 한, 거기에는 애초부터 시효중단 효력이 없어 민법 제170조 제2항이 적용되지 않는다고 봄이 타당하고, 법원이 이를 간과하여 본안에 나아가 판결을 내린 경우에도 마찬가지라고 보아야 한다(대판 2014.02.27. 2013다94312).

⑤ **가압류와 시효중단** : 민법 제168조 제2호에서 가압류를 시효중단사유로 정하고 있지만, 가압류로 인한 시효중단의 효력이 언제 발생하는지에 관해서는 명시적으로 규정되어 있지 않다. 민사소송법 제265조에 의하면, 시효중단사유 중 하나인 '재판상의 청구'(민법 제168조 제1호, 제170조)는 소를 제기한 때 시효중단의 효력이 발생한다. 이는 소장 송달 등으로 채무자가 소 제기 사실을 알기 전에 시효중단의 효력을 인정한 것이다. 가압류에 관해서도 위 민사소송법 규정을 유추적용하여 '재판상의 청구'와 유사하게 가압류를 신청한 때 시효중단의 효력이 생긴다고 보아야 한다. '가압류'는 법원의 가압류명령을 얻기 위한 재판절차와 가압류명령의 집행절차를 포함하는데, 가압류도 재판상의 청구와 마찬가지로 법원에 신청을 함으로써 이루어지고(민사집행법 제279조), 가압류명령에 따른 집행이나 가압류명령의 송달을 통해서 채무자에게 고지가 이루어지기 때문이다. 가압류를 시효중단사유로 규정한 이유는 가압류에 의하여 채권자가 권리를 행사하였다고 할 수 있기 때문이다. 가압류 채권자의 권리행사는 가압류를 신청한 때에 시작되므로, 이 점에서도 가압류에 의한 시효중단의 효력은 가압류 신청을 한 때에 소급한다(대판 2017.04.07. 2016다35451).

⑥ **사망자에 대한 가압류신청** : 사망한 사람을 피신청인으로 한 가압류신청은 부적법하고 그 신청에 따른 가압류결정이 내려졌다고 하여도 그 결정은 당연 무효로서 그 효력이 상속인에게 미치지 않으며, 이러한 당연 무효의 가압류는 민법 제168조 제1호에 정한 소멸시효의 중단사유에 해당하지 않는다(대판 2006.08.24. 2004다26287).

⑦ **가압류 취소와 시효중단** : 압류, 가압류 및 가처분은 권리자의 청구에 의하여 또는 법률의 규정에 따르지 아니함으로 인하여 취소된 때에는 시효중단의 효력이 없다(민법 제175조). 즉 금전채권의 보전을 위하여 채무자의 금전채권에 대하여 가압류가 행하여진 경우에 그 후 채권자의 신청에 의하여 그 집행이 취소되었다면, 다른 특별한 사정이 없는 한 가압류에 의한 소멸시효 중단의 효과는 소급적으로 소멸된다. 민법 제175조는 가압류가 '권리자의 청구에 의하여 취소된 때에는' 소멸시효 중단의 효력이 없다고 정한다. 가압류의 집행 후에 행하여진 채권자의 집행취소 또는 집행해제의 신청은 실질적으로 집행신청의 취하에 해당하고, 이는 다른 특별한 사정이 없는 한 가압류 자체의 신청을 취하하는 것과 마찬가지로 그에게 권리행사의 의사가 없음을 객관적으로 표명하는 행위로서 위 법 규정에 의하여 시효중단의 효력이 소멸한다고 봄이 상당하다. 이러한 점은 위와 같은 집행취소의 경우 그 취소의 효력이 단지 장래에 대하여만 발생한다는 것에 의하여 달라지지 아니한다(대판 2010.10.14. 2010다53273).

⑧ **추심의 소와 시효중단** : 채무자의 제3채무자에 대한 금전채권에 대하여 압류 및 추심명령이 있더라도, 이는 추심채권자에게 피압류채권을 추심할 권능만을 부여하는 것이고, 이로 인하여 채무자가 제3채무자에게 가지는 채권이 추심채권자에게 이전되거나 귀속되는 것은 아니다. 따라서 채무자가 제3채무자를 상대로 금전채권의 이행을 구하는 소를 제기한 후 채권자가 위 금전채권에 대하여 압류 및 추심명령을 받아 제3채무자를 상대로 추심의 소를 제기한 경우, 채무자가 권리주체의 지위에서 한 시효중단의 효력은 집행법원의 수권에 따라 피압류채권에 대한 추심권능을 부여받아 일종의 추심기관으로서 그 채권을 추심하는 추심채권자에게도 미친다. 한편, 재판상의 청구는 소송의 각하, 기각 또는 취하의 경우에는 시효중단의 효력이 없지만, 그 경우 6개월 내에 재판상의 청구, 파산절차참가, 압류 또는 가압류, 가처분을 한때에는 시효는 최초의 재판상 청구로 인하여 중단된 것으로 본다(민법 제170조). 그러므로 채무자가 제3채무자를 상대로 제기한 금전채권의 이행소송이 압류 및 추심명령으로 인한 당사자적격의 상실로 각하되더라도, 위 이행소송의 계속 중에 피압류채권에 대하여 채무자에 갈음하여 당사자적격을 취득한 추심채권자가 위 각하 판결이 확정된 날로부터 6개월 내에 제3채무자를 상대로 추심의 소를 제기하였다면, 채무자가 제기한 재판상 청구로 인하여 발생한 시효중단의 효력은 추심채권자의 추심소송에서도 그대로 유지된다고 보는 것이 타당하다(대판 2019.07.25. 2019다212945).

5. 지연손해금의 법정이율의 인상(소송이자의 발생)

소송촉진 등에 의한 특례법 제3조는 금전채무의 이행을 명하는 판결 선고 시에 소송송달 다음 날부터는 지연손해금의 법정이율을 5% 또는 6%가 아니라 대통령령으로 정하는 인상된 이율에 의하도록 하였다. 대통령령에서는 당초에 연 2할 5푼으로 하였으나, 2003.4.24 헌법재판소의 위헌결정으로 연 20%로 낮추었다. 다만 채무자가 그 이행의무의 존부나 범위에 관하여 항쟁함이 상당하다고 인정한 때[93]에는 그 적용을 배제한다. 그리고 2015.9.25 개정으로 연 15%로 되었다가, 현재는 연 12%가 되었다[94][95].

---

93) 「소송촉진 등에 관한 특례법」(이하 '소송촉진법'이라고 한다) 제3조 제2항은 "채무자에게 그 이행의무가 있음을 선언하는 사실심 판결이 선고되기 전까지 채무자가 그 이행의무의 존재 여부나 범위에 관하여 항쟁하는 것이 타당하다고 인정되는 경우에는 그 타당한 범위에서 제1항을 적용하지 아니 한다"고 규정하고 있는데, 채무자가 이행의무의 존부와 범위를 다투어 제1심에서 그 주장이 받아들여졌다면 비록 항소심에서 그 주장이 배척되더라도 그 주장은 상당한 근거가 있다고 할 것이다. 그러므로 그러한 경우에는 항소심판결 선고 시까지는 같은 조 제1항의 지연손해금 이율을 적용할 수 없다(대판 2016.04.15. 2015다251645).
94) 「소송촉진 등에 관한 특례법」 제3조제1항 본문에서 "대통령령으로 정하는 이율"이란 연 100분의 12를 말한다. 〈개정 2019.5.21.〉 부칙 〈제29768호, 2019.5.21.〉 제1조(시행일) 이 영은 2019년 6월 1일부터 시행한다. 제2조(경과조치) ① 이 영 시행 당시 법원에 계속 중인 사건으로서 제1심의 변론이 종결된 사건에 대한 법정이율은 이 영의 개정규정에도 불구하고 종전의 규정에 따른다. ② 이 영 시행 당시 법원에 계속 중인 사건

제8절 소제기의 특수방식 – 배상명령제도

I 의의

형사소송절차에서 유죄판결을 선고하면서 동시에 피고사건의 범죄행위로 인하여 발행한 손해와 피고인과 피해자간에 합의된 배상액에 대하여 피고인에게 배상을 명하는 것이다(소송촉진 등에 관한 특례법 제25조). 형사소송의 부대소송이다. 배상명령신청을 하는 경우 인지가 면제되고(동법 제26조 1항 단서), 절차비용을 국가가 부담한다. 직권배상명령도 가능하다.

II 요건

> 제25조(배상명령) ① 제1심 또는 제2심의 형사공판절차에서 「형법」 제257조제1항·제258조제1항 및 제2항·제259조제1항·제262조(존속폭행치사상의 죄를 제외한다)·「형법」 제26장·제38장 내지 제40장 및 제42장에 규정된 죄에 관하여 유죄판결을 선고할 경우에 법원은 "직권" 또는 피해자나 그 상속인(이하 "피해자"라 한다)의 신청에 의하여 피고사건의 범죄행위로 인하여 발생한 직접적인 물적 피해, 치료비손해 및 위자료의 배상을 명할 수 있다. 〈개정 2005.12.14〉
> ② 법원은 제1항에 정한 죄 및 그 이외의 죄에 대한 피고사건에 있어서 피고인과 피해자 사이에 합의된 손해배상액에 관하여도 제1항의 규정에 따라 배상을 명할 수 있다.
> ③ 법원은 다음 각 호의 1에 해당하는 때에는 배상명령을 하여서는 아니 된다.
>   1. 피해자의 성명·주소가 분명하지 아니한 때
>   2. 피해금액이 특정되지 아니한 때
>   3. 피고인의 배상책임의 유무 또는 그 범위가 명백하지 아니한 때
>   4. 배상명령으로 인하여 공판절차가 현저히 지연될 우려가 있거나 형사소송절차에서 배상명령을 함이 상당하지 아니하다고 인정한 때

1. 배상명령의 대상

배상명령은 제1심, 제2심 형사소송절차에서 일정한 범죄에 한하여 유죄선고를 할 때에 한다. 배상명령은 직권으로 또는 피해자나 그 상속인의 신청에 따라 한다. 배상명령의 대상은 피고사건의 범죄행위로 인하여 발생한 재산적 손해(직접적인 물적 피해, 치료비 손해) 및 위자료[96]이다(동법 제25조 1항).

으로서 제1심의 변론이 종결되지 아니한 사건에 대한 법정이율은 2019년 5월 31일까지 발생한 분에 대해서는 종전의 규정에 따르고, 2019년 6월 1일 이후 발생하는 분에 대해서는 이 영의 개정규정에 따른다.
[95] 승소판결이 확정된 후 소송촉진 등에 관한 특례법의 변경으로 소송촉진법에서 정한 지연손해금 이율이 달라졌다고 하더라도 그로 인하여 선행 승소확정판결의 효력이 달라지는 것은 아니고, 확정된 선행판결과 달리 변경 된 소송촉진법상의 이율을 적용하여 선행판결과 다른 금액을 원고의 채권액으로 인정 할 수 있는 것도 아니다(대판 2019.08.29. 2019다215272).
[96] 배상범위에 있어 구법은 정신적 손해 즉 위자료가 배제되어 있었으나, 05년 제25조 1항의 개정으로 이를 포함시켰다. 다만 그것이 범죄행위로 인한 상당인과관계 있는 손해의 전부인지는 검토할 사항이다.

2. 배상명령이 허용되지 않는 경우

피해금액의 불특정, 피고인의 배상책임의 유무 또는 그 범위의 불명, 배상명령으로 인하여 형사공판절차가 현저히 지연될 우려가 있거나 형사소송절차에서 배상명령을 하는 것이 타당하지 아니하다고 인정되는 경우 등에는 배상명령을 할 수 없다(동법 제25조 3항). 이미 집행권원을 가지고 있는 경우에도 신청의 이익이 없다(대판 1982.07.27. 82도1217).

Ⅲ 배상신청절차

1. 배상신청

배상신청은 서면으로 배상청구액에 관한 사물관할에 관계없이 계속된 법원에 하여야 한다(동법 제26조 1항). 배상신청은 소제기와 동일한 효력(시효중단·기간준수)이 있다(동법 동조 제8항). 피해자는 법원의 허가를 얻어 일정한 신분관계에 있는 사람(배우자, 직계혈족, 형제자매)에게 소송대리하게 할 수 있다(동법 제27조 1항).

2. 배상신청에 대한 재판

배상신청이 부적법한 경우, 이유 없는 경우, 배상명령을 하는 것이 타당하지 아니하다고 인정되는 경우에는 결정으로 각하하여야 한다(동법 제32조 1항). 배상명령을 각하하거나 그 일부를 인용한 재판에 대하여 신청인은 불복을 신청하지 못하며, 다시 동일한 배상신청을 할 수 없다(동법 제32조 3항). 배상명령에 대해서는 가집행선고를 할 수 있다(동법 제31조 3항). 배상명령은 필요한 경우가 아니면 이유기재를 생략한다(동법 제31조 2항). 피고인이 유죄판결에 대한 상소 시 배상명령에도 확정차단 및 이심의 효력이 있다. 피고인은 유죄판결에 대하여 상소를 제기함이 없이 배상명령에 대해서만 불복할 수 있다(이 경우에는 상소기간 내에 형사소송법에 의한 즉시항고로 한다, 동법 제33조 5항). 그리고 소송촉진 등에 관한 특례법 제32조 제1항은 배상신청이 적법하지 아니한 경우는 물론, 신청이 이유 없거나 배상명령을 하는 것이 타당하지 않은 경우에도 모두 배상신청을 각하하도록 규정하고 있고, 같은 조 제4항은 배상신청이 각하된 경우 신청인은 불복하거나 다시 동일한 배상신청을 할 수 없도록 규정하고 있다. 제1심에서 변론이 종결된 후 배상신청인이 배상신청을 한 경우 소송촉진법 제26조 제1항, 제32조 제1항 제1호에 따라 이를 각하하여야 하고, 제32조 제4항에 따라 배상신청인은 그 판단에 대하여 불복하지 못할뿐더러, 피고인 등의 불복으로 항소가 제기된 경우에도 항소심에서 다시 동일한 배상신청을 할 수도 없다. 따라서 제1심 법원으로서는 공판절차의 진행이나 배상신청에 대한 결정을 함에 있어 피해자의 배상신청이 소송촉진법이 정한 나머지 요건을 갖추었으나 변론종결 후에 접수되었다는 이유로 이를 각하하는 경우 피해자가 더 이상 배상명령 제도를 통해서는 구제받을 수 없다는 점을 유념할 필요가 있다(대판 2022.01.14. 2021도13768).

Ⅳ 배상명령의 효력

> 제34조(배상명령의 효력과 강제집행) ① 확정된 배상명령 또는 가집행선고 있는 배상명령이 기재된 유죄판결서의 정본은「민사집행법」에 의한 강제집행에 관하여는 집행력있는 민사판결 정본과 동일한 효력이 있다.〈개정 2002.1.26, 2005.12.14〉
> ② 이 법에 의한 배상명령이 확정된 때에는 그 인용금액 범위안에서 피해자는 다른 절차에 의한 손해배상을 청구할 수 없다.
> ③ 지방법원이 민사지방법원과 형사지방법원으로 분리 설치된 경우에 배상명령에 대한 청구이의의 소는 형사지방법원의 소재지를 관할하는 민사지방법원을 제1심 판결법원으로 한다.
> ④ 청구에 대한 이의의 주장에 관하여는「민사집행법」제44조제2항에 규정된 제한에 따르지 아니한다.〈개정 2002.1.26, 2005.12.14.〉

1. 집행력 - 집행력 있는 민사판결 정본

확정된 배상명령 또는 가집행선고 있는 배상명령이 기재된 유죄판결서의 정본은「민사집행법」에 의한 강제집행에 관하여는 집행력있는 민사판결 정본과 동일한 효력이 있다(동법 제34조 1항). 따라서 배상명령을 집행하기 위하여 별도로 집행문을 받을 필요가 없다.

2. 기판력 인정 여부

배상명령은 확정되어도 기판력은 생기지 않으며, 집행력만이 있다. 따라서 배상명령에 대한 청구에 관한 이의의 소를 제기하는 경우에도 변론종결 전의 사유를 주장할 수 있다(동법 제34조 4항). 다만 배상명령이 확정된 경우 피해자는 그 인용된 금액의 범위 내에서 다른 절차에 따른 손해배상을 청구할 수 없다(동법 제34조 2항).

제2장 변론(심리)

제1절 변론의 의의와 종류

> 제134조(변론의 필요성) ① 당사자는 소송에 대하여 법원에서 변론하여야 한다. 다만, 결정으로 완결할 사건에 대하여는 법원이 변론을 열 것인지 아닌지를 정한다.
> ② 제1항 단서의 규정에 따라 변론을 열지 아니할 경우에, 법원은 당사자와 이해관계인, 그 밖의 참고인을 심문할 수 있다.
> ③ 이 법에 특별한 규정이 있는 경우에는 제1항과 제2항의 규정을 적용하지 아니한다.

I 민사소송절차에서 변론의 중요성

변론은 공개의 법정에서, 법관의 면전에서, 당사자 쌍방이 대석하여, 말로 하게 되므로 공개주의, 직접주의, 쌍방심리주의, 구술주의라는 근대적 소송의 여러 가지 원칙이 실현되게 된다. 이렇게 공개의 장소에 법관과 당사자가 함께 모여 직접 변론과 증거조사를 말로 한다면, 공정·공평·신중한 절차가 이루어지고, 당사자의 충분한 절차보장이 이루어지므로 민사소송에서 변론절차는 중요하다(전병서).

II 필수적 변론의 원칙

1. 의 의

판결절차는 당사자 간의 권리·의무 즉, 소송물을 최종적으로 판단하는 절차이므로 신중을 기하기 위하여 반드시 변론을 거치지 않으면 안 된다는 것을 말한다.

2. 예 외

이의 예외로는 ① 부적법한 소로서 그 흠을 보정할 수 없는 경우로 변론 없이 판결로 소를 각하하는 경우(제219조, 제413조) ② 소액사건에서 소송기록에 의하여 청구가 이유 없음이 명백한 때(소액사건심판법 제9조 1항) ③ 상고심판결(제429조, 제430조) ④ 소송비용 담보제공의 결정을 받고 담보를 제공하지 않은 때(제124조) ⑤ 피고가 답변서 제출의무를 해태한 경우의 무변론승소판결(제257조) 등이다.

3. 진술간주

변론에서 진술되거나 나타난 자료만이 판결의 기초가 된다는 것도 필수적 변론의 원칙의 내용이 된다. 즉 법원은 변론에서 진술이 없으면 이를 참작하면 안 되는데, 이의 예외로서 한 쪽 당사자 결석의 경우 우리 법은 진술간주 제도를 두고 있다는 것을 주의해야 한다(제148조).

Ⅲ 임의적 변론

1. 의의 및 예

결정으로 완결될 사건은 법원의 재량에 의하여 임의적으로 변론을 열 수 있는 임의적 변론에 의한다(제134조 1항 단서). 예를 들어 제척·기피(제46조), 관할의 지정(제28조), 특별대리인의 선임(제62조), 소송인수(제82조), 소송비용의 확정(제110조, 제113조, 제114조), 소송구조(제128조), 필수적 공동소송인의 추가와 피고의 경정(제68조, 제260조, 제261조), 판결경정(제211조), 상고심절차(제430조), 항고사건(제450조) 등이다. 특히 가압류·가처분 사건은 05년 민사집행법 개정으로 결정재판주의에 의하므로 임의적 변론사건이 되었다. 회생·파산·개인회생사건도 임의적 변론이다.

2. 심 문

(1) 재량으로 변론을 열지 않는 경우에 소송기록에 의한 서면심리만으로 재판할 수 있지만(대결 1966.06.08. 66마273), 법원은 당사자·이해관계인·그 밖의 참고인을 심문할 수도 있다(제134조 2항). <u>심문(審問)이란 당사자, 이해관계인, 그 밖의 참고인에게 적당한 방법으로 서면 또는 말로 개별적으로 진술할 기회를 주는 것</u>을 말하기 때문에 법관이 공개 법정에서 할 것을 요하지 않으며, 심문실에서 할 수 있다. 주로 서면심리에 의하지만 가압류·가처분사건과 회생·개인파산사건 등은 구술심문에 의하기도 한다.

(2) 개별심문주의·비공개주의·서면심리주의에 의하는 절차이다. <u>증인 등의 증거조사 시에 물어보는 신문(訊問)</u>과는 다르다. 심문의 대상은 당사자에 한정되지 아니하며 이해관계인과 참고인도 가능하다. 원래 <u>심문이란 주장정리를 위하여 당사자의 주장을 들어보는 절차</u>이지만, 90년 개정 법률에서 이보다 넓게 비공식적으로 증거조사 하는 것도 포함을 시켰다. 여기의 참고인은 증인적 입장에 서는 자도 있을 수 있기 때문에 출석을 요구받는 참고인에 대해서는 증언거부권이 준용된다 할 것이다. 심문의 여부는 원래 자유재량이지만(대결 1961.07.27. 4291민재항372), 필수적 심문의 경우(제82조, 제317조; 민집 제232조, 제167조, 262조; 가소 제48조)도 있고, 반대로 심문을 할 수 없는 경우(제467조; 민집 제226조)도 있다.

3. 기일해태의 규정 적용 여부

임의적 변론에서는 변론기일이 열려도 기일에 출석하여 말로 진술할 필요는 없고, 서면으로 제출해도 된다. 따라서 변론기일불출석의 경우 필수적 변론기일의 경우처럼 기일 해태의 문제가 생기지 않으며, 소취하간주(제268조)·진술간주(제148조)·자백간주(제150조)의 규정 등은 그 적용이 없다.

제2절 심리에 관한 제 원칙

제1관 공개심리주의

I 의의 및 비교 개념

공개주의는 판결의 심리 및 판결의 선고를 공개된 법정에서 행하는 원칙을 말하며, 헌법상의 요청이다(헌법 제109조, 법원조직법 제57조). 일반 공중의 방청을 허용하는 주의를 일반공개주의라 하고, 당사자에게만 재정을 허용하는 것을 일반공개주의와 구별하여 당사자공개주의라고 한다. 공개주의의 반대는 심리 및 판결의 비공개를 의미하는 소송밀행주의가 있다.

II 적용범위

공개심리주의는 ① 변론준비절차(대판 2006.10.27. 2004다69581) ② 민사조정절차(민사조정법 제20조[1]) ③ 비송사건절차(비송사건절차법 제13조[2]) ④ 수명법관에 의한 수소법원 밖에서의 증거조사(대판 1971.06.30. 71다1027), ⑤ 합의(법원조직법 제65조), 심리불속행사유·상고이유서부제출에 의한 상고기각판결(상고심절차에 관한 특례법 제5조 2항) 등에는 적용되지 아니한다. 그리고 국가안전보장, 안녕질서 또는 선량한 풍속을 해칠 우려가 있는 경우에는 법원의 결정으로 공개하지 아니할 수 있다(헌법 제109조 단서, 법원조직법 제57조 1항 단서). 이러한 비공개결정은 그 이유를 밝혀 선고하여야 한다(법원조직법 제57조 2항). 다만 비공개로 심리하는 경우에도 판결의 선고는 반드시 공개하여야 한다.

III 소송상의 취급

1. 당사자 공개

당사자공개란 법원이나 상대방의 행위에 대해 알고, 증거조사에 참여하고 증인·감정인을 신문하며 변론에서 소송대리인과 함께 진술할 당사자의 권리를 뜻한다(이시윤). 여기에는 당사자나 이해관계를 소명한 제3자의 기록열람·복사, 등본 등의 교부청구권도 포함된다(제162조). 그리고 07년 개정법 제162조 2항에서는 누구든지 권리구제·학술연구 또는 공익적 목적이 있으면 확정된 기록의 열람을 신청할 수 있도록 한다.

---

1) 제20조(비공개) 조정절차는 공개하지 아니할 수 있다. 다만, 조정절차를 공개하지 아니하는 경우에도 조정담당판사는 적당하다고 인정하는 자에게 방청을 허가할 수 있다.
2) 제13조(심문의 비공개) 심문(심문)은 공개하지 아니한다. 다만, 법원은 심문을 공개함이 적당하다고 인정하는 자에게는 방청을 허가할 수 있다. [전문개정 2013.5.28]

> **2007년 개정법 제162조 2항 등의 신설**
> 제162조(소송기록의 열람과 증명서의 교부청구) ① 당사자나 이해관계를 소명한 제3자는 대법원규칙이 정하는 바에 따라, 소송기록의 열람·복사, 재판서·조서의 정본·등본·초본의 교부 또는 소송에 관한 사항의 증명서의 교부를 법원사무관등에게 신청할 수 있다.
> ② 누구든지 권리구제·학술연구 또는 공익적 목적으로 대법원규칙으로 정하는 바에 따라 법원사무관등에게 재판이 확정된 소송기록의 열람을 신청할 수 있다. 다만, 공개를 금지한 변론에 관련된 소송기록에 대하여는 그러하지 아니하다.〈신설 2007.5.17〉
> ③ 법원은 제2항에 따른 열람 신청 시 당해 소송관계인이 동의하지 아니하는 경우에는 열람하게 하여서는 아니 된다. 이 경우 당해 소송관계인의 범위 및 동의 등에 관하여 필요한 사항은 대법원규칙으로 정한다.〈신설 2007.5.17〉
> ④ 소송기록을 열람·복사한 사람은 열람·복사에 의하여 알게 된 사항을 이용하여 공공의 질서 또는 선량한 풍속을 해하거나 관계인의 명예 또는 생활의 평온을 해하는 행위를 하여서는 아니 된다.〈신설 2007.5.17〉
> ⑤ 제1항 및 제2항의 신청에 대하여는 대법원규칙이 정하는 수수료를 내야 한다.〈개정 2007.5.17〉
> ⑥ 재판서·조서의 정본·등본·초본에는 그 취지를 적고 법원사무관등이 기명날인하여야 한다.

> **제163조(비밀보호를 위한 열람 등의 제한)**
> ① 다음 각 호 가운데 어느 하나에 해당한다는 소명이 있는 경우에는 법원은 당사자의 신청에 따라 결정으로 소송기록중 비밀이 적혀 있는 부분의 열람·복사, 재판서·조서중 비밀이 적혀 있는 부분의 정본·등본·초본의 교부(이하 "비밀 기재부분의 열람 등"이라 한다)를 신청할 수 있는 자를 당사자로 한정할 수 있다.
>   1. 소송기록 중에 당사자의 사생활에 관한 중대한 비밀이 적혀 있고, 제3자에게 비밀 기재부분의 열람 등을 허용하면 당사자의 사회생활에 지장이 클 우려가 있는 때
>   2. 소송기록 중에 당사자가 가지는 영업비밀(부정경쟁방지및영업비밀보호에관한법률 제2조제2호에 규정된 영업비밀을 말한다)이 적혀 있는 때
> ② 제1항의 신청이 있는 경우에는 그 신청에 관한 재판이 확정될 때까지 제3자는 비밀 기재부분의 열람 등을 신청할 수 없다.
> ③ 소송기록을 보관하고 있는 법원은 이해관계를 소명한 제3자의 신청에 따라 제1항 각호의 사유가 존재하지 아니하거나 소멸되었음을 이유로 제1항의 결정을 취소할 수 있다.
> ④ 제1항의 신청을 기각한 결정 또는 제3항의 신청에 관한 결정에 대하여는 즉시항고를 할 수 있다.
> ⑤ 제3항의 취소결정은 확정되어야 효력을 가진다.

　　민사사건에서는 형사사건과 달리 당사자공개에 의하여 그 목적을 달성하는 것이 대부분이다. 따라서 일반 공개의 철저가 오히려 개인의 이익에 반하고 분쟁의 적정·신속한 해결을 저해시킬 수도 있으므로, 현행법은 제163조에서 사생활의 비밀과 영업비밀의 보호를 위하여 소송기록의 열람제한 제도를 신설한 것이다. 判例는 "민사소송법 제163조 제1항 제2호에 의하면, 소송기록 중에 당사자가 가지는 영업비밀이 적혀 있는 때에 해당한다는 소명이 있는 경우에는 법원은 당사자의 신청에 따라 결정으로 소송기록 중 그 부분의 열람 등을 신청할 수 있는 자를 당사자로 한정할 수 있다. 위 조항은 "이때의 영업비밀은 부정경쟁방지 및 영업비밀보호에 관한 법률 제2조 제2호에 규정된 영업비밀을 말한다."라고 규정하고 있으므로 위 영업비밀의 개념은 부정경쟁방지 및 영업비밀보호에 관한 법률상의 영업비밀의 개념과 동일하게 해석함이 타당하다[3](대결 2020.01.09. 2019마6016)."고 한다.

2. 필수적 기재사항

> 제153조(형식적 기재사항) 조서에는 법원사무관등이 다음 각 호의 사항을 적고, 재판장과 법원사무관등이 기명날인한다. 다만, 재판장이 기명날인할 수 없는 사유가 있는 때에는 합의부원이 그 사유를 적은 뒤에 기명날인하며, 법관 모두가 기명날인할 수 없는 사유가 있는 때에는 법원사무관등이 그 사유를 적는다.
> 6. 변론의 공개여부와 공개하지 아니한 경우에는 그 이유

공개에 관한 사항은 변론조서의 필수적 기재사항(제153조 6호)이므로, 조서에 공개하는 취지의 기재가 없으면 공개사실을 인정할 수 없다.

3. 절대적 상고이유

> 제424조(절대적 상고이유) ① 판결에 다음 각 호 가운데 어느 하나의 사유가 있는 때에는 상고에 정당한 이유가 있는 것으로 한다.
> 5. 변론을 공개하는 규정에 어긋난 때

공개심리주의 위반은 절대적 상고이유가 된다(제424조 1항 5호).

제2관 쌍방심리주의

I 의 의

사건 심리에 있어서 당사자 양쪽에 평등하게 대우하여 진술할 기회를 주는 입장을 말한다. 당사자 대등의 원칙 또는 무기평등의 원칙이라고도 한다. 어느 한편의 당사자에 의한 불의의 공격을 막고 절차상의 기회균등을 보장하려는 원칙인데, 민사소송법은 판결절차에서 당사자를 대석시켜 변론과 증거조사를 하는 필수적 변론을 거치게 함으로써 쌍방심리주의를 기본으로 삼고 있다. 다만 쌍방심리주의는 쌍방에게 동등한 기회를 부여하면 충분하다. 즉 변론기일에 일방의 불출석이 있는 경우에도 변론을 진행할 수 있다. 그리고 소송절차의 중단·중지제도(제233조 이하)와 상소의 추후보완(제173조)·대리인제도 등은 쌍방심리주의[4]와 관련된 제도라고 할 것이다.

---

[3] 2015. 1. 28. 법률 제13081호로 개정되기 전의 부정경쟁방지 및 영업비밀보호에 관한 법률 제2조 제2호에서는 영업비밀에 관하여 상당한 노력에 의하여 비밀로 유지될 것을 요구하였고, 대법원 2008. 7. 10. 선고 2008도3435 판결, 대법원 2017. 1. 25. 선고 2016도10389 판결 등도 "'상당한 노력에 의하여 비밀로 유지 된다'는 것은 그 정보가 비밀이라고 인식될 수 있는 표시를 하거나 고지를 하고, 그 정보에 접근할 수 있는 대상자나 접근 방법을 제한하거나 그 정보에 접근한 자에게 비밀준수의무를 부과하는 등 객관적으로 그 정보가 비밀로 유지·관리되고 있다는 사실이 인식 가능한 상태인 것을 말한다."라고 판시하였다. 이후 법률 제13081호로 개정된 부정경쟁방지 및 영업비밀보호에 관한 법률 제2조 제2호에서는 '합리적인 노력에 의하여 비밀로 유지'될 것만을 요구하게 되었다(나아가 2019. 7. 9.부터 시행되는 2018. 1. 8. 법률 제16204호로 개정된 부정경쟁방지 및 영업비밀보호에 관한 법률 제2조 제2호에서는 영업비밀에 관하여 '비밀로 관리'될 것만을 요구하고 있다).

[4] 이를 위반한 판결은 확정 전에는 상소(제424조 1항 4호), 확정 후에는 재심(제451조 1항 3호)으로 불복이 가능하다.

II 적용 범위

결정으로 완결하는 사건은 임의적 변론에 의하므로 반드시 쌍방심리주의에 의하지 아니한다[5]. 독촉절차에서 이의신청이 있으면 소송으로 이행되므로(제474조 2항), 쌍방심리주의가 적용된다. 강제집행절차에서는 쌍방심리주의가 적용되지 아니한다.

제3관 구술심리주의

I 구술심리의 원칙

1. 의 의

심리에 임하여 당사자 및 법원의 소송행위 특히, 변론 및 증거조사를 구술로 행하는 원칙으로서 서면심리주의에 대립한다. 구술주의는 적시에 자연스럽고 신선한 진술에 의하여 당사자의 진의를 알아내기 쉽고 의문이 있는 경우 석명을 통하여 쟁점의 정리가 쉬우며 공개주의나 직접주의 원칙과 손쉽게 결합될 수 있는 장점이 있다.

2. 현행법의 입장

심리가 장기화됨에 따라 구술에 의한 진술은 망각하기 쉬우며 복잡한 사실관계는 정리하기 어렵고 또한 상급심에서 하급심의 판결을 재심사하는 것이 어렵다는 단점이 있다. 그리하여 민사소송법은 구술주의를 원칙으로 하되 서면심리주의를 보충적으로 적용하여 그 결점을 보완하고 있다.

3. 규 정

구체적으로 판결절차에 있어서는 원칙적으로 구술심리의 형식으로 변론을 열어야 하고 변론에 관여한 법관만이 판결할 수 있다. 증거조사도 넓은 의미의 변론에 포함되므로 구술에 의하는 것이 원칙이다(민소규칙 제28조). 변론준비기일에서도 당사자가 말로 쟁점정리를 하고 법원이 말로 쟁점을 정리 확인하는 방식에 의하도록 하였다(제282조, 민소규칙 제70조의 2). 한편, 소액사건의 경우에는 구술에 의한 소제기, 조서기재의 생략, 준비서면의 불요, 판결이유기재의 생략 등 구술주의가 강화되었다.

II 서면주의에 의한 보완

변론을 요하는 절차이더라도 중요한 소송행위의 경우에는 그 내용의 명확화와 소송경제를 위하여 서면에 의한다. 예를 들어 소의 제기(제248조), 청구의 변경(제262조), 당사자참가(제72조),

---

[5] 가압류·가처분결정에 대한 이의신청·취소신청의 재판은 필수적 변론절차에 의하지 아니하나 필수적 심문절차에 의한다. (민사집행법 제286조 1항, 제288조 3항, 제307조 2항).

항소(제397조) 또는 상고(제425조)의 제기, 재심의 소의 제기(제458조), 상고이유서의 제출(제427조), 소의 취하(제266조), 관할의 합의(제29조), 소송고지(제85조) 등이 이에 속한다. 결정으로 완결할 사건, 소송판결, 상고심 판결, 기록 자체에 의하여 기각할 수 있는 소액사건에 관하여는 변론을 거칠 필요가 없으므로 서면심리에 의할 수 있다.

Ⅲ 구술심리주의의 활성화

1. 내 용

실무상 소장, 답변서, 준비서면 등에 대하여 법정에서 구술진술을 생략하고 당사자가 이러한 서면을 말하는 것으로 진술을 의제하는 것(인용진술)이 관행이다[6]. 하지만 이는 구술심리주의에 반하므로, 서면내용을 그대로 진술하는 것은 불필요하다고 하여도, 요지 정도는 진술하는 것이 요구된다.

2. 최종의견 진술권

> 규칙 제28조의3(당사자 본인의 최종진술) ① 당사자 본인은 변론이 종결되기 전에 재판장의 허가를 받아 최종의견을 진술할 수 있다. 다만 변론에서 이미 충분한 의견진술 기회를 가졌거나 그 밖의 특별한 사정이 있는 경우에는 그러하지 아니하다. ② 재판장은 당사자 본인의 수가 너무 많은 경우에는 당사자 본인 중 일부에 대하여 최종의견 진술기회를 제한할 수 있다. ③ 재판장은 필요하다고 인정할 때에는 제1항에 따른 최종의견 진술시간을 제한할 수 있다.

당사자의 변론기일에서의 의견진술권을 보장하기 위하여, 당사자 본인은 변론이 종결되기 전에 재판장의 허가를 받아 최종의견을 진술할 수 있다.

제4관 직접심리주의

> 제204조(직접주의) ① 판결은 기본이 되는 변론에 관여한 법관이 하여야 한다.
> ② 법관이 바뀐 경우에 당사자는 종전의 변론결과를 진술하여야 한다.
> ③ 단독사건의 판사가 바뀐 경우에 종전에 신문한 증인에 대하여 당사자가 다시 신문신청을 한 때에는 법원은 그 신문을 하여야 한다. 합의부 법관의 반수 이상이 바뀐 경우에도 또한 같다.

Ⅰ 직접주의의 원칙

1. 의 의

'기본이 되는 변론'에는 당사자의 소송행위 뿐만 아니라 법원의 증거조사도 포함된다. 현행법은 변론준비절차에서 재판장 등이 주장과 증거를 정리하기 위하여 필요한 범위 안에서 증거조사를 할 수 있되, 원칙적으로 증인신문과 당사자신문은 할 수 없도록 하여, 직접주의를 관철시키고 있다.

---

[6] 예를 들어 '소장을 진술합니다.', '몇 일자 준비서면을 진술합니다.' 등이 있다.

Ⅱ 직접주의의 예외

1. 변론의 갱신절차

(1) 의 의

직접주의를 관철하려면 심리 도중에 법관이 바뀐 경우에는 새로운 법관 앞에서 변론과 증거조사를 다시 하여야 하지만, 이는 소송경제에 반하고 또 합의부의 법관 중 일부가 바뀐 경우에는 바뀌지 않은 법관과의 관계에서는 종전의 변론과 증거조사의 효력을 잃게 하므로 부당하다. 따라서 이 경우 새 법관 앞에서 당사자가 종전의 변론결과를 진술하면 충분한 것으로 하였는데, 이를 **변론의 갱신**이라고 한다. 즉 환송 후의 항소심의 변론은 환송 전의 종전 변론을 재개하여 계속 진행하는 것에 지나지 않지만(대판 1969.12.23. 67다1664), 환송 후의 항소심은 새로 재판부를 구성해야 하는 관계(제436조 3항)로 반드시 변론의 갱신절차를 밟아야 한다(제204조 2항). 다만 <u>변론준비기일이 진행되는 도중에 변론준비기일을 진행하는 재판장 또는 수명법관이 바뀐 경우에는 변론준비의 결과를 갱신할 필요는 없다</u>(제286조의 제204조 不準用).

(2) 법적성질

통설은 당사자가 법관에 대해 직접 종전의 변론결과를 진술하는 점을 강조하여 직접주의를 의제하는 수단 또는 직접주의의 형식을 만족시키기 위한 보고라고 한다. 다만 이 경우는 다른 사람이 종전의 법관이 한 심리의 결과를 당사자의 보고에 의해 재판의 기초로 삼는 것이므로 그 한도 안에서 간접심리가 행해지는 것으로 보는 견해도 있다.

(3) 실무관행

현재의 실무관행은 변론의 갱신절차는 변론의 갱신이라고 변론조서에 기재하는 것으로 그칠 뿐, 종전의 변론결과를 구체적으로 진술하지 않고 있어 극히 형해화 되어 있다.

(4) 소액사건의 경우

<u>소액사건의 경우 간이, 신속한 처리를 위해 법관이 바뀌더라도 변론의 갱신 없이 판결 할 수 있다</u>(소액사건심판법 제9조 2항).

(5) 하자의 치유

판례는 <u>변론의 갱신절차를 밟지 않았더라도 변론을 종결할 때에 당사자 양 쪽이 이의 없이 소송관계를 표명하고 변론을 한 경우 또는 항소심에서 제1심 변론의 결과를 진술한 경우에는 그 위법은 치유된다</u>고 한다(대판 1968.07.02. 68다37).

2. 직접심리주의와 법관의 경질로 인한 증인의 재신문

민사소송법 제204조 제3항은 단독사건의 판사의 경질이 있거나, 합의부의 법관의 과반수가 경질된 경우에 종전 신문한 증인에 대하여 당사자가 다시 신문을 신청한 때에는 법원은 그 신문을 하여야 한다고 규정하고 있는바, 이는 경질된 법관이 변론조서나 증인신문조서의 기재에 의하여 종전에 신문한 증인의 진술의 요지를 파악할 수 있는 것이기는 하지만, 법관의 심증에 상당한 영향을 미칠 수 있는 증인의 진술태도 등을 통하여 받은 인상은 문서인 증인신문조서의 기재만으로는 알 수 없기 때문에, 재신문에 의하여 경질된 법관에게 직접 심증을 얻도록 하려는 데에 그 취지가 있다고 할 것이므로, 당사자가 신청하기만 하면 어떤 경우에든지 반드시 재신문을 하여야 하는 것은 아니고, 법원이 소송상태에 비추어 재신문이 필요하지 아니하다고 인정하는 경우(예를 들면, 종전에 증인을 신문할 당시에는 당사자 사이에 다툼이 있었으나 현재는 당사자 사이에 다툼이 없어서 증명이 필요없게 된 경우, 다른 증거들에 의하여 심증이 이미 형성되어 새로 심증을 형성할 가능성이 없는 경우, 소송의 완결을 지연하게 할 목적에서 재신문을 신청하는 것으로 인정되는 경우 등)에는 민사소송법 제290조에 따라 재신문을 하지 아니할 수도 있는 것이다(대판 1992.07.14. 92누2424).

3. 수명법관 또는 수탁판사에 의한 증거조사

법원은 필요하다고 인정할 때에는 법원 밖에서의 증거조사를 수명법관이나 수탁판사에게 시킬 수 있다(제297조). 또 변론준비절차에서는 허용되지 아니하는 증인신문과 당사자신문도 제313조의 예외사유가 있으면 수명법관, 수탁판사에게 실시하도록 할 수 있다(제281조 3항). 그리고 외국에서 시행할 증거조사는 그 나라에 주재하는 우리나라의 대사·공사·영사 또는 그 나라의 관할 공공기관에 촉탁한다(제296조). 이들 경우에는 남이 행한 증거조사의 결과를 판결의 기초로 삼으므로 간접심리가 행해지는 것이다.

Ⅲ 직접주의의 위반

직접심리주의에 위반하여 변론에 관여하지 아니한 법관이 판결한 경우는 법률에 의하여 판결법원을 구성하지 아니한 때(제424조 1항 1호, 제451조 1항 1호)에 해당하므로 상소 및 재심에 의하여 취소를 구할 수 있다(대판 1972.10.31. 72다1570).

제5관 처분권주의

> 제203조(처분권주의) 법원은 당사자가 신청하지 아니한 사항에 대하여는 판결하지 못한다.

Ⅰ 서 설

1. 의 의

처분권주의란 절차의 개시, 심판의 대상과 범위, 절차의 종료를 법원이 아닌 당사자에게 맡기는 입장으로, 사적자치의 소송법적 측면이라고 할 수 있다.

2. 기 능

원고에게는 소송물을 한정시키고, 피고에게는 방어의 최종목표를 정해줌으로써 사적자치의 소송법적인 측면, 즉 사적자치의 구현을 보장한다.

3. 변론주의와의 구별

처분권주의에 의하여 정해진 심판의 대상에 대한 소송자료수집의 권능과 책임을 누구에게 지울 것인가의 영역에서 당사자주의가 현재화되면 그것을 변론주의라고 한다. 따라서 처분권주의는 당사자의 소송물에 대한 처분자유를 의미하고 변론주의는 소송자료의 수집책임을 당사자에게 부과시키는 것으로서 양자는 구별된다.

II 절차의 개시

1. 원칙 및 예외

당사자의 소제기에 의하여 민사소송절차는 개시된다(제248조). 다만 예외적으로 판결의 경정(제211조), 소송비용의 재판(제104조), 가집행선고(제213조), 배상명령(소송촉진 등에 관한 특례법 제25조), 재판의 누락(탈루, 제212조), 소송구조(제128조) 등은 당사자의 신청 없이 직권으로 재판할 수 있다. 그리고 소송비용담보제공도 직권으로 명할 수 있다(제117조 2항).

2. 법원의 허가

증권관련집단소송과 소비자단체소송에서는 소의 제기에 법원에 허가신청을 내어 허가받았을 때 소송절차가 본격적으로 개시되게 하였다.

III 심판의 대상과 범위

1. 질적 동일

(1) 소송물

제203조의 신청한 사항이란 좁게는 소송물을 뜻하므로, 원고가 심판을 구한 소송물과 별개의 소송물에 대한 판단을 해서는 안 된다. 문제되는 것은 소송물이론이다[7]. 구소송물이론에 의하는 判例[8]는 보통파 종자를 옥파 종자로 속여 판 사안에서 "불법행위를 원인으로 손해배상청구에 대

---

7) 하지만 신소송물이론에 의하면 원고 주장의 실체법상의 권리는 공격방법 내지 법률적 관점이고 소송물의 요소가 아니기 때문에 원고 주장과는 다른 실체법상의 권리에 기하여 판단하여도 원고 주장과 같은 취지의 판결이면 다른 소송물에 대한 판단이 아니므로 제203조에 위배되지 않는다(변론주의 위반, 이시윤).

8) [1] [다수의견] 소유자가 자신의 소유권에 기하여 실체관계에 부합하지 아니하는 등기의 명의인을 상대로 그 등기말소나 진정명의회복 등을 청구하는 경우에, 그 권리는 물권적 청구권으로서의 방해배제청구권(민법 제214조)의 성질을 가진다. 그러므로 소유자가 그 후에 소유권을 상실함으로써 이제 등기말소 등을 청구할 수 없게 되었다면, 이를 위와 같은 청구권의 실현이 객관적으로 불능이 되었다고 파악하여 등기말소 등 의무자에 대하여 그 권리의 이행불능을 이유로 민법 제390조상의 손해배상청구권을 가진다고 말할 수 없다. 위 법 규정에서 정하는 채무불이행을 이유로 하는 손해배상청구권은 계약 또는 법률에 기하여 이미 성립하여 있는 채권관계에서 본래의 채권이 동일성을 유지하면서 그 내용이 확장되거나 변경된 것으로서 발생한다. 그러나 위와 같은 등기말소청구권 등의 물권적 청구권은 그 권리자인 소유자가 소유권을 상실하면 이제 그 발생의 기반이 아예

하여 채무불이행을 원인으로 한 손배배상을 명하는 것은 당사자가 신청하지 아니한 사항을 판결한 것이므로 처분권주의에 반하여 위법하다(대판 1963.07.25. 63다241 등)."고 한다. 또한 이혼청구에 있어서도 이혼사유마다 소송물이 별개로 된다고 보므로, 민법 제840조 1호의 부정행위에 의한 이혼청구를 동 6호의 혼인을 계속하기 어려운 중대사유로 평가하여 이혼청구를 인용할 수는 없다(대판 1963.01.31. 62다812). 그리고 원고가 매매를 원인으로 한 소유권이전등기청구를 하였는데, 법원이 양도담보약정을 원인으로 소유권이전등기를 명하는 판결을 하는 것도 처분권주의에 위배된다(대판 1992.03.27. 91다40696).9). 또한 甲이 乙에게 돈을 대여하였다고 주장하면서 그 반환을 구한 사안에서, 甲이 위 돈이 투자금이 아니라고 일관되게 주장하고 있음에도 甲의 청구에 투자금반환청구 또는 정산금청구가 포함되어 있다고 본 원심판결은 甲이 신청하지 아니한 사항에 대하여 판결한 것으로서 민사소송법 제203조에서 정한 처분권주의를 위반하였다10)(대판 2013.05.23. 2013다

없게 되어 더 이상 그 존재 자체가 인정되지 아니하는 것이다. 이러한 법리는 선행소송에서 소유권보존등기의 말소등기청구가 확정되었다고 하더라도 그 청구권의 법적 성질이 채권적 청구권으로 바뀌지 아니하므로 마찬가지이다.

[대법원장 양승태, 대법관 이상훈, 대법관 김용덕의 별개의견] 청구권이 발생한 기초가 되는 권리가 채권인지 아니면 물권인지와 무관하게 이미 성립한 청구권에 대하여는 그 이행불능으로 인한 전보배상을 인정하는 것이 법리적으로 불가능하지 아니하며, 이를 허용할 것인지는 법률 정책적인 결단이므로, 이미 대법원에서 이를 허용하여 채권에 못지않게 물권을 보호하는 견해를 취한 것은 구체적 타당성 면에서 옳고, 확정판결을 거쳐 기판력이 발생되어 있는 경우에는 더욱 그러하다고 보이며, 장기간 이와 같은 견해를 유지하여 온 판례들을 뒤집어 물권 내지는 물권자의 보호에서 후퇴하여야 할 이론적·실무적 필요성이 없다. 따라서 선행소송에서 본래적 급부의무인 소유권보존등기 말소등기절차를 이행할 의무가 현존함이 확정된 경우, 그 이행불능 또는 집행불능에 따른 전보배상책임을 인정하는 것이 가능하다.

[2] 국가 명의로 소유권보존등기가 경료 된 토지의 일부 지분에 관하여 甲 등 명의의 소유권이전등기가 경료되었는데, 乙이 등기말소를 구하는 소를 제기하여 국가는 乙에게 원인무효인 등기의 말소등기절차를 이행할 의무가 있고 甲 등 명의의 소유권이전등기는 등기부취득시효 완성을 이유로 유효하다는 취지의 판결이 확정되자, 乙이 국가를 상대로 손해배상을 구한 사안에서, 甲 등의 등기부취득시효 완성으로 토지에 관한 소유권을 상실한 乙이 불법행위를 이유로 소유권 상실로 인한 손해배상을 청구할 수 있음은 별론으로 하고, 애초 국가의 등기말소의무 이행불능으로 인한 채무불이행책임을 논할 여지는 없고, 또한 토지의 소유권 상실로 인한 손해배상을 구하는 乙의 청구에 대하여 당사자가 주장하지 아니한 소유권보존등기 말소등기절차 이행의무의 이행불능으로 인한 손해배상책임을 인정할 수 없음에도, 이와 달리 손해배상책임을 인정한 원심판결에 법리오해와 처분권주의 위반의 위법이 있다(대판(전) 2012.05.17. 2010다28604).

9) 원고가 매매를 원인으로 한 소유권이전등기를 청구한 데 대하여 원심이 양도담보약정을 원인으로 한 소유권이전등기를 명하였다면 판결주문 상으로는 원고가 전부 승소한 것으로 보이기는 하나, 매매를 원인으로 한 소유권이전등기청구와 양도담보약정을 원인으로 한 소유권이전등기청구와는 청구원인사실이 달라 동일한 청구라 할 수 없음에 비추어, 원심은 원고가 주장하지도 아니한 양도담보약정을 원인으로 한 소유권이전등기청구에 관하여 심판하였을 뿐, 정작 원고가 주장한 매매를 원인으로 한 소유권이전등기청구에 관하여는 심판을 한 것으로 볼 수 없어 결국 원고의 청구는 실질적으로 인용한 것이 아니어서 판결의 결과가 불이익하게 되었으므로 원심판결에 처분권주의를 위반한 위법이 있고 따라서 그에 대한 원고의 상소의 이익이 인정된다(대판 1992.03.27. 91다40696).

10) 민사소송법은 '처분권주의'라는 제목으로 "법원은 당사자가 신청하지 아니한 사항에 대하여는 판결하지 못한다."라고 정하고 있다. 민사소송에서 심판 대상은 원고의 의사에 따라 특정되고, 법원은 당사자가 신청한 사항에 대하여 신청 범위 내에서만 판단하여야 한다. 선행판결이나 약정에 따른 의무 위반을 원인으로 하는 금지 및 손해배상청구는 부정경쟁방지 및 영업비밀보호에 관한 법률상 영업비밀침해를 원인으로 하는 금지 및 손해배상청구와는 그 요건과 증명책임을 달리하는 전혀 별개의 소송물이다. 따라서 원고와 피고가 비록 영업비밀

10482). 그러나 자동차손해배상보장법 제3조는 불법행위에 관한 민법 규정의 특별 규정이라고 할 것이므로 자동차 사고로 인하여 손해를 입은 자가 자동차손해배상보장법에 의하여 손해배상을 주장하지 않았다고 하더라도 법원은 민법에 우선하여 자동차손해배상보장법을 적용하여야 한다(대판 1997.11.28. 95다29390; 대판 2020.01.30. 2016다267890).

(2) 소의 종류·순서

제203조의 신청사항에는 넓게는 원고가 구하는 소의 종류·순서가 포함되기 때문에, 법원은 이행·확인·형성 등 원고가 특정한 소의 종류에 구속이 된다. 따라서 원고가 확인청구를 한 경우에 같은 금액의 이행판결을 할 수 없다. 당사자의 권리구제의 순서에도 법원은 구속된다. 예비적 병합에서 순서대로 주위적 청구에 대하여 먼저 심판을 하지 않고 예비적 청구를 받아들이는 판결을 하는 것은 제203조에 위반된다. 예비적 공동소송에서도 마찬가지이다.

(3) 제203조의 예외 – 형식적 형성의 소

> 민법 제269조(분할의 방법) ① 분할의 방법에 관하여 협의가 성립되지 아니한 때에는 공유자는 법원에 그 분할을 청구할 수 있다.
> ② 현물로 분할할 수 없거나 분할로 인하여 현저히 그 가액이 감손될 염려가 있는 때에는 법원은 물건의 경매를 명할 수 있다.
> 민법 제366조(법정지상권) 저당물의 경매로 인하여 토지와 그 지상건물이 다른 소유자에 속한 경우에는 토지소유자는 건물소유자에 대하여 지상권을 설정한 것으로 본다. 그러나 지료는 당사자의 청구에 의하여 법원이 이를 정한다.
> 민법 제845조(법원에 의한 부의 결정) 재혼한 여자가 해산한 경우에 제844조의 규정에 의하여 그 자의 부를 정할 수 없는 때에는 법원이 당사자의 청구에 의하여 이를 정한다. 〈개정 2005.3.31〉

1) 의의 및 예

형식적 형성의 소란 형식은 소송사건이지만 실질은 비송사건인 경우를 이르는데, 구체적으로 어떠한 내용의 권리관계를 형성할 것인가를 법관의 자유재량에 일임하고 있는 형성의 소이다. 예를 들어 토지경계확정의 소, 부를 정하는 소(민법 제845조), 공유물분할청구(민법 제269조), 법정지상권의 지료결정청구, 경계확정소송 등이 있다.

2) 심리방법

① 처분권주의 예외

이 경우 법원은 당사자주장의 범위나 내용에 구속받지 않고 재량대로 판단할 수 있어 제203조상의 처분권주의 예외를 이루어 처분권주의가 배제되며, 불이익변경금지의 원칙도 적용되지 아니한다.

② 심리의 특징

어떠한 형식으로라도 판결을 하여야 하므로 원고의 청구를 기각할 수도 없다. 예를 들어 경계

성에 관한 공방을 하였다고 하더라도 원고의 주위적 청구에 부정경쟁방지법상 영업비밀침해를 원인으로 하는 청구가 포함되어 있다고 보기는 어렵다(대판 2020.01.30. 2015다49422).

확정의 소에 있어서 원고의 "A·B 두 토지의 경계를 구한다."는 신청에는 구속되나, "A·B 두 토지의 경계선은 X선이다"라는 신청에는 구속되지 아니하며 그 경계선을 Y선 또는 Z선 등으로 자유로이 정할 수 있다(대판 1993.11.23. 93다41729·41808). 또 공유물분할청구의 소에서도 분할방법에 대한 당사자의 신청은 법원을 구속할 수 없다. 원고가 현물분할을 청구하여도 경매에 의한 가격분할을 명할 수 있는 것이다[11](대판 1993.12.07. 93다27819 등).

2. 양적동일

(1) 양적 상한

1) 인명사고에 의한 손해배상청구

① 문제점

인명사고 소송에서의 소송물의 식별기준에 대해 소송물이 전체로서 한 개인지, 피해 법익마다 달라지는지, 아니면 몇 개의 그룹으로 나눌 것인가에 대해 정설이 있는 것은 아니다. 하지만 위에서 본 소송물이론과 관련하여 이를 논하는 견해[12]도 있고(이시윤), 소송물이론에 관한 신·구이론과 논리 필연적·일의적인 관련은 없다고 하는 견해도 있다(정동윤·유병현·김경욱).

② 判例

判例는 "생명 또는 신체에 대한 불법행위로 인하여 입게 된 적극적 손해와 소극적 손해 및 정신적 손해는 서로 소송물을 달리하므로 그 손해배상의무의 존부나 범위에 관하여 항쟁함이 상당한지의 여부는 각 손해마다 따로 판단하여야 한다(대판 2002.09.10. 2002다34581)."고 하여 손해3개설을

---

11) 공유는 물건에 대한 공동소유의 한 형태로서 물건에 대한 1개의 소유권이 분량적으로 분할되어 여러 사람에게 속하는 것이므로, 특별한 사정이 없는 한 각 공유자는 일방적으로 공유물의 분할을 청구하여 기존의 공유관계를 폐지하고 각 공유자 간에 공유물을 분배하는 법률 관계를 실현할 권리가 있다. 나아가 그 분할의 방법에 있어, 당사자 사이에 협의가 이루어지는 경우에는 그 방법을 임의로 선택할 수 있으나, 협의가 이루어지지 아니하여 재판에 의하여 공유물을 분할하는 경우에는 법원은 현물로 분할하는 것이 원칙이고, 현물로 분할할 수 없거나 현물로 분할하게 되면 현저히 그 가액이 감손될 염려가 있는 때에 비로소 물건의 경매를 명할 수 있으므로, 그러한 사정이 없는 한 법원은 각 공유자의 지분비율에 따라 공유물을 현물 그대로 수개의 물건으로 분할하고, 분할된 물건에 대하여 각 공유자의 단독소유권을 인정하는 판결을 하여야 한다. 한편 <u>공유물분할청구의 소는 형성의 소로서 법원은 공유물분할을 청구하는 원고가 구하는 방법에 구애받지 않고 재량에 따라 합리적 방법으로 분할을 명할 수 있으므로, 여러 사람이 공유하는 물건을 현물분할 하는 경우에는 분할청구자의 지분 한도 안에서 현물분할을 하고 분할을 원하지 않는 나머지 공유자는 공유로 남게 하는 방법도 허용되지만, 그렇다고 하더라도 공유물분할을 청구한 공유자의 지분한도 안에서는 공유물을 현물 또는 경매·분할함으로써 공유관계를 해소하고 단독소유권을 인정하여야지, 그 분할청구자 지분의 일부에 대하여만 공유물 분할을 명하고 일부 지분에 대하여는 이를 분할하지 아니하거나, 공유물의 지분비율만을 조정하는 등의 방법으로 공유관계를 유지하도록 하는 것은 허용될 수 없다</u>(대판 2011.03.10. 2010다92506).
12) [구이론] 손해3개설은 법원은 각 항목의 손해액에 구속되어 각 항목의 청구액을 초과하여 인용하는 것은 허용되지 아니하며, 비록 초과하여 인용하였지만 청구총액을 벗어나지 않은 경우도 처분권주의위배로 본다. 이는 주로 구이론을 취하는 입장에서 주장된다. [신이론] 손해1개설은 청구총액에 구속되어 이를 초과하지만 않는다면 항목별 청구액을 초과 하여도 처분권주의에 위배되지 않게 된다(이시윤). 그리고 재산적 손해(적극적 손해, 소극적 손해)와 정신적 손해(위자료)로 손해를 2분하는 손해2개설도 유력하게 주장되고 있다(호문혁). 이는 주로 신이론을 취하는 입장에서 주장된다.

취한다. 다만 "불법행위로 인한 손해배상에 있어 재산상 손해나 위자료는 단일한 원인에 근거한 것인데 편의상 이를 별개의 소송물로 분류하고 있는 것에 지나지 아니한 것이므로 이를 실질적으로 파악하여, 항소심에서 위자료는 물론이고 재산상 손해(소극적 손해)에 관하여도 청구의 확장을 허용하는 것이 상당하다(대판 1994.06.28. 94다3063)."고 하여 3가지의 구별을 완화한 것도 있다(정동윤·유병현·김경욱).

심화학습

甲은 친구인 乙을 동승시킨 채 자신의 소유 차량을 운전하던 중 丙이 운전하던 차량에 의해 추돌 당함으로써, 甲과 乙 모두 두 달간의 입원치료를 요하는 중상을 입게 되었다. 이에 甲은 丙을 상대로 손해배상청구소송을 제기하였으나, 같은 사고의 피해자인 乙은 나중에 소를 제기하겠다는 생각에 甲의 소송에 동참하지 않았다. 甲은 도합 금 8천만원의 손해배상을 구함에 있어 일실수익 금 3천만원, 치료비 금 2천만원, 위자료 금 3천만원 등으로 손해항목을 나누어 청구하였다.

1. 1심 법원은 심리결과 피고에게 합계 금 6천만원의 손해배상(일실수익 금 4천만원, 치료비 금 1천만원, 위자료 금 1천만원)을 명하는 판결을 하였다. 이 판결의 적법성 여부에 대해 검토하시오.

2. 1심 법원이 판결을 선고함에 있어 원고 甲의 청구 중 위자료 청구 부분에 대해서는 아무런 판단을 하지 않은 채, 일실수익과 치료비 청구 중 일부에 대해서만 인용하는 판결을 하였다고 하자. 이 때 원고 甲이 이 판결에 대해 전부 불복하는 항소를 제기한 경우, 원고 甲의 위자료 청구 부분에 대한 항소가 적법한 것인지를 검토하시오.

해설

(1) 손해배상청구소송의 소송물에 따른 처분권주의 위반여부에 관한 문제이다. 손해1개설에 의하면 이 경우 소송물은 8천만원이 소송물이 되므로 6천만원을 명하는 판결은 처분권주의의 양적상한에 위배되지 않으므로 적법하다. 그러나 判例의 견해인 손해3개설에 의할 경우 적극적 손해인 치료비 1천만원, 정신적 손해인 위자료 1천만원은 각각 2천만원, 3천만원의 범위 내이므로 처분권주의에 반하지 않으나, 소극적 손해인 일실수익 4천만원 부분은 소송물인 3천만원의 범위를 초과하므로 처분권주의에 반하게 된다. 그리고 손해2개설에 의할 경우 정신적 손해인 위자료 1천만원 부분은 3천만원 범위 내이므로 적법하고, 재산적 손해인 5천만원도(일실수익 4천만원과 치료비 1천만원의 합) 소송물인 5천만원(일실수익 3천만원과 치료비 2천만원의 합) 범위 내이므로 적법하다고 보아야 한다.

(2) 항소는 제1심법원이 "선고"한 종국"판결"에 대하여 할 수 있다(법 제390조). 즉 이는 현실적인 판단의 대상이 되었어야 하며, 하나의 소송물에 대해서 하여야 한다. 따라서 손해1개설에 의한다면 위자료부분에 대하여 판단하지 않은 것은 하나의 소송물의 일부에 대해 판단하지 않은 판단누락에 불과하므로, 甲이 전부불복한 것은 하나의 판결에 대해 항소하는 것이 되고 이는 항소의 이익이 있어(형식적 불복설) 적법하다. 손해3개설이나 손해2개설에 의할 경우 위자료 부분은 별개의 소송물이 되어, 이는 판단누락이 아닌 판결의 누락이 된다. 따라서 이는 1심법원의 추가판결의 대상이 될 뿐 항소의 대상이 되지 아니하여 부적법하다 할 것이다.

2) 이자청구의 경우

判例는 이 경우 소송물은 원금, 이율, 기간 등 3개의 인자에 의해 정해진다고 보고, 비록 원고의 이자청구액을 초과하지 않았지만 3개의 기준 중 어느 것에서나 원고 주장의 기준보다 넘어서면 처분권주의에 반한다고 한다(대판 1960.09.29. 4293민상18, 구소송물이론).

3) 일부청구와 과실상계

① 학설

학설은 우선 전부청구액를 산정하여 그로부터 과실상계를 하고 난 뒤에 남은 잔액이 일부청구액을 초과한 때에는 일부청구의 한도 내에서 인용할 것이고 그 잔액이 청구액에 미달하면 잔액대로 인용하여야 한다는 **외측설**, 전부청구액에서 과실상계를 할 것이 아니라 현실적으로 청구한 일부청구액 자체에서 과실상계를 하여야 한다는 **안분설**, 후일 잔액청구가 행해지는 것을 전제로 하여, 잔부청구부분에 대해 과실상계가 행해지지 않을 가능성이 있으므로, 청구액이 과실상계액을 넘지 않는 한 청구는 인용되지 않는다는 **내측설**[13]이 있다.

② 判 例

判例는 "전액에서 과실비율에 의한 감액을 하고 그 잔액이 청구액을 초과하지 않을 경우에는 그 잔액을 인용할 것이고, 그 잔액이 청구액을 초과할 경우에는 청구의 전액을 인용하는 것으로 해석하는 것이 일부청구를 하는 당사자의 통상적 의사라 할 것이고, 이에 따라 원고의 청구를 인용하였다고 하여도 처분권주의에 위반되는 것은 아니다(대판 1976.06.22. 75다819)."라고 판시하여 일관해서 외측설을 따르고 있다.

③ 검 토

일부청구라도 채권전부에 대해 심리하는 것이 통상적이고, 당사자는 자신의 과실을 자인하여 일부청구를 하는 경우가 보통이라는 점에서 일응 외측설이 타당하다. 다만 명시적으로 일부청구를 하여 잔부를 유보하여 둔 경우까지 외측설을 관철함은 무리라 하겠다(이시윤).

☞ 왜냐하면 일부청구긍정설에 의하면 심판대상인 소송물은 일부청구 자체에 한정되므로 그 일부에 대해서 과실상계를 하는 안분설이 논리적으로 타당하지만, 일부청구부정설에 의하면 그 전체가 소송물이 되므로 외측설을 취하는 것이 타당하기 때문이다. 즉 이 경우 명시설을 취하면 명시하지 않은 경우에는 외측설이 타당하나, 명시한 경우에는 일부만 소송물이 되므로 오히려 안분설이 논리적으로 타당하게 되는 것이다.

(2) 일부인용[14]

---

13) 본래 내측설은 우리나라에서는 잘 논의되지 않는 이론이다. 이는 이 학설이 주장하는 바와 같이 후소에서 반드시 과실상계를 하지 않게 된다는 보장이 없을 뿐만 아니라, 과실상계의 방법을 제시해 주는 데 공헌하는 학설이 아니기 때문이다. 따라서 논의의 실익이 큰 이론은 아니라고 할 수 있으나, 후소와의 관련성을 미리 고려하여야 한다는 점을 지적하는 것은 의미가 있다고 할 수 있다(민사소송법 교수사례집, 고시계사, 269면).

14) 주위토지통행권의 확인을 구하기 위해서는 통행의 장소와 방법을 특정하여 청구취지로써 이를 명시하여야 하고, 민법 제219조에 정한 요건을 주장·증명하여야 한다. 그러므로 주위토지통행권이 있음을 주장하여 확인을 구하는 특정의 통로 부분이 민법 제219조에 정한 요건을 충족하지 못할 경우에는 다른 토지 부분에 주위토지통행권이 인정된다고 할지라도 원칙적으로 청구를 기각할 수밖에 없다. 다만 이와 달리 통행권의 확인을 구하는 특정의 통로 부분 중 일부분이 민법 제219조에 정한 요건을 충족하거나 특정의 통로 부분에 대하여

1) 분량적인 일부인용은 처분권주의에 반하지 않는다.

예를 들어 금 1억원 청구 중 금 6천만원이 인정되어 금 6천만원의 지급을 명하는 판결이나 분량적으로 가분인 채무부존재확인의 소에서 일부인용의 판결이 가능한 것이다. 전부의 소유권확인청구에는 지분에 대한 소유권확인의 취지가 포함되어 있으므로 그 범위에서 원고청구를 일부인용[15] 할 수 있으며, 피고들에게 부진정연대의 관계에서 청구한 경우에 진정연대의 관계에서 인용하는 것도 일부인용에 해당한다. 다만 피고들의 손해배상채무가 부진정연대로 주장되지도 않았는데 진정연대로 판단하는 것은 안 된다(대판 2013.05.09. 2011다61646). 그리고 연차적으로 발생할 손해에 대하여 당사자가 치료비 등을 일시적으로 청구한 경우 법원이 그 연차적 지급(정기금 지급)을 명했다고 해도 손해배상의 범위와 한계에 관한 법리를 위반했다거나 당사자가 청구하지 아니한 사항에 대하여 판결한 위법이 있다고 할 수 없다(대판 1970.07.24. 70다621).

2) 채무부존재확인청구의 경우

① 소장의 청구취지(신청)에 채무상한(기본되는 채무)을 명시하지 않은 경우가 문제가 되는데, 이 경우 소장의 적식성 문제로 이를 이해하여 채무상한을 청구취지에 명시하지 않으면 부적식하다고 보는 견해[16]도 있으나(이시윤), 다수의 견해는 소장 자체는 적식한 것으로 본다[17].

② 다만 이 경우 청구한 채무보다 다액의 채무가 인정된다고 하였을 때 일부인용판결이 가능한가에 대해, 判例는 "원고가 상한을 표시하지 않고 일정액을 초과하는 채무의 부존재의 확인을 청구하는 사건에 있어서 일정액을 초과하는 채무의 존재가 확인되는 경우에는 특단의 사정이 없는 한 법원은 그 청구의 전부를 기각할 것이 아니라 <u>존재하는 채무부분에 대하여 일부패소의 판결[18]을 하여야 한다</u>(대판 1994.01.25. 93다9422)."고 판시하여 일부인용판결이 가능하다고 본다.

일정한 시기나 횟수를 제한하여 주위토지통행권을 인정하는 것이 가능한 경우라면, 그와 같이 한정된 범위에서만 통행권의 확인을 구할 의사는 없음이 명백한 경우가 아닌 한 청구를 전부 기각할 것이 아니라, 그렇게 제한된 범위에서 청구를 인용함이 타당하다(대판 2017.01.12. 2016다39422).

15) 부동산을 단독으로 상속하기로 분할협의 하였다는 이유로 그 부동산 전부가 자기 소유임의 확인을 구하는 청구에는 그와 같은 사실이 인정되지 아니하는 경우 자신의 상속받은 지분에 대한 소유권의 확인을 구하는 취지가 포함되어 있다고 보아야 하므로, 이러한 경우 법원은 특단의 사정이 없는 한 그 청구의 전부를 기각할 것이 아니라 그 소유로 인정되는 지분에 관하여 일부 승소의 판결을 하여야 한다(대판 1995.09.29. 95다22849).

16) 이 같은 채무의 일부부존재확인청구의 경우, "원고의 피고에 대한 대여금채무 금 1000만원 중 금 300만원을 넘어서는 존재하지 아니함을 확인한다"는 식으로 그 기본되는 채무를 명시할 것을 요하며, 그렇지 않으면 어떠한 채무 중 일부인지 분명치 않게 된다고 하여 소장의 적식성(소장의 기재사항)과 관련하여 이해하는 견해도 있다(이시윤). 이 견해에 의하면 채무상한을 명시하지 않으면 재판장의 보정명령과 소장각하명령의 대상이 된다고 할 것이다(제254조).

17) 채무의 상한이 정해져 있지 않은 경우에 단순한 청구기각판결은 1천만 원을 초과한 채무가 존재한다는 것을 확정함에 불과하고 수액을 확정하지는 않기 때문에 甲으로서는 수액을 다툴 여지가 남게 된다. 따라서 일부인용판결 보다는 청구기각판결이 오히려 甲의 의사에 부합할 지도 모른다. 그러나 수액에 관한 다툼을 남기는 판결은 바람직하지 않고 이미 수액에 관한 심리가 상당 정도 진행되었을 경우에는 이를 무용하게 만든다는 문제가 있다. 따라서 <u>신청(=청구취지) 중에 채무의 상한이 나타나 있지 않은 경우라도 하더라도 청구원인 등에는 3천만 원이라는 상한이 주장되었던 것이므로 이를 신청 중에 상한이 나타난 경우와 동일하게 취급하는 것</u>이 타당하다.

18) 이 경우 주문은 "원고의 채무는 ○○원을 초과하여서는 존재하지 않음을 확인한다. 원고의 나머지 청구를 기각

심화학습

> 甲은 乙로부터 3천만원의 차용금채무의 잔액이 1천만원이라고 주장하고 乙에 대하여 위 차용금채무는 1천만원을 초과해서는 존재하지 않는다는 확인을 구하는 소를 제기하였다. 법원이 심리한 결과 다음과 같은 판결을 내렸다고 할 때 그 판결에 대하여 논하라. (일본사시 1986년 기출문제)
> (1) 甲의 乙에 대한 채무의 잔액이 2천만원임을 인정하고 "원고의 청구를 기각 한다."고 선고한 판결
> (2) 甲의 乙에 대한 채무의 잔액이 8백만원임을 인정하고 "차용금채무는 8백만원을 초과하여서는 존재하지 않음을 확인한다."고 선고한 판결

해 설

1. 甲이 신청 중에 3천만원이라는 채무의 상한을 정했든 정하지 않았든 간에 법원은 전부기각판결을 할 것이 아니라 "원고의 채무는 2천만원을 초과하여서는 존재하지 않음을 확인한다. 원고의 나머지 청구를 기각한다"는 일부인용판결을 했어야 한다. 따라서 설문(1)의 판결은 위법하다.

2. 甲은 1천만원의 채무의 존재에 대하여 스스로 인정하고 있는데, 법원은 甲이 구하고 있는 이상을 인용하였으므로 처분권주의에 반하며, 이 판결은 상소에 의해 다툴 수 있지만 그대로 확정되면 기판력이 생기고 재심은 인정되지 않는다.

3) 단순이행청구의 경우에 상환이행판결

① 원 칙

원고가 단순이행청구를 하고 있는데 피고의 동시이행의 항변 또는 유치권항변[19]이 이유 있을 때에 원고가 반대의 의사표시를 하지 않는 한[20] 원고청구기각이 아니라, 원고의 채무이행을 받음과 상환으로 피고의 채무이행을 명하는 판결을 하는 것은 처분권주의에 반하지 아니한다.

② 건물매수청구권의 행사와 상환이행판결

대지임대인 甲이 그 임차인 乙을 상대로 건물철거와 그 대지인도를 청구하는 소송에서 乙이 적법하게 건물매수청구권[21]을 행사하였을 때에 피고는 원고로부터 건물대금을 지급받음과 동시에 (상환으로) 건물을 인도하라는 판결을 허용할 것인가에 대해, 判例는 "이 사건에서와 같은 원고의 건물철거와 그 부지 인도청구에는 건물매수대금지급과 동시에 건물 명도를 구하는 청구가 포함

한다."는 것이 된다.
19) 물건의 인도를 청구하는 소송에 있어서 피고의 유치권 항변이 인용되는 경우에는 그 물건에 관하여 생긴 채권의 변제와 상환으로 그 물건의 인도를 명하여야 한다(대판 1969. 11. 25. 69다1592).
20) 매수인이 단순히 소유권이전등기청구만을 하고 매도인이 동시이행의 항변을 한 경우 법원이 대금수령과 상환으로 소유권이전등기절차를 이행할 것을 명하는 것은 그 청구중에 대금지급과 상환으로 소유권이전등기를 받겠다는 취지가 포함된 경우에 한하므로 그 청구가 반대급부 의무가 없다는 취지임이 분명한 경우에는 청구를 기각하여야 한다(대판 1980. 02. 26. 80다56).
21) 민법 제643조(임차인의 갱신청구권, 매수청구권) 건물 기타 공작물의 소유 또는 식목, 채염, 목축을 목적으로 한 토지임대차의 기간이 만료한 경우에 건물, 수목 기타 지상시설이 현존한 때에는 제283조의 규정을 준용한다. 제283조(지상권자의 갱신청구권, 매수청구권) ① 지상권이 소멸한 경우에 건물 기타 공작물이나 수목이 현존한 때에는 지상권자는 계약의 갱신을 청구할 수 있다. ② 지상권설정자가 계약의 갱신을 원하지 아니하는 때에는 지상권자는 상당한 가액으로 전항의 공작물이나 수목의 매수를 청구할 수 있다.

되어 있다고 볼 수는 없다."고 포함여부는 부정하지만, 계속된 설시에서 "법원으로서는 임대인이 종전의 청구를 계속 유지할 것인지, 아니면 대금지급과 상환으로 지상물의 명도를 청구할 의사가 있는 것인지(예비적으로라도)를 석명하고 임대인이 그 석명에 응하여 소를 변경한 때에는 지상물 명도의 판결을 함으로써 분쟁의 1회적 해결을 꾀하여야 한다."고 하여 건물명도청구로의 청구 취지 변경에 대한 석명의무를 긍정하면서, 이러한 경우에도 법원에게 위와 같은 점을 석명하여 심리하지 아니한 것이 위법이 아니라는 취지의 종전의 판결들을 폐기하였다(대판(전) 1995.07.11. 94다34265].

4) 채권자취소소송에서 인도청구의 경우에 가액배상판결

判例는 채권자취소소송에서 사해행위의 전부취소와 원상회복청구의 주장에는 사해행위의 일부취소와 가액배상청구의 주장도 포함되어 있으므로, 원상회복으로 물건인도만 구하여도 가액배상을 명할 수 있다고 했다(대판 2001.09.04. 2000다66416).

5) 현재의 이행의 소의 경우에 장래의 이행판결

현재의 이행의 소에서 심리결과 원고에게 청구권은 있는데 이행기의 미도래, 이행조건의 미성취일 때 바로 기각할 것이 아니라, 장래이행의 소로서 '미리 청구할 필요'가 있고 원고의 의사에 반하지 않으면 장래의 이행판결을 하여도 좋을 것이다(통설, 판례). 특히 判例는 "원고가 피담보채무의 소멸을 이유로 저당권설정등기말소나 소유권이전등기말소청구를 한 경우에, 심리 결과 원고에게 아직 채무가 남아 있는 것으로 밝혀졌을 때, 위 청구 중에는 특별한 사정이 없으면 장래의 이행청구로서 남은 채무의 변제를 조건으로 등기말소를 구하는 취지도 포함되었다고 보아 남은 채무의 선이행을 조건으로 청구를 인용하여야 할 것이다(대판 1996.11.12. 96다33938)."라고 하였다. 다만 원고가 피담보채무가 발생하지도 않음을 전제로 등기말소를 구하는 경우에는 채무이행을 조건으로 등기말소를 구하는 취지가 포함되어 있지 않다(대판 1991.04.23. 91다6009).

Ⅳ 절차의 종료

1. 당사자행위에 의한 종료

당사자는 어느 때나 청구의 포기 · 재판상 화해(제220조), 소취하(제266조)에 의하여 절차종료가 가능하다. 또 상소의 취하(제393조), 불상소의 합의(제390조 1항 단서), 상소권의 포기(제394조)도 인정된다.

2. 직권탐지주의의 경우

통상의 절차와는 달리 직권탐지주의에 의하는 절차에서는 처분권주의가 제한을 받는다. 예를 들어 가사소송, 행정소송 등이다. 다만 이러한 절차에서도 절차의 개시, 소송물의 특정은 당사자의 의사에 의하며, 원고의 소취하도 허용된다. 다만 성질상 허용될 수 없는 청구의 포기 · 인낙, 재판상 화해는 허용될 수 없을 것이다.

3. 회사관계소송의 경우

회사관계소송에서는 문제이지만, 원고패소확정판결과 동일한 청구의 포기는 별론, <u>승소확정판결과 같은 효력이 있는 청구의 인낙이나 화해는 허용될 수 없을 것</u>[22]이다.

V 처분권주의 위배의 효과

1. 구제방법

처분권주의에 위배된 판결은 확정 전에는 상소로 다툴 수 있고, 당연무효는 아니다(확정 후에는 재심사유에 해당하지 않으므로 재심은 불가하다). 처분권주의 위배는 판결의 내용에 관한 것이고 절차에 관한 것이 아니므로, 이의권의 대상이 아니다(제151조 참고).

2. 흠의 치유

그러나 처분권주의에 위배된 경우라도 피고가 항소한 경우에, 원고가 제1심에서 신청하지 아니한 사항에 대하여 <u>항소심에서 새로 신청</u>[23]하면 그 흠이 치유된다.

제6관 변론주의

I 서 설

1. 의 의 및 규정

(1) 의 의

재판의 기초가 되는 소송자료, 즉 사실자료와 증거자료의 수집 및 제출을 당사자의 책임 및 권능으로 하고, 당사자가 주장하여 변론에서 제출한 소송자료만을 재판의 기초로 삼아야 하는 입장을 말한다. 이에 반하여 소송자료의 수집을 법원의 책임과 권능으로 하는 원칙을 직권탐지주의라고 한다.

(2) 규 정

변론주의는 민사소송을 관류하는 대원칙임에도 불구하고 이에 관한 직접규정을 두고 있지 아니하나, 특수소송에서 이와 대립하는 직권탐지주의(행정소송법 제26조, 가사소송법 제12조, 제17조)를 규정함으로써 간접적으로 추단케 하고 있다. 다만, 민사소송규칙 제69조의2(당사자의 조사의

---

22) 주주총회결의의 부존재·무효를 확인하거나 결의를 취소하는 판결이 확정되면 당사자 이외의 제3자에게도 그 효력이 미쳐 제3자도 이를 다툴 수 없게 되므로, 주주총회결의의 하자를 다투는 소에 있어서 청구의 인낙이나 그 결의의 부존재·무효를 확인하는 내용의 화해·조정은 할 수 없고, 가사 이러한 내용의 청구인낙 또는 화해·조정이 이루어졌다 하여도 그 인낙조서나 화해·조정조서는 효력이 없다(대판 2004.09.24. 2004다28047).
23) 청구취지의 확장 즉 부대항소의 실질을 가진다.

무)24)에서 사실관계와 증거에 관한 사전조사 의무를 부과한 것은 변론주의를 전제한 것이라 하겠다.

2. 근 거

본질설, 수단설, 절차보장설, 다원설 등이 대립하지만 사적자치의 반영, 진실발견의 수단, 절차보장 및 공평한 재판에 대한 신뢰확보 등 다원적으로 파악함이 타당하다(다원설).

Ⅱ 변론주의의 내용

1. 사실의 주장책임

(1) 변론주의에서 사실의 주장책임과 소송자료(=사실자료)와 증거자료의 구별

1) 주장책임과 주장공통의 원칙

주요사실은 당사자가 변론에서 주장하여야 하며, 당사자에 의하여 주장되지 않은 사실은 판결의 기초로 삼을 수 없다. 따라서 당사자는 자기에게 유리한 사실을 주장하지 아니하였으면 그 사실은 없는 것으로 취급되어 불이익한 판단을 받게 되는데, 이를 주장책임이라고 한다. 특히 변론주의는 법원과 당사자 사이의 역할분담문제이므로 그 사실이 주장되기만 하면 주장책임을 지는 당사자가 주장을 하였는가를 묻지 않고, 판결의 기초로 삼을 수 있다(대판 1990.06.26. 89다카15359). 이를 주장공통의 원칙이라고 한다. 따라서 어느 당사자가 자발적으로 자기에게 불리한 사실을 진술한 경우(선행자백)에는 이 사실에 기하여 그에게 불리한 판결을 해도 무방하다.

2) 변론주의에서 사실의 주장책임과 소송자료(=사실자료)와 증거자료의 구별

변론주의에서 사실의 주장은 주요사실을 이르고, 그 주요사실은 소송자료 즉 사실자료에서 나타나야 하므로 증언, 문서의 기재내용 등의 증거자료에 의해서는 사실이 주장된 것이 아니므로, 설사 법원이 증거자료에 의해 주요사실을 알았다고 하여도 이를 당사자에 의해 주장된 것으로 볼 수는 없다. 따라서 이는 원칙적으로 변론주의 위반이 되어 위법하다. 이러한 내용을 <u>소송자료(=협의의 소송자료, 사실자료)와 증거자료는 구별(준별)</u>된다고 표현하는데, 다만 이를 철저히 관철하면 증거자료에 의하면 당연히 승소할 수 있는 당사자가 사실자료를 주장하지 아니하였다고 하여 패소 당하는 경우도 생길 수 있어, 민사소송의 이상인 적정, 공평에 반할 염려가 있다. 따라서 이런 문제의식 하에 나온 것이 소위 간접적 주장인데 이의 인정여부가 문제된다.

3) 간접적 주장의 인정여부25)

---

24) 민사소송규칙 제69조의2(당사자의 조사의무) 당사자는 주장과 입증을 충실히 할 수 있도록 사전에 사실관계와 증거를 상세히 조사하여야 한다.
25) 긍정설(소송자료와 증거자료의 구별 완화)은 ⅰ) 변론주의의 엄격한 적용으로 인한 부당한 결과를 시정하고, ⅱ) 상대방에게 불의타를 주지 않는 한도에서 불공평하지 않다고 하여 이를 제한적으로 인정하려 한다. 부정설(소송자료와 증거자료의 구별 엄격)은 ⅰ) 심판의 범위의 불명확, ⅱ) 법원의 심리부담의 가중, ⅲ) 상대방 당사자의 방어권 침해의 염려 등을 근거로 이를 부정하고, 다만 부당한 결과의 시정은 석명권(제136조)의 행사에 의해

判例는 상속인의 대리인에 의한 계약체결사실을 입증하고자 증인신청 한 사안에서 "<u>명백한 주장을 한 바가 없다 하더라도 위 증인신청으로서 이에 대한 간접적인 주장이 있었다고 볼 여지가 없지 아니할 뿐 아니라, 그렇지 않다고 하더라도 법원으로서는 적어도 원고가 이를 주장하는 취지인지를 석명을 구하여 당사자의 진의를 밝힘으로써 소송관계를 명확하게 하였어야 옳을 것이다</u>(대판 1993.03.09. 92다54517 등)."라고 하여 긍정설의 입장이다. 그리고 <u>서증을 제출하여 그 입증취지를 진술하여 서증기재사실을 주장한 때</u>(대판 1994.10.11. 94다42626), <u>감정서나 서증을 이익으로 원용한 때</u>(대판 1996.12.19. 94다22927)<u>는 주요사실의 주장이 있는 것으로 볼 수 있다</u>고 하였다. 그리고 "금원을 변제공탁 하였다는 취지의 공탁서를 증거로 제출하면서 그 금액 상당의 변제 주장을 명시적으로 하지 않은 경우, <u>비록 당사자가 공탁서를 제출하였을 뿐 그에 기재된 금액 상당에 대한 변제 주장을 명시적으로 하지 않았다고 하더라도 공탁서를 증거로 제출한 것은 그 금액에 해당하는 만큼 변제되었음을 주장하는 취지임이 명백하므로</u>, 법원으로서는 그와 같은 주장이 있는 것으로 보고 그 당부를 판단하거나 아니면 그렇게 주장하는 취지인지 석명을 구하여 당사자의 진의를 밝히고 그에 대한 판단을 하여야 한다(대판 2002.05.31. 2001다42080)."고 본다.

(2) 주요사실과 간접사실의 구별

1) 변론주의에서 사실의 주장책임의 대상

변론주의에서 사실의 주장책임의 대상은 주요사실[26]에 한하고, 간접사실[27], 보조사실은 이에 해당하지 아니한다는 것이 통설, 判例이다. 즉 주요사실의 판단을 추인시키는 간접사실은 증거와 마찬가지의 역할을 하므로(예를 들어 자금난에 허덕이다가 갑자기 자금사정이 좋아졌다는 간접사실은 대여라는 주요사실의 증거인 차용증과 그 역할이 유사하다는 점을 상기하라.), 증거의 평가에 있어 작용하는 자유심증주의가 간접사실의 존부에 대한 판단에 있어서도 타당하기 때문에 법원은 간접사실을 당사자의 주장을 기다리지 않고 자유로이 인정하여도 무방하다고 할 수 있기 때문이다(전병서).

2) 법규기준설[28]

직접적 주장을 유도함으로서 해결할 것이라고 한다(이시윤).
26) 판례는 소멸시효완성의 항변(대판 1991.07.26. 91다5631), 이행불능의 항변(대판 1996.02.27. 95다43044), 동시이행의 항변(대판 1990.11.27. 90다카25222) 등은 모두 주요사실에 관한 항변으로 당사자의 주장이 없는데 이를 기초로 청구를 배척하여서는 안 된다고 본다.
27) 부동산을 매수하게 된 경위(대판 1977.01.11. 76다2038), 교통사고의 경위(대판 1979.07.24. 79다879)에 관한 사실은 간접사실이므로 당사자의 주장과 다르거나 주장이 없더라도 법원이 증거에 의하여 이를 인정할 수 있다. 과실상계에서 피해자의 과실은 당사자의 주장이 없더라도 법원이 직권으로 참작할 수 있는 간접사실이다(대판 1987.11.10. 87다카473).
28) 법규기준설 외에도 여러 견해가 있는데, 이는 일반조항 내지 불확정조항인 경우에 대하여 견해가 대립되는 것이다. 즉 중요사실주장설은 법규기준설을 버리고 소송의 승패에 영향을 미칠 중요한 사실에서 기준을 찾아, 당사자로서는 공격, 방어의 목표가 되고 법원으로서는 심리활동의 지침을 이루는 사실을 주요사실로 보고, 그 밖의 사실을 간접사실로 보자는 견해이다. 준주요사실설은 일반적으로는 법규기준설이 타당하나, '과실', '인과관계', '권리남용', '신의성실' 등을 요건으로 한 일반규정의 경우만은 일반규정의 요건사실 자체를 변론주의의 적용을 받는 주요사실로 볼 것이 아니라, 요건사실을 구성(추인)하는 개개의 구체적 사실이 재판에서 중요한 역할을 함에 비추어, 주요사실에 준해서 변론주의의 적용을 받게 하자는 견해이다(이시윤). 요건사실과 주요사실을 구분하는 설은 과실, 소유권, 채권과 같이 사실에 대한 법적 평가나 권리 그 자체는 요건사실이기

민사소송절차에서 권리의 발생·변경·소멸이라는 법률효과를 판단하는 요건이 되는 주요사실에 대한 주장·증명에는 변론주의의 원칙이 적용된다(대판 2021.01.14. 2020다261776). 법규기준설은 법규를 발생시키는 요건사실이 주요사실이고, 그 이외의 사실은 간접사실이라고 본다. 예를 들어 민법 제598조상의 소비대차계약의 주요사실은 "甲은 乙에게 2021년 5월 10일에 금 1억원을, 변제기를 동년 10월 10일로 정하여 대여하였다."는 사실이 된다. 왜냐하면 소비대차계약은 낙성계약이고 그 법률효과를 발생시키는 사실은 계약일, 변제기가 될 것이기 때문이다. 즉 주요사실(직접사실)은 법률효과를 발생시키는 법규의 요건사실에 해당하는 사실을 말하고, 간접사실은 주요사실의 존재를 경험칙에 의하여 추인하는데 쓰이는 사실을 말한다(배경, 교섭의 경과와 동기, 내역, 목적 등에 의한 사실이다).

3) 소멸시효 기산점과 취득시효 기산점

判例도 "소멸시효의 기산일은 채무의 소멸이라고 하는 법률효과 발생의 요건에 해당하는 소멸시효기간 계산의 시발점으로서 소멸시효항변의 법률요건을 구성하는 구체적인 사실에 해당하므로 이는 변론주의의 적용대상이라고 할 것29)이고…(대판 1995.08.25. 94다35886)."라고 하여 기본적으로 법규기준설의 입장이다. 다만 "어떤 권리의 소멸시효기간이 얼마나 되는지에 관한 주장은 단순한 법률상의 주장에 불과하므로 변론주의의 적용대상이 되지 않고 법원이 직권으로 판단할 수 있다30)(대판 2013.02.15. 2012다68217)."고 본다. 그러나 "취득시효기간을 계산할 때에, 점유기간 중에 해당 부동산의 소유권자가 변동된 경우에는 취득시효를 주장하는 자가 임의로 기산점을 선택하거나 소급하여 20년 이상 점유한 사실만 내세워 시효완성을 주장할 수 없으며, 법원이 당사자의 주장에 구애됨이 없이 소송자료에 의하여 인정되는 바에 따라 진정한 점유의 개시시기를 인정하고, 그에 터 잡아 취득시효 주장의 당부를 판단하여야 한다(대판 2015.03.20. 2012다17479)."고 하여 취득시효 기산점31)은 간접사실로 본다. 따라서 부동산의 시효취득에 있어서 점유기간의 산

는 하지만 변론주의가 적용되는 주요사실은 아니라고 하여 이를 구별한다(호문혁).
29) 소멸시효의 기산일은 채무의 소멸이라고 하는 법률효과 발생의 요건에 해당하는 소멸시효 기간 계산의 시발점으로서 소멸시효 항변의 법률요건을 구성하는 구체적인 사실에 해당하므로 이는 변론주의의 적용 대상이고, 따라서 본래의 소멸시효 기산일과 당사자가 주장하는 기산일이 서로 다른 경우에는 변론주의의 원칙상 법원은 당사자가 주장하는 기산일을 기준으로 소멸시효를 계산하여야 하는데, 이는 당사자가 본래의 기산일보다 뒤의 날짜를 기산일로 하여 주장하는 경우는 물론이고 특별한 사정이 없는 한 그 반대의 경우에 있어서도 마찬가지이다(대판 1995.08.25. 94다35886).
30) 민사소송절차에서 변론주의 원칙은 권리의 발생·변경·소멸이라는 법률효과 판단의 요건이 되는 주요사실에 관한 주장·증명에 적용된다. 따라서 권리를 소멸시키는 소멸시효 항변은 변론주의 원칙에 따라 당사자의 주장이 있어야만 법원의 판단대상이 된다. 그러나 이 경우 어떤 시효기간이 적용되는지에 관한 주장은 권리의 소멸이라는 법률효과를 발생시키는 요건을 구성하는 사실에 관한 주장이 아니라 단순히 법률의 해석이나 적용에 관한 의견을 표명한 것이다. 이러한 주장에는 변론주의가 적용되지 않으므로 법원이 당사자의 주장에 구속되지 않고 직권으로 판단할 수 있다. 당사자가 민법에 따른 소멸시효기간을 주장한 경우에도 법원은 직권으로 상법에 따른 소멸시효기간을 적용할 수 있다(대판 2017.03.22. 2016다258124). 어떤 권리의 소멸시효기간이 얼마나 되는지에 관한 주장은 단순한 법률상의 주장에 불과하므로 변론주의의 적용대상이 되지 않고 법원이 직권으로 판단할 수 있다 할 것이다. 이 점에 관하여 원고가 민법에 의한 10년의 소멸시효완성을 주장하였는데 원심이 구 예산회계법에 의한 5년의 소멸시효를 적용한 것이 변론주의를 위반한 것이라는 피고 1의 상고이유 주장은 받아들일 수 없다(대판 2008.03.27. 2006다70929·70936).
31) 점유취득시효의 개시일이 주요사실인가가 문제되는데, 통설·판례인 법규기준설에 의할 경우 ① 소멸시효의

정기준이 되는 점유개시의 시기는 취득시효의 요건사실인 점유기간을 판단하는 데 간접적이고 수단적인 구실을 하는 간접사실에 불과하므로 이에 대한 자백은 법원이나 당사자를 구속하지 않는 것이다(대판 1994.11.04. 94다37868).

4) 기본사실에 대한 경위, 내역

변론주의는 주요사실에 대하여만 적용되고 그 경위, 내력 등 간접사실에 대하여는 적용이 없는 것이므로 甲이 중도금을 乙에게 직접 지급하였느냐 또는 그 수령권한 수임자로 인정되는 자를 통하여 지급하였느냐는 결국 변제사실에 대한 간접사실에 지나지 않는 것이어서 반드시 당사자의 구체적인 주장을 요하는 것은 아니다(대판 1993.09.14. 93다28379). 다만 예외적으로 경위 자체가 기본사실이라면 주요사실로 보아야 한다[32].

5) 일실수익의 산정

신체사상으로 인한 손해배상사건에서 소극적 재산상 손해로서 일실이익을 계산할 때에, 계산의 기초인 월수입, 월생활비, 가동연한 등은 주요사실이다. 즉 불법행위로 인한 일실수익의 현가 산정에 있어서 기초사실인 수입, 가동연한, 공제할 생활비 등은 사실상의 주장이지만, 현가 산정방식에 관한 주장(호프만식에 의할 것이냐 또는 라이프니쯔식에 의할 것이냐에 관한 주장)은 당사자의 평가에 지나지 않는 것이므로 당사자의 주장에 불구하고 법원은 자유로운 판단에 따라 채용할 수 있고 이를 변론주의에 반한 것이라 할 수 없다(대판 1983.06.28. 83다191).

6) 유권대리주장 속에 표현대리주장이 포함되는지 여부

① 주요사실 여부

대리행위에 의한 계약체결사실은 실체법상 법률행위의 특별유효요건으로서 권리발생사실이므로 이는 주요사실이다(통설, 판례). 특히 당사자가 유권대리사실을 주장하는 경우에 표현대리주장 사실이 이에 포함되는지가 문제된다.

② 포함 여부

判例는 유권대리 주장에 표현대리주장이 포함되는지가 문제된 사안에서 "변론에서 당사자가 주장한 주요사실만이 심판의 대상이 되는 것으로서 여기에서 주요사실이라 함은 법률효과를 발생시키는 실체법상의 구성요건 해당사실을 말하는 것인바, 대리권에 기한 대리의 경우나 표현

기산점(민법 제166조)과 달리 민법 제245조에서 점유취득시효의 기산일을 규정하고 있지 아니하며 ② 점유취득시효는 기산점을 어떻게 잡느냐에 따라 제3자의 이익과 관련이 있게 되므로 이는 법원이 직권으로 판단할 수 있는 간접사실로 보는 것이 타당하다(통설, 판례). 다만 이에 대해서는 ① 당사자간에 있어서도 언제 취득시효가 완성하느냐는 중요한 쟁점이고 ② 당사자가 생각하는 시점에 의해 소유자의 여부가 갈리기 때문에 당사자가 주장하지 않은 기산일을 인정하는 것은 불의의 타격이 되므로 이를 주요사실로 보는 견해도 유력하다(김상수, 호문혁 교수도 "판례가 소멸시효의 기산점은 주요사실로 보면서 취득시효의 기산점을 간접사실로 보는 것은 이론적으로 납득하기 어렵다."고 한다).

32) 어느 재산이 종중재산임을 주장하는 당사자는 그 재산이 종중재산으로 설정된 경위에 관하여 주장·입증을 하여야 할 것이나 이는 반드시 명시적임을 요하지 아니하며 어느 재산이 종중재산이라는 주장·입증 속에 그 설정 경위에 관한 사실이 포함되어 있다고 볼 수 있으면 족하고 그 설정 경위의 입증은 간접 사실 등을 주장·입증함으로써 그 요건 사실을 추정할 수 있으면 족하다(대판 1997.10.10. 95다44283).

대리의 경우나 모두 제3자가 행한 대리행위의 효과가 본인에게 귀속된다는 점에서는 차이가 없으나 유권대리에 있어서는 본인이 대리인에게 수여한 대리권의 효력에 의하여 위와 같은 법률효과가 발생하는 반면 표현대리에 있어서는 대리권이 없음에도 불구하고 법률이 특히 거래상대방 보호와 거래안전 유지를 위하여 본래 무효인 무권대리행위의 효과를 본인에게 미치게 한 것으로서 표현대리가 성립된다고 하여 무권대리의 성질이 유권대리로 전환되는 것은 아니므로, 양자의 구성요건 해당사실 즉 주요사실은 서로 다르다고 볼 수밖에 없다. 그러므로 유권대리에 관한 "주장" 가운데 무권대리에 속하는 표현대리의 "주장"이 포함되어 있다고 볼 수 없으며, 따로이 표현대리에 관한 주장이 없는 한 법원은 나아가 표현대리의 성립여부를 심리 판단할 필요가 없다고 할 것이다(대판(전) 1983.12.13. 83다카1489)."라고 판시하여 포함여부를 부정한다(불포함설).

7) 각종 주장에 대한 포함 여부

① 포함되어 있는 경우

변론 속에서의 주장은 반드시 명시적이어야 하는 것은 아니고 주장취지상 포함되어 있으면 된다. 判例는 "피고가 본안前항변으로 채권양도사실을 내세워 당사자적격이 없다고 주장하는 경우 그와 같은 주장 속에는 원고가 채권을 양도하였기 때문에 채권자임을 전제로 한 청구는 이유가 없는 것이라는 취지의 본안에 관한 항변이 포함되어 있다고 볼 수 있다(대판 1992.10.27. 92다18597)."고 한다. 주요사실에 대한 주장은 당사자가 이를 직접적으로 명백히 한 경우뿐만 아니라 당사자의 변론을 전체적으로 관찰하여 그 주장을 한 것으로 볼 수 있는 경우에도 주요사실의 주장이 있다고 보아야 한다. 또한 청구원인에 관한 주장이 불분명한 경우에 그 주장이 무엇인지에 관하여 석명을 구하면서 이에 대하여 가정적으로 항변한 경우에도 주요사실에 대한 주장이 있다고 볼 수 있다. 이러한 경우 항변이 있다고 볼 수 있는지는 당사자들이 진술한 내용이나 취지뿐만 아니라 상대방이 당사자의 진술을 어떻게 이해하였는지도 함께 고려해서 합리적으로 판단하여야 한다[33](대판 2017.09.12. 2017다865).

② 포함되어 있지 않은 경우

判例는 채무불이행으로 인한 손해배상청구권의 소멸시효의 항변에 불법행위로 인한 손해배상

---

33) 甲 주식회사가 乙을 상대로 제기한 부당이득금반환 등 소송에서 乙이 원심 변론기일에 '만약 甲 회사의 주장대로 乙이 甲 회사를 기망하여 돈을 편취하였다면, 甲 회사는 乙에게 불법행위를 원인으로 손해배상을 청구해야 하는데도 甲 회사가 乙에게 부당이득을 청구하고 있는 것은 아마도 甲 회사가 乙에게 불법행위를 원인으로 손해배상을 청구할 경우, 이미 소멸시효 기간이 완료한 점을 고려한 것으로 보인다.'고 주장하면서 甲 회사의 청구원인이 무엇인지 재판부에 석명을 요청하였고, 이에 甲 회사가 乙에 대한 청구가 불법행위에 따른 손해배상청구, 차용금반환 청구, 부당이득반환 청구의 성격을 모두 가진다고 하면서 '이 중 乙의 소멸시효 완성의 항변에 관해서는 관련 사건의 판결을 제시함으로써 乙의 주장이 타당하지 않음을 밝힌다.'고 주장한 사안에서, 乙이 甲 회사의 청구원인이 불법행위에 기한 손해배상청구라면 소멸시효가 완성되었다고 가정적으로 항변하고, 甲 회사도 乙의 주장을 소멸시효 항변으로 이해하고 재항변까지 하였으므로, 乙은 소멸시효 항변을 한 것으로 볼 수 있고, 乙의 소멸시효 항변이 배척될 것이 명백하다고 볼 수도 없는데도, 乙의 불법행위책임을 인정하면서도 乙의 소멸시효 항변 등에 관하여 아무런 판단을 하지 않은 원심판결에 판단누락의 잘못이 있다(대판 2017.09.12. 2017다865).

청구권의 소멸시효 항변(대판 1998.05.29. 96다51110), 강박에 의한 의사표시이므로 당연무효라는 주장 속에 취소한다는 주장(대판 1996.12.23. 95다40038), 변제 주장 속에 상계 주장(대판 2009.10.29. 2008다51359) 등은 포함되어 있지 않다고 본다. 그리고 어떠한 채권에 대한 항변인지 특정한 항변에는 청구원인을 달리하는 채권에 대한 소멸시효의 항변까지는 포함된다고 할 수 없다(대판 2013.02.15. 2012다68217). 또한 증여를 원인으로 한 부동산소유권이전등기청구에 대하여 피고가 시효취득을 주장하였다고 하여도 그 주장 속에 원고의 위 이전등기청구권이 시효소멸 하였다는 주장까지 포함되었다고 할 수 없다(대판 1982.02.09. 81다534). 그리고 소멸시효 중단사유로서의 채무승인은 시효이익을 받는 당사자인 채무자가 소멸시효의 완성으로 채권을 상실하게 될 자에 대하여 상대방의 권리 또는 자신의 채무가 있음을 알고 있다는 뜻을 표시함으로써 성립하는 이른바 관념의 통지로 여기에 어떠한 효과의사가 필요하지 않다. 이에 반하여 시효완성 후 시효이익의 포기가 인정되려면 시효이익을 받는 채무자가 시효의 완성으로 인한 법적인 이익을 받지 않겠다는 효과의사가 필요하기 때문에 시효완성 후 소멸시효 중단사유에 해당하는 채무의 승인이 있었다 하더라도 그것만으로는 곧바로 소멸시효 이익의 포기라는 의사표시가 있었다고 단정할 수 없다(대판 2017.07.11. 2014다32458).

2. 자백의 구속력

> 제288조(불요증사실) 법원에서 "당사자가 자백한 사실"과 현저한 사실은 증명을 필요로 하지 아니한다. 다만, 진실에 어긋나는 자백은 그것이 착오로 말미암은 것임을 증명한 때에는 취소할 수 있다.

(1) 의의 및 규정

당사자 간에 다툼이 없는 사실은(주요사실에 한함) 증거조사를 할 필요 없이 그대로 판결의 기초로 하지 않으면 안 된다. 이 경우 다툼이 없는 사실이란 당사자가 자백한 사실(제288조)과 자백간주(제150조)된 사실을 말한다.

(2) 내 용

이 경우 증거에 의한 인정을 필요로 하지 않으며(불요증사실), 반대심증을 얻었다고 하여도 자백에 반하는 사실인정을 하여서는 아니 된다(대판 1976.05.11. 75다1427). 다만 현저한 사실에 반하는 자백은 자백으로서 구속력이 없다(대판 1959.07.30. 4291민상551).

3. 증거의 제출책임(직권증거조사의 금지)

> 제292조(직권에 의한 증거조사) 법원은 당사자가 신청한 증거에 의하여 심증을 얻을 수 없거나, 그 밖에 필요하다고 인정한 때에는 직권으로 증거조사를 할 수 있다.

변론주의 하에서는 증거도 당사자가 세우는 것이 원칙이므로, 직권증거조사는 당사자가 신청한 증거에 의하여 심증을 얻을 수 없을 때 보충적으로 가능할 뿐이다(제292조).

Ⅲ 변론주의의 한계와 제한

1. 한 계

변론주의의 지배는 사실과 증거방법에만 국한되고 그 주장된 사실관계에 관한 법적 판단과 제출된 증거의 가치평가는 법원의 직책에 속한다. 따라서 법률해석적용이나 증거의 가치평가는 이에 관한 당사자의 의견이 있어도 법원이 구속될 필요가 없다(대판 1980.12.09. 80다532).

2. 제 한

(1) 직권탐지주의

재판권의 존재, 재심사유[34], 객관적 진실발견이 중시되는 가사·행정·선거소송에서의 공익적 사항에 대하여는 법원이 직권으로 소송자료를 수집하여야 한다. 이에 대해서는 변론주의의 적용이 배제되어 사실의 직권탐지, 직권증거조사, 자백의 구속력배제, 공격방어방법의 제출시기의 무제한 및 처분권주의의 제한 등이 가능하다. 다만 직권탐지주의에서도 뜻밖의 재판을 막기 위하여 의견진술의 기회를 부여하여 당사자의 절차권 보장에 힘써야 한다.

(2) 직권조사사항

직권조사사항이라 함은 당사자의 신청 또는 이의 유무와 관계없이 법원이 직권으로 조사하여 판단을 하여야 하는 사항을 말한다. 직권탐지주의와 마찬가지로 소송요건과 같이 공익적 사항을 그 대상으로 하는데 判例는 제척기간(대판 2013.04.11. 2012다64116), 당사자의 확정(대판 2011.03.10. 2010다99040), 소송계속의 유무와 전소확정판결의 유무(대판 2011.05.13. 2009다94384), 과실상계[35](대판 2011.07.14. 2011다21143), 손익상계(대판 2002.05.10. 2000다37296), 위자료의 액수(대판 2009.12.24. 2008다

---

[34] 재심의 소는 확정판결에 대하여 그 판결의 효력을 인정할 수 없는 흠결이 있는 경우에 구체적 정의를 위하여 법적 안정성을 희생시키면서 확정판결의 취소를 허용하는 비상수단으로서, 소송제도의 기본목적인 분쟁해결의 실효성과 정의실현과의 조화를 도모하여야 하는 것이므로 재심사유의 존부에 관하여는 당사자의 처분권을 인정할 수 없고, 재심법원은 직권으로 당사자가 주장하는 재심사유 해당사실의 존부에 관한 자료를 탐지하여 판단할 필요가 있고, 따라서 재심사유에 대하여는 당사자의 자백이 허용되지 아니하며 자백간주에 관한 민사소송법 제150조 제1항은 적용되지 아니한다고 할 것이다(대판 1992.07.24. 91다45691).

[35] 불법행위로 인한 손해의 발생 또는 확대에 관하여 피해자에게도 과실이 있을 때에는 가해자의 손해배상의 범위를 정함에 있어 당연히 이를 참작하여야 하고, 배상의무자가 피해자의 과실에 관하여 주장을 하지 아니한 경우에도 소송자료에 의하여 과실이 인정되는 경우에는 이를 법원이 직권으로 심리·판단하여야 한다. 한편 피해자의 부주의를 이용하여 고의로 불법행위를 저지른 자가 바로 그 피해자의 부주의를 이유로 자신의 책임을 감하여 달라고 주장하는 것은 허용될 수 없는 것이나, 이는 그러한 사유가 있는 자에게 과실상계의 주장을 허용하는 것이 신의칙에 반하기 때문이므로, 불법행위자 중의 일부에게 그러한 사유가 있다고 하여 그러한 사유가 없는 다른 불법행위자까지도 과실상계의 주장을 할 수 없다고 해석할 것은 아니다. 그리고 피해자의 부주의를 이용하여 고의로 불법행위를 저지른 자가 바로 그 피해자의 부주의를 이유로 자신의 책임을 감하여 달라고 주장하는 것이 허용되지 아니하는 것은, 그와 같은 고의적 불법행위가 영득행위에 해당하는 경우 과실상계와 같은 책임의 제한을 인정하게 되면 가해자로 하여금 불법행위로 인한 이익을 최종적으로 보유하게 하여 공평의 이념이나 신의칙에 반하는 결과를 가져오기 때문이므로, 고의에 의한 불법행위의 경우에도 위와 같은 결과가 초래되지 않는 경우에는 과실상계와 공평의 원칙에 기한 책임의 제한은 얼마든지 가능하다고 보아야 한다(대판 2016.04.12. 2013다31137).

3527), 배상액경감사유(대판 2013.03.28. 2009다78214), 신의칙 또는 권리남용(대판 2013.11.25. 2011다80449) 등을 직권조사사항으로 보고 있다.

Ⅳ 변론주의의 수정

1. 주장책임의 수정

(1) 소송자료(=사실자료)와 증거자료의 준별완화

변론주의가 지나치게 경직되어 재판의 구체적 타당성을 해하는 것을 막기 위해 判例는 당사자의 변론을 전체적으로 관찰하여 간접으로 주장하는 것으로 볼 수 있는 경우(대판 1993.03.09. 92다54517 등), 증거신청으로서 간접적 주장이 있거나 이익으로 원용한 감정서나 서증의 기재가 있으면 주장이 있는 것으로 해석 한다(대판 1994.10.11. 94다42626).

(2) 법규기준설의 수정

신의칙, 정당한 사유 또는 과실 등과 같이 불확정개념에서는 이를 추단하는 개개의 사실이 소송상 중요한 역할을 한다. 따라서 뜻밖의 재판을 막기 위하여 소송의 승패에 중요한 영향을 미치는지 여부 또는 이익형량에 따라 주요사실과 간접사실을 구별해야 한다는 견해가 있다. 하지만 새로운 견해 역시 '…중요한…' 또는 '이익형량' 등 모호한 개념을 사용하여 오히려 해석자의 자의를 허용할 염려가 있으므로, 법규기준설을 기초로 하되 불확정개념에서는 이를 구성하는 구체적 사실을 주요사실에 준하는 것으로 보는 것이 바람직하다(준주요사실설).

2. 자백의 구속력의 제한

현저한 사실에 반하는 자백, 경험법칙에 반하는 자백에 대하여 구속력을 인정할 경우 이는 재판의 실추이며 변론주의의 과장이므로 이를 부정함이 통설·판례이다.

3. 증거신청주의의 보완

당사자가 신청한 증거를 조사하여도 심증을 얻을 수 없거나 기타 필요한 경우에는 실질적 당사자평등을 위하여 보충적으로 직권증거조사가 가능하다(제292조). 다만 소액사건에서는 보충성이 완화되어 필요하다고 인정할 때에는 직권으로 증거조사 할 수 있다(소액사건심판법 제10조 제1항). 조사의 촉탁(제294조), 당사자본인신문(제367조) 및 감정의 촉탁(제341조) 등에서도 직권증거조사가 가능하다.

Ⅴ 변론주의의 보완책

제136조(석명권·구문권 등) ① 재판장은 "소송관계를 분명하게 하기 위하여"[36] 당사자에게 "사실상" 또는 "법률상"[37] 사항에 대하여 질문할 수 있고, 증명을 하도록 촉구 "할 수 있다"[38].

---

[36] 소극적 석명의 원칙
[37] 1항의 "법률상"사항과 4항의 "법률상 사항"과의 관계(동일하다고 보는 견해, 동일하지 않다는 견해의 대립)

② 합의부원은 재판장에게 알리고 제1항의 행위를 할 수 있다.
③ 당사자는 필요한 경우 재판장에게 상대방에 대하여 설명을 요구하여 줄 것을 요청할 수 있다.
④ 법원은 당사자가 간과하였음이 분명하다고 인정되는 "법률상" 사항에 관하여 당사자에게 의견을 진술할 기회를 주어야 한다.

1. 석명권(제136조)

(1) 서 설

1) 의 의

석명권이란 소송관계를 분명하게 하기 위하여 당사자에게 질문하고 증명을 촉구할 뿐 아니라, 당사자가 간과한 법률상의 사항을 지적하여 의견진술의 기회를 주는 법원의 권능을 말한다(제136조).

2) 기 능

변론주의를 형식적으로 적용하는데서 오는 불합리를 시정하여 적정하고 공정한 재판을 추구하려는 제도로, 사회적 법치국가의 이상실현에 이바지하여 실질적인 당사자평등을 보장하는 기능을 한다. 따라서 변론주의 결함을 시정하는 Magna Charta이다(이시윤).

3) 석명권의 불행사와 상고(석명권에 대한 권한과 의무의 상관관계)

① 문제점

법원이 석명을 태만히 하거나 그릇 행사한 경우에 상고이유(제423조)로 삼을 수 있는지 문제되는데, 이는 제136조 1항의 규정 내용상 "할 수 있다"는 규정이 법원의 권한임은 분명하지만 의무로도 해석될 수 있는지와 관계가 있다.

② 학 설

적극설은 석명권의 범위와 석명의무가 일치하는 것을 전제로 석명권의 불행사가 판결결과에 영향을 미칠 수 있는 한 모두 심리미진이고 상고이유가 된다는 견해이다(석명권한=석명의무). 소극설은 석명권은 법원의 권한일 뿐 의무가 아님을 전제로 그 행사여부는 법원의 자유재량에 속하므로, 석명권의 행사는 상고이유가 되지 않는다는 견해이다(석명권한≠석명의무). 절충설은 석명의무의 범위가 권한으로서의 범위보다는 좁다는 것을 전제로 석명권의 불행사로 인해 심리가 현저히 조잡해지는 경우 즉 그 불행사가 법관의 객관적 자의라고 해석될 정도일 경우에 상고이유가 된다는 견해이다(석명권한⊋석명의무).

③ 검 토

적극설은 상고심이 사실인정에 지나치게 간섭하고 법률심으로서의 순수성을 상실하게 될 우려가 있다는 문제가 있고, 소극설은 석명권이 법원의 권한인 동시에 의무일 수도 있음을 도외시한 견해이므로 절충설이 타당하다고 본다(다수설).

---

38) 규정상으로는 법원의 권한이지만 의무가 될 수 있는지가 문제된다(석명권에 대한 권한과 의무의 상관관계, 구체적인 실익은 석명권의 불행사가 상고이유가 될 수 있는가가 문제되는 것임).

(2) 석명권의 범위(한계)

1) 소극적 석명

당사자가 밝힌 소송관계의 테두리 안에서 사실적·법률적 측면에서 당사자의 신청·주장·증명에 불명확·모순 있는 점을 제거하는 것으로, 소극적 석명의 경우에는 석명권의 과도한 행사가 문제되지 않는다는 것이 통설이다.

2) 적극적 석명

① 의 의

석명권 행사에 의하여 새로운 신청, 주장, 증명을 권유하는 석명을 적극적 석명이라 한다.

② 인정여부[39]

判例는 "계쟁사실에 대한 증거의 제출을 촉구하는 것(소극적 석명)은 허용되지만 당사자의 주장이 명료한데도 새로운 신청이나 당사자가 주장하지도 않은 요건사실 또는 공격방어방법을 시사하여 그 제출을 권유함은 변론주의에 위반되며 석명권의 범위를 일탈 한다(대판 1999.07.09. 98다13754·13761 등)."고 하여 원칙적으로는 적극적 석명을 부정하지만, 토지임차인의 지상물매수청구권 행사로 인한 소변경과 법원의 석명의무에 대한 판결에서 "임대인이 종전의 청구를 계속 유지할 것인지 아니면 대금지급과 상환으로 지상물의 명도를 청구할 의사가 있는지를 석명하고 임대인이 그 석명에 의하여 소를 변경한 때에는 지상물명도의 판결을 함으로써 분쟁의 일회적 해결을 꾀해야 한다[대판(전)1995.07.11. 94다34265]."고 하여 예외적으로 적극적 석명을 인정한 예가 있다.

③ 적극적 석명의무의 기준

판결의 승패개연성, 당사자 신청의 법적 구성의 난이도, 종전 소송자료와의 합리적 관련성, 당사자의 공평한 취급, 일회적인 분쟁의 발본적인 해결 등이 기준이 될 수 있다.

(3) 석명의 대상

1) 청구취지의 석명

청구취지가 불명·불특정·법률적으로 부정확한 경우에는 원고가 소로써 달성하려는 진정한 목적이 무엇인지를 석명하여야 한다. 예를 들어 청구의 변경에 있어서 그 형태가 교환적인지 추가적인지 불명한 때(대판 1995.05.12. 94다6802), 확인의 소에 있어서 목적물이 특정되지 아니한 때(대판 1971.11.15. 71다1934)에는 이를 바로 잡기 위한 석명을 하여야 한다. 그러나 전혀 새로운 청구로 청구취지를 변경하도록 석명할 수는 없다. 다만 종전의 소송자료와의 합리적 관련성, 즉 법률상 또는 논리상 예기되는 것이면 청구원인과 청구취지의 변경도 시사할 수 있다(적극적 석명의 제한적 인정). 토지임차인의 매수청구권 행사로 인한 소변경과 법원의 석명의무에 관한 판결은 이러한 입장이다.

---

[39] 학설은 이를 인정하면 석명권의 범위가 명확하지 않게 되어 변론주의와 충돌의 위험이 있다는 것을 이유로 부정하는 소극설, 사실상의 사항이라도 종전의 소송자료와의 합리적 연관성이 예기되는 경우에 제한적으로 적극적 석명을 인정하는 제한적 적극설이 있다.

2) 주장사실의 석명

① 불명료를 바로 잡기 위한 석명

가. 주장이 불명료한 경우 : 청구원인이 매매로 샀다는 것인지 대물변제로 받았다는 것인지 불명한 경우(대판 1952.09.06. 4285민상43)에는 석명을 요한다는 것이 判例이다.

나. 주장, 증거자료의 전후모순 : 청구원인이 청구취지와 모순되는 경우(대판 2003.01.10. 2002다4143), 청구원인에 관해 일관성 없이 주장하는 경우(대판 1976.06.26. 79다669), 주장과 제출증거가 서로 모순되는 때(대판 1995.02.10. 94다16601)에는 이를 지적하여 시정을 촉구할 수 있다.

다. 법률상 정리되지 않은 주장을 하는 경우 : 피고가 원고로부터 더 받아야 한다는 취지의 진술이면 상계항변인가의 점에 관하여 석명이 필요하다(대판 1967.10.31. 66다1814).

② 소송자료 보충을 위한 석명

어떠한 법률효과를 주장하면서 그 요건사실을 누락했을 때 이의 보충을 위한 석명이 필요하다(대판 1995.02.28. 94누4325). 判例도 "당사자가 어떠한 법률효과를 주장하면서 미처 깨닫지 못하고 그 요건사실 일부를 빠뜨렸을 때에는 법원은 그 누락사실을 지적하고 당사자가 이 점에 관하여 변론을 하지 아니하는 취지가 무엇인가를 밝혀, 당사자에게 그에 대한 변론을 할 기회를 주어야 할 의무가 있다고 할 것이다."라고 하였다.

③ 신소송자료 제출을 위한 석명

종전의 소송자료에 비추어 법률상·이론상 예기되는 주장을 촉구하는 석명은 무방하나, 전혀 예기할 수 없는 새로운 공격방어방법을 권유하는 석명은 변론주의 위반이기 때문에 허용되지 않는다. 判例는 <u>채무의 변제항변을 하지 않는 경우에 변제항변에 대해서</u>(대판 1990.07.10. 90다카6825·6832 등), <u>시효완성의 항변을 하지 않는 경우에 시효항변에 대해서</u>(대판 1966.09.20. 66다1304), 채권자의 수령지체주장에 상계항변이 포함되어 있는지에 대해서 <u>법원은 석명의무가 없다</u>고 한다.

3) 증명촉구

증명이 없는 경우 언제나 증명촉구를 하여야 하는 것이 아니라 소송정도로 보아 증명책임이 있는 당사자의 부주의, 오해로 증명하지 않음이 명백한 경우에 한 한다(대판 1998.02.27. 97다38442). 증명촉구의 석명은 증명책임을 지는 당사자의 주의를 환기시키는 것이며, 법원은 구체적으로 증명방법까지 지시하면서 증거신청을 종용할 필요는 없다(대판 1964.11.10. 64다325). 또한 당사자가 증명촉구의 석명에 불응하고, 명백히 증명하지 않겠다는 의사표시를 하면 법원은 청구기각의 판결을 할 수 있다(대판 1994.03.11. 93다57100). 그리고 변제의 항변이 있는 경우에 증명촉구를 하지 않고 판결을 선고하는 것은 위법하고, 불법행위로 인한 손해배상청구에서 배상액의 증명이 없는 경우 바로 청구기각 할 것이 아니라 적극적으로 석명권을 발동하여 증명을 촉구할 의무40)

---

40) 불법행위로 인하여 손해가 발생한 사실이 인정되는 경우에는 법원은 손해액에 관한 당사자의 주장과 증명이 미흡하더라도 적극적으로 석명권을 행사하여 증명을 촉구하여야 하고 경우에 따라서는 직권으로라도 손해액을 심리 판단하여야 하나, 법원의 증명 촉구에도 불구하고 원고가 이에 응하지 아니하면서 손해액에 관하여 나름의 주장을 펴고 그에 관하여만 증명을 다하고 있는 경우라면, 법원이 굳이 스스로 적정하다고 생각하는

가 있다(대판 1993.12.28. 93다30471 등, 채무불이행책임이 인정되는 경우에도 동일).

(4) 지적의무41)(시사의무, 법적관점표명의무, 제136조 4항)

1) 지적의무의 의의 및 취지

① 의 의

제136조 제4항에서 규정된 대로 법원이 당사자가 간과하였음이 분명하다고 법률상 사항에 관하여 당사자에게 의견을 진술할 기회를 주어야 하는 의무를 이른다.

② 취 지

법원이 당사자가 전제로 하는 법률적 관점과 별개의 법적 구성으로 법적 판단을 할 경우에, 그 법률구성이나 법률적 관점을 지적하여 당사자의 절차적 기본권을 보장하려는데 그 취지가 있다. 즉 당사자가 부주의 또는 오해로 인하여 증명하지 아니한 것이 분명하거나 쟁점으로 될 사항에 관하여 당사자 사이에 명시적인 다툼이 없는 경우에는 법원은 석명을 구하고 증명을 촉구하여야 하고, 만일 당사자가 전혀 의식하지 못하거나 예상하지 못하였던 법률적 관점을 이유로 법원이 청구의 당부를 판단하려는 경우에는 그 법률적 관점에 대하여 당사자에게 의견진술의 기회를 주어야 한다. 그와 같이 하지 않고 예상외의 재판으로 당사자 일방에게 불의의 타격을 가하는 것은 석명의무를 다하지 아니하여 심리를 제대로 하지 아니한 위법을 범한 것이 된다(대판 2021.09.16. 2021다200914·200921).

2) 제도적 의의

① 신소송물이론의 입지 강화 : 구이론에 의하는 判例는 당사자가 주장하지 않은 법률적 관점을 법원이 직권조사 할 수 있는가에 대해 불명하거나 부정적이다. 하지만 이 규정으로 인해 법원의 법률적 관점의 지적이 가능해졌으므로, 법률적 관점선택의 자유를 인정하는 신이론의 입지를 크게 강화시킨 것이다(이시윤). 다만 지적의무는 특정 소송물 내에서의 법률적 관점의 문제이므로, 구이론에서도 당사자가 간과하였음이 분명한 법률적 사항이면 법원이 이에 대하여 의견진술의 기회를 부여한 다음 판단해야 함을 분명하게 한 것으로 본다(김홍엽).

손해액 산정 기준이나 방법을 적극적으로 원고에게 제시할 필요까지는 없다(대판 2010.03.25. 2009다88617). 그리고 개정법은 이를 수용하여 "제202조의2(손해배상 액수의 산정) 손해가 발생한 사실은 인정되나 구체적인 손해의 액수를 증명하는 것이 사안의 성질상 매우 어려운 경우에 법원은 변론 전체의 취지와 증거조사의 결과에 의하여 인정되는 모든 사정을 종합하여 상당하다고 인정되는 금액을 손해배상 액수로 정할 수 있다. [본조신설 2016.3.2.]."는 조문을 신설하였다.

41) 지적의무라는 용어에 대해 호문혁 교수는 "우리나라에서는 이 의무를 독일에서 Hinweispflicht라고 한다고 하면서 '지적의무'라고 부르는 것이 보통이다. 그러나 독일법상의 Hinweispflicht는 법률적 사항에 관하여 Hinweisen할 의무만을 가리키는 것이 아니다. 일반적으로 석명의무(Aufklärungspflicht)를 설명하면서 그 내용을 질문 및 시사의무(Frage-und Hinweispflicht)라고 하므로 Hinweispflicht는 일반적 석명의무의 한 내용이지 법적관점에 관한 석명을 할 의무만을 뜻하는 것이 아니다. 그러므로 유독 법률적 사항에 관한 석명의무를 별도로 아무 수식어 없이 '지적의무'라고 하는 것은 타당하지 않다. 그리고 지적은 그 어감이 본래의 석명의 모습보다 더 구체적이고 직접적이고 단정적인 행사를 뜻하는 것이라고 느껴지기 때문에 약한 어감을 주는 시사가 더 적당하다고 생각한다. 이 의무를 '법적관점표명의무'라고 하는 것이 타당하다는 견해도 있고(장석조), 판례는 '법률사항지적의무'라고 한다(대판 1989.08.08. 88누10251)."고 하여 시사의무라고 하는 것이 타당하다고 한다.

② 당사자의 절차권 보장 : due process의 내용을 이루는 당사자의 심문청구권을 법률상의 사항까지 확장시켜 그 의견을 듣도록 하여 예상외의 재판을 막으려 했다는 점에서 당사자 절차권 보장의 신장이라 볼 수 있다(이시윤).

3) 석명권과의 관계

① 석명의무라는 견해

오히려 이 규정으로 석명권이 법률적 측면에서 크게 강화되었으므로 이 의무가 체계상 석명권의 내용을 이루는 이상 이제 석명권이 권한인 동시에 의무임이 입법화된 것이라는 견해이다(이시윤).

② 석명의무와는 다른 별개의 의무라는 견해

법적 관점에 관한 의무는 독일에서 흔히 말하듯 법적 심문권을 보장하기 위한 것이어서 석명권 내지 석명의무와는 비록 그 행사방법이 시사라는 점에서는 공통되지만 그 뿌리를 달리하는 것이므로 종래의 석명의무에 새로운 내용을 추가하였다거나 그 의무를 법적 측면에서 확대하였다고 보는 것은 타당하지 않다는 견해이다(호문혁).

③ 검 토

별개의 법원의 의무라고 해도 그 행사는 법원의 석명형태를 취해야 하므로 석명의무와 따로 논할 실익이 없다는 점에 비추어(강현중), 석명의무로 보는 견해가 타당하다[42].

➔ 종래의 석명의무와 지적의무의 차이는 종래의 석명의무는 사실상과 법률상의 사항에 관한 것이지만 사실문제에 중점이 있었던데 반하여, 지적의무는 법률상의 사항, 즉 법률적 관점에 관한 것이며, 종래의 석명의무를 법적 측면에서 확대한 것이라 말할 수 있다(정동윤·유병현·김경욱).

4) 요 건

① 당사자가 간과하였음이 분명한 사항일 것[43]

이는 통상인의 주의력을 기준으로 당연히 변론에서 고려 또는 주장되어야 할 사항을 빠뜨린 경우를 이른다고 할 것이다. 다만 간과하였음이 분명함을 판단하는 기준은 당사자의 법률지식을

---

42) 그렇다면 법 제136조 제1항에 해당하는 사항과 제4항에 해당하는 사항의 구별기준은 무엇인가? 판례는 "...... 석명 또는 지적의무를 다하지 아니한 것으로서 위법하다 할 것이다."고 하여 기본적으로 제1항과 제4항을 같이 논하고 있다. 하지만 석명의무와는 다른 별개의 의무라고 보면 당연히 이를 구별해야 하고 그 구별기준이 필요하게 된다. 즉 이 견해는 구별기준에 대하여 "제136조 제1항과 제4항의 법률상 사항은 같은 개념이 아니다. 제136조 제1항의 '법률상의 사항'은 '소유자'의 주장이나 '권리의 소멸'과 같이 당사자의 사실주장의 법률적 근거나 효과, 즉 개개의 법률요건에 관한 것이고, 제4항의 '법률상의 사항'은 원고의 소송상 청구와 피고의 항변 자체의 근거가 되는 법률관점, 즉 그 사건에 적용한 법규범에 관한 것이라고 보는 것이 타당하다(호문혁)."고 한다.

43) 이의 예로 대판 2003.1.10, 2002다41435은 명의신탁자가 수탁자를 대위하여 제3자가 한 소유권보존등기의 말소를 구하여 승소한 뒤 항소심에서 진정명의회복을 위한 자신으로의 소유권이전등기청구로 변경한 사안에서 "진정한 등기명의의 회복을 위한 소유권이전등기청구는 ① 이미 자기 앞으로 소유권을 표상하는 등기가 되어 있었거나 ② 법률에 의하여 소유권을 취득한 자가 진정한 등기명의를 회복하기 위한 방법으로 현재의 등기명의인을 상대로 그 등기의 말소를 구하는 것에 갈음하여 허용되는 것이므로, 자기 앞으로 소유권을 표상하는 등기가 되어 있지 않았고 법률에 의하여 소유권을 취득하지도 않은 자가 소유권자를 대위하여 현재의 등기명의인을 상대로 그 등기의 말소를 청구할 수 있을 뿐인 경우에는 현재의 등기명의인을 상대로 진정한 등기명의의 회복을 위한 소유권이전등기청구를 할 수 없다는 것은 반복된 판례에 의하여 너무나 명백한 법리이다."고 판시.

고려해야 하므로, 본인소송의 경우는 변호사소송의 경우와 달리 보아야 할 것이다.

② 법률상의 사항일 것

사실관계에 대한 법률적용사항인 법률적 관점을 말한다. 判例는 제1심과 항소심에서 가등기의 피담보채권의 발생 여부에 대한 쟁점에 관하여만 심리가 되었는데 항소심에서 전혀 논의되지 않은 피고적격 흠결로 소를 각하한 사안에서 "원고가 전혀 예상하지 못한 법률적인 관점에 기한 예상외의 재판으로 원고에게 불의의 타격을 가하였을 뿐 아니라 석명의무를 다하지 아니하여 심리를 제대로 하지 아니한 것(대판 1994.10.21. 94다17109)."이라 하여 법률상의 사항에 관한 지적의무를 인정하고 있다.

■ **판례가 지적의무를 인정한 사례**

☞ 대판 2007.7.26. 2007다19006·19013은 "소유권에 기한 건물인도의 청구와 채권자대위권에 기한 건물인도의 청구는 법률효과에 관한 요건사실이 다름에도 불구하고, 건물의 소유권을 취득하였음을 전제로 건물의 인도를 구하는 청구에 그 건물을 원시취득한 매도인을 대위하여 건물의 인도를 구하는 취지가 포함되어 있다고 보아 원심 변론종결시까지 주장하지도 아니한 위 채권자대위권에 기한 건물인도 청구에 기초하여 상대방에게 의견진술의 기회조차 부여하지 아니한 채 그 청구를 인용한 원심판결은 변론주의 원칙에 위반하여 판결 결과에 영향을 미친 위법이 있다."

☞ 대판 2006.01.26. 2005다37185은 "사해행위 취소소송에서 그 소의 제척기간의 도과 여부가 당사자 사이에 쟁점이 된 바가 없음에도 당사자에게 의견진술의 기회를 부여하거나 석명권을 행사함이 없이 제척기간의 도과를 이유로 사해행위 취소의 소를 각하한 원심을 파기하였다."

☞ 대판 1998.09.08. 98다19509은 "변론종결 시까지 당사자 사이에서 근로자재해보상책임보험의 부보 범위만이 쟁점이 되어 다투어져 왔을 뿐 원고가 유족으로서 보상금을 수령할 요건을 갖추었는지 여부에 관하여는 명시적인 다툼이 없었던 경우, 설사 원심이 변론종결 당시까지 제출된 증거자료에 의하여 원고가 망인의 수입에 의하여 생계를 유지한 것이 아니므로 유족에 해당하지 않는다는 심증이 들었다고 할지라도 이를 재판의 기초로 삼기에 앞서, 마땅히 당사자들이 간과한 재해보상금을 수령할 수 있는 유족의 요건에 관하여 석명을 구하고 입증을 촉구하여야 함에도 불구하고, 이에 이르지 아니한 채 원고가 이미 제출한 증거만으로는 그러한 요건을 인정할 수 없다는 이유로 청구를 기각한 것은, 당사자가 전혀 예상하지 못하였던 법률적인 관점에 기한 예상외의 재판으로 원고에게 불의의 타격을 가하였을 뿐만 아니라 원고가 망인의 유족으로서 그 재해보상금을 수령할 수 있는 지위에 있었는지 여부에 관하여 심리를 다하지 아니한 위법이 있다는 이유로 원심판결을 파기하였다."

☞ 대판 1994.06.10. 94다8761은 "원심의 변론종결시까지 당사자 사이에 결정의 송달 여부만 다투어졌을 뿐 경정결정의 송달 여부에 관하여는 명시적으로 다툼이 없었던 경우, 원심이 경정결정의 송달 여부에 관하여 석명을 구하고 입증을 촉구하여야 함에도 불구하고, 이를 의식하지 못하고 간과한 원고가 제출한 증거만으로 경정결정의 송달사실이 인정되지 않는다는 이유로 청구를 기각한 것은 당사자가 전혀 예상하지 못하였던 법률적인 관점에 기한 예상외의 재판으로 원고에게 불의의 타격을 가하였을 뿐 아니라, 경정결정이 피고에게 송달되었는지에 관하여 제대로 심리를 하지 아니하여 판결에 영향을 미친 위법이 있다."고 판시하였다.

☞ 대판 2008.09.11. 2006다50338은 "소송과정에서 환경정책기본법 제31조 제1항에 의한 책임 여부에 대하여 당사자 사이에 전혀 쟁점이 된 바가 없었고 원심도 그에 대하여 당사자에게 의견진술의 기회를 주거나 석명권을 행사한 바 없음에도 원심이 환경정책기본법 제31조 제1항에 의한 손해배상책임을 인정한 것은 법원의 석명의무 위반이 있다."고 판시하였다.

☞ 대판 2010.02.11. 2009다83599은 "청구취지에서는 자본감소 결의의 무효확인을 구하였으나, 사건명을 "감자무효의 소"라고 표시하였을 뿐 아니라, 당사자들이 변론과정에서 근거조문까지 명시하면서 상법 제445조의 자본감소 무효의 소를 제기한 것임을 전제로 재량기각 여부를 주된 쟁점으로 삼아 변론하였다면, 청구취지의 기재에도 불구하고 상법 제445조의 자본감소 무효의 소를 제기한 것으로 볼 여지가 충분한데도, 석명권을 행사하여 이를 분명히 하고 그에 따른 청구취지와 청구원인을 정리하지 아니한 채 자본감소 결의의 무효확인 판결을 선고한 원심판결은 위법하다."고 판시하였다.

☞ 대판 2013.11.28. 2011다80449은 "부제소 합의는 소송당사자에게 헌법상 보장된 재판청구권의 포기와 같은 중대한 소송법상의 효과를 발생시키는 것으로서 그 합의 시에 예상할 수 있는 상황에 관한 것이어야 유효하고, 그 효력의 유무나 범위를 둘러싸고 이견이 있을 수 있는 경우에는 당사자의 의사를 합리적으로 해석한 후 이를 판단하여야 한다. 따라서 당사자들이 부제소 합의의 효력이나 그 범위에 관하여 쟁점으로 삼아 소의 적법 여부를 다투지 아니하는데도 법원이 직권으로 부제소 합의에 위배되었다는 이유로 소가 부적법하다고 판단하기 위해서는 그와 같은 법률적 관점에 대하여 당사자에게 의견을 진술할 기회를 주어야 하고, 부제소 합의를 하게 된 동기 및 경위, 그 합의에 의하여 달성하려는 목적, 당사자의 진정한 의사 등에 관하여도 충분히 심리할 필요가 있다. 법원이 그와 같이 하지 않고 직권으로 부제소 합의를 인정하여 소를 각하하는 것은 예상외의 재판으로 당사자 일방에게 불의의 타격을 가하는 것으로서 석명의무를 위반하여 필요한 심리를 제대로 하지 아니하는 것이다."고 한다.

■ 판례가 지적의무를 부정한 사례

☞ 대판 1995.08.22. 95다15575은 "부동산이 전전 양도된 사안에서 최초 양도인이 처음부터 자신과 아무런 관계가 없는 최종 양수인에게는 소유권이전등기 절차를 이행할 의무가 없다고 다투고 있다면, 법원은 새삼스럽게 최초 양도인이 이전등기 청구권의 양도에 동의하고 있는지에 관한 법률상의 사항을 지적하여 그에 관하여 최종 양수인에게 의견진술의 기회를 주어야 할 필요는 없다."고 판시하였다.

☞ 대판 1995.09.29. 94다15738은 "종중의 대표자로 자처하면서 소송을 제기한 자에게 적법한 대표권이 있는지 여부가 상대방의 항변으로 소송의 쟁점이 되어 항소심에 이르기까지 이에 주안을 둔 당사자들의 공격방어와 법원의 심리 등을 거쳐 그에게 적법한 대표권이 없다는 사실이 밝혀지게 된 경우라면, 법원은 이 사유를 들어 소를 각하하면 족한 것이지 이러한 경우에까지 그 대표권의 흠결에 관하여 보정을 명한다거나 그 종중에 대표자 표시 정정을 촉구할 의무가 법원에 있다고는 할 수 없다."고 판시 하였다.

③ 재판의 결과에 대해 영향이 있을 것

법에는 규정되어 있지 않으나, 독일민소법 제278조 제3항과 같은 해석을 한 것이다. 따라서 판결결과에 영향이 없는 방론은 지적의무의 대상이 되지 않는다.

5) 범 위

① 소송물의 범위 내일 것

소송물이론에 따라 달라진다. 구이론에 의하면 불법행위에 기해 청구를 하였는데 채무불이행에 기한 청구로의 지적은 소송물의 범위를 벗어나므로 불가하다(다만 신이론을 전제한다면 공격방어방법에 불과하므로 당사자가 명백히 간과한 사항이면 가능). 다만 判例는 소송물의 범위를 넘어서도 지적이 가능하다는 입장이다(대판 2009.11.12. 2009다42765).

◐ 이시윤 교수는 불법행위에 기한 청구에 대해 채무불이행에 대한 청구로의 지적이 가능한 예로서 서술되어 있으나, 이는 이시윤 교수가 신이론의 입장이므로 신이론을 전제한 설명이라고 보인다. 그리고 정동윤·유병현·김경욱 교수도 소송법설을 따르는 도이칠란

트에서는 당사자가 불법행위를 원인으로 손해배상을 구하는 경우에 지적의무를 이행하고 새로운 법률적 관점인 계약불이행을 원인으로 한 손해배상을 명할 수 있으나, 구실체법설에서는 그것이 불가능하다고 한다(새로운 신청이므로 적극적 석명의 문제로 된다고 함).

❍ 다만 최근 判例는 전화요금 연체해지로 인해 불법행위를 청구한 사안44)에서 "손해배상청구의 법률적 근거를 계약책임으로 구성하느냐 아니면 불법행위책임으로 구성하느냐는 소송의 승패가 달라질 수도 있는 중대한 법률적 사항에 해당한다고 할 것이므로, 원심으로서는 원고에게 의견을 진술할 기회를 부여함으로써 원고로 하여금 그 주장을 법률적으로 명쾌하게 정리할 기회를 주었어야 하는데, 단순히 원고의 불법행위 청구를 기각한 것은 석명권을 적절히 행사하지 않은 잘못이 있다(대판 2009.11.12. 2009다42765)."고 하여 구이론에 의할 때 소송물이 다른 경우에도 지적의무(시사의무)위반으로 본 판시가 있다.

② 부수적 채권의 제외 : 이자·비용·가집행선고 등에만 관련된 부수적 채권은 당사자의 관심에서 제외되기 때문에 지적의무에 포함되지 않는다(정동윤·유병현·김경욱).

6) 내 용

① 불이익을 받을 자에게 의견진술기회 부여

예상하지 못한 법률적 관점에 의한 패소방지가 제도의 취지이므로, 불이익을 받을 당사자가 지적의무의 상대방이 되는 것은 당연하기 때문이다.

② 변론종결 후에 간과한 법률적 관점이 발견되었을 경우

변론의 재개가 불가피하다(제142조).

7) 의무위반의 효과

① 판결확정 前

지적의무위반은 상고이유가 된다. 다만 절대적 상고이유가 아닌 일반적 상고이유가 된다(제423조). 즉 요건에서 판결에 영향이 있을 것을 전제하기 때문이다.

② 판결확정 後

재심사유가 아니므로, 다른 재심사유가 없는 한 재심은 불가하다.

(5) 석명권의 행사

1) 주 체

소송지휘권의 일종으로서 재판장, 단독판사, 합의부원(제136조 1항, 2항, 3항) 등이 주체이다. 특히 석명권은 변론절차에서뿐 아니라 변론준비절차에서 행사할 수 있다(제286조).

---

44) 원고 甲은 피고 乙 주식회사와 일반전화가입계약을 체결하고 051-전화를 각 사용하여 왔는데, 乙은 위 051-전화의 전화요금 출금일인 매달 25일에 甲의 국민은행 자동납부계좌의 잔고가 요금액에 미달하였다는 이유로 2001.8.13. 시내전화이용약관에 따라 위 전화를 직권해지 하면서, 乙은 위 051-전화의 직권해지로 인하여 甲에게 반환하여야 할 설비비 250,000원을 051-전화의 미납사용료와 대등액에서 상계처리 하였다. 이 경우 원심은, 甲의 주장을 "甲은 전화요금을 연체한 바 없는데도 乙들이 아무런 독촉이나 통보절차 없이 위 전화들을 직권으로 해지한 뒤 요금을 상계처리 하였으므로, 乙들은 '불법행위에 기한 손해배상'으로서 연대하여 甲에게 그 손해를 배상할 의무가 있다"는 것으로 정리한 다음, 乙들이 위 전화를 부당하게 직권 해지하는 등 불법행위를 저질렀다는 점에 대한 甲의 입증이 부족하다는 이유로, 甲의 청구를 기각한 제1심판결을 그대로 유지하였다.

2) 행사방법

당사자에게 질문을 하거나 증명을 촉구하는 형식으로 행사하게 되어 있는데(질문권), 필요한 경우에는 미리 당사자에게 석명할 사항을 지시하고 변론기일 전에 준비할 것을 명할 수 있다(석명준비명령, 제137조).

3) 석명권 행사의 한계(석명권행사에 대한 불복)

이의(제138조), 법관에 대한 기피신청(제43조)이 있다. 判例는 "석명·진술의 법률효과가 석명한 당사자에게 불이익한 경우에 적어도 그 불이익을 배제할 기회를 주어야 하며, 그와 같은 기회를 주지 않고 그 당사자가 예기치 않은 불이익한 판단을 한다면 절차권의 침해이며 석명권의 정당한 한계를 일탈 한다(대판 1964.04.28. 63다735)."고 하였다.

4) 석명불응에 대한 조치

당사자가 석명에 응할 의무는 없으나 석명에 불응하면 다음과 같이 불이익을 받을 수 있다. 주장책임이나 증명책임의 원칙에 따라 주장·증명이 없는 것으로 취급되어 불이익한 재판을 받게 된다. 석명에 응하지 않는 사항에 대해서는 진술취지의 불명으로 각하되는 불이익을 받을 수 있다(제144조 2항, 4항).

(6) 석명처분

1) 의의 및 증거조사와의 차이

① 의 의

법원은 변론 중에 석명권을 행사하는 이외에도 그 준비 또는 보충으로 소송관계를 분명하게 하기 위하여 적당한 처분을 명할 수 있는데, 이를 석명처분이라고 한다(제140조).

② 증거조사와의 차이

어디까지나 사건의 내용을 이해하기 위한 것이므로 증거자료의 수집을 목적으로 하는 증거조사와는 다르다. 따라서 석명처분에 의하여 얻은 자료는 당연히 증거로서의 효력이 없으며, 단지 변론전체의 취지로서 참작될 수 있을 뿐이다. 그러나 당사자가 이를 증거로 원용하면 증거자료로 될 수 있다(이시윤).

2) 내 용

① 당사자 본인의 출석명령

소송대리인이 있어도 직접 본인으로부터 사건을 청취하는 것이 적당한 경우에는 본인 또는 법정대리인의 출석을 명할 수 있다.

② 문서 기타 물건의 제출명령

예를 들어 당사자가 변론에서 계약서를 인용하였을 때 이에 대하여 석명하였지만 계약내용이 불명한 경우에는 법원은 계약내용의 파악을 위하여 당사자에게 그 계약서의 제출, 유치를 명할 수 있다.

③ 문서 기타 물건의 유치명령

④ 검증·감정

당사자의 주장이나 쟁점이 명확하지 아니하여 검증을 하면 분명해질 수 있는 사건에 있어서는 법원이 현장검증을 할 수 있다. 또 전문적인 학식, 경험이 없이는 이해가 곤란한 경우에는 전문가에게 감정을 명하여 그 설명을 들어 볼 수 있다. 여기의 검증·감정에는 증거조사에 관한 규정이 준용된다(제140조 2항).

⑤ 조사촉탁

법원은 소송관계를 분명하게 하기 위하여 필요한 조사를 공공기관, 학교, 기타의 단체에 촉탁할 수 있다. 여기의 조사촉탁은 증거조사는 아니나 제294조의 규정이 준용된다.

2. 변호사대리의 원칙과 대리인의 선임명령

(1) 변호사대리의 원칙

원칙적으로 타인의 소송에서는 변호사만이 소송대리인의 자격이 있다. 법률전문가가 관여하여 소송절차를 효율적으로 진행하게 함과 동시에 법률문외한인 당사자를 보호하기 위함이다(제87조).

(2) 대리인의 선임명령

당사자 또는 대리인이 소송관계를 명료하게 하기 위해 필요한 진술을 하지 못하는 경우에, 그 진술금지의 재판을 할 수 있으며, 이 때 법원은 변호사의 선임을 명할 수 있다(제144조 제1항, 제2항).

3. 진실의무

진실의무란 진실에 반하는 것으로 알고 있는 사실을 주장해서는 안 되며, 진실에 맞는 것으로 알고 있는 상대방의 주장을 다투어서는 안 되는 의무를 말한다. 이는 신의칙에 근거한 것이다(제1조 2항). 다만 진실의무가 있다고 하여 상대방 당사자를 위한 소송자료의 제공의무가 있다고 할 수 없다. 그러나 진실의무위반의 경우에는 소송비용의 부담, 소송사기로 인한 손해배상책임 및 소송사기죄가 성립될 수 있으며 변론전체의 취지로 고려될 수 있다.

4. 현대형 소송의 경우

공해소송, 제조물책임소송 등 현대형 소송에서는 인과관계 및 과실의 증명이 곤란하여 증명책임의 원칙을 엄격히 적용할 경우 당사자의 실질적 공평과 재판의 적정성을 해할 우려가 있다. 따라서 실질적 무기평등의 원칙을 보장하고 증거수집제도의 확충을 위하여 증명의 공평분담을 위하여 일응의 추정과 간접반증이론 이외에 증거개시제도(Discovery)의 도입, 모색적 증명, 증명책임 없는 당사자의 사안해명의무의 제한적 인정 등을 고려할 필요가 있다. 현행법에서는 증거수집제도 확충을 위해 문서제출명령에 따른 제출의무를 일반적 의무로 확장한 바 있다(제344조 2항).

제7관 적시제출주의(공격방어방법의 제출시기)

> 제146조(적시제출주의) 공격 또는 방어의 방법은 소송의 정도에 따라 적절한 시기에 제출하여야 한다.

I 서 설

1. 의 의

적시제출주의란 당사자가 소송자료, 즉 공격·방어방법을 소송의 정도에 따라 적절한 시기에 제출하여야 한다는 원칙을 말한다(제146조).

2. 연 혁

(1) 동시제출주의 및 문제점

소송자료의 종류에 따라 그 제출단계를 정하고, 그 단계가 끝나면 더 이상 소송자료를 제출할 수 없도록 실권시키는 주의를 동시제출주의 또는 법정서열주의(법정순서주의)라고 한다. 원래 동시제출주의는 소송의 지연을 방지하고 심리를 집중시키기 위한 것이었는데, 일정한 단계가 지나면 더 이상 재판자료를 제출할 수 없는 실권의 효과가 따르므로 중요한 자료를 제출하지 못하여 부당한 판결을 받을 수 있고, 당사자로서도 실권의 불이익을 입지 않기 위하여 가정주장과 가정항변을 무수히 제출하고 필요 없는 증거까지 모두 제출하여, 소송심리가 도리어 늦어지고 소송기록이 방대해지는 문제점이 있었다.

(2) 수시제출주의 및 문제점

이를 극복하기 위해 수시제출주의가 채택되었으나, 이 제도 하에서는 변론의 종결까지 언제나 재판자료를 제출할 수 있고, 특히 항소심을 속심으로 운영하는 소송구조 하에서는 당사자가 재판자료의 제출을 서두르지 않는 결과 소송의 지연과 제1심 경시의 풍조를 가져왔다. 여기에서 수시제출주의의 폐해에 대한 대책이 필요하게 되어 02년 개정법은 적시제출주의를 채택하게 된 것이다.

3. 적용범위

적시제출주의는 직권조사사항에 관하여는 적용되지 않는다(제285조 1항 3호, 제434조 등). 이 경우는 당사자의 태만을 이유로 공격·방어방법을 각하하여 소송절차의 신속을 기하기보다는 실체적 진실을 발견하는 것이 더 중요하기 때문이다.

II 적절한 시기(적시)의 의미

1. 기 준

적절한 시기인가 아닌가는 소송의 정도를 기준으로 판단하게 된다. 소송의 정도란 소송절차의 단계 또는 과정을 뜻한다.

2. 소송절차별 고찰

소송의 제1단계는 소장·답변서를 제출·교환하는 단계이며, 제2단계는 준비서면을 교환하고 주장과 증거를 정리하는 단계이다. 특히 제2단계까지는 08년 개정법 전에는 변론준비절차에서 이루어졌으나, 08년 개정법은 변론준비절차를 필수적 절차에서 임의적 절차로 규정한다. 재판장은 당사자에 대하여 특정한 사항에 관하여 주장을 제출하거나 증거를 신청할 기간(재정기간)을 정할 수 있다(제147조). 변론준비절차를 연다면 변론준비절차가 종료될 때까지 원칙적으로 모든 공격·방어방법이 제출되어야 한다(제285조). 제3단계는 본격적인 변론의 단계이며, 쟁점정리의 결과를 진술하고(제287조), 바로 증거조사가 시작되고, 증인신문 등이 집중적으로 행하여진다(제293조). 이러한 단계는 동시제출주의에서와 같이 엄격한 것은 아니나, 그 단계가 지나면 원칙적으로 공격·방어방법의 제출이 제한을 받는다(제285조, 제279조 2항).

III 적시제출주의의 실효성 확보수단

1. 실기한 공격·방어방법의 각하(제149조 1항)

> 제149조(실기한 공격·방어방법의 각하) ① 당사자가 제146조의 규정을 어기어 고의 또는 중대한 과실로 공격 또는 방어방법을 뒤늦게 제출함으로써 소송의 완결을 지연시키게 하는 것으로 인정할 때에는 법원은 직권으로 또는 상대방의 신청에 따라 결정으로 이를 각하할 수 있다.

(1) 각하의 요건

1) 시기에 늦게 제출되었을 것

이는 변론의 경과로 보아 보다 일찍 제출할 수 있었고 또 제출할 기회가 있었음에도 불구하고 이를 제출하지 아니한 경우를 말한다. 항소심에서 제출된 공격·방어방법이 시기에 늦었는가, 아닌가를 판정할 때는 항소심만을 표준으로 할 것이 아니라, 제1심·제2심의 전 과정을 통하여 판정하여야 한다(통설, 判例[45]). 이는 항소심을 속심구조로 하고 있는 우리 민소법의 체계에 맞고, 공격·방어방법의 조기제출을 유도할 수 있기 때문이다. 서면준비절차에서 정하는 준비서면이나 증거의 제출기간(제280조 1항)도 시기에 늦었는지 여부에 대한 하나의 기준이 된다.

---

[45] 민사소송법 제149조에 정한 실기한 공격·방어방법이란 당사자가 고의 또는 중대한 과실로 소송의 정도에 따른 적절한 시기를 넘겨 뒤늦게 제출하여 소송의 완결을 지연시키는 공격 또는 방어의 방법을 말한다. 여기에서 적절한 시기를 넘겨 뒤늦게 제출하였는지를 판단함에는 새로운 공격·방어방법이 구체적인 소송의 진행정도에 비추어 당사자가 과거에 제출을 기대할 수 있었던 객관적 사정이 있었는데도 이를 하지 않은 것인지, 상대방과 법원에 새로운 공격·방어방법을 제출하지 않을 것이라는 신뢰를 부여하였는지 여부 등을 고려해야 한다. 항소심에서 새로운 공격·방어방법이 제출된 경우에는 특별한 사정이 없는 한 항소심뿐만 아니라 제1심까지 통틀어 시기에 늦었는지를 판단해야 한다. 나아가 당사자의 고의 또는 중대한 과실이 있는지를 판단함에는 당사자의 법률지식과 함께 새로운 공격·방어방법의 종류, 내용과 법률구성의 난이도, 기존의 공격·방어방법과의 관계, 소송의 진행경과 등을 종합적으로 고려해야 한다(대판 2017.05.17. 2017다1097).

2) 당사자에게 고의 또는 중대한 과실이 있을 것

고의 또는 중대한 과실은 본인이나 대리인에게 있으면 되는데, 이의 유무는 본인의 법률적 지식의 정도와 공격·방어방법의 종류를 고려하여 판정해야 한다. 예를 들어 본인소송에서 관련성을 모르고 제출이 늦어진 경우에는 중과실이 있다고 하기 어렵고, 상계의 항변(민법 제493조)·가정적 항변이나 건물매수청구권 행사(민법 제643조, 제283조)는 최초에 제출하기를 기대할 수 없으므로 고의·중과실이 있다고 하기 어렵지만, 상계항변의 경우 의도적으로 늦게 제출하는 것이 분명하거나 자동채권의 존재가 의심스러워 소송지연책으로 보일 때에는 각하할 수 있다. 判例46)는 파기환송 되기 전에 제출할 수 있었던 상계항변을 환송 후에 주장한 경우는 실기한 공격방법으로 본 판시가 있다(대판 2005.10.07. 2003다44387). 그리고 제4차에 걸친 제1심 변론기일은 물론 제2심 제1차 변론기일에 주장하지 않다가 마지막 변론기일에 준비서면으로 진술하였으면 실기한 공격방법으로 본다(대판 2014.05.29. 2011두25876). 그리고 적절한 시기에 늦은 경우에는 합리적인 이유가 없는 한 중대한 과실이 추정되므로, 실권효의 배제를 주장하는 당사자가 중대한 과실이 없다는 점에 대한 증명책임을 진다(강현중, 김홍엽).

3) 소송의 완결을 지연시킬 것47)48) – 절대설(absolute Theorie)

그 공격·방어방법을 심리하면 각하할 때보다 소송의 완결이 지연되는 것, 즉 그것이 없으면 곧 항변을 종결시킬 수 있는 단계에 있을 말한다고 한다. 예를 들어 그 기일에 즉시 조사할 수 있는 증거의 신청(재정증인)이나, 다음 기일에 심리할 사항이 남아 있어서 어차피 다음 기일을 열어야 할 경우의 증거신청 등은 이에 해당하지 않는다고 한다49)(대판 2000.04.07. 99다53742). 만일 제때에 제출하였더라면 지연되지 않았을지 여부를 증명하기란 어려운 일이므로, 절대설이 타당하다.

(2) 각하의 대상

당사자의 공격·방어방법이 대상이므로 당사자의 주장·항변·증거신청이 이에 해당하고, 원

---

46) 제1심에서는 하지 않고 항소심 제4차 기일에 비로소 유치권항변을 제출한 경우 실기한 공격방어방법(대판 1962.04.04. 4294민상1122), 항소심 제4차 변론기일에 피고가 증인신청 하여 제5차 변론기일에 증인신문하기로 하였으나 증인여비 등을 예납하지 아니하고 피고가 불출석하여 증인채택을 취소하고 변론을 종결하였는데, 그 후 피고의 재개신청에 의하여 제6차 변론기일을 지정고지 하였음에도 피고가 그 기일에도 불출석하였고 제7차 변론기일에 비로소 출석하여 이미 취소된 증인을 재차 신청한 경우 실기한 공격방어방법(대판 1968.01.31. 67다2628) 등을 실기하였다고 보았다.
47) 判例는 "당사자의 공격방어방법을 각하하지 아니한 채 증거조사까지 마친 경우에는 더 이상 소송의 완결을 지연할 염려는 없으므로, 그 공격방어방법을 새삼스럽게 각하할 수는 없다(대판 1994.05.10. 93다47615)"고 한다.
48) 상대설(relative Theorie) - 소송의 완결의 지연이란 적시에 공격·방어방법이 제출되었다고 가정한 경우보다 소송의 완결이 지연되는 경우를 뜻한다고 풀이하는 견해이다. 예를 들어 재정하지 아니한 증인의 신문을 신청하는 경우에도 그 증인이 해외여행중이기 때문에 적시에 신청하였더라도 어차피 조사할 수 없었을 때에는 소송의 완결을 지연시키지 않는 것으로 된다(호문혁).
49) 법원은 당사자의 고의 또는 중대한 과실로 시기에 늦게 제출한 공격 또는 방어방법이 그로 인하여 소송의 완결을 지연하게 하는 것으로 인정될 때에는 이를 각하할 수 있고, 이는 독립된 결정의 형식으로 뿐만 아니라, 판결이유 중에서 판단하는 방법에 의할 수도 있으나, 실기한 공격방어방법이라고 하더라도 어차피 기일의 속행을 필요로 하고 그 속행기일의 범위 내에서 공격방어방법의 심리도 마칠 수 있거나 그 내용이 이미 심리를 마친 소송자료의 범위 안에 포함되어 있는 때에는 소송의 완결을 지연시키는 것으로 볼 수 없으므로 이를 각하할 수 없다(대판 2000.04.07. 99다53742).

고의 청구・피고의 반대청구・청구의 변경 등 본안의 신청은 이에 해당하지 않는다. 요증사실에 관한 유일한 증거방법도 이에 해당하느냐가 문제[50]되지만, 유일한 증거방법이라고 하여 예외를 인정하면 제1심의 존재를 무의미하게 만들고 소송촉진을 꾀하기 어려우므로, 이것 역시 각하의 대상이 된다고 보는 것이 타당하다(다수설). 判例도 동일하다[51](대판 1968.01.31. 67다2628 등).

(3) 각하의 절차

1) 직권 또는 신청

직권 또는 당사자의 신청에 의한다. 각하를 하는 경우 독립된 결정이나 종국판결의 이유 중에서 판단하면 된다.

2) 항고 여부

각하 결정에 대해서는 독립하여 항고할 수 없고, 종국판결과 함께 상급심의 판단을 받는다(제392조).

3) 불복 신청

당사자의 각하신청은 법원의 소송지휘권이라는 직권의 발동을 촉구하는 것이므로, 법원이 각하신청을 배척하더라도 불복신청은 허용되지 않는다.

(4) 각하의 재량성

1) 재량여부

민소법 제149는 소송촉진을 위한 공익적 규정이라는 이유로 이를 기속규정으로 보는 견해(송상현)도 있지만, 통설은 각하 여부는 법원의 재량에 속한다고 본다.

2) 소송비용

시기에 늦은 공격・방어방법이 각하되지 않는 경우라도 그 때문에 소송을 지연시킨 당사자는 승소에도 불구하고 증가된 소송비용을 부담하는 불이익을 입을 수 있다(제100조).

2. 재정기간과 실권적 효력(제147조)

> 제147조(제출기간의 제한) ① 재판장은 당사자의 의견을 들어 한 쪽 또는 양 쪽 당사자에 대하여 특정한 사항에 관하여 주장을 제출하거나 증거를 신청할 기간을 정할 수 있다.
> ② 당사자가 제1항의 기간을 넘긴 때에는 주장을 제출하거나 증거를 신청할 수 없다. 다만, 당사자가

---

[50] 긍정설(이시윤, 김홍규, 정동윤・유병현・김경욱, 김홍엽), 부정설(방순원, 송상현, 호문혁), 유일한 증거가 아닌 이상 증거신청이 당사자의 고의 또는 중대한 과실로 시기에 늦은 것이 아닌 경우라도 법원은 이를 각하할 수 있다(대판 1962.07.26. 62다315).

[51] 피고가 증인신청을 하여 채택하고 그 신문기일을 정하였던바 피고는 그 증인들의 소환비용을 예납하지 아니하였을 뿐 아니라 그 기일에 피고는 출석도 하지 아니하였으므로 그 증거채택을 취소하고 변론을 종결하였던바 그 후 피고의 변론재개신청을 채택하여 다음 기일을 지정 고지하였음에도 불구하고 피고는 출석하지 아니하고 다음 기일에 비로소 출석하여 이미 취소된 증인의 환문을 재차 신청한바 이 신청은 시기에 늦은 공격방어방법이라고 볼 수 있을 것이므로 원심이 이를 채택하지 아니하였다 하여 유일한 증거를 조사하지 아니하거나 심리미진의 위법이 있다고 할 수 없다(대판 1968.01.31. 67다2628).

> 정당한 사유로 그 기간 이내에 제출 또는 신청하지 못하였다는 것을 소명한 경우에는 그러하지 아니하다.

수시제출주의 아래에서도 법원의 적절한 소송지휘에 당사자가 적극적으로 협조한다면 소송의 진행이 원활하고 신속하게 될 수 있겠지만, 실무상으로는 당사자의 비협조로 소송이 지연되고 일부 당사자는 수시제출주의의 원칙을 근거로 지연을 획책하기도 하는 실정이었다. 그런데 실기한 공격방어방법의 각하 여부는 법원의 재량에 맡겨져 있는 관계로 실무상 실기한 경우에도 적절하게 각하되지 않고 있으며, 구법 상으로는 재판장이나 수명법관이 준비서면의 제출기간을 정할 수 있다는 것 외에는 달리 절차의 신속한 진행을 위한 일반적인 재정기간제도를 가지지 않고 있었다. 따라서 실무상 잘 활용되지 않고 있는 실기한 공격방어방법의 각하만으로는 부족하므로, 적극적으로 재판장이 일정한 사항을 정하여 공격방어방법의 제출에 관한 기간을 정할 수 있다면 소송절차가 신속하고도 탄력적으로 운영될 수 있으며, 집중심리방식의 도입을 위한 전제로서도 큰 의미가 있을 것이고, 재정기간의 부가와 그 도과로 인한 효과는 당연히 항소심에서도 유지될 것이므로 심리의 제1심 집중효과도 얻을 수 있을 것이서 재정기간제도를 도입하게 된 것이다 (민사소송법 개정내용 해설, 51면).

3. 기타 실효성 확보수단

(1) 석명에 응하지 않는 공격·방어방법의 각하(제149조 2항)

> 제149조(실기한 공격·방어방법의 각하) ② 당사자가 제출한 공격 또는 방어방법의 취지가 분명하지 아니한 경우에, 당사자가 필요한 설명을 하지 아니하거나 설명할 기일에 출석하지 아니한 때에는 법원은 직권으로 또는 상대방의 신청에 따라 결정으로 이를 각하할 수 있다.

당사자가 제출한 공격 또는 방어방법의 취지가 분명하지 아니한 경우에, 당사자가 필요한 설명을 하지 아니하거나 설명할 기일에 출석하지 아니한 때에는 법원은 직권으로 또는 상대방의 신청에 따라 결정으로 이를 각하할 수 있다. 이러한 경우 법원은 당사자가 심리에 협력하지 않는 것으로 보고 실기한 공격방어방법의 각하처럼 각하할 수 있다는 것으로, 주로 재판장의 석명준비명령에 불응한 경우에 적용된다. 이는 변론준비절차에도 준용이 된다(제286조, 제149조 2항).

(2) 변론준비기일을 종결한 뒤의 실권적 효력(제285조)

> 제285조(변론준비기일을 종결한 효과) ① 변론준비"기일"에 제출하지 아니한 공격방어방법은 다음 각 호 가운데 어느 하나에 해당하여야만 변론에서 제출할 수 있다.
> 1. 그 제출로 인하여 소송을 현저히 지연시키지 아니하는 때
> 2. 중대한 과실 없이 변론준비절차에서 제출하지 못하였다는 것을 소명한 때
> 3. 법원이 직권으로 조사할 사항인 때
> ② 제1항의 규정은 변론에 관하여 제276조의 규정을 적용하는 데에 영향을 미치지 아니한다.
> ③ 소장 또는 변론준비절차 전에 제출한 준비서면에 적힌 사항은 제1항의 규정에 불구하고 변론에서 주장할 수 있다. 다만, 변론준비절차에서 철회되거나 변경된 때에는 그러하지 아니하다.

(3) 중간 판결의 내용과 저촉되는 주장의 제한(제201조)

> 제201조(중간판결) ① 법원은 독립된 공격 또는 방어의 방법, 그 밖의 중간의 다툼에 대하여 필요한 때에는 중간판결(중간판결)을 할 수 있다.
> ② 청구의 원인과 액수에 대하여 다툼이 있는 경우에 그 원인에 대하여도 중간판결을 할 수 있다.

(4) 소장 기재의 충실화 및 답변서제출의무(제254조 4항, 제256조, 제257조)

> 제254조(재판장의 소장심사권) ④ 재판장은 소장을 심사하면서 필요하다고 인정하는 경우에는 원고에게 청구하는 이유에 대응하는 증거방법을 구체적으로 적어 내도록 명할 수 있으며, 원고가 소장에 인용한 서증(서증)의 등본 또는 사본을 붙이지 아니한 경우에는 이를 제출하도록 명할 수 있다.
> 제257조(변론 없이 하는 판결) ① 법원은 피고가 제256조제1항의 답변서를 제출하지 아니한 때에는 청구의 원인이 된 사실을 자백한 것으로 보고 변론 없이 판결할 수 있다. 다만, 직권으로 조사할 사항이 있거나 판결이 선고되기까지 피고가 원고의 청구를 다투는 취지의 답변서를 제출한 경우에는 그러하지 아니하다.
> ② 피고가 청구의 원인이 된 사실을 모두 자백하는 취지의 답변서를 제출하고 따로 항변을 하지 아니한 때에는 제1항의 규정을 준용한다.
> ③ 법원은 피고에게 소장의 부본을 송달할 때에 제1항 및 제2항의 규정에 따라 변론 없이 판결을 선고할 기일을 함께 통지할 수 있다.

제8관 집중심리주의

I 집중심리주의의 개요

1. 병행심리주의와 집중심리주의

하나의 사건에 관하여 계속적으로 변론과 증거조사 등 심리를 집중하여 판결까지 내린 다음에 다음 사건의 심리에 들어가는 방식을 집중심리주의라고 한다. 이에 대하여 한 기일에 다수의 사건을 병행하여 심리하는 방식을 병행심리주의라고 하는데 개정 전에는 이에 의하였다.

2. 집중심리주의의 내용

> 제272조(변론의 집중과 준비) ① 변론은 집중되어야 하며, 당사자는 변론을 서면으로 준비하여야 한다.
> ② 단독사건의 변론은 서면으로 준비하지 아니할 수 있다. 다만, 상대방이 준비하지 아니하면 진술할 수 없는 사항은 그러하지 아니하다.

(1) 소송자료의 조기충실화와 사건분류

> 민사소송규칙 제62조(소장의 기재사항) 소장의 청구원인에는 다음 각호의 사항을 적어야 한다.
>   1. 청구를 뒷받침하는 구체적 사실
>   2. 피고가 주장할 것이 명백한 방어방법에 대한 구체적인 진술
>   3. 입증이 필요한 사실에 대한 증거방법
> 민사소송규칙 제65조(답변서의 기재사항 등) ① 답변서에는 법 제256조제4항에서 준용하는 법 제

274조제1항의 각호 및 제2항에 규정된 사항과 청구의 취지에 대한 답변 외에 다음 각호의 사항을 적어야 한다.
  1. 소장에 기재된 개개의 사실에 대한 인정 여부
  2. 항변과 이를 뒷받침하는 구체적 사실
  3. 제1호 및 제2호에 관한 증거방법
② 답변서에는 제1항제3호에 따른 증거방법 중 입증이 필요한 사실에 관한 중요한 서증의 사본을 첨부하여야 한다.
③ 제1항 및 제2항의 규정에 어긋나는 답변서가 제출된 때에는 재판장은 법원사무관등으로 하여금 방식에 맞는 답변서의 제출을 촉구하게 할 수 있다.

(2) 변론집중을 위한 쟁점정리절차

신법 제258조(변론기일의 지정) ① 재판장은 제257조제1항 및 제2항에 따라 변론 없이 판결하는 경우 외에는 바로 변론기일을 정하여야 한다. 다만, 사건을 변론준비절차에 부칠 필요가 있는 경우에는 그러하지 아니하다.
② 재판장은 변론준비절차가 끝난 경우에는 바로 변론기일을 정하여야 한다.

제279조(변론준비절차의 실시) '08년 12월 26일 개정 ① 변론준비절차에서는 변론이 효율적이고 집중적으로 실시될 수 있도록 당사자의 주장과 증거를 정리하여 (소송관계를 뚜렷하게 하여야 한다).
  ☞ "당사자의 주장과 증거를 정리하여야 한다"로 개정
② 재판장은 특별한 사정이 있는 때에는 변론기일을 연 뒤에도 사건을 변론준비절차에 부칠 수 있다.

규칙 제70조(변론준비절차의 시행방법) ① 재판장, 수명법관 또는 법 제280조제4항의 판사(다음부터 이 모두를 "재판장등"이라 한다)는 변론준비절차에서 쟁점과 증거의 정리, 그 밖에 효율적이고 신속한 변론진행을 위한 준비가 완료되도록 노력하여야 하며, 당사자는 이에 협력하여야 한다.
② 당사자는 제1항에 규정된 사항에 관하여 상대방과 협의를 할 수 있다. 재판장등은 당사자에게 변론진행의 준비를 위하여 필요한 협의를 하도록 권고할 수 있다.
③ 재판장등은 변론준비절차에서 효율적이고 신속한 변론진행을 위하여 당사자와 변론의 준비와 진행 및 변론에 필요한 시간에 관한 협의를 할 수 있다. 〈신설 2007.11.28〉〈신설 2007.11.28〉
④ 재판장등은 당사자와 준비서면의 제출횟수, 분량, 제출기간 및 양식에 관한 협의를 할 수 있고, 이에 관한 합의가 이루어진 경우 당사자는 그 합의에 따라 준비서면을 제출하여야 한다. 〈신설 2007.11.28〉〈신설 2007.11.28〉
⑤ 재판장등은 기일을 열거나 당사자의 의견을 들어 양 쪽 당사자와 음성의 송수신에 의하여 동시에 통화를 할 수 있는 방법으로 제3항 및 제4항에 따른 협의를 할 수 있다. 〈신설 2007.11.28〉〈신설 2007.11.28〉

규칙 제70조의2(변론준비기일에서의 주장과 증거의 정리방법) 변론준비기일에서는 당사자가 말로 변론의 준비에 필요한 주장과 증거를 정리하여 진술하거나, 법원이 당사자에게 말로 해당사항을 확인하여 정리하여야 한다.
[본조신설 2007.11.28]

제285조(변론준비기일을 종결한 효과) ① 변론준비기일에 제출하지 아니한 공격방어방법은 다음 각 호 가운데 어느 하나에 해당하여야만 변론에서 제출할 수 있다.
  1. 그 제출로 인하여 소송을 현저히 지연시키지 아니하는 때
  2. 중대한 과실 없이 변론준비절차에서 제출하지 못하였다는 것을 소명한 때
  3. 법원이 직권으로 조사할 사항인 때
② 제1항의 규정은 변론에 관하여 제276조의 규정을 적용하는 데에 영향을 미치지 아니한다.

> ③ 소장 또는 변론준비절차 전에 제출한 준비서면에 적힌 사항은 제1항의 규정에 불구하고 변론에서 주장할 수 있다. 다만, 변론준비절차에서 철회되거나 변경된 때에는 그러하지 아니하다.

(3) 1회 변론기일과 집중증거조사

> 제287조(변론준비절차를 마친 뒤의 변론) ① 법원은 변론준비절차를 마친 경우에는 첫 변론기일을 거친 뒤 바로 변론을 종결할 수 있도록 하여야 하며, 당사자는 이에 협력하여야 한다.
> ② 당사자는 변론준비기일을 마친 뒤의 변론기일에서 변론준비기일의 결과를 진술하여야 한다.
> ③ 법원은 변론기일에 변론준비절차에서 정리된 결과에 따라서 바로 증거조사를 하여야 한다.
> 제293조(증거조사의 집중) 증인신문과 당사자신문은 당사자의 주장과 증거를 정리한 뒤 집중적으로 하여야 한다.

(4) 계속심리주의

> 규칙 제72조(변론준비절차를 거친 사건의 변론기일지정 등) ① 변론준비절차를 거친 사건의 경우 그 심리에 2일 이상이 소요되는 때에는 가능한 한 종결에 이르기까지 매일 변론을 진행하여야 한다. 다만, 특별한 사정이 있는 경우에도 가능한 최단기간 안의 날로 다음 변론기일을 지정하여야 한다.

(5) 2008년 개정 법률하의 집중심리

개정법 제258조 1항은 변론기일을 지정하는 것을 원칙으로 하고, 필요한 경우에만 변론준비절차에 부칠 수 있도록 하였다. 하지만 위 (2), (3), (4)는 주로 변론준비절차중심제를 전제로 한 집중심리방식인데, 이제 법 개정에 의하여 변론준비절차가 완전히 실효된 것은 아니라고 해도 예외적 제도가 되었다 할 것이므로 개편된 변론기일중심제하의 집중심리구도가 더 중요한 연구과제가 되었다(이시윤). 큰 그림에서는 변론기일에서 먼저 쟁점과 증거를 정리하고 나서 그 뒤에 정리된 쟁점중심으로 증인과 당사자신문의 집중증거조사의 방식일 수밖에 없다. 그렇게 되면 아직 존치하고 있지만 법 제287조의 1회 변론기일중심제와 규칙 제72조의 계속심리주의는 사실상 사문화가 불가피하다 할 것이다. 다만 개정법 하에서도 증거의 기일전신청제, 변론에서 적시제출주의와 그 확보책인 재정기간을 실기한 공격방어방법의 각하제도에 의한 소송자료의 조기수집과 집중의 기조는 변함이 없다.

제9관 직권진행주의와 소송지휘권

I 의 의

소송절차의 진행과 그 정리를 법원의 주도하에 행하는 입장을 직권진행주의라고 하고, 이를 당사자에게 맡기는 입장을 당사자주의라고 한다.

Ⅱ 소송지휘권

1. 개념 및 내용

소송지휘권이란 소송절차를 원활·신속히 진행시키고 또 심리를 완전하게 하여 분쟁을 신속·적정하게 해결하기 위해 법원에 인정된 소송의 주재권능이다.

2. 소송지휘권의 주체 및 형식

소송지휘권은 원칙적으로 법원에 속한다(제140조 내지 제145조). 그러나 변론이나 증거조사 중의 지휘는 합의체의 심리일 때 재판장이 그 대표기관이 되며, 이러한 재판장의 조치에 대하여 당사자로부터 이의가 있으면 합의체가 이에 대하여 재판한다(제138조). 이를 '재판진행에 대한 이의'라고 한다. 재판장은 합의체로부터 독립하여 소송지휘권을 갖는 경우도 있다(제165조 1항 본문, 제194조, 제254조, 제282조). 수명법관·수탁판사도 수권된 사항을 처리함에 있어서 소송지휘권을 갖는다(제165조 1항 단서, 제332조).

3. 당사자의 신청권

> 제34조(관할위반 또는 재량에 따른 이송) ② 지방법원 단독판사는 소송에 대하여 관할권이 있는 경우라도 상당하다고 인정하면 직권 또는 <u>당사자의 신청</u>에 따른 결정으로 소송의 전부 또는 일부를 같은 지방법원 합의부에 이송할 수 있다.
> ③ 지방법원 합의부는 소송에 대하여 관할권이 없는 경우라도 상당하다고 인정하면 직권으로 또는 <u>당사자의 신청</u>에 따라 소송의 전부 또는 일부를 스스로 심리·재판할 수 있다.
> 제136조(석명권·구문권 등) ③ 당사자는 필요한 경우 재판장에게 상대방에 대하여 설명을 요구하여 줄 것을 <u>요청</u>할 수 있다.
> 제149조(실기한 공격·방어방법의 각하) ① 당사자가 제146조의 규정을 어기어 고의 또는 중대한 과실로 공격 또는 방어방법을 뒤늦게 제출함으로써 소송의 완결을 지연시키게 하는 것으로 인정할 때에는 법원은 직권으로 또는 <u>상대방의 신청</u>에 따라 결정으로 이를 각하할 수 있다.
> ② 당사자가 제출한 공격 또는 방어방법의 취지가 분명하지 아니한 경우에, 당사자가 필요한 설명을 하지 아니하거나 설명할 기일에 출석하지 아니한 때에는 법원은 직권으로 또는 <u>상대방의 신청</u>에 따라 결정으로 이를 각하할 수 있다.
> 제241조(상대방의 수계신청권) 소송절차의 <u>수계신청</u>은 상대방도 할 수 있다.

소송지휘는 원래 법원의 직권에 속하는 것이지만, 법률이 일정한 경우에 당사자에게 소송지휘를 구하는 신청권을 인정하고 있는 경우가 있다. 예를 들어 소송이송(제34조 2항, 3항), 구문권(제136조 3항), 시기에 늦은 공격방어방법의 각하(제149조), 중단절차의 수계(제241조) 등이 있다.

Ⅲ 소송절차에 관한 이의권

> 제151조(소송절차에 관한 이의권) 당사자는 소송절차에 관한 규정에 어긋난 것임을 알거나, 알 수 있었을 경우에 바로 이의를 제기하지 아니하면 그 권리를 잃는다. 다만, 그 권리가 포기할 수 없는 것인 때에는 그러하지 아니하다.

1. 서 설

(1) 의 의

이의권이란 법원이나 상대방 당사자의 소송행위가 소송법규에 위배되는 경우에 이에 대하여 당사자가 이의신청을 하고 그 무효를 주장할 수 있는 권능을 말한다(제151조). 02년 개정법 전에는 책문권이라고 하였다(민사소송법 개정내용 해설, 56면).

(2) 취지 – 직권진행주의와의 관계

법원은 절차의 주재자이므로(직권진행주의), 법규의 위배가 있는 경우 이 행위를 전제로 소송절차를 진행시켜서는 안 되겠지만, 법원이 절차위배의 사실을 간과하고 절차를 진행시키는 일도 있으므로, 이 경우 이러한 법규의 준수에 대하여 이해관계를 가지는 당사자에게 절차법 위배를 감시하는 권능을 부여한 것이 바로 소송절차에 관한 이의권이다.

2. 적용범위

(1) 이의권의 대상이 되는 행위

1) 절차적 규정

이의의 대상이 되는 것은 '소송절차에 관한 규정'에 위배되는 행위이다. 소송절차에 관한 규정이란 법원과 당사자의 소송행위의 형식·요건·시기·장소 등에 관한 규정을 말한다.

2) 예

예를 들어 소의 제기, 청구 변경의 방식, 소송참가의 방식, 소송고지의 방식, 증인신문의 장소, 변론기일의 통지, 증거조사의 방식 등을 들 수 있다.

(2) 이의권의 대상이 되지 않는 행위

1) 내용에 관한 규정

소송행위의 내용이나 소송상의 주장에 관한 규정은 이의권의 대상이 아니다. 즉 석명권, 증거의 평가, 처분권주의 등에 관한 위배는 이의권의 대상이 되지 않는다.

2) 자신의 행위

소송절차에 관한 이의권은 법원과 상대방 당사자의 절차법규 위배행위에 대한 것이므로, 자기 자신의 행위는 소송절차에 관한 이의권의 대상이 되지 않는다.

3. 포기와 상실

(1) 의의 및 문제점

1) 소송법상 의미

이의권은 소송법상 두가지 의미를 가지는데, ① 하나는 이를 적극적으로 행사하여 절차위배의 소송행위의 효력을 무효로 만드는 것과 ② 소극적으로 이를 행사하지 않고 있으면 절차위배의 흠이 치유되어 그 소송행위가 유효하게 되는 것이 있다.

2) 이의권의 포기, 상실

소송법상으로는 ②가 중요한데, 특히 이러한 경우 절차위배로 불이익을 입는 당사자가 불이익을 감수한다면 이를 문제 삼을 필요가 없고(이의권의 포기), 당사자가 절차위배를 알고도 지체 없이 소송절차에 관한 이의권을 행사하지 아니한 경우에는 이를 실권시켜(이의권의 상실) 절차의 안정을 유지할 필요가 있다. 이를 종합하여 이의권의 포기·상실이라고 한다.

(2) 대 상

1) 임의규정 위배(사익적 규정)

이의권의 포기·상실의 대상은 소송절차에 관한 규정 중 임의규정 위배 즉 사익적 사항에 한한다. 예를 들어 소제기나 청구변경의 방식에 위배한 경우, 기일통지를 하지 않은 경우, 소송서류를 송달하지 아니한 경우(단 판결정본 송달[52]의 경우는 예외), 증거조사의 방식이 잘못된 경우 등이 이에 해당한다.

2) 강행규정 위배(공익적 규정)

이에 반해 재판의 적정, 소송의 신속 등 공익에 관련이 있는 강행규정에 위반한 경우는 이의권의 포기·상실의 대상이 되지 않는다. 직권조사사항이 대표적인데, 예를 들어 소송요건, 상소요건, 재심요건, 불변기간의 준수, 판결정본의 송달, 법관의 제척, 법원의 구성 등이 이에 해당한다.

(3) 포기의 방식과 상실의 요건

1) 포기의 방식

이의권의 포기는 변론 또는 준비절차에서 법원에 대한 일방적 진술로 하여야 하므로, 법원 밖에서 상대방에 대해 하는 것은 효력 없다(통설). 그리고 포기는 명시적·묵시적 모두 가능하다. 예를 들어 기일통지서의 송달이 없었음에도 당사자가 기일에 출석하면 묵시의 포기가 있는 것으로 볼 수 있다. 이의권은 절차위배가 있는 경우에 발생하는 것이므로 사전포기는 있을 수 없고, 또 이를 인정하면 임의소송금지원칙에도 어긋난다.

2) 상실의 요건

이의권의 상실은 당사자가 절차위배를 알았거나 알 수 있었을 경우에 지체없이 이의하지 아니함으로써 발생한다. 반드시 본인에 한하지 않고 대리인이 알거나 알 수 있었을 경우도 포함한다. 여기서 지체없이란 절차위배를 알거나 알 수 있었을 때의 직후의 기회(변론기일 또는 변론준비기일)를 가리킨다(통설). 이 경우 포기의 의사는 필요하지 않고, 단순히 이의하지 아니함으로써 충분하다.

(4) 효 과 - 흠의 치유

이의권의 포기·상실이 있으면 소송절차에 위배된 소송행위의 흠이 치유되어, 그 소송행위는 처음부터 유효한 것이 된다. 법원의 행위에 대해 당사자 양쪽에 소송절차에 관한 이의권이 발생한 경우 양 쪽이 모두 이를 포기·상실한 때에 흠이 치유된다.

---

[52] 판결정본 송달은 상소제기기간의 기산점이 되므로(제396조), 이는 강행규정이기 때문이다(통설, 판례).

제3절 변론의 준비(기일전의 절차)

제1관 준비서면

I 서 설

> 제272조(변론의 집중과 준비) ① 변론은 집중되어야 하며, 당사자는 변론을 서면으로 준비하여야 한다.
> ② 단독사건의 변론은 서면으로 준비하지 아니할 수 있다. 다만, 상대방이 준비하지 아니하면 진술할 수 없는 사항은 그러하지 아니하다.

1. 의 의

준비서면이란 당사자가 변론에서 말로 하고자 하는 사실상, 법률상 사항을 기일 전에 예고적으로 기재하여 법원에 제출하는 서면을 말한다. 이는 법원이나 특히 상대방당사자가 복잡한 사안에 대하여 미리 이해하고 준비하여 변론에 임하게 하려는 것이다. 다만 단독사건에서는 준비서면이 필수적이 아니다.

2. 기 준

준비서면인가의 여부는 그 내용에 의해 정해지는 것이고, 서면의 표제를 문제 삼을 것이 아니다. 따라서 소장, 상소장에 임의적 기재사항이 포함되어 있을 때에는 그 한도 내에서 준비서면의 성격도 가지게 된다(제249조 2항, 제398조).

3. 변론예고

준비서면은 어디까지나 변론예고에 그치므로 이를 제출한 것만으로 소송자료가 될 수 없으며(예외 제148조), 소송자료가 되기 위해서는 변론에서 진술할 것을 요한다. 따라서 준비서면에 취득시효완성에 관한 주장사실이 기재되어 있다 하더라도 그 준비서면이 변론기일에서 진술된 흔적이 없다면 취득시효완성의 주장에 대한 판단누락의 위법이 있다 할 수 없다(대판 1983.12.27. 80다1302). 그리고 당사자는 제출한 준비서면을 진술하지 않고 철회할 수 있다.

II 준비서면의 종류

통상의 준비서면과 답변서(제256조 4항, 1항), 요약준비서면이 있다.

> 제278조(요약준비서면) 재판장은 당사자의 공격방어방법의 요지를 파악하기 어렵다고 인정하는 때에는 변론을 종결하기에 앞서 당사자에게 쟁점과 증거의 정리 결과를 요약한 준비서면을 제출하도록 할 수 있다.

III 준비서면의 기재사항

> 제274조(준비서면의 기재사항) ① 준비서면에는 다음 각 호의 사항을 적고, 당사자 또는 대리인이

기명날인 또는 서명한다.
1. 당사자의 성명·명칭 또는 상호와 주소
2. 대리인의 성명과 주소
3. 사건의 표시
4. 공격 또는 방어의 방법
5. 상대방의 청구와 공격 또는 방어의 방법에 대한 진술
6. 덧붙인 서류의 표시
7. 작성한 날짜
8. 법원의 표시
② 제1항 제4호 및 제5호의 사항에 대하여는 사실상 주장을 증명하기 위한 증거방법과 상대방의 증거방법에 대한 의견을 함께 적어야 한다.

Ⅳ 준비서면의 제출·교환

제273조(준비서면의 제출 등) 준비서면은 그것에 적힌 사항에 대하여 상대방이 준비하는 데 필요한 기간을 두고 제출하여야 하며, 법원은 상대방에게 그 부본을 송달하여야 한다.
규칙 제69조의3 (준비서면의 제출기간) 새로운 공격방어방법을 포함한 준비서면은 변론기일 또는 변론준비기일의 7일 전까지 상대방에게 송달될 수 있도록 적당한 시기에 제출하여야 한다.
[본조신설 2007.11.28]

준비서면은 그것에 적힌 사항에 대하여 상대방이 준비하는 데 필요한 기간을 두고 제출하여야 하며, 법원은 상대방에게 그 부본을 송달하여야 한다.

Ⅴ 준비서면의 제출·부제출의 효과

1. 부제출의 효과

(1) 무변론패소판결의 위험(제257조 1항)

준비서면의 일종인 답변서를 피고가 소송부본을 송달받은 날부터 30일이내에 제출하지 않으면, 원고의 청구원인사실을 자백한 것으로 보고, 변론 없이 피고 패소판결을 선고할 수 있다.

(2) 예고 없는 사실주장의 금지(제276조)

제276조(준비서면에 적지 아니한 효과) 준비서면에 적지 아니한 사실은 상대방이 출석하지 아니한 때에는 변론에서 주장하지 못한다. 다만, 제272조제2항 본문의 규정에 따라 준비서면을 필요로 하지 아니하는 경우에는 그러하지 아니하다.

여기의 주장이 금지되는 "사실"에는 주요사실, 간접사실도 포함됨은 이론이 없으나, 증거신청의 금지도 포함되는지가 문제된다. 학설은 증거조사에 참여한다든지 그 결과에 대하여 변론을 하는 것은 사실인정에 중대한 영향이 있는 점에서 사실주장과 다를 바 없으므로 모든 증거신청이 포함된다는 적극설도 있으나, 여기의 증거신청 가운데 적어도 상대방이 예상할 수 있는 사실에 관한 증거신청 정도이면 여기의 "사실"에서 배제시켜 허용함이 절차촉진을 위해 좋을 것이라는 절충설이 타당하다(이시윤). 다만 법률상의 진술과 상대방의 주장사실에 대한 부인·부지의 진술은

여기에 포함되지 않는다. 전자는 법원에 대한 참고자료이고, 후자는 상대방으로서 능히 예상할 수 있는 사항이므로, 상대방의 절차권이 침해될 수 없기 때문이다. 그리고 단독사건에서는 민사소송법 제276조 단서와 제272조의 규정에 의하여 미리 준비서면에 기재하지 아니한 증인을 상대방이 변론기일에 출석하지 아니한 채 재정증인으로 증거조사를 하고 증거로 채택하였을 경우 위법이 아니다(대판 1975.01.28. 74다1721).

(3) 변론준비절차의 종결

> 제280조(변론준비절차의 진행) ① 변론준비절차는 기간을 정하여, 당사자로 하여금 준비서면, 그 밖의 서류를 제출하게 하거나 당사자 사이에 이를 교환하게 하고 주장사실을 증명할 증거를 신청하게 하는 방법으로 진행한다.
>
> 제284조(변론준비절차의 종결) ① 재판장등은 다음 각호 가운데 어느 하나에 해당하면 변론준비절차를 종결하여야 한다. 다만, 변론의 준비를 계속하여야 할 상당한 이유가 있는 때에는 그러하지 아니하다.
> 　2. 당사자가 제280조제1항의 규정에 따라 정한 기간 이내에 준비서면 등을 제출하지 아니하거나 증거의 신청을 하지 아니한 때

(4) 소송비용의 부담

준비서면에 기재되지 아니한 사실이라도 상대방이 출석한 경우에는 주장할 수 있다. 그러나 준비서면으로 미리 예고하지 아니하였기 때문에 상대방이 즉시 답변할 수 없고 그 결과 기일을 속행할 수밖에 없는 경우에는 당사자는 승소에 불구하고 소송비용부담의 재판을 받을 수 있다(제100조).

2. 제출의 효과

(1) 자백간주의 이익

준비서면을 제출하였으면 상대방이 불출석한 경우라도 주장할 수 있으며, 그 기재부분에 대해서는 상대방이 명백히 다투지 않은 것으로 되어 자백간주의 이익을 얻을 수 있다(제150조 3항, 1항).

(2) 진술간주의 이익

준비서면을 제출하였으면 그 제출자가 불출석하여도 그 사항에 관하여 진술간주의 이익을 얻을 수 있다(제148조 1항).

(3) 실권효의 배제

변론준비절차가 열리기 전에 준비서면을 제출하였으면 변론준비기일에 제출하지 아니하였더라도 그 사항에 관하여 변론에서 주장할 수 있다(제285조 3항).

(4) 소의 취하 등에 대한 동의권

피고가 본안에 관한 사항을 기재한 준비서면을 제출하였으면 그 뒤에는 소의 취하에 있어서 피고의 동의를 얻어야 한다(제266조 2항). 피고의 경정 때에도 같은 경우에 구피고의 동의를 요한다(제260조 1항 단서).

제2관 변론준비절차(주장과 증거의 정리절차)

I 개정된 변론준비절차와 비판

1. 개정된 변론준비절차

(1) 제258조와 제279조의 개정

(2) 08년 12월 26일 개정 - 개정이유 및 주요내용

피고가 답변서를 제출하면 재판장은 바로 변론기일을 지정하도록 하고, 필요한 경우에만 변론준비절차에 부치도록 하며, 변론준비절차는 당사자의 주장과 증거를 정리하는 절차임을 명확하게 하여, 민사소송절차가 변론기일을 중심으로 진행되도록 함으로써 당사자의 신속한 재판을 받을 권리를 보장하고 사건의 신속한 해결을 도모하려는 것이다.

> **舊法 제258조(변론준비절차)** ① 재판장은 제257조 제1항 및 제2항의 규정에 따라 변론 없이 판결하는 경우 외에는 바로 사건을 변론준비절차에 부쳐야 한다. 다만, 변론준비절차를 따로 거칠 필요가 없는 경우에는 그러하지 아니하다.
> ② 제1항 단서에 해당되는 경우 또는 변론준비절차가 끝난 경우에는 재판장은 바로 변론기일을 정하고 당사자에게 이를 통지하여야 한다.
> **新法 제258조(변론기일의 지정)** ① 재판장은 제257조제1항 및 제2항에 따라 변론 없이 판결하는 경우 외에는 바로 변론기일을 정하여야 한다. 다만, 사건을 변론준비절차에 부칠 필요가 있는 경우에는 그러하지 아니하다.
> ② 재판장은 변론준비절차가 끝난 경우에는 바로 변론기일을 정하여야 한다.
> **제279조(변론준비절차의 실시)** '08년 12월 26일 개정 ① 변론준비절차에서는 변론이 효율적이고 집중적으로 실시될 수 있도록 당사자의 주장과 증거를 정리하여 (소송관계를 뚜렷하게 하여야 한다).
> ☞ "당사자의 주장과 증거를 정리하여야 한다"로 한다.로 개정
> ② 재판장은 특별한 사정이 있는 때에는 변론기일을 연 뒤에도 사건을 변론준비절차에 부칠 수 있다.

2. 비 판

2002년 전면개정의 신법의 주목표가 변론준비절차중심의 소송절차였고, 그 입법에 앞서 2001년 3월에 '새로운 민사재판관리모델'을 마련하여 예행적 시행 등 상당한 준비와 논의를 하였다. 따라서 08년 개정법도 상당한 준비를 하고 전문가 등의 중지를 모아 여유를 갖고 진행할 일이었지만, 예상도 못한 상태에서 법개정의 입안과 통과 그리고 개정공포와 동시시행이었으며 이 점에서 너무 졸속하고 비민주적인 절차상의 구조개편이다. 2002년 개정민소법에서 변론준비절차중심제로 개편하면서 이에 합목적적으로 여러 개 조문이 신설된 것으로 비단 제258조, 제279조만의 한정된 것이 아니었다. 그럼에도 단지 2개 조문만을 개정한 채 나머지 민소법 본문 조문 그리고 그 관련의 민사소송규칙들의 정비 없이 그대로 존치시킴으로써 체계부조화는 물론 해석상의 혼조를 가져오게 하였다. 변론기일중심의 진행제도는 구술심리주의의 활성화와 ADR이 강조되는

시대에 화해·조정의 성립에 부정적인 영향의 가능성도 있다(이시윤).

Ⅱ 개 요

1. 의 의

변론준비절차란 변론이 효율적이고 집중적으로 실시될 수 있도록 당사자의 주장과 증거를 정리하는 절차를 말한다(제279조 1항). 변론기일과는 달리 소송관계를 뚜렷하게 할 필요는 없다.

2. 변론준비절차의 대상과 회부

변론준비절차 회부는 필수적이 아닌 임의적이다(제258조 1항). 변론준비절차의 대상은 합의사건, 단독사건을 가리지 않고 필요하다고 인정되면 어떠한 사건에 대해서도 회부할 수 있다. 다만 단독사건에서는 따로 회부의 의미가 크지 않을 것이다. 변론준비절차회부는 재판장이 필요하다고 할 때 그의 회부명령으로 한다.

3. 3자의 책무와 진행협의 - 민소규칙 제70조

> 제70조 (변론준비절차의 시행방법) ① 재판장, 수명법관 또는 법 제280조제4항의 판사(다음부터 이 모두를 "재판장등"이라 한다)는 변론준비절차에서 쟁점과 증거의 정리, 그 밖에 효율적이고 신속한 변론진행을 위한 준비가 완료되도록 노력하여야 하며, 당사자는 이에 협력하여야 한다.
> ② 당사자는 제1항에 규정된 사항에 관하여 상대방과 협의를 할 수 있다. 재판장등은 당사자에게 변론진행의 준비를 위하여 필요한 협의를 하도록 권고할 수 있다.
> ③ 재판장등은 변론준비절차에서 효율적이고 신속한 변론진행을 위하여 당사자와 변론의 준비와 진행 및 변론에 필요한 시간에 관한 협의를 할 수 있다.〈신설 2007.11.28.〉
> ④ 재판장등은 당사자와 준비서면의 제출횟수, 분량, 제출기간 및 양식에 관한 협의를 할 수 있고, 이에 관한 합의가 이루어진 경우 당사자는 그 합의에 따라 준비서면을 제출하여야 한다.〈신설 2007.11.28.〉
> ⑤ 재판장등은 기일을 열거나 당사자의 의견을 들어 양 쪽 당사자와 음성의 송수신에 의하여 동시에 통화를 할 수 있는 방법으로 제3항 및 제4항에 따른 협의를 할 수 있다.〈신설 2007.11.28〉

Ⅲ 변론준비절차의 진행

1. 진행법관의 권한

> 제280조(변론준비절차의 진행) ② 변론준비절차의 진행은 "재판장"이 담당한다.
> ③ 합의사건의 경우 재판장은 합의부원을 수명법관으로 지정하여 변론준비절차를 담당하게 할 수 있다.
> ④ 재판장은 필요하다고 인정하는 때에는 변론준비절차의 진행을 다른 판사에게 촉탁할 수 있다.
> 제281조(변론준비절차에서의 증거조사) ① 변론준비절차를 진행하는 재판장, 수명법관, 제280조제4항의 판사(이하 "재판장등"이라 한다)는 변론의 준비를 위하여 필요하다고 인정하면 증거결정을 할 수 있다.
> ② 합의사건의 경우에 제1항의 증거결정에 대한 당사자의 이의신청에 관하여는 제138조의 규정을 준용한다.
> ③ 재판장등은 제279조제1항의 목적을 달성하기 위하여 필요한 범위안에서 증거조사를 할 수 있다.

> 다만, 증인신문 및 당사자신문은 제313조에 해당되는 경우에만 할 수 있다.
> ④ 제1항 및 제3항의 경우에는 재판장등이 이 법에서 정한 법원과 재판장의 직무를 행한다.

(1) 진행법관

변론준비절차는 재판장이 진행한다. 합의부 사건의 경우 재판장은 합의부원을 수명법관으로 지정하여 담당시킬 수 있고, 합의사건·단독사건을 모두 재판장은 그 진행을 수탁판사에게 맡길 수 있다. 진행을 맡은 재판장, 수명법관, 수탁판사 등을 "재판장등"이라고 한다.

(2) 권 한

재판장 등의 권한은 쟁점정리, 증거결정 그리고 증거조사 등이다. 쟁점정리를 위하여 필요한 범위 내에서 증인신문·당사자신문을 제외한(제313조는 예외) 모든 증거조사를 할 수 있다(제281조 3항). 쟁점정리와 증거조사 후 조정, 화해권고결정 등을 할 수 있다(제145조, 제225조). 따라서 이를 잘 운영하면 화해·조정률이 크게 제고될 수 있다(이시윤). 재판장 등의 면전에서 소 취하(제266조), 청구의 포기·인낙, 화해(제220조)를 할 수 있다. 하지만 재판장 등은 판결(중간·종국판결 등)을 할 수는 없으며, 이송결정, 참가의 허가여부의 결정, 소송수계허가여부의 결정 등 소송상의 재판도 할 수 없다. 이러한 재판사항은 수소법원의 권한이기 때문이다. 변론의 제한·분리·병합(제141조)도 할 수 없다. 그러나 재판장등에게 소송지휘에 대한 재판은 허용된다.

2. 서면에 의한 변론준비절차

> 제280조(변론준비절차의 진행) ① 변론준비절차는 기간을 정하여, 당사자로 하여금 준비서면, 그 밖의 서류를 제출하게 하거나 당사자 사이에 이를 교환하게 하고 주장사실을 증명할 증거를 신청하게 하는 방법으로 진행한다.

(1) 서면공방

소장부본의 송달을 받은 피고가 답변서를 제출하면 그 부본을 원고 측에 보내면서 석명준비명령으로 기간을 정하여 반박준비서면의 제출을 촉구하고, 그것이 오면 다시 피고 측에 보내어 기간을 정하여 재반박준비서면의 제출을 촉구한다. 법원사무관 등을 통해서도 제출 촉구를 할 수 있다(규칙 제70조의 3). 이 과정에서 기본적인 서증, 증거조사를 위한 후속조치가 필요한 증거신청(문서송부촉탁·감정·검증·사실조회)이 이루어진다. 당사자가 준비서면을 제출하는 경우 쟁점정리를 위해 다툼 있는 부분과 다툼 없는 부분을 구분할 것이 요구된다.

(2) 서면공방의 기간과 단축

서면에 의한 변론준비절차는 4월을 넘을 수 없다. 이 기간 내에 주장·증거의 정리 등이 되지 아니하였다면 즉시 변론준비기일을 지정하여야 한다(제282조 2항, 제258조 2항). 재판장은 사건의 신속한 진행을 위하여 필요한 때에는 사건을 변론준비절차에 부침과 동시에 변론준비기일을 정하고 기간을 정하여 당사자로 하여금 준비서면, 그 밖의 서류를 제출하게 하거나 당사자 사이에 이를 교환하게 하고 주장 사실을 증명할 증거를 신청하게 할 수 있다(규칙 제69조 3항). 불필요한 서면공방단계를 단축하려는 취지이다.

3. 변론준비기일

(1) 개 요

> 제282조(변론준비기일) ① 재판장등은 변론준비절차를 진행하는 동안에 주장 및 증거를 정리하기 위하여 필요하다고 인정하는 때에는 **변론준비기일을 열어 당사자를 출석하게** 할 수 있다.
> ② 사건이 변론준비절차에 부쳐진 뒤 변론준비기일이 지정됨이 없이 4월이 지난 때에는 재판장등은 즉시 변론준비기일을 지정하거나 변론준비절차를 끝내야 한다.
> ③ 당사자는 재판장등의 허가를 얻어 변론준비기일에 제3자와 함께 출석할 수 있다.
> ④ 당사자는 변론준비기일이 끝날 때까지 변론의 준비에 필요한 주장과 증거를 정리하여 제출하여야 한다.
> ⑤ 재판장등은 변론준비기일이 끝날 때까지 변론의 준비를 위한 모든 처분을 할 수 있다.

6개월 한도의 기일방식이다. 재판장등은 변론준비절차를 진행하는 동안에 주장 및 증거를 정리하기 위하여 필요하다고 인정하는 때에는 양쪽 당사자를 출석하게 하여 최종적으로 주장 및 증거를 정리하는 기일이다.

(2) 당사자 본인의 출석

변론준비기일은 준비절차실 또는 심문실에서 재판장 등이 당사자와 대면하여 대화하면서 자유롭게 진행한다. 법정의 변론과는 다르다. 당사자에게 원래 출석의무는 없으나, 재판장 등이 필요하다고 인정하면 당사자 본인 또는 그 법정대리인에게 출석을 명할 수 있으며, 소송대리인에게 당사자본인 또는 법정대리인을 출석시키라고 요청할 수 있다(규칙 제29조의 2). 재판장 등은 의문점 등을 석명권행사를 통해 풀 수 있고, 당사자도 법관의 면전에서 주장의 기회를 부여받음으로 절차권이 보장되는 이점이 있다.

(3) 비공개

변론준비기일은 비공개로 열린다. 여기서 재판공개의 원칙에 반하지 않느냐는 문제가 있으나, 변론준비기일에서는 변론의 준비 즉 당사자의 주장과 증거를 정리하는데 그치는 것이고, 변론기일에 변론준비기일의 결과를 진술하며 변론에 상정된 주장만이 심판의 대상이 될 뿐 아니라 법관의 심증형성에 결정정인 증인 등 조사절차는 공개된 법정에서 실시되므로, 공개재판의 원칙에 반한다고 하기 어렵다(다수설). 判例도 재판장 등이 주재하는 변론준비절차도 공개주의가 배제된다[53]고 한다(대판 2006.10.27. 2004다69581).

---

[53] 변론준비절차는 원칙적으로 변론기일에 앞서 주장과 증거를 정리하기 위하여 진행되는 변론 전 절차에 불과할 뿐이어서 변론준비기일을 변론기일의 일부라고 볼 수 없고 변론준비기일과 그 이후에 진행되는 변론기일이 일체성을 갖는다고 볼 수도 없는 점, <u>변론준비기일이 수소법원 아닌 재판장 등에 의하여 진행되며 변론기일과 달리 비공개로 진행될 수 있어서 직접주의와 공개주의가 후퇴하는 점</u>, 변론준비기일에 있어서 양쪽 당사자의 불출석이 밝혀진 경우 재판장 등은 양쪽의 불출석으로 처리하여 새로운 변론준비기일을 지정하는 외에도 당사자 불출석을 이유로 변론준비절차를 종결할 수 있는 점, 나아가 양쪽 당사자 불출석으로 인한 취하간주제도는 적극적 당사자에게 불리한 제도로서 적극적 당사자의 소송유지의사 유무와 관계없이 일률적으로 법률적 효과가 발생한다는 점까지 고려할 때 <u>변론준비기일에서 양쪽 당사자 불출석의 효과는 변론기일에 승계되지 않는다</u>

(4) 조서작성

> 제283조(변론준비기일의 조서) ① 변론준비기일의 조서에는 당사자의 진술에 따라 제274조제1항제4호와 제5호에 규정한 사항을 적어야 한다. 이 경우 특히 증거에 관한 진술은 명확히 하여야 한다.
> ② 변론준비기일의 조서에는 제152조 내지 제159조의 규정을 준용한다.

변론준비기일에서도 법원사무관 등은 조서를 작성하여야 한다. 쟁점정리결과의 서면화로 쟁점에 집중한 증거조사가 가능해지고, 변론준비기일 종결에 따른 실권효의 근거를 명확히 하는 의미가 있다.

(5) 당사자의 불출석

> 제284조(변론준비절차의 종결) ① 재판장등은 다음 각호 가운데 어느 하나에 해당하면 변론준비절차를 종결하여야 한다. 다만, 변론의 준비를 계속하여야 할 상당한 이유가 있는 때에는 그러하지 아니하다.
> 3. 당사자가 변론준비기일에 출석하지 아니한 때
>
> 제286조(준용규정) 변론준비절차에는 제135조 내지 제138조, 제140조, 제142조 내지 제151조, 제225조 내지 제232조, 제268조 및 제278조의 규정을 준용한다.

이 경우에 한쪽 당사자가 변론준비기일에 불출석하였으면 진술간주(제148조)와 자백간주(제150조)의 법리를 준용한다. 출석한 당사자는 상대방이 불출석했을 때 준비서면의 제출로써 예고하지 아니한 사항도 진술할 수 있다(제276조 不準用). 양쪽 당사자가 불출석하였을 때에는 변론준비기일을 종결할 수 있고, 다시 기일을 정하여 양쪽 당사자에게 통지할 수도 있다(선택설). 계속적 불출석인 경우에는 변론기일에 양쪽 2회 불출석의 경우처럼 소의 취하간주의 법리가 준용된다(제268조). 다만 여기에서 불출석의 효과가 변론기일에 승계되지는 않으므로 변론준비기일에서 1회, 변론기일에서 2회 불출석으로 곧 소취하간주 되지 아니 한다(대판 2006.10.27. 2004다69581). 변론준비절차는 변론전 절차에 불과할 뿐 변론기일의 일부가 아니기 때문이다.

Ⅳ 변론준비절차의 종결

1. 종결원인

> 제284조(변론준비절차의 종결) ① 재판장등은 다음 각호 가운데 어느 하나에 해당하면 변론준비절차를 종결하여야 한다. 다만, 변론의 준비를 계속하여야 할 상당한 이유가 있는 때에는 그러하지 아니하다.
> 1. 사건을 변론준비절차에 부친 뒤 6월이 지난 때
> 2. 당사자가 제280조제1항의 규정에 따라 정한 기간 이내에 준비서면 등을 제출하지 아니하거나 증거의 신청을 하지 아니한 때

(대판 2006.10.27. 2004다69581).

2. 변론준비기일 종결의 효과 - 실권효

> 제285조(변론준비기일을 종결한 효과) ① 변론준비기일에 제출하지 아니한 공격방어방법은 다음 각 호 가운데 어느 하나에 해당하여야만 변론에서 제출할 수 있다.
> 1. 그 제출로 인하여 소송을 현저히 지연시키지 아니하는 때
> 2. 중대한 과실 없이 변론준비절차에서 제출하지 못하였다는 것을 소명한 때
> 3. 법원이 직권으로 조사할 사항인 때
> ② 제1항의 규정은 변론에 관하여 제276조의 규정을 적용하는 데에 영향을 미치지 아니한다.
> ③ 소장 또는 변론준비절차 전에 제출한 준비서면에 적힌 사항은 제1항의 규정에 불구하고 변론에서 주장할 수 있다. 다만, 변론준비절차에서 철회되거나 변경된 때에는 그러하지 아니하다.

Ⅴ 변론준비절차 뒤의 변론의 운영

> 제287조(변론준비절차를 마친 뒤의 변론) ① 법원은 변론준비절차를 마친 경우에는 **첫 변론기일**을 거친 뒤 바로 변론을 종결할 수 있도록 하여야 하며, 당사자는 이에 협력하여야 한다.
> ② 당사자는 변론준비기일을 마친 뒤의 변론기일에서 변론준비기일의 결과를 진술하여야 한다.
> ③ 법원은 변론기일에 변론준비절차에서 정리된 결과에 따라서 바로 증거조사를 하여야 한다.

1. 변론에의 상정

당사자는 변론준비기일을 마친 뒤의 변론기일에서 변론준비기일의 결과를 진술하여야 하는데(제287조 2항), 이를 변론에의 상정이라고 하고, 이렇게 하여야 소송자료가 된다. 따라서 규칙에서는 변론준비기일 결과의 진술은 당사자가 정리된 쟁점 및 증거조사결과의 요지 등을 진술하거나 법원이 당사자에게 쟁점사항을 확인하는 방식으로 하게 하였다(제72조의 2).

2. 1회의 변론기일주의와 계속심리주의

법원은 변론준비절차를 마친 경우에는 **첫 변론기일**을 거친 뒤 바로 **변론을 종결**할 수 있도록 하여야 하며, 당사자는 이에 협력하여야 한다. 원래는 6월내에서 1회 변론기일주의를 추구하려는 입법이다. 다만 1회 변론기일로 변론종결이 되지 않아 2일 이상이 소요되는 경우에는 가능한 한 종결에 이르기까지 매일 변론을 진행하여야 하며(연일의 집중심리), 특단의 사정이 있어도 최단기간 내의 날로 다음 변론기일을 지정하여야 하는 계속 심리주의를 원칙으로 하고 있다(규칙 제72조 1항). 다만 현재 2008년 개정법으로 인해 그 의미가 크게 반감 되어 있다.

3. 집중적인 증거조사

법원은 변론기일에 변론준비절차에서 정리된 결과에 따라서 바로 증거조사 즉 증인신문과 당사자신문을 하여야 한다(제293조).

제4절 변론의 내용

I 변론에 있어서 당사자의 소송행위

1. 신 청

(1) 본안의 신청

변론은 먼저 원고가 소장에 기재된 청구취지에 따라 특정한 내용의 판결을 구하는 진술을 함으로써 시작된다. 이는 본안재판의 대상과 내용에 관계되는 신청이기 때문에 본안의 신청이라고 한다.

(2) 반대신청

피고는 원고의 본안의 신청에 대응하여 소 각하, 청구기각의 판결을 구하는 신청, 즉 반대신청을 하지만 이는 소송상의 신청이다.

2. 공격방어방법

(1) 의 의

변론주의 때문에 신청을 뒷받침하기 위하여 제출하는 일체의 소송자료(사실자료+증거자료)를 공격방어방법이라고 한다.

(2) 주 장

1) 법률상의 주장

① 의 의

넓은 의미로는 법규의 존부, 내용 또는 그 해석적용에 관한 의견의 진술을 포함하는데, 이러한 법률상의 주장은 법원을 구속할 수 없으며 단지 법관의 주의를 환기시키는 의미 밖에 없다. 좁은 의미로는 구체적인 권리관계의 존부에 대한 자기의 판단의 보고를 말하며, 원칙적으로 변론주의의 적용을 받지 않고, 법원도 이에 구속되지 않는다.

② 법률상의 주장에 대한 상대방의 태도

법률상의 주장을 상대방이 다투는 경우에는 법률상의 주장을 뒷받침할 사실을 주장하지 않으면 안 된다. 법률상의 주장을 상대방이 불리함에도 불구하고 이를 시인하는 경우 권리자백이 되지만 이는 원칙적으로 구속력이 없다. 다만 소송물인 권리관계 자체에 대한 권리자백은 청구의 포기·인낙이 되어, 이에 대해서는 구속력이 인정된다(제220조).

2) 사실상의 주장

① 의 의

구체적 사실의 존부에 관한 당사자의 지식이나 인식을 법원에 보고하는 것으로 당사자의 주장사실은 주요사실, 간접사실, 보조사실로 구별된다. 변론주의 하에서는 주요사실에 관한 한 변론에서 주장되지 아니하였으면 판결의 기초로 할 수 없다.

② 상대방의 답변태도

가. 부인은 상대방이 증명책임을 지는 주장사실을 아니라고 하는 진술이다(제150조 2항).

나. 부지는 상대방이 주장사실을 알지 못한다는 진술로서, 부지는 부인으로 추정한다(제150조 2항). 자기가 관여한 것으로 주장된 행위나 서증에 대하여는 인부절차에 있어서 원칙적으로 부지라는 답변은 있을 수 없으며, 부인만이 가능하다.

다. 자백은 자기에게 불리한 상대방의 주장사실을 시인하는 진술로, 자백한 사실은 증거를 필요로 하지 아니하며 재판의 기초가 된다(제288조).

라. 침묵은 상대방의 주장사실을 명백히 다투지 아니함을 말하며, 변론 전체의 취지로 보아 다툰 것으로 인정될 경우를 제외하고는 자백한 것으로 간주한다(자백간주, 제150조 1항). 당사자가 불출석한 경우에도 침묵에 준하여 자백으로 간주한다(제150조 3항).

③ 예비적 주장의 경우

사실상 주장은 기한이나 소송외적 조건을 붙일 수는 없으나, 소송내적 조건은 붙일 수 있다. 즉 하나의 주장이 배척이 될 것을 조건으로 다른 주장을 가정적으로 하는 예비적 주장(가정적 주장, 예비적 항변)은 허용된다. 이 경우 법원은 어느 것을 선택하여 당사자를 승소시켜도 무방하다. 다만 상계항변은 기판력이 생기고(제216조 2항), 피고의 반대채권(자동채권)을 희생시키는 출혈적 항변이므로, 판단의 순서를 최후로 미루어야 한다. 따라서 다른 항변이 이유가 없을 때에 비로소 판단하여야 하는 예비적(후순위)항변으로 취급해야 한다. 判例도 상계항변은 수동채권의 존재가 확정되는 것을 전제로 행하여지는 예비적 항변이라고 하였다(대판 2013.03.28. 2011다3329). 건물철거소송에서 임차인이나 지상권자가 주장하는 지상물매수청구권의 항변도 동일하게 취급하여야 한다.

3) 부인

① 의의 및 종류

부인이라 함은 상대방의 주장사실을 부정하는 진술을 말한다. 단순히 원고의 주장사실이 진실이 아니라고 부정하는데 그치는 경우 이를 직접부인, 소극부인 또는 단순부인이라 하고, 원고의 주장사실과 양립되지 않는 사실을 적극적으로 진술하며 원고의 주장을 부정하는 경우가 있는데 이를 간접부인, 적극부인, 이유부부인이라 한다.

② 답변서상 단순부인이 허용되는지 여부

피고의 답변서에는 소장의 청구원인에 대한 구체적인 진술을 적어야 하므로(규칙 제65조 1항), 청구원인사실에 대하여 단순부인을 하는 것은 허용되지 아니한다.

(3) 증거신청(증명, 입증)

법관으로 하여금 사실상의 주장의 진부에 대한 확신을 얻게 하기 위한 행위로, 다툼이 있는 사실에 대하여 필요하다. 입증에 대한 상대방의 방어를 증거항변이라고 한다.

3. 항변

(1) 의의

넓은 의미의 항변은 소송절차에 관한 항변인 소송상의 항변과 청구기각을 목적으로 하는 실체법상의 본안의 항변으로 나뉜다.

(2) 소송상 항변

1) 본안전 항변과 증거항변

소송상의 항변은 실체법상 효과에 관계없는 항변으로 ① 원고의 소에 소송요건의 흠이 있어 소가 부적법하다는 피고의 주장인 本案前(본안전)항변과 ② 상대방의 증거신청이 부적법하다거나 증거력이 없다고 주장하는 증거항변으로 구분 된다.

2) 본안전 항변의 성질

소송요건은 대부분 직권조사사항에 해당하므로, 피고의 주장을 기다려서 고려할 사항이 아니다. 따라서 이러한 피고의 본안전 항변은 법원의 직권발동을 촉구하는 의미밖에 없으므로 진정한 의미의 항변이라고 할 수 없다. 예를 들어 무권대리의 항변, 소송계속의 항변(제259조), 기판력 항변(제216조, 제218조) 등이 있다. 다만 방소항변(妨訴抗辯)(임의관할 위반, 소송비용담보제공, 부제소합의[54], 중재합의 등)은 예외적으로 피고의 주장을 기다려 고려하므로, 진정한 의미의 항변이라 할 수 있다.

3) 증거항변의 성질

증거의 채택여부는 법원의 직권사항이고 또 증거력의 유무도 법관의 자유심증에 의하여 결정되기 때문에, 이것도 엄밀한 의미의 항변이라고 할 수 없다.

(3) 본안의 항변

1) 의의

본안의 항변은 실체법상 효과에 관계있는 항변으로, 원고의 청구를 배척하기 위하여 원고주장 사실이 진실임을 전제로 하여 이와 양립가능한 별개의 사항에 대하여 진술하는 것을 의미한다.

2) 부인과의 구별[55]

---

[54] 判例는 직권조사사항으로 본다(대판 2013.11.28. 2011다80449).
[55] 부인과 항변은 ① 상대방 주장과의 양립가능성, ② 다른 별개사실의 주장 필요성 ③ 상대방 주장에 대해 방어한 사실이 자백과 택일가능성이 있는지에 따라 구별되는데, 별개주장의 필요성의 면과 택일성의 면에서 상술하기로 한다. 먼저 별개주장의 필요성의 면에서는 부인의 경우 중 단순부인을 할 때에는 아니다·모른다 등 다투기만 하면 되고 별개의 주장이 필요 없으며, 적극적 부인을 할 때에는 별개의 주장이 필요하다. 이에 반하여 항변의 경우에는 언제나 별개사실에 관한 주장이 필요하게 된다. 그리고 택일성의 면에서 부인의 경우에는 상대방의 주장사실이 있을 때에 이를 부인할 것인가(알지 못한다(부지)는 진술도 같다) 또는 인정할 것인가(침묵도 같다)의 둘 중의 하나의 태도를 취하여야 하므로 택일적이다. 그러나 항변의 경우에는 이를 할 것이냐 아니냐는 당사자의 자유에 속한다(정동윤·유병현·김경욱).

① 원고주장의 사실과 양립가능성이 있는지의 문제와, ② 그 증명책임이 누구에게 있는가가 그 기준이 된다.

3) 부인과의 구별실익

① 증명책임

증명책임이란 소송상 어느 요증사실의 존부가 확정되지 않는 때에 당해 사실이 존재하지 않는 것으로 취급되어 법률판단을 받게 되는 당사자 일방의 위험 또는 불이익을 뜻한다. 이러한 증명책임의 분배에 있어 통설은 법률요건분류설(규범설)에 따라 각 당사자는 자기에게 유리한 법률의 요건사실의 전부에 대해 증명책임을 지는 것으로 분배시키고 있다. 부인의 경우에는 부인당한 사실에 대한 증명책임이 그 상대방 즉 원고에게 돌아가나, 항변의 경우에는 그 항변사실의 증명책임이 그 제출자인 피고에게 있다. 예를 들어 피고의 무상증여의 진술이 있을 때에는 원고 측에서 대여사실의 존재를 입증하여야 할 것이나, 피고 측에서 면제를 주장할 경우 이는 원고의 주장 사실이 진실임을 전제로 주장한 것이므로 피고 측에서 원고의 피고에 대한 채무면제의 사실을 입증하여야 할 것이다.

② 법원이 설시할 판결이유

(간접)부인의 경우에 이를 배척하는 판단은 원고 청구를 인용하는 판단 안에 포함되어 있다고 볼 수 있기 때문에 별도의 판결이유 설시가 필요하지 않으나, 항변의 경우에는 피고의 주장을 배척하는 판단을 판결이유에서 설시해야 하며 이를 하지 아니하면 판단누락의 위법을 면치 못한다 (제424조 1항 6호, 제451조 1항 9호).

4) 제한부 자백과 가정적 항변

항변은 주장의 형태에 의하여 제한부자백과 가정항변으로 나눌 수 있다. 제한부 자백이란 원고의 주장사실을 확정적으로 인정하면서 양립될 수 있는 별개의 사실을 진술하는 것임에 대하여, 가정항변이란 원고의 주장사실을 일응 다투면서 예비적으로 항변하는 경우이다.

5) 권리장애·멸각(소멸)·저지사실

① 권리장애사실

권리근거규정에 기한 권리의 발생을 애당초부터 방해하는 권리장애규정의 요건사실을 주장하는 경우이다. 예를 들어 선량한 풍속위반(민법 제103조), 불공정한 법률행위(민법 제104조), 통정허위표시(민법 제108조), 강행법규의 위반 등을 말한다.

② 권리멸각(소멸)사실

권리근거규정에 의하여 일단 발생한 권리를 소멸시키는 권리소멸규정의 요건사실을 주장하는 경우이다. 예를 들어 변제(민법 제460조), 공탁(민법 제487조), 상계(민법 제492조), 소멸시효완성(민법 제162조 이하), 착오(민법 제109조), 사기·강박(민법 제110조)에 의한 취소, 계약의 해제·해지[56](민법 제543조), 권리의 포기·소멸 등을 말한다. 따라서 원고가 피고로부터 금전을 지급받기

---

56) 계속적 계약은 당사자 상호간의 신뢰관계를 기초로 하는 것으로서, 당해 계약의 존속 중에 당사자 일방의 계약상 의무 위반이나 기타 부당한 행위 등으로 인하여 계약의 기초가 되는 신뢰관계가 파괴되어 계약관계를

로 하는 약정이 있다고 주장하고 그러한 약정의 존재를 입증한 경우, 약정금 범위 내에서 구체적인 액수 등에 대하여는 더 심리해야 할 것이라 하더라도 원고로서는 일응 그 권리발생의 근거에 대한 주장·입증을 한 것이므로 그 약정에 따른 채무가 불발생한다거나 소멸하였다는 주장은 피고의 항변사항에 속한다(대판 1997.03.25. 96다42130).

③ 권리저지사실

권리근거규정에 기하여 이미 발생한 권리의 행사를 저지시키는 권리저지규정의 요건사실을 주장하는 경우이다. 권리저지사실은 일반적으로 이행청구에 대하여 일시적·잠정적으로 이행 거절하는 연기적 항변의 모습으로 나타난다. 예를 들어 기한의 유예, 정지조건의 존재, 동시이행항변이나 유치권의 원인사실, 한정승인사실, 건물매수청구권, 목적물인도청구에 있어 권원에 의한 점유(민법 제213조 단서), 신의칙위반 및 권리남용의 주장 등을 말한다. 다만 유치권항변이나 동시이행항변이 이유 있을 때에는 청구기각이 아니라 상환급부(동시이행)의 판결을 하여야 한다[57].

6) 피고의 항변에 대한 원고의 태도 – 재항변

재항변이란 피고의 항변에 대하여 원고가 항변사실에 대한 효과의 발생에 장애가 되는 사실을 주장하거나, 일단 발생한 효과를 멸각·저지하는 사실을 주장하는 것[58]을 말한다. 장애가 되는 사실을 주장하는 경우로는 피고가 소멸시효항변을 하였을 때에 원고가 가압류나 채무승인 등에 의한 시효중단을 주장하는 재항변이 있는데, 이 경우 피고가 가압류가 해제되었다는 주장을 하면 이는 재재항변이 된다.

사례

대여금 청구소송에서 원고 X는 대여사실을 주장함에 대하여 피고 Y의 답변이 "X로부터 무상증여 받았다(A)"고 주장한 경우와 "X로부터 면제받았다(B)"고 주장한 경우, (A)와 (B)간의 차이점에 대하여 다음 질문에 답하시오. (제42회 사법시험 기출문제)
(1) (A), (B)에 대하여 누구에게 입증책임이 있는가?
(2) (A), (B) 각 사실이 인정되지 않을 경우, 법원이 설시할 판결이유는?

해설

1. 설문은 위에서 본 부인과 항변의 구별실익을 묻는 문제이다. 다만 그것의 전제문제로서 피고 Y의 (A), (B) 주장이 각각 부인인지, 항변인지를 살펴보아야 한다. (간접)부인과 항변은 위에서 보듯 ①상대방 주장과의 양립가능성, ②다른 별개사실의 주장 필요성, ③상대방 주장에 대해 방어한 사실이 자백과 택일가능성이 있는지에 따라 구별된다. 특히 설문의 경우는 ①상대방주장과의 양립가능성이 중요한데, 먼저 (A)의 경우는 피고 Y가 자기가 받은 금전은 원고가 주장하는 대여금이 아니라 증여로 받았음을 주장하는 것이므로 이는 양립가능성이 없어, 간접부인이 된다. 그러나 (B)의 경우는 피고 Y가 일단 대여사실은 인정하는 전제에서

그대로 유지하기 어려운 정도에 이르렀다면 상대방은 그 계약관계를 해지함으로써 장래에 향하여 그 효력을 소멸시킬 수 있지만, 그와 같이 계약관계를 유지하기 어려운 정도에 이른 사정에 관하여는 계약관계의 소멸을 주장하는 사람이 증명할 책임이 있다(대판 2015.04.23. 2011다19102).

57) 물건의 인도를 청구하는 소송에 있어서 피고의 유치권 항변이 인용되는 경우에는 그 물건에 관하여 생긴 채권의 변제와 상환으로 그 물건의 인도를 명하여야 한다(대판 1969.11.25. 69다1592).
58) 멸각·저지하는 사실을 주장하는 경우로는 원고의 소유권에 기한 건물인도청구에 대하여 피고가 임차권 항변을 한 경우에 원고가 차임연체로 인한 임대차계약의 해지(민법 제640조)를 주장하는 재항변이 있다.

면제를 받았다는 것이므로 이는 원고 X의 주장사실과 양립이 가능하여 항변을 한 것이 된다.

2. 이를 전제로 설문을 보면 (1)입증(증명)책임여부의 문제는 (A)의 경우는 간접부인을 한 것이므로 대여사실을 주장하는 원고 X에게 증명책임이 있으나, (B)의 경우는 항변을 한 것이므로 면제사실을 주장하는 피고 Y에게 증명책임이 있다고 보아야 한다. 그리고 (2)법원이 설시할 판결이유를 보면 법원이 원고 X의 청구를 인용하는 판결을 할 경우에, (A)의 간접부인의 경우에 이를 배척하는 판단은 원고 청구를 인용하는 판단 안에 포함되어 있다고 볼 수 있기 때문에 별도의 판결이유 설시가 필요하지 않으나 (B)의 항변의 경우에는 피고의 면제주장을 배척하는 판단을 판결이유에서 설시해야 하며 이를 하지 아니하면 판단누락의 위법을 면치 못한다(제424조 1항 6호, 제451조 1항 9호).

4. 소송에 있어 형성권의 행사

(1) 문제점

형성권을 소송전이나 소송 외에서 행사하고 진술하는 경우에는 보통의 공격방어방법을 행사하는 경우에 불과하므로 별 문제가 없다. 하지만 소송상 형성권의 행사와 동시에 항변하는 경우 문제가 있다. 즉 소송상 공격방어방법으로 행하는 형성권 행사는 사실상 소송행위로서의 성질과 사법상 권리의 행사(사법행위)로서의 성질을 동시에 가지므로 양자의 성질 관계를 어떻게 파악할 것인가가 주로 소송상 상계의 항변과 관련하여 문제된다.

> **학설**
> ① <u>사법행위설</u>(병존설)은 소송상의 형성권의 행사는 외형적으로는 1개의 행위인 것처럼 보이나, 실제로는 상대방에 대하여 형성권을 행사하는 사법상의 의사표시(사법행위)와 그 행사에 따라 생긴 사법상 효과의 법원에 대한 소송법상의 진술(소송행위)이라는 2가지의 행위가 병존한다고 보아 전자는 민법의 규율을 받고, 후자는 소송법이 적용된다고 한다. ② <u>소송행위설</u>은 소송상의 형성권의 행사는 오로지 소송상의 공격방어방법으로서 소송전이나 소송외의 행사와는 전혀 성질을 달리하는 소송법 고유의 순수한 소송행위라고 한다. 따라서 그 요건, 효과는 오로지 소송법의 규율을 받는다고 한다. ③ <u>양성설</u>(절충설)은 소송상의 형성권 행사는 사법행위와 소송행위 두 가지 성질이 혼재된 한가지의 행위라고 한다. 따라서 소송법상 효과가 생기지 않으면 사법상의 효과도 생기지 않는다고 한다. ④ <u>신병존설</u>은 기본적으로 사법행위설을 취하면서 사법행위인 상계의 의사표시에('법원의 판단을 받는다면' 이라는) 조건을 붙이는 것을 인정하여 부적법, 무의미한 소송상 형성권의 행사에 있어서는 사법상 효과를 부정한다. 우리나라의 다수설의 태도이다.

(2) 소송상 형성권의 행사의 법적 성질

1) 해제권

判例는 해제권의 소송상 행사에 대하여 "원고의 위 소 제기로 이 사건 매매계약 해제의 의사표시를 명시적으로 하지는 않았다 하더라도 원고가 피고에게 이 사건 매매계약의 존속과는 양립할 수 없는 위약금의 지급청구를 하고, 그 소장이 피고에게 송달됨으로써 해제권을 행사하였다고 할 것이고, 해제권은 형성권이므로 비록 그 뒤에 원고가 그 소를 취하하였다고 하여 위 해제권행사의 효력에 아무런 영향도 미치지 않는다 할 것(대판 1982.05.11. 80다916)."이라고 하여 병존설을 취하고 있다.

2) 상계권

상계권에 대해서는 "소송상 방어방법으로서의 상계항변은 통상 수동채권의 존재가 확정되는 것을 전제로 하여 행하여지는 일종의 예비적 항변으로서 소송상 상계의 의사표시에 의해 확정적으로 효과가 발생하는 것이 아니라 당해 소송에서 수동채권의 존재 등 상계에 관한 법원의 실질적 판단이 이루어지는 경우에 비로소 실체법상 상계의 효과가 발생한다(대판 2014.06.12. 2013다95964)."고 하여 신병존설이다(이시윤). "민사소송에서 상계항변이 예비적 항변임에 비추어 조정성립으로 사건이 끝난 경우에 조정조서에 상계내용이 없으면 상계의 사법상의 효과인 채권의 소멸은 되지 않는다(대판 2013.03.28. 2011다3329)."라고 한 것도 유사 취지이다(이시윤).

II 소송행위 일반

1. 소송행위의 의의

(1) 요건 및 효과설

소송행위라 함은 소송주체의 행위를 이르고 이 주체는 법원과 당사자이므로 이는 법원의 소송행위와 당사자의 소송행위로 나눌 수 있다. 특히 처분권주의, 변론주의에 의하는 민사소송에서는 당사자의 소송행위가 중요하고 이는 소송절차를 형성하고 그 요건과 효과가 소송법에 의하여 규율되는 행위를 말한다고 할 것이다(요건 및 효과설).

(2) 효과설

소송행위의 주요효과가 소송법의 영역에 발생하는 경우에는 소송행위라고 보아야 한다는 효과설 내지 주요효과설도 유력하다(정동윤·유병현, 김홍규).

2. 종 류

(1) 취효적 소송행위

법원에 일정한 내용의 재판을 구하는 행위 및 재판의 기초가 될 자료제공행위를 이르는데, 신청·주장·증명이 이에 속한다. 법원의 적법여부, 이유유무의 두 단계의 평가를 받게 되며, 어느 것이든 법원의 응답이 있게 된다.

(2) 여효적 소송행위

재판을 통하지 아니하고 직접적으로 소송법상의 효과가 발생하는 행위를 이르는데, 취효적 소송행위를 제외한 행위를 말한다. 이의 특징은 법원이 유·무효를 판단하면 되고, 원칙적으로 철회가 불가능하다는 점에 있다.

3. 소송상의 합의

(1) 의의 및 실체법상 합의와의 구별

현재 계속 중 또는 장래에 계속될 특정의 민사소송이나 강제집행에 대하여 직접·간접으로 영향을 미칠 법률효과의 발생을 목적으로 하는 사인간의 합의를 소송상 합의라고 한다. 실체법상의 합의는 그 법률효과가 실체법의 영역에서 발생할 뿐이라는 점에서, 소 취하에 대한 피고의 동의 또는 소송탈퇴에 대한 상대방의 승낙은 단순한 유효요건이라는 점에서, 직접·간접으로 소송법상 효과의 발생을 목적으로 하는 소송상 합의와는 구별된다.

(2) 적법성(허용성)

1) 명문규정이 있는 경우

관할의 합의(법 제29조), 불항소합의(법 제390조 제1항 단서)등은 민사소송법이 직접 그 요건을 정하고 있고 소송법상 효과가 발생하므로 그 합의는 소송행위로서의 성질을 가지고 적법하다.

2) 명문의 규정이 없는 경우

① 강행규정

증거력 계약, 소송요건에 관한 합의와 같은 공익에 직결되는 강행법규를 변경하거나 배제하는 때에는 무효이다.

② 임의규정

종래 소송법 관계에서는 계약자유의 원칙이 적용되지 않고, 또한 임의소송금지의 원칙상 허용되지 않는다는 부적법설이 원칙이었으나, 처분권주의와 변론주의가 지배하는 범위 내에서는 특정한 소송행위를 하느냐 하지 않느냐는 당사자의 자유에 속하므로 부제소특약, 소취하 또는 상소취하의 합의, 집행계약, 증거계약과 같이 당사자의 의사결정의 자유가 확보된 소송행위에 관한 계약은 허용된다(적법설, 통설·판례).

(3) 법적 성질과 효과(소송계약 불이행시 구제수단)

1) 명문의 규정이 있는 경우

직접 소송법상 효과가 발생하므로 소송행위로서의 성질을 가진다.

2) 명문의 규정이 없는 경우

> **학설**
>
> ① 사법계약설은 소송행위는 그 요건, 효과가 소송법에 의해 규율된다는 보는 요건 및 효과설을 전제로 소송상의 합의는 그 요건에 대해 명문의 규정이 없으므로 사법상의 계약이라고 한다. 다만 사법계약설은 그 소취하의 합의를 위반한 경우의 처리에 대해 ⅰ) 그 합의를 위반한 원고에게 피고가 그 의무이행(소취하)을 구하는 별소를 제기하여 판결로서 그 의무이행을 구해야 한다는 의무이행소구설, ⅱ) 별소는 우회적인 방법이므로 합의를 위반한 원고의 상대방인 피고가 그 합의의 위반사실을 당해 소송에서 항변으로 주장, 증명하면 법원은 권리보호이익이 없음을 근거로 원고의 소를 각하해야 한다는 항변권발생설(다수설)이 있다.
>
> ② 소송계약설은 소송행위는 그 효과만 소송법에 의해 규율되면 충분하다는 효과설을 전제로 소송상의 합의는 그 명문의 규정이 없더라도 소송법상의 효과가 발생하므로 이는 소송행위의 성질을 가진다고 한다(김홍규). 따라서 원고와 피고가 소취하의 합의를 하면 바로 소취하의 효과가 발생하여 소는 소급적으로 소멸하는 것(법 제267조 제1항)이며, 설사 당사자가 법원에서 이를 주장, 증명한다고 한다고 해도 법원은 이를 확인하는 의미에서 소송종료선언을 할 뿐이라고 한다.

③ 발전적 소송계약설은 소송계약설은 그 합의를 위반한 경우에 손해배상을 인정하기가 곤란하다고 하면서 소송계약에는 처분적 효과뿐만 아니라 의무부과적 효과(작위, 부작위 효과)를 인정해야 한다고 한다(정동윤·유병현).

判例는 강제집행취하계약에 기해 강제집행취하를 구하는 소송에 대해서 "이는 공법상의 처분을 구하는 것으로 부적법하다(대판 1966.05.31. 66다564)."고 하여 의무이행소구설을 배척하였다. 그리고 부제소특약에 반하여 소가 제기된 경우 "이 소는 권리보호이익이 없어 부적법하다."고 하고, 소취하계약의 경우에는 "소송당사자가 소송 외에서 그 소송을 취하하기로 합의한 경우에는 그 합의는 유효하여 원고에게 권리보호의 이익이 없으므로 원고의 소는 각하되어야 한다(대판 1968.11.05. 68다1665, 대판 1982.03.09. 81다1312 등)."고 하여 항변권발생설의 입장을 따르고 있다. 그리고 "특정한 권리나 법률관계에 관하여 분쟁이 있어도 제소하지 아니하기로 합의(이하 '부제소 합의'라고 한다)한 경우 이에 위배되어 제기된 소는 권리보호의 이익이 없고, 또한 당사자와 소송관계인은 신의에 따라 성실하게 소송을 수행하여야 한다는 신의성실의 원칙(민사소송법 제1조 제2항)에도 어긋나는 것이므로, 소가 부제소 합의에 위배되어 제기된 경우 법원은 직권으로 소의 적법 여부를 판단할 수 있다(대판 2013.11.28. 2011다80449)."고 하여 직권으로 판단할 수 있다는 판시도 있다.

> ■ 소취하 합의 관련 判例
> ① 재판상 화해에 있어서 법원에 계속 중인 다른 소송을 취하하기로 하는 내용의 화해조서가 작성된 경우, 그 화해조서의 효력(대판 2005.06.10. 2005다14861)
> 재판상 화해에 있어서 법원에 계속 중인 '다른' 소송을 취하하기로 하는 내용의 화해조서가 작성되었다면 당사자 사이에는 법원에 계속 중인 '다른' 소송을 취하하기로 하는 '합의'가 이루어졌다 할 것이므로, 다른 소송이 계속 중인 법원에 취하서를 제출하지 않는 이상 그 소송이 취하로 종결되지는 않지만(소송계약설 부정) 위 재판상 화해가 재심의 소에 의하여 취소 또는 변경되는 등의 특별한 사정이 없는 한 그 소송의 원고에게는 권리보호의 이익이 없게 되어 그 소는 각하되어야 한다(항변권발생설 입장).
> ② 당사자 사이에 조건부 소취하의 합의를 한 경우, 그 소송을 계속 유지할 법률상의 이익이 있는지 여부(대판 2013.07.12. 2013다19571)
> 당사자 사이에 그 소를 취하하기로 하는 합의가 이루어졌다면 특별한 사정이 없는 한 소송을 계속 유지할 법률상의 이익이 없어 그 소는 각하되어야 하는 것이지만(대판 1982.03.09. 81다1312 등 참조), 조건부 소취하의 합의를 한 경우에는 조건의 성취사실이 인정되지 않는 한 그 소송을 계속 유지할 법률상의 이익을 부정할 수 없다.

(4) 소송상 합의의 특징

1) 조건·기한 등의 부관의 가능여부

소송상 합의는 명문의 규정이 있어 소송행위로 보는 경우이든, 법률의 규정이 없어 사법행위로 보는 경우이든 단독적 소송행위가 아니므로, 조건·기한 등의 부관을 붙일 수 있다.

2) 민법규정의 적용 내지 유추적용 여부

소송 외에서 하는 소송상의 합의는 소송절차와 직접 관련이 없다. 따라서 소송상의 합의는 당사자 사이의 합의에 의하여 해제할 수 있고, 의사표시의 흠이 있을 때 민법규정을 적용 내지 유추적용 하여 취소나 무효를 주장할 수 있다. 즉 환송판결 전에 소 취하 합의가 있었지만, 환송 후 원심의 변론기일에서 이를 주장하지 않은 채 본안에 관하여 변론하는 등 계속 응소한 피고가 환송 후 판결에 대한 상고심에 이르러서야 위 소 취하 합의 사실을 주장하는 경우에 위 소 취하 합의가 묵시적으로 해제되었다[59](대판 2007.05.11. 2005후1202). 그리고 소취하합의의 의사표시 역시 민법 제109조에 따라 법률행위의 내용의 중요 부분에 착오가 있는 때에는 취소할 수 있다[60](대판 2020.10.15. 2020다227523(본소)·227530(반소)).

3) 직권조사사항과 항변사항

소송상 합의 중 법률상 명문의 규정이 있어 소송행위로 보는 경우, 소송상 합의의 존부는 직권조사사항이다. 소송상 합의 중 법률상 명문의 규정을 두지 아니하여 사법계약으로 보는 경우는 항변사항이다. 다만 불상소합의는 명문의 규정은 없으나 법률에 규정이 있는 불항소합의와 같이 소송행위로 보므로, 불상소합의의 존부는 직권조사사항이다.[61]

■ **부제소특약의 유·무효**

① **부제소특약이 유효인 경우**

당사자가 자유롭게 처분할 수 있는 권리관계에 대하여 부제소특약이 이루어진 경우에는, 부제소특약으로 말미암아 그 대상으로 된 권리관계가 강행법규 위반으로 무효라는 주장을 하지 못하게 되는 결과가 초래된다 하더라도, 그러한 사정만으로 그 부제소특약이 당해 강행법규에 위반하여 무효로 된다고 볼 수는 없다. 그런데 위약벌에 관한 권리관계에 대하여 당사자의 처분을 금하는 취지의 강행법규가 존재하고 있다고 인정되지 아니하므로, 설사 위약벌에 관한 권리관계에 대하여 부제소특약을 함으로써 그 권리관계가 강행법규 위반으로 무효라는 주장을 하지 못하게 된다는 사정을 들어 그 부제소특약이 당해 강행법규에 위반하여 무효로 되는 것은 아니라 할 것이다. 따라서 이와 다른 견해에 서서 이 사건 부제소특약이 강행법규에 위반하여 무효라는 취지의 원고의 주장 역시 그 이유가 없다. 원고가 내세우는 판결은 강행법규로 당사자의

---

[59] 계약의 합의해제는 명시적으로 뿐 아니라 묵시적으로도 이루어질 수 있으므로, 계약의 성립 후에 당사자 쌍방의 계약실현 의사의 결여 또는 포기로 인하여 쌍방 모두 이행의 제공이나 최고에 이름이 없이 장기간 이를 방치하였다면, 그 계약은 당사자 쌍방이 계약을 실현하지 아니할 의사가 일치함으로써 묵시적으로 합의해제되었다고 해석함이 상당하다.

[60] 소취하합의의 의사표시 역시 민법 제109조에 따라 법률행위의 내용의 중요 부분에 착오가 있는 때에는 취소할 수 있을 것이다. 의사표시의 동기에 착오가 있는 경우에는 당사자 사이에 그 동기를 의사표시의 내용으로 삼았을 때에 한하여 의사표시의 내용의 착오가 되어 취소할 수 있는 것이며, 법률행위의 중요 부분의 착오라 함은 표의자가 그러한 착오가 없었더라면 그 의사표시를 하지 않으리라고 생각될 정도로 중요한 것이어야 하고 보통 일반인도 표의자의 처지에 섰더라면 그러한 의사표시를 하지 않았으리라고 생각될 정도로 중요한 것이어야 한다. 이때 착오를 이유로 의사표시를 취소하는 자는 법률행위의 내용에 착오가 있었다는 사실과 함께 착오가 의사표시에 결정적인 영향을 미쳤다는 점, 즉 만일 착오가 없었더라면 의사표시를 하지 않았을 것이라는 점을 증명하여야 한다(대판 2020.10.15. 2020다227523(본소)·227530(반소)).

[61] 불항소(불상소) 합의의 유무는 항소의 적법요건에 관한 것으로서 법원의 직권조사사항이다(대판 1980.01.29. 79다2066)."

처분이 금지된 권리관계에 대하여 부제소특약을 한 경우로 이 사건과 사안을 달리하므로 이 사건에서 원용하기에 적절하지 아니하다(대판 2008.02.14. 2006다18969).

② 부제소특약이 무효인 경우
매매계약과 같은 쌍무계약이 급부와 반대급부와의 불균형으로 말미암아 민법 제104조에서 정하는 '불공정한 법률행위'에 해당하여 무효라고 한다면, 그 계약으로 인하여 불이익을 입는 당사자로 하여금 위와 같은 불공정성을 소송 등 사법적 구제수단을 통하여 주장하지 못하도록 하는 부제소합의 역시 다른 특별한 사정이 없는 한 무효라고 할 것이다(대판 2010.07.15. 2009다50308).

Ⅲ 소송행위의 성질

1. 인적 요건

소송행위를 유효하게 하기 위해서는 당사자능력·소송능력·변론능력을 갖추어야 하고, 법정대리권 및 소송대리권을 필요로 한다. 소송행위에 민법상의 표현대리의 규정은 적용되지 않는다(다수설, 판례).

2. 소송행위의 방식

소송행위는 변론주의 및 구술주의 요청으로 변론절차에서 말로 행하는 것이 원칙이지만(제134조 1항, 규칙 제28조, 제72조의 2), 소·상소·재심 및 항고의 제기, 소의 변경, 소의 취하, 소송고지 등은 예외적으로 서면에 의해야 한다. 소송행위는 원칙적으로 법원에 대한 단독행위이다. 다만 관할의 합의(제29조) 등은 당사자 간의 합의형식으로 한다.

3. 소송행위의 조건과 기한

(1) 원 칙

계약자유의 원칙이 적용되는 사법행위와 달리 소송행위에는 원칙적으로 조건이나 기한을 붙일 수 없다.

(2) 예 외

기한은 어느 경우에도 붙일 수 없으나, 조건에 있어서 소송내적 조건 즉 소송 진행 중에 판명될 사실을 조건으로 하는 예비적 신청이나 예비적 주장은 절차의 안정을 해칠 염려가 없기 때문에 허용된다.

4. 소송행위의 철회

(1) 의 의

소송행위의 철회란 의사를 하자를 이유로 한 경우를 제외하고 소송행위 이후 발생한 후발적 사유에 의하여 일단 생긴 행위의 법적 효과를 제거하는 것을 의미하는데, 처분권주의·변론주의 하에서의 소송행위는 원칙적으로 철회가 자유롭다(취효적 소송행위, 절차조성행위).

(2) 예 외

당해 행위를 한 당사자에게 불리하거나, 상대방에게 일정한 법률적 지위가 형성된 소송행위, 소송절차의 진행상 확정적 효과가 생긴 경우(구속적 소송행위, 여효적 소송행위, 절차종료행위)에는 자유롭게 철회할 수 없다. 예를 들어 적법한 소취하의 서면이 제출된 이상 그 서면이 상대방에게 송달되기 전·후를 묻지 않고 원고는 이를 임의로 철회할 수 없다(대판 1997.06.27. 97다6124).

5. 소송행위의 취소가능성 - 의사하자의 고려

(1) 소송행위에 대한 민법상 하자고려 여부

소송행위에 사기·강박 등의 하자가 존재할 경우에 이를 민법과 같이 하자를 고려하여 그 소송행위를 취소할 수 있느냐에 대해서는 민사소송법상 명문의 규정이 없기 때문에 그 하자를 고려하여 취소를 인정할 것이냐가 문제된다. 이 경우 하자고려설(유추적용긍정설)은 절차를 조성하는 행위와 절차를 종료시키는 행위를 구별하여 소·상소 취하, 청구의 포기·인낙, 재판상 화해 등의 절차종료행위는 소송절차의 안정과 무관하므로 이 경우에는 민법상의 하자규정을 유추하여 취소를 인정할 수 있다고 한다(P.Arens, 정동윤, 호문혁, 김상수 등 유력설). 이에 반하여 하자불고려설(유추적용부정설)은 소송행위는 외관주의·표시주의가 관철되어야 하고, 특히 청구의 포기·인낙, 재판상 화해 등은 준재심의 소 이외에는 구제책을 인정하지 않는 것이 우리 법제이므로 민법규정의 유추를 인정할 수 없다고 한다. 다만 사기, 강박에 의한 경우에는 민법규정보다 제451조 제1항 제5호의 재심규정을 유추하여 취소를 인정할 수는 있다고 한다(재심규정유추설). 그러나 착오의 경우에는 법원에 대한 공적 진술인 점, 소송의 안정성에 비추어 그 취소를 인정할 수는 없다고 한다(Leo Rosenberg, 이시윤, 강현중 등 다수설).

(2) 判 例

判例는 "소송행위에는 민법 제109조, 제110조의 규정이 적용될 여지가 없으므로 위 원고 대리인의 가처분신청의 취소가 사기, 강박 등 형사상 처벌을 받을 타인의 행위로 인한 것이라 하더라도 유효하다(대판 1984.05.29. 82다카963)."고 하고, "소의 취하는 원고가 제기한 소를 철회하여 소송계속을 소멸시키는 원고의 법원에 대한 소송행위이고 소송행위는 일반 사법상의 행위와는 달리 내심의 의사보다 그 표시를 기준으로 하여 효력 유무를 판정할 수밖에 없는 것인바, <u>원고 소송대리인으로부터 소송대리인 사임신고서 제출을 지시받은 사무원은 원고 소송대리인의 표시기관에 해당되어 그의 착오는 원고 소송대리인의 착오라고 보아야 하므로, 사무원의 착오로 원고 소송대리인의 의사에 반하여 소를 취하하였다고 하여도 이를 무효라고 볼 수는 없다</u>(대판 1997.10.24. 95다11740)."고 하여 하자불고려설의 입장이다. 그러나 민법규정을 유추할 수는 없다고 하여도 제451조 제1항 제5호의 재심규정을 유추하여 소송행위를 취소하는 것은 인정한다(재심규정유추설). 즉 어떠한 소송행위에 민사소송법 제451조 제1항 제5호의 재심사유가 있다고 인정되는 경우 그러한 소송행위에 기초한 확정판결의 효력을 배제하기 위한 재심제도 취지상 재심절차에서 해당 소송행위 효력은 당연히 부정될 수밖에 없고, 그에 따라 법원으로서는 위 소송행위가 존재하지 않은 것과 같은 상태를 전제로 재심대상사건의 본안에 나아가 심리·판단하여야 하며 달리 소송행위의 효력을 인정할 여지가 없다(대판 2012.06.14. 2010다86112).

(3) 유죄확정판결의 요부 - 재심규정유추설에 의할 경우(재심사유의 소송내적 고려)

1) 학설

재심규정유추설을 취하는 학설은 확정판결을 요하면 구제의 길이 지나치게 좁아지고, 제451조 제2항에서 유죄의 확정판결을 요하는 것은 가별적 재심사유의 성질에 대한 적법요건설에 의할 때 재심의 소의 남용을 방지하기 위한 취지인바, 이 경우에는 재심의 소를 남용하려는 의도와는 관계가 없으므로 확정판결을 요하지 않는다고 보는 것이 타당하다고 한다(확정판결불요설, 이시윤).

2) 判例

判例는 "형사책임이 수반되는 타인의 강요와 폭행에 의하여 이루어진 소취하의 약정과 소취하서의 제출은 무효이다(대판 1985.09.24. 82다카312·313·314)."라고 하여 유죄의 확정판결을 요하지 않은 것도 있으나, 주류적 判例는 ① 타인의 사기·강박행위로 인한 형사유죄판결이 확정된 경우일 것, ② 그 소송행위가 사기·강박으로 인하여 외형적으로만 존재하고 그에 부합하는 의사가 없을 것 등의 요건을 요구하여 확정판결을 요한다(대판 1984.05.29. 82다카963, 확정판결필요설). 즉 지급명령에 대한 이의신청의 취하는 채무자가 제기한 이의신청을 철회하여 지급명령에 확정판결과 같은 효력을 부여하는 채무자의 법원에 대한 소송행위로서 소송행위의 특질상 소송절차의 명확성과 안정성을 기하기 위한 표시주의가 관철되어야 하므로 민법의 법률행위에 관한 규정은 원칙적으로 적용되지 않는다. 다만 대표자나 대리인(이하 대표자 등이라 한다)이 상대방과 통모하여 형사상 처벌을 받을 배임행위 등에 의하여 지급명령에 대한 이의신청을 취하한 때에는 민사소송법 제451조 제1항 제5호의 규정을 유추적용 하여 그 효력이 부정될 수 있는 경우가 있을 것이나, 같은 조 제2항에 따라 그 형사상 처벌받을 행위에 대하여 유죄의 판결이나 과태료 부과의 재판이 확정된 때 또는 증거부족 외의 이유로 유죄의 확정판결이나 과태료부과의 확정재판을 할 수 없는 때라야 할 것이다(대결 2012.11.21. 2011마1980).

6. 소송행위의 하자와 그 치유

(1) 원 칙

소송행위의 인적 요건을 갖추지 못하고, 방식과 내용에 있어서 소송법규에 합치하지 않는 소송행위는 하자(瑕) 있는 소송행위로서 무효로 된다. 이 경우 법원은 그 행위를 기각·각하 하거나 종국판결의 이유 속에서 판단하여야 함이 원칙이다. 예외적으로 법원은 아무런 응답을 하지 않고 무시할 수도 있다.

(2) 무효인 소송행위라도 다음의 사유가 있으면 유효하게 될 수 있다.

1) 하자 없는 새로운 행위

2) 추인 - 제60조, 제97조

3) 보정 – 제254조, 제255조

4) 이의권의 포기·상실(제151조)

5) 소송행위의 전환

하자 있는 소송행위가 당사자가 의도하는 목적과 동일한 다른 소송행위의 요건을 갖춘 경우에 그 다른 소송행위의 효력을 갖게 되는 것을 말한다. 判例는 요건불비의 독립당사자참가에 있어 참가인의 종전 당사자에 대한 청구를 취하한 경우에 당사자 일방의 보조참가신청으로 전환을 인정한 것(대판 1960.05.26. 4292민상524), 추후보완항소라는 취지의 문언을 기재하지 않았지만 증거에 의하여 항소기간의 도과가 그 책임질 수 없는 사유로 인한 것으로 인정되는 경우에는 그 항소를 추후보완항소로 본 것(대판 1980.10.14. 80다1795), 특별항고의 대상인 결정명령에 대하여 일반항고로 항고법원에 항고를 한 경우 특별항고로 보아 대법원에 기록을 송부한 것(대판 1968.11.08. 68마1303), 청구기간 도과의 공동소송참가신청을 보조참가신청으로 보는 것(헌재 2008.02.28. 2005헌마872·918) 등을 예로 들 수 있다.

7. 소송행위의 해석

소송행위의 해석은 일반 실체법상의 법률행위와는 달리 내심의 의사가 아닌 철저한 표시주의와 외관주의에 따라 그 표시를 기준으로 하여야 하고, 표시된 내용과 저촉되거나 모순되어서는 안 된다(대판 2002.10.11. 2000다17803).

제5절 변론의 개시

I 변론의 경과

> 제165조(기일의 지정과 변경) ① 기일은 직권으로 또는 당사자의 신청에 따라 재판장이 지정한다. 다만, 수명법관 또는 수탁판사가 신문하거나 심문하는 기일은 그 수명법관 또는 수탁판사가 지정한다.
> ② 첫 변론기일 또는 첫 변론준비기일을 바꾸는 것은 현저한 사유가 없는 경우라도 당사자들이 합의하면 이를 허가한다.
> 제169조(기일의 시작) 기일은 사건과 당사자의 이름을 부름으로써 시작된다.

1. 변론기일의 지정 및 경과

변론은 미리 재판장이 지정하며 양쪽 당사자에게 통지한 기일에 공개된 법정에서 한다(제165조). 사건과 당사자의 이름을 부름으로서 기일이 개시되며(제169조), 재판장이 변론을 진행한다(제135조). 변론은 변론준비기일을 마친 사건에서는 변론준비기일의 결과의 진술로써, 통상의 사건에서는 원고가 이미 제출한 소장에서 기하여 본안의 신청을 말로 진술함으로써 개시된다. 이에 대응하여 피고가 소 각하·청구기각의 반대신청을 한다. 그리고 당사자는 변론에서 중요한 법률상·사실상의 사항을 진술하고 법원이 당사자에게 쟁점 확인을 하며, 당사자에게 중요 쟁점에 관한 의견진술의 기회를 주는 방식에 의한다(규칙 제28조).

2. 변론의 종결

변론을 개시하기 전에 당사자는 사실관계와 증거를 사전에 상세히 조사정리하고(규칙 제69조의 2), 법원은 변론준비절차에 부치는 사건이 아니라도 미리 쟁점과 증거를 정리하여 증인 등에 관한 집중적인 증거조사로 종결한다(제293조). 심리가 종국판결을 하기에 성숙하면 법원은 변론을 종결한다.

II 변론의 제한, 분리, 병합

> 제141조(변론의 제한·분리·병합) 법원은 변론의 제한·분리 또는 병합을 명하거나, 그 명령을 취소할 수 있다.

1. 변론의 제한

(1) 의 의

하나의 소에 여러 개의 청구가 병합되어 있는 경우 또는 하나의 소송에 여러 개의 변론·증거조사를 할 사항이 있는 경우[62]에 그 가운데 하나의 청구 또는 하나의 사항에 한하여 심리를 집중시키는 것을 말한다. 중간판결을 할 경우나 변론의 분리가 허용되지 않는 경우에 이용된다.

(2) 예

예를 들어 하나의 청구에 변론을 제한하여 그 청구에 소송요건의 흠이 있다면 그 부분에 심리를 집중하여 먼저 소 각하 판결을 하는 경우를 들 수 있다. 다만 소송요건의 흠이 없다면 중간판결을 하거나 변론의 제한을 취소하고 다른 사항에 대한 변론을 명한다.

2. 변론의 분리

(1) 의 의

하나의 소로써 여러 개의 청구가 병합심리 되고 있는 경우, 예를 들어 청구의 병합, 공동소송, 본소와 반소 등의 경우에 법원이 그 가운데 어느 청구를 별개의 소송절차에서 심리할 것을 명하는 조치이다. 병합된 청구가 다른 청구와 관련성이 없어서 병합심리 하는 것이 도리어 심리를 복잡하게 하고 소송을 지연시키는 원인이 될 때에 변론의 분리가 이용된다. 변론이 분리되어도 관할에 영향이 없으며(제33조), 분리 전의 증거자료는 분리 후의 양 절차에서 그대로 증거자료가 된다.

(2) 변론의 분리가 허용되지 않는 경우

변론을 분리하면 분리된 각 청구에 대하여 따로 판결을 하여야 하므로, 필수적 공동소송, 예비적·선택적 공동소송, 독립당사자참가, 청구의 예비적 병합 또는 선택적 병합과 같이 별개로 판결을

---

[62] 예를 들어 여러 개의 독립된 공격·방어방법 또는 소송요건의 존재 여부가 다투어지고 있는 경우

할 수 없는 사건에서는 변론의 분리가 허용되지 아니한다.

3. 변론의 병합

(1) 의의 및 내용

변론의 병합은 동일한 官署(관서)로서의 법원에 별개로 계속되고 있는 여러 개의 청구를 하나의 소송절차에서 심리할 것을 명하는 조치이다. 같은 당사자 뿐 아니라 다른 당사자 사이의 청구도 병합이 가능하다. 변론의 분리와 반대로, 수 개의 단독소송이 청구의 병합이나 공동소송이 된다. 관련성 있는 분쟁에 대하여 재판의 모순·저촉을 피하고 증거조사를 공통으로 시행함으로써 심리의 반복을 피할 수 있다. 청구의 병합요건을 갖추어야 한다(제253조). 변론을 병합할 것인지는 법원의 재량이지만, 병합이 요구되는 경우도 있다(상법 제188조, 제328조, 제376조).

(2) 병합 전 증거조사의 결과가 병합 후에도 그대로 증거자료가 되는지 여부

① 증거조사의 조서를 하나의 서증으로 보아 증거조사를 해야 한다는 견해, ② 당사자의 원용에 의하여 증거조사의 결과 그 자체가 증거자료가 된다는 견해가 있으나, ③ 변론의 병합에 의하여 각 소송은 당초부터 병합소송으로 제기된 것으로 보아, 원용이 없어도 각 소송의 증거조사의 결과는 그대로 병합 후의 소송의 증거자료가 된다고 볼 것이다. 다만 병합에 의하여 공동소송으로 된 경우에는 원용을 필요로 한다고 할 것이다. 종래 증거조사에 참여하지 않은 당사자의 절차 보장을 위해서이다(이시윤).

(3) 변론의 병행

여러 개의 청구를 하나의 소송절차에 병합하지 아니하고 각각의 소송절차에 놓고, 심리만을 동시에 진행하는 것을 말한다.

III 변론의 재개

> 제142조(변론의 재개) 법원은 종결된 변론을 다시 열도록 명할 수 있다.
> 형사소송법 제305조(변론의 재개) 법원은 필요하다고 인정한 때에는 직권 또는 검사, 피고인이나 변호인의 신청에 의하여 결정으로 종결한 변론을 재개할 수 있다.

1. 원 칙

변론의 재개신청은 법원의 직권발동을 촉구하는 의미밖에 없으며, 변론의 재개 여부는 법원의 직권사항이고 당사자에게 신청권이 없으므로 이에 대한 허부의 결정을 할 필요가 없으며, 또한 변론재개신청이 있다 하여 법원에 재개의무가 있는 것도 아니다. 따라서 사실심의 변론종결 후에 변론의 재개신청을 함과 동시에 승계참가인의 승계참가신청이 있었던 경우, 사실심이 본래의 소송에 대하여 변론재개를 하지 않은 채 그대로 판결하는 한편, 참가신청에 대하여는 이를 분리하여 각하하는 판결을 하였더라도 위법은 아니다(대판 2005.03.11. 2004다26997).

2. 예 외(변론재개가 의무인 경우)

재개사유로 재심사유를 제출하였을 때, 재개하여 다시 방어방법의 제출기회를 주는 것이 명백히 절차적 정의의 요구라고 보여질 때, 결론을 좌우하는 관건적 요증사실을 재개사유로 하였을 때는 재개 의무를 인정해야 할 것이다(이시윤). 判例도 "당사자가 변론종결 후 주장·증명을 제출하기 위하여 변론재개신청을 한 경우 당사자의 변론재개신청을 받아들일지는 원칙적으로 법원의 재량에 속한다. 그러나 변론재개신청을 한 당사자가 변론종결 전에 그에게 책임을 지우기 어려운 사정으로 주장·증명을 제출할 기회를 제대로 갖지 못하였고, 주장·증명의 대상이 판결 결과를 좌우할 수 있는 관건이 되는 요증사실에 해당하는 경우 등과 같이, 당사자에게 변론을 재개하여 주장·증명을 제출할 기회를 주지 않은 채 패소의 판결을 하는 것이 민사소송법이 추구하는 절차적 정의에 반하는 경우에는 법원은 변론을 재개하고 심리를 속행할 의무가 있다(대판 2014.10.27. 2013다27343; 대판(전) 2019.02.21. 2017후2819)."고 한다.

Ⅳ 변론의 일체성

1. 의 의

변론의 일체성이란 당사자의 변론이나 증거조사를 어느 단계까지 하지 않으면 실권되는 제한이 없어, 어느 시점의 변론이라도 소송자료로서 같은 효력을 갖게 됨을 말한다(제150조 1항 단서 참고).

2. 내 용

소송자료에 대해 적시제출주의를 채택한 현행법 하에서는 여러 차례의 변론기일이 열리는 경우에 적시에 제출함으로써 실권되지 아니하는 소송자료 사이에서만 같은 변론기일에 제출한 것과 같은 변론의 일체성을 갖는다고 본다.

Ⅴ 변론조서

1. 의의 및 취지

(1) 의 의

변론조서란 변론의 경과를 명확하게 기록보존하기 위하여 법원사무관 등이 작성하는 문서를 말한다.

(2) 취 지

소송절차의 진행을 밝혀서 절차의 명확·안정을 기하고, 상급법원이 원심판결의 당부를 심사하는 것을 가능하게 해 주는데 기여한다. 여기에는 변론조서 외에 법원·수명법관 또는 수탁판사가 주재하는 다른 기일의 조서가 있으며, 여기에는 변론조서에 관한 규정이 준용된다(제160조, 민사조정법 제38조 1항, 규칙 제37조 2항).

2. 법원사무관등의 기일참여 및 조서작성

> 제152조(변론조서의 작성) ① 법원사무관등은 변론기일에 참여하여 기일마다 조서를 작성하여야 한다. 다만, 변론을 녹음하거나 속기하는 경우 그 밖에 이에 준하는 특별한 사정이 있는 경우에는 법원사무관등을 참여시키지 아니하고 변론기일을 열 수 있다.
> ② 재판장은 필요하다고 인정하는 경우 법원사무관등을 참여시키지 아니하고 변론기일 및 변론준비기일 외의 기일을 열 수 있다.
> ③ 제1항 단서 및 제2항의 경우에는 법원사무관등은 그 기일이 끝난 뒤에 재판장의 설명에 따라 조서를 작성하고, 그 취지를 덧붙여 적어야 한다.

(1) 법원사무관 등은 원칙적으로 변론기일에 참여하여 기일마다 조서를 작성하여야 한다(제152조 1항 본문). 변론조서에 관한 규정이 준용되는 변론준비기일이나 그 밖의 기일(화해기일, 조정기일, 심문기일, 현장검증 등 증거조사기일)의 경우에도 마찬가지이다.

(2) 다만 현행법은 예외적으로 법원사무관 등의 참여 없이 기일을 열 수 있는 경우를 규정하고 있다(제152조 1항 단서, 2항). 즉 기일의 종류에 따라서는 재판장과 당사자가 사안에 관하여 자유롭게 대화·토론한 뒤 그 최종적인 결과만이 조서에 정리되면 충분한 방식으로 진행되는 경우가 있는데, 그 경우 기일의 진행에는 장시간이 소요되는 반면 조서에 기재할 사항은 그 기일의 최종시점에서나 내용이 확정되므로, 그 기일 내내 법원사무관 등이 기일의 진행에 참여할 필요가 없을 것이기 때문이다(민사소송법 개정내용 해설, 57면).

(3) 그 내용으로는 ① 변론기일과 변론준비기일의 경우에는 변론을 녹음하거나 속기하는 경우, 그 밖에 이에 준하는 특별한 사정이 있는 경우에는 법원사무관 등을 기일에 참여시키지 않을 수 있다(제152조 1항 단서). 즉 변론기일과 변론준비기일의 중요성을 고려하여 변론의 진행내용을 명확하게 파악할 수 있는 경우에 한하여 예외를 인정하고 있는 것이다. ② 변론기일과 변론준비기일 이외 기일의 경우에는 재판장이 필요하다고 인정하는 경우에는 법원사무관 등을 기일에 참여시키지 아니할 수 있다. 즉 화해기일이나 조정기일 등의 경우에는 적절한 화해·조정안을 만드는 것이 주된 문제이므로, 법원사무관 등의 참여제외요건을 완화하여 규정하고 있는 것이다.

(4) 법원사무관 등을 참여시키지 않고 기일을 진행한 경우에는 법원사무관 등은 그 기일이 끝난 뒤에 재판장의 설명에 따라 조서를 작성하고, 그 취지를 조서에 덧붙여 적어야 한다(제152조 3항).

3. 기재사항

(1) 형식적 기재사항

> 제153조(형식적 기재사항) 조서에는 법원사무관등이 다음 각 호의 사항을 적고, 재판장과 법원사무관등이 기명날인 또는 서명한다. 다만, 재판장이 기명날인 또는 서명할 수 없는 사유가 있는 때에는 합의부원이 그 사유를 적은 뒤에 기명날인 또는 서명하며, 법관 모두가 기명날인 또는 서명할 수 없는 사유가 있는 때에는 법원사무관등이 그 사유를 적는다. 〈개정 2017.10.31〉
> 1. 사건의 표시
> 2. 법관과 법원사무관등의 성명
> 3. 출석한 검사의 성명
> 4. 출석한 당사자·대리인·통역인과 출석하지 아니한 당사자의 성명

> 5. 변론의 날짜와 장소
> 6. 변론의 공개여부와 공개하지 아니한 경우에는 그 이유

제153조 각호의 사항을 기재하고, 작성자인 법원사무관 등이 기명날인하고, 재판장도 그 기재 내용을 인증하기 위하여 기명날인하여야 한다. 과거에는 서명날인이 요구되었으나, 90년 개정법은 법원의 업무경감을 위하여 기명날인으로 바꾸었다. 재판장이 기명날인할 수 없는 사유가 있는 때에는 합의부원이 그 사유를 적은 뒤에 기명날인하여야 하며, 법관 모두가 기명날인 할 수 없는 사유가 있는 때에는 법원사무관 등이 그 사유를 적으면 된다(제153조 단서). 다만 <u>1,2,5호 등의 중요사항을 누락한 경우 및 재판장 또는 법원사무관 등의 기명날인이 없는 경우에는 조서가 무효로 된다</u>. 특히 기명만 있고 날인이 없는 경우에는 문제가 있는데, 判例는 재판장의 날인이 없는 때에는 무효이지만(대결 1961.06.22. 4294민재항12), 법원사무관 등의 날인이 없는 때에는 판결의 당부에 영향이 없다고 한다(대판 1957.06.29. 4290민상13).

(2) 실질적 기재사항

> 제154조(실질적 기재사항) 조서에는 변론의 요지를 적되, 특히 다음 각 호의 사항을 분명히 하여야 한다.
> 1. 화해, 청구의 포기·인낙, 소의 취하와 자백
> 2. 증인·감정인의 선서와 진술
> 3. 검증의 결과
> 4. 재판장이 적도록 명한 사항과 당사자의 청구에 따라 적는 것을 허락한 사항
> 5. 서면으로 작성되지 아니한 재판
> 6. 재판의 선고

조서에 변론의 내용을 이루는 당사자나 법원의 소송행위 및 증거조사의 결과 등을 기재할 것이나, 구술주의·직접주의의 원칙상 그 내용의 전부를 기재할 필요는 없고 '변론의 요지'를 기재하면 된다(제154조). 여기의 '변론의 요지'의 의미에 대해 ㉠ 변론의 진행의 요지만을 가리킨다는 견해와 ㉡ 변론의 실질적 내용을 포함한다는 견해의 대립이 있으나, 어느 설에 의하여도 변론의 실질적 내용의 기재를 막는 것이 아니며, 따라서 견해대립의 의미가 크지 않다(이시윤). 다만 다음과 같은 사항은 그 중요성에 비추어 법이 명확히 기재할 것을 요구하고 있다. ㉠ 화해, 청구의 포기·인낙, 소의 취하와 자백 ㉡ 증인·감정인의 선서와 진술 ㉢ 검증의 결과 ㉣ 재판장이 적도록 명한 사항과 당사자의 청구에 따라 적는 것을 허락한 사항 ㉤ 서면으로 작성되지 아니한 재판(소송지휘에 관한 재판 등) ㉥ 재판의 선고 등이 있다(제154조). <u>형식적 기재사항과는 달리 실질적 기재사항을 누락해도 조서가 무효로 되지는 않는다.</u>

(3) 조서기재의 생략

> 제155조(조서기재의 생략 등) ① 조서에 적을 사항은 대법원규칙이 정하는 바에 따라 생략할 수 있다. 다만, 당사자의 이의가 있으면 그러하지 아니하다.
> ② 변론방식에 관한 규정의 준수, 화해, 청구의 포기·인낙, 소의 취하와 자백에 대하여는 제1항 본문의 규정을 적용하지 아니한다.

조서에 적을 사항은 대법원규칙이 정하는 바에 따라 생략할 수 있다(제155조 1항 본문). 즉 소

송이 소·상소 취하, 청구의 포기·인낙, 화해·조정 등의 경우와 같이 판결에 의하지 않고 완결된 때에는 법원사무관 등은 재판장의 허가를 받아 증인·당사자 본인 및 감정인의 진술과 검증결과의 기재를 생략할 수 있다(규칙 32조 1항). 이 경우는 다음 단계나 상소심절차를 위해 변론의 진행을 명확히 기재하여야 한다는 조서의 기능이 불필요하기 때문이다. 조서 기재의 생략은 당사자에게 통지하여야 하는데, 당사자가 통지받은 날로부터 1주 안에 이의를 제기하면 생략한 부분을 다시 조서에 적어야 한다(규칙 제32조 2, 3항). 그리고 화해, 청구의 포기·인낙, 소의 취하 자체에 관한 기재와 자백, 변론의 방식에 관한 규정의 준수에 관한 기재는 중요한 사항이므로 생략할 수 없다(제155조 2항).

4. 기재방식

> **제156조(서면 등의 인용·첨부)** 조서에는 서면, 사진, 그 밖에 법원이 적당하다고 인정한 것을 인용하고 소송기록에 붙여 이를 조서의 일부로 삼을 수 있다.

(1) 변론조서는 실무상 기본적 변론조서, 증거조사에 관한 조서 및 증거목록으로 나누어 작성하고 있다(법원공문서규칙). 조서에는 서면·사진 기타 법원이 적당하다고 인정한 것을 인용하고 소송기록에 덧붙여 조서의 일부로 할 수 있다(제156조).

> **제159조(변론의 속기와 녹음)** ① 법원은 필요하다고 인정하는 경우에는 변론의 전부 또는 일부를 녹음하거나, 속기자로 하여금 받아 적도록 명할 수 있으며, 당사자가 녹음 또는 속기를 신청하면 특별한 사유가 없는 한 이를 명하여야 한다.
> ② 제1항의 녹음테이프와 속기록은 조서의 일부로 삼는다.
> ③ 제1항 및 제2항의 규정에 따라 녹음테이프 또는 속기록으로 조서의 기재를 대신한 경우에, 소송이 완결되기 전까지 당사자가 신청하거나 그 밖에 대법원규칙이 정하는 때에는 녹음테이프나 속기록의 요지를 정리하여 조서를 작성하여야 한다.
> ④ 제3항의 규정에 따라 조서가 작성된 경우에는 재판이 확정되거나, 양 쪽 당사자의 동의가 있으면 법원은 녹음테이프와 속기록을 폐기할 수 있다. 이 경우 당사자가 녹음테이프와 속기록을 폐기한다는 통지를 받은 날부터 2주 이내에 이의를 제기하지 아니하면 폐기에 대하여 동의한 것으로 본다.

(2) 법원은 필요하다고 인정하는 경우 직권 또는 당사자의 신청으로 변론의 전부 또는 일부를 녹음 또는 속기하도록 명할 수 있으며(제159조 1항), 그 경우 녹음테이프와 속기록은 조서의 일부로 삼으며, 소송기록과 함께 보관하여야 한다(제159조 2항, 규칙 제34조 1항). 조서의 일부로 보관된 녹음테이프에 대해서는 당사자와 이해관계를 소명한 제3자가 법원사무관 등에게 재생하여 들려줄 것을 신청할 수 있다(규칙 제34조 2항).

(3) 구법 상으로도 이런 규정이 있었다. 다만 당시에는 중요하거나 복잡한 사건에 관한 당사자의 변론이나 증인 등의 진술을 자세하게 기록으로 남겨두자는데 그 취지가 있었으나, 현행법은 집중심리주의를 도입하면서 조서기재의 부담을 경감시키면서도 변론의 내용을 보존하기 위한 방편으로 위 제도를 활용하고자 제도를 정비한 것이다.

(4) ① 구법의 조문순서를 바꾸어서, 법원이 필요하다고 인정하는 경우 직권으로 녹음 또는 속기를 명하는 것을 원칙적인 것으로 하고 당사자의 신청에 의하는 것을 부차적인 것으로 규정하였다(제159조 1항). 이에 대해서는 현행법이 조문의 순서를 역으로 바꾸어 법원의 직권녹음을

앞세웠는데, 이는 되도록 녹음·속기에 의해 조서의 기재를 대신하려는 그 활성화의 입법의지로 보인다는 견해가 있다(이시윤). ② 녹음테이프와 속기록으로 조서에 갈음하는 경우(동조 2항)에 구법과 달리 녹음테이프나 속기록의 요지를 정리하여 조서를 작성하도록 했으며(동조 3항), 이때에 재판장의 허가를 얻어 녹음테이프 또는 속기록을 조서의 일부로 할 수 있다(규칙 제36조). 이는 조서에 갈음한 녹음과 속기에 관한 법제의 정비라는 점에서 평가할 만하다(이시윤). 그리고 ③ 규칙 제37조 1항은 녹음테이프만이 아니라 녹화테이프·컴퓨터용자기디스크·광디스크 등으로 음성·영상을 녹음·녹화하여 재생할 수 있는 매체를 이용하여 변론의 전부나 일부를 녹음·녹화하여 조서의 기재에 갈음하는 것도 가능할 수 있게 하였다. 또 소송이 판결에 의하지 않고 완결될 때에는 증거조사의 결과기재, 공시송달사건 등에서는 서증목록 기재를 각 생략할 수 있다(규칙 제32조). 현행법과 현행 규칙에 의한 법원운영의 현대화·경제화의 시도이다(이시윤).

5. 관계인에 대한 공개와 정정

> 제157조(관계인의 조서낭독 등 청구권) 조서는 관계인이 신청하면 그에게 읽어 주거나 보여주어야 한다.
> 제164조(조서에 대한 이의) 조서에 적힌 사항에 대하여 관계인이 이의를 제기한 때에는 조서에 그 취지를 적어야 한다.

조서는 관계인이 신청하면 그에게 읽어주거나 보여주어야 한다(제157조). 이는 조서 기재의 정확성을 담보하기 위한 것이다. 조서에 적힌 사항에 관하여 관계인이 이의를 제기한 때에는 그것이 이유 없다고 인정할 때에는 조서에 그 취지를 적어야 한다(제164조). 이때에 법원사무관 등의 처분에 대한 이의(제223조)로 처리할 것은 아니다(대결 1975.12.08. 75마372). 이의가 정당하다고 인정하면 조서의 기재를 정정한다. 조서의 기재에 명백한 오류가 있을 때에는 판결의 경정(제211조)에 준하여 정정할 수 있다(통설).

6. 조서의 증명력

> 제158조(조서의 증명력) 변론방식에 관한 규정이 지켜졌다는 것은 조서로만 증명할 수 있다. 다만, 조서가 없어진 때에는 그러하지 아니하다.

(1) 의의 및 취지

조서가 무효가 아닌 한 변론방식에 관한 규정이 지켜졌다는 것은 오로지 조서로만 증명할 수 있고, 이에 관하여는 다른 증거방법으로 증명하거나, 반증을 들어 다툴 수 없다(제158조). 다만 조서가 없어진 경우에는 예외이다(동조 단서). 즉 조서에 기재가 있으면 그 사실은 있는 것처럼 인정되고 기재가 없으면 그 사실은 없는 것으로 인정된다. 이처럼 조서에만 증거능력과 증거력을 부여하여 일종의 법정증거주의를 채택한 것은 절차를 둘러싸고 분쟁이 파생하여 본래의 사건의 심리를 지연시키는 폐단을 막는 한편, 조서의 정확성을 담보하기 위한 여러 가지 제도적 장치가 마련되어 있기 때문이다.

(2) 내 용

조서의 증명력은 변론의 방식에 관하여만 인정된다. 변론의 방식이란 변론의 외부적 형식을 말하며, 구체적으로 변론의 일시 및 장소, 변론의 공개 유·무, 관여법관, 당사자와 대리인의 출석여부, 판결의 선고일자와 선고사실, 변론결과의 진술 등을 말한다. 이에 반해 변론의 내용, 증인의 진술 등(재판의 선고를 제외한 실질적 기재사항, 제154조)은 변론의 방식에 관한 사항이 아니므로, 조서의 기재는 하나의 증거로 되는데 불과하고, 다른 증거방법으로 번복할 수 있다. 다만 조서의 정확성에 관하여는 여러 가지 담보가 있으므로, 조서의 기재는 특별한 사정이 없는 한 강력한 증명력을 가진다(대판 2001.04.13. 2001다6367 등).

제6절 변론기일에 있어서의 당사자의 결석(기일의 해태)

I 서 설

1. 의 의

당사자의 결석은 기일을 게을리 한 당사자가 적법한 기일통지를 받고도 필수적 변론기일에 불출석하거나 출석하여도 변론하지 않은 경우를 말한다. 간단히 말해서 기일해태는 불출석이나 출석무변론을 말한다(이시윤).

2. 문제되는 경우

(1) 필수적 변론기일에 한정

임의적 변론에 있어서는 그 적용이 배제된다. 판결 선고기일은 포함하지 않는다(제207조 2항 참고). 判例는 법정 외에서 한다는 특별한 사정이 없는 한 증거조사기일은 여기의 변론기일에 포함된다고 하였다(대판 1966.01.31. 65다2296, 제293조 참조). 또 현행법의 변론준비기일에도 효과는 생긴다(제286조, 제148조, 제150조, 제268조).

(2) 적법한 기일통지를 받고 불출석

당사자가 적법한 기일통지를 받고 불출석한 경우이어야 한다. 기일통지서의 송달불능·송달무효이면 기일해태가 아니다. 공시송달에 의한 기일통지를 받고 불출석한 경우는 자백간주의 기일해태효과가 생기지 않는 것이 명문(제150조 3항 단서)이다. 判例는 (적법한) 공시송달로 변론을 진행한 결과 쌍불취하 되었다면(제268조), 당사자의 불귀책사유로 인한 기일해태로 볼 수 없다고 한다[63](대판 1987.02.24. 86누509). 즉 기일해태의 효과가 발생한다고 본다. 이에 반하여 (부적법한)

---

[63] 법인인 소송당사자가 법인이나 그 대표자의 주소가 변경되었는데도 이를 법원에 신고하지 아니하여 2차에 걸친 변론기일통지서가 송달불능이 되자 법원이 공시송달의 방법으로 재판을 진행한 결과 쌍방불출석으로 취

공시송달의 경우에는 송달의 효과는 발생하지만, 적법한 송달이 아니므로 소취하간주의 효과는 발생하지 않는다[64](대판 1997.07.11. 96므1380; 대판 1982.12.28. 82누486[65]).

(3) 사건의 호명을 받고 변론이 끝날 때까지 불출석·무변론

1) 사건의 호명을 받고 변론이 끝난 때까지 당사자가 법정에 나오지 않거나 출석하여 변론에 들어갔으나 변론하지 아니하여야 한다. 따라서 변론에 들어가기 전에 재판장이 기일을 연기하여 변론의 기회를 주지 아니한 경우는 무변론에 포함되지 아니 한다(대판 1993.10.26. 93다19542).

2) 당사자도 대리인(복대리인이 있다면 그도 불출석한 경우를 말한다)도 모두 법정에 나오지 않은 경우이다. 즉 소송대리인이 선임된 경우에 변론기일 불출석으로 인한 불이익을 그 당사자에게 귀속시키려면 그 당사자 본인과 소송대리인 모두가 변론기일에 출석하지 아니함을 요건으로 하고 그 출석여부는 변론조서의 기재에 의하여 증명하여야 한다. 따라서 변론조서에 소송대리인 불출석이라고만 기재되어 있고 당사자 본인의 출석여부에 대하여 아무런 기재가 없다면, 당사자의 변론기일에의 불출석은 증명되지 아니한다(대판 1982.06.08. 81다817). 그리고 당사자가 출석하였으나, ① 진술금지의 재판(제144조), 퇴정명령, ② 임의퇴정의 경우에도 불출석으로 된다[대리인이 다른 사건의 변론 때문에 퇴정한 경우도 포함된다(대판 1965.03.23. 64다1828)].

3) 출석하여도 변론하지 아니하면 기일의 해태도 된다. 단지 피고가 청구기각의 판결만을 구하고 사실상의 진술을 하지 아니한 경우[이 경우에 자백간주의 불이익을 입힐 수 있다(대판 1955.07.21. 4288민상59).], 단순히 기일변경을 구한 데 그친 경우에도 변론하였다고 할 수 없다.

하 간주되었다면, 이는 그 변론기일에 출석하지 못한 것이 소송당사자의 책임으로 돌릴 수 없는 사유로 인하여 기일을 해태한 경우라고는 볼 수 없다(대판 1987.02.24. 86누509). 이 판례를 이시윤 11판, 413면은 "당사자의 '귀책사유'로 인한 기일해태라고 볼 수 없다."고 서술하고 있는데, 잘못 되었다고 본다.

64) 민사소송법 제268조 제2항 및 제4항에 의하여 소 또는 상소의 취하가 있는 것으로 보는 경우 같은 조 제2항 소정의 1월의 기일지정신청기간은 불변기간이 아니어서 그 추완이 허용되지 않는 점을 고려한다면, 같은 조 제1, 2항에서 '변론의 기일에 당사자 쌍방이 출석하지 아니한 때'란 당사자 쌍방이 적법한 절차에 의한 송달을 받고도 변론기일에 출석하지 않는 것을 가리키는 것이고, 변론기일의 송달절차가 적법하지 아니한 이상 비록 그 송달이 유효하고 그 변론기일에 당사자 쌍방이 출석하지 아니하였다고 하더라도 쌍방 불출석의 효과는 발생하지 않는다. [2] 당사자의 주소, 거소 기타 송달할 장소를 알 수 없는 경우가 아님이 명백함에도 재판장이 당사자에 대한 변론기일 통지서를 공시송달에 의할 것으로 명함으로써 당사자에 대한 변론기일 통지서가 공시송달된 경우, 그 당사자는 각 변론기일에 적법한 절차에 의한 송달을 받았다고 볼 수 없으므로, 위 공시송달의 효력이 있다 하더라도 각 변론기일에 그 당사자가 출석하지 아니하였다고 하여 쌍방 불출석의 효과가 발생한다고 볼 수 없다(대판 1997.07.11. 96므1380).
65) 원고에 대한 변론기일 통지서가 "이사 간 곳 불명"이라는 이유로 송달불능이 되었는바 이 사유는 우편물에 표시된 송달장소가 불명하다는 것이 아니라 우편물을 송달할 장소를 찾기는 하였으나 이미 송달받을 사람이 다른 곳으로 이사 갔는데 그 이사 간 곳을 알 수 없다는 것으로 풀이되니 이는 원심이 인정한 원고가 본건소제기전부터 원심변론종결 당시까지 광장시장 내 대창직물이란 점포에서 양장지를 판매하여 왔다는 사실에 저촉되므로 우체국 집배원의 송달불능으로 인한 우편물 반려는 경솔하고도 불성실한 업무처리에 기한 것인데 원심이 동 송달불능이 원고의 주소표시 불비로 주소불명으로 인한 것이라 단정하고 변론기일 통지서를 공시송달한 결과 원고가 이를 알지 못하였다면 동 변론기일에의 불출석은 원고의 책임 없는 사유로 인한 경우에 해당한다(대판 1982.12.28. 82누486).

II 양쪽 당사자의 결석 - 소의 취하간주(쌍불취하)

> 제268조(양 쪽 당사자가 출석하지 아니한 경우) ① 양 쪽 당사자가 변론기일에 출석하지 아니하거나 출석하였다 하더라도 변론하지 아니한 때에는 재판장은 다시 변론기일을 정하여 양 쪽 당사자에게 통지하여야 한다.
> ② 제1항의 새 변론기일 또는 그 뒤에 열린 변론기일에 양 쪽 당사자가 출석하지 아니하거나 출석하였다 하더라도 변론하지 아니한 때에는 1월 이내에 기일지정신청을 하지 아니하면 소를 취하한 것으로 본다.
> ③ 제2항의 기일지정신청에 따라 정한 변론기일 또는 그 뒤의 변론기일에 양쪽 당사자가 출석하지 아니하거나 출석하였다 하더라도 변론하지 아니한 때에는 소를 취하한 것으로 본다.
> ④ 상소심의 소송절차에는 제1항 내지 제3항의 규정을 준용한다. 다만, 상소심에서는 상소를 취하한 것으로 본다.

1. 양쪽 당사자의 결석과 규정

법 제268조에 의하면 양 쪽 당사자가 1회 불출석한 경우 다시 변론기일을 지정하여 양 쪽 당사자에게 통지해야 하고, 2회 불출석하면 1개월 내에 기일지정신청을 하지 않는 한 소를 취하한 것으로 본다.

2. 취하간주의 요건

(1) 양쪽 당사자의 1회 결석 - 소송기록에 의한 판결 여부

법 제268조 제1항은 반드시 당사자에게 통지하도록 하고 있으므로 이 경우 변론을 종결하지 않고 그대로 두느냐, 변론을 종결하고 판결하느냐는 재량이 아니며[66] 판결하기에 성숙하였다고 하여도 변론을 종결하고 소송기록에 의하여 판결할 수 없다(이시윤).

(2) 양쪽 당사자의 2회 결석 - 소송기록에 의한 판결 여부

2회 불출석의 경우에는 1회 불출석과는 달리 판결을 하기에 성숙하였다고 인정될 때에 변론을 종결하여 기록에 의한 판결을 할 수 있는지 견해가 엇갈린다. 그러나 당사자가 2회 불출석하였는데도 판결을 하기에 성숙하였다고 볼 수 있는 경우는 흔하지 않을 것이므로, 법원으로서는 변론종결도 하지 않고 새로운 기일을 지정함이 없이 당해 기일을 종료시켜 사실상 휴지(休止)상태에 들어가는 것이 보통일 것이다(실무제요, 민사소송(Ⅱ), 796면).

(3) 기일지정신청이 없거나 또는 기일지정신청후의 양쪽 결석

1) 이 경우 2회 내지 3회 결석이 반드시 연속적이어야 하는 것은 아니고, 단속적이어도 무방하다. 그리고 같은 심급의 같은 종류의 기일에 2회 내지 3회 불출석일 것을 요한다. 따라서 변론

---

[66] 변론기일에서 사건과 당사자를 호명하였을 때 적법한 통지를 받은 당사자 쌍방이 불출석하였다면 기일해태의 효과는 발생하는 것이고, 당사자 중 일부에게 기일을 실시할 수 없는 사유가 있다 하더라도 필수적 공동소송이 아닌 이상 기일을 해태한 공동소송인만이 불출석의 불이익을 입게 된다 할 것이고, **변론조서에 연기라는 기재가 있다 하더라도 그 기재는 기일을 실시할 수 없는 당사자의 관계에서만 기일을 연기한다는 것일 뿐**, 기일을 해태한 당사자들에 대한 관계에 있어서는 사건호명으로 불출석의 효과가 이미 발생한 후에 연기의 기재가 있는 것이 되어 무의미한 기재라 할 것이다(대판 1982.06.22. 81다791).

준비기일 1회, 변론기일 1회 불출석하고 기일지정신청을 하지 아니한 경우라도 소취하간주의 효과가 생기지 아니 한다(대판 2006.10.27. 2004다69581). 그리고 배당이의소송에서 취하간주규정인 민사집행법 제158조에서 정한 '첫 변론기일'에 '첫 변론준비기일'을 포함하는 것으로 해석할 수 없다(대판 2006.11.10. 2005다41856). 그리고 환송판결의 전후를 통하여 당사자 쌍방의 불출석이 2회 있었다 하여도 소취하가 있는 것으로 간주할 수 없다(대판 1963.06.20. 63다166).

2) 같은 소가 유지되는 상태에서 2회 내지 3회 불출석이어야 한다. 소의 교환적 변경에 앞서 한 차례, 변경 후 한차례 불출석한 때에는 2회 결석이 아니다. 즉 소의 교환적 변경에 의해 구청구는 취하되었기 때문이다(결합설). 反訴가 제기되어 병합된 상태에서 본소에 관하여는 2회 불출석이 되고 반소는 아직 그에 이르지 못한 경우에는 기일지정과 통지는 반소 사건에 관해서만 하여야 한다.

3) 이 경우 당사자의 기일지정신청이 없어도, 법원이 직권으로 새로운 기일을 지정할 수도 있다. 判例는 "제268조 제2항의 규정에 의하면, 당사자 쌍방이 2회에 걸쳐 변론기일에 출석하지 아니한 때에는 당사자의 기일지정신청에 의하여 기일을 지정하여야 할 것이나, <u>법원이 직권으로 신기일을 지정한 때에는 당사자의 기일지정신청에 의한 기일지정이 있는 경우와 마찬가지로 보아야 할 것이고</u>, 그와 같이 직권으로 정한 기일 또는 그 후의 기일에 당사자 쌍방이 출석하지 아니하거나 출석하더라도 변론하지 아니한 때에는 소의 취하가 있는 것으로 보아야 한다(대판 2002.07.26. 2001다60491)."고 한다.

4) 민사소송법 제268조 제2항 소정의 1월의 기일지정신청기간은 불변기간이 아니어서 기일지정신청의 추후보완이 허용되지 않는다(대판 1992.04.21. 92마175).

3. 효 과

양 쪽 당사자가 1회 불출석한 경우 다시 변론기일을 지정하여 양 쪽 당사자에게 통지해야 하고, 2회 불출석하면 1개월내에 기일지정신청을 하지 않는 경우와 또 기일지정신청 후에 양쪽 결석인 경우에 소를 취하한 것으로 보는 규정은 변론준비기일에도 준용된다(제286조, 제268조 2, 3항). 상소심에서 기일해태의 경우에는 상소의 취하로 본다(제268조 4항). 이로써 상소심절차가 종결되고, 원판결이 그대로 확정된다(제393조 2항, 제267조 1항, 제498조). 제1심에서의 취하간주의 경우와 달리 원판결이 확정되어 상소인에게는 가혹한 불이익이 돌아간다. 그리고 민사소송법 제268조 제4항에서 정한 항소취하 간주는 그 규정상 요건의 성취로 법률에 의하여 당연히 발생하는 효과이고 법원의 재판이 아니므로 상고의 대상이 되는 종국판결에 해당하지 아니하므로, 항소취하 간주의 효력을 다투려면 민사소송규칙 제67조, 제68조에서 정한 절차에 따라 항소심 법원에 기일지정신청을 할 수는 있으나 상고를 제기할 수는 없다[67](대판 2019.08.30. 2018다259541).

---

[67] 피고가 항소를 제기한 후 원심 제1차 및 제2차 변론기일에 피고 및 그 소송대리인이 각 불출석하였고, 원고들 소송대리인이 위 각 변론기일에 출석하고도 변론을 하지 아니한 사실, 그 후 1개월 내에 피고 소송대리인이 기일지정신청을 하고 그 다음 날 소송대리 사임신고서를 제출한 사실, 위 기일지정신청에 따라 지정된 제3차 변론기일에 원고들 및 그 소송대리인과 피고가 모두 불출석한 사실, 이에 원심은 피고의 항소가 취하된 것으로 간주하여 종결 처리하고 아무런 판단을 하지 아니한 사실을 알 수 있다. 이러한 사실관계를 앞서 본 법리에

Ⅲ 한쪽 당사자의 결석

1. 서 설 - 입법례

민사소송법은 결석판결주의가 소송을 지연시킬 것을 염려하여 이에 따르지 않고, 한 쪽 당사자가 불출석하였으되 마치 출석하여 진술하였거나 또는 자백한 것처럼 보아 절차를 진행시키는 대석판결주의를 취하고 있다(이시윤).

2. 진술간주(진술의제)

> 제148조(한 쪽 당사자가 출석하지 아니한 경우) ① 원고 또는 피고가 변론기일에 출석하지 아니하거나, 출석하고서도 본안에 관하여 변론하지 아니한 때에는 그가 제출한 소장·답변서, 그 밖의 준비서면에 적혀 있는 사항을 진술한 것으로 보고 출석한 상대방에게 변론을 명할 수 있다.
> ② 제1항의 규정에 따라 당사자가 진술한 것으로 보는 답변서, 그 밖의 준비서면에 청구의 포기 또는 인낙의 의사표시가 적혀 있고 공증사무소의 인증을 받은 때에는 그 취지에 따라 청구의 포기 또는 인낙이 성립된 것으로 본다.
> ③ 제1항의 규정에 따라 당사자가 진술한 것으로 보는 답변서, 그 밖의 준비서면에 화해의 의사표시가 적혀 있고 공증사무소의 인증을 받은 경우에, 상대방 당사자가 변론기일에 출석하여 그 화해의 의사표시를 받아들인 때에는 화해가 성립된 것으로 본다.

(1) 의 의

한쪽 당사자가 소장, 답변서, 준비서면 등의 서면을 제출한 채 기일해태한 경우이다(제148조). 이 때에 불출석한 당사자가 제출한 서면이 곧 소송자료가 되는 것이 아니고, 서면에 기재한 사항을 구술로 진술한 것으로 간주하는 것이므로 구술주의를 근본적으로 포기한 것이라고는 할 수 없다(이시윤).

(2) 요 건

제148조의 '변론기일'은 첫 기일뿐만 아니라 다음 (속행)기일을 포함한다. 진술한 것으로 간주되는 서면은 소장, 답변서 또는 그 밖의 준비서면이다. 다만 명칭에 불구하고 실질적으로 준비서면인 것으로 인정되면 그 기재사항은 진술한 것으로 간주된다.

(3) 효 과

한쪽 당사자의 불출석의 경우에 제148조를 반드시 적용하여야 하는 것은 아니다. 즉 이를 적용하여 변론을 진행하느냐 기일을 연기하느냐는 법원의 재량에 속하는 사항이나 출석한 당사자만으로 변론을 진행할 때에는 반드시 불출석한 당사자가 그 때까지 제출한 준비서면에 기재한 사항을 진술한 것으로 보아야 한다(대판 2008.05.08. 2008다2890, 진술간주기속설). 서면내용대로의 구

비추어 보면, 이 사건 상고는 그 대상인 원심의 종국 판결이 존재하지 아니하므로 부적법하고, 그 흠결을 보정할 수 있는 것도 아니다. 피고는, 원심법원이 피고에게 변론기일통지서를 적법하게 송달하지 아니한 채 제3차 변론기일을 진행하여 항소취하 간주 처리를 하였다고 주장하지만, 이를 이유로 기일지정신청을 하여 항소취하 간주의 효력을 다투는 것은 별론으로 하고, 상고의 대상으로 삼을 수는 없다.

술진술이 간주된다는 것 외에 양쪽 당사자가 출석한 경우와 같이 취급한다. 따라서 진술간주 된 서면에서 상대방의 주장사실, 특히 <u>원고의 주장사실을 자백한 때에는 자백간주(자백간주설, 제150조) 아닌 재판상의 자백(재판상 자백설, 제288조)이 성립된다</u>(통설). 判例도 "민사소송법 제288조의 규정에 의하여 구속력을 갖는 자백은 재판상의 자백에 한하는 것이고, 재판상 자백이란 변론기일 또는 변론준비기일에서 당사자가 하는 상대방의 주장과 일치하는 자기에게 불리한 사실의 진술을 말하는 것으로서, <u>법원에 제출되어 상대방에게 송달된 답변서나 준비서면에 자백에 해당하는 내용이 기재되어 있는 경우라도 그것이 변론기일이나 변론준비기일에서 진술 또는 진술간주 되어야 재판상 자백이 성립한다</u>(대판 2015.02.12. 2014다229870)."고 한다. 명백히 다투지 아니한 경우에는 자백간주가 되어 증거조사 없이 변론을 종결할 수 있다.

(4) 확대적용과 한계

1) 개정 전의 상황

개정 전에는 피고가 결석을 하면서 청구인낙을 기재한 서면을 제출하는 것이 구법 제137조(개정법 제148조)상의 진술간주가 되는지 논의가 있었다. 判例는 일관하여 "피고가 원고의 청구를 인낙하는 취지를 기재한 준비서면을 제출하여 그 준비서면이 진술간주 되었다고 하더라도 피고가 변론기일에 출석하여 구술로써 인낙하지 아니한 이상 인낙의 효력은 발생하지 않는다(대판 1993.07.13. 92다23230)."고 하여 서면에 의한 청구인낙을 인정하지 않았다. 학설은 ① 인낙은 반드시 변론기일 등에서 구술의 진술로 하여야 하고, 서면에 의한 인낙은 인정될 수 없다고 하여 판례에 찬성하는 견해도 유력하였으나, ② 이러한 인낙을 무효로 하여도 결국 피고에게 소송을 무리하게 수행시켜 패소의 결과를 만들뿐이라는 점, 피고는 원고의 주장을 정확히 인식하고 명확한 의사표시를 한 것이므로 인낙의 성립을 인정하여도 특별한 지장은 없다는 점 등을 이유로 하여 판례에 반대하는 견해가 통설이었다.

2) 개정법 제148조 제2항의 신설

개정법은 제148조 제2항에서 "당사자가 진술한 것으로 보는 답변서 그 밖의 준비서면에 청구의 포기 또는 인낙의 의사표시가 적혀 있고 공증사무소의 인증이 있는 때에는 그 취지에 따라 청구의 포기 또는 인낙이 성립된 것으로 본다."고 하여 종래 다툼이 있던 점을 입법적으로 해결하고 있다.

➡ 또한 개정법 제148조 제3항은 서면에 의한 화해를 인정하고 있다. 즉 종래 화해는 반드시 당사자가 변론기일에 쌍방당사자가 출석하여 구술에 의한 진술로 해야만 하였으나(물론 이를 조서에 기재해야 한다.), 출석의 번잡함을 피하고 화해의 성립을 용이하게 하여 화해제도의 활성화를 도모하고자 서면에 의한 화해를 인정한 것이다. 다만 의사표시가 진의여부인지 확인하기 위하여 공증사무소의 인증을 받도록 하였음에 주의해야 한다.

3) 진술간주가 부정되는 경우

判例는 "원고가 관할권 없는 법원에 제소한 때에 피고가 본안에 관한 사실을 기재한 답변서만을 제출한 채 불출석한 경우 그것이 진술간주가 되어도 변론관할이 생기지 않는다(대판 1980.09.26. 80마403)."고 하고, "준비서면에 증거를 첨부하여 제출하였을 때 그 서면이 진술 간주되어도 증거신청의 효과가 생기지 않는다(대판 1991.11.08. 91다15775)."고 한다.

3. 자백간주

> 제150조(자백간주) ① 당사자가 변론에서 상대방이 주장하는 사실을 명백히 다투지 아니한 때에는 그 사실을 자백한 것으로 본다. 다만, "변론 전체의 취지로 보아 "그 사실에 대하여 다툰 것으로 인정되는 경우에는 그러하지 아니하다.
> ② 상대방이 주장한 사실에 대하여 알지 못한다고 진술한 때에는 그 사실을 다툰 것으로 추정한다.
> ③ 당사자가 변론기일에 출석하지 아니하는 경우에는 제1항의 규정을 준용한다. 다만, 공시송달의 방법으로 기일통지서를 송달받은 당사자가 출석하지 아니한 경우에는 그러하지 아니하다.

(1) 의 의

당사자일방이 답변서·준비서면 등을 제출하지 않은 채 불출석한 경우에 자백으로 간주되는 경우를 말한다(제150조 3항, 1항). 다만 02년에 개정된 현행법 하에서는 피고의 답변서제출의무를 부과하여 답변서를 제출하지 아니하면 그것으로 자백간주하고 변론기일의 지정은 물론 출석의 통지 없이 바로 무변론 원고승소판결을 하도록 하였으므로 피고의 변론기일 불출석에 의한 자백간주의 효과가 생기는 일은 예외적인 것이 되었다.

(2) 요 건

① 당사자가 변론기일에 출석하지 않아야 하며, ② 불출석한 당사자가 상대방의 주장사실을 다투는 답변서 기타 준비서면을 제출하지 않은 경우이어야 한다. ③ 그리고 당사자가 공시송달에 의하지 않은 기일통지를 받았음에도 불출석한 경우이어야 한다(제150조 3항 단서). 왜냐하면 공시송달에 의한 기일통지의 경우에는 당사자가 통지 받았음을 현실적으로 알았다고 할 수 없기 때문이다.

(3) "변론전체의 취지"의 의미

통설[68]은 제150조 1항 단서의 의미를 제202조의 "변론전체의 취지"와는 달리 "증거원인"으로 풀이하지 않고, "변론의 일체성"의 의미로 풀이한다.

(4) 자백간주의 효력

자백간주는 법원을 구속하지만 당사자에 대한 구속력은 없다. 즉 당사자가 명백히 다투지 아니하였는지 여부는 변론의 일체성에 의하여 사실심의 변론을 종결할 때를 기준으로 판단하기 때문이다. 따라서 당사자는 사실심의 변론을 종결할 때까지 상대방의 주장사실을 다투어 자백간주의 효력을 배제할 수 있다(대판 1987.12.08. 87다368등). 파기환송 된 뒤에 상대방의 주장을 다투는 경우에도 환송 전의 자백간주의 효력은 없어진다(대판 1968.09.03. 68다1147 등). 다만 민사소송법 제150조 소정의 자백간주의 요건이 구비되어 일단 자백간주로서의 효과가 발생한 때에는 그 이후

---

[68] 다만 이에 대해서는 이렇게 풀이하면 다투었는지 여부는 변론종결시까지 변론에 현출된 자료만으로 판단하여야 하는 것이 되므로, 예를 들어 다투는 취지의 답변서나 준비서면이 제출되었어도 변론에서 진술간주된 바 없다면, 판례의 입장과는 달리, 다툰 것으로 볼 수 없기 때문에, 자백간주의 효력을 인정하게 된다고 하면서, 동일한 용어를 조문의 위치에 따라 달리 풀이할 합리적인 근거나 필요성은 찾기 어렵다고 보는 견해가 있다(정동윤·유병현·김경욱).

의 기일에 대한 통지서가 송달불능으로 되어 공시송달하게 되었다고 하더라도 이미 발생한 자백간주의 효과가 상실되는 것은 아니라고 할 것이므로 위 규정에 의하여 자백한 것으로 간주하여야 할 사실을 증거판단 하여 자백간주에 배치되는 사실인정을 하는 것은 위법이라고 할 것이다(대판 1988.02.23. 87다카961). 그리고 제1심에서 피고에 대하여 공시송달로 재판이 진행되어 피고에 대한 청구가 기각되었다고 하여도 피고가 원고 청구원인을 다툰 것으로 볼 수 없으므로, 원고가 항소한 항소심에서 피고가 공시송달이 아닌 방법으로 송달받고도 다투지 아니한 경우에는 민사소송법 제150조의 자백간주가 성립된다(대판 2018.07.12. 2015다36167).

제7절 기일·기간 및 송달

제1관 기 일

I 의 의

기일이라 함은 법원, 당사자, 그 밖의 소송관계인이 모여서 소송행위를 하기 위해 정해진 시간을 말한다. 기일은 그 목적에 따라 변론기일, 변론준비기일, 증거조사기일, 화해기일, 판결선고기일 등이 있다.

II 기일의 지정

> 제165조(기일의 지정과 변경) ① 기일은 직권으로 또는 당사자의 신청에 따라 재판장이 지정한다. 다만, 수명법관 또는 수탁판사가 신문하거나 심문하는 기일은 그 수명법관 또는 수탁판사가 지정한다.
> 제166조(공휴일의 기일) 기일은 필요한 경우에만 공휴일로도 정할 수 있다.

1. 지정 방법

기일은 직권으로 또는 당사자의 신청에 따라 재판장이 지정한다(제165조 1항). 다만 수명법관·수탁판사가 신문하거나 심문하는 기일은 각 그 법관이 정한다(제165조 1항 단서). 기일의 지정은 반드시 재판의 형식에 의하여 시행하여야 하는 것은 아니고, 기일 통지서가 양쪽 당사자에 송달되었으면 기일의 지정이 있는 것으로 볼 것이다(대판 1960.03.24. 4290민상326).

2. 기일지정신청

(1) 법원이 사건을 방치하는 경우

사건을 심리하지 않고 오랫동안 방치할 때에 당사자가 법원에 의한 기일의 직권지정을 촉구하는 의미에서 하는 신청이 있다.

(2) 소 취하 무효를 주장하는 경우

소송종료 후 그 종료 효력을 다투며 기일지정신청을 하는 경우가 있다(규칙 제67조).

(3) 쌍불취하

양쪽 당사자가 2회 결석한 때에 소의 취하간주를 막기 위해 당사자는 1월내에 기일지정신청을 할 수 있다(제268조).

III 기일의 변경

> 제165조(기일의 지정과 변경) ② 첫 변론기일 또는 첫 변론준비기일을 바꾸는 것은 현저한 사유가 없는 경우라도 당사자들이 합의하면 이를 허가한다.

> 규칙 제42조(다음 기일의 지정) ① 기일을 변경하거나 변론을 연기 또는 속행하는 때에는 소송절차의 중단 또는 중지, 그 밖에 다른 특별한 사정이 없으면 다음 기일을 바로 지정하여야 한다. 다만, 법 제279조 제2항에 따라 변론기일을 연 뒤에 바로 사건을 변론준비절차에 부치는 경우에는 그러하지 아니하다.
> ② 기일을 변경하는 때에는 바로 당사자에게 그 사실을 알려야 한다.
> 규칙 제44조(증인 등에 대한 기일변경통지) ① 증인·감정인 등 당사자 외의 사람에 대하여 출석요구를 한 후에 그 기일이 변경된 때에는 바로 그 취지를 출석요구를 받은 사람에게 통지하여야 한다. 다만, 통지할 시간적 여유가 없는 때에는 그러하지 아니하다.
> ② 증인·감정인 등 당사자 외의 사람에 대하여 출석요구를 한 후에 소의 취하, 그 밖의 사정으로 그 기일을 실시하지 아니하게 된 경우에는 제1항의 규정을 준용한다.

1. 의의 및 비교개념

(1) 의 의

기일의 변경이란 기일개시 전에 그 지정을 취소하고 새 기일을 지정하는 것을 말한다. 기일개시 후 그 기일에 아무런 소송행위를 하지 아니하고 신기일을 지정하는 기일의 연기와는 구별되며, 기일에 소송행위를 하였지만 종결을 하지 못하여 다시 다음 기일을 지정하는 기일의 속행과도 구별된다. 다만 실질적으로 기일의 변경은 기일의 연기나 속행과 큰 차이점은 없는 것이나, 실무에서는 기일변경의 경우에는 변론조서의 작성이 불필요 하지만 기일의 연기나 속행의 경우에는 작성을 요한다는 차이점이 있다. 기일변경 시에는 증인·감정인에게도 변경되었다는 취지를 통지하여야 한다(규칙 제44조). 그리고 당사자에게도 바로 이 사실을 알려야 한다(규칙 제42조 2항).

(2) 기일의 추후지정(追定)

기일의 변경·연기 또는 속행을 하면서 다음 기일을 바로 지정함이 없이 추후에 지정한다는 것을 알리는 경우를 말한다. 기일을 변경·연기 또는 속행할 때에는 소송절차의 중단 등 특별한 사정이 없으면 다음 기일을 바로 지정하도록 하여(규칙 제42조 1항), 원칙적으로 기일의 추후지정을 하지 못하게 하였다. 부득이하게 기일을 추후지정 할 경우에는 조서에 추후지정 하여야 할 구체적 사유를 기재하여야 한다(예규 재일 2003-10 제4조).

2. 요 건

(1) 첫 기일에는 합의

첫 변론기일 또는 첫 변론준비기일을 바꾸는 것은 현저한 사유가 없는 경우라도 당사자들이 합의하면 당연히 허용된다. 상대방과 합의가 없으면, 첫 기일이라도 그 변경의 허가 여부는 법원의 직권에 속한다(대판 1966.10.21. 66다1439). 첫 기일은 최초로 지정된 제1회 기일을 말하고, 직권 또는 당사자의 신청에 의하여 변경 연기된 기일은 포함되지 않는다.

(2) 계속 진행 기일에는 현저한 사유

변론기일이나 변론준비기일의 속행기일은 현저한 사유가 있는 때에 한하여 변경이 허용된다(제165조 2항의 반대해석). 현저한 사유란 부득이한 사유보다는 넓은 개념으로서, 당사자 한 쪽에게 출석하여 변론할 수 없는 합리적 사유가 있는 때, 예를 들어 철도파업으로 교통이 두절된 때(대판 1966.03.29. 66다171), 당사자에게 주장이나 증거제출의 준비를 하지 못할 정당한 이유가 있는 때 등이 이에 해당한다.

(3) 기일변경의 제한

재판장등 은 법 제165조제2항에 따른 경우 외에는 특별한 사정이 없으면 기일변경을 허가하여서는 아니 된다[69](규칙 제41조).

3. 절 차

기일변경신청을 하는 때에는 기일변경이 필요한 사유를 밝히고, 그 사유를 소명하는 자료를 붙여야 한다(규칙 제40조). 소명하는 자료를 제출하지 않으면 신청을 각하하고 변론을 종결할 수 있다. 변경을 허용할 것인지는 법원의 직권사항이다. 따라서 그 허용여부의 재판은 불복을 할 수 없다.

4. 변경불허에 대한 구제

기일의 변경이 허용되지 않는 경우라 하여도 당사자가 자기의 책임에 돌릴 수 없는 사유로 인하여 현실적으로 그 기일에 출석하지 못하고 실제로 공격·방어 방법을 제출할 기회를 잃었기 때문에 그대로 패소한 경우에는 대리권 흠결에 준하여 상소(제424조 1항 4호) 또는 재심(제451조 1항 3호)이 가능하다(통설).

Ⅳ 기일의 통지와 실시

> 제167조(기일의 통지) ① 기일은 기일통지서 또는 출석요구서를 송달하여 통지한다. 다만, 그 사건으로 출석한 사람에게는 기일을 직접 고지하면 된다.

---

[69] 과거의 구 민소규칙 제41조는 여러 소송대리인이 있을 때 그 중 일부의 소송대리인에게만 변경사유가 생겼을 때, 기일 지정 후에 다른 사건의 기일이 그 기일과 같은 일시로 지정된 경우에는 기일변경을 허가하면 아니 되는 사유로 규정하였다.

② 법원은 대법원규칙이 정하는 간이한 방법에 따라 기일을 통지할 수 있다. 이 경우 기일에 출석하지 아니한 당사자·증인 또는 감정인 등에 대하여 법률상의 제재, 그 밖에 기일을 게을리 함에 따른 불이익을 줄 수 없다.
민사소송규칙 제45조(기일의 간이통지) ① 법 제167조제2항의 규정에 따른 기일의 간이통지는 전화·팩시밀리·보통우편 또는 전자우편으로 하거나, 그 밖에 상당하다고 인정되는 방법으로 할 수 있다.
② 제1항의 규정에 따라 기일을 통지한 때에는 법원사무관등은 그 방법과 날짜를 소송기록에 표시하여야 한다.
제169조(기일의 시작) 기일은 사건과 당사자의 이름을 부름으로써 시작된다.

1. 기일의 통지

(1) 의 의

기일이 지정되면 당사자 그 밖의 소송관계인에게 기일통지서 또는 출석요구서[70]를 송달하여 지정된 기일을 알리고, 출석을 요구한다. 이를 기일의 통지라고 한다.

(2) 방 식

기일의 통지는 법원사무관등이 기일통지서 또는 출석요구서를 작성하여 이를 송달하는 것이 원칙이지만, 소송관계인이 일정한 기일에 출석하겠다고 적은 서면(출석승낙서)을 제출하거나(제168조), 법원사무관등이 그 법원 안에서 송달을 받을 사람에게 서류를 교부하고 영수증을 받은 때(제177조 2항)에는 송달의 효력이 있다. 그리고 그 사건으로 출석한 사람에게는 직접 기일을 고지하면 되고, 따로 기일을 통지 할 필요는 없다.

(3) 간이통지

기일의 간이통지는 전화·팩시밀리·보통우편 또는 전자우편으로 하거나, 그 밖에 상당하다고 인정되는 방법으로 할 수 있다. 다만 이 경우 기일에 출석하지 아니한 당사자·증인 또는 감정인 등에 대하여 법률상의 제재, 그 밖에 기일을 게을리 함에 따른 불이익을 줄 수 없다.

(4) 통지 해태의 경우

당사자에게 적법한 통지 없이 한 기일의 진행 실시는 위법하지만(대판 1962.09.20. 62다380), 이의권의 포기로 그 하자는 치유된다(대판 1968.07.02. 68다37). 기일의 통지가 없어서 출석할 수 없었기 때문에 그대로 패소판결을 받은 사람은 대리권 흠결에 준하여 상소 또는 재심으로 구제받을 수 있다[71](통설). 다만 判例는 "판결의 선고는 당사자가 재정하지 아니하는 경우에도 할 수 있는 것이므로 법원이 적법하게 변론을 진행한 후 이를 종결하고 판결 선고기일을 고지한 때에는 재정하지 아니한 당사자에게도 그 효력이 있는 것이고, 그 당사자에 대하여 판결 선고기일

---

[70] 구법은 이를 소환장이라고 하였으나, 02년 개정 민소법은 기일통지서 또는 출석요구서로 바꾸었다. 기일통지서는 출석할 권리는 있으나 의무는 없는 경우(예 : 변론기일 통지서)에 통지하고, 출석요구서는 출석의무가 있는 경우(예:증인 출석요구서)에 통지한다.

[71] 판결선고기일을 통지하지 아니한 경우는 판결내용에 영향이 없으므로 위법하지 않다는 견해(이시윤)도 있으나, 판결의 선고도 반드시 별도의 선고기일을 정하여 당사자에게 통지하고 그 지정된 기일에 하여야 한다(제207조, 정동윤·유병현·김경욱).

통지서를 송달하지 아니하였다 하여도 이를 위법이라고 할 수 없다(대판 2003.04.25. 2002다72514)."
고 한다.

2. 기일의 실시

기일은 지정된 일시와 장소에서 재판장이 사건과 당사자의 이름을 부르면 시작된다. 본인의 이름을 부르면 충분하고, 대리인의 출석 여부까지 심리할 필요는 없다(대판 1970.11.24. 70다1894). 기일은 법관과 법원사무관 등이 참여하여 실시한다(제153조 2호). 법정경위는 참여하지 않아도 위법이 아니다. 기일은 그 기일에 하기로 예정된 소송행위가 완료되면 종료된다. 이를 '기일의 종결'이라고 한다.

제2관 기 간

I 기간의 종류

1. 행위기간과 유예기간

행위기간은 소송을 신속·명확하게 처리할 목적으로 특정의 소송행위를 그 사이에 하여야 하는 것으로 정해진 기간을 말하고, 유예기간이란 당사자·그 밖의 소송관계인의 이익을 보호할 목적으로 어느 행위를 할 것인가에 관하여 고려와 준비를 위하여 일정기간의 유예를 두는 것으로서 중간기간이라고 한다.

2. 법정기간과 재정기간

법률에 의하여 정해진 기간을 법정기간, 재판기관이 재판으로 정하는 기간을 재정기간이라 한다.

3. 불변기간과 통상기간

법정기간은 다시 두 가지로 나누어진다. 그 중에서 법률이 "불변기간으로 한다"고 정해 놓고 있는 기간이 불변기간이며, 그 밖의 기간이 통상기간이다.

II 기간의 계산

> 제170조(기간의 계산) 기간의 계산은 민법에 따른다.

기간의 계산은 민법을 따른다. 따라서 초일불산입의 원칙이 적용되고, 공휴일이 末日(말일)일 경우에는 그 다음날에 만료한다(제157조). 공휴일에는 임시공휴일도 포함된다(대결 1992.04.21. 92마175).

III 기간의 진행

> 제171조(기간의 시작) 기간을 정하는 재판에 시작되는 때를 정하지 아니한 경우에 그 기간은 재판의 효력이 생긴 때부터 진행한다.
> 제247조 ② 소송절차의 중단 또는 중지는 기간의 진행을 정지시키며, 소송절차의 수계사실을 통지한 때 또는 소송절차를 다시 진행한 때부터 전체기간이 새로이 진행된다.

기간의 진행은 소송절차의 중단 또는 중지중에는 정지되고, 그 해소와 동시에 다시 전체기간이 진행된다(제247조 2항). 재정기간은 재판에서 그 시작하는 때를 정한 때에는 그 때부터, 이를 정하지 아니한 때에는 재판의 효력이 발생한 때부터 진행한다(제171조). 법정기간은 법정의 사유가 발생한 때부터 진행한다.

IV 기간의 신축

> 제172조(기간의 신축, 부가기간) ① 법원은 법정기간 또는 법원이 정한 기간을 늘이거나 줄일 수 있다. 다만, 불변기간은 그러하지 아니하다.
> ② 법원은 불변기간에 대하여 주소 또는 거소가 멀리 떨어진 곳에 있는 사람을 위하여 부가기간을 정할 수 있다.
> ③ 재판장·수명법관 또는 수탁판사는 제1항 및 제2항의 규정에 따라 법원이 정한 기간 또는 자신이 정한 기간을 늘이거나 줄일 수 있다.

1. 신 축

통상기간 및 재정기간은 伸縮(신축) 즉 기간을 늘이거나 줄일 수 있다[72]. 법원의 소송지휘에 속하지 않는 중대한 효과와 결부되어 있는 기간은 이를 신축할 수 없다. 명문의 규정이 있는 경우로는 불변기간(제172조 1항 단서), 소송행위의 추후보완기간(제173조), 지급명령에 대한 이의신청기간(제470조 2항), 공시송달기간(제196조 3항, 다만 기간을 늘일 수는 있음) 등이 있고, 명문의 규정은 없으나 허용되지 않는 것으로는 직무기간이 있다.

2. 부가기간

불변기간은 신축은 허용되지 않으나, 부가기간을 정할 수 있다. 부가기간은 주소 또는 거소가 멀리 떨어진 사람을 위한 사전구제제도이다. 부가기간을 정한 때에는 본래의 기간과 부가기간이 일체가 되어 전체기간이 불변기간이 된다. 불변기간이 경과된 뒤에는 부가기간을 정할 수 없다. 이 경우에는 사후구제수단인 추후보완제도가 있기 때문이다.

V 기간의 不遵守 - 소송행위의 추후보완

> 제173조(소송행위의 추후보완) ① 당사자가 책임질 수 없는 사유로 말미암아 불변기간을 지킬 수 없었던

---

72) 광주사태(광주민주화운동)가 발생하여 상고이유서 제출이 늦어진 경우에 상고이유서가 대법원에 제출된 날까지 상고이유서제출기간이 伸長(신장)된다고 한다(대판 1980.06.12. 80다918).

> 경우에는 그 사유가 없어진 날부터 2주 이내에 게을리 한 소송행위를 보완할 수 있다. 다만, 그 사유가 없어질 당시 외국에 있던 당사자에 대하여는 이 기간을 30일로 한다.
> ② 제1항의 기간에 대하여는 제172조의 규정을 적용하지 아니한다.

1. 서 설

(1) 의 의

기간의 부준수(기간의 해태)라 함은 당사자 기타 소송관계인이 행위기간 중에 소정의 소송행위를 하지 않고 그 기간을 도과시킨 것을 말한다.

(2) 취 지

행위기간 중 불변기간의 도과는 소권의 상실, 재판확정 등의 불이익이 따른다. 그러나 '당사자가 그 책임을 질 수 없는 사유'로 인한 경우에는 법적안정성과 당사자의 절차권보장과의 조화라는 차원에서 구제책이 필요한 바, 그에 대한 대책이 추후보완제도(제173조)인 것이다.

2. 추후보완의 대상

(1) 불변기간

추후보완의 대상이 되는 기간은 법률로 항소기간(제396조), 상고기간(제425조, 제396조) 등 불변기간으로 정해 놓은 것에 한하며, 그 외의 기간에 대해서는 추후보완의 대상이 되지 않음이 원칙이다.

(2) 상고이유서제출기간ㆍ재항고이유서제출기간

법률로 명정된 불변기간은 아니지만, 상고이유서제출기간(제427조)ㆍ재항고이유서제출기간(제443조, 제427조)은 그 해태의 효과가 상고기간의 해태의 효과와 실질적인 차이가 없으므로 유추적용이 필요하다(다수설). 그러나 判例는 "상고이유서 제출기간은 불변기간이 아니므로 제173조의 적용이 없다(대판 1970.01.27. 67다774)."고 하여 반대의 입장이다. 다만 "우체국 집배원의 배달 착오로 상고인인 원고(재심원고)가 소송기록접수통지서를 송달받지 못하여 상고이유서 제출기간 내에 상고이유서를 제출하지 않았다는 이유로 민사소송법 제429조, 상고심절차에관한특례법 제5조에 의하여 원고의 상고가 기각된 경우, 원고는 적법하게 소송에 관여할 수 있는 기회를 부여받지 못하였으므로, 이는 민사소송법 제451조 제1항 제3호에 규정된 '법정대리권, 소송대리권 또는 대리인이 소송행위를 함에 필요한 수권의 흠결이 있는 때'에 준하여 재심사유에 해당한다고 봄이 상당하다(대판 1998.12.11. 97재다445)."고 한 것이 있다.

(3) 판결정본 송달이 무효인 경우

判例는 제1심판결정본 송달의 하자로 송달이 당연무효인 경우에는 판결이 확정되지 않아 항소기간이 진행되지 않기 때문에 언제든지 항소를 제기 할 수 있다고 한다(항소설).

3. 추후보완 사유

(1) 당사자의 귀책사유가 없는 불변기간

1) 의의

　민사소송법 제173조 제1항이 규정하는 소송행위의 추후보완은 당사자가 그 책임을 질 수 없는 사유로 인하여 불변기간을 준수할 수 없었던 경우에 가능한 것이고, 여기서 '당사자가 책임질 수 없는 사유'라 함은 당사자가 그 소송행위를 하기 위하여 일반적으로 하여야 할 주의를 다하였음에도 불구하고 그 기간을 준수할 수 없었던 경우를 가리키는 것이다(대판 2018.04.12. 2017다53623). 이것은 천재지변 기타 불가항력에만 한정되는 것이 아니고, 당사자가 일반인의 주의와 능력을 다하였음에도 피할 수 없었던 사유를 말하며, 이 당사자는 당사자 본인 뿐 아니라, 그 소송대리인 및 대리인의 보조인도 포함 한다(대판 1999.06.11. 99다9622).

2) 추후보완 긍정례

　① 천재지변에 의한 교통·통신의 두절로 인한 우편물의 지연[일본, 독일의 판례, 다만 判例는 서울·수원 간에 4일 정도 항소장 배달이 늦어진 것은 불귀책 사유가 아니라고 한다(대판 1991.12.13. 91다34509).]

　② 법원의 잘못이 불변기간의 부준수에 원인이 된 경우(서울고법 1962.07.30. 62마97)

　③ 소송서류 송달의 잘못(대판 2003.06.10. 2002다67628)

　④ 공시송달 사실을 과실 없이 알지 못한 경우(대결 2000.09.05. 2000므87)

　⑤ 무권대리인이 소송을 수행하고 판결정본을 송달받은 때(대판 1996.05.31. 94다55774)

　⑥ 조정이 성립되지 아니한 경우(대판 2015.08.13. 2015다213322)

　⑦ 다른 소송에서 선임된 피고 소송대리인이 공시송달로 진행된 제1심 판결문을 송달 받은 경우 '피고가 책임질 수 없는 사유가 없어진 때'에 해당하지 아니한다[73](대판 2022.04.14. 2021다305796).

3) 추후보완 부정례

　① 소송대리인이나 그 보조자에게 고의·과실이 있는 경우(대판 1984.06.14. 84다카744)

　② 교도소에 수감된 경우(대판 1992.04.14. 92다3441)

　③ 여행, 질병치료를 위한 출타의 경우(대결 1968.07.05. 68마458)

　④ 제1심 판결정본의 송달이 전연 무효인 경우에는 불변기간이 진행될 수 없어 항소행위의 추완이라는 문제는 생길 수 없고 당사자는 언제라도 항소를 제기할 수 있다(대판 1970.07.24. 70다1015).

　⑤ 항소장을 제1심법원이 아닌 항소심법원에 제출한 경우 추완항소가 허용되지 아니한다[74](대

---

[73] 당사자가 다른 소송의 재판절차에서 송달받은 준비서면 등에 당해 사건의 제1심 판결문과 확정증명원 등이 첨부된 경우에는 그 시점에 제1심 판결의 존재 및 공시송달의 방법으로 송달된 사실까지 알았다고 볼 것이지만, 다른 소송에서 선임된 소송대리인이 그 재판절차에서 위와 같은 준비서면 등을 송달받았다는 사정만으로 이를 당사자가 직접 송달받은 경우와 동일하게 볼 수는 없다(대판 2022.04.14. 2021다305796).

[74] 민사소송법 제397조에 의하면 "항소는 항소장을 제1심법원에 제출함으로써 한다"고 규정하고 있으므로, 항소에 있어 항소제기기간의 준수 여부는 항소장이 제1심법원에 접수된 때를 기준으로 하여 판단하여야 하고, 비록 항소장이 항소기간 내에 제1심법원 이외의 법원에 제출되었다 하더라도 항소제기의 효력이 있는 것은 아니며, 같은 법 제173조 제1항의 "당사자가 책임질 수 없는 사유"라고 함은 당사자가 그 소송행위를 하기 위하여 일반

판 2003.03.28. 2002다73067,73074).

(2) 공시송달과 상소추후보완

1) 문제점

공시송달이란 당사자가 과실 없이 수송달자의 송달장소를 알 수 없는 경우에 수송달자가 송달서류의 내용을 현실적으로 알 수 없다고 하여도 법률상 안 것으로 보아, 송달이 된 것으로 간주하는 제도이다. 실무상 공시송달은 대법원 홈페이지 대국민서비스 공고란의 게시(공시)에 의하므로, 수송달자가 송달사실과 그 내용을 제대로 알 수 없어 불이익이 예상되므로, 소송행위의 추후보완을 인정할 필요성이 있게 된다.

2) 부지에 과실이 있는 경우

제대로 소송 진행이 되다가 소송서류의 송달불능이 되어 공시송달에 이른 경우[75], 원고로부터의 소송을 회피할 목적으로 등기부에 허위주소를 등재함으로써 공시송달에 이른 경우 등이 있다.

3) 부지에 과실이 없는 경우

처음부터 공시송달방법에 의하여 송달된 피고가 고의로 행방을 감춘 특별사정이 없을 때[76], 우편집배원, 집행관, 법원의 부주의로 송달불능이 되어 공시송달에 이른 경우, 피고의 주소를 알면서 허위주소로 하여 소 제기함으로써 공시송달에 이른 경우 등이 있다.

그리고 조정이 성립되지 아니한 것으로 사건이 종결된 후 피신청인의 주소가 변경되었음에도 피신청인이 조정법원에 주소변경신고를 하지 않은 상태에서 민사조정법 제36조 제1항 제2호에 따라 조정이 소송으로 이행되었는데, 통상의 방법으로 변론기일통지서 등 소송서류를 송달할 수 없게 되어 발송송달이나 공시송달의 방법으로 송달한 경우에는 처음부터 소장 부본이 적법하게 송달된 경우와 달라서 피신청인에게 소송의 진행상황을 조사할 의무가 있다고 할 수 없다. 따라서 피신청인이 이러한 소송의 진행상황을 조사하지 않아 상소제기의 불변기간을 지키지 못하였다면 이는 당사자가 책임질 수 없는 사유로 말미암은 것에 해당 한다(대판 2015.08.13. 2015다213322).

적으로 하여야 할 주의를 다하였음에도 불구하고 그 기간을 준수할 수 없었던 사유를 가리키고, 그 당사자에는 당사자 본인 뿐만 아니라 그 소송대리인 및 대리인의 보조인도 포함된다. 제1심법원이 창원지방법원 통영지원인데 항소장을 창원지방법원으로 우편으로 제출하였기 때문에 항소기한이 경과된 경우에는 추완항소가 허용되지 아니한다.

75) 민사소송법 제173조 제1항에 규정된 '당사자가 책임질 수 없는 사유'란 당사자가 소송행위를 하기 위하여 일반적으로 하여야 할 주의를 다하였음에도 불구하고 그 기간을 준수할 수 없었던 사유를 가리키는데, 소송의 진행 도중 통상의 방법으로 소송서류를 송달할 수 없게 되어 공시송달의 방법으로 송달한 경우에는 처음 소장 부본의 송달부터 공시송달의 방법으로 소송이 진행된 경우와 달라서 당사자에게 소송의 진행상황을 조사할 의무가 있으므로, 당사자가 이러한 소송의 진행상황을 조사하지 않아 불변기간을 지키지 못하였다면 이를 당사자가 책임질 수 없는 사유로 말미암은 것이라고 할 수 없다(대판 2012.10.11. 2012다44730).

76) 소장부본 기타 소송서류가 공시송달 방법에 의하여 송달되고 판결정본 또한 공시송달 방법으로 송달된 경우 피고가 이러한 사실을 그 후에야 알게 되었다면 특별한 사정이 없는 한 피고가 상소제기의 불변기간을 지키지 못한 것은 피고에게 책임을 돌릴 수 없는 사유로 인한 것이고, 이 경우 주민등록상 주소에서의 송달불능을 이유로 공시송달이 행하여졌다고 하여 전출신고를 하지 아니한 피고에게 판결의 공시송달 후의 상소기간 도과에 대한 과실이 있다 할 수 없다(대판 1993.09.28. 93므324).

(3) 재심사유와 추후보완

상대방 주소를 알면서도 허위로 적어 소제기 후 공시송달에 의한 확정판결을 얻은 경우에, 재심사유(제451조 1항 11호)와 추후보완의 요건(제173조)을 모두 갖춘 것이 되는데 상대방 당사자는 어느 절차에 의할 것인지에 대해서 임의로 선택할 수 있다. 재심은 확정판결 후 5년 내에 하여야 하는 제한이 있으며, 상소의 추후보완은 심급의 이익이 상실되나 기간 부준수 사유가 아무리 오래 되어도 사유종료 후 2주일 내에는 가능하다.

4. 추후보완절차

(1) 추후보완기간

불변기간의 부준수에 의한 소송행위의 추후보완은 장애사유가 종료된 후 2주일 내에 하여야 한다(제173조 1항). 추후보완기간은 단축할 수 없으며, 불변기간이 아니므로 부가기간을 정할 수 없다(제173조 2항). 그리고 장애사유가 종료한 때라 함은 천재지변 그 밖의 이와 유사한 사유의 경우에는 그 재난이 없어진 때이고, 판결의 송달사실을 과실 없이 알지 못한 경우에는 당사자나 대리인이 판결이 있을 것을 안 때이다. 그리고 공시송달의 경우에 '사유가 없어진 후'라 함은 당사자나 소송대리인이 단순히 판결이 있었던 사실을 안 때가 아니고 나아가 그 판결이 공시송달의 방법으로 송달된 사실을 안 때를 가리키는 것으로서, 다른 특별한 사정이 없는 한 통상의 경우에는 당사자나 소송대리인이 그 사건기록의 열람을 하거나 새로이 판결정본을 영수한 때에 비로소 그 판결이 공시송달의 방법으로 송달된 사실을 알게 되었다고 보아야 한다(대판 2006.02.24. 2004다8005). 다만 <u>피고가 당해 판결이 있었던 사실을 알았고 사회통념상 그 경위에 대하여 당연히 알아볼만한 특별한 사정이 있었다고 인정되는 경우에는 그 경위에 대하여 알아보는 데 통상 소요되는 시간이 경과한 때에 그 판결이 공시송달의 방법으로 송달된 사실을 알게 된 것으로 추인하여 그 책임질 수 없는 사유가 소멸하였다고 봄이 상당하다고 할 것이지만,</u> 이 경우 '당해 판결이 있었던 사실을 알게 된 것'과 더불어 '판결의 경위에 대하여 알아볼만한 특별한 사정'이 인정되어야 함은 판결의 취지상 분명하다. 따라서 당사자가 다른 소송의 재판절차에서 송달받은 준비서면 등에 당해 사건의 제1심 판결문과 확정증명원 등이 첨부된 경우에는 위의 특별한 사정을 인정할 수 있고, 제1심판결이 있었던 사실을 알게 된 후 그 대처방안에 관하여 변호사와 상담을 하거나 추완항소 제기에 필요한 해외거주증명서 등을 발급받은 경우에도 마찬가지이다. 그러나 유체동산 압류집행을 당하였다는 등의 사정만으로는 위의 특별한 사정을 인정하기 어렵고, 나아가 채권추심회사 직원과의 통화 과정에서 사건번호 등을 특정하지 않고 단지 "판결문에 기하여 채권추심을 할 것이다."라는 이야기를 들은 경우에도 당해 제1심판결이 있었던 사실을 알았다거나 위의 특별한 사정이 인정된다고 볼 수 없다[77](대판 2021.03.25. 2020다46601).

---

[77] ☞ 공시송달의 방법으로 제1심에서 원고 승소판결이 있은 후, 이에 기하여 원고가 피고의 예금채권에 대해 채권압류 및 추심명령을 받자 제3채무자인 금융기관 측에서 피고에게 '법원의 요청으로 계좌가 압류되었다'는 내용(채권압류 및 추심명령의 사건번호와 채권자만 기재되어 있었다)의 문자메시지를 보냈고, 그 후 피고는 제1심판결을 영수한 후 추완항소를 제기한 사안임 ☞ 원심은 문자메시지를 받은 시점부터 추완항소 기간이 진행된다

(2) 추후보완신청

추후보완 할 수 있는 자는 그 사유가 있는 자에 한하며, 해태된 소송행위를 본래의 방식에 의하면 된다. 예를 들어 항소제기를 추후보완하려면 항소장을 제출하면 된다[78](이 경우 반드시 '추후보완'임을 밝혀야할 필요는 없으나, 추후보완임을 밝히는 것이 실무이다). 추후보완사유는 법원의 직권조사사항이지만 그에 관계되는 사실에 대해서는 추후보완 하는 당사자가 주장·입증하여야 한다[79].

(3) 법원의 조치

추후보완신청은 독립한 신청이 아니기 때문에, 추후보완사유의 유무와 해태된 소송행위의 당부는 하나의 절차에서 심리함이 원칙이다. 따라서 추후보완신청이 이유가 있으면 추후보완 되는 소송행위의 당부에 관하여 실질적 판단을 하여야 하고, 이유가 없으면 그 소송행위에 대하여 부적법각하의 재판을 하게 된다[80].

5. 추후보완신청의 효력[81]

고 보아 그로부터 2주일이 지나 제기된 추완항소가 부적법하다고 판단하였음 ☞ 대법원은 제1심판결에 관한 내용이 전혀 언급되어 있지 않은 문자메시지를 받았다는 사정만으로는 이 사건 제1심판결이 있었던 사실을 알았다거나, 사회통념상 그 경위를 알아볼만한 특별한 사정이 있었다고 보기 어렵다고 보아 제1심판결을 영수한 때로부터 추완항소 기간이 진행된다고 보아 그로부터 2주일 내에 제기된 추완항소가 적법하다고 판단하여 파기환송하였음.

78) 당사자가 항소를 제기하면서 추후보완항소라는 취지의 문언을 기재하지 아니하였다 하더라도 그 전체적인 취지에 비추어 그러한 주장이 있는 것으로 볼 수 있는 경우에는 당연히 그 사유에 대하여 심리·판단하여야 하고, 증거에 의하여 그 항소기간의 경과가 그의 책임질 수 없는 사유로 말미암은 것으로 인정되는 이상, 그 항소는 처음부터 소송행위의 추후보완에 의하여 제기된 항소라고 보아야 한다(대판 2008.02.28. 2007다41560).

79) 민사소송법 제186조 제1항에 의하면 근무장소 외의 송달할 장소에서 송달받을 사람을 만나지 못한 때에는 동거인 등으로서 사리를 분별할 지능이 있는 사람에게 서류를 교부하는 방법으로 송달할 수 있고, 여기에서 말하는 '송달할 장소'가 반드시 송달을 받을 사람의 주민등록상의 주소지에 한정되는 것은 아니며, '동거인' 역시 송달을 받을 사람과 사실상 동일한 세대에 속하여 생활을 같이 하는 사람이기만 하면 되는데, <u>판결의 선고 및 송달 사실을 알지 못하여 상소기간을 지키지 못한 데 과실이 없다는 사정은 상소를 추후보완 하고자 하는 당사자 측에서 주장·입증하여야 한다</u>(대판 2012.10.11. 2012다44730).

80) 본건에 있어서 원심이 위와 같은 재항고인의 신청 즉, 상소권 회복신청과 판결정본 송달신청을 법원에게 대한 적법한 독립된 신청으로 오해하고서만 제1심결정을 적법하다는 전제하에 판단하였음은 부당한바 본건 상소권 회복신청은 위해서 말한바와 같이 부적법한 표시로 되어 있기는 하나 그 내용에 의하면 항소의 소송 행위를 추완 한다는 취지의 항소제기로 해석되지 못할바 아니므로 원심으로서는 항소 제기로서 적절한 보정을 하게한 뒤에 판결로서 항소의 각하(추완사유가 이유 없는 경우), 항소의 기각 또는 항소를 인용하는 판결을 하여야 함에도 불구하고...(대결 1966.03.22. 66마71).

81) 형식적으로 확정된 제1심판결에 대한 피고의 항소추완신청이 적법하여 해당 사건이 항소심에 계속된 경우 그 항소심은 다른 일반적인 항소심과 다를 바 없다. 따라서 원고와 피고는 형식적으로 확정된 제1심판결에도 불구하고 실기한 공격·방어방법에 해당하지 아니하는 한 자유로이 공격 또는 방어방법을 행사할 수 있고, 나아가 피고는 상대방의 심급의 이익을 해할 우려가 없는 경우 또는 상대방의 동의를 받은 경우에는 반소를 제기할 수도 있다. 여기서 '상대방의 심급의 이익을 해할 우려가 없는 경우'라고 함은 반소청구의 기초를 이루는 실질적인 쟁점이 제1심에서 본소의 청구원인 또는 방어방법과 관련하여 충분히 심리되어 상대방에게 제1심에서의 심급의 이익을 잃게 할 염려가 없는 경우를 말한다(대판 2013.01.10. 2010다75044).

(1) 형식적 확정력과 관계

추후보완행위를 하는 것만으로는 불변기간의 도과에 의한 판결의 형식적 확정력이 소멸되지 않는다. 따라서 추후보완 되는 행위가 상소라고 하더라도 그 불복을 신청한 판결의 집행력·기판력에 아무런 영향이 없다.

(2) 집행정지신청

상소의 추후보완의 경우에 확정판결의 집행정지를 시키려면 제500조에 의하여 별도의 집행정지결정을 받아야 한다.

제3관 송 달

Ⅰ 의 의

송달[82]이란 당사자, 그 밖의 소송관계인에게 소송상의 서류의 내용을 알 수 있는 기회를 주기 위해 법정의 방식에 따라 하는 통지행위이다. 올바른 송달은 절차권 보장의 전제라고 할 것이다.

Ⅱ 송달기관

1. 송달담당기관(사무처리자)

> 제175조(송달사무를 처리하는 사람) ① 송달에 관한 사무는 법원사무관등이 처리한다.
> ② 법원사무관등은 송달하는 곳의 지방법원에 속한 법원사무관등 또는 집행관에게 제1항의 사무를 촉탁할 수 있다.

(1) 원 칙

송달사무는 원칙적으로 법원사무관등이 담당한다. 즉 송달서류의 수령·작성, 송달받을 자·송달장소·송달방법의 결정, 송달실시기관에 서류교부, 실시 후의 송달통지서의 수령 및 기록에 편철, 공시송달의 경우에 송달서류의 보관 등이 그 사무에 해당한다. 다른 관내 거주자에 대한 송달의 경우에 당해 지역을 관할하는 법원사무관등 또는 그 곳의 집행관에게 촉탁할 수 있다.

---

[82] 민사소송법상의 송달은 당사자나 그 밖의 소송관계인에게 소송상 서류의 내용을 알 기회를 주기 위하여 법정의 방식에 좇아 행하여지는 통지행위로서, 송달장소와 송달을 받을 사람 등에 관하여 구체적으로 법이 정하는 바에 따라 행하여지지 아니하면 부적법하여 송달로서의 효력이 발생하지 아니한다. 한편 채권양도의 통지는 채무자에게 도달됨으로써 효력이 발생하는 것이고, 여기서 도달이라 함은 사회통념상 상대방이 통지의 내용을 알 수 있는 객관적 상태에 놓여졌다고 인정되는 상태를 가리킨다. 이와 같이 도달은 보다 탄력적인 개념으로써 송달장소나 수송달자 등의 면에서 위에서 본 송달에서와 같은 엄격함이 요구되지 아니하며, 이에 송달장소 등에 관한 민사소송법의 규정을 유추적용 할 것이 아니다. 따라서 채권양도의 통지는 민사소송법상의 송달에 관한 규정에서 송달장소로 정하는 채무자의 주소·거소·영업소 또는 사무소 등에 해당하지 아니하는 장소에서라도 채무자가 사회통념상 그 통지의 내용을 알 수 있는 객관적 상태에 놓여졌다고 인정됨으로써 족하다고 할 것이다(대판 2010.04.15. 2010다57).

(2) 고유의 권한

송달사무는 법원사무관등의 고유의 권한으로서 자기 판단과 책임 하에 행하는 것이며, 유일한 예외였던 공시송달도 2015.7.1.부터 재판장의 명령으로 하지 않고 법원사무관등이 하는 것이 원칙이 되었다(제194조 1항 참고).

2. 송달실시기관

(1) 우편집배원 및 집행관

> 제176조(송달기관) ① 송달은 우편 또는 집행관에 의하거나, 그 밖에 대법원규칙이 정하는 방법에 따라서 하여야 한다.
> ② 우편에 의한 송달은 우편집배원이 한다.
> ③ 송달기관이 송달하는 데 필요한 때에는 국가경찰공무원에게 원조를 요청할 수 있다. 〈개정 2006.2.21〉
> (1) 규칙 제46조(전화 등을 이용한 송달방법) ① 변호사인 소송대리인에 대한 송달은 법원사무관등이 전화·팩시밀리·전자우편 또는 휴대전화 문자전송을 이용하여 할 수 있다. 〈개정 2007.11.28〉
> (2) 규칙 제47조(변호사 사이의 송달) ① 양 쪽 당사자가 변호사를 소송대리인으로 선임한 경우 한 쪽 당사자의 소송대리인인 변호사가 상대방 소송대리인인 변호사에게 송달될 소송서류의 부본을 교부하거나 팩시밀리 또는 전자우편으로 보내고 그 사실을 법원에 증명한 때에는 송달의 효력이 있다. 다만, 그 소송서류가 당사자 본인에게 교부되어야 할 경우에는 그러하지 아니하다.

원칙적인 송달실시기관은 우편집배원과 집행관이다. 우편집배원은 지리에 밝으므로 원칙적으로 이에 의한다. 우편집배원은 전국 어디에서도 우편송달을 실시할 수 있다. 집행관은 소속 지방법원의 관할구역 내에 한하여 송달을 실시할 수 있다(집행관법 제2조, 법원조직법 제55조). 이 경우 우편집배원의 송달 잘못으로 손해가 발생한 경우에는 국가배상책임이 문제될 수 있다(대판 2008.02.28. 2005다4734).

(2) 특별송달

> 제190조(공휴일 등의 송달) ① 당사자의 신청이 있는 때에는 공휴일 또는 해뜨기 전이나 해진 뒤에 집행관 또는 대법원규칙이 정하는 사람에 의하여 송달할 수 있다.
> ② 제1항의 규정에 따라 송달하는 때에는 법원사무관등은 송달할 서류에 그 사유를 덧붙여 적어야 한다.
> ③ 제1항과 제2항의 규정에 어긋나는 송달은 서류를 교부받을 사람이 이를 영수한 때에만 효력을 가진다.

당사자의 신청이 있는 때에는 공휴일 또는 해뜨기 전이나 해진 뒤에 집행관 또는 대법원규칙이 정하는 사람에 의하여 송달할 수 있다. 이를 특별송달이라고 한다. 예전의 구법은 재판장의 허가를 요구하였으나, 현행법은 이를 삭제하고 '당사자의 신청'이 있으면 가능하도록 하였다.

(3) 법원사무관등과 법정경위

> 제177조(법원사무관등에 의한 송달) ① 해당 사건에 출석한 사람에게는 법원사무관등이 직접 송달할 수 있다.
> ② 법원사무관등이 그 법원 안에서 송달받을 사람에게 서류를 교부하고 영수증을 받은 때에는 송달의 효력을 가진다.
> 법원조직법 제64조(법원경위) ③ 법원은 집행관을 사용하기 어려운 사정이 있다고 인정되는 때에는 법원경위로 하여금 소송서류를 송달하게 할 수 있다. 〈개정 1994.7.27, 1995.12.6, 2005.12.14〉

예외적으로 법원사무관등은 당해 사건 때문에 출석한 사람에 대해서는 영수증을 받고 서류를 직접 교부하는 교부송달(제177조, 실무상 변호사에 대한 송달은 주로 이 방법에 의한다), 우편송달(제187조), 송달함 송달(제188조), 공시송달(제194조, 제195조), 간이통지에 의한 송달(제167조 2항, 규칙 제45조), 전자소송의 전자송달을 실시한다. 법정경위에 의한 송달은 집행관에 의한 송달이 어려울 때 직무대행조치이다.

(4) 촉탁송달

> 제191조(외국에서 하는 송달의 방법) 외국에서 하여야 하는 송달은 재판장이 그 나라에 주재하는 대한민국의 대사·공사·영사 또는 그 나라의 관할 공공기관에 촉탁한다.
> 제192조(전쟁에 나간 군인 또는 외국에 주재하는 군관계인 등에게 할 송달) ① 전쟁에 나간 군대, 외국에 주둔하는 군대에 근무하는 사람 또는 군에 복무하는 선박의 승무원에게 할 송달은 재판장이 그 소속 사령관에게 촉탁한다.
> ② 제1항의 송달에 대하여는 제181조의 규정을 준용한다.

촉탁송달은 수소법원의 재판장이 촉탁한다. 전쟁에 나간 군인, 외국에 주재하는 군관계인 등에 대한 소속 사령관에 촉탁하는 송달, 외국에서 하는 송달 등이 있다.

(5) 송달통지서

> 제193조(송달통지) 송달한 기관은 송달에 관한 사유를 대법원규칙이 정하는 방법으로 법원에 알려야 한다.
> (1) 규칙 제53조(송달통지) 송달한 기관은 송달에 관한 사유를 서면으로 법원에 통지하여야 한다. 다만, 법원이 상당하다고 인정하는 때에는 전자통신매체를 이용한 통지로 서면통지에 갈음할 수 있다.

1) 내 용

송달한 기관은 송달에 관한 사유를 대법원 규칙이 정하는 방법으로 법원에 알려야 한다. 송달을 증명하는 서류로서 실무상 우편집배원은 송달통지서를, 집행관이나 법정경위는 송달보고서를 제출하는데, 송달이 된 때에는 송달일시·장소·수령자를 기재하고 송달불능이 된 때에는 송달이 되지 않은 사유를 기재한다. 법원사무관등은 송달통지서등을 수령하면 접수인을 찍고 기록에 편철한다. 법원이 상당하다고 인정하면 전자통신매체를 이용한 통지로 서면통지에 갈음할 수 있다.

2) 송달의 효력 여부

송달통지서의 작성은 송달실시의 필수적 구성부분이며 이의 작성이 없으면 송달이 무효라는 견해(방순원)도 있으나, 송달보고서는 단순히 송달이 있었음을 증명하는 서류에 불과하고 제158조와 같은 명문의 규정이 없는 이상 그 작성을 게을리 하여도 송달의 효력에는 영향이 없다(통설). 송달보고서는 송달이 적법하게 행하여졌는가에 관한 유일한 증거방법은 아니므로, 다른 자료에 의하여도 증명할 수 있다(대판 1952.10.30. 4285민상106).

Ⅲ 송달서류

> 제178조(교부송달의 원칙) ① 송달은 특별한 규정이 없으면 송달받을 사람에게 서류의 등본 또는 부본을 교부하여야 한다.
> ② 송달할 서류의 제출에 갈음하여 조서, 그 밖의 서면을 작성한 때에는 그 등본이나 초본을 교부하여야 한다.

특별한 규정이 없으면 송달할 서류의 원본이 아니라, 등본 또는 부본을 교부하여 실시한다(제178조 참고). 원본은 소송기록에 첨부해 두어야 하기 때문이다. 송달할 서류의 제출에 갈음하여 조서를 작성한 때에는, 그 조서의 등본이나 초본을 교부한다. 다만 기일통지서 또는 출석요구서의 송달은 원본(제167조 1항), 판결의 송달은 정본(제210조 2항)의 교부를 필요로 한다. 송달하여야 하는 소송서류를 법원에 제출하는 때에는 송달에 필요한 수의 부본제출의무가 있다(규칙 제48조).

Ⅳ 송달받을 사람

1. 법정대리인

> 제179조(소송무능력자에게 할 송달) 소송무능력자에게 할 송달은 그의 법정대리인에게 한다.
> 제180조(공동대리인에게 할 송달) 여러 사람이 공동으로 대리권을 행사하는 경우의 송달은 그 가운데 한 사람에게 하면 된다.
> 규칙 제49조(공동대리인에게 할 송달) 법 제180조의 규정에 따라 송달을 하는 경우에 그 공동대리인들이 송달을 받을 대리인 한 사람을 지정하여 신고한 때에는 지정된 대리인에게 송달하여야 한다.

> 국가를 당사자로 하는 소송에 관한 법률
> 제2조(국가의 대표자) 국가를 당사자 또는 참가인으로 하는 소송(이하 "국가소송"이라 한다)에서는 법무부장관이 국가를 대표한다.
> 제3조(국가소송 수행자의 지정 및 소송대리인의 선임) ① 법무부장관은 법무부의 직원, 각급 검찰청의 검사(이하 "검사"라 한다) 또는 「공익법무관에 관한 법률」에서 정한 공익법무관(이하 "공익법무관"이라 한다)을 지정하여 국가소송을 수행하게 할 수 있다.
> ② 법무부장관은 행정청의 소관사무나 감독사무에 관한 국가소송에서 필요하다고 인정하면 해당 행정청의 장의 의견을 들은 후 행정청의 직원을 지정하여 그 소송을 수행하게 할 수 있다.
> ③ 제2항의 지정을 받은 사람은 해당 소송에 관하여 법무부장관의 지휘를 받아야 한다.
> ④ 법무부장관은 변호사를 소송대리인으로 선임(선임)하여 국가소송을 수행하게 할 수 있다.
> 제9조(송달의 대상) ① 국가소송에서 국가에 대한 송달은 수소법원(수소법원)에 대응하는 검찰청(수소법원이 지방법원 지원인 경우에는 지방검찰청을 말한다)의 장에게 한다. 다만, 고등검찰청 소재지의 지방법

> 원(산하 지방법원 지원을 포함한다)에 소(訴)가 제기된 경우에는 그 고등검찰청의 장에게 송달한다.
> ② 소송수행자 또는 소송대리인이 있는 경우에는 제1항에도 불구하고 소송수행자 또는 소송대리인에게 송달한다.

법인 그 밖의 단체에 대한 그 대표자 또는 관리인에게 한다.[83](제64조). 따라서 그 대표자의 주소·거소·영업소 또는 사무소에서 한다(제183조, 대표자의 주소지에 송달원칙- 재판예규). 여러 사람이 공동대리를 하는 경우라도 그 중 한 사람에게 송달하면 된다(제180조). 다만 공동대리인이 송달받을 대리인 1명을 지명·신고한 때에는 그 대리인에게 송달하여야 한다(규칙 제49조). 국가를 당사자로 하는 소송에 있어 국가에 대한 송달은 수소법원에 대응하는 검찰청의 장에게 한다. 다만 소송수행자 또는 소송대리인이 있는 경우에는 그에게 한다(국가를 당사자로 하는 소송에 관한 법률 제9조). 부재자재산관리인이 선임되어 있으면 재산관리인에게 송달하여야 하고, 부재자 본인을 상대로 한 공시송달은 부적법하다(대판 1968.12.24. 68다2021).

2. 소송대리인[84]

소송대리인이 있는 경우에는 소송대리인이 송달을 받을 사람인데, 당사자본인에 대한 송달은 적절하지 않지만, 적법·유효하다고 보는 것이 통설, 判例이다(대결 1964.05.12. 63아37).

3. 법규상 송달수령권이 있는 사람

> 제181조(군관계인에게 할 송달) 군사용의 청사 또는 선박에 속하여 있는 사람에게 할 송달은 그 청사 또는 선박의 장에게 한다.
> 제182조(구속된 사람 등에게 할 송달) 교도소·구치소 또는 국가경찰관서의 유치장에 체포·구속 또는 유치(留置)된 사람에게 할 송달은 교도소·구치소 또는 국가경찰관서의 장에게 한다.〈개정 2006.2.21〉

비록 송달받을 사람이 교도소 등에 수감 중인 사실을 법원에 신고하지 아니하였거나 기록에

---

83) 법인인 소송당사자에게 효과가 발생할 소송행위는 그 법인을 대표하는 자연인의 행위거나 그 자연인에 대한 행위라야 할 것이므로 소송당사자인 법인에의 소장, 기일통지서 및 판결 등 서류는 그 대표자에게 송달하여야 하는 것이니 그 대표자의 주소, 거소에 하는 것이 원칙이고, 법인의 영업소나 사무소에도 할 수 있으나, 법인의 대표자의 주소지가 아닌 소장에 기재된 법인의 주소지로 발송하였으나 이사불명으로 송달불능 된 경우에는, 원칙으로 되돌아가 원고가 소를 제기하면서 제출한 법인등기부등본 등에 나타나 있는 법인의 대표자의 주소지로 소장 부본 등을 송달하여 보고 그 곳으로도 송달되지 않을 때에 주소 보정을 명하여야 하므로, 법인의 주소지로 소장 부본을 송달하였으나 송달불능되었다는 이유만으로 그 주소 보정을 명한 것은 잘못이므로 그 주소보정을 하지 아니하였다는 이유로 한 소장각하명령은 위법하다(대결 1997.05.19. 97마600).
84) 민사소송의 당사자는 민사소송법 제396조 제1항에 의하여 판결정본이 송달된 날부터 2주 이내에 항소를 제기하여야 한다. 한편 당사자에게 여러 소송대리인이 있는 때에는 민사소송법 제93조에 의하여 각자가 당사자를 대리하게 되므로, 여러 사람이 공동으로 대리권을 행사하는 경우 그 중 한 사람에게 송달을 하도록 한 민사소송법 제180조가 적용될 여지가 없어 법원으로서는 판결정본을 송달함에 있어 여러 소송대리인에게 각각 송달을 하여야 하지만, 그와 같은 경우에도 소송대리인 모두 당사자 본인을 위하여 소송서류를 송달받을 지위에 있으므로 당사자에 대한 판결정본 송달의 효력은 결국 소송대리인 중 1인에게 최초로 판결정본이 송달되었을 때 발생한다. 따라서 당사자에게 여러 소송대리인이 있는 경우 항소기간은 소송대리인 중 1인에게 최초로 판결정본이 송달되었을 때부터 기산된다(대결 2011.09.29. 2011마1335).

의하여 법원에서 그 사실을 알 수 없었다고 하여도 수감자의 종전 주소에의 송달은 무효이며, 반드시 교도소장에게 송달하여야 한다(대판(전) 1982.12.28. 82다카349). 그리고 교도소 또는 구치소에 구속된 자에 대한 송달은 그 소장에게 송달하면 구속된 자에게 전달된 여부와 관계없이 효력이 생기는 것이다(대판 1995.01.12. 94도2687). 또한 수감된 당사자에 대한 송달을 교도소장 등에게 하지 않고 당사자의 종전 주소나 거소로 한 것은 부적법한 송달로서 무효이고, 이는 법원이 서류를 송달받을 당사자가 수감된 사실을 몰랐거나, 수감된 당사자가 송달의 대상인 서류의 내용을 알았다고 하더라도 마찬가지이다. 따라서 수감된 당사자에 대하여 민사소송법 제185조나 제187조에 따라 종전에 송달받던 장소로 발송송달을 하였더라도 적법한 송달의 효력을 인정할 수 없다(대판 2021.08.19. 2021다53). 그러나 당사자가 소송 계속 중에 수감 된 경우 법원이 판결정본을 민사소송법 제182조에 따라 교도소장 등에게 송달 하지 않고 당사자 주소 등에 공시송달 방법으로 송달하였다면, 공시송달의 요건을 갖추지 못한 하자가 있다고 하더라도 재판장의 명령에 따라 공시송달을 한 이상 송달의 효력은 있다(대판 2022.01.13. 2019다220618).

4. 신고한 송달수령인

> 제184조(송달받을 장소의 신고) 당사자·법정대리인 또는 소송대리인은 주소 등 외의 장소(대한민국안의 장소로 한정한다)를 송달받을 장소로 정하여 법원에 신고할 수 있다. 이 경우에는 송달 영수인을 정하여 신고할 수 있다.

현행법은 구법과는 달리 송달장소와 송달영수인의 신고의무제를 폐지하고, 임의적인 것으로 하였다. 송달영수인 제도는 송달 받을 사람의 편의를 위한 제도이다. 신고한 송달영수인은 소송서류의 송달을 영수할 대리권만을 가진 임의대리인이다.

V 송달실시의 방법

1. 교부송달의 원칙

> 제178조(교부송달의 원칙) ① 송달은 특별한 규정이 없으면 송달받을 사람에게 서류의 등본 또는 부본을 교부하여야 한다. ② 송달할 서류의 제출에 갈음하여 조서, 그 밖의 서면을 작성한 때에는 그 등본이나 초본을 교부하여야 한다.
> (1) 규칙 제48조(부본제출의무 등) ① 송달을 하여야 하는 소송서류를 제출하는 때에는 특별한 규정이 없으면 송달에 필요한 수의 부본을 함께 제출하여야 한다.

(1) 송달할 장소

> **제183조(송달장소)** ① 송달은 받을 사람의 주소·거소·영업소 또는 사무소[85](이하 "주소등"이라 한다)에서 한다. 다만, 법정대리인에게 할 송달은 본인의 영업소나 사무소에서도 할 수 있다.
> ② 제1항의 장소를 알지 못하거나 그 장소에서 송달할 수 없는 때에는 송달받을 사람이 고용·위임 그 밖에 법률상 행위로 취업하고 있는 다른 사람의 주소등(이하 "근무장소"라 한다)에서 송달할 수 있다.
> ③ 송달받을 사람의 주소등 또는 근무장소가 국내에 없거나 알 수 없는 때에는 그를 만나는 장소에서 송달할 수 있다(조우송달, 출회송달).
> ④ 주소등 또는 근무장소가 있는 사람의 경우에도 송달받기를 거부하지 아니하면 만나는 장소에서 송달할 수 있다.
>
> **제185조(송달장소변경의 신고의무)** ① 당사자·법정대리인 또는 소송대리인이 송달받을 장소를 바꿀 때에는 바로 그 취지를 법원에 신고하여야 한다.
> ② 제1항의 신고를 하지 아니한 사람에게 송달할 서류는 달리 송달할 장소를 알 수 없는 경우[86] 종전에 송달받던 장소에 대법원규칙이 정하는 방법으로 발송할 수 있다.

1) 주소 등 송달 및 근무장소 송달

송달 받을 사람의 주소·거소·영업소 또는 사무소가 원칙이다. 다만 법정대리인에 대한 송달은 무능력자 본인의 영업소 또는 사무소에서도 할 수 있다. 그러나 현행법은 송달 받을 사람의 주소 등을 알지 못하거나 그 장소에서 송달할 수 없는 때에는 송달받을 사람이 취업하고 있는 근무장소에서 송달할 수 있게 하였다. 소장, 지급명령신청서 등에 기재된 주소 등에 송달을 시도하지도 아니한 채 바로 근무장소로 한 송달은 무효이다(대판 2004.07.21. 2004마535).

---

85) 민사소송법 제183조 제1항은 "송달은 받을 사람의 주소·거소·영업소 또는 사무소(이하 '주소 등'이라 한다)에서 한다."고 규정하고 있는바, 여기서 영업소 또는 사무소는 송달받을 사람의 영업 또는 사무가 일정 기간 지속하여 행하여지는 중심적 장소로서, 한시적 기간에만 설치되거나 운영되는 곳이라고 하더라도 그곳에서 이루어지는 영업이나 사무의 내용, 기간 등에 비추어 볼 때 어느 정도 반복해서 송달이 이루어질 것이라고 객관적으로 기대할 수 있는 곳이라면 위 조항에서 규정한 영업소 또는 사무소에 해당한다(대판 2014.10.30. 2014다43076). (따라서) 도의원 보궐선거에 출마한 甲의 선거사무소로 소장부본 등의 송달이 유효하게 이루어진 후 송달장소변경 신고를 하지 않은 상태에서 변론기일통지서 등이 송달불능 되자 위 사무소로 발송송달을 한 사안에서, 위 선거사무소가 선거운동이라는 한시적 목적을 위해 설치·운영된 장소라도 甲의 주된 사무가 행해지는 곳으로서 어느 정도 반복된 송달이 이루어질 것을 기대할 수 있는 곳이어서 민사소송법 제183조 제1항의 사무소에 해당한다.

86) 민사소송법 제173조 제1항이 규정하는 소송행위의 추후보완은 당사자가 그 책임을 질 수 없는 사유로 인하여 불변기간을 준수할 수 없었던 경우에 가능한 것이고, 여기서 '당사자가 책임질 수 없는 사유'라 함은 당사자가 그 소송행위를 하기 위하여 일반적으로 하여야 할 주의를 다하였음에도 불구하고 그 기간을 준수할 수 없었던 경우를 가리키는 것이다. 그리고 민사소송법 제185조 제1항은 "당사자·법정대리인 또는 소송대리인이 송달받을 장소를 바꿀 때에는 바로 그 취지를 법원에 신고하여야 한다."라고 규정하고, 같은 조 제2항은 "제1항의 신고를 하지 아니한 사람에게 송달할 서류는 달리 송달할 장소를 알 수 없는 경우 종전에 송달받던 장소에 대법원규칙이 정하는 방법으로 발송할 수 있다."라고 규정하고 있으며, 민사소송규칙 제51조는 위 규정에 따른 서류의 발송은 등기우편으로 하도록 규정하고 있는바, 민사소송법 제185조 제2항에서 말하는 '달리 송달할 장소를 알 수 없는 경우'라 함은 상대방에게 주소보정을 명하거나 직권으로 주민등록표 등을 조사할 필요까지는 없지만, 적어도 기록에 현출되어 있는 자료로 송달할 장소를 알 수 없는 경우에 한하여 등기우편에 의한 발송송달을 할 수 있음을 뜻한다(대판 2018.04.12. 2017다53623).

2) 출회(出會, 조우)송달

송달 받을 사람의 주소 등 또는 근무장소가 국내에 없거나 알 수 없을 때, 주소 등 또는 근무장소가 있는 사람이라도 송달받기를 거부하지 아니할 때에는 그를 만나는 장소에서 송달할 수 있다. 이를 출회(조우)송달이라고 한다. 당사자·법정대리인·소송대리인이 송달장소로 바꿀 때에는 변경의 신고의무가 있으며, 신고하지 아니하면 종전의 송달장소로 우편송달 할 수 있다(제185조). 判例는 "송달은 원칙적으로 민사소송법 제183조 제1항에서 정하는 송달을 받을 자의 주소, 거소, 영업소 또는 사무실 등의 '송달장소'에서 하여야 하는바, 송달장소에서 송달받을 자를 만나지 못할 때에는 그 사무원, 고용인 또는 동거자로서 사리를 변식할 지능이 있는 자에게 서류를 교부하는 보충송달의 방법에 의하여 송달할 수는 있지만, <u>이러한 보충송달은 위 법 조항에서 정하는 '송달장소'에서 하는 경우에만 허용되고 송달장소가 아닌 곳에서 사무원, 고용인 또는 동거자를 만난 경우에는 그 사무원 등이 송달받기를 거부하지 아니한다 하더라도 그 곳에서 그 사무원 등에게 서류를 교부하는 것은 보충송달의 방법으로서 부적법하다. 따라서 우체국 창구에서 송달받을 자의 동거자에게 송달서류를 교부한 것은 부적법한 보충송달이다</u>(대결 2001.08.31. 2001마3790)."고 한다.

(2) 보충송달

1) 본래의 주소 등에서 보충송달

> 제186조(보충송달·유치송달) ① 근무장소 "외"의 송달할 장소에서 송달받을 사람을 만나지 못한 때에는 그 사무원, 피용자(피용자) 또는 동거인으로서 사리를 분별할 지능이 있는 사람에게 서류를 교부할 수 있다.

① 사리를 분별할 지능이 있는 사람[87]

송달의 의의를 이해하고 송달을 받을 사람에게 교부를 기대할 수 있을 정도의 능력을 갖춘 사람을 말하기 때문에, 반드시 성년자임을 요하지 않는다. 判例는 초등학교 3학년 재학의 만 8세 10개월의 학생(대결 1968.05.07. 68마336), 15세 7개월의 가정부(대결 1966.10.25. 66마162)도 포함된다고 했다.

② 동거인

<u>송달받을 자와 동일세대에 속하고 생계를 같이 하는 자</u>를 말한다. 즉 민사소송법 제186조 제1항에 의하면 근무장소 외의 송달할 장소에서 송달받을 사람을 만나지 못한 때에는 그 동거인 등으로서 사리를 분별할 지능이 있는 사람에게 서류를 교부하는 방법으로 송달할 수 있고, 여기에서 말하는 <u>동거인이란 송달을 받을 사람과 동일한 세대에 속하여 생활을 같이하는 사람이기만 하면 되고 반드시 법률상 친족관계에 있어야 하는 것은 아니므로, 이혼한 배우자라도 사정에 의하여 사실상 동일 세대에 소속되어 생활을 같이하고 있다면 여기에서 말하는 수령대행인으로서</u>

---

[87] 송달받을 사람의 동거인에게 송달할 서류가 교부되고 그 동거인이 사리를 분별할 지능이 있는 이상 송달받을 사람이 그 서류의 내용을 실제로 알지 못한 경우에도 송달의 효력은 있다. 이 경우 사리를 분별할 지능이 있다고 하려면, 사법제도 일반이나 소송행위의 효력까지 이해할 수 있는 능력이 있어야 한다고 할 수는 없을 것이지만 적어도 송달의 취지를 이해하고 그가 영수한 서류를 송달받을 사람에게 교부하는 것을 기대할 수 있는 정도의 능력은 있어야 한다(대판 2013.01.16. 2012재다370).

의 동거인이 될 수 있다(대판 2013.04.25. 2012다98423). 다만 여기에서 '동거인'은 송달을 받을 사람과 사실상 동일한 세대에 속하여 생활을 같이하는 사람이기만 하면 되며, 판결의 선고 및 송달사실을 알지 못하여 자신이 책임질 수 없는 사유로 말미암아 불변기간인 상소기간을 지키지 못하게 되었다는 사정은 상소를 추후보완하고자 하는 당사자 측에서 주장·증명하여야 한다(대판 2021.04.15. 2019다244980·244997).

③ 사무원·피용자

민사소송법 제186조 제1항에서 규정한 보충송달에서 수령대행인이 될 수 있는 사무원이란 반드시 송달받을 사람과 고용관계가 있어야 하는 것은 아니고, 평소 본인을 위하여 사무 등을 보조하는 자이면 충분하다(대판 2010.10.14. 2010다48455). 判例는 원칙적으로 빌딩 경비원·수위의 송달수령권을 부정하지만(대판 1976.04.27. 76다192), 예외적으로 빌딩이나 아파트의 경비원·관리인의 경우에 오로지 경비업무나 빌딩 자체의 관리업무만 맡긴 관계가 아니고, 평소에 우편물도 대신 수령하여 왔으면 송달수령권을 인정한다(대판 2000.07.04. 2000두1164).

■ **수령대행인과 이해상반관계**

보충송달제도는 본인 아닌 그의 사무원, 피용자 또는 동거인, 즉 수령대행인이 서류를 수령하여도 그의 지능과 객관적인 지위, 본인과의 관계 등에 비추어 사회통념상 본인에게 서류를 전달할 것이라는 합리적인 기대를 전제로 한다. 그런데 <u>본인과 수령대행인 사이에 당해 소송에 관하여 이해의 대립 내지 상반된 이해관계가 있는 때에는 수령대행인이 소송서류를 본인에게 전달할 것이라고 합리적으로 기대하기 어렵고, 이해가 대립하는 수령대행인이 본인을 대신하여 소송서류를 송달받는 것은 쌍방대리금지의 원칙에도 반하므로, 본인과 당해 소송에 관하여 이해의 대립 내지 상반된 이해관계가 있는 수령대행인에 대하여는 보충송달을 할 수 없다</u>(대판 2016.11.10. 2014다54366). 그리고 소송당사자의 허락이 있다는 등의 특별한 사정이 없는 한, 동일한 수령대행인이 소송당사자 쌍방의 소송서류를 동시에 송달받을 수 없고, 그러한 보충송달은 무효라고 봄이 타당하다(대판 2021.03.11. 2020므11658).

2) 근무장소 송달

> 제186조 ② 근무장소에서 송달받을 사람을 만나지 못한 때에는 제183조 제2항의 다른 사람 또는 그 법정대리인이나 피용자 그 밖의 종업원으로서 사리를 분별할 지능이 있는 사람이 서류의 수령을 거부하지 아니하면 그에게 서류를 교부할 수 있다.

현행법은 근무장소에서 송달받을 사람을 만나서 송달하려 했으나 만나지 못한 때에는 그의 사용자, 사용자의 법정대리인이나 피용자 그 밖의 종업원으로서 사리를 분별할 지능이 있는 사람이 서류의 수령을 거부하지 아니하면 그에게 서류를 교부하여 송달할 수 있도록 하였다. 일반 보충송달과 다른 점은 이들이 서류의 수령을 거부하지 아니하는 경우에 가능하다는 점이다.

관련판례 **영업소와 근무장소의 구별**(대판 2004.11.26. 2003다58959)

구 민사소송법(2002. 1. 26. 법률 제6626호로 전문 개정되기 전의 것)은 송달은 이를 받을 자의 주소·거소·영업소 또는 사무소에서 하고(제170조 제1항), 송달할 장소에서 송달을 받을 자를 만나지 못한 때에는 그 사무원·고용인 또는 동거자에게 서류를 교부할 수 있다(제172조 제1항)고 하여 보충송달은 송달장소에서 수령대행권이 있는 자에게만 할 수 있다고 규정하고 있는바, <u>송달장소에 해당하는 사무소 또는 영업소라 함은 송달받을 사람

자신이 경영하는 사무소 또는 영업소를 의미하므로, 송달받을 사람이 회사를 경영하고 있다고 하더라도 별도의 법인격을 가지는 회사의 사무실은 송달받을 사람의 근무장소에 불과하여 송달받을 사람의 사무소나 영업소로 볼 수 없고, 수령대행권이 있는 사무원·고용인 또는 동거자라 함은 송달받을 사람의 사무원·고용인 또는 동거자를 의미하는 것으로 보아야 한다.

(3) 유치송달

> 제186조 ③ 서류를 송달받을 사람 또는 제1항의 규정에 의하여 서류를 넘겨받을 사람이 정당한 사유 없이 송달받기를 거부하는 때에는 송달할 장소에 서류를 놓아둘 수 있다.

유치송달이란 송달받을 사람이 정당한 이유 없이 송달받기를 거부하는 때, 송달할 장소에 서류를 놓아두는 것을 말한다. 송달 받을 본인·대리인의 거부뿐만 아니라, 제186조 1항에서 말하는 사무원·피용자 또는 동거인의 거부도 포함된다. 근무장소에서 보충송달을 받을 수 있는 사람에게는 유치송달을 할 수 없다.

2. 우편송달 - 발송송달

> 제187조(우편송달) 제186조의 규정에 따라 송달할 수 없는 때에는 법원사무관등은 서류를 등기우편 등 대법원규칙이 정하는 방법으로 발송할 수 있다.
> 제189조(발신주의) 제185조 제2항 또는 제187조의 규정에 따라 서류를 발송한 경우에는 발송한 때에 송달된 것으로 본다.
> 제185조(송달장소변경의 신고의무) ① 당사자·법정대리인 또는 소송대리인이 송달받을 장소를 바꿀 때에는 바로 그 취지를 법원에 신고하여야 한다[88].
> ② 제1항의 신고를 하지 아니한 사람에게 송달할 서류는 달리 송달할 장소를 알 수 없는 경우 종전에 송달받던 장소에 대법원규칙이 정하는 방법으로 발송할 수 있다.

(1) 의 의

교부송달, 보충송달, 유치송달도 불가능한 경우나 당사자 등이 송달장소의 변경신고의무를 이행하지 아니하거나 기록에 현출된 자료만으로 송달장소를 알 수 없는 경우 중 하나의 경우에 행하는 송달을 말한다.

(2) 내 용

① 법원사무관 등이 소송서류를 송달장소 또는 종전에 송달받던 장소에 등기우편의 방식으로 발송하면 되므로, 발신주의에 의하고 있다. 확정일자 있는 우체국의 특수우편물 수령증이 첨부된 송달통지서가 있어야 한다(대결 2000.01.31. 99마7663). 도달주의에 의하는 다른 송달과는 달리 현실적인 소송서류의 도달 여부나 도달시기 등은 불문하는 점에서 송달받을 사람에게 매우 불이익한 송달방법이다(이시윤). 제187조 사유에 의한 발송송달은 당해 서류의 송달에 한하지만, 제185조 2항 사유에 의한 송달은 이후의 모든 송달을 발송송달 할 수 있다. 즉 등기우편에 의한 발송송달은

---

[88] 당사자·법정대리인·소송대리인은 송달장소를 바꿀 때에는 바로 그 취지를 법원에 신고하여야 한다(민소 185조 1항). 원고·참가인 등 적극적 당사자뿐만 아니라, 법원으로부터 한 차례 이상 적법한 송달을 받은 뒤에는 피고 등 소극적 당사자도 송달장소가 변경되면 신고할 의무가 발생한다(법원실무제요 민사소송[II], 287면).

당해 서류에 관하여 교부송달, 또는 보충·유치송달 등이 불가능한 것임을 그 요건으로 하는 것이므로 당해 서류의 송달에 한하여 할 수 있는 것이지 그에 이은 별개의 서류의 송달은 이 요건이 따로 구비되지 않는 한 당연히 이 방법에 의한 우편송달을 할 수 있는 것이 아니다(대판 1994.11.11. 94다36278).

② 우편송달은 법원사무관 등이 하고, 우편집배원이 실시하는 다른 송달과는 구별되므로, 특별한 허가가 불필요하다(대결 1992.01.30. 91마728). 의무를 어겨 송달을 어렵게 만든데 대하여 제재적 의미가 있는 것이다. 判例는 "민사소송법 제187조에 따른 등기우편에 의한 발송송달은 송달받을 자의 주소 등 송달하여야 할 장소는 밝혀져 있으나 송달받을 자는 물론이고 그 사무원, 고용인, 동거인 등 보충송달을 받을 사람도 없거나 부재하여서 원칙적 송달방법인 교부송달은 물론이고 민사소송법 제186조에 의한 보충송달과 유치송달도 할 수 없는 경우에 할 수 있고, 여기에서 송달하여야 할 장소란 실제 송달받을 자의 생활근거지가 되는 주소·거소·영업소 또는 사무소 등 송달받을 자가 소송서류를 받아 볼 가능성이 있는 적법한 송달장소를 말한다(대결 2009.10.29. 2009마1029)."고 한다. 따라서 소장과 항소장에 원고의 주소지로 기재되어 있기는 하나 당시 원고의 실제 생활근거지가 아닌 곳으로 변론기일 통지서를 우편송달한 것이 민사소송법 제189조나 제185조 제2항에 의한 우편송달로서의 효력이 없다(대판 2001.09.07. 2001다30025).

③ 수감된 당사자는 민사소송법 제185조에서 정한 송달장소 변경의 신고의무를 부담하지 않고 요건을 갖추지 못한 공시송달로 상소기간을 지키지 못하게 되었으므로 특별한 사정이 없는 한 과실 없이 판결의 송달을 알지 못한 것이고, 이러한 경우 책임을 질 수 없는 사유로 불변기간을 준수할 수 없었던 때에 해당하여 그 사유가 없어진 후 2주일 내에 추완 상소를 할 수 있다. 여기에서 '사유가 없어진 때'란 당사자나 소송대리인이 판결이 있었고 판결이 공시송달 방법으로 송달된 사실을 안 때를 가리킨다. 통상의 경우에는 당사자나 소송대리인이 사건 기록을 열람하거나 새로 판결정본을 영수한 때에 비로소 판결이 공시송달 방법으로 송달된 사실을 알게 되었다고 보아야 한다(대판 2022.01.13. 2019다220618).

(3) 관련문제

화해권고결정·이행권고결정의 송달은 우편송달에 의할 수 없다(제225조, 소액사건심판법 제5조의3). 우편송달은 특히 외국판결의 승인요건과 관련하여 문제 된다(제217조 2항 2호). 특히 현행법은 우편·통신 제도의 발전에 따라 적절한 발송방법을 규칙에 위임하였지만, 아직 규칙은 등기우편에 의한 것만 인정하고 있다(규칙 제51조).

3. 송달함 송달

> 제188조(송달함 송달) ① 제183조 내지 제187조의 규정에 불구하고 법원 안에 송달할 서류를 넣을 함(이하 "송달함"이라 한다)을 설치하여 송달할 수 있다.
> ② 송달함을 이용하는 송달은 법원사무관등이 한다.
> ③ 송달받을 사람이 송달함에서 서류를 수령하여 가지 아니한 경우에는 송달함에 서류를 넣은 지 3일이 지나면 송달된 것으로 본다.

> ④ 송달함의 이용절차와 수수료, 송달함을 이용하는 송달방법 및 송달함으로 송달할 서류에 관한 사항은 대법원규칙으로 정한다.

현행법은 교부송달·보충송달·유치송달·우편송달 등의 송달방법에 불구하고 법원 안에 송달함(mail box)을 설치하여 여기에 송달함 서류를 넣는 방법의 송달을 할 수 있게 하였다. 변호사나 소송사건이 많은 대기업용의 송달함을 설치하여 여기에 넣을 서류를 찾아가도록 함으로써 사서함 제도의 장점을 이어받게 하였다. 송달함 송달은 법원사무관등이 한다. 송달받을 사람이 송달함에서 서류를 수령하여 가지 아니한 경우에는 송달함에 서류를 넣은 지 3일이 지나면 송달된 것으로 본다(송달의제). 송달함의 이용신청은 법원장 또는 지원장에게 서면으로 신청한다(규칙 제52조).

4. 공시송달

> **구법 제194조(공시송달의 요건)** ① 당사자의 주소등 또는 근무장소를 알 수 없는 경우 또는 외국에서 하여야 할 송달에 관하여 제191조의 규정에 따를 수 없거나 이에 따라도 효력이 없을 것으로 인정되는 경우에는 재판장은 직권으로 또는 당사자의 신청에 따라 공시송달을 명할 수 있다.
> ② 제1항의 신청에는 그 사유를 소명하여야 한다.
> **신법 제194조(공시송달의 요건)** ① 당사자의 주소등 또는 근무장소를 알 수 없는 경우 또는 외국에서 하여야 할 송달에 관하여 제191조의 규정에 따를 수 없거나 이에 따라도 효력이 없을 것으로 인정되는 경우에는 법원사무관등은 직권으로 또는 당사자의 신청에 따라 공시송달을 할 수 있다. 〈개정 2014.12.30.〉
> ② 제1항의 신청에는 그 사유를 소명하여야 한다.
> ③ 재판장은 제1항의 경우에 소송의 지연을 피하기 위하여 필요하다고 인정하는 때에는 공시송달을 명할 수 있다. 〈신설 2014.12.30.〉
> ④ 재판장은 직권으로 또는 신청에 따라 법원사무관등의 공시송달처분을 취소할 수 있다. 〈신설 2014.12.30.〉
> **제195조(공시송달의 방법)** 공시송달은 법원사무관등이 송달할 서류를 보관하고 그 사유를 법원게시판에 게시하거나, 그 밖에 **대법원규칙이 정하는 방법**에 따라서 하여야 한다.
> (1) **규칙 제54조 (공시송달의 방법)** ① 법 제194조제1항의 규정에 따른 재판장의 명령이 있는 때에는 법원사무관등은 송달할 서류를 보관하고, 다음 각호 가운데 어느 하나의 방법으로 그 사유를 공시하여야 한다.
>   1. 법원게시판 게시
>   2. 관보·공보 또는 신문 게재
>   3. 전자통신매체를 이용한 공시
> ② 법원사무관등은 제1항에 규정된 방법으로 송달한 때에는 그 날짜와 방법을 기록에 표시하여야 한다.
> **제196조(공시송달의 효력발생)** ① 첫 공시송달은 제195조의 규정에 따라 실시한 날부터 2주가 지나야 **효력이 생긴다.** 다만, 같은 당사자에게 하는 그 뒤의 공시송달은 실시한 다음 날부터 효력이 생긴다.
> ② 외국에서 할 송달에 대한 공시송달의 경우에는 제1항 본문의 기간은 2월로 한다.
> ③ 제1항 및 제2항의 기간은 줄일 수 없다.

(1) 의 의

당사자의 주소 등 행방을 알기 어려워 송달장소의 불명으로 통상의 송달방법에 의해서는 송달을 실시할 수 없게 되었을 때에 하는 송달이다(제194조 이하).

(2) 요 건

공시송달은 송달받을 사람에게 현실적으로 소송서류가 교부되지 않고 송달이 효력이 발생되는 제도이므로, 엄격한 요건을 요구한다. 즉 ① 당사자의 주소 등 또는 근무장소를 알 수 없는 경우[89] ② 외국에서 하여야 할 송달에 관하여 제191조에 의한 촉탁송달을 할 수 없거나[90], 효력이 없을 것[91]으로 인정되는 경우에 인정된다.

(3) 절차 및 방법

1) 신법의 내용 및 취지

신법은 구법과는 달리 법원사무관등이 직권으로 또는 당사자의 신청에 따라 공시송달을 할 수 있게 하였다. 실무상으로도 실제 공시송달은 법원사무관등이 처리하고 있으나, 형식만 재판장의 재판(명령)형식을 취하고 있을 뿐이었다. 따라서 이런 실무를 반영하여 일차적으로는 법원사무관 등이 공시송달을 할 수 있게 하였다. 다만 이차적으로 재판장의 직권송달명령 권한을 유지하여 법원사무관 등의 공시송달 등에 관한 감독이나 사후교정 역할을 수행하게 함으로써 절차적 적정성을 확보함과 동시에, 재판장의 제한된 업무 역량을 실체 판단에 관한 심리에 집중할 수 있는 여건을 조성하려는 것이다.

2) 절 차

공시송달신청은 그 사유를 소명하여야 한다. 예를 들어 송달장소를 알 수 없기 때문에 공시송달을 신청하는 경우에는 읍·면·동장에 의한 前 주소의 불거주확인서 등을 제출한다. 신청이 각하되었을 경우에는 항고할 수 있다(제439조). 직권에 의한 경우에는 소송지연을 방지할 필요가 있는 경우에 인정되는데, ① 소제기 후에 원고가 소재불명으로 된 경우 ② 피고에게 소장부본이 송달되어 소송이 진행되었는데 피고가 소재불명이 된 경우 등을 예로 들 수 있다. 다만 이 경우에는 우편송달도 가능하다(제185조).

3) 방 법

공시송달은 법원사무관 등이 송달할 서류를 보관하고 그 사유를 법원게시판에 게시하거나, 그 밖에 대법원규칙이 정하는 방법에 따라서 하여야 한다. 특히 민사소송규칙(제54조)은 ① 법원게시판 게시 ② 관보·공보 또는 신문 게재 ③ 전자통신매체를 이용한 공시 등을 규정하고 있는데, 법원은 현재 대법원 홈페이지 게시판을 이용하여 공시송달을 하고 있다.

---

[89] 민사소송법 제194조 소정의 공시송달의 요건이 갖추어지지 아니하였다고 하더라도, 재판장의 명에 의하여 공시송달이 된 이상 원칙적으로 공시송달의 효력에는 영향이 없는 것이나, 법인에 대한 송달은 같은 법 제64조 및 제179조에 따라서 그 대표자에게 하여야 되는 것이므로 법인의 대표자가 사망하여 버리고 달리 법인을 대표할 자도 정하여지지 아니하였기 때문에 법인에 대하여 송달을 할 수 없는 때에는 공시송달도 할 여지가 없는 것이라고 보아야 할 것이다(대판 1991. 10. 22. 91다9985).

[90] 예를 들어 외국과의 사이에 사법공조조약이 없거나 국제관행이 없기 때문에 촉탁송달이 불능으로 될 사정이 있는 경우를 말한다.

[91] 예를 들어 그 외국에 전쟁이 일어나서 촉탁송달이 불가능한 경우를 말한다.

(4) 효 과

1) 공시송달의 효력발생

첫 공시송달은 제195조의 규정에 따라 실시한 날부터 2주가 지나야 효력이 생긴다. 다만, 같은 당사자에게 하는 그 뒤의 공시송달은 실시한 다음 날부터 효력이 생긴다(제196조 1항). 외국에서 할 송달에 대한 공시송달의 경우에는 2월이 지나야 효력이 생긴다(동조 2항). 특히 이들 기간은 줄일 수 없다(동조 3항). 만일 공시송달의 효력이 발생되기 전에 본인이 찾아와 송달서류를 교부받으면 이를 해당 사건에 관하여 출석한 사람에게 직접 송달한 것으로 되어, 영수증을 받은 때에 그 송달의 효력이 발생하게 된다(민소 177조 2항). 그러나 이미 공시송달의 효력이 발생한 뒤에는 당사자에게 서류를 교부하였다 하더라도 이는 사실행위임에 불과하여 이미 발생한 송달의 효력을 좌우할 수는 없다. 따라서 이 경우 항소기간 등 불변기간도 공시송달의 효력이 발생한 날부터 진행되는 것이고, 영수증에 기재된 수령일자로부터 기산하는 것이 아님을 유의하여야 한다(법원실무제요 민사소송[Ⅱ], 307면).

2) 시적 범위

상소심에서는 전심의 공시송달절차의 효력이 미치지 아니하지만, 공시송달 사유의 소명으로는 전심의 소명자료를 원용할 수 있다. 즉 공시송달의 효력은 그 취소가 없는 한 당해 심급에 있어서 지속되는 것이기 때문이다[법원실무제요(Ⅱ), 303면]. 공시송달명령의 효력은 당해 심급에 한해 지속되는 것이므로, 항소심에서 따로 공시송달명령을 취소할 필요가 없다(주석 민소법[Ⅲ], 160면 참고).

3) 흠이 있는 공시송달

判例는 흠이 있는 공시송달이라고 해도 재판장의 명령에 의한 송달이므로, 송달의 효력에는 영향이 없다[92]고 한다(대판(전) 1984.03.15. 84마20). 그러므로 판결정본이 공시송달된 경우에는 상소제기기간이 도과되어 확정된 것을 전제로 상소의 추후보완(제173조)이나 재심(제451조 1항 11호)을 제기하여 구제받을 수 있을 것이다(대판 1983.06.14. 82다카1912 등). 다만 법원사무관등이 한 공시송달에 대하여도 기존 판례가 유지될 것인지는 지켜볼 것이라는 견해가 있다[93](이시윤). 그리고 구법과는 달리 공시송달은 법원의 재판이 아닌 법원사무관등의 처분의 형식으로 하므로, 요건 불비 등으로 공시송달에 잘못이 있다면 제223조에 따라 그 소속법원에 이의신청을 할 수 있다(이시윤). 그러나 피고가 변론종결 후에 사망한 상태에서 판결이 선고된 경우, 망인에 대한 판결정본의 공시송달은 무효이고, 상속인이 소송절차를 수계하여 판결정본을 송달받기 전까지는 그에

---

[92] 민사소송법 제194조 소정의 공시송달의 요건이 갖추어지지 아니하였다고 하더라도, 재판장의 명에 의하여 공시송달이 된 이상 원칙적으로 공시송달의 효력에는 영향이 없는 것이나, 법인에 대한 송달은 같은 법 제64조 및 제179조에 따라서 그 대표자에게 하여야 되는 것이므로 법인의 대표자가 사망하여 버리고 달리 법인을 대표할 자도 정하여지지 아니하였기 때문에 법인에 대하여 송달을 할 수 없는 때에는 공시송달도 할 여지가 없는 것이라고 보아야 할 것이다(대판 1991.10.22. 91다9985).

[93] 그러나 개정법 제194조 4항에서 법원사무관등의 공시송달이 흠이 있는 경우 재판장이 '취소'할 수 있게 하였음에 비추어, 법원사무관 등이 한 공시송달도 흠이 있어도 취소되기 전까지는 유효하다고 생각 된다(편저자).

대한 항소제기기간이 진행될 수도 없다(대판 2007.12.14. 2007다52997).

4) 공시송달이 인정되지 않는 경우

공시송달은 현실적인 송달이 된 경우가 아니어서 송달사실을 알기를 기대할 수 없으므로, 답변서제출의무(제256조)나 당사자결석으로 인한 자백간주의 효과(제150조 3항, 1항)가 인정되지 아니한다. 화해권고결정(제225조)·이행권고결정(소액사건심판법 제5조의 3)·지급명령[94](제462조 단서)도 공시송달에 의할 수 없다. 그리고 判例는 "환경분쟁조정법에 의한 재정의 경우 재정문서의 송달은 공시송달의 방법으로는 할 수 없다[95](대판 2016.04.15. 2015다201510)."고 한다.

Ⅵ 외국에 하는 송달(촉탁송달)

> 제191조(외국에서 하는 송달의 방법) 외국에서 하여야 하는 송달은 재판장이 그 나라에 주재하는 대한민국의 대사·공사·영사 또는 그 나라의 관할 공공기관에 촉탁한다.

외국에서 하여야 하는 송달은 재판장이 그 나라에 주재하는 대한민국의 대사·공사·영사 또는 그 나라의 관할 공공기관에 촉탁한다.

Ⅶ 송달의 하자(흠)

1. 위법한 경우

송달이 법이 정한 방식에 위배된 경우는 원칙적으로 무효이다. 예를 들어 송달 받을 사람이 아닌 사람에 대한 송달, 수령권자 아닌 사람에 대한 송달, 송달장소가 아닌 곳에서 송달, 보충송달·유치송달을 해보지도 아니하고 하는 제187조의 우편송달 등은 무효가 된다. 다만 무효인 송달이라고 하여도 ① 송달 받을 자가 추인하면 유효하게 되고 ② 이의 없이 변론하거나 수령하면 이의권의 포기·상실(제151조)로 흠은 치유가 된다. 사망자에 대한 송달을 상속인이 이의 없이 현실적으로 송달 받은 경우(대판 1998.02.13. 95다15667)가 그 예이다.

2. 허위주소 송달

불변기간의 기산점에 관계있는 송달에 위법이 있는 경우는 이의권의 포기·상실에서 제외

---

94) 소송촉진 등에 관한 특례법 제20조의2(공시송달에 의한 지급명령) ① 다음 각 호의 어느 하나에 해당하는 자가 그 업무 또는 사업으로 취득하여 행사하는 대여금, 구상금, 보증금 및 그 양수금 채권에 대하여 지급명령을 신청하는 경우에는 「민사소송법」 제462조 단서 및 같은 법 제466조제2항 중 공시송달에 관한 규정을 적용하지 아니한다. 〈개정 2015.12.22.〉 1. 「은행법」에 따른 은행 ② 제1항의 채권자는 지급명령을 공시송달에 의하지 아니하고는 송달할 수 없는 경우 청구원인을 소명하여야 한다.
95) 환경분쟁 조정법 제40조 제3항, 제42조 제2항, 제64조 및 민사소송법 제231조, 제225조 제2항의 내용과 재정문서의 정본을 송달받고도 당사자가 60일 이내에 재정의 대상인 환경피해를 원인으로 하는 소송을 제기하지 아니하는 등의 경우 재정문서가 재판상 화해와 동일한 효력이 있으므로 재정의 대상인 환경피해를 원인으로 한 분쟁에서 당사자의 재판청구권을 보장할 필요가 있는 점 등을 종합하면, 환경분쟁조정법에 의한 재정의 경우 재정문서의 송달은 공시송달의 방법으로는 할 수 없다(대판 2016.04.15. 2015다201510).

된다. 판결정본 송달의 흠은 "자백간주에 의한 판결편취"의 경우에 생긴다(이시윤). 이 경우 판결정본이 피고의 허위주소에 송달된 만큼 송달이 무효이므로 송달받을 때부터 기산하는 불변기간인 항소기간이 진행될 수 없다(항소설, 대판(전) 1978.05.09. 75다634].

제8절 소송절차의 정지

I 서 설

1. 의의 및 취지

(1) 의 의

소송절차의 정지란 소송이 계속된 후에 아직 절차가 종료되기 전에 소송절차가 법률상 진행되지 않는 상태를 말한다.

(2) 취 지

정지제도는 쌍방심리주의를 관철시키기 위한 제도이므로 양 당사자의 대석변론을 요하는 판결절차에 원칙적으로 적용된다.

2. 종 류

(1) 소송절차의 중단

당사자나 소송행위자에게 소송을 수행할 수 없는 사유가 발생하였을 경우에 새로운 수행자가 나타나 소송에 관여할 수 있을 때까지 법률상 당연히 절차의 진행이 정지되는 것을 말한다.

(2) 소송절차의 중지

법원이나 당사자에게 소송을 진행할 수 없는 장애가 생겼거나 진행에 부적당한 사유가 발생하여, 법률상 당연히 혹은 법원의 결정에 의하여 절차가 정지되는 경우를 말한다. 새로운 소송수행권자로 교체가 없고 수계가 없는 점에서 중단과 다르다.

II 소송절차의 중단

1. 중단사유

(1) 당사자의 사망

> 제233조(당사자의 사망으로 말미암은 중단) ① 당사자가 죽은 때에 소송절차는 중단된다. 이 경우 상속인·상속재산관리인, 그 밖에 법률에 의하여 소송을 계속하여 수행할 사람이 소송절차를 수계(수계)

> 하여야 한다.
> ② 상속인은 상속포기를 할 수 있는 동안 소송절차를 수계하지 못한다.

1) 소송계속 후 변론종결 전에 당사자가 사망할 것

실종선고에 의한 사망간주도 포함된다(대판 1987.03.24. 85다카1151). 따라서 소제기 전에 이미 죽은 사람이 당사자가 된 경우에는 중단 사유가 아니며, 상속인에 의한 수계신청은 허용될 수 없다(대결 1979.07.24. 79마173).

2) 소송물인 권리의무가 상속의 대상일 것

상속[96]의 대상이 아닌 경우는 중단되지 않고 소송절차가 종료된다. 상속의 대상이 아닌 경우는 ① 상속인이 상속포기기간 내에 포기를 한 때, ② 권리의무가 사망에 의하여 소멸되거나 일신전속적인 권리인 경우 등이다. 예를 들어 이혼소송에 있어서 당사자 한쪽의 사망[97](대판 1994.10.28. 94므246·253 등), 이사의 지위에서 이사회결의무효확인소송을 제기한 경우에 이사의 사망(대판 2013.09.13. 2011두33044), 공동광업권소송에서 공동광업권자의 사망(대판 1981.07.28. 81다145) 등이다. 상대방 당사자가 한 쪽 당사자의 승계인이 될 때(혼동)에도 소송절차는 중단되지 않고 종료된다.

> ■ 이사의 사망과 소송절차 중단
>
> 이사가 그 지위에 기하여 주주총회결의 취소의 소를 제기하였다가 소송 계속 중에 사망하였거나 사실심 변론종결 후에 사망하였다면, 그 소송은 이사의 사망으로 중단되지 않고 그대로 종료된다. 이사는 주식회사의 의사결정기관인 이사회의 구성원이고, 의사결정기관 구성원으로서의 지위는 일신전속적인 것이어서 상속의 대상이 되지 않기 때문이다(대판 2019.02.14. 2015다255258).

3) 공동소송의 경우

통상공동소송의 경우는 소송절차의 중단이 사망한 당사자와 그 상대방 간에만 가분적으로 생기는데 반하여(제66조), 필수적 공동소송에서는 전면적으로 중단된다(제67조 3항).

4) 유증의 경우

유언자가 자신의 재산 전부 또는 전 재산의 비율적 일부가 아니라 단지 일부 재산을 특정하여 유증한 데 불과한 특정유증의 경우에는, 유증 목적인 재산은 일단 상속재산으로서 상속인에게 귀속되고 유증을 받은 자는 단지 유증의무자에 대하여 유증을 이행할 것을 청구할 수 있는 채권을 취득하게 될 뿐이므로, 유증자가 사망한 경우 그의 소송상 지위도 일단 상속인에게 당연승계 되는 것이고 특정유증을 받은 자가 이를 당연승계 할 여지는 없다(대판 2010.12.23. 2007다22859).

---

[96] 유언자가 자신의 재산 전부 또는 전 재산의 비율적 일부가 아니라 단지 일부 재산을 특정하여 유증한 데 불과한 특정유증의 경우에는, 유증 목적인 재산은 일단 상속재산으로서 상속인에게 귀속되고 유증을 받은 자는 단지 유증의무자에 대하여 유증을 이행할 것을 청구할 수 있는 채권을 취득하게 될 뿐이므로, 유증자가 사망한 경우 그의 소송상 지위도 일단 상속인에게 당연승계되는 것이고 특정유증을 받은 자가 이를 당연승계 할 여지는 없다(대판 2010.12.23. 2007다22859).

[97] 다만 이혼확정 판결 후 재심소송계속 중 재심피고가 사망한 경우에는 검사가 소송수계 한다(대판 1992.05.26. 90므1135).

(2) 법인의 합병

> 제234조(법인의 합병으로 말미암은 중단) 당사자인 법인이 합병에 의하여 소멸된 때에 소송절차는 중단된다. 이 경우 합병에 의하여 설립된 법인 또는 합병한 뒤의 존속법인이 소송절차를 수계하여야 한다.

회사 그 밖의 법인이 합병에 의하여 소멸된 경우 소송절차는 중단된다. 법인이 합병 이외의 사유로 해산된 때에는 청산법인으로 존속하기 때문에 중단되지 아니한다. 그리고 단순히 당사자인 법인으로부터 영업양도를 받았다는 것만으로 중단되지 않으며(대판 1962.09.27. 62다441), 법인 아닌 사단의 명칭변경 뿐 그 실체가 동일한 경우에도 중단되지 않는다(대결 1967.07.07. 67마335). 다만 합병에 의하여 법인이 소멸한 경우뿐만 아니라 청산절차를 밟지 않고 법인이 소멸된 경우에도 중단된다. 그러므로 법인의 권리의무가 상법상 회사분할의 규정 등 법률의 규정에 의하여 새로 설립된 법인에 승계된 경우, 시·군 등 행정구역의 폐지분합의 경우에도 중단된다. 그리고 비법인 사단·재단의 경우에도 제234조는 준용된다. 따라서 비법인사단인 도시정비법상의 조합설립추진위원회 상대의 소송계속 중 법인인 조합이 설립되었다면 조합이 소송승계 함을 전제로 하여 소송은 중단 된다[98].

(3) 소송능력의 상실, 법정대리권의 소멸로 말미암은 중단

> 제235조(소송능력의 상실, 법정대리권의 소멸로 말미암은 중단) 당사자가 소송능력을 잃은 때 또는 법정대리인이 죽거나 대리권을 잃은 때에 소송절차는 중단된다. 이 경우 소송능력을 회복한 당사자 또는 법정대리인이 된 사람이 소송절차를 수계하여야 한다.

당사자자체는 변경되지 않지만 소송수행자가 교체되기 때문에 중단되는 경우이다. 다만 법정대리권이나 대표권의 소멸은 상대방에게 통지해야 효력이 생기므로(제63조, 제64조), 통지가 있어야 중단된다. 당사자가 소송능력을 상실하는 것은 성년후견개시심판을 받은 경우이다(한정후견개시심판의 경우는 예외적으로 소송능력이 상실된다). 법정대리권 내지 대표권의 상실에는 가처분에 의한 직무집행정지가 된 경우도 포함 된다(대판 1980.10.14. 80다623·624). 그러나 소송대리인의 사망, 소송대리권 소멸의 경우에는 본인 스스로 소송행위를 할 수 있으므로 중단사유로 되지 않는다[99].

---

[98] 비법인사단인 구 도시 및 주거환경정비법(2003. 5. 29. 법률 제6893호로 개정되기 전의 것, 이하 '구 도시정비법'이라 한다)상 조합설립추진위원회(이하 '추진위원회'라 한다)가 행한 업무와 관련된 권리와 의무는, 비록 추진위원회가 행한 업무가 사후에 관계 법령의 해석상 추진위원회의 업무범위에 속하지 아니하여 효력이 없다고 하더라도 구 도시정비법 제16조에 의한 조합설립인가처분을 받아 법인으로 설립된 조합에 모두 포괄승계 된다고 봄이 타당하다. 따라서 추진위원회를 상대로 추진위원회가 개최한 주민총회에서 한 시공자 선정결의의 무효 확인을 구하는 소의 계속 중 조합이 설립되었다면, 조합은 특별한 사유가 없는 한 계속 중인 소송에서 추진위원회의 법률상 지위도 승계한다고 보아야 한다(대판 2012.04.12. 2009다22419).

[99] 다만 증권관련집단소송은 변호사강제주의를 취하고 있으므로, 소송대리인이 사망하거나 사임·해임되면 중단 된다(동법 제26조).

(4) 수탁자의 임무가 끝남으로 말미암은 중단

> 제236조(수탁자의 임무가 끝남으로 말미암은 중단) 신탁으로 말미암은 수탁자의 위탁임무가 끝난 때에 소송절차는 중단된다. 이 경우 새로운 수탁자가 소송절차를 수계하여야 한다.

신탁법에 의한 수탁자의 임무종료를 말하는 것이고, 명의신탁관계는 포함하지 않는다[100]. 判例는 "신탁으로 말미암은 수탁자의 위탁임무가 끝난 때에 소송절차는 중단되고, 이 경우 새로운 수탁자가 소송절차를 수계하여야 하지만(민사소송법 제236조), 소송대리인이 있는 경우에는 소송절차가 중단되지 아니하고(민사소송법 제238조), 소송대리권도 소멸하지 아니한다(민사소송법 제95조 제3호). 따라서 전수탁자가 파산의 선고를 받아 임무가 종료되었으나 소송대리인이 있어서 소송절차가 중단되지 아니하는 경우에는 원칙적으로 소송수계의 문제가 발생하지 아니하고, 소송대리인은 당사자 지위를 당연승계 하는 신수탁자를 위하여 소송을 수행하게 되는 것이며, 그 사건의 판결은 신수탁자에 대하여 효력이 있다. 이때 신수탁자로 당사자의 표시를 정정하지 아니한 채 전수탁자를 그대로 당사자로 표시하여도 무방하며, 신탁재산에 대한 관리처분권이 없는 자를 신당사자로 잘못 표시하였다고 하더라도 그 표시가 전수탁자의 소송수계인 등 신탁재산에 대한 관리처분권을 승계한 자임을 나타내는 문구로 되어 있으면 잘못 표시된 당사자에 대하여는 판결의 효력이 미치지 아니하고 여전히 정당한 관리처분권을 가진 신수탁자에 대하여 판결의 효력이 미친다(대판 2014.12.24. 2012다74304)."고 판시한다.

(5) 자격상실로 말미암은 중단

> 제237조(자격상실로 말미암은 중단) ① 일정한 자격에 의하여 자기 이름으로 남을 위하여 소송당사자가 된 사람이 그 자격을 잃거나 죽은 때에 소송절차는 중단된다. 이 경우 같은 자격을 가진 사람이 소송절차를 수계하여야 한다.
> ② 제53조의 규정에 따라 당사자가 될 사람을 선정한 소송에서 선정된 당사자 모두가 자격을 잃거나 죽은 때에 소송절차는 중단된다. 이 경우 당사자를 선정한 사람 모두 또는 새로 당사자로 선정된 사람이 소송절차를 수계하여야 한다.

일정한 자격에 기하여 자기 이름으로 남을 위하여 소송당사자가 된 사람 즉 제3자 소송담당자란 파산관재인, 회생회사 관리인, 유언집행자 등이 자격을 상실한 경우[101]를 말한다. 증권관련집단

---

[100] 신탁법에 의한 수탁자가 아닌 부동산에 대한 명의신탁자가 그 신탁을 해지한 것으로는 소송절차가 중단될 리 없는 것이고 위와 같은 신탁적 양도행위를 해지한 때에는 소송계속중의 목적물을 타에 양도한 경우와 같아서 그 해지한 자가 독립당사자로서 참가하는 것은 몰라도 그것으로써 소송절차가 중단된 것을 전제로 하여 소송절차 수계신청을 할 수는 없다(대판 1966.06.28. 66다689).

[101] 재산관리인이 부재자를 대리하여 부재자 소유의 부동산을 매매하고 매수인에게 이에 대한 허가신청절차를 이행하기로 약정하고서도 그 이행을 하지 아니하여 매수인으로부터 허가신청절차의 이행을 소구당한 경우, 재산관리인의 지위는 형식상으로는 소송상 당사자이지만 그 허가신청절차의 이행으로 개시된 절차에서 만일 법원이 허가결정을 하면 재산관리인이 부재자를 대리하여서 한 매매계약이 유효하게 됨으로써 실질적으로 부재자에게 그 효과가 귀속되는 것이므로 법원에 대하여 허가신청절차를 이행하기로 한 약정에 터잡아 그 이행을 소구당한 부재자 재산관리인이 소송계속 중 해임되어 관리권을 상실하는 경우 소송절차는 중단되고 새로 선임된 재산관리인이 소송을 수계한다고 봄이 상당하다(대판 2002.01.11. 2001다41971).

소송에서 대표당사자 전원이 사망하거나 사임한 때에도 같다(동법 제24조). 그러나 제3자 소송담당의 경우 중에서도 대위채권자, 추심채권자, 채권질권자 등은 비록 타인을 위하여 소송을 하는 것이지만 자기의 권리에 기해서 하는 것이기 때문에 여기서의 중단사유에 해당하지 않는다(법원실무제요(Ⅱ), 524면). 그리고 민사소송법 제54조가 여러 선정당사자 가운데 죽거나 그 자격을 잃은 사람이 있는 경우에는 다른 당사자가 모두를 위하여 소송행위를 한다고 규정하고 있음에 비추어 볼 때, <u>공동파산관재인 중 일부가 파산관재인의 자격을 상실한 때에는 남아 있는 파산관재인에게 관리처분권이 귀속되고 소송절차는 중단되지 아니하므로, 남아 있는 파산관재인은 자격을 상실한 파산관재인을 수계하기 위한 절차를 따로 거칠 필요가 없이 혼자서 소송행위를 할 수 있다</u>(대판 2008.04.24. 2006다14363).

(6) 파산재단에 관한 소송 중의 파산선고 및 파산해지(제239조, 제240조)

> 제239조(당사자의 파산으로 말미암은 중단) 당사자가 파산선고를 받은 때에 파산재단에 관한 소송절차는 중단된다. 이 경우 「채무자 회생 및 파산에 관한 법률」에 따른 수계가 이루어지기 전에 파산절차가 해지되면 파산선고를 받은 자가 당연히 소송절차를 수계한다. 〈개정 2005.3.31〉
>
> 제240조(파산절차의 해지로 말미암은 중단) 「채무자 회생 및 파산에 관한 법률」에 따라 파산재단에 관한 소송의 수계가 이루어진 뒤 파산절차가 해지된 때에 소송절차는 중단된다. 이 경우 파산선고를 받은 자가 소송절차를 수계하여야 한다. 〈개정 2005.3.31〉

파산으로 인한 중단의 경우에는 소송대리인이 있는 경우에도 여전히 중단 된다는 점을 주의해야 한다. 채권자대위소송 계속 중 채무자가 파산 선고가 되면 그 소송절차는 중단되고 파산관재인이 수계할 수 있다[102](대판 2013.03.28. 2012다100746). 재단채권에 대한 소송은 파산재단에 속하는 재산에 관한 것이므로 파산관재인이 수계한다(대판(전) 2014.11.20. 2013다64908). 채권자취소소송 계속 중 채무자에 대하여 회생절차개시결정이 있을 때에도 소송절차는 중단 된다[103](대판 2014.05.29. 2013다73780). 회생관리인이 부인권행사에 기한 소송절차는 파산절차로 이행된 경우에

---

102) 채권자대위소송에서 원고는 채무자에 대한 자신의 권리를 보전하기 위하여 채무자를 대위하여 자신의 명의로 채무자의 제3채무자에 대한 권리를 행사하는 것이므로, 그 지위는 채무자 자신이 원고인 경우와 마찬가지라고 볼 수 있다. 그런데 소송의 당사자가 파산선고를 받은 때에 파산재단에 관한 소송절차는 중단되고(민사소송법 제239조), 파산채권자는 파산절차에 의하지 아니하고는 파산채권을 행사할 수 없게 된다(채무자 회생 및 파산에 관한 법률(이하 '채무자회생법'이라 한다) 제424조). 그리고 채무자가 파산선고 당시에 가진 모든 재산은 파산재단에 속하게 되고, 채무자는 파산재단을 관리 및 처분하는 권한을 상실하며 그 관리 및 처분권은 파산관재인에게 속하게 되므로(채무자회생법 제382조 제1항, 제384조), 채무자에 대한 파산선고로 채권자가 대위하고 있던 채무자의 제3자에 대한 권리의 관리 및 처분권 또한 파산관재인에게 속하게 된다. 한편 채무자회생법은 채권자취소소송의 계속 중에 소송의 당사자가 아닌 채무자가 파산선고를 받은 때에는 소송절차는 중단되고 파산관재인이 이를 수계할 수 있다고 규정하고 있는데(채무자회생법 제406조, 제347조 제1항), 채권자대위소송도 그 목적이 채무자의 책임재산 보전에 있고 채무자에 대하여 파산이 선고되면 그 소송 결과는 파산재단의 증감에 직결된다는 점은 채권자취소소송에서와 같다. 이와 같은 채권자대위소송의 구조, 채무자회생법의 관련 규정 취지 등에 비추어 보면, 민법 제404조의 규정에 의하여 파산채권자가 제기한 채권자대위소송이 채무자에 대한 파산선고 당시 법원에 계속되어 있는 때에는 다른 특별한 사정이 없는 한 <u>민사소송법 제239조, 채무자회생법 제406조, 제347조 제1항을 유추 적용하여 그 소송절차는 중단되고 파산관재인이 이를 수계할 수 있다</u>(대판 2013.03.28. 2012다100746).

103) 채무자 회생 및 파산에 관한 법률 제59조(소송절차의 중단 등) ① 회생절차개시결정이 있는 때에는 채무자의 재산에 관한 소송절차는 중단된다.

파산관재인이 수계할 수 있다(대판 2015.05.29. 2012다87751). 회생개시결정이 늦게 되어 상고심의 소송절차가 변론 없이 판결을 선고할 때에는 소송절차를 승계할 필요는 없다(대판 2015.02.26. 2012다89320). 그리고 소송 계속 중 일방 당사자에 대하여 파산선고가 있었는데, 법원이 파산선고 사실을 알지 못한 채 파산관재인[104]이나 상대방의 소송수계가 이루어지지 아니한 상태 그대로 소송절차를 진행하여 판결을 선고하였다면, 그 판결은 소송에 관여할 수 있는 적법한 소송수계인이 법률상 소송행위를 할 수 없는 상태에서 심리되어 선고된 것이어서, 마치 대리인에 의하여 적법하게 대리되지 아니하였던 경우와 마찬가지로 위법하다(대판 2018.04.24. 2017다287587).

2. 중단의 예외

(1) 소송대리인이 있는 경우

> 제238조(소송대리인이 있는 경우의 제외) 소송대리인이 있는 경우에는 제233조제1항, 제234조 내지 제237조의 규정을 적용하지 아니한다.

1) 효과

소송대리인이 있으면 중단되지 아니한다. 중단사유가 발생해도 소송대리인이 있으면 그 대리권은 소멸되지 않고 존속하므로(제95조, 제96조), 당사자가 대리인이 없는 상태가 되는 것은 아니기 때문이다. 소송대리인은 수계절차를 밟지 않아도 신당사자의 소송대리인이 되며, 판결의 효력은 신당사자에게 미친다(대판 1992.11.05. 91마342). 그러나 소송대리인이 있어 중단되지 않는다고 해도 상속인이 수계하지 못한다는 뜻으로 볼 수는 없다(대판 1972.10.31. 72다1271 · 1272). 그리고 구당사자로 표시하여 판결이 선고된 때에는 소송승계인을 당사자로 판결경정을 하면 된다(대판 2002.09.24. 2000다49374).

2) 대표자의 변경이 있는 경우

<u>대표이사의 변경이 있어 소송절차 중단사유가 발생하여도 소송대리인이 있는 경우 소송절차는 중단 되지 아니하므로, 이러한 경우 대표이사의 변경이 있음을 이유로 제출한 소송절차 수계신청은 당사자표시정정으로 보아야 하지만</u>[105](대결 1969.03.10. 68마1100[106]), <u>대표자가 직무집행이</u>

---

104) 회생관리인이 부인권행사에 기한 소송절차는 파산절차로 이행된 경우에 파산관재인이 수계할 수 있다(대판 2015.05.29. 2012다87751). 회생개시결정이 늦게 되어 상고심의 소송절차가 변론 없이 판결을 선고할 때에는 소송절차를 승계할 필요는 없다(대판 2015.02.26. 2012다89320).
105) 그러나 중단 되지 않아도 수계는 가능하므로(대판 1972.10.31. 72다1271 참조), 의문이 있는 판례이다. 대표자의 변경이 있으면 당연히 수계신청을 하는 것이 정확한 신청이므로, 소송절차 수계신청을 한 것은 정당하기 때문에 당사자표시정정으로 볼 필요가 없기 때문이다.
106) 일건 기록에 의하면 재항고인은 1심에서 재항고인의 명칭, 대표이사, 주소의 변경있음을 이유로 이를 증명하는 주식회사 등기부 등본과 새로운 대표이사에 의한 소송대리 위임장을 첨부하여 <u>새로 수임한 소송대리인(구 대표이사에 의하여 선임된 소송대리인과 동일인) 명의로 소위 소송절차 수계신청을 제출하였으나 실은 대표이사의 변경이 있다 하여도 소송대리인이 있으므로 1심판결의 송달 있을 때 까지는 소송절차가 중단 된다 볼 수 없으므로 이 신청은 당사자 표시 정정 신청으로 보아 1심판결에서는 이 변경 된 바에 따라 당사자를 표시하여야 할 것임에도 불구하고 이를 변경전대로 표시</u>(이는 판결경정 사유가 된다 할 것이다) 하였으므로 그 판결에 대한 항소를 함에 있어 법정의 인지를 첨용함이 없이 변경전의 회사명의와 구대표이사 명의를 표시 하였

정지되고, 소송대리인이 없는 경우 소송절차는 중단되므로(제235조), 직무대행자(신대표자)가 당사자표시변경으로 표시하여 신청하였다면 이는 소송수계신청의 취지로 보아야 할 것이다(대판 1980.10.14. 80다623[107]). 즉 判例의 취지는 중단되지 않았다면 당사자표시정정신청을 해야지 수계신청을 하는 것은 부적법하고, 중단되었다면 수계신청을 하여야 하고 당사자표시정정신청을 하는 것은 부적법하다는 취지이다. 이와 비교하여 당사자가 사망하였으나 소송대리인이 있기 때문에 소송절차가 중단되지 않은 경우라도 소송수계신청은 가능하다(대판 1972.10.31. 72다1271·1272).

3) 당연승계

당사자가 사망하였으나 소송대리인이 있어 소송절차가 중단되지 아니한 경우, 원칙적으로 소송수계의 문제는 발생하지 아니하고 소송대리인은 상속인들 전원을 위하여 소송을 수행하게 되는 것이며, 그 사건의 판결의 당사자 표시가 망인 명의로 되어 있다 하더라도 그 판결은 상속인들 전원에 대하여 효력이 있고(대판 1995.09.26. 64다54160), 망인의 공동상속 중 소송수계절차를 밟은 일부만을 당사자로 표시한 판결 역시 수계하지 아니한 나머지 공동상속인들에게도 그 효력이 미친다(대판 2010.12.23. 2007다22859).

4) 새로운 당사자를 잘못 표시한 경우

판결에서 새로운 당사자를 잘못 표시하였다고 하더라도 그 표시가 망인의 상속인, 소송승계인, 소송수계인 등 망인의 상속인임을 나타내는 문구로 되어 있으면 잘못 표시된 당사자에 대하여는 판결의 효력이 미치지 아니하고 여전히 당사자에게 효력이 미친다. 변론에서 상속인이 판명되는 경우에는 상속인을 소송승계인으로 하여 새로운 당사자로 표시하면 된다(대결 1992.11.05. 91마342).

(2) 심급대리의 원칙

소송대리인이 있다고 하여 소송절차가 무제한하게 속행되는 것이 아니라, 심급대리의 원칙상 그 심급의 판결정본이 당사자에게 송달되면서 소송절차는 중단된다는 것이 판례이다(대판 1996.02.09. 94다61649).

으나 이 표시는 오기에 불과한 것이라 할 것…(대결 1969.03.10. 68마1100).

[107] 위 이양수는 원심에서 위 직무집행이 정지되기 이전인 1975.5.8 변호사 백낙민을 원고 법인의 이 사건 소송대리인으로 선임하여, 그 소송절차가 진행되었음을 알 수 있으므로, 원심의 이 사건 소송절차는 앞서본 바와 같이 위 이양수의 직무집행정지 당시 원고 법인의 대표자가 존재하지 아니하게 된 것에 불구하고, 중단되지 아니한 채 계속 적법하게 진행되다가, 원심판결이 1980.2.8 위 소송대리인에게 송달됨으로 써 중단되었다고 할 것이며(이 법원 1970.5.26. 선고 70다441 판결 참조), 이 상고는 위와 같이 이 사건 소송절차가 중단된 상태에서 제기되었음이 기록상 분명하다. 그런데 소송절차가 중단 중에 있을 때 제기된 상소는 원칙적으로 부적법한 것이라고 하겠지만, 이러한 경우에도 상소심 법원에 수계신청을 하여, 그 하자를 치유시킬 수 있다고 할 것인 바(이 법원 1963.12.12. 선고 63다703, 1955.7.7. 선고 4288민상53 각 판결 각 참조), 기록에 의하면, 이 상고가 제기된 이후인 1980.7.1 서울민사지방법원의 결정에 의하여, 변호사 권태홍이 원고 법인의 대표자인 이사장 직무대행자로 선임되고 그에 의하여 같은 달 9. 이 법원에서 중단된 이 사건 소송절차의 수계가 이루어졌으므로(당사자표시변경으로 표시하여 신청되었으나 소송수계신청의 취지로 보아야 할 것이다). 이 상고 소송절차는 과거에 소급하여 유효로 되었다고 할 것이다(기록에 의하면 이에 앞서 위 이병준이 원고 법인의 이사장으로 선임, 등기까지 된 바 있었으나, 그에 대한 문교부장관의 취임승인이 없었고, 또 그의 직무집행도 법원에 의하여 정지되었다)(대판 1980.10.14. 80다623).

(3) 상소의 특별수권

소송대리인에게 상소에 관한 특별수권이 있으면 판결이 송달되어도 예외적으로 중단되지 않는다. 判例도 "당사자가 사망하였으나 소송대리인이 있는 경우에는 소송절차가 중단되지 아니하고(민사소송법 제238조, 제233조 제1항), 소송대리인은 상속인들 전원을 위하여 소송을 수행하게 되며, 판결은 상속인들 전원에 대하여 효력이 있다. 이 경우 심급대리의 원칙상 판결정본이 소송대리인에게 송달되면 소송절차가 중단되므로 항소는 소송수계절차를 밟은 다음에 제기하는 것이 원칙이다. 다만 제1심 소송대리인이 상소제기에 관한 특별수권이 있어 상소를 제기하였다면 상소제기 시 부터 소송절차가 중단되므로 항소심에서 소송수계절차를 거치면 된다(대판 2016.04.29. 2014다210449)."고 한다.

> **중요판례**
>
> **1. 상속인들이 스스로 항소한 경우**
> 판례는 "기록에 의하면 이 사건의 경우 망 남기열의 소송대리인이었던 임종선변호사는 상소제기의 특별수권을 부여받고 있었으므로(소송대리위임장에 부동문자로 특별수권이 부여되어 있다) 항소제기기간은 진행된다고 하지 않을 수 없어 제1심판결 중 위 남국현, 남주현의 상속지분에 해당하는 부분은 그들이나 소송대리인이 항소를 제기하지 아니한 채 항소제기 기간이 도과하여 이미 그 판결이 확정되었다고 하지 않을 수 없다. 그렇다면 원고로서는 이미 판결이 확정된 위 남국현, 남주현에 대하여 항소심에서 새삼스럽게 소송수계신청을 할 필요도 없고 할 수도 없다 할 것이므로 이 사건 소송수계신청은 부적법하다 할 것[108]이다(대결 1992.11.05. 91마342)."고 하여 누락된 상속인은 확정된다는 견해이다.
>
> **2. 소송대리인이 항소한 경우**
> "당사자 표시가 잘못되었음에도 망인의 소송상 지위를 당연승계한 정당한 상속인들 모두에게 효력이 미치는 판결에 대하여 그 잘못된 당사자 표시를 신뢰한 망인의 소송대리인이나 상대방 당사자가 그 잘못 기재된 당사자 모두를 상소인 또는 피상소인으로 표시하여 상소를 제기한 경우에는, "상소를 제기한 자의 합리적 의사에 비추어" 특별한 사정이 없는 한 "정당한 상속인들 모두에게 효력이 미치는 위 판결 전부에 대하여 상소가 제기된 것"으로 보는 것이 타당하다. … 이 사건 항소 역시 소송수계인으로 표시되지 아니한 나머지 상속인들 모두에게 효력이 미치는 위 제1심판결 전부에 대하여 제기된 것으로 보아야 할 것이다. 그렇다면 이 사건 항소로 인하여 제1심판결 전부에 대하여 확정이 차단되고 항소심절차가 개시되었으며, 다만 제1심에서 이미 수계한 소외 2 외에 망인의 나머지 상속인들 모두의 청구 부분과 관련하여서는 항소제기 이후로 소송대리인의 소송대리권이 소멸함에 따라 민사소송법 제233조에 의하여 그 소송절차는 중단된 상태에 있었다고 보아야 한다. 따라서 원심으로서는 망인의 정당한 상속인인 원고들의 이 사건 소송수계신청을 받아들여 그 부분 청구에 대하여도 심리 판단하였어야 한다(대판 2010.12.23. 2007다22859)."고 하여 누락된 상속인도 상소심으로 이심된다는 견해[109]를 취하고 있다.

---

[108] 판례는 "대법원 1992. 11. 5.자 91마342 결정은, 제1심에서 사망한 당사자의 지위를 당연승계한 상속인들 가운데 실제로 수계절차를 밟은 일부 상속인들이 제1심판결에 불복하여 스스로 항소를 제기하였으나 이들이 수계인으로 표시되지 아니한 나머지 상속인들의 소송을 대리할 아무런 권한도 갖고 있지 아니하였던 사안에 관한 것으로서, 망인의 소송상 지위를 당연승계한 상속인들 전원을 위하여 소송대리권을 가지는 망인의 소송대리인이 상소를 제기한 이 사건과는 그 사안을 달리한다."고 한다(대판 2010.12.23. 2007다22859).

[109] 이시윤 교수 평석(제12판, 2018년, 451면).
(1) 다만 최근에 확정설의 종전 판례와는 사실관계에 다소 차이가 있어도 다른 취지가 아닌가 하는 판례가

3. 중단의 해소

(1) 수계신청

1) 의 의

수계신청이란 당사자 측에서 중단된 절차가 계속 진행되도록 속행을 구하는 신청을 말한다.

2) 수계신청권자

> 제241조(상대방의 수계신청권) 소송절차의 수계신청은 "상대방"도 할 수 있다.

수계신청은 중단사유가 있는 당사자 측의 신수행자와 더불어 상대방 당사자도 할 수 있다(제241조). 이를 실무상 강제수계라고 한다. 당사자 사망의 경우에 수계신청권자는 상속인·상속재산관리인·유언집행자·수증자 들이다. 법인이 합병된 때에는 합병 후의 신법인·존속법인이고(제234조), 소송능력의 상실·법정대리권 소멸의 경우는 소송능력을 회복한 당사자 또는 법정대리인이 된 자이다(제235조). 법인대표자의 직무집행정지가처분의 경우에는 그 직무대행자이다(대판 2003.05.27. 2002다69211). 공동상속에 의한 소송은 필수적 공동소송이 아니므로 상속인 전원이 공동으로 수계신청 해야 하는 것은 아니고, 개별적으로 수계신청해도 무방하다(대판 1964.05.26. 63다974). 그리고 상속인 중 한사람만이 수계절차를 밟아 재판을 받았으면 수계절차를 밟지 않은 다른 상속인의 소송관계는 중단된 채 제1심에 그대로 계속되어 있게 된다[110](대판 1994.11.04. 93다31993). 다만 광업권을 공유하는 자들 사이에는 조합계약을 한 것으로 본다고 규정하고 있어, 광업권자가 사망하여 상속인들이 그 광업권을 공동으로 상속하는 경우에도 그 상속인들 사이에 조합계약을 체결한 것으로 보아야 하므로(광업법 제30조 1항, 17조 5항), 그 합유인 공동광업권에 관한 소송은 합일확정을 요하는 필수적 공동소송이고, 따라서 광업권자가 광업권에 관한 소송을 수행하던 중 사망한 경우에는 상속인 전원이 공동으로 수계신청을 하여야 한다(대판 1995.05.23. 94다23500).

3) 수계신청법원

종국판결이 송달된 뒤에 중단된 경우에 수계신청을 어디에 내어야 하는지 문제된다. 통설은 제243조 2항과 제397조(상소장의 원법원제출주의)를 근거로 원법원에 해야 한다는 원심법원설이지만, 원법원 또는 상소법원에 수계신청을 할 수 있다는 선택설(대판 1996.02.09. 94다61649)이 당

나타났다. 제1심 계속 중 사망한 원고의 공동상속인 중에 A만이 수계절차를 밟았을 뿐이고, A만을 망인의 소송수계인으로 표시하여 한 원고패소판결에 대하여 망인의 소송대리인이 항소인을 A만을 기재하여 항소제기한 사안에서, 제1심 판결의 효력은 수계인 표시가 없는 나머지 B등에게도 미치고 항소의 효력도 미쳐 그들에 대해 확정차단이 된다는 것이다. 중단설은 아니고 효력확장설이라 하겠다.

(2) 이에 대해 이시윤 교수는 "공동상속인 중 1인의 수계신청이나 항소가 공동상속인 전원에 미치는 결과인데, 공동상속의 소송관계가 필수적 소송관계가 아니라면 문제가 있어 보이고, 소송행위의 표시주의의 원칙에 맞느냐도 있을 것이대동면 각주 1)."라고 하여 판례에 대해 의문을 제기하고 있다.

[110] 다만 2007다22859판결은 공동상속인 중 일부만을 소송수계절차를 밟아 당사자로 표시한 판결은 수계하지 아니한 나머지 공동상속인에게 미친다고 하였다.

사자의 절차권 보장을 위해 타당하다고 본다. 즉 소송절차 중단 중에 제기된 상소는 부적법하지만 상소심법원에 수계신청을 하여 하자를 치유시킬 수 있으므로, 상속인들에게서 항소심소송을 위임받은 소송대리인이 소송수계절차를 취하지 아니한 채 사망한 당사자 명의로 항소장 및 항소이유서를 제출하였더라도, 상속인들이 항소심에서 수계신청을 하고 소송대리인의 소송행위를 적법한 것으로 추인하면 하자는 치유되고, 추인은 묵시적으로도 가능하다(대판 2016.04.29. 2014다210449).

4) 수계신청절차

① 수계신청은 신수행자가 수계의 의사를 명시하여 서면 또는 말로 할 수 있다고 해석되지만[111](제161조, 이시윤), 민소규칙 제60조 1항은 '소송절차의 수계신청은 서면으로 하여야 한다.'고 규정하고 있다(실무제요[II], 1203면). 수계신청서에는 소송절차의 중단사유와 수계할 사람의 자격을 소명하는 자료를 붙여야 한다(규칙 제60조 2항). 그 자료는 상속관계를 증명하는 가족관계등록사항증명서, 회사의 합병관계를 증명하기 위한 법인등기사항증명서 등이다. 신청서에는 수계를 원하는 의사를 명시하여야 한다. 수계신청에는 인지를 붙이지 아니하며, 문건으로 전산입력한 다음 원기록에 가철한다(인지액·편철방법 예규 별표).

② 수계신청인가의 여부는 명칭에 구애됨이 없이 실질적으로 판단하여야 한다. 따라서 기일지정신청 또는 당사자표시정정신청도 경우에 따라 수계신청으로 볼 수 있다(수계신청도 당사자표시정정으로 선해할 수 있다)는 것이 판례이다(대판 1980.10.14. 80다623·624). 묵시의 수계도 가능하다(대판 1955.07.07. 4288민상53).

③ 신청기간에는 제한이 없다. 다만 사망의 경우에 상속인은 상속의 포기 기간인 3월(민법 제1019조 1항)내에는 수계신청을 하지 못하나(제233조 2항), 상속포기기간 중에 소송수계신청을 받아들여 소송절차를 진행한 하자가 있다고 하더라도 그 후 상속의 포기 없이 상속개시 있음을 안 날로부터 3월을 경과한 때에는 그 전까지의 소송행위에 관한 하자는 치유 된다(대판 1995.06.16. 95다5905). 신청이 있는 때에는 법원이 이를 상대방에게 통지하여야 하는데(제242조), 통지는 수계신청서 부본을 송달하는 방식에 의하는 것이 보통이다. 상대방에 대한 관계에서는 통지 시에 중단이 해소된다(제247조 2항).

> 제242조(수계신청의 통지) 소송절차의 수계신청이 있는 때에는 법원은 상대방에게 이를 통지하여야 한다.

5) 수계에 관한 재판

> 제243조(수계신청에 대한 재판) ① 소송절차의 수계신청은 법원이 직권으로 조사하여 이유가 없다고 인정한 때에는 결정으로 기각하여야 한다.
> ② 재판이 송달된 뒤에 중단된 소송절차의 수계에 대하여는 그 재판을 한 법원이 결정하여야 한다.

---

111) 주석민소법(Ⅲ), 507면은 '수계신청의 방식에 대하여서는 특별한 규정이 없으므로 신청을 하여야 할 법원에 서면 또는 말로 할 수 있을 것이나(161조), 상대방에게 이를 통지하여야 하므로(242조), 서면으로 하는 것이 보통이다.'고 서술하고 있다.

① 수계신청이 있으면 법원은 그 적법여부를 직권으로 조사하여 이유가 없으면 결정으로 기각한다. 이 결정에 대해서는 통상항고를 할 수 있다(제439조). 기각이 되면 중단은 해소되지 않기 때문에 새로운 수계신청이 필요하다. 진정한 수계인이 아닌 참칭수계인임에도 이를 간과한 채 받아들여 본안판결을 하였을 때에는 진정한 수계인에 대한 관계에서는 소송은 중단 상태에 있지만, 참칭수계인에 대해서는 기판력이 미친다(대판 1981.03.10. 80다1895).

② 判例는 "소송수계신청의 적법여부는 법원의 직권조사사항으로서 조사결과 수계가 이유 없다고 인정한 경우에는 이를 기각하여야 하나 이유 있을 때에는 별도의 재판을 할 필요 없이 그대로 소송절차를 진행할 수 있는 것이다112)(대판 1984.06.12. 83다카1409)."고 한다.

(2) 법원의 속행명령

> 제244조(직권에 의한 속행명령) 법원은 당사자가 소송절차를 수계하지 아니하는 경우에 직권으로 소송절차를 계속하여 진행하도록 명할 수 있다.

당사자가 수계신청을 하지 않아 사건이 중단된 상태로 방치되었을 때, 법원은 직권으로 소송절차를 진행하도록 명하는 속행명령을 할 수 있다. 영구미제(永久未濟) 사건이 되는 것을 방지하기 위한 것이다. 속행명령이 당사자에게 송달되면 중단은 해소된다. 속행명령은 중단 당시의 소송계속 법원이 발한다. 이 경우 법원이 속행명령을 발하지 않고 직접 변론기일을 지정하여 양쪽 당사자에게 통지한 경우에도 속행명령을 발한 것으로 보자는 견해도 있으나, 중단 중의 소송행위는 무효이므로 속행명령을 발한 것으로 볼 수 없다. 속행명령은 중간적 재판이므로 독립하여 불복할 수 없다(대결 1974.02.27. 74마8, 경매절차속행명령 사안). 속행명령을 발하기 위해서는 가족관계등록관서 등에 직권으로 사실조회를 하여서라도 수계자격 관계를 면밀히 조사할 것을 요한다. 속행명령의 주문은 '원고 망 ○○○의 소송수계인을 별지 목록 기재와 같이 정하여 이 사건의 속행을 명한다.'라고 하면 될 것이다. 속행명령에 의하여 당사자가 된 사람도 수계신청에 의한 경우와 같이 '소송수계인'으로 호칭하여도 무방하다(법원실무제요[Ⅱ], 1205면).

4. 중단의 신고

소송절차의 중단사유가 생긴 경우에도 그 당사자에게 소송대리인이 있는 경우 소송절차는 중단되지 아니하지만(제238조), 그 절차의 중단 유무에 관계없이 실체법상 권리의무관계가 승계되어 소송절차의 실질적인 당사자는 실체법상 권리의무관계를 승계한 사람이 되므로, 이러한 실체관계와 절차에서의 당사자를 합치시킬 필요가 있다(법원실무제요[Ⅱ], 1205면). 따라서 소송절차의

---

112) 소송절차의 진행 중 법인 대표자의 대표권이 소멸된 경우에도 이를 상대방에게 통지하지 아니하면 소송절차상으로는 그 대표권이 소멸되지 아니한 것으로 보아야 하므로(민사소송법 제64조, 제63조 제1항 참조) 위 제1심 판결이 안승우를 원고의 대표자로 표시한 것은 적법하고, 원고는 원심에서 대표자 표시변경신청을 하였고 이는 소송수계신청의 취지로 보아야 할 것이므로 원심에서 원고의 대표자를 장성완으로 표시한 것도 적법하다고 할 것이어서(또한, 소송수계신청의 적법 여부는 법원의 직권조사 사항으로서 조사의 결과 수계가 이유 없다고 인정할 경우에는 결정으로서 이를 기각하여야 하나, 이유 있을 때에는 별도의 재판을 할 필요 없이 그대로 소송절차를 진행할 수 있는 것이다), 재심대상판결에는 민사소송법 제451조 제1항 제9호의 재심사유가 있다고 볼 수 없다(대판 2006.11.23. 2006재다171).

중단사유가 생긴 때에는 소송대리인은 그 사실을 법원에 서면으로 신고하여야 한다(규칙 제61조).

Ⅲ 소송절차의 중지

1. 당연중지(제245조)

> 제245조(법원의 직무집행 불가능으로 말미암은 중지) 천재지변, 그 밖의 사고로 법원이 직무를 수행할 수 없을 경우에 소송절차는 그 사고가 소멸될 때까지 중지된다.

이 경우에는 따로 결정의 필요가 없으며 중지는 당연히 발생하고, 직무집행 불능의 상태가 소멸함과 동시에 중지도 해소된다.

2. 재판중지(제246조)

> 제246조(당사자의 장애로 말미암은 중지) ① 당사자가 일정하지 아니한 기간 동안 소송행위를 할 수 없는 장애사유가 생긴 경우에는 법원은 결정으로 소송절차를 중지하도록 명할 수 있다.
> ② 법원은 제1항의 결정을 취소할 수 있다.

여기서의 장애사유란 당사자가 갑자기 정신병에 걸린 경우, 천재지변 등으로 교통이 두절되고 당분간 회복의 전망도 보이지 아니하는 경우 등을 말한다. 중지의 결정은 신청 또는 직권에 의하여 하며, 법원의 취소결정에 의하여 중지가 해소된다.

3. 다른 법령에 의한 중지

다른 절차와의 관계에서 소송의 속행이 부적당하기 때문에 다른 법령에 의하여 절차가 중지되는 경우가 있다. 먼저 절차가 당연히 중지되는 경우가 있는데, 예를 들어 소송사건이 조정에 회부된 경우(민사조정규칙 제4조), 가사소송사건이 조정에 회부된 경우(가소법 제49조), 소액사건이 조정에 회부된 경우(소심법 제9조), 위헌여부의 제청을 한 경우(헌재법 제42조 1항) 등이 있다. 그리고 법원의 결정으로 중지되는 경우가 있는데 채무자의 재산에 관하여 회생절차개시의 신청이 있는 경우(파산법 제44조), 특허심판이 선결관계에 있는 경우(특허법 제164조) 등이 있다. 그 밖에 다른 민사사건이나 형사사건이 선결관계에 있는 때에도 중지를 명할 수 있다[113](통설).

Ⅳ 소송절차정지의 효과

> 제247조(소송절차 정지의 효과) ① 판결의 선고는 소송절차가 중단된 중에도 할 수 있다.

1. 당사자의 소송행위

(1) 정지중의 당사자의 행위는 원칙적으로 무효이다. 예외적으로 소송절차 외에서 하는 소송대리인의 선임·해임, 소송구조신청은 유효하게 할 수 있다.

---

[113] 다만 실무상으로는 기일의 추후지정으로 결과를 기다리는 일이 많다.

(2) 그러나 무효라 하여도 상대방이 아무런 이의를 하지 아니하여 이의권이 상실되면 유효하게 된다. 정지제도는 공익적 제도가 아니라 당사자보호를 위한 제도이기 때문에 정지중의 소송행위라도 추인하면 유효하게 된다. 상소라고 예외로 취급할 필요가 없다. 判例도 "소송절차 중단 중에 제기된 상소는 부적법하지만 상소심법원에 수계신청을 하여 하자를 치유시킬 수 있으므로, 상속인들에게서 항소심소송을 위임받은 소송대리인이 소송수계절차를 취하지 아니한 채 사망한 당사자 명의로 항소장 및 항소이유서를 제출하였더라도, 상속인들이 항소심에서 수계신청을 하고 소송대리인의 소송행위를 적법한 것으로 추인하면 하자는 치유되고, 추인은 묵시적으로도 가능하다(대판 2016.04.29. 2014다210449)."고 한다.

2. 법원의 소송행위

(1) 정지 중에 법원은 기일지정, 기일통지나 재판, 증거조사, 그 밖의 행위가 허용되지 않는다. 이에 위반하여 행한 법원의 재판은 상소로 불복할 수 있으며, 그 밖의 법원의 소송행위는 무효로 된다. 다만 당사자의 이의권의 포기·상실로 하자가 치유된다.

(2) 이 경우 변론종결하기에 앞서 정지가 되었음에도 간과한 채 변론을 종결하고 판결을 선고하면 위법이 된다. 이 때 判例는 한 때 소송계속 중 당사자가 사망한 것을 간과하고 한 판결을 당연무효라고 보았다가(무효설), "당사자가 사망하여 실재하지 아니한 자를 당사자로 하여 소가 제기된 경우는 당초부터 원고와 피고의 대립당사자 구조를 요구하는 민사소송법상의 기본원칙이 무시된 것이므로, 그와 같은 상태 하에서의 판결은 당연무효라고 할 것이지만 일응 대립당사자 구조를 갖추고 적법히 소가 제기되었다가 소송도중 어느 일방의 당사자가 사망함으로 인해서 그 당사자로서의 자격을 상실하게 된 때에는 그 대립당사자 구조가 없어져 버린 것이 아니고, 그때부터 그 소송은 그의 지위를 당연히 이어 받게 되는 상속인들과의 관계에서 대립당사자 구조를 형성하여 존재하게 되는 것이고, 다만 상속인들이 그 소송을 이어 받는 외형상의 절차인 소송수계절차를 밟을 때까지는 실제상 그 소송을 진행할 수 없는 장애사유가 발생하였기 때문에 적법한 수계인이 수계절차를 밟아 소송에 관여할 수 있게 될 때까지 소송절차는 중단되도록 법이 규정하고 있을 뿐인바(대판(전) 1995.05.23. 94다28444)."라고 하여 위법설(=유효설)[114]로 태도를 변경하였다.

---

[114] 그리고 회사합병의 경우에도 "소송계속 중 회사인 일방 당사자의 합병에 의한 소멸로 인하여 소송절차 중단 사유가 발생하였음에도 이를 간과하고 변론이 종결되어 판결이 선고된 경우에는 그 판결은 소송에 관여할 수 있는 적법한 수계인의 권한을 배제한 결과가 되는 절차상 위법은 있지만 그 판결이 당연무효라 할 수는 없고, 다만 그 판결은 대리인에 의하여 적법하게 대리되지 않았던 경우와 마찬가지로 보아 대리권 흠결을 이유로 상소 또는 재심에 의하여 그 취소를 구할 수 있을 뿐이나, 소송대리인이 선임되어 있는 경우에는 민사소송법 제95조에 의하여 그 소송대리권은 당사자인 법인의 합병에 의한 소멸로 인하여 소멸되지 않고 그 대리인은 새로운 소송수행권자로부터 종전과 같은 내용의 위임을 받은 것과 같은 대리권을 가지는 것으로 볼 수 있으므로, 법원으로서는 당사자의 변경을 간과하여 판결에 구 당사자를 표시하여 선고한 때에는 소송수계인을 당사자로 경정하면 될 뿐, 구 당사자 명의로 선고된 판결을 대리권 흠결을 이유로 상소 또는 재심에 의하여 취소할 수는 없다(대판 2002.09.24. 2000다49374)."고 한다.

3. 기간의 진행

> 제247조 ② 소송절차의 중단 또는 중지는 기간의 진행을 정지시키며, 소송절차의 수계사실을 통지한 때 또는 소송절차를 다시 진행한 때부터 전체기간이 새로이 진행된다.

　소송절차의 진행 중에는 기간의 진행이 정지된다. 따라서 새로운 기간은 진행을 시작하지 않고, 이미 진행 중이던 기간은 진행을 멈춘다. 그리고 정지가 해소되면, 남은 기간이 아니라 다시 전체 기간이 새롭게 진행된다.

제3장 증 거

제1절 총 설

I 증거의 필요성

어느 한 당사자가 주장한 사실에 대해서 상대방 당사자가 다툰 경우 그 사실을 주장한 당사자가 법원에 대해서 그것을 믿도록 자료를 제출해야 한다. 증거는 법원이 법규적용의 대상이 되는 사실을 인정할 수 있는 자료를 말한다.

II 증거의 의의

증거라는 말은 증거방법·증거자료·증거원인 등 여러 의미로 쓰인다.

1. 증거방법[1]

법관이 그 오관의 작용에 의하여 조사할 수 있는 유형물로서 인증과 물증이 있다.

2. 증거자료[2]

증거방법의 조사에 의하여 얻은 내용(증언, 감정결과 등)을 말한다.

3. 증거원인

법관의 심증형성의 원인이 된 자료나 상황을 말한다(변론 전체의 취지와 증거자료, 제202조).

III 증거능력과 증거력

1. 증거능력

유형물이 증거방법으로서 증거조사의 대상이 될 수 있는 자격으로, 민사소송법은 자유심증주의를 채택하고 있기 때문에, 원칙적으로 증거능력의 제한은 없다.

---

[1] 인증으로는 증인(제303조), 감정인(제333조), 당사자본인(제367조) 등이 있으며, 물증으로는 검증물(제364조), 문서(제343조), 그 밖의 증거(제374조) 등이 있다.
[2] 즉 위 증거방법에 대한 조사결과를 말하는데, 증언·감정결과·당사자본인신문결과·검증결과·문서의 기재 내용·그 밖의 증거조사결과 등이다. 그 밖에 조사·송부 촉탁결과가 있다(제294조).

2. 증거력

증거자료가 요증사실의 인정에 기여하는 정도를 말한다.

3. 위법하게 수집한 증거방법의 증거능력

(1) 민사소송법과 형사소송법의 증거능력의 차이

1) 형사소송법의 경우

민사소송법이든 형사소송법이든 증거의 평가에 대해서는 법관의 자유심증주의에 의하고 있으므로, 증거능력에 제한이 없는 것이 원칙이다. 그러나 형사소송법은 역사적으로 피고인의 자백 등에 강요·폭행 등을 동반한 위법한 수사가 행해져 피고인의 인권보장의 견지에서 그 증거능력을 제한할 측면이 많았다. 따라서 형사소송법은 제307조, 제310조 등에서 증거재판주의, 강요 등에 의한 자백의 증거능력부정을 규정하고 특히 제310조의2에서는 전문증거의 증거능력부정 등을 규정하여 피고인의 반대신문권, 인권보장 등을 추구하고 있다.

2) 민사소송법의 경우

민사소송법은 자유심증주의를 철저히 관철하여 증거능력 제한에 관한 명문의 규정이 없다. 하지만 위법한 방법에 의해 수집된 증거방법에 대해서도 제한 없이 증거능력을 인정한다면, 민사소송법도 헌법의 하위법인 이상 헌법상의 법치국가원리에 반할 수 있기 때문에, 이에 대해 증거능력을 인정할 수 있을 지가 문제된다.

(2) 判例[3]

判例는 "우리 민사소송법은 증거에 관하여 자유심증주의를 채택하고 있기 때문에 상대방의 부지중 비밀로 대화를 녹음한 소위 녹음테이프를 위법으로 수집되었다는 이유만으로 증거능력이 없다고는 단정할 수 없고, 그 채증여부는 사실심 법원의 재량에 의할 것이며, 이에 대한 조사는 검증의 방법에 의할 것(대판 1981.04.14. 80다2314; 대판 1999.05.25. 99다1789 등)."이라고 하여 증거능력 긍정설의 입장이다. 하지만 최근 개정 형사소송법 제308조의 2에서 위법수집증거배제법칙을 규정하였고, 이에 따라 判例도 형사소송에서 전원합의체로 종래의 입장을 변경하여 위법하게 수집한

---

[3] ① 증거능력긍정설은 증거방법의 수집에 실체법상 위법이 있더라도 그것은 실체법상 손해배상청구의 문제를 발생시킬 뿐이고, 그 소송적 평가는 법관의 자유심증주의에 의하는 것이라 하여 증거능력을 긍정한다. 이 설은 증거능력부정설이 소송의 신속, 실체진실의 발견에 역행한다고 비판한다. ② 증거능력부정설은 법질서의 통일성의 관점에서 실체법상 위법이 있는데 증거능력을 부정하지 않으면 법질서 자체가 위법행위를 용인하는 결과가 되어 부당하고, 소송상태의 부당형성배제가 신의칙의 내용이라면 신의칙의 관점에서도 그런 증거는 부정되어야 한다고 한다. ③ 절충설(증거능력한정긍정설)은 ⅰ) 당사자의 인격권 등의 기본적 인권을 침해하는 경우에는 증거능력을 부정하는 것이 타당하다는 견해(강현중), ⅱ) 원칙적으로 증거능력이 부정되나 무단녹음 등이 정당방위나 기타 위법성조각사유가 있는 경우 또는 상대방이 동의한 경우에는 증거능력을 인정하는 것이 타당하다는 견해(이시윤, 정동윤), ⅲ) 증거수집과정의 위법이나 인격권 침해는 증거제출시점에서는 이미 과거의 사실이므로 원칙적으로 증거능력을 인정할 것이나, 그 증거방법에 대한 법원에서의 조사가 당사자의 인격권을 침해하는 경우와 그 증거방법이 형사법상 범죄행위에 의해 수집된 경우에는 증거능력을 부정하는 것이 타당하다는 견해가 있다(호문혁).

증거는 원칙적으로 증거능력을 부인하고 있다(대판 2007.11.15. 2007도3061). 이제 민사사건에서도 판례변경의 때가 되었다고 본다(이시윤).

(3) 통신비밀보호법의 규정

1) 법 규정

통신비밀보호법 제3조는 몇 가지 예외를 제외하고는 "누구든지 이 법과 형사소송법 또는 군사법원법의 규정에 의하지 아니하고는 우편물의 검열·전기통신의 감청 또는 통신사실확인자료의 제공을 하거나 공개되지 아니한 타인 간[4]의 대화를 녹음 또는 청취하지 못 한다"고 규정하고, 제14조 제1항은 "누구든지 공개되지 아니한 타인 간의 대화를 녹음하거나 전자장치 또는 기계적 수단을 이용하여 청취할 수 없다"고 규정하고 있다.

2) 증거능력 부정

제4조와 제14조 제2항은 이에 위반한 것은 "재판 또는 징계절차에서 증거로 사용할 수 없다"고 규정하고 있다.

➲ 형사소송법이든 민사소송법이든, 절차법에서는 그 증거능력 부정의 근거로 통신비밀보호법의 규정을 유추적용하려는 시도가 많은 바, 이의 중요조문을 알아둘 필요가 있다고 본다.

Ⅳ 증거의 종류

1. 직접증거와 간접증거

주요사실의 존부를 직접 증명하는 증거를 직접증거라고 한다. 이에 대해서 간접사실이나 보조사실을 증명하기 위한 증거를 간접증거라 하며, 주요사실의 증명에 간접적으로 이바지한다.

2. 본증, 반증, 반대사실의 증거

(1) 본 증 – 확신

당사자가 자기에게 증명책임이 있는 사실을 증명하기 위하여 제출하는 증거를 말한다. 본증의 경우에는 법관에게 요증사실의 존재가 확실하다는 확신을 갖게 해야 한다.

(2) 반 증 – 의심

상대방이 증명책임을 지는 사실을 부정하기 위해 제출하는 증거로 사실상 추정과 관련하여 문제된다. 반증의 경우에는 법관에게 요증사실의 존재가 확실치 못하다는 의심을 주면 된다.

---

[4] 통신비밀보호법 제3조 제1항이 "공개되지 아니한 타인간의 대화를 녹음 또는 청취하지 못한다"라고 정한 것은, 대화에 원래부터 참여하지 않는 제3자가 그 대화를 하는 타인들 간의 발언을 녹음해서는 아니 된다는 취지이다. 3인 간의 대화에 있어서 그 중 한 사람이 그 대화를 녹음하는 경우에 다른 두 사람의 발언은 그 녹음자에 대한 관계에서 '타인 간의 대화'라고 할 수 없으므로, 이와 같은 녹음행위가 통신비밀보호법 제3조 제1항에 위배된다고 볼 수는 없다(대판 2006.10.12. 2006도4981).

(3) 반대사실의 증거

법률상의 추정을 다투는 자에게 증명책임이 있기 때문에 그 추정을 다투는 자가 제출하는 증거로 본증이다. 이는 법률상 추정과 관련하여 문제된다.

Ⅴ 증명의 정도 – 증명과 소명

1. 증 명 – 고도의 개연성

(1) 의의

법관이 요증사실의 존재에 대하여 고도의 개연성 즉 확신을 얻은 상태 또는 법관으로 하여금 확신을 얻게 하기 위해 증거를 제출하는 당사자의 노력을 의미한다. 증명의 방법으로는 다음의 두 가지가 있다.

(2) 엄격한 증명

법률에서 정한 증거방법에 대하여 법률이 정한 절차에 의하여 행하는 증명으로 소송물인 권리관계의 기초사실은 엄격한 증명을 요한다.

(3) 자유로운 증명

증거방법과 절차에 대해 법률의 규정에서 해방되는 증명으로 결정절차, 직권조사사항에 제한적으로 허용된다.

2. 소 명 – 저도의 개연성

저도의 개연성 즉 법관이 일응 확실할 것이라는 추측을 얻은 상태 또는 그와 같은 상태에 이르도록 증거를 제출하는 당사자의 노력을 의미한다. 법률이 특별히 규정한 경우에 한하는데, 절차상의 파생적 사항이나 신속한 처리를 요하는 사항은 소명으로 족하다.

제2절 증명의 대상(요증사실)

Ⅰ 사 실 – 증명의 대상(요증사실)

주요사실이라 함은 그 사실이 적용할 법규의 구성요건에 직접적으로 해당하는 사실을 의미하고(법규기준설), 간접사실은 주요사실을 간접적으로 추인케 하는 사실을 의미하며, 보조사실은 증거능력이나 증거력에 관련된 사실을 의미한다. 주요사실만 요증사실이며, 간접사실이나 보조사실은 자유심증주의와의 관계상 법관이 직권으로 판단할 수 있다(통설).

Ⅱ 경험법칙

1. 의의 및 문제점

경험법칙이란 인간의 경험에서 귀납적으로 얻어지는 사물에 대한 지식이나 법칙을 말한다. 여기에는 ① 사실상 추정에 이용되는 통상의 경험법칙[5] ② 표현증명에 이용하는 고도의 개연성이 있는 경험법칙 ③ 법률상 추정에 이용되는 법규화 된 경험칙이 있다. 경험법칙에는 변론주의가 적용되는지, 증명이 필요한지, 위반 시 상고이유가 되는지가 문제된다.

2. 변론주의의 적용여부 및 자유심증주의

경험법칙은 법칙이므로 변론주의가 적용되지 않아, 자백·자백간주의 대상이 되지 않으며, 자유로운 증명의 대상이고, 직권조사사항이다. 그리고 자유심증주의의 한 내용이 된다(제202조).

3. 증명요부

(1) 일반상식에 속하는 것

경험법칙 중 일반상식에 속하는 것은 증명의 대상이 되지 않는다.

(2) 특수한 전문적·학리적 지식에 속하는 것

① 증명이 필요 없다는 견해도 있으나, ② 일반 법관으로서 안다는 것을 기대할 수 없고, 재판의 공정에 대한 국민의 신뢰유지, 법관이 감정인이 되어서는 안 되는 제41조 3호와의 관계(제척사유) 등으로 보아 증명이 필요하다고 보는 견해가 통설이다.

4. 위반과 상고이유

(1) 문제점

경험법칙의 인정을 그르쳤거나 그 적용을 잘못한 경우에 사실문제로서 사실심의 전권에 속하느냐, 법령위반과 동일시하여 상고이유가 되느냐가 문제[6]된다.

(2) 학 설

① 경험법칙은 법규에 준할 것으로 그 위배는 사실문제이기보다 법률문제라는 법률문제설(정동윤·유병현·김경욱, 호문혁) ② 법규와 달리 통상적으로 사실판단에 쓰이는 자료라는 것과 전문적 지식에 대해서는 문외한인 상고심법관에게 사실심의 인정을 비판한다는 것은 부당하다는 것을 이유로 사실문제로 보는 사실문제설(김홍규·강태원) ③ 경험법칙의 적용에 현저한 오류가 있을 때에만 상고이유가 되고 심리불속행사유를 면할 수 있을 것이라는 절충설[7](이시윤)이 있다.

---

[5] 혈통에 관한 족보의 내용은 믿을 만 하다(96스97). 특별한 기능이 없이 농촌일용노동에 종사하는 자의 일실수입 산정의 기초가 되는 월 가동일수는 경험칙상 25일로 추정된다(대판 1998.07.10. 98다4774).

[6] 예를 들어 별다른 자료 없이 경험칙상 농촌일용 노동자의 월가동일수가 25일이 아니라 22일이라 인정한 경우에 상고이유가 되느냐의 여부가 문제된다(98다4774).

[7] 김홍엽, 제8판, 609면은 이를 법률문제설의 입장으로 본다.

(3) 判 例

判例는 "처가 남편으로부터 그 재산의 처분권을 위임받았다면 이를 미성년자인 아들에게 소유권이전등기를 경료한 후 제3자에게 처분하는 것은 이례에 속하는 것으로서 그렇게 하여야 할 특단의 사정에 대한 심리를 다하지 아니하고 증거 없이 경험법칙에 위배하여 사실을 그릇 인정한 것(대판 1971.11.15. 71다2070)."이라고 하여 경험법칙적용의 잘못을 법령위배처럼 상고이유가 된다고 보는 법률문제설의 입장이다. 그리고 대법원은 1989. 12. 26. 선고한 88다카16867 전원합의체 판결에서 일반육체노동을 하는 사람 또는 육체노동을 주로 생계활동으로 하는 사람(이하 '육체노동'이라 한다)의 가동연한을 경험칙상 만 55세라고 본 기존 견해를 폐기하였다. 그 후부터 현재에 이르기까지 육체노동의 가동연한을 경험칙상 만 60세로 보아야 한다는 견해를 유지하여 왔다. 그런데 우리나라의 사회적·경제적 구조와 생활여건이 급속하게 향상·발전하고 법제도가 정비·개선됨에 따라 종전 전원합의체 판결 당시 위 경험칙의 기초가 되었던 제반 사정들이 현저히 변하였기 때문에 위와 같은 견해는 더 이상 유지하기 어렵게 되었다. 이제는 <u>특별한 사정이 없는 한 만 60세를 넘어 만 65세까지도 가동할 수 있다고 보는 것이 경험칙에 합당하다</u>(대판(전) 2019.02.21. 2018다248909).

(4) 검 토

경험법칙 위배라고 하여 모두 상고시의 심사를 받게 된다면 단지 사실인정의 문제에 지나지 않는 케이스가 경험법칙 위반이라는 이유로 상고되어 상고심이 제3심이 될 염려가 있으므로, 경험법칙의 적용에 현저한 오류가 있을 때에만 상고이유가 된다는 절충설이 타당하다(이시윤).

III 법 규

1. 증명요부

법규의 존부확정, 적용은 법원의 책무이므로 증명의 대상이 되지 않는 것이 원칙이다. 다만 외국법, 지방법령, 관습법, 실효된 법률, 구법 등은 반드시 법관이 안다고는 할 수 없으므로, 알지 못할 경우 증명의 대상이 된다. 이 경우 직권증거조사가 원칙이나 반드시 전문가의 감정, 공공기관 등에 의한 조사촉탁에 의해야 하는 것은 아니고, 자유로운 증명에 의해도 무방하다. 특히 외국적 요소가 있는 법률관계에 관하여 적용되는 준거법으로서의 외국법은 사실이 아니라 법으로서 법원은 직권으로 그 내용을 조사하여야 한다. 따라서 외국적 요소가 있는 사건이라면 준거법과 관련한 주장이 없더라도 법원으로서는 적극적으로 석명권을 행사하여 당사자에게 의견을 진술할 수 있는 기회를 부여하거나 필요한 자료를 제출하게 하는 등 그 법률관계에 적용될 국제협약 또는 국제사법에 따른 준거법에 관하여 심리, 조사할 의무가 있다(대판 2022.01.13. 2021다269388).

2. 외국법규의 존부를 확정할 수 없는 경우

(1) 문제점

외국법의 경우에 직권조사를 다하여 보아도(국제사법 제5조) 외국법규의 존부를 확정할 수 없는 경우에 견해가 대립한다.

(2) 학 설

① 주요사실의 존재 여부가 불명확한 경우에 법규부적용의 원칙에 의해 재판하는 것과 같이 외국법이 불명확한 경우에도 외국법을 적용할 수 없으므로 외국법에 의한 청구를 기각해야 한다는 청구기각설[8] ② 국내의 법규를 적용할 수밖에 없다고 보는 국내법적용설(법정지법설) ③ 민법 제1조의 법원에 관한 원칙에 의해 조리에 따라 판단하여야 한다는 조리설[9] 또는 유사법적용설[10] 등이 있다.

(3) 판 례

판례는 "이집트법상 수표의 지급제시기간이 불분명하자 우리 수표법을 적용 한다(대판 1988.02.09. 87다카1427)."하여 국내법적용설을 취하기도 하였다. 그러나 "섭외적 사건에 관하여 적용될 외국법규의 내용을 확정하고 그 의미를 해석함에 있어서는 그 외국법이 그 본국에서 현실로 해석·적용되고 있는 의미·내용대로 해석·적용되어야 하는 것인데, 소송과정에서 적용될 외국법규에 흠결이 있거나 그 존재에 관한 자료가 제출되지 아니하여 그 내용의 확인이 불가능한 경우 법원으로서는 법원(法源)에 관한 민사상의 대원칙에 따라 외국 관습법에 의할 것이고, 외국 관습법도 그 내용의 확인이 불가능하면 조리에 의하여 재판할 수밖에 없다(대판 2003.01.10. 2000다70064)."고 하여 조리설을 취하고 있다.

(4) 검 토

외국법이 불명확한 경우를 요건사실이 불명확한 경우처럼 보는 것은 무리이므로 청구기각설은 부당하고, 국내법적용설은 국내법의 우선적용을 주장하는 점에서 국제사법적 정의에 반한다. 따라서 조리설이 타당하다.

제3절 불요증사실

> 제288조(불요증사실) 법원에서 "당사자가 자백한 사실"과 현저한 사실은 증명을 필요로 하지 아니한다. 다만, 진실에 어긋나는 자백은 그것이 착오로 말미암은 것임을 증명한 때에는 취소할 수 있다.

---

[8] 서울고판 1976.6.10, 73나1888 참고
[9] 조리설은 "여기에서 조리라 함은 그 외국법질서에서 타당하다고 인정되는 바로서 그 외국법질서 안에서 판단하고, 그 외국법의 확장해석·유추해석에 의하여 해결하고, 그 외국법 질서 안에서 알 수 없거나 확장해석·유추해석을 할 수 없는 경우에는 그 외국법질서와 같거나 유사한 법계에 속하는 나라의 법에 의하여 해결하여야 한다"고 본다(정동윤·유병현 469면).
[10] 이시윤은 조리설과 유사법적용설을 구별하지만, 정동윤·유병현·김경욱은 같은 학설로 분류한다.

I 서 설

변론주의 하에서는 변론에 나타나지 않은 사실은 판결의 기초로 할 수 없고 증명의 필요가 없으나, 변론에 나타난 사실이라 하여도 증명을 요하지 않는 경우(제288조)가 있다. 당사자 간에 소송상 다툼이 없는 사실 및 현저한 사실, 그리고 법률상 추정되는 사실이 있다.

II 재판상 자백

1. 의의 및 법적 성질

(1) 의 의

재판상 자백이라 함은 당사자가 변론기일 또는 변론준비기일에서 상대방 주장사실과 일치하고, 자기에게 불리한 사실을 진정한 것으로 인정하는 진술을 말한다(제288조).

(2) 법적 성질

상대방의 증명책임을 면제하고 자신의 방어권을 포기하는 의사표시 또는 상대방의 주장사실을 진실로 확정하려는 의사라고 보는 견해(의사표시설)도 있으나, 자백의 효과는 당사자의 의욕과는 관계없이 발생하므로 이는 소송행위의 일종이고, 상대방의 주장사실이 진실이라는 지식의 보고라고 보는 견해(사실보고설)가 통설이며, 타당하다.

2. 요 건

(1) 대 상

1) 원칙 - 사실

변론주의 원칙상 자백의 대상이 되는 것은 사실[11])에 한하므로, 소송물의 전제가 되는 권리관계나 법률효과를 인정하는 진술은 권리자백이라고 하여 법원과 당사자를 구속하지 못하는 것이 원칙이다(통설, 判例). 따라서 직권조사사항은 자백의 대상이 될 수 없다(대판 2002.05.14. 2000다42908). 그리고 법규나 경험법칙의 존재 여부, 법규의 해석 등은 법원이 그 직책상 스스로 판단·해석해야할 전권사항이므로 자백의 대상이 되지 아니한다[12]). 사실에 대한 법적 추론 내지 법률

---

11) 재심의 소는 확정판결에 대하여 그 판결의 효력을 인정할 수 없는 흠결이 있는 경우에 구체적 정의를 위하여 법적 안정성을 희생시키면서 확정판결의 취소를 허용하는 비상수단으로서, 소송제도의 기본목적인 분쟁해결의 실효성과 정의실현과의 조화를 도모하여야 하는 것이므로 재심사유의 존부에 관하여는 당사자의 처분권을 인정할 수 없고, 재심법원은 직권으로 당사자가 주장하는 재심사유 해당사실의 존부에 관한 자료를 탐지하여 판단할 필요가 있고, 따라서 재심사유에 대하여는 당사자의 자백이 허용되지 아니하며 자백간주에 관한 민사소송법 제150조 제1항은 적용되지 아니한다고 할 것이다(대판 1992.07.24. 91다45691).

12) 민사집행법 제23조 제1항은 민사집행절차에 관하여 민사집행법에 특별한 규정이 없으면 성질에 반하지 않는 범위 내에서 민사소송법의 규정을 준용한다는 취지인데, 집행절차상 즉시항고 재판에 관하여 변론주의의 적용이 제한됨을 규정한 민사집행법 제15조 제7항 단서 등과 같이 직권주의가 강화되어 있는 민사집행법 하에서 민사집행법 제16조의 집행에 관한 이의의 성질을 가지는 강제경매 개시결정에 대한 이의의 재판절차에서는

적 평가와 증거의 평가 등은 법원의 전권사항에 속하기 때문에 자백의 대상이 되지 못 한다[13]. 따라서 당사자가 채권계약인 무명혼합계약을 물권계약인 담보설정계약으로 인정하였다 하여도 법원은 여기 구속되지 아니하며(대판 1962.04.26. 4294민상1071), 법률상 유언이 아닌 것을 유언이라고 시인하여도 자백이 될 수 없다(대판 2001.09.14. 2000다66430). 그리고 법정변제충당의 순서를 정함에 있어 기준이 되는 이행기나 변제이익에 관한 사항 등은 구체적 사실로서 자백의 대상이 될 수 있으나, 법정변제충당의 순서 자체는 법률 규정의 적용에 의하여 정하여지는 법률상의 효과여서 그에 관한 진술이 비록 그 진술자에게 불리하더라도 이를 자백이라고 볼 수는 없다(대판 1998.07.10. 98다6763). 또한 주요사실에 대한 당사자의 불리한 진술인 자백이 성립하는 대상은 사실에 한하는 것이고 이러한 사실에 대한 법적 판단 내지 평가는 자백의 대상이 되지 않으므로, 이행불능에 관한 주장은 법률적 효과에 관한 진술을 한 것에 불과하고 사실에 관한 진술을 한 것이라고는 볼 수 없으므로 법원은 이에 구속되지 아니한다(대판 2009.04.09. 2008다93384). 그리고 근로관계에 관하여 법률적 평가를 여러 가지로 바꾸어 주장하는 것에 불과하면 자백한 것의 취소로 볼 수 없다[14](대판 2008.03.27. 2007다87061).

2) 예외

권리자백이라 하여도 아래와 같이 재판상 자백이 인정되는 경우도 있다. 단순하고 일반적으로 알려진 법 개념은 재판상 자백의 대상이 될 수 있다. 예를 들어 매매, 증여, 소유권 등의 법적개념에 대한 자백은 그 내용을 이루는 사실에 대한 압축적 진술 내지 법률적으로 윤색된 사실이라고 볼 수 있기 때문이다(Rosenberg, 정동윤·유병현·김경욱). 따라서 법률용어를 사용한 당사자의 진술이 동시에 구체적인 사실관계의 표현으로서 사실상의 진술도 포함하는 경우에는 그 범위내에서 자백이 성립하는 것이라 할 것이다[15](대판 1984.05.29. 84다122).

복잡한 법 개념이라도 그것이 선결적 법률관계일 경우에는 재판상 자백이 될 수 있는지에 대

민사소송법상 재판상 자백이나 의제자백에 관한 규정은 준용되지 아니하고, 이는 민사집행법 제268조에 의하여 담보권실행을 위한 경매절차에도 준용되므로 경매개시결정에 대한 형식적인 절차상의 하자를 이유로 한 임의경매 개시결정에 대한 이의의 재판절차에서도 민사소송법상 재판상 자백이나 의제자백에 관한 규정은 준용되지 아니한다(대결 2015.09.14. 2015마813).

13) 일반적으로 법원에서 당사자가 자백한 사실은 증명을 필요로 하지 아니하고(민사소송법 제288조), 자백이 성립된 사실은 법원을 기속한다. 그러나 이는 법률 적용의 전제가 되는 주요사실에 한정되고, 사실에 대한 법적 판단이나 평가 또는 적용할 법률이나 법적 효과는 자백의 대상이 되지 아니한다(대판 2016.03.24. 2013다81514).

14) 원고들은 앞에서 본 바와 같이 피고 법인의 근로자라고 주장하였는바, 피고 법인은 제1심 제1차 변론기일에서 원고들이 피고 법인의 근로자의 지위에 있었다는 점에 다툼이 없다고 진술하였으므로, 원고들이 임금을 목적으로 종속적인 관계에서 피고 법인에 근로를 제공하였다는 점에 대하여는 피고 법인의 재판상의 자백이 성립되었다고 보아야 할 것이고, 그 후 피고 법인이 원고들은 피고 법인의 정규 근로자가 아니라 시간제 근로자라거나 피고 법인의 교직원이 아니라는 등의 주장을 하는 것은 단순히 원고들과 피고 법인 사이의 근로관계에 관한 법률적 평가를 여러 가지로 바꾸어 주장하는 것에 지나지 아니하여 이를 자백의 취소로 볼 것은 아니라고 할 것이다(대판 2008.03.27. 2007다87061).

15) 원고 소송대리인의 "본건 토지가 1975.12.31 법률 제2848호 토지구획정리사업법부칙 제2항 해당 토지인 사실은 다툼이 없다."란 진술 중에는 위 토지가 공공에 공용되는 하천임을 전제로 하는 사실상의 진술도 포함된 것으로 보이므로 그 취지의 자백이 인정된다.

해서는 견해가 대립하지만, 判例는 "소유권에 기한 이전등기말소청구소송에 있어서 피고가 원고 주장의 소유권을 인정하는 진술은 그 소전제가 되는 소유권의 내용을 이루는 사실에 대한 진술로 볼 수 있으므로 이는 재판상 자백이다(대판 1989.05.09. 87다카749)."라고 하여 긍정하는 입장으로 볼 수 있다.

3) 주요사실

자백의 대상이 되는 사실은 '주요사실'에 한하므로[16], 간접사실과 보조사실에 관하여는 자백의 효력이 생기지 않는다(통설, 判例). 즉 간접사실이나 보조사실에 대해 자백을 인정하면 간접사실로부터 주요사실을 추인하거나 증거력을 평가할 때 법관의 자유심증(제202조)을 제약하는 결과로 되어 부당하기 때문이다. 문서의 진정성립은 부정되면 그 내용에 따른 실질적 증거력을 인정할 수 없게 되고, 처분문서의 경우 진정성립이 인정되면 특별한 사정이 없는 한 그 기재내용의 법률행위를 한 사실이 증명되는 효력이 있기 때문에 문서의 진정성립의 문제는 주요사실과 유사한 기능을 가지고 있다. 따라서 통설, 判例[17]는 비록 보조사실에 관한 자백이지만 이에 관한 재판상 자백을 인정한다(대판 2001.04.24. 2001다5654).

(2) 내 용 – 상대방의 주장과 일치하는 불리한 진술

1) 자기에게 '불리한 사실'을 인정하는 진술

자백은 자기에게 '불리한 사실'을 인정하는 진술이나, 무엇을 기준으로 불리한가, 아닌가를 판단할 것인가에 대해서는 견해가 대립한다. 증명책임설은 상대방에게 증명책임이 있는 사실을 인정하는 경우라고 하고, 패소가능성설은 상대방의 주장사실이 판결의 기초로 채택되면 전부 또는 일부의 패소가능성이 있는 경우라고 한다. 예를 들어 선의취득을 주장하면서 자신의 과실을 자인하는 경우, 자신에게 증명책임이 있는 사실이므로 증명책임설에 의하면 자백이 아니지만, 패소가능성설에 의하면 패소가능성이 있는 경우이므로 자백이 성립한다. 判例는 "원고들이 소유권확인을 구하고 있는 사건에서 원고들의 피상속인 명의로 소유권이전등기가 마쳐진 것이라는 점은 원래 원고들이 입증책임을 부담할 사항이지만 위 소유권이전등기를 마치지 않았다는 사실을 원고들 스스로 자인한 바 있고 이를 피고가 원용한 이상 이 점에 관하여는 자백이 성립한 결과가 되었다(대판 1993.09.14. 92다24899)."고 하여 패소가능성설에 의한 판시가 있다.

2) 상대방의 주장과 일치하는 진술

양 진술의 시간적 선후는 문제되지 않는다. 즉 상대방의 진술이 선행하고 뒤에 이를 인정하는

---

16) 타인의 불법행위로 인하여 피해자가 상해를 입게 되거나 사망하게 된 경우, 피해자가 입게 된 소극적 손해인 일실수입은 피해자의 사고 당시 수입을 기초로 하여 산정하게 되므로 피해자의 사고 당시 수입은 자백의 대상이 된다(대판 1998.05.15. 96다24668). 그리고 특허침해소송에서 상대방이 제조하는 제품이 어떤 구성요소를 가지고 있는지는 침해판단의 전제가 되는 주요사실로서 재판상 자백의 대상이 될 수 있다(대판 2022.01.27. 2019다277751).
17) 문서의 성립에 관한 자백은 보조사실에 관한 자백이기는 하나, 그 취소에 관하여는 다른 간접사실에 관한 자백취소와는 달리, 주요사실의 자백취소와 동일하게 처리하여야 할 것이므로 문서의 진정성립을 인정한 당사자는 자유롭게 이를 철회할 수 없다고 할 것이고, 이는 문서에 찍힌 인영의 진정함을 인정하였다가 나중에 이를 철회하는 경우에도 마찬가지이다.

보통이지만, 당사자가 스스로 먼저 (상대방에게 증명책임이 있는) 자기에게 불리한 진술을 하고 뒤에 상대방이 이를 원용하는 경우도 있다. 이를 선행자백이라고 한다. 判例는 상대방이 원용하여 이미 재판상 자백이 된 것을 선행자백18)이라고 하나(대판 1986.07.22. 85다카944 등, 김홍엽), 학설은 상대방이 원용하기 전의 상태를 선행자백이라고 하여 재판상 자백과 구분한다(이시윤, 강현중, 송상현 등). 그리고 상대방 주장과 일치하는 진술이면, 그 범위는 문제되지 아니한다. 즉 일부만이 일치되어도 상관이 없는데, 이를 일부자백이라고 한다. 예를 들어 ⅰ) 대여금청구소송에서 <u>원고가 주장하는 돈을 받은 사실은 인정하지만, 돈을 빌린 것이 아니라 증여받았다고 진술하는 경우</u>(이유부 부인, 적극부인, 간접부인), ⅱ) <u>원고로부터 돈을 차용한 사실은 인정하지만 이를 변제하였다고 하는 경우</u>(제한부 자백, 항변)가 있다. 어느 경우이든 진술이 일치하는 범위 안에서는 재판상 자백이 성립한다.

(3) 형 식 – 변론이나 변론준비기일에서의 진술일 것

1) 소송행위

자백은 소송의 변론이나 변론준비기일에서 법원에 대한 소송행위로 하여야 하므로, 자백하는 사람은 소송능력이 있어야 하고, 자백에는 조건을 붙일 수 없다. 자백은 법원에 대한 일방적 진술이므로 상대방이 결석한 경우에도 할 수 있다.

2) 변론이나 변론준비기일에서 하는 것

자백은 변론이나 변론준비기일에서 하는 진술이므로 소송 밖에서 상대방이나 제3자에 대하여 불리한 진술을 하거나 다른 소송의 변론에서 자백을 하여도, 재판외의 자백으로서 간접사실에 불과하다. 그리고 <u>증거조사절차인 당사자신문에서 상대방의 주장사실을 인정하는 진술을 하였더라도 자백이 되지 아니한다</u>(사실자료과 증거자료의 구별, 대판 1978.09.12. 78다879).

3) 청구의 교환적 변경과 자백

피고가 제1심에서 대상 토지의 소유권 일부 이전등기가 아무런 원인 없이 이루어졌다는 원고의 주장사실을 인정함으로써 자백이 성립된 후, 소변경신청서에 의하여 그 등기가 원인 없이 이루어졌다는 기존의 주장사실에 배치되는 명의신탁 사실을 주장하면서 청구취지 및 청구원인을 명의신탁해지를 원인으로 하는 소유권이전등기를 구하는 것으로 교환적으로 변경함으로써 원래의 주장사실을 철회한 경우, <u>이미 성립되었던 피고의 자백도 그 대상이 없어짐으로써 소멸되었고</u>, 나아가 그 후 그 피고가 위 자백내용과 배치되는 주장을 함으로써 그 진술을 묵시적으로 철회하였다고 보여지는 경우, 원고들이 이를 다시 원용할 수도 없게 되었고, 원고들이 원래의 원인무효 주장을 예비적 청구원인 사실로 다시 추가하였다 하여 자백의 효력이 되살아난다고 볼 수도 없다(대판 1997.04.22. 95다10204).

---

18) 재판상 자백의 일종인 소위 선행자백은 당사자 일방이 자기에게 불리한 사실상의 진술을 자진하여 한 후 그 상대방이 이를 원용함으로써 그 사실에 관하여 당사자 쌍방의 주장이 일치함을 요하므로 그 일치가 있기 전에는 전자의 진술을 선행자백이라 할 수 없고 따라서 일단 자기에게 불리한 사실을 진술한 당사자도 그 후 그 상대방의 원용이 있기 전에는 그 자인한 진술을 철회하고 이와 모순되는 진술을 자유로이 할 수 있으며 이 경우 앞의 자인진술은 소송자료로부터 제거 된다(대판 1986.07.22. 85다카944).

3. 효 과

(1) 불요증사실

자백한 사실은 증명을 요하지 않는다(불요증사실, 제288조 본문). 자백의 구속력은 상급심에도 미친다(제409조).

(2) 법원에 대한 구속력

1) 원 칙

변론주의 원칙상 자백한 사실은 법원을 구속한다. 즉 자백한 사실에 대해서는 법원의 사실인정권이 배제되는 것이다. 즉 재판상 자백이 성립하면 법원이 증거조사의 결과 반대의 심증을 얻었다 하여도 자백과 배치되는 사실을 인정할 수 없다.

2) 예 외

자백의 구속력은 직권탐지주의 절차와 직권조사사항에서는 미치지 않는다. 다만 **행정소송에서** 판례는 행정소송에도 원칙적으로 변론주의가 적용된다고 하면서, 직권조사사항이 아닌 한, 자백의 구속력을 인정하지만, 학설은 행정소송법 제26조를 직권탐지주의를 규정한 것으로 보아 자백의 구속력을 배제하여야 한다는 견해가 유력하다(이시윤, 정동윤·유병현 등). 회사관계소송에서는 직권탐지주의가 적용되지 않으므로 자백의 구속력을 인정해야 한다는 견해가 다수의 입장이다(반대 : 이시윤).

(3) 당사자에 대한 구속력

1) 원 칙

금반언의 원칙, 상대방의 신뢰 내지 이익보호, 소송절차 안정 등을 근거로 자백은 원칙적으로 철회할 수 없지만(제288조 단서), 다음과 같은 예외가 인정된다. 다만 철회가 시기에 늦어서는 안 되고(제149조), 상고심에서는 허용되지 아니한다(대판 1998.01.23. 97다38305).

2) 예 외

예외적으로 다음의 경우에는 자백이 취소(철회)될 수 있다. 특히 자백은 사적자치의 원칙에 따라 당사자의 처분이 허용되는 사항에 관하여 그 효력이 발생하는 것이므로 일단 자백이 성립되었다고 하여도 그 후 그 자백을 한 당사자가 종전의 자백과 배치되는 내용의 주장을 하고 이에 대하여 상대방이 이의를 제기함이 없이 그 주장내용을 인정한 때에는 종전의 자백은 취소되고 새로운 자백이 성립된 것으로 보아야 한다(대판 1990.11.27. 90다카20548).

① 상대방 또는 제3자의 형사상 처벌 받을 행위로 말미암아 자백을 한 경우(제451조 1항 5호).

② 상대방의 동의가 있는 경우. 다만 判例는 자백의 취소에 대하여 상대방이 아무런 이의를 제기하고 있지 않다는 점만으로는 그 취소에 동의하였다고 볼 수는 없다고 한다(대판 1994.09.27. 94다22897).

③ 진실에 어긋나는 자백은 그것이 착오로 말미암은 것임을 증명한 때에는 철회할 수 있다(제

288조 단서, 반진실+착오). 반진실의 경우 진실에 어긋나는 것에 대한 증명은 그 반대되는 사실을 직접증거에 의하여 증명함으로써 할 수 있지만, 자백이 진실에 어긋남을 추인할 수 있는 간접사실의 증명에 의해서도 가능하다(대판 2000.09.08. 2000다23013). 반진실이 증명되었다고 하여 착오로 말미암은 자백으로 추정되지는 않지만[19], 착오로 말미암은 것임은 변론 전체의 취지만으로 인정할 수 있다(대판 1997.11.11. 97다30646 등).

④ 당사자의 경정권(제94조)

Ⅲ 자백간주(의제자백)

1. 의 의

피고의 답변서 부제출의 경우 또는 당사자가 상대방 주장사실을 자백하지 아니하여도 명백히 다투지 아니하거나 당사자 한 쪽의 불출석의 경우에 그 사실을 자백한 것으로 본다(제257조 1항, 제150조 1항, 3항). 이를 자백간주라고 하는데, 02년 개정법 전에는 의제자백이라고 하였다. 변론주의 하에서는 당사자의 태도로 보아 다툴 의사가 없다고 인정되는 이상, 증거조사를 생략하는 것이 타당하기 때문이다. 그러므로 자백간주가 인정될 수 있는 것은 변론주의가 적용되는 경우에 한하며, 직권탐지주의가 적용되는 영역(가사소송, 행정소송, 민사집행절차[20])에서는 적용이 없다. 그리고 직권조사사항(대판 1999.02.24. 97다38930), 재심사유(대판 1992.07.24. 91다45691), 법률상의 주장(대판 1973.10.10. 73다907) 등에 대해서도 자백간주는 적용되지 않는다.

2. 자백간주가 성립되는 경우

(1) 답변서 부제출의 경우

02년 개정법은 피고가 소장부본을 송달 받고 30일 이내에 답변서를 제출하지 아니하는 경우 청구의 원인사실을 자백한 것으로 보고, 변론기일의 지정 없이 원고 무변론승소판결을 할 수 있게 하였다.

---

[19] 재판상의 자백은 변론기일 또는 변론준비기일에 행한 상대방 당사자의 주장과 일치하는 자기에게 불리한 사실의 진술로서, 일단 재판상의 자백이 성립하면 그것이 적법하게 취소되지 않는 한 법원도 이에 기속되는 것이므로, 법원은 당사자 사이에 다툼이 없는 사실에 관하여 성립된 자백과 배치되는 사실을 증거에 의하여 인정할 수 없고, 자백을 취소하는 당사자는 그 자백이 진실에 반한다는 것 외에 착오로 인한 것임을 아울러 증명하여야 하고, 진실에 반하는 것임이 증명되었다고 하여 착오로 인한 자백으로 추정되는 것은 아니다(대판 2013.06.27. 2012다86048).

[20] 민사집행법 제23조 제1항은 민사집행절차에 관하여 민사집행법에 특별한 규정이 없으면 성질에 반하지 않는 범위 내에서 민사소송법의 규정을 준용한다는 취지인데, 집행절차상 즉시항고 재판에 관하여 변론주의의 적용이 제한됨을 규정한 민사집행법 제15조 제7항 단서 등과 같이 직권주의가 강화되어 있는 민사집행법하에서 민사집행법 제16조의 집행에 관한 이의의 성질을 가지는 강제경매 개시결정에 대한 이의의 재판절차에서는 민사소송법상 재판상 자백이나 의제자백에 관한 규정은 준용되지 아니하고, 이는 민사집행법 제268조에 의하여 담보권실행을 위한 경매절차에도 준용되므로 경매개시결정에 대한 형식적인 절차상의 하자를 이유로 한 임의경매 개시결정에 대한 이의의 재판절차에서도 민사소송법상 재판상 자백이나 의제자백에 관한 규정은 준용되지 아니한다(대결 2015.09.14. 2015마813).

(2) 상대방의 주장사실을 명백히 다투지 아니한 경우

당사자가 변론기일 또는 변론준비기일에 출석하였으나 상대방의 주장사실을 명백히 다투지 아니하였다면 그 사실에 대해서는 자백한 것으로 본다(제150조 1항). 그러나 변론전체의 취지로 보아 다투었다고 인정되면 자백간주가 성립되지 않는다(동조 동항 단서). 여기의 변론전체의 취지는 제202조의 증거원인의 의미와는 달리 변론의 일체성을 의미하므로, 변론종결 당시의 상태에서 변론전체를 구체적으로 관찰하여 정하여야 한다[21].

(3) 한 쪽 당사자가 기일에 불출석한 경우

1) 의 의

당사자 한 쪽이 불출석한 경우에 답변서 그 밖의 준비서면을 제출하여 이를 다투지 않았다면, 이를 자백한 것으로 본다(제150조 3항, 1항). 다만 2002년 개정법은 원칙적으로 소장부본을 송달받고 답변서를 제출하지 아니하면 원고 무변론 승소판결을 할 수 있도록 하고 있으므로, 이 조문이 적용되는 경우는 실무상 드물 것이다.

2) 적용요건

① 공시송달에 의하지 아니한 기일통지를 받았을 것

공시송달에 의한 기일통지를 받은 경우에는 당사자가 현실적으로 기일통지를 받았다고 할 수 없으므로, 자백간주가 성립되지 아니한다(제150조 3항 단서).

② 답변서 그 밖의 준비서면을 제출하지 아니하였을 것

준비서면을 제출하였다면 진술간주가 되므로(제148조 1항), 자백간주가 성립할 수 없다. 다만 불출석한 당사자가 연기신청서를 제출하였으나 허용되지 아니한 경우(대판 1947.10.21. 4280민상114), 기일통지를 받은 대리인의 사임으로 당사자본인이 불출석한 경우(대판 1947.12.30. 4280민상169)에는 자백간주가 성립된다.

3. 자백간주의 효과

(1) 법원에 대한 구속력

자백간주가 성립되면 재판상 자백과 같이 법원에 대한 구속력은 있다. 따라서 법원이 증거에 기하여 자백간주 된 사실에 배치되는 사실을 인정하면 안 된다(대판 1962.09.27. 62다342). 자백간주의 요건이 갖추어지면 그 뒤 공시송달로 진행되는 등의 사정이 생겨도 자백간주의 효과는 없어지지 않는다(대판 1988.02.23. 87다카961).

---

[21] 예를 들어 원고의 청구원인사실에 대한 주장을 부인하는 취지의 답변서가 제출되었다면 그 답변서가 진술 또는 진술간주가 되지 아니 하였어도 제150조 1항 단서의 변론전체의 취지에 의하여 원고의 청구를 다툰 것으로 보아야 한다(대판 1981.07.07. 80다1424). 그러나 피고가 답변의 취지로 청구기각의 판결만 구하고 원인사실에 대해서는 다음에 답변하겠다는 진술을 한 뒤, 그 뒤의 기일에 불출석한 경우에는 변론전체의 취지에 비추어 사실을 다투는 것으로 해석할 수는 없다. 다만 구체적 답변서의 제출의무를 부과하고 있는 현행법 하에서는(제256조, 규칙 제65조), 논의의 실익은 크지 않다(이시윤).

(2) 당사자에 대한 구속력

자백간주는 재판상 자백과는 달리 당사자에 대한 구속력은 생기지 않는다. 즉 당사자는 자백간주가 있다고 하여도 그 뒤 사실심에서 그 사실을 다툼으로써 그 효과를 번복할 수 있다. 그러므로 제1심에서 자백간주가 있었다고 하여도 <u>항소심변론종결 시까지 이를 다투는</u> 한 그 효과는 배제된다(대판 1987.12.08. 87다368). 다만 항소심에서는 제149조, 제285조의 제약 하에서만 다툴 수 있다(이시윤). 제1심에서 피고에 대하여 공시송달로 재판이 진행되어 피고에 대한 청구가 기각되었다고 하여도 피고가 원고 청구원인을 다툰 것으로 볼 수 없으므로, 원고가 항소한 항소심에서 피고가 공시송달이 아닌 방법으로 송달받고도 다투지 아니한 경우에는 민사소송법 제150조의 자백간주가 성립된다(대판 2018.07.12. 2015다36167).

Ⅳ 현저한 사실

1. 서 설

(1) 의의 및 예

현저한 사실이란 증거에 의하여 그 존재 여부를 인정할 필요가 없을 정도로 객관성이 보장되어 있는 사실을 말하는데, 여기에는 ① 공지의 사실과 ② 법원에 현저한 사실이 있다.

(2) 주장필요 요부

1) 문제점

현저한 사실은 증명을 요하지 않지만(제288조), 주장조차도 필요 없는 것인가가 문제된다.

2) 학설

① 의외의 재판을 방지하기 위해 주장을 요한다는 주장필요설(이시윤) ② 진실에 합치하는 재판에 도달하는 것이 민사소송 이상의 하나이므로, 현저한 사실은 당사자의 주장이 없더라도 법원이 직권으로 고려할 수 있다는 주장불요설(Rosenberg, 정동윤·유병현·김경욱)이 있다.

3) 判例

판례는 주장필요설[22](=변론주의적용설)(대판 1965.03.02. 64다1761), 주장불요설[23](=변론주의부적용설)(대판 1963.11.28. 63다493) 모두 있다.

4) 검 토

---

[22] 변론주의 하에서는 아무리 현저한 사실이라 할 지라도 당사자가 그 사실에 대한 진술을 하지 않는 한 법원은 그것을 사실인정의 자료로 할 수 없는 것임에도 불구하고 원심이 기록상 당사자가 주장한 흔적이 없는 위 별소에 있어서의 판결내용을 본건의 소송자료로 하였음도 위법이라고 않을 수 없으니 본 논지를 이유 있다 할 것이다.
[23] 법원이 그 직무상 어떠한 사실을 알게 되었고 이것이 그 법원에 현저한 사실인 이상 이 사실에 관하여서는 증명을 요하지 아니함은 민사소송법 제288조에 의하여 명백하고 이 법원에서 현저한 사실은 당사자가 이를 변론에서 원용하던가 현출되지 아니하였다 하여서 그 소송법상의 성질이 변경될 리 없고 증명을 요하지 아니하는 효력에 어떠한 영향도 받을 바 아니라 할 것이다.

현저한 사실은 불요증사실 일 뿐, 그것이 주요사실이면 변론주의의 적용으로 변론 시에 당사자가 진술하여 공격방어의 대상으로 한 바 없으면 판결의 기초로 할 수 없는 것이므로 주장필요설이 타당하다.

2. 공지의 사실

(1) 의의 및 예

이는 일반인에게 널리 알려진 사실을 말하는데, 역사적으로 유명한 사건(8·15해방), 천재지변 등의 대재해, 전쟁(6·25사변), 신문·방송 등에 의해 일반인에게 알려진 사건(신문에 공표된 주식시세) 등을 예로 들 수 있다.

(2) 인정이유

공지의 사실을 불요증사실로 한 것은 불특정다수인이 진실이라고 믿고 있으므로, 필요가 있으면 언제든지 그 진실 여부를 조사할 수 있는 보장이 있기 때문이다. 공지의 사실은 법관도 알고 있는 것이어야 하지만, 어떠한 경위로 일반인에게 널리 알려졌는가는 문제되지 아니한다.

(3) 공지의 기준

어느 정도로 알려졌을 때 공지라고 할 수 있는가는 그 존재가 확실히 보장되고, 사람들이 널리 믿어 의심하지 않을 정도에 이르렀는가를 기준으로 해야 한다. 공지여부는 때와 장소에 따라 다르다. 공지에 이른 경로는 보통 사람이 납득할 수 있어야 하므로 그렇지 아니한 경우에는 그 한도 안에서 상고심의 심사를 받아야 할 것이다(통설, 대판 1966.10.04. 66다985).

(4) 증 명

특허발명의 신규성 또는 진보성 판단과 관련하여 특허발명의 구성요소가 출원 전에 공지된 것인지는 사실인정의 문제이고, 공지사실에 관한 증명책임은 신규성 또는 진보성이 부정된다고 주장하는 당사자에게 있다. 따라서 권리자가 자백하거나 법원에 현저한 사실로서 증명을 필요로 하지 않는 경우가 아니라면, 공지사실은 증거에 의하여 증명되어야 하는 것이 원칙이다(대판(전) 2017.01.19. 2013후37).

3. 법원에 현저한 사실

(1) 의의 및 예

1) 의 의

법관이 그 직무상의 활동을 통하여 명백히 알고 있는 사실을 말하는데, 직무상 현저한 사실이라고도 한다. 특히 법관이 직무활동을 통하여 알고 있는 사실이어야 하므로, 법관이 사적으로 알고 있는 사실은 이에 해당하지 아니한다.

2) 예

법관이 스스로 행한 다른 판결, 간이생명표[24], 농촌일용임금, 건설노임, 소속법원에서 한 파산선고·성년후견개시심판 등이 이에 해당한다.

(2) 법관이 명백히 기억하고 있는 사실에 한하는지 여부

1) 문제점

법원에 현저한 사실이 되기 위해서는 법관이 그 직무상 경험으로 알고 있는 사실이면 충분한가 (즉 기록 등을 조사하면 곧바로 알 수 있는 사실인가) 아니면 그 사실의 존재에 관하여 명백한 기억을 하고 있어야 하는가가 문제된다.

2) 判 例

전원합의체 다수의견은 "법관이 직무상 경험으로 알고 있는 사실이기만 하면 그 사실의 존재에 관하여 명확한 기억을 하고 있는 경우는 물론, 기록 등을 조사하여 곧바로 알 수 있는 경우도 법원에 현저한 사실이 된다고 보아, '직종별 임금실태조사보고서(임금구조기본통계보고서)에 기재된 월평균 직종별 통계소득'이 이에 해당한다(대판(전) 1996.07.18. 94다20051)."고 본다. 다만 반대의견은 "법관이 그에 관하여 명확한 기억을 하고 있는 사실만이 법원에 현저한 사실이 된다."고 하여 반대 입장이다.

(3) 판결의 이유를 구성하는 사실관계

피고와 제3자 사이에 있었던 민사소송의 확정판결의 존재를 넘어서 그 판결의 이유를 구성하는 사실관계들까지 법원에 현저한 사실로 볼 수는 없다. 민사재판에 있어서 이미 확정된 관련 민사사건의 판결에서 인정된 사실은 특별한 사정이 없는 한 유력한 증거가 되지만, 당해 민사재판에서 제출된 다른 증거 내용에 비추어 확정된 관련 민사사건 판결의 사실인정을 그대로 채용하기 어려운 경우에는 합리적인 이유를 설시하여 이를 배척할 수 있다는 법리도 그와 같이 확정된 민사판결 이유 중의 사실 관계가 현저한 사실에 해당하지 않음을 전제로 한 것이다[25](대판 2019.08.09. 2019다222140).

4. 소송상의 취급

(1) 불요증사실

현저한 사실은 증거에 의한 증명이 필요 없다(제288조).

(2) 현저한 사실에 반하는 자백

현저한 사실에 반하는 자백에 대해 ① 당사자주의 내지 변론주의를 강조하여 긍정하는 견해가

---

[24] 대판 1984.11.27. 84다카1349 등. 다만 학설은 경험칙에 속한다고 보는 견해가 유력하다(이시윤, 호문혁).
[25] 원심이 다른 하급심판결의 이유 중 일부 사실관계에 관한 인정 사실을 그대로 인정하면서, 위 사정들이 '이 법원에 현저한 사실'이라고 본 사안에서, 당해 재판의 제1심 및 원심에서 다른 하급심판결의 판결문 등이 증거로 제출된 적이 없고, 당사자들도 이에 관하여 주장한 바가 없음에도 이를 '법원에 현저한 사실'로 본 원심판단에 법리오해의 잘못이 있다고 한 사례

있으나, ② 이는 변론주의 과장이며 재판의 객관성에도 반하므로 이를 부정하는 견해가 통설이다.

(3) 반 증

현저한 사실로 인정되면 그 반증이 허용되지 않느냐에 대해서, 통설은 현저한 사실이 진실과 다르다는 반증이 가능하다고 한다.

(4) 상고이유

현저한 사실의 존부 확정은 사실문제에 속하지만, 현저의 개념은 법률문제이므로 그 위반은 상고이유 가능하다(제423조).

Ⅴ 법률상 추정

법률상의 추정을 받는 사실은 적극적 증명을 요하지 않고 판결의 기초로 되는 경우이므로, 그러한 의미에서 증명을 요하지 않는 사실이라는 견해가 다수의 입장(이시윤, 김홍엽)이다. 다만 법률상 추정의 경우에는 증명책임이 경감될 뿐이고 상대방이 반대사실을 증명하는 것이 허용되므로, 이를 불요증사실로 보는 것은 적절하지 않다는 견해도 유력하다(정동윤·유병현·김경욱).

제4절 증거조사의 개시와 실시

증거신청 ⇒	증거의 채부 ⇒	증거조사의 실시 ⇒	증거조사의 결과에 의한 심증형성
· 당사자의 신청 (제289조)	· 유일한 증거 (제290조 단서) · 직권증거조사 (제292조)	· 서증(제343조) · 당사자신문(제367조) · 증거보전(제375조) - 보전의 필요성	(제202조)

제1관 증거조사의 개시

Ⅰ 증거신청

1. 의 의

변론주의 하에서 증거의 수집은 당사자의 책임이므로 당사자의 증거신청[26]이 있는 때에 한하여

---

26) 증명권이란 좁게는 법원에 대하여 증거를 제출할 수 있는 증거제출권을 말하지만, 넓은 의미로는 증거보전신청권, 증거조사에의 참여권, 상대방에게 증거수집에 협력할 것을 요구하는 권리까지 포함하는 증거에 관한 당사자권 일반을 포함하는 개념이다. 이는 헌법상 보장된 기본권이다(이시윤, 478면). 따라서 함부로 증거신청을

증거조사가 이루어지는 것이 원칙이다(제289조). 증거신청이 있으면 법원은 증거신청을 채택할 것인가, 아닌가를 결정한다(제290조). 증거신청을 받아들이거나 직권증거조사를 할 경우에는 증거조사를 실시한다. 증거조사의 실시방법은 증인신문·서증·감정·검증 및 당사자신문 등 5가지의 증거방법에 관하여 구체적으로 정하여져 있다. 증거조사가 끝나면 법관은 증거조사의 결과에 대하여 증거평가를 한다.

2. 신청의 방식

증거신청은 서면 또는 말로 할 수 있다(제161조). 증거신청을 하는 경우에는 증명할 사실, 특정한 증거방법 및 증명취지를 구체적으로 밝혀야 한다(규칙 제74조). 따라서 증명주제를 명시하지 않거나 아무런 근거가 없는 사실을 주장하고 그 증명을 위하여 신청하는 모색적 증명은 변론주의에서는 원칙적으로 허용되지 않는다[27]. 신청서는 인지를 붙일 필요가 없으나(민사소송등인지법 제10조), 비용을 요하는 경우에는 비용을 예납하여야 한다(제116조). 증인신문은 변론기일에서 정리된 쟁점 중심으로 집중심리 하므로(제293조), 부득이한 사정이 없으면 일괄신청을 필요로 한다(규칙 제75조 1항). 재판장은 증거신청서를 법원사무관등을 통하여 제출 촉구를 할 수 있다(규칙 제70조의 3).

3. 신청의 시기

(1) 소장과 답변서 제출시의 증거신청

원고는 소장을 제출할 때 청구원인을 명확히 하고 증명에 필요한 증거방법을 함께 제출한다. 원고는 기본적 서증[28] 등을 소장에 붙여야 한다(규칙 제63조 2항). 그리고 원고가 소장에서 서증을 인용할 때에는 그 서증의 등본 또는 사본을 붙여서 제출하여야 한다(제254조 4항). 소장을 송달 받은 피고는 답변서를 제출하여야 하는데, 답변서에는 자기의 주장을 증명하기 위한 증거방법과 상대방의 증거방법에 관한 의견을 함께 적어야 하며, 답변사항에 관한 중요한 서증이나 답변서에서 인용한 문서의 사본을 붙여야 한다(제256조 4항, 제274조 2항, 제275조).

(2) 기일 전과 변론준비절차에서의 증거신청

증거의 신청은 기일 전에도 신청할 수 있다(제289조 2항). 여기의 기일은 변론기일과 변론준비기일을 포함한다. 변론준비절차로 들어간 경우에는 재판장등이 정한 기간 안에 주장사실을 증명

거부하거나 방치하면 민사소송법 제202조 뿐 아니라 헌법상의 재판받을 권리 침해가 되어 상고이유가 된다. 判例도 자신의 주장에 부합하는 증거를 제출할 기회를 상실함으로써 당사자로서 절차상 권리를 침해당한 경우에는 대리권의 흠에 준하여 상고이유가 된다고 하였다(대판 1997.05.30. 95다21356).
27) 증명책임을 지는 자가 사실경과과정을 상세히 모르는 경우 증명사항을 정확히 특정하여 주장하지 않고 증거신청을 하면서(제289조 위반) 증거조사를 통해 자기의 구체적 주장의 기초자료를 얻으려 하는 것을 모색적 증명이라고 한다. 이는 남소로부터 법원과 상대방을 보호하기 위해 원칙적으로 금지된다. 다만 증거의 구조적 편재가 있는 소송에서는 당사자의 실질적 평등을 위해 변론주의 하에서도 제한적으로 이를 받아들여야 한다는 견해도 있다(이시윤).
28) 예를 들어 부동산사건에서 등기부사항증명서, 친족·상속관계 사건에서 가족관계증명서, 어음·수표 사건에서 어음·수표 사본 등을 말한다.

할 증거를 신청하여야 한다(제280조 1항). 변론준비절차에서 주장과 함께 증거에 대한 효율적 정리를 위하여 원칙적으로 변론준비기일인 쟁점정리기일 전에 증인신문과 당사자신문을 제외한 일체의 증거신청과 증거자료의 현출이 이루어져야 한다.

(3) 변론기일에서의 증거신청

변론준비절차를 거치지 않고, 바로 변론기일을 지정하고 변론기일은 1회로 마치는 것이 원칙이므로(제258조, 272조, 제287조), 증인신문과 당사자신문을 제외한 일체의 증거신청과 증거자료의 현출은 가급적 제1회 변론기일 종료 전에 완료되도록 하여야 한다(사건관리방식에 관한 예규). 그리고 법원은 증거의 적시제출을 위하여 필요한 때에는 증거신청기간을 제한할 수 있다(제147조). 증인신문과 당사자신문의 증거조사는 변론기일에서 쟁점 정리한 뒤에 집중실시를 하므로(제293조), 집중조사기일 전에 신문신청이 있어야 하고, 그 때는 일괄신청이 필요하다(규칙 제75조 1항). 변론준비기일을 거쳐서 변론기일로 들어간 사건은 실권효(제285조)가 작동하므로 준비절차가 종결된 후에는 특별한 경우에만 증거신청이 허용된다. 변론종결 후에 신청한 증거는 조사할 의무가 없다(대판 1989.11.28. 88다카34148).

4. 상대방의 진술기회 보장

법원은 증거신청이 있으면 상대방의 절차권 보장을 위하여 의견진술의 기회를 주어야 한다(제274조 1항 5호, 제283조). 이 의견진술 절차에서 상대방은 증거항변을 할 수 있다. 상대방에게 의견진술의 기회를 주면 충분하므로, 상대방이 실제로 주장할 필요는 없다(대판 1989.03.14. 88누1844). 진술의 기회를 주었음에도 의견 제출이 없으면 이의권의 포기·상실로 인하여 위법한 증거조사도 적법한 것이 된다.

5. 신청의 철회

증거조사의 개시가 있기 전에는 상대방의 동의 없이 그 증거신청을 철회 할 수 있다(대판 1971.03.23. 70다3013). 증거조사가 개시되면 증거조사결과가 제출자의 상대방에게 유리하게 평가될 수도 있으므로(증거공통의 원칙), 상대방의 동의가 있다면 증거신청을 철회할 수 있다. 그러나 증거조사가 종료된 경우 증거신청의 목적이 달성되었으므로 철회는 허용되지 않는다(대판 1946.10.11. 4279민상32·33). 적법하게 철회된 증거를 채택함은 위법이다(대판 1974.04.23. 73다1806). 철회는 기일 또는 기일 전에 서면 또는 말로 할 수 있다.

II 증거의 채부결정

1. 서 설

> 제290조(증거신청의 채택여부) 법원은 당사자가 신청한 증거를 필요하지 아니하다고 인정한 때에는 조사하지 아니할 수 있다. 다만, 그것이 당사자가 주장하는 사실에 대한 유일한 증거인 때에는 그러하지 아니하다.

신청한 증거에 대한 채택 여부는 소송촉진과 소송경제와의 관계에서 매우 중요한 문제이다. 적법절차를 준수한 증거신청, 증거와 증명할 사실의 관련성, 주요쟁점판단에 필요성 등을 기준으로 하면서, 이의 판단은 원칙적으로 법원의 직권에 속하는 재량사항이다(대판 1991.07.26. 90다19121). 다만 예외적으로 주요사실에 대한 유일한 증거일 때에는 반드시 조사하도록 하였다(제290조 단서).

2. 유일한 증거

> 甲은 친구인 乙에게 금 100,000,000원을 빌려주면서 1년 후에 돌려받기로 약정하였다. 甲은 5년이 지나도 乙이 돈을 갚지 않자 대여금 반환청구의 소를 제기하였다. 피고 乙은 변론준비기일에서 빌린 돈 모두를 변제하였다고 항변하면서, 다만 변제 후 영수증을 받아 두지 않았으므로 변제사실의 증명을 위해 A를 증인으로 신청하였다. 원고 甲은 피고 乙로부터 한 푼도 변제받지 못했다고 하면서 이러한 사실을 잘 아는 B를 증인으로 신청하였다. 재판장은 원고와 피고에게 다른 증거가 더 있느냐고 묻자 당사자들은 위 증인들이 각기 유일한 증거라고 진술하였다. 이에 재판장은 준비절차를 종결하고 변론기일을 지정하면서 두 증인에 대한 증거조사를 1차 변론기일에 실시하겠다고 고지하였다. 원고와 피고는 1차 변론기일에서 증인 A, B 모두가 외국 여행 중이고 현재는 소재가 파악되지 않아 당장 두 사람에 대한 증인신문이 어렵지만 모두 각자에게 유일한 증거이므로 기일을 추정해 줄 것을 신청하였다. 재판장은 2회, 3회, 4회 변론기일을 추가로 지정하였으나 원고와 피고는 동일한 말만 되풀이할 뿐 증인의 소재조차 파악하지 못하고 있다. 재판장은 증인 A, B에 대한 증거채택을 각기 취소하고 변론을 종결한 후 선고기일을 지정하였는바, 재판장의 이러한 취소행위가 적법한지 여부를 논하시오[29]

(1) 의의 및 취지

1) 의 의

유일한 증거란 당사자로부터 신청된 주요사실에 관한 증거방법이 유일한 것으로서, 그 증거를 조사하지 않으면 증명의 길이 없어 아무런 증명이 없는 것으로 되는 경우의 증거를 말한다(제290조 단서).

---

[29] 사안의 증인 A, B는 변제사실이라는 피고 乙의 방어방법과 관련된 특정쟁점과 관련한 것이고, 변제사실은 피고 乙이 증명책임을 지는 주요사실이어서 乙이 신청한 증인 A는 본증이므로, 유일한 증거가 된다. 하지만 원고 甲이 신청한 증인 B는 피고 乙에게 증명책임이 있는 변제사실을 부정하는 증거이므로, 이는 반증이다. 따라서 판례에 의하면 유일한 증거가 될 수 없으나, 학설에 의하면 유일한 증거가 될 수 있다. 설문의 경우 판례에 의하면 증인 B는 유일한 증거가 아니나, A는 유일한 증거이므로, 재판장이 A를 조사하지 않은 것은 위법하다. 하지만 사안의 경우 1차 변론기일에서 증인 A, B 모두가 외국 여행 중이어서 현재 소재가 파악되지 않고 있고, 추정된 2회, 3회, 4회 변론기일에서도 당사자인 甲, 乙이 증인의 소재조차 파악하지 못하고 있으므로, 증인의 병환, 송달불능 등으로 조사할 수 있을지, 언제 조사할 수 있을지 장애가 있는 때(제291조)에 해당한다. 따라서 사안의 경우는 예외적으로 유일한 증거를 조사할 필요가 없는 경우에 해당하므로, 재판장이 증거조사 하지 않고 증거채택을 취소한 것은 적법하다고 본다.

2) 취 지

이에 대한 예외적 취급은 과거에 판례법으로 확립된 원칙을 민소법이 명문화한 것으로, 유일한 증거를 조사하지 않고 주장을 배척하면 증명의 길을 막고 증거가 없음을 나무라는 결과가 되어 쌍방심문주의에 반하기 때문이다.

(2) 판단기준

1) 쟁점단위

사건 전체가 아니라 쟁점단위로 유일한가 아닌가를 판단해야 하므로, 사건 전체로 보아 수개의 증거가 있어도 어느 특정쟁점에 관하여는 하나도 조사하지 않으면 유일의 증거를 각하한 것이 된다.

2) 全審級

유일한가의 여부는 전 심급을 통해 판단해야 한다.

(3) 적용범위

1) 주요사실일 것

주요사실에 대한 증거 즉 직접증거라고 하였으므로, 간접사실·보조사실에 대한 증거, 즉 간접증거는 포함되지 않는다.

2) 본증일 것 – 반증 포함 여부[30]

<u>유일한 증거는 자기에게 증명책임이 있는 사항에 대한 증거이기 때문에 본증에 한하는 것이지, 반증은 이에 해당하지 않는다는 것이 判例</u>이다(대판 1998.06.12. 97다38510 등).

3) 당사자신문

① 判例

구법하의 판례는 당사자본인신문도 그 보충성에 비추어 유일한 증거가 아니라고 하였다(대판 2001.11.24. 99두3980 등).

② 검 토

보충성이 폐지된 현행법하에서는 유일한 증거가 될 수 있다고 할 것이다(이시윤).

4) 감정·검증

감정, 검증은 법원의 판단을 보조하는 자료에 불과하므로 유일한 증거가 아니다.

(4) 유일한 증거의 조사

1) 원 칙

유일한 증거는 반드시 증거조사 해야 함이 원칙이다. 다만 <u>유일한 증거이면 증거조사를 거부</u>

---

[30] 하지만 학설은 법관 앞의 평등이라는 쌍방심문주의와 당사자의 증거제출권의 중요성과의 관계에서 반증을 본증과 달리 취급할 것이 아니라는 견해가 유력하다(이시윤).

할 수 없다는 것뿐이지, 그 내용을 채택해야 하는 것은 아니다(대판 1966.06.28. 66다697).

2) 예 외

① 증거신청의 부적법이나 재정기간의 경과나 시기에 늦은 경우(제147조, 제149조) ② 증거신청서의 부제출, 비용을 납부하지 않는 등(제116조 2항) 증거제출자의 고의나 태만의 경우 ③ 증인의 병환, 송달불능 등으로 조사할 수 있을지, 언제 조사할 수 있을지의 장애가 있는 때(제291조) ④ 쟁점판단에 대한 적절하지 아니하거나 불필요한 증거신청 ⑤ 최종변론기일에서 당사자가 증거방법이 없다고 진술한 경우 ⑥ 직권탐지주의에 의하는 소송 등은 예외로서 반드시 증거조사 할 필요는 없다.

(5) 위반의 효과

1) 상고이유

유일한 증거를 조사하지 않고 각하한 경우 채증법칙위반으로 상고이유가 가능하다(제423조).

2) 判 例

유일한 증거라 하여도 언제나 이를 증거조사 하여야 하는 것은 아니고, 합리적 이유가 있는 경우 이를 조사하지 않아도 위법이 아니다(대판 1971.07.27. 71다1195).

3. 채택 여부의 결정(증거결정)

(1) 의 의

증거신청이 있으면 법원이 이를 채택하여 조사할 것인가의 여부를 정하는 것을 말한다. 이 재판은 결정의 형식으로 하며, 이를 증거결정(Beweisanordnung)이라고 한다.

(2) 신청을 배척하는 경우

증거신청이 부적법하거나 또는 그 증거가 불필요하다고 인정하는 경우에는 이를 각하하는 결정을 하여야 한다(통설). 그러나 判例는 "증거신청에 대하여 판단을 하지 아니한 법원의 조치가 묵시적으로 기각한 취지로서 주장사실에 대한 유일한 증거가 아닌 한 적법하다(대판 1992.09.25. 92누5096)."고 본다. 그리고 채택여부 결정을 보류한 경우, 보류된 증거를 조사하지 않고 변론을 종결하면 묵시적으로 각하결정을 한 것으로 볼 수 있을 것이다(대판 1965.05.31. 65다159).

(3) 신청을 채택하는 경우

증거신청을 채택하는 경우에는 반드시 증거결정을 명시적으로 할 필요는 없고, 증거조사의 일시·장소를 고지하면 된다. 다만 채택한 증거에 관하여 수명법관 또는 수탁판사에 의하여 증거조사를 행하는 경우에는 법원의 증거결정이 필요하다.

(4) 비용의 예납

법원은 증거조사결정을 한 때에는 바로 그 비용을 부담할 당사자에게 필요한 비용의 예납을 명하여야 한다(규칙 제77조 1항). 예납명령을 받았음에도 예납을 하지 아니한 때에는 증거조사결정을 취소할 수 있으나(제116조, 규칙 제77조 3항), 반드시 증거조사가 필요한 경우 예납하지 아니하여 소송절차의 진행 등이 현저히 곤란한 경우에는 그 비용을 국고에서 대납지출 할 수 있다(규칙 제20조).

III 보충적 직권증거조사

> 제292조(직권에 의한 증거조사) 법원은 당사자가 신청한 증거에 의하여 심증을 얻을 수 없거나, 그 밖에 필요하다고 인정한 때에는 직권으로 증거조사를 할 수 있다.

1. 의의 및 취지

당사자가 신청한 증거를 조사하여도 심증을 얻을 수 없거나 기타 필요한 경우에는 실질적 당사자평등을 위하여 보충적으로 직권증거조사가 가능하다(제292조). 민사소송에 있어 변론주의를 채택함은 민사소송의 성질상 자료의 수집을 당사자의 책임으로 함이 일반적으로 진실을 얻는 첩경이며 국가의 노력경감과 당사자에 대한 공평을 꾀할 수 있다는 고려 하에서 취하여진 것으로서 변론주의가 시행된다고 하여 실체적 진실발견주의를 버리고 형식적 진실로서 만족하는 것은 아니며 변론주의가 당사자의 책임을 인정하는 것은 당사자의 소송진행의 능력이 완전히 대등한 것을 전제로 하는 것이나 사실에 있어서는 당사자는 지식경험이나 경제력에 있어서 대등하지 않으며 특히 법률지식이 없는 본인 소송에 있어서는 충분한 법률상의 변론을 기대할 수 없으므로 민사소송법은 석명권의 행사 또는 직권 증거조사의 규정을 두어 그 조절을 하게 한 것이다(대판 1959.07.02. 4291민상336).

2. 예 외

소액사건에서는 보충성이 완화되어 필요하다고 인정할 때에는 직권으로 증거조사 할 수 있다(소액사건심판법 제10조 제1항). 조사의 촉탁(제294조), 당사자본인신문(제367조) 및 감정의 촉탁(제341조) 등에서도 직권증거조사가 가능하다.

3. 내 용

(1) 보충적인 직권조사

보충적이므로 처음부터 직권증거조사 하여야 하는 것은 아니고, 심리의 최종단계에 이르러 당사자 신청에 의한 증거로 심증형성이 되지 아니할 때 문제가 된다.

(2) 법원의 재량

법원에 의무를 지운 것이 아니므로, 심증형성이 안 된다고 하여도 직권조사를 할 것인가는 법원의 재량이다. 심증형성이 안 되면 법원은 증명책임분배의 원칙에 따라 재판할 수 있으나, 그렇게 하는 것이 정의와 형평에 반하고 증명책임을 부담하는 자의 능력을 기대하기 어려울 경우, 직권증거조사를 요한다고 보아야 한다. 判例도 "채권자취소권의 행사기간은 제소기간이므로 법원은 그 기간 준수 여부에 대하여 의심이 있는 경우에는 법원이 필요한 정도에 따라 직권으로 증거조사를 할 수 있으나, 법원에 현출된 모든 소송자료를 통하여 살펴보았을 때 그 기간이 도과되었다고 의심할 만한 사정이 발견되지 않는 경우까지 법원이 직권으로 추가적인 증거조사를 하여 기간 준수 여부를 확인하여야 할 의무는 없다(대판 2001.02.27. 2000다44348)."고 하였고, "불법행위로 인하여 손해가 발생한 사실이 인정되는 경우에는 법원은 손해액에 관한 당사자의 주장과 입증이 미흡하더라도 적극적으로 석명권을 행사하여 입증을 촉구하여야 하고, 경우에 따라서는 직권으로라도 손해액을 심리·판단하여야 한다(대판 2011.07.14. 2010다103451)."고 하였다.

(3) 철회된 증거방법

당사자가 철회한 증거방법도 조사할 수 있으며 또한 조사 결과에 대하여는 당사자로부터 의견을 들어야 한다(소액사건심판법 제10조 1항 후문).

4. 비용부담자

직권증거조사의 경우 법원은 그 증거조사에 의하여 이익을 받을 자에게 증거조사 비용의 예납을 명하여야 하지만, 이익을 받을 당사자가 불명한 경우에는 원고가 예납의무자이다(규칙 제19조 1항 3호 단서). 당사자가 무자력자이므로 예납을 하지 못하고 절차진행에 장애가 생기면 국고에서 비용을 대체충당 할 것이고(규칙 제20조), 나중에 패소자로부터 거두어들인다(수봉(收捧), 민사소송비용법 제12조[31]).

제2관 증거조사의 실시

I 서 설

1. 증거조사와 집중심리주의

> 제293조(증거조사의 집중) 증인신문과 당사자신문은 당사자의 주장과 증거를 정리한 뒤 집중적으로 하여야 한다.

원래 02년 개정법에 의하면 변론준비절차에서 주장과 (증인신문과 당사자신문을 제외한)증거를 정리하고, 변론기일에서는 증인신문과 당사자신문을 집중적으로 하는 구도였다. 그러나 08년 개정법에 의하여 변론기일중심제로 개편이 되었으므로, 변론기일에서 주장과 증거를 정리하여야 한다. 그 다음 제293조에 따라 집중조사로 집중심리주의를 관철할 수밖에 없다. 여기의 집중조사는 3주 내지 4주에 간격을 두고 조사를 하는 것이 아니라 연일 연속의 조사를 뜻하는 것으로 미국의 배심에 회부되는 공판(jury trial)에서의 집중조사를 모방하였다(이시윤). 따라서 제출된 증거(사실조회회보서, 감정서 등)의 원용, 서증채부와 인부 등의 증인신문, 당사자본인신문을 제외한 증거방법에 대한 조사는 제1회 변론기일까지 완료하여야 한다(심리방식에 관한 예규).

2. 직권조사와 직접심리주의

---

[31] 제12조(비용의 수봉) ① 법원이 당사자의 예납하지 아니한 비용을 지급한 때에는 제1심 수소법원의 결정에 의하여 예납하지 아니한 당사자나 판결에 의하여 비용을 부담한 당사자로부터 수봉하여야 한다. 이 결정은 집행력 있는 채무명의와 동일한 효력이 있다.

(1) 원 칙

증거조사는 직접심리주의의 요청 때문에 기일에서 그 법원 안에서 행하는 것이 원칙이다.

(2) 예 외

1) 기일전의 직권조사

> 제289조(증거의 신청과 조사) ② 증거의 신청과 조사는 변론기일 전에도 할 수 있다.

증거의 신청과 조사는 변론기일·변론준비기일 전에도 할 수 있다. ① 문서제출명령·문서송부촉탁·서증조사, ② 감정 ③ 사실조회 ④ 검증 ⑤ 전자저장정보물인 '그 밖의 증거' 등이다. 증인과 당사자본인의 증거신청은 기일 전에도 할 수 있으나 그 조사는 변론기일에서 집중적으로 하여야 한다. 증인과 당사자신문은 기일 전의 조사에서 제외된다(제281조 3항 단서).

2) 법원 밖에서의 증거조사

> 제297조(법원 밖에서의 증거조사) ① 법원은 필요하다고 인정할 때에는 법원 밖에서 증거조사를 할 수 있다. 이 경우 합의부원에게 명하거나 다른 지방법원 판사에게 촉탁할 수 있다.
> ② 수탁판사는 필요하다고 인정할 때에는 다른 지방법원 판사에게 증거조사를 다시 촉탁할 수 있다. 이 경우 그 사유를 수소법원과 당사자에게 통지하여야 한다.
> 제313조(수명법관·수탁판사에 의한 증인신문) 법원은 다음 각호 가운데 어느 하나에 해당하면 수명법관 또는 수탁판사로 하여금 증인을 신문하게 할 수 있다.
>   1. 증인이 정당한 사유로 수소법원에 출석하지 못하는 때
>   2. 증인이 수소법원에 출석하려면 지나치게 많은 비용 또는 시간을 필요로 하는 때
>   3. 그 밖의 상당한 이유가 있는 경우로서 당사자가 이의를 제기하지 아니하는 때
> 제332조(수명법관·수탁판사의 권한) 수명법관 또는 수탁판사가 증인을 신문하는 경우에는 법원과 재판장의 직무를 행한다.

수소법원은 필요하다고 인정할 경우 법원 밖에서 현장검증·임상신문·서증조사 등을 할 수 있다. 이 경우 변론기일과 증거조사기일이 분리되게 되는데, 당사자가 새로운 주장 등 변론을 할 수 없으며, 재판상 자백도 성립되지 않는다. 그리고 공개도 필요 없다[32](대판 1971.06.30. 71다1027). 이 경우 합의부원에게 명하거나 다른 지방법원 판사에게 촉탁할 수 있다. 법원은 제313조 사유가 있으면 수명법관·수탁판사로 하여금 증인신문을 하게 할 수 있다. 이는 제297조의 특칙으로서 상당한 이유가 있으면 법원 내외를 불문하고 증인신문을 할 수 있다. 수명법관·수탁판사가 증인을 신문하는 경우에는 법원과 재판장의 직무를 행한다(제332조).

3) 외국에서의 증거조사

> 제296조(외국에서 시행하는 증거조사) ① 외국에서 시행할 증거조사는 그 나라에 주재하는 대한민국 대사·공사·영사 또는 그 나라의 관할 공공기관에 촉탁한다.
> ② 외국에서 시행한 증거조사는 그 나라의 법률에 어긋나더라도 이 법에 어긋나지 아니하면 효력을 가진다.

---

[32] 수명법관이 수소법원 외에서 증거조사를 할 경우에는 반드시 공개심리의 원칙이 적용되는 것은 아니다.

재판장 소속의 법원장→법원행정처장에 촉탁서의 송부요청→법원행정처장에 의한 외무부장관에 송부의뢰의 수순을 밟아야 한다. 외국에서 시행한 증거조사는 그 나라의 법률에 어긋나더라도 이 법에 어긋나지 아니하면 효력을 가진다. 외국에서 증거조사를 하려면 그 나라와 사법공조조약이나 국제관행이 성립되어 있어야 하며, 그렇지 않으면 그 외국은 촉탁조사에 응할 의무가 없다. 대한민국은 09년에 '헤이그 증거협약'(민사 또는 상사의 해외증거조사에 관한 협약)에 비준·가입하여 협약가입국의 사법공조를 받을 수 있다.

(3) 직접심리주의의 예외와 원용의 문제

위 2), 3)의 경우에 그 결과를 당사자가 원용해야 하는가가 문제된다. 학설은 직접주의, 구술주의의 요청 때문에 증거조사결과를 당사자의 책임 하에 변론에 상정시켜야 하며, 이러한 의미에서 원용을 요한다는 견해(원용설)가 있으나, 이 경우는 직접주의의 예외이므로 법원이 증거조사결과를 변론에서 제시하여 당사자에게 의견진술의 기회를 주면 되는 것이지, 당사자의 원용까지는 불필요하다고 보는 견해(불원용설, 이시윤)가 타당하다.

3. 당사자의 참여권과 당사자공개주의

증거조사를 하는 경우에는 그 기일·장소를 당사자에게 고지 또는 통지 않으면 안 되는데(제167조, 제297조 2항, 381조), 이를 증거조사에의 참여권(증명권, 절차적 기본권)이라 한다. 당사자공개의 원칙에 기한 것이다. 법원은 증거조사결과에 대하여 변론의 기회를 주어야 하며, 직권조사 한 결과에 대하여는 당사자의 의견을 들어야 한다. 당사자에게 이러한 절차권이 보장되지 않았다면 증거자료로 채택하면 아니 된다(통설).

4. 증거조사의 조서 화

증거조사의 절차 및 결과는 변론기일·변론준비기일에 행한 경우는 변론조서(제154조 2, 3호)·변론준비기일조서(제283조 2항, 제154조)에 기재하고, 그렇지 않은 경우에는 증거조사기일의 조서에 기재하여야 한다(제160조).

II 증인신문

1. 서 설

(1) 의 의

증인이란 과거에 경험한 사실을 법원에 보고할 것을 명령받은 사람으로서 당사자 및 법정대리인 이외의 제3자이다.

(2) 증인능력

당사자, 법정대리인 및 당사자인 법인 등의 대표자 이외의 자는 모두 증인능력을 갖는다(제367조, 제372조, 제64조). 소송무능력자 당사자의 친족이라도 상관없다. 제3자 소송담당에 있어서 이익귀속주체, 소송대리인, 보조참가인, 소송고지에서의 피고지자, 법인 등이 당사자인 경우에 대표자 아닌 구성원도 증인이 될 수 있다. 그리고 공동소송인도 자기의 소송관계와 무관한 사항에 관하여는 증인이 될 수 있다. 다만 당사자·법정대리인을 잘못하여 증인으로 신문하였다 하여도 당사자신문절차와의 유사성에 비추어 지체 없이 방식위배를 들어 이의권을 행사하지 아니하면 그 흠이 치유된다(제151조).

(3) 증인의 신청과 채택여부의 결정

> 규칙 제75조(증인신문과 당사자신문의 신청) ① 증인신문은 부득이한 사정이 없는 한 일괄하여 신청하여야 한다. 당사자신문을 신청하는 경우에도 마찬가지이다.
> ② 증인신문을 신청하는 때에는 증인의 이름·주소·연락처·직업, 증인과 당사자의 관계, 증인이 사건에 관여하거나 내용을 알게 된 경위, 증인신문에 필요한 시간 및 증인의 출석을 확보하기 위한 협력방안을 밝혀야 한다. 〈개정 2007.11.28.〉

1) 일괄신청

법원은 당사자의 주장과 증거를 정리한 뒤 증인신문을 집중적으로 실시해야 하므로(제293조), 당사자도 필요한 증인을 일괄하여 신청하여야 한다. 증인신문을 신청하는 때에는 증인의 이름·주소·연락처·직업, 증인과 당사자의 관계, 증인이 사건에 관여하거나 내용을 알게 된 경위, 증인신문에 필요한 시간 및 증인의 출석을 확보하기 위한 협력방안을 밝혀야 한다.

2) 일괄채택여부의 결정

법원은 신청된 증인에 대한 채택여부를 일괄하여 결정·고지하는 것이 타당하다. 일괄신청에 일괄결정이다. 법원은 여러 가지 사정을 고려하여 증인진술서 제출이냐 서면증언이냐 등 방식을 선택하여 고지함이 마땅하다.

3) 증인신문사항의 제출

증인신문을 신청한 당사자는 법원이 정한 기한까지[상대방의 수에 3(다만, 합의부에서는 상대방의 수에 4)을 더한 통수의]증인신문사항을 적은 서면을 제출하여야 한다(규칙 제80조 1항).

2. 증인의무

(1) 의의 및 예외

> 제303조(증인의 의무) 법원은 특별한 규정이 없으면 <u>누구든지</u> 증인으로 신문할 수 있다.
> 제304조(대통령·국회의장·대법원장·헌법재판소장의 신문) 대통령·국회의장·대법원장 및 헌법재판소장 또는 그 직책에 있었던 사람을 증인으로 하여 직무상 비밀에 관한 사항을 신문할 경우에 법원은 그의 동의를 받아야 한다.
> 제305조(국회의원·국무총리·국무위원의 신문) ① 국회의원 또는 그 직책에 있었던 사람을 증인으로 하여 직무상 비밀에 관한 사항을 신문할 경우에 법원은 국회의 동의를 받아야 한다.
> ② 국무총리·국무위원 또는 그 직책에 있었던 사람을 증인으로 하여 직무상 비밀에 관한 사항을 신문할 경우에 법원은 국무회의의 동의를 받아야 한다.
> 제306조(공무원의 신문) 제304조와 제305조에 규정한 사람 외의 공무원 또는 공무원이었던 사람을 증인으로 하여 직무상 비밀에 관한 사항을 신문할 경우에 법원은 그 소속 관청 또는 감독 관청의 동의를 받아야 한다.

> 제307조(거부권의 제한) 제305조와 제306조의 경우에 국회·국무회의 또는 제306조의 관청은 국가의 중대한 이익을 해치는 경우를 제외하고는 동의를 거부하지 못한다.

> 민사소송비용법 제4조(증인, 감정인등에 대한 일당, 여비등) 당사자, 증인, 감정인, 통역인과 번역인의 일당은 1일 70원 이내, 여비는 기거나 선박에는 2등 이하의 거임 또는 선임, 기거 없는 육로에는 4킬로미터에 5원이내, 숙박료는 1박에 240원 이내의 한도에서 법원 또는 수탁판사가 정한다. 〈개정 1962·7·31〉
> 민사소송비용규칙 제3조(증인등의 일당) ① 당사자, 증인, 감정인, 통역인 또는 번역인(이하 "증인등"이라 한다)의 일당은 법원이 상당하다고 인정하는 출석 또는 조사 및 이를 위한 여행에 필요한 일수에 따라 지급한다.
> ② 증인등의 일당은 매년 대법관회의에서 정한다. [전문개정 2003.9.13]

대한민국의 재판권에 복종하는 사람이라면 누구든지 증인으로서 신문에 응할 공법상의 의무를 진다. 진실발견에 대한 국민의 협력의무이다. 다만 치외법권자라도 임의로 신문에 응하면 증인으로 될 수 있다. 공무원 또는 공무원이었던 사람을 증인으로 하여 직무상의 비밀에 관한 사항을 신문할 때에는 당해 공무원, 소속 국가기관 등의 동의를 필요로 한다. 증인은 증인의무를 이행한 경우 여비·일당·숙박료 등을 받을 수 있다. 증인의무로 출석의무·진술의무·선서의무의 세 가지가 있다.

(2) 출석의무

1) 증인에 대한 출석요구

> 규칙 제81조(증인 출석요구서의 기재사항 등) ① 증인의 출석요구서에는 법 제309조에 규정된 사항 외에 다음 각 호의 사항을 적어야 한다.
> 1. 출석하지 아니하는 경우에는 그 사유를 밝혀 신고하여야 한다는 취지
> 2. 제1호의 신고를 하지 아니하는 경우에는 정당한 사유 없이 출석하지 아니한 것으로 인정되어 법률상 제재를 받을 수 있다는 취지
> ② 증인에 대한 출석요구서는 출석할 날보다 2일 전에 송달되어야 한다. 다만, 부득이한 사정이 있는 경우에는 그러하지 아니하다.
> 규칙 제83조(불출석의 신고) 증인이 출석요구를 받고 기일에 출석할 수 없을 경우에는 바로 그 사유를 밝혀 신고하여야 한다.

실무상 당사자 또는 대리인이 증인을 대동함으로써 따로 출석요구를 하지 아니하는 '대동증인'이 있는데, 증인의 출석여부를 전적으로 당사자나 대리인에게 맡기고 증인이 불출석한 경우 과태료 등의 제재를 할 수 없다는 문제점이 있다. 사전에 당사자나 대리인이이 증인을 접촉하므로 중립성을 해치는 문제점도 있다. 출석요구를 받지 아니하고 법정에 출석한 자를 당사자가 그 자리에서 증인신청을 하여 채택된 증인을 '재정증인'(在廷證人)이라고 하는데, 증인채택에 앞서 상대방 당사자의 의견을 들어야 한다.

2) 불출석 증인에 대한 제재

① 증인의 출석확보

> 규칙 제82조(증인의 출석 확보) 증인이 채택된 때에는 증인신청을 한 당사자는 증인이 기일에 출석할 수 있도록 노력하여야 한다.

민소규칙은 '증인이 채택된 때에는 증인신청을 한 당사자는 증인이 기일에 출석할 수 있도록 노력하여야 한다.'는 규정을 신설하였다. 그러나 이러한 일반적인 규정만으로는 한계가 있으므로, 불출석 증인에 대한 제재를 강화한 간접강제조치가 있다.

② 소송비용부담과 과태료 부과

> 제311조(증인이 출석하지 아니한 경우의 과태료 등) ① 증인이 정당한 사유 없이 출석하지 아니한 때에 법원은 결정으로 증인에게 이로 말미암은 소송비용을 부담하도록 명하고 500만원 이하의 과태료에 처한다.
> ② 법원은 증인이 제1항의 규정에 따른 과태료의 재판을 받고도 정당한 사유 없이 다시 출석하지 아니한 때에는 결정으로 증인을 7일 이내의 "감치"(감치)에 처한다.
> ③ 법원은 감치재판기일에 증인을 소환하여 제2항의 정당한 사유가 있는지 여부를 심리하여야 한다.
> ④ 감치에 처하는 재판은 그 재판을 한 법원의 재판장의 명령에 따라 법원공무원 또는 국가경찰공무원이 경찰서유치장·교도소 또는 구치소에 유치함으로써 집행한다.〈개정 2006.2.21〉
> ⑤ 감치의 재판을 받은 증인이 제4항에 규정된 감치시설에 유치된 때에는 당해 감치시설의 장은 즉시 그 사실을 법원에 통보하여야 한다.
> ⑥ 법원은 제5항의 통보를 받은 때에는 바로 증인신문기일을 열어야 한다.
> ⑦ 감치의 재판을 받은 증인이 감치의 집행 중에 증언을 한 때에는 법원은 바로 감치결정을 취소하고 그 증인을 석방하도록 명하여야 한다.
> ⑧ 제1항과 제2항의 결정에 대하여는 즉시항고를 할 수 있다. 다만, 제447조의 규정은 적용하지 아니한다.
> ⑨ 제2항 내지 제8항의 규정에 따른 재판절차 및 그 집행 그 밖에 필요한 사항은 대법원규칙으로 정한다.

정당한 사유란 질병·관혼상제·교통기관의 두절·천재지변 등을 말하는 것으로 해석된다. 출석요구서를 받고도 그 내용을 확인하지 않았거나 기일에 출석해야 하는 사실을 잊어버린 경우와 같이 과실에 의해 불출석한 경우에는 정당한 사유가 있다고 보기 어렵다[법원실무제요(Ⅲ), 1399면, 2017]. 소송비용부담결정과 과태료부과결정은 수소법원의 재량이므로 양자를 함께 할 수도 있고, 선택적으로 할 수도 있다. 과태료는 불출석할 때마다 부과할 수 있다. 과태료결정의 방법에는 증인에게 진술의 기회를 주는 정식재판과 그 기회를 주지 아니하는 약식재판이 있으나, 후자인 경우에도 즉시항고를 할 수 있다[33](제311조 8항).

---

33) 민사소송법 제224조 제2항은 비송사건절차법 제248조 및 제250조 중 검사에 관한 규정은 민사소송법에 의한 과태료의 재판에는 적용하지 아니한다고 규정하고 있으므로 비송사건절차법 제248조와 제250조 중 검사에 관한 부분이 아닌 규정은 민사소송법에 의한 과태료의 재판에 적용된다고 할 것이고, 따라서 정당한 사유 없이 출석하지 아니한 증인에 대하여 과태료에 처하는 결정을 함에 있어서도 그 증인에게 과태료 재판에 관한 진술의 기회를 주어 정식재판으로 하는 방법과 증인에게 진술의 기회를 주지 않고 약식재판으로 하는 방법이 있다고 해석되고, 당사자는 정식재판에 대하여는 바로 민사소송법 제282조 제2항에 의한 즉시항고를 제기할 수 있으나, 약식재판에 대하여는 비송사건절차법 제250조 제2항에 의한 이의신청을 하여 정식재판을 받고 그에 대하여 다시 민사소송법 제282조 제2항에 의한 즉시항고를 하는 방법으로 불복할 수 있다고 해석된다. 불출석

③ 감 치

> 규칙 제86조(증인에 대한 감치) ② 감치재판절차는 법원의 감치재판개시결정에 따라 개시된다. 이 경우 감치사유가 발생한 날부터 20일이 지난 때에는 감치재판개시결정을 할 수 없다.

법원은 증인이 제1항의 규정에 따른 과태료의 재판을 받고도 정당한 사유 없이 다시 출석하지 아니한 때에는 <u>결정으로 증인을 7일 이내의 "감치"에 처한다</u>. 감치에 처하는 재판은 그 재판을 한 법원의 재판장의 명령에 따라 법원공무원 또는 국가경찰공무원이 경찰서유치장·교도소 또는 구치소에 유치함으로써 집행한다. 감치사유가 발생한 날부터 20일이 지난 때에는 감치재판개시결정을 할 수 없다.

④ 구 인

> 제312조(출석하지 아니한 증인의 구인) ① 법원은 정당한 사유 없이 출석하지 아니한 증인을 구인하도록 명할 수 있다.
> ② 제1항의 구인에는 형사소송법의 구인에 관한 규정을 준용한다.

법원은 정당한 사유 없이 출석하지 아니한 증인을 구인하도록 명할 수 있다. 구인에는 형사소송법의 구인에 관한 규정을 준용한다. 실무상 구인을 하는 경우는 거의 없다.

(3) 선서의무와 진술의무

1) 선서의무

> 제319조(선서의 의무) 재판장은 증인에게 신문에 앞서 선서를 하게 하여야 한다. 다만, 특별한 사유가 있는 때에는 신문한 뒤에 선서를 하게 할 수 있다.

선서한 증인이 허위의 진술을 하는 경우에는 형법 제152조의 위증죄의 처벌을 받는다. 민사법정은 '거짓말대회'라는 말이 있을 정도의 위증이 성행함에도 위증죄에 대하여 온정주의의 문화 속에서 '솜방망이'의 집행유예가 관행화되다시피 한 것은 문제라는 견해가 있다(이시윤).

2) 선 서

> 제319조(선서의 의무) 재판장은 증인에게 신문에 앞서 선서를 하게 하여야 한다. 다만, 특별한 사유가 있는 때에는 신문한 뒤에 선서를 하게 할 수 있다.
> 제320조(위증에 대한 벌의 경고) 재판장은 선서에 앞서 증인에게 선서의 취지를 밝히고, 위증의 벌에 대하여 경고하여야 한다.
> 제321조(선서의 방식) ① 선서는 선서서에 따라서 하여야 한다.
> ② 선서서에는 "양심에 따라 숨기거나 보태지 아니하고 사실 그대로 말하며, 만일 거짓말을 하면 위증의 벌을 받기로 맹세합니다."라고 적어야 한다.
> ③ 재판장은 증인으로 하여금 선서서를 소리 내어 읽고 기명날인 또는 서명하게 하며, 증인이 선서서를

증인에 대하여 진술의 기회를 주지 않은 채 내린 과태료 결정은 증인에게 진술의 기회를 주지 않고 한 비송사건절차법 제250조 제1항의 약식재판이라고 보아야 하므로, 증인이 그에 대하여 불복하면서 제출한 '즉시항고장'은 그 제목에 불구하고 같은 조 제2항의 이의신청으로 보아 처리하여야 하고, 따라서 그 관할법원은 약식재판을 한 법원이 된다(대결 2001.05.02. 2001마1733).

> 읽지 못하거나 기명날인 또는 서명하지 못하는 경우에는 참여한 법원사무관등이나 그 밖의 법원공무원으로 하여금 이를 대신하게 한다.
> ④ 증인은 일어서서 엄숙하게 선서하여야 한다.
>
> **제322조(선서무능력)** 다음 각호 가운데 어느 하나에 해당하는 사람을 증인으로 신문할 때에는 선서를 시키지 못한다.
> 1. 16세 미만인 사람
> 2. 선서의 취지를 이해하지 못하는 사람
>
> **제323조(선서의 면제)** 제314조에 해당하는 증인으로서 증언을 거부하지 아니한 사람을 신문할 때에는 선서를 시키지 아니할 수 있다.

재판장은 증인신문을 개시하기 전에 선서의 취지를 밝히고 위증의 벌을 경고한 후 증인으로 하여금 소리 내어 읽고 기명날인 또는 서명하게 하여야 한다. 특별한 사유가 있으면 신문 뒤에 선서시킬 수 있다. 증인이 선서무능력자인 경우, 선서거부권을 행사한 경우에는 선서를 하게 할 수 없고, 증언거부권이 있으나 증언을 하는 경우에는 선서를 면제할 수 있다. 기립할 자는 증인에 한하고 다음 기일에 속행하여 신문하는 경우 다시 선서할 필요는 없으며, 증인이 여러 명인 경우 1인이 대표로서 선서서를 낭독하게 할 수 있다.

3) 증언거부와 선서거부

> **제314조(증언거부권)** 증인은 그 증언이 자기나 다음 각 호 가운데 어느 하나에 해당하는 사람이 공소제기 되거나 유죄판결을 받을 염려가 있는 사항 또는 자기나 그들에게 치욕이 될 사항에 관한 것인 때에는 이를 거부할 수 있다. 〈개정 2005.3.31〉
> 1. 증인의 친족 또는 이러한 관계에 있었던 사람
> 2. 증인의 후견인 또는 증인의 후견을 받는 사람
>
> **제315조(증언거부권)** ① 증인은 다음 각 호 가운데 어느 하나에 해당하면 증언을 거부할 수 있다.
> 1. 변호사·변리사·공증인·공인회계사·세무사·의료인·약사, 그 밖에 법령에 따라 비밀을 지킬 의무가 있는 직책 또는 종교의 직책에 있거나 이러한 직책에 있었던 사람이 직무상 비밀에 속하는 사항에 대하여 신문을 받을 때
> 2. 기술 또는 직업의 비밀에 속하는 사항에 대하여 신문을 받을 때
> ② 증인이 비밀을 지킬 의무가 면제된 경우에는 제1항의 규정을 적용하지 아니한다.
>
> **제324조(선서거부권)** 증인이 자기 또는 제314조 각호에 규정된 어느 한 사람과 현저한 이해관계가 있는 사항에 관하여 신문을 받을 때에는 선서를 거부할 수 있다.

증언거부사유와 선서거부사유는 구별하여야 한다. 선서거부사유가 있을 경우 증언자체는 거부할 수 없고, 선서만을 거부할 수 있다. 증언거부권이나 선서거부권의 고지에 관하여 명문의 규정이 없으므로 법원은 이를 증인에게 고지할 의무가 없으며, 고지하지 아니하여도 위법이 아니다[34].

---

34) [1] 형사소송법은 증언거부권에 관한 규정(제148조, 제149조)과 함께 재판장의 증언거부권 고지의무에 관하여도 규정하고 있는 반면(제160조), 민사소송법은 증언거부권 제도를 두면서도(제314조 내지 제316조) 증언거부권 고지에 관한 규정을 따로 두고 있지 않다. 우리 입법자는 1954.9.23. 제정 당시부터 증언거부권 및 그 고지 규정을 둔 형사소송법과는 달리 그 후인 1960.4.4. 민사소송법을 제정할 때 증언거부권 제도를 두면서도 그 고지 규정을 두지 아니하였고, 2002.1.26. 민사소송법을 전부 개정하면서도 같은 입장을 유지하였다. 이러

> **심화학습** 기자의 취재원 공표
>
> 제315조 1항의 2호의 '직업의 비밀'에 기자의 취재원이 포함되는지가 문제된다. ① 기자의 취재원은 언론의 자유와의 관계에서 원칙적으로 포함된다는 긍정설 ② 공표가 그 뒤의 취재에 지장을 주거나 불공표가 사회적으로 보아 직업상의 의무라고 생각될 때 한하여 증언거부사유가 된다는 절충설이 있다. 현재는 기자의 취재원은 직업의 비밀 그 자체로 보호되어야 한다는 견해가 통설이다.

> 제326조(선서거부에 대한 제재) 증인이 선서를 거부하는 경우에는 제316조 내지 제318조의 규정을 준용한다.
> 제316조(거부이유의 소명) 증언을 거부하는 이유는 소명하여야 한다.
> 제317조(증언거부에 대한 재판) ① 수소법원은 당사자를 심문하여 증언거부가 옳은 지를 재판한다.
> ② 당사자 또는 증인은 제1항의 재판에 대하여 즉시항고를 할 수 있다.
> 제318조(증언거부에 대한 제재) 증언의 거부에 정당한 이유가 없다고 한 재판이 확정된 뒤에 증인이 증언을 거부한 때에는 제311조제1항, 제8항 및 제9항의 규정을 준용한다.

증인의 선서의무와 진술의무 때문에 증언을 거부하거나 선서를 거부하는 사람은 그 이유를 소명하여야 한다. 수소법원은 당사자를 심문하여 증언거부나 선서거부가 옳은지를 재판하여야 하고, 당사자 또는 증인은 그 재판에 대하여 즉시항고가 가능하다. 증언거부나 선서거부에 정당한 이유가 없다고 한 재판이 확정된 뒤에 증인이 증언이나 선서를 거부한 때에는 소송비용부담과 과태료처분을 받을 수 있다. 출석의무 불이행의 경우와 달리 감치는 안 된다.

3. 증인조사방식

> 제310조(증언에 갈음하는 서면의 제출) ① 법원은 증인과 증명할 사항의 내용 등을 고려하여 상당하다고 인정하는 때에는 출석·증언에 "갈음"하여 증언할 사항을 적은 서면을 제출하게 할 수 있다.
> ② 법원은 상대방의 이의가 있거나 필요하다고 인정하는 때에는 제1항의 증인으로 하여금 출석·증언하게 할 수 있다.
> 민사소송규칙 제84조(서면에 의한 증언) ① 법 제310조제1항의 규정에 따라 출석·증언에 갈음하여 증언할 사항을 적은 서면을 제출하게 하는 경우 법원은 증인을 신청한 당사자의 상대방에 대하여 그 서면에서 회답을 바라는 사항을 적은 서면을 제출하게 할 수 있다.
> ② 법원이 법 제310조제1항의 규정에 따라 출석·증언에 갈음하여 증언할 사항을 적은 서면을 제출하게

한 입법 경위 및 규정 내용에 비추어 볼 때, 이는 양 절차에 존재하는 목적·적용원리 등의 차이를 염두에 둔 입법적 선택으로 보인다. 더구나 민사소송법은 형사소송법과 달리, '선서거부권 제도'(제324조), '선서면제 제도'(제323조) 등 증인으로 하여금 위증죄의 위험에서 벗어날 수 있도록 하는 이중의 장치를 마련하고 있어 증언거부권 고지 규정을 두지 아니한 것이 입법의 불비거나 증언거부권 있는 증인의 침묵할 수 있는 권리를 부당하게 침해하는 입법이라고 볼 수도 없다. 그렇다면 민사소송절차에서 재판장이 증인에게 증언거부권을 고지하지 아니하였다 하여 절차위반의 위법이 있다고 할 수 없고, 따라서 적법한 선서절차를 마쳤는데도 허위진술을 한 증인에 대해서는 달리 특별한 사정이 없는 한 위증죄가 성립한다고 보아야 한다. [2] 민사소송절차에 증인으로 출석한 피고인이, 민사소송법 제314조에 따라 증언거부권이 있는데도 재판장으로부터 증언거부권을 고지받지 않은 상태에서 허위의 증언을 한 사안에서, 민사소송법이 정하는 절차에 따라 증인으로서 적법하게 선서를 마치고도 허위진술을 한 피고인의 행위는 위증죄에 해당하고 기록상 달리 특별한 사정이 보이지 아니하는데도, 법적 근거가 없는 증언거부권의 고지절차가 없었다는 이유로 무죄를 인정한 원심판단에 민사소송절차의 증언거부권 고지에 관한 법리오해의 위법이 있다(대판 2011.07.28. 2009도14928).

> 하는 때에는 다음 각호의 사항을 증인에게 고지하여야 한다.
> 1. 증인에 대한 신문사항 또는 신문사항의 요지
> 2. 법원이 출석요구를 하는 때에는 법정에 출석·증언하여야 한다는 취지
> 3. 제출할 기한을 정한 때에는 그 취지
> ③ 증인은 증언할 사항을 적은 서면에 서명날인하여야 한다.
>
> **민사소송규칙 제79조(증인진술서의 제출 등)** ① 법원은 효율적인 증인신문을 위하여 필요하다고 인정하는 때에는 증인을 신청한 당사자에게 증인진술서를 제출하게 할 수 있다.
> ② 증인진술서에는 증언할 내용을 그 시간 순서에 따라 적고, 증인이 서명날인하여야 한다.
> ③ 증인진술서 제출명령을 받은 당사자는 법원이 정한 기한까지 원본과 함께 상대방의 수에 2(다만, 합의부에서는 상대방의 수에 3)를 더한 만큼의 사본을 제출하여야 한다.
> ④ 법원사무관등은 증인진술서 사본 1통을 증인신문기일 전에 상대방에게 송달하여야 한다.
>
> **민사소송규칙 제80조(증인신문사항의 제출 등)** ① 증인신문을 신청한 당사자는 법원이 정한 기한까지 상대방의 수에 3(다만, 합의부에서는 상대방의 수에 4)을 더한 통수의 증인신문사항을 적은 서면을 제출하여야 한다. 다만, 제79조의 규정에 따라 증인진술서를 제출하는 경우로서 법원이 증인신문사항을 제출할 필요가 없다고 인정하는 때에는 그러하지 아니하다.
> ② 법원사무관등은 제1항의 서면 1통을 증인신문기일 전에 상대방에게 송달하여야 한다.
> ③ 재판장은 제출된 증인신문사항이 개별적이고 구체적이지 아니하거나 제95조제2항 각호의 신문이 포함되어 있는 때에는 증인신문사항의 수정을 명할 수 있다. 다만, 같은 항 제2호 내지 제4호의 신문에 관하여 정당한 사유가 있는 경우에는 그러하지 아니하다.

	서면증언	증인진술서	증인신문사항을 기재한 서면
법적 성질	증언	서증	서증
제출자	증인	당사자	당사자
증거조사 방식	서면제출+변론현출	서면제출+변론현출 +증인의 출석, 증언	서면제출+변론현출 +증인의 출석, 증언

(1) 서 설

변론주의로 인해 불요증사실 외에는 증거조사가 필요하게 되고, 증거조사는 증거의 종류에 따라 그 방식을 달리한다. 증인의 경우, 현행 민사소송법에서는 증인신문 외에도 서면에 의한 증언방식(제310조, 민사소송규칙 제84조), 증인진술서 제출방식(민사소송규칙 제79조), 증인신문사항 제출방식(규칙 제80조) 중 적절하다고 생각되는 방식을 이용할 수 있게 하였다.

(2) 서면에 의한 증언방식

1) 의 의

법원은 증인과 증명할 사항의 내용 등을 고려하여 상당하다고 인정하는 때에는 출석증언에 갈음하여 증언할 사항을 적은 서면을 제출하게 할 수 있다(제310조).

2) 취 지

구 민사소송법상 공정증서에 의한 증언제도의 문제점을 해결하기 위하여 일정한 경우 서면에

의한 증언을 허용하여 절차상의 효율을 도모하고 있다.

3) 법적 성격

선서의무가 면제되므로 위증죄가 성립될 수 없다. 제출하는 서면은 서증이 아니라 증언에 해당한다.

4) 서면에 의한 증언절차

상대방의 이의 유무에 상관없이 법원이 상당하다고 인정하면 서면에 의한 증언을 할 수 있도록 하고, 그 서면을 공증할 필요가 없으며, 법원이 보내는 신문사항에 답변을 적어 제출하는 방식 외에 증인이 증언할 사항을 바로 적어서 제출할 수도 있게 하였다. 법원은 상대방의 이의가 있거나 필요하다고 인정할 경우 그 증인을 출석시켜 증언하게 할 수 있다(동조 제2항).

(3) 증인진술서 제출방식

1) 의 의

법원은 효율적인 증인신문을 위하여 필요하다고 인정할 때에는 증인을 신청한 당사자에게 증인진술서를 제출하게 할 수 있는데(규칙 제79조 1항), 이 경우 제출되는 서면을 증인진술서라 하고, 이를 증인신문의 한 방식으로 이용하고 있다.

2) 취 지

증인신문을 신청한 당사자에게 우호적인 증인일 경우 증인신문 시 답변이 모두 "맞다, 그렇다"는 취지로 일관되므로, 법정에서 형식적인 증인신문절차를 거칠 필요 없이 주신문에 갈음하여 재판의 신속, 증거개시 적 기능을 통한 재판의 공평의 도모에 그 취지가 있다.

3) 법적 성격

서증에 해당한다. 즉 법원은 효율적인 증인신문을 위하여 필요하다고 인정하는 때에는 증인을 신청한 당사자에게 증인진술서를 제출하게 할 수 있고, 증인진술서가 제출된 경우에는 이를 서증으로 채택하되 만약 증인진술서를 제출한 증인이 불출석하는 경우에는 원칙적으로 서증으로도 채택하지 않아야 한다. 다만 증인이 사망·질병 등 부득이한 사유로 불출석한 경우, 상대방이 특별한 이의를 제기하지 않는 경우도 있을 수 있으므로, 증인이 증언할 내용, 불출석 사유, 상대방의 의견 등을 고려하여 활용하는 것이 상당하다[법원실무제요(Ⅲ), 1348면].

4) 증인진술서의 제출

① 증인진술서의 제출명령

법원은 효율적인 증인신문을 위하여 필요하다고 인정하는 때에는 증인을 신청한 당사자에게 증인진술서를 제출하게 할 수 있다(규칙 제67조 1항).

② 증인진술서의 작성 및 제출

증인진술서에는 증언할 내용을 그 시간순서에 따라 적고, 증인이 서명날인 하여야 한다(동조 제2항). 증인진술서의 제출명령을 받은 당사자는 법원이 정한 기한까지 원본과 함께 상대방의 수에 2(다만, 합의부에서는 상대방의 수에 3)를 더한 만큼의 사본을 제출하여야 한다(동조 3항).

③ 증인진술서의 송달

법원사무관 등은 증인진술서 사본 1통을 증인신문기일 전에 상대방에게 송달하여야 한다(동조 4항).

④ 증인진술서에 의한 증인신문

주신문은 핵심사항에 한정하고 반대신문 위주로 신문절차가 진행된다. 진술서를 보면서 답할 수 없다.

(4) 증인신문사항 제출방식

1) 의 의

증인신문서의 제출을 명함이 상당하지 아니한 사건의 경우 증인진술서 대신 증인신문사항을 제출하게 된다(규칙 제80조).

2) 취 지

상대방의 반대신문권 보장을 위한 것이다.

3) 증인신문사항의 제출

증인신문을 신청한 당사자는 법원이 정한 기한까지 상대방의 수에 3(다만, 합의부에서는 상대방의 수에 4)을 더한 수통의 증인신문사항이 적힌 서면을 제출하여야 한다(동조 1항).

4) 증인신문사항의 송달

법원사무관 등은 증인신문사항을 증인신문기일 전에 상대방에게 송달하여야 한다(동조 2항).

참고자료

1. 현행법은 변론준비절차를 통하여 변론의 준비를 충분히 한 뒤에 변론기일에는 증인신문·당사자신문 위주로 집중적인 증거조사를 하도록 하고 있다. 이때 관련 증인을 한꺼번에 불러서 증거조사를 하여야 하므로, 증인의 출석확보와 효율적인 증인신문이 매우 중요하다. 그리하여 새 법과 새 민사소송규칙은 증인의 출석확보하기 위하여 새로이 감치제도를 도입하고, 효율적인 증인신문을 위하여 증인신문에 서면을 적극적으로 활용하도록 하고 있다.

2. 증인신문은 구술주의, 직접주의, 공개주의의 요청이 만족되는 상태에서 실시되어야 하므로, 원칙적으로 변론절차에서만 증인신문을 할 수 있으며, 특히 구술주의 때문에 서면을 이용한 증인신문은 원칙적으로 금지된다. 그러나 구법하에서도 병원의 치료비영수증의 진정성립과 같은 간단한 사항의 증명을 위한 증인신문의 경우에는 '공정증서에 의한 증언'제도가 이용되었으며, 일반적인 증인신문의 경우에도 조서작성의 편의와 상대방의 반대신문사항 준비의 편의를 위하여 증인신문사항을 미리 적어서 법원에 제출하도록 하였다.

3. 현행법은 공정증서에 의한 증언을 '서면에 의한 증언'으로 바꾸어(제310조), 서면으로 증언하는 경우에 더욱 간편하게 할 수 있도록 함과 아울러, 증인진술서제도를 민사소송규칙에 의하여 도입하여(규칙 79조), 증인으로 하여금 자술서 형식으로 시간적 순서에 따라 그가 경험한 사실을 기재하여 서명날인한 뒤 제출하게 하여, 증인신문은 주신문은 핵심적인 쟁점사항에 한하고, 반대신문을 위주로 하되, 증인을 탄핵하는 것을 주된 내용으로 하도록 하고 있다. 증인진술서제도는 우호적인 증인을 효율적으로 신문하고 상대방당사자도 미리 증언의 내용을 알고 반대신문을 준비하고 그에 대한 증인을 확보하여 미리 신청하는 등 집중적인 증

거조사를 하기 위하여 도입된 것이다. 중립적인 증인이나 적대적인 증인은 증인진술서방식이 적합하지 아니하므로 증인신문사항을 제출하는 방식으로 증인신문을 하게 된다(규칙 80조).
그리고 증인신문은 재판장의 허가가 있을 때 한하여 서류에 의하여 할 수 있다(제331조). 서류에 의한다 함은 미리 준비한 메모지나 서류의 숫자·문구 등을 보면서 진술하는 것이다. 증인이 듣거나 말하는데 장애가 있으면 문자로 질문하거나 진술하게 할 수 있다(민사소송법 제143조, 민소규 제99조). 당사자는 문서·도면·사진·모형장치·그 밖의 물건 등을 이용하여 신문할 수 있다(민소규 96조).

4. 증인신문의 방식

제327조(증인신문의 방식) ① 증인신문은 증인을 신청한 당사자가 먼저 하고, 다음에 다른 당사자가 한다.
② 재판장은 제1항의 신문이 끝난 뒤에 신문할 수 있다.
③ 재판장은 제1항과 제2항의 규정에 불구하고 언제든지 신문할 수 있다.
④ 재판장이 알맞다고 인정하는 때에는 당사자의 의견을 들어 제1항과 제2항의 규정에 따른 신문의 순서를 바꿀 수 있다.
⑤ 당사자의 신문이 중복되거나 쟁점과 관계가 없는 때, 그 밖에 필요한 사정이 있는 때에 재판장은 당사자의 신문을 제한할 수 있다.
⑥ 합의부원은 재판장에게 알리고 신문할 수 있다.
규칙 제89조(신문의 순서) ① 법 제327조제1항의 규정에 따른 증인의 신문은 다음 각 호의 순서를 따른다. 다만, 재판장은 주신문에 앞서 증인으로 하여금 그 사건과의 관계와 쟁점에 관하여 알고 있는 사실을 개략적으로 진술하게 할 수 있다.
  1. 증인신문신청을 한 당사자의 신문(주신문)
  2. 상대방의 신문(반대신문)
  3. 증인신문신청을 한 당사자의 재신문(재주신문)
② 제1항의 순서에 따른 신문이 끝난 후에는 당사자는 재판장의 허가를 받은 때에만 다시 신문할 수 있다.
③ 재판장은 정리된 쟁점별로 제1항의 순서에 따라 신문하게 할 수 있다.〈신설 2007.11.28〉〈신설 2007.11.28〉

(1) 교호신문 - 신문의 순서

1) 연 혁

증인신문의 방식에 대해 민사소송법은 1961년 개정으로 신문의 주체를 법원에서 당사자로 옮겨 대륙식의 직권신문제를 버리고 영미식의 교호신문제(cross examination)를 채택하였다. 교호신문제는 이를 순조롭게 진행할 때에 법원의 신문으로는 기대할 수 없는 증언을 끌어낼 수 있고 실체적 진실 발견에 큰 도움을 될 수 있다. 그러나 우리나라에서는 신문기술의 미숙, "예", "아니오"식 답변의 요구와 유도신문, 반대신문의 조서화 곤란, 법관의 수동적 자세 등으로 진실발견이 어렵게 되는 문제가 있다(이시윤). 교호신문제도를 원칙으로 하면서도 현행법은 상당한 범위에서 법원의 직권신문을 인정하고 있다. 변호사중심의 당사자주의의 산물인 교호신문제도가 본인소송을 허용하는 우리 법제 하에서 기계적으로 관철하면 무리할 때가 있기 때문이다. 본인소송과 같은 경우는 재판장에 의한 보충신문부터 할 수 있다. 특히 소액사건에서는 아예 직권신문제에 의하도록 하였다(소액사건심판법 제10조 2항).

2) 주신문

> 규칙 제91조(주신문) ① 주신문은 증명할 사항과 이에 관련된 사항에 관하여 한다.
> ② 주신문에서는 유도신문을 하여서는 아니 된다. 다만, 다음 각 호 가운데 어느 하나에 해당하는 경우에는 그러하지 아니하다.
>   1. 증인과 당사자의 관계, 증인의 경력, 교우관계 등 실질적인 신문에 앞서 미리 밝혀둘 필요가 있는 준비적인 사항에 관한 신문의 경우
>   2. 증인이 주신문을 하는 사람에 대하여 적의 또는 반감을 보이는 경우
>   3. 증인이 종전의 진술과 상반되는 진술을 하는 때에 그 종전 진술에 관한 신문의 경우
>   4. 그 밖에 유도신문이 필요한 특별한 사정이 있는 경우
> ③ 재판장은 제2항 단서의 각호에 해당하지 아니하는 경우의 유도신문은 제지하여야 하고, 유도신문의 방법이 상당하지 아니하다고 인정하는 때에는 제한할 수 있다.

3) 반대신문

> 규칙 제92조(반대신문) ① 반대신문은 주신문에 나타난 사항과 이에 관련된 사항에 관하여 한다.
> ② 반대신문에서 필요한 때에는 유도신문을 할 수 있다.
> ③ 재판장은 유도신문의 방법이 상당하지 아니하다고 인정하는 때에는 제한할 수 있다.
> ④ 반대신문의 기회에 주신문에 나타나지 아니한 새로운 사항에 관하여 신문하고자 하는 때에는 재판장의 허가를 받아야 한다.
> ⑤ 제4항의 신문은 그 사항에 관하여는 주신문으로 본다.

4) 재주신문

> 규칙 제93조(재주신문) ① 재주신문은 반대신문에 나타난 사항과 이와 관련된 사항에 관하여 한다.
> ② 재주신문은 주신문의 예를 따른다.
> ③ 재주신문에 관하여는 제92조 제4항·제5항의 규정을 준용한다.

5) 보충신문·개입신문

> 제327조(증인신문의 방식) ① 증인신문은 증인을 신청한 당사자가 먼저 하고, 다음에 다른 당사자가 한다.
> ② 재판장은 제1항의 신문이 끝난 뒤에 신문할 수 있다(보충신문).
> ③ 재판장은 제1항과 제2항의 규정에 불구하고 언제든지 신문할 수 있다(개입신문).
> ④ 재판장이 알맞다고 인정하는 때에는 당사자의 의견을 들어 제1항과 제2항의 규정에 따른 신문의 순서를 바꿀 수 있다[35].
> ⑤ 당사자의 신문이 중복되거나 쟁점과 관계가 없는 때, 그 밖에 필요한 사정이 있는 때에 재판장은 당사자의 신문을 제한할 수 있다.
> ⑥ 합의부원은 재판장에게 알리고 신문할 수 있다.

(2) 격리신문

1) 다른 증인의 격리

---

[35] 교호신문제도를 원칙으로 하면서도 현행법은 상당한 범위에서 법원의 직권신문을 인정하고 있다. 변호사중심의 당사자주의의 산물인 교호신문제도가 본인소송을 허용하는 우리 법제하에서 기계적으로 관철하면 무리할 때가 있기 때문이다. 본인소송과 같은 경우는 재판장에 의한 보충신문부터 할 수 있다는 말이다. 특히 소액사건에서는 아예 직권신문제에 의하도록 하였다(소액사건심판법 제10조 2항).

> 제328조(격리신문과 그 예외) ① 증인은 따로따로 신문하여야 한다.
> ② 신문하지 아니한 증인이 법정(법정)안에 있을 때에는 법정에서 나가도록 명하여야 한다. 다만, 필요하다고 인정한 때에는 신문할 증인을 법정 안에 머무르게 할 수 있다.

2) 재정인의 격리

> 제98조(재정인의 퇴정) 법정 안에 있는 특정인 앞에서는 충분히 진술하기 어려운 현저한 사유가 있는 때에는 재판장은 당사자의 의견을 들어 그 증인이 진술하는 동안 그 사람을 법정에서 나가도록 명할 수 있다.

(3) 구술신문

> 제331조(증인의 진술원칙) 증인은 서류에 의하여 진술하지 못한다. 다만, 재판장이 허가하면 그러하지 아니하다.
> 제96조(문서 등을 이용한 신문) ① 당사자는 재판장의 허가를 받아 문서·도면·사진·모형·장치, 그 밖의 물건(다음부터 이 조문 안에서 이 모두를 "문서 등"이라 한다)을 이용하여 신문할 수 있다.
> ② 제1항의 경우에 문서 등이 증거조사를 하지 아니한 것인 때에는 신문에 앞서 상대방에게 열람할 기회를 주어야 한다. 다만, 상대방의 이의가 없는 때에는 그러하지 아니하다.
> ③ 재판장은 조서에 붙이거나 그 밖에 다른 필요가 있다고 인정하는 때에는 당사자에게 문서 등의 사본(사본으로 제출할 수 없는 경우에는 그 사진이나 그 밖의 적당한 물건)을 제출할 것을 명할 수 있다.

(4) 비디오 등 중계 장치에 의한 증인신문

> 제327조의2(비디오 등 중계장치에 의한 증인신문) ① 법원은 다음 각 호의 어느 하나에 해당하는 사람을 증인으로 신문하는 경우 상당하다고 인정하는 때에는 당사자의 의견을 들어 비디오 등 중계장치에 의한 중계시설을 통하여 신문할 수 있다.
>   1. 증인이 멀리 떨어진 곳 또는 교통이 불편한 곳에 살고 있거나 그 밖의 사정으로 말미암아 법정에 직접 출석하기 어려운 경우
>   2. 증인이 나이, 심신상태, 당사자나 법정대리인과의 관계, 신문사항의 내용, 그 밖의 사정으로 말미암아 법정에서 당사자 등과 대면하여 진술하면 심리적인 부담으로 정신의 평온을 현저하게 잃을 우려가 있는 경우
> ② 제1항에 따른 증인신문은 증인이 법정에 출석하여 이루어진 증인신문으로 본다.
> ③ 제1항에 따른 증인신문의 절차와 방법, 그 밖에 필요한 사항은 대법원규칙으로 정한다. [본조신설 2016.3.2.] [시행 : 2016.9.30.]
> 규칙 제95조의2(비디오 등 중계장치에 의한 증인신문) ① 법 제327조의2에 따른 증인신문은 증인을 법정 아닌 곳으로서 비디오 등 중계장치에 의한 중계시설이 설치된 곳에 출석하게 하고, 영상과 음향의 송수신에 의하여 법정 안의 법관, 당사자, 그 밖의 소송관계인과 법정 밖의 증인이 상대방을 인식할 수 있는 방법으로 한다.
> ② 제1항의 비디오 등 중계장치에 의한 중계시설은 법원 안에 설치하되, 필요한 경우 법원 밖의 적당한 곳에도 설치할 수 있다.
> ③ 제96조제1항에 따라 증인을 신문하는 경우 문서 등의 제시는 비디오 등 중계장치에 의한 중계시설 또는 「민사소송 등에서의 전자문서 이용 등에 관한 규칙」 제2조제1호에 정한 전자소송시스템을 이용하거나 모사전송, 전자우편, 그 밖에 이에 준하는 방법으로 하여야 한다.
> ④ 법 제327조의2에 따라 증인을 신문한 때에는 그 취지와 증인이 출석하여 진술한 곳을 조서에 적어야 한다. [본조신설 2016.9.6]

(5) 신문에서의 재판장의 지휘권과 이의신청

1) 지휘권

재판장은 증인신문 하기 전에 인정신문을 한다. 증인의 이름·주민등록번호·주소·직업 등의 확인이다. 그 다음 선서를 시킨다. 증인에 대한 신문은 개별적이고 구체적으로 한다.

> 규칙 제95조(증인신문의 방법) ① 신문은 개별적이고 구체적으로 하여야 한다.
> ② 재판장은 직권 또는 당사자의 신청에 따라 다음 각 호 가운데 어느 하나에 해당하는 신문을 제한할 수 있다. 다만, 제2호 내지 제4호에 규정된 신문에 관하여 정당한 사유가 있는 때에는 그러하지 아니하다.
> 1. 증인을 모욕하거나 증인의 명예를 해치는 내용의 신문
> 2. 제91조 내지 제94조의 규정에 어긋나는 신문
> 3. 의견의 진술을 구하는 신문
> 4. 증인이 직접 경험하지 아니한 사항에 관하여 진술을 구하는 신문

> 제329조(대질신문) 재판장은 필요하다고 인정한 때에는 증인 서로의 대질을 명할 수 있다.

재판장은 필요하다고 인정하면 증인 서로의 대질을 명할 수 있다.

2) 이의신청

> 제97조(이의신청) ① 증인신문에 관한 재판장의 명령 또는 조치에 대한 이의신청은 그 명령 또는 조치가 있은 후 바로 하여야 하며, 그 이유를 구체적으로 밝혀야 한다.
> ② 법원은 제1항의 규정에 따른 이의신청에 대하여 바로 결정으로 재판하여야 한다.

증 인	감정인
증언은 법원에 출석하기 전의 과거의 경험사실보고	감정의견은 법원의 명령을 받고 감정을 한 후 내린 판단보고
증인은 증명책임 있는 당사자가 특정인을 지정	감정인 지정은 법원에 일임(제335조)
증인능력은 특별한 제한 없음	결격사유에 관한 규정(제334조 2항)과 기피에 관한 규정(제336조) 있음
불출석의 경우 증인은 감치처분, 구인 가능	감치처분, 구인 불가
자연인에 한정	자연인, 법인도 가능
증인진술은 구술이 원칙	서면 또는 구술(제339조 1항)
증언은 여러 사람에게 공동으로 시킬 수 없음	공동으로 가능(제339조 2항)
증인은 누구라도 상관없음	특수지식을 가진 전문가만 가능

Ⅲ 감정 – 감정인과 증인의 차이 : 대체성

> 제333조(증인신문규정의 준용) 감정에는 제2절의 규정을 준용한다. 다만, 제311조제2항 내지 제7항, 제312조, 제321조제2항, 제327조 및 제327조의2는 그러하지 아니하다. [단서개정 2016.3.2.] [시행 : 2016.9.30.]
> 제334조(감정의무) ① 감정에 필요한 학식과 경험이 있는 사람은 감정할 의무를 진다.
> ② 제314조 또는 제324조의 규정에 따라 증언 또는 선서를 거부할 수 있는 사람과 제322조에 규정된 사람은 감정인이 되지 못한다.
> 제335조(감정인의 지정) 감정인은 수소법원·수명법관 또는 수탁판사가 지정한다.
> 제336조(감정인의 기피) 감정인이 성실하게 감정할 수 없는 사정이 있는 때에 당사자는 그를 기피할 수 있다. 다만, 당사자는 감정인이 감정사항에 관한 진술을 하기 전부터 기피할 이유가 있다는 것을 알고 있었던 때에는 감정사항에 관한 진술이 이루어진 뒤에 그를 기피하지 못한다.
> 제337조(기피의 절차) ① 기피신청은 수소법원·수명법관 또는 수탁판사에게 하여야 한다.
> ② 기피하는 사유는 소명하여야 한다.
> ③ 기피하는 데 정당한 이유가 있다고 한 결정에 대하여는 불복할 수 없고, 이유가 없다고 한 결정에 대하여는 즉시항고를 할 수 있다.
> 제338조(선서의 방식) 선서서에는 "양심에 따라 성실히 감정하고, 만일 거짓이 있으면 거짓감정의 벌을 받기로 맹세합니다."라고 적어야 한다.
> 제339조(감정진술의 방식) ① 재판장은 감정인으로 하여금 서면이나 말로써 의견을 진술하게 할 수 있다.
> ② 재판장은 여러 감정인에게 감정을 명하는 경우에는 다 함께 또는 따로따로 의견을 진술하게 할 수 있다.
> ③ 법원은 제1항 및 제2항에 따른 감정진술에 관하여 당사자에게 서면이나 말로써 의견을 진술할 기회를 주어야 한다. [본항신설 2016.3.2.] [시행 : 2016.9.30.]
> 제340조(감정증인) 특별한 학식과 경험에 의하여 알게 된 사실에 관한 신문은 증인신문에 관한 규정을 따른다. 다만, 비디오 등 중계 장치 등에 의한 감정증인신문에 관하여는 제339조의3을 준용한다. [단서신설 2016.3.2.] [시행 : 2016.9.30.]
> 제341조(감정의 촉탁) ① 법원이 필요하다고 인정하는 경우에는 공공기관·학교, 그 밖에 상당한 설비가 있는 단체 또는 외국의 공공기관에 감정을 촉탁할 수 있다. 이 경우에는 선서에 관한 규정을 적용하지 아니한다.
> ② 제1항의 경우에 법원은 필요하다고 인정하면 공공기관·학교, 그 밖의 단체 또는 외국 공공기관이 지정한 사람으로 하여금 감정서를 설명하게 할 수 있다.
> 제342조(감정에 필요한 처분) ① 감정인은 감정을 위하여 필요한 경우에는 법원의 허가를 받아 남의 토지, 주거, 관리중인 가옥, 건조물, 항공기, 선박, 차량, 그 밖의 시설물 안에 들어갈 수 있다.
> ② 제1항의 경우 저항을 받을 때에는 감정인은 국가경찰공무원에게 원조를 요청할 수 있다. 〈개정 2006.2.21〉

1. 의 의

감정이라 함은 특별한 학식과 경험을 가진 자에게 그 전문적 지식 또는 그 지식을 이용한 판단을 소송상 보고 시켜, 법관의 판단능력을 보충하기 위한 증거조사를 말한다(제333조). 법관은 모든 지식을 갖출 수 없기 때문이다. 그 증거방법이 감정인이다(예: 인장지문필적감정업자, 측량사,

의사, 감정평가사, 건축사, 과학자, 외국법전문가 등).

2. 감정의 대상

(1) 감정의 대상은 법규, 경험법칙과 같은 재판의 대전제로 되는 것이다. 원래 법관은 그 직책으로서 법규전반에 대하여 정통하여야 하지만, 외국법·관습법에는 미칠 수 없기 때문에 그 존부 및 해석에 대해서는 감정이 필요하다. 그리고 재판의 소전제로 되는 사실판단에 대해서도 감정을 필요로 할 때가 있다. 예를 들어 교통사고의 원인, 노동능력의 상실정도, 치료비, 필적·인영(인장자국)이나 낙관의 동일성, 토지·가옥의 시가, 임대료, 공사비, 혈액형·DNA, 정신장애의 유무 및 정도 등이다. 다만 감정은 법관의 지식을 보충하는 것이기 때문에 통상의 지식에 의하여 판단할 수 있는 것은 스스로 판단하면 되고, 감정에 의할 필요가 없다. 따라서 감정증거조사는 법원의 직권사항이다.

(2) 감정은 비용이 많이 드는 증거조사일 때가 많으므로, 소송경제를 위해 그 채택여부에 대해 신중해야 하며, 법관은 그 대안이 될 다른 증거신청을 시사함이 바람직하다. 判例는 임대료는 반드시 감정결과로써 인정할 필요가 없고 증언에 의하여 인정하여도 상관없다고 한다(대판 1960.09.29. 4292민상229). 특히 비싼 감정료와 함께 감정거부, 감정결과보고의 지연 등 감정인제도에 개선할 사항이 적지 않다(이시윤).

(3) 특수한 전문적인 식견이 문제되는 사건의 심리를 충실·신속하게 하기 위해 법원이 특수분야의 전문심리위원을 관여시켜 당사자가 제출한 주장·증거 등에 대하여 의견·설명을 듣는 제도를 2007년 개정법에 도입하였다(제164조의 2 이하). 전문심리위원은 비싼 감정료를 절감 하는 데는 도움이 되지만 그 의견·설명은 감정인의 감정결과와는 달리 증거자료가 되는 것이 아니며, 선서를 하지 않는다.

3. 감정의 성질

(1) 인증

감정은 인증의 일종이다. 법원의 명령에 의하여 감정인이 작성한 감정서는 서증으로 취급해서는 안 된다.

(2) 사감정(私鑑定)

소송 외에서 당사자가 전문가에게 직접 의뢰하여 작성된 감정서가 법원에 제출되었을 때는 서증으로 되어, 합리적이면 사실인정의 자료로 할 수 있다(대판 2002.12.27. 2000다47361). 이는 감정인에 대한 당사자의 기피권(제336조), 질문권(제327조, 제333조)의 보장이 되어 있지 않고, 선서를 하는 것도 아니므로, 통상의 감정이 아니다. 이를 私鑑定이라고 하는데, 이 경우에는 감정인으로서의 적격성 등을 증거평가에 반영시킬 필요가 있다(이시윤). 양당사자의 동의가 있으면 감정으로 볼 수 있다.

(3) 보조수단

감정은 법원이 어떤 사항을 판단함에 있어 특별한 지식과 경험칙을 필요로 하는 경우에 그 판단의 보조수단으로서 그러한 지식경험을 이용하는데 지나지 아니하므로 동일한 사실에 관하여 상반되는 감정결과가 있을 때 법관이 그 하나에 의거하여 사실을 인정하였으면 그것이 경험칙이나 논리법칙에 위배되지 않는 한 위법이라고 할 수 없다(대판 1988.03.08. 87다카1354; 대판 2019.05.30. 2015다8902). 그리고 민사소송절차에서 신체감정에 관한 감정인의 감정결과는 증거방법의 하나에 불과하고, 법관은 당해 사건에서 모든 증거를 종합하여 자유로운 심증에 의하여 특정의 감정결과와 다르게 노동능력상실률을 판단할 수 있고, 또한 당사자도 주장·입증을 통하여 그 감정결과의 당부를 다툴 수 있는 것이다(대판 2002.06.28. 2001다27777).

(4) 감정결과의 증명력

과학적인 방법이라고 할 수 있는 무인 감정 결과를 배척하기 위하여는 특별한 사정이 없는 한, 감정 경위나 감정 방법의 잘못 등 감정 자체에 있어서의 배척 사유가 있어야 한다. 사문서의 진정성립에 관한 증명 방법에 관하여는 특별한 제한이 없으나 그 증명 방법은 신빙성이 있어야 하고, 증인의 증언에 의하여 그 진정성립을 인정하는 경우 그 신빙성 여부를 판단함에 있어서는 증언 내용의 합리성, 증인의 증언 태도, 다른 증거와의 합치 여부, 증인의 사건에 대한 이해관계, 당사자와의 관계 등을 종합적으로 검토하여야 한다(대판 1999.04.09. 98다57198).

(5) 선서하지 아니한 감정인에 의한 감정 결과

선서하지 아니한 감정인에 의한 감정 결과는 증거능력이 없으므로, 이를 사실인정의 자료로 삼을 수 없다 할 것이나, 한편 소송법상 감정인 신문이나 감정의 촉탁방법에 의한 것이 아니고 소송 외에서 전문적인 학식 경험이 있는 자가 작성한 감정의견을 기재한 서면이라 하더라도 그 서면이 서증으로 제출되었을 때 법원이 이를 합리적이라고 인정하면 이를 사실인정의 자료로 할 수 있다는 것인바, 법원이 감정인을 지정하고 그에게 감정을 명하면서 착오로 감정인으로부터 선서를 받는 것을 누락함으로 말미암아 그 감정인에 의한 감정 결과가 증거능력이 없게 된 경우라도, 그 감정인이 작성한 감정 결과를 기재한 서면이 당사자에 의하여 서증으로 제출되고, 법원이 그 내용을 합리적이라고 인정하는 때에는, 이를 사실인정의 자료로 삼을 수 있다(대판 2006.05.25. 2005다77848).

4. 증인과의 비교

증인도 감정인과 같이 인증이나, 증인은 대체로 구체적인 사건에 관련하여 과거경험사실을 보고하는 사람이므로 대체성이 없다. 감정인은 법원에서 감정의 명을 받은 뒤 전문적 경험지식(경험칙)에 기한 판단을 보고하는 사람이므로 대체성이 있다. 증언은 법원에 출석하기 전의 과거에 대한 경험사실보고이고, 감정의견은 법원의 명령을 받고 감정을 한 후 내린 판단보고인 점에서 근본적인 차이가 있다. <u>감정증인이 문제</u>가 되는데, 감정증인은 특별한 학식과 경험을 통하여 얻은 과거의 구체적 사실을 보고하는 사람을 말하는데, 경험을 보고하는 이상 증인이므로 법원은 증인과 마찬가지의 절차로 조사한다(제340조).

5. 신설 조문

> 제339조의2(감정인신문의 방식) ① 감정인은 재판장이 신문한다.
> ② 합의부원은 재판장에게 알리고 신문할 수 있다.
> ③ 당사자는 재판장에게 알리고 신문할 수 있다. 다만, 당사자의 신문이 중복되거나 쟁점과 관계가 없는 때, 그 밖에 필요한 사정이 있는 때에는 재판장은 당사자의 신문을 제한할 수 있다. [본조신설 2016.3.2.] [시행 : 2016.9.30.]
>
> 제339조의3(비디오 등 중계장치 등에 의한 감정인신문) ① 법원은 다음 각 호의 어느 하나에 해당하는 사람을 감정인으로 신문하는 경우 상당하다고 인정하는 때에는 당사자의 의견을 들어 비디오 등 중계장치에 의한 중계시설을 통하여 신문하거나 인터넷 화상장치를 이용하여 신문할 수 있다. 1. 감정인이 법정에 직접 출석하기 어려운 특별한 사정이 있는 경우 2. 감정인이 외국에 거주하는 경우
> ② 제1항에 따른 감정인신문에 관하여는 제327조의2제2항 및 제3항을 준용한다. [본조신설 2016.3.2.] [시행 : 2016.9.30.]

Ⅳ 서 증

1. 서 설

(1) 서증의 의의

서증이란 문서를 열람하여 그에 기재된 의미내용을 증거자료로 하기 위한 조사를 말한다. '가장 확실한 증거'라고 한다. 예외적이지만 서증만이 증거가 되는 경우도 있다(제158조).

(2) 문서의 의의

문자 그 밖의 기호의 조합에 의하여 사상적 의미를 표현한 유형물을 문서라고 한다. 기호는 전신부호·암호·속기라도 상관없으며, 유형물이라면 종이쪽지에 한하지 나무·돌·금속·가죽 등 어느 것이라도 무방하다. 악보는 기호를 사용한 것이지만 음의 표현이고 사상의 표현이 아니므로 문서라고 볼 수 없다(이시윤). '전자문서'는 '그 밖의 증거(제374조)'에 속한다.

(3) 검증과의 비교

문서의 기재내용을 자료로 하는 것이 서증이기 때문에, 문서의 외형존재 자체를 자료로 할 때에는 서증이 아니라 검증이다. 따라서 위조문서라는 입증취지로 제출한 문서는 서증이 아니고 검증물로 된다(대판 1992.07.10. 12919).

(4) 각종 조서와의 비교

당해 소송에 있어서 증거조사의 결과를 기재한 문서(예: 증인신문조서, 검증조서, 감정서 등)는 다시 서증의 대상이 되는 것이 아니다. 이에 반하여 다른 사건 소송의 조서는 서증이 된다(이시윤).

2. 문서의 종류

(1) 공문서 · 사문서

1) 공문서

공문서란 공무원이 그 직무권한 내의 사항에 대하여 직무상 작성한 문서를 말한다. 공문서 중 공증인 등 공증사무소가 작성한 것을 공정증서36)라고 한다. 공무원이 작성한 것이라도 직무권한 내의 사항에 관하여 작성한 것이 아니라면 공문서가 아니다. 공법인이 직무상 발급한 문서가 공문서인가는 문제이나, 공문서에 준해 보아야 한다.

2) 사문서

사문서란 공문서 이외의 문서를 말한다. 사문서에 공무원이 직무상 일정한 사항을 기입하여 넣은 경우에는 공사병존문서(公私倂存文書)가 된다. 예를 들어 등기관이 부동산의 매도증서에 '등기필'을 기입한 등기필권리증(등기필정보), 내용증명우편에 의한 통지서, 우체국소인이 찍혀 있는 봉함엽서, 확정일자 있는 사문서 등이 있는데, 확정일자 부분 등은 공문서가 된다. 법원의 접수인이 찍힌 소송위임장의 경우에도 접수인 한도에서 공문서 부분이 포함된 공사병존문서이다(대판 1972.11.14. 72다908).

(2) 처분문서 · 보고문서

증명하고자 하는 법률적 행위(처분)가 그 문서 자체에 의하여 이루어진 경우의 문서를 처분문서라고 한다(즉 법률행위가 화체된 문서). 예를 들어 법원의 재판서, 행정처분서, 사법상의 의사표시가 포함된 법률행위서(계약서 · 약정서 · 각서 · 차용증서 · 합의서 등), 어음 · 수표 등의 유가증권, 유언서, 해약통지서, 납세고지서, 그 밖에 관념의 통지서 등이다. 이에 반해 작성자가 듣고 보고 느끼고 판단한 바를 기재한 문서를 보고문서라고 한다. 예를 들어 회의록, 상업장부, 가족관계증명서, 이력서, 진단서, 편지, 소송상의 조서, 일기, 영수증 등이다. 처분문서의 경우 문서의 형식적 증거력이 인정되면 문서에 기재된 행위가 이루어진 것으로 보는 강한 사실상의 추정력이 있다(대판 1997.04.11. 96다50520).

(3) 원본 · 정본 · 등본 · 초본 · 부본

원본이란 문서 그 자체를 말하고, 정본이란 정본이라고 표시한 문서의 등본으로서 원본과 동일한 효력이 인정되는 것을 말한다. 등본이란 원본 전부의 사본을 말하며, 초본은 그 일부의 사본을 말한다. 특히 인증기관이 공증한 등본을 인증등본이라고 한다. 부본은 복수의 원본 중에서

---

36) 공증인이나 공증사무취급이 인가된 합동법률사무소의 구성원 변호사가 촉탁인 또는 대리촉탁인의 신청에 의하여 자신이 직접 청취한 진술, 그 목도한 사실, 기타 실험한 사실을 기재한 공증에 관한 문서는 보고문서로서 공문서이므로, 민사소송법 제356조 제1항에 의하여 그 진정성립이 추정된다고 볼 것이고, 또한 그 보고 내용의 진실성을 담보하기 위하여 증서의 작성 이전에 반드시 촉탁인이나 대리촉탁인의 확인 및 그 대리권의 증명 등의 절차를 미리 거치도록 하고 작성 이후에는 열석자의 서명날인을 받도록 규정하고 있는 공증인법 제27조, 제30조, 제31조, 제38조에 비추어 볼 때 신빙성 있는 반대 자료가 없는 한 함부로 그 증명력을 부정하고 그 기재와 어긋나는 사실인정을 할 수 없다고 보아야 한다(대판 1994.06.28. 94누2046).

송달에 이용하기 위하여 작성된 것(예: 소장부본)으로서, 실무상 등본으로 취급된다.

3. 문서의 증거력

(1) 문서의 증거능력과 증거력의 의의

1) 문서의 증거능력

문서의 증거능력이란 문서가 추상적으로 증거조사의 대상이 될 수 있는, 즉 증거방법으로 이용될 수 있는 자격을 말한다. 특히 민사소송에서는 형사소송과는 달리 전문증거에 대해서도 증거능력에 대한 제한이 없다.

2) 문서의 증거력

문서의 증거력이란 어느 문서가 요증사실에 관한 법원의 심증에 기여하는 정도를 말한다.

3) 문제점

문제는 이 문서의 증거력을 실제로 증명한다는 것은 어려운 경우가 많아 민사소송법은 추정규정을 두고 있고, 그에 대해 판례는 추정의 이론을 인정하고 있는 바 이를 형식적 증거력과 실질적 증거력의 경우로 나누어 살펴본다.

(2) 형식적 증거력의 추정여부[37]

1) 의의 및 문제점

① 의 의

문서의 기재내용이 거증자가 그 문서의 작성자라고 주장하는 특정인의 의사에 기하여 실제로 작성된 것을 문서의 진정성립이라고 하고, 그 진정하게 성립된 문서를 형식적 증거력이 있다고 한다. 즉 위조·변조가 없음을 뜻하고, 문서의 기재내용이 객관적으로 진실하다는 것까지 말하는 것은 아니다(이는 실질적 증거력의 문제). 증거를 제출한 자가 주장하는 특정인의 의사에 의해 이루어진 것이면 되므로, 반드시 그 자신의 자필일 필요는 없으며, 그의 승낙 하에 작성되어도 상관없다. 반드시 문서작성자의 날인이 필요하지는 않다(대판 1994.10.14. 94다11590)[38].

② 문제점

문제는 형식적 증거력이 추정되는 경우인데 이를 공문서와 사문서로 나누어 살펴본다.

2) 성립의 인부

① 의 의

서증이 제출된 경우 형식적 증거력의 조사를 위하여 법원이 상대방에게 그 문서의 진정성립에 대하여 인정여부를 물어보고 답변하는 절차이다. 최근에는 서증의 인부절차를 생략하는 예도

---

[37] 다만 실제 소송에서는 <u>문서의 성립인부에 대한 상대방의 태도가 자백, 부인으로 나누어지게 될 것이다.</u>
[38] 처분문서에 기재된 작성명의인인 당사자의 서명이 자기의 자필임을 그 당사자 자신도 다투지 아니하는 경우 설사 날인이 되어 있지 않더라도 그 문서의 진정성립이 추정되므로 납득할 만한 설명 없이 함부로 그 증명력을 배척할 수 없다(대판 1994.10.14. 94다11590).

있으나, 문서에 대한 위·변조의 항변 등 다툼이 있거나 처분문서의 경우 등 '필수적 인부문서'에 대해서는 인부절차를 거쳐야 한다.

② 인부절차

> 제363조(문서성립의 부인에 대한 제재) ① 당사자 또는 그 대리인이 고의나 중대한 과실로 진실에 어긋나게 문서의 진정을 다툰 때에는 법원은 결정으로 200만원이하의 과태료에 처한다.
> ② 제1항의 결정에 대하여는 즉시항고를 할 수 있다.
> ③ 제1항의 경우에 문서의 진정에 대하여 다툰 당사자 또는 대리인이 소송이 법원에 계속된 중에 그 진정을 인정하는 때에는 법원은 제1항의 결정을 취소할 수 있다.

원고가 제출한 甲호증은 피고에게, 피고가 제출한 乙호증은 원고에게, 문서의 작성자로 기재된 사람이 작성한 문서임을 인정하는지의 답변을 구한다. 이 때 상대방의 답변을 '성립의 인부'라고 한다39). 그리고 성립의 인부절차에서 상대방의 태도는 ⅰ) 성립인정(자백), ⅱ) 침묵, ⅲ) 부인, ⅳ) 부지 등이 있다. 성립의 인부는 변론에서 말로 함이 원칙이지만, 변론준비과정(준비서면, 변론준비절차)에서도 가능하다(제274조 2항, 281조 3항). 문서의 인부는 신중하여야 하며, 함부로 부지 또는 부인으로 답변하면 아니 된다. 고의나 중과실로 진실에 반하여 문서의 진정을 다툴 때에는 200만원이하의 과태료가 부과된다(제363조). 그리고 본인작성의 문서에 있어서 자기 서명이나 날인 있는 문서에 대하여 '부지'라고 하면 아니 되고, 부인 또는 인정을 하여야 한다40).

③ 내 용

상대방이 성립인정이나 침묵으로 답변하면 문제가 없으나(이 경우에는 보조사실에 관한 자백이지만 재판상 자백의 법리가 적용된다는 것이 判例이다. 따라서 당사자 사이에 성립에 다툼이 없으면 법원은 자백에 구속되어 그 형식적 증거력을 인정하여야 한다. 그 취소에 있어서는 주요사실의 자백취소와 동일하게 처리하여야 한다(대판 2001.04.24. 2001다5654)], 부인이나 부지로 답변할 경우에는 문제가 있는데, <u>부인의 경우 단순부인은 금지된다(규칙 제116조41)). 문서의 진정성립에 대해 상대방이 부인·부지로 답변하면 이에 대한 증명책임이 문서제출자에게 돌아간다</u>(대판 1994.11.08. 94다31549). <u>입증방법에</u>

---

39) 당사자나 대리인은 상대방이 제출한 중요 서증에 대한 의견을 준비서면 등을 통하여 미리 밝혀야 한다(민소 274조 2항). 상대방이 필요한 증인의 신청 등 입증방법을 모색할 수 있고, 이를 통하여 변론(준비)기일이 효율적으로 운영될 수 있기 때문이다. 이 때 서증이 될 문서의 진정성립을 인정하는지 여부를 함께 밝히면 좋은데, 인부가 준비서면 또는 답변서에 기재되어 있는 경우 그것이 변론(준비)기일에서 진술되거나 진술간주 된 때 인부를 한 것이므로(이는 증거의 제출과는 구별된다) 그에 따라 서증목록에 기재한다.
40) 사문서에 본인 또는 그 대리인의 서명이나 날인이 있는 때에는 피고가 부지라고 다투는 것만으로는 그 증거력을 배척할 것이 아니고 사문서중의 피고명의의 기재가 피고 자신의 서명인지 아닌지 또는 그 명하의 인영이 진정한 것인지의 여부를 석명하여 이에 대한 심리를 하여야 한다(대판 1972.06.27. 72다857), 원심이 그 성립을 인정할 자료가 없다고 하여 배척한 서증들이 원고명의로 작성되고 무인이 압날 되어 있는 것이라면, 원심으로서는 작성명의자인 원고가 부지라고 답변하는 것만으로 그 증거능력을 배척할 것이 아니라 좀 더 석명하여 위 문서들에 있는 원고 명의의 기재가 원고 자신의 서명인지, 아닌지, 또는 그 명하의 무인이 진정한 것인지의 여부를 심리하여야 할 것이며, 만일 그 서명이나 무인까지도 부인하는 취지라면 피고에게 그 입증을 촉구하는 등의 조치를 취했어야 옳았다고 할 것이다(대판 1990.06.12. 90누356).
41) 민사소송규칙 제116조(문서의 진정성립을 부인하는 이유의 명시) <u>문서의 진정성립을 부인하는 때에는 그 이유를 구체적으로 밝혀야 한다.</u>

는 제한이 없으며 변론전체의 취지에 의해 인정해도 무방하다(대판 1982.03.23. 80다1857).

3) 공문서의 경우

① 규 정 - 원칙

공문서의 경우에는 문서의 작성과 취지에 의하여 공무원이 직무상 작성한 것으로 인정한 때에는 진정한 공문서로 추정되고(제356조 1항), 외국의 공공기관이 작성한 문서도 이에 준 한다[42](제356조 3항).

② 추 정

사실상의 추정을 의미하므로 이를 다투는 상대방이 반증으로 추정을 깨뜨릴 수 있다[43]. 법원은 의심 있는 때에는 직권으로 당해 공공기관에 조회할 수 있다(제356조 2항). 그리고 추정의 범위는 공문서의 진정성립에 국한 된다(대판 2002.02.22. 2001다78768). 다만 공사병존문서의 경우 공문서 부분의 성립으로 사문서 부분의 진정성립을 추정할 수는 없다. 예를 들어 등기관이 매매계약서(등기원인증서)에 매매를 원인으로 한 소유권이전등기가 완료되었다는 사실을 기입한 등기필증은 등기관의 기입부분은 공문서이고 매매계약서 부분은 사문서로서 공문서와 사문서가 병존하는 것이므로, 공문서부분의 성립이 인정된다고 하여 사문서부분의 진정성립을 추정할 수 없다(대판 1989.09.12. 88다카5836). 그러나 공증인 또는 그 직무를 행하는 자(법무법인·법무법인(유한)·법무조합)가 작성한 공정증서(공증인법 제25조 이하)는 성질상 공문서와 같은 추정력을 가지며(대판 1994.06.28. 94누2046), 그들이 작성한 사서증서인증서(공증인법 제57조 이하)의 인증 부분 역시 그러하다. 이들 증서는 공증 부분과 사문서 부분이 그 성립에 깊은 관련이 있어서 전자에 의하여 후자의 진정성립까지 사실상 추정할 수 있다(대판 1992.07.28. 91다35816).

3) 사문서의 경우

① 원 칙

사문서는 그것이 진정한 것임을 증명해야 하는 것이 원칙이다(제357조).

② 추 정

하지만 본인 또는 대리인의 서명이나 날인 또는 무인을 문서제출자(원고)가 증명 내지 상대방이 인정하는 경우에는 진정한 것으로 추정된다(제358조). 여기서의 추정도 공문서와 같이 사실상의

---

[42] 민사소송법 제356조 제1항에 따르면 문서의 작성 방식과 취지에 의하여 공무원이 직무상 작성한 것으로 인정한 때에는 진정한 공문서로 추정하고, 같은 조 제3항에 의하여 위 규정은 외국의 공공기관이 작성한 것으로 인정한 문서에도 준용되므로, 외국의 공문서라고 제출한 문서가 진정성립의 추정을 받기 위해서는 제출한 문서의 방식이 외관상 외국의 공공기관이 직무상 작성하는 방식에 합치되어야 하고, 문서의 취지로부터 외국의 공공기관이 직무상 작성한 것이라고 인정되어야 한다. 현실적으로 공문서의 진정성립을 증명할 만한 증거를 확보하기 곤란한 경우가 많은 난민신청자가 제출한 외국의 공문서의 경우, 반드시 엄격한 방법에 의하여 진정성립이 증명되어야 하는 것은 아니지만, 적어도 문서의 형식과 내용, 취득 경위 등 제반 사정에 비추어 객관적으로 외국의 공문서임을 인정할 만한 상당한 이유가 있어야 한다(대판 2016.03.10. 2013두14269).

[43] 민사소송법 제356조 제1항은 문서의 작성방식과 취지에 의하여 공무원이 직무상 작성한 것으로 인정한 때에는 이를 진정한 공문서로 추정한다고 규정하고 있으나, 위조 또는 변조 등 특별한 사정이 있다고 볼 만한 반증이 있는 경우에는 위와 같은 추정은 깨어진다(대판 2018.04.12. 2017다292244).

추정44)이다(대판 2014.09.26. 2014다29667).

③ 상대방의 위조항변의 경우

위조항변은 소송법상 부인에 해당하므로 문서를 제출한 자(원고)에게 그 증명책임이 있다. 다만 <u>법원으로서는 이 항변의 의미를 명확히 파악하여야 한다</u>45).

④ 상대방의 도용항변의 경우

가. 도용항변의 경우에는 상대방이 그 인영에 대해서는 재판상 자백을 한 것이므로 문제가 있다(따라서 소송실무에서 인장도용의 항변은 신중해야 한다). 즉 判例는 ㉠ 그 인영에 대해 자백이 있으면 이는 날인행위가 작성명의인의 의사에 의한 것임이 사실상 추정되고, ㉡ 이와 같이 일단 인영의 진정성립이 추정되면 법 제358조에 의해 그 문서전체의 진정성립이 추정(증거법칙적 추정)된다고 한다. 결과적으로 문서의 형식적 증거력을 인정하는 것46)이다(이를 이단의 추정이라고 한다).

나. 다만 위 ㉠ 부분에 대해서는 이는 사실상의 추정에 불과하므로 상대방이 그 추정을 깨뜨리려면 반증으로 충분하다고 본다(호문혁, 전병서). 判例도 "<u>날인행위가 작성명의인의 의사에 기한 것이라는 추정은 사실상의 추정이므로 인영의 성립을 다투는 자가 반증을 들어 인영의 진정성립에 관하여 법원으로 하여금 의심을 품게 할 수 있는 사정을 입증하면 그 추정은 깨어진다</u>(대판 1997.06.13. 96재다462)."고 하고 있다.

다. 그리고 증거법칙적 추정도 법률상의 추정이 아니라 사실상의 추정에 불과하므로(유사추정) 이는 자유심증주의의 예외에 불과하여 이를 복멸시키려면 반증이면 충분하다47)(통설).

라. 判例는 "문서에 날인된 작성명의인의 인영이 작성명의인의 인장에 의하여 현출된 것임이 인정되는 경우에는 특단의 사정이 없는 한 그 인영의 진정성립 및 그 문서 전체의 진정성립까지 추정되는 것이기는 하나, <u>이는 어디까지나 먼저 내용기재가 이루어진 뒤에 인영이 압날된 경우

---

44) 처분문서는 진정성립이 인정되면 기재 내용을 부정할 만한 분명하고도 수긍할 수 있는 반증이 없는 이상 문서의 기재 내용에 따른 의사표시의 존재와 내용을 인정하여야 한다는 점을 감안하면 작성명의인의 인영에 의하여 처분문서의 진정성립을 추정함에 있어서는 신중하여야 하고, 특히 처분문서의 소지자가 업무 또는 친족관계 등에 의하여 문서명의자의 위임을 받아 그의 인장을 사용하기도 하였던 사실이 밝혀진 경우라면 더욱 그러하다(대판 2014.09.26. 2014다29667).
45) 서증에 피고의 인장이 날인되어 있고, 이것은 피고의 인감도장으로 보이는데 피고가 그 서증의 인부절차에서 부인으로 다투면서 <u>인장위조된 것이라고 증거항변을 하였다면</u> ① <u>그 취지가 피고가 위 서증에 날인된 인영이 자신의 인장에 의하여 현출된 인영임을 전제로 하여 인영부분은 시인하되 다만 그 인영이 피고의 의사에 의하지 않고 날인된 것이어서 위 문서가 위조된 것이라고 항변하는 것인지, 아니면 ② 인장 그 자체가 위조된 것이므로 위 문서의 성립을 부인하는 것이라는 것인지 분명하지 아니하므로</u>, 법원으로서는 이 점을 분명히 하고 위 인영의 위조 여부에 관하여 심리를 하여 본 후에 그 문서의 진정성립 여부를 판단하여야 한다(대판 1994.01.25. 93다35353).
46) 문서에 날인된 작성명의인의 인영이 작성 명의인의 인장에 의하여 현출된 인영임이 인정되는 경우에는 특단의 사정이 없는 한 그 인영의 성립 즉 날인행위가 작성명의인의 의사에 기하여 진정하게 이루어진 것으로 추정되고 일단 인영의 진정성립이 추정되면 민사소송법 제358조의 규정에 의하여 그 문서전체의 진정성립까지 추정된다고 할 것이다(대판 2010.07.15. 2009다67276).
47) 다만 외국에서는 법률상의 추정이라고 보는 견해도 유력하고 국내에서도 이렇게 보는 것이 실무의 입장이라고 한다(정선주 "문서의 증거력", 민사소송(Ⅲ), 252면, 정재훈, "법률상의 추정과 사실상의 추정", 재판자료 25집, 332면). 이를 법률상의 추정이라고 보면 복멸의 정도는 본증이 될 것이다.

에만 그러한 것이며 작성명의인의 날인만 되어 있고 그 내용이 백지로 된 문서를 교부받아 후일 그 백지 부분을 작성명의자가 아닌 자가 보충한 문서의 경우에 있어서는 문서제출자는 그 기재내용이 작성명의인으로부터 위임받은 정당한 권원에 의한 것이라는 사실을 입증할 책임이 있으며, 이와 같은 법리는 그 문서가 처분문서라고 하여 달라질 것은 아니다(대판 2000.06.09. 99다3709)"고 하고 있다. 다만 判例는 "인영 부분 등의 진정성립이 인정되는 경우, 그 당시 그 문서의 전부 또는 일부가 미완성된 상태에서 서명날인만을 먼저 하였다는 등의 사정은 이례에 속한다고 볼 것이므로 완성문서로서의 진정성립의 추정력을 뒤집으려면 그럴 만한 합리적인 이유와 이를 뒷받침할 간접반증 등의 증거가 필요하다고 할 것이고, 만일 그러한 완성문서로서의 진정성립의 추정이 번복되어 백지문서 또는 미완성 부분을 작성명의자가 아닌 자가 보충하였다는 등의 사정이 밝혀진 경우라면, 다시 그 백지문서 또는 미완성 부분이 정당한 권한에 기하여 보충되었다는 점에 관하여는 그 문서의 진정성립을 주장하는 자 또는 문서제출자에게 그 입증책임이 있다(대판 2003.04.11. 2001다11406)."고 한다. 그리고 백지문서의 경우에 위임에 관한 증명책임은 수임인에게 있다[48].

⑤ 필적 또는 인영의 대조

문서의 진정성립 여부는 필적 또는 인영의 대조에 의하여 증명할 수 있다(제359조). 이것은 검증의 일종인데 이를 위한 대조용 필적, 인영이 있는 문서 그 밖의 물건 제출을 명하거나 문자를 손수 쓰도록 명할 수 있다(제360조, 제361조). 서류의 위·변조 여부는 감정인에 의하여서만 판별할 수 있는 것은 아니고 법원의 육안대조, 즉 검증에 의하여도 가능하다(대판 1997.12.12. 95다38240).

(3) 실질적 증거력의 추정여부

1) 의의 및 문제점

실질적 증거력이란 어떤 문서의 기재내용이 요증사실을 증명하기에 적합한 가치를 말한다. 즉 문서의 기재내용이 요증사실의 증명에 기여하는 정도를 말하는데 이는 법관의 자유심증주의에 관계되므로 그에 대한 재판상 자백은 성립하지 않는다. 문제는 실질적 증거력의 추정인데 이는

---

[48] 일반적으로 문서의 일부가 미완성인 상태로 서명날인을 하여 교부한다는 것은 이례에 속하므로 그 문서의 교부 당시 백지상태인 공란 부분이 있었고 그것이 사후에 보충되었다는 점은 작성명의인이 증명하여야 한다. 그러나 일단 문서의 내용 중 일부가 사후 보충되었다는 사실이 증명이 된 다음에는 그 백지부분이 정당하게 위임받은 권한에 의하여 보충되었다는 사실은 그 백지부분의 기재에 따른 효과를 주장하는 당사자가 이를 증명할 책임이 있다. 이와 관련하여 타인에게 권한을 위임하거나 대리권을 수여하는 내용의 위임장 등이 작성된 경우 그에 의하여 위임한 행위의 내용 및 권한의 범위는 위임장 등 문언의 내용뿐 아니라 그 작성 목적과 작성 경위 등을 두루 살펴, 신중하게 판단하여야 한다. 특히 위임장 등에 기재된 내용 중 일부가 백지인 상태로 교부된 후 수임인이 그 위임사항의 내용을 보충하여 기재한 경우라면 그것이 정당하게 위임받은 권한에 의하여 보충된 것이라는 점 역시 수임인이 증명할 책임이 있다. 따라서 채권자가 본인 겸 채무자의 대리인으로서 금전소비대차계약 공정증서의 작성을 촉탁할 경우 채무자가 그 촉탁에 관하여 대리권을 수여하는 위임장을 교부한 사실이 있다는 것만으로, 그 위임장에 기재된 채무의 금액이나 이율, 변제기 등에 대하여 사전에 그 내용대로 합의한 사실이 있다거나 채권자가 보충할 권한을 위임받았다고 쉽게 인정할 것은 아니고, 특히 백지보충된 부분이 정당한 보충권한에 의하여 기재된 것이라는 점은 채권자가 별도로 증명하여야 한다(대판 2013.08.22. 2011다100923).

처분문서의 경우와 보고문서의 경우로 나누어 보아야 한다.

2) 처분문서의 경우

① 추정의 성질

처분문서의 경우는 그 진정성립이 인정되면 기재 내용대로 법률행위의 존재를 인정해야 하므로 처분문서의 진정성립을 인정함에는 신중할 필요가 있다[49](대판 2015.01.27. 2010다81957). 다만 이는 상대방의 반증에 의해 부정될 수 있는 사실상의 추정[50]이다.

② 추정의 범위

判例는 추정의 범위에 대해 "그 법률행위의 해석, 의사의 흠결 등의 여부에는 미치지 않는다[51]고 하고, 처분문서의 계약상의 책임을 공평의 이념 및 신의칙 같은 일반원칙에 의하여 제한할 수도 있다(대판 2015.10.15. 2012다64253)."고 본다. 그리고 그 기재 내용과 다른 명시적, 묵시적 약정이 있는 사실이 인정될 경우에는 그 기재 내용과 다른 사실을 인정할 수 있고, 작성자의 행위를 해석할 때에도 경험칙과 논리칙에 반하지 않는 범위 내에서 자유로운 심증으로 판단할 수 있다. 즉 "동일한 사항에 관하여 내용을 달리하는 문서가 중복하여 작성된 경우에는 마지막에 작성된 문서에 작성자의 최종적인 의사가 담겨 있다고 해석하는 것이 일반적이라고 할 수 있지만, 마지막에 작성된 문서에 의한 법률행위가 최종적으로 완성되지 아니하는 등의 사유로 종전에 작성된 문서에 의한 법률행위가 철회되었다고 보기 어려운 사정이 있는 경우에는 그와 같이 해석할 수 없다(대판 2013.01.16. 2011다102776)."고 한다. 그리고 "하나의 법률관계를 둘러싸고 각기 다른 내용을 정한 여러 개의 계약서가 순차로 작성되어 있는 경우 당사자가 그러한 계약서에 따른 법률관계나 우열관계를 명확하게 정하고 있다면 그와 같은 내용대로 효력이 발생한다. 그러나 여러 개의 계약서에 따른 법률관계 등이 명확히 정해져 있지 않다면 각각의 계약서에 정해져 있는 내용 중 서로 양립할 수 없는 부분에 관해서는 원칙적으로 나중에 작성된 계약서에서 정한 대로 계약 내용이 변경되었다고 해석하는 것이 합리적이다(대판 2020.12.30. 2017다17603)."라고 한다.

---

49) 처분문서인 차용금증서에 채권자가 '甲'으로, 채무자가 '乙'로, 연대 보증인이 '丙'으로 기재되어 있는 사안에서, 丁이 戊에게 금원을 대여하는 내용의 소비대차약정이 체결되었다고 볼 수 있을지라도, 주채무에 대한 계약과 연대보증계약은 엄연히 별개의 법률행위이므로 위와 같은 내용의 소비대차약정에 대하여 丙이 연대보증을 한 것이라고 볼 수 있으려면 丙이 위 차용금증서의 실제 채무자는 乙이 아니라 戊라는 사실과 그 실제 채권자는 甲이 아니라 丁이라는 사실을 알고 있었다는 점이 전제되어야 하는데, 丙이 그와 같은 사실을 알고 있었다고 단정하기 어려운데도 丙이 戊의 丁에 대한 채무를 연대 보증하였다고 판단한 원심판결에는 처분문서의 증명력과 계약당사자 확정에 관한 법리를 오해한 위법이 있다(대판 2011.01.27. 2010다81957).

50) 처분문서의 진정성립이 인정되면 법원은 그 기재 내용을 부인할 만한 분명하고도 수긍할 수 있는 "반증"이 없는 한 그 처분문서에 기재되어 있는 문언대로의 의사표시의 존재와 내용을 인정하여야 하고, 당사자 사이에 계약의 해석을 둘러싸고 이견이 있어 처분문서에 나타난 당사자의 의사해석이 문제되는 경우에는 문언의 내용, 그와 같은 약정이 이루어진 동기와 경위, 약정에 의하여 달성하려는 목적, 당사자의 진정한 의사 등을 종합적으로 고찰하여 논리와 경험칙에 따라 합리적으로 해석하여야 한다(대법 2005.5.13. 2004다67264, 67271판결).

51) 처분문서라 하더라도 그 기재내용과 다른 특별한 명시적, 묵시적 약정이 있는 사실이 인정될 경우에는 그 기재내용의 일부를 달리 인정할 수 있는 것이고 또 작성자의 법률행위를 해석함에 있어서도 경험법칙과 논리법칙에 어긋나지 않는 범위 내에서 자유로운 심증으로 판단할 수 있는 것이다(대판 1989.09.12. 88다카12506).

3) 보고문서의 경우

① 자유심증주의

보고문서의 경우는 작성자의 신분, 직업, 성격, 작성의 목적, 시기, 기재사실의 성질, 기재의 방법 등 여러 가지 사정을 참작하여 법관의 자유심증에 의하여 결정해야 한다고 하는 것이 통설, 판례이다.

② 공문서의 경우

가. 문제점

공문서의 경우에는 위 법리는 적용되지만, 判例는 공문서의 경우 그 기재사항을 진실이라고 추정할 것이라는 경우가 많다(이시윤).

나. 判 例

ⅰ) 등기부에 기재된 권리상태가 진실하고 등기원인과 그 절차가 정당한 것이라는 추정(등기의 추정력), ⅱ) 가족관계등록부(구 호적부)의 기재사실이 진실한 것이라는 추정(대판 1994.06.10. 94다1883), ⅲ) 토대대장·임야대장·일제 때의 토지조사부의 소유권자등재(사정=査定)는 토지소유권 귀속에 관하여 추정을 받으며(대판(전) 1986.06.10. 84다카1773), ⅳ) 공문서인 사실조회회보·국립과학수사연구소의 감정의뢰회보·공증문서는 반대 자료가 없는 한 그 기재와 어긋나는 사실을 인정할 수 없고(대판 1990.11.23. 90다카21022), ⅴ) 확정된 민·형사판결에서 확정된 사실은 특단의 사정이 없는 한 유력한 증거자료가 되므로 합리적 이유의 설시 없이 배척할 수 없다(대판 2000.08.23. 2005다72386·72393)는 것이 그 예이다(이시윤). 그리고 민법상 사단법인 총회 등의 결의와 관련하여 당사자 사이에 의사정족수나 의결정족수 충족 여부가 다투어져 결의의 성립 여부나 절차상 흠의 유무가 문제되는 경우로서 사단법인 측에서 의사의 경과, 요령 및 결과 등을 기재한 의사록을 제출하거나 이러한 의사의 경과 등을 담은 녹음·녹화자료 또는 녹취서 등을 제출한 때에는, 그러한 의사록 등이 사실과 다른 내용으로 작성되었다거나 부당하게 편집, 왜곡되어 증명력을 인정할 수 없다고 볼 만한 특별한 사정이 없는 한 의사정족수 등 절차적 요건의 충족 여부는 의사록 등의 기재에 의하여 판단하여야 한다(대판 2011.10.27. 2010다88682). 또한 주주명부에 주주로 등재되어 있는 자는 그 회사의 주주로 추정되며 이를 번복하기 위하여는 그 주주권을 부인하는 측에 입증책임이 있으므로, 주주명부의 주주 명의가 신탁된 것이고 그 명의차용인으로서 실질상의 주주가 따로 있다고 하려면 그러한 명의신탁관계를 주장하는 측에서 이를 입증하여야 한다(대판 2014.12.11. 2014다218511).

■ 판결서의 성질

판결서는 처분문서이기는 하지만 그것은 그 판결이 있었던가 또 어떠한 내용의 판결이 있었던가의 사실을 증명하기 위한 처분문서라는 의미일 뿐 판결서 중에서 한 사실판단을 그 사실을 증명하기 위하여 이용을 불허하는 것이 아니어서 이를 이용하는 경우에는 판결서도 그 한도 내에서는 보고문서이다(대판(전) 1980.09.09. 79다1281).

4. 서증신청의 절차

> 제343조(서증신청의 방식) 당사자가 서증(서증)을 신청하고자 하는 때에는 <u>문서를 제출하는 방식</u> 또는 <u>문서를 가진 사람에게 그것을 제출하도록 명할 것을 신청하는 방식</u>으로 한다.
> 제355조(문서제출의 방법 등) ① 법원에 문서를 제출하거나 보낼 때에는 원본, 정본 또는 인증이 있는 등본으로 하여야 한다.

(1) 신청의 방식

서증신청은 직접 제출하는 방식(제343조), 문서제출명령을 신청하는 방식(제343조), 문서송부촉탁을 신청하는 방식(제352조), 문서소재장소에서 서증조사를 신청하는 방식(규칙 제112조) 등이 있다.

(2) 문서의 직접제출

증거를 제출해야 하는 자가 가지고 있는 문서를 서증 신청하고자 하는 경우에는 법원에 이를 직접 제출해야 한다. 문서의 제목·작성자 및 작성일을 밝혀 신청하여야 한다(규칙 105조). 제출은 변론 또는 변론준비기일에서 현실로 제출할 것을 요하며, 준비서면에 첨부된 문서는 비록 준비서면이 진술간주가 되어도 제출한 것으로 보지 않는다(대판 1991.11.08. 91다15775). <u>문서는 원본·정본·인증등본의 제출이 원칙</u>[52]이다(제355조 1항). 따라서 원본의 성립·존재 등에 다툼이 있는데 원본에 갈음하여 사본이 제출되면 증거신청은 부적법하다. 그러나 사본의 경우에도 동일한 내용인 원본의 존재와 원본의 성립의 진정에 관하여 다툼이 없고 그 정확성에 문제가 없기 때문에 사본을 원본의 대용으로 하는데 관하여 상대방으로부터 이의가 없는 경우에는, 제355조 제1항 위반사유에 관한 이의권이 포기 혹은 상실되어 사본만의 제출에 의한 증거의 신청도 허용된다(대판 2002.08.23. 2000다66133). 다만 전자복사기를 사용하여 원본을 본뜬 사본을 '복사문서'라고 하는데, 判例는 "<u>원본이 현존하지 아니하는 문서 사본도 과거에 존재한 적이 있는 문서를 전자복사한 것이라면 원본의 존재 및 진정성립을 인정하여 서증으로 채용할 수 있다</u>(대판 1992.12.22. 91다35540)."고 하였다. 재판장은 서증의 내용을 이해하기 어렵거나 서증의 수가 방대한 경우 또는 서증의 입증취지가 불명확한 경우에는 당사자에게 서증과 증명할 사실의 관계를 구체적으로 밝힌 설명서를 제출할 것을 명할 수 있다(규칙 제106조 1항). 원고 제출의 서증은 甲호증, 피고 제출의 것은 乙호증, 독립당사자참가인 제출의 것은 丙호증으로 구별하여, 제출순서에 따라 번호를 붙여 나간다(규칙 제107조 2항). 서증과 증명할 사실 사이에 관련성이 인정되지 아니하는 때, 이미 제출된 증거와 같거나 비슷한 취지의 문서로서 별도의 증거가치가 있음을 당사자가 밝히지 못한 때,

---

[52] <u>문서의 제출은 원본으로 하여야 하는 것이므로, 원본이 아니고 단순한 사본 만에 의한 증거의 제출은 정확성의 보증이 없어 원칙적으로 부적법하므로, 원본의 존재 및 원본의 성립의 진정에 관하여 다툼이 있고 사본을 원본의 대용으로 하는데 대하여 상대방으로부터 이의가 있는 경우에는 사본으로써 원본을 대신할 수 없으며,</u> 반면에 사본을 원본으로서 제출하는 경우에는 그 사본이 독립한 서증이 되는 것이나 그 대신 이에 의하여 원본이 제출된 것으로 되지는 아니하고, 이 때에는 증거에 의하여 사본과 같은 원본이 존재하고 또 그 원본이 진정하게 성립하였음이 인정되지 않는 한 그와 같은 내용의 사본이 존재한다는 것 이상의 증거가치는 없다(대결 2010.01.29. 2009마2050).

국어 아닌 문자 또는 부호로 되어 있는 문서로서 그 번역문을 붙이지 아니 하거나 재판장의 번역문 제출명령에 따르지 아니한 때, 증거설명서 제출명령에 따르지 아니한 때, 문서의 작성자 또는 그 작성일이 분명하지 아니한 경우로서 이를 밝히도록 한 재판장의 명령에 따르지 아니한 때에는 그 서증을 채택하지 아니할 수 있다(규칙 제109조).

5. 문서제출명령(문서제출의무)

> 제344조(문서의 제출의무) ① 다음 각 호의 경우에 문서를 가지고 있는 사람은 그 제출을 거부하지 못한다.
> 1. 당사자가 소송에서 인용한 문서를 가지고 있는 때
> 2. 신청자가 문서를 가지고 있는 사람에게 그것을 넘겨 달라고 하거나 보겠다고 요구할 수 있는 사법상의 권리를 가지고 있는 때
> 3. 문서가 신청자의 이익을 위하여 작성되었거나, 신청자와 문서를 가지고 있는 사람 사이의 법률관계에 관하여 작성된 것인 때. 다만, 다음 각목의 사유 가운데 어느 하나에 해당하는 경우에는 그러하지 아니하다.
>   가. 제304조 내지 제306조에 규정된 사항이 적혀있는 문서로서 같은 조문들에 규정된 동의를 받지 아니한 문서
>   나. 문서를 가진 사람 또는 그와 제314조 각호 가운데 어느 하나의 관계에 있는 사람에 관하여 같은 조에서 규정된 사항이 적혀 있는 문서
>   다. 제315조제1항 각호에 규정된 사항 중 어느 하나에 규정된 사항이 적혀 있고 비밀을 지킬 의무가 면제되지 아니한 문서
> ② 제1항의 경우 외에도 문서(공무원 또는 공무원이었던 사람이 그 직무와 관련하여 보관하거나 가지고 있는 문서를 제외한다)가 다음 각호의 어느 하나에도 해당하지 아니하는 경우에는 문서를 가지고 있는 사람은 그 제출을 거부하지 못한다.
> 1. 제1항 제3호 나목 및 다목에 규정된 문서
> 2. 오로지 문서를 가진 사람이 이용하기 위한 문서

(1) 문서제출의무의 확대

문서제출의무는 국가에 대한 공법상의 의무임에는 의문이 없으나, 과거에는 구 민사소송법 제316조에 열거된 경우에만 인정하는 제한적인 것이었다. 하지만 입법론 상 확장론이 대두됨에 따라, 현행법은 당사자와 문서 사이에 특별한 관계가 없는 일반문서의 경우에도 일정한 예외 사유를 제외하고는 문서제출의무를 증인의무와 마찬가지로 일반의무화 한 것이다.

(2) 문서제출의무의 범위

1) 인용문서(제344조 제1항 제1호)

소송에서 자기를 위한 증거로 또는 주장을 명백히 하기 위하여 또는 끌어 쓴 인용문서라면 상대방에게도 이용시키는 것이 형평에 맞기 때문에 그 대상으로 한다. 따라서 민사소송법 제344조 제1항 제1호에서 정하고 있는 인용문서는 당사자가 소송에서 문서 그 자체를 증거로서 인용한 경우뿐만 아니라 자기주장을 명백히 하기 위하여 적극적으로 문서의 존재와 내용을 언급하여 자기주장의 근거나 보조 자료로 삼은 문서도 포함한다. 또한 위 조항의 인용문서에 해당하면, 그

것이 같은 조 제2항에서 정하고 있는 '공무원이 그 직무와 관련하여 보관하거나 가지고 있는 문서'라도 특별한 사정이 없는 한 문서 제출의무를 면할 수 없다. 그리고 인용문서가 공무원이 직무와 관련하여 보관하거나 가지고 있는 문서로서 공공기관의 정보공개에 관한 법률 제9조에서 정하고 있는 비공개대상정보에 해당한다고 하더라도, 특별한 사정이 없는 한 그에 관한 문서 제출의무를 면할 수 없다(대결 2017.12.28. 2015무423).

2) 인도·열람문서(제344조 제1항 제2호)

　사법상 소지자에 대해 그러한 청구권이 있을 경우인데, 소지자는 제3자라도 관계없고, 계약에 기한 것이든 법률상의 것이든 관계없다(대결 1993.06.18. 93마434). 공법상의 청구권[제162조(소송기록), 부등법 제19조(등기사항증명서)]이 있는 경우에는 그 공법상의 청구권에 근거 하여 인도나 열람을 청구할 수 있으므로 문서제출명령을 이용할 필요가 없다.

3) 이익문서·법률관계문서(제344조 제1항 제3호)

① 의 의

　이익문서(계약당사자를 위한 계약서, 돈 준 사람을 위한 영수증)는 거증자의 이익을 위하여 작성된 것으로, 직접 거증자를 위하여 작성한 문서만이 아니라 간접적으로 거증자를 위하여 작성된 것도 포함된다고 할 것이다. 또 여기의 이익에는 증거확보라는 소송상의 이익도 포함된다고 할 것이다. 법률관계문서는 거증자와 소지자간의 법률관계에 관하여 작성된 것으로, 여기에는 당해문서만이 아니라, 그 법률관계에 관련된 사항의 기재가 있으면 여기에 포함된다고 할 것이다.

② 거부사유

　제344조 제1항 제3호의 이익문서와 법률관계문서라도 예외적으로 ⅰ) 공무원의 직무상 비밀이 적혀 있어 동의를 받아야 하는데 받지 아니한 문서, ⅱ) 문서소지자나 근친자에 관하여 형사소추·치욕이 될 증언거부사유가 적혀 있는 문서, ⅲ) 직무상 비밀이 적혀 있고 비밀유지의무가 면제되지 아니한 문서의 경우에는 소지자가 그 제출을 거부할 수 있다(제344조 1항 3호 단서).

4) 문서제출의무의 일반의무화(제344조 2항)

　현행법 제344조 제2항에서는 제1항에서 정한 문서에 해당되지 아니하는 문서라도 원칙적으로 문서의 소지자는 이를 모두 제출할 의무가 있는 것으로 규정하여 문서제출의무를 일반적 의무로 확장하였다. 다음의 경우는 예외적으로 제출의무가 면제된다.

① 형사소추, 치욕, 직업상 비밀 등 증언거부사유와 같은 것이 적혀 있는 문서(동조 제2항 제1호)

　여기에서 '직업의 비밀'은 그 사항이 공개되면 직업에 심각한 영향을 미치고 이후 직업의 수행이 어려운 경우를 가리키는데, 어느 정보가 직업의 비밀에 해당하는 경우에도 문서 소지자는 비밀이 보호가치 있는 비밀일 경우에만 문서의 제출을 거부할 수 있다. 나아가 어느 정보가 보호 가치 있는 비밀인지를 판단할 때에는 정보의 내용과 성격, 정보가 공개됨으로써 문서소지자에게 미치는 불이익의 내용과 정도, 민사사건의 내용과 성격, 민사사건의 증거로 문서를 필요로 하는 정도 또는 대체할 수 있는 증거의 존부 등 제반 사정을 종합하여 비밀의 공개로 발생하는 불이익과 이로 인하여 달성되는 실체적 진실발견 및 재판의 공정을 비교형량 하여야 한다(대결 2016.07.01. 2014마 2239). 금융거래의 비밀은 보장되지만 금융기관은 법원의 제출명령이 있으면 제출거부를 할 수 있다(금융실명거래 및 비밀보장에 관한 법률 제4조 1항 1호).

② 오로지 소지인이 이용하기 위한 문서(동조 제2항 제2호, 자기사용문서 : 일기, 서신 등)

어느 문서가 오로지 문서를 가진 사람이 이용할 목적으로 작성되고 외부자에게 개시하는 것이 예정되어 있지 않으며 개시할 경우 문서를 가진 사람에게 심각한 불이익이 생길 염려가 있다면, 문서는 특별한 사정이 없는 한 위 규정의 자기이용문서에 해당한다. 다만 내부문서라고 하여도 문서에 기재된 '정보'의 외부 개시가 예정되어 있거나 정보가 공익성을 가지는 경우 등에는 내부문서라는 이유로 자기이용문서라고 쉽게 단정할 것은 아니다(대결 2016.07.01. 2014마2239). 따라서 임직원의 급여 및 상여금 내역 등이 개인정보 보호법상 개인정보에 해당하더라도 이를 이유로 문서소지인이 문서의 제출을 거부할 수 있는 것은 아니다[53](대결 2016.07.01. 2014마2239).

③ 공무원의 직무상 보관문서(동조 2항 괄호규정)

국가기관이 보유·관리하는 공문서를 뜻하는 공공기관의 보관문서의 공개에 관하여는 공공기관의 정보공개에 관한 법률에 의한 규율을 받기 때문에 그 법에 따라 제출하도록 하고 소송법에서는 제출의무대상에서 제외시켰다. 따라서 당사자가 행정청에 정보공개청구를 하여 이를 교부받아 법원에 제출하는 우회적 방법에 의하여야 한다.

(3) 문서제출신청

1) 방 식

> 제345조(문서제출신청의 방식) 문서제출신청에는 다음 각 호의 사항을 밝혀야 한다.
> 1. 문서의 표시
> 2. 문서의 취지
> 3. 문서를 가진 사람
> 4. 증명할 사실
> 5. 문서를 제출하여야 하는 의무의 원인

문서제출신청을 하는 경우에는 문서의 표시·취지·증명할 사실·제출의무자 및 그 의무의 원인 등을 서면으로 명시하여야 한다.

2) 문서목록제출명령

> 제346조(문서목록의 제출) 제345조의 신청을 위하여 필요하다고 인정하는 경우에는, 법원은 신청대상이 되는 문서의 취지나 그 문서로 증명할 사실을 개괄적으로 표시한 당사자의 신청에 따라, 상대방 당사자에게 신청내용과 관련하여 가지고 있는 문서 또는 신청내용과 관련하여 서증으로 제출할

---

[53] 개인정보 보호법 제18조 제2항 제2호에 따르면 개인정보처리자는 '다른 법률에 특별한 규정이 있는 경우'에는 개인정보를 목적 외의 용도로 이용하거나 이를 제3자에게 제공할 수 있고, 민사소송법 제344조 제2항은 각 호에서 규정하고 있는 문서제출거부사유에 해당하지 아니하는 경우 문서소지인에게 문서제출의무를 부과하고 있기 때문이다.

> 문서에 관하여 그 표시와 취지 등을 적어 내도록 명할 수 있다.

상대방이 어떠한 문서를 갖고 있는지를 구체적으로 몰라서 신청자가 제345조의 규정에 맞추어 문서의 표시나 취지를 적어서 신청하기 어려운 경우가 있다. 이에 대비하기 위하여 분량이 방대할 경우 신청 대상인 문서의 취지나 증명할 사실을 개괄적으로만 표시하여 신청하면 법원은 상대방 당사자에게 관련 문서에 관하여 그 표시와 취지 등을 명확히 적어내도록 명령할 수 있다. 이것이 현행법 제346조의 문서목록제출명령의 문서정보공개제도이다. 다만 문서정보공개명령에 따르지 않는 경우 변론전체의 취지로 참작될 수밖에 없어서 실효성에 의문이 있다(이시윤).

(4) 문서제출거부사유에 대한 심리절차와 증명책임

> 제347조(제출신청의 허가여부에 대한 재판) ① 법원은 문서제출신청에 정당한 이유가 있다고 인정한 때에는 결정으로 문서를 가진 사람에게 그 제출을 명할 수 있다.
> ② 문서제출의 신청이 문서의 일부에 대하여만 이유 있다고 인정한 때에는 그 부분만의 제출을 명하여야 한다.
> ③ 제3자에 대하여 문서의 제출을 명하는 경우에는 제3자 또는 그가 지정하는 자를 심문하여야 한다.
> ④ 법원은 문서가 제344조에 해당하는지를 판단하기 위하여 필요하다고 인정하는 때에는 문서를 가지고 있는 사람에게 그 문서를 제시하도록 명할 수 있다. 이 경우 법원은 그 문서를 다른 사람이 보도록 하여서는 안된다[54]. → In Camera 절차

1) 제출거부사유 심리를 위한 in camera 절차

영업비밀에 관한 사항이 적혀 있는 문서에 해당하는지 여부에 관하여 심리할 때 다른 당사자가 참여하면 문서가 공개되어 문서제출명령을 한 것과 다를 바 없게 되거나, 문서소지자에게 회복할 수 없는 손해가 발생할 수 있다. 따라서 현행법은 법원이 문서제출의무가 있는지 여부를 판단하기 위하여 필요한 때에는 문서를 가지고 있는 사람에게 문서를 제시하도록 명하여 제시받은 다음, 다른 당사자의 참여를 배제한 채 비공개로 심리하는 절차를 두었다(제347조 제4항). 이 경우 법원은 공개 법정이 아닌 집무실에서 비밀심리절차가 가능하다. 즉 법원은 문서를 다른 사람이 보도록 하여서는 안 되며(동조 제4항 후단), 필요하다고 인정되는 때에는 제시받은 문서를 일시적으로 맡아둘 수도 있다(규칙 제111조).

> **관련판례** 문서제출신청의 허가 여부에 관한 재판 절차 및 심리 내용(대결 2009.04.28. 2009무12)
> 문서제출신청의 허가 여부에 관한 재판을 할 때에는 그때까지의 소송경과와 문서제출신청의 내용에 비추어 신청 자체로 받아들일 수 없는 경우가 아닌 한 상대방에게 문서제출신청서를 송달하는 등 문서제출신청이 있음을 알림으로써 그에 관한 의견을 진술할 기회를 부여하고, 그 결과에 따라 당해 문서의 존재와 소지 여

---

[54] 문서소지자의 형사소추·치욕, 프라이버시나 직무상·직업상 비밀사항이 있는 문서이면 제출의무가 없어 거부할 수 있는데(제344조 1, 2항 참고), 여기에 해당하는지 여부를 심리하는 과정에서 자칫하면 그와 같은 비밀사항이 누설될 염려가 있다. 이에 대비하여 제347조 4항 후단은 제344조에서 정한 비밀사항이 포함되어 제출거부사유에 해당되는지 여부를 판단하기 위하여 그 문서소지인에게 문서의 제출명령을 할 수 있되, 제출거부사유를 판단함에 있어서 그 제시문서를 다른 사람이 보지 못하도록 하였다. 미국의 In camera절차의 도입이다(이시윤).

부, 당해 문서가 서증으로 필요한지 여부, 문서제출신청의 상대방이 민사소송법 제344조에 따라 문서제출의무를 부담하는지 여부 등을 심리한 후, 그 허가 여부를 판단하여야 한다. 문서제출신청 후 이를 상대방에게 송달하는 등 문서제출신청에 대한 의견을 진술할 기회를 부여하는 데 필요한 조치를 취하지 않은 채 문서제출명령의 요건에 관하여 별다른 심리도 없이 문서제출신청 바로 다음날 한 문서제출명령은 위법하다.

2) 증명책임

① 제출대상문서에 대한 증명책임

문서제출의무를 규정하는 제344조의 적용에 있어서도 실체법상 권리관계발생에 관한 요건사실의 증명책임에 관한 법리가 적용[55])되어, 문서제출신청인은 문서소지인에게 문서제출의무를 부담시키기 위해 그 구성요건상의 제출대상문서임을 증명하여야 한다. 즉 문서의 존재와 소지가 증명되어야 하는데, 그 증명책임은 원칙적으로 신청인에게 있다(대결 2005.07.11. 2005마259). 제출명령이 있어도 그 문서가 법원에 제출되기 전까지는 그 신청을 철회함에 상대방의 동의를 요하지 않는다(대판 1971.03.23. 70다3013). 문서제출의 신청에 관한 결정에 대하여는 즉시항고를 할 수 있다(제348조). 判例는 신청에 대해 아무 판단 없이 변론을 종결하고 판결을 선고하여도 판단누락이 되지 않는다고 하였다(대판 1992.04.24. 91다25444). 그러나 독립의 불복신청권을 법이 인정하고 있으므로 독립의 재판을 요한다는 비판이 있다(이시윤).

② 제출거부사유에 관한 증명책임

	제1설 김용진[56])(법률요건분류설 관철)	제2설 이호원[57])(개정취지 강조)
제344조 1항 3호의 문서제출거부사유에 대한 증명책임	문서소지인	문서소지인
제344조 2항의 문서제출거부사유에 대한 증명책임	문서신청자(거증자)	문서소지인

〈검토〉 문서제출신청의 단계에서는 거부사유에 해당하는 문서인지 여부가 구체적으로 증명될 수 없고, 문서소지인이 이러한 거부사유를 주장하고 문서에 대한 비밀심리가 실시된 뒤에야 비로소 증명될 수 있는 것이므로 제2설이 타당하다.

---

55) 원래 증명책임은 실체법상의 요건사실, 주요사실에 대한 부적용의 위험 즉 패소의 위험을 의미하는 것이지만, 최근 학자들이 이 경우에 증명책임을 논의하는 것은 문서제출신청에 대한 '기각'의 위험을 누구에게 입히느냐가 원래의 증명책임의 문제와 유사하므로 이와 관련하여 논하는 것임을 유의하기 바란다.
56) 제344조 제1항 제3호의 경우에는 거증자가 문서제출신청 대상문서가 이익문서 또는 법률관계문서라는 사실을 주장, 증명하면 되고, 이에 대하여 문서소지인이 자신이 Privacy 또는 영업비밀임을 주장, 증명하여야 한다. 제344조 제2항의 경우에는 ① 거증자가 문서소지인의 문서가 제1항의 경우 외 문서이며, 또한 ② 동 조항에서 열거하는 문서제출거부사유의 부존재에 관하여서도 증명책임이 있다는 것이다.
57) 문서제출의무를 일반화한 개정취지는, 증인의무, 검증물 제시의무가 일반적 의무로 되어있는 것과 마찬가지의 취지에서 문서제출의무를 일반적 의무로 확대한 이상, 증언거부사유의 경우와 마찬가지로 문서제출거부사유도 제344조 제1항 제3호 단서나 제2항 어느 경우이든 문서소지인이 증명할 책임이 있다고 본다. 이 견해는 거증자가 제출거부사유의 부존재에 관한 증명책임을 진다고 하더라도 실제 이를 어떻게 증명하여야 할 것인지 방법

3) 신청에 대한 결정

법원은 문서제출신청에 정당한 사유가 있다고 인정한 때에는 결정으로 문서를 가진 사람에게 그 제출을 명할 수 있다(제347조 1항). 제출의무자가 당사자일 경우에는 쟁점정리기일에 결정을 고지하거나 결정서를 작성하여 그 정본을 송달하는 것 중에 한 가지 방법을 택하면 되나, 실무에서는 결정서를 작성·송달하는 방식에 의하고 있고, 제출의무자가 제3자일 경우에는 반드시 문서제출명령(전산양식 A1707)을 작성하여 그 정본을 송달하여야 한다. 각하결정은 쟁점정리기일에 말로 고지하고 그 취지를 증인등목록에 기재하는 것이 보통이다(실무제요 민사소송[Ⅲ], 153면).

4) 불복방법

> 제348조(불복신청) 문서제출의 신청에 관한 결정에 대하여는 즉시항고를 할 수 있다.

문서제출의 신청에 관한 결정에 대하여는 즉시항고를 할 수 있다(제348조).

(5) 문서부제출의 효과

> 제349조(당사자가 문서를 제출하지 아니한 때의 효과) 당사자가 제347조제1항·제2항 및 제4항의 규정에 의한 명령에 따르지 아니한 때에는 법원은 <u>문서의 기재에 대한 상대방의 주장을 진실한 것으로 인정할 수 있다.</u>
> 제350조(당사자가 사용을 방해한 때의 효과) 당사자가 상대방의 사용을 방해할 목적으로 제출의무가 있는 문서를 훼손하여 버리거나 이를 사용할 수 없게 한 때에는, 법원은 <u>그 문서의 기재에 대한 상대방의 주장을 진실한 것으로 인정할 수 있다.</u>
> 제351조(제3자가 문서를 제출하지 아니한 때의 제재) <u>"제3자"</u>가 제347조제1항·제2항 및 제4항의 규정에 의한 명령에 따르지 아니한 때에는 <u>제318조의 규정을 준용한다.</u> → 과태료 재판

1) 근거규정

당사자가 문서제출명령에 따르지 않거나(제349조), 상대방이 사용을 방해할 목적으로 제출의무 있는 문서를 훼손하여 버리거나 이를 사용할 수 없게 한 때(제350조)에는 법원은 그 문서의 기재에 관한 상대방의 주장을 진실한 것으로 인정할 수 있다. 그러나 제3자가 문서의 제출명령에 따르지 아니한 때에는 법원은 결정으로 이로 말미암은 소송비용을 부담하도록 명하고 500만원 이하의 과태료에 처한다(제351조).

2) 상대방 주장의 진실인정의 의미

문서의 기재에 대한 상대방의 주장을 진실한 것으로 인정할 수 있다는 것은 문서의 성립과 내용에 관한 상대방의 주장을 진실한 것으로 인정한다는 것을 의미한다. 다만 그 문서에 의하여 증명하고자 하는 사실(요증사실)이 곧바로 증명되었다고 보는 것[58]은 아니며, 요증사실의 인정 여부는 법관의 자유심증에 의한다(통설, 자유심증설). 判例도 "제350조의 '문서를 고의로 훼기하거나 사용할 수 없게 한 때에도 진실한 것으로 인정할 수 있다'는 것은 그 문서에 의하여 증명될

론상으로 어려움이 있으며, 제출거부사유의 증명책임에 관하여 어느 쪽으로 해석하더라도 결과적으로 구체적인 증명부담은 문서소지인에게 돌아갈 수밖에 없다는 것을 내세우고 있다.
58) 이를 법정증거설이라고 한다.

사실관계에 관한 주장이 아니라 그 문서의 성질·내용의 주장에 관한 것으로서 그 진실여부는 법원의 재량에 의하여 판단할 것이다(대판 1979.11.13. 79다1577 등)."라고 하여 자유심증설[59]의 입장이다. 다만 민사소송에서 당사자 일방이 일부가 훼손된 문서를 증거로 제출하였는데 상대방이 훼손된 부분에 잔존 부분의 기재와 상반된 내용이 기재되어 있다고 주장하는 경우, 문서제출자가 상대방의 사용을 방해할 목적으로 문서를 훼손하였다면 법원은 훼손된 문서 부분의 기재에 대한 상대방의 주장을 진실한 것으로 인정할 수 있을 것이나(민사소송법 제350조), 그러한 목적 없이 문서가 훼손되었다고 하더라도 문서의 훼손된 부분에 잔존 부분과 상반되는 내용의 기재가 있을 가능성이 인정되어 문서 전체의 취지가 문서를 제출한 당사자의 주장에 부합한다는 확신을 할 수 없게 된다면 이로 인한 불이익은 훼손된 문서를 제출한 당사자에게 돌아가야 한다(대판 2015.11.17. 2014다81542).

6. 문서의 송부촉탁

> 제352조(문서송부의 촉탁) 서증의 신청은 제343조의 규정에 불구하고 문서를 가지고 있는 사람에게 그 문서를 보내도록 촉탁할 것을 신청함으로써도 할 수 있다. 다만, 당사자가 법령에 의하여 문서의 정본 또는 등본을 청구할 수 있는 경우에는 그러하지 아니하다.

(1) 의 의

제출의무 없는 문서에 대해 서증신청을 함에 있어서는, 그 소지자에 대해 문서를 송부촉탁 할 것을 신청하여 이를 할 수 있다(제352조[60]). 법원으로 보내달라고 부탁하는 것으로 특히 국가기관 또는 법인이 보관하는 문서를 이용하고자 할 때(손해배상사건에서의 산업재해기록 등)가 이에 해당한다.

(2) 협력의무

> 제352조의2(협력의무) ① 제352조에 따라 법원으로부터 문서의 송부를 촉탁받은 사람 또는 제297조에 따른 증거조사의 대상인 문서를 가지고 있는 사람은 정당한 사유가 없는 한 이에 협력하여야 한다.

---

[59] 判例는 명문의 규정이 없는 증명방해 사안인 의사 측의 진료기록이 가필된 사안에서도 "당사자 일방이 입증을 방해하는 행위를 하였더라도 법원으로서는 이를 하나의 자료로 삼아 자유로운 심증에 따라 방해자 측에게 불리한 평가를 할 수 있음에 그칠 뿐 입증책임이 전환되었다거나 곧바로 상대방의 주장 사실이 증명된 것으로 보아야 하는 것도 아니다(대판 1999.04.13. 98다9915 등)."고 하여 자유심증설의 입장이다.
[60] 확정 판결서에 대하여는 누구든지 열람 및 복사를 할 수 있고(민사소송법 제163조의2), 확정된 소송기록은 학술연구 등 일정한 목적 하에 열람할 수 있도록(민사소송법 제162조 제2항) 정한 반면, 미확정 상태의 소송기록에 관하여는 당사자나 이해관계를 소명한 제3자만이 열람 등이 가능하도록(민사소송법 제162조 제1항) 정하고 있다. 그런데 민사소송법 제352조에 따라 미확정 상태의 다른 소송기록을 대상으로 하는 문서의 송부가 촉탁된 경우, 해당 소송기록을 보관하는 법원은 정당한 사유가 없는 한 이에 협력할 의무를 부담한다(민사소송법 제352조의2). 이에 따라 이해관계의 소명이 없는 제3자라 할지라도 다른 미확정 상태의 소송기록을 대상으로 문서송부촉탁을 신청하여 채택된다면, 대상 기록에 관해 민사소송법 제163조의 소송기록 열람 등 제한이 되어 있지 않는 경우에는, 제한 없이 미확정 상태의 소송기록을 열람할 수 있는 결과가 된다. 대상문서를 지정하지 않은 채로 법원의 송부촉탁 결정이 이루어지고, 송부촉탁 결정 이후 신청인이 직접 대상 기록을 열람한 후에 필요한 부분을 지정하여 문서송부촉탁이 이루어지고 있는 현실에 비추어 본다면, 미확정 상태의 소송기록에 적혀 있는 영업비밀을 보호할 필요성이 더욱 크다(대결 2020.01.09. 2019마6016).

> ② 문서의 송부를 촉탁 받은 사람이 그 문서를 보관하고 있지 아니하거나 그 밖에 송부촉탁에 따를 수 없는 사정이 있는 때에는 법원에 그 사유를 통지하여야 한다.

촉탁 받은 자가 정당한 사유가 없는 한 문서의 송부에 대한 협력의무를 지며, 송부촉탁에 응할 수 없는 사정이 있는 경우에는 그 사유를 촉탁법원에 통지할 것을 요한다(제352조의 2).

(3) 서증으로 취급

송부할 문서는 원본·정본 또는 인증등본으로 제출함이 원칙이다(제355조). 송부촉탁 된 문서라도 모두 증거력이 생기는 것이 아니다. 송부된 문서 중에서 필요한 것은 서증으로 제출해야 하며, 따라서 그것이 사문서의 경우에는 그 진정성립이 인정되어야만 증거로 할 수 있다(대판 1974.12.24. 72다15320). 또한 判例는 "전부에 대해 송부촉탁을 받은 피고가 일부송부 하여도 제350조의 사용방해에는 해당되지 않는다(대판 1973.10.10. 72다2329)."고 한다. 그리고 기록 가운데 불특정한 일부에 대해서도 문서송부촉탁을 신청할 수 있다(규칙 제113조).

7. 문서 있는 장소에서의 증거조사(법원 밖에서의 서증조사)

> 규칙 제112조(문서가 있는 장소에서의 서증신청 등) ① 제3자가 가지고 있는 문서를 법 제343조 또는 법 제352조가 규정하는 방법에 따라 서증으로 신청할 수 없거나 신청하기 어려운 사정이 있는 때에는 법원은 그 문서가 있는 장소에서 서증의 신청을 받아 조사할 수 있다. ② 제1항의 경우 신청인은 서증으로 신청한 문서의 사본을 법원에 제출하여야 한다.

(1) 의 의

문서제출신청의 대상도 아니고, 송부촉탁신청도 어려운 문서에 대해서 서증신청을 하는 경우에는 법원이 그 문서가 있는 장소에 가서 서증조사해 줄 것을 신청할 수 있다(규칙 제112조). 예를 들어 미완결수사사건의 기록, 기소중지 중의 수사기록 등으로 대외유출이 어려운 경우가 대상이 된다.

(2) 내 용

개정법은 문서송부촉탁의 경우처럼 정당한 사유가 없는 한 문서소지자에게 조사에 대한 협력의무를 지웠다(개정법 제352조의 2, 제297조). 이에 따라 문서소재지에 가서 기록검증의 방법으로 조사하여 오던 관행이 없어지고, 법원 밖에서의 서증조사(제297조)로 대체하게 되었다. 이 방법에 의한 서증조사는 문서가 있는 장소에서의 열독으로 마쳐지지만, 조사결과를 기록상 나타내고 상대방에게 편의를 주기 위하여 서증으로 신청된 문서의 사본은 소송기록에 첨부되어야 한다(규칙 제112조 2항).

Ⅴ 검 증

> 제364조(검증의 신청) 당사자가 검증을 신청하고자 하는 때에는 검증의 목적을 표시하여 신청하여야 한다.
> 제365조(검증할 때의 감정 등) 수명법관 또는 수탁판사는 검증에 필요하다고 인정할 때에는 감정을

> 명하거나 증인을 신문할 수 있다.
> **제366조(검증의 절차 등)** ① 검증할 목적물을 제출하거나 보내는 데에는 제343조, 제347조 내지 제350조, 제352조 내지 제354조의 규정을 준용한다.
> ② 제3자가 정당한 사유 없이 제1항의 규정에 의한 제출명령에 따르지 아니한 때에는 법원은 결정으로 200만원 이하의 과태료에 처한다. 이 결정에 대하여는 즉시항고를 할 수 있다.
> ③ 법원은 검증을 위하여 필요한 경우에는 제342조제1항에 규정된 처분을 할 수 있다. 이 경우 저항을 받은 때에는 국가경찰공무원에게 원조를 요청할 수 있다.〈개정 2006.2.21〉

1. 의 의 및 서증과의 비교

검증이라 함은 법관이 그 오관의 작용에 의하여 직접적으로 사물의 성질과 상태를 검사하여 그 결과를 증거자료로 하는 증거조사를 말한다. 현장감 있는 증거조사이므로 사건의 진상파악에 도움이 된다(百聞不如一見). 그 대상으로 되는 것을 검증물이라 한다. 토지·가옥·사고현장·상처·사고차량·공해장소, 그 밖의 것들이 검증물이다. 사람의 경우에 그 진술내용인 사람의 사상을 증거로 하는 경우에는 인증이 되지만, 체격·용모·상처 등 신체의 특징을 검사하는 경우에는 검증물이 된다. 문서의 경우에 그 기재내용을 증거로 하는 경우에는 서증이 되지만, 그 지질·필적·인영 따위를 증거로 할 때에는 검증물이 된다. 따라서 위조문서라는 입증취지로 제출하였을 때는 그 기재내용을 증거로 하는 것이 아니므로, 검증의 대상이 된다[61]. 녹음·녹화테이프, 컴퓨터용 자기디스크·광디스크 등 음성·영상자료에 대한 증거조사는 검증의 방법에 의하여야 한다(민사소송규칙 제121조 2항).

2. 검증의 신청

검증은 원칙적으로 신청이 원칙이다. 다만 요증사실의 정확한 파악을 위해 전문적 지식을 바탕으로 하여야 할 때에는 감정과 함께 신청할 수 있다(예: 점유하는 토지나 가옥 부분의 위치·면적). 신청의 방법에는 서증에 관한 규정이 준용된다(제366조).

3. 검증수인의무

당사자나 제3자가 검증을 참고 받아들일 의무는 공법상의 의무이지만, 명문의 규정이 없어 그 범위가 문제된다. 증인의무와 마찬가지로 정당한 사유가 있는 경우를 제외하고는 일반적 의무라고 보아야 한다(부동산에의 출입, 혈액의 채취, 신체검사, 정신상태의 진찰에 참아 주어야 할 의무). 증인의무에 대한 증언 또는 선거거부사유(제314조, 제315조, 제324조)를 유추하여, 검증에 의하여 자기·근친자가 처벌받을 염려나 치욕이 될 경우, 공무상·직업상 비밀에 관한 경우 등이 그 제시를 거부할 수 있는 정당한 사유이다. 당사자가 검증수인의무를 위반한 때에는 문서제출의무위반에 대한 것과 같은 제재가 과하여지고(제366조, 제349조, 제350조, 다만 혈액형의 수검 불이행의 경우에는 과태료·감치, 가사소송법 제67조, 제29조), 제3자가 어기는 때에는 200만원 이하의 과태료의 제재를

---

[61] 일정한 문서를 위조문서라고 하여 제출한 경우에는 그 기재 내용을 증거로 하는 것이 아니라, 그 지질·필적·인영의 동일성 등을 조사하기 위한 것이므로 검증의 대상이 된다. 그리고 문서의 진정성립의 인정을 위한 필적 또는 인영의 대조를 위하여 문서를 제출하는 경우(대조용 문서, 제359조, 제361조)에는 이를 눈으로 보고 확인이 가능한 범위 내에서 검증의 방법에 의한다.

받는다. 하급심 判例이기는 하지만, 건물명도소송에서 법원이 점유부분의 특정을 위한 현장검증을 시도했으나, 피고 측이 건물의 문을 걸어 잠그고, 잠적하여 현장검증을 못하게 한 증명방해행위에 대해 원고의 주장대로 피고 측의 점유를 인정한 사례가 있다(서울지법 1998.08.13. 97가합47366).

Ⅵ 당사자신문

> **제367조(당사자신문)** 법원은 직권으로 또는 당사자의 신청에 따라 당사자 본인을 신문할 수 있다. 이 경우 당사자에게 선서를 하게 하여야 한다.
> ☞ 구법 제339조(당사자신문의 보충성) 법원은 증거조사에 의하여 심증을 얻지 못한 때에는 직권 또는 당사자의 신청에 의하여 당사자 본인을 신문할 수 있다. 이 경우에는 당사자에게 선서를 하게 할 수 있다.
>
> **제368조(대질)** 재판장은 필요하다고 인정한 때에 당사자 서로의 대질 또는 당사자와 증인의 대질을 명할 수 있다.
>
> **제369조(출석·선서·진술의 의무)** 당사자가 정당한 사유 없이 출석하지 아니하거나 선서 또는 진술을 거부한 때에는 법원은 신문사항에 관한 상대방의 주장을 진실한 것으로 인정할 수 있다.
>
> **제370조(거짓 진술에 대한 제재)** ① 선서한 당사자가 거짓 진술을 한 때에는 법원은 결정으로 500만원 이하의 과태료에 처한다.
> ② 제1항의 결정에 대하여는 즉시항고를 할 수 있다.
> ③ 제1항의 결정에는 제363조제3항의 규정을 준용한다.
>
> **제371조(신문조서)** 당사자를 신문한 때에는 선서의 유무와 진술 내용을 조서에 적어야 한다.
>
> **제372조(법정대리인의 신문)** 소송에서 당사자를 대표하는 법정대리인에 대하여는 제367조 내지 제371조의 규정을 준용한다. 다만, 당사자 본인도 신문할 수 있다.
>
> **제373조(증인신문 규정의 준용)** 이 절의 신문에는 제309조, 제313조, 제319조 내지 제322조, 제327조와 제330조 내지 제332조의 규정을 준용한다.

1. 서 설

(1) 의 의

당사자본인을 증거방법으로 하여 그가 경험한 사실에 대하여 진술하게 하여 증거자료를 얻는 증거조사를 말한다(제367조).

(2) 구별개념

당사자신문을 받는 경우의 당사자는 증거조사의 객체로서 증거방법이기 때문에 여기에서 그의 진술은 증인의 증언과 마찬가지로 증거자료이지 소송자료가 아니다. 따라서 당사자가 소송의 주체로서 하는 진술인 소송자료와 구별되며, 당사자본인신문의 과정에서 상대방주장사실과 일치되는 부분이 있더라도 이는 자백이라고 할 수 없다(대판 1978.09.12. 78다879). 법원의 석명에 대하여 당사자본인이 진술하는 것은 주장의 보충이지, 당사자신문은 아니다. 당사자의 법정대리인, 법인 등이 당사자인 경우에는 그 대표자 등도 이 절차에 의하여 신문한다(제372조).

2. 당사자신문의 보충성

(1) 보충성의 폐지

1) 구법 하에서의 상황

구법 제339조는 "법원이 증거조사에 의하여 심증을 얻지 못한 때에는 직권 또는 당사자의 신청에 의하여 당사자 본인을 신문할 수 있다."고 하여 증거조사의 보충성[62]을 규정하고 있었다.

2) 현행법의 입장

현행법 제367조는 당사자신문의 보충성을 폐지하여, 당사자신문은 어느 단계에서나 독자적인 증거조사의 한 방법으로 실시할 수 있도록 하였다.

(2) 가사소송사건

가사소송에 있어서는 직권탐지주의를 채택하고 있고, 특히 사건의 성질상 당사자 쌍방을 직접 조사할 필요성이 있으므로, 구민소법 당시에도 당사자신문의 보충성을 배제하여 언제든지 당사자 본인을 신문할 수 있게 하고 있다(가사소송법 제17조).

3. 절 차

(1) 당사자 신청의 경우

당사자신문은 직권으로 또는 당사자의 신청에 따라 할 수 있다(제367조). 법원은 효율적인 당사자신문을 위하여 필요하다고 인정할 때에는 당사자신문을 신청한 당사자에게 당사자진술서 또는 당사자신문사항을 제출하게 할 수 있다[63](규칙 제119조의2).

(2) 선서의무

신문기일에 당사자본인이 출석한 경우에는 재판장이 인정신문을 하고, 선서를 하게 하여야 한다. 구법에서는 선서를 시킬 것인지 여부가 법원의 재량이었으나, 현행법에서는 선서가 필수적이되었다. 현행법에서 당사자신문의 보충성을 폐지하였으므로, 거짓 진술의 억제를 위한 제도적 보완책으로 현행법에서 규정하였다. 선서한 당사자가 거짓 진술을 하는 경우, 법원은 결정으로 500만원이하의 과태료에 처할 수 있다. 법원의 결정에 대해서는 즉시항고를 할 수 있다(제370조).

---

[62] 구법하의 判例는 "당사자 본인신문결과는 다른 증거조사에 의하여 심증을 얻지 못한 때에 보충적으로 증거로 삼을 수 있을 뿐이고 독립적인 사실인정의 자료가 될 수 없다(대판 1987.05.26. 86누909 등)."고 하여 구 민소법의 당사자신문의 '증거방법으로의 보충성'을 '증거력의 보충성'으로 확장해석하고 있어, 당사자신문의 증거가치는 극히 미약하고, 실무상 소액사건을 제외하고는 당사자신문이 극히 예외적인 경우에만 이루어지고 있는 실정이었다. 현행법상으로는 증거조사의 보충성이 폐지되었으므로, 당사자신문의 증거가치, 즉 '증거력의 보충성'의 문제는 개정 법률이 직접 언급하지 아니하였지만, 자유심증주의 원칙에 따라 법원이 자유롭게 결정할 수 있다고 할 것이다(이시윤 등).

[63] 종전에는 당사자신문을 신청한 당사자는 원칙적으로 법원이 정한 기한까지 당사자신문사항을 제출할 수 있도록 하였으나, 사실심리의 충실화를 위하여 당사자신문이 활성화될 수 있도록 당사자신문사항의 사전제출의무에 관한 규정을 삭제하였다.

(3) 의무불이행의 경우

당사자신문의 결정이 있으면 당사자는 출석·선서·진술의무를 지며, 정당한 사유 없이 그 의무를 이행하지 않으면 법원은 그 재량으로 신문사항에 대한 상대방의 주장사실을 진실한 것으로 인정할 수 있다(제369조). 이는 당사자가 정당한 사유 없이 소환에 응하지 아니하는 경우 등에 법원의 재량에 따라 신문사항에 관한 상대방의 주장을 진실한 것으로 인정할 수 있다는 뜻이다(대판 1973.09.25. 73다1060). 즉 당사자본인신문절차에서 당사자본인이 출석, 선서, 진술의 의무를 불이행한 경우에 민사소송법 제369조의 규정에 의하여 법원이 진실한 것으로 인정할 수 있는 것은 "신문사항에 관한 상대방의 주장", 즉 신문사항에 포함된 내용에 관한 것이므로 법원이 이를 적용함에 있어서는 상대방당사자의 요건사실에 관한 주장사실을 진실한 것으로 인정할 것이라고 설시할 것이 아니라 당사자 본인신문사항 가운데 어느 항을 진실한 것으로 인정한 연후에 그에 의하면 상대방 당사자의 요건사실에 관한 주장사실을 인정할 수 있다고 판시하는 것이 정당하다(대판 1990.04.13. 89다카1084).

(4) 이의권의 포기·상실

당사자본인으로 신문할 자를 증인으로 신문하였다고 해도, 당사자가 즉시 이의하지 않으면 이의권의 포기·상실로 그 흠이 치유된다(제151조). 즉 당사자 본인신문의 방식에 의하여야 할 종친회 대표자를 증인으로 조사한데 대하여 지체 없이 이의의 진술이 없었다면 그 증언을 채택하여 사실 인정을 하였다 하더라도 위법이라 할 수 없다(대판 1977.10.11. 77다1316).

(5) 증인신문의 규정 준용 및 차이점

당사자신문의 절차에는 증인신문의 규정이 대부분 준용된다(제373조). 다만 당사자신문은 증인처럼 구인·과태료 등으로 출석·선서·진술이 강제되지 않는다. 따라서 선서를 하고 허위진술을 해도 형법상의 범죄가 되지 않고 과태료의 제재만 받는다(제370조).

Ⅶ 그 밖의 증거

> 제374조(그 밖의 증거) 도면·사진·녹음테이프·비디오테이프·컴퓨터용 자기디스크, 그 밖에 정보를 담기 위하여 만들어진 물건으로서 문서가 아닌 증거의 조사에 관한 사항은 제3절 내지 제5절의 규정에 준하여 대법원규칙으로 정한다.
>
> 민사소송규칙
> 제120조(자기디스크등에 기억된 문자정보 등에 대한 증거조사) ① 컴퓨터용 자기디스크·광디스크, 그 밖에 이와 비슷한 정보저장매체(다음부터 이 조문 안에서 이 모두를 "자기디스크등"이라 한다)에 기억된 문자정보를 증거자료로 하는 경우에는 읽을 수 있도록 출력한 문서(다음부터 이 조문 안에서 "출력문서"라고 한다)를 제출할 수 있다.
> ② 자기디스크등에 기억된 문자정보를 증거로 하는 경우에 증거조사를 신청한 당사자는 법원이 명하거나 상대방이 요구한 때에는 자기디스크등에 입력한 사람과 입력한 일시, 출력한 사람과 출력한 일시를 밝혀야 한다.
> ③ 자기디스크등에 기억된 정보가 도면·사진 등에 관한 것인 때에는 제1항과 제2항의 규정을 준용한다.

> 제121조(음성·영상자료 등에 대한 증거조사) ① 녹음·녹화테이프, 컴퓨터용 자기디스크·광디스크, 그 밖에 이와 비슷한 방법으로 음성이나 영상을 녹음 또는 녹화(다음부터 이 조문 안에서 "녹음등"이라 한다)하여 재생할 수 있는 매체(다음부터 이 조문 안에서 "녹음테이프등"이라 한다)에 대한 증거조사를 신청하는 때에는 음성이나 영상이 녹음등이 된 사람, 녹음등을 한 사람 및 녹음등을 한 일시·장소를 밝혀야 한다.
> ② 녹음테이프등에 대한 증거조사는 녹음테이프등을 재생하여 "검증"하는 방법으로 한다.
> ③ 녹음테이프등에 대한 증거조사를 신청한 당사자는 법원이 명하거나 상대방이 요구한 때에는 녹음테이프등의 녹취서, 그 밖에 그 내용을 설명하는 서면을 제출하여야 한다.
> 제122조(감정 등 규정의 준용) 도면·사진, 그 밖에 정보를 담기 위하여 만들어진 물건으로서 문서가 아닌 증거의 조사에 관하여는 특별한 규정이 없으면 제3절 내지 제5절의 규정을 준용한다.

IT산업의 발전으로 전자저장정보물(electronically stored information=저장형태 불문하고 서면, 도면, 그래프, 도표, 사진, 음성녹음, 영상, 그 밖의 데이터나 데이터편집물, 필요시의 번역물 등)이 확대되고 있는 현실에서 유연성 있는 대처를 위하여 구체적 사항은 대법원규칙에 위임하였다. 현재 증거의 중심이 서증에서 전자증거 내지 디지털증거로 이동하고 있다(이시윤). 判例는 "민사소송법 제344조 제1항 제1호, 제374조를 신청 근거 규정으로 기재한 동영상 파일 등과 사진의 제출명령신청에 대하여, <u>동영상 파일은 검증의 방법으로 증거조사를 하여야 하므로 문서제출명령의 대상이 될 수는 없고</u>, 사진의 경우에는 그 형태, 담겨진 내용 등을 종합하여 감정·서증·검증의 방법 중 가장 적절한 증거조사 방법을 택하여 이를 준용하여야 함에도, 제1심법원이 사진에 관한 구체적인 심리 없이 곧바로 문서제출명령을 하고 검증의 대상인 동영상 파일을 문서제출명령에 포함시킨 것이 정당하다고 판단한 원심의 조치에는 문서제출명령의 대상에 관한 법리를 오해한 잘못이 있다(대결 2010.07.14. 2009마2105)."고 하였고, "자유심증주의를 채택하고 있는 우리 민사소송법 하에서 상대방 부지 중 비밀리에 상대방과의 대화를 녹음하였다는 이유만으로 그 녹음테이프가 증거능력이 없다고 단정할 수 없고, 그 채증 여부는 사실심 법원의 재량에 속하는 것이며, <u>녹음테이프에 대한 증거조사는 검증의 방법에 의하여야 한다</u>(대판 1999.05.25. 99다1789)."고 하였다.

Ⅷ 조사·송부의 촉탁(사실조회)

> 제294조(조사의 촉탁) 법원은 공공기관[64]·학교, 그 밖의 단체·개인 또는 외국의 공공기관에게 그 업무에 속하는 사항에 관하여 필요한 조사 또는 보관중인 문서의 등본·사본의 송부를 촉탁할 수 있다.

1. 서 설

(1) 의 의

조사·송부의 촉탁이라 함은 법원이 공공기관·학교, 그 밖의 단체·개인 또는 외국공공기관에게 그 업무에 속하는 사항에 관하여 필요한 조사 또는 보관중인 문서의 등본·사본의 송부를 촉탁하는 특별증거조사절차를 말한다. 실무상 사실조회라고 한다.

---

[64] 다른 증거자료와 함께 증거자료가 됨을 주의해야 해야 하고, 여기의 공공기관에는 수사기관이 포함된다(민사사건의 형사사건화 경향 기억할 것).

(2) 구법과의 비교

현행법은 개인에게는 촉탁할 수 없었던 구법과 달리 개인에게도 그 업무에 속하는 사항에 관하여 조사 촉탁 할 수 있도록 하였다. 개인도 전문적이고 특수한 분야에 관한 지식이나 정보를 가지고 있는 사항을 굳이 그 개인을 증인이나 감정인으로 불러 물어 볼 필요가 없기 때문이다. 현행법은 조사촉탁에 그치지 않고 업무에 속하는 사항에 관하여 보관중인 문서 등·사본의 송부촉탁도 할 수 있도록 하였다. 촉탁의 한 방법으로 조사보고까지 가지 않고 보관하는 문서의 등사본을 보내게 하거나, 조사를 하면서 그 근거문서나 참고서류가 있으면 같이 보내게 하려는 취지이다. 이제 구법과 달리 조사·송부촉탁이라 부르는 것이 옳을 것이다(이시윤). 당사자의 신청에 의한 경우만이 아니라 직권으로도 할 수 있다. 예를 들면 기상청에 어느 일시의 기후관계, 상공회의소·증권거래소 또는 외환시장에 어느 일시의 물가시세·주가·환율의 조사보고, 의·약사회에 의약관계의 자료보고와 그 근거서류를 보내게 하는 따위이다.

2. 내 용

조사·송부촉탁은 촉탁의 상대방이 쉽게 조사할 수 있는 사실에 대하여 활용하고, 조사할 내용이 촉탁상대방의 특별한 지식경험을 필요로 하는 것이거나 촉탁상대방의 전문적인 의견을 구하는 것일 때에는 감정촉탁의 방법에 의하거나 촉탁상대방을 증인이나 감정인으로 신문하는 것이 바람직하다. 신설된 전문심리위원을 위촉하여 그의 의견이나 설명에 의할 수 있다. 촉탁에 응하는 경우 촉탁의 상대방은 보수 또는 필요한 비용을 청구 할 수 있다.

3. 문서송부촉탁과의 비교

조사·송부촉탁의 결과를 증거자료로 함에는 법원이 이를 변론에 현출하여 당사자에게 의견 진술의 기회를 주어야 하나, 당사자에 의한 원용은 필요 없다고 할 것이다. 조사·송부촉탁의 결과는 따로 서증으로 제출할 필요가 없다. 문서송부촉탁의 경우와 다르다(제352조).

4. 기타 법률

금융거래정보나 과세정보의 수집은 금융기관 또는 세무공무원에 대한 제출명령이라는 형식에 의하는데, 그 근거조문은 금융실명거래 및 비밀보장에 관한 법률 제4조 1항 또는 국세기본법 제81조의13 1항[65]과 사실조회·문서송부촉탁·문서제출명령 등에 관한 민소법 규정이다. 개정변호사법 제75조의 2는 지방변호사회가 회원인 변호사의 신청에 의하여 공공기관에 사실조회 하는 제도를 신설하였다.

---

[65] 제81조의13(비밀 유지) ① 세무공무원은 납세자가 세법에서 정한 납세의무를 이행하기 위하여 제출한 자료나 국세의 부과·징수를 위하여 업무상 취득한 자료 등(이하 "과세정보"라 한다)을 타인에게 제공 또는 누설하거나 목적 외의 용도로 사용해서는 아니 된다. 다만, 다음 각 호의 어느 하나에 해당하는 경우에는 그 사용 목적에 맞는 범위에서 납세자의 과세정보를 제공할 수 있다. 〈개정 2014.1.1, 2017.12.19, 2019.12.31.〉 3. 법원의 제출명령 또는 법관이 발부한 영장에 의하여 과세정보를 요구하는 경우

IX 증거보전

1. 서 설

(1) 의 의

> 제375조(증거보전의 요건) 법원은 미리 증거조사를 하지 아니하면 그 증거를 사용하기 곤란할 사정이 있다고 인정한 때에는 당사자의 신청에 따라 이 장의 규정에 따라 증거조사를 할 수 있다.

증거보전이란 소송절차 안에서 본래의 증거조사의 시기까지 기다리다가는 그 증거방법의 사용이 불능하거나 곤란하게 될 사정이 있는 경우에 본래의 소송절차와는 별도로 미리 증거조사를 하고 그 결과를 보전하여 두는 부수절차를 말한다(제375조).

(2) 예

예를 들어 증인의 사망·해외이주, 문서의 소실, 검증할 현상의 변경의 염려가 있을 때 행하여진다.

(3) 종 류

소제기 전에 시행하는 것과 소제기 후 증거조사기일 전에 시행하는 것의 두 가지가 있다.

2. 기 능

(1) 증거보전기능

증거보전절차는 원래 장래 조사할 증거를 미리 보전하는 기능만을 가졌으나, 최근에는 서증이나 검증의 절차에 의한 증거보전을 통하여 신청인이 상대방이 지배영역 안에 사실과 증거를 미리 입수하기 위하여 이 제도가 이용되는 경우가 있다.

(2) 증거개시기능(Discovery)

즉 증거보전제도가 증거의 보전이라는 기능을 넘어 증거의 사전개시, 획득을 하는 기능을 한다. 따라서 증거의 편재를 시정하는 수단으로서 이를 허용하여야 할 것[66]이다.

(3) 소송예방기능

그리고 증거보전은 분쟁이 본질적으로 사실관계에 관한 것일 때에는 사실관계의 사전확정을 통하여 소송을 예방하는 기능을 한다.

3. 요 건

(1) 증거보전의 필요성

법원은 미리 증거조사를 하지 아니하면 그 증거를 사용하기 곤란할 사정이 있다고 인정한 때에는

---

[66] 독일은 1991년에 시행된 개정법에서 증거보전절차를 독립적 증거절차로 개편하여, 검증·증인신문 및 감정은 사실관계의 확정에 정당한 이익이 있으면 증거보전의 필요성을 따지지 않고 조사할 수 있도록 하였다(독일법 제485조). 증권관련집단소송법에서 이를 받아들여 규정하고 있다(동법 제33조).

당사자의 신청에 따라 증거조사를 할 수 있다(제375조). 이 증거보전의 사유는 소명하여야 한다(제377조).

(2) 소명의 정도

> 제377조(신청의 방식) ② 증거보전의 사유는 소명하여야 한다.

1) 학 설

① 증거보전의 증거개시기능에 대하여 소극적인 입장에서 증거보전의 필요성에 대한 소명을 엄격히 요구하는 견해(엄격설)도 있으나, ② 증거개시기능에 대하여 적극적인 입장에서는 증거보전의 필요성에 대한 소명을 완화하여 해석하는 견해(완화설)도 있다.

2) 검 토

증거개시제도(Discovery)를 도입하고 있지 않은 현행법 하에서 증거개시제도의 기능을 할 수 있는 증거보전의 사유를 완화해서 해석하는 완화설이 소송의 적정, 공평을 위해 타당하다. 특히 완화설의 입장에서 보증금의 공탁 등 간이한 방법에 의하여 증거보전의 소명을 갈음하게 하는 방법도 바람직하다는 견해도 있다(강현중, 김홍엽).

(3) 증권관련집단소송법

증권관련집단소송에서는 미리 증거조사를 하지 아니하면 그 증거를 사용하기 곤란한 사정이 있지 아니한 경우에도 필요하다고 인정하는 때에는 증거조사를 할 수 있다(동법 제33조). 이는 집단소송의 허가절차 등에서도 증거조사를 할 수 있도록 하기 위해서이다.

4. 절 차

(1) 개 시

> 제379조(직권에 의한 증거보전) 법원은 필요하다고 인정한 때에는 소송이 계속된 중에 직권으로 증거보전을 결정할 수 있다.

당사자의 신청과 법원의 직권 모두 가능하다(제375조, 제379조).

(2) 상대방을 지정할 수 없는 경우

> 제378조(상대방을 지정할 수 없는 경우) 증거보전의 신청은 상대방을 지정할 수 없는 경우에도 할 수 있다. 이 경우 법원은 상대방이 될 사람을 위하여 특별대리인을 선임할 수 있다.

증거보전의 신청은 상대방을 지정할 수 없는 경우에도 할 수 있다. 이 경우 법원은 상대방이 될 사람을 위하여 특별대리인을 선임할 수 있다(제378조).

(3) 관 할

> 제376조(증거보전의 관할) ① 증거보전의 신청은 소를 제기한 뒤에는 그 증거를 사용할 심급의 법원에 하여야 한다. 소를 제기하기 전에는 신문을 받을 사람이나 문서를 가진 사람의 거소 또는 검증하고자 하는 목적물이 있는 곳을 관할하는 지방법원에 하여야 한다. ② 급박한 경우에는 소를 제기한 뒤에도 제1항 후단에 규정된 지방법원에 증거보전의 신청을 할 수 있다.

증거보전의 신청은 소를 제기한 뒤에는 그 증거를 사용할 심급의 법원에 하여야 한다. 그리고 소를 제기하기 전에는 신문을 받을 사람이나 문서를 가진 사람의 거소 또는 검증하고자 하는 목적물이 있는 곳을 관할하는 지방법원에 하여야 한다. 하지만 급박한 경우에는 소를 제기한 뒤에도 소를 제기하기 전의 관할 지방법원에 증거보전의 신청을 할 수 있다(제376조).

(4) 신청의 방식

> 제377조(신청의 방식) ① 증거보전의 신청에는 다음 각 호의 사항을 밝혀야 한다.
> 1. 상대방의 표시 2. 증명할 사실 3. 보전하고자 하는 증거 4. 증거보전의 사유

증거보전의 신청에는 ① 상대방의 표시 ② 증명할 사실 ③ 보전하고자 하는 증거 ④ 증거보전의 사유 등의 사항을 밝혀야 한다(제377조 1항).

(5) 불복금지

> 제380조(불복금지) 증거보전의 결정에 대하여는 불복할 수 없다.

증거보전의 결정에 대하여는 불복할 수 없다(제380조). 다만 증거보전신청을 받아들이는 결정에 대하여는 불복신청을 하지 못 하지만(제380조), 이를 각하 하는 결정에 대하여는 신청인이 항고할 수 있다(제439조). 이론적으로는 증거보전을 허용하는 재판과 증거조사를 실시하는 결정은 별개이나 하나의 결정서를 작성하여도 무방하다. 증거보전을 허용한 결정 자체에 대하여는 불복할 수 없지만, 그에 기하여 증거조사를 실시하는 결정으로서 법원이 문서제출을 명한 경우에 이에 대하여 불복이 있는 이해관계인은 즉시항고를 제기할 수 있다(대결 2012.03.20. 2012그21). 증거보전결정은 원칙적으로 양쪽 당사자와 증거조사를 받게 되는 제3자에게 고지되어야 하지만, 급속을 요하는 경우 등에는 상대방에게 사후에 지체 없이 고지하면 족하다[실무제요(Ⅲ), 1329 ~ 1330면].

(6) 당사자의 참여

> 제381조(당사자의 참여) 증거조사의 기일은 신청인과 상대방에게 통지하여야 한다. 다만, 긴급한 경우에는 그러하지 아니하다.

증거조사의 기일은 신청인과 상대방에게 통지하여야 한다. 하지만 긴급한 경우에는 통지하지 않아도 된다(제381조).

(7) 증거보전의 기록

> 제382조(증거보전의 기록) 증거보전에 관한 기록은 본안소송의 기록이 있는 법원에 보내야 한다.

증거보전에 관한 기록은 본안소송의 기록이 있는 법원에 보내야 한다(제382조).

5. 효 과

(1) 증거자료로서의 효력

증거보전절차에서 실시한 증거조사의 결과는 변론에 현출됨으로써 본안소송에서 실시한 증거

자료와 동일한 효력이 있다.

(2) 변론에서의 재신문

> 제384조(변론에서의 재신문) 증거보전절차에서 신문한 증인을 당사자가 변론에서 다시 신문하고자 신청한 때에는 법원은 그 증인을 신문하여야 한다.

증거보전절차에서 신문한 증인을 당사자가 변론에서 다시 신문하고자 신청한 때에는 법원은 그 증인을 신문하여야 한다(제384조).

(3) 증거보전의 비용

> 제383조(증거보전의 비용) 증거보전에 관한 비용은 소송비용의 일부로 한다.

증거보전에 관한 비용은 소송비용의 일부로 한다(제383조).

제5절 자유심증주의

> 제202조(자유심증주의) 법원은 변론 전체의 취지"와" 증거조사의 결과를 참작하여 자유로운 심증으로 사회정의와 형평의 이념에 입각하여 논리와 경험의 법칙에 따라 사실주장이 진실한지 아닌지를 판단한다.
>
> 형사소송법 제307조(증거재판주의) ① 사실의 인정은 증거에 의하여야 한다.
> ② 범죄사실의 인정은 합리적인 의심이 없는 정도의 증명에 이르러야 한다. [전문개정 2007.6.1]
>
> 제202조의2(손해배상 액수의 산정) 손해가 발생한 사실은 인정되나 구체적인 손해의 액수를 증명하는 것이 사안의 성질상 매우 어려운 경우에 법원은 변론 전체의 취지와 증거조사의 결과에 의하여 인정되는 모든 사정을 종합하여 상당하다고 인정되는 금액을 손해배상 액수로 정할 수 있다[67]. [본조신설 2016.3.2.][시행 : 2016.9.30.]

---

[67] 불법행위로 인한 손해배상청구소송에서 손해가 발생한 사실은 인정되나 구체적인 손해의 액수를 증명하는 것이 사안의 성질상 매우 어려운 경우에 법원은 증거조사의 결과와 변론 전체의 취지에 의하여 밝혀진 당사자들 사이의 관계, 불법행위와 그로 인한 재산적 손해가 발생하게 된 경위, 손해의 성격, 손해가 발생한 이후의 여러 정황 등 관련된 모든 간접사실을 종합하여 적당하다고 인정되는 금액을 손해배상 액수로 정할 수 있다. 민사소송법 제202조의2는 종래의 판례를 반영하여 "손해가 발생한 사실은 인정되나 구체적인 손해의 액수를 증명하는 것이 사안의 성질상 매우 어려운 경우에 법원은 변론 전체의 취지와 증거조사의 결과에 의하여 인정되는 모든 사정을 종합하여 상당하다고 인정되는 금액을 손해배상 액수로 정할 수 있다."라고 정하고 있다(대판 2017.09.26. 2014다27425).

I 서 설

1. 의의

자유심증주의란 사실주장이 진실인지 아닌지를 판단함에 있어서 법관이 증거법칙의 제약을 받지 않고, 변론 전체의 취지와 증거자료를 참작하여 형성된 자유로운 심증으로 행할 수 있다는 원칙을 이른다(제202조). 특히 민사소송법 제202조가 선언하고 있는 자유심증주의는 형식적·법률적 증거규칙에 얽매일 필요가 없다는 것을 뜻할 뿐 법관의 자의적 판단을 허용하는 것은 아니므로, 사실의 인정은 적법한 증거조사절차를 거친 증거에 의하여 정의와 형평의 이념에 입각하여 논리와 경험의 법칙에 따라 하여야 하고, 사실인정이 사실심의 재량에 속한다고 하더라도 그 한도를 벗어나서는 아니 된다(대판 2017.03.09. 2016두55933). 다만 사실의 인정, 증거의 취사선택과 평가는 자유심증주의의 한계를 벗어나지 않는 한 사실심 법원의 전권사항이다(대판 2019.11.14. 2016다227694)[68].

2. 제202조의2 규정의 성격

민사소송법 제202조의2는 종래의 판례를 반영하여 '손해배상 액수의 산정'이라는 제목으로 "손해가 발생한 사실은 인정되나 구체적인 손해의 액수를 증명하는 것이 사안의 성질상 매우 어려운 경우에 법원은 변론 전체의 취지와 증거조사의 결과에 의하여 인정되는 모든 사정을 종합하여 상당하다고 인정되는 금액을 손해배상 액수로 정할 수 있다."라고 정하고 있다. <u>이 규정은 특별한 정함이 없는 한 채무불이행이나 불법행위로 인한 손해배상뿐만 아니라 특별법에 의한 손해배상에도 적용되는 일반적 성격의 규정</u>이다. 손해가 발생한 사실이 인정되나 구체적인 손해의 액수를 증명하는 것이 매우 어려운 경우에는 법원은 손해배상청구를 쉽사리 배척해서는 안 되고, 적극적으로 석명권을 행사하여 증명을 촉구하는 등으로 구체적인 손해액에 관하여 심리하여야 한다. 그 후에도 구체적인 손해액을 알 수 없다면 손해액 산정의 근거가 되는 간접사실을 종합하여 손해액을 인정할 수 있다(대판 2020.03.26. 2018다301336).

---

[68] 임대차는 타인의 물건을 빌려 사용·수익하고 그 대가로 차임을 지급하기로 하는 계약이다(민법 제618조). 임대차계약에서 임대인은 목적물을 계약존속 중 사용·수익에 필요한 상태를 유지하게 할 의무를 부담한다(민법 제623조). 임대인이 목적물을 사용·수익하게 할 의무는 임차인의 차임지급의무와 서로 대응하는 관계에 있으므로, 임대인이 이러한 의무를 불이행하여 목적물의 사용·수익에 지장이 있으면 임차인은 지장이 있는 한도에서 차임의 지급을 거절할 수 있다. 임차인이 임차물의 보존에 관한 필요비를 지출한 때에는 임대인에게 상환을 청구할 수 있다(민법 제626조 제1항). 여기에서 '필요비'란 임차인이 임차물의 보존을 위하여 지출한 비용을 말한다. 임대차계약에서 임대인은 목적물을 계약존속 중 사용·수익에 필요한 상태를 유지하게 할 의무를 부담하고, 이러한 의무와 관련한 임차물의 보존을 위한 비용도 임대인이 부담해야 하므로, 임차인이 필요비를 지출하면, 임대인은 이를 상환할 의무가 있다. 임대인의 필요비상환의무는 특별한 사정이 없는 한 임차인의 차임지급의무와 서로 대응하는 관계에 있으므로, 임차인은 지출한 필요비 금액의 한도에서 차임의 지급을 거절할 수 있다.

Ⅱ 증거원인

1. 변론전체의 취지

(1) 의 의

증거조사결과를 제외한 일체의 소송자료로서 당사자의 주장내용, 태도 기타 변론에서 얻은 인상 등 변론에 나타난 일체의 적극·소극의 사항을 말한다. 즉 당사자의 주장내용, 주장태도, 증거신청시기 등이 이에 해당한다.

(2) 기능 및 독립적 증거원인성 인정의 여부

형사소송법은 엄격한 증거재판주의를 취하여 증거자료만이 증거원인이 되나, 민사소송법은 자유심증주의를 철저히 관철하여 증거자료 뿐 아니라 변론전체의 취지도 증거원인이 된다. 이렇듯 변론 전체의 취지는 다른 증거자료와 함께 증거원인을 구성하는데 이 경우 법관이 변론전체의 취지만으로 심증을 형성할 수 있느냐 즉 독립적인 증거원인으로 볼 수 있느냐가 문제된다.

(3) 학 설

독립적 증거원인설은 자유심증주의의 본래의 의미에 충실하여 법원이 변론 전체의 취지만으로 확신을 얻었으면 굳이 그 사실을 인정하는 것을 막을 필요는 없다고 하여 변론전체의 취지만으로 증거원인이 된다고 한다. 보충적 증거원인설은 객관화하기 곤란하다는 점, 사실인정이 안이하게 될 우려가 있다는 점에서 변론 전체의 취지는 다른 증거자료와 함께 증거원인이 될 수 있을 뿐이라고 한다.

(4) 判例

判例는 주요사실의 인정에 대해서는 "변론전체의 취지는 변론의 과정에 현출된 모든 상황과 자료를 말하여 증거원인이 되는 것이기는 하나 이것만으로는 사실인정의 자료로 할 수 없는 것이므로..(대판 1983.09.13. 83다카971 등)."라고 하여 원칙적으로 보충적 증거원인설의 입장이다. 그러나 문서의 진정성립(형식적 증거력)에 관해서는 "당사자가 부지로서 다툰 서증에 관하여 거증자가 특히 그 성립을 증명하지 아니한 경우라도 법원은 다른 증거에 의하지 않고 변론전체의 취지를 참작하여 자유심증으로써 그 성립을 인정할 수 있다(대판 1982.03.23. 80다1857)."고 하고 있다. 그리고 자백의 철회요건으로서의 착오에 대해서도 "재판상의 자백은 상대방의 동의가 없는 경우에는 자백을 한 당사자가 그 자백이 진실에 부합되지 않는다는 사실과 자백이 착오에 기인한다는 사실을 증명한 경우에만 이를 취소할 수 있는 것이기는 하지만 증거에 의하여 자백이 진실과 부합되지 않는 사실이 증명되고 변론전체의 취지에 의하여 그 자백이 착오에 기인한 것으로 인정되는 경우에는 법원은 자백의 취소를 허용하여야 할 것이다(대판 1991.08.27. 91다15591·15607)."라고 하여 이들 경우에 예외적으로 독립적 증거원인성을 인정하고 있다.

(5) 검 토

자유심증주의에 충실한다면 독립적 증거원인설이 일리가 있으나 ① 법관도 인간인 이상 안이한 사실인정의 우려가 있다는 점, ② 변론 전체의 취지 자체도 모호하다는 점에서 보충적 증거원인설이 타당하다. 다만 실제로 법원이 변론 전체의 취지만으로 확신을 얻는 경우는 매우 드물 것이므로 어느 학설을 취하나 실제상의 큰 차이는 없다.

2. 증거조사의 결과

(1) 증거방법의 무제한

자유심증주의는 증거방법이나 증거능력에 제한이 없기 때문에, 매매·대여사실의 인정은 반드시 서증에 의하여야 하는 것은 아니며, 서류위조 여부를 반드시 감정에 의할 필요가 없다. 判例도 소 제기 후 다툼 있는 사실을 증명하기 위하여 작성한 문서라도 증거능력이 있는 것으로 보며(대판 1992.04.14. 91다24775), 형사소송과 달리 전문증언이라도 증거능력이 있다고 하였다(대판 1962.01.11. 4294민상386).

(2) 증거력의 자유평가

자유심증주의에 의하므로 직접증거와 간접증거 사이에, 서증과 인증 사이에, 그 증거력에 있어서 우열이 없다.

(3) 증거공통의 원칙

증거공통의 원칙이란 증거조사의 결과는 그 증거제출자에게 유리하게 판단될 수 있지만, 오히려 상대방에게 유리하게 평가될 수도 있다는 원칙을 말한다. 判例도 "증거는 어느 당사자에 의하여 제출되거나 또 상대방이 이를 원용하는 여부에 불구하고 이를 당사자 어느 쪽의 유리한 사실인정 증거로 할 수 있는 것(대판 2004.05.14. 2003다57697)."이라고 하여 긍정하고 있다. 따라서 실무상 제출자의 상대방이 '원용 한다'는 말은 법원의 증거판단에 주의를 환기시키는 이상의 의미는 없다는 것이 통설이나, 判例는 "원용이 없는 이상 상대방 제출의 증거에 대해 채택여부 판단을 하지 아니하여도 증거공통의 원칙에 저촉되지 않는다(대판 1974.03.26. 73다160)."고 하여 아직 원용에 의미를 부여하고 있다[69](이시윤).

III 자유심증의 정도

1. 사실인정에 필요한 확신의 정도

(1) 내 용

통설, 판례는 고도의 개연성 있는 확신, 즉 십중팔구까지는 확신이 있으면 된다(고도의 개연성

---

[69] 이 판결은 당사자 한쪽이 제출한 증거에 대한 증거조사의 결과에 따른 증거판단에 관한 것이 아니라, 당사자 한 쪽이 제출한 증거에 대하여 상대방이 이를 이익으로 원용하지 아니한 이상 증거판단 할 필요조차 없다는 것이므로, 증거공통의 원칙과 원용의 문제와는 직접적인 관련이 없다고 보는 견해가 있다(김홍엽).

설). 즉 민사소송에서 사실의 증명은 추호의 의혹도 있어서는 아니 되는 자연과학적 증명은 아니나, 특별한 사정이 없는 한 경험칙에 비추어 모든 증거를 종합 검토하여 어떠한 사실이 있었다는 점을 시인할 수 있는 고도의 개연성을 증명하는 것이고, 그 판정은 통상인이라면 의심을 품지 않을 정도일 것을 필요로 한다(대판 2010.10.28. 2008다6755). 다만 이에 대해서는 증거의 비교우월이면 된다는 견해도 있다(우월적 증명설, 정동윤 · 유병현 · 김경욱).

(2) 손해배상소송에 있어서 증명도의 경감과 통계적 증명

1) 개연성설

현대형 소송에 있어서 불법행위의 각 요건사실의 입증에 있어 확신을 뜻하는 '고도의 개연성'을 요구하지 않고, '상당한 정도의 개연성'을 밝히면 입증한 것으로 보자는 입장인데, 判例도 공해소송, 일실이익의 산정에 있어서도 '합리성과 객관성을 잃지 않는 범위 내에서의 상당한 개연성이 있는 소득의 증명으로 족하다(대판 1991.07.23. 89다카1275).'고 판시해 개연성설을 택하고 있다.

2) 확률적 심증이론

확신이 서지 않는 경우에 진위불명이라 하여 입증책임판결을 하기보다는 증명도를 손해배상액에 반영시켜 증명도 만큼 손해액을 인정하자는 이론이다. 이 견해는 일본의 倉田卓次 판사가 주창하였다(東京地裁 昭和 1945.6.29. 판결). 하지만 이 견해는 심증도의 어느 한도까지 이 이론을 적용할 것인가와 중간적 사실의 인정 등 문제가 있어 학설의 외면을 받고 있다.

3) 역학적 증명이론

원고 측에서 원고도 ① 역학적 증명에 의해 원인이라고 할 인자의 영향을 받았다는 것과 ② 원고의 증상도 집단적 질환의 기본적 특징을 갖춘 것을 증명하면 되고, 피고 측에서 원고의 질병은 그 인자와는 무관하다는 것을 추정케 할 특단의 사정을 증명함으로써 역학적 증명으로부터 해방되는 식으로 입증책임을 분배하는 견해이다(통계적 증명방식이다).

2. 자의 금지

(1) 원 칙

판결문에 심증형성의 경로를 명시해야 하는지가 문제되는데, 학설은 대립[70]하지만 判例는 어떠한 증거를 갖고 어떠한 사실을 인정했는지 증거설명은 필요하나, 채부에 관한 이유를 설시할 필요는 없다고 한다(대판 1993.11.12. 93다18129). 예를 들어 법원이 甲이 주장하는 사실을 인정한다고 했을 때, 甲이 신청한 증인 A, B, C 세 명의 증인 중 A증인의 증언에 의해 사실을 인정한다고 설시하면 되는 것이지, 왜 A, B, C 세 명의 증인 중 A증인의 증언을 채택했는지는 이유를 설시할 필요가 없다(대판 1998.12.08. 97므513 · 97스12). 판결서 작성에 들이는 노고로 소송촉진만 저해될

---

[70] 명시요구설은 당사자를 보호하고 상고심이 자의적 판단인가의 여부에 대해 재심사 할 수 있도록 하기 위해 증거의 취사선택에 있어서 심증형성의 경로를 명시해야 한다는 견해이고, 명시불요설은 자유심증의 경로의 논리적 설명은 곤란하고 명시를 요구하는 것은 소송촉진을 저해하므로 심증형성의 경로를 명시할 필요가 없다는 견해이다.

우려가 있기 때문이다.

(2) 예 외 - 이유 설시를 요하는 경우

判例는 ① 진정성립이 인정되는 처분문서의 증거력의 배척(대판 2004.03.26. 2003다60549) ② 진정성립이 석연치 않은 서증의 증거력 인정(대판 1993.04.13. 92다12070) ③ 공문서의 진정성립의 부정(대판 1986.06.10. 85다카180, 공문서인 사실조회회보도 마찬가지이다). ④ 확정된 관련민사사건에서 인정한 사실과 달리 인정할 때(대판 2000.04.11. 99다51685, 다만 달리 인정하는 구체적 이유를 일일이 설시할 필요는 없다는 판례도 있다(대판 2002.06.11. 99다41657)) ⑤ 자기에게 불리한 사실을 시인하고 날인까지 한 서증의 증거력을 배척할 때(대판 1993.05.11. 92다3823) ⑥ 경험칙 상 이례에 속하는 판단(대판 1996.10.25. 96다29700) 등은 분명하고 수긍할 만한 이유의 설시를 요한다. 그리고 ⑦ 증명책임이 있는 당사자가 주장사실을 증명할 만한 상당한 증거를 제출하였는데 한 마디로 모두 믿지 않는다는 표현은 잘못이다(대판 1992.05.26. 92다8293).

IV 사실인정의 위법과 상고

1. 원 칙

법률심인 상고심은 사실심의 자유심증에 의한 사실인정을 그대로 받아들여야 하므로(제432조), 원심의 증거채택과 사실인정이 잘못되었다는 것은 상고심에서 문제 삼을 수 없는 것이 원칙이다.

2. 예 외

위법한 변론 및 증거조사의 결과에 의한 사실의 인정, 적법한 증거조사의 결과를 간과한 사실인정, 논리법칙·경험법칙을 현저히 어긴 사실인정 등의 경우에는 자유심증주의의 한계를 일탈한 것이므로 상고이유[71]가 된다고 본다(제423조).

V 자유심증주의의 예외

1. 증거방법·증거력의 법정(예외 1)

예외적으로 법으로 증거능력을 제한하거나 증거력을 법정해 놓은 경우가 있는데, ① 대리권의

---

[71] 불법행위로 인한 손해배상청구소송에서 재산적 손해의 발생사실은 인정되나 구체적인 손해의 액수를 증명하는 것이 사안의 성질상 곤란한 경우, 법원은 증거조사의 결과와 변론 전체의 취지에 의하여 밝혀진 당사자들 사이의 관계, 불법행위와 그로 인한 재산적 손해가 발생하게 된 경위, 손해의 성격, 손해가 발생한 이후의 여러 정황 등 관련된 모든 간접사실들을 종합하여 손해의 액수를 판단할 수 있는 것이고, 이러한 법리는 자유심증주의하에서 손해의 발생사실은 입증되었으나 사안의 성질상 손해액에 대한 입증이 곤란한 경우 증명도·심증도를 경감함으로써 손해의 공평·타당한 분담을 지도원리로 하는 손해배상제도의 이상과 기능을 실현하고자 함에 그 취지가 있는 것이지, 법관에게 손해액의 산정에 관한 자유재량을 부여한 것은 아니므로, 법원이 위와 같은 방법으로 구체적 손해액을 판단함에 있어서는, 손해액 산정의 근거가 되는 간접사실들의 탐색에 최선의 노력을 다해야 하고, 그와 같이 탐색해 낸 간접사실들을 합리적으로 평가하여 객관적으로 수긍할 수 있는 손해액을 산정해야 할 것이다(대판 2007.11.29. 2006다3561, 군법무관 보수청구 사건).

존재에 대한 서면증명(제58조 1항, 제89조 1항), 소명방법에 대해 즉시 조사할 수 있는 것에 한정(제299조 1항) 등 증거방법의 제한 ② 당사자와 법정대리인에 증인능력의 부정(제367조, 제372조)등 증거능력의 제한 ③ 변론의 방식에 관하여 변론조서의 법정증거력(제158조), 공문서·사문서의 형식적 증거력에 관한 추정규정(제356조, 제358조) 등의 증거력자유평가의 제한 등이 있다. 이 밖에 당사자의 일방이 고의로 상대방의 증명방해행위를 한 경우에 그 자에게 불리한 사실을 인정할 수 있도록 한 일련의 규정(제349조, 제350조, 제360조 1항, 제361조 2항, 제366조, 제369조)도 법정증거주의의 한 예이다. 법의 규정이 없는 증명방해가 문제된다.

2. 증명방해

(1) 의의 및 인정취지

증명방해란 일방당사자의 증거의 사용을 곤란하게 만들거나 불가능하게 만드는 행위를 이른다. 이의 인정취지는 ① 상대방에게 증거보존의무가 있다는 증거보존의무위반설도 있으나 ② 통설적 견해는 신의칙에서 이를 인정하고 있다.

(2) 효 과72)(제재방법)

判例는 의사 측의 진료기록이 가필된 사안에서 "당사자 일방이 입증을 방해하는 행위를 하였더라도 법원으로서는 이를 하나의 자료로 삼아 자유로운 심증에 따라 방해자 측에게 불리한 평가를 할 수 있음에 그칠 뿐 입증책임이 전환되었다거나 곧바로 상대방의 주장 사실이 증명된 것으로 보아야 하는 것도 아니다(대판 1999.04.13. 98다9915 등)"고 하여 자유심증설의 입장이다. 다만 최근에는 "유족의 반대로 시체의 부검이 이루어지지 아니한 때에는 유족측이 증명책임상의 불이익을 감수하여야 한다(대판 2010.09.30. 201012241·12258)."고 본 것도 있다.

3. 증거계약(예외 2)

(1) 의 의

증거계약이란 소송에 있어 사실확정에 관한 당사자의 합의를 말한다. 소송상의 효과를 발생케 하는 계약이기 때문에 소송계약의 일종으로 자유심증주의를 당사자의 의사로 제약하는 경우인데, 다음과 같은 것들이 있다.

(2) 자백계약

자백계약이란 일정한 사실을 인정하거나 또는 다투지 않기로 약정하는 합의를 말한다. 변론주의의 적용을 받는 통상의 민사소송에 있어서는 당사자의 자백이 허용되므로 원칙적으로 자백계약은 유효한 것으로 인정된다. 다만 권리자백계약과 간접사실에 관한 자백계약은 법관의 자유심증주의를 제약하므로 명문의 규정이 없는 한 효력이 없다고 보아야 한다.

---

72) ① 자유심증설(증거평가설)은 그 증명방해행위를 하나의 자료로 삼아 법관의 자유심증에 따라 방해자에게 불리하게 평가하면 된다고 한다. ② 증명책임전환설은 방해한 상대방에 대해 증명책임을 전환시켜 형평을 도모해야 한다고 한다. ③ 법정증거설은 방해받은 상대방의 주장사실이 바로 증명된 것으로 보아야 한다고 한다.

(3) 증거제한계약

일정한 증거방법을 증거로 제출하지 말자는 계약이 증거제한계약이다. ⅰ) 보충적 직권증거조사(제292조)를 근거로 무효로 보는 견해가 있으나, ⅱ) 증거자료의 제출에 관하여는 변론주의가 적용되어 당사자의 주도권이 인정되고 법관의 직권증거조사는 보충적·예외적인 것이므로 장래에 제출할 증거방법을 당사자들이 그들의 처분권한에 의하여 제한하더라도 이것은 변론주의의 적용결과이므로 적법하다. 증거방법을 제한한다고 하더라도 제한된 증거로부터 법관의 심증형성에 아무런 법적 제한이 없는 한 자유심증주의의 위배가 아니다. 따라서 유효설이 타당하다.

(4) 중재감정계약

사실의 확정을 제3자의 판정에 위임하여 이에 복종키로 하는 계약이 중재감정계약이다. 이러한 계약도 유효하여, 유효한 중재감정계약의 존재가 주장·입증되면 중재가 행해질 때까지 소송절차를 중단할 수 있다고 본다.

(5) 증거력계약

증거력계약은 특정한 증거의 증거력을 정하거나 일정한 사실에서 특정한 사실을 추정하여 그것을 사실인정의 기초로 하자는 합의로서, 이는 증거조사결과에 대한 법관의 자유로운 증거력 평가를 제약하는 결과가 되므로 무효이다. 예를 들어 증명을 소명으로 대체하자는 계약을 들 수 있다.

(6) 증명책임계약

넓은 의미의 증거계약에는 증명책임계약을 포함하지만, 사실확정의 방법에 관한 것이 아니고 사실확정이 되지 않을 때 누구에게 법률상의 불이익을 돌릴 것이냐 하는 문제이기 때문에, 엄밀한 의미의 증거계약이라 할 수 없다. 다만 처분할 수 있는 권리관계에 관한 것이면 계약으로 책임을 바꿀 수 있다(대판 1997.10.28. 97다33089). 약관의 규제에 관한 법률 제14조는 상당한 이유 없이 고객에게 증명책임을 부담시키는 약관조항은 무효로 하였다(이시윤).

제6절 증명책임

I 서 설

1. 의 의

(1) 객관적 증명책임

(객관적)증명책임이란 소송상 요증사실의 존부가 확정되지 않을 때(진위불명의 상태)에 당해 사실이 존재하지 않는 것으로 취급되어 법률판단을 받게 되는 당사자 일방의 불이익을 이른다. 즉 패소위험을 누가 지느냐의 문제라고 할 수 있다[73].

(2) 주관적 증명책임

주관적 증명책임이란 승소를 하기 위하여 증명책임을 지는 사실에 대하여 증거를 대야 하는 한쪽 당사자의 행위책임을 말한다. 특히 "증명책임은 민사소송의 척추이다"라는 말 그대로 증명책임이 민사소송에서 담당하는 역할은 크다. 즉 ① 청구원인과 항변과의 구별 ② 항변과 부인과의 구별 ③ 본증과 반증과의 구별 ④ 자백의 성립여부의 기준 ⑤ 증거를 대지 못하는 경우에 누구에게 증명촉구를 할 것인가의 석명권 행사의 대상자도 증명책임에 의해 정해지므로, 심리의 최종단계에 이르러 진실여부 불명의 결과책임으로 문제되는 객관적 증명책임만으로는 민사소송과정에서 증명책임이 담당하는 여러 가지 기능이 도외시 될 수 있다. 따라서 주관적 증명책임이라는 개념의 독자성을 인정할 필요가 있다.

2. 기 능

진위불명 시에 재판을 가능케 하는 기능을 수행한다. 즉 증명책임은 진위불명시 재판을 가능하게 하기 위해 그 사실이 존재하지 않는 것으로 의제하여 그 사실을 요건으로 하는 법률효과의 발생을 인정하지 않게 된다(법규부적용의 문제).

3. 주장책임과의 관계

변론주의 하에서 당사자가 유리한 판결을 얻기 위하여 자기가 부담하는 주장책임을 다하여야 하고, 그것이 다투어지는 경우 증명을 하여야 한다(주관적 증명책임). 따라서 주장책임은 증명책임에 선행하여 존재한다. 주장책임의 분배는 원칙적으로 증명책임의 분배와 일치하나, 주장책임이 있는 곳에 반드시 증명책임이 따르는 것이 아니다(불요증사실의 경우). 그리고 예외적으로 소극적 확인의 소74)에서는 부존재로 주장된 권리관계의 주장책임은 원고가, 그 권리관계의 증명책임은 피고가 진다. 判例도 "소극적 확인소송에서는 원고가 먼저 청구를 특정하여 채무발생원인 사실을 부정하는 주장을 하면 채권자인 피고는 권리관계의 요건사실에 관하여 주장·증명책임을 부담하므로, 유치권 부존재 확인소송에서 유치권의 요건사실인 유치권의 목적물과 견련관계 있는 채권의 존재에 대해서는 피고가 주장·증명하여야 한다75)(대판 2016.03.10. 2013다99409)."고 한다. 그리고

---

73) 원래 증명책임이란 용어는 Beweislast라는 독일어를 번역한 것으로 흔히 입증책임이라고 쓰고 있고, 형사소송법에서는 거증책임이라고 번역하고 있다. 하지만 기존 같이 입증책임이라고 쓰면 당사자가 입증을 해야 할 책임이라고 오해하는 경향이 있으므로 이는 증명책임이라고 하는 것이 맞다고 본다. 왜냐하면 엄밀히는 당사자가 입증을 해야 할 책임은 주관적 증명책임을 이르고 이는 변론주의의 특유한 요소이지만, 우리가 논하고자 하는 객관적 증명책임은 법관의 진위불명상태에서의 패소위험을 뜻하므로 이는 변론주의든, 직권탐지주의든 상관없이 문제되기 때문이다. 이를 정확하게 이해하고 있어야 증명책임 부분에 대해 혼란이 초래되지 않는다는 점을 명심해야 한다.

74) 그에 준하는 소유권이전등기말소청구소송도 동일하다.

75) 확정된 지급명령의 경우 그 지급명령의 청구원인이 된 청구권에 관하여 지급명령 발령 전에 생긴 불성립이나 무효 등의 사유를 그 지급명령에 관한 이의의 소에서 주장할 수 있고, 이러한 청구이의의 소에서 청구이의 사유에 관한 증명책임도 일반 민사소송에서의 증명책임 분배의 원칙에 따라야 한다. 따라서 확정된 지급명령에 대한 청구이의 소송에서 원고가 피고의 채권이 성립하지 아니하였음을 주장하는 경우에는 피고에게 채권의 발생원인 사실을 증명할 책임이 있고, 원고가 그 채권이 통정허위표시로서 무효라거나 변제에 의하여 소멸되

민법 제135조의 무권대리인의 책임, 민법 제397조 2항의 금전채무불이행으로 인한 손해배상의 경우에는 양자가 일치하지 않는다.

4. 증명책임의 성질

증명책임에 관한 규정이 실체법에 속하는지, 소송법에 속하는지 다툼이 있다. 특히 경과법, 국제사법, 상고제도 등과의 관계에서 문제가 된다. 재판규범으로서 본안판결의 내용을 정하기 때문에 실체법규로 해석해야 한다(통설).

Ⅱ 증명책임의 분배

1. 의 의

요증사실이 진위불명인 경우에 당사자 중 누구에게 불이익을 돌릴 것인가에 따라 소송의 승패가 좌우되므로 그 분배문제는 민사소송법의 핵심문제이다. 이에 대하여 주장하는 자가 증명책임을 진다는 주장자증명책임설이 있었으나, 누가 먼저 주장하느냐에 따라 증명책임의 주체가 변경될 수 있는 문제점이 있다. 현재는 법규의 형식과 구조에서 증명책임의 분배를 찾는 법률요건분류설(규범설)이 현재의 통설, 判例이다.

2. 법률요건분류설에 의한 분배

(1) 분배기준

1) 권리근거(발생)사실

권리주장자는 권리근거규범의 요건사실[76]에 대하여 증명책임을 진다.

2) 권리항변사실

권리를 다투는 상대방은 반대규정의 요건사실(항변사실 : 권리장애사실[77], 권리멸각사실[78], 권리행

었다는 등 권리 발생의 장애 또는 소멸사유에 해당하는 사실을 주장하는 경우에는 원고에게 그 사실을 증명할 책임이 있다(대판 2010.06.24. 2010다12852).
76) 등기부취득시효가 인정되려면 점유의 개시에 과실이 없어야 하고, 증명책임은 주장자에게 있으며, 여기서 무과실이란 점유자가 자기의 소유라고 믿은 데에 과실이 없음을 말한다. 그런데 부동산에 등기부상 소유자가 존재하는 등 소유자가 따로 있음을 알 수 있는 경우에는 비록 소유자가 행방불명되어 생사를 알 수 없더라도 부동산이 바로 무주부동산에 해당하는 것은 아니므로, 소유자가 따로 있음을 알 수 있는 부동산에 대하여 국가가 국유재산법 제8조에 따른 무주부동산 공고절차를 거쳐 국유재산으로 등기를 마치고 점유를 개시하였다면, 특별한 사정이 없는 한 점유의 개시에 자기의 소유라고 믿은 데에 과실이 있다(대판 2016.08.24. 2016다220679).
77) 예를 들어 불공정한 법률행위, 선량한 풍속위반, 통정허위표시, 강행법규의 위반 등을 말한다.
78) 예를 들어 변제, 공탁, 상계, 소멸시효완성, 사기·강박에 의한 취소, 계약의 해제, 권리의 포기·소멸 등을 말한다. 判例는 "계속적 계약은 당사자 상호간의 신뢰관계를 기초로 하는 것으로서, 당해 계약의 존속 중에 당사자 일방의 계약상 의무 위반이나 기타 부당한 행위 등으로 인하여 계약의 기초가 되는 신뢰관계가 파괴되어 계약관계를 그대로 유지하기 어려운 정도에 이르렀다면 상대방은 그 계약관계를 해지함으로써 장래에 향하여 그 효력을 소멸시킬 수 있지만, 그와 같이 계약관계를 유지하기 어려운 정도에 이른 사정에 관하여는 계약관계의 소멸을 주장하는 사람이 증명할 책임이 있다(대판 2015.04.23. 2011다19102)."고 본다.

사저지사실[79])에 대하여 증명책임을 진다.

(2) 권리근거사실과 권리장애사실과의 구별

권리장애사실은 권리근거사실의 요건이 존재함에도 불구하고, 예외적으로 권리발생을 방해하는 사유에 대하여 규정한 경우로서 권리근거사실과 권리장애사실의 관계는 원칙규정과 예외규정의 모습으로 나타난다.

3. 법률요건분류설에 대한 비판 - 위험영역설, 증거거리설

① 누구의 지배(위험)영역에서 사건이 발생했느냐는 실질적 근거를 기준으로 증명책임을 분배하는 위험영역설, ② 증거와의 거리, 입증의 난이, 금반언, 실체법의 취지 등을 증명책임의 기준으로 내세우는 증거거리설이 최근에 등장하고 있다.

4. 검 토

위험영역설은 위험영역의 한계가 모호하다는 문제가 있고, 증거거리설은 증거와의 거리가 동등한 경우에는 문제의 해결책이 될 수 없다는 비판이 있다. 따라서 증명책임은 사실주장이 진위불명인 경우의 법규적용의 문제이므로 이는 법규의 구조·형식 속에서 분배기준을 구하는 법률요건분류설이 타당하다. 다만 공해·환경소송, 제조물소송, 의료과오소송 등의 현대형 소송에는 위 최근의 학설을 참작할 필요가 있다(수정법률요건분류설).

관련판례 부동산매매계약에서 매수인의 소유권이전등기청구에 대하여 매도인이 잔대금 지급의 동시이행항변을 한 경우, 잔대금 지급 또는 이행제공 여부에 관한 증명책임의 소재

부동산매매계약에 있어서 특별한 사정이 없는 한 매수인의 잔대금지급의무와 매도인의 소유권이전등기 이행의무는 동시이행관계에 있고, 매수인의 소유권이전등기청구에 대하여 매도인이 잔대금 지급의 동시이행항변을 한 경우 매수인이 그 항변을 배제하려면 잔대금을 지급하였거나 이행의 제공을 하였음을 입증하여야 한다 (대판 2013.04.11. 2012다65294).

손해배상액예정과 채무자의 귀책사유의 증명

채무불이행으로 인한 손해배상액이 예정되어 있는 경우에는 채권자는 채무불이행 사실만 증명하면 손해의 발생 및 그 액을 증명하지 아니하고 예정배상액을 청구할 수 있고, 채무자는 채권자와 채무불이행에 있어 채무자의 귀책사유를 묻지 아니한다는 약정을 하지 아니한 이상 자신의 귀책사유가 없음을 주장·입증함으로써 예정배상액의 지급책임을 면할 수 있다. 그리고 채무자의 귀책사유를 묻지 아니한다는 약정의 존재 여부는 근본적으로 당사자 사이의 의사해석의 문제로서, 당사자 사이의 약정 내용과 그 약정이 이루어지게 된 동기 및 경위, 당사자가 그 약정에 의하여 달성하려고 하는 목적과 진정한 의사, 거래의 관행 등을 종합적으로 고찰하여 합리적으로 해석하여야 하지만, 당사자의 통상의 의사는 채무자의 귀책사유로 인한 채무불이행에 대해서만 손해배상액을 예정한 것으로 봄이 상당하므로, 채무자의 귀책사유를 묻지 않기로 하는 약정의 존재는 엄격하게 제한하여 인정하여야 한다(대판 2007.12.27. 2006다9408).

---

79) 예를 들어 기한의 유예, 정지조건의 존재, 동시이행항변이나 유치권의 원인사실, 한정승인사실 등을 말한다.

> **관련판례** 공해소송과 증명책임의 분배
>
> 일반적으로 불법행위로 인한 손해배상청구사건에서 가해행위와 손해발생 간의 인과관계의 증명책임은 청구자인 피해자가 부담한다. 다만 대기오염이나 수질오염에 의한 공해로 인한 손해배상을 청구하는 소송에서는 기업이 배출한 원인물질이 대기나 물을 매체로 하여 간접적으로 손해를 끼치는 수가 많고 공해문제에 관하여는 현재 과학수준으로도 해명할 수 없는 분야가 있기 때문에 가해행위와 손해 발생 사이의 인과관계를 구성하는 하나하나의 고리를 자연과학적으로 증명한다는 것이 매우 곤란하거나 불가능한 경우가 많다. 그러므로 이러한 공해소송에서 피해자에게 사실적인 인과관계의 존재에 관하여 과학적으로 엄밀한 증명을 요구한다는 것은 공해로 인한 사법적 구제를 사실상 거부하는 결과가 될 수 있는 반면에, 가해기업은 기술적·경제적으로 피해자보다 훨씬 원인조사가 용이한 경우가 많을 뿐만 아니라 원인을 은폐할 염려가 있기 때문에, 가해기업이 어떠한 유해한 원인물질을 배출하고 그것이 피해물건에 도달하여 손해가 발생하였다면 가해자 측에서 그것이 무해하다는 것을 증명하지 못하는 한 책임을 면할 수 없다고 보는 것이 사회형평의 관념에 적합하다. 그러나 이러한 법리는 피해자가 적어도 가해기업이 유해한 원인물질을 배출한 사실, 그것이 피해물건에 도달한 사실, 그 후 피해가 발생한 사실을 모순 없이 증명한 경우에 적용되는 것이지, 피해자가 이러한 사항을 입증하지 못한 경우에도 그렇다는 것은 아니다(대판 2013.07.25. 2012다34757).

> **관련판례** 계약관계의 소멸과 주장·증명책임
>
> 계속적 계약은 당사자 상호간의 신뢰관계를 기초로 하는 것으로서, 당해 계약의 존속 중에 당사자 일방의 계약상 의무 위반이나 기타 부당한 행위 등으로 인하여 계약의 기초가 되는 신뢰관계가 파괴되어 계약관계를 그대로 유지하기 어려운 정도에 이르렀다면 상대방은 그 계약관계를 해지함으로써 장래에 향하여 그 효력을 소멸시킬 수 있지만, 그와 같이 계약관계를 유지하기 어려운 정도에 이른 사정에 관하여는 계약관계의 소멸을 주장하는 사람이 증명할 책임이 있다(대판 2015.04.23. 2011다19102).

> **관련판례** 승계집행문 부여에 대한 이의의 소와 증명책임
>
> 판결에 표시된 채무자의 승계가 법원에 명백한 사실이거나 증명서로 승계를 증명한 때에는 채무자의 승계인에 대한 집행을 위하여 재판장의 명령에 따라 승계집행문을 내어 줄 수 있는데(민사집행법 제31조, 제32조), 승계집행문 부여의 요건은 집행권원에 표시된 당사자에 관하여 실체법적인 승계가 있었는지이다. 채무자가 채무자 지위의 승계를 부인하여 다투는 경우에는 승계집행문 부여에 대한 이의의 소를 제기할 수 있고(민사집행법 제45조), 이때 승계사실에 대한 증명책임은 승계를 주장하는 채권자에게 있다. 따라서 승계집행문 부여에 대한 이의의 소에서 법원은 증거관계를 살펴 과연 집행권원에 표시된 당사자에 관하여 실체법적인 승계가 있었는지의 사실관계를 심리한 후 승계사실이 충분히 증명되지 않거나 오히려 승계의 반대사실이 증명되는 경우에는 승계집행문을 취소하고 승계집행문에 기한 강제집행을 불허하여야 한다(대판 2016.06.23. 2015다52190).

> **관련판례** 유치권부존재확인청구와 증명책임
>
> 민사집행법 제268조에 의하여 담보권의 실행을 위한 경매절차에 준용되는 같은 법 제91조 제5항에 의하면 유치권자는 경락인에 대하여 피담보채권의 변제를 청구할 수는 없지만 자신의 피담보채권이 변제될 때까지 유치목적물인 부동산의 인도를 거절할 수 있어 경매절차의 입찰인들은 낙찰 후 유치권자로부터 경매목적물을 쉽게 인도받을 수 없다는 점을 고려하여 입찰하게 되고 그에 따라 경매목적 부동산이 그만큼 낮은 가격에 낙찰될 우려가 있다. 이와 같이 저가낙찰로 인해 경매를 신청한 근저당권자의 배당액이 줄어들거나 경매목적물 가액과 비교하여 거액의 유치권 신고로 매각 자체가 불가능하게 될 위험은 경매절차에서 근저당권자의 법률상 지위를 불안정하게 하는 것이므로 위 불안을 제거하는 근저당권자의 이익을 단순한 사실상·경제상

의 이익이라고 볼 수는 없다. 따라서 근저당권자는 유치권 신고를 한 사람을 상대로 유치권 전부의 부존재뿐만 아니라 경매절차에서 유치권을 내세워 대항할 수 있는 범위를 초과하는 유치권의 부존재 확인을 구할 법률상 이익이 있고, 심리 결과 유치권 신고를 한 사람이 유치권의 피담보채권으로 주장하는 금액의 일부만이 경매절차에서 유치권으로 대항할 수 있는 것으로 인정되는 경우에는 법원은 특별한 사정이 없는 한 그 유치권 부분에 대하여 일부패소의 판결을 하여야 한다. 소극적 확인소송에서는 원고가 먼저 청구를 특정하여 채무발생원인 사실을 부정하는 주장을 하면 채권자인 피고는 권리관계의 요건사실에 관하여 주장·증명책임을 부담하므로, 유치권 부존재 확인소송에서 유치권의 요건사실인 유치권의 목적물과 견련관계 있는 채권의 존재에 대해서는 피고가 주장·증명하여야 한다(대판 2016.03.10. 2013다99409).

관련판례 등기부취득시효와 증명책임

등기부취득시효가 인정되려면 점유의 개시에 과실이 없어야 하고, 증명책임은 주장자에게 있으며, 여기서 무과실이란 점유자가 자기의 소유라고 믿은 데에 과실이 없음을 말한다. 그런데 부동산에 등기부상 소유자가 존재하는 등 소유자가 따로 있음을 알 수 있는 경우에는 비록 소유자가 행방불명되어 생사를 알 수 없더라도 부동산이 바로 무주부동산에 해당하는 것은 아니므로, 소유자가 따로 있음을 알 수 있는 부동산에 대하여 국가가 국유재산법 제8조에 따른 무주부동산 공고절차를 거쳐 국유재산으로 등기를 마치고 점유를 개시하였다면, 특별한 사정이 없는 한 점유의 개시에 자기의 소유라고 믿은 데에 과실이 있다(대판 2016.08.24. 2016다220679).

관련판례 사망자 명의 신청에 의한 이전등기

사망자 명의로 신청하여 이루어진 이전등기는 일단 원인무효의 등기라고 볼 것이어서 등기의 추정력을 인정할 여지가 없으므로, 등기의 유효를 주장하는 자가 현재의 실체관계와 부합함을 증명할 책임이 있다(대판 2018.11.29. 2018다200730).

■ 급부부당이득과 침해부당이득

민법 제741조는 "법률상 원인 없이 타인의 재산 또는 노무로 인하여 이익을 얻고 이로 인하여 타인에게 손해를 가한 자는 그 이익을 반환하여야 한다."라고 정하고 있다. 당사자 일방이 자신의 의사에 따라 일정한 급부를 한 다음 급부가 법률상 원인 없음을 이유로 반환을 청구하는 이른바 급부부당이득의 경우에는 법률상 원인이 없다는 점에 대한 증명책임은 부당이득반환을 주장하는 사람에게 있다. 이 경우 부당이득의 반환을 구하는 자는 급부행위의 원인이 된 사실의 존재와 함께 그 사유가 무효, 취소, 해제 등으로 소멸되어 법률상 원인이 없게 되었음을 주장·증명하여야 하고, 급부행위의 원인이 될 만한 사유가 처음부터 없었음을 이유로 하는 이른바 착오 송금과 같은 경우에는 착오로 송금하였다는 점 등을 주장·증명하여야 한다. 이는 타인의 재산권 등을 침해하여 이익을 얻었음을 이유로 부당이득반환을 구하는 이른바 침해부당이득의 경우에는 부당이득반환 청구의 상대방이 이익을 보유할 정당한 권원이 있다는 점을 증명할 책임이 있는 것과 구별된다(대판 2018.01.24. 2017다37324).

■ 전세권등기의 추정력

전세권자는 전세금을 지급하고 타인의 부동산을 점유하여 그 부동산의 용도에 좇아 사용·수익하며, 그 부동산 전부에 대하여 후순위권리자 기타 채권자보다 전세금의 우선변제를 받을 권리가 있다(민법 제303조 제1항). 이처럼 전세권이 용익물권적인 성격과 담보물권적인 성격을 모두 갖추고 있는 점에 비추어 전세권 존속기간이 시작되기 전에 마친 전세권설정등기도 특별한 사정이 없는 한 유효한 것으로 추정된다. 한편 부동산등기법 제4조 제1항은 "같은 부동산에 관하여 등기한 권리의 순위는 법률에 다른 규정이 없으면 등기한 순서에 따른다."라고 정하고 있으므로, 전세권은 등기부상 기록된 전세권설정등기의 존속기간과 상관없이 등기된 순서에 따라 순위가 정해진다(대결 2018.01.25. 2017마1093).

사해행위와 부부간의 거래

사해행위의 취소를 구하는 채권자가 채무자의 수익자에 대한 금전지급행위를 증여라고 주장함에 대하여, 수익자가 이를 다툰다면, 위 금전지급행위가 사해행위로 인정되기 위해서는 그 금전지급행위가 증여에 해당한다는 사실이 증명되어야 하고, 그에 대한 증명책임은 사해행위를 주장하는 채권자에게 있다. 특히 부부는 생활 경제 공동체로서 편의상 부부 일방 명의의 계좌를 함께 사용할 수 있고, 서로 쉽게 금전이 오갈 수 있는 관계이다. 확정된 관련사건 판결 판단과 달리 피고 부부 사이에 이 사건 토지 중 피고의 1/2 지분과 관련하여 증여가 있었다고 판단하려면, 원심으로서는 이러한 부부 관계의 특성도 고려하여, 매수대금이 지급된 채무자 명의 계좌의 관리 주체와 방법, 이 사건 토지 매수 목적과 그 매수대금이 피고 부부의 재산에서 차지하는 비중, 피고 부부의 재산형성에 피고의 기여를 인정할 수 없는지 등도 충분히 심리하였어야 했다(대판 2022.05.12. 2021다309484).

Ⅲ 증명책임의 전환

1. 입법에 의한 전환

증명책임의 일반원칙에 대하여 특별한 경우에 입법에 의하여 예외적으로 수정을 가하는 것으로 특별규정(민법 제759조, 환경정책기본법 제31조 등)에서 가해자에게 무과실의 증명책임을 지우는 경우 등이 그 예이다. 그리고 친일환수법 제2조는 추정에 의하여 과거에 친일행위로 취득한 재산이 아니라는 증명책임을 친일파후손에게 부과한 특례도 있다.

2. 해석에 의한 전환

증명방해, 제조자책임, 설명의무위반 등의 의료과오소송 등에서 해석에 의하여 증명책임을 전환시키려는 시도가 전개되고 있다.

Ⅳ 증명책임의 완화

법률요건분류설을 엄격히 관철하면 형평에 반하는 결과가 나올 수 있으므로 이를 바로 잡기 위해 증명책임의 원칙을 완화한 입법대책 및 해석론이 있다. 즉 사실상의 추정, 법률상의 추정, 일응의 추정(표현증명) 등이 그것이다.

1. 법률상 추정

(1) 의의 및 종류

법률상의 추정이란 이미 법규화 된 경험칙 즉 추정규정을 적용하여 행하는 추정을 말한다. 통상의 경험칙을 이용한 사실상의 추정과는 다르다. 왜냐하면 전자는 반대사실의 증명(본증)으로 그 추정이 번복되지만 – 따라서 법관에게 확신을 주어야 한다 – 후자는 반증으로 그 추정이 번복되기 때문이다. 법률상의 추정은 ⅰ)「A사실이 존재하는 경우 B사실이 추정 된다」는 사실추정(민법 제198조 등)과 ⅱ)「A사실이 있는 경우 B권리가 추정 된다」는 권리추정(민법 제200조 등)으로 나뉜다.

> ■ **법률상 추정의 예**
>
> **(1) 사실추정**
> 사실추정의 예로는 처가 혼인 중에 포태한 자에 부의 친생자 추정(민법 제844조), 점유계속의 추정(제198조), 동시사망의 추정[80](제30조), 일자의 기재가 없는 배서는 지급거절증서작성기간경과 전에 한 것으로 추정하는 것(어음법 제20조 2항) 등이 있다.
>
> **(2) 권리추정**
> 권리 추정의 예로는 명의자의 특유재산 추정(제830조 1항), 귀속불명한 재산의 부부공유추정(제830조 2항), 점유자 권리의 적법 추정(제200조), 금융계좌명의자의 소유 추정(금융실명법 제3조 5항) 등이 있다.

(2) 효 과

1) 증명주제의 선택 – 증명책임의 완화

추정규정이 있는 경우 증명책임 있는 자는 증명이 곤란한 추정사실을 직접 증명할 수 있지만, 보통은 증명이 용이한 전제사실을 증명하여 이에 갈음할 수 있다. 이러한 의미에서 추정규정은 증명책임을 완화한 것이라고 할 수 있다.

2) 반대사실의 증명 – 증명책임의 전환

추정사실이 존재하지 않는다는 증명이 반대사실의 증명인데, 법률상 추정을 뒤집기 위하여 반대사실을 증명할 증명책임은 상대방에게 있고 이것은 반증이 아니라 본증이 된다. 즉 이런 측면에서 보면 상대방이 추정사실의 부존재에 대하여 증명책임을 진다는 점에서 증명책임이 전환되는 효과를 가져온다.

> **관련판례** **법률상의 추정**
>
> 민법 제830조 제1항에 의하여 부부의 일방이 혼인 중 단독 명의로 취득한 부동산은 그 명의자의 특유재산으로 추정되므로 당해 부동산의 취득자금의 출처가 명의자가 아닌 다른 일방 배우자인 사실이 밝혀졌다면 일단 그 명의자가 배우자로부터 취득자금을 증여받은 것으로 추정할 수 있고, 이 경우 당해 부동산이 명의자의 특유재산이 아니고 다른 일방 배우자로부터 명의신탁된 것이기 때문에 그 취득자금을 증여받은 것으로 볼 수 없다는 점에 대하여는 "납세자"가 이를 주장·입증하여야 한다(대판 2008.09.25. 2006두8068). 이때 단순히 다른 일방 배우자가 그 매수자금의 출처라는 사정만으로는 무조건 특유재산의 추정을 번복하고 당해 부동산에 관하여 명의신탁이 있었다고 볼 것은 아니고, 관련 증거들을 통하여 나타난 모든 사정을 종합하여 다른 일방 배우자가 당해 부동산을 실질적으로 소유하기 위하여 그 대가를 부담하였는지를 개별적·구체적으로 가려 명의신탁 여부를 판단하여야 하며, 특히 다른 증거에 의하여 이러한 점을 인정하기 어려운 사정이 엿보이는 경우

---

80) 민법 제30조의 동시사망의 추정은 법률상 추정이므로, 전제사실에 대하여 법원의 확신을 흔들리게 하는 반증을 제출하거나 또는 법원에 확신을 줄 수 있는 본증을 제출하여야 하고, 관계인들의 법적 지위에 중대한 영향을 미치는 점을 감안할 때 충분하고도 명백한 입증이 없는 한, 위 추정은 깨어지지 아니한다(대판 1998.08.21. 98다8974).

에는 명의자 아닌 다른 일방 배우자가 매수자금의 출처라는 사정만으로 명의신탁이 있었다고 보기는 어렵다(대판 2013.10.31. 2013다49572).

(3) 법률상 추정이 문제되는 경우

1) 등기의 추정력[81]

判例에 의하면 "부동산이전등기가 경료 된 경우 그 등기는 적법하게 된 것으로서 진실한 권리상태를 공시하는 것이라고 추정되므로, 그 등기가 위법하게 된 것이라고 주장하는 상대방에게 그 추정력을 번복할 만한 반대사실의 입증책임이 있다[82](대판 1992.10.27. 92다30047 등)."고 하고 있고, 부동산에 대해서는 점유의 적법한 권리추정(민법 제200조)보다 등기의 추정을 우선시킨다. 현행법상 등기에 공신력이 인정되지 않아 법률상 지위가 불안한 등기명의인을 보호하고 점유에 일정한 법률상 추정력이 있는 것과의 균형상 등기에 법률상 추정력을 인정하여야 할 것이다(김용진). 또한 등기원인의 존부에 관하여 분쟁이 발생하여 그 당사자 사이에 소송이 벌어짐에 따라 법원이 위 등기원인의 존재를 인정하면서 이에 기한 등기절차의 이행을 명하는 판결을 선고하고 그 판결이 확정됨에 따라 이에 기한 소유권이전등기가 마쳐진 경우, 그 등기원인에 기한 등기청구권은 법원의 판단에 의하여 당사자 사이에서 확정된 것임이 분명하고, 법원이나 제3자도 위 당사자 사이에 그러한 기판력이 발생하였다는 사실 자체는 부정할 수 없는 것이므로, 위 기판력이 미치지 아니하는 타인이 위 등기원인의 부존재를 이유로 확정판결에 기한 등기의 추정력을 번복하기 위해서는 일반적으로 등기의 추정력을 번복함에 있어서 요구되는 입증의 정도를 넘는 명백한 증거나 자료를 제출하여야 하고, 법원도 그러한 정도의 입증이 없는 한 확정판결에 기한 등기가 원인무효라고 단정하여서는 아니 될 것이다(대판 2002.09.24. 2002다26252).

2) 유사적 추정

유사적 추정이란 엄밀한 의미에서 법률상 추정이 아니면서도 법조문에는 추정이라는 말을 사용하고 있는 경우를 말한다. 이는 ① 전제사실이 없는 무전제의 추정(무조건의 추정)을 하는 잠정적 진실(민법 제197조 제1항), ② 법규가 의사표시의 내용을 추정하는 의사추정(민법 제153조 제1항), ③ 실체법과는 무관하게 문서의 진정추정을 이르는 증거법칙적 추정(제356조, 제358조)이 있다. 잠정적 진실[83]이란 무조건의 추정규정이므로 이는 기본규정에 대한 반대규정의 성격을 갖

---

[81] 학설은 등기 특히 이전등기는 공동신청이 원칙이며, 등기제도의 실효성 보장을 위해 판례의 법률상의 추정(권리 추정)에 대해 찬성하는 견해(법률상 추정설)도 있으나, 독일민법이나 스위스 민법과 같은 명문의 규정이 없음에도 불구하고 강력한 법률상의 추정을 인정하는데 반대하는 견해(사실상 추정설, 이시윤)도 유력하다.

[82] 대법원은 일찍이 위 법률 적용 당시 행하여진 가등기의 구체적인 등기원인이 존재하는 것으로 추정할 수 없다고 판단한 바 있다(대판 1963.04.18. 63다114 참조). 가등기의 구체적인 등기원인의 추정력을 부정하는 대법원의 입장은 현행 민법과 부동산등기법에 따라 이루어진 가등기에 관해서도 마찬가지로 유지되었다(대판 1979.05.22. 79다239, 대판 1992.02.11. 91다36932 등 참조). 이처럼 의용 민법, 의용 부동산등기법에 따라 마친 가등기의 추정력이 인정되지 않는 이상, 이 사건 가등기도 그 등기원인에 해당하는 특정의 법률관계가 존재한다고 추정할 수 없다(대판 2018.11.29. 2018다200730).

[83] 즉 이는 어느 규정의 요건사실의 부존재의 증명책임을 상대방에게 지우기 위한 입법기술로서 단서로 규정하는 것과 같다. 예를 들어 민법 제197조 제1항(점유자는 소유의 의사로 선의·평온 및 공연하게 점유한 것으로 추정한다)의 추정은 민법 제245조(20년간 소유의 의사로 평온·공연하게 부동산을 점유하는 자는 등기함으로써 그 소유권을

는 증명책임규정에 불과하다. 따라서 이는 법률상의 추정과는 달리 애초부터 증명책임의 분배가 법규상 되어 있다.

2. 일응의 추정 또는 표현증명

(1) 의 의

일응의 추정이론이란 고도의 개연성 있는 경험칙을 이용하여 간접사실로부터 주요사실을 추정하는 이론을 이른다. 추정된 사실을 번복하려면 실제상 그 전제가 되는 간접사실을 깨뜨리는 본증을 해야 하므로 이는 거의 증명된 것이나 마찬가지가 된다. 이런 의미에서 이를 표현증명이라고도 한다.

(2) 활용례

일응의 추정의 이론은 불법행위법에서 인과관계와 과실의 인정의 경우에 주로 활용되고, 판례도 대부분 불법행위에 관한 것이다. 즉 이는 고도의 경험칙을 이용하는 것이므로 정형적인 사상경과가 문제된 경우에만 그 기능을 발휘하기 때문이다.

(3) 소송에서의 의미

실제 소송에서는 일응의 이론 자체보다는 이를 뒤집기 위한 간접반증의 이론의 전제로서 그 의미가 있다.

(4) 判例

① 탄광 내의 천반의 붕괴사고로 인한 사망이라면 시설물의 하자로 추정(대판 1969.12.30. 69다1604) ② 버스의 뒷바퀴로 16세 소녀의 허벅다리를 치였다면 현장에서 즉사하였거나 중상을 입었을 것이라는 추정(대판 1970.11.24. 70다2130) ③ 건널목 간수가 근무지침을 어겼다면 간수가 업무상 주의의무를 다하지 않았을 것이라는 추정(대판 1974.05.28. 74다217) ④ 주위의 건물에는 이상이 없는데 유독 문제의 건물의 지붕이 바람에 무너진 것이라면 일단은 그 건물의 하자로 추정(대판 1974.11.26. 74다246) ⑤ 교통사고가 운전자의 도로 교통법규 위반으로 발생한 때에는 그 운전자의 과실로 추정(대판 1981.07.28. 80다2569) ⑥ 의사의 척추시술 직후에 하반신 완전마비증세가 나타난 경우 의사의 과실로 추정(대판 1993.07.27. 92다15031) 등이 있다.

3. 간접반증이론(일응의 추정의 복멸)

(1) 의 의

간접반증이론이란 상대방의 요증사실에 대해 일응의 추정이 생긴 경우에 직접적으로 그 요증

취득한다)의 요건인 소유의 의사, 평온·공연의 증명책임을 상대방에게 전환하는 것이고, 마치 민법 제245조를 '20년간 부동산을 점유하는 자는 등기함으로써 그 소유권을 취득한다. 그러나 소유의 의사로 평온·공연하게 점유하지 아니한 때에는 그러하지 아니하다'라고 규정하는 것과 마찬가지로 된다. 그 밖에 상법 제47조 제2항, 어음법 제29조 제1항도 잠정적 진실을 규정하고 있다. 법률상의 추정은 별개의 전제사실을 규정하는 것이므로, 잠정적 진실과 같이 단서의 형태로 바꾸어 쓸 수 없다(정동윤·유병현·김경욱).

사실을 번복하는 것이 아니라 그 추정의 전제되는 간접사실과 양립[84][85]되는 별개의 간접사실을 증명하여 일응의 추정을 깨뜨리는 이론을 이른다.

(2) 예

예를 들어 원고가 중앙선침범을 하였다는 사실을 증명하면 일응의 추정에 의해 피고의 과실은 추정되지만(다만 이는 여전히 증명책임이 전환되지 않는 사실상 추정이라는 점을 명심해야 한다) 피고가 뒤의 자동차에 의한 충격 때문에 중앙선을 침범한 것이라는 사실을 증명하면 이 추정은 깨뜨려지게 된다.

(3) 내 용

일응의 추정은 사실상 추정이어서 요증사실인 과실에 대한 증명책임이 피고에게 전환되는 것은 아니므로 주요사실인 과실이 없다는데 대해서 피고가 증명하고자 한다면 그 증명의 정도는 반증이지만, 중앙선 침범과 양립하는 별개의 간접사실인 다른 자동차가 충격하였다는 사실에 대해서는 사실상 증명책임이 전환되는 효과가 발생하여 그 증명정도는 본증이므로 법관에게 확신을 주어야 한다.

---

84) 왜 양립되는 사실이어야 하는가? 예를 들어 甲이 乙에게 중앙선 침범으로 인한 교통사고를 당해 손해배상을 청구하는 소송을 가정해 보자. 이 경우 甲은 당연히 乙의 과실을 입증하기 위해 乙이 중앙선을 침범했다는 사실을 증명하여 과실을 일응 추정하게 할 것이다. 그렇다면 乙 측에서 생각할 수 있는 것은 그 전제사실인 중앙선 침범을 부정하든지(양립불가능한 사실) 아니면 그 사실을 인정하면서 중앙선을 침범하는 것이 자기의 잘못이 아니라 丙이 뒤에서 충돌하였기 때문에 할 수 없이 중앙선을 침범할 수밖에 없었다는 사실(양립가능한 사실)을 증명하면 그 추정을 복멸시킬 수 있을 것이다. 하지만 벌써 법관은 乙이 중앙선을 침범했다는 사실에 대해 확신을 가진 경우일 것이므로 이를 부정하는 것은 사실상 가능하지 않다. 따라서 실제 소송에서는 후자의 양립가능한 사실을 입증하게 될 것이고 이것을 이론적으로 만들어 놓은 것이 간접반증이론인 것이다(오석락, 입증책임론, 135면 이하 참고).

85) 예를 들어 원고 甲이 자신의 김양식장 주변의 화학공장에서 배출되는 유독물질에 의해 김이 모두 폐사했다는 것을 이유로 손해배상청구소송을 화학공장을 운영하는 乙회사에게 제기하였다고 가정해보자(진해화학사건(81다558판결)). 이 경우 간접반증이론에 의하면 <u>甲은 ① 乙 회사가 유독물질을 배출했다는 사실 ② 甲의 김양식장이 그 유독물질이 배출되는 범위내에 위치한다는 사실 ③ 김양식장의 김이 유독물질 배출전에는 없던 폐사가 발생했다는 사실을 증명하면 일응 인과관계가 증명되었다고 보고, 乙 회사측에서 ④ 그 배출되는 물질 중에 유독물질이 부존재한다는 사실이나 ⑤ 유독물질이 들어있어도 안전농도 범위내라는 사실을 증명하여야 인과관계가 부정된다</u>고 할 것이다. 그런데 이 경우 호문혁 교수(2004년 판, 434면 이하)는 '이 판례는 그 표현에도 불구하고 그 내용은 가해사실이 없었음을 입증해야 책임을 면할 수 있다는 것이어서 인과관계의 간접반증과도 관계가 없음을 알 수 있다. 인과관계의 유무는 가해사실의 존재를 전제로 한 것이어서 가해사실이 없으면 인과관계는 처음부터 문제되지 않기 때문이다. 그러므로 이러한 경우는 가해행위가 있었다는 사실을 인정하기 위한 개연성설의 범위를 벗어나는 것이 아니어서 별도의 간접반증이론이란 것을 내세울 필요가 없다.'고 하고 있다. 하지만 이시윤 교수는 '④ 사실은 양립되지 않는 사실이라도 ⑤ 사실은 ①,②,③ 사실과 양립되는 사실인 것으로, 피고가 이를 증명하면 원고의 일응의 인과관계의 증명이 부정된다는 것이기 때문에 학술이론처럼 완벽하고 정치한 판결은 아니라도 간접반증이론을 따른데 큰 손색이 없다고 하겠다. 이 판례의 분석에 있어서 다수설도 그러하다.'고 하고 있다. 어떤 것이 타당한 학설일까? 사실 이론적으로 보면 호문혁 교수의 평석이 더 타당하다. 간접반증이론은 양립가능한 사실을 주장하는 것이므로 오염물질이 부존재한다는 것은 가해사실이 애초부터 존재하지 않는다는 것이므로 이것은 당연히 양립가능한 사실을 주장하는 것이기 때문이다. 하지만 이시윤 교수의 평석대로 이 판례에 대해 간접반증이론에 따른 설시로 보는 것이 대부분의 견해이므로 이에 따라 검토하는 것이 수험생 입장에서는 무난하다고 본다.

(4) 비 판

하지만 실제 소송에서는 과실, 신의성실, 인과관계 같은 일반규정 그 자체를 증명한다는 거의 불가능하고, 중앙선 침범사실, 다른 자동차에 의한 충격사실 등의 간접사실 등에 의해 이를 증명하게 된다. 따라서 일응의 추정이 있으면 이를 번복하는 간접반증이론은 사실상 증명책임의 전환의 효과를 가져오므로 이는 결국 피고의 항변사실의 증명이나 마찬가지라고 비판이 있는 것이다. 그러나 이는 간접사실의 차원에서 원·피고 간에 증명부담의 공평화에 그친다고 본다(이시윤).

4. 특수소송에 있어서의 증명책임

(1) 공해소송

判例는 공해소송에서 가해행위와 손해 사이의 인과관계 증명에 관해 종래에는 개연성설을 취한 것도 있으나, 현재는 간접반증이론에 의한 판시가 주류를 이루고 있다(진해화학사건, 재첩양식장 사건, 김포쓰레기 매립장 사건[86] 등 참고[87]).

---

[86] 김포시 및 강화군 부근 해역에서 조업하던 어민 갑 등이 수도권매립지관리공사를 상대로 수질오염으로 인한 손해배상을 구한 사안에서, 감정인의 감정 결과 등에 의하면 공사가 운영하는 수도권매립지로부터 해양생물에 악영향을 미칠 수 있는 유해한 오염물질이 포함된 침출처리수가 배출되었고, 오염물질 중 일정 비율이 갑 등이 조업하는 어장 중 일부 해역에 도달하였으며, 그 후 어장 수질이 악화되고 해양생태계가 파괴되어 어획량이 감소하는 등의 피해가 발생한 사실이 증명되었다고 보이므로, 갑 등이 조업하는 어장에 발생한 피해는 공사가 배출한 침출처리수에 포함된 오염물질이 해양생물에 작용함으로써 발생하였다는 상당한 개연성이 있다고 할 것이어서 공사의 오염물질 배출과 어장에 발생한 해양생태계 악화 및 어획량 감소의 피해 사이에 인과관계가 일응 증명되었고, 공사가 인과관계를 부정하기 위해서는 반증으로 공사가 배출한 침출처리수에 어장 피해를 발생시킨 원인물질이 들어있지 않거나 원인물질이 들어있더라도 안전농도 범위 내에 속한다는 사실을 증명하거나 간접반증으로 어장에 발생한 피해는 공사가 배출한 침출처리수가 아닌 다른 원인이 전적으로 작용하여 발생한 것을 증명하여야 할 것인데 원심이 인정한 사정만으로는 인과관계를 부정할 수 없고, 나아가 공사가 배출한 오염물질로 인하여 갑 등이 입은 손해는 수인한도를 넘는 것이어서 위법성이 인정된다(대판 2012.01.12. 2009다84608).

[87] 헌법 제35조 제1항, 구 환경정책기본법(2011.7.21. 법률 제10893호로 전부 개정되기 전의 것), 구 토양환경보전법(2011.4.5. 법률 제10551호로 개정되기 전의 것, 이하 같다) 및 구 폐기물관리법(2007.1.19. 법률 제8260호로 개정되기 전의 것)의 취지와 아울러 토양오염원인자의 피해배상의무 및 오염토양 정화의무, 폐기물 처리의무 등에 관한 관련 규정들과 법리에 비추어 보면, 토지의 소유자라 하더라도 토양오염물질을 토양에 누출·유출하거나 투기·방치함으로써 토양오염을 유발하였음에도 오염토양을 정화하지 않은 상태에서 오염토양이 포함된 토지를 거래에 제공함으로써 유통되게 하거나, 토지에 폐기물을 불법으로 매립하였음에도 처리하지 않은 상태에서 토지를 거래에 제공하는 등으로 유통되게 하였다면, 다른 특별한 사정이 없는 한 이는 거래의 상대방 및 토지를 전전 취득한 현재의 토지 소유자에 대한 위법행위로서 불법행위가 성립할 수 있다. 그리고 토지를 매수한 현재의 토지 소유자가 오염토양 또는 폐기물이 매립되어 있는 지하까지 토지를 개발·사용하게 된 경우 등과 같이 자신의 토지소유권을 완전하게 행사하기 위하여 오염토양 정화비용이나 폐기물 처리비용을 지출하였거나 지출해야만 하는 상황에 이르렀다거나 구 토양환경보전법에 의하여 관할 행정관청으로부터 조치명령 등을 받음에 따라 마찬가지의 상황에 이르렀다면 위법행위로 인하여 오염토양 정화비용 또는 폐기물 처리비용의 지출이라는 손해의 결과가 현실적으로 발생하였으므로, 토양오염을 유발하거나 폐기물을 매립한 종전 토지 소유자는 오염토양 정화비용 또는 폐기물 처리비용 상당의 손해에 대하여 불법행위자로서 손해배상책임을 진다(대판(전) 2016.05.19. 2009다66549).

(2) 의료소송

判例는 환자가 치료 중 사망한 경우, 피해자 측에서 의료과정에서 저질러진 일반인의 상식에 바탕을 둔 의료상의 과실 있는 행위를 증명하고, 그 결과와의 사이에 일련의 의료행위 외에 다른 원인이 개재될 수 없다는 점을 증명한 경우, 의료행위를 한 측이 그 결과가 의료상의 과실로 말미암은 것이 아니라 전혀 다른 원인으로 말미암은 것이라는 것을 증명하지 않은 이상, 의료 상 과실과 인과관계를 추정 한다(대판 1995.02.10. 93다52402 등). 그리고 의사가 설명의무를 이행하였다는 증명책임을 의사에게 돌렸다(대판 2007.05.31. 2005다5867). 또한 직접적인 의료과오소송은 아니나 유족의 반대로 시체의 부검이 이루어지지 아니한 경우 증명책임상의 불이익을 유족에게 돌렸다(대판 2010.09.30. 2010다12241·12258).

> ■ 의료과오소송과 증명책임의 완화
>
> 의료과오로 인한 손해배상청구 사건에서 일반인의 상식에 비추어 의료행위 과정에서 저질러진 과실 있는 행위를 증명하고 그 행위와 결과 사이에 의료행위 외에 다른 원인이 개재될 수 없다는 점을 증명한 경우에는 의료상 과실과 결과 사이의 인과관계를 추정하여 손해배상책임을 지울 수 있도록 증명책임이 완화된다. 그러나 이 경우에도 의료상 과실의 존재는 피해자가 증명하여야 하므로 의료과정에서 주의의무 위반이 있었다는 점이 부정된다면 그 청구는 배척될 수밖에 없다(대판 2019.02.14. 2017다203763).

(3) 제조물책임소송

제조물책임법 제4조 1항은 제조물책임의 면책사유에 대한 증명책임을 제조업자에게 부여하였다. 判例는 내구연한 5년을 1년 초과한 TV가 폭발한 사건에서, "제조업자 측에서 제품결함 아닌 다른 원인에 의하여 사고가 발생한 것임을 증명하지 못하는 한, 사회통념상 기대되는 합리적 안정성을 갖추지 못한 제품의 결함으로 인하여 사고가 발생하였다고 추정 된다(대판 2000.02.25. 98다15934)."고 판시하여 피해자의 증명책임을 크게 완화[88]하려 하였다. 그리고 최근에는 자동차제조회사의 책임 문제가 많이 문제되고 있고, 가습기살균제 '옥시'의 제조자책임을 묻기 위하여 영국법원에 징벌적 손해배상청구의 소가 제기되어 있다.

---

[88] 최근에는 "혈우병 환자인 甲 등이 乙 주식회사가 제조·공급한 혈액제제로 인하여 HIV(인간면역결핍바이러스, Human Immunodeficiency Virus)에 감염되었는지가 문제된 사안에서, 甲 등이 乙 회사가 제조한 혈액제제를 투여 받기 전에는 감염을 의심할 만한 증상이 없었고, 乙 회사가 제조한 혈액제제를 투여 받은 후 바이러스 감염이 확인되었으며, 혈액제제가 HIV에 오염되었거나 오염되었을 상당한 가능성이 있으므로, 乙 회사가 제조한 혈액제제의 결함 또는 乙 회사의 과실과 甲 등의 HIV 감염 사이에 인과관계가 있다고 추정되고, 감염혈액을 제공하였을 것으로 추정되는 사람이 보유한 HIV의 유전자 정보와 甲 등이 보유한 HIV의 유전자 정보가 정확히 일치하지 않는다거나, 일부 환자들이 HIV 오염 여부를 알 수 없는 외국산 혈액제제 또는 수혈을 받은 사정만으로 위 추정이 번복된다고 할 수 없다(대판 2011.09.29. 2008다16776)."고 하였으나, "甲이 乙 주식회사가 수입·판매하는 로타바이러스 예방백신을 사용한 이후에 태어난 송아지가 집단 폐사하자 乙 회사를 상대로 손해배상을 구한 사안에서, 제반 사정을 종합하면 위 백신이 백신으로서 통상 지녀야 할 품질이나 요구되는 성능 또는 효능을 갖추지 못한 하자가 있다거나 이를 추단하기에 충분하다고 볼 만한 사실이 증명되었다고 보기 어려운데도 이와 달리 보아 일반 불법행위책임을 인정한 원심판결에 법리오해 등의 위법이 있다(대판 2013.09.26. 2011다88870)."고 하였다.

V 주장책임

1. 의 의

변론주의를 바탕으로 하는 소송절차에서는 재판에 필요한 사실은 당사자의 주장을 통하여 현출되므로 주요사실을 변론에서 주장하지 아니하면 유리한 법률효과의 발생이 인정되지 않는데 이와 같은 당사자의 불이익 또는 위험부담을 주장책임이라 한다. 변론주의 하에서 당사자가 변론기일에 출석하지 않거나 또는 변론하지 않은 경우 어느 쪽 당사자의 진술에도 나타나지 않은 요건사실은 그것이 공지의 사실이라 하더라도 법원은 이를 재판의 기초로 삼을 수 없기 때문이다. 그러나 직권탐지주의 또는 직권조사의 경우에는 법원은 당사자 주장의 유무와 관계없이 법원이 심증을 얻은 사실을 당연히 재판의 기초로 할 수 있으므로 주장책임이 문제되지 않는다.

2. 주장책임과 증명책임과의 관계

주장책임도 증명책임의 분배와 동일한 원칙에 따라 분배된다. 즉, 주장책임의 대상 및 범위는 원칙적으로 증명책임의 그것과 일치한다(이의 예외로 소극적 확인청구, 무권대리인의 책임(민법 제135조)과 금전채무불이행의 특칙(민법 제397조)을 들 수 있다. 다만, 주장책임이 논리적·시간적으로 선행하는 관계에 있으며 또는 주장책임은 변론주의를 전제로 해서만 인정되므로 직권탐지주의에서 인정되는 증명책임과는 다른 측면이 있다.

VI 증명책임 없는 당사자의 이른바 해명의무

증명책임 없는 당사자에게 포괄적인 해명의무를 인정하면 증명책임을 지는 당사자의 증거제출책임을 부정하는 결과가 될 뿐 아니라 대립 당사자 구조에 반하는 결과가 되어 문제가 있어서 일반적 해명의무를 인정하기는 어렵다. 다만 구체적인 사건에 있어서 ① 자기의 권리주장이 합리적인 근거가 있음을 명백히 할 실마리를 보여주고 ② 자기가 객관적으로 사안의 해명을 할 수 없는 정황에 있으며 ③ 그와 같이 되데 비난가능성이 없고 ④ 그에 반하여 상대방은 용이하게 해명할 수 있는 입장에 있고 그 기대가능성이 있는 경우에는 증명책임이 없는 당사자에게도 이른바 해명의무가 인정될 여지가 있을 것이다[89].

---

89) 피정현, 立證責任없는 當事者의 解明義務의 違反效果, 법학연구, 30면 이하, 원광대학교 법학연구소, 1992.2.25

FORTUNE 김/춘/환 민사소송법

제4편
소송의 종료

제1장 총 설(소송종료선언)
제2장 당사자의 행위에 의한 종료
제3장 종국판결에 의한 종료

학습 개요		난이도	핵심사항	시험별 대표 지문
제4편 소송의 종료	제1장 총설	中	• 소의 취하 • 청구의 포기·인낙 • 재판상 화해 • 기판력 • 가집행선고 • 소송비용	• 소의 취하는 소제기 후 판결이 확정되기까지 어느 때라도 할 수 있다. (O) • 청구의 포기·인낙은 항소심은 물론 상고심에서도 할 수 있다. (O) • 화해권고결정과 조정절차 모두 그 과정에서의 당사자의 진술을 소송절차에서 원용하는 데 있어서 제한이 없다. (X) • 기판력의 표준시는 변론을 거친 경우에는 사실심의 변론종결시다. (O) • 확정된 지급명령에도 기판력이 미친다. (X) • 전소에서 판결의 기초로 된 행정처분이 변론종결 후에 취소 또는 변경되었다면, 전소에서 확정된 권리관계(법률효과)를 다시 다투더라도 전소의 기판력에 저촉되지 아니한다. (X)
	제2장 당사자의 행위에 의한 종료	上		
	제3장 종국판결에 의한 종료	上		

구 분	법원서기보								
	2014	2015	2016	2017	2018	2019	2020	2021	2022
제1장 총설	0	0	0	0	0	0	1	0	0
제2장 당사자의 행위에 의한 종료	1	1	2	2	2	2	0	1	2
제3장 종국판결에 의한 종료	4	3	3	2	4	2	1	5	2
출제율	20%	16%	20%	16%	24%	16%	8%	24%	16%

Advice

이제 법원이 당사자의 주장에 대해 확신을 얻었든 아니든 법원은 재판을 거부할 수 없으므로 어떤 형태로든 판결을 내리게 된다(바로 앞에서 본 증명책임은 법관이 확신을 얻지 못한 경우를 해결하기 위한 소송기술임은 주지하는 바이다).

총론은 소송종료선언이 중요주제로 1문제 정도가 출제되므로, 규칙 제67조 이하를 정리하고 있어야 한다.

당사자 행위에 의한 종료는 1~2문제 정도가 출제되는데, 소의 취하, 청구의 포기·인낙, 화해 등이 중요주제로 조문을 위주로 정리해야 한다. 특히 소의 취하는 소취하요건(제266조), 소취하의 효력(제267조) 등을 잘 정리하고 있어야 한다.

종국판결에 의한 종료는 2~5문제가 출제된다. 재판의 종류, 판결의 효력 중 기속력, 형식적 확정력, 기판력에 대한 내용, 가집행선고, 소송비용을 판례 위주로 정리하고 있어야 한다. 이 부분은 난해한 부분이 많으므로, 강의를 더욱 집중해서 나름의 체계를 세울 필요가 있다.

제1장 총 설(소송종료선언)

> 규칙 제67조(소취하의 효력을 다투는 절차) ① 소의 취하가 부존재 또는 무효라는 것을 주장하는 당사자는 기일지정신청을 할 수 있다.
> ② 제1항의 신청이 있는 때에는 법원은 변론을 열어 신청사유에 관하여 심리하여야 한다.
> ③ 법원이 제2항의 규정에 따라 심리한 결과 신청이 이유 없다고 인정하는 경우에는 판결로 소송의 종료를 선언하여야 하고, 신청이 이유 있다고 인정하는 경우에는 취하 당시의 소송정도에 따라 필요한 절차를 계속하여 진행하고 중간판결 또는 종국판결에 그 판단을 표시하여야 한다.
> ④ 종국판결이 선고된 후 상소기록을 보내기 전에 이루어진 소의 취하에 관하여 제1항의 신청이 있는 때에는 다음 각호의 절차를 따른다.
> 1. 상소의 이익 있는 당사자 모두가 상소를 한 경우(당사자 일부가 상소하고 나머지 당사자의 상소권이 소멸된 경우를 포함한다)에는 판결법원의 법원사무관등은 소송기록을 상소법원으로 보내야 하고, 상소법원은 제2항과 제3항에 규정된 절차를 취하여야 한다.
> 2. 제1호의 경우가 아니면 판결법원은 제2항에 규정된 절차를 취한 후 신청이 이유 없다고 인정하는 때에는 판결로 소송의 종료를, 신청이 이유 있다고 인정하는 때에는 판결로 소의 취하가 무효임을 각 선언하여야 한다.
> ⑤ 제4항 제2호 후단의 소취하무효선언판결이 확정된 때에는 판결법원은 종국판결 후에 하였어야 할 절차를 계속하여 진행하여야 하고, 당사자는 종국판결 후에 할 수 있었던 소송행위를 할 수 있다. 이 경우 상소기간은 소취하무효선언판결이 확정된 다음날부터 전체기간이 새로이 진행된다.

I 서 설

1. 의의 및 규정

소송종료선언이라 함은 소송이 확정적으로 종료되었음을 종국판결로써 선언하는 제도이다. 일본에는 없는 우리나라의 특유한 제도인데 종래 판례법에서 발전되어오던 것을 민사소송규칙에서 이를 명문으로 규정하고 있다(규칙 제67조).

2. 독일법과 비교

독일의 본안종료제도(Die Erledigung der Hauptsache)와는 구별되어야 한다. 본안종료제도란 소제기 후에 발생한 사정으로 인하여 청구가 이유 없거나 소가 부적법하게 된 경우(예를 들어 소송의 목적인 채권의 변제, 인도청구의 목적물 소멸, 권리보호이익의 소멸 등)에 법원이 원고청구기각 또는 소각하판결을 하거나 원고로 하여금 소취하를 하게 하면서 모든 소송비용을 원고에게 부담시키는 것은 불공평하므로, 이 경우 본안을 종료시키면서 소송비용 부담에 대한 재판을 하는 것을 말한다.

Ⅱ 소송종료선언의 사유

1. 소송종료효과의 다툼

(1) 소취하 또는 상소취하의 효력에 관한 다툼

判例는 소취하 등의 효력을 다투는 것은 소송법상 무효·부존재의 사유가 있는 경우에 한하고, 단순히 민법상 취소, 무효를 주장 할 수 있는 경우에는 허용되지 않는다고 한다. 즉 소송행위에는 민법 제109조, 제110조의 규정이 적용될 여지가 없으므로 소취하 등의 소송행위가 착오, 사기, 강박에 의하여 행해진 경우에도 이를 이유로 그 소송행위를 부인할 수는 없다는 입장이다(하자불고려설). 따라서 사기, 강박에 의한 소취하의 무효를 주장하며 기일지정신청을 구하는 경우 그 행위가 형사책임이 수반되는 다른 사람의 강요와 폭행에 의하여 이루어진 것이라는 사실이 증명되지 않는 한(제451조 1항 5호 유추, 재심규정유추설), 법원은 소송종료선언을 하여야 한다.

(2) 청구의 포기·인낙, 화해의 효력에 관한 다툼

청구의 포기·인낙, 화해·조정의 무효 등 흠은 재심사유가 있을 때에 재심에 준하는 절차로써만 다툴 수 있을 뿐, 원칙적으로 기일지정신청으로 그 무효를 다툴 수 없다. 즉 당연무효를 주장하며 기일지정신청을 하는 경우에는 법원으로서는 그 무효사유의 존재 여부를 가리기 위해 기일을 지정하여 심리를 한 다음 무효 사유가 존재한다고 인정되지 아니한 때에는 판결로써 소송종료선언을 하여야 하고, 그 밖의 사유를 주장하며 기일지정신청을 한 때에는 그 신청을 각하해야 한다(대판 2000.03.10. 99다67703). 다만 예외적으로 확정판결의 당연무효사유(예를 들어 당사자가 사망자인 경우)와 같은 중대한 하자가 있는 경우에는 준재심의 소에 의하지 않고 기일지정신청으로 다툴 여지가 있다.

2. 소송종료의 간과

(1) 내 용

확정판결, 청구의 포기·인낙, 소송상 화해 및 소 취하에 의하여 소송이 종료되었음에도 이를 간과하고 소송심리를 진행한 사실이 나중에 밝혀진 경우가 이에 해당 한다.

(2) 소 취하(간주) 등의 간과

1심에서 소가 취하되었음에도 이를 간과하고 진행한 끝에 본안판결을 하였으면, 상급법원은 제1심판결을 취소하고 소 취하로 소송이 종료되었다는 취지의 소송종료선언을 한다(대판 1968.11.05. 68다1773). 소의 교환적 변경을 간과하고 구청구를 심판한 경우도 마찬가지이다.

(3) 청구인낙의 간과

청구의 인낙이 변론조서에 기재가 되면 따로 인낙조서의 작성이 없는 경우라도 인정판결과 같은 효력이 생기고 그것으로써 소송은 종료되며 만약 청구의 인낙이 변론조서에 기재되었음에도 불구하고 소송이 진행된 경우 법원은 인낙으로 인한 소송종료를 판결로 선고한다(대결 1962.06.14. 62마6).

(4) 판결 확정의 간과

1) 판결의 일부가 이미 확정된 경우

상급심이 이미 종료한 부분을 하급심이 심판한 것을 발견하였다면 그 부분을 파기(취소)하고 소송종료선언 한다[1].

2) 판결의 일부가 상고부분에서 배제된 경우

예비적 병합에서 항소심이 주위적 청구 기각, 예비적 청구인용의 판결에 대하여 피고만이 상고하였을 때 상고법원이 상고를 인용 원심판결을 파기환송 하였다면 주위적 청구부분은 상고심의 심판대상이 아니므로, 상고심판결의 선고와 동시에 확정 되었음에도 환송받은 항소심이 주위적 청구 부분을 심판한 경우에 소송종료선언 한다(대판 2007.01.11. 2005다67971).

3. 이당사자대립구조의 소멸

당사자 한 쪽이 사망하였으나, 소송물인 권리관계가 일신 전속적이어서 이를 승계할 사람이 없는 경우(예를 들어 이혼소송 중 당사자 한 쪽이 사망한 경우)에는 소송종료선언을 하여야 한다. 다만 당사자가 소송의 종료를 법원에 다투는 경우에 소송종료선언을 하는 것이고, 항상 그러한 것은 아니다. 즉 소송계속 중 대립당사자구조가 소멸되는 경우에 법원은 항상 소송종료선언을 하여야 한다는 견해도 있으나, 이 경우 바로 소송은 종료되고, 법원사무관등은 기록표지 뒷면의 기일지정 란에 "2020. . . 원고의 사망으로 인하여 종료"와 같이 기재한 후 재판장의 인인(認印)을 받고 민사종국코드에 "기타"로 입력함으로써 족하다. 다만, 소송이 종료되었는지 여부에 대하여 다툼이 있어 기일지정을 신청한 경우에 한하여 법원은 판결로서 소송종료선언을 하는 것이 타당하다(실무제요[Ⅲ], 1567면).

---

[1] 甲 재단법인 등이 소유한 토지 지상에 국가가 설치한 송전선로가 지나가고 있고 한국수자원공사가 위 송전선로 등 수도권 광역상수도시설에 대한 수도시설관리권을 국가로부터 출자 받아 시설을 유지·관리하고 있는데, 甲 법인 등이 주위적으로 한국수자원공사에 대하여, 예비적으로는 국가에 대하여 위 토지 상공의 점유로 인한 부당이득반환청구의 소를 제기하여 제1심이 공사에 대한 청구는 기각하고 국가에 대한 청구는 인용하자 甲 법인 등이 공사에 대하여 항소를 제기하고 공사와 국가는 항소하지 않은 사안에서, 피고들 사이에는 민사소송법 제70조 제1항에 따라 민사소송법 제67조가 준용되는 진정한 의미의 예비적 공동소송의 관계가 있는 것이 아니므로 상소로 인한 확정차단의 효력도 당사자별로 따로 판단해야 하는데, <u>甲 법인 등이 제1심판결 중 공사에 대한 부분에 한하여 항소를 제기한 이상 공사에 대한 청구만이 항소심의 심판대상이 되고, 국가에 대한 제1심판결은 항소기간 만료일이 지남으로써 분리 확정되었음에도, 분리 확정된 국가에 대한 청구까지 항소심에 이심된 것으로 본 원심판결을 파기하고 그 부분에 대한 소송종료선언 하였다</u>(대판 2012.09.27. 2011다76747).

Ⅲ 주문 · 효력

1. 주 문

소송종료선언을 할 경우에는 주문에서 소송종료일자와 소송종료사유를 밝히는 것이 실무례이다(예를 들어 '이 사건 소송은 2020.5.10.자 소 취하로 종료되었다').

2. 효 력

소송종료선언은 소송의 종료를 확인하는 소송판결이며, 종국판결이다. 따라서 상소가 허용된다. 이 판결에서는 소송비용에 대한 재판을 하여야 한다. 기일지정신청의 경우에는 신청후의 소송비용에 관하여, 소송종료간과의 경우에는 종료 시 후의 소송비용에 관하여 재판하여야 한다.

제2장 당사자의 행위에 의한 종료

제1절 소의 취하

> 제266조(소의 취하) ① 소는 판결이 확정될 때까지 그 "전부"나 "일부"를 취하할 수 있다.
> ② <u>소의 취하는 상대방이 본안에 관하여 준비서면을 제출하거나 변론준비기일에서 진술하거나 변론을 한 뒤에는 상대방의 동의를 받아야 효력을 가진다.</u>
> ③ <u>소의 취하는 서면으로 하여야 한다.</u> 다만, 변론 또는 변론준비기일에서 말로 할 수 있다.
> ④ 소장을 송달한 뒤에는 취하의 서면을 상대방에게 송달하여야 한다.
> ⑤ 제3항 단서의 경우에 상대방이 변론 또는 변론준비기일에 출석하지 아니한 때에는 그 기일의 조서 등본을 송달하여야 한다.
> ⑥ 소취하의 서면이 송달된 날부터 <u>2주 이내</u>에 상대방이 이의를 제기하지 아니한 경우에는 <u>소취하에 동의한 것으로 본다.</u> 제3항 단서의 경우에 있어서, 상대방이 기일에 출석한 경우에는 소를 취하한 날부터, 상대방이 기일에 출석하지 아니한 경우에는 제5항의 등본이 송달된 날부터 2주 이내에 상대방이 이의를 제기하지 아니하는 때에도 또한 같다.

I 의의 및 구별개념

1. 의 의

소의 취하란 원고가 제기한 소의 전부 또는 일부를 철회하는 법원에 대한 단독적 소송행위를 말한다(제266조). 따라서 소취하는 소송행위이므로 실체법상의 권리·의무에 영향이 없고, 구소 취하의 효과가 생기는 교환적 청구변경의 경우에 구소의 권리포기나 상실이 인정되지 아니한다[1](대판 1994.12.13. 94다15486).

2. 구별개념

---

[1] 명의신탁자가 명의수탁자를 상대로 명의신탁해지를 원인으로 한 소유권이전등기청구의 소를 제기하여 제1심에서 승소하였으나 명의수탁자가 제3자 앞으로 매매를 가장하여 소유권이전등기를 마치고 항소를 제기하자 명의신탁자는 그 부동산에 대한 소유권회복이 불능케 되었다고 오신한 나머지 항소심에서 명의수탁자에 대한 소유권이전등기청구를 손해배상청구로 교환적으로 변경하여 승소확정판결을 받은 경우, 명의신탁자가 그 확정판결에서 지급을 명한 손해배상금을 아직 수령하지 않고 있는 이상 명의신탁자가 위와 같은 확정판결을 받았다는 것만으로는 명의신탁자에게 그 부동산에 대한 권리를 포기할 의사가 있었던 것으로 추단할 수는 없고, 또 그 확정판결로 인하여 그 권리를 당연히 상실하게 된다고도 볼 수 없을 것이다(대판 1994.12.13. 94다15486).

(1) 청구의 포기

청구의 포기는 원고 일방의 행위에 의한 소송종료사유라는 점에서 소의 취하와 공통적이지만, 청구의 포기는 조서에 적히면 확정판결과 동일한 효력이 생긴다(제220조)는 점에서 구별된다. 즉 소취하는 확정된 소각하판결에 해당하고, 청구포기는 확정된 청구기각판결에 해당한다.

(2) 공격방법의 일부철회

소의 일부취하는 심판신청 자체 즉 소송물의 일부를 철회하는 것이지만, 공격방법의 일부철회는 심판신청을 이유 있게 하기 위한 소송자료를 일부 철회하는 것으로, 이에는 피고의 동의를 요하지 아니하는 차이점이 있다.

(3) 상소의 취하

소의 취하는 이미 행한 판결을 실효하게 하는 것이지만(제267조 1항), 상소의 취하는 원판결을 유지시켜 원판결을 확정 시키므로, 피항소인의 동의를 요하지 않는다는 점(제393조)이 소취하와 차이점이다.

Ⅱ 소취하의 요건

1. 소송물

(1) 소취하 대상의 소송물

원고는 모든 소송물에 대하여 자유롭게 취하할 수 있다. 직권탐지주의가 허용되는 사건에서도 소취하가 허용된다. 따라서 가류·나류 가사소송에서도 소취하가 허용된다.

(2) 법원의 허가가 필요한 경우

주주의 소제기청구에 따라 회사가 제기하는 이사책임추궁의 소(상법 제403조 1항), 주주대표소송(상법 제403조 3항)과 증권관련집단소송 등에서는 소의 취하에 대해 법원의 허가를 요한다(상법 제403조 6항, 증권관련집단소송법 제35조 1항).

2. 시기 및 피고의 동의

(1) 시 기

소취하는 원고의 소제기 후 판결이 확정되기 전까지 할 수 있다(제266조 1항). 소송요건흠결 등으로 유효한 소가 아니라도 이를 취하할 수 있다(통설). 그리고 상소심에서도 소의 취하는 허용되지만, 재소금지의 제재가 있다(제267조 2항). 상소심에서 피고의 동의를 얻어 취하서를 제출하였을 때, 소의 취하인지 상소의 취하인지가 불명할 때에는 석명하여 밝힐 것이지만, 불명한 경우에는 불이익이 적은 소 취하로 보아야 한다.

(2) 동 의

1) 동의가 필요한 경우

소취하는 피고가 본안에 관하여 준비서면을 제출하거나 변론준비기일에서 진술하거나 변론을 한 뒤에는 피고의 동의를 받아야 효력을 가진다(제266조 2항). 본안에 관한 변론이어야 하므로, 피고가 본안전 항변으로 소각하를, 본안에 관하여 청구기각을 각 구한 경우에는 본안에 관한 것은 예비적으로 청구한 것이므로 원고는 피고의 동의 없이 소 취하를 할 수 있다(대판 1968.04.23. 68다217). 피고 측 고유필수적공동소송에서는 공동피고 모두의 동의가 있어야 한다(제67조 1항). 독립당사자참가에서 본소의 취하는 피고 및 참가인의 동의가 있어야 하며(대결 1972.11.30. 72마787), 참가신청의 취하는 원고 및 피고 양쪽의 동의가 있어야 한다(대판 1981.12.08. 80다577; 제79조 2항, 제67조 1항, 제266조 2항).

2) 동의의 방식

소취하의 동의는 서면 또는 말로 한다[2]. 이러한 동의여부가 명확하지 않다면 소취하의 서면이 송달된 날부터 2주 이내에 상대방이 이의를 제기하지 아니한 경우에는 소 취하에 대한 동의가 간주된다. 말로 소 취하를 한 경우에 있어서, 상대방이 기일에 출석한 경우에는 소를 취하한 날부터, 상대방이 기일에 출석하지 아니한 경우에는 제5항의 등본이 송달된 날부터 2주 이내에 상대방이 이의를 제기하지 아니하는 때에도 동의가 간주 된다(제266조 5, 6항). 소 취하에 대한 동의도 소송행위이므로, 소송능력이 있어야 하며, 부관을 붙일 수 없다. 소송대리인이 동의할 때에는 특별수권을 요하지 않는다(대판 1984.03.13. 82므40).

(3) 동의의 효과

소 취하에 대하여 동의가 있으면 소취하는 확정적으로 효과가 생긴다. 일단 동의를 거절하여 놓고 그 뒤에 이를 철회하여 동의한다고 하여도 동의할 대상이 없어졌으므로, 소취하의 효력은 생기지 않는다(대판 1969.05.27. 69다130). 소의 일부취하가 있는 경우에는 소 취하 동의 여부에 따라 심판범위를 확정하여 재판하여야 한다. 이러한 동의 여부가 결정되지 아니한 상태에서 종전의 청구에 대하여 재판을 하여서는 아니 된다(대판 2005.07.14. 2005다19477).

3. 소송행위로서 유효한 요건을 갖출 것

(1) 소송능력, 특별수권

소를 취하하는 원고에게는 소송능력이 있어야 하며, 대리인에 의하는 경우에는 특별수권을 필요로 한다(제56조 2항, 제90조 2항 2호).

(2) 일부취하

유사필수적 공동소송에서는 단독으로 소를 취하할 수 있으나, 고유필수적 공동소송에서는 공동소송인 전원이 공동으로 하여야 한다(대판 2007.08.24. 2006다40980).[3] 그리고 무능력자 또는 무

---

[2] 수소법원 조정회부사건의 조정 계속 중에 소가 취하된 때에는 수소법원의 법원사무관등은 조정담당 법원사무관등에게 그 취지를 통지하여야 한다. 원고가 조정기관에 소 취하서를 제출한 때에는 조정담당 법원사무관등은 소 취하서가 제출된 날 지체 없이 소 취하서를 접수담당 법원사무관등에게 인계하여 접수절차를 밟아야 한다. 원고가 구두로 소취하의 의사표시를 한때에는 그 자리에서 취하서를 작성하게 하여 제출받도록 한다(조정예규 23조 2항). - 법원실무제요(Ⅲ), 1915면, 법원행정처 2017

권대리인은 추인이 없는 한 스스로 제기한 소를 취하 할 수 있다.

(3) 조건 및 철회

소취하는 소송행위이므로 조건을 붙여서는 안 된다. 소취하가 피고의 동의에 의하여 그 효력이 생긴 뒤에는 원칙적으로 철회가 허용되지 않는다.

(4) 소취하의 의사표시에 하자(흠)이 있을 경우의 취소가능성

1) 문제점

소송행위에 사기·강박 등의 하자가 존재할 경우에 이를 민법과 같이 하자를 고려하여 그 소송행위를 취소할 수 있느냐에 대해서는 민사소송법상 명문의 규정이 없기 때문에 그 하자를 고려하여 취소를 인정할 것이냐가 문제된다.

2) 判 例

判例는 "소송행위에는 민법 제109조, 제110조의 규정이 적용될 여지가 없으므로 위 원고 대리인의 가처분신청의 취소가 사기, 강박 등 형사상 처벌을 받을 타인의 행위로 인한 것이라 하더라도 유효하다(대판 1984.05.29. 82다카963)."고 하고 "소의 취하는 원고가 제기한 소를 철회하여 소송계속을 소멸시키는 원고의 법원에 대한 소송행위이고 소송행위는 일반 사법상의 행위와는 달리 내심의 의사보다 그 표시를 기준으로 하여 효력 유무를 판정할 수밖에 없는 것인바, <u>원고 소송대리인으로부터 소송대리인 사임신고서 제출을 지시받은 사무원은 원고 소송대리인의 표시기관에 해당되어 그의 착오는 원고 소송대리인의 착오라고 보아야 하므로, 사무원의 착오로 원고 소송대리인의 의사에 반하여 소를 취하하였다고 하여도 이를 무효라고 볼 수는 없다</u>(대판 1997.10.24. 95다11740)." 고 하여 하자불고려설의 입장이다. 그러나 민법규정을 유추할 수는 없다고 하여도 법 제451조 제1항 제5호의 재심규정을 유추하여 소송행위를 취소하는 것은 인정한다(재심규정유추설).

3) 유죄확정판결의 요부 - 재심규정유추설에 의할 경우(재심사유의 소송내적 고려)

判例는 "형사책임이 수반되는 타인의 강요와 폭행에 의하여 이루어진 소취하의 약정과 소취하서의 제출은 무효이다(대판 1985.09.24. 82다카312·313·314)"라고 하여 유죄의 확정판결을 요하지 않은 것도 있으나, 주류적 判例는 <u>① 타인의 사기·강박행위로 인한 형사유죄판결이 확정된 경우일 것, ② 그 소송행위가 사기·강박으로 인하여 외형적으로만 존재하고 그에 부합하는 의사가 없을 것</u> 등의 요건을 요구하여 확정판결을 요한다(확정판결필요설).

Ⅲ 소취하의 방법

1. 취하의 방식

원칙적으로 소취하는 소송이 계속된 법원에 서면으로 하여야 한다[4]. 다만 변론 또는 변론준

---

[3] 공동상속인이 다른 공동상속인을 상대로 어떤 재산이 상속재산임의 확인을 구하는 소는 이른바 고유필수적 공동소송이라고 할 것이고, 고유필수적 공동소송에서는 원고들 일부의 소 취하 또는 피고들 일부에 대한 소 취하는 특별한 사정이 없는 한 그 효력이 생기지 않는다(대판 2007.08.24. 2006다40980).

비기일에서는 말로 할 수 있다(제266조 3항). 소장을 송달한 뒤에는 취하의 서면을 상대방에게 송달하여야 한다(제266조 4항). 상대방이 변론 또는 변론준비기일에 출석하지 아니한 때에는 그 기일의 조서등본을 송달하여야 한다(제266조 5항). <u>소취하서의 제출은 원고·피고, 제3자라도 상관이 없다</u>5). 소취하서에 원고의 정확한 명칭을 표시하지는 않았더라도, 소취하서의 다른 기재내용이 정확한 것에 비추어 소 취하서상 원고의 표시는 정확한 명칭의 약칭으로 보는 것이 상당하다(대판 2001.10.26. 2001다37514).

2. 상대방 불출석과 소취하

소취하는 법원에 대한 소송행위이므로, 상대방이 불출석하여도 할 수 있다. 말로 소를 취하한 경우 상대방이 변론 또는 변론준비기일에 출석하지 아니한 때에는 그 기일의 조서등본을 송달하여야 한다(제266조 5항).

IV 소취하의 효과

1. 소송계속의 소급적 소멸

(1) 소송계속의 실효

법원의 소송행위 즉 이미 행한 종국판결도 당연히 실효하고, 당사자의 소송행위도 실효한다(제267조 1항). 다만 반소(피고의 독립된 소이기 때문이다), 독립당사자참가 신청, 관련재판적(한번 생긴 관할은 소멸되지 않기 때문이다-관할의 항정-)은 본소의 취하에 불구하고 원칙적으로 아무런 영향을 받지 않는다.

(2) 소송비용부담과 인지

소 취하에 의해 소송계속이 소급적으로 소멸하지만, 소송계속 중에 생긴 소송비용의 부담과 비용을 정하는 절차는 남게 된다. 이 경우 소송비용재판은 당사자의 신청으로 법원이 정하지만(제114조), 현재는 사법보좌관이 담당하고 있다(법원조직법 제54조 2항 1호). 그리고 소를 취하하면 인지 1/2을 원고에게 반환 한다6)(민사소송등인지법 제14조).

---

4) 소의 취하는 서면으로 하여야 하고, 다만 변론 또는 변론준비기일에서 말로 할 수 있을 뿐이므로(민소 266조 3항), 조정에 회부된 소송사건에 관하여 원고가 변론 또는 변론준비기일이 아닌 조정기일에 말로 소취하를 할 수는 없다. 따라서 원고가 구두로 소취하의 의사표시를 한때에는 그 자리에서 취하서를 작성하게 하여 제출받도록 한다(조정예규 23조 2항). - **법원실무제요(Ⅲ), 541면, 법원행정처 2005**
5) 민사소송법 제239조(현 제266조) 제3항은 '소의 취하는 서면으로 하여야 한다.'고 규정하고 있을 뿐, 그 제출인이나 제출방법에 관하여는 따로 규정하는 바가 없고, 상대방이나 제3자에 의한 제출을 불허하는 규정도 찾아볼 수 없다. 그러므로 당사자가 소취하서를 작성하여 제출할 경우 반드시 취하권자나 그 포괄승계인만이 이를 제출하여야 한다고 볼 수는 없고, 제3자에 의한 제출도 허용되며, 나아가 상대방에게 소취하서를 교부하여 그로 하여금 제출하게 하는 것도 상관없다고 해야 할 것이다(대판 2001.10.26. 2001다37514).
6) 민사소송 등 인지법 제14조 제1항 제2호는 제1심 또는 항소심에서 해당 심급의 변론종결 전에 소·항소·반소·청구변경신청·당사자참가신청 또는 재심의 소가 취하(취하로 간주되는 경우를 포함한다)된 경우에는 인지액의 2분의 1에 해당하는 금액의 환급을 청구할 수 있다고 규정하고 있다. 따라서 어느 청구가 취하된 것이 아니라 단순히 하나의 청구 중 일부를 감축한 데 그친 경우는 위에서 규정된 인지액의 환급사유에 해당하지 않는다(대결

2. 재소의 금지

(1) 의의 및 취지

재소금지란 본안에 관한 종국판결이 있은 뒤에는 이미 취하한 소와 같은 소를 제기하지 못하는 것을 이른다(제267조 2항). 이는 법원의 종국판결에 대한 농락을 방지하자는 것이 그 취지[7]이다. 재소금지는 소취하 간주의 경우에는 적용되지 아니한다[8](헌재결 2012.11.29. 2012헌바180).

(2) 동일한 소

1) 당사자의 동일

① 특정승계인 포함 여부

가. 문제점

재소를 제기할 수 없는 것은 전소의 원고만이고, 피고는 제한되지 않는다. 문제는 원고나 그 변론종결 뒤의 일반승계인은 이에 포함되는데 의문이 없는데, 원고의 특정승계인도 포함하느냐에 대해 견해 대립이 있다. 判例는 "공유자 중 1인이 자기지분을 다른 공유자에게 양도하고 소를 취하한 사안에서 "원고 甲(양수인)으로서는 자신의 권리를 보호하기 위하여 양도받은 공유지분에 기하여 다시 소를 제기할 필요도 있어 원고 甲의 추가된 점포명도청구는 반소피고 乙(양도인)이 취하한 전소와는 권리보호의 이익을 달리하여 재소금지의 원칙에 위배되지 아니하는 것으로 보아야 할 것이다(대판 1998.03.13. 95다48599·48605)."고 하여 특정승계인을 포함하면서도 새로운 권리보호이익을 인정하여 재소금지에 저촉되지는 아니한다고 한다.

② 제3자의 소송담당

소를 취하한 자가 선정당사자일 때 선정자도 재소금지의 효력을 받는데, 채권자대위소송의 경우도 재소금지의 효력을 받는 동일한 당사자인지가 문제된다. 判例는 "<u>채권자대위권에 의한 소송이 제기된 사실을 피대위자가 알게 된 이상</u> 그 종국판결 선고 후 소가 취하된 때에는 피대위자도 위 대위소송과 동일한 소를 제기할 수 없다(대판 1981.01.27. 79다1618·1619)."고 한다.

2) 소송물의 동일

① 소송물 이론

구이론에 의하면 같은 목적의 소송이라도 실체법상의 권리를 달리 주장하면 동일한 소라고 할 수 없다(실체법상의 권리를 소송물의 요소라기보다는 공격방법 내지 법률적 관점으로 보는 신이론은

2012.04.13. 2012마249).

[7] 판결의 농락 방지는 권위적인 표현이고, 정확하게 말하면 소취하권 내지 재소권의 남용방지라고 해야 할 것이라는 견해도 있다(호문혁, 민사소송법 제3판 2004, 655면).

[8] 민사소송법 제268조 제2항에 따라 소취하 간주라는 법적 효과가 발생한다고 하더라도 민사소송법은 이에 대한 재소금지 규정을 두고 있지 않으므로, 당사자가 부득이한 사유로 기일을 해태하고 기일지정신청도 하지 못하였더라도 후일 다시 소를 제기할 수 있다. 더욱이 불출석 상태에서 본안 판단을 받을 경우 발생하게 되는 기판력으로 인한 당사자의 불이익과 비교해 보더라도, 소취하 간주의 효과가 당사자의 재판청구권을 형해화시킬 정도의 불이익이라고 볼 수는 없다(헌법재판소 2012. 11. 29. 2012헌바180).

그 경우에 동일한 소로서 재소금지의 효과를 받는다고 본다). 소유권에 기해 농경방해금지청구를 하였다가 1심 판결이 있은 후 원고가 소를 취하하였다가 다시 점유권에 기해서 같은 취지의 청구를 하는 것을 재소금지에 해당되지 않는다(대판 1965.06.29. 65다434). 그리고 제1심에서 부정경쟁행위를 원인으로 청구하였던 손해배상청구 등을 항소심에서 철회한 후 같은 행위를 원인으로 제1심에서 청구하지 아니하였던 기간에 해당하는 손해배상청구 등을 하는 것은 재소금지에 해당하지 않는다[9](대판 2009.06.25. 2009다22037). 그러나 먼저 제기된 소송의 제1심에서 상계 항변을 제출하여 제1심판결로 본안에 관한 판단을 받았다가 항소심에서 상계항변을 철회하였더라도 이는 소송상 방어방법의 철회에 불과하여 민사소송법 제267조 제2항의 재소금지 원칙이 적용되지 않으므로, 그 자동채권과 동일한 채권에 기한 소송을 별도로 제기할 수 있다(대판 2022.02.17. 2021다275741).

② 확인의 소와 재소금지

증여를 이유로 소유권확인의 소를 제기했다가 1심 본안판결 후 소를 취하한 후 상속을 이유로 소유권확인의 소를 제기한 사안에서 "이 사건 소와 원고가 소를 취하한 전소가 민사소송법 제267조 2항 소정의 '동일한 소'라고는 볼 수 없을 것"이라고 하여 재소금지에 저촉되지 않는다[10](대판 1991.05.28. 91다5730).

③ 선결문제와 재소금지

대학교수가 학교법인을 상대로 면직처분무효확인의 소를 제기하였다가 패소판결을 당하고 항소심에서 소를 취하한 후 면직처분이 당연무효임을 전제로 면직 이후의 봉급액지급을 구한 사안에서 "당사자와 소송물이 동일하더라도 재소의 이익이 다른 경우에는 동일한 소라고 할 수 없는 반면, 후소가 전소의 소송물을 선결적 법률관계 내지 전제로 하는 것일 때에는 비록 소송물은 다르지만 본안의 종국판결 후에 전소를 취하한 자는 전소의 목적이었던 권리 내지 법률관계의 존부에 대하여는 다시 법원의 판단을 구할 수 없는 관계상 위 제도의 취지와 목적에 비추어 후소에 대하여도 동일한 소로서 판결을 구할 수는 없다고 풀이함이 상당하다(대판 1989.10.10. 88다카18023)."고 하여 긍정설의 입장이다. 따라서 원금 지급 청구의 소를 제기하였다가 취하한 후 동일 원금에 대한 이자청구의 소를 제기한 것은 선결적 법률관계에 해당하여 재소금지의 제한을 받는다.

---

[9] 제1심에서 부정경쟁방지 및 영업비밀보호에 관한 법률 제4조, 제5조에 기하여 침해금지청구와 2004.1.1.부터 2007.6.30.까지의 부정경쟁행위로 인한 손해배상청구를 하였다가 패소한 후 항소심에서 위 청구를 철회하고 상표법 제65조, 제67조에 기한 침해금지청구 및 손해배상청구를 하는 것으로 청구원인을 변경하는 준비서면을 제출한 자가, 다시 부정경쟁방지 및 영업비밀보호에 관한 법률 제4조, 제5조에 기하여 2007.7.1.부터 2008.3.3.까지의 부정경쟁행위로 인한 침해금지청구 및 손해배상청구를 추가하는 준비서면을 제출한 사안에서, 항소심에서 추가한 청구는 제1심 변론종결 이후에도 계속하여 부정경쟁행위를 하고 있음을 전제로 그 침해행위의 금지를 청구함과 아울러 제1심에서 청구하지 않았던 기간에 해당하는 손해배상청구를 한 것이므로 제1심에서 청구하였던 침해금지청구 및 손해배상청구와 소송물이 동일하다고 보기 어렵고 다시 청구할 필요도 있어, 그 청구의 추가가 재소금지의 원칙에 저촉되지 않는다(대판 2009.06.25. 2009다22037).
[10] 이 판례에 대해서는 재소금지의 범위를 기판력의 범위보다 좁히고 있는 것으로서 기판력에 관한 판례의 취지에 반한다는 견해(이시윤)가 있는 반면, 이 판례를 근거로 확인의 소의 소송물식별기준은 청구취지 뿐 아니라 청구원인의 사실관계까지 고려해야 한다는 견해가 있다(호문혁).

3) 본안에 대한 종국판결 후의 소취하
① 본안판결
　본안판결이어야 하므로 소각하판결 즉 소송판결 후의 소취하는 이에 해당하지 않는다.
② 재소금지와 항소심에서 소의 교환적 변경과의 관계
　判例는 청구의 교환적 변경에 대한 결합설의 입장에서 "소의 교환적 변경은 신 청구의 추가적 병합과 구 청구의 취하의 결합형태로 볼 것이므로 본안에 대한 종국판결이 있은 후 구 청구를 신 청구로 교환적 변경을 한 다음 다시 본래의 구 청구로 교환적 변경을 한 경우에는 종국판결이 있은 후 소를 취하하였다가 동일한 소를 다시 제기한 경우에 해당하여 부적법하다(대판 1969.05.27. 68다1798 등)."고 한다. 이 경우 원고로서는 예상 밖의 함정이 될 수 있다(이시윤). 따라서 이를 막기 위하여 원고의사를 엄격하게 해석하고, 법원이 석명권을 행사하여 항소심에서 청구의 변경 형태가 교환적인지 추가적인지 분명하게 하여야 한다. 判例도 "소의 변경이 교환적인가 추가적인가 또는 선택적인가의 여부는 기본적으로 당사자의 의사해석에 의할 것이므로 당사자가 구 청구를 취하한다는 명백한 표시 없이 새로운 청구로 변경하는 등으로 그 변경형태가 불분명한 경우에는 사실심법원으로서는 과연 청구변경의 취지가 교환적인가 추가적인가 또는 선택적인가의 점을 석명할 의무가 있다(대판 2013.10.24. 2010다90661·90678)."고 한다.
③ 2중의 소가 제기된 경우 1심 종국판결후에 취하한 후소와 전소와의 관계
　중복소송의 경우 본안에 대한 종국판결이 있은 후 소를 취하한 자는 동일한 소를 제기할 수 없다는 법리에 의하여 후소의 본안에 대한 판결이 있은 후 그 후소를 취하한 자는 전소를 유지할 수 없다 할 것이다(대판 1967.07.18. 67다1042).
④ 화해권고결정과 재소금지
　화해권고결정에 '원고는 소를 취하하고, 피고는 이에 동의한다.'는 화해조항이 있고, 이러한 화해권고결정에 대하여 양 당사자가 이의하지 않아 확정되었다면, 화해권고결정의 확정으로 당사자 사이에 소를 취하한다는 내용의 소송상 합의를 하였다고 볼 수 있다. 따라서 본안에 대한 종국판결이 있은 뒤에 이러한 화해권고결정이 확정되어 소송이 종결된 경우에는 소취하한 경우와 마찬가지로 민사소송법 제267조 제2항의 규정에 따라 같은 소를 제기하지 못한다(대판 2021.07.29. 2018다230229).

4) 권리보호이익의 동일 – 부당한 소권박탈을 막기 위한 취지임
① 취지
　정당한 이유 없이 소를 취하한 경우 재소를 하는 남소는 금지하여야 하지만, 전소와 권리보호이익을 달리하는 경우에는 소권이 부당하게 박탈되지 않게 하기 위하여 재소금지에 해당하지 않는다. 이는 조문상으로는 표현되어 있지 않은 요건이다. 판례도 "민사소송법 제267조 제2항은 "본안에 대한 종국판결이 있은 뒤에 소를 취하한 사람은 같은 소를 제기하지 못한다"라고 규정하고 있는데, 이는 소취하로 인하여 그동안 판결에 들인 법원의 노력이 무용화되고 종국판결이 당사자에 의하여 농락당하는 것을 방지하기 위한 제재적 취지의 규정이므로, 본안에 대한 종국

판결이 있은 후 소를 취하한 자라 할지라도 <u>이러한 규정의 취지에 반하지 아니하고 소제기를 필요로 하는 정당한 사정이 있다면</u> 다시 소를 제기할 수 있다(대판 2009.06.25. 2009다22037)."고 한다.

② 判例

判例는 전소취하의 전제조건인 약정사항을 지키지 아니함으로써 위 약정이 해제 또는 실효되는 사정변경이 발생한 경우(대판 1993.08.24. 93다22074), 소유권이전등기절차이행의 소를 제기하여 승소판결을 받은 뒤, 항소심에서 토지거래허가를 받지 않은 것이 문제되자 소를 취하하였는데, 그 뒤 토지거래허가를 받고 다시 동일한 소를 제기한 경우(대판 1997.12.23. 97다45341), 피고가 소유권 침해를 중지하여 소를 취하하였는데 다시 침해하는 경우(대판 1981.07.14. 81다64) 등에는 당사자와 소송물이 서로 동일하다고 하더라도 소의 제기를 필요로 하는 사정이 같지 아니하여, 권리보호의 이익이 다르므로 재소금지의 적용이 없다고 한다. 그리고 甲 주식회사가 乙 등에 대하여 가지는 정산금 채권에 대하여 甲 회사의 채권자 丙이 채권압류 및 추심명령을 받아 乙 등을 상대로 추심금 청구의 소를 제기하였다가 항소심에서 소를 취하하였는데, 그 후 甲 회사의 다른 채권자 丁 등이 위 정산금 채권에 대하여 다시 채권압류 및 추심명령을 받아 乙 등을 상대로 추심금 청구의 소를 제기하면, 새로운 권리보호이익이 발생한 것으로 볼 수 있어 재소금지 규정에 반하지 않는다(대판 2021.05.07. 2018다259213).

(3) 재소금지의 효과

1) 소극적 소송요건

재소금지의 원칙은 소송요건이므로, 직권조사사항이며 발견 시에는 소를 각하해야 한다.

2) 자연채무

다만 재소금지의 효과를 받는 권리관계라고 하여 실체법상으로 소멸되는 것은 아니고, 자연채무의 상태로 남게 된다.

Ⅴ 소취하 간주

1. 소의 취하로 간주되는 경우가 있다.

2. 기일에 당사자쌍방이 2회 출석하지 않고 또는 출석하여도 무변론인 경우에, 1월내에 기일지정신청을 하지 않은 때 또는 기일지정신청에 의하여 정한 기일에 당사자쌍방이 다시 결석한 때에는 소가 취하된 것으로 본다(제268조).

3. 피고 경정의 경우에도 구피고에 대한 소는 취하된 것으로 본다(제261조 4항).

4. 법원재난의 경우에도 소의 취하가 간주된다. 즉 법원이 화재·재난 등으로 인하여 소송기록이 멸실한 경우에는 원고가 6월내에 소장을 제출하지 않으면 소의 취하가 있는 것으로 본다(민형사사건임시조치법 제2조, 제3조).

5. 증권관련집단소송에서는 소송절차 중단 후 1년 내에 소송수계신청이 없으면 소가 취하된 것으로 본다(동법 제24조).

Ⅵ 소취하에 대한 다툼

1. 소취하무효확인청구와 기일지정신청

(1) 소취하의 존부 또는 유·무효에 대하여 당사자 간에 다툼이 있는 경우 당해 소송의 절차 내에서 해결하여야 하므로 당사자는 별소로서 소취하무효확인을 구할 수는 없고, 당해 소송 내에서 기일지정신청을 하여야 한다(규칙 제67조).

(2) 다만 소취하의 성립여부 또는 효력에 관한 다툼이 다른 소송의 선결문제로 되었을 때에는 그 소송에서 판단할 수 있다는 것이 판례이다(대판 1962.04.26. 4294민상809).

2. 기일지정신청

(1) 기일지정신청이 있는 때에는 법원은 반드시 변론을 열어 신청사유에 관하여 심리하여야 한다. 그 결과 법원이 신청이 이유 없다고 인정하는 경우에는 판결로 소송의 종료를 선언하여야 하고, 신청이 이유 있다고 인정하는 경우에는 취하 당시의 소송정도에 따라 필요한 절차를 계속하여 진행하고 중간판결 또는 종국판결에 그 판단을 표시하면 된다(규칙 제67조 2, 3항).

(2) 종국판결이 선고된 후 상소기록을 보내기 전에 이루어진 소의 취하에 관하여 기일지정신청이 있는 때에는 상소의 이익 있는 당사자 모두가 상소를 한 경우에는 판결법원의 법원사무관 등은 소송기록을 상소법원으로 보내야 하고, 상소법원은 통상의 기일지정신청의 경우와 같이 심리하면 된다. 그리고 그 밖의 경우 판결법원이 이의 당부를 심판하는데 신청이 이유 없다고 인정하는 때에는 판결로 소송의 종료를, 신청이 이유있다고 인정하는 때에는 판결로 소의 취하가 무효임을 각 선언하여야 한다(규칙 제67조 4항).

제2절 청구의 포기·인낙

Ⅰ 의의, 구별개념 및 법적 성질

1. 의 의

청구의 포기는 변론 또는 변론준비절차에서 원고가 자기의 소송상의 청구가 이유 없음을 자인하는 법원에 대한 일방적 의사표시이고, 청구의 인낙은 피고가 원고의 소송상의 청구가 이유 있음을 자인하는 법원에 대한 일방적 의사표시이다.

2. 구별개념

(1) 청구의 인낙과 자백

자백은 상대방의 주장에 대한 것이므로 자백이 있더라도 법원에 그에 기하여 법률적 판단을 하여야 하지만, 인낙은 청구에 관한 법원의 판단이 전면적으로 배제된다는 점에서 구별된다.

(2) 청구의 포기와 소 취하

양자는 원고의 행위에 의하여 소송을 종료시킨다는 점에서는 공통적이지만, 청구의 포기는 소송상의 청구에 대한 불이익한 진술임에 대하여(청구기각판결에 해당), 소의 취하는 단순한 심판신청의 철회라는 점에서(소각하판결에 해당) 차이가 있다.

(3) 청구의 포기·인낙과 소송상 화해

청구의 포기·인낙은 당사자 일방이 전면적으로 양보하는 단독행위이지만, 소송상 화해는 당사자쌍방이 서로 양보하는 합동행위에 해당한다.

3. 법적 성질

청구의 포기·인낙의 성질에 대해서 관념의 표시에 불과한 소송행위이다(대판 1957.03.14. 4289민상439). 제461조는 청구의 포기·인낙은 준재심의 소에 의하도록 함으로써 입법으로 소송행위설을 따랐다. 소송행위로 보되, 청구의 포기·인낙을 하는 당사자가 그 법률효과를 의식할 필요가 없기 때문에 단순히 자기의 소송상의 주장이 이유 없다는 관념의 표시로 해석해야 함이 타당하다. 따라서 청구의 인낙은 피고가 원고의 주장을 승인하는 소위 관념의 표시에 불과한 소송상 행위로서 이를 조서에 기재한 때에는 확정판결과 동일한 효력이 발생되어 그로써 소송을 종료시키는 효력이 있을 뿐이고, 실체법상 채권·채무의 발생 또는 소멸의 원인이 되는 법률행위라 볼 수 없다(대판 2022.03.31. 2020다271919).

Ⅱ 요 건

1. 당사자에 대한 요건

소송행위의 유효요건인 당사자능력, 소송능력을 갖추어야 하며 대리인에 의한 경우 특별수권이 필요하다(제56조 2항, 제90조 2항). 필수적 공동소송의 경우에는 전원이 일치하여 청구의 포기나 인낙을 하여야 하고, 독립당사자참가의 경우 원고나 피고가 청구의 포기·인낙을 하여도 참가인이 다투는 한 효력이 없다. 청구의 포기·인낙은 상대방 또는 제3자의 형사상 처벌할 행위에 의하여 이루어져서는 안 된다.

2. 소송물에 관한 요건

(1) 자유롭게 처분할 수 있는 소송물일 것

당사자가 자유롭게 처분할 수 있는 소송물이어야 한다. 따라서 직권탐지주의에 의하는 절차에 있어서는 청구의 포기·인낙이 불가능하다. 다만 가사소송사건 중 이혼소송, 파양소송은 협의이혼, 협의파양이 인정되고 있으므로 가능하다. 회사관계소송은 직권탐지주의를 따르지 않으나, 청구인용판결에 대한 대세효와의 관계에서 청구의 인낙이 허용되지 않는다. 그리고 주위적·예비적 청구가 병합되어 있는 경우에 피고가 예비적 청구만 인낙을 할 수 없으며, 가사 인낙의 취지가 조서에 기재되어 있더라도 무효이다(대판 1995.07.25. 94다62017).

(2) 현행법상 인정되지 않는 것이거나 또는 선량한 풍속 기타 사회질서에 반하는 것이 아닐 것(예: 소작권확인청구, 근육 1kg을 인도하라는 청구 등).

다만 청구취지 자체는 허용되나 청구원인이 불법인 경우(예: 도박대여금 청구)에는 논의가 있다. 학설은 청구이유유무에 대한 법원의 법률판단권 배제가 청구인낙의 취지이며, 이러한 청구에 대해 인낙하여도 그 효력은 당사자 간에만 미쳐, 제3자에게 영향을 줄 염려가 없으므로 청구의 인낙을 긍정해야 한다는 견해(이시윤), 당사자가 이를 인정하여도 국가가 그 권리의 행사 및 실현에 협력할 수 없기 때문에 인낙의 효력을 부정해야 한다는 견해(정동윤·유병현·김경욱, 호문혁)가 있다. 判例는 소재지관서의 증명이 없더라도 농지이전등기청구의 인낙조서는 무효가 아니라고 하였는데(대판 1969.03.25. 68다2024), 이를 일반적으로 긍정설의 입장으로 평가한다(이시윤).

(3) 소송요건의 흠결이 있는 경우 청구의 포기·인낙이 허용되는지 여부

청구의 포기·인낙은 본안의 확정판결과 동일한 효력을 가지므로, 소송요건이 구비되지 않으면, 청구의 포기·인낙에 불구하고 법원은 소를 각하하여야 한다[11](통설).

Ⅲ 시기와 방법

1. 시 기

판결이 확정되기까지 항소심은 물론 상고심에서도 할 수 있다. 변론종결 또는 판결 선고 뒤에는 포기·인낙을 위한 변론기일지정신청을 한 뒤에 지정된 기일에서 할 수 있다. 청구의 포기·인낙은 원고의 청구를 전제로 하고 있으므로, 원고가 소장을 진술한 이후 할 수 있다[실무제요(Ⅲ), 1627면, 2017, 법원행정처].

2. 방 법

청구의 포기·인낙의 의사표시는 당해 소송의 기일에 출석하여 구술에 의한다. 변론준비기일에서도 할 수 있으며, 법원에 대한 일방적 진술이기 때문에 상대방이 출석하지 아니하여도 할 수 있다. 또한 일방적 의사표시이므로 원고의 승낙을 요하지도 않는다.

3. 서면에 의한 청구의 포기·인낙 제도

> 제148조(한 쪽 당사자가 출석하지 아니한 경우) ② 제1항의 규정에 따라 당사자가 진술한 것으로 보는 답변서, 그 밖의 준비서면에 청구의 포기 또는 인낙의 의사표시가 적혀 있고 <u>공증사무소의 인증을 받은 때</u>에는 그 취지에 따라 청구의 포기 또는 인낙이 성립된 것으로 본다.

判例는 당사자가 기일에 출석하여 변론에서 구술할 것을 요한다고 하여, 진술간주에 의한 청

---

[11] 관할위반, 중복소제기의 금지, 소의 이익 흠결 등 무익한 소송의 배제 또는 피고의 이익보호를 목적으로 하는 소송요건은 피고가 그 존부를 다투지 않았다면 포기·인낙이 가능 하다는 견해도 있다(제한적 긍정설).

구인낙을 부정하였다(대판 1993.07.13. 92다23230). 학설은 판례에 찬성하는 견해도 있었으나, 진술간주제도의 취지와 소송경제의 요청, 피고의 의사를 고려하여 判例에 반대하는 견해가 다수의 입장이었다. 현행법은 공증사무소의 인증을 요건으로 하여 서면에 의한 청구의 포기·인낙을 긍정하여 입법으로 해결하였다.

4. 조서의 작성

청구의 포기·인낙 요건이 충족되면 법원사무관등은 조서에 그 진술을 기재하여야 한다(제154조 1호, 제155조 2항). 그 기일의 조서에는 청구의 포기나 인낙이 있었다는 취지만을 기재하고, 제153조에 규정된 형식적 기재사항과 청구의 포기·인낙의 취지 및 청구의 취지와 원인을 적은 청구의 포기조서 또는 청구의 인낙조서를 따로 작성하는 것이 원칙이다(규칙 제31조). 포기조서 또는 인낙조서에는 먼저 형식적 기재사항을 적은 뒤, 실질적 기재사항을 적는다. 실질적 기재사항으로는 조서의 첫머리에 원고가 청구를 포기하였다는 뜻 또는 피고가 청구를 인낙하였다는 뜻의 진술을 기재하고, 다음에 청구의 표시를 한다. 청구의 표시는 화해의 경우와 같이 청구취지 및 청구원인에 의하여 기재한다[실무제요(Ⅲ), 1628면]. 그리고 청구의 인낙이 변론조서에 기재가 되면 따로 인낙조서의 작성이 없는 경우라도 인정판결과 같은 효력이 생기고 그것으로써 소송은 종료되며 만약 청구의 인낙이 변론조서에 기재되었음에도 불구하고 소송이 진행된 경우 법원은 인낙으로 인한 소송종료를 판결로 선고하여야 한다(대결 1962.06.14. 62마6).

Ⅳ 효 과

1. 확정판결과 동일한 효력

포기나 인낙을 기재한 조서가 성립되면, 포기조서는 청구기각, 인낙조서는 청구인용의 확정판결과 동일한 효력이 있다(제220조).

2. 소송종료 효

청구의 포기·인낙을 간과한 채 심리가 속행된 때에는 당사자의 이의나 법원의 직권에 의하여 판결로써 소송종료선언을 하여야 한다.

3. 기판력·집행력·형성력

당연무효 사유가 없는 한 기판력이 생긴다는 것이 통설·판례이다. 인낙조서의 경우에는 이행청구에 관한 것이면 집행력, 형성청구에 관한 것이면 형성력을 낳는다. 상소심에서 청구의 포기·인낙이 있을 때에는 그 한도 내에서 전심의 판결은 당연히 실효한다.

4. 하자를 다투는 방법

(1) 조서작성 전

조서작성 전이면 반대견해가 있으나, 자백의 철회에 준하여 상대방의 동의를 얻거나 착오를 이유로 철회할 수 있다.

(2) 조서작성 후

소송절차의 명확성·안정성을 위해 표시주의·외관주의가 관철되어야 하므로 사기·강박 또는 착오 등의 하자가 있어도 이를 이유로 민법 규정상의 하자를 고려할 없다는 입장으로 통설, 판례의 태도이다(하자불고려설). 즉 이 경우에는 오로지 준재심의 소로 다투어야 한다(제461조).

5. 청구의 인낙

(1) 해제의 가능 여부

청구의 인낙은 소송행위이므로 인낙 자체에 계약 해제의 법리가 적용될 여지는 없다. 따라서 인낙조서상의 채무불이행을 원인으로 하여 인낙 자체를 실효시켜 구소송을 부활시킬 수는 없다. 다만 인낙조서에 기재된 의무가 진실이면 그 뒤 의무불이행을 이유로 법정해제권을 행사하여 그 의무발생의 원인되는 계약의 해제는 가능하다.

(2) 判例

인낙은 소송행위이고 법률행위가 아니므로 인낙의 불행사 또는 이행불능을 이유로 손해배상청구를 할 수 없고, 다만 인낙조서에 기재된 기본사실이 진실이라면 그 사실을 원인으로 채무불이행 또는 이행불능을 이유로 손해배상청구를 할 수는 있을 것이다(대판 1957.03.14. 4289민상439).

제3절 재판상 화해

I 의의 및 제도적 취지

1. 의 의

재판상화해는 제소전의 화해와 소송상의 화해가 있다. 제소전의 화해는 소송계속 전에 지방법원 단독판사 앞에서 하는 화해를 말하며, 소송상의 화해는 소송계속 후 수소법원 앞에서 하는 화해를 말한다. 제소전화해는 소송계속을 전제로 하지 않기 때문에 소송종료의 효과가 발생하지 않는다는 점 이외에는 양자는 그 성질 및 효과가 동일하다는 것이 다수의 견해이다.

2. 제도적 취지

재판상 화해제도는 처분권주의에 의해 당사자의 자유의사에 따른 분쟁해결 방법의 하나로서 인정되는 것이다. 특히 이는 당사자 간의 감정대립을 중화시킴과 동시에 간이, 신속하면서도 경제적으로 이행을 확보할 수 있다는 데에 그 제도적 취지가 있다.

Ⅱ 소송상 화해

1. 의의 및 법적 성질

(1) 의의

 소송상 화해란 소송계속 중 양쪽 당사자가 소송물인 권리관계의 주장을 서로 양보하여 소송을 종료시키기로 하는 기일에 있어서의 합의를 이른다.

(2) 법적 성질

 判例는 "소송상화해는 재판의 대용으로서 소송물인 법률관계를 확정하는 효력이 있으므로 순연한 소송행위로 볼 것이고, 소송상 화해에 의하여 확정된 법률관계에 상반되는 주장을 하려면 준재심의 소에 의하여야 한다(대결 1962.05.31. 4293민재항6)."라고 하여 소송행위설의 입장이다. 하지만 "하자 없는 재판상 화해의 경우에는 재판상 화해의 내용을 판단함에 있어서 실체법률관계를 따져야 한다(대판 1966.02.28. 62다251)."고 한 것도 있고, 실효조건부화해를 인정한 것이 있어 완전한 소송행위설로 이해할 수는 없다는 입장도 있다(이시윤, 강현중). 그리고 "공유물분할의 소송절차 또는 조정절차에서 공유자 사이에 공유토지에 관한 현물분할의 협의가 성립하여 그 합의사항을 조서에 기재함으로써 조정이 성립하였다고 하더라도, 그와 같은 사정만으로 재판에 의한 공유물분할의 경우와 마찬가지로 그 즉시 공유관계가 소멸하고 각 공유자에게 그 협의에 따른 새로운 법률관계가 창설되는 것은 아니고, 공유자들이 협의한 바에 따라 토지의 분필절차를 마친 후 각 단독소유로 하기로 한 부분에 관하여 다른 공유자의 공유지분을 이전받아 등기를 마침으로써 비로소 그 부분에 대한 대세적 권리로서의 소유권을 취득하게 된다고 보아야 한다(대판(전) 2013.11.21. 2011두1917)."고 하여 공유물분할에 대한 조정의 경우 형성판결이 확정된 경우와는 다르게 취급하여 소송행위설로 일관하지 못하고 있다(이시윤).

2. 요 건

(1) 당사자에 관한 요건

 당사자가 실재하여야 하고 소송능력을 갖추어야 한다. 대리인에 의한 화해에 있어서는 특별수권이 있어야 하고(제56조 2항, 제90조 2항), 2016년 2월 개정법은 제62조의 2에서 의사무능력자의 특별대리인이 화해하는 경우 법원은 본인의 이익을 명백히 침해한다고 인정할 때에는 그 날부터 14일 이내에 결정으로 불허할 수 있도록 하였다. 필수적 공동소송에 있어서 화해는 공동소송인 전원이 일치하여야 한다(독립당사자참가소송도 동일하다). 그리고 화해는 상대방이나 제3장의 형사상 처벌받을 행위로 이루어져서는 안 된다(제451조 1항 5호).

(2) 소송물에 관한 요건

 1) 화해의 대상인 권리관계는 사적이익에 관한 것이고, 당사자가 자유롭게 처분할 수 있는 것이어야 한다. 判例도 재심사건에서는 처분할 수 없는 사항을 대상으로 조정이나 화해가 허용될

수 없는 것이므로 재심대상판결을 취소한다는 취지의 조정이나 화해는 무효로 된다고 하였다[12] (대판 2012.09.13. 2010다97846). 직권탐지주의에 의하는 절차에서는 이혼사건, 파양사건을 제외하고는 화해를 할 수 없다. 그리고 회사관계소송에서는 비록 직권탐지주의에 의하는 것은 아니나 판결의 대세효에 비추어 화해가 허용되지 않는다는 것이 통설, 판례이다.

2) 소송상 화해는 제3자도 가입할 수 있다. 判例도 "재판상 화해의 당사자는 소송당사자 아닌 보조참가인이나 제3자도 될 수 있고, 또 재판상 화해를 위하여 필요한 경우에는 소송물 아닌 권리 내지 법률관계를 첨가할 수도 있으므로, 재판상 화해의 효력이 반드시 원래의 소송당사자 사이의 소송물에만 국한되어 미치는 것이라고 할 수 없고, 그 효력은 화해조서에 기재된 화해의 내용에 따라 그 조서에 기재된 당사자에게 미치는 것이라고 할 것이다. 따라서 원고 甲과 피고 乙, 丙의 3인이 당사자로 되어 이루어진 재판상 화해가 계쟁 토지는 甲, 乙, 丙의 각 3분의 1 지분의 공유임을 확인한다는 내용이라면 乙이 丙과 함께 같은 피고의 지위에 있었다하더라도 위 재판상 화해의 효력은 乙, 丙 사이에서도 발생된다 할 것이다(대판 1981.12.22. 78다2278)."라고 한다.

3) 제소전화해가 허용되므로 소송요건 흠결의 소송물이라도 원칙적으로 화해가 허용된다는 것이 통설이다. 이 점이 청구의 포기·인낙과는 다르다(이시윤).

4) 화해의 내용이 강행법규에 반하거나 사회질서에 위반한 경우의 효력에 대해서, 判例는 소송행위설을 관철하여 화해의 내용이 강행법규에 반하거나 또는 화해에 이른 동기나 경위에 반윤리적·반사회적 요소가 내재되어 있다 하여도 화해가 무효가 아닌 것으로 본다(대판 1999.10.08. 98다38760; 대판 2002.12.06. 2002다44014).

5) 조건부 화해의 허용여부(실효조건부 화해)

소송상의 화해에 있어서 이행의무의 발생에 조건을 붙이는 것[13]은 무방하다. 소송상의 화해 자체의 성립이나 그 효력발생에 조건을 붙일 수 있는가[14]에 대해서는 견해가 대립된다. 判例는

---

12) 조정이나 재판상 화해의 대상인 권리관계는 사적 이익에 관한 것으로서, 당사자가 자유롭게 처분할 수 있는 것이어야 하므로, 성질상 당사자가 임의로 처분할 수 없는 사항을 대상으로 한 조정이나 재판상 화해는 허용될 수 없고, 설령 그에 관하여 조정이나 재판상 화해가 성립하였더라도 효력이 없어 당연무효이다. 甲이 乙 주식회사에 마쳐 준 근저당권설정등기의 말소를 구하는 소송을 제기하여 승소판결을 받고 이에 대한 乙 회사의 항소 및 상고(이하 '재심대상판결'이라 한다)가 모두 기각되어 제1심판결이 그대로 확정되었고, 이에 甲이 丙 신용협동조합에 근저당권 및 지상권 설정등기를 마쳐 주고 이어 乙 회사 명의의 근저당권설정등기 말소등기를 마쳤는데, 乙 회사가 甲을 상대로 위 판결에 대한 재심의 소를 제기하여 "1. 재심대상판결 및 제1심판결을 각 취소한다. 2. 甲은 이 사건 청구를 포기한다. 3. 甲은 乙 회사에 근저당설정등기의 회복등기절차를 이행한다."는 취지의 조정이 성립하였고, 이에 乙 회사가 丙 조합을 상대로 말소등기의 회복에 관하여 승낙을 구하는 소를 제기한 사안에서, '재심대상판결 및 제1심판결을 각 취소한다'는 조정조항은 법원의 형성재판 대상으로서 갑과 을 회사가 자유롭게 처분할 수 있는 권리에 관한 것이 아니어서 당연무효이고, 확정된 재심대상판결과 제1심판결이 당연무효인 위 조정조항에 의하여 취소되었다고 할 수 없으며, 나머지 조정조항들에 의하여 판결들의 효력이 당연히 상실되는 것도 아니므로, 위 판결들에 기한 근저당권설정등기의 말소등기는 원인무효인 등기가 아니고 따라서 丙 조합은 근저당권설정등기의 말소회복에 승낙을 하여야 할 실체법상 의무를 부담하지 않음에도, 이와 달리 본 원심판결에 법리오해의 잘못이 있다(대판 2012.09.13. 2010다97846).
13) 예를 들어 피고가 언제까지 금○○원을 지급하지 못하면 피고는 원고 앞으로 가등기에 기한 본등기 절차를 이행한다는 등.
14) 제3자의 이의가 있으면 화해의 효력이 실효된다는 조건 등.

화해의 성질에 기본적으로 소송행위설을 따르면서도 실효조건부 화해의 효력을 긍정하고 있다. 즉 재판상 화해에서도 제3자의 이의가 있을 때에 화해의 효력을 실효시키기로 하는 약정이 가능하고 그 실효조건의 성취로 화해의 효력은 당연히 소멸 된다(대판 1993.06.29. 92다56056). 준재심의 소에 의하여 화해가 취소된 경우와 같이 취급한다.

(3) 시기와 방식에 관한 요건

화해는 소송계속 중 어느 때나 할 수 있다. 상고심에서도 화해가 가능하다. 화해는 기일에 당사자 쌍방이 출석하여 구술에 의한 진술에 의하는 것이 원칙이다(구술화해). 다만 현행법은 서면인낙과 마찬가지로 공증사무소의 인증을 요건으로 서면화해제도를 채택하고 있음을 주의해야 한다(제148조 3항).

3. 효 과

(1) 화해조서의 작성

화해진술시 법원 또는 법관이 요건을 심사하여 유효하다고 인정하면 법원사무관등에게 그 내용을 조서에 기재시킨다(제154조 1항).

(2) 화해조서의 효력

1) 주관적 범위

화해조서의 효력은 화해의 당사자 사이에만 효력을 갖는 것으로 민법상 비법인사단에 해당하는 재건축조합을 당사자로 하는 화해조서의 효력은 그 구성원인 조합원들에게 미치지 않는다고 할 것이고, 또 재건축조합과 체결한 계약의 효력이 직접 조합원들을 구속하는 것은 아니다(대판 2005.06.23. 2004다3864). 화해조서는 확정판결과 동일한 효력이 있다(제220조). 따라서 다음과 같은 효력이 인정된다.

2) 창설적 효력

재판상의 화해는 확정판결과 같은 효력이 있고(민사소송법 제220조), 사법상의 화해계약은 창설적 효력을 가져(민법 제732조) 화해가 이루어지면 종전의 법률관계를 바탕으로 한 권리의무관계는 소멸한다. 그렇지만 화해의 창설적 효력이 미치는 범위는 당사자가 서로 양보를 하여 확정하기로 합의한 사항에 한하며, 당사자가 다툰 사실이 없거나 화해의 전제로서 서로 양해하고 있는 데 지나지 아니한 사항에 관하여는 그러한 효력이 생기지 아니한다. 그리고 이러한 법률관계는 민사조정법 제29조에 의하여 재판상의 화해와 동일한 효력이 인정되는 민사조정법상의 조정의 경우에도 마찬가지로 적용 된다(대판 2019.04.25. 2017다21176).

3) 소송종료 효

소송상의 화해조서가 작성되면 그 범위 내에서 소송은 당연히 종료된다. 상급심에서 화해가 된 때에는 하급심의 미확정판결은 당연히 실효된다. 그리고 추심금 소송에서 추심채권자가 제3채무자와 '피압류채권 중 일부 금액을 지급하고 나머지 청구를 포기 한다.'는 내용의 재판상 화해를 한 경우 '나머지 청구 포기 부분'은 추심채권자가 적법하게 포기할 수 있는 자신의 '추심권'에 관한 것으로서 제3채무자에게 더 이상 추심권을 행사하지 않고 소송을 종료하겠다는 의미로 보아야 한다[15](대판 2020.10.29. 2016다35390).

4) 기속력

화해조서가 작성되면 당해 법원을 기속하며, 그 화해조서에 부당 또는 오류가 있다고 하여도 제211조에 의한 경정결정 이외에는 함부로 취소·변경할 수 없다.

5) 기판력

判例는 "재판상의 화해를 조서에 기재한 때에는 그 조서는 확정판결과 같은 효력이 있고 당사자 간에 기판력이 생기는 것이므로 재심의 소에 의하여 취소 또는 변경이 없는 한 당사자는 그 화해를 사법상의 화해계약임을 전제로 하여 그 화해의 해제를 주장하는 것과 같은 그 화해의 취지에 반하는 주장을 할 수 없다(대판(전) 1962.02.15. 4294민상914 등)."고 하여 무제한기판력설의 입장이다.

6) 집행력

화해조서의 기재가 구체적인 이행의무를 내용으로 할 때에는 집행력을 갖는다(민사집행법 제56조 5호). 집행력이 미치는 인적 범위와 집행력의 배제방법은 집행력 있는 판결에 준한다[16].

7) 소송상 화해의 효력을 다투는 방법

① 판결의 경정

화해조서에 명확한 오류가 있을 경우 판결에 준하여 경정(제211조)이 허용된다(대판 1960.08.12. 4293민재항200)이다.

② 화해의 하자 – 준재심의 소

判例인 무제한기판력설에 의하면 화해의 하자는 재심사유에 해당할 때 준재심의 소에 의하여 다투는 방법 이외에는 그 무효를 주장할 수 없다. 따라서 소송상의 화해는 소송행위로서 사법상의 화해와는 달리 사기나 착오를 이유로 취소할 수는 없는 것이며, 민사소송법 제451조 제1항 5호 소정의 형사상 처벌을 받을 타인의 행위로 인한 사유가 소송상의 화해에 대한 준재심사유로

---

15) 금전채권에 대해 압류 및 추심명령이 이루어지면 채권자는 민사집행법 제229조 제2항에 따라 대위절차 없이 압류채권을 직접 추심할 수 있는 권능을 취득한다. 추심채권자는 추심권을 포기할 수 있으나(민사집행법 제240조 제1항), 그 경우 집행채권이나 피압류채권에는 아무런 영향이 없다. 한편 추심채권자는 추심 목적을 넘는 행위, 예를 들어 피압류채권의 면제, 포기, 기한 유예, 채권양도 등의 행위는 할 수 없다. 추심금 소송에서 추심채권자가 제3채무자와 '피압류채권 중 일부 금액을 지급하고 나머지 청구를 포기 한다.'는 내용의 재판상 화해를 한 경우 '나머지 청구 포기 부분'은 추심채권자가 적법하게 포기할 수 있는 자신의 '추심권'에 관한 것으로서 제3채무자에게 더 이상 추심권을 행사하지 않고 소송을 종료하겠다는 의미로 보아야 한다. 이와 달리 추심채권자가 나머지 청구를 포기한다는 표현을 사용하였다고 하더라도 이를 애초에 자신에게 처분 권한이 없는 '피압류채권' 자체를 포기한 것으로 볼 수는 없다. 따라서 위와 같은 재판상 화해의 효력은 별도의 추심명령을 기초로 추심권을 행사하는 다른 채권자에게 미치지 않는다.
16) 따라서 재판상화해에 의하여 소유권이전등기를 말소할 물권적 의무를 부담하는 자로부터 그 화해성립 후에 근저당권설정등기를 받은 자는 제218조 1항에서 말하는 변론종결 뒤의 승계인에 해당한다(대판 1976.06.08. 72다1842).

될 수 있는 것은 그것이 당사자가 화해의 의사표시를 하게 된 직접적인 원인이 된 경우만이라고 할 것이고, 그렇지 않고 이 사건의 경우 원고들이 주장하는 내용과 같이 서증에 대한 감정결과가 불리하게 나오자 그것으로 인하여 패소할 것을 우려한 나머지 화해를 하게 된 경우와 같이 그 형사상 처벌받을 타인의 행위가 당사자가 화해에 이르게 된 간접적인 원인밖에 되지 않았다고 보이는 경우까지 그것이 준재심사유가 된다고 볼 수는 없다(대판 1979.05.15. 78다1094).

③ 화해의 해제 가능 여부 및 준재심 사유

判例는 소송상의 화해가 사법상의 화해계약이 아님을 들어 해제 자체가 허용되지 않는다는 입장이다. 그리고 제1화해가 성립된 후에 그와 모순되는 제2화해가 성립되어도 그에 의하여 제1화해가 당연 실효되거나 변경될 수 없다(대판 1995.12.05. 94다59028). 다만 제2화해가 준재심사유가 될 것이다(제461조, 제451조 1항 10호).

III 제소전화해

1. 서 설

(1) 의 의

일반 민사 분쟁이 소송으로 발전하는 것을 방지하기 위하여 소제기 전에 지방법원 단독판사 앞에서 화해신청을 하여 해결하는 절차를 말한다(제385조).

(2) 취지 및 성격

소송계속 전에 소송을 예방하기 위하여 이용되며, 다툼이 있는 당사자가 법원의 면전에서 서로 주장을 양보하여 분쟁을 종료시킨다는 점에서 재판상 화해에 속한다.

(3) 문제점

금전소비대차의 채권자가 폭리행위에 해당하는 집행권원을 얻는 수단으로 악용되고 있다. 더구나 판례가 무제한기판력설을 취함을 기화로 강행법규의 탈법을 합리화시키고 뒤에 재판상 다투는 길을 봉쇄하는 방법으로 이용되는 것이 현실이다.[17]

2. 화해신청

> 제385조(화해신청의 방식)

---

[17] 제소전화해는 원래의 제도 본지대로 현존하는 "민사상의 다툼"의 해결보다도 이미 당사자간에 성립한 다툼 없는 계약 내용을 조서에 기재하여 재판상 화해를 성립시키기 위해 이용되는 것이 실무의 현상이다. 따라서 이 경우 법원의 역할은 화해의 알선권고가 아니라 당사자간에 성립된 계약에 대한 공증적 역할에 그치고 있다. 특히 공증인이 만드는 공정증서로는 금전채권 등에 국한하여 집행권원을 만들 수 있음에 그치므로(민사집행법 제56조 4호), 이를 만들 수 없는 청구 등에 있어서 공정증서의 대용물로 제소전화해가 많이 이용되고 있다. 나아가 금전소비대차의 채권자가 경제적 강자의 지위를 틈타서 폭리행위를 하여놓고 이를 집행권원으로 만들기 위해서 악용되어 왔고, 우리 판례가 무제한기판력을 취하는 것을 기화로 강행법규의 탈법을 합법화시키고 뒤에 재판상 다투는 길을 봉쇄하는 방편으로 이용되고 있다. 따라서 이에 대해서는 제소전화해 폐지론이 유력하다(이시윤).

> ① 민사상 다툼에 관하여 당사자는 청구의 취지·원인과 다투는 사정을 밝혀 상대방의 보통재판적이 있는 곳의 지방법원에 화해를 신청할 수 있다.
> ② 당사자는 제1항의 화해를 위하여 대리인을 선임하는 권리를 상대방에게 위임할 수 없다.
> ③ 법원은 필요한 경우 대리권의 유무를 조사하기 위하여 당사자본인 또는 법정대리인의 출석을 명할 수 있다.
> ④ 화해신청에는 그 성질에 어긋나지 아니하면 소에 관한 규정을 준용한다.

(1) 신청법원

제소전 화해를 신청할 법원은 상대방의 보통재판적 소재지의 지방법원이다(제385조 1항). 다만 시·군법원 관할구역 내의 사건은 시·군법원판사의 배타적 사물관할이다(법원조직법 제33조, 동법 제34조 1항 2호).

(2) 화해의 요건

1) 처분할 수 있는 권리관계

당사자가 임의로 처분할 수 있는 권리관계여야 한다.

2) 민사상의 "다툼"의 의미(제385조 1항)

① 학 설

현실의 분쟁이 있을 때에 한할 것이라는 현실분쟁설(이시윤), 분쟁발생의 가능성이 있는 경우까지 신청할 수 있다는 장래분쟁설(정동윤·유병현)이 있다.

② 검 토

장래분쟁설에 의하면 분쟁 없는 곳에 화해가 있게 되며, 공정증서의 대용화, 강행법규의 탈법, 재판상 다투는 길의 봉쇄 등 제도외적으로 남용되는 폐단을 시정할 수 없게 되므로 현실분쟁설이 타당하다. 하급심판례이기는 하지만 현실분쟁설에 따라 화해절차 이전에 현실의 다툼이 있어야 한다고 전제하고, 이러한 다툼이 없이 이미 성립된 토지거래계약에 기하여 오로지 거래허가제의 적용을 면탈하기 위한 화해신청은 부적법하다고 한 것이 있음을 주의할 필요가 있다(광주지법 1990.04.10. 90자129).

3) 신청의 방식

신청은 서면 또는 말로(제161조), 청구취지 및 원인 이외에 다투는 사정을 표시하여야 한다(제385조 1항).

3. 화해의 절차

> 제386조(화해가 성립된 경우) 화해가 성립된 때에는 법원사무관등은 조서에 당사자, 법정대리인, 청구의 취지와 원인, 화해조항, 날짜와 법원을 표시하고 판사와 법원사무관등이 기명날인 또는 서명한다. 〈개정 2017.10.31〉

> 제387조(화해가 성립되지 아니한 경우)
> ① 화해가 성립되지 아니한 때에는 법원사무관등은 그 사유를 조서에 적어야 한다.
> ② 신청인 또는 상대방이 기일에 출석하지 아니한 때에는 법원은 이들의 화해가 성립되지 아니한 것으

> 로 볼 수 있다.
> ③ 법원사무관등은 제1항의 조서등본을 당사자에게 송달하여야 한다.

(1) 화해신청의 요건 및 방식에 흠이 있을 때에는 결정으로 이를 각하한다. 이에 대해 신청인은 항고할 수 있다(제439조).

(2) 법은 쌍방대리금지의 정신을 존중하여 화해를 위하여 자기 대리인의 선임권을 상대방에게 위임하는 것을 금지시켰다. 더 나아가 법원은 필요한 경우 대리권의 유무를 조사하기 위하여 당사자 또는 법정대리인의 출석을 명할 수 있다(제385조 2,3항). 다만 특정한 법률행위에 관하여 본인의 승낙이 있으면 당사자 쌍방을 대리할 수 있다(대판 1969.06.24. 69다571).

(3) 화해신청이 적법하면 화해기일을 정하여 신청인 및 상대방의 출석을 요구한다. 화해기일은 공개할 필요가 없는데, 기일에 신청인 또는 상대방이 출석하지 아니한 때에는 법원은 화해가 성립하지 않은 것으로 볼 수 있다(제387조 2항). 이 경우 "볼 수 있다"고 한 것은 법원의 재량으로 그렇게 볼 수도 있고, 또는 사정에 따라 화해기일을 다시 지정할 수도 있다는 취지이며, 제268조 2항의 경우처럼 반드시 그렇게 보아야 한다는 취지는 아니다. 그러므로 상대방 불출석의 경우라도 신청인이 재소환을 희망하면 이를 허용할 것이고, 신청인이 출석하지 아니한 경우에도 성급하게 본조를 적용할 것이 아니라, 한번쯤 화해기일을 다시 지정하여 당사자를 재소환하는 것이 바람직하다. 즉 어느 쪽으로 처리하든 법원의 재량에 속하는 사항이므로, 법원은 재량에 속하는 사항이므로, 법원은 다시 기일을 정하여 소환할 수도 있고, 화해불성립으로 처리할 수도 있다. 본조는 신청인 또는 상대방, 즉 당사자일방이 기일에 출석하지 아니한 때에는 화해불성립으로 볼 수 있다고 규정하고 있는 바, 쌍방 당사자가 모두 기일에 출석하지 아니한 경우에도 화해불성립으로 볼 수 있음은 물론이다. 다만 제268조는 제소전화해절차에는 준용되지 않으므로, 신청취하 간주로 처리할 수는 없다(주석 민소법(Ⅴ), 제7판, 610면).

(4) 화해가 성립한 때에는 조서를 작성한다(제386조).

> 제388조(소제기신청) ① 제387조의 경우에 당사자는 소제기신청을 할 수 있다.
> ② 적법한 소제기신청이 있으면 화해신청을 한 때에 소가 제기된 것으로 본다. 이 경우 법원사무관등은 바로 소송기록을 관할법원에 보내야 한다.
> ③ 제1항의 신청은 제387조제3항의 조서등본이 송달된 날부터 2주 이내에 하여야 한다. 다만, 조서등본이 송달되기 전에도 신청할 수 있다.
> ④ 제3항의 기간은 불변기간으로 한다.

(5) 화해가 성립되지 않는 경우에 당사자는 소제기신청을 할 수 있다. **당사자는 신청인은 물론이고, 상대방인 피신청인도 포함하는 취지**이다. 화해신청인이 제소신청을 하든, 상대방인 피신청인이 제소신청을 하든 어느 경우를 막론하고 제소신청에 의하여 소를 제기한 것으로 간주되면, 화해신청인이 원고가 되고, 피신청인이 피고가 된다. 신청인이 소제기신청을 한 때에는 화해신청서에 붙인 인지(본안소송 인지액의 1/5)를 제외한 나머지 인지(본안소송 인지액의 4/5)를 붙여야 하나(민사소송등인지법 제7조 3항), 피신청인이 소제기신청을 한 때에는 따로 인지를 붙일 필요가 없으므로, 법원은 소송목적의 값에 대응하는 인지를 추가로 붙이게 하기 위하여 신청인에게 인지추가첩부명령을 발하게 된다(주석 민소법(Ⅴ), 제7판, 611면).

> 제389조(화해비용) 화해비용은 화해가 성립된 경우에는 특별한 합의가 없으면 당사자들이 각자 부담하고, 화해가 성립되지 아니한 경우에는 신청인이 부담한다. 다만, 소제기신청이 있는 경우에는 화해비용을 소송비용의 일부로 한다.

(6) 화해비용은 화해가 성립된 경우에는 특별한 합의가 없으면 당사자들이 각자 부담하고, 화해가 성립되지 아니한 경우에는 신청인이 부담한다. 다만, 소제기신청이 있는 경우에는 화해비용을 소송비용의 일부로 한다(제389조).

4. 제소전화해조서의 효력

(1) 법 규정

제소전화해조서는 확정판결과 동일한 효력을 가지며(제220조), 또 집행력을 갖는다.

(2) 기판력

判例는 소송상의 화해의 법리와 다를 바 없다고 하여 기판력을 전면적으로 긍정하고 있으며(무제한기판력설), 따라서 제소전화해의 하자는 재심사유에 해당하는 경우에 한하여 준재심의 소에 의한 구제 이외에는 그 무효를 주장할 수 없다고 한다[18]. 그리고 제소전화해가 이루어진 이후에 새로 발생한 사실을 주장하여 제소전화해에 반하는 청구를 하여도 이는 제소전화해의 기판력에 저촉되는 것은 아니다(대판 1994.12.09. 94다17680). 또한 제소전 화해조서는 확정판결과 동일한 효력이 있어 당사자 사이에 기판력이 생기는 것이므로, 거기에 확정판결의 당연무효 사유와 같은 사유가 없는 한 설령 그 내용이 강행법규에 위반된다 할지라도 그것은 단지 제소전 화해에 하자가 있음에 지나지 아니하여 준재심절차에 의하여 구제받는 것은 별문제로 하고 그 화해조서를 무효라고 주장할 수는 없다(대판 2002.12.06. 2002다44014).

(3) 창설적 효력

判例는 제소전화해에 있어서는 당사자의 화해계약이 그 내용을 이루어 그 창설적 효력 때문에 종전의 권리·의무관계를 소멸시키고 새로운 권리관계를 창설하는 것으로 일관 한다(대판 1992.05.26. 91다28528). 이에 대해서는 화해의 법적 성질에 관하여 소송행위로 파악하는 판례의 입장과 모순된다는 견해가 유력하다(이시윤). 다만 甲과 乙 등이 점포에 관하여 임대차계약을 체결한 후 "甲(임차인)은 임대차기간 만료일에 乙 등(임대인)으로부터 임대차보증금을 반환받음과 동시에 점포를 乙 등에게 인도한다."라는 내용의 제소전화해를 한 경우, 甲의 계약갱신요구권은 화해 당시 분쟁의 대상으로 삼지 않은 사항으로서 화해에서 달리 정하거나 포기 등으로 소멸시킨다는 조항을 두지 않은 이상 화해의 창설적 효력이 미치지 않으므로, 甲은 화해조서 작성 이후에도 여전히 법이 보장하는 계약갱신요구권을 행사할 수 있다고 보아야 한다(대판 2022.01.27. 2019다299058).

(4) 화해조서 취소의 효과

준재심의 소에 의하여 화해조서가 취소되었을 때에는 종전의 소송이 부활하는 소송상 화해와

---

[18] 다만 학설은 양성설을 취하여 실체법상 하자가 있는 경우에는 기판력이 발생하지 않는다고 한다(제한적기판력설).

는 달리, 제소전화해의 경우에는 부활할 소송이 없으므로 화해절차는 불성립으로 귀착되는 것이 특징이다.

Ⅳ 화해간주와 형사피고사건의 민사화해

1. 재판상 화해 자체는 아니지만, 그 효력에 관하여 법률에 의하여 재판상 화해의 효력과 동일한 것으로 간주되는 경우[19]가 있다.

2. 그리고 형사피고사건에서 피고인과 피해자 사이에 민사상의 다툼에 관하여 합의가 이루어지면, 양자가 공동으로 합의를 공판조서에 기재하여 줄 것을 신청할 수 있다(소송촉진 등에 관한 특례법 제36조 1항). 이는 합의가 공판조서에 기재된 때에는 민소법 제220조의 규정을 준용하므로(동법 제5항), 재판상화해처럼 확정판결과 동일한 효력이 생긴다. 이를 형사사건의 민사화해라고 한다.

Ⅴ 화해권고결정

1. 서 설

(1) 의 의

민사소송법 제225조 이하에서는 법원, 수명법관 또는 수탁판사는 소송에 계속 중인 사건에 대하여 언제라도 별도의 조정기일 회부 없이 변론절차에서 직권으로 당사자의 이익, 그 밖의 모든 사정을 참작하여 청구의 취지에 어긋나지 아니하는 범위 안에서 사건의 공정한 해결을 위한 화해권고결정을 할 수 있고, 그 조서 또는 결정서의 정본을 송달받은 날부터 2주일 내에 이의신청이 없는 때에는 그와 같은 화해가 성립한 것으로 보는 규정을 신설하였다.

(2) 입법취지

구민사소송법 제135조 제1항(현 제145조 제1항)에도 법원은 소송의 정도여하에 불구하고 화해를 권고하거나 수명법관 또는 수탁판사로 하여금 권고하게 할 수 있었지만, 이보다도 법원의 명시적이고 공개적인 판단에 따라 화해권고결정을 하고, 불복이 있으면 법정절차에 따르도록 함으로써 그 권고안의 권위와 공정성에 믿음을 주고, 따라서 화해를 성공으로 이끌 수 있도록 하기 위함이 그 취지이다.[20][21]

---

19) 가사조정조서(가사소송법 제59조 2항), 조정조서(민사조정법 제29조), 그 밖의 분쟁조정조서(소비자기본법 제59조 2항), 조정에 갈음하는 결정(민사조정법 제34조 4항, 제30조, 제32조) 등이 그 예이다.
20) 전병서, 개정민사소송법 해설(2002) 189면, 중앙대학교 법대
21) <u>화해권고결정제도는 화해가 성립되지 않은 상태에서 변론 중에 재판부가 적정한 선에 의한 강제조정을 화해권고결정의 형식으로 하는 것인데 비해, 수소법원조정제도는 화해의 성립가능성이 있는 사건을 별도의 조정기일을 통해 당사자 사이의 임의조정(화해)을 시도하는 것으로서 그 제도의 취지가 동일하지 아니하다.</u>

2. 내용 및 절차

(1) 결정에 의한 화해권고

> 제225조(결정에 의한 화해권고) ① 법원·수명법관 또는 수탁판사는 소송에 계속 중인 사건에 대하여 직권으로 당사자의 이익, 그 밖의 모든 사정을 참작하여 청구의 취지에 어긋나지 아니하는 범위 안에서 사건의 공평한 해결을 위한 화해권고결정(화해권고결정)을 할 수 있다.
> ② 법원사무관등은 제1항의 결정내용을 적은 조서 또는 결정서의 정본을 당사자에게 송달하여야 한다. 다만, 그 송달은 제185조제2항·제187조 또는 제194조에 규정한 방법으로는 할 수 없다.

법원, 수명법관 또는 수탁판사는 소송에 계속 중인 사건에 대하여 언제라도 별도의 조정기일 회부 없이 변론절차에서 직권으로 당사자의 이익, 그 밖의 모든 사정을 참작하여 청구의 취지에 어긋나지 아니하는 범위 안에서 사건의 공정한 해결을 위한 화해권고결정을 할 수 있다(제225조 제1항). 직권결정이므로 당사자는 권고결정에 대한 신청권이 없으나, 그럼에도 당사자가 권고결정 신청을 한다면 법원의 직권발동을 촉구하는 의미를 가질 것이다. 화해권고결정서에는 원칙적으로 청구의 취지와 원인을 적어야 한다(민사소송규칙 제57조 제1항 본문).

(2) 당사자에게 결정서 송달

> 제225조(결정에 의한 화해권고) ② 법원사무관등은 제1항의 결정내용을 적은 조서 또는 결정서의 정본을 당사자에게 송달하여야 한다. 다만, 그 송달은 제185조제2항·제187조 또는 제194조에 규정한 방법으로는 할 수 없다.

법원사무관등은 결정서 정본을 당사자에게 송달하여야 한다. 결정서를 따로 작성하지 않고 법원이 화해결정 내용을 조서에만 적었을 경우에는 그 조서 정본을 송달하여야 한다. 결정서 또는 조서를 송달하는 때에는 송달 받고 2주 안에 이의신청을 하지 아니하면 화해권고결정이 재판상 화해와 동일한 효력을 가지게 된다는 것을 당사자에게 고지해야 한다(규칙 58조). 특히 송달을 함에 있어서는 우편송달, 공시송달의 방법으로는 할 수 없다(법 제225조 제2항 단서). 우편송달, 공시송달 이외의 방법으로 송달할 수 없는 때에는 법원은 화해권고결정을 취소하여야 한다(규칙 제59조).

(3) 당사자의 이의신청

> 제226조(결정에 대한 이의신청) ① 당사자는 제225조의 결정에 대하여 그 조서 또는 결정서의 정본을 송달받은 날부터 2주 이내에 이의를 신청할 수 있다. 다만, 그 정본이 송달되기 전에도 이의를 신청할 수 있다.
> ② 제1항의 기간은 불변기간으로 한다.

> 제227조(이의신청의 방식) ① 이의신청은 이의신청서를 화해권고결정을 한 법원에 제출함으로써 한다.
> ② 이의신청서에는 다음 각 호의 사항을 적어야 한다.
>   1. 당사자와 법정대리인
>   2. 화해권고결정의 표시와 그에 대한 이의신청의 취지
> ③ 이의신청서에는 준비서면에 관한 규정을 준용한다.

> ④ 제226조제1항의 규정에 따라 이의를 신청한 때에는 이의신청의 상대방에게 이의신청서의 부본을 송달하여야 한다.

> 제228조(이의신청의 취하) ① 이의신청을 한 당사자는 그 심급의 판결이 선고될 때까지 상대방의 동의를 얻어 이의신청을 취하할 수 있다. ② 제1항의 취하에는 제266조 제3항 내지 제6항을 준용한다. 이 경우 "소"는 "이의신청"으로 본다.

> 제229조(이의신청권의 포기) ① 이의신청권은 그 신청 전까지 포기할 수 있다.
> ② 이의신청권의 포기는 서면으로 하여야 한다.
> ③ 제2항의 서면은 상대방에게 송달하여야 한다.

> 제232조(이의신청에 의한 소송복귀 등) ① 이의신청이 적법한 때에는 소송은 화해권고결정 이전의 상태로 돌아간다. 이 경우 그 이전에 행한 소송행위는 그대로 효력을 가진다.
> ② 화해권고결정은 그 심급에서 판결이 선고된 때에는 그 효력을 잃는다.

당사자는 화해권고결정에 대하여 결정서 등의 정본을 송달받은 날부터 2주 이내에 이의신청을 할 수 있다. 정본을 송달받기 전에도 할 수 있다. 2주의 기간은 불변기간이다(제226조). 이의신청은 신청서[22]를 화해권고결정을 한 법원에 제출함으로써 한다(제227조 제1항). 이의신청을 한 당사자는 그 심급의 판결이 선고될 때까지 상대방의 동의를 얻어 취하할 수 있으며(제228조 제1항), 이의신청권은 그 신청 전까지 서면에 의해 사전포기를 할 수 있다(제229조). 이의신청이 적법한 때에는 소송은 화해권고결정 이전의 상태로 돌아가며, 소송절차를 속행할 것이다(제232조 제1항). 이 경우에 화해권고결정은 그 심급의 판결 선고로써 그 효력을 잃는다(제232조 제2항). 이의신청은 한 쪽 당사자의 신청으로도 적법하다고 할 것이다.

3. 효 력

> 제230조(이의신청의 각하) ① 법원·수명법관 또는 수탁판사는 이의신청이 법령상의 방식에 어긋나거나 신청권이 소멸된 뒤의 것임이 명백한 경우에는 그 흠을 보정할 수 없으면 결정으로 이를 각하하여야 하며, 수명법관 또는 수탁판사가 각하하지 아니한 때에는 수소법원이 결정으로 각하한다.
> ② 제1항의 결정에 대하여는 즉시항고를 할 수 있다.
> 제231조(화해권고결정의 효력) 화해권고결정은 다음 각 호 가운데 어느 하나에 해당하면 재판상 화해와 같은 효력을 가진다.
> 1. 제226조제1항의 기간 이내에 이의신청이 없는 때

---

[22] 민사소송법 제227조 제2항 제2호가 화해권고결정에 대한 이의신청서에 기재하도록 요구하고 있는 화해권고결정의 표시와 그에 대한 이의신청의 취지는 제출된 서면을 전체적으로 보아 어떠한 화해권고결정에 대하여 이의를 한다는 취지가 나타나면 족하고, 그 서면의 표제가 준비서면 등 다른 명칭을 사용하고 있다고 하여 달리 볼 것은 아니다(대판 2011.04.14. 2010다5694). 즉 화해권고결정을 송달받은 항소인이 화해권고결정에 대한 이의신청기간 내에 '제1심판결 중 패소 부분은 받아들일 수 없다'는 취지의 준비서면과 종래 제출한 적 있던 항소장을 제출하고, '위 준비서면 자체가 화해권고 이의신청'이라는 내용의 화해권고결정에 대한 이의신청서를 우편으로 발송하여 그것이 이의신청기간 종료일 다음날 법원에 도착한 사안에서, 위 준비서면과 항소장은 전체적인 취지에서 화해권고결정에 대한 이의신청에 해당한다고 보아야 하므로, 소송종료선언을 하지 않고 소송에 복귀하여 심리에 나아간 원심판단은 정당하다(대판 2011.04.14. 2010다5694).

> 2. 이의신청에 대한 각하결정이 확정된 때 3. 당사자가 이의신청을 취하하거나 이의신청권을 포기한 때

당사자가 위 기간 내에 이의신청이 없는 때, 이의신청에 대한 각하결정이 확정된 때, 당사자가 이의신청을 취하하거나 이의신청권을 포기한 때 중 어느 하나에 해당하면 재판상 화해와 동일한 효력을 가진다(제231조). 따라서 확정판결과 동일한 효력이 있는 것이므로(제220조), 화해권고결정은 기판력·집행력·형성력이 생긴다고 할 것이며, 집행권원도 된다(민사집행법 제56조 제5호). 그러므로 <u>소송에서 다투어지고 있는 권리 또는 법률관계의 존부에 관하여 동일한 당사자 사이의 전소에서 확정된 화해권고결정이 있는 경우 당사자는 이에 반하는 주장을 할 수 없고 법원도 이에 저촉되는 판단을 할 수 없다</u>. 그리고 소송절차 진행 중에 사건이 화해권고결정에 의하여 종결된 경우 소송물 이외의 권리관계에도 그 화해권고결정의 효력이 미치려면, 그 권리관계가 화해권고결정사항에 특정되거나 그 결정문 중 청구의 표시 다음에 부가적으로 기재됨으로써 화해권고결정의 기재내용에 의하여 소송물인 권리관계가 되었다고 인정할 수 있어야 한다[23]. 또한 <u>화해권고결정의 기판력은 그 확정시를 기준으로 하여 발생한다고 해석함이 상당하다</u>[24](대판 2012.05.10. 2010다2558).

---

[23] 화해권고결정에 대하여 소정의 기간 내에 이의신청이 없으면 그 화해권고결정은 재판상 화해와 같은 효력을 가지는데(민사소송법 제231조), 재판상 화해는 확정판결과 동일한 효력이 있으며 당사자 간의 사법상의 화해계약이 그 내용을 이루는 것이면 화해는 창설적 효력을 가져 화해가 이루어지면 종전의 법률관계를 바탕으로 한 권리의무관계는 소멸하나, 재판상 화해의 창설적 효력이 미치는 범위는 당사자가 서로 양보를 하여 확정하기로 합의한 사항에 한하며, 당사자가 다툰 사실이 없었던 사항은 물론 화해의 전제로서 서로 양해하고 있는 데 지나지 않은 사항에 관하여는 그러한 효력이 생기지 않는다. 화해권고결정에 인정되는 확정판결과 동일한 효력은 소송물인 권리관계의 존부에 관한 판단에만 미친다고 할 것이므로, 소송절차 진행 중에 사건이 화해권고결정에 의하여 종결된 경우 소송물 이외의 권리관계에도 그 화해권고결정의 효력이 미치려면 특별한 사정이 없는 한 그 권리관계가 화해권고결정사항에 특정되거나 그 결정문 중 청구의 표시 다음에 부가적으로 기재됨으로써 화해권고결정의 기재내용에 의하여 소송물인 권리관계가 되었다고 인정할 수 있어야 한다(대판 2017.04.13. 2016다274966).

[24] 민사소송법 제231조는 "화해권고결정은 결정에 대한 이의신청 기간 이내에 이의신청이 없는 때, 이의신청에 대한 각하결정이 확정된 때, 당사자가 이의신청을 취하하거나 이의신청권을 포기한 때에 재판상 화해와 같은 효력을 가진다."라고 정하고 있으므로, 확정된 화해권고결정은 당사자 사이에 기판력을 가진다. 그리고 화해권고결정에 대한 이의신청이 적법한 때에는 소송은 화해권고결정 이전의 상태로 돌아가므로(민사소송법 제232조 제1항), 당사자는 화해권고결정이 송달된 후에 생긴 사유에 대하여도 이의신청을 하여 새로운 주장을 할 수 있고, 화해권고결정이 송달된 후의 승계인도 이의신청과 동시에 승계참가신청을 할 수 있다고 할 것이다. 이러한 점 등에 비추어 보면, <u>화해권고결정의 기판력은 그 확정시를 기준으로 하여 발생한다고 해석함이 상당하다</u>(대판 2012.05.10. 2010다2558).

제3장 종국판결에 의한 종료

제1절 재 판

I 재판의 의의 및 구별개념

1. 의 의

재판이란 재판기관이 소송에 관하여 판단한 의사표시로서 이에 의하여 소송법상 일정한 효과가 발생하는 법원의 소송행위를 말한다.

2. 구별개념

재판은 관념적 판단 또는 의사의 표시로서 효력을 갖는 점에서 재판기관이 하는 사실상의 행위(변론의 청취, 증거조사, 판결의 선고 등)와는 구별된다.

II 재판의 종류

1. 판결 · 결정 · 명령

(1) 구별기준

재판의 주체와 성립절차의 차이에 의한 구별이다. 법률은 판결을 중심으로 규정하고 있으며, 결정 · 명령은 그 성질에 반하지 않는 한 판결의 규정을 준용하고 있다(제224조).

(2) 주 체

판결과 결정은 법원의 재판이고, 명령은 재판장 · 수명법관 · 수탁판사 등 법관의 재판이다. 다만 법원의 재판이기 때문에 성질은 결정이지만, 재판내용을 고려하여 명령이라고 명칭이 붙여진 경우가 있다. 문서제출명령(제343조), 지급명령(제462조), 압류명령(민사집행법 제223조), 추심명령(민사집행법 제229조), 전부명령(민사집행법 제229조) 등이다.

(3) 심리방식

판결은 신중을 기하기 위하여 원칙적으로 필수적 변론에 의하지만(제134조 1항 본문), 결정 · 명령은 간이 · 신속을 요하기 때문에 원칙적으로 임의적 변론 즉 변론을 거칠 것이냐의 여부는 법원의 재량에 일임되어 있다(제134조 1항 단서).

(4) 이유기재

제224조 1항 단서는 판결서와는 달리 결정서에는 이유기재를 생략할 수 있게 하였다.

(5) 고지방법

판결의 경우에는 판결서를 작성하여 그에 기하여 선고(제205조)할 것을 요함에 대하여, 결정·명령의 경우에는 상당한 방법에 의하여 고지하면 되고(제221조), 재판서를 작성하지 않고 조서의 기재로 대응할 수도 있다(제154조 5호).

(6) 불복방법

불복방법은 판결에 대해서는 항소(제390조)·상고(제422조)이고, 결정·명령에 대해서는 이의 또는 항고(제439조)·재항고(제442조)이다.

(7) 비용부담자

결정·명령으로 종결되는 재판은 대립적 구조가 아니므로 비용부담자를 정할 필요가 없다는 것이 判例(대결 1985.07.09. 84카55)이다.

(8) 대 상

판결은 중요사항 특히 소송에 대한 종국적·중간적 판단을 할 때임에 대하여, 결정·명령은 소송절차의 부수적·파생적 사항, 강제집행사항, 비송사건을 판단할 때 한다.

(9) 기속력

판결의 경우에 법원은 자기의 판결에 기속됨에 대하여(제205조), 결정·명령의 경우에는 원칙적으로 기속되지 않는다(제88조, 제141조, 제222조, 제446조).

2. 종국적 재판·중간적 재판

(1) 구별기준

이는 사건처리의 관계에 의한 분류이다.

(2) 종국적 재판

종국적 재판이라 함은 사건에 대하여 종국적 판단을 하고 그 심급을 이탈시키는 재판이다. 판결의 예로는 종국판결(제198조), 결정의 예로는 소·상소각하결정(제144조 4항), 화해권고결정(제225조), 이행권고결정, 소송비용액확정결정(제110조), 명령으로 하는 예로는 소장각하명령(제254조)이 있다.

(3) 중간적 재판

중간적 재판이라 함은 심리 중에 문제가 된 사항에 대하여 판단하여 종국적 재판의 준비로 하는 재판을 말한다. 판결로 하는 경우가 중간판결이고(제201조), 결정으로 하는 경우가 공격방어방법은 각하결정(제149조), 소변경 허부의 결정(제263조) 등이 있다. 중간적 재판은 별도의 규정이 없는 한 독립하여 불복할 수 없으며, 종국적 재판과 함께 불복할 수 있을 뿐이다(제392조).

3. 명령적 재판·확인적 재판·형성적 재판

(1) 구별기준

이는 재판의 내용 및 효력의 차이 면에서 본 분류이다.

(2) 명령적 재판

특정인에게 의무를 과하거나 또는 부작위를 요구하는 내용의 재판으로, 강제력이 따르는 점에 그 특색이 있다. 이행판결, 문서제출명령, 증인출석명령 등이 이에 해당한다.

(3) 확인적 재판

현재의 권리 또는 법률관계의 확정 또는 증서의 진정여부의 확인을 내용으로 하는 재판으로, 확인판결, 제척의 재판, 소송비용확정결정 등이 이에 해당한다.

(4) 형성적 재판

기존의 권리관계의 변경, 새로운 권리관계의 창설을 내용으로 하는 재판으로, 형성판결, 기피의 재판, 전부명령, 매각허가결정 등이 이에 해당한다.

제2절 판 결

제1관 판결의 종류

I 중간판결

> 제201조(중간판결) ① 법원은 독립된 공격 또는 방어의 방법, 그 밖의 중간의 다툼에 대하여 필요한 때에는 중간판결을 할 수 있다.
> ② 청구의 원인과 액수에 대하여 다툼이 있는 경우에 그 원인에 대하여도 중간판결을 할 수 있다.

1. 서 설

(1) 의 의

중간판결이란 종국판결을 하기에 전에 소송진행 중 당사자 간에 쟁점으로 된 사항에 대하여 미리 정리·판단을 하여, 종국판결을 용이하게 하고 이를 준비하는 판결이다(대판 1994.12.27. 94다38355).

(2) 비교개념

중간판결과 중간확인의 소에 대한 중간확인판결과 구별해야 한다. 후자는 종국판결의 하나이다. 그리고 중간판결과 일부판결을 구별하여야 한다. 일부판결은 소송물의 일부에 대한 판단임에 반해,

중간판결은 소송물이 아닌 쟁점의 일부에 대한 판단이기 때문이다. 즉 중간판결은 소송자료의 일부만을 종료시킬 뿐이며, 확인판결의 성질을 가진다.

(3) 재량성

중간판결사항을 중간판결로 정리하느냐 아니면 종국판결의 이유속에서 판단하느냐는 법원의 자유재량에 속하지만, 별도의 판결서 작성을 요하는 등의 번거로움 때문에 중간판결제도는 실무상 거의 활용되지 않는다.

2. 중간판결사항

(1) 독립한 공격방어방법

이는 그 한 개만으로 독립하여 본소를 유지 또는 배척하기에 족한 것, 즉 본안에 관한 주장[1] (공격방법)이나 항변[2](방어방법) 중에서 다른 것과 독립하여 그에 관한 판단만으로 청구를 유지 또는 배척하기에 족한 것을 말한다.

(2) 중간의 다툼

이는 독립한 공격방어방법에 속하지 않는 소송상의 사항에 관한 다툼으로서, 이를 해결하지 않으면 청구 그 자체에 대한 판단에 들어설 수 없는 것[3]을 말한다(소송상의 선결문제).

(3) 원인판결

청구의 원인과 수액 두 가지 점에 대하여 다툼이 있는 경우에, 먼저 청구원인에 대하여 이를 긍정하는 중간판결을 원인판결이라고 한다. 여기에서 말하는 청구원인이라 함은 수량·범위를 제외한 소송의 목적인 청구권의 존부[4]를 말한다.

3. 상소심의 환송판결의 성격

(1) 종전 判例

判例는 사건 전체의 입장에서 보면 환송판결에 대하여 사건이 종결되는 것이 아니라는 이유로 이를 중간판결로 보았다.

(2) 현재 判例

判例는 "종국판결이란 소 또는 상소에 의하여 계속 중인 사건의 전부 또는 일부에 대하여 심판을 마치고 그 심급을 이탈시키는 판결이라고 할 것."이라고 하여 종국판결이라고 하고 있다. 따

---

[1] 예를 들어 소유권확인청구에서 1차적으로 증여사실, 2차적으로 매매사실을 주장하는 경우 그 중 어느 하나가 인정되면 원고의 청구가 이유 있게 되기 때문에, 증여사실·매매사실 주장은 독립한 공격방법이 된다.
[2] 예를 들어 대여금청구의 소에서 피고가 1차적으로 면제사실, 2차적으로 변제사실을 주장하는 경우에 그 중 어느 하나가 인정되면 원고의 청구는 배척되기 때문에, 그 사실 주장은 독립한 방어방법이 된다.
[3] 예를 들어 소송요건의 존재여부, 상소의 적법여부, 소취하의 유·무효, 상소의 추후보완의 적법여부, 재심의 소에서 적법성과 재심사유의 존재여부(제454조) 등에 대한 다툼을 말한다.
[4] 예를 들면 불법행위사건에서 청구의 원인에는 고의·과실·위법성·인과관계 등의 권리발생사실 뿐 아니라, 널리 변제·소멸시효·면제 등의 권리소멸사실을 말한다.

라서 항소심의 환송판결은 종국판결이므로 고등 법원의 환송판결에 대하여는 대법원에 상고할 수 있다[대판(전) 1981.09.08. 80다3271]. 다만 대법원의 파기환송판결은 종국판결이지만 중간판결적 성질을 가진 종국판결이므로 재심의 대상은 되지 아니한다[대판(전) 1995.02.14. 93재다27].

4. 효 력

(1) 기속력

중간판결도 일단 선고하면, 판결을 한 법원도 이에 구속되어 스스로 취소, 변경할 수 없는 기속력은 있다. 즉 중간판결은 그 심급에서 사건의 전부 또는 일부를 완결하는 재판인 종국판결을 하기에 앞서 종국판결의 전제가 되는 개개의 쟁점을 미리 정리·판단하여 종국판결을 준비하는 재판으로서, 중간판결이 선고되면 판결을 한 법원은 이에 구속되므로 종국판결을 할 때에도 그 주문의 판단을 전제로 하여야 하며, 설령 중간판결의 판단이 그릇된 것이라 하더라도 이에 저촉되는 판단을 할 수 없다. 이러한 중간판결은 종국판결 이전의 재판으로서 종국판결과 함께 상소심의 판단을 받는다(민사소송법 제392조, 제425조)(대판 2011.09.29. 2010다65818).

(2) 기판력 · 집행력

중간판결은 기속력 외에 기판력·집행력이 인정되지 않는다.

(3) 상 소

중간판결에 대해서는 독립해서 상소할 수 없고, 종국판결이 나기를 기다려 이에 대한 상소와 함께 상소심의 판단을 받을 수 있는데 그친다(제392조, 제425조).

(4) 소송비용

중간판결은 종국판결이 아니기 때문에 원칙적으로 소송비용에 대해서는 재판을 해서는 안 된다(제98조 참고).

II 종국판결

1. 의 의

> 제198조(종국판결) 법원은 소송의 심리를 마치고 나면 종국판결을 한다.

종국판결은 소 또는 상소에 의하여 계속된 사건의 전부나 일부에 관하여 해당 심급에서 완결하는 판결을 말한다. 이의 예로는 본안판결, 소각하판결, 소송종료선언 등이 있다. 종국판결은 사건을 완결시키는 범위에 따라 전부판결, 일부판결, 추가판결 등으로 구분하고, 소의 요건심리에 대한 판결인 소송판결, 본안심리에 의한 판결인 본안판결로 구분하기도 한다.

2. 전부판결

전부판결이란 같은 소송절차로 심판되는 사건의 전부를 동시에 완결시키는 종국판결이다. 하나의 소송절차에서 한 개의 청구가 심리된 때에 그 청구에 대하여 한 판결이 전부판결인 것은 당연하다. 문제는 하나의 소송절차에서 여러 개의 청구가 병합심리 된 때(청구의 병합, 반소, 변론의 병합 등)에 그 여러 개의 청구에 대하여 동시에 한 개의 판결을 한때(즉 한 개의 판결원본이 작성된 때)에 그것이 전부판결로서 한 개인가 여러 개인가가 문제된다. 이 경우 통설·判例는 한 개의 판결로 본다. 제200조 2항이 변론을 병합한 여러 개의 소송 또는 본소와 반소의 어느 일부만을 완결하는 판결을 일부판결로 보고 있으므로, 반대로 동시에 전부를 완결하는 경우는 전부판결로 보아야 하기 때문이다. <u>판결을 한 개로 보느냐 여러 개로 보느냐는 판결의 확정시기 및 상소의 효력에 중대한 영향을 미친다</u>. 즉 한 개의 판결로 보면, 청구 중의 일부에 대하여 상소를 제기한 경우에 나머지 청구에도 효력이 미치고, 판결 전체의 확정이 차단된다. 그러므로 <u>원고 일부승소, 일부패소의 전부판결 중 원고패소부분에 대한 상소의 효력은 승소부분에도 미친다(상소불가분의 원칙)</u>. 이에 반해 청구의 수만큼 판결이 있는 것으로 보면, 한 개의 청구에 대하여 상소를 제기하여도 나머지 청구와는 관계가 없고, 상소된 부분만이 이심되고 나머지 청구에 대한 판결은 확정된다.

3. 일부판결

> 제200조(일부판결) ① 법원은 소송의 일부에 대한 심리를 마친 경우 그 일부에 대한 종국판결을 할 수 있다.
> ② 변론을 병합한 여러 개의 소송 가운데 한 개의 심리를 마친 경우와, 본소(본소)나 반소의 심리를 마친 경우에는 제1항의 규정을 준용한다.

(1) 의의 및 문제점

일부판결은 같은 소송절차에서 심판되는 사건의 일부를 다른 부분으로부터 분리하여 먼저 완결시키는 종국판결이다(제200조). 복잡한 소송의 심리를 간략화 하는 동시에 당사자에게 일부분이나마 조속한 확정판결을 얻게 해 주는 장점이 있는 반면 독립하여 상소의 대상이 되므로 사건의 일부는 상소심에 나머지는 원심에 계속하는 결과로 되어 도리어 불편하고 비경제적인 단점도 있다. 따라서 일부판결을 할 수 있는 경우에도 이를 할 것인지 여부는 법원의 재량에 맡겨져 있고, 실무상 잘 활용되지 않는다.

(2) 일부판결을 할 수 있는 경우

일부판결은 그것과 나머지 부분의 판결(잔부판결)이 서로 관계가 없고 두 개의 판결이 별개의 운명을 가져도 상관이 없는 것(소송물의 가분성)을 전제로 한다. 따라서 이의 예로는 하나의 청구 중의 일부[5], 변론을 병합한 경우에 병합된 뒤의 여러 개의 청구 가운데 1개의 심리를 마친 경우(제200조 2항 전단), 소의 객관적 병합(단순병합), 통상공동소송의 경우 본소와 반소 가운데 한 쪽의 심리를 마친 경우(제200조 2항 후단) 등을 들 수 있다.

---

[5] 예를 들어 토지인도청구 중의 특정부분의 인도, 금전·대체물인도청구 중의 법률상 특정할 수 있는 일부의 지급 등을 말한다.

(3) 일부판결을 할 수 없는 경우

1) 소의 객관적 병합

선택적·예비적 병합은 복수의 청구가 불가분적으로 결합되었기 때문에 일부판결을 할 수 없다는 견해가 통설이다. 判例도 "먼저 주위적 청구를 먼저 판단하지 않고 예비적 청구만을 인용하거나 주위적 청구만을 배척하고 예비적 청구에 대하여 판단하지 않는 등의 일부판결은 예비적 병합의 성질에 반하는 것으로 법률상 허용되지 않는다(대판 2000.11.26. 98다22253)."고 판시하여 통설의 입장이다.

2) 다수당사자소송

필수적 공동소송이나 독립당사자참가의 경우에는 합일확정을 요구하므로 일부판결이 허용되지 않는다.

3) 본소와 반소

동일한 부동산에 대하여 원고의 소유권확인의 본소와 피고의 소유권확인의 반소와 같이 동일한 권리관계를 기초로 하고 있는 경우나 이혼의 본소와 반소와 같이 동일한 목적의 형성청구의 경우에 일부판결은 기판력의 저촉의 위험을 가져오므로 허용되지 않는다.

(4) 일부판결의 절차

일부판결을 하려면 그 부분에 관한 심리가 완료되어야 하므로 당사자에게 그 뜻을 알려야 한다. 그리고 일부판결에 대하여 상소가 된 때에는 기록을 상급심에 보내기 위하여 정본을 작성하여야 한다.

(5) 일부판결의 효과

일부판결도 소송의 그 부분에 관하여는 종국판결이므로 독립하여 상소의 대상이 된다. 일부판결을 할 수 없는데도 일부판결을 한 경우에는 위법하고 또 잔부판결을 할 수 없으므로, 이 경우 흠 있는 전부판결로 취급하여 상소·재심에 의해 다투어야 한다(제424조 1항 6호, 제451조 1항 9호 즉 재판누락이 아니라 판단누락에 준한다).

(6) 잔부판결

일부판결을 한 후 나머지 부분에 대하여 심리를 행하고 내리는 판결을 잔부판결이라고 한다. 특히 잔부판결은 최초의 분쟁 전체를 기준으로 하면 일부판결이지만, 일부판결 후의 잔부판결에서 보면 전부판결이다. 소송비용의 재판은 사건을 완결하는 잔부판결에서 하는 것이 원칙이다(제104조). 잔부판결은 일부판결의 주문판단을 토대로 하여야 한다(이시윤). 다만 이에 대해서 일부판결은 잔부에 대한 판단에 의하여 영향을 받지 않는 경우, 일부판결과 잔부판결 사이에 모순이 생길 염려가 없는 경우에만 허용되므로 의문이라는 견해가 있다(정동윤·유병현·김경욱).

4. 재판의 누락과 추가판결

> 제212조(재판의 누락) ① 법원이 "청구"의 "일부"에 대하여 "재판"을 누락한 경우에 그 청구부분에 대하여는 그 법원이 계속하여 재판한다.
> ② 소송비용의 재판을 누락한 경우에는 법원은 직권으로 또는 당사자의 신청에 따라 그 소송비용에 대한 재판을 한다. 이 경우 제114조의 규정을 준용한다.
> ③ 제2항의 규정에 따른 소송비용의 재판은 본안판결에 대하여 적법한 항소가 있는 때에는 그 효력을 잃는다. 이 경우 항소법원은 소송의 총비용에 대하여 재판을 한다.

(1) 재판의 누락과 추가판결

추가판결은 법원이 청구의 전부를 완결할 의사로 재판을 하였으나, 청구의 일부에 관한 재판을 빠뜨린 경우(재판의 누락), 후에 빠뜨려진 일부에 대해 하는 판결을 말한다(제212조).

즉 법원이 전부판결을 할 생각으로 재판하였으나 실은 일부판결을 한 경우, 나머지 청구는 아직 법원에 계속되고 있으므로, 그 부분에 대한 추가판결이 필요한 것이다.

(2) 재판의 누락이 있는 경우

재판의 누락은 종국판결의 주문에서 판단하여야 할 청구에 대한 판단을 빠뜨린 경우이므로, 판결이유 중에서 판단하는 청구의 당부를 뒷받침하는 공격·방어방법에 대한 판단을 빠뜨린 경우인 판단의 누락과는 구별하여야 한다. 판단누락의 경우에는 상소, 재심사유가 된다(제424조 1항 6호, 제451조 1항 9호). 재판의 누락은 청구의 일부에 대한 판단을 빠뜨린 때[6], 청구가 병합된 경우에 일부청구에 관한 판단을 빠뜨린 때[7], 본소와 반소에서 반소에 관한 판단을 빠뜨린 때, 청구의 확장부분을 판단하지 아니한 때 등에 발생한다. 判例는 판결주문에 아무런 표시가 없는 경우에 판결이유에서 판단이 되어 있어도 재판의 누락으로 보고 있다(대판 1981.04.14. 80다1881 등). 그러나 이 경우 학설은 판결에 오류가 있는 것으로 보아 판결의 경정을 허용할 것이라는 입장이다(이시윤, 정동윤·유병현 등). 다만 반대로 판결주문에는 표시가 있으나 판결이유에 아무런 판단이 없는 경우는 재판의 누락이 아니라고 하는 것이 判例(대판 2003.05.30. 2003다13604), 통설이다.

(3) 소송상의 취급

재판누락이 있는 부분은 계속하여 그 법원에 계속되어 있으므로, 법원은 직권 또는 당사자의 신청에 따라 추가판결을 하여야 한다. 이 경우 당사자가 신소를 제기하여 시정을 구할 수는 없다(대판 1996.02.09. 94다50274 등). 추가판결은 전의 판결과는 별개의 독립된 판결이므로 상소기간도 별개로 진행된다. 다만 전의 판결의 기속력 때문에 그 결과를 토대로 삼아야 한다는 견해(이시윤)가 있으나, 이것은 이전의 판결을 마치 중간판결과 같이 취급하는 것이므로 의문이라는 견해(정동윤·유병현·김경욱)가 유력하다.

---

6) 예를 들어 토지인도청구에서 일부를 빠뜨린 때, 소의 일부취하를 전부취하로 오인한 때 등을 들 수 있다.
7) 예를 들면 원본채권과 이자채권의 지급을 구한 소송에서 이자채권에 관한 판단을 빠뜨린 때, 주채무자와 보증인을 상대로 소를 제기한 경우에 보증인에 대한 청구에 관한 판단을 빠뜨린 때 등을 들 수 있다.

(4) 일부판결이 허용되지 않는 경우의 누락

일부판결이 허용되지 않는 경우에 재판을 누락하였을 때에는 잔부판결과 같은 성질을 가지는 추가판결을 할 수 없으므로, 이러한 판결은 판단누락이 있는 경우에 준하여 상소 또는 재심으로 취소를 구하여야 한다(대판 1981.12.08. 80다577, 대판 1998.07.24. 96다99, 대판 2000.11.16. 98다22253). 이 경우 판단하지 아니한 청구는 기판력이 생기지 않는데(98다17145판결), 다시 소를 제기할 수 있는지가 문제된다. 判例는 일부판결의 위법을 상소로 다툴 수 있음에도 불구하고 다투지 아니하고 다시 소를 제기하는 것은 소의 이익(권리보호요건)의 흠으로 부적법하다고 한다[8](대판 2002.09.04. 98다17145). 이 때 상소로 다투지 아니한 경우에는 재심의 소도 허용되지 아니한다(재심의 소의 보충성, 제451조 1항 단서). 다만 당사자가 상소하여 일부판결의 위법을 지적하였는데도 법원이 이에 대하여 판단하지 아니하였다면 재심으로 다툴 수 있다(제451조 1항 9호).

(5) 소송비용의 재판의 누락

추가판결이 가능한 것은 판결주문에서 판단할 사항 가운데 청구에 대한 판단을 빠뜨린 경우이므로, 소송비용에 대한 재판을 누락한 경우에는 결정으로 재판을 보충하는 것이 인정된다(제212조 2항). 다만 종국판결에 대하여 적법한 항소가 있는 때에는 그 결정은 효력을 잃고, 항소심이 소송의 총비용에 대하여 재판을 한다(제212조 3항).

5. 소송판결과 본안판결

(1) 소송판결[9]이란 소, 상소를 부적법 각하하는 판결로서, 소송요건·상소요건의 흠이 있는 경우에 행하는 것이다. 소송종료선언, 소취하무효선언판결(규칙 제67조)도 이에 속한다.

(2) 본안판결이란 소에 의한 청구가 실체상 이유 있는 여부를 재판하는 종국판결이다(제267조 2항 참고). 청구의 일부·전부에 대하여 인용·기각하는 판결이다. 상소심에 있어 상소에 의한 불복신청을 받아들일 것인가의 여부를 재판하는 것은 본안판결에 준한다. 본안판결은 소의 유형에 대응하여 이행, 확인, 형성판결로 나뉜다. 다만 청구를 이유 없다고 기각하는 판결은 모두 확인판결이다.

---

[8] 이에 대해 학설은 ① 판례는 권리보호이익의 부당한 확대적용이므로 별소가 가능하다고 견해(호문혁)도 있으나 ② 당사자에게 간편하게 이용할 수 있는 상소심절차가 있음에도 불구하고 별소의 제기를 허용할 수는 없다고 보는 견해(정동윤·유병현)가 타당하다.
[9] 소송판결은 필수적 변론의 원칙 부적용(제219조, 제413조), 잘못 판단된 때 상소심의 필수적 환송사유가 되고(제418조), 기판력이 생겨도 뒤에 보정하면 재소가 허용되며, 소 취하후의 재소금지원칙(제267조 2항)의 부적용 등 본안판결과 차이가 있다. 그리고 필수적 공동소송, 예비적·선택적 공동소송, 독립당사자참가, 공동소송참가 등의 합일확정소송이라도 상소에 의한 확정차단·이심의 효력은 본안판결에 한하고 소송판결을 한 경우는 다르다.

제2관 판결의 성립

I 판결내용의 확정

1. 확정의 과정

법원은 사건에 대한 심리가 판결을 할 수 있을 정도로 성숙하면 변론을 종결하고 판결내용의 확정에 들어간다. 그 과정은 당사자의 주장과 증명을 토대로 하여 법률요건에 해당하는 사실을 확정하고 여기에 실체법규를 적용하여 그 법률효과를 확정하는 三段論法(삼단논법)에 의한다.

2. 확정을 하는 법관

판결의 내용은 판결의 기본이 되는 변론에 관여한 법관이 확정한다(직접주의, 제204조 1항). 따라서 변론종결 전에 법관이 바뀐 경우 변론을 갱신하여야 하고(제204조 2항), 변론을 종결한 후 판결내용을 확정하기 전에 법관이 바뀐 경우에는 변론을 재개(제142조)한 다음 변론을 갱신하고 판결을 하여야 한다. 그러나 판결내용을 확정한 뒤에는 이에 관여한 법관이 사망·퇴임·전근 등에 의하여 판결원본에 서명날인을 할 수 없어도 합의체의 다른 법관이 그 이유를 적고 서명날인하면 되므로(제208조 4항), 판결의 성립에 영향이 없다.

3. 확정의 절차

판결내용은 단독제의 경우 그 1인 법관의 의견에 의하여 정하게 되지만, 합의제의 경우에는 합의체의 구성법관의 합의에 의하여 정한다. 합의는 재판장이 주재하며, 공개하지 않는다(법원조직법 제65조). 합의에 있어서 관여법관의 의견이 일치되지 않을 때에는 헌법 및 법률에 다른 규정이 없으면 과반수의 의견으로 결정한다(법원조직법 제66조 1항). 다만 대법원 전원합의체에서 2설이 분립되어 어느 것도 과반수에 달하지 못하는 때에는 원심재판을 변경할 수 없다(법원조직법 제66조 3항).

II 판결서

> 제208조(판결서의 기재사항 등) ① 판결서에는 다음 각 호의 사항을 적고, 판결한 법관이 서명날인하여야 한다.
>   1. 당사자와 법정대리인
>   2. 주문[10]
>   3. 청구의 취지 및 상소의 취지
>   4. 이유
>   5. 변론을 종결한 날짜. 다만, 변론 없이 판결하는 경우에는 판결을 선고하는 날짜
>   6. 법원

---

[10] 판결의 주문은 내용이 특정되어야 하고 주문 자체에 의하여 특정할 수 있어야 한다(대판 2018.02.28. 2017다270916).

② 판결서의 이유에는 주문이 정당하다는 것을 인정할 수 있을 정도로 당사자의 주장, 그 밖의 공격·방어방법에 관한 판단을 표시한다.
③ 제2항의 규정에 불구하고 "제1심 판결"로서 다음 각호 가운데 어느 하나에 해당하는 경우에는 청구를 특정함에 필요한 사항과 제216조제2항의 판단에 관한 사항만을 간략하게 표시할 수 있다.
  1. 제257조의 규정에 의한 무변론 판결
  2. 제150조제3항이 적용되는 경우의 판결
  3. 피고가 제194조 내지 제196조의 규정에 의한 공시송달로 기일통지를 받고 변론기일에 출석하지 아니한 경우의 판결
④ 법관이 판결서에 서명날인 함에 지장이 있는 때에는 다른 법관이 판결에 그 사유를 적고 서명날인 하여야 한다.

1. 개정이유 - 판결이유 기재의 간이화

(1) 구법은 당사자의 주장과 기타 공격 또는 방어방법의 "전부"에 관하여 판단을 표시하도록 하고 있었다. 이에 모든 주장 및 공격방어방법에 대한 판단을 판결이유에 설시하느라 판사가 판결이유의 작성에 들이는 노력이 전체 업무부담 중 절반 이상을 차지하여 정작 중요하다고 할 수 있는 사건 심리절차의 충실화에 전력을 다하지 못하는 실정이었다. 이와 같은 점을 시정하여 판사들이 사건 심리에 보다 많은 노력을 들일 수 있도록 하여 충실한 사건 심리가 이루어지고, 이에 기초하여 적정·타당한 결론의 도출이 가능하도록 하기 위해서는 판결서의 이유 기재를 간략히 할 수 있는 방안을 마련하는 것이 최상책이라고 할 수 있다.

(2) 이에 02년 개정 법률은 판결서의 이유에 당사자의 주장, 그 밖의 공격방어방법의 "전부"에 관한 판단을 표시하도록 하고 있는 것을 수정하여 일부 주장 및 공격방어방법에 관해서는 그 판단을 생략할 수 있도록 하였다(제208조 2항). 개정규정은 심급에 관계없이 모든 민사판결에 적용되고(제408조, 제425조), 이로써 획기적인 판결이유 기재의 간이화에 관한 법적 토대가 마련되었다고 할 수 있다(민사소송법 개정내용 해설, 105면).

2. 제208조 제3항

(1) 내용

현행법은 제1심판결의 경우에 한하여, ① 답변서 미제출로 인한 무변론판결(제257조), ② 자백간주에 의한 판결(제150조 3항), ③ 공시송달에 의한 판결(제194~제196조)의 경우에는 청구를 특정함에 필요한 사항과 상계의 항변의 판단에 관한 사항만을 간략하게 표시한다. 이러한 기재사항까지 모두 생략하게 되면 판결문만으로는 기판력이 미치는 범위를 알 수 없어 기록의 보존기간이 경과하면 기판력을 확정할 수 없는 문제가 발생하고, 집행단계에서도 여러 가지 어려운 문제가 발생하기 때문이다.

(2) 청구를 특정함에 필요한 사항

소송의 목적이 되는 청구를 다른 청구와 구별하여 기판력의 범위를 확정하는데 필요한 사항을 말한다. 예를 들어 "2022.5.1.자 대여금 1억원"과 같이 다른 청구와 그 청구를 구분할 수 있는 사항이어야 한다.

(3) 상계항변의 판단에 관한 사항

기판력을 가지는 상계항변의 판단에 관한 사항을 말하므로, 아직 상계적상에 있지 않다거나 상계가 금지되어 있다는 등의 이유로 실체상의 판단 없이 상계항변이 배척되는 경우에는 해당하지 아니한다.

(4) 제1심 판결에만 적용

민사소송법 제208조 제2항의 규정에도 불구하고 제1심 판결로서 '피고가 민사소송법 제194조 내지 제196조의 규정에 의한 공시송달로 기일통지를 받고 변론기일에 출석하지 아니한 경우의 판결(이하 '공시송달 판결'이라 한다)'에 해당하는 경우에는 판결서의 이유에 청구를 특정함에 필요한 사항과 같은 법 제216조 제2항의 판단에 관한 사항만을 간략하게 표시할 수 있다(민사소송법 제208조 제3항 제3호). 한편 항소심의 소송절차에는 특별한 규정이 없으면 민사소송법 제2편 제1장 내지 제3장에서 정한 제1심의 소송절차에 관한 규정을 준용하지만(민사소송법 제408조), 같은 법 제208조 제3항 제3호를 준용하는 규정은 별도로 두고 있지 않다. 오히려 항소심이 판결 이유를 적을 때에는 제1심 판결을 인용할 수 있지만, 제1심 판결이 민사소송법 제208조 제3항 제3호에 따라 작성된 경우에는 이를 인용할 수 없다(민사소송법 제420조). 위와 같은 규정들의 내용과 그 취지를 종합하면, 공시송달 판결을 하는 경우 제1심은 민사소송법 제208조 제3항 제3호에 따라 판결서의 이유에 청구를 특정함에 필요한 사항과 같은 법 제216조 제2항의 판단에 관한 사항만을 간략하게 표시할 수 있지만, 당사자의 불복신청 범위에서 제1심 판결의 당부를 판단하는 항소심은 그와 같이 간략하게 표시할 수 없고, 같은 법 제208조 제2항에 따라 주문이 정당하다는 것을 인정할 수 있을 정도로 당사자의 주장과 그 밖의 공격·방어방법에 관한 판단을 표시하여야 한다(대판 2021.02.04. 2020다259506).

3. 이유기재의 인용 및 생략

(1) 이유기재의 인용

항소심판결에 이유를 적을 때에는 제1심판결을 인용할 수 있도록 하였다(제420조).

(2) 이유기재의 생략

결정과 명령에도 이유의 기재를 생략할 수 있고(제224조 1항 단서), 소액사건의 판결서에는 이유를 적지 아니할 수 있도록 하였으며(소액사건심판법 제11조의 2 3항), 심리불속행과 상고이유서 미제출로 인한 상고기각판결에는 이유를 적지 아니할 수 있도록 하였고(상고심절차에 관한 특례법 제5조 1항), 형사배상명령의 경우에 특히 필요하다고 인정되는 경우가 아니면 이유를 적지 아니하도록 하고 있다(소송촉진등에 관한 특례법 제31조 2항 후문).

4. 판결절차에서의 간접강제

부작위채무에 관하여 판결절차의 변론종결 당시에 보아 부작위채무를 명하는 집행권원이 성립하더라도 채무자가 이를 단기간 내에 위반할 개연성이 있고, 또한 판결절차에서 민사집행법

제261조에 의하여 명할 적정한 배상액을 산정할 수 있는 경우에는 판결절차에서도 채무불이행에 대한 간접강제를 할 수 있다. 또한 부대체적 작위채무에 관하여서도 판결절차의 변론종결 당시에 보아 집행권원이 성립하더라도 채무자가 부대체적 작위채무를 임의로 이행할 가능성이 없음이 명백하고, 판결절차에서 채무자에게 간접강제결정의 당부에 관하여 충분히 변론할 기회가 부여되었으며, 민사집행법 제261조에 의하여 명할 적정한 배상액을 산정할 수 있는 경우에는 판결절차에서도 채무불이행에 대한 간접강제를 할 수 있다(대판(전) 2021.07.22. 2020다248124).

판결서의 이유

판결서의 이유에는 주문이 정당하다는 것을 인정할 수 있을 정도로 당사자의 주장, 그 밖의 공격방어방법에 관한 판단을 표시하면 되고 당사자의 모든 주장이나 공격방어방법에 관하여 판단할 필요가 없다(민사소송법 제208조). 따라서 상고법원의 판결에 당사자가 상고이유로 주장한 사항에 대한 구체적·직접적인 판단이 표시되어 있지 않았더라도 판결 이유의 전반적인 취지에 비추어 그 주장을 인용하거나 배척하였음을 알 수 있는 정도라면 판단누락이라고 할 수 없고, 설령 실제로 판단을 하지 아니하였다고 하더라도 그 주장이 배척될 경우임이 분명한 때에는 판결 결과에 영향이 없어 판단누락의 위법이 있다고 할 수 없다(대판 2008.07.10. 2006재다218; 대판 2019.10.17. 2018다300470).

4. 판결서에 대한 부기제도 – 폐지

> 제209조(법원사무관등에 대한 교부) 판결서는 선고한 뒤에 바로 법원사무관등에게 교부하여야 한다.

구법은 판결을 선고한 판결서를 법원사무관 등에게 교부하여 법원사무관 등이 판결서에 선고일자와 영수일자를 부기하고 날인하도록 하였다. 그러나 판결의 선고사실은 판결 선고 조서만으로 증명될 뿐이고(제158조), 법원사무관 등이 판결서에 하는 부기는 선고사실을 인증하는 효력이 없어 특별한 의미를 가지지 아니하였다. 특히 실무상 법원사무관 등은 기계적으로 판결 선고일과 일치하여 선고일자 및 판결서의 영수일자를 부기하고 있고, 판사가 판결서를 작성하면서 직접 기재하는 경우도 적지 않아 위 판결서 부기제도는 형식적인 것에 그치면서 불필요하게 판결서 작성업무의 번거로움만 초래하였다. 이에 개정 법률은 판결서 부기제도를 폐지한 것이다.

III 판결의 선고

> 제205조(판결의 효력발생) 판결은 선고로 효력이 생긴다.

1. 판결의 기속력의 의의 및 취지

판결의 기속력이란 판결은 일단 선고되어 성립하면, 판결을 선고한 법원도 자신의 판결에 구속되어, 그 판결을 스스로 변경하거나 철회할 수 없는 효력을 말한다. 판결의 구속력, 자기구속력, 자박력이라고도 한다. 일단 판결이 외부에 표시된 다음에는 이를 함부로 변경할 수 없도록 하는 것이 법적 안정성을 기하고, 재판의 신용을 높일 수 있기 때문이다.

2. 판결 선고 후의 소취하

판결 선고 직후에 소가 취하된 경우, 이와 동시에 피고의 동의가 있으면 소 취하와 함께 소송이 종료되므로 판결정본의 송달은 필요 없으나, 그 동의가 없으면 우선 피고에게 취하서 부본을 송달하고 이와 별도로 양쪽 당사자에게 판결정본을 송달하여야 한다. 이 경우 상소기간(판결정본 송달 시로부터 2주)내에 피고의 동의가 있거나 동의간주(취하서 부본 송달시로부터 2주)된 때에는 사건은 소의 취하에 의하여 종료된 것으로 처리하고, 상소기간이 경과될 때까지 동의나 동의간주가 없으면 판결의 확정에 의하여 소송은 종료된다.

3. 판결 선고기일의 지정

소액사건심판법의 적용을 받지 아니하는 일반 민사사건에 있어서 판결로 소를 각하하기 위하여는, 법원이 변론을 연 경우에는 물론이며, 변론 없이 하는 경우에도 반드시 선고기일을 지정하여(변론을 연 경우에는 변론을 종결하고) 당사자를 소환하고 그 지정된 선고기일에 소각하의 종국판결을 선고하여야 할 것이므로, 위와 같은 절차를 거침이 없이 변론기일에 선고된 판결은 위법하다(대판 1996.05.28. 96누2699).

Ⅳ 판결의 송달

> 제210조(판결서의 송달) ① 법원사무관등은 판결서를 받은 날부터 2주 이내에 당사자에게 송달하여야 한다.
> ② 판결서는 정본으로 송달한다.

이때의 2주일의 송달기간도 훈시규정이다. 다만 상소기간은 송달된 날부터 진행되는데(제396조, 제425조), 훈시규정이 아니라 효력규정(강행규정)이다. 판결정본을 송달하는 때에는 당사자에게 상소기간과 상소장제출법원을 고지해 주어야 한다(규칙 제55조의 2). 判例는 "판결정본의 송달사무는 법원사무관등의 전담사항이므로 그와 같은 신청이 있다 하여도 법원이 직접 그에 대한 가부의 재판을 할 수 없는 것이며 법원사무관등의 처분에 대하여 이의가 있으면 그 법원에 이의를 신청할 수 있다(대결 1966.03.22. 66마71)."고 한다.

제3관 판결의 효력

판결의 효력

1. 법적 효력
(1) 확정전 : 기속력(제205조, 가집행선고시 집행력)
(2) 확정시 : 형식적 확정력(제498조)
(3) 확정후 : ① 본래적 효력 : 기판력(제216조, 제218조), 집행력, 형성력
　　　　　　② 부수적 효력 : 참가적 효력(제77조), 법률요건적 효력, 반사적 효력

> **2. 사실적 효력**
> (1) **파급효**: 현대형 소송에서 원고승소판결이 같은 종류의 피해자의 구제에 도움을 주고, 특히 행정이나 입법에까지 파급하는 효과
> (2) **증명효**: 전소 판결이유 중의 판단이 후소의 판단에 갖는 사실상의 증명효과 등

Ⅱ 기속력

1. 판결의 기속력의 의의 및 취지

(1) 의 의

판결의 기속력이란 판결은 일단 선고되어 성립하면, 판결을 선고한 법원도 자신의 판결에 구속되어, 그 판결을 스스로 변경하거나 철회할 수 없는 효력[11]을 말한다. 판결의 구속력, 자기구속력, 자박력이라고도 한다.

(2) 취 지

일단 판결이 외부에 표시된 다음에는 이를 함부로 변경할 수 없도록 하는 것이 법적 안정성을 기하고, 재판의 신용을 높일 수 있기 때문이다.

2. 기속력의 배제(재도의 고안) 및 완화(판결의 경정)

(1) 기속력의 배제

기속력이 법률에 의해 배제되는 경우가 있는데 ① 결정·명령은 주로 소송절차의 파생적·부수적 사항에 관한 재판이므로 항고 시에 원심법원이 재도의 고안에 의하여 취소·변경할 수 있고(제446조), 특히 ② 소송지휘에 관한 결정·명령은 편의적이기 때문에 어느 때나 취소·변경을 할 수 있어 기속력이 배제된다(제222조).

(2) 기속력의 완화

우리 법에서는 미국법이나 일본법에서처럼 판결 선고 후 일정한 기간 내에 판단내용의 정정 변경을 뜻하는 이른바 변경판결제도는 인정하고 있지 않으나, 일정한 경우 판결의 경정을 인정하여 판결에 대해서도 기속력을 완화시키고 있다(이시윤).

3. 판결의 경정의 의의 및 취지

> **제211조(판결의 경정)** ⇨ 판결의 기속력, 재도의 고안(제446조) 정리
> ① 판결에 잘못된 계산이나 기재, 그 밖에 이와 비슷한 잘못이 있음이 분명한 때에 법원은 직권으로 또는 당사자의 신청에 따라 <u>경정결정을 할 수 있다.</u>

---

11) 원래의 기속력은 이와 같이 판결법원에 대한 구속력을 의미하지만(소송내적 구속력) 다른 법원에 대한 구속력을 뜻하는 때도 있다(소송외적 구속력). 이의 예로는 ① 상고법원이 법률심이기 때문에 원심판결의 사실판단에 구속되거나(제432조) ② 상급법원의 판단이 하급심을 기속하거나(제436조 2항, 법원조직법 제8조) ③ 이송재판은 이송받은 법원을 기속하거나(제38조) ④ 헌법재판소의 위헌결정이 법원을 기속하는 것(헌법재판소법 제47조 1항)을 들 수 있다.

> ② 경정결정은 판결의 원본과 정본에 덧붙여 적어야 한다. 다만, 정본에 덧붙여 적을 수 없을 때에는 결정의 정본을 작성하여 당사자에게 송달하여야 한다.
> ③ 경정결정에 대하여는 즉시항고를 할 수 있다. 다만, 판결에 대하여 적법한 항소가 있는 때에는 그러하지 아니하다.

판결의 경정이란 판결내용을 실질적으로 변경하지 않는 범위 내에서, 판결서에 표현상의 잘못이 생겼을 때에 판결법원 스스로 이를 고치는 것을 말한다(제211조). 강제집행, 가족관계등록부·등기부의 기재 등 넓은 의미의 집행에 지장이 없도록 해 주자는 것이 그 취지이다(대결 1996.01.09. 95그13).

4. 판결 경정의 요건

(1) 판결에 잘못된 계산이나 기재, 그 밖에 이와 비슷한 표현상의 잘못이 있을 것

표현상의 분명한 잘못이 아닌 판단내용의 잘못이나 판단누락은 경정사유로 되지 않는다(대결 1969.12.30. 64주4). 잘못이 법원의 과실 때문이든 당사자의 청구의 잘못 때문이든 가리지 않는다(대결 1992.03.04. 92그1결정). 또한 이혼 등 사건의 항소심판결에서 항소인의 나머지 항소를 기각한다는 내용의 주문과 이유가 누락 되고, 이유 부분에 친권자 및 양육자지정, 양육비청구에 관한 언급이 누락된 경우, 누락 부분을 추가하는 판결 경정은 판결내용을 실질적으로 변경하지 않는 범위 내에서 표현상의 기재 잘못이나 이와 유사한 오류를 결정으로써 정정 또는 보충한 것에 불과하므로 허용된다(대결 2014.10.30. 2014스123). 그리고 화해조서상의 피고와 경정을 구하는 상대방이 동일인일 상당한 개연성이 있는 경우, 동일인인지 여부를 심리하여 만일 양자가 동일인이라면 화해조서경정을 허용함으로써 무익한 소송을 방지하고 강제집행에 지장이 없도록 하였어야 함에도 불구하고, 이에 이르지 아니한 원심의 조치에 화해조서경정에 관한 법리를 오해하고 심리를 다하지 아니한 위법이 있다(대결 2001.12.04. 2001그112). 그러나 청구취지에서 지급을 구하는 금원 중 원금 부분의 표시를 누락하여 그대로 판결된 경우에는 비록 그 청구원인에서는 원금의 지급을 구하고 있더라 하더라도 판결경정으로 원금 부분의 표시를 추가하는 것은 주문의 내용을 실질적으로 변경하는 경우에 해당하여 허용될 수 없다(대결 1995.04.26. 94그26).

(2) 그 잘못이 분명한(명백한) 경우일 것

분명한 잘못인가의 여부는 판결서의 기재 뿐 아니라 소송기록과 대비하여 판단하여야 한다. 이 경우 判例는 분명한 잘못의 판단자료에 관하여 과거의 자료 외에 경정대상인 판결 이후에 제출된 자료나 집행과정에서 밝혀진 사실도 포함하고 있다(대결 2000.05.24. 98마1839). 그리고 判例는 소유권이전등기이행을 명하는 판결에서 피고의 등기부상 주소를 기재하지 않은 것이 경정사유가 아니라는 입장이다. 왜냐하면 소유권이전등기의 이행을 명하는 판결을 함에 있어 그 의무자인 피고의 주소를 표시하면서 이와 다른 등기부상의 주소를 명시하지 아니하였다 하여 그 판결에 명백한 오류가 있다고 할 수는 없기 때문이다[12](대결 1990.01.11. 89그18). 그리고 당사자의 신청에

---

[12] 근저당권설정등기의 말소를 명하는 판결을 함에 있어 그 의무자인 당사자의 주소를 표시하면서 이와 다른 등기부상의 주소를 명시하지 아니하였다 하여 그 판결에 명백한 오류가 있다고 할 수 없으므로 판결경정사유

따라 판결의 경정을 하는 경우에는 우선 신청당사자가 판결에 위와 같은 잘못이 있음이 분명하다는 점을 소명하여야 한다(대결 2018.11.21. 2018그636). 또한 <u>토지에 관한 소유권이전등기절차의 이행을 구하는 소송 중 사실심 변론종결 전에 토지가 분할되었는데도 그 내용이 변론에 드러나지 않은 채 토지에 관한 원고 청구가 인용된 경우에 판결에 표시된 토지에 관한 표시를 분할된 토지에 관한 표시로 경정해 달라는 신청은 특별한 사정이 없는 한 받아들여야 한다</u>[13](대결 2020.03.16. 2020그507).

5. 절 차

(1) 시 기

경정은 직권 또는 당사자의 신청에 의하여 어느 때에도 할 수 있으므로, 상소제기 후는 물론 판결확정 후에도 할 수 있다. 다만 판결을 한 법원은 물론 <u>상급법원도 경정할 수 있다고 하였으나, 하급심에서 확정된 판결부분에 대해서는 그 부분에 관한 기록이 상급법원에 와 있다고 하여도 상급법원이 그 부분에 대한 심판권이 없으므로 경정할 수 없다</u>[14](대결 1992.01.29. 91마748).

(2) 형 식

경정은 결정으로 함이 원칙이나 판결로써 경정하였다 하여도 위법이라 할 수 없다. 법은 경정

에 해당하지 않는다(대결 1994.08.16. 94그17). 같은 취지 : 판결에 당사자의 주소와 다른 등기부상의 주소를 따로 명시하지 아니하였다고 하더라도 동일인임을 소명하면 등기가 가능한 것으로서, 판결에 소장 그대로 피고의 등기부상 주소의 표시를 하지 아니하였다고 하여 경정을 하지 않으면 안 될 이유는 없다는 것이 당원의 견해이므로, 원심이 위 판결에 위 피고의 등기부상의 주소를 추가기재 하여 줄 것을 바라는 재항고인의 이 사건 판결경정신청을 배척한 것이 특별항고사유가 된다고 할 수는 없다(대결 1992.05.27. 92그6).

13) [1] 민사소송법 제449조 제1항은 불복할 수 없는 결정이나 명령에 대하여는 재판에 영향을 미친 헌법 위반이 있거나, 재판의 전제가 된 명령·규칙·처분의 헌법 또는 법률의 위반 여부에 대한 판단이 부당하다는 것을 이유로 하는 때에만 대법원에 특별항고를 할 수 있도록 하고 있다. 여기서 결정이나 명령에 대하여 재판에 영향을 미친 헌법 위반이 있다고 함은 결정이나 명령의 절차에서 헌법 제27조 등이 정하고 있는 적법한 절차에 따라 공정한 재판을 받을 권리가 침해된 경우를 포함한다. 판결경정신청을 기각한 결정에 이러한 헌법 위반이 있다고 하려면 신청인이 그 재판에 필요한 자료를 제출할 기회를 전혀 부여받지 못한 상태에서 그러한 결정이 있었다든지, 판결과 그 소송의 모든 과정에 나타난 자료와 판결 선고 후에 제출된 자료에 의하여 판결에 잘못이 있음이 분명하여 판결을 경정해야 하는 사안임이 명백한데도 법원이 이를 간과함으로써 기각결정을 하였다는 등의 사정이 있어야 한다. [2] 판결에 잘못된 계산이나 기재 그 밖에 이와 비슷한 잘못이 있는 것이 명백한 때 하는 경정결정은, 일단 선고된 판결에 대하여 그 내용을 실질적으로 변경하지 않는 범위에서 표현상의 기재 잘못이나 계산의 착오 또는 이와 유사한 잘못을 법원 스스로 결정으로써 정정 또는 보충하여 강제집행이나 등기의 기재 등 이른바 광의의 집행에 지장이 없도록 하자는 데 그 취지가 있다. 경정이 가능한 잘못에는 그것이 법원의 과실로 생긴 경우뿐만 아니라 당사자의 청구에 잘못이 있어 생긴 경우도 포함된다. 경정결정을 할 때에는 소송의 모든 과정에 나타난 자료는 물론 경정대상인 판결 이후에 제출된 자료도 다른 당사자에게 아무런 불이익이 없는 경우나 이를 다툴 수 있는 기회가 있었던 경우에는 소송경제상 이를 참작하여 그 잘못이 명백한지 여부를 판단할 수 있다.
14) 따라서 판결경정결정은 원칙적으로 당해 판결을 한 법원이 하는 것이나, 통상의 공동소송이었던 다른 당사자 간의 소송사건이 상소의 제기로 상소심에 계속된 결과 상소를 하지 아니한 당사자 간의 원심판결의 원본과 소송기록이 우연히 상소심 법원에 있다고 하여도, 상소심 법원은 심판의 대상이 되지 않은 부분에 관한 판결을 경정할 권한은 가지지 못한다.

결정은 판결의 원본과 정본에 덧붙여 적도록 하고 있으나(제211조 2항), 실제로는 경정결정을 덧붙일 만한 여백이 있는 경우가 거의 없으므로 그러한 예는 실무상 거의 없고, 판결정본에 덧붙여 적을 여백이 없거나 이미 송달하여 덧붙여 적을 수 없는 때에는 따로 경정결정서를 작성하여 그 결정정본을 송달 할 수밖에 없다[15](동항 단서, 법원실무제요, 민사소송[Ⅲ], 261면).

(3) 불복방법

경정결정에 대해서는 즉시항고 할 수 있으나, 판결에 대해 적법한 항소가 있는 때에는, 항소심의 판단을 받으면 되기 때문에 항고는 허용되지 않는다(동조 3항). 경정신청기각결정에 대해서는 불복할 수 없다는 것이 통설, 判例이다. 특히 判例는 직접 판결을 한 법원이 분명한 오류가 없다고 본 것을 심판에 직접 관여도 하지 아니한 다른 법원이 그러한 오류가 분명하다 하여 경정을 명하는 것은 조리에 반하며, 경정결정에 대해서만 즉시항고 할 수 있게 한 제211조 3항 본문의 반대해석으로도 그렇다고 한다(대결 1971.07.21. 71마382). 기각결정에 대해서는 오로지 특별항고[16](제449조)가 허용될 뿐이다. 헌법 위반을 이유로 특별항고를 하려면 신청인이 그 재판에 필요자료의 제출기회를 전혀 부여받지 못하였거나, 판결과 그 소송의 전 과정에 나타난 자료 및 판결 선고 후 제출한 자료상으로 판결오류가 분명한 경우에 해당되어야 한다(대결 2004.06.25. 2003그136).

6. 효 력

(1) 소급효

경정결정은 원판결과 일체가 되어 판결 선고 시에 소급하여 그 효력이 발생 한다(대판 1999.12.10. 99다42346). 채권압류 및 추심명령은 제3채무자를 심문하지 않은 채 이루어지고 제3채무자에게 송달함으로써 효력이 생긴다. 그 후 채권압류 및 추심명령의 경정결정이 확정되는 경우 당초의 채권압류 및 추심명령은 경정결정과 일체가 되어 처음부터 경정된 내용의 채권압류 및 추심명령이 있었던 것과 같은 효력이 있으므로, 원칙적으로 당초의 결정이 제3채무자에게 송달된 때에 소급하여 경정된 내용으로 결정의 효력이 있다(대판 2017.01.12. 2016다38658). 그리고 판결의 경정은 시기적으로 제한이 없고, 상소에 의하여 사건이 상소심에 이심된 경우에는 상소심도 원판결을 경정할 수 있으며, 판결이 경정되면 당초의 원판결과 일체가 되어 처음부터 경정된 내용의 판결이

---

[15] 이 경우에는 경정결정을 원본에 덧붙이지 아니하는 대신에, 판결서 첫 장의 우측 상단 여백의 적당한 곳에 아래와 같이 표(가로 5.5㎝, 세로 1.5㎝)를 만들고 해당사항을 기입한 후 담임 법원사무관등이 날인한다(재판서예규 21조 1항).

2004. 10. 15 2004카기105경정	법원 사무관 ㊞

[16] 특별항고인이 이 사건 부동산에 관하여 망인의 자녀들을 상대로 그 상속지분에 관하여, 망인의 사망한 자녀의 배우자와 자녀를 상대로 그 대습상속지분에 관하여 각 소유권이전등기절차의 이행을 구하는 소를 제기하였는데, 상속인별 상속지분을 정리한 별지 목록에 망인의 자녀들 이름 일부를 잘못 기재한 것이 명백하고, 한편 특별항고인이 제출한 자료에 의하면 사망한 자녀의 배우자가 이미 망인의 사망 전에 제3자와 혼인하여 그 자녀만이 대습상속한 사실을 충분히 확인할 수 있음에도, 그와 같은 이름의 오기 및 대습상속인에 관한 오류를 정정하여 달라는 취지의 판결경정신청을 별다른 이유 없이 기각한 원심 판단은 위법하다(대결 2021.09.30. 2021그633).

있었던 것과 같은 효력이 있으므로 민사소송법 제415조의 불이익변경금지의 원칙은 경정된 판결을 기준으로 하여 적용된다(대판 2011.09.29. 2011다41796).

(2) 상 소

판결에 대한 상소기간은 경정에 의해 영향을 받지 않고 판결이 송달된 날로부터 진행한다. 그리고 경정한 결과 상소이유가 발생한 경우에는 상소의 추후보완을 할 수 있다(제173조, 통설). 다만 判例는 "상소기간 경과 후에 이루어진 판결경정 내용이 경정 이전에 비하여 불리하다는 사정만으로는 추완상소가 적법한 것으로 볼 수 없다(대판 1997.01.24. 95므1413·1420)."는 판시가 있다.

Ⅱ 형식적 확정력

1. 의 의

법원이 한 종국판결에 대하여 당사자가 통상의 불복방법으로 불복할 수 없는 상태를 형식적 확정력이라 한다. 판결의 형식적 확정력은 판결정본이 적법하게 송달되었을 것을 전제로 한다. 형식적 확정력은 비상의 불복방법인 상소의 추후보완(제173조), 재심의 소(제451조)에 의해 배제될 수 있다.

2. 판결의 확정시기

> 제498조(판결의 확정시기) 판결은 상소를 제기할 수 있는 기간 또는 그 기간 이내에 적법한 상소제기가 있을 때에는 확정되지 아니한다.

(1) 판결 선고와 동시에 확정되는 경우

상소할 수 없는 판결, 예를 들어 상고심판결·제권판결(제490조 1항) 등이다. 특히 송달과 동시에 확정되는 것으로는 심리불속행·상고이유서 제출시 부제출시의 상고기각판결이 있다(상고심절차에 관한 특례법 제5조 2항). 판결 선고 전에 불상소의 합의가 있는 경우에도 판결 선고와 동시에 확정되지만, 판결 선고 후 불항소의 합의를 한 경우에는 이미 발생한 항소권 및 부대항소권의 포기를 합의한 것이므로 그 성립과 동시에 판결이 확정된다(실무제요(Ⅲ), 1588면). 다만 비약상고의 합의(제390조 1항 단서)가 있는 경우에는 상고기간의 만료 시에 확정된다.

(2) 상소기간의 만료 시에 확정되는 경우

① 상소기간 내에 상소를 제기하지 않고 도과시킨 때
② 상소를 제기하였으나 상소를 취하한 때17)

---

17) 항소의 취하가 있으면 소송은 처음부터 항소심에 계속되지 아니한 것으로 보게 되나(민사소송법 제393조 제2항, 제267조 제1항), 항소취하는 소의 취하나 항소권의 포기와 달리 제1심 종국판결이 유효하게 존재하므로, 항소기간 경과 후에 항소취하가 있는 경우에는 항소기간 만료 시로 소급하여 제1심판결이 확정되나, 항소기간 경과 전에 항소취하가 있는 경우에는 판결은 확정되지 아니하고 항소기간 내라면 항소인은 다시 항소의 제기가 가능하다(대판 2016.01.14. 2015므3455).

③ 상소를 제기하였으나 상소각하판결이 나거나 상소장각하명령이 있는 경우 - 이들 재판이 확정되었을 것을 전제로 한다.

(3) 상소기간 경과 전에 상소권을 가진 당사자가 이를 포기한 때(제394조, 제425조)에는 포기 시에 확정된다.

(4) 상소기각판결은 그 판결이 확정된 때 원판결이 확정된다.

(5) 청구가 단순병합 된 소송에 있어 일부청구부분에 대하여만 항소 및 상고가 된 경우 항소심에서 불복하지 아니한 청구부분의 확정시기

1) 문제점

제1심에서 패소한 청구부분에 대하여 당사자가 항소심에서 항소 또는 부대항소로 불복하지 아니함으로써 항소심의 심판대상이 되지 아니하였고 따라서 상고심에서도 이를 심판의 대상으로 삼을 수 없으므로 항소심의 심판대상이 된 다른 청구부분에 대하여 상고가 제기되더라도 상고심에 이심이 되지 아니하고 확정된다. 다만, 그 부분에 구체적으로 언제 확정되는가에 대하여 견해가 대립된다.

2) 학 설

항소심변론종결시설은 당사자가 패소부분에 대하여 항소범위의 확장 또는 부대항소를 통하여 불복할 수 있는 최후의 시점이 항소심의 변론종결시라는 점을 근거로 한다(제403조). 항소심판결선고시설은 항소심변론종결시설에 의하면 항소심에서 변론이 종결되었다가 재개된 경우 확정된 판결이 다시 확정되지 않은 것으로 되는 것인지에 관하여 의문이 있을 수 있으므로, 항소심판결선고시에 확정된다고 보아야 한다고 본다(제142조).

3) 判例

원고의 청구를 일부 인용한 제1심판결에 대하여 원고만이 그 패소 부분에 대한 항소를 제기하고 피고는 항소나 부대항소를 제기하지 않은 경우, <u>제1심판결 중 원고 승소 부분은 항소심의 심판대상에서 제외됨으로써 항소심판결의 "선고"와 동시에 "확정"되는 것이고, 원고가 위와 같이 승소 확정된 부분에 대하여 상고를 제기하였다면 상고의 이익이 없어 부적법하다</u>[18](대판 2008.03.14. 2006다2940). 이전등기말소청구와 금원청구를 모두 기각한 제1심판결에 대하여 원고가 말소청구 부분에 관하여만 항소하였을 뿐 그 변론종결 시까지 항소취지를 확장한 바 없어 항소심의 심판범위는 말소청구 부분에 한하고 나머지 부분에 관하여는 '<u>환송 전 원심판결의 선고와 동시에 확정</u>'되어(항소심판결선고시설) 소송이 종료되었다 할 것임에도 환송 후 원심이 금원청구 부분까지 심리판단 한 것은 잘못이라고 하여 원심판결 중 금원청구 부분을 파기하고 민사소송법

---

18) [1] 항소심에서 심판의 대상이 되지 아니한 부분은 항소심판결의 선고와 동시에 확정된다는 취지이다. -유병현, 고시계 2009/2, 37면- [2] 확정된 부분의 소송종료선언 함이 옳을 것이다. -이시윤 제5판, 746면 각주 3)

제437조 제1호에 의하여 <u>대법원이 직접 그 부분에 관한 소송이 종료되었음을 선언한다</u>(대판 1994.12.23. 94다44644). 그리고 피고가 수개의 청구를 인용한 제1심판결 중 일부에 대하여만 항소를 제기한 경우, 항소되지 않은 나머지 부분도 확정이 차단되고 항소심에 이심은 되나, 피고가 변론종결 시까지 항소취지를 확장하지 않는 한 나머지 부분에 관하여는 불복한 적이 없어 항소심의 심판대상이 되지 않고 항소심의 판결 선고와 동시에 확정되어 소송이 종료된다(대판 2011.07.28. 2009다35842).

> ■ 불이익변경금지원칙, 상고의 대상
>
> 원고의 청구를 일부 기각하는 제1심판결에 대하여 피고는 항소하였으나 원고는 항소나 부대항소를 하지 아니한 경우, 제1심판결의 원고 패소 부분은 피고의 항소로 인하여 항소심으로 이심되나, 항소심의 심판대상은 되지 않는다. 항소심이 피고의 항소를 일부 인용하여 제1심판결의 피고 패소 부분 중 일부를 취소하고 그 부분에 대한 원고의 청구를 기각하였다면, 이는 제1심에서의 피고 패소 부분에 한정된 것이며 제1심판결 중 원고 패소 부분에 대하여는 항소심이 판결을 하지 않아서 이 부분은 원고의 상고대상이 될 수 없다. 따라서 원고의 상고 중 상고대상이 되지 아니한 부분에 대한 상고는 부적법하여 이를 각하하여야 한다(대판 2017.12.28. 2014다229023).

3. 판결의 확정증명

판결이 확정되면 소송당사자는 그 판결에 기하여 기판력을 주장하거나, 가족관계등록신고·등기신청 등을 할 수 있으므로, 이를 위해 판결이 확정되었음을 증명할 필요가 있다. 따라서 당사자는 소송기록을 보관하고 있는 법원사무관 등에게 신청하여 판결확정증명서를 교부받게 된다. 상급심에서 소송이 완결된 경우라도 소송기록은 제1심법원에서 보전하게 되므로(제421조, 제425조), 확정증명서의 교부는 제1심법원의 법원사무관 등으로부터 받음이 원칙이다(제499조 1항). 다만 소송이 상급심에 계속 중이라도 그 사건의 판결 일부가 확정된 경우에는 소송기록은 상급심에 있기 때문에, 확정부분에 대한 증명서는 상급법원의 법원사무관 등으로부터 교부받게 된다(제499조 2항).

4. 소송의 종료

판결이 확정되면 무효판결이 아닌 한, 판결의 내용에 따른 효력인 기판력·집행력·형성력 등이 생기게 된다.

Ⅲ 실질적 확정력(기판력) 일반

1. 의의, 근거(법적안정성설, 절차보장설, 이원설)

(1) 의 의

기판력이란 확정된 종국판결에 있어서 청구에 대한 판결내용은, 당사자와 법원을 규율하는 새로운 규준으로서의 구속력을 가지며, 뒤에 동일사항이 문제되면 당사자는 그에 반하여 되풀이하여 다투는 소송이 허용되지 아니하며(불가쟁), 어느 법원도 다시 재심사하여 그와 모순, 저촉되는 판단을 해서는 안 된다(불가반)는 구속력을 이른다.

(2) 근 거

판결의 법적 안정성을 유지하고, 당사자의 절차권을 보장한다는데 있다(이원설).

2. 본질론(모순금지설 – 판례입장, 반복금지설 – 다수설)

(1) 문제점

확정판결의 기판력은 어디에서 유래하는 효력인지에 대해서 견해가 대립하고 있다. 이는 특히 실체법상 권리관계와 판결의 판단에 있어서의 불일치나 기판력이 당사자 사이에서만 한정되는 상대성을 어떻게 설명할 것인지의 기초가 된다. 특히 이에 대해 과거에는 기판력은 실체법상 권리관계를 변동하는 효력이라는 실체법설도 있었으나, 오늘날에는 주장되지 않으므로 기판력은 단지 소송법상 법원을 구속하는 효력이라고 보는 소송법설을 중심으로 살펴본다.

(2) 학 설

모순금지설(구소송법설)은 기판력은 어느 법원이 행한 판결이 확정되면 다른 법원도 이와 모순되는 재판을 하는 것이 허용되지 않는다는 국가적 판단의 통일로부터 요청되는 효력이라고 한다. 즉 ⅰ) 전소가 승소확정판결인 경우에 원고가 동일한 소를 제기하는 것은 원고가 권리보호를 받았음에도 다시 소를 제기하는 것이므로 이는 권리보호이익 흠결로 소를 각하해야 하고, ⅱ) 전소가 패소확정판결인 경우에는 전소의 판결내용과 모순되는 판단을 해서는 안 되므로 청구기각의 판결을 하여야 하고 소각하의 판결을 해서는 안 된다고 한다. 반복금지설(신소송법설)은 기판력의 근거를 일사부재리에 내재하는 분쟁해결의 일회성의 요청에서 구하여 법원이 이미 판결이 확정된 소송물에 대하여 다시 변론, 증거조사 및 판결을 구하는 것은 기판력에 의해 일체 저지된다고 한다. 즉 이에 의하면 기판력은 그 자체로 독자적인 소송요건흠결이 되므로 전소확정판결이 승소이든 패소이든 상관없이 후소는 부적법 각하된다고 한다.

(3) 判 例

判例는 원고가 전소에서 일부승소의 확정판결을 받아 놓고 다시 동일한 피고에게 보관금반환 청구의 소를 제기한 사안에서 "원고의 이 사건 소 중 그 승소부분에 해당하는 2분의1 부분은 권리보호의 요건을 갖추지 못한 부적법한 것이라 하여 이를 각하하여야 하고 패소부분에 해당하는 나머지 2분의1 부분은 그와 모순되는 판단을 할 수 없는 것이라 하여 형식적으로 이를 기각하여야 한다(대판 1979.09.11. 79다1275)"고 하고, "확정된 승소판결에는 기판력이 있으므로 승소 확정판결을 받은 당사자가 전소의 상대방을 상대로 다시 승소 확정판결의 전소와 동일한 청구의 소를 제기하는 경우, 특별한 사정이 없는 한 후소는 권리보호의 이익이 없어 부적법하다(대판 2017.11.14. 2017다23066)."고 하여 모순금지설의 입장이다. 특히 제1심판결이 당사자 및 소송물이 동일한 전소송의 판결의 기판력에 저촉된다는 이유로 원고의 청구를 부당하다고 하여 기각하였다면 제1심판결의 취지는 전소송에서 한 원고 청구기각판결의 기판력에 의하여 그 내용과 모순되는 판단을 하여서는 안되는 구속력 때문에 전소판결의 판단을 채용하여 원고청구기각의 판결을 한다는 것으로서 이는 소송물의 존부에 대한 실체적 판단을 한 본안판결이다(대판 1989.06.27.

87다카2478).

☞ 최근의 견해는 원래의 모순금지설은 전소와 후소의 소송물이 같으면 법원은 어차피 전소 확정판결과 같은 판결을 할 수밖에 없는데, 그럼에도 불구하고 다시 소송을 하는 것은 소의 이익이 없으므로 후소는 소송요건 불비가 되어 부적법 각하를 면치 못한다는 것을 내용으로 한다고 하면서, 판례와 같이 모순금지설을 승소와 패소로 경우를 나누어 설명하는 것은 본래의 모순금지설과 관계가 없는 출처불명의 독자적인 견해일 뿐이라고 한다. 즉 이 견해에 의하면 모순금지설은 기판력의 존재를 독자적인 소송요건으로 파악하지 않고 권리보호요건에 의지하여 설명한다는 점에 특징이 있다고 한다(호문혁).

☞ 오늘날 대부분의 학자들은 반복금지설은 불가쟁(不可爭)이라는 기판력의 소극적 기능을 강조하는 것이고, 모순금지설은 불가반(不可反)이라는 기판력의 적극적 기능을 강조하는 것이므로 양자는 모두가 고려되어야 하는 동전의 양면과 같은 것이라 하여 기판력의 본질론을 논하는 실익은 상당히 후퇴하였다고 본다.

관련사례

甲은 乙의 강박에 의해 자신의 토지에 대해서 증여계약을 체결하고 이를 양도하였다. 乙은 이 토지를 丙에게 매도하였고, 丙은 다시 이를 丁에게 매도하여 현재 등기명의는 丁 명의로 되어 있다. 그래서 甲은 자신은 乙의 강박에 의해 계약을 체결한 것이라고 계약을 취소하면서, 현재 명의자인 丁에 대해서 소유권이전등기말소청구를 하였다. 하지만 甲은 취소권의 제척기간이 도과되었다고 하여 청구기각판결이 확정(전소)되었다. 이 경우 甲은 다시 丁에 대해 자신이 진정한 소유자라고 하면서 진정명의회복을 원인으로 한 소유권이전등기를 청구한 경우(후소), 법원은 어떻게 판단해야 하는가?

해 설

대판 2001.09.20. 99다37894 전원합의체판결의 사실관계를 쉽게 재구성한 것이다. 이 경우에 과거의 판례는 소유권이전등기말소청구와 진정명의회복을 원인으로 한 소유권이전등기청구를 중첩적으로 인정하여 이는 소송물이 다르므로 서로의 청구에 확정판결의 기판력이 미치지 않는다고 하였다. 하지만 전원합의체판결은 "말소등기에 갈음하여 허용되는 진정명의회복을 원인으로 한 소유권이전등기청구권과 무효등기의 말소청구권은 어느 것이나 진정한 소유자의 등기명의를 회복하기 위한 것으로서 실질적으로 그 목적이 동일하고, 두 청구권 모두 소유권에 기한 방해배제청구권으로서 그 법적 근거와 성질이 동일하므로, 비록 전자는 이전등기, 후자는 말소등기의 형식을 취하고 있다고 하더라도 그 소송물은 '실질상' 동일한 것으로 보아야 하고, 따라서 소유권이전등기말소청구소송에서 패소확정판결을 받았다면 그 기판력은 그 후 제기된 진정명의회복을 원인으로 한 소유권이전등기청구소송에도 미친다"고 하고 있다(다수의견). 따라서 甲은 전소에서 패소확정판결을 받았는데 다시 실질상 동일한 소를 제기한 것이므로 법원은 이를 소극적 소송요건 흠결로 각하해야 한다(반복금지설). 하지만 판례의 입장인 모순금지설에 따르면 본안에서 전소와 모순되는 판단을 할 수 없으므로 청구기각판결을 하여야 한다.

☞ 다만 위 전원합의체 판례의 별개의견은 "이는 소송물이 다르지만 이미 전소에 관하여 확정판결이 있고 후소가 실질적으로 전소를 반복하는 것에 불과한 것이라면 후소는 신의칙에 반하는 소로 허용되지 않는다"고 보았고, 반대의견은 종래 판례의 견해대로 "양자의 청구는 기판력이 미치지 않으므로 이를 중첩적으로 인정하여야 한다"고 하였다.

☞ 특히 위 다수의견은 종래의 판례를 이와 저촉되는 한도 내에서 변경하기로 하였다. 따라서 결과적으로 판례에 의하면 당사자는 양자를 선택해서 청구할 수는 있지만, 하나의 청구가 확정되면 기판력이 후소에 미치므로 중첩적으로 청구할 수는 없게 되었다.

3. 기판력의 작용

(1) 의 의

기판력은 전소에서 확정된 법률관계가 후소에서 다시 문제되는 때 작용한다. 즉 기판력은 기판력 있는 전소 판결과 후소의 소송물이 동일한 경우 또는 후소의 소송물이 전소의 소송물과 동일하지는 않다고 하더라도 전소의 소송물에 관한 판단이 후소의 선결문제가 되거나 모순관계에 있을 때에는 후소에서 전소 판결의 판단과 다른 주장을 하는 것을 허용하지 않는 작용을 하는 것이므로, 이와 같이 소송물이 동일하거나 선결문제 또는 모순관계에 의하여 기판력이 미치는 객관적 범위에 해당하지 않는 경우에는 그 후소에 전소 판결의 기판력이 미치지 않는다(대판 2014.10.30. 2013다53939). 그 구체적인 모습은 다음과 같다.

(2) 소송물 동일관계

반복금지설에 의하면 전소의 승소·패소를 불문하고 소극적 소송요건 흠결로 소를 각하하여야 한다. 그러나 判例에 의하면 전소가 승소확정판결인 경우 권리보호이익이 없어 소각하 판결을, 전소가 패소확정판결인 경우에는 전소법원의 판단과 모순되는 판단을 하지 못하므로 청구기각 판결을 해야 할 것이다(모순금지설). 다만 기판력 있는 판결이 있어도 ① 판결원본의 멸실 ② 판결내용의 불특정 ③ 시효중단을 위해 다른 적절한 방법이 없을 때, 예외적으로 신소가 허용된다.

(3) 선결관계

1) 의 의

선결관계란 전소와 후소의 소송물이 같지는 않지만, 전소의 소송물이 후소의 선결문제로 되는 경우를 말한다. 예를 들어 소유권확인청구소송에서 패소확정판결을 받은 원고가 같은 피고를 상대로 소유권에 기해 피고 명의의 소유권이전등기의 말소청구나 토지인도청구를 하는 경우, 임차권확인의 확정판결 후에 후소로 임료를 청구하는 경우, 원금채권의 존재나 부존재가 확정된 뒤에 변론종결 뒤의 이자청구를 하는 경우가 이에 해당한다. 그리고 전소의 주문에서 확정된 부분을 후소의 방어방법(항변사유)으로 주장하는 것도 선결관계에 해당되어 금지된다.

2) 소송상 취급

선결관계의 경우 전소판결의 내용을 전제로 하여 전소 기준시 이후의 새로운 사유와 후소 청구의 고유한 사항을 심리하여 본안판결을 한다(이는 반복금지설, 모순금지설 모두 동일하다). 예를 들어 토지소유권확인청구에서 패소확정된 원고가 같은 피고를 상대로 소유권에 기해 토지인도청구를 하는 경우 후소법원은 원고에게 소유권이 없다는 전소 판결의 결과를 전제로 하고, 전소 표준시 이후에 새로운 소유권을 취득하였다는 사유가 없는 한 후소 청구를 이유 없다고 "기각"하여야 한다. 즉 확정된 전소의 기판력 있는 법률관계가 후소의 소송물 자체가 되지 아니하여도 후소의 선결문제가 되는 때에는 전소의 확정판결의 판단은 후소의 선결문제로서 기판력이 작용한다고 할 것이므로, 소유권확인청구에 대한 판결이 확정된 후 다시 동일 피고를 상대로 소유권에 기한 물권적 청구권을 청구원인으로 하는 소송을 제기한 경우에는 전소의 확정판결에서의 소유권의 존부에 관한 판단에 구속되어 당사자로서는 이와 다른 주장을 할 수 없을 뿐만 아니라, 법원으로서도 이와 다른 판단을 할 수 없는 것이다[19](대판 1994.12.27. 94다4684).

---

19) [1] 채권자가 제기한 배당이의의 소의 본안판결이 확정된 때에는 이의가 있었던 배당액에 관한 실체적 배당수령

(4) 모순관계[20]

1) 의 의

모순관계란 후소청구가 전소판결과 모순된 반대관계(kontradiktorische Gegenteil)에 서는 경우이다. 전소의 패소 피고가 전소 원고에 대하여 이전의 청구와 정반대의 주장을 청구내용으로 하는 경우가 이에 해당한다. 예를 들어 전소에서 원고가 피고를 상대로 하여 특정 토지에 관하여 소유권확인청구를 하여 승소판결이 확정된 뒤에 이번에는 피고가 원고를 상대로 하여 같은 토지에 관하여 피고의 소유권확인청구를 하는 경우, 전소의 이행판결에 대하여 금전을 지급한 피고가 원고를 상대로 하여 위 지급금이 부당이득이라고 주장하면서 그 반환청구를 하는 경우(대판 2001.11.13. 99다32905), 매매를 원인으로 소유권이전등기를 하여준 피고가 매매가 무효임을 이유로 위 등기의 말소를 구하는 경우[21][22](대판 1995.03.24. 93다52488), 제소전 화해에 의하여 소유권이전등기가 마쳐진 뒤에 원인무효를 이유로 그 말소등기절차의 이행을 구하거나 진정명의회복을 위하여 소유권이전등기를 구하는 경우(대판 2002.12.06. 2002다44014) 등이 이에 해당한다.

2) 소송상 취급

권의 존부의 판단에 기판력이 생긴다. [2] 배당이의의 소에서 패소의 본안판결을 받은 당사자가 그 판결이 확정된 후 상대방에 대하여 위 본안판결에 의하여 확정된 배당액이 부당이득이라는 이유로 그 반환을 구하는 소송을 제기한 경우에는, 전소인 배당이의의 소의 본안판결에서 판단된 배당수령권의 존부가 부당이득반환청구권의 성립 여부를 판단하는 데에 있어서 선결문제가 된다고 할 것이므로, 당사자는 그 배당수령권의 존부에 관하여 위 배당이의의 소의 본안판결의 판단과 다른 주장을 할 수 없고, 법원도 이와 다른 판단을 할 수 없다(대판 2000.01.21. 99다3501).

20) [1] 무자력상태의 채무자가 소송절차를 통해 수익자에게 자신의 책임재산을 이전하기로 하여, 수익자가 제기한 소송에서 자백하는 등의 방법으로 패소판결 또는 그와 같은 취지의 화해권고결정 등을 받아 확정시키고, 이에 따라 수익자 앞으로 책임재산에 대한 소유권이전등기 등이 마쳐졌다면, 이러한 일련의 행위의 실질적인 원인이 되는 채무자와 수익자 사이의 이전합의는 다른 일반채권자의 이익을 해하는 사해행위가 될 수 있다. [2] 채권자가 사해행위의 취소와 함께 수익자 또는 전득자로부터 책임재산의 회복을 명하는 사해행위취소의 판결을 받은 경우 수익자 또는 전득자가 채권자에 대하여 사해행위의 취소로 인한 원상회복 의무를 부담하게 될 뿐, 채권자와 채무자 사이에서 취소로 인한 법률관계가 형성되는 것은 아니다. 따라서 <u>위와 같이 채무자와 수익자 사이의 소송절차에서 확정판결 등을 통해 마쳐진 소유권이전등기가 사해행위취소로 인한 원상회복으로써 말소된다고 하더라도, 그것이 확정판결 등의 효력에 반하거나 모순되는 것이라고는 할 수 없다</u>(대판 2017.04.07. 2016다204783).

21) 확정판결의 기판력은 소송물로 주장된 법률관계의 존부에 관한 판단의 결론 자체에만 미치고 그 전제가 되는 법률관계의 존부에까지 미치는 것은 아니어서, 가등기에 기한 소유권이전등기절차의 이행을 명한 전소 판결의 기판력은 소송물인 소유권이전등기청구권의 존부에만 미치고 그 등기청구권의 원인이 되는 채권계약의 존부나 판결이유 중에 설시되었을 뿐인 가등기의 효력 유무에 관한 판단에는 미치지 아니하고, 따라서 만일 후소로써 위 가등기에 기한 소유권이전등기의 말소를 청구한다면 이는 1물1권주의의 원칙에 비추어 볼 때 전소에서 확정된 소유권이전등기청구권을 부인하고 그와 모순되는 정반대의 사항을 소송물로 삼은 경우에 해당하여 전소 판결의 기판력에 저촉된다고 할 것이지만, 이와 달리 위 가등기만의 말소를 청구하는 것은, 전소에서 판단의 전제가 되었을 뿐이고 그로써 아직 확정되지는 아니한 법률관계를 다투는 것에 불과하여 전소 판결의 기판력에 저촉된다고 볼 수 없다(대판 1995.03.24. 93다52488).

22) 판결이 형식적으로 확정되면 그 내용에 따른 기판력이 생기므로 소유권이전등기 절차를 명하는 확정판결에 의하여 소유권이전등기가 마쳐진 경우에 다시 원인무효임을 내세워 그 말소등기절차의 이행을 청구함은 확정된 이전등기청구권을 부인하는 것이어서 기판력에 저촉된다(대판 1987.03.24. 86다카1958).

모순관계의 경우에도 기판력의 본질론에 대한 대립과 관계없이 본안판단에 들어가야 한다는 것이 기존 학설의 입장이다(다만 모순관계에 대한 판례의 태도에 대해서는 평석 나뉨). 다만 모순관계의 경우에는 모순된 반대관계로서 소송물 동일과 같이 취급하여 부적법각하 해야 한다는 견해가 유력하다(반복금지설). 그러나 전소확정판결의 패소 피고가 후소의 원고가 되어 소를 제기하는 경우에는 判例의 모순금지설에 의한다면 청구기각판결을 하게 될 것이다(정동윤·유병현·김경욱, 강현중).

■ 매매계약의 무효 또는 해제를 원인으로 한 "매매대금반환"청구에 대한 인낙조서의 기판력이 매매계약에 기한 "소유권이전등기"청구의 소에 미친다고 할 수 없다고 한 사례(대판 2005.12.23. 2004다55698)

[1] 전에 제기된 소와 후에 제기된 소의 소송물이 동일하지 않다고 하더라도, 후에 제기된 소의 소송물이 전에 제기된 소에서 확정된 법률관계와 모순되는 정반대의 사항을 소송물로 삼았다면 이러한 경우에는 전번 판결의 기판력이 후에 제기된 소에 미치는 것이지만, 확정판결의 기판력은 소송물로 주장된 법률관계의 존부에 관한 판단의 결론에만 미치고 그 전제가 되는 법률관계의 존부에까지 미치는 것이 아니므로, 전의 소송에서 확정된 법률관계란 확정판결의 기판력이 미치는 법률관계를 의미하는 것이지 그 전제가 되는 법률관계까지 의미하는 것은 아니다.

[2] 매매계약의 무효 또는 해제를 원인으로 한 매매대금반환청구에 대한 인낙조서의 기판력은 그 매매대금반환청구권의 존부에 관하여만 발생할 뿐, 그 전제가 되는 선결적 법률관계인 매매계약의 무효 또는 해제에까지 발생하는 것은 아니므로 소유권이전등기청구권의 존부를 소송물로 하는 후소는 전소에서 확정된 법률관계와 정반대의 모순되는 사항을 소송물로 하는 것이라 할 수 없으며, 기판력이 발생하지 않는 전소와 후소의 소송물의 각 전제가 되는 법률관계가 매매계약의 유효 또는 무효로 서로 모순된다고 하여 전소에서의 인낙조서의 기판력이 후소에 미친다고 할 수 없다고 한 사례.

중요사례

甲은 乙을 상대로 A대지에 관한 소유권 확인 및 乙 명의의 소유권이전등기의 말소등기절차의 이행을 구하는 소를 제기하여 甲 승소의 확정판결을 받고 이에 기하여 위 대지에 관한 乙 명의의 소유권이전등기를 말소한 다음 새로이 甲 앞으로 등기를 마쳤다. 그런데 그 후 乙이 甲을 상대로 이 사건 소를 제기하여 위 확정판결 전에 위 대지에 관한 취득시효기간이 완성되었음을 이유로 위 대지에 대한 소유권이전등기절차의 이행을 구하고 있다. 법원은 이 사건에 대하여 어떠한 판결을 하여야 하는가?

해설

전소 피고 乙이 후소에서 주장하는 취득시효완성사실은 전소 변론종결 전에 주장할 수 있는 항변이지만 전소의 기판력에 의하여 차단되지 않고, 전소와 후소는 모순관계도 선결관계도 아니다. 따라서 후소법원은 전소판결의 기판력을 받음이 없이 취득시효완성에 기한 소유권이전등기청구의 당부를 심판하여야 한다. 判例도 기판력긍정설을 취한 것도 있고 부정설을 취한 것도 있으나, "확정판결의 기판력은 소송물로 주장된 법률관계의 존부에 관한 판단 그 자체에만 미치는 것이고 전소와 후소가 그 소송물이 동일한 경우에 작용하는 것이므로, 부동산에 관한 소유권이전등기가 원인무효라는 이유로 그 등기의 말소를 명하는 판결이 확정되었다고 하더라도 그 확정판결의 기판력은 그 소송물이었던 말소등기청구권의 존부에만 미치는 것이므로, 그 소송에서 패소한 당사자도 전소에서 문제된 것과는 전혀 다른 청구원인에 기하여 상대방에 대하여 소유권이전등기청구를 할 수 있다."고 하여 기판력을 부정하고 있다(대판 1995.06.13. 93다43491).

4. 기판력 있는 재판

(1) 확정된 종국판결

1) 본안판결

이행판결, 확인판결은 당연히 청구권의 존부에 기판력이 인정된다. 다만 형성판결의 경우 기판력을 부정하는 견해가 있으나, 형성력에 의한 권리변동이 적법·유효하게 발생하였음을 다툴 수 없는 것은 형성권의 확정에 기판력이 생기기 때문인 것으로 기판력을 긍정하는 견해가 통설이다.

2) 소송판결

소송판결도 소송요건의 흠결에 기판력이 생기고, 소송물인 권리관계의 존부에는 생기지 않는다. 예를 들어 당사자능력 흠결을 이유로 소각하판결을 받은 경우, 그 흠결에 기판력이 생기지만, 그 흠결을 보완하여 재소하는 경우에는 기판력에 저촉되지 아니한다(대판 2003.04.08. 2002다70181).

(2) 결정·명령

결정·명령이라도 소송비용에 관한 결정(제110조, 제114조), 간접강제의 수단으로 하는 배상금의 지급결정(민사집행법 제261조) 등은 실체관계를 종국적으로 해결하기 때문에 기판력이 생긴다[23]. 다만 소송지휘에 관한 결정·명령(제222조)이나 집행정지결정(제500조, 제501조)은 기판력이 없다(대결 1987.02.11. 86그154). 비송사건에 관한 결정도 기판력이 없기 때문에 후에 변경이 가능하다.

(3) 확정판결과 같은 효력이 있는 것

청구의 포기·인낙조서(제220조), 조정에 갈음한 결정(민사조정법 제34조), 중재판정(중재법 제35조)에는 기판력이 있다. 화해조서와 각종 조서(가사소송법 제59조 등)에도 기판력을 무제한 인정하는 것이 판례이다(다수설은 반대). 다만 확정된 지급명령(제474조)은 기판력을 배제시켰다(민사집행법 제58조

---

[23] 확정된 종국판결뿐만 아니라 결정·명령재판에도 실체관계를 종국적으로 판단하는 내용의 것인 경우에는 기판력이 있다. 그러나 민사소송법은 소송비용액확정결정 등 실체관계의 종국적 판단을 내용으로 하는 결정에 대해서는 준재심을 허용함으로써 그 소송절차 등에 중대한 흠이 있는 것이 판명될 경우 예외적으로 기판력으로부터 해방시켜 그 재판을 시정할 기회를 부여하고 있다(대판 2017.06.19. 2017다204131). 즉 채무자 회생 및 파산에 관한 법률(이하 '채무자회생법'이라고 한다) 제603조 제3항은 확정된 개인회생채권을 개인회생채권자표에 기재한 경우 그 기재는 개인회생채권자 전원에 대하여 확정판결과 동일한 효력을 가진다고 규정하고 있다. 여기에서 '확정판결과 동일한 효력'은 기판력이 아닌 확인적 효력을 가지고 개인회생절차 내부에 있어 불가쟁의 효력이 있다는 의미에 지나지 않는다. 따라서 애당초 존재하지 않는 채권이 확정되어 개인회생채권자표에 기재되어 있더라도 이로 인하여 채권이 있는 것으로 확정되는 것이 아니므로 채무자로서는 별개의 소송절차에서 채권의 존재를 다툴 수 있다. 이는 개인회생채권자목록의 내용에 관하여 이의가 있어 개인회생채권조사확정재판이 신청되고 개인회생채권조사확정재판이 있었으나, 개인회생채권조사확정재판에 대한 이의의 소가 제소기간 안에 제기되지 아니하여 채무자회생법 제607조 제2항에 의해 재판이 개인회생채권자 전원에 대하여 확정판결과 동일한 효력을 갖게 된 경우에도 마찬가지이다. 확정된 개인회생채권에 관한 개인회생채권자표의 기재에 기판력이 없는 이상 그에 대한 청구이의의 소에서도 기판력의 시간적 한계에 따른 제한이 적용되지 않는다. 그러므로 청구이의의 소송심리에서는 개인회생채권 확정 후에 발생한 사유뿐만 아니라 개인회생채권 확정 전에 발생한 청구권의 불성립이나 소멸 등의 사유도 심리·판단하여야 한다.

3항, 대판 2009.07.09. 2006다73966).

(4) 외국법원의 확정판결(제217조)

> 제217조(외국재판의 승인) ① 외국법원의 확정판결 또는 이와 동일한 효력이 인정되는 재판(이하 "확정재판 등"이라 한다)은 다음 각호의 요건을 모두 갖추어야 승인된다. 〈개정 2014.5.20〉
> 1. 대한민국의 법령 또는 조약에 따른 국제재판관할의 원칙상 그 외국법원의 국제재판관할권이 인정될 것
> 2. 패소한 피고가 소장 또는 이에 준하는 서면 및 기일통지서나 명령을 적법한 방식에 따라 방어에 필요한 시간여유를 두고 송달받았거나(공시송달이나 이와 비슷한 송달에 의한 경우를 제외한다) 송달받지 아니하였더라도 소송에 응하였을 것
> 3. 그 확정재판등의 내용 및 소송절차에 비추어 그 확정재판등의 승인이 대한민국의 선량한 풍속이나 그 밖의 사회질서에 어긋나지 아니할 것
> 4. 상호보증이 있거나 대한민국과 그 외국법원이 속하는 국가에 있어 확정재판등의 승인요건이 현저히 균형을 상실하지 아니하고 중요한 점에서 실질적으로 차이가 없을 것
> ② 법원은 제1항의 요건이 충족되었는지에 관하여 직권으로 조사하여야 한다. 〈신설 2014.5.20.〉
> [제목개정 2014.5.20]

1) 국제재판관할권(제217조 1항 1호)

① 의 의

민사소송법 제217조 제1호의 규정취지는 우리나라에서 외국판결을 승인하기 위하여는 그 판결을 한 외국법원이 당해 사건에 관하여 우리나라의 법률 또는 조약 등에 의한 국제재판관할 원칙에 따라 국제재판관할권을 가지고 있음이 인정되어야 한다는 것으로 풀이된다(대판 1988.04.12. 85므71).

② 02년 개정법

구체적인 국제재판관할의 기준이 무엇인가를 찾기가 다소 어려운 것이 현실이나, 단순히 "법령 또는 조약"으로 재판권을 정한다고 할 것이 아니라 추상적인 기준으로서 "법령 또는 조약에서 도출되는 국제재판관할의 원칙"에 따른다는 점을 명시하는 것이 바람직하다 할 것이다. 이에 따라 제1호의 승인요건을 "대한민국의 법령 또는 조약에 따른 국제재판관할의 원칙상 그 외국법원의 국제재판관할권이 인정될 것"으로 고치게 된 것이다[24].

2) 송달의 적법성과 적시성(제217조 1항 2호[25])

---

[24] 다만 "대한민국의 법령 등에 따른 국제재판관할의 원칙"이 무엇을 의미하는가에 관하여는 개정 국제사법 제2조를 참고로 할 필요가 있다. 즉 이 조항은 국제재판관할의 특수성을 지적하면서, 법원이 재판관할권을 행사하는 것을 정당화할 수 있을 정도로 당사자 또는 분쟁대상이 법정지와 "실질적 관련"을 갖는 것을 국제재판관할권 인정의 요건으로 삼고 있다. 특히 이 조항은 직접재판관할의 원칙에 관한 규정이기는 하나, 직접재판관할에 관한 원칙은 외국판결의 승인집행 요건으로서의 국제재판관할권의 존부를 판단하는 간접재판관할의 원칙과도 동일하므로, 국제사법 제2조의 취지는 제21조 제1호의 승인요건인 "대한민국의 법령 등에 따른 국제재판관할의 원칙"의 의미를 발견하는데 참고가 될 수 있을 것이다(민사소송법 개정내용 해설, 법원행정처, 113면 참고).

[25] 민사소송법 제217조 제1항 제2호는 외국법원의 확정판결 또는 이와 동일한 효력이 인정되는 재판의 승인요건으로 '패소한 피고가 소장 또는 이에 준하는 서면 및 기일통지서나 명령을 적법한 방식에 따라 방어에 필요한 시간여유를 두고 송달받았거나(공시송달이나 이와 비슷한 송달에 의한 경우를 제외한다) 송달받지 아니하였더라도

① 의 의

　승인요건으로서 송달의 적법성과 적시성을 명시하는 것은 독민소법 제328조 2호, 브뤼셀 협약 제27조가 취하는 입장이다. 判例도 외국판결의 승인요건으로서의 송달에 관하여 "이 때의 송달이란 보충송달이나 우편송달이 아닌 통상의 송달방법에 의한 송달을 의미하며, 그 송달은 적법한 것이라야 한다(대판 1992.07.14. 92다2585)."고 판시하였으나, "보충송달은 민사소송법 제217조 제1항 제2호에서 외국법원의 확정재판 등을 승인·집행하기 위한 송달 요건에서 제외하고 있는 공시송달과 비슷한 송달에 의한 경우로 볼 수 없고, 외국재판 과정에서 보충송달 방식으로 송달이 이루어졌더라도 그 송달이 방어에 필요한 시간 여유를 두고 적법하게 이루어졌다면 위 규정에 따른 적법한 송달로 보아야 한다(대판(전) 2021.12.23. 2017다257746)."고 하여 判例를 변경하였다.

② 송달의 적법성 및 적시성

　패소한 피고가 방어에 필요한 시간 여유를 두고 소장 등을 송달받을 것을 요구하는 것으로서 당해 재판에서 방어권을 행사할 수 있는 적절한 기회를 가진 경우에만 재판의 효력을 인정하려는 취지이다. 송달의 적법성과 적시성은 별개의 독립된 승인요건이므로 병렬적으로 규정하되, 송달의 적법성은 송달이 이루어진 국가의 국내법에 따라 판단되어야 하는 사항이므로 그 순서에 있어서 송달의 적시성보다 먼저 규정하는 것이 논리적이다.

③ 적용 제외

　공시송달에 의해 통지를 받은 경우를 승인배제사유로 정하고 있는 이유는 공시송달에 의해서는 현실적으로 방어의 기회가 부여될 가능성이 거의 없기 때문에 이에 의하여 소송이 개시된 경우에는 피고가 응소하지 않는 한 그 판결을 승인하지 않는다는 취지인데, 이 경우 각국의 송달제도가 서로 상이하여 공시송달은 아니지만 그것과 유사한 의제송달제도를 가지고 있는 나라도 있으므로 이러한 경우도 공시송달과 비슷한 경우로 보아 외국판결의 효력을 부인하는 사유로 규정하게 된 것이다.

3) 공서양속(제217조 1항 3호)

① 의 의

　외국판결을 우리나라에서 승인, 집행하는 것이 우리의 공익이나 도덕관념에 반하는 결과로 되는 때에는 이를 거부하여 우리의 법질서를 보호하기 위한 것[26]이다.

소송에 응하였을 것'을 규정하고 있다. 여기서 패소한 피고가 소장 등을 적법한 방식에 따라 송달받았을 것 또는 적법한 방식에 따라 송달받지 아니하였더라도 소송에 응하였을 것을 요구하는 것은 소송에서 방어의 기회를 얻지 못하고 패소한 피고를 보호하려는 데 목적이 있다. 따라서 법정지인 재판국에서 피고에게 방어할 기회를 부여하기 위하여 규정한 송달에 관한 방식과 절차를 따르지 아니한 경우에도, 패소한 피고가 외국법원의 소송절차에서 실제로 자신의 이익을 방어할 기회를 가졌다고 볼 수 있는 때는 민사소송법 제217조 제1항 제2호에서 말하는 피고의 응소가 있는 것으로 봄이 타당하다(대판 2016.01.28. 2015다207747).

26) [1] 민사소송법 제217조 제3호는 외국법원의 확정판결의 효력을 인정하는 것이 대한민국의 선량한 풍속이나 그 밖의 사회질서에 어긋나지 아니하여야 한다는 점을 외국판결 승인요건의 하나로 규정하고 있는데, 여기서 외국판결의 효력을 인정하는 것, 즉 외국판결을 승인한 결과가 대한민국의 선량한 풍속이나 그 밖의 사회질서에 어긋나는지는 그 승인 여부를 판단하는 시점에서 외국판결의 승인이 대한민국의 국내법 질서가 보호하려는 기본적인 도덕적 신념과 사회질서에 미치는 영향을 외국판결이 다룬 사안과 대한민국과의 관련성의 정도에

② 판단기준

　민사소송법 제217조 제1항 제3호는 외국법원의 확정판결 또는 이와 동일한 효력이 인정되는 재판(이하 '확정재판 등'이라 한다)의 승인이 대한민국의 선량한 풍속이나 그 밖의 사회질서에 어긋나지 아니할 것을 외국재판 승인요건의 하나로 규정하고 있다. 여기서 확정재판 등을 승인한 결과가 대한민국의 선량한 풍속이나 그 밖의 사회질서에 어긋나는지는 승인 여부를 판단하는 시점에서 확정재판 등의 승인이 우리나라의 국내법 질서가 보호하려는 기본적인 도덕적 신념과 사회질서에 미치는 영향을 확정재판 등이 다룬 사안과 우리나라와의 관련성의 정도에 비추어 판단하여야 한다(대판 2016.01.28. 2015다207747).

4) 상호보증이 있을 것(제217조 1항 4호)

① 의 의

　상호보증이란 외국이 우리나라의 확정판결의 효력을 인정하는 조건과 우리나라가 외국의 확정판결의 효력을 인정하는 조건을 비교형량 했을 때, 대등하거나 적어도 외국이 인정하는 요건이 우리나라가 인정하는 요건보다 관대한 경우를 말한다.

② 判　例

　우리나라와 외국 사이에 동종 판결의 승인요건이 현저히 균형을 상실하지 아니하고 외국에서 정한 요건이 우리나라에서 정한 그것보다 전체로서 과중하지 아니하며 중요한 점에서 실질적으로 거의 차이가 없는 정도라면 민사소송법 제217조 제4호에서 정하는 상호보증의 요건을 구비하였다고 봄이 상당하고, 또한 이와 같은 상호의 보증은 외국의 법령, 판례 및 관례 등에 의하여 승인요건을 비교하여 인정되면 충분하고 반드시 당사국과의 조약이 체결되어 있을 필요는 없으며, 당해 외국에서 구체적으로 우리나라의 동종 판결을 승인한 사례가 없더라도 실제로 승인할 것이라고 기대할 수 있는 상태이면 충분하다 할 것이고, 이와 같은 상호의 보증이 있다는 사실은 법원이 직권으로 조사하여야 하는 사항이라 할 것이다(대판 2004.10.28. 2002다74213; 대판 2016.01.28. 2015다207747).

비추어 판단하여야 하고, 이때 그 외국판결의 주문뿐 아니라 이유 및 외국판결을 승인할 경우 발생할 결과까지 종합하여 검토하여야 한다.

[2] 일제강점기에 국민징용령에 의하여 강제징용되어 일본국 회사인 미쓰비시중공업 주식회사(이하 '구 미쓰비시'라고 한다)에서 강제노동에 종사한 대한민국 국민 甲 등이 구 미쓰비시가 해산된 후 새로이 설립된 미쓰비시중공업 주식회사(이하 '미쓰비시'라고 한다)를 상대로 국제법 위반 및 불법행위를 이유로 한 손해배상과 미지급 임금의 지급을 구한 사안에서, 甲 등이 미쓰비시를 상대로 동일한 청구원인으로 일본국에서 제기한 소송의 패소확정판결(이하 '일본판결'이라고 한다) 이유에는 일본의 한반도와 한국인에 대한 식민지배가 합법적이라는 규범적 인식을 전제로 하여 일제의 국가총동원법과 국민징용령을 한반도와 甲 등에게 적용하는 것이 유효하다고 평가한 부분이 포함되어 있는데, 대한민국 헌법 규정에 비추어 볼 때 일제강점기 일본의 한반도 지배는 규범적인 관점에서 불법적인 강점(强占)에 지나지 않고, 일본의 불법적인 지배로 인한 법률관계 중 대한민국의 헌법정신과 양립할 수 없는 것은 그 효력이 배제된다고 보아야 하므로, <u>일본판결 이유는 일제강점기의 강제동원 자체를 불법이라고 보고 있는 대한민국 헌법의 핵심적 가치와 정면으로 충돌하는 것이어서 이러한 판결 이유가 담긴 일본판결을 그대로 승인하는 결과는 그 자체로 대한민국의 선량한 풍속이나 그 밖의 사회질서에 어긋나는 것임이 분명하므로 우리나라에서 일본판결을 승인하여 효력을 인정할 수 없는데도</u>, 이와 달리 본 원심판결에 법리오해의 위법이 있다(대판 2012.05.24. 2009다22549).

5) 손해배상에 관한 확정재판 등의 승인

① 조 문

> 제217조의2(손해배상에 관한 확정재판 등의 승인) ① 법원은 손해배상에 관한 확정재판 등이 대한민국의 법률 또는 대한민국이 체결한 국제조약의 기본질서에 현저히 반하는 결과를 초래할 경우에는 해당 확정재판 등의 전부 또는 일부를 승인할 수 없다.
> ② 법원은 제1항의 요건을 심리할 때에는 외국법원이 인정한 손해배상의 범위에 변호사보수를 비롯한 소송과 관련된 비용과 경비가 포함되는지와 그 범위를 고려하여야 한다. [본조신설 2014.5.20]

② 의 미

민사소송법 제217조의2 제1항은 "법원은 손해배상에 관한 확정재판 등이 대한민국의 법률 또는 대한민국이 체결한 국제조약의 기본질서에 현저히 반하는 결과를 초래할 경우에는 해당 확정재판 등의 전부 또는 일부를 승인할 수 없다."라고 규정하고 있는데, 이는 징벌적 손해배상과 같이 손해전보의 범위를 초과하는 배상액의 지급을 명한 외국법원의 확정재판 등의 승인을 적정 범위로 제한하기 위하여 마련된 규정이다. 따라서 <u>외국법원의 확정재판 등이 당사자가 실제로 입은 손해를 전보하는 손해배상을 명하는 경우에는 민사소송법 제217조의2 제1항을 근거로 승인을 제한할 수 없다</u>(대판 2016.01.28. 2015다207747; 대판 2015.10.15. 2015다1284). 그리고 <u>미국 하와이주 판결이 인정한 성문법상 3배의 배상 부분을 승인하는 것이 대한민국의 법률이나 사회질서 또는 대한민국이 체결한 국제조약의 기본질서에 현저히 반하는 결과를 초래한다고 볼 수 없다</u>(대판 2022.03.11. 2018다231550).

6) 외국판결의 취소

민사집행법 제26조, 제27조에서 규정하는 집행판결은 외국판결의 옳고 그름을 조사하지 않은 채 민사소송법에서 정하는 승인·집행의 요건을 갖추고 있는지 여부만을 심사하여 집행력을 부여하는 것으로서, 그 소송물은 외국판결을 근거로 우리나라에서 집행력의 부여를 구하는 청구권이고, 외국판결의 기초가 되는 실체적 청구권이 아니다. 미합중국 캘리포니아주 법원에서 2009. 7. 30. 선고된 외국판결에 대한 확정된 집행판결의 기판력은 위 외국판결을 국내에서 강제집행할 수 있다는 판단에 관하여만 발생하므로, 위 외국판결 중 재산분할 부분이 취소되었음을 이유로 하여 이 사건 부동산에 관한 소유권이전등기의 말소를 구하는 이 사건 청구가 위 집행판결의 기판력에 저촉되지 않는다(대판 2020.07.23. 2017다224906).

IV 기판력의 범위

1. 주관적 범위

> 제218조(기판력의 주관적 범위) ① 확정판결은 당사자, 변론을 종결한 뒤의 승계인(변론 없이 한 판결의 경우에는 판결을 선고한 뒤의 승계인) 또는 그를 위하여 청구의 목적물을 소지한 사람에 대하여 효력이 미친다.
> ② 제1항의 경우에 당사자가 변론을 종결할 때(변론 없이 한 판결의 경우에는 판결을 선고할 때)까지

> 승계사실을 진술하지 아니한 때에는 변론을 종결한 뒤(변론 없이 한 판결의 경우에는 판결을 선고한 뒤)에 승계한 것으로 추정한다.
> ③ 다른 사람을 위하여 원고나 피고가 된 사람에 대한 확정판결은 그 다른 사람에 대하여도 효력이 미친다.
> ④ 가집행의 선고에는 제1항 내지 제3항의 규정을 준용한다.

(1) 의의

기판력의 주관적 범위라 함은 기판력이 누구와 누구 사이에 작용하는가의 문제이다. 즉 소송에 어느 정도 관련이 있는 자가 기판력의 효력을 받는가의 문제이다.

(2) 원 칙 - 당사자(제218조 1항)

기판력은 당사자 사이에만 미치고 제3자에게는 미치지 않는 것이 원칙[27]이다. 이를 기판력의 '상대성 원칙'이라고 한다. 이것은 원래 판결은 당사자 간의 분쟁의 상대적·개별적 해결을 위한 것이므로 그 해결의 결과도 양 당사자를 상대적으로 구속시키는 것이 당연하기 때문이다. 전소의 원고·피고가 후소의 피고·원고로 되어도 상관없다. 특히 민사소송법 제52조에 의하여 대표자가 있는 법인 아닌 사단이 소송의 당사자가 되는 경우에도 그 법인 아닌 사단은 대표자나 구성원과는 별개의 주체이므로, 그 대표자나 구성원을 당사자로 한 판결의 기판력이 법인 아닌 사단에 미치지 아니함은 물론 그 법인 아닌 사단을 당사자로 한 판결의 기판력 또한 그 대표자나 구성원에게 미치지 아니하는 것이 당연하다(대판 2010.12.23. 2010다58889). 다만 이에 대한 예외로서 제218조 1항은 변론종결 뒤의 승계인에 대하여 규정하고 있다.

(3) 변론종결 뒤의 승계인 - 당사자와 동일시 할 제3자

1) 의의 및 취지

변론종결 뒤의 승계인이란 기판력의 표준시인 사실심의 변론종결시 이후에 소송물인 권리관계에 관한 지위를 당사자로부터 승계한 자를 말한다. 변론종결 뒤의 승계인에게 기판력이 미치지 않는다면 패소 당사자가 소송물인 권리관계를 제3자에게 처분함으로써 기판력 있는 판결을 무력화시킬 것이기 때문에 변론종결 뒤의 승계인에게는 기판력이 미친다. 따라서 대금분할을 명한 공유물분할판결의 변론이 종결된 뒤(변론 없이 한 판결의 경우에는 판결을 선고한 뒤) 해당 공유자의 공유지분에 관하여 소유권이전청구권의 순위보전을 위한 가등기가 마쳐진 경우, 대금분할을 명한 공유물분할 확정판결의 효력은 민사소송법 제218조 제1항이 정한 변론종결 후의 승계인에 해당하는 가등기권자에게 미치므로, 특별한 사정이 없는 한 위 가등기상의 권리는 매수인이 매각대금을 완납함으로써 소멸한다(대판 2021.03.11. 2020다253836). 그러나 甲 등이 乙을 상대로 건

---

[27] 채권자가 사해행위의 취소와 함께 수익자 또는 전득자로부터 책임재산의 회복을 구하는 사해행위취소의 소를 제기한 경우 그 취소의 효과는 채권자와 수익자 또는 전득자 사이의 관계에서만 생기는 것이므로, 수익자 또는 전득자가 사해행위의 취소로 인한 원상회복 또는 이에 갈음하는 가액배상을 하여야 할 의무를 부담한다고 하더라도 이는 채권자에 대한 관계에서 생기는 법률효과에 불과하고 채무자와 사이에서 그 취소로 인한 법률관계가 형성되는 것은 아니고, 그 취소의 효력이 소급하여 채무자의 책임재산으로 회복되는 것도 아니라 할 것이다(대판 2006.08.24. 2004다23110).

물 등에 관한 소유권이전등기의 말소등기절차 이행을 구하는 소를 제기하여 승소확정판결을 받았는데, 이 판결의 변론종결 후에 乙로부터 건물 등의 소유권을 이전받은 丙이 甲 등을 상대로 위 건물의 인도 및 차임 상당 부당이득의 반환을 구하는 소를 제기하는 경우, 丙이 변론종결 후의 승계인이 아니어서 전소 확정판결의 기판력이 미치지 않는다(대판 2014.10.30. 2013다53939).

2) 승계인에게 미치는 근거

변론종결 후에 당사자로부터 소송물인 실체법상의 권리의무 자체를 승계한 자(실체적 의존관계설)뿐 아니라, 계쟁물에 대한 당사자적격(분쟁주체인 지위)을 전래적으로 옮겨 받은 자도 승계인에 해당한다는 적격승계설이 타당하다[28](통설).

3) 승계의 모습 및 시기

① 승계의 모습

승계의 피승계인은 원고이든 피고이든, 승소자이든 패소자이든 불문한다. 일반승계·특정승계를 가리지 않으며, 승계원인도 임의처분·국가의 강제처분, 법률의 규정에 의한 것이든 동일하다.

② 승계의 시기

승계의 시기는 사실심 변론종결 뒤이다. 그리고 확정판결의 피고 측의 제1차 승계가 이미 그 변론종결 이전에 있었다면 비록 그 제2차 승계가 그 변론종결 이후에 있었다 할지라도 이 제2차 승계인은 이른바 「변론종결 후의 승계인」으로 볼 수 없다(대결 1967.02.23. 67마55). 매매 등의 원인행위가 변론종결 전에 있었다고 하여도 변론종결 뒤에 이전등기가 있었다면 변론종결 뒤의 승계인이다[29](대판 2005.11.10. 2005다34667·34674). 확정판결의 변론종결 전에 경료된 소유권이전청구권가등기에 기하여 위 확정판결의 변론종결 뒤에 소유권이전등기를 경료한 자가 있다면 그는 민사소송법 제218조 제1항의 변론종결 뒤의 승계인이라 할 것이어서 위 확정판결의 기판력이 미친다(대판 1992.10.27. 92다10883).

4) 소송물인 권리의무의 승계인

권리승계의 경우는 소유권확인판결이 난 소유권의 양수인, 이행판결을 받은 채권의 양수인 등이 여기에 속한다. 매매 등 원인행위가 변론종결 이전이더라도 등기를 뒤에 갖추었으면 변론종결 후의 승계인으로 보아야 한다. 의무승계의 경우는 채무의 면책적 인수인, 채무상속인 등이 여기에 해당한다.

---

[28] 일부교과서에서는 분쟁주체지위이전설의 입장에서 승계의 판단기준에 대한 적격승계설과 분쟁주체지위이전설을 구별하는 견해가 있다(新堂, 정동윤·유병현·김경욱, 전병서 등). 그러나 이 견해들은 적격승계설의 당사자적격이 소송물에 관한 것이라고 보시는 듯 하지만(전병서), 우리나라에서 적격승계설을 주장하는 견해들(이시윤 등)은 이를 계쟁물에 관한 당사자적격으로 보아 분쟁주체지위와 동일하게 보고 있는 듯 하고, 분쟁주체지위이전설이 인정하는 예도 적격승계설과 사실상 차이가 없다고 보여져 상당히 의문이 있다.

[29] 소유권이전등기말소 청구소송을 제기당한 자가 소송 계속 중 당해 부동산의 소유권을 타인에게 이전한 경우에는, 부동산물권 변동의 효력이 생기는 때인 소유권이전등기가 이루어진 시점을 기준으로 그 승계가 변론종결 전의 것인지 변론종결 후의 것인지 여부를 판단하여야 한다.

5) 적격승계인(청구의 목적물〈계쟁물〉의 승계)

① 문제점

소송물인 권리의무 자체를 승계한 것은 아니나, 당사자적격을 승계한 자도 승계인이 된다(적격승계설). 다만 당사자적격은 소송법적으로 추상화된 개념으로서 지나치게 확장될 가능성이 있으므로 그 범위의 합리적 조절이 문제 된다.

② 승계인의 범위와 소송물이론과의 관계

判例는 구이론의 입장에서 "소송물인 청구가 물권적 청구권 등과 같이 대세적인 효력을 가진 것이라면 몰라도 대인적인 효력밖에 없는 채권적 청구 만에 그친 때에는 기판력이나 집행력은 미치지 아니한다(대판 1991.01.15. 90다9964 등)."고 하여 물권적 청구권의 경우에만 승계인의 범위에 포함시킨다. 반면에 신이론은 소송물이 채권적 청구권이든 물권적 청구권이든 모두 승계인에 포함된다고 한다30)(이시윤). 다만 토지인도소송의 사실심 변론종결후에 그 패소자인 토지소유자로부터 토지를 매수하고 소유권이전등기를 마친 제3자가 확정판결의 변론종결후의 승계인에 해당하지 아니한다31)(대판 1984.09.25. 84다카148).

■ **정기금판결에 대한 변경의 소와 기판력의 주관적 범위**

민사소송법 제252조 제1항은 "정기금의 지급을 명한 판결이 확정된 뒤에 그 액수 산정의 기초가 된 사정이 현저하게 바뀜으로써 당사자 사이의 형평을 크게 침해할 특별한 사정이 생긴 때에는 그 판결의 당사자는 장차 지급할 정기금 액수를 바꾸어 달라는 소를 제기할 수 있다."라고 규정하고 있다. 이러한 정기금판결에 대한 변경의 소는 정기금판결의 확정 뒤에 발생한 현저한 사정변경을 이유로 확정된 정기금판결의 기판력을 예외적으로 배제하는 것을 목적으로 하므로, 확정된 정기금판결의 당사자 또는 민사소송법 제218조 제1항에 의하여 확정판결의 기판력이 미치는 제3자만 정기금판결에 대한 변경의 소를 제기할 수 있다. 한편 토지의 소유자가 소유권에 기하여 토지의 무단 점유자를 상대로 차임 상당의 부당이득반환을 구하는 소송을 제기하여 무단 점유자가 점유 토지의 인도 시까지 매월 일정 금액의 차임 상당 부당이득을 반환하라는 판결이 확정된 경우, 이러한 소송의 소송물은 채권적 청구권인 부당이득반환청구권이므로, 소송의 변론종결 후에 토지의 소유권을 취득한 사람은 민사소송법 제218조 제1항에 의하여 확정판결의 기판력이 미치는 변론을 종결한 뒤의 승계인에 해당한다고 볼 수 없다. 따라서 토지의 전 소유자가 제기한 부당이득반환청구소송의 변론종결 후에 토지의 소유권을 취득한 사람에 대해서는 소송에서 내려진 정기금 지급을 명하는 확정판결의 기판력이 미치지 아니하므로, 토지의 새로운 소유자가 토지의 무단 점유자를 상대로 다시 부당이득반환청구의 소를 제

---

30) 기본적으로는 신소송물이론을 취하지만 채권적 청구권의 경우를 나누어 환수청구권(배후에 물권적 뒷받침이 있는 것)의 경우에는 승계인에 포함되지만 교부청구권(배후에 물권적 뒷받침이 없는 것)의 경우에는 승계인의 범위에 포함되지 않는다는 견해(강현중)도 주장된다.

31) 토지소유권에 기한 물권적 청구권을 원인으로 하는 토지인도소송의 소송물은 토지소유권이 아니라 그 물권적 청구권인 토지인도청구권이므로 그 소송에서 청구기각된 확정판결의 기판력은 토지인도청구권의 존부 그 자체에만 미치는 것이고 소송물이 되지 아니한 토지소유권의 존부에 관하여는 미치지 아니한다 할 것이므로 그 토지인도소송의 사실심변론종결후에 그 패소자인 토지소유자로부터 토지를 매수하고 소유권이전등기를 마침으로써 그 소유권을 승계한 제3자의 토지소유권의 존부에 관하여는 위 확정판결의 기판력이 미치지 않는다 할 것이고 또 이 경우, 위 제3자가 가지게 되는 물권적 청구권인 토지인도청구권은 적법하게 승계한 토지소유권의 일반적 효력으로서 발생된 것이고 위 토지인도소송의 소송물인 패소자의 토지인도청구권을 승계함으로써 가지게 된 것이라고는 할 수 없으므로 위 제3자는 위 확정판결의 변론종결후의 승계인에 해당한다고 할 수도 없다.

기하지 아니하고, 토지의 전 소유자가 앞서 제기한 부당이득반환청구소송에서 내려진 정기금판결에 대하여 변경의 소를 제기하는 것은 부적법하다(대판 2016.06.28. 2014다31721).

6) 승계인에 대한 기판력의 작용 – 승계인에게 고유한 방어방법이 있는 경우

① 문제점

승계인이 전주(前主)와 다른 자기 고유의 방어방법이 있는 경우 절차보장의 기회를 주지 않고 기판력을 확장하는 것은 헌법 제27조가 보장하는 재판청구권의 침해가 되므로 자기고유의 이익을 주장할 기회를 주는 것이 필요한데, 그 방법이 문제된다.

② 견해의 대립

변론종결 뒤에 당사자로부터 점유나 등기를 취득했다는 형식에 치중하여 고유의 방어방법(선의취득자, 선의의 제3자, 등기자 등)이 있는 제3자도 승계인에 포함되지만 후소에서 그 공격방어방법을 제출하는 것이 허용된다는 형식설, 고유한 방어방법이 있다면 실질적으로 당사자의 지위를 승계했다고 볼 수 없어 애초부터 승계인에 포함되지 않는다는 실질설이 있다.

③ 소송물이론과의 관계

구이론에서는 물권적 청구권과 채권적 청구권을 분리하여 승계인의 범위를 판단하게 되므로, 실질설의 입장이 된다. 判例도 실질설의 입장에서 "원고가 매매에 기한 소유권이전등기청구소송에서 승소의 확정판결을 받았다 하여도 자기 앞으로 등기를 마치기 전이면 제3자에게 자기 소유권을 대항할 수 없다(대판 1980.11.25. 80다2217)."고 하여 이 경우 제3자는 승계인이 아니라고 한다. 그러나 신이론은 물권적 청구권이든 채권적 청구권이든 모두 승계인의 범위에 포함된다고 보므로, 기본적으로는 형식설의 입장이 된다.

④ 검토

양설은 집행관계소송을 누가 제기할 것인가에 차이가 있다. 실질설은 이 경우 제3자는 승계인에 해당하지 아니하므로 채권자(즉 전소의 원고)가 제3자가 승계인이라는 점을 증명하여 승계집행문부여의 소(민집 제33조)를 제기해야 한다고 본다. 그러나 형식설은 승계사실만 명백하면 재판장의 명령에 의하여 승계집행문을 부여(민사집행법 제31조)받을 수 있으며 승계인의 고유한 권리주장은 승계인이 집행문부여에 대한 이의의 소(민집 제45조)나 청구에 관한 이의의 소(민집 제44조)를 제기하여야 한다고 본다. 다만 어느 견해에 의하든 자기 고유의 방법을 갖고 있는 제3자는 결국 강제집행에서 보호를 받게 된다는 점에서는 차이가 없다.

7) 추정승계인

① 의의 및 취지

변론종결 전에 승계되었더라도 당사자가 변론종결 시까지 그 승계의 사실을 진술하지 아니한 때에는 변론종결 뒤에 승계한 것으로 추정한다(제218조 2항). 이 취지는 판결의 기판력은 변론종결후의 승계인에게 미치는데 사실상 변론종결 이전에 승계가 있었다할지라도 당사자 측의 진술이 없으면 그 이후에 있는 것으로 추정한다 하여 변론종결전의 승계를 주장하는 자에 그 입증책임이 있다는 뜻을 규정하여 변론종결전의 승계사실이 입증되면 판결의 기판력이 그 승계인에게 미치지 아니한다는 것으로 해석 된다(대판 1977.07.26. 77다92).

② 승계를 진술할 자

　피승계인이 진술하지 않은 이유로 승계인에게 추정의 불이익을 입게 함을 불합리하다는 점을 근거로 하는 승계인설, 법문 상 당사자라고 되어 있음을 근거로 하는 피승계인설이 있다. 승계인설은 당사자도 아닌 승계인이 어떤 자격에서 변론에 관여하여 진술할 것인가 문제이고 재판 외에서 진술한다고 할 경우에도 재판기록에 반영되지 아니하므로 소송기록으로 진술의 여부를 가려 승계집행문을 부여하려는 제도의 취지에 반하므로 피승계인설이 타당하다.

③ 승계사실에 대한 증명책임

　제218조 2항에 의해 원고는 승계사실만 입증하면 승계집행문을 부여받을 수 있다. 이 때 승계인은 변론종결 전에 승계하였다는 사실을 증명하여 기판력·집행력을 다툴 수 있다. 따라서 종전의 확정판결의 기판력의 배제를 원하는 당사자 일방이 변론종결 전에 당사자 지위의 승계가 이루어진 사실을 입증한다면, 종전소송에서 당사자가 그 승계에 관한 진술을 하였는지 여부와 상관없이, 그 승계인이 종전의 확정판결의 기판력이 미치는 변론종결 후의 승계인이라는 민사소송법 제218조 제2항의 추정은 깨어진다고 보아야 한다(대판 2005.11.10. 2005다34667·34674).

8) 승계집행문

　승계집행문은 판결에 표시된 채무자의 포괄승계인이나, 그 판결에 기한 채무를 특정하여 승계한 자에 대한 집행을 위하여 부여하는 것인바, 이와 같은 강제집행절차에 있어서는 권리관계의 공권적인 확정 및 그 신속·확실한 실현을 도모하기 위하여 절차의 명확·안정을 중시하여야 하므로, 그 기초되는 채무가 판결에 표시된 채무자 이외의 자가 실질적으로 부담하여야 하는 채무라거나 그 채무가 발생하는 기초적인 권리관계가 판결에 표시된 채무자 이외의 자에게 승계되었다고 하더라도, 판결에 표시된 채무자 이외의 자가 판결에 표시된 채무자의 포괄승계인이거나 그 판결상의 채무 자체를 특정하여 승계하지 아니한 한, 판결에 표시된 채무자 이외의 그 자에 대하여 새로이 그 채무의 이행을 소구하는 것은 별론으로 하고, 판결에 표시된 채무자에 대한 판결의 기판력 및 집행력의 범위를 그 채무자 이외의 자에게 확장하여 승계집행문을 부여할 수는 없다(대판 2002.10.11. 2002다43851).

(4) 청구의 목적물을 소지한 사람

1) 소지자의 의미

　소지자라 함은 오로지 당사자 또는 그 승계인을 위하여 소지하는 자로서, 예를 들어 수치인·창고업자·관리인·운송인 등이 이에 해당한다. 그러나 자기의 고유한 이익을 위하여 목적물을 소지하는 자(예를 들어 임차인·질권자·전세권자·지상권자 등)는 여기의 소지자에 해당하지 않는다. 그리고 당사자본인의 소지기관의 소지, 점유보조자의 소지는 본인 자신이 직접 소지하는 것과 같기 때문에 이에 해당하지 아니한다(대판 2001.04.27. 2001다1398).

2) 청구의 목적물

특정물인도청구의 대상이 되는 특정물을 말한다. 청구가 물권적이거나 채권적이거나, 목적물이 동산이든 부동산이든 상관없다.

3) 소지의 시기

변론종결 전후를 불문하므로, 변론종결 전부터 소지하고 있는 자도 포함된다는 것이 통설이다.

4) 확장해석

강제집행을 면탈할 목적으로 패소피고로부터 목적물을 가장양수 받은 자, 소유권이전등기를 받은 자도 여기의 목적물의 소지자에 준하여 기판력이나 집행력을 확장하여야 한다는 해석이 있다. 왜냐하면 가장양수자라면 소지자로서 기판력을 확장시켜도 절차권의 침해가 문제되지 않기 때문이라고 한다.

(5) 소송담당의 경우의 권리귀속주체

1) 제3자의 소송담당

타인의 권리이익에 관하여 당사자로서 소송수행권을 가진 자, 즉 소송담당자가 받은 판결은 그 권리이익의 귀속주체인 본인에게 기판력이 미친다(제218조 3항). 예를 들어 선정당사자가 받은 판결은 선정자에게, 유언집행자가 받은 판결은 상속인에게 각각 그 효력이 미친다.

2) 채권자대위소송과 기판력

① 채권자대위소송의 기판력이 채무자에게도 미치는지 여부

민사소송법 제218조 제3항은 '다른 사람을 위하여 원고나 피고가 된 사람에 대한 확정판결은 그 다른 사람에 대하여도 효력이 미친다.'고 규정하고 있으므로, 채권자가 채권자대위권을 행사하는 방법으로 제3채무자를 상대로 소송을 제기하고 판결을 받은 경우 채권자가 채무자에 대하여 민법 제405조 제1항에 의한 보존행위 이외의 권리행사의 통지, 또는 민사소송법 제84조에 의한 소송고지 혹은 비송사건절차법 제49조 제1항에 의한 법원에 의한 재판상 대위의 허가를 고지하는 방법 등 어떠한 사유로 인하였든 적어도 채권자대위권에 의한 소송이 제기된 사실을 채무자가 알았을 때에는 그 판결의 효력이 채무자에게 미친다고 보아야 한다. 이때 채무자에게도 기판력이 미친다는 의미는 채권자대위소송의 소송물인 피대위채권의 존부에 관하여 채무자에게도 기판력이 인정된다는 것이고, 채권자대위소송의 소송요건인 피보전채권의 존부에 관하여 당해 소송의 당사자가 아닌 채무자에게 기판력이 인정된다는 것은 아니다. 따라서 채권자가 채권자대위권을 행사하는 방법으로 제3채무자를 상대로 소송을 제기하였다가 채무자를 대위할 피보전채권이 인정되지 않는다는 이유로 소각하 판결을 받아 확정된 경우 그 판결의 기판력이 채권자가 채무자를 상대로 피보전채권의 이행을 구하는 소송에 미치는 것은 아니다(대판 2014.01.23. 2011다108095).

② 채무자의 제3채무자 상대의 확정판결의 기판력이 채권자대위소송에 미치는지 여부

제3자가 채권자를 대위하여 채무자를 상대로 제기한 소송과 이미 확정판결이 되어 있는 채권

자와 채무자간의 기존소송이 실질적으로 동일내용의 소송이라면 위 확정판결의 효력은 채권자대위권행사에 의한 소송에도 미친다(대판 1991.12.27. 91다23486).

③ 채권자대위소송의 기판력이 다른 채권자의 채권자대위소송에 미치는지 여부

어느 채권자가 채권자대위권을 행사하는 방법으로 제3채무자를 상대로 소송을 제기하여 판결을 받은 경우, 어떠한 사유로든 채무자가 채권자대위소송이 제기된 사실을 알았을 경우에 한하여 그 판결의 효력이 채무자에게 미치므로, 이러한 경우에는 <u>그 후 다른 채권자가 동일한 소송물에 대하여 채권자대위권에 기한 소를 제기하면 전소의 기판력을 받게 된다고 할 것이지만</u>, 채무자가 전소인 채권자대위소송이 제기된 사실을 알지 못하였을 경우에는 전소의 기판력이 다른 채권자가 제기한 후소인 채권자대위소송에 미치지 않는다(대판 1994.08.12. 93다52808).

④ 채권자의 채무자에 대한 대위채권에 기한 판결 확정 후 제3채무자가 이를 다툴 수 있는지 여부

채권자대위권을 행사하는 경우 채권자가 채무자를 상대로 하여 그 보전되는 청구권에 기한 이행청구의 소를 제기하여 승소판결을 선고받고 그 판결이 확정되면 제3채무자는 그 청구권의 존재를 다툴 수 없다(대판 2014.07.10. 2013다74769).

■ **채권자대위권의 피보전권리에 관하여 채권자와 채무자 사이에 확정판결 등이 존재하는 경우 제3채무자가 피보전권리의 존부를 다툴 수 있는지 여부**

채권자대위권을 행사하는 경우, 채권자가 채무자를 상대로 그 보전되는 청구권에 기한 이행청구의 소를 제기하여 승소판결을 선고받고 그 판결이 확정되었다면, 특별한 사정이 없는 한 그 청구권의 발생 원인이 되는 사실관계가 제3채무자에 대한 관계에서도 증명되었다고 볼 수 있다. 그러나 그 청구권의 취득이, 채권자로 하여금 채무자를 대신하여 소송행위를 하게 하는 것을 주목적으로 이루어진 경우와 같이, 강행법규에 위반되어 무효라고 볼 수 있는 경우 등에는 위 확정판결에도 불구하고 채권자대위소송의 제3채무자에 대한 관계에서는 피보전권리가 존재하지 아니한다고 보아야 한다. 이는 위 확정판결 또는 그와 같은 효력이 있는 재판상 화해조서 등이 재심이나 준재심으로 취소되지 아니하여 채권자와 채무자 사이에서는 그 판결이나 화해가 무효라는 주장을 할 수 없는 경우라 하더라도 마찬가지이다[32](대판 2019.01.31. 2017다228618).

3) 채권자취소소송

사해행위취소판결의 기판력은 그 취소권을 행사한 채권자와 그 상대방인 수익자 또는 전득자와의 상대적인 관계에서만 미칠 뿐 그 소송에 참가하지 아니한 채무자 또는 채무자와 수익자 사이의 법률관계에는 미치지 아니 한다(대판 1988.02.23. 87다카1989).

4) 소송탈퇴자

제3자가 독립당사자참가, 참가승계, 소송인수에 의하여 당사자로서 소송에 개입한 경우에 종

---

[32] ☞ 원고가, 원고의 甲 등에 대한 소유권이전등기청구권을 보전하기 위하여 甲 등을 대위하여 피고들을 상대로 소유권이전등기 등의 말소를 구하는 사안에서, 원고의 甲 등에 대한 피보전권리가 재판상 조정에 의한 것이라 하더라도, 그 내용이 강행법규 위반으로 무효인 이상, 위 조정의 당사자가 아닌 피고들에 대한 관계에서 원고의 甲 등에 대한 소유권이전등기청구권이 존재한다고 볼 수는 없고, 이는 위 조정조서가 준재심절차에 의하여 취소되지 아니하여 그 당사자인 원고와 甲 등 사이에서는 위 소유권이전등기청구권이 존재한다고 하더라도 마찬가지라고 하여, 이 사건 소를 직권으로 각하한 사례

전 당사자는 그 소송에서 탈퇴할 수 있는데, 그 뒤의 제3자와 상대방당사자 간의 판결은 탈퇴자에게도 미친다(제80조, 제82조 3항).

5) 추심금청구소송

동일한 채권에 대해 복수의 채권자들이 압류 및 추심명령을 받은 경우 어느 한 채권자가 제기한 추심금소송에서 확정된 판결의 기판력은 그 소송의 변론종결일 이전에 압류 및 추심명령을 받았던 다른 추심채권자에게 미치지 않는다[33](대판 2020.10.29. 2016다35390). 그리고 확정된 화해권고결정에는 재판상 화해와 같은 효력이 있다(민사소송법 제231조). 위에서 본 추심금소송의 확정판결에 관한 법리는 추심채권자가 제3채무자를 상대로 제기한 추심금소송에서 화해권고결정이 확정된 경우에도 마찬가지로 적용된다. 따라서 어느 한 채권자가 제기한 추심금소송에서 화해권고결정이 확정되었더라도 그 화해권고결정의 기판력은 화해권고결정 확정일 전에 압류 및 추심명령을 받았던 다른 추심채권자에게 미치지 않는다.

(4) 일반 제3자에의 확장

1) 문제점

기판력은 당사자에게만 미치는 것이 원칙이지만, 신분관계, 단체관계 또는 공법상의 법률관계에서도 이를 관철하면 이해관계인의 법률생활을 혼란시킬 우려가 있으므로, 예외적으로 판결의 효력을 일정한 범위의 제3자 또는 제3자 일반에게까지 확장시켜 법률관계의 획일적 해결을 도모하고 있다.

2) 제한적 확장

파산채권확정소송의 판결이 파산채권자 전원에게(파산법 제223조), 회사정리채권의 판결이 정리채권자 전원에게(회사정리법 제154조), 추심의 소의 판결이 그 소에 참가하도록 명령을 받은 채권자에게 미치는 경우(민사집행법 제249조), 증권관련집단소송의 판결이 제외신고를 하지 아니한 구성원에게 미치는 경우(증권관련집단소송법 제37조) 등이다.

3) 일반적 확장

---

[33] 그 이유는 다음과 같다. ① 확정판결의 기판력이 미치는 주관적 범위는 신분관계소송이나 회사관계소송과 같이 법률에 특별한 규정이 있는 경우를 제외하고는 원칙적으로 당사자, 변론을 종결한 뒤의 승계인 또는 그를 위하여 청구의 목적물을 소지한 사람과 다른 사람을 위하여 원고나 피고가 된 사람이 확정판결을 받은 경우의 그 다른 사람에 국한되고(민사소송법 제218조 제1항, 제3항) 그 밖의 제3자에게는 미치지 않는다. 따라서 추심채권자들이 제기하는 추심금소송의 소송물이 채무자의 제3채무자에 대한 피압류채권의 존부로서 서로 같더라도 소송당사자가 다른 이상 그 확정판결의 기판력이 서로에게 미친다고 할 수 없다. ② 민사집행법 제249조 제3항, 제4항은 추심의 소에서 소를 제기당한 제3채무자는 집행력 있는 정본을 가진 채권자를 공동소송인으로 원고 쪽에 참가하도록 명할 것을 첫 변론기일까지 신청할 수 있고, 그러한 참가명령을 받은 채권자가 소송에 참가하지 않더라도 그 소에 대한 재판의 효력이 미친다고 정한다. 위 규정 역시 참가명령을 받지 않은 채권자에게는 추심금소송의 확정판결의 효력이 미치지 않음을 전제로 참가명령을 통해 판결의 효력이 미치는 범위를 확장할 수 있도록 한 것이다. ③ 제3채무자는 추심의 소에서 다른 압류채권자에게 위와 같이 참가명령신청을 하거나 패소한 부분에 대해 변제 또는 집행공탁을 함으로써, 다른 채권자가 계속 자신을 상대로 소를 제기하는 것을 피할 수 있다. 따라서 어느 한 채권자가 제기한 추심금소송에서 확정된 판결의 효력이 다른 채권자에게 미치지 않는다고 해도 제3채무자에게 부당하지 않다.

① 가사소송

가사소송에 있어서 일정한 사건(가·나류)의 청구인용판결의 효력은 어느 때나 일반 제3자에게 미치지만, 청구기각판결은 제3자의 절차보장을 위하여 참가하지 못한 데에 정당한 이유가 있으면 미치지 아니하도록 하고 있다(가사소송법 제21조).

② 회사관계소송

회사관계소송에 있어서 청구인용의 판결은 일반 제3자에게 미치지만, 청구기각의 판결의 경우에는 일반적인 원칙에 의하여 당사자에게만 기판력이 미칠 뿐이다. 다만 이사회의 결의에 하자가 있는 경우에 관하여 상법은 아무런 규정을 두고 있지 아니하나 그 결의에 무효사유가 있는 경우에는 이해관계인은 언제든지 또 어떤 방법에 의하든지 그 무효를 주장할 수 있다고 할 것이지만 이와 같은 무효주장의 방법으로서 이사회결의무효확인소송이 제기되어 승소확정판결을 받은 경우, 그 판결의 효력에 관하여는 주주총회결의무효확인소송 등과는 달리 상법 제190조가 준용될 근거가 없으므로 대세적 효력은 없다(대판 1988.04.25. 87누399).

③ 행정소송사건

행정소송에 있어서 청구인용의 판결은 대세적 효력이 있지만, 청구기각의 판결은 당사자에게만 그 효력이 미친다(행정소송법 제29조 1항, 제38조 1항).

4) 일반 제3자에의 확장과 절차보장

일반 제3자에게 확장하는 경우에는 이해관계인의 절차보장을 고려하여야 한다. ① 처분권주의·변론주의를 배제하고, 직권탐지주의를 가미하고, ② 제소권자를 한정하고 ③ 제3자의 소송참가도 인정하며 ④ 제3자에게 사해재심을 인정하는 것 등은 제3자의 절차보장을 위한 제도들이다.

2. 객관적 범위

> 제216조(기판력의 객관적 범위) ① 확정판결은 주문에 포함된 것에 한하여 기판력을 가진다.

(1) 기판력의 객관적 범위의 의의

제216조 1항은 "확정판결은 주문에 포함된 것에 한하여 기판력을 가진다."고 규정하고 있는바, 기판력이 판결에서 판단된 어느 사항의, 어느 범위에까지 생기는지의 문제가 기판력의 객관적 범위에 관한 문제이다.

(2) 판결주문 중의 판단

1) 판결주문 중의 판단에만 기판력을 생기게 하는 이유

판결주문이 곧 당사자의 소송목적에 대한 해결이고 당사자 간의 주된 관심사이므로 이 점의 판단에 기판력을 인정하는 것이 당사자의 의도에 맞기 때문이다. 다만 주문은 간결하기에 기판력이 생기는 사항을 파악하기 위하여 판결이유를 어느 정도 참작하는 것은 불가피하나 이 경우에도 판결이유는 주문에서 판단되는 소송을 특정하기 위하여 참작하는 것일 뿐이고, 이유 중의 판단자체에 기판력이 생기는 것은 아니다.

2) 소송판결과 본안판결

소송판결의 경우 소송요건의 흠결에 대한 판단에만 기판력이 생기며, 본안판결의 경우에는 소송물인 권리관계의 존재·부존재에 대한 판단에 기판력이 생긴다.

3) 동일소송물의 범위

① 청구취지가 다른 경우

청구취지가 다르면 소송물이 같다고 할 수 없다. 다만 전소의 소송물이 후소의 선결관계이거나 모순관계일 경우에는 소송물은 다르지만 기판력은 작용한다. 그리고 청구취지가 다른 경우이지만 소유권이전등기말소청구와 진정명의회복을 위한 소유권이전등기청구는 실질상 소송물이 동일하다는 것이 판례이다(대판(전) 2001.09.20. 99다37894). 그러나 1필지 토지 전부에 대한 소유권이전등기 청구 소송에서 토지 일부의 매수사실은 인정되나 그 부분을 특정할 수 없다는 이유로 전부패소판결을 받아 확정된 후 매수 부분을 특정하여 소유권이전등기를 구하는 경우 위 특정된 부분의 매수 여부와 관련하여서는 전소의 기판력이 미치지 아니 한다(대판(전) 1995.04.25. 94다17956[34]). 물건을 점유하는 자를 상대로 하여 물건의 인도를 명하는 판결이 확정되더라도 그 판결의 효력은 이들 물건에 대한 인도청구권의 존부에만 미치고, 인도판결의 기판력이 이들 물건에 대한 불법점유를 원인으로 한 손해배상청구 소송에 미치지 않는다[35](대판 2019.10.17. 2014다46778).

② 청구취지는 동일한데 법률적 관점만 달리 청구하는 경우(청구권경합의 경우, 채무불이행청구와 불법행위청구)

구이론은 법률적 관점을 소송물의 요소로 보기 때문에 이 경우는 소송물이 다르다 하여 전소의 기판력을 받지 않는다고 본다. 그러나 신이론에 의하면 법률적 관점은 공격방어방법에 지나지 않아 이 경우는 소송물이 동일하므로, 전소의 기판력이 후소에 미치는 것으로 본다.

③ 청구취지는 동일한데 사실관계를 달리하여 청구하는 경우

가. 원인채권에 기한 청구와 어음채권에 기한 청구

구이론이나 신이론 중 이지설에 의하면 소송물이 다르므로 기판력에 저촉되지 않는다. 신이론

---

[34] 甲이 乙로부터 1필의 토지의 일부를 특정하여 매수하였다고 주장하면서 乙을 상대로 그 부분에 대한 소유권이전등기청구소송을 제기하였으나, 목적물이 甲의 주장과 같은 부분으로 특정되었다고 볼 증거가 없다는 이유로 청구가 기각되었고, 이에 대한 甲의 항소·상고가 모두 기각됨으로써 판결이 확정되자, 다시 乙을 상대로 그 전체 토지 중 일정 지분을 매수하였다고 주장하면서 그 지분에 대한 소유권이전등기를 구하는 소를 제기한 경우, 전소와 후소는 그 각 청구취지를 달리하여 소송물이 동일하다고 볼 수 없으므로, 전소의 기판력은 후소에 미칠 수 없다.

[35] 물건 점유자를 상대로 한 물건의 인도판결이 확정되면 점유자는 인도판결 상대방에 대하여 소송에서 더 이상 물건에 대한 인도청구권의 존부를 다툴 수 없고 인도소송의 사실심 변론종결 시까지 주장할 수 있었던 정당한 점유권원을 내세워 물건의 인도를 거절할 수 없다. 그러나 의무 이행을 명하는 판결의 효력이 실체적 법률관계에 영향을 미치는 것은 아니므로, 점유자가 그 인도판결의 효력으로 판결 상대방에게 물건을 인도해야 할 실체적 의무가 생긴다거나 정당한 점유권원이 소멸하여 그때부터 그 물건에 대한 점유가 위법하게 되는 것은 아니다. 나아가 물건을 점유하는 자를 상대로 하여 물건의 인도를 명하는 판결이 확정되더라도 그 판결의 효력은 이들 물건에 대한 인도청구권의 존부에만 미치고, 인도판결의 기판력이 이들 물건에 대한 불법점유를 원인으로 한 손해배상청구 소송에 미치지 않는다.

중 일지설은 소송물이 동일하므로 기판력이 미친다고 본다. 다만 이에 의할 때 당사자의 예측을 넘어 기판력을 미치게 하는 것이 되어 가혹한 결과가 되므로, 석명권 행사로(일본) 또는 시적 범위에서 실권효의 한계를 넘어서는 것(독일, 이시윤)이어서 신소의 제기가 허용된다는 이론구성을 통해 합리성을 도모한다.

나. 다른 사실관계에 기한 이전등기청구

이전등기청구에서 등기원인을 전소에서는 매매(또는 대물변제)를 후소에서는 취득시효완성을 주장하면서 청구하는 경우, 공격방어방법의 차이가 아니라 등기청구권의 발생원인의 차이라 하여 소송물이 별개라는 전제36)에서 전소의 기판력은 후소에 미치지 않는다(대판 1996.08.23. 94다49922). 이에 반해 말소등기소송의 소송물은 등기원인무효를 주장하는 것이면 어느 경우나 막론하고 하나의 소송물로 보아야 하고, 그 원인을 달리 구성한다고 해도 공격방법의 차이에 지나지 않는다37)(대판 1993.06.29. 93다11050).

4) 일부청구38)

불법행위의 피해자가 일부청구임을 명시하여 손해의 일부만을 청구하는 경우 그 명시방법으로는 반드시 전체 손해액을 특정하여 그 중 일부만을 청구하고 나머지 손해액에 대한 청구를 유보하는 취지임을 밝혀야 할 필요는 없고 일부청구 하는 손해의 범위를 잔부청구와 구별하여 그 심리의 범위를 특정할 수 있는 정도의 표시를 하여 전체 손해의 일부로서 우선 청구하고 있는 것임을 밝히는 것으로 족하다(대판 1989.06.27. 87다카2478).

5) 장래이행의 소와 기판력

확정판결은 주문에 포함한 것에 대하여 기판력이 있고, 변론종결 시를 기준으로 이행기가 장

---

36) 소유권이전등기청구사건에 있어서 등기원인을 달리하는 경우에는 그것이 단순히 공격·방어방법의 차이에 불과한 것이 아니고 등기원인별로 별개의 소송물로 인정된다(대판 1996.08.23. 94다49922).
37) 말소등기청구사건의 소송물은 당해 등기의 말소등기청구권이고 그 동일성 식별의 표준이 되는 청구원인, 즉 말소등기청구권의 발생원인은 당해 등기원인의 무효라 할 것으로서 등기원인의 무효를 뒷받침하는 개개의 사유는 독립된 공격방어방법에 불과하여 별개의 청구원인을 구성하는 것이 아니라 할 것이므로 전소에서 원고가 주장한 사유나 후소에서 주장하는 사유들은 모두 등기의 원인무효를 뒷받침하는 공격방법에 불과할 것일 뿐 그 주장들이 자체로서 별개의 청구원인을 구성한다고 볼 수 없고 모두 전소의 변론종결 전에 발생한 사유라면 전소와 후소는 그 소송물이 동일하여 후소에서의 주장사유들은 전소의 확정판결의 기판력에 저촉되어 허용될 수 없는 것이다(대판 1993.06.29. 93다11050). 다만 최근에는 "원고의 피상속인이 후행 보존등기가 중복등기에 해당하여 무효임을 주장하지 않고, 자신이 진정한 상속인이고 후행 보존등기로부터 상속을 원인으로 이루어진 소유권이전등기의 명의인은 진정한 상속인이 아니므로 그 소유권이전등기는 무효이고 그에 이어 이루어진 소유권이전등기도 무효라고 주장하여 소유권말소등기의 소를 제기하였다가 그 소가 상속회복청구의 소에 해당하고 제척기간이 경과하였다는 이유로 패소 판결이 확정되었다고 하더라도, 후행 보존등기가 중복등기에 해당하여 무효라는 이유로 말소등기를 구하는 원고의 후소는 패소 판결이 확정된 전소와 청구원인을 달리하는 것이어서 전소의 기판력에 저촉되지 않는다(대판 2011.07.14. 2010다107064)."고 한 판시도 있다.
38) 일부청구 긍정설은 기판력은 그 일부에만 생기고, 잔부에 대해서는 생기지 않기 때문에 새로 잔부청구가 가능하다는 견해이다. 일부청구 부정설은 그 일부가 일정한 표준으로 특정되지 않는 한, 채권액의 일부만 청구하여도 채권 전체가 소송물로 된 것으로 보므로 잔부청구는 기판력에 의해 차단된다는 견해이다. 명시적 일부청구설은 명시적 일부청구는 명시한 부분만 소송물이 되므로 잔부에는 기판력이 미치지 않으나, 묵시적 일부청구는 소송물이 전부이므로 기판력이 전부에 미친다는 견해이다.

래에 도래하는 청구권이더라도 미리 청구할 필요가 있는 경우에는 장래이행의 소를 제기할 수 있다. 따라서 이행판결의 주문에서 변론종결 이후 기간까지의 급부의무의 이행을 명한 이상 그 확정판결의 기판력은 주문에 포함된 기간까지의 청구권의 존부에 대하여 미친다(대판 2019.08.29. 2019다215272).

■ **새로운 적극적 손해와 별개의 소송물**
[1] 불법행위로 인한 적극적 손해의 배상을 명한 전소송의 변론종결 후에 새로운 적극적 손해가 발생한 경우에 그 소송의 변론종결 당시 그 손해의 발생을 예견할 수 없었고 또 그 부분 청구를 포기하였다고 볼 수 없는 등 특별한 사정이 있다면 전소송에서 그 부분에 관한 청구가 유보되어 있지 않다고 하더라도 <u>이는 전소송의 소송물과는 별개의 소송물이므로 전소송의 기판력에 저촉되는 것이 아니다.</u>
[2] 식물인간 피해자의 여명이 종전의 예측에 비하여 수년 연장되어 그에 상응한 향후치료, 보조구 및 개호 등이 추가적으로 필요하게 된 것은 전소의 변론종결 당시에는 예견할 수 없었던 새로운 중한 손해로서 전소의 기판력에 저촉되지 않는다고 한 사례(대판 2007.04.13. 2006다78640).

■ **의료과실 있는 병원이 그 병원에 입원 중인 피해자를 상대로 진료비의 지급을 구하는 사건**
의사가 선량한 관리자의 주의의무를 다하지 아니한 탓으로 오히려 환자의 신체기능이 회복불가능하게 손상되었고, 또 손상 이후에는 후유증세의 치유 또는 더 이상의 악화를 방지하는 정도의 치료만이 계속되어 온 것뿐이라면 의사의 치료행위는 진료채무의 본지에 따른 것이 되지 못하거나 손해전보의 일환으로 행하여진 것에 불과하여 병원 측으로서는 환자에 대하여 수술비와 치료비의 지급을 청구할 수 없다. 이러한 법리는 환자가 특정 시점 이후에 지출될 것으로 예상되는 향후치료비를 종전 소송에서 충분히 청구할 수 있었고 실제로 이를 청구하였더라면 적극적 손해의 일부로서 당연히 받아들여졌을 것임에도 환자가 종전 소송에서 해당 향후치료비 청구를 누락한 결과, 환자가 이를 별도의 소송에서 청구하는 것이 종전 소송 확정판결의 기판력에 저촉되어 소송법상 허용되지 않는 경우에도 환자가 종전 소송에서 해당 청구를 누락한 것이 청구권을 포기한 것이라고 평가할 수 있는 등의 특별한 사정이 없는 한 마찬가지로 적용된다(대판 2018.04.26. 2017다288115).

(3) 판결이유 중의 판단

1) 원 칙

결론인 주문의 판단을 끌어내는데 필요한 전제문제인 공격방어방법은 재판의 최종목표가 아니라 수단으로 주장되는 것에 불과하고, 이를 다툴 것인지 여부는 당사자의 자유에 속하고, 법원도 주문을 끌어내기 쉬운 것부터 자유로이 선택할 수 있으므로, 원칙적으로 판결이유 중의 판단에는 생기지 않는다[39](제216조 1항). 또한 판결이유 중의 판단에까지 기판력을 인정한다면 이는

---
39) 확정판결의 기판력은 소송물로 주장된 법률관계의 존부에 관한 판단의 결론에만 미치고 그 전제가 되는 법률관계의 존부에까지 미치는 것은 아니므로, 계쟁 부동산에 관한 피고 명의의 소유권이전등기가 원인무효라는 이유로 원고가 피고를 상대로 그 등기의 말소를 구하는 소송을 제기하였다가 청구기각의 판결을 선고받아 확정되었다고 하더라도, 그 확정판결의 기판력은 소송물로 주장된 말소등기청구권이나 이전등기청구권의 존부에만 미치는 것이지 그 기본이 된 소유권 자체의 존부에는 미치지 아니하고, 따라서 원고가 비록 위 확정판결의 기판력으로 인하여 계쟁 부동산에 관한 등기부상의 소유 명의를 회복할 방법은 없게 되었다고 하더라도 그 소유권이 원고에게 없음이 확정된 것은 아닐 뿐만 아니라, 등기부상 소유자로 등기되어 있지 않다고 하여

당사자에게 예상치 못한 타격을 가하게 되어 부당하기 때문이다. 즉 확정판결의 기판력은 소송물로 주장된 법률관계의 존부에 관한 판단의 결론에만 미치고 그 전제가 되는 법률관계의 존부에까지 미치는 것이 아니므로, 위 확정판결의 기판력이 미치는 법률관계는 망인들의 피고에 대한 소유권이전등기청구권의 존부에 한정되고 이 사건에서 문제 되는 농지분배처분 무효 내지 망인들의 이 사건 각 분배토지에 관한 수분배권 존부는 그 전제가 되는 법률관계에 불과하여 위 확정판결의 기판력이 미치지 아니한다(대판 2021.04.08. 2020다219690).

2) 사실과 선결적 법률관계

판결이유 중 판결의 기초로 한 사실과 선결적 법률관계에 관한 판단에 대하여는 기판력이 생기지 않는다.

3) 법률판단

판결이유 속에 표시된 법률판단에는 기판력이 생기지 않는다. 다만 판결이유 속의 법률판단은 환송판결을 한 경우에 하급심법원을 기속할 뿐이다(제436조 2항).

4) 항 변

판결이유 속에서 판단되는 피고의 항변에 대해서는 그것이 판결의 기초가 되었다 하여도 기판력이 생기지 않는다. 다만 이에 대한 예외가 상계항변이 된다.

5) 상계항변의 예외적 취급

> 제216조(기판력의 객관적 범위) ② 상계를 주장한 청구가 성립되는지 아닌지의 판단은 상계하자고 대항한 액수에 한하여 기판력을 가진다.

① 예외적 취급의 이유

제216조 2항은 판결이유 중에서 상계를 주장한 청구가 성립되는지 아닌지의 판단은 상계하자고 대항한 액수에 한하여 기판력을 가진다고 규정하고 있다. 이는 상계에 쓰인 자동채권에 대해 별소로 다시 그 존부를 다투게 된다면 전소의 효과가 유명무실하게 되기에 분쟁의 일회적 해결을 추구하는데 그 취지가 있다.

② 기판력이 생기는 범위

상계를 주장하면 그것이 받아들여지든 아니하든 상계하자고 대항한 액수에 대하여 기판력이 생긴다(대판 2013.11.14. 2013다46023). 그리고 상계항변을 인용한 경우에는 상계로 대항한 수액에 관하여 원고의 수동채권이 상계에 의하여 소멸하였다는 판단에 기판력이 생긴다[40]. 또한 상계

소유권을 행사하는 것이 전혀 불가능한 것도 아닌 이상, 원고로서는 그의 소유권을 부인하는 피고에 대하여 계쟁 부동산이 원고의 소유라는 확인을 구할 법률상 이익이 있으며, 이러한 법률상의 이익이 있는 이상에는 특별한 사정이 없는 한 소유권확인 청구의 소제기 자체가 신의칙에 반하는 것이라고 단정할 수 없는 것이다(대판 2002.09.24. 2002다11847).

40) 다만 기판력이 생기는 범위에 관하여 현재의 법률관계로서 자동채권이 존재하지 않는다는 점에 기판력이 생긴다는 견해가 있지만, 수동채권과 자동채권이 다 함께 존재하다가 상계에 의해 소멸된 점에 기판력이 생긴다는 견해가 제216조 2항의 조문에 충실한 해석이라고 본다.

항변을 배척한 경우에는 대항한 수액에 관하여 자동채권의 부존재에 기판력이 생긴다.

③ 증거조사설

상계항변은 수동채권의 존재에 관하여 증거조사 하여 확정하고 나서 판단을 하여야 하며, 그 존재를 가정하여 상계항변으로 곧바로 청구기각을 하여서는 안 된다41)42)(증거조사설).

④ 상계항변과 상소의 이익

상계항변에 의하여 전부 승소한 피고라도 이 점을 다툴 상소의 이익이 있다(예외를 인정하는 형식적 불복설). 즉 소송상 방어방법으로서의 상계항변은 통상 수동채권의 존재가 확정되는 것을 전제로 하여 행하여지는 일종의 예비적 항변으로서, 소송상 상계의 의사표시에 의해 확정적으로 그 효과가 발생하는 것이 아니라 당해 소송에서 수동채권의 존재 등 상계에 관한 법원의 실질적 판단이 이루어지는 경우에 비로소 실체법상 상계의 효과가 발생한다. 따라서 원고의 소구채권 자체가 인정되지 않는 경우 더 나아가 피고의 상계항변의 당부를 따져볼 필요도 없이 원고 청구가 배척될 것이므로, '원고의 소구채권 그 자체를 부정하여 원고의 청구를 기각한 판결'과 '소구채권의 존재를 인정하면서도 상계항변을 받아들인 결과 원고의 청구를 기각한 판결'은 민사소송법 제216조에 따라 기판력의 범위를 서로 달리하고, 후자의 판결에 대하여 피고는 상소의 이익이 있다(대판 2018.08.30. 2016다46338·46345).

⑤ 2개이상의 반대채권으로 상계항변한 경우

피고가 상계항변으로 2개 이상의 반대채권(또는 자동채권, 이하 '반대채권'이라고만 한다)을 주장하였는데 법원이 그중 어느 하나의 반대채권의 존재를 인정하여 수동채권의 일부와 대등액에서 상계하는 판단을 하고, 나머지 반대채권들은 모두 부존재한다고 판단하여 그 부분 상계항변은 배척한 경우에, 수동채권 중 위와 같이 상계로 소멸하는 것으로 판단된 부분은 피고가 주장하는 반대채권들 중 그 존재가 인정되지 않은 채권들에 관한 분쟁이나 그에 관한 법원의 판단과는 관련이 없

---

41) 소송상 방어방법으로서의 상계항변은 수동채권의 존재가 확정되는 것을 전제로 하여 행하여지는 일종의 예비적 항변으로서 당사자가 소송상 상계항변으로 달성하려는 목적, 상호양해에 의한 자주적 분쟁해결수단인 조정의 성격 등에 비추어 볼 때, 당해 소송절차 진행 중 당사자 사이에 조정이 성립됨으로써 수동채권의 존재에 관한 법원의 실질적인 판단이 이루어지지 아니한 경우에는 그 소송절차에서 행하여진 소송상 상계항변의 사법상 효과도 발생하지 않는다고 봄이 타당하다(대판 2013.03.28. 2011다3329).

42) 소송상 방어방법으로서의 상계항변은 통상 수동채권의 존재가 확정되는 것을 전제로 하여 행하여지는 일종의 예비적 항변으로서 소송상 상계의 의사표시에 의해 확정적으로 효과가 발생하는 것이 아니라 당해 소송에서 수동채권의 존재 등 상계에 관한 법원의 실질적 판단이 이루어지는 경우에 비로소 실체법상 상계의 효과가 발생한다. 이러한 피고의 소송상 상계항변에 대하여 원고가 다시 피고의 자동채권을 소멸시키기 위하여 소송상 상계의 재항변을 하는 경우, 법원이 원고의 소송상 상계의 재항변과 무관한 사유로 피고의 소송상 상계항변을 배척하는 경우에는 소송상 상계의 재항변을 판단할 필요가 없고, 피고의 소송상 상계항변이 이유 있다고 판단하는 경우에는 원고의 청구채권인 수동채권과 피고의 자동채권이 상계적상 당시에 대등액에서 소멸한 것으로 보게 될 것이므로 원고가 소송상 상계의 재항변으로써 상계할 대상인 피고의 자동채권이 그 범위에서 존재하지 아니하는 것이 되어 이때에도 역시 원고의 소송상 상계의 재항변에 관하여 판단할 필요가 없게 된다. 또한, 원고가 소송물인 청구채권 외에 피고에 대하여 다른 채권을 가지고 있다면 소의 추가적 변경에 의하여 그 채권을 당해 소송에서 청구하거나 별소를 제기할 수 있다. 그렇다면 원고의 소송상 상계의 재항변은 일반적으로 이를 허용할 이익이 없다. 따라서 피고의 소송상 상계항변에 대하여 원고가 소송상 상계의 재항변을 하는 것은 다른 특별한 사정이 없는 한 허용되지 않는다고 보는 것이 타당하다(대판 2014.06.12. 2013다95964).

어 기판력의 관점에서 동일하게 취급할 수 없으므로, 그와 같이 반대채권들이 부존재한다는 판단에 대하여 기판력이 발생하는 전체 범위는 위와 같이 상계를 마친 후의 수동채권의 잔액을 초과할 수 없다고 보아야 한다. 그리고 이러한 법리는 피고가 주장하는 2개 이상의 반대채권의 원리금 액수의 합계가 법원이 인정하는 수동채권의 원리금 액수를 초과하는 경우에도 마찬가지로 적용된다[43](대판 2018.08.30. 2016다46338 · 46345).

⑥ 상계항변과 중복소송

상계의 항변은 기판력이 생기므로 자동채권을 별소로 구하는 것이 중복소송에 해당하는지 여부가 문제되지만, 상계항변이 공격방어방법에 불과하므로 중복소송이 아니다(대판 2001.04.27. 2000다4050).

⑦ 기판력이 생기지 않는 경우

상계항변에 대한 기판력은 자동채권의 존부에 관하여 실질적으로 판단을 한 경우에 한하며, 상계항변의 각하(민사소송법 제149조), 성질상 상계가 허용되지 않거나(민법 제496조, 제492조 1항 단서), 상계부적상(민법 제492조 1항 본문)을 이유로 배척된 경우에는 기판력이 발생하지 않는다[44].

⑧ 동시이행항변에 대한 상계항변의 기판력 인정여부

判例는 "상계 주장에 관한 판단에 기판력이 인정되는 경우는, 상계 주장의 대상이 된 수동채권이 '소송물'로서 심판되는 소구채권이거나 그와 실질적으로 '동일'하다고 보이는 경우(가령 원고가 상계를 주장하면서 청구이의의 소송을 제기하는 경우 등)로서 상계를 주장한 반대채권과 그 수동채권을 기판력의 관점에서 동일하게 취급하여야 할 필요성이 인정되는 경우를 말한다고 봄이 상당하므로, 만일 상계 주장의 대상이 된 수동채권이 동시이행항변에 행사된 채권일 경우에는 그러한 상계 주장에 대한 판단에는 기판력이 발생하지 않는다[45](대판 2005.07.22. 2004다17207)."고 한다.

---

43) 이때 '부존재한다고 판단된 반대채권'에 관하여 법원이 그 존재를 인정하여 수동채권 중 일부와 상계하는 것으로 판단하였을 경우를 가정하더라도, 그러한 상계에 의한 수동채권과 당해 반대채권의 차액 계산 또는 상계충당은 수동채권과 당해 반대채권의 상계적상의 시점을 기준으로 하였을 것이고, 그 이후에 발생하는 이자, 지연손해금 채권은 어차피 그 상계의 대상이 되지 않았을 것이므로, 위와 같은 가정적인 상계적상 시점이 '실제 법원이 상계항변을 받아들인 반대채권'에 관한 상계적상 시점보다 더 뒤라는 등의 특별한 사정이 없는 한, 앞에서 본 기판력의 범위의 상한이 되는 '상계를 마친 후의 수동채권의 잔액'은 수동채권의 '원금'의 잔액만을 의미한다고 보아야 한다.
44) 항변권이 부착되어 있는 채권을 자동채권으로 하여 타의 채무와의 상계는 일방의 의사표시에 의하여 상대방의 항변권 행사의 기회를 상실케 하는 결과가 되므로 성질상 허용할 수 없는 것이나 상계항변에서 들고 나온 자동채권을 부정하여 그 항변을 배척하는 것과 자동채권의 성립은 인정되나 성질상 상계를 허용할 수 없다 하여 상계항변을 배척하는 것과는 그 형식면에서는 같을지라도 전자의 경우엔 기판력이 있다 할 것이므로 양자는 판결의 효력이 다른 것이다(대판 1975.10.21. 75다48).
45) 1. 사실관계 : 乙(매도인)은 甲(매수인)을 상대로 서울지방법원 서부지원에 매매계약해제를 원인으로 건물명도 및 토지인도 등 청구의 소를 제기하여 승소판결을 받았다. 이에 甲은 항소하여 항소심에서 매매계약해제에 따른 원상회복으로서 이미 지급한 계약금 및 중도금을 반환받을 때까지 乙의 명도청구에 응할 수 없다는 취지로 동시이행의 항변을 하였다. 이에 乙은 甲이 건물 및 토지를 점유·사용한 기간에 대한 점유사용료를 주장하며 상계의 재항변을 하여, 이것이 인용되어 甲의 항소는 기각되었고, 판결은 확정되었다. 이 경우 甲이 다시 후소로 매매계약해제로 인한 원상회복으로서 이미 지급한 계약금 및 중도금 반환을 청구하는 것이 전소확정판결의 기판력에 저촉되지 않는지가 문제되었는데, 원심인 서울고등법원은 기판력에 저촉된다는 판단을 하였다.

⑨ 상계의 항변의 의미 - 단독행위

이 경우의 상계의 항변은 민법 제492조 이하의 단독행위로서 상계권의 행사를 말하는 것이므로, 상계정산의 합의46)는 제외된다(대판 2014.04.10. 2013다54390).

(4) 판결이유 중의 판단에 대한 구속력 인정여부

1) 문제점

확정판결의 기판력은 주문에 생기는 것이지 이유에는 생기지 않는 것이 원칙이다(제216조 1항). 하지만 전소에서 당사자들이 주요쟁점으로 다툰 사항이고, 법원도 심혈을 기울여 심리한 사항인 경우에 주문에서 판단되지 않고 이유에서 판단된다는 이유만으로 기판력이 생기지 않아 후소에서 다시 다툴 수 있다면, 이는 실질적으로 전소확정판결을 무시하는 결과가 될 수 있기 때문에 이유부분에 대해서도 어떤 구속력을 인정하려는 논의47)가 있다.

---

2. 대법원의 판단 : 먼저 원심의 위와 같은 판단 중, 甲의 이 사건 청구가 전소의 확정판결의 기판력에 저촉된다는 판단은 다음과 같은 이유로 수긍하기 어렵다. 민사소송법 제216조는, 제1항에서 확정판결은 주문에 포함된 것에 한하여 기판력을 가진다고 규정함으로써 판결 이유 중의 판단 예컨대 사실인정, 법규의 해석·적용, 항변, 선결적 법률관계 등에 대한 판단에는 원칙적으로 기판력이 미치지 않는다고 하는 한편 그 유일한 예외로서 제2항에서 상계를 주장한 청구가 성립되는지 아닌지의 판단은 상계하고자 대항한 액수에 한하여 기판력을 가진다고 규정하고 있다. 위와 같이 판결 이유 중의 판단임에도 불구하고 상계 주장에 관한 법원의 판단에 기판력을 인정한 취지는, ① 만일 이에 대하여 기판력을 인정하지 않는다면, 원고의 청구권의 존부에 대한 분쟁이 나중에 다른 소송으로 제기되는 반대채권의 존부에 대한 분쟁으로 변형됨으로써 상계 주장의 상대방은 상계를 주장한 자가 그 반대채권을 이중으로 행사하는 것에 의하여 불이익을 입을 수 있게 될 뿐만 아니라 ② 상계 주장에 대한 판단을 전제로 이루어진 원고의 청구권의 존부에 대한 전소의 판결이 결과적으로 무의미하게 될 우려가 있게 되므로, 이를 막기 위함이라고 보인다. 따라서 상계 주장에 관한 판단에 기판력이 인정되는 경우는, 상계 주장의 대상이 된 수동채권이 "소송물"로서 심판되는 소구채권이거나 그와 실질적으로 "동일"하다고 보이는 경우(가령 원고가 상계를 주장하면서 청구이의의 소송을 제기하는 경우 등)로서 상계를 주장한 반대채권과 그 수동채권을 기판력의 관점에서 동일하게 취급하여야 할 필요성이 인정되는 경우를 말한다고 봄이 상당하므로 만일 상계 주장의 대상이 된 수동채권이 동시이행항변에 행사된 채권일 경우에는 그러한 상계 주장에 대한 판단에는 기판력이 발생하지 않는다고 보아야 할 것이다. 위와 같이 해석하지 않을 경우 동시이행항변이 상대방의 상계의 재항변에 의하여 배척된 경우에 그 동시이행항변에 행사된 채권을 나중에 소송상 행사할 수 없게 되어 민사소송법 제216조가 예정하고 있는 것과 달리 동시이행항변에 행사된 채권의 존부나 범위에 관한 판결 이유 중의 판단에 기판력이 미치는 결과에 이르기 때문이다. 그렇다면 원심이 이와 달리, 전소의 확정판결 중 원고가 동시이행항변으로 행사한 위 중도금 반환채권이 피고의 점유사용료 채권과 대등액에서 상계되어 소멸되었다고 판단한 부분에 기판력이 발생하였다고 판단한 것은 기판력의 객관적 범위에 관한 법리를 오해한 것이라고 하지 않을 수 없다(대판 2005.07.22. 2004다17207).

46) 원칙적으로 확정판결의 기판력은 주문에 포함된 것에 한하여 인정되지만, 이유에 포함된 것이라도 상계항변으로 주장된 자동채권에 관해서는 상계로써 대항한 액수에 한하여 기판력이 미친다(민사소송법 제216조). 그러나 여기서 말하는 상계는 민법 제492조 이하에 규정된 단독행위로서의 상계를 의미하는데, 원심판결 이유와 기록에 의하면 위 피고는 상계항변을 한 것이 아니라 위 피고와 소외인과의 사이에 원고의 위 피고에 대한 임대수익금 채권과 위 피고의 ○○농산에 대한 농산물대금 채권을 상계하여 정산하기로 하는 내용의 합의를 하였다는 취지의 항변을 한 것에 지나지 않음을 알 수 있고, 이는 부대상고이유의 주장 자체로 보아도 분명하다. 결국 위 피고의 항변은 본래 의미의 상계를 주장하는 것이 아니므로 원심의 이 부분 판단에 관하여는 기판력이 미치지 않는다(대판 2014.04.10. 2013다54390).

47) [학 설] 쟁점효이론은 판결이유 중의 판단이라고 하여도 그것이 소송에 있어서 중요한 쟁점이 되어 당사자가 다투고 법원도 이에 대해 실질적으로 심리를 하였으면 그 쟁점에 대해서 내린 법원의 판단에 쟁점효라는 구

2) 判例

判例는 "다른 사건의 재판에서 인정된 사실에 관하여는 다른 민사소송에서 구속을 받는 것은 아니지만 이미 확정된 관련 있는 민사나 형사판결에서 인정된 사실은 이를 채용할 수 없는 특별한 사정이 나타나 있지 아니한 이상 유력한 증거자료가 되는 것인바, 전후 두개의 민사소송이 당사자가 같고 분쟁의 기초가 된 사실도 같으나 다만 소송물이 달라 기판력에 저촉되지 아니한 결과 새로운 청구를 할 수 있는 경우에 있어서는 더욱 그러하다(대판 1990.12.11. 90다카7545 등)."고 증명력설의 입장이다. 그리고 判例는 "신의칙에 기하여 소송의 반복을 금지하기 위하여는 ① 적어도 그 판단이 전소에서 주요한 쟁점으로 되어 양당사자가 공격방어를 다한 사항에 대하여 내려졌고 따라서 ② 상대방에게 그 사항에 대한 다툼은 이미 결말이 났다고 하는 정당한 신뢰가 생겼을 것이 요구 된다(대판 2002.09.24. 2002다11847)."고 하여 신의칙의 적용에 관하여 여운을 남기고 있다 (정동윤·유병현·김경욱).

3. 시적 범위

(1) 기판력의 시적범위의 의의 - 기판력의 표준시

기판력이 어느 시점에서 확정된 권리관계에 관하여 발생하는가의 문제이다. 판결은 변론종결 시까지 현출된 자료를 기초로 행하고, 당사자도 변론종결 시까지 소송자료를 제출할 수 있으므로, 기판력은 사실심의 변론종결시를 표준시로 하여 이때의 권리관계의 존부의 판단에 생긴다는 것을 기판력의 시적 범위라 한다. 제218조, 제208조 1항 5호, 민사집행법 제44조 2항에 비추어 기판력의 표준시가 사실심의 변론종결시가 된다는 점은 명백하다.

(2) 실권효(차단효) - 표준시 전에 존재하는 사유

1) 의 의

당사자는 표준시의 권리관계의 존재 여부 판단을 다투기 위하여 표준시 이전에 존재하였던 사실에 대한 공격·방어방법을 제출 할 수 없다는 기판력의 작용을 실권효(차단효)라고 한다.

2) 실권효의 근거

전소에서 이를 제출하지 못한 것이 과실에 의한 것인가를 불문하는데 이를 판결효설[48](판단효

속력을 인정해야 한다고 한다(新堂). 신의칙설은 전소에서 주장·항변한 사항은 판결이유에서 긍정적 판단까지 받았다면, 전소와 소송물을 달리하는 후소에서라도 그와 정반대의 주장·항변을 하는 것은 신의칙상 허용되지 않는다고 한다(이시윤). 증명력설(증거효설)은 당사자가 같고 분쟁의 기초사실이 같은 경우 전소의 판단이 후소에서 유력한 증거자료로서의 효력 즉 증거효가 생긴다고 한다(호문혁). ☞ 이외에도 독일에서는 전소의 판결이 그 목적에 비추어 후소에서 확정하려는 법률효과와 의미관련이 성립되면 전소의 이유중의 판단에 기판력을 인정할 것이라는 Zeuner의 의미관련론, 전소와 후소의 경제적 가치가 동일한 경우에는 전소 판결이유 중의 판단에 기판력이 인정된다는 Henckel의 경제적 가치동일성설이 있다.

[48] 확정판결의 기판력은 소송물로 주장된 법률관계의 존부에 관한 판단에 미치는 것이므로 동일한 당사자 사이에서 전소의 소송물과 동일한 소송물에 대한 후소를 제기하는 것은 전소 확정판결의 기판력에 저촉되어 허용될 수 없다. 또한 동일한 소송물에 대한 후소에서 전소 변론종결 이전에 존재하고 있던 공격방어방법을 주장하여 전소 확정판결에서 판단된 법률관계의 존부와 모순되는 판단을 구하는 것은 전소 확정판결의 기판력에 반하는

설, 통설·판례)이라고 한다. 다만 이에 대해서는 전소에서 과실 없이 주장하지 못한 공격방어방법은 실권되지 않는다는 제출책임효설(강현중)이 있다.

3) 이행판결

채무의 존재를 긍정하여 이행판결이 확정되었으면 피고가 후소에서 표준시 전에 있었던 변제, 면제, 소멸시효의 항변 등을 하는 것은 허용되지 않는다. 또 표준시 뒤에 서증을 발견해도 다시 재론하지 못한다(이시윤). 다만 변론종결 전의 사유가 문제가 되어도 판결집행이 불법이 되는 경우(대판 1987.07.24. 84다카572)나, 변론종결 전의 한정승인사실[49](대판 2006.10.13. 2006다23138)은 뒤에 청구이의사유가 된다는 것이 判例이다. 그러나 상속채무의 책임제한이 문제되는 한정승인과는 달리, 상속포기[50]는 채무의 존재 자체가 문제되어 전소의 기판력에 저촉된다고 한다(즉 청구이의 사유에 해당하지 아니한다. 대판 2009.05.28. 2008다79876).

4) 확인판결

소유권확인소송에서 소유권취득원인으로 매매를 주장하였다가 패소한 원고가 후소에서 표준시 전에 완성된 취득시효의 사실을 주장할 수 없다(통설). 다만 확인소송의 소송물에 대해 청구원인의 사실관계까지 고려해야 한다는 견해에 의하면 이는 기판력의 객관적 범위를 일탈하므로 후소가 가능하다고 한다(호문혁).

(3) 표준시 후에 발생한 새로운 사유

1) 표준시 이후에 생긴 사유

① 변론종결 후의 새로운 사유

변론종결 후의 새로운 사유를 이유로 기판력에 의하여 확정된 권리관계(법률효과)를 다시 다툴 수 있다. 예를 들어 채무이행소송에서 기한미도래를 이유로 원고의 청구가 기각되었으나 표준시

것이고, 전소에서 당사자가 그 공격방어방법을 알지 못하여 주장하지 못하였는지 나아가 그와 같이 알지 못한데 과실이 있는지를 묻지 아니한다(대판 2014.03.27. 2011다49981).

49) 채권자가 피상속인의 금전채무를 상속한 상속인을 상대로 그 상속채무의 이행을 구하여 제기한 소송에서 채무자가 한정승인 사실을 주장하지 않으면 책임의 범위는 현실적인 심판대상으로 등장하지 아니하여 주문에서는 물론 이유에서도 판단되지 않으므로 그에 관하여 기판력이 미치지 않는다. 그러므로 채무자가 한정승인을 하고도 채권자가 제기한 소송의 사실심 변론종결시까지 그 사실을 주장하지 아니하여 책임의 범위에 관한 유보가 없는 판결이 선고되어 확정되었다고 하더라도, 채무자는 그 후 위 한정승인 사실을 내세워 청구에 관한 이의의 소를 제기할 수 있다.

50) 채무자가 한정승인을 하였으나 채권자가 제기한 소송의 사실심 변론종결시까지 이를 주장하지 아니하는 바람에 책임의 범위에 관하여 아무런 유보 없는 판결이 선고·확정된 경우라 하더라도 채무자가 그 후 위 한정승인 사실을 내세워 청구에 관한 이의의 소를 제기하는 것이 허용되는 것은, 한정승인에 의한 책임의 제한은 상속채무의 존재 및 범위의 확정과는 관계없이 다만 판결의 집행 대상을 상속재산의 한도로 한정함으로써 판결의 집행력을 제한할 뿐으로, 채권자가 피상속인의 금전채무를 상속한 상속인을 상대로 그 상속채무의 이행을 구하여 제기한 소송에서 채무자가 한정승인 사실을 주장하지 않으면 책임의 범위는 현실적인 심판대상으로 등장하지 아니하여 주문에서는 물론 이유에서도 판단되지 않는 관계로 그에 관하여는 기판력이 미치지 않기 때문이다. 위와 같은 기판력에 의한 실권효 제한의 법리는 채무의 상속에 따른 책임의 제한 여부만이 문제되는 한정승인과 달리 상속에 의한 채무의 존재 자체가 문제되어 그에 관한 확정판결의 주문에 당연히 기판력이 미치게 되는 상속포기의 경우에는 적용될 수 없다.

후에 기한이 도래한 경우, 담보로 넘어간 소유권이전등기를 말소 또는 회복하고자 하는 소송에서 담보채무의 미변제를 이유로 청구가 기각되었으나 표준시 후에 모두 채무변제가 된 경우 또는 장래 잔존채무의 변제를 조건으로 그 회복을 청구하는 경우(대판 2014.01.23. 2013다64793), 정지조건의 미성취를 이유로 기각이 되었으나 변론종결 뒤에 그 조건이 성취된 경우(대판 2002.05.10. 2000다50909), 공동상속재산에 대한 소유권확인청구가 기각되었으나 뒤에 협의분할에 의하여 소유권을 취득한 경우(대판 2011.06.30. 2011다24340)에 패소하였던 원고는 다시 신소를 제기할 수 있다. 이행소송에서 원고의 청구가 인용되었을 때 피고는 변론종결 후에 발생한 사유인 변제·면제·소멸시효 등에 의하여 집행채권이 이미 소멸되었음을 주장[51]하여 청구에 관한 이의의 소(민집 제44조)를 제기할 수 있다. 그리고 일반적으로 판결이 확정되면 법원이나 당사자는 확정판결에 반하는 판단이나 주장을 할 수 없는 것이나, 이러한 확정판결의 효력은 그 표준시인 사실심 변론종결 시를 기준으로 하여 발생하는 것이므로, 그 이후에 새로운 사유가 발생한 경우까지 전소의 확정판결의 기판력이 미치는 것은 아니다. 따라서 전소에서 피담보채무의 변제로 양도담보권이 소멸하였음을 원인으로 한 소유권이전등기의 회복 청구가 기각되었다고 하더라도, 장래 잔존 피담보채무의 변제를 조건으로 소유권이전등기의 회복을 청구하는 것은 전소의 확정판결의 기판력에 저촉되지 아니한다(대판 2014.01.23. 2013다64793). 그리고 선행 경매절차에서 건물에 관한 피고의 유치권이 존재하지 않는다는 전소 유치권부존재확인 판결 확정 이후 피고가 스스로 선행 경매절차를 취하하고 근저당권자가 신청한 후행 경매절차에서 유치권이 있다고 주장하는 것은 전소 변론종결 후 발생한 새로운 사유에 해당하므로, 피고가 후소에서 유치권을 주장하는 것은 전소 확정 판결의 기판력에 저촉되지 않는다(대판 2022.07.14. 2019다271685).

② 사실자료에 한함

변론종결 후에 발생한 새로운 변경사유는 실권효의 제재를 받지 않으므로, 변론종결 후에 발생한 새로운 사유에 의하여서도 기판력에 의하여 확정된 법률효과를 다툴 수 있다. 이 때 새로운 사유는 변론종결 후에 발생한 사실자료에 한하며, 법률·판례의 변경(대판 1998.07.10. 98다7001), 법률의 위헌결정(대판 1995.01.24. 94다28017), 기초가 되었던 행정처분의 변경(대판(전) 1981.11.10. 80다870[52], 다만 재심사유는 가능하다) 등은 포함하지 않는다[53].

---

[51] 확정판결의 기판력에 의하여 당사자는 확정판결과 동일한 소송물에 기하여 신소를 제기할 수 없는 것이 원칙이나, 시효중단 등 특별한 사정이 있는 경우에는 예외적으로 신소가 허용된다. 그러나 이러한 경우에도 신소의 판결이 전소의 승소확정판결의 내용에 저촉되어서는 안 되므로, 후소 법원으로서는 그 확정된 권리를 주장할 수 있는 모든 요건이 구비되어 있는지에 관하여 다시 심리할 수 없다. 다만 전소의 변론종결 후에 새로 발생한 변제, 상계, 면제 등과 같은 채권소멸사유는 후소의 심리대상이 되어 채무자인 피고는 후소 절차에서 위와 같은 사유를 들어 항변할 수 있으나, 법률이나 판례의 변경은 전소 변론종결 후에 발생한 새로운 사유에 해당한다고 할 수 없다(대판 2019.08.29. 2019다215272).

[52] 관재국장이 귀속재산(부동산)을 소외 회사에게 매도(불하)하고 그 이전등기가 된 뒤에 관재국장이 위 매각처분을 취소하자 국가가 이를 이유로 소외 회사들을 상대로 제기한 위 소유권이전등기말소청구의 소(전소)가 국가 승소로 확정된 뒤, 소외 회사가 제기한 행정소송에서 위 매각처분 취소처분을 취소한 판결이 확정되었다면 소외 회사는 이로써 민사소송법 제451조 제1항 제8호의 사유를 들어 재심을 구함은 별론으로 하고, 국가에 대하여 위 매각을 원인으로 위 부동산에 대한 소유권이전등기절차의 이행을 구하는 것은 위 전소의 민사확정판결의 기판력에 저촉된다.

③ 장래의 현저한 사정변경

　장래의 손해배상청구에 대한 판결이 난 경우에 전소표준시에 예측한 바와 달리 그 뒤에 액수 산정의 기초에 현저한 사정변경이 생겨 판결 내용이 크게 형평을 잃게 된 경우가 문제된다. 이런 경우로는 피해자가 표준시에는 노동능력상실자였으나 뒤에 능력이 회복되어 손해가 줄어든 경우, 반대로 표준시의 임대료가 뒤에 대폭 폭등하여 손해가 늘어난 경우가 있다. 判例는 뒤의 사안인 표준시 임대료보다 9배 상승한 사안에서 다수의견은 정의와 형평의 이념상 전소를 명시적 일부청구로 의제할 수 있다고 하여 후소로 원고가 그 차액청구를 새로 하여도 기판력에 저촉되지 아니한다고 하였다(대판(전) 1993.12.21. 92다46226, 명시적 일부청구론)[54].

2) 표준시 후의 형성권의 행사

① 기판력의 시적 한계와 형성권의 특수성

　기판력의 시적한계(실권효, 차단효)란 기판력은 변론종결시(표준시)에 있어서 권리관계의 존부 판단에 생기기 때문에, 당사자는 전소의 표준시 전(변론종결시 전)에 존재하였으나 제출하지 않은 공격방어방법의 제출권을 잃는다는 것을 이른다. 문제는 상계권·해제권·취소권 등의 형성권도 공격방어방법이므로 차단효·실권효가 적용되어야 하는 반면, 이런 형성권들은 실체법 독자적으로 행사기간(민법 제146조)이 정해져 있어 차단효가 적용될 경우 소송법이 실체법상의 행사기간을 단축하는 결과가 될 수 있으므로 이의 충돌을 어떻게 조화할 것이냐가 쟁점이 된다.

② 차단되는 경우

　判例는 취소권에 대해서는 "구두변론종결 전의 이미 발생하였던 취소권을 그 당시에 행사하지 않음으로 인하여 취소권자에게 불리하게 확정되었다 할지라도 확정 후 취소권을 뒤늦게 행사함으로써 동 확정의 효력을 부인할 수는 없게 되는 것이다(대판 1979.08.14. 79다1105)"라고 하고, 해제권에 대해서는 "해제의 주장이 전소의 변론종결 후라고 하더라도 매매계약상의 잔금지급기일이 변론종결 전인 이상, 전소의 변론종결 전에 주장할 수 있었던 방어방법이라 할 것이어서 기판력이 미

---

53) 기판력 있는 전소판결과 저촉되는 후소판결이 그대로 확정된 경우에도 전소판결의 기판력이 실효되는 것이 아니고 재심의 소에 의하여 후소판결이 취소될 때까지 전소판결과 후소판결은 저촉되는 상태 그대로 기판력을 갖는 것이고 또한 후소판결의 기판력이 전소판결의 기판력을 복멸시킬 수 있는 것도 아니어서, 기판력 있는 전소판결의 변론종결 후에 이와 저촉되는 후소판결이 확정되었다는 사정은 변론종결 후에 발생한 새로운 사유에 해당되지 않으므로, 그와 같은 사유를 들어 전소판결의 기판력이 미치는 자 사이에서 전소판결의 기판력이 미치지 않게 되었다고 할 수 없다(대판 1997.01.24. 96다32706).
54) 정기금판결에 대한 변경의 소가 생긴 이래 위의 판례는 그 의미가 감퇴 된 것이 사실이다. 전에 명시적 일부청구를 한 경우가 아니라면 변경의 소인 새 제도에 의할 것이지만, 명시적 일부청구를 한 경우라면 상승된 차액 만큼 추가청구를 할 수 있다 할 것이므로, 이 때에 이 판례가 원용될 수 있다(이시윤). 判例도 "확정판결은 주문에 포함한 것에 대하여 기판력이 있고, 변론종결시를 기준으로 하여 이행기가 장래에 도래하는 청구권이더라도 미리 청구할 필요가 있는 경우에는 장래이행의 소를 제기할 수 있으므로, 이행판결의 주문에서 변론종결 이후 기간까지 급부의무의 이행을 명한 이상 확정판결의 기판력은 주문에 포함된 기간까지의 청구권의 존부에 대하여 미치는 것이 원칙이고, 다만 장래 이행기 도래분까지의 정기금의 지급을 명하는 판결이 확정된 경우 그 소송의 사실심 변론종결 후에 액수 산정의 기초가 된 사정이 뚜렷하게 바뀜으로써 당사자 사이의 형평을 크게 해할 특별한 사정이 생긴 때에는 전소에서 명시적인 일부청구가 있었던 것과 동일하게 평가하여 전소판결의 기판력이 차액 부분에는 미치지 않는다(대판 2011.10.13. 2009다102452)."고 한다.

치는 효력에 대하여는 소장이 없다(대판 1981.07.07. 80다2751)."고 하여 차단효를 인정한다. 그리고 약속어음의 소지인이 전소의 사실심 변론종결일까지 백지보충권을 행사하여 어음금의 지급을 청구할 수 있었음에도 위 변론종결일까지 백지 부분을 보충하지 않아 이를 이유로 패소판결을 받고 그 판결이 확정된 후에 백지보충권을 행사하여 어음이 완성된 것을 이유로 전소 피고를 상대로 다시 동일한 어음금을 청구하는 경우에는, 위 <u>백지보충권 행사의 주장</u>은 특별한 사정이 없는 한 전소판결의 기판력에 의하여 차단되어 허용되지 않는다(대판 2008.11.27. 2008다59230).

③ 차단되지 않는 경우

<u>상계권</u>에 대해서는 "당사자 쌍방의 채무가 서로 상계적상에 있다 하더라도 그 자체만으로 상계로 인한 채무소멸의 효력이 생기는 것은 아니고, 상계의 의사표시를 기다려 비로소 상계로 인한 채무소멸의 효력이 생기는 것이므로, 채무자가 집행권원인 확정판결의 변론종결 전에 상대방에 대하여 상계적상에 있는 채권을 가지고 있었다 하더라도 집행권원인 확정판결의 변론종결 후에 이르러 비로소 상계의 의사표시를 한 때에는 <u>민사집행법 제44조 제2항이 규정하는 '이의원인이 변론종결 후에 생긴 때'에 해당하는 것으로서, 당사자가 집행권원인 확정판결의 변론종결 전에 자동채권의 존재를 알았는가 몰랐는가에 관계없이 적법한 청구이의 사유로 된다</u>(대판 1996.06.28. 66다780)."고 하여 <u>상계권비실권설</u>의 입장이다. 그리고 건물매수청구권에 대해서는 "건물의 소유를 목적으로 하는 토지 임대차에 있어서, 임대차가 종료함에 따라 토지의 임차인(乙)이 임대인(甲)에 대하여 건물매수청구권을 행사할 수 있음에도 불구하고 이를 행사하지 아니한 채, 토지의 임대인이 임차인에 대하여 제기한 토지인도 및 건물철거 청구소송에서 패소하여 그 패소판결이 확정되었다고 하더라도, 그 확정판결에 의하여 건물철거가 집행되지 아니한 이상, 토지의 임차인으로서는 건물매수청구권을 행사하여 별소로써 임대인에 대하여 건물 매매대금의 지급을 구할 수 있다고 할 것이다(대판 1995.12.26. 95다42195)."고 하여 <u>건물매수청구권비실권설</u>의 입장이다.

3) 표준시 전의 법률관계

기판력이 확정하는 것은 변론종결당시(표준시)의 권리관계의 존부이기 때문에, 표준시전의 과거의 권리관계에 관하여는 기판력이 생기지 않는다. 判例도 원본채권이 변론종결당시에 부존재하였음을 이유로 청구기각 되었을 경우라도, 변론종결 전에는 그 원본채권이 존재하였음을 전제로 그 때까지 생긴 이자청구가 가능하며 기판력을 받지 않는다고 하였다(대판 1976.12.14. 76다1488). 다만 변론종결이후의 이자청구는 전소확정판결이 후소의 선결관계로 작용하므로, 이에 대해서는 청구기각판결을 하여야 한다.

관련사례

甲은 乙에게 대여금 청구의 소를 제기하였으나 대여금채권의 부존재를 이유로 패소확정판결을 받았다(변론종결일은 2017.5.1). 이에 甲은 대여일인 2015.1.1.부터 현재인 2020.5.10까지 대여금채권이 존재함을 전제로 그에 대한 이자를 지급하라는 청구를 하는 경우 법원의 조치를 간단히 논하라.

해 설

☞ 본 설문은 대법원 1976.12.14. 76다1488판결의 사실관계를 재구성한 것임.

이 경우 甲은 변론종결 전인 2015.1.1.부터 2017.4.30.까지의 이자청구는 기판력이 생기지 않고 작용하지도 않으므로 다시 다툴 수 있으나, 변론종결 뒤인 2017.5.1.부터 현재인 2020.5.10.까지의 이자청구는 변론종결 시인 2017.5.1.에 대여금채권이 부존재하였다는 전소법원의 판단이 기판력의 선결관계로서 작용하므로 이는 기판력에 저촉되어 청구기각의 판결을 하여야 한다.

(4) 정기금판결에 대한 변경의 소

> 제252조(정기금판결과 변경의 소) ① 정기금(정기금)의 지급을 명한 판결이 확정된 뒤에 그 액수산정의 기초가 된 사정이 현저하게 바뀜으로써 당사자 사이의 형평을 크게 침해할 특별한 사정이 생긴 때에는 그 판결의 당사자는 장차 지급할 정기금 액수를 바꾸어 달라는 소를 제기할 수 있다.
> ② 제1항의 소는 제1심 판결법원의 전속관할로 한다.

■ **정기금 판결과 변경의 소 – 기판력의 시적 한계**

甲은 A토지의 소유자로 불법점유자인 乙에게 불법점유 시부터 명도완료시까지 임료상당의 부당이득반환을 구하는 소를 제기하고 甲의 승소판결이 확정되었다. 그런데 乙의 명도완료 전에 위 승소판결의 변론종결 시에 예상할 수 없는 대폭적인 지가의 앙등 및 공과금의 인상으로 임료폭등이 발생하였다. 이 경우에 甲은 명도 후의 부분에 대해 위 승소판결에서 인용된 금액과의 차액상당을 부당이득으로 별소 청구 할 수 있는가?

(제43회 사법시험 기출문제)

① 문제점

장래이행의 소를 인용하는 판결은 애초에 장래 변동의 가능성을 어느 정도 염두에 두고 하게 되는데, 장래이행판결 당시 판단의 기초가 된 사정이 현저히 변경된 경우 구체적 타당성을 고려하여 변동분에 대한 새로운 이행소송이 가능한지가 문제된다.

② 종래의 논의

종전 判例는 이를 부정하였으나, 대판(전) 1993.12.21. 92다46226 판결의 다수의견은 전소의 청구를 명시적 일부청구로 보아 차액부분을 추가청구 할 수 있다고 판시하였다(일부청구의제이론). 다만 별개의견은 이러한 사정은 전소의 변론종결 이후의 사유로 보아 추가청구가 가능하다고 한다(기판력의 시적한계론). 그리고 학설 중에는 후유증에 관한 판례의 태도와 같이 후소를 전소와는 별개의 소송물로 보아 허용된다고 하는 견해(별개의 소송물론)도 있다. 하지만 다수의견은 임대료가 현저히 하락한 경우에는 별다른 기여를 하지 못하며, 별개의견도 장래이행의 소 자체가 장래 변동의 가능성을 어느 정도는 염두에 둔다는 면에서 완벽한 이론구성은 아니라고 본다. 그리고 소송물은 동일하다는 면에서 별개의 소송물론도 문제가 있다. 이런 문제점을 인식하여 2002년 개정 민사소송법은 변경의 소를 도입하였다.

③ 적법요건

현행법 제252조는 정기금의 지급을 명한 판결이 확정된 뒤에 그 액수 산정의 기초가 된 사정이 현저하게 바뀜으로써 당사자 사이의 형평을 크게 침해할 특별한 사정이 생긴 때에는 그 판결의 당사자는 장차 지급할 정기금 액수를 바꾸어 달라고 하는 소를 제기할 수 있다고 규정하고 있다. 이 경우 정기금의 지급을 명한 판결이면 되므로, 정기금배상판결만이 아니라 정기금 방식의 연금·임금·이자지급판결 등도 그 소송의 대상이 된다. 그리고 변론종결 전에 발생한 손해에 대한 정기금판결에서만 변경의 소를 한정한 일본과는 달리, 장래 발생할 손해에 대한 정기금지급을 명한 판결55)도 변경의 소의 대상이 된다. 변경의 소는 전의 소송물에 대한 판결에서 정기금 산정의 기초가 된 사정이 현저히 바뀐 것을 반영시키는 것이므로 전소의 소송물과 동일하다(소송물동일설, 통설). 다만 이에 대해서는 변경판결청구권이라는 다른 소송물로 보는 견해도 유력하다(소송물별개설, 호문혁). 확정판결에 대해 제기하여야 한다. 미확정판결이라면 상소로 취소하면 충분하기 때문이다. 그리고 확정판결과 동일한 효력을 가지는 청구인낙조서, 화해, 조정조서 나아가 화해권고결정도 변경의 소가 유추된다(이시윤).

④ 이유구비요건

정기금지급의 확정판결의 <u>표준시 "이후"</u>에 액수산정의 기초가 된 사정이 현저히 바뀌어, 당사자 사이의 형평을 침해할 특별한 사정이 있어야 한다. 이 사정은 전소판결 시에 예상할 수 없던 사정이어야 한다. 따라서 전소의 변론종결일 후 후소의 원심변론종결 당시까지 점유토지의 공시지가가 2.2배 상승하고 ㎡당 연임료가 약 2.9배 상승한 것만으로는, 전소의 확정판결 후에 그 액수 산정의 기초가 된 사정이 현저하게 바뀜으로써 당사자 사이의 형평을 크게 침해할 특별한 사정이 생겼다고 할 수 없으므로, 그 정기금의 증액 지급을 구할 수 없다(대판 2009.12.24. 2009다64215). 그리고 <u>정기금판결에 대한 변경의 소는 판결 확정 뒤에 발생한 사정변경을 요건으로 하므로, 단순히 종전 확정판결의 결론이 위법·부당하다는 등의 사정을 이유로 본조에 따라 정기금의 액수를 바꾸어 달라고 하는 것은 허용될 수 없다</u>(대판 2016.03.10. 2015다243996). 특히 정기금 액수 산정의 기초가 된 사정은 주로 사실적 상황일 것이나 법률개정과 같은 법률적 상황도 포함된다(이호원). 그리고 당사자 사이의 형평을 침해할 특별한 사정이란 산정시에 예상했던 후유장애가 크게 호전되는 변화, 임금·생필품가격 등 물가의 폭등, 공과금 부담의 증감, 한화의 큰 평가절차 등 경제사정의 변동 등을 들 수 있는데, 그와 같은 사실을 참작했다면 당초의 법원이 다른 판결에 이르렀을 사정이 이에 해당한다(이시윤). 이에 대한 증명책임은 사정변경을 주장하는 원고에게 있다.

⑤ 관할법원 및 집행정지

> 제500조(재심 또는 상소의 추후보완신청으로 말미암은 집행정지) ① 재심 또는 제173조에 따른 상소의 추후보완신청이 있는 경우에 불복하는 이유로 내세운 사유가 법률상 정당한 이유가 있다고 인정되고, 사실에 대한 소명이 있는 때에는 법원은 당사자의 신청에 따라 담보를 제공하게 하거나 담보를 제공하지 아니하게 하고 강제집행을 일시정지하도록 명할 수 있으며, 담보를 제공하게 하고 강제집행을 실시하도록 명하거나 실시한 강제처분을 취소하도록 명할 수 있다.
> ② 담보 없이 하는 강제집행의 정지는 그 집행으로 말미암아 보상할 수 없는 손해가 생기는 것을 소명한 때에만 한다.
> ③ 제1항 및 제2항의 재판은 변론 없이 할 수 있으며, 이 재판에 대하여는 불복할 수 없다.

---

55) 건물명도에 이르기까지 매월 100만원의 임대료상당 손해금이나 부당이득금을 지급하라는 판결이 그 예이다.

> ④ 상소의 추후보완신청의 경우에 소송기록이 원심법원에 있으면 그 법원이 제1항 및 제2항의 재판을 한다.
> **제501조(상소제기 또는 변경의 소제기로 말미암은 집행정지)** 가집행의 선고가 붙은 판결에 대하여 상소를 한 경우 또는 정기금의 지급을 명한 확정판결에 대하여 제252조제1항의 규정에 따른 소를 제기한 경우에는 제500조의 규정을 준용한다.

제1심 판결법원의 전속관할로 한다(동법 동조 2항). 재심 또는 상소의 추후보완으로 인한 집행정지 규정을 준용하여 집행정지를 할 수 있다(제501조, 제500조).

ⓖ 변경의 소와 다른 절차와의 관계

장래의 예상치 못한 후유증이 발생한 사안에서 종래 판례는 별개의 소송물설을 취하여 소송물이 다르므로 후유증에 대한 손해배상청구가 가능하다[56]고 하고 있다. 그런데 이 경우가 신법상의 변경의 소 사안인가에 대해 견해가 대립되고 있다. 학설은 ① 변경의 소에 의한 추가청구도 어차피 소송물이 다르므로(변경판결청구권) 이들을 구별할 필요가 없어 변경의 소가 가능하다는 견해도 있으나(소송물별개설, 호문혁) ② 변경의 소는 전소확정판결의 기판력이 후소에 미치는 것을 전제로 한 것인데, 이 경우에는 전소와 후소의 소송물이 별개여서 기판력이 미치지 않으므로 변경의 소가 아니라 일반적인 추가청구를 해야 한다는 견해가 타당하다고 본다(소송물동일설, 이시윤, 전병서).

Ⅴ 판결의 그 밖의 효력

1. 집행력

(1) 의의

좁은 의미의 집행력이란 판결로 명한 이행의무를 강제집행절차에 의하여 실현할 수 있는 효력을 말한다. 이러한 집행력은 확정된 이행판결에 인정되는 것이지만 가집행선고에 의하여 판결확정 전에도 부여된다. 이에 대하여 넓은 의미의 집행력은 강제집행 이외의 방법에 의하여 판결의 내용에 적합한 상태를 실현할 수 있는 효력을 포함한다. 예를 들어 확정판결에 기한 가족관계

---

[56] 이와 관련하여 불법행위에 의한 전소에서 예측하지 못한 후유증에 의한 확대손해의 경우가 있는 경우에 피해자를 구제해주어야 할 것은 분명한데, 이를 어떤 이론구성에 의해 가능할 것인지가 문제된다. 이에 대해 학설은 ① 전소의 청구를 일부청구로 의제하여 후소의 청구가 가능하다는 일부청구의제이론, ② 후유증은 전소에서 예상하지 못하고, 전소와 무관계한 사실관계에 의한 변론종결후의 사유이므로 이는 기판력의 시적 한계를 벗어나 청구가 가능하다는 기판력의 시적한계론도 있으나, ① 설은 명시설에 의할 때 명시하지 않았는데 일부청구가 된다는 문제점이 있고 ② 설은 비록 예상하지 못했다고 하여도 후유증은 변론종결전의 사유에 기인한다는 면에서 또한 문제가 있으므로 ③ 후유증에 대한 후소는 전소와 다른 별개의 소송물이라는 별개의 소송물설이 타당하다고 본다. 判例도 "불법행위로 인한 적극적 손해의 배상을 명한 전소송의 변론종결 후에 새로운 적극적 손해가 발생한 경우에 그 소송의 변론종결당시 그 손해의 발생을 예견할 수 없었고 또 그 부분 청구를 포기하였다고 볼 수 없는 등 특별한 사정이 있다면 전소송에서 그 부분에 관한 청구가 유보되어 있지 않다고 하더라도 이는 전소송의 소송물과는 별개의 소송물이므로 전소송의 기판력에 저촉되는 것이 아니다(대판 1980.11.25. 80다1671)."고 하여 별개의 소송물설의 입장이다.

등록부의 기재·정정, 등기의 말소·변경을 신청할 수 있는 효력이 생기는 것을 말한다. 이러한 집행력은 이행판결 뿐 아니라 확인판결, 형성판결에도 인정된다.

(2) 기판력과 집행력의 범위

확정판결의 기판력은 변론을 종결한 뒤의 승계인(변론 없이 한 판결의 경우에는 판결을 선고한 뒤의 승계인) 또는 그를 위하여 청구의 목적물을 소지한 사람 등 법률에 따로 규정되어 있는 경우 외에는 특별한 사정이 없는 한 당해 판결에 표시된 당사자 사이에만 미치고(민사소송법 제218조 참조), 집행력의 범위도 원칙적으로 기판력의 범위에 준한다. 따라서 지부·분회·지회 등 어떤 법인의 하부조직을 상대로 일정한 의무의 이행을 구하는 소를 제기하여 승소 확정판결을 받은 경우 판결의 집행력이 해당 지부·분회·지회 등을 넘어서 소송의 당사자도 아닌 법인에까지 미친다고 볼 수는 없으므로 그 판결을 집행권원으로 하여 법인의 재산에 대해 강제집행을 할 수는 없고, 법인의 재산에 대한 강제집행을 위해서는 법인 자체에 대한 별도의 집행권원이 필요하다(대판 2018.09.13. 2018다231031). 또한 채권자 대위권에 기한 확정판결의 기판력이 소외인인 채무자에게도 미치는 경우가 있다 하더라도 위 확정판결의 집행력만은 원·피고 간에 생기는 것이고 원고와 소외인 사이에는 생기지 아니한다(대결 1979.08.10. 79마232).

> **공유관계와 집행력 소멸사유**
>
> 과반수 지분권자는 공유물인 토지의 관리방법으로서 특정 부분을 배타적으로 사용·수익할 수 있으나, 그로 말미암아 그 부분을 전혀 사용·수익하지 못하여 손해를 입는 소수지분권자의 지분만큼 임료 상당 부당이득을 얻는 것이므로 이를 반환할 의무가 있다. 소수지분권자가 공유물을 자기지분 비율로 사용·수익할 권리(민법 제263조)가 침해되었기 때문이다. 종전 판결은 피고가 원고의 행위로 말미암아 공유지분을 가진 계쟁 부분 토지를 전혀 사용·수익하지 못한 사실을 인정하여 부당이득의 반환을 명한 것이고, 그 후 원고가 과반수 지분권자가 되었어도 피고의 사용·수익권 침해는 변함이 없으므로 종전 판결로 확정된 부당이득반환의무의 소멸 사유에 해당하지 않는다(대판 2021.12.30. 2021다252458). 즉 <u>원고는 그 소유 주택이 침범한 인접 토지 소수지분권자인 피고에게 점유로 얻은 부당이득을 반환하라는 판결을 받았는데, 그 후 원고가 과반수 지분권을 취득함으로써 관리행위로 위 토지를 점유할 수 있게 되었지만 피고가 그 부분을 사용·수익하지 못하는 한 부당이득반환의무는 계속되므로 종전 판결의 집행력 소멸 사유가 되지 않는다고 보아, 종전 판결 중 부당이득반환 부분에 대한 집행력 배제 청구를 전부 인용한 원심판결을 파기하고 자판한 사안임</u>

2. 형성력

형성력이란 형성의 소를 인용하는 형성하는 판결이 확정됨으로써 판결내용대로 새로운 법률관계의 발생이나 종래의 법률관계의 변경, 소멸을 낳는 효력을 말한다.

3. 법률요건적 효력

민법 그 밖의 법률에서 판결의 존재를 요건사실로 하여 일정한 법률효과의 발생을 규정한 경우가 있는데, 이를 법률요건적 효력이라고 한다. 예를 들어 확정판결에 의한 시효의 재진행 및 단기시효의 10년으로의 보통화(민법 제178조, 제165조), 공탁물회수청구권의 소멸(민법 제489조 1항) 등이 그 에이다.

4. 반사적 효력

(1) 반사효의 의의

　　반사효란 확정판결의 효력자체는 당사자에게만 미치는 것이 원칙이나, 판결을 받은 당사자와 실체법상 특수한 의존관계에 있는 제3자에게 판결의 효력이 이익 또는 불이익하게 미치는 효력을 의미한다. 그 예로는 ㉠ 주채무자와 채권자간에 주채무자의 승소확정판결이 있으면 보증채무의 부종성이라는 실체법상의 의존관계 때문에 보증인도 그 주채무자 승소판결을 원용하여 자기의 보증채무의 이행을 거절할 수 있는 예와 ㉡ 채무자와 제3채무자간의 판결에서 채무자가 패소확정판결을 받았다면 그 채무자를 대위하여 대위소송을 하는 채권자는 대위권이라는 실체법상의 의존관계 때문에 그 판결의 효력이 채권자에게 불리하게 작용하는 예를 들 수 있다. 다만 반사효에 대해서는 민사소송법상 명문의 규정이 없기 때문에 이의 인정여부에 대해서는 견해대립이 있다.

(2) 반사효의 인정여부[57]

1) 채권자대위소송

　　判例는 채권자가 대위소송을 하다 채권자가 사망하고 그 상속인들이 소송승계를 한 사안에서 "채무자가 채권자대위권에 의한 소송이 제기된 것을 알았을 경우에는 그 확정판결의 효력은 채무자에게도 미친다. 그리고 각 채권자대위권에 기하여 공동하여 채무자의 권리를 행사하는 다수의 채권자들(상속인들)은 유사필수적 공동소송관계에 있다 할 것이다(대판 1991.12.27. 91다23486)."고 하였다[58].

2) 주채무자와 보증채무자

　　判例는 "채권자와 주채무자 사이의 소송에서 주채무의 존부나 범위에 관하여 주채무자가 전부

---

[57] ① 부정설은 ⅰ) 실체법상 근거규정이 없음에도 반사효에 의해 청구할 수 없다는 결론을 내는 것은 곤란하고 ⅱ) 반사효는 사실상 기판력과 동일한 작용을 함에도 불구하고, 직권조사사항이 아닌 원용사항이고 보조참가가 가능하다는 해석은 기판력과 다른 반사효를 인정할 실익이 없음을 의미하고 ⅲ) 긍정설은 반사효를 적용하지 않는다면 주채무자 승소판결의 경우 실체법상 모순이 발생한다고 하는데, 실체법상 모순이 발생하는 경우에는 모두 필수적 공동소송이 되어야 함에도 주채무자와 보증인이 필수적 공동소송의 관계가 아님을 주의할 필요가 있다고 하여 반사효가 인정되는 예를 기판력 자체의 확장으로서 해결하려고 한다(김상수). ② 긍정설은 ⅰ) 반사효는 당사자가 아닌 제3자에게 실체법상의 의존관계 때문에 판결효가 제3자에게 미치는 것이므로 판결의 양당사자에게 미치는 기판력과 다르고 ⅱ) 반사효는 기판력과 달리 직권조사사항이 아닌 원용사항이고 ⅲ) 반사효를 받는 자는 공동소송적 참가가 아닌 통상의 보조참가를 할 수 있는 등 기판력과는 다른 특징이 있으므로 이를 인정할 수 있다고 한다(이시윤). ③ 유보적인 견해는 반사효의 개념에 대해서는 설명하면서도 반사효 자체의 본질, 기판력과의 차이가 충분히 규명되어 있지 않으므로 반사효의 인정여부는 앞으로 이를 검토해야 할 문제라고 한다(정동윤, 송상현, 전병서 등).

[58] 학설은 긍정설의 입장에서 판례가 채권자대위소송을 하는 채권자가 받은 판결의 효력은 채무자에게 미치고(제218조 제3항) 그와 실체법상 의존관계에 있는 다른 채권자에게 반사적 효력이 미친다는 것을 전제로 하고 있다는 견해(이시윤)가 있는 반면, 이는 채권자대위소송의 성질상 당연한 결론이며 기판력의 확장에 불과하다는 견해(정동윤), 이 판례의 명언에도 불구하고 그 의미를 채무자가 제3채무자를 상대로 소송을 하여 이미 확정판결을 받았으면 채권자에게는 실체법상 대위권이 발생하지 않는 것이라고 새긴다면, 그것은 반사적 효력이 아니라 법률요건적 효력이라는 견해(호문혁)도 있다.

또는 일부 승소하는 판결이 확정된 경우에도 그 판결의 기판력이 보증인에게는 미치지 아니하므로, 보증채무의 부종성 원칙에도 불구하고 보증인이 주채무자 승소판결을 원용하여 자신의 보증채무의 이행을 거절할 수는 없다(대판 2015.07.23. 2014다228099)."고 반사효를 부정하고 있다(김홍엽).

Ⅵ 판결의 무효

1. 판결의 무효의 의의 및 예

(1) 의 의

판결의 무효란 판결로서의 외관은 갖추었으나 그 내용에 있어서 묵과할 수 없는 중대한 하자 때문에 판결의 내용상 효력인 기판력·집행력·형성력이 생기지 않는 경우를 이른다. 특히 이는 법관이 직무수행 상 행한 것이라 할 외관조차 없는 경우인 판결의 부존재(非判決, 이의 예로 ① 직무상 사법권행사의 권한 없는 자가 행한 판결 즉 법관 아닌 자가 한 판결, ② 선고하지 아니한 판결 - 판결선고조서가 없는 판결 등을 들 수 있다)와 비교된다.

(2) 예

학설은 ① 국내재판권에 복종하지 않는 치외법권자에 대한 판결(재판권이 없는 경우), ② 실재하지 않는 자를 당사자로 한 판결(사망자를 당사자로 한 판결), ③ 현재 존재하지 않는 법률관계의 형성을 목적으로 한 판결, ④ 소송이 제기된 바 없음에도 불구하고 판결을 행한 때(소취하 후에 한 판결), ⑤ 당사자적격이 없는 자에 대한 판결(당사자적격이 있는 자에게 효력이 미치지 않는 범위에서 무효라는 의미), ⑥ 국내법이 인정하지 않는 법률효과를 긍정한 판결, ⑦ 판결내용이 불명확할 경우 등을 든다.

2. 무효판결의 효력과 내용

(1) 효 력

무효판결은 일단 판결로서 성립은 한 것이므로 형식적 확정력은 있어 당해 심급을 완결시키며 당해 법원을 구속하는 기속력은 있다. 하지만 그 효력이 생기지 않으므로 그 내용상 효력인 기판력, 집행력, 형성력은 생기지 아니한다.

(2) 내 용

무효인 판결은 법원의 판결의 실효성이라는 공익과 관련되므로 직권조사사항이며, 그 내용상 효력도 없으므로 재심의 대상도 되지 아니하며[이시윤, 재심대상이 된다는 견해(정동윤·유병현)], 이에 기한 강제집행도 무효가 된다.

3. 상소의 대상여부

(1) 학설

무효인 판결은 위와 같이 형식적 확정력은 있으므로 확정되기 전에는 상소의 대상이 되어 상소심에서 그 판결을 취소하고 소를 각하해야 한다고 한다.

(2) 判例

사망자를 당사자로 한 소송에서 "당사자가 소제기 이전에 이미 사망하여 주민등록이 말소된 사실을 간과한 채 본안 판단에 나아간 원심판결은 당연무효라고 할 것이나, 민사소송이 당사자의 대립을 그 본질적 형태로 하는 것임에 비추어 사망한자를 상대로 한 상고는 허용될 수 없다 할 것이므로, 이미 사망한 자를 상대방으로 하여 제기한 상고는 부적법하다(대판 2000.10.27. 2000다33775)."고 하여 상소의 대상적격을 부정한다.

Ⅶ 판결의 편취(사위판결)

 관련사례

> 甲은 乙의 주소를 허위주소로 적어 그 주소에 소장부본을 송달하게 만들어 乙이 소송에 출석할 수 없어 자백 간주형식(현행법상으로는 답변서부제출로 인한 무변론승소판결이 원칙)으로 승소하여 확정된 경우에 乙은 소송법상 어떻게 구제받을 수 있는가?

1. 판결의 편취의 의의 및 문제점

(1) 의 의

판결의 편취란 당사자가 상대방이나 법원을 기망하여 부당한 내용의 판결을 받은 경우를 이른다. 이의 예로는 ① 타인의 성명모용판결의 경우, ② 소취하 합의를 하여 피고가 불출석하게 하여놓고 소를 계속 유지하여 승소판결을 받은 경우, ③ 원고가 피고주소를 알고 있음에도 소재불명으로 법원을 속여 공시송달명령에 기해 승소판결을 받은 경우, ④ 피고의 주소를 허위로 적어 실제 피고가 아닌 자가 송달받게 하여 피고의 불출석으로 인한 자백간주로 인해 승소판결을 받은 경우를 들 수 있다.

(2) 문제점

이에 대한 구제책으로는 ① 그 판결자체의 배제를 구하는 소송법상 구제책, ② 그 판결로 인한 손해를 배상시키는 실체법상 구제책이 있는 바, 사례의 경우에는 소송법상의 구제책이 문제된다.

2. 판결의 편취의 소송법상 구제책

(1) 문제점

①, ②의 경우에는 피고는 대리권 흠결에 준하여 재심의 소를 제기하면 되고, ③ 공시송달의 경우에는 송달이 유효함을 전제로 하여, 피고에게 책임 없는 사유로 상소기간이 도과되었음을 이유로 상소의 추후보완을 하거나 제451조 제1항 제11호의 재심사유에 해당함을 이유로 재심을 청구하면 된다는 것이 통설·判例이다. 문제는 사례와 같이 자백간주로 인해 승소판결을 받은 경우는 송달이 제대로 되지 않았다고 볼 수 있기 때문에 확정을 전제로 한 재심이 아닌 다른

방법으로 구제를 받아야 하지 않느냐에 대해서 견해대립59)60)이 있다.

(2) 判例

1) 허위주소 송달의 경우

"종국판결의 효력은 판결의 형식적 확정을 전제로 하여 발생하는 것이므로 공시송달의 방법에 의하여 송달된 것이 아니고 허위로 표시한 주소로 송달하여 상대방 아닌 다른 사람이 그 소송서류를 받아 자백간주의 형식61)으로 판결이 선고되고 다른 사람이 판결정본을 수령하였을 때에는 상대방은 아직도 판결정본을 받지 않은 상태에 있는 것으로서 위 사위판결은 확정판결이 아니어서 기판력이 없고 따라서 그 상대방은 항소를 제기할 수 있다(대판(전) 1978.05.09. 75다634 등)."고 하여 일관해서 항소설의 입장(=송달무효설)이다.

2) 종중의 참칭대표자가 소송서류 등을 송달 받은 사안62)

"법원이 참칭대표자에게 적법한 대표권이 있는 것으로 알고 그를 송달받을 자로 지정하여 소송서류 등을 송달 하고 그 송달받을 자로 지정된 참칭대표자가 송달 받은 경우에는 그 송달이 무효라고 할 수는 없는 것이므로 판결이 판결에서 종중의 대표자로 표시된 자를 송달받을 자로 하여 송달되었고 실제로 그가 보충송달의 방법에 의하여 송달을 받았다면 그때로부터 항소기간이 진행되고 그 판결은 항소기간이 만료된 때에 확정 된다63)(대판 1994.01.11. 92다47632)."고 하여 상소추후보완 · 재심설의 입장(=송달유효설)이다.

---

59) 이 경우 편취판결 "자체"의 효력이 문제될 수 있다. 일본에서는 당사자의 절차권 보장을 중시하여 편취판결 자체가 무효판결이라는 견해(무효설, 신도)가 있으나, 우리나라에서는 편취판결이 재심사유로 규정되어 있음에 비추어(제451조 1항 11호 참고) 편취판결은 유효판결이라는 견해(유효설)가 통설적인 견해이며 타당하다.

60) 상소추후보완 · 재심설은 제451조 제1항 제11호 명문으로 '상대방의 주소나 거소를 거짓으로 하여 소를 제기한 때'를 재심사유로 규정하고 있고, 항소설에 의하면 재심기간의 제약을 피할 수 있어 피고의 구제에 도움이 될지 모르나 어느 때라도 항소를 제기 할 수 있게 하여 불안정한 법률상태를 방치하게 되고, 제1심의 심리를 생략하게 되어 심급의 이익을 박탈하게 되는 문제가 있으므로 상소의 추후보완이나 재심청구에 의해 구제되어야 한다고 본다(이시윤). 재심 · 항소 병용설은 기록상으로는 판결이 확정된 듯한 외관이 있으므로 재심이 가능하고, 이 경우 실질적으로 피고에 대하여 판결정본 송달이 없어 판결이 확정되지 않았으므로 재심 외에도 항소가 가능하다고 본다(정동윤 · 유병현 · 김경욱, 정영환).

61) 현행법상으로는 변론기일 지정 전에 피고 답변서부제출에 의한 자백간주가 되어 원고 무변론승소판결이 선고될 것이다(제257조).

62) 대법원 1978.5.9 75다634전원합의체판결의 경우는 상대방의 주소를 허위로 표시함으로써 진정한 당사자가 소송서류를 송달받을 수 없었기 때문에 소송계속사실을 몰랐던 경우인데, 이와 달리 위 대법원 1994. 1.11 선고 92다47632판결의 경우는 권한이 없는 자를 피고 종중의 대표자로 표시하였으되 그 주소만은 제대로(사실대로)표시한 경우로, 무권대표자(참칭대표자)에 대한 소송서류의 송달에 의해서도 판결이 확정되어 재심대상이 된다는 것을 정면으로 다룬 것으로, 위 전원합의체판결의 항소설적 논리와 다른 법리를 설시한 처음의 판결이다(박재윤, "종중의 참침대표자에 대한 의제자백판결이 확정된 경우 재심사유" 민사판례연구 XVIII, 295~296면).

63) 민사소송법 제451조 제1항 제3호 소정의 재심사유는 무권대리인이 대리인으로서 본인을 위하여 실질적인 소송행위를 하였을 경우뿐만 아니라 대리권의 흠결로 인하여 본인이나 그의 소송대리인이 실질적인 소송행위를 할 수 없었던 경우도 이에 해당 한다(대판 1994.01.11. 92다47632).

3. 집행시의 구체책과 실체법상 구제책

관련사례

원고 甲은 피고 乙을 상대로 사위판결(편취판결)을 청구하여 확정판결을 받았고, 이를 집행권원(구법상의 채무명의)으로 하여 강제집행을 하려고 한다.
(1) 乙은 집행이 종료되기 전에는 어떤 구제방법을 취할 수 있는가?
(2) 만약 집행이 종료된 후 손해가 발생하여 乙이 손해배상을 청구하고자 하는 경우에 乙은 그 편취된 판결의 취소를 구하는 재심청구를 하여야 하는가?

(1) 집행종료 전의 구제책 - 청구에 관한 이의의 소

> 민사집행법 제44조 (청구에 관한 이의의 소) 채무자가 판결에 따라 확정된 청구에 관하여 이의하려면 제1심 판결법원에 청구에 관한 이의의 소를 제기하여야 한다.
> ② 제1항의 이의는 그 이유가 변론이 종결된 뒤(변론 없이 한 판결의 경우에는 판결이 선고된 뒤)에 생긴 것이어야 한다.
> ③ 이의이유가 여러 가지인 때에는 동시에 주장하여야 한다.

확정판결에 의한 권리라 하더라도 신의에 좇아 성실히 행사되어야 하고 그 판결에 기한 집행이 권리남용이 되는 경우에는 허용되지 않으므로 집행채무자는 청구이의의 소에 의하여 그 집행의 배제를 구할 수 있다(대판 1997.09.12. 96다4862). 아무리 집행권원을 이용한 강제집행이라도 불법행위가 되어 신의칙 위반 또는 권리남용에 해당하는 경우에는 청구이의사유가 된다(이시윤 223면, 신민사집행법 제8개정판, 2020, 박영사).

(2) 집행종료 후 재심청구의 필요여부

1) 문제점

상소추후보완·재심설에 의하는 한, 편취판결은 기판력이 있으므로 이에 의한 집행종료로 인해 부당이득·불법행위에 기한 손해배상청구 시 그 기판력을 배제하는 재심청구가 필요한가가 문제된다(법적안정성과 구체적 정의 중 어느 것을 우선할 것인가의 문제라고 할 수 있다). 즉 이에 대해 독일 판례는 재심에 의해 판결을 취소하지 아니하여도 공서양속위반의 불법행위 규정에 의해 손해배상책임을 인정하고 있으나, 그와 같은 조문이 없는 우리나라에서는 특히 재심의 필요여부가 문제된다.

2) 부당이득반환청구, 불법행위청구

判例는 대여금 중 일부를 변제 받고도 이를 속이고 대여금 전액에 대하여 소송을 제기하여 승소 확정판결을 받은 후 강제집행에 의하여 위 금원을 수령한 채권자에 대하여, 채무자가 그 일부 변제금 상당액은 법률상 원인 없는 이득으로서 반환되어야 한다고 주장하면서 부당이득반환 청구를 한 사안에서 "그 변제주장은 대여금반환청구 소송의 확정판결 전의 사유로서 그 판결이 재심의 소 등으로 취소되지 아니하는 한 그 판결의 기판력에 저촉되어 이를 주장할 수 없으므로,

그 확정판결의 강제집행으로 교부받은 금원을 법률상 원인 없는 이득이라고 할 수 없다(대판 1995.06.29. 94다41430)."고 하여 재심필요설의 입장이다. 그러나 불법행위[64]를 청구하는 사안에서는 "판결이 확정되면 기판력에 의하여 대상이 된 청구권의 존재가 확정되고 그 내용에 따라 집행력이 발생하는 것이므로, 그에 따른 집행이 불법행위를 구성하기 위하여는 소송당사자가 상대방의 권리를 해할 의사로 상대방의 소송관여를 방해하거나 허위의 주장으로 법원을 기망하는 등 부정한 방법으로 실제의 권리관계와 다른 내용의 확정판결을 취득하여 집행을 하는 것과 같은 특별한 사정이 있어야 하고, 그와 같은 사정이 없이 확정판결의 내용이 단순히 실체적 권리관계에 배치되어 부당하고 또한 확정판결에 기한 집행채권자가 이를 알고 있었다는 것만으로는 집행행위에 대하여 불법행위가 성립한다고 할 수 없다(대판 1992.12.11. 92다18627)."고 하여 그런 특별한 사정이 있다면 불법행위를 긍정하고 있으므로 제한적 불요설의 입장에 가깝다.

3) 소유권이전등기말소청구

제소자가 상대방의 주소를 허위로 기재하여 소송서류 및 판결정본을 그 곳으로 송달케 한 소위 사위판결은 그 판결정본이 상대방에게 적법하게 송달되었다고 할 수 없으므로 상소제기 기간은 진행할 수 없는 것이어서 형식적으로 확정될 수 없고 실질적으로 기판력도 발생할 수 없는 것이므로 이에 의하여 경료된 소유권이전등기는 실체적 권리관계에 부합되지 않는 한 말소 되어야 한다. 그 상대방은 위 사위판결에 대하여 상소를 할 수도 있고 별소로써 위 판결에 의하여 경료된 소유권이전등기의 말소를 구할 수도 있다(대판 1981.03.24. 80다2220).

제4관 종국판결의 부수적 재판

I 가집행 선고

> 제213조(가집행의 선고) ① 재산권의 청구에 관한 판결은 가집행의 선고를 붙이지 아니할 상당한 이유가 없는 한 직권으로 담보를 제공하거나, 제공하지 아니하고 가집행을 할 수 있다는 것을 선고하여야 한다. 다만, 어음금·수표금 청구에 관한 판결에는 담보를 제공하게 하지 아니하고 가집행의 선고를 하여야 한다.
> ② 법원은 직권으로 또는 당사자의 신청에 따라 채권전액을 담보로 제공하고 가집행을 면제받을 수 있다는 것을 선고할 수 있다.
> ③ 제1항 및 제2항의 선고는 판결주문에 적어야 한다.
> 제214조(소송비용담보규정의 준용) 제213조의 담보에는 제122조·제123조·제125조 및 제126조의 규정을 준용한다.

---

[64] 따라서 확정판결의 취득 혹은 그에 기한 집행을 불법행위라고 하기 위해서는, 소송당사자가 상대방의 권리를 해할 의사로 상대방의 소송관여를 방해하거나 허위의 주장으로 법원을 기망하는 등 부정한 방법으로 실제의 권리관계와 다른 내용의 확정판결을 취득하고, 그로 인하여 상대방의 절차적 기본권을 근본적으로 침해함으로써 확정판결의 효력을 존중하는 것이 정의관념에 반하여 이를 도저히 묵과할 수 없는 사정이 있어야 한다. 그렇지 않고 당사자가 단순히 실체적 권리관계에 반하는 허위주장을 하거나, 자신에게 유리한 증거를 제출하고 불리한 증거는 제출하지 아니하거나, 제출된 증거의 내용을 자기에게 유리하게 해석하는 등의 행위만으로는 확정판결의 위법한 편취에 해당하는 불법행위가 성립한다고 단정할 수 없다(대판 2010.02.11. 2009다82046·82053).

> 제215조(가집행선고의 실효, 가집행의 원상회복과 손해배상) ① 가집행의 선고는 그 선고 또는 본안판결을 바꾸는 판결의 선고로 바뀌는 한도에서 그 효력을 잃는다.
> ② 본안판결을 바꾸는 경우에는 법원은 피고의 신청에 따라 그 판결에서 가집행의 선고에 따라 지급한 물건을 돌려 줄 것과, 가집행으로 말미암은 손해 또는 그 면제를 받기 위하여 입은 손해를 배상할 것을 원고에게 명하여야 한다.
> ③ 가집행의 선고를 바꾼 뒤 본안판결을 바꾸는 경우에는 제2항의 규정을 준용한다.

1. 의의 및 취지

(1) 의 의

가집행 선고라 함은 확정되지 아니한 종국판결에 대하여 마치 그것이 확정된 경우와 같이 집행력을 부여하는 형성적 재판을 말한다.

(2) 취 지

판결은 확정되어야만 집행력이 발생하는 것이 원칙이나, 패소자가 집행지연을 노려 함부로 상소하는 것에 대비하여 승소자에게 조속한 권리의 실현을 확보하기 위해 인정된 제도이다. 특히 이 제도는 피고로 하여금 가집행의 선고에 의하여 즉시 집행당하는 것을 면하기 위해 제1심에서 모든 소송자료를 제출하도록 심리의 집중을 유도하는 효과도 있다.

2. 요 건

(1) 재산권의 청구에 대한 종국판결일 것

재산권의 청구[65]는 강제집행 뒤에 상소심에서 청구가 기각되어도 원상회복이 비교적 용이하고, 또 금전배상으로 처리할 수 있는 것이 보통이기 때문이다. 따라서 이혼청구 등 신분상의 청구와 같은 비재산권의 청구에 대해서는 가집행선고를 할 수 없다. 판례도 이혼과 동시에 재산분할을 명하는 판결에는 가집행선고가 허용되지 않는다고 본다(대판 1998.11.13. 98므1193). 가집행의 선고는 종국판결에 한하여 붙일 수 있고, 중간판결에는 붙일 수 없다. 이행판결에 가집행을 붙일 수 있음은 문제가 없으나, 확인판결과 형성판결에 가집행 선고가 가능한지가 문제된다. 判例는 명문의 규정이 있는 경우에만 가능하다고 하여 원칙적으로 이행판결에만 가집행을 인정한다. 형성판결에 명문의 규정을 둔 것으로서 강제집행정지, 취소결정의 인가 또는 변경판결(민사집행법 제47조 2항, 제48조 3항)이 있다. 판결이 확정되어야만 효력이 발생하는 경우 가집행 선고를 붙일 수 없다. 의사표시를 명하는 판결[66]은 확정되어야만 의사표시가 있는 것으로 보므로(민사집행법 제263조), 이행판결이지만 가집행의 선고를 할 수 없다(통설). 그리고 실체법상의 법률관계를 변동시키는 형성판결(예를 들어 공유물분할판결)도 확정을 기다려야 하므로 가집행의 선고를 붙일 수

---

65) 다만 가처분을 취소하는 판결은 재산권의 청구에 관한 것은 아니지만 예외적으로 가집행의 선고를 붙일 수 있었다(구민사집행법 제302조). 이는 가처분명령이 즉시 집행력을 발생시키는 점에 비추어 즉시 취소의 효과를 발휘시키기 위한 것이었으나, 가처분을 취소하는 재판형식이 판결에서 "결정"으로 변경됨에 따라, 05년 민사집행법 개정시에 삭제되었다.
66) 소유권이전등기청구, 토지거래허가절차이행청구 등(민법 제389조 참고)

없다. 또한 가집행선고 있는 판결을 집행권원으로 하여 재산명시신청[67]·채무불이행자명부신청[68]·재산조회신청[69]을 할 수 없다.

(2) 가집행의 선고를 붙이지 아니할 상당한 이유가 없을 것

상당한 이유라 함은 예를 들어 건물의 철거를 구하는 소송에 있어서 가집행에 의하여 건물철거집행이 완료되면 건물의 신축이 용이하지 아니한 경우처럼 가집행이 패소한 피고에게 회복할 수 없는 손해를 줄 염려가 있는 것을 말한다. 1990년 개정법 이전에는 "법원이 필요하다고 인정한 때에 직권 또는 당사자의 신청에 의하여 가집행을 할 수 있다고 선고 할 수 있다"고 하였는데, 이를 소송촉진 등에 관한 특례법 제6조(삭제)를 수용하여 이를 개정한 것이다.

3. 절차와 방식

법원이 직권으로 선고하고, 판결주문에 적는다(제213조 1항, 3항). 다만 상소법원은 불복신청이 없는 부분에 대하여는 당사자의 신청에 따라 결정으로 가집행선고를 할 수 있다(제406조). 가집행선고는 담보를 제공하거나 제공하지 아니할 것을 조건으로 할 수 있다. 다만 어음금·수표금 청구에 관한 판결에는 담보를 제공하게 하지 않아야 한다(제213조 1항 단서). 법원은 직권 또는 당사자의 신청에 따라 채권전액을 담보로 제공하고 가집행을 면제받을 수 있다는 것을 신청할 수 있다(동조 2항). 이를 가집행면제선고라 한다. 02년 개정법은 "가집행에 관한 재판에 대하여는 독립하여 항소를 하지 못한다(제391조, 제425조)."고 규정하였다. 구법 하에서 통설, 판례가 가집행선고의 재판에 대해서는 독립해서 불복할 수 없고, 본안과 함께 상소된 가집행의 선고의 재판에 잘못이 있더라도 본안사건에 대한 상소가 이유가 없는 경우 가집행 선고의 재판을 고칠 수 없다고 한 입장을 수용한 것이다.

4. 효 력

가집행의 선고가 붙은 종국판결은 즉시 집행력이 발생하므로, 이에 기한 강제집행은 확정판결에 기한 것과 마찬가지로 권리의 종국적 만족에까지 이르는 본집행이다. 즉 가압류·가처분과 같이 집행보전에 그치는 것이 아니다. 다만 가집행으로 인한 변제의 효력은 확정적인 것이 아니고 어디까지나 상소심에서 그 가집행의 선고 또는 본안판결이 취소되는 것을 해제조건으로 하여 발생하는 것에 지나지 않으므로, 제1심 가집행선고부 판결에 기하여 그 가집행선고 금액을 지급받

---

[67] 민사집행법 제61조 (재산명시신청) ① 금전의 지급을 목적으로 하는 집행권원에 기초하여 강제집행을 개시할 수 있는 채권자는 채무자의 보통재판적이 있는 곳의 법원에 채무자의 재산명시를 요구하는 신청을 할 수 있다. 다만, 민사소송법 제213조에 따른 가집행의 선고가 붙은 판결 또는 같은 조의 준용에 따른 가집행의 선고가 붙어 집행력을 가지는 집행권원의 경우에는 그러하지 아니하다.
[68] 동법 제70조 (채무불이행자명부 등재신청) ① 채무자가 다음 각호 가운데 어느 하나에 해당하면 채권자는 그 채무자를 채무불이행자명부(채무불이행자명부)에 올리도록 신청할 수 있다. 1. 금전의 지급을 명한 집행권원이 확정된 후 또는 집행권원을 작성한 후 6월 이내에 채무를 이행하지 아니하는 때. 다만, 제61조제1항 단서에 규정된 집행권원의 경우를 제외한다.
[69] 동법 제74조 (재산조회) ① 재산명시절차의 관할 법원은 다음 각 호의 어느 하나에 해당하는 경우에는 그 재산명시를 신청한 채권자의 신청에 따라 개인의 재산 및 신용에 관한 전산망을 관리하는 공공기관·금융기관·단체 등에 채무자명의의 재산에 관하여 조회할 수 있다.〈개정 2005.1.27〉

았다 하더라도 항소심법원으로서는 이를 참작함이 없이 당해 청구의 당부를 판단하여야 한다(대판 1993.10.08. 93다26175; 대판 2000.07.06. 2000다560). 또한 가집행으로 인한 집행의 효과는 종국적으로 변제의 효과를 발생하는 것은 아니므로 가집행으로 금원을 추심하였다 하여도 채권자의 기본채권에 대한 변제의 효과는 발생한다고 할 수 없다(대판 1982.12.14. 80다1101 · 1102). 가집행 선고가 있는 판결에 대하여 피고가 상소를 제기하더라도 그 집행력이 당연히 소멸하지는 아니한다. 따라서 이에 기한 강제집행을 정지하려면 별도로 당사자의 신청에 의해 강제집행정지 결정을 받아야 한다(제501조). 그리고 가집행선고 있는 판결에 대한 강제집행정지를 위한 담보는 채권자가 그 강제집행정지로 인하여 입게 될 손해의 배상채권을 확보하기 위한 것이다. 제1심판결에 붙은 가집행선고는 그 본안판결을 변경한 항소심판결에 의하여 변경의 한도에서 효력을 잃게 되지만 그 실효는 변경된 그 본안판결의 확정을 해제조건으로 하는 것이어서 그 항소심판결을 파기하는 상고심판결이 선고되면 가집행선고의 효력은 다시 회복되기에, 그 항소심판결이 확정되지 아니한 상태에서는 가집행선고부 제1심판결에 기한 가집행이 정지됨으로 인하여 입은 손해의 배상을 상대방에게 청구할 수 있는 가능성이 여전히 남아 있다고 할 것이므로 가집행선고부 제1심판결이 항소심판결에 의하여 취소되었다 하더라도 그 항소심판결이 미확정인 상태에서는 가집행선고부 제1심판결에 대한 강제집행정지를 위한 담보는 그 사유가 소멸되었다고 볼 수 없다(대결(전) 1999.12.03. 99마2078).

5. 가집행 선고의 실효 및 원상회복

(1) 실 효

상소의 결과 본안판결의 확정 전에 가집행의 선고만이 바뀌거나[70] 또는 기본인 본안판결이 바뀌었을 때에는 그 바뀌는 한도에서 가집행 선고는 그 효력을 잃는다(제215조 1항). 이 경우의 실효는 바꾸는 판결의 확정을 기다리지 않고 선고에 의하여 생긴다는 점에 특색이 있다. 가집행 선고가 실효되면 더 이상 가집행 선고에 따른 강제집행을 할 수 없으므로 이미 개시된 강제집행이라도 변경판결의 정본을 집행기관에 제출하면 집행기관은 그 뒤의 집행을 정지, 취소하여야 한다(민사집행법 제49조 1항, 제50조). 다만 가집행선고의 실효는 기왕에 소급하는 것이 아니므로, 이미 완결된 집행처분은 무효로 되지 아니한다. 따라서 가집행에 의하여 매각허가결정을 받은 매수인의 소유권취득의 효과는 영향을 받지 아니 한다(대판 1965.08.31. 65다1311). 제3자가 인도 집행한 목적물에 관하여 취득한 임차권도 같다(대판 1981.05.26. 80마2591). 가집행의 선고 있는 제1심 본안판결이 항소심에서 취소되면 가집행의 선고는 일단 실효되지만, 위 항소심판결이 상고심에서 파기되면 그 효력은 복구 된다(대결 1964.03.31. 63마78).

---

[70] 가집행선고의 재판에 대하여는 본안 재판의 불복과 더불어서만 불복할 수 있으며, 본안의 재판에 대한 상소가 이유 있다고 판단되는 경우에만 가집행선고의 재판에 불복이유가 있다고 할 것이므로, 본안과 더불어 상소된 가집행선고의 재판에 비록 잘못이 있더라도 본안사건에 대한 상소가 이유 없다고 판단되는 경우에는 가집행선고의 재판을 시정하는 판단을 할 수 없다(대판 1994.04.12. 93다56053).

(2) 원상회복 및 손해배상

법원은 본안판결을 바꾸는 경우 피고의 신청에 따라 가집행선고에 따라 피고가 지급한 물건에 대하여 돌려줄 것과 가집행으로 말미암은 손해 또는 그 면제를 받기 위하여 입은 손해를 배상할 것을 원고에게 명하여야 한다[71](제215조 2항). 이를 가집행 선고의 실효로 인한 원상회복과 손해배상이라고 한다. 원상회복의무는 일종의 부당이득반환의무[72]의 성격을 가지며, 그 내용은 가집행 선고에 의하여 집행채무자가 지급한 물건의 반환이다. 원물의 반환이 불가능한 경우 가액의 반환이 되며, 금전을 반환하는 경우 수령 후의 이자가 포함된다. 다만 여기의 지급한 물건은 가집행의 결과 피고가 원고에게 이행한 물건만을 가리키고, 제3자에게 경매로 매각된 물건은 지급한 물건이 아니다(대판 1965.08.31. 65다1311). 피고가 상소를 제기하여 다투면서 가집행의 선고 있는 판결에서 명한 채무를 변제한 때에는 그것이 전혀 임의변제라고 인정할 특별한 사정이 없는 한, '가집행의 선고에 따라 지급한 물건'에 해당하여 이를 반환하여야 한다(대판 1995.06.30. 95다15827). 손해배상의무는 일종의 불법행위책임에 속하므로 민법상 과실상계나 시효에 관한 규정이 적용된다. 判例도 "가집행에 관하여 그 가집행채무자에게 과실이 있는 때에는 민법 제396조(과실상계) 또는 동법 제763조(준용규정)의 규정을 준용하여 가집행채권자의 손해배상책임 및 그 금액을 정함에 있어 이를 참작하여야 한다(대판 1984.12.26. 84다카1695)."고 본다. 다만 일반불법행위책임과는 달리 무과실책임이다. 判例도 "가집행 채권자는 그의 고의, 과실 유무에 불구하고 가집행으로 인한 손해를 배상할 책임이 있고, 그 손해배상의 범위는 가집행과 상당인과관계에 있는 모든 손해를 포함한다(대판 1984.12.26. 84다카1695)."고 한다. 그러나 가집행선고의 집행정지를 위한 담보공탁금은 여기의 손해에 포함되지 않는다[73](대판 2010.11.11. 2009다18557). 또한 가집행선고의 실효에 따른 원상회복의무는 상행위로 인한 채무 또는 그에 준하는 채무라고 할 수는 없으므로 그 지연손해금에 대하여는 민법이 정한 법정이율에 의하여야 하는 것이고 상법이 정한 법정이율을 적용할 것은 아니다(대판 2020.05.14. 2017다220058).

---

[71] 가집행선고가 실효된 경우 가집행채무자의 손해에 대한 가집행채권자의 배상책임을 규정하는 민사소송법 제215조 제2항의 입법 취지는 가집행선고부 승소판결에 의한 가집행은 그 본안판결의 확정을 기다리지 아니하고 권리의 때이른 실현을 허용하는 것으로서 가집행채권자에게 이익을 주나, 반면 가집행 후에 그 기초가 되는 판결이 상소심에서 취소되고 이로써 그 가집행선고가 실효되었다면 그 가집행선고는 결과적으로 가집행채무자에게 실체적으로 정당화되지 아니하는 불이익을 주는 것이 되므로, 위와 같은 가집행으로 인한 당사자들 사이의 이해관계를 공평하게 조정하기 위한 것이다(대판 2010.11.11. 2009다18557).
[72] 제1심의 가집행선고부 판결에 기하여 금원을 지급하였다가 다시 상소심 판결의 선고로 그 선고가 실효됨으로 인하여 그 금원의 수령자가 부담하게 되는 가지급물의 반환의무는 성질상 부당이득의 반환채무라 할 것이므로 그 가지급물의 반환을 명하는 판결은 특별한 사정이 없는 한 구 소송촉진등에관한특례법(2003. 5. 10. 법률 제6868호로 개정되기 전의 것) 소정의 '금전채무의 전부 또는 일부의 이행을 명하는 판결'에 해당하므로 위 법률의 적용을 받는다(대판 2005.01.14. 2001다81320).
[73] 가집행선고부 판결에 대한 강제집행정지를 위하여 공탁한 담보는 강제집행정지로 인하여 채권자에게 생길 손해를 담보하기 위한 것이고 정지의 대상인 기본채권 자체를 담보하는 것은 아니므로, 채권자는 그 손해배상청구권에 한하여서만 질권자와 동일한 권리가 있을 뿐 기본채권에까지 담보적 효력이 미치는 것은 아니다(대판 2000.01.14. 98다24914).

(3) 피고의 청구방법

피고가 원상회복 및 손해배상을 구하려면 두 가지 방법이 있는데, 먼저 가집행선고의 실효로 인한 지급물건 반환신청을 상소심에서 본안판결의 변경을 구하면서 이에 부수하여 하는 것을 들 수 있다(제215조 2항). 이를 실무상 가지급물 반환신청[74]이라 하는데, 일종의 소송중의 소이고, 제1심판결의 변경을 조건으로 하므로 예비적 반소의 성질을 가진다. 따라서 소송에 준하여 변론을 요하지만, 이 때의 반환신청은 상소심에서 하는 것이라도 원고의 동의를 요하지 아니하는 특수한 반소이다(제412조 1항 참고). 그리고 나머지는 위와 같은 청구를 별소로 구하는 것이다(대판 1976.03.23. 75다2209). 그리고 제1심에서 가집행선고가 붙은 패소의 이행판결을 선고받고 항소한 당사자는 항소심에서 민사소송법 제215조 제2항의 재판을 구하는 신청을 하지 아니하고 제1심의 본안판결을 바꾸는 판결을 선고받아 상대방이 상고한 경우에는 상고심에서 위와 같은 신청을 하지 못한다(대판 2003.06.10. 2003다14010 · 14027).

II 소송비용

1. 소송비용

(1) 의 의

소송비용이란 소송당사자가 현실적으로 소송에서 지출한 비용 중 법정에 정한 범위에 속하는 비용을 말한다(제98조 등). 소송비용의 범위 · 액수 · 예납에 대하여는 민사소송비용법, 민사소송등인지법, 변호사보수의 소송비용산입에 관한 규칙, 민사소송규칙 등에 규정이 있다. 소송비용은 소 · 항소 · 상고의 비용을 말하고, 강제집행비용이나 가압류 · 가처분 비용 등은 이에 속하지 않는다. 소송비용은 재판비용과 당사자비용으로 이루어진다.

(2) 재판비용

재판비용은 재판수수료인 인지액 및 법원의 심리 · 재판 등을 위한 법원의 행위에 필요한 비용이다. 민사소송등인지법이 정하는 인지액, 법원이 지출하는 송달 · 공고의 비용(민사소송등비용법

---

[74] 민사소송법 제215조 제2항은 가집행선고 있는 본안판결을 변경하는 경우에는 법원은 피고의 신청에 의하여 그 판결에서 가집행선고로 인한 지급물의 반환을 원고에게 명하도록 규정하고 있는데, 여기에서 반환의 대상이 되는 가집행선고로 인한 지급물은 가집행의 결과 피고가 원고에게 이행한 물건 또는 그와 동일시할 수 있는 것을 의미하는 것으로 볼 수 있다. 그런데 가집행선고부 판결에 기한 공탁은 채무를 확정적으로 소멸시키는 원래의 변제공탁이 아니고 상소심에서 가집행선고 또는 본안판결이 취소되는 것을 해제조건으로 하는 것이므로 가집행선고부 판결이 선고된 후 피고가 판결인용금액을 변제공탁하였다 하더라도 원고가 이를 수령하지 아니한 이상, 그와 같이 공탁된 돈 자체를 가집행선고로 인한 지급물이라고 할 수 없다. 따라서 피고가 가집행선고부 제1심판결에 기한 판결인용금액을 변제공탁한 후 항소심에서 제1심판결의 채무액이 일부 취소되었다 하더라도 그 차액이 가집행선고의 실효에 따른 반환대상이 되는 가지급물이라고 할 수 없다. 다만 그 차액에 대해서는 공탁원인이 소멸된 것이므로 공탁자인 피고로서는 공탁원인의 소멸을 이유로 그에 해당하는 공탁금을 회수할 수 있다. 그리고 이러한 법리는 판결금채권에 대하여 채권가압류가 있어 제3채무자인 피고가 민사집행법 제291조에 의해 준용되는 같은 법 제248조 제1항에 근거하여 가압류를 원인으로 한 공탁을 한 경우에도 마찬가지로 적용된다(대판 2011.09.29. 2011다17847).

제7조, 제8조), 증인 등에 지급되는 여비·일당·숙박료(동법 제4조, 제5조, 제6조, 제9조), 실지검증을 위한 출장비 등 증거조사의 비용 등이다. 이것은 당사자에게 예납시키는 것이 원칙이다.

(3) 당사자비용

당사자비용이란 당사자가 소송수행을 하는데 필요로 하는 비용이다. 소송서류의 작성비(동법 제2조, 제6조), 당사자 또는 대리인이 기일에 출석하기 위한 여비·일당·숙박료(동법 제4조) 등이 이에 속한다. 비용을 필요로 하는 소송행위(예 : 증거조사)에 대하여 법원은 당사자에게 그 비용을 미리 내게 할 수 있고, 당사자가 비용을 미리 내지 아니하는 때에는 법원은 그 소송행위를 하지 아니할 수 있다(제116조). 다만 소송구조(제129조)는 예외이다.

(4) 변호사비용

> 제109조(변호사의 보수와 소송비용) ① 소송을 대리한 변호사에게 당사자가 지급하였거나 지급할 보수는 대법원규칙이 정하는 금액의 범위 안에서 소송비용으로 인정한다.

1) 내용

과거에는 변호사에게 지급되었던 보수는 변호사강제주의를 채용하고 있지 않은 우리 법제에서는 소송비용 즉 필요비로 인정되지 않고, 다만 법원이 변호사의 선임을 명하였을 경우(제144조 2항)에는 예외적으로 소송비용에 산입되었다. 그리고 불법행위와 상당인과관계가 있는 비용(부당한 소제기, 부당한 상소, 부당하게 소에 응하여 발생한 비용)을 별도로 손해배상청구를 할 수 있을 뿐이었다. 그러다 1981년 소송촉진 등에 관한 특례법에서 변호사비용산입제를 규정하였고, 뒤에 민사소송법에서 이를 수용한 것이 민사소송법 제109조이다. 특히 그 범위를 정한 "변호사보수의 소송비용 산입에 관한 규칙"에 의하면 당사자가 변호사에게 지급한 보수 중 소송목적의 값 중 상당한 금액을 소송비용으로 인정하게 되었고, 그 비율은 소송목적의 값의 증가에 따라 10%~0.5%까지로 순차로 차감 된다[75][76]. 이 규정의 취지는 승소자가 지급한 변호사비용을 소송비용화 해서 패소자로부터 지급 받을 수 있도록 하여 당사자에게 소송비용의 증가를 의식하게 하여 남소와 남상소를 자제하도록 하자는데 있다. 그리고 소송비용에 산입되는 변호사의 보수에는 당사자가 보수계약에 의하여 현실적으로 지급한 것뿐만 아니라 사후에 지급하기로 약정한 것까지 포함되고(대결 2005.04.30. 2004마1055 등 참조), 제3자가 지급한 경우에도 당사자가 지급한 것과 동일하다고 볼 수 있는 사정이 인정되면 소송비용에 산입되는 변호사 보수로 인정할 수 있다(대판 2020.04.24. 2019마6990). 또한 청구감축을 간과한 본안판결이 확정된 사안에서 확정된 판결에 따른 소송목적의 값을 기준으로 변호사보수를 산정한 것이 위법하다고 볼 수는 없으나, 변호사보수를 그대로 소송비용에 산입하는 것이 공정이나 형평의 이념에 반하여 감액할 필요는 없는지

---

[75] 현재(2020.12.28. 개정) 소송목적의 값을 3백만원, 2천만원, 5천만원, 1억원, 1억 5천만원, 2억원, 5억원으로 구간을 정하고, 변호사비용의 소송비용에 산입하는 비율을 30만원, 10%~0.5%로 높였다.
[76] 소송비용에 산입되는 변호사의 보수는 당사자가 보수계약에 의하여 지급한 또는 지급할 보수액의 범위 내에서 각 심급단위로 소송목적의 값에 따라 별표의 기준에 의하여 산정한다. 다만, 별표의 기준에 따른 금액이 30만원에 미치지 못하는 때에는 이를 30만원으로 한다(동규칙 제3조).

여부를 심리하지 않고, 청구감축이 이루어지지 않은 소송목적의 값을 기준으로 변호사보수를 산정하여 그 전부를 소송비용액으로 확정한 원심결정은 위법하다. 비록 본안사건에서 지급명령신청서 외에 청구취지를 감축하는 취지의 보정서가 진술되지 않았다고 하더라도, 피신청인이 실제로 청구취지로써 구하였던 소송목적의 값은 적법하게 청구취지를 감축한 후의 금액이었으므로, 본안사건에서 신청인과 피신청인 사이에 공방이 이루어졌다고 하더라도 실질적인 공방은 감축된 청구취지의 범위 내에서 있었다고 봄이 상당하다(대판 2022.05.12. 2017마6274). 그리고 당사자 사이에 소송비용을 일정 비율로 분담하도록 재판이 된 경우로서 소송비용액확정신청을 한 신청인에게 피신청인이 상환해야 할 변호사 보수를 확정할 때에는 신청인이 변호사에게 보수계약에 따라 지급하거나 지급할 금액과 구 보수규칙에 따라 산정한 금액을 비교하여 그중 작은 금액을 소송비용으로 결정한 다음, 그에 대하여 소송비용 부담재판의 분담비율을 적용하여 계산해야 한다(대판 2022.05.31. 2022마5141).

2) 여러 변호사가 소송대리를 한 경우

> 제109조(변호사의 보수와 소송비용) ② 제1항의 소송비용을 계산할 때에는 여러 변호사가 소송을 대리하였더라도 한 변호사가 대리한 것으로 본다.

변호사에게 지급되는 보수비용을 산정함에 있어서는 여러 변호사가 소송을 대리하였더라도 한 변호사가 대리한 것으로 본다(제109조 2항).

2. 소송비용부담의 재판

> 제104조(각 심급의 소송비용의 재판) 법원은 사건을 완결하는 재판에서 "직권"으로 그 심급의 소송비용 전부에 대하여 재판하여야 한다. 다만, 사정에 따라 사건의 일부나 중간의 다툼에 관한 재판에서 그 비용에 대한 재판을 할 수 있다.
> 제105조(소송의 총비용에 대한 재판) 완결하는 재판을 하는 경우에는 소송의 총비용에 대하여 재판하여야 한다.

(1) 원칙

소송비용부담의 재판은 각 심급을 완결하는 재판을 하는 법원의 직권에 의한다(제104조 본문). 다만 사정에 따라 사건의 일부나 중간의 다툼에 관한 재판에서 그 비용에 대한 재판을 할 수 있다(제104조 단서). 그리고 소송비용부담의 재판은 소송비용상환의무의 존재를 확정하고 그 지급을 명하는 데 그치고 그 액수는 당사자의 신청에 의하여 민사소송법 제110조에 의한 소송비용액확정결정을 받아야 하므로, 소송비용부담의 재판만으로 소송비용상환청구채권의 집행권원이 될 수 없고, 따라서 소송비용액확정결정에 의한 소송비용은 본안판결의 집행력이 미치는 대상이 아니다(대판 2006.10.12. 2004재다818).

(2) 상소심과 소송비용부담의 재판

상소심이 상소기각 또는 상소각하판결을 하는 경우에는 그 심급에서 발생한 상소비용만을 재판하면 된다. 상소심이 하급심의 본안재판을 바꾸는 경우에는 소송의 총비용에 대하여 재판을 하여야 한다. 환송 또는 이송을 받은 경우에도 소송의 총비용에 대하여 재판하여야 한다.

(3) 소송비용부담의 재판을 누락한 경우

> 제212조(재판의 누락) ① 법원이 청구의 일부에 대하여 재판을 누락한 경우에 그 청구부분에 대하여는 그 법원이 계속하여 재판한다.
> ② 소송비용의 재판을 누락한 경우에는 법원은 직권으로 또는 당사자의 신청에 따라 그 소송비용에 대한 재판을 한다. 이 경우 제114조의 규정을 준용한다.
> ③ 제2항의 규정에 따른 소송비용의 재판은 본안판결에 대하여 적법한 항소가 있는 때에는 그 효력을 잃는다. 이 경우 항소법원은 소송의 총비용에 대하여 재판을 한다.

소송비용재판을 하지 않았다면 재판누락에 해당한다. 이 경우 직권 또는 당사자의 신청에 의하여 그 소송비용에 대한 재판(추가결정)을 한다(제212조 2항). 이 경우에는 1항의 경우와는 달리 당사자에게 신청권이 인정된다. 소송비용의 재판을 누락하여 소송비용에 대한 재판을 하는 경우에도, 본안판결에 대하여 적법한 항소가 있는 때에는 그 효력을 잃는다. 이 경우 항소심법원은 소송의 총비용에 대하여 재판을 한다(제212조 3항).

(4) 소송비용부담의 재판과 불복방법

> 제391조(독립한 항소가 금지되는 재판) 소송비용 및 가집행에 관한 재판에 대하여는 독립하여 항소를 하지 못한다.
> 제425조(항소심절차의 준용) 상고와 상고심의 소송절차에는 특별한 규정이 없으면 제1장의 규정을 준용한다.

소송비용부담의 재판에 대해서는 독립하여 상소하지 못하며(제391조, 제425조), 본안재판과 함께 불복하여야 한다. 소송비용의 재판에 대한 불복은 본안에 대한 상소의 전부 또는 일부가 이유 있는 경우에 한하여 허용되고, 본안에 대한 상소가 이유 없을 때에는 허용될 수 없다(대판 2005.03.24. 2004다71522·71539).

3. 소송비용부담의 원칙

(1) 원 칙

1) 패소자부담의 원칙

> 제98조(소송비용부담의 원칙) 소송비용은 패소한 당사자가 부담한다.

소송비용은 패소한 당사자가 부담하는 것이 원칙이다(제98조). 이는 패소라는 객관적 사실을 기준으로 하고, 패소자의 주관적 책임은 불문한다.

2) 소·상소의 취하·청구의 포기·인낙의 경우

법원은 신청에 따라 결정으로 비용액 및 부담을 정하여야 한다(제114조). 이 경우 원칙적으로 전부패소의 경우 같이 취급하지만 구체적인 사항도 고려할 필요가 있다.

3) 일부패소의 경우

> 제101조(일부패소의 경우) 일부패소의 경우에 당사자들이 부담할 소송비용은 법원이 정한다. 다만, 사정에 따라 한 쪽 당사자에게 소송비용의 전부를 부담하게 할 수 있다.

법원의 의견에 의하여 정해지지만(제101조 본문), 사정에 따라 한 쪽 당사자에게 소송비용의 전부를 부담하게 할 수도 있다(제101조 단서).

4) 공동소송인이 패소한 경우[77]

> 제102조(공동소송의 경우) ① 공동소송인은 소송비용을 균등하게 부담한다. 다만, 법원은 사정에 따라 공동소송인에게 소송비용을 연대하여 부담하게 하거나 다른 방법으로 부담하게 할 수 있다.
> ② 제1항의 규정에 불구하고 법원은 권리를 늘리거나 지키는 데 필요하지 아니한 행위로 생긴 소송비용은 그 행위를 한 당사자에게 부담하게 할 수 있다.

균등하게 소송비용을 부담하는 것이 원칙이지만, 구체적 사정에 따라 연대하여 부담하게 하거나 다른 방법으로 부담하게 할 수도 있다(제102조). 재판주문에서 공동소송인별로 소송비용의 부담비율을 정하거나, 연대부담을 명하지 아니하고 단순히 '소송비용은 공동소송인들의 부담으로 한다.'라고 정하였다면 공동소송인들은 상대방에 대하여 균등하게 소송비용을 부담하고, 공동소송인들 상호 간에 내부적으로 비용분담 문제가 생기더라도 그것은 그들 사이의 합의와 실체법에 의하여 해결되어야 한다(대결 2017.11.21. 2016마1854).

5) 참가소송의 경우

> 제103조(참가소송의 경우) 참가소송비용에 대한 참가인과 상대방 사이의 부담과, 참가이의신청의 소송비용에 대한 참가인과 이의신청 당사자 사이의 부담에 대하여는 제98조 내지 제102조의 규정을 준용한다.

---

77) [1] 수인의 공동소송인이 서로 다른 변호사를 선임하여 소송을 수행하게 하였는데, 소송비용을 상대방이 전부 부담하는 판결이 선고된 경우, 소송비용액 확정 절차에서 그 상대방이 공동소송인 중 일부 당사자에게 상환할 변호사보수는 그 당사자에 관한 소송목적의 값을 기준으로 하여 변호사보수의 소송비용 산입에 관한 규칙에 따라 산정된 변호사보수액 전체이며, 그 변호사보수를 공동소송인들 사이에서 균분하거나 소송목적의 값의 비율에 따라 안분한 금액이 아니다. [2] 민사소송법 제102조 제1항은 공동소송의 경우 공동소송인은 소송비용을 균등하게 부담한다는 원칙을 선언하면서도 그 단서에서 법원은 사정에 따라 공동소송인에게 소송비용을 다른 방법으로 부담하게 할 수 있다고 규정하고 있으므로, 판결 주문에서 단순히 소송비용을 공동소송인들이 부담한다고 정하지 아니하고 소송비용을 공동소송인 중 일부와 상대방 사이에 생긴 부분과 나머지 공동소송인과 상대방 사이에 생긴 부분으로 나누어 각 해당 부분의 공동소송인이 부담한다고 정하였다면, 공동소송인 각자가 상대방에게 상환할 변호사보수는 전체 공동소송인의 소송목적의 값을 합산한 금액을 기준으로 하여 변호사보수의 소송비용 산입에 관한 규칙에 따라 산정된 변호사보수액 중 전체 공동소송인의 소송목적의 값을 합산한 금액에서 각 해당 부분에 속한 공동소송인의 소송목적의 값을 합산한 금액이 차지하는 비율에 따라 안분한 금액을 다시 각 해당 부분의 공동소송인 사이에 균분하는 방식으로 정하여야 한다(대결 2013.07.26. 2013마643).

6) 화해의 경우

> **제106조(화해한 경우의 비용부담)** 당사자가 법원에서 화해한 경우(제231조의 경우를 포함한다) 화해비용과 소송비용의 부담에 대하여 특별히 정한 바가 없으면 그 비용은 당사자들이 "각자" 부담한다.

당사자가 법원에서 화해한 경우 화해비용과 소송비용의 부담에 대하여 특별히 정한 바가 없으면 그 비용은 당사자들이 각자 부담한다(제106조).

(2) 예 외

1) 제99조

> **제99조(원칙에 대한 예외)** 법원은 사정에 따라 승소한 당사자로 하여금 그 권리를 늘리거나 지키는 데 필요하지 아니한 행위로 말미암은 소송비용 또는 상대방의 권리를 늘리거나 지키는 데 필요한 행위로 말미암은 소송비용의 전부나 일부를 부담하게 할 수 있다.

승소자의 권리를 늘리거나 지키는데 필요하지 아니한 행위로 말미암은 소송비용은 승소자에게 그 전부 또는 일부를 부담하게 할 수 있는데(제99조 전단), 이 경우는 승소자의 행위로 생긴 소송비용으로 구체적으로 사건을 분석한 경우에 권리를 늘이거나 지키는데 필요하지 아니하다고 인정되는 경우를 말한다. 예를 들어 다투지도 않았는데 변제기 이전에 소를 제기하고 변제기 도래와 동시에 피고가 인낙한 경우가 이에 해당한다. 일정한 소송단계에 있어서 패소자의 권리를 늘리거나 지키는데 필요한 행위로 말미암은 소송비용(제99조 후단)은 승소자에게 그 전부 또는 일부를 부담하게 할 수 있는데, 예를 들어 소송 중에 변제를 함으로써 패소한 경우에 그때까지 행한 패소자의 소송행위를 말한다.

2) 제100조

> **제100조(원칙에 대한 예외)** 당사자가 적당한 시기에 공격이나 방어의 방법을 제출하지 아니하였거나, 기일이나 기간의 준수를 게을리 하였거나, 그 밖에 당사자가 책임져야 할 사유로 소송이 지연된 때에는 법원은 지연됨으로 말미암은 소송비용의 전부나 일부를 승소한 당사자에게 부담하게 할 수 있다.

승소자가 책임져야 할 사유로 소송이 지연된 결과에 의하여 생긴 소송비용에 관하여는 승소자에게 그 전부 또는 일부를 부담하게 할 수 있다(제100조). 예를 들어 공격·방어방법을 적절한 시기에 제출하지 아니한 경우, 기일·기간의 해태 등 객관적으로 보아서 지연의 원인이 승소자에게 있는 경우 등을 말한다.

(3) 제3자의 소송비용부담

> **제107조(제3자의 비용 상환)** ① 법정대리인·소송대리인·법원사무관 등이나 집행관이 고의 또는 중대한 과실로 쓸데없는 비용을 지급하게 한 경우에는 수소법원은 직권으로 또는 당사자의 신청에 따라 그에게 비용을 갚도록 명할 수 있다.
> ② 법정대리인 또는 소송대리인으로서 소송행위를 한 사람이 그 대리권 또는 소송행위에 필요한 권한을 받았음을 증명하지 못하거나, 추인을 받지 못한 경우에 그 소송행위로 말미암아 발생한 소송비

> 용에 대하여는 제1항의 규정을 준용한다.
> ③ 제1항 및 제2항의 결정에 대하여는 즉시항고를 할 수 있다.
> **제108조(무권대리인의 비용부담)** 제107조제2항의 경우에 소가 각하된 경우[78]에는 소송비용은 그 소송행위를 한 대리인이 부담한다.

　법정대리인·소송대리인·법원사무관 등이나 집행관이 고의 또는 중대한 과실로 쓸데없는 비용을 지급하게 한 경우에는 수소법원은 직권으로 또는 당사자의 신청에 따라 그에게 비용을 갚도록 명할 수 있다(제107조 1항). 법정대리인 또는 소송대리인으로서 소송행위를 한 사람이 그 대리권 또는 소송행위에 필요한 권한을 받았음을 증명하지 못하거나, 추인을 받지 못한 경우에 그 소송행위로 말미암아 발생한 소송비용에 대하여는 제3자에게 지급하도록 명할 수 있다(제107조 2항). 소송대리인에게 대리권이 없다는 이유로 소가 각하되고 민사소송법 제108조에 따라 소송대리인이 소송비용 부담의 재판을 받은 경우에는, 일반적인 소송비용 부담의 경우와는 달리 소송비용을 부담하는 자가 본안의 당사자가 아니어서 소송비용의 재판에 대하여 독립한 상소를 금지하는 민사소송법 제391조, 제425조, 제443조가 적용되지 아니하나, 위 소송비용 부담의 재판에 따라 소송대리인이 소송의 당사자가 되는 것은 아니고 법원으로서도 당사자 사이에서 분쟁에 관하여 재판을 한 것이라고 할 수 없으므로 당사자 등을 상대방으로 한 항소나 상고를 제기할 수는 없고, <u>소송대리인으로서는 자신에게 비용부담을 명한 재판에 대하여 재판의 형식에 관계없이 즉시항고나 재항고에 의하여 불복할 수 있다</u>[79](대결 2016.06.17. 2016마371).

4. 소송비용확정절차

> **제110조(소송비용액의 확정결정)** ① 소송비용의 부담을 정하는 재판에서 그 액수가 정하여지지 아니한 경우에 제1심 법원은 그 재판이 확정되거나, 소송비용부담의 재판이 집행력을 갖게 된 후에 당사자의 신청을 받아 결정으로 그 소송비용액을 확정한다.
> ② 제1항의 확정결정을 신청할 때에는 비용계산서, 그 등본과 비용액을 소명하는 데 필요한 서면을 제출하여야 한다.
> ③ 제1항의 결정에 대하여는 즉시항고를 할 수 있다.

(1) 의의 및 성격

　판결 중의 소송비용의 재판에서 이론상으로는 부담할 액수까지 정할 수 있으나, 부담자와 부담

---

[78] 성명모용소송에서 원고 측 모용의 경우는 피모용자가 추인하지 않는 한 소를 각하하여야 하고, 소송비용은 모용자가 부담하게 된다(제108조).
[79] 민사소송법 제108조, 제107조 제2항에 따라 종국판결로써 소를 각하하면서 소송비용을 당사자본인으로 된 사람을 대신하여 소송행위를 한 무권대리인에게 부담하도록 하는 경우에는 비록 소송대리인이 판결 선고 전에 이미 사임한 경우이더라도 판결정본을 송달하는 등의 방법으로 재판결과를 통지하여야 하고, 이는 항소심법원이 항소를 각하하면서 무권대리인에게 항소 이후의 소송비용을 부담하도록 하는 경우에도 마찬가지이다. 만일 법원이 소송비용을 부담하도록 명한 무권대리인에게 재판결과를 통지하지 아니하여 그가 소송비용 부담 재판에 대한 항고기간을 준수하지 못하였다면 특단의 사정이 없는 한 무권대리인은 자기책임에 돌릴 수 없는 사유로 항고기간을 준수하지 못한 것이다. 민사소송법 제108조, 제107조 제2항에 따라 소송대리인이 대리권 또는 소송행위에 필요한 권한을 받았음을 증명하지 못한 경우라도, 소송대리인이 소송위임에 관하여 중대한 과실이 없는 경우에는 소송비용은 소의 제기를 소송대리인에게 위임한 자가 부담하도록 함이 타당하다

비율을 정하는데 그치는 것이 현재의 실무례80)이다. 따라서 소송비용의 부담을 정하는 재판에서 그 액수가 정하여지지 아니한 경우에는 그 재판이 확정되거나, 소송비용부담의 재판이 집행력을 갖게 된 후에 전속관할인 제1심법원은 당사자의 신청을 받아 결정으로 그 소송비용액을 확정한다. 이를 소송비용확정절차라고 한다. 상소심판결에서 그 액수를 정하지 아니한 경우에도 확정결정은 제1심법원이 하여야 한다(대결 2008.03.31. 2006마1488). 소송비용액확정절차는 권리의무의 존부를 확정하는 것이 아니라는 점에서 <u>비송적 성격을 가지므로</u> 개개의 비용항목이나 금액에 관하여는 처분권주의가 적용되지 않고, 법원은 당사자가 신청한 총 금액을 한도로 부당한 비용항목을 삭제·감액하고 정당한 비용항목을 추가하거나 당사자가 주장한 항목의 금액보다 액수를 증액할 수 있는바, 이미 확정된 소송비용액확정사건의 기판력은 그 성격상 개별비용항목과 액수에만 미치는 것이 아니라 신청인의 소송총비용에 미친다고 봄이 상당하다(대결 2011.09.08. 2009마1689).

(2) 소송비용액확정 신청

1) 소송비용부담재판의 신청 또는 집행력을 갖게 된 경우

제110조 1항은 그 재판이 확정된 뒤에 한하던 구법과 달리 확정되기 전이라도 주문 중에 소송비용부담 부분에 가집행선고가 붙어 소송비용부담의 재판이 집행력을 갖게 된 경우에는 확정 신청을 할 수 있도록 하였다. 소송비용으로 지출한 금액은 이와 같이 소송비용확정절차를 거쳐 상환 받을 수 있으므로, 별도로 부당제소·부당응소를 이유로 별도의 소송을 할 수 없다(대판 2000.05.12. 99다68557).

2) 비용부담 의무자의 승계가 있는 경우

소송비용부담의 재판 이후에 비용부담 의무자의 승계가 있는 경우, 그 승계인을 상대로 소송비용액확정신청을 하기 위해서는 승계집행문을 부여받아야 한다(대결 2009.08.06. 2009마897).

(3) 소송비용액확정신청에 대한 재판

1) 상환할 소송비용의 수액에 대한 심리·판단

<u>소송비용 상환의무가 재판에 의하여 확정된 경우에, 소송비용액 확정절차에서는 상환할 소송비용의 수액을 정할 수 있을 뿐이고, 그 상환의무 자체의 존부를 심리·판단할 수는 없다.</u> 따라서 상대방은 신청인이 제출한 비용계산서의 비용항목이 소송비용에 속하는지 여부 및 그 수액에 대하여 의견을 진술하고 소명자료를 제출할 수 있을 뿐이고, 소송비용액 확정절차 외에서 이루어진 변제, 상계, 화해 등에 의하여 소송비용부담에 관한 실체상의 권리가 소멸되었다고 하더라도 이러한 사유는 소송비용액 확정결정의 집행단계에서 청구에 관한 이의의 소를 제기할 사유가 됨은 별론으로 하고, 소송비용액 확정절차에서 심리·판단할 대상은 될 수 없다고 할 것이다81)(대결 2008.05.07. 2008마482).

---

80) 예를 들어 "소송비용은 3분하여 그 1은 원고의, 나머지는 피고의 부담으로 한다."라는 식으로 적시한다.
81) 소송비용액확정절차의 목적은 부담할 액수를 확정함에 있고 상환의무 내지 권리의 존재를 확정하는 것이 아니므로, 이 절차에는 변제·상계·화해 등 권리소멸의 항변이 허용되지 않는다(대판 2002.09.23. 2000마5257).

2) 공동피고 별로 소송비용의 각 부담을 명한 경우

본안판결에서 패소한 공동피고별로 소송비용의 각 부담을 명한 경우, 소송비용액확정 신청사건의 법원은 본소에 관하여 신청인이 상환받을 소송비용액을 신청인이 위 공동피고들에 대하여 각각 구한 본소의 소송목적의 값의 비율에 따라 안분한 후, 당해 피신청인에 대하여 해당 안분 금액을 상환하도록 하여야 한다(대결 2010.02.16. 2009마2224).

3) 사법보좌관의 재판

예전에는 법관의 업무였으나, 05년 법원조직법 개정으로 사법보좌관이 소송비용액확정절차에서 법원의 업무를 맡게 되었다(법원조직법 제54조 2항 1호, 사법보좌관규칙 제2조 1항 1호). 이 결정에 대해서는 즉시항고 할 수 있으나, 항고 전에 먼저 판사에게 사법보좌관의 처분에 대해 이의신청을 내야하고, 여기의 판사는 제1심 수소법원을 말한다[82]. 따라서 단독사건이 아닌 합의사건의 소송비용확정신청에 대한 사법보좌관의 처분에 대해서 합의부가 아닌 단독판사가 인가한 것은 전속관할 위반이 된다(대결 2008.06.23. 2007마634). 그리고 소송비용액에 관하여 구법은 법원사무관 등에게 계산하게 하는 것이 재량사항이었으나, 02년 개정법은 그로 하여금 계산하게 하여야 하는 기속사항으로 변경하였다.

4) 소송이 판결에 의하지 아니하고 완결된 경우

> 제114조(소송이 재판에 의하지 아니하고 끝난 경우) ① 제113조의 경우 외에 소송이 재판에 의하지 아니하고 끝나거나 참가 또는 이에 대한 이의신청이 취하된 경우에는 법원[83]은 당사자의 신청에 따라 결정으로 소송비용의 액수를 정하고, 이를 부담하도록 명하여야 한다.
> ② 제1항의 경우에는 제98조 내지 제103조, 제110조제2항·제3항, 제111조 및 제112조의 규정을 준용한다.

소송이 판결에 의하지 아니하고 완결된 경우(소취하, 청구의 포기·인낙 등)에는 소송비용확정절

---

[82] 신청인이 그 소송비용액의 확정을 구하는 것으로서, 그에 대한 사법보좌관의 처분은 제1심법원의 사무를 행한 것이라고 볼 것이므로, 이에 대한 피신청인의 이의신청에 대하여 울산지방법원 소속 단독판사가 사법보좌관의 처분을 인가한 경우 그 이의신청에 의한 즉시항고 사건은 항고법원인 울산지방법원 합의부가 관할법원이 된다고 할 것이다(대결 2008.03.31. 2006마1488).

[83] 소의 일부가 취하되거나 청구가 감축된 경우 소송비용에 관하여는 민사소송법 제114조의 적용이 있는 것으로 해석함이 타당하므로, 이 경우 당사자가 일부 취하되거나 청구가 감축된 부분에 해당하는 소송비용을 상환받기 위하여는 위 규정에 의하여 일부 취하되거나 감축되어 그 부분만이 종결될 당시의 소송계속법원에 종국판결과는 별개의 절차로서의 소송비용부담재판의 신청을 하고 그에 따라 결정된 소송비용의 부담자 및 부담액에 의한다. 민사소송법 제109조 제1항, 변호사보수의 소송비용 산입에 관한 규칙 제3조 제1항, 제4조 제1항, 제2항, 민사소송 등 인지법 제2조 제3항, 민사소송 등 인지규칙 제25조 등의 각 규정을 종합하면, 소송비용에 산입되는 변호사의 보수는 당사자가 보수계약에 의하여 지급한 또는 지급할 보수액의 범위 내에서 각 심급단위로 소송목적의 값에 따라 산정하되, 청구취지를 변경한 경우에는 변경한 청구취지를 기준으로 하고, 항소심 또는 상고심의 소송목적의 값은 상소로써 불복하는 범위를 기준으로 하도록 되어 있다. 한편 항소의 취하는 항소의 전부에 대하여 하여야 하고, 항소불가분의 원칙상 항소의 일부 취하는 효력이 없으며 단순히 불복신청의 범위를 감축하는 의미에 지나지 아니하나, 항소인이 항소장 제출 이후 피항소인이 소송대리인을 선임하기 전에 불복신청의 범위를 감축한 경우 소송비용에 산입되는 변호사의 보수는 감축된 불복신청의 범위를 기준으로 산정하는 것이 타당하다(대결 2017.02.07. 2016마937).

차에 의하여 부담자, 부담비율 및 부담액을 정하지 않으면 안 되며(제114조), 이 때에 관할법원은 제1심수소법원이 아니라 소송이 완결된 당시의 소송계속법원이므로 그곳에 신청하여야 한다(대결 1992.11.30. 90마1003). 다만 항소심에서 항소취하로 소송이 종료된 경우에 항소심 소송비용에 관하여는 항소취하 당시 소송계속법원인 항소심 법원이 그 비용부담의 재판과 아울러 그 비용액을 확정하는 재판을 하여야 한다. 그리고 항소취하로 제1심판결이 그대로 확정된 것이므로 제1심 소송비용의 확정은 민사소송법 제110조 1항의 규정에 의하여 제1심법원이 관할법원이다(대결 1992.11.30. 90마1003).

4. 소송비용의 담보

> 제117조(담보제공의무) ① 원고가 대한민국에 주소·사무소와 영업소를 두지 아니한 때 또는 소장·준비서면, 그 밖의 소송기록에 의하여 청구가 이유 없음이 명백한 때 등 소송비용에 대한 담보제공이 필요하다고 판단되는 경우에 <u>피고의 신청이 있으면</u>[84] 법원은 원고에게 소송비용에 대한 담보를 제공하도록 명하여야 한다. 담보가 부족한 경우에도 또한 같다. 〈개정 2010.7.23〉
> ② 제1항의 경우에 법원은 <u>직권으로</u> 원고에게 소송비용에 대한 담보를 제공하도록 명할 수 있다. 〈신설 2010.7.23〉
> ③ 청구의 일부에 대하여 다툼이 없는 경우에는 그 액수가 담보로 충분하면 제1항의 규정을 적용하지 아니한다. 〈개정 2010.7.23〉

(1) 취지

원고가 대한민국에 주소 등을 두고 있지 아니하여 피고가 승소하더라도 소송비용을 상환받기 어려울 것으로 예상되거나 소송기록에 의하여 청구가 이유 없음이 명백하여 원고가 소송비용을 부담하게 될 것이 분명하다는 등의 사유가 있는 경우에 피고의 원고에 대한 소송비용상환청구권의 용이한 실현을 미리 확보하여 두려는 데에 취지가 있다(대결 2013.05.31. 2013마488).

(2) 담보제공사유

1) 피고의 신청 또는 직권에 의한 담보제공명령

원고가 대한민국에 주소·사무소와 영업소를 두지 아니한 때 또는 소장·준비서면, 그 밖의 소송기록에 의하여 청구가 이유 없음이 명백한 때 등 소송비용에 대한 담보제공이 필요하다고 판단되는 경우에 피고의 신청이 있으면 법원은 원고에게 소송비용에 대한 담보를 제공하도록 명하여야 한다. 담보가 부족한 경우에도 또한 같다. 법원은 <u>직권으로</u> 원고에게 소송비용에 대한 담보를 제공하도록 명할 수 있다. 청구의 일부에 대하여 다툼이 없는 경우에는 그 액수가 담보로 충분하면 담보제공을 명하지 아니한다.

---

[84] 민사소송법 제117조 제1항 전문은 "원고가 대한민국에 주소·사무소와 영업소를 두지 아니한 때 또는 소장·준비서면, 그 밖의 소송기록에 의하여 청구가 이유 없음이 명백한 때 등 소송비용에 대한 담보제공이 필요하다고 판단되는 경우에 피고의 신청이 있으면 법원은 원고에게 소송비용에 대한 담보를 제공하도록 명하여야 한다."라고 규정하고 있고, 제118조는 "담보를 제공할 사유가 있다는 것을 알고도 피고가 본안에 관하여 변론하거나 변론준비기일에서 진술한 경우에는 담보제공을 신청하지 못한다."라고 규정하고 있다. 따라서 상소심에서의 소송비용 담보제공 신청은 담보제공의 원인이 이미 제1심 또는 항소심에서 발생되어 있었음에도 신청인이 과실 없이 담보제공을 신청할 수 없었거나 상소심에서 새로이 담보제공의 원인이 발생한 경우에 한하여 가능하다(대결 2017.04.21. 2017마63).

2) 담보제공사유의 확대

원고가 대한민국 내에 주소·사무소와 영업소를 두지 아니한 경우 법원이 피고의 신청에 따라 원고에게 소송비용에 대한 담보제공을 명하도록 하고 있으나, 그 사유가 지나치게 제한적으로 규정되어 있었다. 이에 대하여 담보제공을 명하는 사유를 확대하고, 법원이 직권으로 담보제공을 명할 수 있도록 법을 개정하였다.

(3) 담보제공신청권

1) 피고의 권리

소송비용의 담보제공 신청권은 피고에게 있을 뿐 원고가 위와 같은 담보제공 신청을 할 수는 없고, 이는 상소심 절차에서도 동일하게 적용되므로, 원고가 본안소송의 항소심에서 승소하여 피고가 그에 대한 상고를 제기함에 따라 원고가 피상고인으로 되었다고 하여 원고에게 소송비용 담보제공 신청권이 인정되는 것은 아니다(대결 2017.09.14. 2017카담507).

2) 담보제공신청권의 상실

> 제118조(소송에 응함으로 말미암은 신청권의 상실) 담보를 제공할 사유가 있다는 것을 알고도 피고가 본안에 관하여 변론하거나 변론준비기일에서 진술한 경우에는 담보제공을 신청하지 못한다.

담보제공의 사유가 있음을 알고 피고가 본안에 관하여 변론한 때에는 피고의 위 신청권은 상실되는 것인바, 그 상실의 효과는 제1심만이 아니라 소송이 계속되어 있는 상급심에까지 미치므로 항소심에서 한 피고의 담보제공 신청은 부적법하다고 할 것이다(대결 2008.05.30. 2008마568). 상소심에서의 소송비용 담보제공 신청은 담보제공의 원인이 이미 제1심 또는 항소심에서 발생되어 있었음에도 신청인이 과실 없이 담보제공을 신청할 수 없었거나 상소심에서 새로이 담보제공의 원인이 발생한 경우에 한하여 가능하다(대결 2017.04.21. 2017마63). 민사소송법 제117조 제1항에서 말하는 '담보가 부족한 때'란 상소 제기나 소의 확장 등으로 말미암아 소송비용이 추가로 소요될 것이 예상되는 경우 등 소송의 경과에 따라 제공된 담보가 충분하지 않게 된 경우를 말하고, 그와 같은 사유가 있음을 알면서도 응소한 경우에만 같은 법 제118조에 의하여 담보제공 신청권을 상실하며, 담보가 부족한지 여부는 지출한 소송비용의 총액과 담보액을 대비하여 정할 것이고, 전자가 후자를 초과할 때에 피고가 담보의 부족이 생긴 것을 안 것으로 추정할 것이다(대결 1996.05.09. 96마299).

3) 응소거부권

> 제119조(피고의 거부권) 담보제공을 신청한 피고는 원고가 담보를 제공할 때까지 소송에 응하지 아니할 수 있다.

피고가 적법한 담보제공신청을 한 경우에는 그 후 응소를 거부하지 않고 본안에 관하여 변론 등을 하였더라도 이미 이루어진 담보제공신청의 효력이 상실되거나 그 신청이 부적법하게 되는 것은 아니다(대결 2018.06.01. 2018마5162).

(4) 담보제공명령

> **제120조(담보제공결정)** ① 법원은 담보를 제공하도록 명하는 결정에서 담보액과 담보제공의 기간을 정하여야 한다.
> ② 담보액은 피고가 각 심급에서 지출할 비용의 총액을 표준으로 하여 정하여야 한다.
> **제121조(불복신청)** 담보제공신청에 관한 결정에 대하여는 즉시항고를 할 수 있다.

> **제122조(담보제공방식)** 담보의 제공은 금전 또는 법원이 인정하는 유가증권을 공탁(供託)하거나, 대법원규칙이 정하는 바에 따라 지급을 보증하겠다는 위탁계약을 맺은 문서를 제출하는 방법으로 한다. 다만, 당사자들 사이에 특별한 약정이 있으면 그에 따른다.

> **제124조(담보를 제공하지 아니한 효과)** 담보를 제공하여야 할 기간 이내에 원고가 이를 제공하지 아니하는 때에는 법원은 변론 없이 판결로 소를 각하할 수 있다. 다만, 판결하기 전에 담보를 제공한 때에는 그러하지 아니하다.

법원은 담보를 제공하도록 명하는 결정에서 담보액과 담보제공의 기간을 정하여야 한다. 담보제공신청에 관한 결정에 대하여는 즉시항고를 할 수 있다. 법원의 직권에 의한 소송비용 담보제공 재판에 불복할 경우에도 원고는 민사소송법 제121조를 준용하여 즉시항고를 제기할 수 있다고 보는 것이 타당하다[85](대결 2011.05.02. 2010부8). 담보를 제공하여야 할 기간 이내에 원고가 이를 제공하지 아니하는 때에는 법원은 변론 없이 판결로 소를 각하할 수 있다(제124조).

(5) 담보취소결정

> **제125조(담보의 취소)** ① 담보제공자가 담보하여야 할 사유가 소멸되었음을 증명하면서 취소신청을 하면, 법원은 담보취소결정을 하여야 한다.
> ② 담보제공자가 담보취소에 대한 담보권리자의 동의를 받았음을 증명한 때에도 제1항과 같다.
> ③ 소송이 완결된 뒤 담보제공자가 신청하면, 법원은 담보권리자에게 일정한 기간 이내에 그 권리를 행사하도록 최고하고, 담보권리자가 그 행사를 하지 아니하는 때에는 담보취소에 대하여 동의한 것으로 본다.
> ④ 제1항과 제2항의 규정에 따른 결정에 대하여는 즉시항고를 할 수 있다.

1) 의의

법원은 담보취소사유가 있는 경우 담보제공자의 신청에 대하여 담보취소결정을 하여야 한다(제125조 1항 내지 3항). 담보취소결정에 대해서는 즉시항고를 할 수 있다(제125조 4항). 민사소송법 제125조 제4항에 의하여 즉시항고의 대상으로 되는 재판은 같은 조 제1항, 제2항에 따른 담보취소

---

[85] 민사소송법 제117조 제2항은 2010.7.23. 법률 제10373호로 민사소송법이 개정되면서 신설된 규정으로, 그 이전에는 오로지 피고의 신청에 의한 소송비용 담보제공 재판만 가능하였고, 이에 대한 불복규정인 민사소송법 제121조도 '담보제공 신청'에 관한 재판에만 즉시항고할 수 있는 것으로 규정하고 있었다. 민사소송법 개정 당시 직권에 의한 소송비용 담보제공 재판을 도입하면서 이에 대한 불복규정을 별도로 마련하지 않았으나, 민사소송법은 특별한 규정이 있을 때만 즉시항고할 수 있다는 규정을 두고 있지 않고, 직권에 의한 소송비용 담보제공 재판에 대한 불복 자체를 금지하고 있지도 않은 점, 직권에 의한 소송비용 담보제공 재판의 경우에도 피고의 신청에 의한 경우와 마찬가지로 담보를 제공하지 않으면 변론 없이 소각하 판결이 내려질 수 있으므로 원고에게 불복 기회를 부여해야 할 필요성은 신청에 의한 경우와 다를 게 없는 점 등에 비추어 보면……

결정에 한하는 것이고, 권리행사최고 및 담보취소의 신청을 기각하는 결정에 대하여는 즉시항고를 하여야 한다는 규정이 없으므로 민사소송법 제439조에 의하여 통상항고로 불복할 수 있다고 할 것이다(대결 2011.02.21. 2010그220).

2) 담보취소사유

담보제공자가 담보하여야 할 사유가 소멸되었음을 증명하면서 취소신청을 하면, 법원은 담보취소결정을 하여야 한다(제125조 1항). 담보의 취소사유로 규정하고 있는 담보사유가 소멸된 것이란 그 담보를 제공할 원인이 부존재인 경우는 물론이고 그 후 담보의 존속을 계속시킬 원인이 부존재하게 된 경우 또는 장래에 있어서 손해발생의 가능성이 없게 된 경우 등을 의미하는 것으로서, 가압류 채권자가 본안소송에서 승소의 확정판결을 얻은 것과 같이 이미 집행된 가압류 등 보전처분의 정당성이 인용됨으로써 손해가 발생되지 아니할 것이 확실하게 된 경우도 이에 해당한다고 할 것인바, 소액사건심판법 제5조의7 제1항에서는 확정된 이행권고결정도 확정판결과 같은 효력을 가진다고 규정하고 있으므로, 이행권고결정이 확정된 경우에도 본안승소의 확정판결을 받은 것과 같이 담보사유가 소멸되었다고 해석함이 상당하다(대결 2006.06.30. 2006마257).

3) 담보권리자의 동의

담보제공자가 담보취소에 대한 담보권리자의 동의를 받았음을 증명한 때에도 담보취소결정을 하여야 한다(제125조 2항). 소송이 완결된 뒤 담보제공자가 신청하면, 법원은 담보권리자에게 일정한 기간 이내에 그 권리를 행사하도록 최고하고, 담보권리자가 그 행사를 하지 아니하는 때에는 담보취소에 대하여 동의한 것으로 본다[86](제125조 3항).

---

[86] 이 경우 담보권리자의 권리행사는 담보의무자에 대하여 소송의 방법으로 하여야 하는 것이고, 담보취소결정이 확정되기 전에 담보권리자가 권리행사를 하고 이것을 증명한 경우에는 담보권리자가 담보취소에 동의한 것으로 간주하여 발하여진 담보취소결정은 그대로 유지할 수 없는 것이다. 한편, 권리행사기간 안에 또는 담보취소결정이 확정되기 전에 일단 담보권리자에 의한 소의 제기 등의 권리행사가 있었으나 그 후 그 소가 취하되거나 취하간주되는 등의 이유로 권리행사가 처음부터 없었던 것으로 보는 때에는 권리행사기간이 경과함으로써 담보취소에 관하여 담보권리자의 동의가 있는 것으로 간주하여야 할 것이다(대결 2008.03.17. 2008마60).

FORTUNE 김/춘/환 민사소송법

제5편
병합소송

제1장 병합청구소송(청구의 복수)
제2장 다수당사자소송(당사자의 복수)

학습 개요		난이도	핵심사항	시험별 대표 지문
제1장 병합청구 소송	제1절 청구의 병합(소의 객관적 병합)	上	• 청구의 병합(소의 객관적 병합) • 청구의 변경	• 판례는 논리적으로 전혀 관계가 없어 순수하게 단순병합으로 구하여야 할 수개의 청구를 선택적 또는 예비적 청구로 병합하여 청구하는 것은 부적법하여 허용되지 않는다고 보고 있다. (○) • 교환적 변경은 신청구 추가와 구청구 취하의 결합형태이므로 피고가 본안에 응소한 때에는 피고를 동의를 얻어야 구청구의 취하의 효력이 생긴다. (X)
	제2절 청구의 변경	上		
	제3절 중간확인의 소	上		
	제4절 반소	上		
제2장 다수당사자 소송(당사자의 복수)	제1절 공동소송	上	• 공동소송 • 선정당사자 • 제3자의 소송참가 • 당사자의 변경	• 법원은 필수적 공동소송인 중 일부가 누락된 경우에는 제1심 변론종결 시까지 원고의 신청에 의하여 결정으로 원고 또는 피고의 추가를 허가할 수 있다. 그러나 필수적 공동소송이 아닌 사건에 있어 소송 도중에 피고를 추가하는 것은 그 경위가 어떻든 간에 허용될 수 없다. (○) • 참가적 효력은 판결주문에 대해서만 미치고, 판결이유 중 패소이유가 되었던 사실상·법률상의 판단에는 미치지 않는다. (X)
	제2절 선정당사자	上		
	제3절 증권관련 집단소송	上		
	제4절 제3자의 소송참가	上		
	제5절 당사자의변경	上		

구 분	법원서기보								
	2014	2015	2016	2017	2018	2019	2020	2021	2022
제1장 병합청구소송	1	3	1	2	1	2	2	0	3
제2장 다수당사자소송	3	1	5	2	4	3	2	2	3
출제율	16%	16%	24%	16%	20%	20%	16%	8%	24%

Advice

병합소송은 난해한 부분이 많다. 따라서 학문적으로도 복잡한 부분이 많지만 시험을 준비하는 입장에서는 되도록이면 이를 단순화시켜 병합소송을 이해할 필요가 있다. 병합소송은 청구의 복수(원시적 병합과 후발적 병합)와 당사자의 복수(공동소송, 제3자의 소송참가, 당사자의 변경)로 나누어 볼 수 있다. 먼저 청구의 복수 중 원시적 병합(객관적 병합, 제253조)은 단순병합, 선택적 병합, 예비적 병합이 있는데 이를 구별하여 차이점을 인식해야 하고 특히 예비적 병합의 요건 중 양립가능성의 요부, 그 간과에 대한 구제방법이 중요하다. 그리고 청구의 변경(제262조)은 교환적 변경에 대한 법적성질, 피고의 동의 여부 등을 중심으로 조문 위주로 정리 하고 있어야 한다. 그리고 중간확인의 소(제264조)는 조문으로 정리하면 충분하다. 그리고 반소의 경우(제269조)는 소송실무상 상당히 많이 쓰이고 이에 관한 논점도 많으므로 꼼꼼히 보아야 한다. 항소심에서의 반소제기에 관한 동의와 관련하여 현행법 제412조가 종래의 학설과 판례의 입장을 받아들여 상대방의 심급의 이익을 해할 우려가 없는 경우에 동의를 불요하는 입장을 취하고 있다는 점을 주의해야 한다. 당사자의 복수 중 먼저 공동소송의 경우는 고유필수적공동소송, 유사필수적공동소송, 통상공동소송으로 구분하면서 이의 차이점을 정확히 인식할 수 있어야 한다. 그리고 선정당사자(제53조)에 대해서는 공동의 이해관계에 관해 논의와 관련하여 99다15474판결을 주의할 필요가 있다.

또한 제3자의 소송참가의 부분은 독립당사자참가(제79조), 공동소송참가(제83조), 공동소송적 보조참가(제78조), 보조참가(제71조)의 순서로 생각해서 당사자의 절차보장을 생각하는 습관을 항상 들여야 한다. 그리고 독립당사자의 참가는 부동산의 이중매매와 관련하여 권리주장참가의 양립불가능성의 의미와 하나의 채권관계에 대하여 서로 채권자라고 주장하는 사안인 2003다49092 판결이 중요하며 현행법상의 편면참가 인정도 주목해야 한다. 보조참가는 보조참가의 이익과 관련하여 99다12796 판결을 꼭 살펴보아야 한다.

당사자의 변경 중 임의적 당사자의 변경은 인정여부, 성질론, 법문이 인정하고 있는 예인 피고의 경정(제260조)과 필수적 공동소송인의 추가(제68조), 예비적·선택적 공동소송(제70조) 등이 중요하다. 그리고 소송승계는 당연승계의 인정여부가 중요하고, 신청승계(소송물의 양도)와 관련해서는 참가승계와 인수승계에 관한 판례의 입장을 유의할 필요가 있다.

제1장 병합청구소송(청구의 복수)

제1절 청구의 병합(소의 객관적 병합)

I 의의, 취지 및 구별개념

1. 의의 및 취지

(1) 의 의

청구의 병합이라 함은 원고가 하나의 소송절차에서 여러 개의 청구를 하는 경우를 말한다(제253조). 처음부터 여러 개의 청구를 하는 경우를 소의 고유의 객관적 병합 또는 원시적인 소송물의 복수라고 말한다. 이는 처음부터 3인 이상의 당사자가 개입하는 소의 고유의 주관적 병합인 공동소송에 대응한다.

(2) 취 지

청구의 병합을 인정하는 것은 소송경제를 도모하고 서로 관련 있는 사건끼리 판결의 모순저촉을 피하자는 데 있다.

2. 공격방법의 복수(경합)와의 구별

(1) 의 의

청구의 병합은 하나의 소송절차에서 소송물이 복수로 묶인 경우를 뜻함에 비하여, 공격방법의 복수는 1개의 청구를 이유 있게 하는 공격방법이 복수로 묶인 경우를 말한다.

(2) 소송물이론

구이론은 청구취지, 청구원인에서 판단되는 실체법상의 권리관계로 청구의 병합여부를 판단하지만, 신이론은 청구취지와 청구원인에서 판단되는 사실관계나 청구취지만으로 청구의 병합여부를 판단한다(금전·대체물청구는 예외이다).

(3) 심리순서

원고가 공격방법을 여러 개 주장할 때 순위를 붙여 주장하더라도(예비적 주장)법원은 어느 하나를 선택하여 원고청구를 인용하면 되고, 다른 주장에 관하여는 판단할 필요가 없다(대판 1989.02.28. 87다카823·824). 그러나 원고청구를 기각하는 경우에는 모든 주장을 배척하지 않으면 안 된다(이시윤).

Ⅱ 병합요건

1. 같은 종류의 소송절차에 의하여 심판될 수 있을 것(소송절차의 공통, 제253조)

(1) 민사본안사건과 가압류·가처분 사건(대판 2003.08.22. 2001다23225), 민사사건과 비송사건은 절차의 종류를 달리하는 것이므로 서로 병합이 허용되지 않는다[1]. 또 가사소송사건(가·나류 사건)은 변론주의에 의하지 아니하므로(가사소송법 제12조, 제17조) 여기에 통상의 민사사건의 병합은 원칙적으로 부적법하다. 그리고 행정소송의 경우에도 민사사건의 병합은 원칙적으로 부적법하지만, 행정소송에서 민사상의 관련청구(손해배상·부당이득)를 병합하는 것은 예외적으로 허용된다(행정소송법 제10조). 정정보도 등 청구의 소에 강제집행절차인 간접강제신청의 병합제기가 인정되는 경우도 있다(언론중재 및 피해구제 등에 관한 법률 제26조 3항). 判例도 부작위채무이행의 소송절차에 간접강제신청의 병합을 인정하였다[2](대판 1996.04.12. 93다40614·40621).

(2) 재심의 소에 통상의 민사상 청구를 병합할 수 있는가에 대해, 判例는 "원고가 피고의 주소를 알면서 허위주소로 제소하여 공시송달의 방법으로 승소확정판결을 받았다는 이유로 피고가 제기한 재심의 소에서는 피고는 확정판결의 취소를 구함과 동시에 본소 청구기각을 구하는 외에 원고에 대한 새로운 청구를 병합하는 것은 부적법하다(대판 1971.03.31. 71다8; 대판 1997.05.28. 96다41649)."고 하여 부정하였다. 다만 상소심판결에 대한 재심의 소가 아닌 한 통상의 민사상 청구를 병합시키는 것을 막을 이유가 없다는 것이 통설이다.

(3) 제권판결에 대한 불복의 소(제490조 2항), 중재판정취소의 소(중재법 제36조)는 특수한 소가 아니라 통상의 소송절차와 같은 종류의 것이기 때문에 여기에 다른 민사상 청구의 병합을 인정한다(통설, 판례[3]). 다만 최근 判例는 제권판결불복의 소와 같은 형성의 소는 그 판결이 확정됨으로써 비로소 권리변동의 효력이 발생하게 되므로 이에 의하여 형성되는 법률관계를 전제로 하는 이행소송(수표금청구)등의 병합을 부정하고 있다[4](대판 2013.09.13. 2012다36661).

---

1) 다만 가사소송과 가사비송의 병합인 이혼소송과 재산분할청구의 병합은 가능하다(가사소송법 제14조 1항).
2) 부대체적 채무인 부작위채무에 대한 강제집행은 간접강제만 가능하고, 간접강제결정은 판결절차에서 먼저 집행권원이 성립한 후에 채권자의 별도의 신청에 따라 채무자에 대한 필요적 심문을 거쳐 채무를 불이행하는 때에 일정한 배상을 하도록 명하는 것이 원칙이다. 따라서 부작위채무에 관한 집행권원 성립을 위한 판결절차에서 장차 채무자가 채무를 불이행할 경우에 대비하여 간접강제를 하는 것은 부작위채무에 관한 소송절차의 변론종결 당시에서 보아 부작위채무를 명하는 집행권원이 성립하더라도 채무자가 이를 단기간 내에 위반할 개연성이 있고, 또한 판결절차에서 민사집행법 제261조에 의하여 명할 적정한 배상액을 산정할 수 있는 경우라야 한다(대판 2014.05.29. 2011다31225).
3) 제권판결에 대한 불복의 소는 확정판결의 취소를 구하는 형성의 소로서 제소사유가 법정되어 있고 제소기간의 제한이 있는 등 재심의 소와 유사한 점이 있으나 통상의 판결절차로서 성립한 판결에 대한 것이 아니라 증권상 실자의 일방적 관여로 이루어지는 판결에 대한 것이고 반대의 이해관계자에게 판결을 송달하지 않으므로 그에 대하여 통상의 상소절차를 이용하게 하는 것이 불합리하기 때문에 별도로 불복방법을 마련하고 있는 것인 점에서 재심의 소와는 성질상 차이가 있을 뿐만 아니라 소송경제를 도모하고 서로 관련있는 사건에 대한 판결의 모순 저촉을 피하기 위하여서도 다른 민사상의 청구를 병합하여 심리판단하게 하는 것이 타당하다(대판 1989.06.13. 88다카7962).
4) 제권판결 불복의 소와 같은 형성의 소는 그 판결이 확정됨으로써 비로소 권리변동의 효력이 발생하게 되므로 이에 의하여 형성되는 법률관계를 전제로 하는 이행소송 등을 병합하여 제기할 수 없는 것이 원칙이다. 또한

2. 수소법원에 공통의 재판권이 있을 것(관할의 공통, 제25조 1항)

전속관할에 속하는 청구가 없는 한, 수소법원이 병합된 청구 가운데 하나의 청구에 대하여 토지관할권을 갖고 있으면 다른 청구에 대하여도 제25조의 관련재판적에 의하여 관할권을 갖게 되므로 관할의 공통이 이루어지므로, 문제는 되지 않는다.

3. 원칙적으로 관련성이 필요 없다.

아무런 관련성이 없는 청구끼리 병합되어도 무방하다. 다만, 선택적·예비적 병합의 경우는 병합된 청구 사이에 관련성이 있을 것을 요한다.

III 병합의 형태

1. 단순병합

(1) 의의 및 특징

원고가 수 개의 청구에 대해 병렬적으로 심판을 구하는 형태의 병합으로, 병합된 모든 청구에 대해 법원의 심판을 요한다.

(2) 단순병합의 예

매매대금과 대여금을 같이 청구하는 경우, 불법행위로 인한 손해배상청구에서 적극적 손해, 소극적 손해, 정신적 손해를 같이 청구하는 경우 판례의 손해3분설에 의하면 단순병합으로 된다.

(3) 부진정예비적 병합

학설은 부진정예비적병합은 매매계약무효확인청구와 인도목적물의 반환을 함께 구하는 경우로서 단순병합이고, 두 개의 승소판결을 구하는 경우라고 한다. 이는 1차청구가 인용될 것을 조건으로 2차 청구에 대해 심판을 구하는 점에서, 1차 청구가 배척될 것을 대비하여 2차 청구에 대해 심판을 구하는 진정예비적 병합과 구별된다고 한다. 다만 判例는 "성질상 선택적 관계에 있는 양 청구를 당사자가 주위적, 예비적 청구 병합의 형태로 제소함에 의하여 그 소송심판의 순위와 범위를 한정하여 청구하는 이른바, 부진정예비적 병합 청구의 소도 허용되는 것이다(대판 2002.09.04. 98다17145)."라고 판시한다.

(4) 대상청구

목적물의 반환청구와 함께 장차 집행불능이 될 때를 대비한 목적물 값어치의 대상청구는 현재의 이행의 소와 장래의 이행의 소의 단순병합이다[5](대판 1975.07.22. 75다450). 이에 반해, 특정물의

제권판결에 대한 취소판결의 확정 여부가 불확실한 상황에서 그 확정을 조건으로 한 수표금 청구는 장래이행의 소의 요건을 갖추었다고 보기 어려울 뿐만 아니라, 제권판결 불복의 소의 결과에 따라서는 수표금 청구소송의 심리가 무위에 그칠 우려가 있고, 제권판결 불복의 소가 인용될 경우를 대비하여 방어하여야 하는 수표금 청구소송의 피고에게도 지나친 부담을 지우게 된다는 점에서 이를 쉽사리 허용할 수 없다(대판 2013.09.13. 2012다36661).

5) 채권자가 본래적 급부청구에다가 이에 대신할 전보배상을 부가하여 대장청구를 병합하여 소구한 경우의 대상

인도청구를 하면서 변론종결 시 현재에 이행불능이 될 것을 염려하여 대상청구를 하는 것은 단순병합이 아니라 예비적 병합이 된다.

2. 선택적 병합

(1) 의 의

원고로서는 병합된 수개의 청구 가운데 어느 하나가 인용되면 소의 목적을 달성할 수 있으므로, 다른 청구에 대해서는 심판을 바라지 않는 형태를 말한다. 따라서 법원은 이유 있는 청구 어느 하나를 선택하여 원고 청구를 인용하면 된다.

(2) 선택적 병합인지 문제되는 경우

양립하는 복수의 청구가 택일적 관계에 있을 경우는 선택적 병합이 인정된다. 따라서 동일목적의 청구를 경합하는 수개의 청구권·형성권에 기하여 청구하는 때에 한하여 선택적 병합이 인정되는 것이다. 양립할 수 없는 수개의 청구에 대한 선택을 법원에 맡긴다는 것은 처분권주의에 반하고, 서로 성질을 달리하는 수개의 청구 중 어느 것도 좋다는 신청이 되어 신청자체가 불특정하게 되므로 선택적 병합을 할 수 없다(대판 1982.07.13. 81다카1120). 법조경합관계에 있는 수개의 법규에 기한 청구나 선택채권에 기한 청구는 1개의 실체법상 권리를 바탕으로 하므로, 선택적 병합으로 인정되지 않는다. 동일금원을 어음채권과 원인채권에 기하여 청구하는 경우 양립이 가능하므로 선택적 병합으로 보는 것이 학설이지만, 실무는 (부진정)예비적 병합이라고 한다. 동일 부동산에 관한 이전등기를 매매를 원인으로 청구하면서 동시에 취득시효를 원인으로 청구하는 경우에 양립이 가능하므로 선택적 병합으로 보는 것이 학설이나, 실무는 (부진정)예비적 병합으로 취급한다.

3. 예비적 병합

(1) 의 의

논리적으로 양립되지 않는 수개의 청구를 하면서 1차 청구(주위적 청구)가 기각·각하될 때를 대비하여 2차 청구에 대하여 심판을 구하는 경우이다. 따라서 1차 청구를 먼저 심리하여 보고 인용되면 2차 청구에 대해서는 심판할 필요가 없고, 1차 청구를 기각하면 2차 청구를 심판하여야 한다.

(2) 요 건

1) 양립될 수 없는 관계

① 예비적 청구는 주위적 청구와 모순되는 관계에 있고 심판순위에 있어 후순위일 것을 요한다. 判例도 같은 청구원인을 내용으로 하면서 1차청구의 수량만을 감축하여 하는 예비적 청구는 소

청구는 본래적 급부청구의 현존함을 전제로 하여 이것이 판결확정 후에 이행불능 또는 집행불능이 된 경우에 대비하여 전보배상을 미리 청구하는 경우로서 양자의 경합은 현재의 급부청구와 장래의 급부청구와의 단순병합에 속한다 할 것이고 이 경우의 대상금액의 산정시기는 사실심 변론의 종결당시의 본래적 급부의 가격을 기준으로 산정하여야 한다(대판 1975.07.22. 75다450).

송상의 예비적 청구라고 할 수 없으므로, 따로 나누어 판단할 필요가 없다(대판 1972.02.29. 71다13131)고 하였고, 주위적으로 무조건의 소유권이전등기청구, 예비적 청구로 금전지급을 받음과 상환으로 소유권이전등기청구를 하는 것은 후자가 전자를 질적으로 일부 감축한 것에 불과하므로 예비적 청구라고 할 수 없다고 하였다(대판 1999.04.23. 98다61463). 따로 예비적 청구를 하지 않아도 주위적 청구에 포함되기 때문이다. 즉 예비적 청구는 주위적 청구와 서로 양립할 수 없는 관계에 있어야 하므로, 주위적 청구와 동일한 목적물에 관하여 동일한 청구원인을 내용으로 하면서 주위적 청구를 양적이나 질적으로 일부 감축하여 하는 청구는 주위적 청구에 흡수되는 것일 뿐 소송상의 예비적 청구라고 할 수 없다(대판 2017.02.21. 2016다225353).

② 다만 최근에는 모순되는 관계, 즉 양립이 불가능한 관계냐에 대해, 判例는 "행정처분에 대한 무효확인과 취소청구는 서로 양립할 수 없는 청구로서 주위적·예비적 청구로서만 병합이 가능하고 선택적 청구로서의 병합이나 단순 병합은 허용되지 아니한다(대판 1999.08.20. 97누6889 등)."고 하여 긍정하는 것도 있으나, 判例는 "성질상 선택적 관계에 있는 양 청구를 당사자가 주위적, 예비적 청구 병합의 형태로 제소함에 의하여 그 소송심판의 순위와 범위를 한정하여 청구하는 이른바, 부진정 예비적 병합 청구의 소도 허용되는 것이다(대판 2002.09.04. 98다17145)."고 하였으나, 또 다른 判例는 "병합의 형태가 선택적 병합인지 예비적 병합인지는 당사자의 의사가 아닌 병합청구의 성질을 기준으로 판단하여야 하고, 항소심에서의 심판 범위도 그러한 병합청구의 성질을 기준으로 결정하여야 한다. 따라서 실질적으로 선택적 병합 관계에 있는 두 청구에 관하여 당사자가 주위적·예비적으로 순위를 붙여 청구하였고, 그에 대하여 제1심법원이 주위적 청구를 기각하고 예비적 청구만을 인용하는 판결을 선고하여 피고만이 항소를 제기한 경우에도, 항소심으로서는 두 청구 모두를 심판의 대상으로 삼아 판단하여야 한다[6](대판 2014.05.29. 2013다96868)."고 하여 상반된 입장이 있다. 그러나 최근의 判例는 "논리적으로 양립할 수 있는 수 개의 청구라고 하더라도, 주위적으로 재산상 손해배상을 청구하면서 그 손해가 인정되지 않을 경우에 예비적으로 같은 액수의 정신적 손해배상을 청구하는 것과 같이 수 개의 청구 사이에 논리적 관계가 밀접하고, 심판의 순위를 붙여 청구를 할 합리적 필요성이 있다고 인정되는 경우에는, 당사자가 붙인 순위에 따라서 당사자가 먼저 구하는 청구를 심리하여 이유가 없으면 다음 청구를 심리하는 이른바 부진정 예비적 병합 청구의 소도 허용된다(대판 2021.05.07. 2020다292411)."고 하고 있다.

2) 논리적 관련성

기초되는 사실관계가 관련되어 있어야 한다. 즉, 법률적·경제적으로 동일목적을 추구할 것을 요한다(일체성, 밀착성이 필요함). 따라서 주위적 청구와 전혀 관련성이 없는 예비적 청구는 부적법하다. 예를 들어 주위적 청구로 건축물 명도를 구하고 예비적 청구로 그와 관계없는 대여금 청구

---

[6] 병합의 형태가 선택적 병합인지 예비적 병합인지 여부는 당사자의 의사가 아닌 병합청구의 성질을 기준으로 판단하여야 한다. 원심판결 이유 및 기록에 의하면, 원고는 원심에서 손해배상에 관한 청구를 교환적으로 변경하면서 채무불이행을 원인으로 한 청구를 주위적으로, 불법행위를 원인으로 한 청구를 예비적으로 각각 구하였고, 원심도 원고가 붙인 심판의 순위에 따라 판단하였다. 그러나 위 두 청구는 그 청구 모두가 동일한 목적을 달성하기 위한 것으로서 어느 하나의 채권이 변제로 소멸한다면 나머지 채권도 그 목적 달성을 이유로 동시에 소멸하는 관계에 있으므로 선택적 병합 관계에 있음을 지적하여 둔다(대판 2018.02.28. 2013다26425).

를 구하는 경우를 들 수 있다. 이 경우 주위적 청구가 인용된 뒤에 원고는 다시 예비적 청구를 제기할 수 있으므로, 피고로서는 계속 분쟁을 해야 하는 불편함이 있다. 따라서 피고의 동의가 있는 경우는 별론으로 하고, 이러한 병합은 석명권을 행사하여 단순병합으로 보정하게 하는 조치가 필요하다. 判例도 "논리적으로 전혀 관계가 없어 순수하게 단순병합으로 구하여야 할 수개의 청구를 선택적 또는 예비적 청구로 병합하여 청구하는 것은 부적법하여 허용되지 않는다[7]. 따라서 원고가 그와 같은 형태로 소를 제기한 경우 제1심법원이 본안에 관하여 심리·판단하기 위해서는 소송지휘권을 적절히 행사하여 이를 단순병합 청구로 보정하게 하는 등의 조치를 취하여야 하는바, 법원이 이러한 조치를 취함이 없이 본안판결을 하면서 그 중 하나의 청구에 대하여만 심리·판단하여 이를 인용하고 나머지 청구에 대한 심리·판단을 모두 생략하는 내용의 판결을 하였다 하더라도 그로 인하여 청구의 병합형태가 선택적 또는 예비적 병합 관계로 바뀔 수는 없으므로, 이러한 판결에 대하여 피고만이 항소한 경우 제1심법원이 심리·판단하여 인용한 청구만이 항소심으로 이심될 뿐, 나머지 심리·판단하지 않은 청구는 여전히 제1심에 남아 있게 된다(대판 2008.12.11. 2005다51495)."고 하였다.

Ⅳ 병합청구의 절차와 심판

1. 소송목적의 값의 산정

단순병합의 경우에는 병합된 청구의 가액을 합산하나, 선택적·예비적 병합의 경우에는 합산하지 않고 중복청구 흡수의 법리에 따른다(제27조).

2. 병합요건의 조사

(1) 직권조사사항

병합요건의 흠결 시 변론을 분리하여 별소로 심판하여야 하는 것이 원칙이나, 병합된 청구 중 어느 하나가 다른 법원의 전속관할에 속하는 때에는 결정으로 이송하여야 한다(제34조).

(2) 소송요건의 조사

병합요건이 충족되었다면 각 청구에 대한 소송요건을 조사하여야 하며, 그 흠결 시 당해 청구에 관한 소를 판결로 각하하여야 한다.

3. 심리의 공통

(1) 동일절차 심판

병합된 수 개의 청구는 동일절차에서 심판된다. 따라서 변론이나 증거조사는 동일기일에 수 개에 대하여 공통으로 행하며, 여기에서 나타난 증거조사나 소송자료는 모든 청구에 대한 판단자료가 된다.

---

[7] 지식재산권 침해를 원인으로 한 손해배상청구에 대해 지식인격권 침해를 원인으로 한 손해배상청구를 예비적으로 추가한 사안이다.

(2) 변론의 제한과 변론의 분리

어느 하나의 청구에 대한 변론의 제한은 허용되나 변론의 분리는 단순병합에 한한다. 다만 선택적 병합의 경우 불가분적 결합이므로 이를 허용하지 않는 것이 통설, 판례의 태도이고, 예비적 병합[8]도 변론의 분리가 허용되지 않는다. 쟁점을 공통으로 하는 병합청구의 경우(관련적 병합)에는 중복심판과 재판의 모순저촉을 피하기 위해 단순병합의 경우에도 변론의 분리를 삼가야 한다.

4. 종국판결과 상소

(1) 단순병합

전부판결(제198조)하는 것이 원칙이므로 재판의 누락 시 추가판결의 대상이 된다(제212조). 병합된 청구 중 어느 하나의 청구가 판결하기에 성숙하였으면 일부판결이 가능하다(제200조). 다만 관련적 병합의 경우에는 변론의 분리·일부판결이 부적합하다. 통설·判例는 전부판결의 일부에 대하여 상소하면 모든 청구에 대해 확정차단·이심의 효력이 생긴다고 한다[9](대판 1956.04.16. 4288민상377, 상소불가분의 원칙).

(2) 선택적·예비적 병합의 경우

1) 변론의 분리 가부

선택적·예비적 병합의 경우에는 여러 개의 청구가 하나의 소송절차에 불가분적으로 결합되기 때문에 변론의 분리·일부판결을 할 수 없다는 견해가 통설·判例이다(대판 1998.07.24. 96다99).

2) 판단방법

1개의 전부판결을 요한다. 즉 선택적 병합의 경우에는 원고승소판결의 경우에는 이유 있는 청구 중 어느 하나를 선택하여 판단하면 되며 나머지 청구에 대해서는 심판을 요하지 않지만, 원고 패소판결의 경우에는 병합된 청구 전부에 대하여 배척하는 판단을 요한다[10]. 예비적 병합의 경우에는 주위적 청구가 인용되면 예비적 청구에 대해서는 심판할 필요가 없고, 주위적 청구를 기각하면 예비적 청구를 심판하여야 한다. 따라서 부동산실명법 시행 전·후의 계약명의신탁에

---

[8] 判例는 예비적 청구만을 분리하여 심판할 수 없으며, 피고로서도 예비적 청구에 관하여만 인낙을 할 수도 없고, 가사 인낙을 한 취지가 조서에 기재되었다 하더라도 그 인낙의 효력이 발생하지 아니한다고 본다(대판 1995.07.25. 94다62017).
[9] 다만 이에 대해서는 단순병합의 경우 상소 및 확정시기와의 관계에서는 각각 별개의 전부판결이 있다고 보아 상소 및 확정차단의 효력은 각별로 발생한다는 견해가 있다(김홍규·강태원).
[10] 청구의 선택적 병합은, 양립할 수 있는 여러 개의 청구권에 의하여 동일한 취지의 급부를 구하거나 양립할 수 있는 여러 개의 형성권에 기하여 동일한 형성적 효과를 구하는 경우에, 그 어느 한 청구가 인용될 것을 해제조건으로 하여 여러 개의 청구에 관한 심판을 구하는 병합 형태이다. 이와 같은 선택적 병합의 경우에는 여러 개의 청구가 하나의 소송절차에 불가분적으로 결합되어 있기 때문에, 선택적 청구 중 하나만을 기각하고 다른 선택적 청구에 대하여 아무런 판단을 하지 아니한 것은 위법하다. 선택적으로 병합된 수개의 청구를 모두 기각한 항소심판결에 대하여 원고가 상고한 경우에 상고법원이 선택적 청구 중 어느 하나의 청구에 관한 상고가 이유 있다고 인정할 때에는 원심판결을 전부 파기하여야 한다(대판 2017.10.26. 2015다42599).

의하여 각 부동산의 소유권을 취득한 피고(명의수탁자)를 상대로, 원고(명의신탁자)가 주위적으로 '명의신탁 이후에 이루어진 원고와 피고 사이의 반환약정'을 원인으로 한 소유권이전등기를, 예비적으로 '원고에게 피고의 직접점유를 매개로 한 간접점유가 인정되고, 그 간접점유에 기한 점유취득시효가 완성되었음'을 원인으로 한 소유권이전등기를 각 구하는 경우, '원고와 피고 사이에 이루어진 반환약정은 무효인 명의신탁약정이 유효함을 전제로 부동산 자체의 반환을 구하는 범주여서 위 반환약정도 무효'라고 보고, '각 부동산을 직접점유한 피고(명의수탁자)와 원고(명의신탁자) 사이에 점유매개관계를 인정할 수 없어 원고의 간접점유도 인정할 수 없다.'고 보아 원고(명의신탁자)의 주위적 청구 및 예비적 청구를 모두 기각하여야 한다(대판 2022.06.09. 2021다244617).

3) 판단누락
① 문제점
  선택적 병합에서 원고패소판결을 하면서 병합된 청구 중 어느 하나를 판단하지 않거나, 예비적 병합에서 주위적 청구를 먼저 판단하지 아니하거나 주위적 청구만을 배척하고 예비적 청구는 판단하지 않는 경우가 문제된다.

② 학 설
  학설은 예비적 병합의 경우 주위적 청구에 대한 기각판결로 이미 해제조건불성취로 확정되었으므로 법원이 추가판결을 하는 데에 아무런 지장이 없다는 점에서 일부판결로 보아 추가판결해야 한다는 재판누락설도 있으나, 청구가 불가분적으로 연관되고 판결모순방지를 위해 일부판결이 불허된다는 점에서 재판누락이 있을 수 없으므로 추가판결로 해결할 수 없고 판단누락의 일종 즉, 하자있는 판결로 보아 상소(제424조 1항 6호) 또는 재심(제451조 1항 9호)으로 그 취소를 구하여야 한다는 판단누락설이 통설이다.

③ 판 례
  선택적 병합의 경우는 판단누락을 전제로 원고가 이와 같은 판결에 대해 항소하면 청구 전부가 확정이 차단되고 항소심으로 이심되고 재판누락은 아니라고 보며(대판 1998.07.24. 96다99), 예비적 병합의 경우 판단누락설(대판 2000.01.21. 99다50422), 재판누락설(대판 1992.10.13. 92다18283) 입장이 모두 있었으나, "그 판결에 대한 상소가 제기되면 판단이 누락된 예비적 청구 부분도 상소심으로 이심이 되고 그 부분이 재판의 누락에 해당하여 원심에 계속 중이라고 볼 것은 아니다(대법(전) 2000.11.16. 98다22253]."라고 하여 판단누락설로 입장을 정리하였다. 최근에도 "예비적 병합의 경우에는 수 개의 청구가 하나의 소송절차에 불가분적으로 결합되어 있기 때문에 주위적 청구를 먼저 판단하지 않고 예비적 청구만을 인용하거나 주위적 청구만을 배척하고 예비적 청구에 대하여 판단하지 않는 등의 일부판결은 예비적 병합의 성질에 반하는 것으로서 법률상 허용되지 않는다. 그런데도 주위적 청구를 배척하면서 예비적 청구에 대하여 판단하지 않은 판결을 한 경우에는 그 판결에 대한 상소가 제기되면 판단이 누락된 예비적 청구 부분도 상소심으로 이심이 되고 그 부분이 재판의 누락에 해당하여 원심에 계속 중이라고 볼 것은 아니다. 이러한 법리는 부진정 예비적 병합의 경우에도 달리 볼 이유가 없다(대판 2021.05.07. 2020다292411)."고 하여 판단누락설의

입장이다.

④ 항소심의 판결

하나의 전부판결로 보고 이를 항소에 의해 해결한다고 하더라도, 예비적 청구에 대해서는 원심의 판단이 없었다는 점에서 원고의 심급의 이익을 해치게 되고 따라서 원심에서 사건 전체를 다시 심판할 수 있도록 원심에 환송하여야 한다는 임의적 **환송설**이 있다. 하지만, 예비적 청구에 대하여 판단하지 않은 판결도 전부판결로 보아 판단하지 아니한 예비적 청구부분에 대해서도 당연히 이심의 효력이 생기므로 항소심에서 원심판결을 취소하고 청구의 전부에 대하여 판단하여야 한다는 **취소자판설**의 태도가 통설·判例이다. 민사소송의 항소심은 속심구조이어서 취소자판이 원칙이고, 민사소송법은 소송요건을 흠결하여 부적법각하한 제1심 판결을 취소하는 경우에만 심급의 이익을 위해 필수적으로 환송(민소법 제418조)하도록 하고 있어 임의적 환송제도를 인정할 여지가 없고, 소송경제의 측면에서도 취소자판설이 타당하다.

4) 주위적 청구가 확정된 경우에 누락한 예비적 청구에 대한 별소 제기의 가부[11]

判例는 "판결이 확정되면 판단하지 아니한 청구부분에 관하여는 기판력은 생기지 아니하나, 그 흠을 상소심절차를 이용하여 시정할 수 있었으므로, 그렇지 아니하고 별소를 제기하는 것은 권리보호의 이익이 없어 부적법하다(대판 2002.09.04. 98다17145)."고 하였다.

(3) 항소심의 심판대상

1) 선택적 병합의 경우

① 하나의 청구가 인용된 경우

어느 하나의 청구를 인용한 판결에 대해 항소한 경우에도 모든 청구가 확정차단 되고 이심된다. 이 경우 항소심이 제1심이 인용한 청구는 이유가 없고 다른 청구가 이유 있다고 판단하였다 하여도 항소를 기각하고 제1심판결을 유지해야 한다는 것이 학설의 일반적인 입장이다(항소기각설, 제414조 2항). 그러나 判例는 이 경우 "심리한 결과 다른 청구가 이유 있다고 인정되고 그 결론이 제1심판결의 주문과 동일한 경우에도 피고의 항소를 기각하여서는 안 되며 제1심판결을 취소한 다음 새로이 청구를 인용하는 주문을 선고하여야 할 것이다."고 하여 학설과 반대의 입장이다 (대판 1992.09.14. 92다7023, 항소인용설, 제416조).

② 양 청구가 모두 기각된 경우

제1심에서 원고의 청구가 기각되어 원고가 항소한 다음 항소심에서 청구를 선택적으로 병합한 경우에는 제1심에서 수개의 청구가 선택적으로 병합되었다가 그 청구가 모두 이유 없다고 인정되어 청구기각 판결이 선고되고 이에 원고가 항소한 경우와 마찬가지로 법원은 병합된 수개의 청구 중 어느 하나의 청구를 선택하여 심리할 수 있고, 제1심에서 기각된 청구를 먼저 심리할 필

---

11) 학설은 ① 이는 권리보호이익을 부당하게 확대적용 하는 것이므로 별소를 허용해야 한다는 견해(호문혁 709면)도 있으나 ② 예비적 병합청구의 경우에 일부에 대한 판단을 누락한 것을 판단누락에 준하는 것으로 보아 그 흠을 상소로써만 고칠 수 있다고 본다면, 판례의 입장이 논리일관된 것으로 보인다는 견해(유병현 고시계 2004/4 272면, 정동윤·유병현 857면)가 타당하다고 본다.

요는 없으며, 어느 한 개의 청구를 심리한 결과 그 청구가 이유 있다고 인정될 경우에는 원고의 청구를 기각한 제1심 판결을 취소하고 이유 있다고 인정되는 청구를 인용하는 주문을 선고하여야 한다(대판 1993.10.26. 93다6669).

2) 예비적 병합의 경우

① 주위적 청구기각, 예비적 청구기각의 경우

이 경우 항소의 이익이 있는 것은 원고 만이므로 항소심 법원은 원고가 불복신청 한 청구만을 심판할 수 있다(대판 1967.09.05. 67다1323 등).

② 주위적청구인용판결의 경우

피고가 주위적 청구에 대해 항소하면 상소불가분의 원칙상 주위적 청구, 예비적 청구 모두 항소심으로 이심이 된다. 이 경우 예비적 청구는 주위적 청구의 인용을 해제조건으로 하여 소급적으로 소멸할 뿐이므로, 처분권주의 즉 불이익변경금지원칙상 피고의 불복대상은 어디까지나 주위적 청구부분이므로 항소심이 주위적 청구에 대해 이유 없다는 판단을 하여 주위적 청구에 대한 판결을 취소, 청구를 기각하는 경우, 예비적 청구에 대해서는 판단을 할 수 없다고 생각할 수 있다. 하지만 이 경우 원고로서는 주위적 청구가 인정되지 않는 경우에 대비하여 예비적 청구를 하는 것이고, 주위적 청구가 인정되지 않는 경우에 예비적 청구에 대하여 심판받기를 바라는 것이므로 당연히(즉 피항소인의 부대항소를 요하지 않고) 예비적 청구가 현실적인 심판의 대상이 될 수 있다는 것이 통설, 判例의 태도이다(대판(전) 2000.11.16. 98다22253 등).

③ 주위적 청구기각·예비적 청구인용의 판결에 피고만이 그 패소부분에 상소하는 경우

제1심에서 주위적 청구를 기각하고 예비적 청구를 인용한 판결에 대하여 피고만이 항소한 때에는, 이심의 효력은 사건 전체에 미치더라도 원고로부터 부대항소가 없는 한 항소심의 심판대상으로 되는 것은 예비적 청구에 국한 된다(주위적청구비심판설[12][13]). 다만 원고의 부대항소의사를 의제하여 심판대상으로 하자는 주위적청구심판설도 있다. 불이익변경금지원칙은 처분권주의에 바탕을 원칙이므로, 이를 관철하는 주위적청구비심판설이 기본적으로 타당하다. 다만 부당한 결과는 석명권을 행사하여 시정할 수 있다고 본다.

---

[12] 이 경우 통설은 원고의 부대항소가 없는 이상, 불이익변경금지의 원칙으로 인해 주위적 청구는 항소심의 심판대상이 되지 않는다고 본다. 따라서 이에 의한다면 원고의 부대항소가 없는 이상 제1심판결 중 예비적 청구 부분만을 취소하고, 그 부분을 기각하는 판결을 하여야 한다고 본다(즉 이 경우 주문은 '원판결 가운데 피고 패소 부분을 취소한다. 위 취소부분에 해당하는 원고의 청구를 기각한다'는 것이 된다). 따라서 주위적 청구, 예비적 청구 모두 기각되게 된다.

[13] 원고의 주위적 청구를 기각하면서 예비적 청구를 일부 인용한 환송 전 항소심판결에 대하여 피고만이 상고하고 원고는 상고도 부대상고도 하지 않은 경우에, 주위적 청구에 대한 항소심판단의 적부는 상고심의 조사대상으로 되지 아니하고 환송 전 항소심판결의 예비적 청구 중 피고 패소 부분만이 상고심의 심판대상이 되는 것이므로, 피고의 상고에 이유가 있는 때에는 상고심은 환송 전 항소심판결 중 예비적 청구에 관한 피고 패소 부분만 파기하여야 하고, 파기환송의 대상이 되지 아니한 주위적 청구부분은 예비적 청구에 관한 파기환송판결의 선고와 동시에 확정되며 그 결과 환송 후 원심에서의 심판범위는 예비적 청구 중 피고 패소 부분에 한정된다(대판 2001.12.24. 2001다62213).

■ 대판 2002.09.04. 98다17145 - 예비적 청구의 간과에 대한 제문제

1. 재판요지

[1] 구체적 사건의 어느 청구에 대하여 법원이 전혀 판단을 하지 않았다면 그 부분에 한하여서는 기판력이 생길 수 없는 것이므로, 전 소송의 환송 후 항소심판결의 주문기재에서나 이유기재에서나 예비적 청구 기각의 판단이 명시되지 아니하였음에도 후 소송의 원심이 그 판결에 그 예비적 청구를 기각한 판단이 있었다고 보아 전 소송의 환송 후 항소심판결이 확정되어 그 청구에 관한 판단의 기판력이 생겼다고 전제한 다음, 그 판결의 기판력이 소송물을 같이 하는 후 소송에도 미치게 된다고 판단한 데에는 필요한 심리를 다하지 않았거나 기판력에 관한 위에서 본 법리를 오해한 잘못이 있다.

[2] 어느 분쟁해결을 위하여 적정한 판단을 받을 수 있도록 마련된 보다 더 간편한 절차를 이용할 수 있었음에도 그 절차를 이용하지 않았다는 사정은 소송제기에 있어 소극적 권리보호요건인 직권조사사항이라 할 것이다.

[3] 위법한 판결로 인하여 불이익을 받게 된 당사자는 별소를 제기할 필요가 없이 간편하게 그 소송절차 내에서 상소를 통하여 그 분쟁해결을 위한 적정한 판단을 구할 길이 열려져 있으며 또한 소송경제에 맞는 그 방법을 통하여서만 사실심인 하급심판결에 대하여 새로 올바른 판단을 받도록 마련되어 있는 것이기에, 하급심의 판결에 위법한 오류가 있음을 알게 된 당사자가 그를 시정하기 위한 상소절차를 이용할 수 있었음에도 그를 이용하지 아니하고 당연무효가 아닌 그 판결을 확정시켰다면 그 판결은 위법한 오류가 있는 그대로 확정됨과 동시에 당사자로서는 그 단계에서 주어진 보다 더 간편한 분쟁해결수단인 상소절차 이용권을 스스로 포기한 것이 되어, 그 후에는 상소로 다투었어야 할 그 분쟁을 별소로 다시 제기하는 것은 특별한 사정이 없는 한, 그의 권리보호를 위한 적법요건을 갖추지 못한 때문에 허용될 수 없다.

[4] <u>주위적 청구를 배척하면서 예비적 청구에 대하여 판단하지 아니한 판결은 예비적 병합의 제도취지에 반하여 위법하게 되고 상고에 의하여 주위적 청구와 예비적 청구가 함께 상고심에 이심되는 것이며 예비적 청구부분의 소송의 재판 탈루(누락)가 되는 것은 아니다.</u>

[5] <u>항소심판결이 예비적 청구 부분에 관하여 전혀 판단하지 아니하였다면 당사자는 그 판결에 대하여 불복 상고하여 그 위법 부분의 시정을 받아야 하며, 당사자가 상고하여 그 예비적 청구에 대한 항소심의 판단이 누락되었다는 위법사유를 지적하였음에도 법률심인 상고심에서도 법률관계상의 그 쟁점에 관한 판단을 빠뜨림으로써 그 오류가 시정되지 않은 채 상고심판결이 확정되면 당사자는 재심사유를 주장·입증하여 그 상고심판결에 대한 재심을 구하는 길만이 남게 된다.</u>

[6] <u>성질상 선택적 관계에 있는 양 청구를 당사자가 주위적, 예비적 청구 병합의 형태로 제소함에 의하여 그 소송심판의 순위와 범위를 한정하여 청구하는 이른바, 부진정 예비적 병합 청구의 소도 허용되는 것이다.</u>

[7] <u>주위적 청구가 전부 인용되지 않을 경우에는 주위적 청구에서 인용되지 아니한 수액 범위 내에서의 예비적 청구에 대해서도 판단하여 주기를 바라는 취지로 불가분적으로 결합시켜 제소할 수도 있는 것이다.</u>

[8] <u>항소심 판결상 예비적 청구에 관하여 이루어져야 할 판단이 누락되었음을 알게 된 당사자로서는 상고를 통하여 그 오류의 시정을 구하였어야 함에도 상고로 다툴 수 없는 특별한 사정이 없음에도 상고로 다투지 아니하여 그 항소심판결을 확정시켰다면 그 후에는 그 예비적 청구의 전부나 일부를 소송물로 하는 별도의 소송을 새로 제기함은 부적법한 소제기이어서 허용되지 않는다.</u>

2. 판례의 입장 요약

이 경우 판례의 입장은 "판결이 확정되면 판단하지 아니한 청구부분에 관하여는 기판력은 생기지 아니하나, 그 흠을 상소심절차를 이용하여 시정할 수 있었으므로, 그렇지 아니하고 별소를 제기하는 것은 권리보호의 이익이 없어 부적법하다"는 것으로 요약된다고 봅니다.

제2절 청구의 변경

> 제262조(청구의 변경) ① 원고는 청구의 기초가 바뀌지 아니하는 한도안에서 변론을 종결할 때(변론 없이 한 판결의 경우에는 판결을 선고할 때)까지 청구의 취지 또는 원인을 바꿀 수 있다. 다만, 소송절차를 현저히 지연시키는 경우에는 그러하지 아니하다.
> ② 청구"취지"의 변경은 서면으로 신청하여야 한다.
> ③ 제2항의 서면은 상대방에게 송달하여야 한다.

I 서 설

1. 의의 및 취지

(1) 의 의

청구의 변경이란 소의 변경 즉 소송물의 변경을 말한다(제262조).

(2) 취 지

청구의 변경을 인정하는 이유는 소송경제의 도모, 원고 측의 편의, 피고 측의 방어권보장의 조화를 위한 것이 그 취지이다.

2. 청구취지의 변경

(1) 원 칙

청구취지의 변경은 원칙적으로 청구의 변경이 된다.

(2) 심판범위를 변경하는 경우에는 문제가 있다.

1) 청구취지 확장의 경우

청구의 원인에 변경이 없음을 근거로 또는 이행명령의 상한의 변동에 지나지 않음을 이유로 소의 변경이 아니라는 견해(일부청구부인설)도 있으나, 일부청구에서 전부청구로 확장될 때에는 소송물의 변동이 생기므로, 소의 추가적 변경으로 볼 것이다(통설).

2) 청구취지 감축의 경우

금전청구에서 양적으로 일부 줄이는 경우나, 단순이행청구에서 상환이행청구로 질적으로 축소하는 경우까지 포함한다. 특히 이 경우 감축된 한도에서 일부취하로 볼 것인지, 일부포기로 볼 것인지 문제되지만, 원고의 의사가 불분명한 경우 원고에게 유리하게 소의 일부취하로 볼 것이다(대판 1983.08.23. 83다카450). 청구의 감축은 소의 일부취하로 해석되므로 상대방의 동의를 받아야 효력을 가지며(대판 2005.07.14. 2005다19477), 말로 할 수 있다(제266조).

3) 청구취지의 보충, 정정

소장에서 심판을 구하는 대상이 불분명한 경우 이를 명확하게 하기 위하여 청구취지를 보충, 정정하는 것은 청구의 변경에 해당하지 않는다. 判例도 "청구취지기재 자체만으로 보아서는 당사자가 주장하는 소송물인지 분명하지 아니하나 청구원인으로써 당사자가 소송물인 점을 주장하고 있다면, 법원은 청구취지가 청구원인 사실에서 주장하는 것과 같은지를 해명하여야 할 것이고, 뒤에 청구취지를 청구원인 사실대로 변경하여 명확히 한때에는 새로운 청구라고 볼 수는 없다(대판 1982.09.28. 81누106)."고 한다.

3. 청구원인의 변경

구소송물이론에 의할 때 소의 변경이 되지만, 신소송물이론에 의할 때는 공격방어방법의 변경에 불과하다고 할 것이다.

4. 공격방어방법의 변경

원고가 동일한 청구를 유지하면서 그 청구를 이유 있게 하는 공격방법을 바꾸는 것은 청구의 변경이 아니다. 이러한 공격방법의 변경에는 청구의 변경에서와 같은 제약이 없다. 따라서 가등기에 기한 본등기청구를 하면서 그 등기원인을 매매예약완결이라고 주장하는 한편 위 가등기의 피담보채권을 처음에는 대여금채권이라고 주장하였다가 나중에는 손해배상채권이라고 주장한 경우 가등기에 기한 본등기청구의 등기원인은 위 주장의 변경에 관계없이 매매예약완결이므로 등기원인에 변경이 없어 청구의 변경에 해당하지 아니하고, 위 가등기로 담보되는 채권이 무엇인지는 공격방어방법에 불과하다(대판 1992.06.12. 92다11848).

II 모 습

1. 교환적 변경

(1) 의 의

청구의 교환적 변경이라 함은 구청구에 갈음하여 신청구를 제기하는 경우를 이른다(제262조 제1항).

(2) 법적 성질

통설(결합설)[14]은 청구의 교환적 변경은 독자적 소변경형태가 아니고 신청구제기·구청구취하의 성질을 가진다고 한다[15]. 判例도 "소의 교환적 변경은 신 청구의 추가적 병합과 구 청구

---

14) 행정소송법상 취소소송은 처분 등이 있음을 안 날부터 90일 이내에 제기하여야 하고, 처분 등이 있은 날부터 1년을 경과하면 제기하지 못한다(행정소송법 제20조 제1항, 제2항). 그리고 청구취지를 변경하여 구소가 취하되고 새로운 소가 제기된 것으로 변경되었을 때에 새로운 소에 대한 제소기간의 준수 등은 원칙적으로 소의 변경이 있은 때를 기준으로 하여야 한다(대판 2019.07.04. 2018두58431).
15) 유력설(고유의 소변경설, 독자제도설)은 청구의 교환적 변경은 법 제262조상의 요건과 효과가 규율되는 청구의 변경의 한 형태일 뿐이지, 명문의 규정도 없이 신청구제기·구청구취하의 성질을 가진다고 하는 것은 잘못되었

의 취하의 결합형태로 볼 것이므로 본안에 대한 종국판결이 있은 후 구 청구를 신 청구로 교환적 변경을 한 다음 다시 본래의 구 청구로 교환적 변경을 한 경우에는 종국판결이 있은 후 소를 취하하였다가 동일한 소를 다시 제기한 경우에 해당하여 부적법하다(대판 1981.11.10. 87다카1405 등)."고 하여 결합설의 입장이다. 따라서 행정소송법상 취소소송은 처분 등이 있음을 안 날부터 90일 이내에 제기하여야 하고, 처분 등이 있은 날부터 1년을 경과 하면 제기하지 못하고(행정소송법 제20조 제1항, 제2항), 청구취지를 변경하여 구소가 취하되고 새로운 소가 제기된 것으로 변경되었을 때에 새로운 소에 대한 제소기간의 준수 등은 원칙적으로 소의 변경이 있은 때를 기준으로 하여야 한다(대판 2019.07.04. 2018두58431).

(3) 교환적 변경의 경우에 피고의 동의여부

判例는 "광업권의 공유지분권의 확인청구나 그 광업권을 처분하므로 생긴 손해배상청구는 같은 광업권의 공유관계에서 발생한 권리관계로서 청구의 기초에 변경이 없으므로 소취하에 준하여 피고의 동의를 얻을 필요가 없다(대판 1962.01.31. 4294민상310)."고 하여 동의불요설의 입장이다. 그러나 동의필요설은 제266조 제2항의 규정상 피고의 동의를 요하는 것이 논리적이며, 만약 이를 요하지 않으면 피고의 구청구에 대한 기각판결을 받을 이익을 도외시하는 결과가 된다고 한다. 이에 의하면 동의를 얻지 못한 경우는 청구의 추가적 변경이 된다고 한다(이시윤 등).

2. 추가적 변경

구청구를 유지하면서 신청구를 추가 제기하는 것을 말한다. 단순 병합, 선택적 병합, 예비적 병합16)의 형태로 추가적 병합이 행해진다. 추가적 변경에 의하여 소송목적의 값이 단독판사의 사물관할을 초과하는 때에는 이를 합의부로 이송하여야 한다(제269조 2항 유추적용).

3. 변경형태가 불분명한 경우

청구의 변경이 교환적 변경인가 추가적 변경인가는 당사자의 의사해석에 의하여 정하여야 하는바, 당사자가 종전 청구를 취하한다는 명백한 표시 없이 새로운 청구취지를 항소장 등에 기재하는 등으로 변경의 형태가 불분명할 경우에는 법원으로서는 그 변경의 의사가 교환적인가 추가적인가 또 후자 중에서도 예비적인가 선택적인가의 점에 대하여 석명할 의무가 있으므로(대판 2003.01.10. 2002다41435), 이를 하지 않은 채 교환적 변경이라고 단정함은 위법이다(대판 1995.05.12. 94다6802). 判例도 "소의 변경이 교환적인가 추가적인가 또는 선택적인가의 여부는 기본적으로 당사자의 의사해석에 의할 것이므로 당사자가 구 청구를 취하한다는 명백한 표시 없이 새로운 청구로 변경하는 등으로 그 변경형태가 불분명한 경우에는 사실심법원으로서는 과연 청구변경의

다고 한다(호문혁).
16) 원고 패소의 제1심판결에 대하여 원고가 항소한 후 항소심에서 예비적 청구를 추가하면 항소심이 종래의 주위적 청구에 대한 항소가 이유 없다고 판단한 경우에는 예비적 청구에 대하여 제1심으로 판단하여야 한다. 한편 예비적 병합의 경우에는 수개의 청구가 하나의 소송절차에 불가분적으로 결합되어 있기 때문에 주위적 청구를 배척하면서 예비적 청구에 대하여 판단하지 아니한 경우 그 판결에 대한 상소가 제기되면 판단이 누락된 예비적 청구 부분도 상소심으로 이심이 되고 그 부분이 재판의 탈루에 해당하여 원심에 계속 중이라고 볼 것은 아니다(대판 2017.03.30. 2016다253297).

취지가 교환적인가 추가적인가 또는 선택적인가의 점을 석명할 의무가 있다(대판 2013.10.24. 2010다90661·90678).".고 한다.

III 요 건

1. 사실심에 계속되고 변론종결 전일 것

(1) 내 용

소장부본이 피고에게 송달되기 전이면 소송계속전이기 때문에 원고는 자유롭게 소장의 기재를 보충·정정할 수 있다. 변론종결한 뒤의 청구의 변경은 원칙적으로 허용되지 아니하며, 이 경우에 법원이 변론을 재개할 필요가 없다(대판 1970.11.24. 70다1501).

(2) 상고심과 항소심

상고심에서는 청구의 변경이 허용되지 않지만(대판 1992.02.11. 91누4126), 항소심에서는 상대방의 동의 없이 청구의 변경을 할 수 있다(대판 1963.12.12. 63다689).

(3) 항소심에서의 사물관할 변경

지방법원 본원 합의부가 지방법원 단독판사의 판결에 대한 항소사건을 제2심(항소심)으로 심판하는 도중에 지방법원 합의부의 관할에 속하는 소송이 새로 추가되거나 그러한 소송으로 청구가 변경되었다고 하더라도, 심급관할은 제1심 법원의 존재에 의하여 결정되는 전속관할이어서 이미 정하여진 항소심의 관할에는 영향이 없는 것이므로, 추가되거나 변경된 청구에 대하여도 그대로 심판할 수 있다(대판 1992.05.12. 92다2066).

(4) 항소심에서 청구의 교환적 변경

제1심에서 본안판결이 난 후에 항소심에서 구청구를 신청구로 교환적 변경을 하고 나서 다시 구청구로 교환적 변경을 하면 재소금지에 해당되어 부적법하다(대판 1967.10.10. 67다1548, 결합설). 항소심에서 교환적 변경이 있으면 변경된 신청구에 대하여 사실상 제1심으로 심판한다(대판 2009.02.26. 2007다83908). 따라서 변경된 신청구에 대하여 '청구인용·기각을 하여야 하지, 항소인용·기각' 하면 아니 된다. 그리고 제1심에서 적법하게 반소를 제기하였던 당사자가 항소심에서 반소를 교환적으로 변경하는 경우에 변경된 청구와 종전 청구가 실질적인 쟁점이 동일하여 청구의 기초에 변경이 없으면 그와 같은 청구의 변경도 허용된다(대판 2012.03.29. 2010다28338·28345).

■ 항소심에서 청구의 변경이 있는 경우의 주문 표시

항소심에 이르러 소가 교환적으로 변경된 경우에는 구 청구는 취하되어 그에 해당하는 제1심판결은 실효되고 신 청구만이 항소심의 심판대상이 되는 것이므로, 제1심이 원고의 청구를 일부 인용한 데 대하여 쌍방이 항소하였고, 항소심이 제1심이 인용한 금액보다 추가로 인용하는 경우, 항소심은 제1심판결 중 항소심이 추가로 인용하는 부분에 해당하는 원고 패소부분을 취소한다거나 피고의 항소를 기각한다는 주문표시를 하여서는 아니 된다(대판 2009.02.26. 2007다83908). 그리고 항소심에 이르러 새로운 청구가 추가된 경우 항소심은 추가된 청구에 대해서는 실질상 제1심으로서 재판하여야 한다. 제1심이 기존의 청구를 기각한 데 대하여 원고가 항소하였고 항소심이 기존의 청구와 항소심에서 추가된 청구를 모두 배척할 경우 단순히 "원고의 항소를 기각한다."라는 주문 표시만 해서는 안 되고, 이와 함께 항소심에서 추가된 청구에 대하여 "원고의 청구를 기각한다."라는 주문 표시를 해야 한다(대판 2021.05.07. 2020다292411). 또한 원고 패소의 제1심판결에 대하여 원고가 항소한 후 항소심에서 예비적 청구를 추가하면 항소심이 종래의 주위적 청구에 대한 항소가 이유 없다고 판단한 경우에는 예비적 청구에 대하여 제1심으로서 판단하여야 한다(대판 2017.03.30. 2016다253297).

2. 청구의 기초가 바뀌지 아니할 것(청구기초의 동일성)

(1) 판단기준

현행법은 이를 청구의 기초가 바뀌지 아니하는 한도라고 규정하고 있는 바, 그 동일성의 의미가 무엇인지 문제 된다. 判例는 "동일한 경제적 이익에 관한 분쟁에 있어서 해결방법을 달리하고 있을 뿐이어서 청구의 기초에 변경이 있다고 볼 수 없다(대판 1990.01.12. 88다카24622)."고 하여 이익설에 접근하고 있으나, "약속어음금청구와 전화가입명의변경신청은 그 급부의 목적물이 전혀 다를 뿐만 아니라 두 청구를 심판할 사실자료도 아무 공통성이 없는 것이어서 청구의 기초에 변경이 있는 것이라고 아니할 수 없다(대판 1964.09.22. 64다480)."고 하여 사실자료동일설에 가까운 예도 발견된다.

(2) 청구기초 동일성의 유형화(이시윤)

1) 청구의 원인은 동일한데 청구의 취지만을 변경한 경우

같은 지상의 방해물철거를 구하면서 대상만을 달리하는 경우(대판 1962.04.18. 4294민상1145), 이전등기말소청구에 명도청구의 추가(대판 1992.10.23. 92다29662), 동일 원인에 기한 청구취지의 확장(대판 1984.02.14. 83다카514) 등.

2) 동일한 목적의 청구인데, 법률적 구성을 달리하는 경우(불법행위청구에서 채무불이행청구로 변경하는 경우)

이 경우 구이론은 청구의 변경이 되지만, 신이론은 공격방법의 변경에 그친다.

3) 신·구청구 중 한 쪽이 다른 쪽의 변형물·부수물인 경우

목적물인도(또는 이전등기)를 구하다가 이행불능을 원인으로 전보배상청구를 하는 경우(대판 1965.01.26. 64다1391), 가옥명도청구에다 임대료 상당의 손해배상금을 추가하는 경우(대판 1964.05.26. 63다973) 등.

4) 같은 생활사실·경제이익에 관한 것인데 분쟁의 해결방법을 달리하는 경우

매매계약에 기한 이전등기청구에서 계약해제로 인한 계약금반환청구로(대판 1972.06.27. 72다546), 원인무효로 인한 말소등기청구에서 명의신탁해지로 인한 이전등기청구나 그 반대의 경우(대판 2001.03.13. 99다11328), 어음·수표금 청구에서 그 어음·수표의 위조작성을 들어 손해배상청구로(대판 1966.10.21. 64다1102), 이전등기청구를 원고의 매수를 원인으로 구하다가 채권자대위권에 기한 대위청구로 바꾸거나 그 반대의 경우(대판 1971.10.11. 71다1805).

(3) 사익적 요건

피고의 방어목표가 예상 밖으로 변경되어 입는 불이익을 보호하기 위한 것으로 보아 사익적 요건이다. 따라서 피고가 소의 변경에 동의하거나 이의 없이 본안 변론을 하는 경우에는 이 요건을 갖추지 아니하여도 소의 변경을 허용해야 한다(대판 2011.02.24. 2009다33655).

3. 소송절차를 현저히 지연시키지 않을 것

(1) 공익적 요건

청구의 기초에 변경이 없어도 구청구에 대한 심리를 마치고 신청구에 대하여 새로운 사실관계의 심리와 새로이 특단의 소송자료의 제출을 필요로 하는 경우는 청구의 변경보다도 별도의 소에 의하게 하려는 취지이다. 이 요건은 청구의 기초의 동일성과 달리 공익적 요건에 해당하기 때문에 피고의 이의가 없어도 직권조사를 요한다. 다만, 청구에 관한 이의의 소와 같이 별도의 소를 금하는 경우(민사집행법 제44조 제3항)에는 절차를 지연시킬 경우에도 예외적으로 청구의 변경을 허용할 것이다.

(2) 判例

새로운 청구를 위해 종전의 소송자료를 대부분 이용할 수 있는 경우는 절차지연에 해당하지 않는다(대판 1998.04.28. 97다44416).

4. 소의 병합의 일반요건을 갖출 것

신·구청구가 같은 종류의 소송절차에 의하여 심판될 수 있어야 한다(제253조). 따라서 가압류·가처분사건에서 본안소송으로의 변경은 허용될 수 없다. 재심의 소를 통상의 소로 변경하거나 그 반대의 경우도 다른 종류의 절차이므로 허용되지 않는다[17](대판 1959.09.24. 4291민상318).

Ⅳ 절 차

1. 원고의 신청

청구의 변경은 처분권주의의 원칙상 원고의 신청에 의하여야 한다. 다만 최근에는 관련분쟁의 일회적 해결이라는 관점에서 청구의 변경을 시사하는 적극적 석명을 강조하는 견해가 유력하다.

2. 방 식

청구의 변경은 소송중의 소의 하나이므로 서면(청구변경신청서)에 의하여야 한다. 민소법 제262조 2항은 청구취지의 변경에 한해서만 서면에 의하도록 규정하고 있으므로 그 반대해석으로 청구원인은 말로 변경할 수 있는지가 문제되나, 判例는 말로 해도 무방하다고 판시한다(대판 1961.10.19. 4293민상531, 구술설). 그러나 내용이 복잡한 경우에는 서면에 의하도록 권유하는 것이 바람직할 것이다. 말로 청구원인을 변경함에 있어서 상대방이 반드시 출석해 있어야 하는지는 문제이나 반드시 출석을 필요로 한다고 보아야 할 것이다(법원실무제요[Ⅱ], 739면). 따라서 피고가 불출석

---

[17] 통상적 소와 재심의 소를 비교하건대 재심의 소의 방식이 통상적 소의 방식과 다를 뿐 아니라 재심의 소는 확정된 종국판결이 있음을 전제로 하고 법률의 정하는 재심사유가 있는 경우에 한하여 법정기간내에 제소됨을 요하는 것으로서 통상적 소와는 그 성질을 달리하므로 재심의 소를 통상적 소로 변경하거나 반대로 통상적 소를 재심의 소로 변경할 수는 없다고 해석함이 타당하다(대판 1959.09.24. 4291민상318).

상태에서 원고가 말로 청구원인을 변경한 다음 법원이 피고에게 이에 대한 방어의 기회를 주지 않고 변론을 종결하는 것은 위법하다고 보아야 한다(대판 1989.06.13. 88다카19231). 서면요구의 취지는 주로 피고의 방어의 범위를 명확히 하려는데 있으므로, 구술로 한 경우라도 피고의 이의권의 상실로 그 하자는 치유 된다(대판 1982.07.13. 82다카262). 청구변경의 서면은 신청구의 소장에 해당하므로, 상대방에게 송달하여야 한다(제262조 3항). 새로운 소장에 해당하는 변경서를 상대방에게 송달하거나 변론기일에 이를 교부한 때에 신청구에 대해 소송계속의 효력이 발생한다(대판 1992.05.22. 91다41187). 소 변경에 의한 시효중단·기간준수의 효과는 소변경서를 법원에 제출하였을 때 발생 한다[18](제265조). 원고의 청구원인 변경에 대해서는 피고에게 방어의 기회를 주어야 하며, 그렇지 않으면 절차권 침해로 위법이 된다(대판 1989.06.13. 88다카19231).

3. 인지액 산정

청구의 확장이나 추가적 변경을 내용으로 하는 신청서에는 확장 이후의 총소송목적의 값에 의한 인지액과 종전 인지액과의 차액에 해당하는 인지를 추가로 붙여야한다(민사소송등인지법 제5조). 이와 같이 인지액을 상호 비교하여 차액을 계산하여야지 소송목적의 값을 비교한 차액__을 기준으로 인지액을 계산하면 안 된다.

V 심 판

1. 청구변경의 부적법

> 제263조(청구의 변경의 불허가) 법원이 청구의 취지 또는 원인의 변경이 옳지 아니하다고 인정한 때에는 직권으로 또는 상대방의 신청에 따라 변경을 허가하지 아니하는 결정을 하여야 한다.

법원이 청구의 취지 또는 원인의 변경이 옳지 아니하다고 인정한 때에는 <u>직권으로</u> 또는 <u>상대방의 신청에 따라</u> 변경을 허가하지 아니하는 결정을 <u>하여야 한다</u>(제263조). 다만 청구취지변경을 불허한 결정에 대하여는 독립하여 항고할 수 없고 종국판결에 대한 상소로써만 다툴 수 있다(대판 1992.09.25. 92누5096). 항소심이 제1심의 청구변경불허결정을 부당하다고 보면 원결정을 명시적·묵시적으로 취소하고 변경을 허용하여 신청구에 대하여 심리를 개시할 수 있다. 경우에 따라 제1심으로 임의적 환송을 할 수 있다는 견해가 있으나(이영섭, 방순원), 현행법은 임의적 환송을 인정하지

---

18) [1] 주주총회결의 취소의 소는 상법 제376조 제1항에 따라 그 결의의 날로부터 2개월 내에 제기하여야 하고, 이 기간이 지난 후에 제기된 소는 부적법하다. 그리고 <u>주주총회에서 여러 개의 안건이 상정되어 각기 결의가 행하여진 경우 위 제소기간의 준수 여부는 각 안건에 대한 결의마다 별도로 판단되어야 한다</u>. [2] 임시주주총회에서 이루어진 여러 안건에 대한 결의 중 이사선임결의에 대하여 그 결의의 날로부터 2개월 내에 주주총회결의 무효확인의 소를 제기한 뒤, 위 임시주주총회에서 이루어진 정관변경결의 및 감사선임결의에 대하여 그 결의의 날로부터 2개월이 지난 후 주주총회결의 무효확인의 소를 각각 추가적으로 병합한 후, 위 각 결의에 대한 주주총회결의 무효확인의 소를 주주총회결의 취소의 소로 변경한 경우, <u>위 정관변경결의 및 감사선임결의 취소에 관한 부분은 위 각 주주총회결의 무효확인의 소가 추가적으로 병합될 때에 주주총회결의 취소의 소가 제기된 것으로 볼 수 있으나</u>, 위 추가적 병합 당시 이미 2개월의 제소기간이 도과되었으므로 부적법하다 (대판 2010.03.11. 2007다51505).

않으므로 自判(자판)을 해야 한다(통설).

2. 청구변경의 적법과 신청구의 심판

(1) 청구의 변경이 적법하다고 인정할 때에는 법원은 따로 청구변경을 허가한다는 뜻의 명시적 재판은 요하지 않으나, 상대방이 다툴 때에는 제263조를 준용하여 결정으로 변경의 적법성을 중간적 재판이나 종국판결의 이유 속에서 판단 할 수 있다. 변경에 대하여 피고 측이 지체 없이 이의하지 않고 변론하면 더 이상 이를 다툴 수 없다(대판 2011.02.24. 2009다33655). 청구 변경허가 조치에 대하여는 다툼은 있으나, 소송경제상 불복할 수 없다(통설, 서울고법 상고부 1963.2.11. 62다180).

(2) 적법한 청구의 변경이 인정되면 신청구에 대해 심판한다. 구청구의 소송자료는 당연히 신청구의 자료로 된다. 교환적 변경의 경우는 구청구의 소송계속이 소멸하므로 신청구만이 심판의 대상이 되고, 추가적 변경의 경우는 구청구와 함께 신청구가 그 대상이 된다. 그리고 항소심에서 청구가 교환적으로 변경된 경우, 항소심 법원은 구청구가 취하된 것으로 보아 교환된 신청구에 대하여만 사실상 제1심으로 재판한다.

3. 청구변경의 간과

(1) 교환적 변경의 경우

교환적 변경을 간과하여 구청구를 심판한 경우, 통설[19]·판례는 구청구는 취하가 되었음에도 (결합설을 전제) 이를 판단한 것이므로 처분권주의 위배로 취소·파기하고 소송종료선언을 하면 되고, 신청구는 여전히 원심에 계속 중이므로 원심법원이 추가판결을 하면 된다고 한다(대판 2003.01.24. 2002다56987, 이시윤).

(2) 추가적 변경의 경우

추가적 변경을 간과하여 구청구만 심판한 경우, 통설[20]은 원칙적으로 이를 이유로 원판결을 취소·환송할 여지는 없고, 누락된 신청구는 원심에 계속 중이므로 원심법원 자신이 추가판결로서 정리해야 한다고 한다(이시윤, 호문혁). 그러나 추가적 변경에 의하여 신청구를 선택적으로 병합시킨 경우에 원심법원이 신청구에 대하여 간과하였다면 원판결의 파기사유가 된다(대판 1989.09.12. 88다카16270). 이 때 원심법원의 재판누락으로 보아 추가판결의 대상이라고 할 것이 아니라, 판단누락으로 보아 상급심이 재판할 것이다(판단누락설). 예비적으로 병합 시킨 경우에도 마찬가지로 보아야 한다.

---

[19] 다만 이 경우 유력설은 구청구와 신청구의 별도의 취급은 교환적 변경의 성질에 대해 결합설을 전제하고 있어 타당하지 않고(독자제도설의 입장), 이는 원심법원이 변경된 신청구에 대해 재판을 누락한 것이 아니라 청구하지 아니한 소송물에 대하여 재판을 한 것으로 보아 원심법원이 굳이 추가판결을 할 필요없이 항소심법원이 원판결을 취소하고 변경된 청구에 대해 재판하면 된다고 한다. 특히 이는 제1심법원이 처분권주의에 위반하여 원고가 신청하지 않은 청구에 대해 재판했을 때 원고가 신청한 청구가 추가판결의 대상이 된다고 보지 않는 것과 같은 이치라고 한다(호문혁).

[20] 이 경우 유력설은 항소심 스스로 변경을 허용하여 원판결을 취소·변경할 필요 없이 구청구와 병합해서 신청구에 대하여도 추가판결을 할 것이라 한다. 이 경우에도 청구의 기초의 변경이 없는 한 신청구에 대한 사실의 심리는 대체적으로 다 되어 있으므로 피고의 심급의 이익을 크게 침해하지 않을 것이기 때문이라고 한다(김홍규).

제3절 중간확인의 소

> 제264조(중간확인의 소) ① 재판이 소송의 진행 중에 쟁점이 된 법률관계의 성립여부에 매인 때에 당사자는 따로 그 법률관계의 확인을 구하는 소를 제기할 수 있다. 다만, 이는 그 확인청구가 다른 법원의 관할에 전속되지 아니하는 때에 한한다.
> ② 제1항의 청구는 서면으로 하여야 한다.
> ③ 제2항의 서면은 상대방에게 송달하여야 한다.

I 서 설

1. 의 의

중간확인의 소란 소송계속 중 본래의 청구의 판단에 관하여 전제문제를 이루는 선결적 법률관계의 존재여부에 관하여 소송절차를 병합하여 제기하는 확인의 소를 말한다(법 제264조).

2. 취 지

기판력은 소송물의 존재여부에 관한 주문 중의 판단에만 생기고, 판결이유에서 판단되는 선결적 법률관계에는 발생하지 않는다(제216조 1항). 따라서 선결적 법률관계에 대해 기판력 있는 판단을 받으려면 이를 직접 소송물로 하는 새로운 소를 제기하여야 한다. 이 경우에 당사자로서는 별소를 제기할 수도 있으나 이미 계속되어 있는 소송절차를 이용할 수 있다면 소송경제, 재판의 통일도 이룰 수 있는데, 이런 취지에서 인정되는 것이 중간확인의 소이다. 따라서 이 제도가 있으므로 판결이유 중의 판단에 구속력을 인정하려고 하는 쟁점효이론을 우리 법제에서는 인정할 필요성이 적다.

3. 특 징

중간확인의 소는 제264조 1항의 문언 및 무기평등의 원칙에 비추어 원고, 피고 모두가 가능하다. 이 경우 원고가 제기하는 경우는 청구의 추가적 변경에 해당하고, 피고가 제기하는 경우에는 반소의 성질을 가진다. 청구기초의 동일성, 반소의 관련성 등은 당연히 충족되어 있으므로, 항소심에서 피고가 제기할 때에도 상대방의 동의는 불필요하다. 중간확인의 소를 제기하면 본소와 합쳐 청구의 병합상태가 발생한다. 선결적 법률관계에 대해 원고가 중간확인의 소를 제기할 것인가, 별소에 의할 것인가는 원고의 자유에 속한다[21].

---

[21] 이 경우 중복소제기의 금지의 법리를 확대적용하여 중간확인의 소가 가능함에도 불구하고 별소에 의하는 것은 중복소제기의 금지에 저촉되므로 허용될 수 없다는 견해(新堂)와 용이하게 중간확인의 소를 제기할 수 있는데도 별소에 의하는 것은 소권의 남용에 해당하여 허용되지 않는다는 견해가 있으나, 현행법의 해석론으로서는 무리라 할 것이다(통설).

Ⅱ 요 건

1. 본래의 소가 사실심에 계속되고 변론종결 전일 것

상고심에서는 중간확인의 소를 제기할 수 없다. 항소심에서는 중간확인의 소를 제기할 수 있으나, 피고가 제기하는 경우에도 상대방의 동의를 요하지 아니한다. 이는 항소심에서 반소를 제기하는 경우에 원칙적으로 상대방의 동의를 얻도록 한 것과 다르다. 중간확인의 소의 대상인 법률관계에 관하여는 이미 제1심에서의 판단을 받은 것이므로 심급의 이익을 해할 염려가 없고 (제412조 1항), 또 원고가 항소심에서 자유로이 중간확인의 소를 제기할 수 있는 것과 균형을 맞추기 위한 것이다.

2. 선결관계 있는 법률관계일 것

본래의 청구의 판단에 대하여 선결관계 있는 법률관계를 소송물로 삼아야 한다. 다만 본래의 청구를 판단하는데 선결적 법률관계이면 되기 때문에 피고가 항변으로서 주장한 법률관계라도 무방한데 예를 들어 건물인도청구에 대하여 피고가 임차권 항변을 하면서 임차권에 관한 중간확인의 소를 제기하는 경우가 이에 해당한다. 선결관계는 이론상 선결관계이면 족한가, 현실적으로 성립된 선결관계이어야 하는가가 문제되지만, 본래의 청구에 대한 선결관계는 중간확인의 소에 대한 판결 시까지 현실적으로 존재하여야 한다. 따라서 본래의 소가 각하·취하되거나, 확인하려고 하는 법률관계와 관계없이 본래의 청구가 기각될 때에는 중간확인의 소를 부적법 각하하여야 한다. 다만 확인의 소로서의 요건을 구비하고 있으면 독립된 소로 심리할 수 있다(통설). 선결관계는 권리관계 이어야 한다. 따라서 선결적인 사실관계나 증서의 진정 여부는 중간확인의 소의 대상이 되지 않는다. 또 현재의 권리관계 이어야 하므로 과거의 권리관계는 중간확인의 대상이 될 수 없다.

3. 그 법률관계에 관하여 다툼이 있을 것

본래의 소송의 진행 중에 당사자 사이에 다툼이 있는 법률관계이어야 한다. 중간확인의 소의 제기 당시 다툼이 있으면 충분하다. 선결적 법률관계에 관하여 다툼만 있으면 중간확인의 소의 이익은 긍정되고, 별도의 확인의 이익을 요하지 아니한다.

4. 중간확인의 청구가 다른 법원의 전속관할에 속하지 않을 것

본래의 소의 관할법원은 중간확인의 소에 관하여 당연히 관할권을 가진다(제264조 1항 본문). 본래의 소가 지방법원 합의부의 관할에 속하면 중간확인의 청구가 단독판사의 관할에 속할지라도 합의부가 관할권을 가진다. 본래의 소가 지방법원 단독판사에 계속 중에 중간확인의 소를 제기하였을 때에 양자의 소송목적의 값을 합산하여 합의부의 관할에 속할 때는 본래의 소와 함께 합의부로 이송하여야 한다. 중간확인의 소가 다른 법원의 전속관할에 속할 때에는 그것이 독립된 소의 요건을 갖추었으면 이를 분리하여 전속관할이 있는 법원으로 이송하여야 한다(제264조 1항 단서).

Ⅲ 절차와 심판

1. 중간확인의 소의 제기

중간확인의 소는 소송중의 소이므로, 이를 제기할 경우에는 소장에 준하는 서면을 제출하는 것이 원칙이다(제264조 2항). 여기에는 중간확인의 소임을 나타내어야 한다. 이 서면은 지체 없이 상대방에게 송달하여야 한다(제264조 3항). 다만 소액사건인 경우에는 말로도 중간확인의 소를 제기할 수 있다(소액사건심판법 제4조). 위 서면의 송달에 의하여 소송계속이 생기며, 그 제출 시에 시효중단이나 법률상 기간준수의 효력이 발생한다(제265조). 피고의 소송대리인이 중간확인의 소를 제기함에는 반소의 제기에 준하여 특별한 권한수여(제90조 2항 1호)를 요하나, 원고의 소송대리인은 이를 요하지 않는다(청구의 추가적 변경에 해당하기 때문이다). 다만 이에 대해서는 피고의 소송대리인이 중간확인의 소를 제기할 때에도 원고 소송대리인과의 균형상 특별한 권한수여를 요하지 않는다는 견해도 있다(호문혁).

2. 심 판

중간확인의 소에 대한 조치나 심판은 청구의 추가적 변경이 있거나 반소가 제기된 경우에 준한다. 먼저 병합요건을 심리하여, 그 요건에 흠이 있으면 독립된 소로 취급할 수 있는가를 검토하고, 독립된 소로 취급될 수 없으면 이를 부적법 각하하여야 한다. 병합요건을 구비하고 있으면 본래의 청구와 병합하여 심리한다. 이 때의 병합형태는 단순병합이다. 그러나 1개의 전부판결에 의하여 동시에 재판하여야 한다(통설). 중간확인의 소에 관하여 먼저 일부판결을 한다면 본소에 관한 잔부판결과 각각 별도로 확정이 되어 판단의 통일을 꾀할 수 없기 때문이다. 이론상 변론의 분리나 일부판결을 하는 것이 불가능하지는 않지만 부적당한 경우이다(통설).

3. 재심의 소와 중간확인의 소

재심의 소송절차에서 중간확인의 소를 제기하는 것은 재심청구가 인용될 것을 전제로 하여 재심대상소송의 본안청구에 대하여 선결관계에 있는 법률관계의 존부의 확인을 구하는 것이므로, 재심사유가 인정되지 않아서 재심청구를 기각하는 경우에는 중간확인의 소의 심판대상인 선결적 법률관계의 존부에 관하여 나아가 심리할 필요가 없으나, 한편 <u>중간확인의 소는 단순한 공격방어방법이 아니라 독립된 소이므로 이에 대한 판단은 판결의 이유에 기재할 것이 아니라 "종국판결의 주문에 기재하여야 할 것"이므로 재심사유가 인정되지 않아서 재심청구를 기각하는 경우에는 중간확인의 소를 각하하고 이를 판결 주문에 기재하여야 한다</u>(대판 2008.11.27. 2007다69834,69841).

제4절 반 소

> 제269조(반소) ① 피고는 소송절차를 현저히 지연시키지 아니하는 경우에만 변론을 종결할 때까지 본소가 계속된 법원에 반소를 제기할 수 있다. 다만, 소송의 목적이 된 청구가 다른 법원의 관할에 전속되지 아니하고 본소의 청구 또는 방어의 방법과 서로 관련이 있어야 한다.
> ② 본소가 단독사건인 경우에 피고가 반소로 합의사건에 속하는 청구를 한 때에는 법원은 직권 또는 당사자의 신청에 따른 결정으로 본소와 반소를 합의부에 이송하여야 한다. 다만, 반소에 관하여 제30조의 규정에 따른 관할권이 있는 경우에는 그러하지 아니하다.

I 서 설

1. 의 의

소송계속 중에 피고가 그 소송절차를 이용하여 원고에 대하여 제기하는 소를 반소라고 한다. 이는 소송중의 소로서 이에 의하여 청구의 추가적 병합으로 된다.

2. 취 지

피고에게도 원고의 소 변경에 대응하여 원고에 대한 청구의 심판을 위하여 본소의 절차를 이용할 수 있도록 하는 것이 공평하고, 서로 관련된 청구를 동일한 소송절차에서 심판하는 것이 소송경제에 맞고 재판의 불통일을 피할 수 있기 때문이다.

3. 성 질

(1) 독립의 소

본소의 방어방법 이상의 적극적 내용이 포함되어야 한다. 반소는 방어방법이 아니므로 공격방어방법에 관한 제149조의 실권 규정이 적용되지 아니한다. 따라서 반소가 시기에 늦게 제출되어도 이를 이유로 각하할 수 없다. 다만 반소청구에 본소청구의 기각을 구하는 것 이상의 적극적 내용이 포함되어 있지 않다면 반소청구로서의 이익이 없고, 어떤 채권에 기한 이행의 소에 대하여 동일 채권에 관한 채무부존재확인의 반소를 제기하는 것은 그 청구의 내용이 실질적으로 본소청구의 기각을 구하는 데 그치는 것이므로 부적법하다[22](대판 2007.04.13. 2005다40709·40716). 그리고 민법 제628조에 의한 임차인의 차임감액청구권은 사법상의 형성권이지 법원에 대하여 형성판결을 구할 수 있는 권리가 아니므로 차임청구의 본소가 계속한 법원에 반소로서 차임의 감액을 청구할 수는 없다(대판 1968.11.19. 68다1882,68다1883).

---

[22] 그러나 반대로 원고가 채무부존재확인의 소를 제기하고, 피고가 적극적으로 채무이행의 반소를 제기한 사안에서는 "소송요건을 구비하여 적법하게 제기된 본소가 그 후에 상대방이 제기한 반소로 인하여 소송요건에 흠결이 생겨 다시 부적법하게 되는 것은 아니므로, 원고가 피고들에 대하여 위 교통사고와 관련한 손해배상채무의 부존재확인을 구할 이익이 있어 본소로 그 확인을 구하였다면, 피고가 그 후에 그 손해배상채무의 이행을 구하는 반소를 제기하였다 하더라도 그러한 사정만으로 본소청구에 대한 확인의 이익이 소멸하여 본소가 부적법하게 된다고 볼 수는 없다(대판 1999.06.08. 99다17401·17418)."고 한다.

(2) 반소의 당사자

반소는 본소의 당사자인 피고가 원고를 상대로 하는 소이므로, 독립당사자참가(제79조)나 참가승계(제81조)의 경우에 참가인과의 관계에서 피고의 지위에 있는 종전의 원·피고도 참가인 상대의 반소를 제기할 수 있다. 그러나 <u>피고가 원고 이외의 제3자를 추가하여 반소피고로 하는 반소는 원칙적으로 허용되지 아니하고, 다만 피고가 제기하려는 반소가 필수적 공동소송이 될 때에는 민사소송법 제68조의 필수적 공동소송인 추가의 요건을 갖추면 허용될 수 있다</u>(대판 2015.05.29. 2014다235042). 그리고 보조참가인은 당사자가 아니므로 보조참가인에 의한 또는 보조참가인에 대한 반소는 허용되지 않는다.

Ⅲ 반소의 모습

1. 단순반소와 예비적 반소

단순반소는 본소청구의 운명과 관계없이 반소청구에 대하여 심판을 구하는 경우이다. 예비적 반소란 본소청구가 인용될 때를 대비하여 조건부로 반소청구에 대하여 심판을 구하는 경우[23]로 본소청구가 각하·취하되면 반소청구는 소멸되며, 본소청구가 기각되면 반소청구에 아무런 판단을 요하지 않는다. 이 경우 반소청구에 대해 판단하면 효력이 없다. 예비적 반소에서 본소·반소 모두 각하한 경우에 피고는 항소하지 아니하고 원고만이 항소하였다 하여도 반소청구도 심판대상이 된다는 것이 판례이다[24](대판 2006.06.29. 2006다19061·19078).

2. 재반소

반소에 반소로서, 상호관련관계에 있는 소송을 한꺼번에 해결하려는 취지상 이를 허용해야 한다(통설). 判例는 "원고가 본소의 이혼청구에 병합하여 재산분할청구를 제기한 후 피고가 반소로서 이혼청구를 한 경우, 원고가 반대의 의사를 표시하였다는 등의 특별한 사정이 없는 한, 원고의 재산분할청구 중에는 본소의 이혼청구가 받아들여지지 않고 피고의 반소청구에 의하여 이혼이 명하여지는 경우에도 재산을 분할해 달라는 취지의 청구가 포함된 것으로 봄이 상당하고, 이 때 원고의 재산분할청구는 피고의 반소청구에 대한 재반소로서의 실질을 가지게 된다(대판 2001.06.15. 2001므626)."고 한다.

---

[23] 예를 들면 원고가 매매에 기한 소유권이전등기청구를 한 경우에 원고 청구가 인용될 것을 조건으로 피고가 잔대금의 지급을 구하는 반소를 제기하는 것을 들 수 있다. 실무상으로는 원고청구가 기각되어 가집행선고부 제1심판결이 취소될 것을 조건으로 한 피고의 가지급물반환신청 정도를 제외하고는 거의가 본소청구가 인용될 것을 조건으로 하는 예비적 반소이다.
[24] 이에 대해서는 피고가 재판결과에 승복하여 항소·부대항소를 하지 아니하는 마당에 항소심이 심판을 하는 것이므로 처분권주의(불이익변경금지원칙)에 반한다는 문제가 생긴다고 하여 판례에 의문을 제기하는 견해가 있다(이시윤).

Ⅲ 요 건

1. 사실심에 계속되고 변론종결전일 것

본소의 계속 이전에 반소를 제기하거나 변론종결 이후에 반소를 제기할 수는 없다. 변론을 종결할 때까지라 함은 사실심 변론종결을 말하므로, 법률심인 상고심에 제기된 반소는 부적법하다[25]. 다만 피고가 가집행선고의 실효에 대비하여 제기하는 가지급물반환신청은 예비적 반소로써 상고심에서도 허용되는데 당사자 간에 다툼이 없어 사실심리를 요하지 않는 경우에 한한다(대판 1999.11.26. 99다36617). 그러나 본소의 소송계속은 반소제기의 요건일 뿐 그 존속요건은 아니므로 반소 제기 후에 본소가 각하·취하되어 소멸되어도 예비적 반소가 아닌 한 반소에는 영향이 없다.

> 제271조(반소의 취하) 본소가 취하된 때[26]에는 피고는 원고의 동의 없이 반소를 취하할 수 있다.

그러나 본소가 취하되면 피고는 원고의 변론 후라도 그의 동의 없이 반소를 취하할 수 있다(제271조).

(1) 항소심에서의 반소제기

> 제412조(반소의 제기) ① 반소는 상대방의 심급의 이익을 해할 우려가 없는 경우 또는 상대방의 동의를 받은 경우에 제기할 수 있다. ② 상대방이 이의를 제기하지 아니하고 반소의 본안에 관하여 변론[27] 변론을 한 때에는 반소제기에 동의한 것으로 본다.

항소심에서 반소를 제기함에는 원고의 심급의 이익 때문에 상대방의 동의[28]나 상대방의 심급의 이익을 해할 우려가 없는 경우에 가능하다(제412조 1항). 상대방의 심급의 이익을 해할 우려가 없는 경우는 02년 개정법에서 종래의 통설, 판례를 받아들여 신설된 것이다. 이의 예로는 중간확인의 반소, 본소와 청구원인을 같이하는 반소, 제1심에서 이미 충분히 심리한 쟁점과 관련된 반소, 항소심에서 추가된 예비적 반소[29]를 말한다. 특히 判例는 관습법상 법정지상권에 기한 항변과

---

[25] 대판 2004.03.25. 2003다70010
[26] 본소가 각하된 경우는 포함되지 않는다(대판 1984.07.10. 84다카298).
[27] 반소청구의 기각답변만으로는 이에 해당하지 않는다(대판 1991.03.27. 91다1783·1790).
[28] 상대방이 이의를 제기하지 아니하고 반소의 본안에 관하여 변론을 한 때에는 반소제기에 동의한 것으로 본다(동조 2항).
[29] 실무상으로는 원고청구가 기각되어 가집행선고부 제1심판결이 취소될 것을 조건으로 한 피고의 가지급물반환신청 정도를 제외하고는 거의가 본소청구가 인용될 것을 조건으로 하는 예비적 반소이다. 이에 대해 학설은 반소청구는 본소청구와 견련되어 있는 것을 전제로 하므로 원고의 심급의 이익을 해할 염려가 없다고 본다. 판례도 "항소심에서의 예비적 반소청구는 새로운 반소의 변경으로서 항소심에 있어서도 반소원고는 반소청구의 기초에 변경이 없고 소송절차를 지연케 함이 현저하지 아니한 경우에는 반소피고의 동의가 없다 하여도 적법하게 예비적 반소청구를 할 수 있다"고 하여 같은 입장이다(대판 1969.03.25. 68다1094·1095). 다만, 예비적 반소라고 하여도 원고가 반소제기에 부동의 하고 있고 본소와 반소의 청구원인이 상이한 경우에는 원고의 심급의 이익을 해할 우려가 없다고 할 수 없어 부적법하다고 보아야 한다(대판 1994.05.10. 93므1051·1068).

관련한 지상권설정등기이행청구의 반소를 제기한 사안에서 "반소청구의 기초를 이루는 실질적 쟁점에 대하여 제1심에서 본소의 청구원인 또는 방어방법과 관련하여 충분히 심리되었다면, 항소심에서의 반소제기를 상대방의 동의 없이 허용하더라도 상대방에게 제1심의 심급의 이익을 잃게 하거나 소송절차를 현저하게 지연시킬 염려가 있다고 할 수 없을 것이므로, 이러한 경우에는 상대방의 동의여부와 관계없이 항소심에서의 반소제기를 허용하여야 할 것이다(대판 1996.03.26. 95다45545)"고 하였다. 그리고 피고가 본소에 대한 추후보완항소를 하면서 항소심에서 비로소 반소를 제기한 경우에 항소가 부적법 각하되면 반소도 소멸한다(대판 2003.06.13. 2003다16962).

2. 상호관련성

(1) 본소청구와 상호관련성

반소청구가 본소청구와 동일한 법률관계의 형성을 목적으로 하는 경우(예: 쌍방의 이혼청구), 청구원인이 동일한 경우(예: 원고가 어떤 교통사고에 기한 손해배상청구를 한 데 대하여 피고도 원고에 대하여 그 교통사고로 인한 손해의 배상을 반소로 청구하는 경우), 양자의 청구원인이 일치하지 아니하여도 그 대상이나 발생원인에 있어서 주된 공통부분이 있는 경우(예: 원고가 토지 소유권의 확인을 청구한 데 대하여 피고가 반소로 그 부동산에 대한 임차권의 확인을 구하는 경우)가 이에 해당된다.

(2) 본소의 방어방법과 상호관련성

반소청구가 본소청구의 항변사유와 대상이나 발생원인에 있어서 사실상 또는 법률상 공통성이 있는 경우여야 한다(예: 상계항변하면서 상계초과채권의 이행을 구하는 반소, 가옥명도청구에 대해 유치권의 항변을 하면서 피담보채권의 지급을 구하는 반소 등). 본소의 방어방법과 관련된 반소는 그 방어방법이 반소제기 당시에 현실적으로 제출되어야 하며 또 적법하여야 한다(상계금지채권[30]을 청구원인으로 한 본소에 대한 상계항변처럼 법률상 허용되지 않는 항변에 바탕을 둔 반소나, 소송상 실기한 방어방법으로 각하된 항변에 바탕을 둔 반소는 부적법하다).

---

[30] 민법 496조 내지 498조, 715조 ; 민법 제496조는 "채무가 고의의 불법행위로 인한 것인 때에는 그 채무자는 상계로 채권자에게 대항하지 못한다."라고 정하고 있다. 고의의 불법행위로 인한 손해배상채권에 대하여 상계를 허용한다면 고의로 불법행위를 한 사람까지도 상계권 행사로 현실적으로 손해배상을 지급할 필요가 없게 되어 보복적 불법행위를 유발하게 될 우려가 있다. 또 고의의 불법행위로 인한 피해자가 가해자의 상계권 행사로 현실의 변제를 받을 수 없는 결과가 됨은 사회적 정의관념에 맞지 않는다. 따라서 고의에 의한 불법행위의 발생을 방지함과 아울러 고의의 불법행위로 인한 피해자에게 현실의 변제를 받게 하려는 데 이 규정의 취지가 있다. <u>이 규정은 고의의 불법행위로 인한 손해배상채권을 수동채권으로 한 상계에 관한 것이고 고의의 채무불이행으로 인한 손해배상채권에는 적용되지 않는다. 다만 고의에 의한 행위가 불법행위를 구성함과 동시에 채무불이행을 구성하여 불법행위로 인한 손해배상채권과 채무불이행으로 인한 손해배상채권이 경합하는 경우에는 이 규정을 유추적용할 필요가 있다.</u> 이러한 경우에 고의의 채무불이행으로 인한 손해배상채권을 수동채권으로 한 상계를 허용하면 이로써 고의의 불법행위로 인한 손해배상채권까지 소멸하게 되어 고의의 불법행위에 의한 손해배상채권은 현실적으로 만족을 받아야 한다는 이 규정의 입법 취지가 몰각될 우려가 있기 때문이다. 따라서 이러한 예외적인 경우에는 민법 제496조를 유추적용하여 고의의 채무불이행으로 인한 손해배상채권을 수동채권으로 하는 상계를 한 경우에도 채무자가 상계로 채권자에게 대항할 수 없다고 보아야 한다(대판 2017.02.15. 2014다19776).

> 민법 제208조(점유의 소와 본권의 소와의 관계)
> ① 점유권에 기인한 소와 본권에 기인한 소는 서로 영향을 미치지 아니한다.
> ② 점유권에 기인한 소는 본권에 관한 이유로 재판하지 못한다.

점유회복의 본소에 대하여 피고가 본권에 대한 기한 반소를 제기할 수 있는지 문제되지만, 민법 제208조 2항은 점유의 소에 대하여 피고가 본권의 방어방법으로 내세울 수 없다는 것이지 본권에 기하여 반소를 제기하는 것까지 막는 것은 아니므로 반소를 제기할 수 있다(통설). 따라서 점유권에 기한 본소와 소유권에 기한 반소를 모두 인용하여야 한다[31](대판 1957.11.14. 4290민상 454·455).

(3) 사익적 요건

직권조사사항이라 할 수 없고, 원고가 동의하거나 이의 없이 변론한 경우에는 상호관련성이 없어도 반소는 적법한 것으로 보아야 한다.

3. 본소절차를 현저히 지연시키지 않을 것[32]

반소청구의 상호 관련성이 인정된다 하더라도 반소청구의 심리를 위하여 본소절차가 지연되게 되어 별소에 의하는 것이 오히려 적절한 경우에는 반소를 허용하지 않을 수 있다. 이 요건은 상호 관련성과는 달리 피고의 이익을 위한 사익적 요건이 아니고 소송촉진을 위한 공익적 요건으로서 직권조사사항이므로, 이의권의 포기나 상실의 대상이 될 수 없다.

---

31) 1. **점유권에 기인한 소와 본권에 기인한 소는 서로 영향을 미치지 아니하고, 점유권에 기인한 소는 본권에 관한 이유로 재판하지 못하므로 점유회수의 청구에 대하여 점유침탈자가 점유물에 대한 본권이 있다는 주장으로 점유회수를 배척할 수 없다**(민법 제208조, 대판 1967.06.20. 67다479, 대판 2010.07.15. 2010다18294 등 참조). 그러므로 점유권에 기한 본소에 대하여 본권자가 본소청구 인용에 대비하여 본권에 기한 예비적 반소를 제기하고 양 청구가 모두 이유 있는 경우, 법원은 점유권에 기한 본소와 본권에 기한 예비적 반소를 모두 인용해야하고 점유권에 기한 본소를 본권에 관한 이유로 배척할 수 없다. 2. 그리하여 이 사건과 같이 점유회수의 본소에 대하여 본권자가 소유권에 기한 인도를 구하는 반소를 제기하여 본소청구와 예비적 반소청구가 모두 인용되어 확정되면, 점유자가 본소 확정판결에 의하여 집행문을 부여받아 강제집행으로 물건의 점유를 회복할 수 있다. 본권자의 소유권에 기한 반소청구는 본소의 의무 실현을 정지조건으로 하므로, 본권자는 위 본소 집행 후 집행문을 부여받아 비로소 반소 확정판결에 따른 강제집행으로 물건의 점유를 회복할 수 있다. 이러한 과정은 애당초 본권자가 허용되지 않는 자력구제로 점유를 회복한 데 따른 것으로 그 과정에서 본권자가 점유 침탈 중 설치한 장애물 등이 제거될 수 있다. 다만 **점유자의 점유 회수의 집행이 무의미한 점유상태의 변경을 반복하는 것에 불과할 뿐 아무런 실익이 없거나 본권자로 하여금 점유 회수의 집행을 수인하도록 하는 것이 명백히 정의에 반하여 사회생활상 용인할 수 없다고 인정되는 경우, 또는 점유자가 점유권에 기한 본소 승소 확정판결을 장기간 강제집행하지 않음으로써 본권자의 예비적 반소 승소 확정판결까지 조건불성취로 강제집행에 나아갈 수 없게 되는 등 특별한 사정이 있다면 본권자는 점유자가 제기하여 승소한 본소 확정판결에 대한 청구이의의 소를 통해서 점유권에 기한 강제집행을 저지할 수 있다**(대판 2021.02.04. 2019다202795(본소)·202801(반소)).
32) 특히 임의적 변론준비절차를 거쳤다고 했을 때, 변론준비기일까지 마치고 쟁점정리가 끝나 변론에 상정된 뒤에 새삼 피고가 반소를 제기하는 것은 그 때까지의 쟁점정리를 무의미하게 할 수 있고 또 1회의 변론기일 집중심리의 원칙에도 반하므로, 현행법상 위와 같은 경우에는 특별의 사정이 없는 한 반소의 제기는 본소 절차를 현저히 지연시키는 경우로 보아 불허하여야 할 경우가 많을 것이다.

4. 본소와 동종의 절차에 의할 것(제253조)

반소는 본소 계속 중에 그 소송절차를 이용하여 신소를 제기하는 것이기 때문에, 청구의 병합요건을 갖추어야 한다.

5. 반소가 다른 법원의 전속관할에 속하지 않을 것(제269조 1항 단서 전단)

반소 청구가 본소청구와는 다른 법원의 전속관할에 속하는 경우 본소계속법원에 제기할 수 없다. 전속관할에는 전속적 합의관할까지 포함되지 않는다. 지법 단독판사는 본소심리 중에 피고가 합의사건에 속하는 청구를 반소로 제기한 경우에는 반소와 반소를 모두 합의부로 이송하여야 한다(제269조 2항 본문). 다만 항소심에서 합의사건에 속하는 반소청구를 하는 경우에는 이 규정이 배제 된다[33](대결 2011.07.14. 2011그65). 이 경우 원고가 반소에 대해 본안변론 하면 변론관할이 생기므로 이송할 필요가 없다(제269조 2항 단서).

Ⅳ 절차와 심판

1. 반소의 제기

> 제270조(반소의 절차) 반소는 본소에 관한 규정을 따른다.

반소는 본소에 관한 규정을 따르므로, 본소의 경우처럼 원칙적으로 반소장을 제출해야 한다. 반소장에는 반소청구의 취지와 원인을 적어야 하며(제249조 참고), 적극적 당사자를 반소원고로, 소극적 당사자를 반소피고로 표시한다. 소장에 붙이는 것과 같은 금액의 인지를 붙여야 하지만, 본소와 그 목적이 동일한 반소의 경우에는 반소의 인지액에서 본소의 인지액을 공제한 차액의 인지액만 내면 된다(민사소송등인지법 제4조 2항). 반소장의 부본은 바로 원고에게 송달하여야 한다(규칙 제64조 2항, 1항).

2. 반소요건 흠결의 경우

학설은 ① 반소요건의 흠결이 있는 부적법한 반소에 대해서는 판결로서 소를 각하해야 한다고 하는 각하설이 있으나 ② 요건흠결의 반소라도 그것이 독립의 소로서의 요건을 갖춘 것이면 본소와 분리하여 심판할 것이라고 하는 분리심판설이 당사자의 의사·이익보호·소송경제 등을 위해서 타당하다. 다만 判例는 "항소심에서 상대방의 동의 없이 제기한 반소는 그 자체가 부적법한 것이므로 이를 각하한 것이 부당하다고 할 수 없다(대판 1965.12.07. 65다2034·2035 등)."고 하여 각하설의 입장이다.

---

[33] 본소 피고가 항소 후 지방법원 합의부의 관할에 속하는 반소를 제기하면서 이송신청을 하였는데, 원심이 민사소송법 제34조, 제35조를 들어 이송결정을 한 사안에서, 본소에 대하여 제1심법원의 토지관할 및 변론관할이 인정되어 위 소송의 항소심은 제1심법원의 항소사건을 담당하는 원심법원의 관할에 속하며, <u>지방법원 합의부가 지방법원 단독판사의 판결에 대한 항소사건을 제2심으로 심판하는 도중에 지방법원 합의부의 관할에 속하는 반소가 제기되었더라도 이미 정하여진 항소심 관할에는 영향이 없고, 민사소송법 제35조는 전속관할인 심급관할에는 적용되지 않아 손해나 지연을 피하기 위한 이송의 여지도 없다</u>(대결 2011.07.14. 2011그65).

3. 본안심판

반소가 적법하면 병합심리를 하여 1개의 전부판결로써 판결하는 것이 원칙이다. 다만, 병합심리로 인하여 오히려 소송이 번잡하게 되거나 지연이 초래된다고 인정될 때에는 분리심리를 하여 따로 본소와 반소에 대하여 각각 일부판결을 할 수도 있다(제200조 2항).

제2장 다수당사자소송(당사자의 복수)

제1절 공동소송

1. 의 의

공동소송이라 함은 1개의 소송절차에 수인의 원고 또는 피고가 관여하는 소송형태를 말한다. 이 경우 원고 또는 피고측에 서는 수인을 공동소송인이라 한다. 공동소송을 소의 주관적 병합이라고도 한다. 공동소송이 되기 위해서는 당사자가 복수이어야 하는 바, 당사자 이외의 소송대리인이 여러 사람일 때에는 공동소송으로 되지 않는다.

2. 발생원인과 소멸원인

처음부터 여러 사람의 원고가 또는 여러 사람의 피고에 대하여 공동으로 소를 제기한 경우인 원시적 발생원인과 소송계속이 된 뒤에 후발적으로 발생하는 후발적 발생원인이 있다.

3. 공동소송의 종류

공동소송은 공동소송인간에 합일확정이 필수적인가의 여부에 의하여 통상공동소송과 필수적 공동소송으로 구분되는데, 전자는 공동소송인 사이에 합일확정이 필수적이 아닌 공동소송으로서, 공동소송인 사이에서 승패가 일률적으로 될 필요가 없는 공동소송의 형태를 말한다. 예외적으로 인정되는 필수적 공동소송을 제외하고 공동소송은 모두 통상공동소송이며, 이를 보통공동소송 또는 단순공동소송이라고도 한다. 한편, 후자는 공동소송인 사이에 합일확정을 필수적으로 요하는 공동소송이다(민사소송법 제67조). 구법에서는 필요적 공동소송이라 했다. 공동소송인간에 소송의 승패를 일률적으로 할 필요가 있고, 따라서 공동소송인 중 A는 승소, B는 패소 등 본안판결의 결과를 구별하게 되는 것이 법률상 허용되지 아니하는 경우이다.

4. 공동소송의 특수형태

(1) 예비적·선택적 공동소송(소의 주관적 예비적·주관적 선택적 병합)

02년 개정 민사소송법 제70조(예비적·선택적 공동소송에 대한 특별규정)는 공동소송인의 청구나 공동소송인에 대한 청구가 법률상 양립할 수 없는 관계에 있고 어느 것이 인용될 것인가 쉽게 판정할 수 없을 때에 필수적 공동소송의 규정을 준용하여 서로 모순 없는 통일적인 재판을 구하는 공동소송의 형태를 신설하였다. 이를 예비적·선택적 공동소송이라 하는 것으로 객관적 예비적·선택적 병합소송에 대응한다.

(2) 추가적 공동소송(소의 주관적 추가적 병합)

소송계속 중에 제3자 스스로 당사자로서 소송에 가입을 구하거나, 종래의 당사자가 제3자에 대해 소를 추가적으로 병합제기 함으로써 제3자가 새로 당사자로 추가되어 공동소송의 형태로 되는 경우이다. 현행법이 명문으로 인정하는 예로는 필수적 공동소송인의 추가(민사소송법 제68조), 예비적·선택적 공동소송인의 추가(민사소송법 제68조, 제70조) 등이 있다. 나아가 명문이 허용한 이외에도 이론상 소의 주관적 추가적 병합을 더 확대시킬 것인가에 대한 이론이 대립되어 있다.

5. 공동소송의 요건

> 제65조(공동소송의 요건) 소송목적이 되는 권리나 의무가 여러 사람에게 공통되거나 사실상 또는 법률상 같은 원인으로 말미암아 생긴 경우에는 그 여러 사람이 공동소송인으로서 당사자가 될 수 있다. 소송목적이 되는 권리나 의무가 같은 종류의 것이고, 사실상 또는 법률상 같은 종류의 원인으로 말미암은 것인 경우에도 또한 같다.

(1) 권리·의무의 공통

예를 들어 여러 사람의 합유자·공유자들의 소송, 연대채권자·연대채무자들의 소송, 불가분채권자·불가분채무자들의 소송 등을 말한다.

(2) 권리·의무발생원인의 동일

권리의무가 사실상·법률상 같은 원인으로 말미암아 생긴 경우, 예를 들어 사고·재해에 의한 여러 사람의 피해자의 손해배상청구 또는 여러 사람의 가해자(건축설계자·시공자·시행자 등)에 대한 손해배상청구, 주채무자와 보증인을 공동피고로 하는 청구 등을 말한다.

(3) 권리·의무와 발생원인의 동종

예를 들어 여러 통의 어음발행인에 대한 각 별개의 어음청구, 같은 종류의 분양계약에 기해 여러 사람에 대한 분양대금지급청구 등을 말한다.

6. 공동소송인 독립의 원칙

> 제66조(통상공동소송인의 지위) 공동소송인 가운데 한 사람의 소송행위 또는 이에 대한 상대방의 소송행위와 공동소송인 가운데 한 사람에 관한 사항은 다른 공동소송인에게 영향을 미치지 아니한다.

(1) 통상공동소송과 공동소송인독립의 원칙

1) 통상공동소송

통상공동소송이란 각 공동소송인과 상대방 사이의 청구가 각기 개별, 독립의 것이어서 공동소송인 사이에 합일확정의 필요가 없는 공동소송의 형태를 말한다(제65조).

2) 공동소송인독립의 원칙

이러한 통상공동소송에 있어서는 각 공동소송인이 다른 공동소송인에 의한 제한이나 간섭을 받지 않고, 각자 독립하여 소송수행을 할 수 있는 권리를 갖고, 상호간에 연합관계나 협력관계가 없는 것이 특징인데, 이를 공동소송인독립의 원칙이라고 한다(제66조).

(2) 내용

1) 소송요건의 개별적 조사

소송요건의 존부는 각 공동소송인 별로 심사하여야 한다. 따라서 흠결이 있는 공동소송인에 한하여만 소를 각하 또는 이송하여야 한다.

2) 소송자료의 불통일(독립)

각 공동소송인은 공격방어방법을 개별적으로 제출할 수 있으며, 그 주장을 달리 하여도 상관없다.

3) 소송진행의 불통일(독립)

공동소송인의 1인의 행위는 원칙적으로 다른 공동소송인에게 영향을 미치지 않는다. 따라서 공동소송인은 각자 청구의 포기·인낙, 자백, 화해, 소 또는 상소의 취하, 상소의 제기 등의 소송행위를 할 수 있으며, 그 행위를 한 자에 대해서만 효력이 생긴다. 1인에 대해 생긴 중단·중지의 사유도 그 자의 소송관계에 대해서만 절차를 정지하게 하고, 기일이나 기간의 해태도 다른 공동소송인에게 그 효과가 미치지 않는다. 공동소송인에 대한 판결의 상소기간도 개별적으로 진행된다.

4) 당사자지위의 독립

각 공동소송인은 자신의 소송관계에 있어서만 당사자이다. 그러므로 다른 공동소송인의 대리인, 보조참가인이 될 수 있고(제71조), 증인능력이 있다.

5) 재판의 불통일(독립)

공동소송인의 1인에 대해 판결하기에 성숙한 때에는 변론의 분리, 일부판결을 할 수 있다(제200조). 공동소송인간에 합일확정의 필요가 없으며, 판결내용이 구구하게 되어도 상관없다. 다만 공동소송인간의 소송비용부담에 관해서는 특칙이 있다(제102조).

(3) 공동소송인독립의 원칙의 수정

1) 수정의 필요성

공동소송인독립의 원칙을 형식적, 기계적으로 관철하면 병합심리를 함으로서 어느 정도 재판의 통일을 해보려는 공동소송의 이점이 무의미할 수 있으므로, 통상공동소송에서 재판의 모순·저촉을 피하기 위해 그 수정이론이 등장하고 있다. 특히 증거공통, 주장공통의 원칙의 인정여부가 문제된다. 즉 원래 증거공통의 원칙, 주장공통의 원칙은 이당사자대립구조 즉 대립하는 양당사자를 전제로 서로에게 인정되는 것인데, 이를 확대 적용하여 대립하는 당사자가 아닌 공동소송인들 사이에도 이를 인정 할 수 있는지가 문제되는 것이다.

2) 증거공통의 원칙의 인정여부

① 의 의
증거공통의 원칙이란 통상공동소송에서 공동소송인 가운데 한사람이 제출한 증거는 다른 공동소송인과 공통 또는 관련하는 다툼이 있는 사실에 대하여 특히 원용이 없더라도 전체로서 평가되어 사실인정의 통일적인 자료로 할 수 있다는 원칙을 말한다.

② 인정여부
학설[1]은 ① 이를 부정하면 해당 증거에 대해 법관의 심증이 형성되었음에도 동일한 사실을 전제하는 다른 공동소송인에게 심증을 형성할 수 없으므로 자유심증주의에 위배될 수 있고, ② 증거조사에서는 변론주의가 완화되어 보충적인 직권조사가 인정되므로 증거공통의 원칙을 인정하는 것이 타당하다는 견해가 통설이다.

③ 예 외
가. 공동소송인간에 이해상반이 있는 경우까지 확장되는 것은 아니고, 이 경우에는 다른 공동소송인의 방어권 보장을 위하여 명시적인 원용을 요한다.

나. 공동소송인 중 한 사람이 자백한 경우, 자백한 공동소송인에 대해서는 증거에 의한 심증에도 불구하고 자백대로 사실을 확정해야 하지만, 다른 공동소송인에 대해서는 변론전체의 취지로 영향을 줄 수는 있다(대판 1976.08.24. 75다2152).

3) 주장공통의 원칙의 인정 여부

① 의의
이에 한걸음 더 나아가 주장공통의 원칙을 인정할 수 있을 것인가가 문제된다. 주장공통의 원칙이란 공동소송인 중의 1인이 상대방의 주장사실을 다투며 항변하는 등 다른 공동소송인에게 유리한 행위를 할 때 다른 공동소송인의 원용이 없어도 그에 대한 효력이 미친다는 원칙을 이르는데, 이의 인정여부가 문제된다.

② 학설
(한정적) 긍정설은 공동소송인 가운데 한사람의 주장은 다른 공동소송인이 그것과 저촉되는 주장을 적극적으로 하지 않는 한, 그 주장이 다른 공동소송인에게 이익이 있다고 생각되는 범위에서 한정적으로 다른 공동소송인의 주장이 될 수 있다고 한다(이시윤, 전병서). 부정설은 긍정설이 변론주의를 무시한 주장일 뿐만 아니라, 당사자가 명백히 주장하거나 원용하지도 않았는데, 이를 주장한 것으로 보자는 것은 소송법률관계를 불투명하게 만들어 상대방 당사자가 대응할 기회를 박탈할 위험이 있다고 하면서 이를 부정한다(정동윤·유병현, 호문혁 등).

---

[1] 判例는 "공동소송에 있어서 입증 기타 행위가 행위자를 구속할 뿐 다른 당사자에게는 영향을 주지 않는 것이 원칙이다(대판 1959.02.19. 4291민항231).", "필수적 공동소송이 아닌 경우 공동피고가 한 자백은 다른 피고의 소송관계에 직접적으로 무슨 효력을 발생할 수 없고 다만 변론전체의 취지로서의 증거자료가 된다고 할 것이다(대판 1976.08.24. 75다2152)."라고 한다.

③ 判例

判例는 "민사소송법 제66조의 명문의 규정과 우리 민사소송법이 취하고 있는 변론주의 소송구조 등에 비추어 볼 때, 통상의 공동소송에 있어서 이른바 주장공통의 원칙은 적용되지 아니한다(대판 1994.05.10. 93다47196)."고 하여 부정설의 입장이다.

4) 기타의 수정이론

주장공통, 증거공통의 원칙 이론 외에도 ① 공동소송인간에는 당연히 보조참가의 성립을 인정해야 한다는 당연의 보조참가이론, ② 이론적·실천적으로 합일확정이 요청되는 경우 필수적 공동소송의 범위를 넓히는 이론상 합일확정소송이론[2], ③ 석명권을 적절히 행사하여 재판의 통일을 도모하자는 석명권행사론(정동윤·유병현·김경욱)이 있다.

7. 필수적 공동소송

(1) 의의 및 구별개념

1) 의 의

공동소송인 사이에 합일확정을 필요로 하는 공동소송으로, 공동소송이 강제되느냐에 따라 공유필수적공동소송과 유사필수적공동소송으로 나누어진다.

2) 구별개념

합일확정이 필요하다는 점에서 이러한 합일확정의 필요가 없는 통상공동소송과 구별되고, 법률상 합일확정이 강제되는 점에서 이것이 강제되지 않는 성질상의 통상공동소송인 이론상 합일확정소송과 구별된다.

(2) 고유필수적 공동소송

1) 의의 및 판단기준

① 의의

소송공동이 법률상 강제되고, 합일확정의 필요가 있는 공동소송이다. 즉 수인에게 소송수행권이 공동으로 귀속되어 수인이 공동으로 원고 또는 피고가 되지 않으면 당사자적격을 잃어 부적법해지는 소송이다.

② 고유필수적 공동소송[3]의 판단기준

---

[2] 예를 들어 ① 공동소송인 사이에 권리·의무가 공통적인 경우, 예를 들어 여러 사람의 연대채무자에 대한 청구 ② 권리·의무의 발생원인이 공통적인 경우, 예를 들어 같은 사고의 여러 사람의 피해자가 하는 손해배상청구 ③ 공동피고 전원에 대해 승소하지 않으면 소송의 목적을 달성할 수 없는 경우, 예를 들어 甲→乙→丙 순차로 마쳐진 등기가 모두 원인무효임을 이유로 소유권자 A가 甲·乙·丙 3인을 상대로 각 이전등기말소를 구하는 경우 등을 말한다. 이 경우는 이론상 합일확정 될 필요는 있으나(이론상 합일확정소송), 실체법상 관리처분권(소송수행권)이 여러 사람에게 귀속되는 경우도 아니고 소송법상 판결의 효력이 제3자에게 확장될 경우도 아니므로 필수적 공동소송으로 인정할 수 없다는 것이 통설, 판례이다.

[3] 구 파산법(2005.3.31. 법률 제7428호 채무자 회생 및 파산에 관한 법률 부칙 제2조로 폐지) 제7조에 의하면 파산재단에 속하는 재산의 관리처분권은 파산자로부터 이탈하여 파산관재인에게 전속하게 되고, 같은 법 제152조에 의하면 파산재단에 관한 소송에 있어서는 파산관재인이 원고 또는 피고가 되므로, <u>파산관재인이 여럿인 경우에는 법원</u>

실체법상의 관리처분권이 공동으로 귀속하느냐에 따라 고유필수적 공동소송여부를 판단해야 한다는 관리처분권설이 통설이다.

2) 형성권의 공동귀속

공유물분할청구, 공유자측이 제기하는 경계확정의 소는 고유필수적 공동소송이다. 제3자가 제기하는 친자관계부존재확인의 소나 혼인무효·취소의 소와 같은 가사소송도 고유필수적 공동소송이다. 그리고 형성권인 예약완결권[4)]에 기한 소가 고유필수적 공동소송인지 통상공동소송인지는 매매예약의 내용에 따라 달라진다[대판(전) 2012.02.16. 2010다82530].

3) 총유관계소송

총유물의 관리처분권은 구성원 전체에게 귀속되므로(민법 제276조) 고유필수적 공동소송이다. 判例는 "총유재산에 관한 소송은 법인 아닌 사단이 그 명의로 사원총회의 결의를 거쳐 하거나 또는 그 구성원 전원이 당사자가 되어 필수적 공동소송의 형태로 할 수 있을 뿐 그 사단의 구성원은 설령 그가 사단의 대표자라거나 사원총회의 결의를 거쳤다 하더라도 그 소송의 당사자가 될 수 없고, 이러한 법리는 총유재산의 보존행위로서 소를 제기하는 경우에도 마찬가지라 할 것이다 [대판(전) 2005.09.15. 2004다44971]."라고 한다.

4) 합유관계소송

① 원 칙

합유물의 처분·변경과 지분처분에는 합유자 전원의 동의를 요하므로(민법 제272조, 제273조), 소송

의 허가를 얻어 직무를 분장하였다는 등의 특별한 사정이 없는 한 그 여럿의 파산관재인 전원이 파산재단의 관리처분권을 갖고 있기 때문에 파산관재인 전원이 소송당사자가 되어야 하므로 그 소송은 필수적 공동소송에 해당한다. 다만, 민사소송법 제54조가 여러 선정당사자 가운데 죽거나 그 자격을 잃은 사람이 있는 경우에는 다른 당사자가 모두를 위하여 소송행위를 한다고 규정하고 있음에 비추어 볼 때, 공동파산관재인 중 일부가 파산관재인의 자격을 상실한 때에는 남아 있는 파산관재인에게 관리처분권이 귀속되고 소송절차는 중단되지 아니하므로, 남아 있는 파산관재인은 자격을 상실한 파산관재인을 수계하기 위한 절차를 따로 거칠 필요가 없이 혼자서 소송행위를 할 수 있다(대판 2008.04.24. 2006다14363).

4) 수인의 채권자가 각기 그 채권을 담보하기 위하여 채무자와 채무자 소유의 부동산에 관하여 수인의 채권자를 공동매수인으로 하는 1개의 매매예약을 체결하고 그에 따라 수인의 채권자 공동명의로 그 부동산에 가등기를 마친 경우, 수인의 채권자가 공동으로 매매예약완결권을 가지는 관계인지 아니면 채권자 각자의 지분별로 별개의 독립적인 매매예약완결권을 가지는 관계인지는 매매예약의 내용에 따라야 하고, 매매예약에서 그러한 내용을 명시적으로 정하지 않은 경우에는 수인의 채권자가 공동으로 매매예약을 체결하게 된 동기 및 경위, 그 매매예약에 의하여 달성하려는 담보의 목적, 담보 관련 권리를 공동 행사하려는 의사의 유무, 채권자별 구체적인 지분권의 표시 여부 및 그 지분권 비율과 피담보채권 비율의 일치 여부, 가등기담보권 설정의 관행 등을 종합적으로 고려하여 판단하여야 한다.
이와 달리 1인의 채무자에 대한 수인의 채권자의 채권을 담보하기 위하여 그 수인의 채권자와 채무자가 채무자 소유의 부동산에 관하여 수인의 채권자를 권리자로 하는 1개의 매매예약을 체결하고 그에 따른 가등기를 마친 경우에, 매매예약의 내용이나 매매예약완결권 행사와 관련한 당사자의 의사와 관계없이 언제나 수인의 채권자가 공동으로 매매예약완결권을 가진다고 보고, 매매예약완결의 의사표시도 수인의 채권자 전원이 공동으로 행사하여야 한다는 취지의 대법원 1984.6.12. 선고 83다카2282 판결, 대법원 1985.5.28. 선고 84다카2188 판결, 대법원 1985.10.8. 선고 85다카604 판결, 대법원 1987.5.26. 선고 85다카2203 판결 등은 이 판결의 견해와 저촉되는 한도에서 변경하기로 한다[대판(전) 2012.02.16. 2010다82530].

수행권도 공동행사하여야 하는 고유필수적 공동소송[5])이다. 예를 들어 피고들의 합유로 등기된 부동산에 대한 이전등기소송은 고유필수적 공동소송이다(대판 1983.10.25. 83다카850). 또한 동업약정에 따라 동업자 공동으로 토지를 매수하였다면 그 토지는 동업자들을 조합원으로 하는 동업체에서 토지를 매수한 것이므로 그 동업자들은 토지에 대한 소유권이전등기청구권을 준합유하는 관계에 있고, 합유재산에 관한 소는 이른바 고유필수적공동소송이라 할 것이므로 그 매매계약에 기하여 소유권이전등기의 이행을 구하는 소를 제기하려면 동업자들이 공동으로 하지 않으면 안 된다(대판 1994.10.25. 93다54064). 그리고 은행에 공동명의로 예금을 하고 은행에 대하여 그 권리를 함께 행사하기로 한 경우에 만일 동업자금을 공동명의로 예금한 경우라면 채권의 준합유관계에 있지만, 공동명의 예금채권자들 각자가 분담하여 출연한 돈을 동업 이외의 특정 목적을 위하여 공동명의로 예치해 둠으로써 그 목적이 달성되기 전에는 공동명의 예금채권자가 단독으로 예금을 인출할 수 없도록 방지·감시하고자 하는 등의 목적으로 공동명의로 예금을 개설한 경우라면 하나의 예금채권이 분량적으로 분할되어 각 공동명의 예금채권자들에게 귀속된다. 다만 은행과 공동명의 예금채권자들 사이에 공동반환의 특약이 존재하는 경우 은행에 대한 지급 청구만을 공동명의 예금채권자들 모두가 공동으로 하여야 하는 부담이 남는다(대판 2008.10.09. 2005다72430).

② 예 외(통상공동소송이 되는 경우)

보존행위에 관한 소송 즉 합유물에 관한 불법이전등기의 말소청구소송은 통상공동소송이 된다. 조합채무는 조합을 상대로 또는 조합원 개인을 상대로 제기해야 한다. 특히 조합원을 상대로 하는 경우 조합채권자가 채권발생당시의 조합원의 손실분담비율을 알지 못한 때에는 조합원 개인은 지분의 비율로 무한책임을 지는 분할채무관계에 있으므로, 통상의 공동소송형태에 속한다(대판 1991.11.22. 91다30705). 그리고 합유재산의 보존행위는 합유재산의 멸실·훼손을 방지하고 그 현상을 유지하기 위하여 하는 사실적·법률적 행위로서 이러한 합유재산의 보존행위를 각 합유자 단독으로 할 수 있도록 한 취지는 그 보존행위가 긴급을 요하는 경우가 많고 다른 합유자에게도 이익이 되는 것이 보통이기 때문이다. 민법상 조합인 공동수급체가 경쟁입찰에 참가하였다가 다른 경쟁업체가 낙찰자로 선정된 경우, 그 공동수급체의 구성원 중 1인이 그 낙찰자 선정이 무효임을 주장하며 무효확인의 소를 제기하는 것은 그 공동수급체가 경쟁입찰과 관련하여 갖는 법적 지위 내지 법률상 보호받는 이익이 침해될 우려가 있어 그 현상을 유지하기 위하여 하는 소송행위이므로 이는 합유재산의 보존행위에 해당한다(대판 2013.11.28. 2011다80449).

---

[5]) 상속인이 유언집행자가 되는 경우를 포함하여 유언집행자가 수인인 경우에는, 유언집행자를 지정하거나 지정위탁한 유언자나 유언집행자를 선임한 법원에 의한 임무의 분장이 있었다는 등의 특별한 사정이 없는 한, 유증목적물에 대한 관리처분권은 유언의 본지에 따른 유언의 집행이라는 공동의 임무를 가진 수인의 유언집행자에게 합유적으로 귀속되고, 그 관리처분권 행사는 과반수의 찬성으로써 합일하여 결정하여야 하므로, 유언집행자가 수인인 경우 유언집행자에게 유증의무의 이행을 구하는 소송은 유언집행자 전원을 피고로 하는 고유필수적 공동소송으로 봄이 상당하다(대판 2011.06.24. 2009다8345).

5) 공유관계소송

① 능동소송

判例는 공유물 자체에 관한 소송 즉 <u>공유물 전체에 대한 소유권확인청구</u>(대판 1953.02.19. 4285민상134), <u>공유자 측이 제기하는 소유권이전등기청구</u> 등은 필수적 공동소송으로 본다. 단독처분이 허용되는 경우 즉 공유지분권확인청구 등은 통상공동소송이다. 보존행위 즉 공유물방해배제청구(건물철거청구, 등기말소청구 등), 공유물인도·명도청구의 소, 공유물의 불법점유로 인한 손해배상청구의 소 등은 통상공동소송이다.

② 수동소송

判例는 공유건물의 인도·철거청구도 각자에 대하여 그 지분권의 한도 내에서 인도·철거를 구하는 것이므로 통상공동소송이라고 한다[6]. 특히 "이를 필수적 공동소송으로 보지 않으면 서로 상반·모순된 판결이 나올 수 있게 되어 사실상 소송목적을 달성할 수 없게 되지만, 이러한 사실상의 필요성 때문에 필수적 공동소송이라고 볼 수 없다(대판 1966.03.15. 65다2455)."고 한다. <u>判例는 수동소송의 경우 필수적 공동소송으로 본 예가 없다</u>(이시윤). 따라서 타인 소유의 토지 위에 설치되어 있는 공작물을 철거할 의무가 있는 수인을 상대로 그 공작물의 철거를 청구하는 소송은 필수적 공동소송이 아니다(대판 1993.02.23. 92다49218). 이에 학설 중에는 공유물 자체의 처분, 변경에 해당하는 소송의 경우 즉 공유자에 대한 공유건물의 철거청구, 소유권이전등기청구 등은 고유필수적 공동소송으로 보아야 한다는 견해(이시윤)가 유력하다.

(3) 유사필수적 공동소송

1) 의 의

수인이 공동으로 원고 또는 피고가 되어야 하는 것은 아니고, 개별적으로 소송을 할 수 있지만, 일단 공동소송인으로 된 이상 합일확정이 요청되어 승패를 일률적으로 하여야 할 공동소송을 말한다.

2) 인정되는 경우

① 소송법상 판결의 효력이 제3자에게 확장되는 관계

이처럼 합일확정의 필요성이 한 당사자에 대한 판결의 효력이 다른 사람에게도 미쳐 판결의 모순·저촉이 생기는 것을 방지한다는 소송법상의 요구 때문에 생기는 것이어서 이를 소송법상의 근거에 의한 필수적 공동소송이라고도 한다. 특히 <u>채무자가 채권자대위권에 의한 소송이 제기된 것을 알았을 경우에는 그 확정판결의 효력은 채무자에게도 미치고, 각 채권자대위권에 기하여 공동하여 채무자의 권리를 행사하는 다수의 채권자들</u>(상속인들)은 유사필수적 공동소송관계에 있다(대판 1991.12.27. 91다23486).

---

[6] 토지를 수인이 공유하는 경우에 공유자들의 소유권이 지분의 형식으로 공존하는 것뿐이고, 그 처분권이 공동에 속하는 것은 아니므로 공유토지의 일부에 대하여 취득시효완성을 원인으로 공유자들을 상대로 그 시효취득부분에 대한 소유권이전등기절차의 이행을 청구하는 소송은 필수적 공동소송이라고 할 수 없다(대판 1994.12.27. 93다32880·93다32897).

② 판결의 효력이 직접 제3자에게 미치는 관계

수인이 제기하는 회사합병무효의 소, 회사설립무효의 소, 주주총회결의 취소의 소, 수인이 제기하는 혼인무효·취소의 소 등은 유사필수적 공동소송이 된다. 그리고 청구를 기각하는 판결은 제3자에 대해 효력이 없지만 청구를 인용하는 판결은 제3자에 대해 효력이 있는 상법상 회사관계소송에 관하여 여러 사람이 공동으로 소를 제기한 경우, 이러한 소송은 공동소송의 원칙적 형태인 민사소송법 제67조가 적용되는 필수적 공동소송에 해당한다[대판(전) 2021.07.22. 2020다284977].

(4) 필수적 공동소송의 심판

1) 연합관계

본안에 있어 판결의 통일을 위한 한도 내에서 상호연합관계적 소송이다.

2) 소송요건의 심사와 누락된 필수적 공동소송인의 보정

① 소송요건의 개별적 조사

고유필수적 공동소송에서는 공동소송인 중 1인에 소송요건의 흠결이 있으면 전소송을 부적법 각하하여야 하지만, 유사필수적 공동소송에 있어서는 당해 공동소송인의 부분만 각하하면 된다.

② 고유필수적 공동소송에서 누락된 자의 보정방법

ⅰ) 별소 제기와 법원의 변론병합(제141조) ⅱ) 필수적 공동소송인의 추가(소의 주관적·추가적 병합, 제68조) ⅲ) 공동소송참가(제83조) 등이 있다.

3) 소송자료의 통일

① 능동적 소송행위(제67조 1항)

가. 공동소송인 1인의 소송행위 중 유리한 것은 전원에 대하여 효력이 생긴다. 이 경우 공동소송인 중 일부만이 출석하고 그 출석자의 소송행위가 결석자에게 불리한 경우 소송의 지연을 방지할 필요성에 비추어 결석한 공동소송인에게 효력이 미친다는 견해가 있으나(방순원, 송상현), 독일법과 같은 규정이 없는 우리 법제에서는 출석한 자의 유리한 행위만이 그 효력이 미친다고 볼 것이다(통설). 다만 유사필수적 공동소송에서는 일부 취하가 허용됨에 비추어 소취하간주의 규정(제268조)이 적용되어 제67조 1항의 규정이 배제된다는 견해가 다수설이다(이시윤, 反對는 호문혁).

나. 불리한 소송행위는 전원이 함께 하지 않으면 효력이 없고, 다만 공동소송인 1인만의 불리한 소송행위는 변론전체의 취지로 공동소송인 측에 불리하게 작용할 수 있다. 자백, 청구의 포기·인낙, 화해 등이 이에 해당된다. 그리고 고유필수적 공동소송에서는 당사자 일부의 또는 일부에 대한 소 취하가 허용되지 아니하나, 유사필수적 공동소송에서는 일부취하가 허용된다. 공동상속인이 다른 공동상속인을 상대로 어떤 재산이 상속재산임의 확인을 구하는 소는 이른바 고유필수적 공동소송이라고 할 것이고, 고유필수적 공동소송에서는 원고들 일부의 소 취하 또는 피고들 일부에 대한 소취하는 특별한 사정이 없는 한 그 효력이 생기지 않는다(대판 2007.08.24. 2006다40980).

② 수동적 소송행위(제67조 2항)

공동소송인 중 1인에 대한 상대방의 소송행위는 유리·불리를 불문하고 다른 공동소송인 전원에 대해 효력이 발생한다(제67조 2항). 공동소송인 중 일부가 불출석해도 상대방이 소송행위를 하는 데 지장이 없게 하려는 취지이다. 그러므로 공동소송인 중 한 사람이라도 기일에 출석했으면 상대방은 비록 그 자에 대하여 준비서면으로 예고하지 않은 사실이라도 주장할 수 있다(제276조).

4) 소송 진행의 통일

① 변론의 분리 금지, 전부판결

변론, 증거조사, 판결은 같은 기일에 함께 하여야 하므로 변론을 분리하거나 일부판결을 할 수 없다. 착오로 일부에 대해서만 판결한 경우 추가판결을 할 수 없고, 전부판결로 보아 상소로써 시정해야 한다.

② 중단, 중지

공동소송인 중 1인에 대하여 중단·중지의 원인이 발생한 경우 전원에 대하여 중단·중지의 효과가 생겨 전 소송절차의 진행이 정지된다(제67조 3항).

③ 1인의 상소제기(확정차단의 이심의 효력)

가. 상소제기 하지 않은 부분의 분리·확정 여부

처분권주의를 근거로 분리확정설도 있으나, 합일확정이 필요한 소송에서는 모순 없는 판결이 요구되므로 전원에 대하여 판결확정이 차단[7]되고 전소송이 이심되는 이심설이 타당하다(통설, 判例).

나. 상소하지 않은 다른 공동소송인의 지위

ⅰ) 학설 및 판례

학설은 상소인설, 실제 상소한 자를 그의 선정당사자로 의제할 것이라는 선정자설도 있으나, 그 지위를 상소인이 아니고 합일확정의 요청 때문에 소송관계가 상소심으로 이심되는 특수지위라고 보는 단순한 상소심당사자설이 통설·판례[8]이다.

ⅱ) 구별실익

상소심의 심판범위는 실제 상소를 제기한 공동소송인에 의하여 특정·변경되게 되고, 패소한 경우에 실제로 상소한 자만 상소비용을 부담하게 되고, 상소취하여부도 그에 의하여 결정되고,

---

7) 공유물분할청구의 소는 분할을 청구하는 공유자가 원고가 되어 다른 공유자 전부를 공동피고로 하여야 하는 고유필수적 공동소송이고, 공동소송인과 상대방 사이에 판결의 합일확정을 필요로 하는 고유필수적 공동소송에서는 공동소송인 중 일부가 제기한 상소는 다른 공동소송인에게도 효력이 미치므로 공동소송인 전원에 대한 관계에서 판결의 확정이 차단되고 소송은 전체로서 상소심에 이심된다. 따라서 공유물분할 판결은 공유자 전원에 대하여 상소기간이 만료되기 전에는 확정되지 않고, 일부 공유자에 대하여 상소기간이 만료되었다고 하더라도 그 공유자에 대한 판결 부분이 분리·확정되는 것은 아니다(대판 2017.09.21. 2017다233931).
8) 판례는 필수적 공동소송에서 상고하지 아니한 피고를 '피고, 상고인'으로 표시하지 아니하고 단순히 '피고'라고만 표시하고, 상고비용을 상고한 피고에게만 부담시켜 단순한 상소심당사자설을 취하고 있다(대판 1995.01.12. 94다33002).

실제로 상소한 자만 상소인지를 붙여야 한다.

④ 제69조의 해석

제67조 1항의 공동소송인 가운데 한사람이 상소를 제기한 경우에 다른 공동소송인이 그 상소심에서 하는 소송행위에는 제56조 1항의 규정을 준용한다(제69조). 따라서 필수적 공동소송에 있어서 공동소송인의 1인이 상소를 제기함으로써 그 효력을 받는 다른 공동소송인이 미성년자, 피성년후견인 등 소송무능력자인 경우에 그 법정대리인은 후견감독인의 특별수권 없이 상소심에서 유효하게 소송행위를 할 수 있다.

5) 본안재판의 통일

필수적 공동소송인 사이에 본안에 관한 판결결과가 구구하게 되어서는 안 된다. 필수적 공동소송인측이 패소할 경우 소송비용은 공동소송인의 연대부담으로 한다(제102조 1항 단서).

8. 예비적·선택적 공동소송

제70조(예비적·선택적 공동소송에 대한 특별규정) ① 공동소송인 가운데 일부의 청구[9][10]가 다른 공

---

9) 민사소송법 제70조 제1항 본문이 규정하는 '공동소송인 가운데 일부에 대한 청구'를 반드시 '공동소송인 가운데 일부에 대한 모든 청구'라고 해석할 근거는 없으므로, 주위적 피고에 대한 주위적·예비적 청구 중 주위적 청구 부분이 받아들여지지 아니할 경우 그와 법률상 양립할 수 없는 관계에 있는 예비적 피고에 대한 청구를 받아들여 달라는 취지로 주위적 피고에 대한 주위적·예비적 청구와 예비적 피고에 대한 청구를 결합하여 소를 제기하는 것도 가능하고, 처음에는 주위적 피고에 대한 주위적·예비적 청구만을 하였다가 청구 중 주위적 청구 부분이 받아들여지지 아니할 경우 그와 법률상 양립할 수 없는 관계에 있는 예비적 피고에 대한 청구를 받아들여 달라는 취지로 예비적 피고에 대한 청구를 결합하기 위하여 예비적 피고를 추가하는 것도 민사소송법 제70조 제1항 본문에 의하여 준용되는 민사소송법 제68조 제1항에 의하여 가능하다. 이 경우 주위적 피고에 대한 예비적 청구와 예비적 피고에 대한 청구가 서로 법률상 양립할 수 있는 관계에 있으면 양 청구를 병합하여 통상의 공동소송으로 보아 심리·판단할 수 있다. 그리고 이러한 법리는 원고가 주위적 피고에 대하여 실질적으로 선택적 병합 관계에 있는 두 청구를 주위적·예비적으로 순위를 붙여 청구한 경우에도 그대로 적용된다(대판 2015.06.11. 2014다232913).

10) 사실관계 : ① 원고는 소장에서 피고 경기도의료원을 상대로 수원병원이 응급구조사 등의 탑승 없이 망인을 이송한 이 사건 구급차의 운용자라고 주장하며 응급의료법 제48조 위반의 불법행위에 기한 손해배상청구(이하 '주위적 청구'라고 한다)만을 하였다가, 2013.2.12.자 준비서면을 통하여 수원병원이 이 사건 구급차의 운용자가 아니라고 하더라도 수원병원 의료진에게는 응급구조사의 탑승 여부 등을 확인하지 아니한 채 이 사건 구급차로 망인을 이송시킨 잘못이 있다고 주장하며 예비적으로 응급의료법 제11조 제2항 위반의 불법행위에 기한 손해배상청구(이하 '예비적 청구'라고 한다)를 추가하였다. ② 이어 원고는 수원병원이 이 사건 구급차의 운용자가 아니라면 피고 구급센터가 이 사건 구급차의 운용자에 해당한다고 주장하며 피고 경기도의료원에 대한 주위적 청구가 받아들여지지 아니할 경우 피고 구급센터에 대한 응급의료법 제48조 위반의 불법행위에 기한 손해배상청구를 받아들여 달라는 취지로 피고 구급센터에 대한 청구를 결합하기 위하여 예비적 피고 추가 신청을 하였고, 제1심은 2013.6.26. 피고 구급센터를 이 사건의 예비적 피고로 추가하는 것을 허가하는 결정을 하였다. 이러한 원고의 청구 내용을 앞서 본 법리에 따라 살펴보면, 피고 경기도의료원에 대한 각 청구는 실질적으로 선택적 병합 관계에 있는 것을 주위적·예비적으로 순위를 붙여 청구한 경우에 해당하고, 피고 경기도의료원에 대한 주위적 청구와 피고 구급센터에 대한 청구는 서로 법률상 양립할 수 없는 관계에 있으며, 한편 피고 경기도의료원에 대한 예비적 청구와 피고 구급센터에 대한 청구는 서로 법률상 양립할 수 있는 관계에 있으므로, 제1심이 피고 구급센터를 예비적 피고로 추가한 것은 적법하고, 피고 경기도의료원에 대한 주위적 청구가 받아들여지지 아니할 경우 피고 경기도의료원에 대한 예비적 청구와 피고 구급센터에 대한 청구를 병

> 동소송인의 청구와 **법률상 양립할 수 없거나** 공동소송인 가운데 일부에 대한 청구가 다른 공동소송인에 대한 청구와 법률상 양립할 수 없는 경우에는 제67조 내지 제69조를 준용한다. 다만, **청구의 포기·인낙, 화해 및 소의 취하**의 경우에는 그러하지 아니하다.
> ② 제1항의 소송에서는 모든 공동소송인에 관한 청구에 대하여 판결을 하여야 한다.

(1) 서 설

1) 의의, 문제점

예비적 공동소송이란 수인의 또는 수인에 대한 청구가 논리상 양립할 수 없는 관계에 있고 어느 것이 인용될 것인가를 쉽게 판정할 수 없는 경우에 공동소송의 형태로 각 청구에 순서를 정하여 심판을 청구하는 경우를 이르고, **선택적 공동소송**이란 위 관계에 있는 경우에 순위를 붙이지 않고 공동소송의 형태로 어느 한 쪽이 택일적으로 인용될 것을 해제조건으로 다른 한 쪽의 심판을 구하는 소송을 이른다. 02년 개정 전에는 이 소송의 인정여부에 대해 특히 예비적 공동소송(소의 주관적·예비적 병합)을 중심으로 대립이 있었다.

2) 개정 전의 견해대립

학설은 부정설[11]과 긍정설[12]이 있었다. 判例는 "예비적 피고에 대한 청구의 당부에 대한 판단은 제1차적 피고에 대한 청구의 판단결과에 따라 결정되므로, 예비적 피고의 소송상 지위가 현저하게 불안정하고 또 불이익하게 되어 이를 허용할 수 없으므로 예비적 피고에 대한 청구는 이를 바로 '각하'하여야 한다(83누554·555, 96다31079 등)."고 하여 일관하여 부정설의 입장을 취하고 있었다. 개정 전에는 부정설과 같은 비판이 강했으나 개정법은 입법으로 긍정설을 채택하였다. 부정설의 소송고지활용론은 독일법과 같이 소송고지에 시효중단효가 없는 우리 법제에서는 여전히 문제가 있었다는 점, 분쟁의 일회적 해결의 도모라는 점에서 개정법의 입장이 타당하다.

3) 소송의 형태

① **능동형·수동형**

당사자 중 피고측이 수동적으로 공동소송인이 되는 경우를 수동형[13]이라고 하고, 원고측이 능동적으로 공동소송인이 되는 경우를 능동형[14]이라 한다. 능동형의 경우 判例는 주위적 원고가

합하여 통상의 공동소송으로 보아 심리·판단할 수 있다고 할 것이다. 원심판결의 이유 설시에 다소 부적절한 점이 있기는 하나, 위와 같은 취지에서 피고 경기도의료원에 대한 예비적 청구와 피고 구급센터에 대한 청구를 통상의 공동소송으로 심리·판단한 원심의 결론은 정당하고, 거기에 민사소송법 제70조 제1항에 관한 법리를 오해하여 재판에 영향을 미친 위법이 없다.

[11] 예비적 피고의 당부에 대한 심판이 제1차적 피고에 대한 판단의 당부에 의존하는 결과 예비적 피고의 지위가 현저히 불안하고, 이러한 병합을 인정해도 공동소송인독립의 원칙 때문에 재판의 통일이 보장되지도 않고, 소송고지제도를 활용하면 재판의 불통일을 막을 수 있으므로 구태여 이런 병합의 형태를 인정할 필요가 없다고 했다(소송고지활용론).

[12] 실체법상의 택일적 관계를 소송법에도 그대로 반영시킬 수 있고, 재판의 모순저촉을 막을 수 있으며, 분쟁의 일회적 해결을 도모함으로서 소송경제를 이룰 수 있다고 하여 찬성하였다.

[13] 예를 들어 채무자가 택일적에서 원고 甲이 피고 乙, 丙 중 진정한 채무자를 가려달라고 하거나, 乙을 주위적 피고 丙을 예비적 피고로 소를 제기하는 경우를 말한다.

[14] 예를 들어 채권자가 택일적인 경우로서 먼저 채권의 양수인이 주위적 원고로서 채무자에게 이행청구를 하고,

대여금 또는 구상금청구를, 예비적 원고가 후발적으로 임대보증금청구를 한 경우(대판 2008.04.10. 2007다36308), 주위적 원고는 입주자대표회의·예비적 원고는 구분소유자로 하여 제기한 예비적 공동소송(대판 2012.09.13. 2009다23160) 등이 있다.

② 예비형·선택형

예비형이란 주위적 피고에 대한 청구가 기각될 것을 대비하여 예비적 피고에 대해 심판을 바라는 형태를 말하며, 선택형이란 순서에 구애없이 무작위로 이유 있는 청구를 선택하여 청구를 인용해 주기를 바라는 심판 형태이다.

③ 원시형·후발형

원시형은 애초부터 공동소송의 형태로 된 것을 말하며, 후발형[15]이란 당초에는 단일소송이었다가 뒤에 소송계속 중 예비적 당사자나 선택적 당사자를 추가하는 형태를 말한다. 후발형의 경우, 항소심에서도 상대방이 동의하면 그를 당사자로 추가하는 형태의 예비적·선택적 공동소송이 가능하다는 견해(강현중)가 있으나, 1심 변론종결시까지만 가능하게 한 제68조 명문의 규정 때문에 문제가 있다는 견해가 다수의 입장이다(이시윤, 정동윤·유병현).

(2) 요 건

1) 법률상 양립할 수 없는 관계일 것

① 의미

민사소송법 제70조 제1항에서 '법률상 양립할 수 없다'는 것은, 동일한 사실관계에 대한 법률적인 평가를 달리하여 두 청구 중 어느 한 쪽에 대한 법률효과가 인정되면 다른 쪽에 대한 법률효과가 부정됨으로써 두 청구가 모두 인용될 수는 없는 관계에 있는 경우나, 당사자들 사이의 사실관계 여하에 의하여 또는 청구원인을 구성하는 택일적 사실인정에 의하여 어느 일방의 법률효과를 긍정하거나 부정하고 이로써 다른 일방의 법률효과를 부정하거나 긍정하는 반대의 결과가 되는 경우로서, 두 청구들 사이에서 한 쪽 청구에 대한 판단 이유가 다른 쪽 청구에 대한 판단 이유에 영향을 주어 각 청구에 대한 판단 과정이 필연적으로 상호 결합되어 있는 관계를 의미하며, 실체법적으로 서로 양립할 수 없는 경우뿐 아니라 소송법상으로 서로 양립할 수 없는 경우를 포함한다(대판 2011.09.29. 2009다7076). 따라서 부진정연대채무자의 관계에 있는 경우 예비적 공동소송은 부적법하다[16](대판 2012.09.27. 2011다76747).

기각될 때를 대비하여 양도인이 예비적 원고가 되어 채무자에게 이행을 구하는 경우를 말한다.
15) 예를 들어 처음에는 피고 乙의 대리인이라 칭하는 丙과 매매계약을 한 원고 甲이 본인 피고 乙을 상대로 소유권이전등기청구를 진행하다가, 乙이 丙이 무권대리인이라고 주장하자 甲이 丙을 예비적 피고로 추가하여 그에게 이전등기청구를 하는 경우를 들 수 있다.
16) 어떤 물건에 대하여 직접점유자와 간접점유자가 있는 경우, 그에 대한 점유·사용으로 인한 부당이득의 반환의무는 동일한 경제적 목적을 가진 채무로서 서로 중첩되는 부분에 관하여는 일방의 채무가 변제 등으로 소멸하면 타방의 채무도 소멸하는 이른바 "부진정연대채무"의 관계에 있다. 부진정연대채무의 관계에 있는 채무자들을 공동피고로 하여 이행의 소가 제기된 경우 공동피고에 대한 각 청구는 법률상 양립할 수 없는 것이 아니므로 그 소송은 민사소송법 제70조 제1항에 규정한 본래 의미의 예비적·선택적 공동소송이라고 할 수 없고, 따라서 거기에 필수적 공동소송에 관한 민사소송법 제67조는 준용되지 않는다고 할 것이어서 상소로 인한 확정

② 법률의 의미

判例는 "법률상 양립할 수 없으면 실체법상 양립할 수 없는 물론 소송법상 양립할 수 없는 경우도 포함 한다."고 하면서 "피고적격자가 乙(아파트대표자회의의 구성원 개인)인지 丙(아파트대표자회의)인지 누가 피고적격을 가지는가에 따라 어느 일방에 대한 청구는 부적법해지고 다른 일방에 대한 청구는 적법해질 수 있는 경우, 乙을 먼저 피고로 제기한 소송 중에 丙을 예비적 피고로 추가하는 것은 적법하다(대결 2007.06.26. 2007마515)."고 판시하였다.

2) 공동소송의 일반요건을 갖출 것

공동소송의 주관적(제65조)·객관적(제253조) 요건을 갖출 것을 요한다.

(3) 심 판

1) 심리의 면

① 소송자료의 통일

소송자료의 통일로서 공동소송인 한사람의 소송행위는 전원의 이익을 위해서만 다른 공동소송인에게 효력이 있게 된다. 다만 예비적·선택적 공동소송은 기본적으로 통상공동소송이므로 필수적 공동소송의 준용범위를 좁혀야 한다고 하면서 소송자료의 통일의 법리를 제외하고 소송진행의 통일, 본안재판의 통일의 법리만 준용된다는 견해도 있다(호문혁). 그리고 "자백" 같은 불리한 소송행위의 경우 준용규정상 전원이 함께 해야 한다고 해석되나(이시윤), 두 청구가 양립 불가능하므로 피고들의 동시자백은 무의미하다고 하는 견해17)도 있다(강현중).

② 소송 진행의 통일

소송 진행의 통일로서 공동소송인 가운데 1인의 중단·중지 사유는 모든 공동소송인에게 효력이 미치고 그 결과 변론의 분리·일부판결도 할 수 없다(제67조 3항 준용). 다만 청구의 포기·인낙, 화해 및 소의 취하 등은 당사자의 처분권을 존중하여 단독으로 할 수 있도록 하고 있다(제70조

차단의 효력도 상소인과 그 상대방에 대해서만 생기고 다른 공동소송인에 대한 관계에는 미치지 않는다. 甲 재단법인 등이 소유한 토지 지상에 국가가 설치한 송전선로가 지나가고 한국수자원공사가 위 송전선로 등 수도권 광역상수도시설에 대한 수도시설관리권을 국가로부터 출자받아 시설을 유지·관리하고 있는데, 甲 법인 등이 주위적으로 한국수자원공사에 대하여, 예비적으로는 국가에 대하여 위 토지 상공의 점유로 인한 부당이득반환청구의 소를 제기하여 제1심이 공사에 대한 청구는 기각하고 국가에 대한 청구는 인용하자 甲 법인 등이 공사에 대하여 항소를 제기하고 공사와 국가는 항소하지 않은 사안에서, 피고들 사이에는 민사소송법 제70조 제1항에 따라 민사소송법 제67조가 준용되는 진정한 의미의 예비적 공동소송의 관계가 있는 것이 아니므로 상소로 인한 확정차단의 효력도 당사자별로 따로 판단해야 하는데, 甲 법인 등이 제1심판결 중 공사에 대한 부분에 한하여 항소를 제기한 이상 공사에 대한 청구만이 항소심의 심판대상이 되고, 국가에 대한 제1심판결은 항소기간 만료일이 지남으로써 분리 확정되었음에도, 분리 확정된 국가에 대한 청구까지 항소심에 이심된 것으로 본 원심판결을 파기하고 그 부분에 대한 소송종료선언을 한 사례(대판 2012.09.27. 2011다76747).

17) 이 견해는 ①주위적·예비적 당사자 전원의 동시자백의 경우 "먼저 주위적 당사자에 대한 자백을 인정하여 주위적 당사자에 대하여 판결을 하는데 만약 주위적 당사자에 대한 소송이 승소가 되면 예비적 당사자에 대한 소송은 자백에 불구하고 기각하여야 하지만, 주위적 당사자에 대한 소송이 기각되어 예비적 당사자에 대한 심판이 필요한 경우에는 예비적 당사자에 대한 자백도 인정하여 예비적 당사자에 대한 판결을 하여야 한다."고 보고, ②선택적 관계에 있는 예비적·선택적 공동소송에서는 "동시자백은 무의미한 자백이므로 자백의 효력을 부정하고 심판하여야 한다."고 본다(강현중).

1항 단서18)). <u>청구인낙의 경우가 문제되는데</u>, 예를 들어 채무자 A, B가 택일적 관계에 있을 때 원고 甲이 A를 주위적 피고로, B를 예비적 피고로 소제기한 경우에 B가 자신에 대한 청구에 대해 인낙을 한 경우, 법원이 A에 대한 청구가 이유 있다고 하여도 B의 청구인낙을 인정해야 하는지가 문제된다. 만약 인낙이 가능하고 주위적 청구에 대해서는 기각하여야 한다면 당사자의 의사를 무시하는 결과가 되기 때문이다(이시윤). 이에 대해서는 처분권주의가 적용된 부득이한 결과이므로 주위 피고에 대한 청구가 이유 있으면 인낙에도 불구하고 주위청구를 인용하고 예비적 청구는 기각하여야 한다는 견해19)도 있다(강현중).

③ 제68조의 준용

공동소송인 가운데 일부에 대한 청구가 다른 공동소송인에 대한 청구와 법률상 양립할 수 없는 경우에는 필수적 공동소송에 관한 민사소송법 제67조 내지 제69조의 규정이 준용되는 결과(민사소송법 제70조 제1항), 주위적·예비적 공동소송인 가운데 일부가 누락된 경우에는 제1심의 변론을 종결할 때까지 원고의 신청에 따라 결정으로 피고를 추가하도록 허가할 수 있고(같은 법 제68조 제1항 본문), 그 허가결정을 한 때에는 그 허가결정의 정본을 당사자 모두에게 송달하여야 하고, 추가될 당사자에게는 소장 부본도 송달하여야 하며(같은 조 제2항), 추가된 당사자에 대한 관계에서는 처음의 소가 제기된 때에 소가 제기된 것으로 간주된다(같은 조 제3항). 한편, 위와 같은 주위적·예비적 공동소송에 있어서는 모든 공동소송인에 관한 청구에 대하여 판결을 하여야 한다(같은 법 제70조 제2항). 따라서 원고가 어느 한 사람을 피고로 지정하여 소를 제기하였다가 다른 사람이 주위적 또는 예비적 피고의 지위에 있다고 주장하면서 그에 대한 청구를 아울러 하는 경우에, 그것이 주위적 또는 예비적 피고를 추가하는 취지라면 법원은 위에서 적시한 바와 같은 조치를 취하여야 할 것이다20)(대판 2008.04.10. 2007다86860).

---

18) 민사소송법 제70조 소정의 예비적·선택적 공동소송에는 민사소송법 제67조 내지 제69조가 준용되어 소송자료 및 소송진행의 통일이 요구되지만, 청구의 포기·인낙, 화해 및 소의 취하는 공동소송인 각자가 할 수 있는 바, 이에 비추어 보면, 조정에 갈음하는 결정이 확정된 경우에는 재판상 화해와 동일한 효력이 있으므로 그 결정에 대하여 일부 공동소송인이 이의하지 않았다면 원칙적으로 그 공동소송인에 대한 관계에서는 조정에 갈음하는 결정이 확정될 수 있다. 다만, ① 조정에 갈음하는 결정에서 분리 확정을 불허하고 있거나, 그렇지 않더라도 ②그 결정에서 정한 사항이 공동소송인들에게 공통되는 법률관계를 형성함을 전제로 하여 이해관계를 조절하는 경우 등과 같이 결정 사항의 취지에 비추어 볼 때 분리 확정을 허용할 경우 형평에 반하고 또한 이해관계가 상반된 공동소송인들 사이에서의 소송진행 통일을 목적으로 하는 민사소송법 제70조 제1항 본문의 입법 취지에 반하는 결과가 초래되는 경우에는 분리 확정이 허용되지 않는다(대판 2008.07.10. 2006다57872). 〈해설〉 예비적 선택적 공동소송에서 합일확정을 꾀하기 위하여 필수적 공동소송인에 관한 특별규정이 준용되도록 하면서도(민사소송법 제70조 본문) 처분권주의를 보장하기 위하여 소의 취하, 청구의 포기·인낙, 화해 등은 자유로이 할 수 있도록 하고 있는데(동법 제70조 단서), 이것은 분쟁의 모순 없는 해결이라는 예비적 선택적 공동소송의 취지와 관련하여 구체적인 경우에 그 해석이 어려운 경우가 있다. 이에 판례는 사안에서와 같이 소송진행의 통일이 보장되지 아니하는 경우에는 재판상 화해의 효력을 갖는 조정의 경우에도 일부확정이 허용되지 아니한다고 하고 있다는 점에서 의미가 있다. -유병현, 고시계 2009/2, 41면-

19) 이 견해는 "예를 들어 주위적 피고(乙)에 대한 계약상 청구와 무권대리인(丙)을 예비적 피고로 하는 소송에서 주위적 피고 본인과의 관계에서 예비적 피고가 원고의 청구를 인낙한 경우, 예비적 피고가 원고의 청구를 인낙한 경우라도 주위적 피고 본인과의 관계에서 예비적 피고가 유권대리인인 경우에는 주위적 피고에 대한 청구는 인용되고 예비적 피고에 대한 청구는 기각된다."고 한다(강현중).

20) 피고 국민은행의 부서로서의 '리스크관리본부' 또는 그 부서의 장인 '리스크관리본부장'을 피고 국민은행과 별

2) 판결의 면

① 모든 공동소송인에 대해 판결

판결의 면에서는 주위적 청구를 인용하는 때에는 예비적 청구에 대하여 사실상 예비적 피고의 승소로 되는 것인데, 이러한 취지의 기각판결이 행해지지 않으면 예비적 피고의 지위가 불안정해지므로 모든 공동소송인에 관한 청구에 대해 판결을 하여야 한다(제70조 2항). 判例도 "예비적·선택적 공동소송에서 일부 공동소송인에 대한 청구에 관하여만 이루어진 판결의 소송상 성격은 흠 있는 전부판결이며, 이때 누락된 공동소송인은 상소를 제기할 이익을 가진다(대판 2008.03.27. 2005다49430)."고 하였고, "주관적·예비적 공동소송은 동일한 법률관계에 관하여 모든 공동소송인이 서로 간의 다툼을 하나의 소송절차로 한꺼번에 모순 없이 해결하는 소송형태로서 모든 공동소송인에 대한 청구에 관하여 판결을 하여야 하고(민사소송법 제70조 제2항), 그 중 일부 공동소송인에 대해서만 판결을 하거나 남겨진 당사자를 위하여 추가판결을 하는 것은 허용되지 않는다. 그리고 주관적·예비적 공동소송에서 주위적 공동소송인과 예비적 공동소송인 중 어느 한 사람이 상소를 제기하면 다른 공동소송인에 관한 청구 부분도 확정이 차단되고 상소심에 이심되어 심판대상이 된다(대판 2018.02.13. 2015다242429)."고 하였다. 그리고 선택적 공동소송의 경우도 마찬가지로 한 청구에 대해 인용을 하는 때에는 다른 청구를 기각하는 판결을 반드시 해야 한다.

② 소취하의 경우와 심판 대상

민사소송법은 주관적·예비적 공동소송에 대하여 필수적 공동소송에 관한 규정인 제67조 내지 제69조를 준용하도록 하면서도 소의 취하의 경우에는 예외를 인정하고 있다(제70조 제1항 단서). 따라서 공동소송인 중 일부가 소를 취하하거나 일부 공동소송인에 대한 소를 취하할 수 있고, 이 경우 소를 취하하지 않은 나머지 공동소송인에 관한 청구 부분은 여전히 심판의 대상이 된다(대판 2018.02.13. 2015다242429).

③ 예비적 피고에 대한 누락과 항소심의 판결

甲이 주위적 피고 乙과 예비적 피고 丙에 대하여 예비적 공동소송을 제기하였고, 1심에서 주위적 피고에 대한 청구는 기각하면서, 예비적 피고에 대한 청구를 누락한 경우에 이는 부적법하므로, 그에 대한 항소심은 진정한 피고가 예비적 피고라고 판단하였다면 예비적 피고에 대한 청구에 관한 판단을 누락한 위법이 있는 제1심판결을 직권으로 취소하고, 주위적 피고에 대한 청구를 기각하며, 예비적 피고에 대한 청구를 인용하는 판단을 하여야 한다(대판 2022.04.14. 2020다224975).

개, 독립의 당사자능력이 있는 법인이나 법인 아닌 사단 또는 재단이라고 볼 근거는 없으므로 원고가 당초에 피고의 표시에 '국민은행 리스크관리본부장'이라고 기재한 것은 단순히 피고 1의 지위 내지 신분을 표시하여 특정하는 의미를 가질 뿐이라고 할 것이므로 당사자인 피고로 되는 것은 피고 1 개인이라고 볼 수밖에 없다고 할 것이다. 한편, 원고의 이 사건 청구는 하나의 고용계약이 기한 청구로서 피고들에 대한 청구가 양립할 수 없는 경우에 해당한다고 할 것이므로 제1심으로서는 원고의 2007. 3. 13.자 준비서면에서의 주장이 국민은행을 예비적 피고로 추가하는 취지인지 여부를 밝혀서 그에 따른 조치를 취하고 국민은행에 대한 청구에 대하여도 판단하였어야 할 것인바, 그에 이르지 아니한 제1심판결은 위법하다고 할 것이다.

3) 상소의 면

판결의 합일확정이 요구되므로 1인이라도 상소를 제기하면 상소를 제기하지 않은 자의 부분도 확정차단·이심이 되고, 불이익변경금지의 원칙(제415조)이 적용되지 않아 모든 청구가 상소심의 심판대상이 된다. 判例도 "주관적·예비적 공동소송에서 주위적 공동소송인과 예비적 공동소송인 중 어느 한 사람이 상소를 제기하면 다른 공동소송인에 관한 청구 부분도 확정이 차단되고 상소심에 이심되어 심판대상이 되고, 이러한 경우 상소심의 심판대상은 주위적·예비적 공동소송인들 및 그 상대방 당사자 사이의 결론의 합일확정의 필요성을 고려하여 그 심판의 범위를 판단하여야 한다(대판 2015.03.20. 2014다75202)."고 한다. 즉 주관적·예비적 공동소송은 동일한 법률관계에 관하여 모든 공동소송인이 서로 간의 다툼을 하나의 소송절차로 한꺼번에 모순 없이 해결하는 소송형태로서 모든 공동소송인에 대한 청구에 관하여 판결을 하여야 하고(민사소송법 제70조 제2항), 그 중 일부 공동소송인에 대해서만 판결을 하거나 남겨진 당사자를 위하여 추가판결을 하는 것은 허용되지 않는다. 그리고 주관적·예비적 공동소송에서 주위적 공동소송인과 예비적 공동소송인 중 어느 한 사람이 상소를 제기하면 다른 공동소송인에 관한 청구 부분도 확정이 차단되고 상소심에 이심되어 심판대상이 된다(대판 2018.02.13. 2015다242429).

1. 소의 주관적·추가적 병합의 의의 및 문제점
소의 주관적 추가적 병합이란 소송계속 중에 제3자 스스로 당사자로서 소송에 가입을 구하거나, 종래의 당사자가 제3자에 대해 소를 추가적으로 병합제기함으로써 제3자가 새로 당사자로 추가되어 공동소송의 형태로 되는 경우를 이른다. 현행법이 명문으로 인정하는 예로는 필수적 공동소송인의 추가(제68조), 예비적·선택적 공동소송(제70조), 참가승계(제81조), 인수승계(제82조), 공동소송참가(제83조), 추심의 소에 있어 피고에 의한 다른 채권자의 인입(민사집행법 제249조 제3항) 등이 있는데, 이와 같은 <u>명문의 규정이 없는 경우</u>(통상공동소송) 이를 일반적으로 인정할 수 있을 지가 문제된다.

2. 소의 주관적·추가적 병합의 인정여부
判例는 "필수적 공동소송이 아닌 사건에 있어 소송 도중에 피고를 추가하는 것은 그 경위가 어떻든 간에 허용될 수 없다(대판 1993.09.28. 93다32095)."고 하여 부정설의 입장이다.

제2절 선정당사자

I 서 설

1. 의 의
선정당사자란 공동의 이해관계에 있는 다수의 사람이 공동소송인이 되어 소송을 하여야 할 경우에, 총원을 위하여 소송을 수행할 당사자로 선출된 자를 말한다(제53조).

2. 취 지
다수당사자소송을 단순화하여 소송촉진과 소송경제를 도모하고자 마련된 제도이나, 선정절차가 번거롭고 이 제도의 이용여부에 대해 법원이 강제할 수 없기 때문에 실효성이 반감될 우려가 있다.

3. 법률상의 지위
선정당사자와 선정자의 관계는 대리관계가 아니라, 선정자의 소송수행권을 선정당사자에게 신탁시킨 신탁관계로서 임의적 소송담당(소송신탁)의 일종이다.

II 요 건

1. 공동소송을 할 여러 사람이 있을 것
다수자는 원고 측이거나 피고 측이거나 2인 이상이면 될 것이다. 다수자가 사단을 구성하고 있을 때에는 사단 자체가 당사자가 되므로 선정의 여지가 없다. 그러나 判例는 권리능력 없는 사단도 구성원 전원이 공동소송인으로서 당사자가 될 수 있다고 하였으므로[대판(전) 2005.09.15. 2004다44971], 선정당사자를 인정할 수 있다. 즉 여러 사람이 비법인사단으로 인정받을 수 있는 단체를 구성하고 있고, 그 단체가 당사자인 때에는 제53조를 적용할 여지가 없으나, 그 단체의 구성원 중의 일부 또는 전부를 당사자로 할 때에는 제53조가 적용될 수 있을 것이다[주석 민사소송법(I), 제7판, 376면].

2. 공동의 이해관계가 있을 것[21]

---

[21] 학 설 - 통설은 공동의 이해관계의 의미는 다수자 상호간에 공동소송인이 될 관계에 있고 또 주요한 공격방어방법을 공통으로 하는 경우를 말한다고 하면서, 법 제65조 전문의 '소송목적이 되는 권리나 의무가 여러 사람에게 공통되거나 사실상 또는 법률상 같은 원인으로 말미암아 생긴 경우'가 이에 해당하고, 동조 후문의 '소송의 목적이 되는 권리나 의무가 같은 종류의 것이고, 사실상 또는 법률상 같은 종류의 원인으로 말미암은 것'인 경우는 이에 해당하지 않는다고 한다(이시윤 등). 유력설은 기본적으로는 통설의 입장을 수긍하면서도 이를 일률적으로 판단할 수는 없다고 하면서, 법 제65조 후문의 경우에도 구체적으로 보아 주요한 공격방어방법이 공통으로 되는 것이 예상된다고 한다면, 제65조 후문의 경우에도 선정당사자제도를 이용할 수 있는 여지를 남기는 것이 타당하다고 한다(전병서).

(1) 원칙적 입장

"공동의 이해관계가 있는 다수자는 선정당사자를 선정할 수 있는 것인바, 이 경우 공동의 이해관계란 다수자 상호간에 공동소송인이 될 관계에 있고, 또 주요한 공격방어방법을 공통으로 하는 것을 의미한다고 할 것이므로 다수자의 권리·의무가 동종이며 그 발생원인이 동종인 관계에 있는 것만으로는 공동의 이해관계가 있는 경우라고 할 수 없을 것이어서 선정당사자의 선정을 허용할 것은 아니다(대판 1997.07.25. 97다362)."고 하여 기본적으로는 통설적 입장에 있다.

(2) 예외적 입장

대판 1999.08.24. 99다15474 판결은 위 판례를 인용하면서도 "임차인들이 甲을 임대차계약상의 임대인이라고 주장하면서 甲에게 그 각 보증금의 전부 내지 일부의 반환을 청구하는 경우, 그 사건의 쟁점은 甲이 임대차계약상의 임대인으로서 계약당사자인지 여부에 있으므로, 그 임차인들은 상호간에 공동소송인이 될 관계가 있을 뿐 아니라 주요한 공격방어 방법을 공통으로 하는 경우에 해당함이 분명하다고 할 것이어서, 민사소송법 제53조 소정의 공동의 이해관계가 있어 선정당사자를 선정할 수 있다."고 하였다. 이에 대해 학설 중에는 이 판례는 제65조 전문의 경우라고 하기보다는 후문의 경우에도 공동의 이해관계를 인정한 것이라는 견해(전병서)가 있다.

3. 공동의 이해관계 있는 자 중에서 선정할 것

만일 공동의 이해관계를 가지지 않는 제3자도 선정당사자가 될 수 있다면 변호사대리의 원칙이 잠탈 될 수 있는 우려가 있으므로, 공동관계인 이외의 자를 당사자로 선임하는 행위는 무효로 된다.

III 선정의 방법

1. 선정의 법적성질

선정은 선정자가 자기의 권리이익에 대해 소송수행권을 수여하는 대리권 수여에 유사한 단독소송행위이다.

2. '심급을 한정'한 선정의 인정여부(소송행위조건불허의 원칙의 적용여부)

(1) 문제점

선정당사자를 뽑는 선정은 소송수행권을 수여하는 대리권수여에 유사한 단독소송행위이므로 선정에 조건을 붙이는 것은 허용되지 않는다(소송행위조건금지의 원칙). 문제는 이 선정은 무조건이어야 한다는 것과 관련해 심급을 한정해서 선정하는 것이 허용되는지에 대해 견해가 대립[22]된다.

---

[22] [학 설] 부정설(유력설)은 소송의 단순화·간소화에 의한 효율적 소송의 진행을 꾀하는 것이 선정당사자제도의 입법목적이고 선정당사자로 하여금 소송종료시까지 소송을 수행하는 것이 본래의 취지라면, 선정서에 제1심 소송절차만을 수행하게 하는 내용이 조건으로 붙어 있어도 그 선정의 효력은 제1심에 한정할 것이 아니라 소송의 종료까지 계속 된다는 것으로 보아야 한다고 한다(이시윤). 긍정설(통설)은 ① 어차피 선정을 한정하는 것을 부정해도 선정의 취소, 변경이 가능한 이상 별 실익이 없으며 ② 선정당사자의 권한남용을 방지할 필요가

(2) 判例

判例는 "당사자 선정은 총원의 합의로써 장래를 향하여 이를 취소, 변경할 수 있는 만큼 당초부터 특히 어떠한 심급을 한정하여 당사자인 자격을 보유하게끔 할 목적으로 선정을 하는 것도 역시 허용 된다."고 하였다. 하지만 계속된 설시에서 "선정당사자의 제도가 당사자 다수의 소송에 있어서 소송절차를 간소화, 단순화하여 소송의 효율적인 진행을 도모하는 것을 목적으로 하고, 선정된 자가 당사자로서 소송의 종료에 이르기까지 소송을 수행하는 것이 그 본래의 취지임에 비추어 보면, 제1심에서 제출된 선정서에 사건명을 기재한 다음에 '제1심 소송절차에 관하여' 또는 '제1심 소송절차를 수행하게 한다.'라는 문언이 기재되어 있는 경우라 하더라도, 특단의 사정이 없는 한, 그 기재는 사건명 등과 더불어 선정당사자를 선정하는 사건을 특정하기 위한 것으로 보아야 하고, 따라서 그 선정의 효력은 제1심의 소송에 한정하는 것이 아니라 소송의 종료에 이르기까지 계속하는 것으로 해석함이 상당하다(대결 1995.10.05. 94마2452)"고 한다.

3. 선정의 시기

소송계속 전·후를 불문한다. 소송계속 후 선정하면 선정자는 당연히 소송에서 탈퇴하게 되고 (제53조 2항), 선정당사자가 그 지위를 승계하게 된다.

4. 개별적인 선정

선정은 선정자가 개별적으로 하여야 하며, 다수결로 정할 수는 없다. 다만 전원이 공동으로 같은 자를 선정할 필요는 없다. 즉 선정자 5명은 A를, 다른 선정자 3명은 B를 별도로 선정하거나 스스로 당사자가 되어도 무방하다. 이 경우 일단의 선정자들에 의하여 선출된 선정당사자와 스스로 당사자가 된 자의 관계는 원래의 소송관계가 필수적 공동소송이 아닌 한 통상공동소송이 된다. 관리처분권이 공동으로 귀속하는 관계는 아니기 때문이다.

5. 선정서의 작성·제출

선정당사자의 자격은 대리인의 경우와 같이 서면증명이 필요하기 때문에 선정서를 작성·제출하며, 이를 소송기록에 붙여야 한다(제58조).

Ⅳ 선정의 효과

1. 선정당사자의 지위

(1) 원 칙

선정당사자는 선정자의 소송대리인이 아니고 당사자본인이므로, 소송수행에 있어서 제90조 2항과 같은 제한을 받지 아니하고, 일체의 소송행위를 할 수 있으며, 소송행위에 필요한 사법

있다는 면에서 심급을 한정해서 선정하는 것도 가능하다고 한다. 검토 : 소송의 단순화에 취지가 있는 선정당사자 제도의 취지상 판례의 태도가 타당하다.

행위도 할 수 있다. 따라서 判例는 "甲 등이 乙 등을 상대로 소송을 제기하면서 그들 모두를 위한 선정당사자로 丙을 선정하여 소송을 수행하도록 하였는데, 丙이 선정당사자 지위에서 乙 등과 '乙 등은 연대하여 丙에게 500만 원을 지급하고, <u>丙은 소송을 취하하며 민·형사상의 책임을 묻지 않겠다.</u>'는 취지로 합의한 후 소를 취하한 사안에서, 丙이 소송 도중 乙 등과 한 합의는 甲 등을 위하여 500만 원을 지급받는 대신 소송을 취하하여 종료시킴과 아울러 乙 등을 상대로 동일한 소송을 다시 제기하지 않기로 한 것으로서, <u>이는 선정당사자가 할 수 있는 소송수행에 필요한 사법상의 행위에 해당하고, 甲 등으로부터 개별적인 동의를 받았는지에 관계없이 그들 모두에게 그 효력이 미친다</u>(대판 2012.03.15. 2011다105966)."고 한다. 그러나 선정당사자가 선정자로부터 별도의 수권 없이 <u>변호사 보수에 관한 약정</u>을 하였다면 선정자들이 이를 추인하는 등의 특별한 사정이 없는 한 <u>선정자에 대하여 효력이 없다</u>. 즉 변호사인 소송대리인과 사이에 체결하는 보수약정은 소송위임에 필수적으로 수반되어야 하는 것은 아니므로 선정당사자가 그 자격에 기한 독자적인 권한으로 행할 수 있는 소송수행에 필요한 사법상의 행위라고 할 수 없기 때문이다(대판 2010.05.13. 2009다105246). <u>선정자와의 사이에 권한행사에 관한 제한계약을 맺었다고 하더라도 그와 같은 제한으로서 법원 또는 상대방에게 대항할 수 없다</u>. 그리고 判例는 가처분신청 절차에서 이루어진 선정행위의 효력은 그에 기한 제소명령신청 사건에는 미친다고 할 것이나 가처분결정취소신청 사건에서는 그 선정의 효력이 미치지 아니한다고 한다(대판 2001.04.10. 99다49170).

(2) 복수의 당사자가 선정된 경우

동일 선정자단에서 수인의 선정당사자가 선정되었을 때에는 그 수인이 소송수행권을 합유하는 관계에 있기 때문에 그 소송은 고유필수적 공동소송이 된다. 별개의 선정자단에서 각 선정된 수인의 선정당사자의 소송관계는 원래의 소송관계가 필수적 공동소송관계가 아닌 한 통상공동소송관계라고 할 것이다. 일단의 선정자들에 의해 선출된 선정당사자와 스스로 당사자가 된 자와의 관계는 원래의 소송이 필수적 공동소송의 성질이 아닌 한 통상공동소송으로 보아야 한다.

2. 선정자의 지위

(1) 문제점

소송계속 후에 당사자들이 선정당사자를 선정하면 선정자들은 소송에서 당연히 탈퇴하고(제53조 제2항) 선정당사자만이 당사자로서 소송수행권을 갖는다. 문제는 소송계속 전에 선정당사자를 선정한 경우는 명문의 규정이 없으므로,[23] 여전히 선정자들이 소송수행권을 갖는지가 쟁점이 된다.

(2) 소송계속 전 선정당사자 선정 시에 선정자의 적격상실여부

선정당사자의 독주를 막을 수 있도록 선정자가 소송수행권을 유지한다고 보는 것이 타당하다

---

[23] 학설은 ① 소송계속 전후를 구별하지 않고 선정 후에 선정자가 적격을 유지하는지에 대해 설명하는 견해(이시윤, 정동윤), ② 선정후 선정자의 적격유지여부에 대해 소송계속 전후를 구별해서 설명하는 견해(호문혁, 전병서)가 있는데, 후자의 입장이 좀 더 정확한 입장으로 보인다. 즉 정확히 말하면 소송계속 후에는 선정자들은 탈퇴한다는 명문의 규정이 있으므로 적격을 상실하는 것이 옳고, 위 논의는 소송계속 전에 한정된다고 할 것이다.

고 하는 적격유지설[24](이시윤), 선정당사자 제도가 소송의 간소화를 위해 마련된 제도이고, 선정자가 스스로 소송을 수행할 필요가 있다고 느끼면 선정을 취소하면 되므로 선정자는 소송수행권을 상실한다고 하는 적격상실설(호문혁)이 있다. 다만 어느 견해에 의하든 선정당사자가 소송중인데 선정자가 소송하면 중복된 소제기(제259조)에 해당하여 부적법하다. 그리고 判例는 변론능력이 없는 선정당사자에게 진술을 금지하고 변호사선임명령을 한 경우 제144조 3항을 유추하여 실질적으로 변호사선임권을 가진 선정자에게 그 취지를 통지하여야 하고, 그러한 통지 없이 변호사불선임을 이유로 소각하를 할 수는 없다고 하였다(대결 2000.10.18. 2000마2999).

(3) 판결의 효력

선정당사자가 받은 판결은 선정자에게 그 효력을 미친다(제218조 3항). 선정당사자가 청구를 포기·인낙하거나 재판상의 화해를 한 경우도 같다(제220조). 선정당사자가 이행판결을 받았으면 이에 의하여 선정자를 위해 또는 선정자에 대해 강제집행을 할 수 있다. 이 경우 선정자에 대한 관계에서는 승계집행문을 부여받아야 한다(민사집행법 제31조).

3. 선정당사자의 자격상실

(1) 상실원인

> 제63조(법정대리권의 소멸통지) ① 소송절차가 진행되는 중에 법정대리권이 소멸한 경우에는 본인 또는 대리인이 상대방에게 소멸된 사실을 통지하지 아니하면 소멸의 효력을 주장하지 못한다. 다만, 법원에 법정대리권의 소멸사실이 알려진 뒤에는 그 법정대리인은 제56조 제2항의 소송행위를 하지 못한다. ② 제53조의 규정에 따라 당사자를 바꾸는 경우에는 제1항의 규정을 준용한다.

선정당사자의 자격은 선정당사자의 사망·선정의 취소에 의하여 상실된다. 그리고 민사소송법 제53조 소정의 선정당사자는 공동의 이해관계를 가진 여러 사람 중에서 선정되어야 하는 것이므로, <u>선정당사자 본인에 대한 부분의 소가 취하되거나 판결이 확정되는 등으로 공동의 이해관계가 소멸하는 경우에는 선정당사자는 선정당사자의 자격을 당연히 상실한다고 보아야 한다</u>(대판 2006.09.28. 2006다28775). 선정자는 어느 때나 취소할 수 있다. 선정당사자자격의 상실은 대리권의 소멸의 경우처럼 상대방에게 통지를 요하며, 그렇지 않으면 그 효력이 발생하지 않는다(제63조 2항). 통지자는 통지 후에 그 취지를 법원에 신고해야 한다(규칙 13조 2항). 선정자의 사망, 공동의 이해관계의 소멸 등은 선정당사자의 자격에 영향이 없다(제95조 유추).

(2) 소송절차의 중단

> 제54조(선정당사자 일부의 자격상실) 제53조의 규정에 따라 선정된 여러 당사자 가운데 죽거나 그 자격을 잃은 사람이 있는 경우에는 다른 당사자가 모두를 위하여 소송행위를 한다.
> 제237조(자격상실로 말미암은 중단) ① 일정한 자격에 의하여 자기 이름으로 남을 위하여 소송당사자가 된 사람이 그 자격을 잃거나 죽은 때에 소송절차는 중단된다. 이 경우 같은 자격을 가진 사람이 소

---

[24] 그렇게 보는 것이 선정당사자 독주견제를 위해 제94조의 경정권의 유추적용 등을 가능하게 하는 방편이 된다고 한다(이시윤).

> 송절차를 수계하여야 한다.
> ② 제53조의 규정에 따라 당사자가 될 사람을 선정한 소송에서 선정된 당사자 모두가 자격을 잃거나 죽은 때에 소송절차는 중단된다. 이 경우 당사자를 선정한 사람 모두 또는 새로 당사자로 선정된 사람이 소송절차를 수계하여야 한다.

여러 명의 선정당사자 중 일부가 자격을 상실하는 경우라도 소송절차는 중단되지 않으며, 다른 선정당사자가 소송을 속행한다(제54조). 선정당사자 전원이 자격을 상실한 경우에는, 선정자 전원 또는 신선정당사자가 소송을 수계할 때까지 소송절차는 중단된다(제237조 2항). 그러나 소송대리인이 있으면 그러하지 아니하다(제238조).

Ⅴ 선정당사자 자격 없을 때의 효과

1. 소송요건

선정당사자 자격의 유무는 당사자적격의 문제로서 소송요건이고 직권조사사항이다.

2. 자격 없을 때 법원의 조치

> 제61조(선정당사자에 대한 준용) 제53조의 규정에 따른 당사자가 소송행위를 하는 경우에는 제59조 및 제60조의 규정을 준용한다.
> 제59조(소송능력 등의 흠에 대한 조치) 소송능력·법정대리권 또는 소송행위에 필요한 권한의 수여에 흠이 있는 경우에는 법원은 기간을 정하여 이를 보정(보정)하도록 명하여야 하며, 만일 보정하는 것이 지연됨으로써 손해가 생길 염려가 있는 경우에는 법원은 보정하기 전의 당사자 또는 법정대리인으로 하여금 일시적으로 소송행위를 하게 할 수 있다.
> 제60조(소송능력 등의 흠과 추인) 소송능력, 법정대리권 또는 소송행위에 필요한 권한의 수여에 흠이 있는 사람이 소송행위를 한 뒤에 보정된 당사자나 법정대리인이 이를 추인(추인)한 경우에는, 그 소송행위는 이를 한 때에 소급하여 효력이 생긴다.

선정행위에 흠이 있거나 서면에 의한 자격증명이 없을 때에는 보정을 명할 수 있고, 무자격의 선정당사자나 자격증명이 없는 자의 소송행위일지라도 선정자가 그 당사자를 선정하여 그 소송행위를 추인하거나 뒤에 자격증명을 하면 유효하게 될 수 있다(제61조, 제59조). 만일 보정이나 추인을 얻지 못하면 판결로써 소를 각하해야 한다.

3. 흠을 간과한 본안판결

확정 전에는 상소로 취소할 수 있으나, 확정 후에는 재심사유로는 되지 아니하며, 원래 정당한 당사자로 될 자인 선정자에게 그 효력이 미치지 아니한다는 점에서 이러한 판결은 무효가 된다.

■ **공동의 이해관계와 재심사유**(대판 2007.07.12. 2005다10470)
[1] 공동의 이해관계가 있는 다수자는 선정당사자를 선정할 수 있는바, 이 경우 공동의 이해관계란 다수자 상호 간에 공동소송인이 될 관계에 있고 또 주요한 공격방어방법을 공통으로 하는 것을 의미하므로, 다수자의 권리·의무가 동종이며 그 발생원인이 동종인 관계에 있는 것만으로는 공동의 이해관계가 있다고 할 수 없어

> 선정당사자의 선정을 허용할 것이 아니다.
> [2] 다수자 사이에 공동소송인이 될 관계에 있기는 하지만 주요한 공격방어방법을 공통으로 하는 것이 아니어서 공동의 이해관계가 없는 자가 선정당사자로 선정되었음에도 법원이 그러한 선정당사자 자격의 흠을 간과하여 그를 당사자로 한 판결이 확정된 경우, <u>선정자가 스스로 당해 소송의 공동소송인 중 1인인 선정당사자에게 소송수행권을 수여하는 선정행위를 하였다면 그 선정자로서는 실질적인 소송행위를 할 기회 또는 적법하게 당해 소송에 관여할 기회를 박탈당한 것이 아니므로, 비록 그 선정당사자와의 사이에 공동의 이해관계가 없었다고 하더라도 그러한 사정은 민사소송법 제451조 제1항 제3호가 정하는 재심사유에 해당하지 않는 것으로 봄이 상당하고, 이러한 법리는 그 선정당사자에 대한 판결이 확정된 경우뿐만 아니라 그 선정당사자가 청구를 인낙하여 인낙조서가 확정된 경우에도 마찬가지라 할 것이다.</u>

제3절 증권관련 집단소송

　　증권관련집단소송법은 유가증권의 거래과정에서 발생한 집단적인 피해를 효율적으로 구제하고 이를 통하여 기업의 경영투명성을 높이기 위하여 증권관련집단소송에 관하여 민사소송법에 대한 특례를 규정한 것이다. 우리나라에 처음으로 집단소송을 도입하였다는 점에서 의미가 있다. 증권관련집단소송은 미국 연방민사소송규칙이 규정하고 있는 대표당사자소송[class action, 미국연방민사소송규칙(Federal Rules of Civil Procedure) 제23조]을 도입한 것이다. 미국에서 증권관련집단소송은 별도로 규율되는 제도가 아니라, 일반 집단소송의 한 형태일 뿐이다. 다만 증권관련집단소송의 남용을 규제하기 위하여, 다른 집단소송의 경우와는 달리, 특별법에 의하여 규제되고 있다(Private Securities Litigation Reform Act of 1995, Securities Litigation Uniform standard Act of 1998). 증권관련집단소송의 경우에는 제외신고를 하지 아니한 구성원에게는 그가 소송계속사실을 알았는지 여부를 불문하고 기판력이 미친다는 점(증권관련집단소송법 제37조)에서, '기판력은 당사자에 한한다'는 민사소송법상의 원칙(민사소송법 제218조)에 대한 중대한 예외를 인정하는 것이다. 따라서 대표당사자의 당사자적격 또는 대표소송의 허용 여부가 매우 중요한 문제로 되므로, '소송허가절차'가 별도로 마련되어 있다(증권관련집단소송법 제12조~제15조). －유병현, 고시계 2005/2 －

제4절   제3자의 소송참가

I 보조참가

> 제71조(보조참가) 소송결과에 이해관계가 있는 제3자는 한 쪽 당사자를 돕기 위하여 법원에 계속 중인 소송에 참가할 수 있다. 다만, 소송절차를 현저하게 지연시키는 경우에는 그러하지 아니하다.

1. 보조참가의 의의, 비교개념

(1) 의 의

보조참가라 함은 다른 사람 사이의 소송계속 중에 소송계속 중 소송결과에 이해관계가 있는 제3자가 한쪽 당사자의 승소를 돕기 위하여 그 소송에 참가하는 것을 말한다(제71조). 다만 제71조에 의한 보조참가를 할 수 있는 제3자는 민사소송법상의 당사자능력 및 소송능력을 갖춘 자이어야 하므로 그러한 당사자능력 및 소송능력이 없는 행정청으로서는 민사소송법상의 보조참가를 할 수는 없고 다만 행정소송법 제17조 제1항[25])에 의한 소송참가를 할 수 있을 뿐이다(행정청에 불과한 서울특별시장의 보조참가신청을 부적법하다고 한 사례)(대판 2002.09.24. 99두1519).

(2) 비교 개념

보조참가인은 자기의 이름으로 판결을 구하는 것이 아니고 한 쪽 당사자의 승소를 보조하는 자이므로 소송당사자와 다르며, 자기의 이익 옹호를 위해 자기의 이름과 계산으로 소송을 수행하므로 대리인과도 다르다. 따라서 보조참가인은 자기를 위한 대리인을 선임할 수 있다. 보조하는 제3자를 보조참가인 또는 부수하는 당사자라 부르고, 보조받는 당사자는 피참가인 또는 주된 당사자라 부른다. 보조참가인은 판결의 효력을 받는 것이 아닌 점에서 공동소송참가나 독립당사자참가와는 다르다.

2. 요 건

(1) 다른 사람 사이에 소송이 계속 중일 것

보조참가는 다른 사람 사이의 소송에 한하여 허용되며, 한쪽 당사자는 자기소송의 상대방에는 참가할 수 없다. 그러나 통상공동소송의 경우 공동소송인독립의 원칙으로 인해 자기의 공동소송인이나 그 공동소송인의 상대방을 위해 보조참가하는 것은 가능하다(통설, 判例). 다만 대립하는 당사자구조를 갖지 못하는 결정절차에 있어서는 보조참가를 할 수 없다(대결 1994.01.20. 93마1701). 그리고 이 때의 소송계속은 상고심 계속 중이라도 상관없다.

---

25) 제17조(행정청의 소송참가) ① 법원은 다른 행정청을 소송에 참가시킬 필요가 있다고 인정할 때에는 당사자 또는 당해 행정청의 신청 또는 직권에 의하여 결정으로써 그 행정청을 소송에 참가시킬 수 있다. ② 법원은 제1항의 규정에 의한 결정을 하고자 할 때에는 당사자 및 당해 행정청의 의견을 들어야 한다. ③ 제1항의 규정에 의하여 소송에 참가한 행정청에 대하여는 민사소송법 제76조의 규정을 준용한다. 〈개정 2002.1.26〉

(2) 소송결과에 대해 이해관계가 있을 것26)

1) 의 미

통설은 본 소송의 판결의 효력이 직접 참가인에게 미치는 경우(이 때는 공동소송적 보조참가 된다)는 물론 참가인의 법률상 지위가 본 소송물인 권리관계의 존부와 논리적인 의존관계에 있는 경우에 이해관계가 있다고 한다27). 구체적으로는 피참가인이 패소할 경우 참가인이 구상을 당하거나 손해배상을 청구 당할 가능성이 있는 경우이다. 判例는 "불법행위로 인한 손해배상책임을 지는 자는 피해자가 다른 공동불법행위자들을 상대로 제기한 손해배상 청구소송의 결과에 대하여 법률상의 이해관계를 갖는다고 할 것이므로, 위 소송에 원고를 위하여 보조참가를 할 수가 있고, 피해자인 원고가 패소판결에 대하여 상소를 하지 않더라도 원고의 상소기간 내라면 보조참가와 동시에 상소를 제기할 수도 있다(대판 1999.07.09. 99다12796)."고 한다. 이에 대해서는 보조참가의 이익을 확대한 사례로 보여 진다는 견해가 있다(이시윤).

2) 법률상의 이해관계

소송결과에 의하여 영향을 받을 제3자의 법률상 지위는 재산법상의 지위나 신분법상의 지위나 상관없으며 또 사법상의 지위나 공법상의 지위라도 관계없다. 다만 법률상 이해관계 아닌 사실상·경제상 또는 감정상 이해관계만으로는 참가할 수 없다28)(대판 2000.09.08. 99다26924 등). 그리고 회생채권자가 제기한 채권자취소소송이 계속되어 있던 중 채무자에 대한 회생절차가 개시되어 관리인이 소송을 수계하고 부인의 소로 변경한 경우 소송결과가 채무자 재산의 증감에 직접적인 영향을 미치는 등 회생채권자의 법률상 지위에 영향을 미친다고 볼 수 있다. 따라서 종전에 채권자취소의 소를 제기한 회생채권자는 특별한 사정이 없는 한 소송결과에 이해관계를 갖고 있어 관리인을 돕기 위하여 보조참가를 할 수 있다(대결 2021.12.10. 2021마6702).

3) 다른 구제수단이 있는 경우

다른 법률상 구제수단이 있더라도 보조참가를 하는데 장애가 되지 않는다. 다만 소송당사자인 독립당사자참가인은 그의 상대방 당사자인 원·피고의 어느 한 쪽을 위하여 보조참가를 할 수는

---

26) 개정법은 제71조에서 보조참가의 요건으로서 소송절차를 현저히 지연시키지 아니하는 경우를 추가하고, 제73조 제2항에서 참가이유에 대한 소명을 법원이 직권으로 할 수 있도록 하였음을 주의할 필요가 있다. 구법상으로는 참가이유는 사익적 사항으로서 당사자의 이의가 있는 경우에만 가능하였기 때문에 실무상 정당한 참가이유도 없이 사실상 소송대리의 목적으로 보조참가신청을 하여 변호사대리의 원칙을 잠탈하거나, 참가이유는 인정되지만 재판을 지연하거나 심리를 방해할 목적으로 통상의 법정에서는 재판을 진행할 수 없을 정도의 다수인이 보조참가신청을 함으로써, 보조참가가 새로운 재판지연의 수단으로 이용되기도 하였다. 그래서 개정법은 이런 문제점 때문에 위 요건을 신설한 것임을 주의해야 한다.
27) 유력설은 소송결과에 대한 이해관계는 보조참가인의 법률상 지위가 판결주문에서 판단되는 소송물인 권리관계의 존부에 직접 영향을 받는 관계에 있는 경우뿐만 아니라 판결이유 중의 판단에 영향을 받는 경우도 포함된다고 한다. 즉 '소송결과'의 의미, 내용을 소송물에 한정하지 않는다(전병서, 김상수).
28) 예를 들어 이웃 사립대학이 등록금환불청구소송에서 패소하면 같은 사립대학으로서 간접적으로 영향을 받아 등록금제도 운영에 차질이 생긴다는 이유 즉 사실상의 파급효만으로는 법률상 이해관계가 있다고 할 수 없다(대판 1997.12.26. 96다51714).

없는 것이므로 보조참가인이 독립당사자참가를 하였다면 그와 동시에 보조참가는 종료된 것으로 보아야 할 것이고, 따라서 보조참가인의 입장에서는 상고할 수 없다(대판 1993.04.27. 93다5727·93다5734).

(3) 소송절차를 현저하게 지연시키지 아니할 것

보조참가로 인하여 소송절차를 현저히 지연시키는 경우에는 보조참가가 허용되지 아니한다(제71조 단서). 참가이유는 인정되지만 재판을 지연하거나 심리를 방해할 목적으로 통상의 법정에서는 재판을 진행할 수 없을 정도의 다수인이 보조참가 신청을 하는 경우, 피고와의 통모 하에 소송절차를 지연시킬 의도로 뒤늦게 보조참가신청을 하는 경우 등이 여기에 해당 될 수 있다. 보조참가가 재판지연의 수단으로 악용되는 것을 막기 위하여 현행법에서 추가된 요건이다.

3. 절 차

(1) 참가신청

> 제72조(참가신청의 방식) ① 참가신청은 참가의 취지와 이유를 밝혀 참가하고자 하는 소송이 계속된 법원에 제기하여야 한다.
> ② 서면으로 참가를 신청한 경우에는 법원은 그 서면을 양쪽 당사자에게 송달하여야 한다.
> ③ 참가신청은 참가인으로서 할 수 있는 소송행위와 동시에 할 수 있다.

① 참가 방식

보조참가에는 소에 관한 규정이 적용되지 않으므로 참가신청은 서면 또는 말로 할 수 있다(제161조). 보조참가신청에는 참가의 취지(누구를 위하여 보조참가 하는지)와 이유(소송결과에 대한 이해관계의 내용)를 명시하여야 한다(제72조 1항). 다만 당사자의 이의신청이나 법원의 소명요구가 없는 한 참가이유를 소명할 필요는 없다. 참가신청은 참가인으로서 할 수 있는 소송행위와 동시에 할 수 있다(제72조 3항). 判例도 "피해자인 원고가 패소판결에 대하여 상소를 하지 않더라도 원고의 상소기간 내라면 보조참가와 동시에 상소를 제기할 수도 있다(대판 1999.07.09. 99다12796)."고 한다. 참가신청서는 양쪽 당사자에게 송달하여야 한다(제72조 2항).

② 신청의 취하

보조참가신청의 취하에 관하여는 아무런 규정이 없지만 소의 취하의 규정(민소 266조)을 유추하여 참가신청의 취하는 소송의 어느 단계에서도 허용된다. 다만 참가신청의 취하는 피참가인 및 그 상대방의 이익을 해하지 않고 취하 후에도 참가적 효력을 받게 되므로 어느 당사자의 동의도 필요하지 않다[법원실무제요(Ⅰ), 384면]. 즉 보조참가신청이 취하되어도 참가적 효력의 발생에는 영향이 없으나(대판 1976.06.04. 73다1030[29])), 신청각하결정을 한 때에는 참가적 효력이 미치지 않는다[법원실무제요(Ⅰ), 388면].

---

29) 원고가 그 보조참가신청을 취하하였다 하여도 선박채권이 있음을 인정한 위 서울민사지방법원 70가11840호 사건 판결의 효력은 취하한 보조참가인인 원고에게도 미친다고 할 것이므로...(대판 1976.06.04. 73다1030).

(2) 참가의 허가여부

> 제73조(참가허가여부에 대한 재판) ① 당사자가 참가에 대하여 이의를 신청한 때에는 참가인은 참가의 이유를 소명하여야 하며, 법원은 참가를 허가할 것인지 아닌지를 결정하여야 한다.
> ② 법원은 직권으로 참가인에게 참가의 이유를 소명하도록 명할 수 있으며, 참가의 이유가 있다고 인정되지 아니하는 때에는 참가를 허가하지 아니하는 결정을 하여야 한다.
> ③ 제1항 및 제2항의 결정에 대하여는 즉시항고를 할 수 있다.
> 제74조(이의신청권의 상실) 당사자가 참가에 대하여 이의를 신청하지 아니한 채 변론하거나 변론준비기일에서 진술을 한 경우에는 이의를 신청할 권리를 잃는다.
> 제75조(참가인의 소송관여) ① 참가인은 그의 참가에 대한 이의신청이 있는 경우라도 참가를 허가하지 아니하는 결정이 확정될 때까지 소송행위를 할 수 있다.
> ② 당사자가 참가인의 소송행위를 원용(援用)한 경우에는 참가를 허가하지 아니하는 결정이 확정되어도 그 소송행위는 효력을 가진다.

① 이의신청

참가신청에 대하여는 피참가인의 상대방은 물론 피참가인 자신도 이의신청을 할 수 있다. 다만 이의신청 없이 변론하거나 변론준비기일에서 진술한 때에는 이의신청권을 상실한다(제74조). 이의신청이 있으면 참가인은 참가의 이유를 소명하여야 하며, 법원은 참가를 허가하거나 허가하지 않는 결정을 하여야 한다(제73조 1항). 이 결정에 대하여는 즉시항고를 할 수 있다(제73조 3항). 이의신청이 있더라도 본 소송의 절차는 정지되지 않으며, 불허결정이 있어도 그 확정시까지는 참가인으로서의 소송행위를 제한 없이 할 수 있다(제75조 1항). 참가불허의 결정이 확정되면 그 때까지 참가인이 한 소송행위는 효력을 잃게 되지만, 피참가인이 원용하면 그 효력이 유지된다(제75조 2항).

② 직권 조사

보조참가의 요건에 대해서는 당사자의 이의신청 유무에 관계없이 법원이 직권으로 조사[30]한다. 법원은 참가인은 당사자능력·소송능력이나 대리권의 유무(대리인에 의한 참가의 경우)와 같은 인적요건 뿐만 아니라 참가 이유나 방식과 같은 요건에 관하여도 직권으로 조사하여야 한다. 조사한 결과 참가이유에 대하여 소명이 필요하다고 인정되면 직권으로 참가인에게 참가의 이유를 소명하도록 명할 수 있으며, 참가의 이유가 있다고 인정되지 아니하는 때에는 참가를 허가하지 아니하는 결정을 하여야 한다(제73조 2항). 참가의 요건 중 인적요건이나 방식에 흠이 있으면 참가신청을 각하하여야 하고, 참가의 이유가 있다고 인정되지 아니하는 때에는 참가신청을 결정으로 기각한다. 이 결정에 대하여는 즉시항고를 할 수 있다(제73조 3항).

③ 허가 결정

조사결과 보조참가신청이 적법하고 참가의 이유도 인정되는 경우 별도의 허가결정을 할 필

---

[30] 이에 대하여 이시윤 교수는 "이러한 경우라면 직권조사사항인 신의칙으로도 막을 수 있는 문제일 것으로, 구태여 이 때문에 당사자주의의 틀을 버릴 필요는 없을 것이다. 일본법 44조나 독일의 통설은 이의 있을 때 조사사항으로 하였다."고 하여 입법을 비판한다(제10판, 791면, 각주 1).

는 없다.

4. 보조참가인의 지위

> 제76조(참가인의 소송행위) ① 참가인은 소송에 관하여 공격·방어·이의·상소, 그 밖의 모든 소송행위를 할 수 있다. 다만, 참가할 때의 소송의 진행정도에 따라 할 수 없는 소송행위는 그러하지 아니하다.
> ② 참가인의 소송행위가 피참가인의 소송행위에 어긋나는 경우에는 그 참가인의 소송행위는 효력을 가지지 아니한다.

(1) 보조참가인의 독립성

보조참가인은 대리인이 아니라 독자적인 소송관여권이 있으므로 기일통지나 송달도 피참가인과 별도로 참가인에게 빠짐없이 행하여야 한다. 즉 보조참가인의 소송수행권능은 피참가인으로부터 유래된 것이 아니라 독립의 권능이라고 할 것이므로 피참가인과는 별도로 보조참가인에 대하여도 기일의 통지, 소송서류의 송달 등을 행하여야 하고, 보조참가인에게 기일통지서 또는 출석요구서를 송달하지 아니함으로써 변론의 기회를 부여하지 아니한 채 행하여진 기일의 진행은 적법한 것으로 볼 수 없다(대결 1968.05.31. 68마384). 다만 기일통지서를 송달받지 못한 보조참가인이 변론기일에 직접 출석하여 변론할 기회를 가졌고, 위 변론 당시 기일통지서를 송달받지 못한 점에 관하여 이의를 하지 아니하였다면, 기일통지를 하지 않은 절차진행상의 흠이 치유 된다(대판 2007.02.22. 2006다75641). 따라서 참가인이 기일에 출석하여 변론하면 피참가인은 결석하더라도 기일해태의 불이익을 입지 않는다.

(2) 보조참가인의 종속성

보조참가인은 당사자의 승소보조자일 뿐 당사자가 아니므로 제3로서 증인, 감정인능력을 가지며, 참가인의 사망 등으로 소송절차중단이 생기지도 아니한다. 그리고 참가인의 상소는 피참가인의 상소기간 내에 한한다. 判例도 "피고 보조참가인이 상고장을 제출한 경우에 피고 보조참가인에 대하여 판결정본이 송달된 때로부터 기산한다면 상고기간 내의 상고라 하더라도 이미 피참가인인 피고에 대한 관계에 있어서 상고기간이 경과한 것이라면 피고 보조참가인의 상고 역시 상고기간 경과 후의 것이 되어 피고 보조참가인의 상고는 부적법하다(대판 2007.09.06. 2007다41966)."고 한다. 다만 보조참가인의 증거신청행위가 피참가인의 소송행위와 저촉되지 아니하고(즉, 피참가인이 증거신청행위와 저촉되는 소송행위를 한 바 없고), 그 증거들이 적법한 증거조사절차를 거쳐 법원에 현출되었다면 법원이 이들 증거에 터 잡아 피참가인에게 불이익한 사실을 인정하였다 하여 그것이 민사소송법 제76조 제2항에 위배된다고 할 수 없다(대판 1994.04.29. 94다3629). 그리고 민사소송법 제76조 제2항은 참가인의 소송행위가 피참가인의 소송행위에 어긋나는 경우에는 참가인의 소송행위는 효력을 가지지 아니한다고 규정하고 있는데, 그 규정의 취지는 피참가인들의 소송행위와 보조참가인들의 소송행위가 서로 어긋나는 경우에는 피참가인의 의사가 우선하는 것을 뜻하므로 피참가인은 참가인의 행위에 어긋나는 행위를 할 수 있고, 따라서 보조참가인들이 제기한 항소를 포기 또는 취하할 수도 있다(대판 2010.10.14. 2010다38168). 또한 민사소송법 제76조 제2항이 규정하는 참가인의 소송행위가 피참가인의 소송행위에 어긋나는 경우라 함은 참가인의 소송행위가 피참가인의 행위와 명백히 적극적으로 배치되는 경우를 말하고 소극적으로만 피참가인의 행위와 불일치하는 때에는 이에 해당하지 않는 것인바, 피참가인인 피고가 원고가 주장하는 사실을 명백히 다투지 아니하여 민사소송법 제150조에 의하여 그 사실을 자백한 것으로 보게 될 경우라도 참가인이 보조참가를 신청하면서 그 사실에 대하여 다투는 것은 피참가인의 행위와 명백히 적극적으로 배치되는 경우라 할 수 없어 그 소송행위의 효력이 없다고 할 수 없다(대판 2007.11.29. 2007다53310). 다만 이와 비교하여 피참가인이 자백한 뒤에 참가인이 이를 부인하거나(대판 1981.06.23. 80다1761), 피참가인이 상소포기한 뒤에 참가인의 상소제기는 할 수 없다(대판 2000.01.18. 99다47365).

■ **보조참가인의 재심청구와 피참가인의 사망**

통상의 보조참가인은 참가 당시의 소송상태를 전제로 피참가인을 보조하기 위하여 참가하는 것이므로 참가할 때의 소송 진행정도에 따라 피참가인이 할 수 없는 행위는 할 수 없다(민사소송법 제76조 1항 단서 참조). 공동소송적 보조참가인도 원래 당사자가 아니라 보조참가인이므로 위와 같은 점에서는 통상의 보조참가인과 마찬가지이다(대판 2015.10.29. 2014다13044 참조). 판결 확정 후 재심사유가 있을 때에는 보조참가인이 피참가인을 보조하기 위하여 보조참가신청과 함께 재심의 소를 제기할 수 있다. 그러나 보조참가인의 재심청구 당시 피참가인인 재심청구인이 이미 사망하여 당사자능력이 없다면, 이를 허용하는 규정 등이 없는 한 보조참가인의 재심청구는 허용되지 않는다. 이는 신분관계에 관한 소송에서 소송의 상대방이 될 자가 존재하지 않는 경우 이해관계인들의 이익을 위하여 공익의 대표자인 검사를 상대방으로 삼아 소송을 할 수 있도록 하는 경우(민법 제849조, 제864조, 제865조, 가사소송법 제24조 제3항, 제4항, 대판 1992.05.26. 90므1135)와는 구별된다[31](대판 2018.11.29. 2018므14210).

5. 보조참가인의 행위

(1) 피참가인의 승소를 위한 일체의 소송행위

보조참가인은 원칙적으로 모든 소송행위를 할 수 있다. 사실을 주장하거나 다툴 수 있고 증거신청, 상소제기, 이의신청 등에 제한이 없는 것이 원칙이다(제76조 1항 본문).

(2) 참가인이 할 수 없는 행위

1) 소송행위

소송진행의 정도에 따라 피참가인도 할 수 없는 행위(제76조 1항 단서), 피참가인의 행위와 어긋나는 행위(제76조 2항), 피참가인에게 불이익한 행위, 소의 변경이나 반소, 중간확인의 소 등의 제기 등은 할 수 없다.

2) 사법행위

① 문제점

---

[31] ☞ A가 B를 상대로 제기한 소송에서 'A는 B와 사망한 남편 C 사이의 친자관계가 존재하지 않음을 확인한다.'는 판결(재심대상판결)이 선고되어 확정된 다음 A와 B가 모두 사망했는데, B의 자녀인 보조참가인이 공동소송적 보조참가를 하면서 재심의 소를 제기한 사안에서(사망한 재심청구인 B와 사망한 재심피청구인 C를 대신해서 재심청구인, 재심피청구인을 모두 '검사'로 특정함), 보조참가인의 재심청구 당시 재심청구인인 B가 이미 사망하였고, 이 사건 재심청구인의 지위가 상속되는 것도 아니므로, 보조참가인의 이 사건 재심의 소는 허용될 수 없어 부적법함을 이유로 이 사건 재심의 소를 각하한 원심의 결론을 수긍한 사례

소송대리인은 제90조 1항의 규정상 본인의 사법상 권리을 행사할 수 있으나, 보조참가인은 제76조 규정상 명문의 규정이 없으므로 피참가인의 사법상 권리를 행사할 수 있는지가 문제된다.

② 학　설32)

소송수행 상 필요하다 하더라도 엄연히 참가인은 소송대리인과는 다르고, 당사자의 승소를 보조하는 자에 불과하므로 피참가인의 사법상의 권리를 행사하는 것은 불가하다고 보는 부정설이 통설이다. 다만 부정설에 의할 때에도 참가인이 ① 채권자로서 민법 제404조의 채권자대위권을 행사하는 경우, ② 민법 제418조, 제434조상의 보증인으로서 피참가인의 상계권을 행사하는 경우에는 사법상 독자적인 권능의 행사로서 가능하다고 한다.

6. 판결의 보조참가인에 대한 효력

	기판력	참가효
조사여부	직권조사사항	참가이유는 항변사항(직권조사도 가능, 제73조 2항)
주관적 범위	양당사자	피참가인과 참가인
객관적 범위	주문	주문+이유
효력 배제가능여부	배제 불가가 원칙(법적안정성설)	제76조, 제77조의 경우 배제 가능
참가형태	공동소송적 보조참가	보조참가

> 제77조(참가인에 대한 재판의 효력) 재판은 다음 각호 가운데 어느 하나에 해당하지 아니하면 참가인에게도 그 효력이 미친다.
> 1. 제76조의 규정에 따라 참가인이 소송행위를 할 수 없거나, 그 소송행위가 효력을 가지지 아니하는 때
> 2. 피참가인이 참가인의 소송행위를 방해한 때
> 3. 피참가인이 참가인이 할 수 없는 소송행위를 고의나 과실로 하지 아니한 때

(1) 본　질

1) 문제점

법 제218조 제1항에 의하면 기판력은 당사자에게만 미치는 것이 원칙인데, 이와 관련해 법 제77조가 규정하고 있는 '재판의 효력'의 의미가 무엇인지가 문제된다.

---

32) 이 밖에 긍정설은 참가인은 여러 가지 수단을 통하여 피참가인을 승소로 이끌어야 할 독자의 이익을 가지는 것이고, 또한 피참가인은 그 주장을 철회하는 등의 저촉되는 행위를 하는 것에 따라서 충분히 그 지위가 보호되고 있으므로 참가인에게 피참가인의 사법상의 권리의 행사를 인정해도 무방한다(김홍규). 절충설은 참가인이 당연히는 피참가인의 권리를 행사할 수는 없으나, 참가인이 권리행사를 한 경우에 피참가인이 지체 없이 이에 대한 이의를 제기하지 아니하면 무권대리행위를 묵시적으로 추인한 것으로 유효하게 보자고 한다(강현중).

2) 학 설

　기판력설은 이를 당사자에게 뿐만 아니라 참가인에게도 기판력이 확장된다고 본다. **참가적 효력설**은 이는 참가인이 피참가인과 협력하여 소송을 수행한 이상, 패소의 경우에는 그 책임을 공평하게 분배해야 한다는 공평의 관념에 근거한 효력이고, 참가인이 뒤에 피참가인에 대한 관계에서 판결의 내용이 부당하다고 주장할 수 없는 금반언의 구속력으로서 기판력과는 달리 보조참가에 특수한 효력, 즉 참가적 효력을 의미한다고 한다(통설). 신기판력설은 법 제77조의 규정이 참가적 효력을 인정하고 있다는 것에서 반드시 참가인과 상대방 당사자 사이에 판결효를 확장하여서는 안된다는 것이 도출되는 것은 아니고, 오히려 참가인과 상대방 사이에 분쟁의 반복을 막기 위하여 요건이 충족되는 한 구속력을 인정하여도 무방하고, 그렇게 하는 것이 분쟁의 일회적 해결에 기여한다고 한다(강현중).

3) 判 例

　判例는 "보조참가인이 피참가인을 보조하여 공동으로 소송을 수행하였으나 피참가인이 그 소송에서 패소한 경우에는 형평의 원칙상 보조참가인이 피참가인에게 그 패소판결이 부당하다고 주장할 수 없도록 구속력을 미치게 하는 이른바 <u>참가적 효력이 있음에 불과하므로 피참가인과 그 소송상대방간의 판결의 기판력이 참가인과 피참가인의 상대방과의 사이에까지는 미치지 아니한다</u>(대판 1988.12.13. 86다카2289 등)."고 하여 <u>참가적 효력설의 입장</u>이다.

(2) 참가적 효력의 범위

1) 주관적 범위

　참가적 효력은 피참가인과 참가인 사이에만 미치고 피참가인의 상대방과 참가인 사이에는 미치지 않는다(참가적 효력설).

2) 객관적 범위

　참가적 효력은 판결주문에 대해서 뿐만 아니라 판결이유 중의 패소이유가 되었던 사실인정이나 법률판단에도 미친다[33]. 즉 기판력과는 달리 참가적 효력을 넓히지 않으면 참가인에게 판결의 효력이 미치는 실익이 없기 때문이다. 다만 <u>전소가 확정판결이 아닌 화해권고결정에 의하여 종료된 경우에는 확정판결에서와 같은 법원의 사실상 및 법률상의 판단이 이루어졌다고 할 수 없으므로 참가적 효력이 인정되지 아니한다</u>(대판 2015.05.28. 2012다78184).

---

[33] 보조참가인이 피참가인을 보조하여 공동으로 소송을 수행하였으나 피참가인이 소송에서 패소한 경우에는 형평의 원칙상 보조참가인이 피참가인에게 패소판결이 부당하다고 주장할 수 없도록 구속력을 미치게 하는 이른바 참가적 효력이 인정되지만, <u>전소 확정판결의 참가적 효력은 전소 확정판결의 결론의 기초가 된 사실상 및 법률상의 판단으로서 보조참가인이 피참가인과 공동이익으로 주장하거나 다툴 수 있었던 사항에 한하여 미친다. 이러한 법리에 비추어 보면 전소가 확정판결이 아닌 화해권고결정에 의하여 종료된 경우에는 확정판결에서와 같은 법원의 사실상 및 법률상의 판단이 이루어졌다고 할 수 없으므로 참가적 효력이 인정되지 아니한다</u>(대판 2015.05.28. 2012다78184).

(3) 기판력과의 차이

기판력은 승패 불문하고 생기지만, 참가적 효력은 패소 시에만 문제가 된다. 기판력에 저촉되는지는 직권조사사항이지만 참가적 효력은 당사자의 주장이 있어야 고려하는 항변사항이다. 기판력은 판결주문에만 생기나 참가적 효력은 판결이유 중의 판단에도 생긴다. 기판력은 주관적 책임과 무관하게 발생하지만 참가적 효력은 주관적 사유로 배제할 수 있다(제77조).

(4) 참가적 효력의 배제

참가당시의 소송정도로 보아 필요한 행위를 유효하게 할 수 없었을 경우(제76조 1항), 피참가인의 행위와 저촉되어 효력을 잃은 경우(제76조 2항), 피참가인이 참가인의 행위를 방해한 경우(제77조), 참가인이 할 수 없는 행위를 피참가인이 고의나 과실로 하지 아니한 경우(제77조) 등에는 참가적 효력이 배제된다. 다만 이런 경우에 해당하지 않았더라면 전 소송의 판결결과가 달라졌을 것이라는 것이 주장, 증명되어야 할 것이다.

II 공동소송적 보조참가

> 제78조(공동소송적 보조참가) 재판의 효력이 참가인에게도 미치는 경우에는 그 참가인과 피참가인에 대하여 제67조 및 제69조를 준용한다.

1. 의 의

단순한 법률상 이해관계가 아니라 재판의 효력이 미치는 제3자(참가인)가 보조참가 하는 경우를 말한다. 공동소송적 보조참가로서 취급할 것인가는 당사자의 신청방식에 구애됨이 없이, 법원이 법령의 해석에 의하여 결정해야 할 것이다(대판 1962.05.17. 4294행상172).

2. 인정례

(1) 제3자의 소송담당의 경우

제3자의 소송담당의 경우에 소송담당자가 받은 판결의 기판력은 권리귀속주체에게 미치므로 (제218조 3항), 권리귀속주체가 보조참가하면 공동소송적 보조참가가 된다. 예를 들어 파산재단에 관한 소송에서 파산관재인은 소송담당자이고, 파산관재인이 받은 판결의 기판력은 파산자에게 미치므로 당사자적격이 없는 파산자가 참가하는 경우를 들 수 있다. 이런 예로 회사정리법상의 관리인에 의한 소송에서 정리회사의 참가, 유언집행자의 소송에 있어서 상속인의 참가, 선정당사자에 의한 소송에 있어서 선정자의 참가 등을 든다. 다만 병행형의 소송담당인 채권자대위소송의 경우에는 공동소송참가에 해당 한다[34](대판 2002.03.15. 2000다9086).

(2) 회사관계소송, 가사소송, 행정소송 등 재판의 효력이 일반 제3자에게도 미치는 경우

---

[34] 학설은 공동소송참가를 중복소송에 해당한다고 하여 부정하고, 공동소송적 보조참가만 가능하다는 견해(이시윤), 채권자대위소송은 채권자가 자기의 대위권을 행사하는 것으로 소송담당이 아니며 채무자는 통상의 보조참가를 할 수 있다는 견해(호문혁)가 있다.

예를 들어 乙사가 주주총회를 개최하여 A를 이사로 선임하였는데, 乙사의 주주 甲이 乙사를 상대로 주주총회결의취소의 소를 제기한 경우, A가 자신의 지위를 보전하기 위해 회사 측에 보조참가 하는 경우를 들 수 있다. 즉 이 경우 判例는 "주주총회결의 취소와 결의무효확인 판결은 대세적 효력이 있으므로, 피고가 될 수 있는 자는 그 성질상 회사로 한정 된다(대판 1982.09.14. 80다2425 등)."고 하여 A의 피고적격을 인정하고 있지 않기 때문이다.

3. 공동소송적 보조참가인의 지위

(1) 필수적 공동소송인과 동일한 지위

공동소송인적 보조참가인은 당사자로서의 적격을 가지지 아니하는 점에서 형식적으로는 보조참가인이지만, 본소송의 판결의 기판력을 받는다는 점에서 실질적으로는 필수적 공동소송인에 가까운 지위를 가지고 있다. 따라서 필수적 공동소송인에 특별규정이 준용된다(제78조).

(2) 통상의 보조참가인과 동일한 지위

공동소송적 보조참가인은 청구의 변경, 반소 제기 등을 할 수 없으며, 참가 이전에 이미 피참가인이 한 자백을 철회하거나 시기에 늦은 공격방어방법을 제출할 수 없다. 공동소송적 보조참가인은 본소송의 소송계속에 의존하는 것이므로 본소가 부적법 각하되면 공동소송적 보조참가도 소멸한다. 증거조사를 할 때 증인신문의 방식을 취할 것인가, 당사자신문의 방식을 취할 것인가가 문제된다. 독일의 통설은 당사자신문을 해야 한다는 입장이다.

1. 공동소송적 보조참가와 소의 취하
민사소송법 제78조의 공동소송적 보조참가에는 필수적 공동소송에 관한 민사소송법 제67조 제1항, 즉 "소송목적이 공동소송인 모두에게 합일적으로 확정되어야 할 공동소송의 경우에 공동소송인 가운데 한 사람의 소송행위는 모두의 이익을 위하여서만 효력을 가진다"고 한 규정이 준용되므로, 피참가인의 소송행위는 모두의 이익을 위하여서만 효력을 가지고, 그 반대로 공동소송적 보조참가인에게 불이익이 되는 것은 효력이 없다고 할 것이다. 그런데 공동소송적 보조참가는 그 성질상 필수적 공동소송 중에서는 이른바 유사필수적 공동소송에 준한다 할 것인데 유사필수적 공동소송의 경우에는 원고들 중 일부가 소를 취하하는 데 다른 공동소송인의 동의를 받을 필요가 없다. 또한 소취하는 판결이 확정될 때까지 할 수 있고 취하된 부분에 대해서는 소가 처음부터 계속되지 아니한 것으로 간주되며(민사소송법 제267조) 본안에 관한 종국판결이 선고된 경우에도 그 판결 역시 처음부터 존재하지 아니한 것으로 간주되므로, 이는 재판의 효력과는 직접적인 관련이 없는 소송행위로서 공동소송적 보조참가인에게 불이익이 된다고 할 것도 아니다. 따라서 피참가인이 공동소송적 보조참가인의 동의 없이 소를 취하하였다 하더라도 이는 유효하다. 그리고 이러한 법리는 피참가인이 제기한 행정소송에 민사소송법의 준용에 의한 공동소송적 보조참가를 한 경우에도 마찬가지로 적용된다(대결 2013.03.28. 2012아43).

2. 공동소송적 보조참가와 재심의 소 취하
[1] 재심의 소를 취하하는 것은 통상의 소를 취하하는 것과는 달리 확정된 종국판결에 대한 불복의 기회를 상실하게 하여 더 이상 확정판결의 효력을 배제할 수 없게 하는 행위이므로, 이는 재판의 효력과 직접적인 관련이 있는 소송행위로서 확정판결의 효력이 미치는 공동소송적 보조참가인에 대하여는 불리한 행위이다. 따라서 재심의 소에 공동소송적 보조참가인이 참가한 후에는 피참가인이 재심의 소를 취하하더라도 공동소송적 보조참가인의 동의가 없는 한 효력이 없다. 이는 재심의 소를 피참가인이 제기한 경우나 통상의 보조

참가인이 제기한 경우에도 마찬가지이다. 특히 통상의 보조참가인이 재심의 소를 제기한 경우에는 피참가인이 통상의 보조참가인에 대한 관계에서 재심의 소를 취하할 권능이 있더라도 이를 통하여 공동소송적 보조참가인에게 불리한 영향을 미칠 수는 없으므로 피참가인의 재심의 소 취하로 재심의 소 제기가 무효로 된다거나 부적법하게 된다고 볼 것도 아니다.

[2] 통상의 보조참가인은 참가 당시의 소송 상태를 전제로 하여 피참가인을 보조하기 위하여 참가하는 것이므로 참가할 때의 소송의 진행 정도에 따라 피참가인이 할 수 없는 행위를 할 수 없다(민사소송법 제76조 제1항 단서 참조). 공동소송적 보조참가인 또한 판결의 효력을 받는 점에서 민사소송법 제78조, 제67조에 따라 필수적 공동소송인에 준하는 지위를 부여받기는 하였지만 원래 당사자가 아니라 보조참가인의 성질을 가지므로 위와 같은 점에서는 통상의 보조참가인과 마찬가지이다(대판 2015.10.29. 2014다13044).

3. 공동소송적 보조참가와 상소의 취하

행정소송 사건에서 참가인이 한 보조참가가 행정소송법 제16조가 규정한 제3자의 소송참가에 해당하지 않는 경우에도, 판결의 효력이 참가인에게까지 미치는 점 등 행정소송의 성질에 비추어 보면 그 참가는 민사소송법 제78조에 규정된 공동소송적 보조참가라고 볼 수 있다. 민사소송법 제78조의 공동소송적 보조참가에는 필수적 공동소송에 관한 민사소송법 제67조 제1항, 즉 "소송목적이 공동소송인 모두에게 합일적으로 확정되어야 할 공동소송의 경우에 공동소송인 가운데 한 사람의 소송행위는 모두의 이익을 위하여서만 효력을 가진다."라고 한 규정이 준용되므로, 피참가인의 소송행위는 모두의 이익을 위하여서만 효력을 가지고, 공동소송적 보조참가인에게 불이익이 되는 것은 효력이 없으므로, 참가인이 상소를 할 경우에 피참가인이 상소취하나 상소포기를 할 수는 없다(대판 2017.10.12. 2015두36836).

Ⅲ 소송고지

1. 서 설

(1) 의 의

소송계속 중에 당사자가 소송참가를 할 이해관계 있는 제3자에 대하여 일정한 방식에 따라서 소송계속의 사실을 통지하는 것을 소송고지라고 한다(제84조).

(2) 취 지

피고지자에게 소송에 참가하여 그 이익을 옹호할 기회를 제공함과 동시에 고지에 의하여 피고지자에게 그 소송의 판결의 참가적 효력을 미치게 할 수 있는 점에 그 주된 취지가 있다.

(3) 법적 성질

소송고지는 소송이 계속되어 있다는 사실의 통지에 불과하고, 상대방 당사자에 대한 권리의 주장이나 방어가 아니다.

2. 요 건

(1) 소송계속 중일 것

> 제84조(소송고지의 요건) ① 소송이 법원에 계속된 때에는 당사자는 참가할 수 있는 제3자에게 소송고지(소송고지)를 할 수 있다. ② 소송고지를 받은 사람은 다시 소송고지를 할 수 있다.

소송계속이란 판결절차·독촉절차·재심절차를 의미하고, 상고심계속 중이라도 상관없다. 결정절차에서 보조참가를 허용하지 않는 판례의 입장에 따르면 소극적으로 해석할 것이지만(이시윤), 判例는 결정절차 가운데 대립당사자 구조를 가지지 아니하는 결정절차에서만 보조참가를 허용하고 있지 않으므로(대결 1973.11.15. 73마849), 대립당사자 구조를 가지는 결정절차에서는 소송고지가 가능하다(김홍엽).

(2) 고지자

> 제84조(소송고지의 요건) ② 소송고지를 받은 사람은 다시 소송고지를 할 수 있다.

1) 고지할 수 있는 자

고지할 수 있는 자는 계속 중인 소송의 당사자인 원·피고, 보조참가인 및 이들로부터 고지 받은 피고지자이다(제84조 2항).

2) 예외적으로 소송고지가 의무인 경우(피고지자를 위한 고지)

① 예

재판상 대위, 추심의 소, 주주의 대표소송(상법 제404조 2항), 채권자대위권행사의 통지의무(민법 제405조), 회사관계소송에서 공고의무(상법 제187조) 등이 그 예로서, 이해관계인의 절차보장에 주된 목적이 있다.

② 고지의무위반의 효과

학설은 손해배상의무를 부담할 뿐 소송에는 영향이 없다는 견해, 소를 각하해야 한다는 견해, 판결의 효력이 피고지자에게 미치지 않는다는 견해 등이 대립한다. 判例는 "채권자대위소송에 있어서 민법 제405조에 의한 통지, 비송사건절차법 제84조에 의한 고지(재판상의 대위) 등에 의하여 채무자에게 소송계속의 사실을 알게 하여 채무자의 고유의 권리를 보호할 기회가 주어지지 않는 한 기판력은 채무자에게 미치지 않는다(대판(전) 1975.05.13. 74다1664]."고 한다.

(3) 피고지자

당사자 이외에 그 소송에 참가할 제3자이다. 보조참가를 비롯하여 당사자참가, 소송승계를 할 수 있는 제3자라도 상관이 없으나, 참가적 효력을 미치게 하려는 제도의 취지상 주로 보조참가할 이해관계인이 될 것이다. 동일인이 당사자 쌍방으로부터 이중으로 소송고지를 받은 경우에는 패소자와의 사이에 참가적 효력이 생긴다.

3. 방 식

(1) 신 청

소송고지신청서에는 사건의 표시(사건번호와 당사자의 성명)와 함께 "별첨 소송고지서와 같은 소송고지를 신청한다."는 내용의 문구를 기재하고 신청인이 기명날인 또는 서명한다. 말로 하는 신청도 물론 가능하나 이때도 소송고지서는 제출하여야 한다. 신청에는 인지를 붙이지 아니한다

[실무제요(Ⅰ), 414면, 2017].

(2) 소송고지서

> 제85조(소송고지의 방식) ① 소송고지를 위하여서는 그 이유와 소송의 진행정도를 적은 서면을 법원에 제출하여야 한다. ② 제1항의 서면은 상대방에게 송달하여야 한다.

소송고지를 하려는 당사자는 고지서라는 서면을 법원에 제출할 것을 요하는데(서면주의) 고지서에는 고지이유 및 소송정도를 기재하여야 한다(제85조 1항). 고지이유에는 청구의 취지와 원인을 기재하여 계속 중인 소송의 내용을 명시하고, 이 소송에 피고지자가 참가의 이익을 갖는 사유를 밝혀야 한다. 소송정도에는 소송의 현재의 진행단계를 명시하여야 한다. 고지방식의 하자는 피고지자가 소송참가한 후나 고지자와의 차후의 소송에서 지체 없이 이의를 진술하지 아니하면 이의권의 상실로 치유된다(제151조).

(3) 고지서의 송달

법원은 소송고지서를 피고지자와 상대방 당사자에게 송달하여야 한다(제85조 2항). 소송고지의 효력은 피고지자에게 적법하게 송달이 되었을 때에 생긴다(대판 1975.04.22. 74다1519). 고지비용은 그 소송의 비용에는 산입하지 않는다.

4. 효 과

(1) 소송법상의 효과

1) 피고지자의 지위

소송참가 여부는 피고지자의 자유이다. 피고지자가 참가하는 경우 고지자는 이의 할 수 없으나, 상대방은 이의를 진술할 수 있다. 또 소송고지의 신청이 있었다고 하여 본 소송의 진행에는 영향이 없다(대판 1970.06.30. 70다881). 그러나 피고지자가 고지를 받고도 소송에 참가하지 아니한 이상, 당사자가 아님은 물론 보조참가인도 아니므로 피고지자에게 변론기일을 통지하거나 판결문에 피고지자의 이름을 표시할 필요는 없다(대판 1962.04.18. 4294민상1195).

2) 참가적 효력

> 제86조(소송고지의 효과) 소송고지를 받은 사람이 참가하지 아니한 경우라도 제77조의 규정을 적용할 때에는 참가할 수 있었을 때에 참가한 것으로 본다.

피고지자가 고지자에게 보조참가 할 이해관계가 있는 한 고지자가 패소 시 소송고지에 의해 참가할 수 있는 때[35]에 참가한 것과 마찬가지로 제77조의 참가효를 받는다(제86조). 이와 같은

---

[35] 이 경우 보통 피고지자가 소송고지를 받으면 고지자에게 소송참가를 하는 것인데, 오히려 고지자의 상대방에게 소송참가를 하는 경우에도 법 제86조상 참가적 효력이 미치는지가 문제된다. 통설은 피고지자에게 참가적 효력이 미치는 것은 고지자가 피고지자에게 참가의 기회를 주어 원조를 기대할 수 있었는데 이를 저버린 신의칙위반의 효과 때문이라고 하거나 공동하여 소송수행을 한 일이 없다는 것을 이유로 고지자의 상대방에게 보조참가를 한 참가인에게는 참가적 효력이 미치지 않는다고 한다(이시윤, 정동윤). 다만 유력설은 제86조의 조문상 보조참가인에 대한 판결의 효력과 피고지자에 대한 판결의 효력은 구별되지 않고 있다는 것을 근거로 피고지자에 대하여 소송고지의 효력이 미치고, 피고지자는 고지자에 대하여 당해 소송의 판결이유중의 판단에 대

효력은 소송고지서가 피고지자에게 송달되었을 것을 전제로 한다. 참가적 효력이 미치는 범위는 피고지자가 참가하였다면 고지자와 공동이익으로 주장할 수 있었던 사항에 한한다(대판 1986.02.25. 85다카2091). 피고지자가 참가하지 아니한 경우에도 참가적 효력이 미친다(제86조).

3) 기판력의 확장

가사소송에 있어서 피고가 다른 제소권자에게 소송고지를 하였는데 피고가 승소했다면 고지 받은 다른 제소권자에게도 기판력을 확장시킬 수 있으며 그가 뒤에 고지자인 피고를 상대로 제소하는 것을 막을 수 있다(가사소송법 제21조). 채권자대위소송에 있어서 제3채무자인 피고가 채무자에게 고지한 경우도 같은 해석을 할 것이다.

(2) 실체법상의 효과

1) 시효중단

일반적으로 소송고지에 시효중단의 효력을 인정하는 입법례(독일)도 있으나, 우리 법은 단지 어음·수표법상의 상환청구권에 대해서만 시효중단의 효력을 인정하는데 그친다(어음법 제80조, 수표법 제64조).

2) 민법의 최고

소송고지는 민법상의 최고(민법 제174조)로서의 효과는 인정하여야 한다는 것이 判例·통설이다. <u>소송고지에 의한 최고의 경우에는 민사소송법 제265조를 유추 적용하여 당사자가 소송고지서를 법원에 제출한 때에 시효중단의 효력이 발생</u>한다[36](대판 2015.05.14. 2014다16494). 그리고 당해 소송이 계속되는 동안은 최고에 의한 권리행사의 상태가 지속되는 것으로 보아 민법 제174조의 규정의 적용에 있어서 <u>6월의 기산점은 소송고지 된 때가 아닌 당해 소송이 종료된 때</u>[37]이다(대판

하여 다툴 수 없다고 하여 참가적 효력이 미친다고 한다(日最判 1980.1.28. 전병서).

[36] 소송고지의 요건이 갖추어진 경우에 소송고지서에 고지자가 피고지자에 대하여 채무의 이행을 청구하는 의사가 표명되어 있으면 민법 제174조에 정한 시효중단사유로서의 최고의 효력이 인정된다. 나아가 시효중단제도는 제도의 취지에 비추어 볼 때 기산점이나 만료점을 원권리자를 위하여 너그럽게 해석하는 것이 바람직하고, 소송고지에 의한 최고는 보통의 최고와는 달리 법원의 행위를 통하여 이루어지는 것이므로 만일 법원이 소송고지서의 송달사무를 우연한 사정으로 지체하는 바람에 소송고지서의 송달 전에 시효가 완성된다면 고지자가 예상치 못한 불이익을 입게 된다는 점 등을 고려하면, <u>소송고지에 의한 최고의 경우에는 민사소송법 제265조를 유추 적용하여 당사자가 소송고지서를 법원에 제출한 때에 시효중단의 효력이 발생한다</u>(대판 2015.05.14. 2014다16494).

[37] 소송고지의 요건이 갖추어진 경우에 그 소송고지서에 고지자가 피고지자에 대하여 채무의 이행을 청구하는 의사가 표명되어 있으면 민법 제174조에 정한 시효중단사유로서의 최고의 효력이 인정된다. 시효중단제도는 그 제도의 취지에 비추어 볼 때 이에 관한 기산점이나 만료점은 원권리자를 위하여 너그럽게 해석하는 것이 상당한데, 소송고지로 인한 최고의 경우 보통의 최고와는 달리 법원의 행위를 통하여 이루어지는 것으로서, 그 소송에 참가할 수 있는 제3자를 상대로 소송고지를 한 경우에 그 피고지자는 그가 실제로 그 소송에 참가하였는지 여부와 관계없이 후일 고지자와의 소송에서 전소 확정판결에서의 결론의 기초가 된 사실상·법률상의 판단에 반하는 것을 주장할 수 없어 그 소송의 결과에 따라서는 피고지자에 대한 참가적 효력이라는 일정한 소송법상의 효력까지 발생함에 비추어 볼 때, 고지자로서는 소송고지를 통하여 당해 소송의 결과에 따라 피고지자에게 권리를 행사하겠다는 취지의 의사를 표명한 것으로 볼 것이므로, <u>당해 소송이 계속중인 동안은 최고

2009.07.09. 2009다14340).

Ⅳ 독립당사자참가

> 제79조(독립당사자참가) ① 소송목적의 전부나 일부가 "자기"의 "권리"라고 "주장"하거나, 소송결과에 따라 "권리"가 "침해"된다고 "주장"하는 제3자는 당사자의 양 쪽 또는 "한 쪽"을 상대방으로 하여 당사자로서 소송에 참가할 수 있다.
> ② 제1항의 경우에는 제67조 및 제72조의 규정을 준용한다.

1. 서 설

(1) 의 의

다른 사람 사이의 소송계속 중에 원, 피고의 한쪽 또는 양쪽을 상대방으로 하여 원·피고간의 청구와 관련된 자기청구에 대하여 함께 심판을 구하기 위하여 그 소송절차에 참가함을 말한다(제79조).

(2) 취 지

서로 이행관계가 대립되는 원고·피고·참가인 간의 삼파분쟁을 일거에 모순 없이 해결함으로써 소송경제를 도모하고 판결의 모순저촉을 방지할 수 있다.

(3) 구 조

1) 학 설

제3자가 당사자로 참가함으로써 전통적인 이당사자대립구조의 예외로 보는 3면소송설, 같은 권리관계를 둘러싼 3개의 소송, 즉 원·피고 간, 참가인·원고 간, 참가인·피고 간에 각 1개씩 3개의 소송관계가 병합된 것으로 된다는 3개소송병합설이 있다.

2) 검 토

통설은 제67조 준용을 근거로 3면소송설을 취하고 있고, 判例도 같다(대판 1991.12.24. 91다21145·21152 등). 다만 이에 대해서는 독립당사자참가소송도 원고의 본소 또는 참가인의 참가신청을 가분적으로 취하·각하할 수 있고, 중복소송이 성립할 수 있음을 근거로 3개소송병합설에 대한 재검토가 요청된다는 견해도 있다(이시윤).

(4) 구별개념

독립당사자참가는 '당사자'참가이므로 보조참가와는 구별되고, '독립'한 지위에서 참가하는 것이기 때문에 종전 당사자의 일방과 연합관계인 공동소송참가(제83조)와 구별된다.

에 의하여 권리를 행사하고 있는 상태가 지속되는 것으로 보아 민법 제174조에 규정된 6월의 기간은 당해 소송이 종료된 때로부터 기산되는 것으로 해석하여야 한다(대판 2009.07.09. 2009다14340).

2. 참가요건

(1) 다른 사람 사이의 소송이 계속 중일 것

소송이 계속 중이면 여하에 관계없이 참가할 수 있으며, 항소심에서도 할 수 있다(대판 1966.03.29. 65다2407·2408). 다만 상고심에서도 독립당사자참가가 가능한지가 문제[38]된다. 判例는 <u>독립당사자참가는 그 실질에 있어서 신소제기의 실질을 가지므로 법률심인 상고심에서는 참가할 수 없는 것</u>으로 본다(대판 1977.07.12. 76다2251·77다218 등).

(2) 참가이유

1) 권리주장참가

① 의 미

제3자가 '소송목적의 전부 또는 일부'가 자기의 권리임을 주장하는 경우이다. 참가인이 원고의 본소청구와 양립되지 않는 권리 또는 그에 우선할 수 있는 권리를 주장할 것을 요한다. 예를 들어 甲이 乙에 대하여 A물건에 대한 소유권확인청구를 하는 소송에 대하여 丙이 그 물건에 대한 소유권자는 자신이라는 丙소유권확인청구를 甲과 乙에게 청구하는 경우[39]를 말한다. 경합권리자가 참가하여 진정한 권리자를 가리자는 권리자합일확정의 참가이다(이시윤). 따라서 원고가 건물의 증축부분의 소유권에 터잡아 명도를 구하는 소송에서 참가인이 증축부분이 자기 소유임을 이유로 독립당사자참가신청을 한 경우 주장 자체에 의해서는 원고가 주장하는 권리와 참가인이 주장하는 권리가 양립할 수 없는 관계에 있다 할 것이므로, 비록 본안에 들어가 심리한 결과 증축부분이 기존건물에 부합하여 원고의 소유로 되었고 참가인의 소유로 된 것이 아니라고 판단되더라도 이는 참가인의 청구가 이유 없는 사유가 될 뿐 참가신청이 부적법한 것은 아니므로 이를 각하하여서는 아니된다(대판 1992.12.08. 92다26772·26789).

② 주장 자체에서 양립하지 않는 관계[40]

가. 문제점

---

[38] 하지만 다수설은 상고심에서도 원판결이 파기되어 사실심으로 환송되면 그 때 사실심리를 받을 기회가 생기기 때문에 참가신청도 일응 허용해야 할 것이고, 다만 상고가 각하·기각될 때에는 참가신청을 부적법 처리할 것이라고 본다. 당사자 가운데 누구도 상고하지 않아 사해판결이 확정되는 것을 방지하기 위해서도 상고심에서의 참가를 허용해야 한다고 본다.

[39] 소유권확인을 구하는 원고들의 본소청구에 대하여 참가인은 피고에 대하여 토지에 대한 피고 명의의 소유권보존등기말소 및 그 토지가 참가인 및 선정자들의 소유권임의 확인을 구하고 원고들에 대하여도 위와 같은 소유권 확인을 구하고 있으므로, 참가인은 피고에 대하여 일정한 청구를 하고 있음은 물론이고 원고들에 대하여도 일정한 청구를 하고 있으며, 원고들의 청구와 참가인의 청구는 서로 양립할 수 없는 관계에 있으므로 독립당사자참가는 적법하다(대판 1998.07.10. 98다5708).

[40] 독립당사자참가 중 권리주장참가는 소송의 목적의 전부나 일부가 자기의 권리임을 주장하면 되는 것이므로 참가하려는 소송에 수개의 청구가 병합된 경우 그 중 어느 하나의 청구라도 독립당사자참가인의 주장과 양립하지 않는 관계에 있으면 그 본소청구에 대한 참가가 허용된다고 할 것이고, 양립할 수 없는 본소청구에 관하여 본안에 들어가 심리한 결과 이유가 없는 것으로 판단된다고 하더라도 참가신청이 부적법하게 되는 것은 아니다(대판 2007.06.15. 2006다80322).

본소청구와 참가인의 주장 자체에서 양립하지 않는 관계에 있으면 그것만으로 참가가 허용 된다(주장설41)). 다만 주장 자체에서 양립하지 않는 관계의 의미를 어떻게 볼 것인지가 '이중매매'의 경우와 관련하여 문제가 된다42).

나. 判 例

판례는 "당사자참가는 타인간의 소송목적의 전부 또는 일부가 자기의 권리임을 주장하거나 소송의 결과에 의하여 자기 권리의 침해를 받을 우려가 있는 경우로서 종전 당사자 간 또는 종전의 당사자와 참가인간의 3면적 소송관계를 하나의 판결로서 모순 없이 일시에 해결할 수 있는 경우에 인정되는 것이므로 참가인의 주장 자체로 보아 참가인이 피고에 대하여는 승소할 수 있다고 하더라도 원고에게 대하여는 승소할 수 없는 경우에는 당사자참가로서의 참가요건을 구비하지 못한 것이다(대판 1966.07.19. 66다869)."라고 하여 전형적인 이중매매사안에서는 일관해서 권리주장참가를 부정하고 있다. 다만 원고와 참가인이 서로 자기가 피고에 대한 진정한 명의신탁자라고 주장하여 명의신탁 해지를 이유로 소유권이전등기를 청구한 사안(대판 1991.12.24. 91다21145·21152)과 원고와 참가인이 같은 점유사실에 기해서 시효취득을 주장하면서 참가인이 원고에게 단지 관리를 위탁했을 뿐이라고 주장한 사안(대판 1995.06.16. 95다5905·5912) 등에서는 "비록 채권적 청구권을 주장하는 것이지만 어느 한 쪽의 청구권이 인정되면 다른 한 쪽의 청구권은 인정될 수 없는 것으로서 각 청구가 서로 양립할 수 없는 관계에 있어 독립당사자참가신청은 적법하다."고 하였다.

2) 사해방지참가43) **— 사해방지참가의 "권리침해"의 의미**

---

41) 독립당사자참가 중 권리주장참가는 원고의 본소청구와 참가인의 청구가 그 주장 자체에서 양립할 수 없는 관계라고 볼 수 있는 경우에 허용될 수 있는 것이고, 사해방지참가도 본소의 원고와 피고가 당해 소송을 통하여 참가인을 해할 의사를 갖고 있다고 객관적으로 인정되고 그 소송의 결과 참가인의 권리 또는 법률상 지위가 침해될 우려가 있다고 인정되는 경우에 허용될 수 있다(대결 2005.10.17. 2005마814).

42) 肯定說(주장자체로 양립불가능이면 충분하므로 적법) : 참가요건으로 참가인이 소송목적의 전부나 일부가 자기의 권리라고 주장하면 되므로 주장자체에 의하여 참가인적격을 판단하면 되고 본안심리의 결과 본소청구와 참가인의 청구가 실제로 양립한다 하더라도 그것 때문에 참가가 부적법하게 되는 것은 아니므로, 이중매매의 경우 제1매수인에게는 물론 제2매수인에게도 이전등기청구권이 성립할 수 있는 경우이지만 주장자체로서 양립할 수 없는 경우여서 참가가 허용된다고 한다(이영섭, 방순원, 이시윤 구판). 否定說(주장자체로 양립가능한 경우이므로 부적법) : 권리주장참가는 참가인의 청구와 기존 당사자의 청구가 논리상 양립할 수 없는 경우를 이르는 것이므로, 이중매매의 경우는 실체법상 제1매수인의 권리와 제2매수인의 권리는 양립이 가능하여(채권자평등의 원칙) 이는 논리상 양립할 수 없는 경우에 해당하지 않으므로 권리주장참가는 부적법하다고 한다(정동윤·유병현, 강현중, 호문혁 등).

43) 공동저당과 물상보증의 경우 : 甲 소유의 부동산과 채무자인 乙 소유의 부동산을 공동저당의 목적으로 하여 丙 은행 앞으로 선순위근저당권이 설정된 후 甲 소유의 부동산에 관하여 丁 앞으로 후순위근저당권이 설정되었는데, 甲 소유의 부동산에 관하여 먼저 경매절차가 진행되어 丙 은행이 채권 전액을 회수하였고, 이에 丁이 甲 소유의 부동산에 대한 후순위저당권자로서 물상보증인에게 이전된 근저당권으로부터 우선하여 변제를 받을 수 있다고 주장하며 丙 은행 등을 상대로 근저당권설정등기의 이전을 구하자, 甲이 乙에 대해 취득한 구상금 채권이 상계로 소멸하였다고 주장하며 乙이 丙 은행을 상대로 근저당권설정등기의 말소를 구하는 독립당사자 참가신청을 한 사안에서, 乙의 말소등기청구는 등기의 이전을 구하는 丁의 청구와 동일한 권리관계에 관하여 주장 자체로 양립되지 않는 관계에 있지 않으므로 민사소송법 제79조 제1항 전단에 따른 권리주장참가의 요건을 갖추지 못하였고, 丁과 丙 은행이 소송을 통하여 乙의 권리를 침해할 의사가 있다고 객관적으로 인정하기도 어려우므로 민사소송법 제79조 제1항 후단에 따른 사해방지참가의 요건을 갖추었다고 볼 수도 없다는 이

① 문제점

사해방지참가란 제3자가 '소송의 결과에 따라 권리를 침해받을 것을 주장'하는 독립당사자참가의 참가이유 중의 하나이다.

② 권리주장참가와의 비교

判例는 이를 권리주장참가와는 구별하여 이는 소송물이 달라 권리주장참가에 패소해도 사해방지참가를 할 수 있으며(즉 기판력이 미치지 않음, 대판 1992.05.26. 91다4669·4679), 청구가 본소청구와 양립이 가능해도 된다(대판 2001.09.28. 99다35331·35348)고 한다.

③ 권리침해44)의 의미

判例는 "민사소송법 제79조 제1항 후단의 사해방지참가의 경우는 원고와 피고가 당해소송을 통하여 제3자를 해할 의사, 즉 사해의사를 갖고 있다고 객관적으로 인정되고, 그 소송의 결과 제3자의 권리 또는 법률상의 지위가 침해될 염려가 있다고 인정되는 경우라야만 할 것이다(대판 1991.12.27. 91다4409 등)."고 하여 사해의사설의 입장이다. 따라서 甲이 乙을 상대로 근저당권설정등기의 불법말소를 이유로 그 회복등기를 구하는 소를 제기한 경우에 후순위 근저당권자인 丙은 甲과 乙이 당해 소송을 통하여 자신을 해할 의사, 즉 사해의사를 갖고 있다고 객관적으로 인정되고 그 소송의 결과 자신의 권리 또는 법률상의 지위가 침해될 염려가 있다고 인정된다면 甲·乙을 상대로 근저당권부존재확인을 구하는 독립당사자참가를 할 수 있다(대판 2001.08.24. 2000다12785).

④ 사해행위취소소송과의 관계

채권자가 사해행위의 취소와 함께 수익자 또는 전득자로부터 책임재산의 회복을 명하는 사해행위취소의 판결을 받은 경우 취소의 효과는 채권자와 수익자 또는 전득자 사이에만 미치므로, 수익자 또는 전득자가 채권자에 대하여 사해행위의 취소로 인한 원상회복 의무를 부담하게 될 뿐, 채권자와 채무자 사이에서 취소로 인한 법률관계가 형성되거나 취소의 효력이 소급하여 채무자의 책임재산으로 복구되는 것은 아니다. <u>이러한 사해행위취소의 상대적 효력에 의하면, 원고의 피고에 대한 청구의 원인행위가 사해행위라는 이유로 원고에 대하여 사해행위취소를 청구하면서 독립당사자참가신청을 하는 경우, 독립당사자참가인의 청구가 그대로 받아들여진다 하더라도 원고와 피고 사이의 법률관계에는 아무런 영향이 없고, 따라서 그러한 참가신청은 사해방지참가의 목적을 달성할 수 없으므로 부적법하다</u>45)(대판 2014.06.12. 2012다47548).

유로 乙의 독립당사자 참가신청을 각하한다(대판 2017.04.26. 2014다221777).
44) [학 설] ① 판결효설은 기판력과 반사효를 포함하여 넓은 의미의 판결의 효력에 의하여 제3자의 권리가 침해될 경우에 한한다고 본다. ② 이해관계설은 제3자의 권리 또는 법률상의 지위가 본소의 소송물인 권리관계의 존부를 논리적 전제로 하고 있어서, 본소송의 판결에 의하여 사실상 권리침해를 받는 경우에도 참가를 인정하는 견해이다. ③ 사해의사설은 본조의 연혁인 프랑스의 사해재심제도의 연혁에 충실하게 본소의 당사자가 그 소송을 통하여 참가인을 해할 의사를 가지고 있다고 객관적으로 인정되는 경우가 이에 해당한다고 풀이하는 견해이다.
45) 사해행위 취소의 판결의 효과는 채권자와 수익자/전득자 사이에만 미칠 뿐, 채권자와 채무자 사이에서 취소의 효력이 소급하여 채무자의 책임재산으로 복구하는 것이 아니라고 보기 때문이다(상대적 효력). 이 판례 때문에 이 제도의 사해방지기능은 더 떨어지게 되었다. 독립당사자참가에서 사해행위취소판결이 나면 참가인(채권자), 원고(수익자), 피고(채무자) 사이에 합일확정의 효력 때문에 참가인과 피고 사이에 판결의 효력이 미치지

(3) 참가취지

1) 쌍면참가

참가신청의 참가취지에서 참가인은 원·피고 양쪽에 대하여 각자 자기청구를 하는 것을 말한다. 이 점이 자신의 청구가 없는 보조참가와의 차이점이다. 원·피고 양쪽에 대한 청구가 같은 취지[46]일수도 있고, 다른 취지[47]일수도 있다.

2) 편면참가

참가취지에서 참가인이 원·피고 양 쪽 아닌 한 쪽에 대해서만 청구하는 경우를 말한다. 02년 개정법 전에는 엄격한 쌍면참가만을 인정했으나, 02년 개정법은 입법으로 편면참가를 인정하고 있다. 이에 따라 종전 폐쇄적으로 운영하던 독립당사자참가 제도가 크게 활성화 될 것이다 (이시윤).

(4) 소의 병합요건을 갖출 것(제253조) - 절차공통, 관할공통

신소제기의 실질을 가지므로 소병합의 일반요건을 갖추어야 한다.

(5) 소송요건

참가신청은 실질적 신소제기이므로 일반소송요건을 갖추어야 한다. 즉 중복소송 등에 해당하지 않아야 한다(제259조).

3. 참가절차

(1) 참가신청

참가신청은 보조참가의 경우에 준한다(제72조). 따라서 참가신청에는 참가취지와 이유를 명시하여 본소가 계속된 법원에 신청하여야 한다. 참가신청은 보조참가와는 달리 본질이 신소제기이므로 소액사건의 경우(소심법 제4조)를 제외하고는, 반드시 서면에 의할 것을 필요로 한다(제248조). 그리고 참가신청에서는 참가취지·이유와 함께 자기 청구에 대하여 청구의 취지와 원인을 밝히지 않으면 안 된다. 이 점이 보조참가와는 다르다. 참가신청을 대리인에 의하여 할 수 있으나, 종전당사자의 대리인은 참가인의 대리인을 겸할 수 없다(대판 1965.03.16. 64다1691·1692). 참가신청서에는 소장에 준하는 인지를 붙여야 한다(민사소송등인지법 제6조). 당사자가 상소하지 않을 때에는 당사자는 상소제기와 동시에 참가신청을 할 수 있다(제79조, 제72조 3항). 判例는 독립당사자참가를 하면서 예비적으로 보조참가를 하는 것은 부적법하다고 하였다(대판 1994.12.27. 92다22473·22480). 참가신청서 부본을 본소의 양쪽 당사자에게 바로 송달하여야 한다(규칙 제64조 2항, 1항). 참가신청은 보조참가와는 달리 실질적인 소의 제기이므로 종전의 당사자는 참가에 이의할 수 없으며, 소제기의 효과인 시효중단·기간준수의 효력이 있다(제265조). 참가에 의하여 종전

않는다고 할 수 있을까 의문이 있다(이시윤).
46) 참가인이 원·피고 모두에게 소유권확인청구를 하는 경우를 들 수 있다.
47) 참가인이 원고에 대해서는 채권확인청구, 피고에 대해서는 소유권이전등기청구를 하는 경우를 들 수 있다.

당사자는 참가인에 대한 관계에서 피고의 지위에 서게 되며, 종전 당사자는 참가인을 상대로 반소를 제기할 수 있다(대판 1969.05.13. 68다656·657·658).

(2) 중첩적 참가

判例는 "권리참가가 복수인 경우에는 권리참가자 상호간에는 소송관계가 성립하지 아니하므로 법원은 이에 대하여 판결할 수 없다(대판 1958.11.20. 4290민상308·309·310·311)."고 하여 부정하지만, 다파분쟁의 일회적 해결이라는 독립당사자참가제도의 취지에 비추어 이러한 참가도 긍정해야 한다(통설).

4. 참가소송의 심판

(1) 참가요건과 소송요건의 조사

참가요건은 직권조사사항으로서 흠결 시 소를 각하해야 한다는 것이 통설, 판례이다. 다만 당사자 어느 일방의 보조참가로의 전환은 가능하다고 한다.

(2) 본안심판

독립당사자참가는 분쟁을 일거에 모순 없이 하려는 소송형태이므로 필수적 공동소송에 관한 제67조[48]의 규정을 준용한다.

(3) 판결에 대한 상소

1) 상소의 이심범위

判例는 "독립당사자 참가신청이 있으면 반드시 각 그 청구전부에 대하여 1개의 판결로써 동시에 재판하지 않으면 아니 되고, 일부판결이나 추가판결은 허용되지 않으며, 독립당사자 참가인의 청구와 원고의 청구가 모두 기각되고 원고만이 항소한 경우에 제1심판결 전체의 확정이 차단되고 사건 전부에 관하여 이심의 효력이 생기는 것이므로 독립당사자참가인도 항소심에서의 당사자라고 할 것이다(대판 1981.12.08. 80다577 등)."고 하여 이심설의 입장이다. 다만 제1심 판결에서 참가인의 독립당사자참가신청을 각하하고 원고의 청구를 기각한 데 대하여 참가인은 항소기간 내에 항소를 제기하지 아니하였고, 원고만이 항소한 경우 위 독립당사자참가신청을 각하한 부분은 원고의 항소에도 불구하고 피고에 대한 본소청구와는 별도로 이미 확정되었다 할 것이다(대판 1992.05.26. 91다4669).

2) 상소하지 않은 자의 상소심에서의 지위[49]

---

[48] (1) 민사소송법 제79조에 의한 소송은 동일한 권리관계에 관하여 원고, 피고 및 참가인 상호간의 다툼을 하나의 소송절차로 한꺼번에 모순 없이 해결하려는 소송형태로서 두 당사자 사이의 소송행위는 나머지 1인에게 불이익이 되는 한 두 당사자 간에도 효력이 발생하지 않는다고 할 것이므로, 원·피고 사이에만 재판상 화해를 하는 것은 3자 간의 합일확정의 목적에 반하기 때문에 허용되지 않는다. (2) 독립당사자참가인이 화해권고결정에 대하여 이의한 경우, 이의의 효력이 원·피고 사이에도 미친다고 한 사례(대판 2005.05.26. 2004다25901·25918).

[49] 상소인설은 패소한 두 당사자는 당사자에 대한 필수적공동소송인과 유사한 지위에 선다고 보아 법 제67조 제1항을 준용해서 한 당사자의 상소로 다른 당사자도 상소한 것이 된다고 본다. 피상소인설은 세 당사자가 상호 대립, 견제의 관계에 있으므로 패소 당사자 중 한 사람이 상소하는 것은 나머지 두 당사자 모두를 상대방

判例는 "…독립당사자참가인도 항소심에서의 당사자라고 할 것이다(대판 1981.12.08. 80다577)."고 하여 상소심당사자설을 취하고 있다.

◉ 견해 대립의 실익은 상소하지 않은 당사자의 상소취하여부, 상소비용의 부담여부 등을 들 수 있다. 즉 상소인설을 취한다면 상소하지 않은 당사자도 상소인이 되므로 상소취하가 가능하게 되고 상소가 기각, 각하 할 경우 상소비용을 부담하게 될 것이다. 하지만 피상소인설에 따를 경우 당연히 상소를 취하할 수 없고 상소가 기각, 각하될 경우 상소비용을 부담하지도 않게 된다. 그러나 상소심당사자설에 의하면 단순한 상소심에서의 당사자에 불과하므로 상소취하도 불가하고 상소비용을 부담하는 일도 없게 될 것이다.

3) 상소심의 심판범위(불이익변경금지원칙의 예외)

민사소송법 제79조에 의한 독립당사자참가소송의 경우 항소심의 심판대상은 실제 항소를 제기한 자의 항소 취지에 나타난 불복범위에 한정하되 위 세 당사자 사이의 결론의 합일확정의 필요성을 고려하여 그 심판의 범위를 판단하여야 하고, 이에 따라 항소심에서 심리·판단을 거쳐 결론을 내림에 있어 위 세 당사자 사이의 결론의 합일확정을 위하여 필요한 경우에는 그 한도 내에서 항소 또는 부대항소를 제기한 바 없는 당사자에게 결과적으로 제1심판결보다 유리한 내용으로 판결이 변경되는 것도 배제할 수는 없다(대판 2007.10.26. 2006다86573,86580). 다만 원고승소의 판결에 대하여 참가인만이 상소를 했음에도 상소심에서 원고의 피고에 대한 청구인용 부분을 원고에게 불리하게 변경할 수 있는 것은 참가인의 참가신청이 "적법"하고 나아가 "합일확정의 요청상" 필요한 경우에 한한다고 할 것이다[50](대판 2007.12.14. 2007다37776·37783).

5. 단일소송 또는 공동소송으로 환원(독립당사자참가소송의 붕괴)

(1) 본소의 취하·각하

원고는 참가 후에도 본소를 취하할 수 있고, 법원은 본소가 부적법하면 각하할 수 있다. 이 경우 독립당사자참가소송의 운명에 대해 독립당사자참가의 애초 목적을 상실하게 되므로 3면소송은 끝이 난다는 견해도 있었으나(전소송종료설, 이영섭), 현재는 참가인이 원·피고를 양쪽을 상대로 한 공동소송으로 변한다고 하는 견해(공동소송잔존설)이 통설이며 判例이다(대판 1991.01.25. 90다4723). 즉 독립당사자참가소송에서 본소가 적법하게 취하된 경우에는 삼면소송관계는 소멸하고, 그 이

으로 하는 것으로 보아, 제67조 제2항을 준용하여 그들이 모두 피상소인이 된다고 한다. 상대적이중지위설은 독립당사자참가소송의 특수성을 감안하여 상소인과 피상소인의 지위를 겸한 특수한 지위에 선다고 한다. 상소심당사자설은 합일확정의 요청 상 패소하고 상소하지 않은 당사자에 대하여는 판결의 확정이 차단되고 상소심에 이심 되는 것에 그칠 뿐이므로 상소인도 피상소인도 아닌 상소심당사자의 지위에 설뿐이라고 한다.

50) 원고의 피고에 대한 청구를 인용하고 참가인의 참가신청을 각하한 제1심판결에 대하여 참가인만이 항소한 이 사건에서, 참가인의 참가신청이 부적법하다는 이유로 참가인의 항소를 기각하면서도, 제1심판결 중 피고가 항소하지도 않은 본소 부분을 취소하고 원고의 피고에 대한 청구를 기각한 원심의 판단에는 독립당사자참가소송에서 패소한 당사자 중 일부만이 항소한 경우의 항소심의 심판대상에 관한 법리를 오해하여 판결에 영향을 미친 위법이 있다. 〈해설〉 실무상 참가인의 참가신청의 적법여부는 원·피고 사이의 본소청구에 대한 판결과 함께 하나의 판결로 행하여진다. 그런데 원고승소, 참가신청각하의 판결에 대하여 참가인만이 항소를 한 경우에는 사건 전체의 확정이 차단되고 항소심으로 이심지만, 항소심에서 참가신청을 부적법하다고 판단하여 항소를 기각하는 경우에는 본소청구의 당부에 대하여는 심리할 수 없다는 것이다. 즉 상소심에서 불이익변경금지의 원칙의 적용이 배제될 수 있는 경우는 참가신청이 적법하고 합일확정의 요청상 필요한 경우에 한한다는 것이다. -유병현, 고시계 2009/2, 42면-

후부터는 당사자참가인의 원·피고들에 대한 청구가 일반 공동소송으로 남아 있게 되므로, 당사자참가인의 원·피고에 대한 소가 독립의 소로서의 소송요건을 갖춘 이상, 그 소송계속은 적법하며, 종래의 삼면소송 당시에 필요하였던 당사자 참가요건의 구비여부는 가려 볼 필요가 없다(대판 1991.01.25. 90다4723).

(2) 참가의 취하·각하

참가인은 소의 취하에 준하여 참가신청을 취하할 수 있다. 따라서 본소 원고나 피고가 본안에 관하여 응소한 경우에는 양쪽의 동의를 필요로 한다(대판 1981.12.08. 80다577). 취하한 뒤에는 원고·피고간의 본소만이 남는다. 다만 참가인이 쌍면참가를 하였다가 당사자 한쪽에 대해서만 참가신청을 취하하면 그로 인하여 편면참가가 된다. 참가가 각하된 경우에도 본소만이 남는다. 참가가 취하·각하되어 본소로 환원된 경우, 참가인이 제출한 증거방법은 당사자가 원용하지 않는 한 그 효력이 없다. 참가신청을 판결로 각하한 경우에 그 각하판결이 상소심에서 확정될 때까지 본소에 관한 판결을 미루는 것이 원·피고·참가인 상호간의 합일확정을 위하여 당연히 요구된다고 할 것이나, 판례는 반대의 입장[51]이다(대판 1976.12.28. 76다797). 그리고 제1심 판결에서 참가인의 독립당사자참가신청을 각하하고 원고의 청구를 기각한 데 대하여 참가인은 항소기간 내에 항소를 제기하지 아니하였고, 원고만이 항소한 경우 위 독립당사자참가신청을 각하한 부분은 원고의 항소에도 불구하고 피고에 대한 본소청구와는 별도로 이미 확정되었다 할 것이다(대판 1992.05.26. 91다4669).

(3) 소송탈퇴

> 제80조(독립당사자참가소송에서의 탈퇴) 제79조의 규정에 따라 자기의 권리를 주장하기 위하여 소송에 참가한 사람이 있는 경우 그가 참가하기 전의 원고나 피고는 "상대방"의 "승낙"을 받아 소송에서 "탈퇴"할 수 있다. 다만, 판결은 탈퇴한 당사자에 대하여도 그 효력이 미친다.

전제요건

참가인의 참가는 적법하고 유효하여야 한다. 그렇지 않으면 탈퇴 후 참가가 각하되고 아무런 해결 없이 소송계속 전체가 소멸하기 때문이다. 문제는 제1심에서 한 당사자가 탈퇴하였는데 항소심에서 참가가 부적법하다고 하여 각하되는 경우인데, 이 경우 탈퇴가 효력이 없다고 보고 사건을 제1심으로 환송하는 것이 타당하다는 견해(호문혁)가 있다.

1) 소송탈퇴의 법적성질

① 조건부 포기·인낙설

소송탈퇴라는 제도를 탈퇴자의 의사를 기준으로 하여, 탈퇴자가 자기의 입장을 전면적으로

---

[51] 참가소가 있는 경우에 참가소를 각하하는 판결을 할 때는 원, 피고간의 본안 재판을 참가소의 귀결이 날 때까지 기다려야 한다 함은 독자적 견해로 취할 바 못되며 참가인의 독립당사자 참가소를 보조참가로 보지 아니하였다 하여 허물할 바 아니므로 이점에 관한 소론의 논지 이유 없다(대판 1976.12.28. 76다797). 그러나 실무상으로는 참가의 적법여부에 대한 판결을 본소에 대한 판결과 함께 하는 것이 실무운영이므로 본소절차 정지의 문제는 생기지 않는다(이시윤).

참가인과 상대방 사이의 승패의 결과에 맡기고, 이를 조건으로 참가인 및 상대방과 자기 사이의 청구에 대하여 포기 또는 인낙을 하는 성질을 갖는 행위라고 보고, 판결의 효력도 청구의 포기·인낙에 기한 것으로 본다(김홍규, 송상현).

② 소송담당설

탈퇴자가 자기의 또는 자기에 대한 청구에 대하여 소송수행권을 참가인과 잔존당사자에게 부여한 결과로 보아, 소송담당자인 잔존 당사자와 참가인 사이의 판결의 효력이 탈퇴자에게 미치는 것은 당연하다고 한다(이시윤, 정동윤·유병현·김경욱).

③ 검 토

조건부 포기·인낙설은 판결결과가 탈퇴당사자에게 불리하게 된 때는 별론, 오히려 유리하게 된 때에는 설명이 궁해진다. 따라서 남은 당사자에게 일종의 소송담당을 시키고 물러선 것이기 때문에 그 소송담당관계의 반영으로 판결의 효력도 탈퇴당사자에게 미치는 것으로 보는 소송담당설이 타당하다(이시윤).

2) 사해방지참가의 포함 여부

법문은 「자기의 권리를 주장하기 위하여 소송에 참가한 사람이 있는 경우」라고 하고 있는데, 이 경우 사해방지참가의 경우도 포함되는지가 문제된다. 학설은 사해방지참가의 경우에도 피고가 소송수행의 의욕이 없고 전혀 소극적 태도로 일관해 온 때에는 제3자가 소송참가함을 계기로 소송에서 탈퇴해 나갈 경우가 있을 것이므로, 사해방지참가도 포함된다는 견해가 통설이나, 전형적인 통모 내지 공모소송의 경우 종전 당사자의 어느 쪽이 소송탈퇴한다는 것은 상당히 드문 경우일 것이므로 포함되지 않는다는 견해(송상현, 호문혁)도 있다. 제82조의 소송인수의 경우에 소송탈퇴를 인정하는 것으로 보아 제한적으로 해석할 필요 없으므로, 통설이 타당하다(이시윤).

3) 상대방 승낙의 요부

먼저 법문이 상대방의 승낙만을 요구하고 있으므로, 참가인의 승낙은 필요 없는데, 나아가 상대방의 승낙조차 필요 없는 것인지 문제가 있다. 학설은 이를 자의적으로 축소해석 하여서는 안 된다는 견해(호문혁)도 있으나, 통설은 판결의 효력은 탈퇴자에게도 미치므로 탈퇴한 경우와 탈퇴하지 않고 소송을 수행한 경우의 사이에 아무런 차이가 없고, 탈퇴한다고 하여 상대방에게 특히 불이익을 주는 일도 없으므로 명문의 규정에 불구하고, 탈퇴에 관하여 상대방의 승낙을 받을 필요가 없다고 한다. 그러나 실무는 "피승계참가인과 상대방의 소송관계는 피승계참가인이 상대방의 승낙을 얻어 소송에서 탈퇴함으로써 종료된다고 보아야 하므로, 법원은 탈퇴한 피승계참가인의 청구에 관하여 심리·판단할 수 없다(대판 2014.10.27. 2013다67105·67112)."고 하여 상대방의 승낙을 요구한다.

4) 판결의 효력의 내용

법문은 잔존 당사자에 대한 판결의 효력이 탈퇴당사자에 대하여도 미친다고 규정하고 있을 뿐이어서, 그 내용이 문제된다. 학설은 참가적 효력설, 기판력설도 있으나, 탈퇴를 인정한 실익을 확보하고, 민사집행법 제25조 1항의 문언에 충실하게 판결의 효력에는 기판력 및 집행력이 모두 포함된다고 하는 기판력 및 집행력 포함설이 통설이다.

V 공동소송참가

> 제83조(공동소송참가) ① 소송목적이 한 쪽 당사자와 제3자에게 합일적으로 확정되어야 할 경우 그 제3자는 공동소송인으로 소송에 참가할 수 있다.
> ② 제1항의 경우에는 제72조의 규정을 준용한다.

1. 의의 및 취지

(1) 의 의

공동소송참가란 소송이 계속되는 가운데 제3자가 원고 또는 피고의 공동소송인으로 가입하고, 그 결과 필수적 공동소송으로 되는 경우를 말한다(제83조). 예를 들어 주주 甲이 회사 A를 상대로 주주총회결의취소의 소를 제기한 경우에 판결의 효력을 받는 다른 주주 乙이 공동원고로서 그 소송에 참가하는 경우를 말한다.

(2) 취 지

다른 사람 사이의 소송의 판결의 효력을 받는 제3자로서는 별소를 제기하는 것 보다 그 소송에 참가하는 것이 그 자의 이익을 옹호할 수 있고, 소송불경제를 방지할 수 있으므로 이런 필요에서 공동소송참가가 인정된다.

2. 참가요건

(1) 소송계속

1) 항소심에서도 가능

소의 종류와 소송절차의 종류를 불문한다. 항소심에서도 참가할 수 있다.

2) 상고심에서의 가능여부

判例는 이 경우 공동소송참가가 새로운 소제기의 실질을 가진다는 이유로 부정하나(대판 1961.05.04. 4292민상853), 통설은 참가하지 않더라도 기판력이 미치므로 상고심에서도 참가를 허용한다.

(2) 합일확정

1) 의 의

제3자와 당사자가 함께 소를 제기하거나 제기당하였을 때에 필수적 공동소송으로 될 경우를 말한다. 따라서 공동소송참가는 타인간의 소송의 목적이 당사자 일방과 제3자에 대하여 합일적으로 확정될 경우 즉, 타인간의 소송의 판결의 효력이 제3자에게도 미치게 되는 경우에 한하여 그 제3자에게 허용되는바, 학교법인의 이사회의 결의에 하자가 있는 경우에 관하여 법률에 별도의 규정이 없으므로 그 결의에 무효사유가 있는 경우에는 이해관계인은 언제든지 또 어떤 방법에 의하든지 그 무효를 주장할 수 있고, 이와 같은 무효주장의 방법으로서 이사회결의무효확인소송이 제기되어 승소확정판결이 난 경우, 그 판결의 효력은 위 소송의 당사자 사이에서만 발생하는 것이지 대세적 효력이 있다고 볼 수는 없으므로, 이사회결의무효확인의 소는 그 소송의 목적이 당사자 일방과 제3자에 대하여 합일적으로 확정될 경우가 아니어서 제3자는 공동소송참가를 할 수 없다(대판 2001.07.13. 2001다13013).

2) 고유필수적 공동소송의 포함 여부

유사필수적 공동소송의 경우가 이 경우에 해당함은 문제가 없으나, 참가의 결과 고유필수적 공동소송이 되는 경우에도 가능한가에 대하여 다툼이 있다. 고유필수적 공동소송에서 공동소송인 가운데 일부가 누락된 경우에도 그 사람의 공동소송참가를 인정하여 그 공동소송이 적법하게 되면 소송경제에도 도움이 되고, 특히 필수적 공동소송인의 추가(제68조)는 제1심에서만 허용되므로 이를 긍정하는 것이 타당하다(통설).

(3) 당사자적격

1) 신소제기의 실질

공동소송참가는 신소제기의 실질을 가지므로 당사자적격을 구비하여야 한다. 따라서 당사자적격이 없는 자는 공동소송적 보조참가를 할 수밖에 없다.

2) 채권자대위소송의 경우

判例는 "상법 제404조 제1항에서 규정하고 있는 회사의 참가는 공동소송참가를 의미하는 것으로 해석함이 타당하고, 나아가 이러한 해석이 중복제소를 금지하고 있는 민사소송법 제259조에 반하는 것도 아니다[52](대판 2002.03.15. 2000다9086)."고 하였다. 그리고 최근에는 "채권자대위소송이 계속 중인 상황에서 다른 채권자가 동일한 채무자를 대위하여 채권자대위권을 행사하면서 공동소송참가신청을 할 경우, 양 청구의 소송물이 동일하다면 민사소송법 제83조 제1항이 요구하는 '소송목적이 한쪽 당사자와 제3자에게 합일적으로 확정되어야 할 경우'에 해당하므로 참가신청은 적법하다[53](대판 2015.07.23. 2013다30301)."고 했다.

---

[52] 주주의 대표소송에 있어서 원고 주주가 원고로서 제대로 소송수행을 하지 못하거나 혹은 상대방이 된 이사와 결탁함으로써 회사의 권리보호에 미흡하여 회사의 이익이 침해될 염려가 있는 경우 그 판결의 효력을 받는 권리귀속주체인 회사가 이를 막거나 자신의 권리를 보호하기 위하여 소송수행권한을 가진 정당한 당사자로서 그 소송에 참가할 필요가 있으며, 회사가 대표소송에 당사자로서 참가하는 경우 소송경제가 도모될 뿐만 아니라 판결의 모순·저촉을 유발할 가능성도 없다는 사정과, 상법 제404조 제1항에서 특별히 참가에 관한 규정을 두어 주주의 대표소송의 특성을 살려 회사의 권익을 보호하려는 입법취지를 함께 고려할 때…

[53] 이때 양 청구의 소송물이 동일한지는 채권자들이 각기 대위행사 하는 피대위채권이 동일한지에 따라 결정되고, 채권자들이 각기 자신을 이행 상대방으로 하여 금전의 지급을 청구하였더라도 채권자들이 채무자를 대위하여 변제를 수령하게 될 뿐 자신의 채권에 대한 변제로서 수령하게 되는 것이 아니므로 이러한 채권자들의 청구가 서로 소송물이 다르다고 할 수 없다. 여기서 원고가 일부 청구임을 명시하여 피대위채권의 일부만을 청구한 것으로 볼 수 있는 경우에는 참가인의 청구금액이 원고의 청구금액을 초과하지 아니하는 한 참가인의 청구가 원고의 청구와 소송물이 동일하여 중복된다고 할 수 있으므로 소송목적이 원고와 참가인에게 합일적으

3. 참가절차 및 심리

(1) 보조참가 규정의 준용 및 신소제기의 실질

참가신청의 방식은 보조참가의 경우에 준한다(제83조 2항, 제72조). 그러나 참가신청은 소의 제기(원고 측 참가) 또는 청구기각의 판결을 구하는 것(피고 측 참가)이기 때문에 소액사건을 제외하고는, 소장 또는 답변서에 준하여 서면으로 하여야 한다. 즉 공동소송적 보조참가와는 달리 원고 측에 참가하는 신청서에는 소장 또는 상소장에 준하는 인지를 붙여야 하며(인지법 제6조), 참가의 취지와 이유를 기재하여야 한다.

(2) 소송행위의 전환

참가의 신청은 일종의 신소제기이므로, 당사자는 이에 대해 이의할 수 없다. 법원은 직권으로 참가요건을 심리하고, 그 흠결 시에는 판결로 각하해야 한다. 다만 그것이 다른 참가(공동소송적 보조참가, 보조참가)의 요건을 갖춘 경우에는 소송행위의 전환 법리에 의해 그러한 참가로 인정하는 것은 가능하다[54].

(3) 공동소송의 형태

참가가 적법한 경우 피참가인과 참가인은 필수적 공동소송이 되므로, 제67조가 준용된다.

제5절 당사자의 변경

I. 임의적 당사자 변경

1. 의 의

임의적 당사자의 변경이란 소송계속 중 당사자의 의사에 의하여 종전의 원고나 피고에 갈음하여 제3자를 가입시키거나, 종전의 원고나 피고에 추가하여 제3자를 가입시키는 것을 말한다.

2. 구별개념

임의적 당사자의 변경은 신당사자가 탈퇴한 종전당사자의 지위(실체법상 분쟁주체의 지위)를 승계하지 않는다는 점에서, 포괄적 또는 특정적으로 종전당사자의 지위(실체법상 분쟁주체의 지위)가 승계되는 소송승계와는 구별된다. 즉 <u>실체법상 분쟁주체의 지위의 이전이 없는 것이 임의적 당사자 변경</u>이다. 그리고 당사자의 동일성이 상실된다는 점에서 당사자의 동일성을 유지하는 당사

로 확정되어야 할 필요성을 인정할 수 있어 참가인의 공동소송참가신청을 적법한 것으로 보아야 한다.
54) 청구기간이 경과한 후에 이루어진 "공동심판참가" 신청은 부적법하나, 국민의 기본권 보호를 목적으로 하는 헌법소원제도의 취지에 비추어 위헌결정의 효력이 미치는 범위에 있는 자들은 이 사건 헌법소원심판의 결과에 법률상 이해관계를 가지므로 "보조참가인"으로 보기로 한다(헌재결 2008.05.29. 2005헌마1173).

자표시정정과 구별된다.

3. 임의적 당사자변경의 허용성 및 법적 성질

통설은 이를 인정하지 않으면 소를 취하하거나 각하하여 별소를 제기해야 하는 불편함이 있다는 것을 이유로 임의적 당사자 변경을 지위의 승계가 없는 당사자의 변경으로 보아 이를 인정하고 있다[55]. 그러나 判例는 일관해서 법의 명문 규정이 있는 피고경정(제260조), 필수적 공동소송인의 추가(제68조), 예비적·선택적 공동소송(제70조) 등을 제외하고는 이를 인정하지 않는다. 예를 들어 96다32850 판결은 "종중이 당사자인 소송에 있어서 공동선조의 변경은 단순한 당사자 표시의 변경으로 볼 수 없고, 이는 당사자를 임의로 변경하는 것에 해당하므로, 원고인 종중의 공동선조를 변경하는 것은 허용될 수 없다."고 하여 이를 불허하고 있다.

4. 현행법상의 임의적 당사자변경제도

(1) 피고의 경정

> 제260조(피고의 경정) ① 원고가 피고를 잘못 지정한 것이 분명한 경우에는 제1심 법원은 변론을 종결할 때까지 원고의 신청에 따라 결정으로 피고를 경정하도록 허가할 수 있다. 다만, 피고가 본안에 관하여 준비서면을 제출하거나, 변론준비기일에서 진술하거나 변론을 한 뒤에는 그의 동의를 받아야 한다.
> ② 피고의 경정은 서면으로 신청하여야 한다.
> ③ 제2항의 서면은 상대방에게 송달하여야 한다. 다만, 피고에게 소장의 부본을 송달하지 아니한 경우에는 그러하지 아니하다.
> ④ 피고가 제3항의 서면을 송달받은 날부터 2주 이내에 이의를 제기하지 아니하면 제1항 단서와 같은 동의를 한 것으로 본다.
>
> 제261조(경정신청에 관한 결정의 송달 등) ① 제260조제1항의 신청에 대한 결정은 피고에게 송달하여야 한다. 다만, 피고에게 소장의 부본을 송달하지 아니한 때에는 그러하지 아니하다.
> ② 신청을 허가하는 결정을 한 때에는 그 결정의 정본과 소장의 부본을 새로운 피고에게 송달하여야 한다.
> ③ 신청을 허가하는 결정에 대하여는 동의가 없었다는 사유로만 즉시항고를 할 수 있다.
> ④ 신청을 허가하는 결정을 한 때에는 종전의 피고에 대한 소는 취하된 것으로 본다.

1) 의 의

소송계속 중 피고적격자를 오인하여 소제기 하였음이 명백한 경우 원고의 경정신청과 법원

---

[55] 다만 이의 법적 성질에 대해서 ① 소변경설은 소를 제기할 때 당사자도 특정해야 하므로 당사자를 변경하는 것도 소변경이 된다는 견해이다. 특히 이 설에 의하면 당사자변경을 소변경으로 보게 되면 종래의 소송이 새 당사자에 의하여 계속 수행되고 절차를 반복할 필요가 없다는 장점이 있다고 한다. ② 복합설(신소제기·구소취하설)은 임의적 당사자 변경은 새 당사자에게는 신소의 제기이고 소송에서 탈퇴하는 당사자에게는 구소를 취하하는 행위가 복합되었다고 본다. 특히 이 설에 의하면 이는 신소의 제기이므로 임의적 당사자의 변경은 제1심에 국한되어야 한다고 한다(통설). ③ 독자제도설(소송속행설)은 임의적 당사자변경은 다른 제도에 의존하여 설명할 필요없이 그 나름대로의 독자적인 요건과 효과를 가진 제도로, 기존 당사자의 의사에 따라 당사자를 변경시키는 단일한 행위라고 본다. 특히 이 견해에 의하면 종전의 소송과 변경 후의 소송에 연속성이 유지된다는 장점이 있다고 한다(호문혁).

의 허가결정으로 피고를 교체하는 것을 말한다(제260조). 따라서 일반적으로 당사자표시정정신청을 하는 경우에도 실질적으로 당사자가 변경되는 것은 허용할 수 없고 필수적 공동소송이 아닌 사건에서 소송 도중에 당사자를 추가하는 것 역시 허용될 수 없으므로, 회사의 대표이사가 개인 명의로 소를 제기한 후 회사를 당사자로 추가하고 그 개인 명의의 소를 취하함으로써 당사자의 변경을 가져오는 당사자추가신청은 부적법한 것이다(대판 1998.01.23. 96다41496).

2) 요 건

① 원고가 피고를 잘못 지정한 것이 명백할 것

判例는 원고가 공사도급계약상의 수급인은 그 계약 명의인인 피고라고 하여 피고를 상대로 소송을 제기하였다가 심리 도중 변론에서 피고 측 답변이나 증거에 따라 이를 번복하여 수급인이 피고보조참가인이라고 하면서 피고경정을 구한 사안에서 "원고가 법률을 잘 알지 못하여 피고가 잘못된 것이 분명하거나 법인격 유무에 관하여 착오를 일으킨 것이 분명한 때를 말하는 것이고, 뒤에 증거조사결과 판명된 사실관계로 미루어 피고의 지정이 잘못된 경우는 포함되지 않는다(대결 1997.10.17. 97마1632)."고 한다. 실무상 피고경정이 허용되는 예로는, 주식회사를 피고로 하여야 하는데 대표이사 개인을 피고로 한 경우, 지역농업협동조합을 상대로 해야 할 것인데 농업협동조합중앙회를 상대로 한 경우 등을 들 수 있다(실무제요 Ⅰ, 345면). 하지만 학설은 판례처럼 피고경정의 요건을 좁히는 것은 소송경제라는 제도의 취지를 몰각시키고, 피고 경정의 이용의 폭을 지나치게 좁히는 것이라고 하여 판례에 반대하는 견해가 유력하다(이시윤, 정동윤·유병현).

② 제1심에 계속 중이고 변론종결 전일 것

새로 가입하는 당사자의 심급의 이익을 위한 것이다. 다만 이에 대해서는 신·구 양 당사자의 동의를 얻으면 항소심에서도 변경을 허용할 것이라는 견해56)가 유력하다(이시윤).

③ 교체 전후 소송물이 동일할 것

④ 피고가 본안에 관하여 변론한 때에는 피고의 동의가 있을 것을 요하며, 피고가 경정신청서를 송달받은 날로부터 2주일 내에 이의하지 않으면 동의한 것으로 본다(제260조 제4항).

3) 절 차

원고가 서면으로 신청하여야 하며(제260조 2항), 피고에게 소장부본이 송달된 후에는 경정신청서도 송달하여야 한다(제260조 3항). 경정 전후를 통해 소송물이 동일할 것을 요하므로 구소장의 인지를 유용해도 무방하다. 법원은 신청에 대해 허부결정을 할 수 있으며(제261조 1항) 허가한 경우에는 새로운 피고에게 결정서정본과 함께 소장부본의 송달을 요한다(제261조 2항). 기각결정에는 통상항고만 할 수 있으나, 허가결정에 대해서 종전 피고는 부동의를 이유로 즉시항고 할 수 있다(제261조 3항).

---

56) 이 견해는 가사소송법 제15조 1항이 '사실심의 변론종결시'까지 필수적 공동소송인의 추가 또는 피고의 경정이 가능하다록 하고 있고, 행정소송에서도 판례가 사실심의 변론종결시까지 피고의 경정이 된다고 하고 있으므로(대판 1996.01.13. 95누1378), 민사소송에서만 제1심에 한정하는 것은 균형이 맞지 아니한다고 한다.

4) 효 과

경정허가결정이 있으면 구피고에 대한 소는 취하된 것으로 본다. 신피고에 대하여는 소의 제기이므로 이에 의한 시효중단·기간준수의 효과는 경정신청서의 제출 시에 발생한다(제265조). 이에 대하여는 필수적 공동소송인의 추가와의 균형상 구소제기의 시점으로 그 효과를 소급시키는 것이 타당하다는 입법론이 있다(이시윤). 신당사자가 경정에 동의하거나 구당사자의 소송수행이 신당사자의 그것과 동일시될 때를 제외하고는 신당사자의 원용이 없는 한, 종전의 피고가 행한 소송수행의 결과는 신당사자에게 효력이 없다.

(2) 필수적 공동소송인의 추가

> 제68조(필수적 공동소송인의 추가) ① 법원은 제67조 제1항의 규정에 따른 공동소송인 가운데 일부가 누락된 경우에는 제1심의 변론을 종결할 때까지 원고의 신청에 따라 결정으로 원고 또는 피고를 추가하도록 허가할 수 있다. 다만, 원고의 추가는 추가될 사람의 동의를 받은 경우에만 허가할 수 있다.
> ② 제1항의 허가결정을 한 때에는 허가결정의 정본을 당사자 모두에게 송달하여야 하며, 추가될 당사자에게는 소장부본도 송달하여야 한다.
> ③ 제1항의 규정에 따라 공동소송인이 추가된 경우에는 처음의 소가 제기된 때에 추가된 당사자와의 사이에 소가 제기된 것으로 본다.
> ④ 제1항의 허가결정에 대하여 이해관계인은 추가될 원고의 동의가 없었다는 것을 사유로 하는 경우에만 즉시항고를 할 수 있다.
> ⑤ 제4항의 즉시항고는 집행정지의 효력을 가지지 아니한다.
> ⑥ 제1항의 신청을 기각한 결정에 대하여는 즉시항고를 할 수 있다.

1) 의 의

고유필수적 공동소송에서 소제기시 당사자 일부가 누락된 경우 원고의 신청에 의해 법원의 결정으로 원고 또는 피고를 추가하는 것을 말한다(제68조).

2) 요 건

① 고유필수적 공동소송에서 소제기시 당사자 일부가 누락된 경우일 것

이 경우 법률상 소송공동이 강제되는 경우가 아닌 유사필수적 공동소송인의 경우를 포함시킬 것인지에 관하여 판결의 효력을 받는 제3자도 소송계속 중 언제나 공동소송참가의 방식에 의하여 당사자가 될 수 있는 것과의 균형상 유사필수적 공동소송인도 포함시켜야 한다는 견해도 있으나(강현중), 유사필수적 공동소송인을 일부 빠뜨려도 당사자적격의 흠결이 문제되지 않으므로 입법취지상 이 경우는 추가의 대상이 아니라는 다수설(이시윤, 정동윤, 호문혁)과 判例(대판 1993.09.28. 93다32095 등)가 타당하다.

② 제1심 변론종결 전까지 신청할 것

이것은 당사자의 심급의 이익을 보호하기 위함이다.

③ 공동소송의 요건을 갖출 것

추가되는 쪽은 공동소송이 되므로, 공동소송의 요건을 갖추어야 한다.

④ 원고 측 추가의 경우에는 추가될 원고의 동의가 있을 것

이는 처분권주의 원칙상 당연하며, 이를 통하여 신당사자의 절차보장이 이루어진다. 다만 피고는 자기의 의사와 무관하게 소제기당하는 사람이므로 그의 동의는 불필요하다.

3) 절 차

신소의 제기이므로 신청은 서면에 의하여야 하며, 법원은 신청에 대해 허부결정을 할 수 있으며(제68조 제2항) 허가결정이 있는 때에는 종전당사자에게는 허가결정서정본을, 추가당사자에게는 그 외에 소장부본도 송달하여야 한다(동조 2항). 허가결정에 대하여는 추가될 원고의 부동의를 이유로 이해관계인의 즉시항고가 허용된다(동조 4항). 기각결정에 대하여는 피고경정신청의 기각결정과 달리 즉시항고 할 수 있다(동조 5항).

4) 효 과

필수적 공동소송이므로 종전당사자의 소송수행결과는 유리한 범위 내에서 신당사자에게 효력이 미치며(제67조 1항), 처음 소가 제기된 때에 추가된 당사자와의 사이에 소가 제기된 것으로 보기 때문에 시효중단, 기간준수의 효과는 처음 소제기 시로 소급한다(제68조 제3항).

(3) 예비적·선택적 공동소송인의 추가에 준용

1) 현행법 제70조

현행법은 예비적·선택적 공동소송을 신설하였는데, 여기에 제68조의 필수적 공동소송인의 추가 규정을 준용하였다. 원, 피고간의 단일소송이 계속 중에 제68조의 규정에 맞추어 새로운 당사자(원고·피고)를 예비적 또는 선택적 당사자로 추가병합함으로써, 소송형태를 예비적·선택적 공동소송으로 바꿀 수 있도록 길을 열어 놓은 것이다(이시윤).

2) 평 가

소송 진행 중에 밝혀진 상황에 맞춘 탄력성 있는 소송수행과 분쟁의 일회적 해결에 도움이 되는 매우 전진적인 입법이며, 활용가치가 크다 할 것이다(이시윤). 예를 들어 피고적격자가 불확실하여 乙을 피고로 한 소송계속 중에 丙을 예비적 피고로 추가하여 예비적 공동소송으로 된 경우에 적법하다 할 것이다.

Ⅱ 소송승계

1. 의 의

소송승계란 소송계속 중에 소송의 목적인 권리관계의 변동으로 새로운 승계인이 종래의 당사자에 갈음하여 당사자가 되고 소송의 인계를 받게 되는 것을 말한다. 여기에는 당사자의 사망으로 인한 상속과 같은 포괄적 승계가 발생하여 당사자도 당연히 변경된다고 보는 당연승계와 계쟁물에 관한 권리나 의무가 승계되어 당사자를 변경하게 되는 특정승계가 있다. 특정승계(신청승계)는 참가승계와 인수승계로 나뉜다.

2. 당연승계(포괄승계)

(1) 의의 및 인정여부

1) 의 의

당연승계란 실체법상 사망 등의 포괄승계의 원인이 있으면 소송법상으로도 당사자의 지위는 포괄승계인에게 그대로 이전한다는 것을 말한다.

2) 인정여부

① 부정설

민사소송법상 형식적 당사자개념(제52조)과 불일치한다는 이유로 부정한다(호문혁).

② 긍정설

민법의 포괄승계와 동일하게 민사소송법에서도 당연승계의 개념을 인정한다(통설).

③ 검 토

포괄승계는 그 원인이 있으면 피상속인의 지위(즉 권리·의무)는 상속인에게 당연히 이전된다는 면에서 소송상의 지위도 피상속인의 지위인 이상 이 지위도 당연히 이전된다고 보아야 한다는 점, 중단의 해소는 당사자의 수계신청 뿐 아니라 법원의 속행명령에 의해 해소될 수도 있다(제244조)는 점을 고려한다면 수계신청에 창설적 효력을 인정하기는 힘들다는 점, 제238조는 당연승계를 전제로 한 것이라는 점에 비추어 이를 긍정하는 통설, 판례의 태도가 타당하다.

(2) 소송의 당연승계와 소송절차의 수계

소송의 당연승계는 당사자가 사망한 경우 실체법상 피상속인의 권리의무가 상속인에게 승계되고 그것에 대응하여 소송법상 상속인이 피상속인에 대신하여 즉시 당연히 당사자의 지위에 서게 되는 것을 이른다. 이 때 소송절차에 참여할 상속인의 이익보호를 위해 절차가 일시중단 되고(법 제233조), 상속인은 당사자로서 소송을 속행하기 위하여 절차를 수계하게 된다. 바로 이것이 소송절차의 수계의 개념이다. 즉 상속인은 수계하는 것에 의하여 당사자로 되는 것(이렇게 보는 입장이 최근의 당연승계부정설의 입장이다.)이 아니고, 상속으로 말미암아 당사자로 되는 것에 의해 수계하지 않으면 안 되는 것이다(전병서). 소송의 승계와 소송절차의 수계는 이렇듯 표현은 유사하지만 당연승계의 경우에 개념적으로 확실히 구별해야 할 개념이다.

3. 소송물의 양도에 의한 승계

(1) 의 의

소송계속 중에 소송물인 권리관계에 관한 당사자적격이 특정적으로 제3자에게 이전된 경우로 소송물인 권리관계의 양적·질적 일부양도의 경우와 계쟁물의 양도를 포함한다.

(2) 입법례와 현행법의 입장

1) 양도금지주의와 양도허용주의

로마법과 독일보통법 시대에서는 소송계속중의 혼란을 피하기 위해 소송물의 양도를 무효로 보는 양도금지주의를 취하였으나, 현행법제는 거의 다 양도허용주의를 전제로 하고 있다. 이를 전제로 여러 가지 입법례가 있다.

2) 입법례

입법례로는 ① 소송물의 양도가 있어도 종전의 당사자적격에 영향이 없게 하여, 종전의 당사자가 승계인을 위하여 소송수행권을 가지며, 그 판결의 효력을 승계인에게도 미치게 하는 당사자항정주의(독일 민소법의 태도) ② 소송의 목적인 실체적인 권리관계의 변동을 소송에 반영시켜 승계인을 당사자로서 소송에 가입시키고 전주의 소송상의 지위를 승계시키는 입장인 소송승계주의가 있다.

3) 현행법의 입장과 문제점

현행법 제81조, 제82조는 소송승계주의를 채택하고 있다. 소송승계주의는 상대방의 실체관계 변동을 알지 못해 소송승계절차를 밟지 못한 경우 지금까지의 소송수행의 결과 받은 판결은 무용지물이 되며, 승계인을 상대로 다시 신소를 제기하여야 하는 소송불경제의 문제점이 있다.

4) 입법론

소송승계주의는 승계인의 보호라는 점에서 당사자항정주의가 미치지 못하는 장점이 있으나, 상대방의 보호라는 점에서 그 결함이 크기 때문에, 입법론으로는 소송승계주의와 당사자항정주의를 병용하자는 견해가 있다. 다만 현행법은 소송승계주의의 결점을 시정하는 방법으로 몇 가지를 마련해 놓고 있다.

5) 소송승계주의의 시정방법(보완제도)

이런 방법으로는 가처분제도(민사집행법 제300조)와 추정승계인제도(제218조 2항)가 있고, 예전에는 예고등기[57]제도가 있었다.

(3) 참가승계(승계참가)

> 제81조(승계인의 소송참가) 소송이 법원에 계속되어 있는 동안에 제3자가 소송목적인 권리 또는 의무의 전부나 일부를 승계하였다고 주장하며 제79조의 규정에 따라 소송에 참가한 경우 그 참가는 소송이 법원에 처음 계속된 때에 소급하여 시효의 중단 또는 법률상 기간준수의 효력이 생긴다.

1) 의 의

소송계속 중 소송물인 권리·의무의 전부나 일부의 승계인이 독립당사자참가신청의 형식으로 스스로 참가하여 새로운 당사자가 되는 것을 참가승계라고 한다(제81조). 이 경우 소송물의 양도에는 매매·증여·채권양도 등 임의처분은 물론 민사집행법상 매각, 채권전부명령 등 법률상의 이전도 포함되고 승계취득이든 원시취득이든 관계없다(실무제요(Ⅰ), 400면).

---

[57] 부동산에 관한 등기말소 등의 소가 제기된 경우에 제3자에게 이를 경고하여 당해 부동산의 거래를 삼가토록 하기 위한 제도를 말한다. 다만 2012.6. 부동산등기법 개정으로 폐지되었다.

2) 요 건

참가승계는 다른 사람 사이의 소송계속 중에 소송목적인 권리·의무의 승계가 있다고 주장하는 경우에 인정된다. 이 경우 '소송계속 중'이 상고심도 포함하는지 문제가 있는데, 상고심은 법률심이므로 포함되지 않는다(대판 2001.03.09. 98다51169)[58]. 그리고 소송계속 중이어야 하므로, 청구이의의 소의 계속 중 그 소송에서 집행력 배제를 구하고 있는 채무명의에 표시된 청구권을 양수한 자는 소송의 목적이 된 채무를 승계한 것이므로 승계집행문을 부여받은 여부에 관계없이 위 청구이의의 소에 민사소송법 제81조에 의한 승계참가를 할 수 있으나, 청구이의의 소가 제기되기 전에 그 채무명의에 표시된 청구권을 양수한 자의 권리승계 참가신청은 부적법한 것이다(대판 1983.09.27. 83다카1027).

3) 절 차

① 참가승계신청

참가승계신청은 소의 제기에 해당한다. 원고 측 참가승계에서 피승계인이 신청인의 승계주장 사실을 다투는 경우에는 참가승계신청서에 소장의 경우와 같은 금액의 인지를 붙여야 한다(민사소송등인지법 제6조 2항). 참가승계신청은 독립당사자참가신청의 방식에 의하고, 독립당사자참가 방식은 보조참가신청의 방식에 의하므로, 참가승계신청을 하면서 승계인으로서 할 수 있는 소송행위를 동시에 할 수 있다(제81조, 제79조 2항, 제72조). 따라서 화해권고결정이 송달된 후의 승계인도 이의신청과 동시에 승계참가신청을 할 수 있다(대판 2012.05.10. 2010다2558).

② 신청에 대한 재판

참가요건은 소송요건에 준하므로, 직권조사사항이다. 승계인에 해당하는지 여부는 본소청구와 참가인의 신청이유에 따라 판단한다. 그리고 승계참가신청은 일종의 소의 제기에 해당하고 참가요건은 소송요건에 해당하므로, 이 신청에 대하여는 피참가인과 그 상대방은 이의를 제기하지 못하며, 참가요건에 흠이 있는 때에는 변론을 거쳐 판결로 참가신청을 각하하여야 하고(대결 2007.08.23. 2006마1171), 이때 승계참가인의 부적법한 참가신청을 각하하는 판결을 반드시 원래의 당사자 사이의 소송에 대한 판결과 함께 하여야 하는 것은 아니다(대판 2012.04.26. 2011다85789, 실무제요(Ⅰ), 402면). 그리고 승계참가인의 참가신청이 부적법함에도 불구하고 법원이 이를 간과하여 승계참가인의 참가신청과 피참가인의 소송 탈퇴가 적법함을 전제로 승계참가인과 상대방 사이의 소송에 대해서만 판결을 하였는데 상소심에서 승계참가인의 참가신청이 부적법하다고 밝혀진 경우, 피참가인과 상대방 사이의 소송은 여전히 탈퇴 당시의 심급에 계속되어 있으므로 상소심법원은 탈퇴한 피참가인의 청구에 관하여 심리·판단할 수 없다(대판 2012.04.26. 2011다85789). 또한 참가신청의 이유로 주장하는 사실관계 자체에서 승계적격의 흠이 명백하지 않는 한 승계인에 해당하는지 여부는 승계참가인의 청구의 당부와 관련하여 판단할 사항이므로, 심리 결과 승계사실이 인정되지 않으면 승계참가인의 청구를 기각하는 판결을 하여야지 승계참가신청을 각하하는

---

[58] 승계참가인이 소송당사자로부터 계쟁 부동산에 대한 지분 중 일부를 양도받은 권리승계인이라 하여 상고심에 이르러 승계참가신청을 한 경우, 이러한 참가신청은 법률심인 상고심에서는 허용되지 아니한다(대판 2001.03.09. 98다51169).

판결을 할 것은 아니다(대판 2014.10.27. 2013다67105 · 67112).

4) 효 과

① 소급효

제81조는 "소송이 법원에 처음 계속된 때에 소급하여"라고 하고 있으나, 참가승계신청을 하면 참가의 시기에 관계없이 당초의 소제기시에 소급하여 시효중단 · 기간준수의 효력이 생긴다. 따라서 승계참가가 인정되는 경우에는 그 참가시기에 불구하고 소가 제기된 당초에 소급하여 법률상의 기간준수의 효력이 발생하는 것이므로, 신주발행무효의 소에 승계참가 하는 경우에 그 제소기간의 준수 여부는 승계참가시가 아닌 원래의 소 제기시를 기준으로 판단하여야 한다(대판 2003.02.26. 2000다42786). 승계인은 피승계인의 소송상 지위를 승계하므로, 독립당사자참가의 경우와는 다르게, 참가 시까지 피승계인이 한 소송수행결과에 구속된다.

② 소송형태

참가방식은 독립당사자참가의 경우와 동일하나, 기본적으로 피승계인과 참가인 사이에 이해가 대립되는 관계가 아니므로, 소송구조는 독립당사자참가와 차이가 있다. 먼저 피승계인이 승계사실을 다투지 않는 경우에는 독립당사자참가의 경우와 같은 대립 · 견제의 소송관계가 성립하지 않는다. 참가인이 피승계인에 대하여 어떤 청구를 하지 아니하여도 된다(편면참가). 이 경우 피승계인의 대리인이 참가인의 대리인이 되어도 쌍방대리는 문제되지 아니 한다[59](대판 1969.12.09. 69다1578). 그리고 피승계인이 승계사실을 다투는 경우에는 독립당사자참가의 경우와 같이 피승계인 · 승계인, 피승계인의 상대방 사이의 대립 · 견제의 삼면소송관계가 성립한다. 이 경우 승계인은 피승계인에 대해서도 일정한 청구를 하여야 한다(쌍면참가). 그러므로 독립당사자참가와 같은 액수의 인지를 붙여야 한다(민사소송등인지법 제6조 2항).

5) 종전 당사자의 소송탈퇴와 승계 후의 소송형태

소송물의 양도에 의한 참가 · 인수승계의 경우 종전당사자는 당사자적격을 상실하므로 상대방의 동의를 얻어 소송탈퇴 할 수 있다. 그러나 판결의 효력은 탈퇴한 당사자에게 미친다(제82조 3항, 제80조). 소송형태는 승계인과 상대방과의 대립당사자구조이다. 다만 승계의 효력을 다투거나, 권리 · 의무의 일부승계, 추가적 인수의 경우에는 종전당사자는 당사자적격을 잃지 않으며, 승계의 효력을 다투는 경우는 독립당사자 참가의 형태가, 그렇지 않은 경우에는 새로 가입한 신당사자가 종전 당사자와 공동소송인의 관계에 선다.

---

[59] 원고와 참가인이 서로 이해 대립되는 관계에 있다할 수 없으므로, 원고 소송대리인인 변호사가 참가인의 소송행위를 대리하였다하여 쌍방대리금지에 관한 법조에 저촉된다고 할 수 없다. 그리고 민사소송법 제79조의 독립당사자 참가의 소송형태와 같은 법 제81조의 승계참가의 소송형태는 그 소송구조에 있어 차이가 있으며 본건과 같이 권리 양도인 원고가 권리 양도를 인정하는 경우는 권리승계 참가인이 원고에 대하여 아무런 청구를 필요하지 않으므로, 고유의 독립당사자 참가의 경우와 같은 3면 소송관계가 성립될 여지가 없으므로 본건 승계참가에 참가인의 원고에 대한 청구가 없으므로, 참가요건에 흠결이 있다는 상고논지는 이유 없다(대판 1969.12.09. 69다1578).

■ **항소심에서의 참가승계와 판결의 주문**

원고는 1999.7.9. 이 사건 손해배상청구권을 승계참가인에게 양도하고 원심 소송 계속 중인 2000.3.23. 피고에게 채권양도의 통지를 한 다음 승계참가인이 승계참가신청을 하자 탈퇴한 사실을 알 수 있는바, 원고가 적법하게 탈퇴한 경우에 있어서 원심으로서는 제1심판결을 변경하여 승계참가인의 청구에 대하여 판단을 하였어야 할 것임에도, 원심은 단순히 피고의 항소를 기각함으로써 원고의 청구를 전부 인용한 제1심판결을 그대로 유지하고 말았으니, 원심판결에는 소송탈퇴 및 승계참가에 관한 법리를 오해하여 판결에 영향을 미친 위법이 있다(대판 2004.01.27. 2000다63639).

■ **참가승계에서 공동소송의 형태**(대판(전) 2019.10.23. 2012다46170)

승계참가에 관한 민사소송법 규정과 2002년 민사소송법 개정에 따른 다른 다수당사자 소송제도와의 정합성, 원고승계참가인(이하 '승계참가인'이라 한다)과 피참가인인 원고의 중첩된 청구를 모순 없이 합일적으로 확정할 필요성 등을 종합적으로 고려하면, 소송이 법원에 계속되어 있는 동안에 제3자가 소송목적인 권리의 전부나 일부를 승계하였다고 주장하며 민사소송법 제81조에 따라 소송에 참가한 경우, 원고가 승계참가인의 승계 여부에 대해 다투지 않으면서도 소송탈퇴, 소 취하 등을 하지 않거나 이에 대하여 피고가 부동의하여 원고가 소송에 남아있다면 승계로 인해 중첩된 원고와 승계참가인의 청구 사이에는 필수적 공동소송에 관한 민사소송법 제67조가 적용된다고 할 것이다. 그러므로 2002년 민사소송법 개정 후 피참가인인 원고가 승계참가인의 승계 여부에 대하여 다투지 않고 그 소송절차에서 탈퇴하지도 않은 채 남아있는 경우 원고의 청구와 승계참가인의 청구가 통상공동소송 관계에 있다는 취지로 판단한 대법원 2004.7.9. 선고 2002다16729 판결[60], 대법원 2009.12.24. 선고 2009다65850 판결, 대법원 2014.10.30. 선고 2011다113455, 113462 판결을 비롯하여 그와 같은 취지의 판결들은 이 판결의 견해에 배치되는 범위 내에서 이를 모두 변경하기로 한다[61].

(4) 인수승계(승계인수, 인수참가)

> 제82조(승계인의 소송인수) ① 소송이 법원에 계속되어 있는 동안에 제3자가 소송목적인 권리 또는 의무의 전부나 일부를 승계한 때에는 법원은 당사자의 신청에 따라 그 제3자로 하여금 소송을 인수하게 할 수 있다.
> ② 법원은 제1항의 규정에 따른 결정을 할 때에는 당사자와 제3자를 심문(심문)하여야 한다.
> ③ 제1항의 소송인수의 경우에는 제80조의 규정 가운데 탈퇴 및 판결의 효력에 관한 것과, 제81조의 규정 가운데 참가의 효력에 관한 것을 준용한다.

---

[60] 원고는 이 사건 손해배상채권을 승계참가인에게 양도하고 원심 소송 계속중인 1999.11.16.경 피고들에게 채권양도의 통지를 한 다음 승계참가인이 승계참가신청을 하자 탈퇴를 신청하였으나 피고들의 부동의로 탈퇴하지 못한 사실을 알 수 있는바, 이와 같은 경우 원고의 청구와 승계참가인의 청구는 통상의 공동소송으로서 모두 유효하게 존속하는 것이므로…(대판 2004.07.09. 2002다16729).

[61] ☞ 원고가 피고를 상대로 정산금 지급을 구하는 소송의 제1심 계속 중에 승계참가인이 위 정산금채권 중 일부에 대해 전부명령을 받아 승계참가를 하였고, 원고는 참가인의 승계를 인정하였지만 자신의 청구 중 승계된 부분을 취하하지 않아 제1심 법원이 원고의 청구를 기각하고 승계참가인의 청구를 일부 인용하였으며, 이에 대해서 승계참가인과 피고만 항소하였는데 원심 계속 중 피고들이 전부명령이 압류 경합으로 무효라고 다투자 원고가 부대항소를 제기한 사안에서, 승계된 부분에 관한 원고와 승계참가인의 청구 사이에는 필수적 공동소송에 관한 민사소송법 제67조가 적용되어 제1심판결에 대하여 승계참가인과 피고들만 항소하였더라도 원고 청구 부분을 포함한 제1심판결 전체의 확정이 차단되고 사건 전부에 관하여 이심의 효력이 생기므로 원고가 제기한 부대항소는 적법하다는 이유로, 원고의 부대항소를 받아들여 원고의 청구를 일부 인용하고 승계참가인의 청구를 기각한 원심의 판단이 정당하다고 한 사례 ☞ 이러한 전원일치의견에 대하여 대법관 민유숙의 보충의견이 있음

1) 인수승계의 의의 및 취지
　① 의 의
　　인수승계라 함은 소송계속중 소송의 목적인 권리, 의무의 전부나 일부의 승계가 있는 때에 종전당사자의 인수신청에 의하여 승계인인 제3자를 새로운 당사자로 소송에 강제로 끌어들이는 것을 말한다(법 제82조).
　② 취 지
　　분쟁이 제3자에게 확대되는 경우 그 제3자를 소송에 참가시킴으로서 분쟁의 일회적 해결 즉 소송경제를 달성하고 제3자가 소송참가 함으로써 자신 고유의 절차보장을 받게 하려는데 그 취지가 있다.

2) 요 건
　① 다른 사람 사이의 소송이 계속 중일 것
　　인수신청은 사실심의 변론종결 전에 한하며, 상고심에서는 허용되지 않는다.
　② 소송의 목적인 권리, 의무의 승계
　　통설은 소송물의 양도는 당사자적격의 이전이므로, 제81조·제82조의 소송승계인은 제218조의 변론종결후의 승계인에 준하여 취급하여야 한다고 한다(적격승계설). 判例는 변론종결 전의 승계인, 즉 소송승계(인수승계)에 대해서는 "부동산소유권이전등기청구 소송계속 중 그 소송 목적이 된 부동산에 대한 이전등기이행채무 자체를 승계함이 없이 단순히 같은 부동산에 대한 소유권이전등기(또는 근저당설정등기)가 제3자 앞으로 경료 되었다 하여도 이는 민사소송법 제82조 제1항 소정의 '그 소송의 목적이 된 채무를 승계한 때'에 해당한다고 할 수 없으므로 위 제3자에 대하여 등기말소를 구하기 위한 소송의 인수는 허용되지 않는다[62](대결 1983.03.22. 80다283)."고 하여 소송승계(인수승계)에 대해서는 조문에 충실하게 그 소송의 목적이 된 채무 즉 소송물을 승계한 때에 승계인을 인정한다. 그리고 건물철거청구 중에 피고가 제3자 앞으로 그 건물에 대한 소유권이전등기를 넘길 경우에 제3자 명의의 등기말소의무의 이행을 구하기 위한 소송인수신청도 허용될 수 없다(대판 1971.07.06. 71다726). '소송의 목적인 채무를 승계'한 경우가 아니라는 이유이다(이시윤). 그리고 判例는 "공유물분할청구의 소는 분할을 청구하는 공유자가 원고가 되어 다른 공유자 전부를 공동피고로 하여야 하는 고유필수적 공동소송이다. 공유물분할에 관한 소송계속 중 변론종결일 전에 공유자 중 1인인 甲의 공유지분의 일부가 乙 및 丙 주식회사 등에게 이전된 사안에서, 변론종결 시까지 민사소송법 제81조에서 정한 승계참가나 민사소송법 제82조에서 정한 소송

---

[62] 민사소송법 제82조 제1항은 '승계인의 소송인수'에 관하여 "소송이 법원에 계속되어 있는 동안에 제3자가 소송목적인 권리 또는 의무의 전부나 일부를 승계한 때에는 법원은 당사자의 신청에 따라 그 제3자로 하여금 소송을 인수하게 할 수 있다."라고 정하고 있다. 토지 또는 건축물에 관한 특정승계를 한 것이 토지 또는 건축물에 관한 소유권이전등기의무를 승계하는 것은 아니다. 따라서 사업시행자가 조합 설립에 동의하지 않은 토지 또는 건축물 소유자를 상대로 매도청구의 소를 제기하여 매도청구권을 행사한 이후에 제3자가 매도청구 대상인 토지 또는 건축물을 특정승계하였다고 하더라도, 특별한 사정이 없는 한 사업시행자는 민사소송법 제82조 제1항에 따라 제3자로 하여금 매도청구소송을 인수하도록 신청할 수 없다(대판 2019.02.28. 2016다255613).

인수 등의 방식으로 일부 지분권을 이전받은 자가 소송의 당사자가 되었어야 함에도 그렇지 못하였으므로 위 소송 전부가 부적법하게 되었다(대판 2014.01.29. 2013다78556)."고 한다.

3) 절 차

① 신청권자

前主를 상대로 제기하고 있는 상대방이 신청권자라는 점에는 이론이 없다. 前主가 포함되는지가 문제가 되지만, 학설은 부정설도 있으나(김홍규), 제82조가 '당사자'라고 규정하고 있고, 전주가 자기의 지위를 승계인에게 인수시켜 그 부분의 채무를 면하고자 할 수 있으므로 긍정설이 타당하다(다수설). 그리고 채무승계인이 포함되는지에 대하여 소송승계제도의 통일적 운영을 위하여 긍정하는 견해도 있으나(송상현), 채무승계인은 차라리 제81조에 의한 참가신청을 하여야 할 것이다.

② 심문

인수신청이 있으면 법원은 양쪽 당사자와 제3자를 심문하여 신청의 허부에 대한 결정을 하여야 한다(제82조 2항). 인수를 명하는 결정에 대하여는 독립하여 항고할 수 없고(대결 1990.09.26. 90그30), 종국판결에 대한 상소로 다툴 수 있을 뿐이다(민소 제392조). 다만 인수신청을 기각하는 결정에 대하여는 민사소송법 제439조에 의하여 통상의 항고를 할 수 있다(법원실무제요(Ⅰ), 324면).

③ 승계인이 참칭승계인에 해당하는 경우의 법원의 재판

소송 계속 중에 소송목적인 의무의 승계가 있다는 이유로 하는 소송인수신청이 있는 경우 신청의 이유로서 주장하는 사실관계 자체에서 그 승계적격의 흠결이 명백하지 않는 한 결정으로 그 신청을 인용하여야 하는 것이고, 그 승계인에 해당하는가의 여부는 피인수신청인에 대한 청구의 당부와 관련하여 판단할 사항으로 심리한 결과 승계사실이 인정되지 않으면 <u>청구기각의 본안판결을 하면 되는 것</u>이지 인수참가신청 자체가 부적법하게 되는 것은 아니다(대판 2005.10.27. 2003다66691).

4) 효 과

① 교환적 승계의 경우

전주의 소송상의 지위를 그대로 물려받게 되어, 유·불리를 불문하고 그에 구속된다(소송상태승인의무). 따라서 인수참가인이 인수참가요건인 채무승계 사실에 관한 상대방당사자의 주장을 모두 인정하여 이를 자백하고 소송을 인수하여 이를 수행하였다면, 위 자백이 진실에 반한 것으로서 착오에 인한 것이 아닌 한 인수참가인은 위 자백에 반하여 인수참가의 전제가 된 채무승계사실을 다툴 수는 없다(대판 1987.11.10. 87다카473).

② 추가적 승계의 경우

소송의 목적인 권리의무를 그대로 승계한 것이 아니라 소송물의 추가, 분쟁의 확대이므로 승계인의 절차보장이 필요하다. 따라서 전주의 행위와 모순되는 승계인 독자의 소송행위를 넓게 인정할 필요가 있다.

③ 시효중단 등의 효력

소제기에 의한 시효중단, 기간준수의 효력은 신당사자에게 소급적으로 미친다(제82조 3항). 따라서 인수참가인의 소송목적 양수 효력이 부정되어 인수참가인에 대한 청구기각 또는 소각하 판결이 확정된 날부터 6개월 내에 탈퇴한 원고가 다시 탈퇴 전과 같은 재판상의 청구 등을 한 때에는, 탈퇴 전에 원고가 제기한 재판상의 청구로 인하여 발생한 시효중단의 효력은 그대로 유지된다고 봄이 타당하다[63](대판 2017.07.18. 2016다35789).

④ 소송탈퇴

소송물의 양도에 의한 참가·인수승계의 경우 종전당사자는 당사자적격을 상실하므로 상대방의 동의를 얻어 소송탈퇴 할 수 있다. 그러나 판결의 효력은 탈퇴한 당사자에게 미친다(제82조 3항, 제80조). 소송형태는 승계인과 상대방과의 대립당사자구조가 된다. 다만 승계의 효력을 다투거나, 권리·의무의 일부승계, 추가적 인수의 경우에는 종전당사자는 당사자적격을 잃지 않으며, 승계의 효력을 다투는 경우는 독립당사자참가의 형태가 되고, 그렇지 않은 경우에는 새로 가입한 신당사자가 종전당사자와 공동소송인의 관계에 선다.

■ 승계인이 참칭승계인에 해당하는 경우에 법원의 재판

1. 특정승계의 경우

소송 계속 중에 소송목적인 의무의 승계가 있다는 이유로 하는 소송인수신청이 있는 경우 신청의 이유로서 주장하는 사실관계 자체에서 그 승계적격의 흠결이 명백하지 않는 한 결정으로 그 신청을 인용하여야 하는 것이고, 그 승계인에 해당하는가의 여부는 피인수신청인에 대한 청구의 당부와 관련하여 판단할 사항으로 심리한 결과 승계사실이 인정되지 않으면 청구기각의 본안판결을 하면 되는 것이지 인수참가신청 자체가 부적법하게 되는 것은 아니다(대판 2005.10.27. 2003다66691).

2. 당연승계의 경우

소송승계 중에 상속인이 아닌 점 등 승계인적격이 없음이 판명되면 수계재판을 취소하고 신청을 각하하여야 한다(대판 1981.03.10. 80다1895).

---

63) 재판상의 청구는 소송의 각하, 기각 또는 취하의 경우에는 시효중단의 효력이 없고(민법 제170조 제1항), 다만 그로부터 6개월 내에 다시 재판상의 청구 등을 한 때에는 시효는 최초의 재판상 청구로 인하여 중단된 것으로 본다(민법 제170조 제2항). 한편 소송이 법원에 계속되어 있는 동안에 제3자가 소송목적인 권리의 전부나 일부를 승계한 때에는 법원은 당사자의 신청에 따라 그 제3자로 하여금 소송을 인수하게 할 수 있고(민사소송법 제82조 제1항), 법원이 소송인수 결정을 한 경우에는 소송이 법원에 처음 계속된 때에 소급하여 시효중단의 효력이 생긴다(민사소송법 제82조 제3항, 제81조). 소송목적인 권리를 양도한 원고는 법원이 소송인수 결정을 한 후 피고의 승낙을 받아 소송에서 탈퇴할 수 있는데(민사소송법 제82조 제3항, 제80조), 그 후 법원이 인수참가인의 청구의 당부에 관하여 심리한 결과 인수참가인의 청구를 기각하거나 소를 각하하는 판결을 선고하여 그 판결이 확정된 경우에는 원고가 제기한 최초의 재판상 청구로 인한 시효중단의 효력은 소멸한다. 다만 소송탈퇴는 소취하와는 그 성질이 다르며, 탈퇴 후 잔존하는 소송에서 내린 판결은 탈퇴자에 대하여도 그 효력이 미친다(민사소송법 제82조 제3항, 제80조 단서).

FORTUNE 김/춘/환 민사소송법

제**6**편

상소심절차

제1장 총 설
제2장 항 소
제3장 상 고
제4장 항 고

학습개요		난이도	핵심사항	시험별 대표 지문
제1장 총설	제1절 상소의 의의	中	• 상소의 요건 • 상소의 효력	• 피고의 상계항변을 인용하여 원고 청구를 기각한 항소심판결부분에 대하여 피고는 상고를 제기 할 수 없다. (X) • 잔부를 유보하지 않은 묵시적 일부청구에 관하여 전부승소한 채권자는 나머지 부분에 관하여 청구를 확장하기 위한 항소가 허용되지 아니한다. (X)
	제2절 상소의 요건	中		
	제3절 상소의 효력	上		
제2장 항소	제1절 서설	中	• 항소의 제기 • 항소심의 심리 • 부대항소 • 불이익변경금지의 원칙 • 항소심의 종국적 재판	• 통상의 공동소송에 있어 공동당사자일부만이 항소를 제기한 때에는 피항소인은 항소인인 공동소송인 이외의 다른 공동소송인을 상대방으로 하여 부대항소를 제기할 수 없다. (O) • 불이익변경금지원칙은 항소인에게 불이익하게 변경할 수 없다는 원칙이므로 항소인의 불복범위를 넘어서 제1심 판결보다 유리한 재판을 하는 것은 위 원칙에 어긋나는 것은 아니다.(X)
	제2절 항소의 제기	上		
	제3절 항소심의 심리	上		
	제4절 항소심의 종국적 재판	中		
제3장 상고	제1절 상고심의 특색	中	• 상고심의 특색 • 환송판결의 기속력 • 상고심의 절차	• 상고인이 상고이유서제출기간 내에 상고이유서를 제출하지 아니한 때에는 상고법원은 변론 없이 결정으로 상고를 기각하여야 한다. 다만, 직권으로 조사하여야 할 사유가 있는 때에는 그러하지 아니한다. (X)
	제2절 상고이유	上		
	제3절 상고심의 절차	上		
제4장 항고	항고	上	• 통상항고, 즉시항고, 특별항고의 특징 • 재도의 고안	• 판례는 통상항고는 물론 즉시항고, 재항고, 특별항고의 경우에도 재도의 고안이 허용된다고 보고 있다. (X)

구 분	법원서기보								
	2014	2015	2016	2017	2018	2019	2020	2021	2022
제1장 총설	1	0	1	0	0	0	0	1	0
제2장 항소	2	1	1	1	1	1	1	1	1
제3장 상고	0	1	1	0	0	0	0	0	0
제4장 항고	1	1	0	0	0	1	0	1	0
출제율	16%	12%	12%	4%	4%	8%	4%	12%	4%

Advice

총설 부분은 상소의 이익, 확정차단의 효력, 이심의 효력, 상소불가분의 원칙 등을 위주로 정리해야 한다. 항소 부분은 항소에 관한 조문을 위주로 불이익변경금지원칙·부대항소에 대한 정리가 필요하다. 이 부분은 1문제 이상은 꼭 출제되는 경향이므로, 철저한 정리가 필요하다. 그리고 상고는 내용 자체가 어려운 부분이 많으나, 객관식 시험에서는 조문 위주로 쉽게 출제되는 경향이다. 다만 어려운 판례 등도 다수 출제가 되었던 적도 있다(2015년). 따라서 제422조 이하의 조문 내용을 숙지하면서 판례도 정리를 하고 있어야 한다. 그리고 항고는 통상항고, 즉시항고, 특별항고의 차이점을 인식하고 정리하는 것이 중요하다.

제1장 총설

I 상소의 의의 및 3심제

1. 의 의

재판의 확정 전에 당사자가 상급법원에 대하여 그 취소·변경을 구하는 불복신청방법을 말한다. 현행법은 상소로서 항소, 상고, 항고의 3가지를 인정하고 있다.

2. 3심제

상소는 오판으로부터 당사자의 구제를 보장함과 동시에 하급심에서의 법운영의 혼선방지 및 법령해석 적용의 통일을 위해 마련된 것이다. 따라서 이러한 목적을 위해 현재는 두 차례의 상소를 허용하는 3심제를 채택하고 있다. 다만 첫 번째의 상소(항소)는 제1심법원의 재판에 대하여 '사실인정'과 '법률의 적용'의 양 측면에서 보충적으로 심사하지만, 두 번째의 상소(상고)는 제2심까지의 사실인정(제432조)을 기초로 법률의 적용측면에서만 심리를 한다. 즉 항소심은 사실심이 되고, 상고심은 법률심이 되는 것이다.

II 상소의 종류

1. 세 가지 종류

(1) 의 의

항소·상고·항고 세 가지 종류의 상소가 있는데, 항소와 상고는 모두 판결에 대한 상소이고, 항고는 결정·명령에 대한 상소이다.

(2) 항소와 상고

항소는 제1심판결의 종국판결에 대한 불복신청(제390조)이고, 상고는 원칙적으로 제2심 항소법원의 종국판결에 대한 불복신청(제422조)이다. 다만 제1심의 판결에 대해 직접 상고심 법원에 불복신청을 할 수 있는 경우가 있는데, 이를 비약상고라고 한다(제390조 1항 단서, 제422조 2항). 그리고 항소는 사실심에 상소이며, 상고는 법률심에 상소가 된다.

(3) 항 고

결정·명령에 대해 행하는 불복신청을 말한다(제439조). 특히 항고법원의 결정에 대해 다시 항고하는 것을 재항고라고 한다(제442조). 항고에 대해서는 항소의, 재항고에 대해서는 상고의 규정이 준용된다(제443조). 다만 항고는 소송법에서 명확하게 정한 경우에 한하여 허용된다.

2. 불복신청방법의 선택

상소이외에도 재판에 대한 불복신청방법이 있고, 상소에도 원재판의 종류에 따라 여러 가지가 있기 때문에 신청인은 원재판의 종류에 맞는 불복신청방법을 선택하여야 한다. 그 선택을 잘못 하면 부적법하게 되지만, 법원은 그 신청서의 표제에 관계없이 신청취지를 좋게 선해하여 되도록 적법한 것으로 취급하여야 한다는 것이 통설, 判例이다(이시윤, 대판 1980.10.14. 80다1795).

III 상소요건

1. 상소의 대상적격

(1) 선고 전의 재판

선고되기 전에는 상소권은 발생하지 않기 때문에, 선고 전의 재판은 상소의 대상이 될 수 없다. 判例는 결정의 고지 전에 한 항고는 부적법하다고 하였다가, 결정·명령이 법원사무관 등에 교부되어 성립이 된 경우에는 결정·명령이 고지되기 전이라고 하더라도 항고할 수 있는 것으로 변경하였다(대결(전) 2014.10.08. 2014마667).

(2) 중간적 재판

> 제391조(독립한 항소가 금지되는 재판) 소송비용 및 가집행에 관한 재판에 대하여는 독립하여 항소를 하지 못한다.
> 제392조(항소심의 판단을 받는 재판) 종국판결 이전의 재판은 항소법원의 판단을 받는다. 다만, 불복할 수 없는 재판과 항고로 불복할 수 있는 재판은 그러하지 아니하다.

상소의 대상이 되는 재판은 종국재판이다. 중간판결 등의 중간적 재판은 종국판결과 함께 상소심에서 심사를 받게 되므로, 독립하여 상소를 할 수 없음이 원칙이다. 따라서 본안의 재판 중에 한 소송비용의 재판에 대한 상소는 본안 재판에 대한 상소와 함께 하여야 한다(제391조, 제425조, 제443조). 가집행선고도 소송비용의 재판과 같이 부수적 재판이므로, 독립하여 상소하는 것은 허용되지 아니 한다(제391조, 제406조). 그러나 判例는 항소심에서의 환송판결·이송판결은 종국판결로 보아 독립한 상고대상이 되는 것으로 보았다(대판(전) 1981.09.08. 80다3271).

(3) 비판결(非判決)

판결의 부존재 내지 비판결은 상소의 대상이 되지 아니하지만, 무효판결에 대해서는 상소의 대상이 되는지 견해가 대립된다. 判例는 소제기 전 사망한 자를 상대로 한 판결은 무효이므로, 그 판결에 대한 상소는 부적법하다고 보았다(대판 1965.11.30. 65다1989).

(4) 다른 불복방법이 있을 때

상소가 아닌 다른 불복방법이 있다면 상소의 대상이 되지 아니한다. 판결의 경정(제211조, 대판 1978.04.25. 78다76), 추가판결의 대상이 되는 재판의 누락(제212조, 대판 1996.02.09. 94다50274), 이의방법으로 다투어야 하는 조서의 기재(대판 1981.09.08. 81다86) 등에 대해서는 상소가 허용되지 않는다. 그리고 민사소송법 제268조 제4항에서 정한 항소취하 간주는 그 규정상 요건의 성취로 법률에 의하여 당연히 발생하는 효과이고 법원의 재판이 아니므로 상고의 대상이 되는 종국판결에 해당하지 아니하므로, 항소취하 간주의 효력을 다투려면 민사소송규칙 제67조, 제68조에서 정한 절차에 따라 항소심 법원에 기일지정신청을 할 수는 있으나 상고를 제기할 수는 없다[1](대판 2019.08.30. 2018다259541).

2. 적식의 상소제기와 상소기간의 준수

(1) 적식의 상소제기

> 제397조[2](항소의 방식, 항소장의 기재사항) ① 항소는 항소장을 제1심 법원에 제출함으로써 한다.
> ② 항소장에는 다음 각 호의 사항을 적어야 한다.
>   1. 당사자와 법정대리인
>   2. 제1심 판결의 표시와 그 판결에 대한 항소의 취지

말로는 할 수 없고, 상소장이란 서면에 의하여야 하고(제397조, 제425조), 항소는 제1심의 1.5배, 상고는 제1심의 2배의 인지를 납부하여야 한다. 그리고 상소의 제기는 상소장을 원심법원에 제출하여야 한다(원심법원제출주의, 제397조 1항). 따라서 원심법원에 접수된 때가 상소기간 준수 여부의 기준시가 된다(대결 1987.12.30. 87마1028). 판결정본을 송달하면서 법원사무관등은 상소장을 제출할 법원을 고지하여야 하므로(규칙 제55조의 2), 상소장을 상소법원에 잘못 제출하는 경우는 실무상 드물다. 하지만 상소장을 상소법원에 잘못 제출하여 상소법원이 원심법원에 송부한 경우에 상소기간의 준수여부는 상소장이 원심법원에 접수된 때가 기준이 된다(소송기록송부로 처리, 대결 1985.05.24. 85마178).[3] 상소장에는 당사자와 법정대리인, 원심재판의 표시와 그 재판에 대한 상소

---

1) 피고가 항소를 제기한 후 원심 제1차 및 제2차 변론기일에 피고 및 그 소송대리인이 각 불출석하였고, 원고들 소송대리인이 위 각 변론기일에 출석하고도 변론을 하지 아니한 사실, 그 후 1개월 내에 피고 소송대리인이 기일지정신청을 하고 그 다음 날 소송대리 사임신고서를 제출한 사실, 위 기일지정신청에 따라 지정된 제3차 변론기일에 원고들 및 그 소송대리인과 피고가 모두 불출석한 사실, 이에 원심은 피고의 항소가 취하된 것으로 간주하여 종결 처리하고 아무런 판단을 하지 아니한 사실을 알 수 있다. 이러한 사실관계를 앞서 본 법리에 비추어 보면, 이 사건 상고는 그 대상인 원심의 종국 판결이 존재하지 아니하므로 부적법하고, 그 흠결을 보정할 수 있는 것도 아니다. 피고는, 원심법원이 피고에게 변론기일통지서를 적법하게 송달하지 아니한 채 제3차 변론기일을 진행하여 항소취하 간주 처리를 하였다고 주장하지만, 이를 이유로 기일지정신청을 하여 항소취하 간주의 효력을 다투는 것은 별론으로 하고, 상고의 대상으로 삼을 수는 없다.
2) 형사소송법 제361조의5(항소이유) 다음 사유가 있을 경우에는 원심판결에 대한 항소이유로 할 수 있다. 〈개정 1963.12.13.〉 1. 판결에 영향을 미친 헌법·법률·명령 또는 규칙의 위반이 있는 때 2. 판결 후 형의 폐지나 변경 또는 사면이 있는 때 3. 관할 또는 관할위반의 인정이 법률에 위반한 때 4. 판결법원의 구성이 법률에 위반한 때 5. 삭제 〈1963.12.13.〉 6. 삭제 〈1963.12.13.〉 7. 법률상 그 재판에 관여하지 못할 판사가 그 사건의 심판에 관여한 때 8. 사건의 심리에 관여하지 아니한 판사가 그 사건의 판결에 관여한 때 9. 공판의 공개에 관한 규정에 위반한 때 10. 삭제 〈1963.12.13.〉 11. 판결에 이유를 붙이지 아니하거나 이유에 모순이 있는 때 12. 삭제 〈1963.12.13.〉 13. 재심청구의 사유가 있는 때 14. 사실의 오인이 있어 판결에 영향을 미칠 때 15. 형의 양정이 부당하다고 인정할 사유가 있는 때 [본조신설 1961.9.1]
3) 이와 비교하여, 상고인이 상고장에 불복대상 판결을 서울고등법원 판결로 명시하여 서울고등법원에 상고장을 제출하려는 의사를 분명히 가지고 있었으나 다만 이를 현실로 제출함에 있어서 서울고등법원이 서울지방법원과 동일한 청사 내에 위치하고 있는 관계로 서울지방법원 종합접수과를 서울고등법원 종합접수실로 혼동, 착각

의 취지 등을 적어야 한다. 그러므로 불복신청의 범위나 상소이유는 상소장에 기재하지 않아도 무방하다. 그러나 상고의 경우에는 상고장에 상고이유를 기재하지 아니한 때에는 상고이유서를 제출하여야 한다(제427조)[4].

(2) 상소기간

통상항고 이외의 상소는 법정의 상소기간 내에 상소를 제기할 것을 요한다. 상소기간은 항소·상고의 경우에는 판결이 송달된 날로부터 2주일(제396조, 제425조), 즉시항고·특별항고의 경우에는 재판의 고지가 있는 날로부터 1주일로서 이 기간이 경과되면 상소권은 소멸된다(제444조, 제449조). 판결정본이 적법하게 송달된 바가 없다면 상소기간은 진행되지 않으므로, 상소권소멸의 문제는 생기지 않는다(대판 1986.11.25. 86므81). 다만 판결 선고 후에는 송달 전이라도 적법하게 상소를 할 수 있고(제396조 1항 단서, 제425조), 결정·명령의 경우에도 성립 후에는 고지 전이라도 항고제기가 가능하다(대결(전) 2014.10.18. 2014마667).

3. 상소권의 포기

(1) 의의 및 성질

> 제394조(항소권의 포기) 항소권은 포기할 수 있다.

당사자는 상대방의 동의 없이 일방적으로 상소권을 포기할 수 있다. 즉 법원에 대한 단독행위이다. 이 경우 상소권은 상실되며, 상소는 부적법하게 된다. 그러나 판결의 대세효가 인정되는 소송의 경우에는 제3자의 공동소송참가의 기회를 박탈하므로 허용될 수 없다. 통상공동소송의 경우는 일부 당사자에 의한 또는 대한 상소권 포기가 가능하지만, 필수적 공동소송(독립당사자참가, 예비적·선택적 공동소송도 포함)에 그와 같은 상소권의 포기는 효력이 없다. 증권관련집단소송에서는 법원의 허가를 요한다(동법 제38조).

(2) 방 식

> 제395조(항소권의 포기방식) ① 항소권의 포기는 항소를 하기 이전에는 제1심 법원에, 항소를 한 뒤에는 소송기록이 있는 법원에 서면으로 하여야 한다.
> ② 항소권의 포기에 관한 서면은 상대방에게 송달하여야 한다.
> ③ 항소를 한 뒤의 항소권의 포기는 항소취하의 효력도 가진다.

민사소송법 제395조 제1항은 "항소권의 포기는 항소를 하기 이전에는 제1심법원에, 항소를 한 뒤에는 소송기록이 있는 법원에 서면으로 하여야 한다."고 규정하고 있는바, 그 규정의 문언과

하여 서울지방법원에 상고장을 접수시키고 접수담당 공무원도 이를 간과하여 접수한 경우, 접수담당 공무원이 접수 당일 착오 접수를 발견하고 지체없이 상고장을 서울고등법원으로 송부하였는지 여부와 같은 우연한 사정에 의하여 상고인의 상고제기기간 도과 여부가 결정된다는 것은 불합리하므로, 이러한 경우에는 상고인이 원심법원인 서울고등법원의 종합접수실로 혼동, 착각하고 서울지방법원 종합접수과에 상고장을 제출한 날을 기준으로 하여 상고제기기간 준수 여부를 가려 보는 것이 상고인의 진정한 의사에도 부합하고 상고인에게 회복할 수 없는 손해도 방지할 수 있는 타당한 처리이다(대결 1996.10.25. 96마1590).

[4] 제427조(상고이유서 제출) 상고장에 상고이유를 적지 아니한 때에는 상고인은 제426조의 통지를 받은 날부터 '20일' 이내에 상고이유서를 제출하여야 한다.

취지에 비추어 볼 때 항소를 한 뒤 소송기록이 제1심법원에 있는 동안 제1심법원에 항소권포기서를 제출한 경우에는 제1심법원에 항소권포기서를 제출한 즉시 항소권 포기의 효력이 발생한다고 봄이 상당하다. 상대방이 전부 승소하여 항소의 이익이 없는 경우에는 항소권을 가진 패소자만 항소포기를 하면 비록 상대방의 항소기간이 만료하지 않았더라도 제1심판결은 확정된다(대결 2006.05.02. 2005마933).

(3) 직권조사사항

상소권을 포기한 당사자는 상소권을 상실하게 되므로 적법하게 상소를 제기할 수 없고, 그럼에도 불구하고 상소를 제기하면 법원은 직권으로 상소를 각하 한다(대결 1969.03.08. 68마1622).

(4) 포기 가능시기

상소권의 판결 선고 전의 포기가 가능한지가 문제된다. ① 제395조 1항에서 아무런 시기적 제한이 없음을 들어 판결 선고 전이라도 포기할 수 있다는 견해도 있으나, ② 상소권은 판결의 선고에 의하여 구체적으로 발생하는 것이고 또 상소의 이익의 존부나 그 범위도 판결의 선고가 있고 나서 알 수 있으므로 판결 선고 후에야 포기할 수 있다는 견해가 통설이다. 判例는 "채무자가 항고권 포기서를 매각허가결정의 선고가 있는 바로 그날에 채권자를 통하여 법원에 제출한 사안에서 항고권은 유효하게 포기된 것(대결 1966.01.19. 65마1007)."이라고 한 것이 있다.

(5) 상소권포기계약

판결 선고 전에 소송 외에서 당사자 사이에 상소권 포기계약을 할 수 있다. 포기계약이 있음에도 상소를 제기하면 상소를 각하할 수 있으나, 상소권 포기계약의 존재는 직권조사사항이 아닌 항변사항이다. 다만 항소권의 포기는 불이익한 판결에 대하여 그 심사 변경을 구할 이익이 있는 항소권자가 법원에 대하여 서면으로 그 권리를 포기하는 의사를 표시하는 단독행위이므로, 항소 포기의 의사를 표시하는 서면이 법원에 제출되기 전에 그 약정을 해제하기로 다시 합의하고 항소를 제기하였다면 그 합의해제의 효력에 따라 위 항소는 적법하다 할 것이다(대판 1987.06.23. 86다카2728).

4. 불상소의 합의[5]

(1) 의의 및 성격

미리 상소를 하지 않기로 하는 계약으로서, 구체적인 사건의 심급을 제1심으로 한정하여 끝내기로 하는 양쪽 당사자의 합의이다. 이는 상고할 권리는 유보하고 항소만 하지 않기로 하는 불항소의 합의[6](제390조 1항 단서)와는 다르다. 항변사항이라는 견해(호문혁)가 있으나, 判例는 직권조사사항으로 보고 있다[7].

---

[5] 상소권의 포기는 발생한 상소권을 포기하는 것을 말하지만, 불상소의 합의는 상소권 자체를 발생시키지 않으므로 다른 개념임을 유의하여야 한다.
[6] 이시윤 교수는 제390조 1항 단서는 비록 비약상고의 합의(불항소 합의)만을 규정하였지만, 이러한 불상소의 합의도 묵시적으로 전제하고 있는 것으로 본다.
[7] 불항소(불상소) 합의의 유무는 항소의 적법요건에 관한 것으로서 법원의 직권조사사항이다(대판 1980.01.29. 79다

◐ 이시윤 교수는 이를 소송상의 합의라고 보면서도 법 제390조 제1항 단서에서 전제하고 있다고 하여 소송법상의 합의라고 본다. 이렇게 보면 명문의 규정이 있는 경우에 준하게 되므로 일반적인 소송상의 합의와는 달리, 직권조사사항이라고 본다. 이에 대해 엄연히 불상소의 합의는 비약상고의 합의(불항소의 합의)와는 다르며, 명문의 규정은 없다고 할 것이므로 항변권발생설에 따라 당사자의 의사를 존중하여 항변사항이라고 보는 견해도 유력하다(정동윤·유병현·김경욱, 호문혁).

(2) 요 건

관할의 합의에 준하므로(제390조 2항 참조), ① 서면에 의하여야 하고, 판결 선고전의 합의라면 서면의 문언에 의하여 당사자 양쪽이 상소를 하지 아니한다는 취지가 명백히 표현되어 있어야 한다. 소송행위이므로 그 해석은 법률행위와는 달리 내심의 의사가 아닌 표시를 기준으로 하여야 하며, 표현내용이 불분명하다면 불상소의 합의를 부정해야 한다[8](대판 2002.10.11. 2000다17803; 대판 2015.05.28. 2014다24327). ② 구체적인 일정한 법률관계에 관한 것이어야 한다. ③ 당사자가 임의로 처분할 수 있는 권리관계에 한하므로, 직권탐지주의 하에서는 허용될 수 없다. ④ 당사자 양쪽이 모두 상소하지 않기로 하는 것이므로, 어느 한 쪽만이 상소하지 않기로 하는 합의는 공평에 반하여 무효이다(대판 1987.06.23. 86다카2728).

(3) 효 과

구체적인 어느 특정 법률관계에 관하여 당사자 쌍방이 제1심판결 선고 전에 미리 항소하지 아니하기로 합의하였다면, 제1심판결은 선고와 동시에 확정되는 것이므로 그 판결선고 후에는 당사자의 합의에 의하더라도 그 불항소합의를 해제하고 소송계속을 부활시킬 수 없다(대판 1987.06.23. 86다카2728). 즉 적법한 불상소의 합의가 판결 선고 전에 있으면 소송은 완결되고, 판결은 선고와 동시에 확정된다. 판결 선고 후의 합의는 그 성립과 동시에 판결을 확정시킨다.

5. 상소의 이익

(1) 판단기준[9]

2066).

8) [1] 구체적인 사건의 소송 계속 중 그 소송 당사자 쌍방이 판결 선고 전에 미리 상소하지 아니하기로 합의하였다면 그 판결은 선고와 동시에 확정되는 것이므로, 이러한 합의는 소송당사자에 대하여 상소권의 사전포기와 같은 중대한 소송법상의 효과가 발생하게 되는 것으로서 반드시 서면에 의하여야 할 것이며, 그 서면의 문언에 의하여 당사자 쌍방이 상소를 하지 아니한다는 취지가 명백하게 표현되어 있을 것을 요한다.
[2] 당사자 쌍방이 소송 계속 중 작성된 서면에 불상소 합의가 포함되어 있는가 여부의 해석을 둘러싸고 이견이 있어 그 서면에 나타난 당사자의 의사해석이 문제로 되는 경우, 이러한 불상소 합의와 같은 소송행위의 해석은 일반 실체법상의 법률행위와는 달리 내심의 의사가 아닌 철저한 표시주의와 외관주의에 따라 그 표시를 기준으로 하여야 하고 표시된 내용과 저촉되거나 모순되어서는 아니 될 것이며, 다만 당해 소송제도의 목적과 당사자의 권리구제의 필요성 등을 고려할 때 그 소송행위에 관한 당사자의 주장 전체를 고찰하고 그 소송행위를 하는 당사자의 의사를 참작하여 객관적이고 합리적으로 소송행위를 해석할 필요는 있고, 따라서 불상소의 합의처럼 그 합의의 존부 판단에 따라 당사자들 사이에 이해관계가 극명하게 갈리게 되는 소송행위에 관한 당사자의 의사해석에 있어서는, 표시된 문언의 내용이 불분명하여 당사자의 의사해석에 관한 주장이 대립할 소지가 있고 나아가 당사자의 의사를 참작한 객관적·합리적 의사해석과 외부로 표시된 행위에 의하여 추단되는 당사자의 의사조차도 불분명하다면, 가급적 "소극적 입장"에서 그러한 합의의 존재를 "부정"할 수밖에는 없을 것이다(대판 2002.10.11. 2000다17803).
9) [학 설] ① 형식적 불복설은 원심에 있어 당사자의 신청과 그 신청에 대해 행한 판결결과를 형식적으로 비교하

상소는 자기에게 불이익한 재판에 대하여 유리하게 취소변경을 구하기 위하여 하는 것이므로 승소판결에 대한 불복상소는 허용할 수 없고 재판이 상소인에게 불이익한 것인지의 여부는 원칙적으로 재판의 주문을 표준으로 하여 판단하여야 하는 것이어서, 청구가 인용된 바 있다면 비록 그 판결이유에 불만이 있더라도 그에 대하여는 상소의 이익이 없다. 따라서 원고가 甲에 대하여 乙을 대위하여 소유권이전등기의 말소청구를 하면서 대위소송의 피보전권리의 발생원인을 원고와 乙 사이의 매매계약으로 주장하였으나 원심이 이를 양도담보약정으로 인정하여 원고 승소판결을 선고한 경우 상소의 이익이 없으나, 원고가 매매를 원인으로 한 소유권이전등기를 청구한 데 대하여 원심이 양도담보약정을 원인으로 한 소유권이전등기를 명한 경우 원심판결에 처분권주의를 위반한 위법이 있고 그에 대한 원고의 상소의 이익이 인정된다(대판 1992.03.27. 91다40696). 또한 상소는 자기에게 불이익한 재판에 대하여 유리하도록 그 취소·변경을 구하는 것이므로, 채권자는 제1심결정의 내용이 불이익하다면 항고를 통해 그 취소를 구할 수 있다. 이때 원래의 가압류결정에 기한 가압류등기가 이미 말소되었더라도, 가압류취소결정을 취소하는 항고법원의 결정을 집행하는 것이 불가능한 경우가 아니라면 항고의 이익이 있다고 보아야 한다(대판 2022.04.28. 2021마7088). 그리고 원고의 소를 각하한 원심판결에 대하여 원심에서 소가 각하되어야 한다고 주장하였던 피고는 상고를 제기할 이익이 없다(대판 2022.06.30. 2018두289).

(2) 구체적 예

① 전부승소한 당사자는 원칙적으로 상소의 이익이 없다(대판 2002.06.14. 99다61378).

② 전부승소한 원고가 청구의 변경 또는 청구취지의 확장을 위하여 상소하거나 전부승소한 피고가 반소를 위하여 상소하는 것도 허용되지 않는다(부대항소는 가능). 그러나 예외적으로 ㉠ 기판력을 받게 되므로 후소가 금지되는 경우에는 청구의 변경 또는 청구취지의 확장을 위하여 상소하는 것이 허용된다. 예를 들어 잔부를 유보하지 않은 묵시적 일부청구의 경우[10]가 이에 해당한다. 뒤에서 별소가 금지되는 청구에 관한 이의의 소에서 전부승소한 원고가 다른 이의사유를 추가하기 위한 경우도 같다. 그리고 ㉡ 손해3분설에 대한 완화의 경우[11]이다. 하나의 소송물에

여 후자가 전자보다 질적·양적으로 불리한 경우에는 상소의 이익을 인정하는 견해이다. ② 실질적 불복설은 당사자가 상소심에서 원판결보다 실체법상 유리한 판결을 받을 가능성이 있으면 상소의 이익을 인정하는 견해이다. ③ 절충설은 원고에 대해서는 형식적 불복설에 의하되, 피고에 대해서는 실질적 불복설에 따라 상소의 이익을 판단하자는 견해이다. ④ 신실질적 불복설은 실체법상 유리한 판결가능성을 기준으로 할 것이 아니라, 기판력을 포함한 판결의 효력인 집행력, 부수적 효력이 미치는지 여부를 기준으로 하여 불이익 여부를 판단해야 한다는 견해이다.

10) 상소는 자기에게 불이익한 재판에 대하여 유리하게 취소 변경을 구하는 것이므로 전부 승소한 판결에 대하여는 항소를 허용하지 아니하는 것이 원칙이고, 재판이 항소인에게 불이익한 것인지 여부는 원칙적으로 재판의 주문을 표준으로 하여 판단해야 하며, 다만 가분채권에 대한 이행청구의 소를 제기하면서 그것이 나머지 부분을 유보하고 일부만 청구하는 것이라는 취지를 명시하지 아니한 경우에는 그 확정판결의 기판력은 나머지 부분에까지 미치는 것이어서 별소로써 나머지 부분에 관하여 다시 청구할 수는 없는 것이므로, 일부 청구에 관하여 전부 승소한 채권자는 나머지 부분에 관하여 청구를 확장하기 위한 항소가 허용되지 아니한다면 나머지 부분을 소구할 기회를 상실하는 불이익을 입게 된다 할 것이고, 따라서 이러한 경우에는 예외적으로 전부 승소한 판결에 대해서도 나머지 부분에 관하여 청구를 확장하기 위한 항소의 이익을 인정함이 상당하다고 할 것이다(대판 1997.10.24. 96다12276; 대판 2010.11.11. 2010두14534).

11) 상소는 자기에게 불이익한 재판에 대하여 유리하게 취소변경을 구하기 위하여 하는 것이므로 전부 승소한 판

대하여 형식상 전부승소한 당사자의 상소이익의 부정은 절대적인 것이라 할 수 없다는 것이 그 이유이다.

　③ 승소한 당사자는 판결 이유의 판단에 불만이 있어도 상소의 이익이 없다[12]. 기판력은 주문의 판단에만 생기기 때문에(제216조 1항) 어떠한 이유로 승소하여도 승소의 법률효과에는 차이가 없기 때문이다. 예를 들어 불법행위로 인한 손해배상청구소송에서 원고가 피고의 고의에 의한 불법행위를 주장하였지만, 피고의 과실로 인한 불법행위를 인용하는 판결이 난 경우가 이에 해당한다. 그러나 예외적으로 상계항변으로 승소한 피고의 경우는 상소의 이익이 있다. 이 경우 원고의 소구채권(=수동채권) 자체의 부존재를 이유로 이유변경이 되어 승소하는 것이 피고에게 더 이익이 되기 때문에 상소의 이익이 있다. 다만 이 경우의 상계의 항변은 단독행위로 상계권의 행사를 말하는 것이므로, 상계정산의 합의[13]는 제외 된다.

사 례

> 甲은 乙을 상대로 대여금채권 1억원 중 4천만원만을 청구하는 소를 제기하였다. 그런데 甲이 그 청구가 일부청구임을 명시하지 않은 채 변론이 종결되었고, 이어서 甲의 청구 전부를 인용하는 판결이 선고되었다. 이 때 甲은 청구확장을 위하여 항소하였다. 이 항소는 항소의 이익이 있는가?

해 설

설문에서 甲은 원칙적으로 4천만원을 청구하여 전부인용판결을 받았으므로 형식적 불복설에 의하면 상소의 이익이 없게 된다. (신청과 주문을 비교한다는 점을 생각하라!) 그러나 일부청구의 소송물 판단에 관한 다수설・판례인 명시설에 의할 때(물론 주지하듯이 일부청구의 허부에 대해서는 일부청구긍정설, 일부청구부정설, 명시설의 대립이 있다) 甲은 일부청구임을 명시하지 않아 판결의 기판력이 甲이 청구한 4천만원이 아닌 1억원 전부에

결에 대하여는 항소가 허용되지 않는 것이 원칙이나, <u>하나의 소송물에 관하여 형식상 전부 승소한 당사자의 상소이익의 부정은 절대적인 것이라고 할 수도 없는 바,</u> 원고가 재산상 손해(소극적 손해)에 대하여는 형식상 전부 승소하였으나 위자료에 대하여는 일부 패소하였고, 이에 대하여 원고가 원고 패소부분에 불복하는 형식으로 항소를 제기하여 사건 전부가 확정이 차단되고 소송물 전부가 항소심에 계속되게 된 경우에는, <u>더욱이 불법행위로 인한 손해배상에 있어 재산상 손해나 위자료는 단일한 원인에 근거한 것인데 편의상 이를 별개의 소송물로 분류하고 있는 것에 지나지 아니한 것이므로 이를 실질적으로 파악하여, 항소심에서 위자료는 물론이고 재산상 손해(소극적 손해)에 관하여도 청구의 확장을 허용하는 것이 상당하다</u>(대판 1994.06.28. 94다3063).

12) 상고는 자기에게 불이익한 재판에 대하여 자기에게 유리하게 취소변경을 구하기 위하여 하는 것이고, 이와 같은 상소제도의 본질에 비추어 승소판결에 대한 불복상고는 허용되지 않는다. 재판이 상소인에게 불이익한 것인지 여부는 원칙적으로 재판의 주문을 표준으로 하여 판단하여야 한다. 상소인의 주장이 받아들여져 승소하였다면 그 판결이유에 불만이 있더라도 상소의 이익이 없다(대판 2014.04.10. 2013다54390).

13) 원칙적으로 확정판결의 기판력은 주문에 포함된 것에 한하여 인정되지만, 이유에 포함된 것이라도 상계항변으로 주장된 자동채권에 관해서는 상계로써 대항한 액수에 한하여 기판력이 미친다(민사소송법 제216조). 그러나 여기서 말하는 상계는 민법 제492조 이하에 규정된 단독행위로서의 상계를 의미하는데, 원심판결 이유와 기록에 의하면 위 피고는 상계항변을 한 것이 아니라 위 피고와 소외인과의 사이에 원고의 위 피고에 대한 임대수익금 채권과 위 피고의 ○○농산에 대한 농산물대금 채권을 상계하여 정산하기로 하는 내용의 합의를 하였다는 취지의 항변을 한 것에 지나지 않음을 알 수 있고, 이는 부대상고이유의 주장 자체로 보아도 분명하다. 결국 위 피고의 항변은 본래 의미의 상계를 주장하는 것이 아니므로 원심의 이 부분 판단에 관하여는 기판력이 미치지 않는다(대판 2014.04.10. 2013다54390).

생겨서 별소를 제기하지 못하게 된다. 그러므로 이는 기판력 등의 판결의 효력으로 인해 별소를 제기하지 못하는 경우에 해당하여 예외적으로 실질적 불복설에 의할 것이고, 甲은 항소하여 청구취지를 확장하면 실체법상 유리한 판결을 받을 가능성이 있으므로 항소의 이익이 있다고 본다. 判例도 "상소는 자기에게 불이익한 재판에 대하여 유리하게 취소 변경을 구하는 것이므로 전부 승소한 판결에 대하여는 항소를 허용하지 아니하는 것이 원칙이고, 재판이 항소인에게 불이익한 것인지 여부는 원칙적으로 재판의 주문을 표준으로 하여 판단해야 하며, 다만 가분채권에 대한 이행청구의 소를 제기하면서 그것이 나머지 부분을 유보하고 일부만 청구하는 것이라는 취지를 명시하지 아니한 경우에는 그 확정판결의 기판력은 나머지 부분에까지 미치는 것이어서 별소로써 나머지 부분에 관하여 다시 청구할 수는 없는 것이므로, 일부 청구에 관하여 전부 승소한 채권자는 나머지 부분에 관하여 청구를 확장하기 위한 항소가 허용되지 아니한다면 나머지 부분을 소구할 기회를 상실하는 불이익을 입게 된다 할 것이고, 따라서 이러한 경우에는 예외적으로 전부 승소한 판결에 대해서도 나머지 부분에 관하여 청구를 확장하기 위한 항소의 이익을 인정함이 상당하다고 할 것이다(대판 1997.10.24. 96다12276; 대판 2010.11.11. 2010두14534)."고 한다.

Ⅳ 상소의 효력

1. 확정차단의 효력

상소가 제기되면 그에 의하여 재판의 확정을 막아 차단하게 되고, 상소기간이 경과되어도 원재판은 확정되지 않는다(제498조). 이를 확정차단의 효력이라고 한다(이시윤). 다만 통상항고에 있어서만은 확정차단의 효력이 없으므로, 통상항고가 된 결정·명령에 대해 집행력을 저지하기 위해서는 별도의 집행정지의 조치를 요한다(제448조).

2. 이심의 효력

상소가 제기되면 그 소송사건 전체가 원법원을 떠나 상소심에 계속되게 되며, 하급심에서 재판한 부분에 한하여 이심의 효력이 생긴다.

3. 상소불가분의 원칙

(1) 상소불가분의 원칙의 의의 및 내용

1) 의 의

상소불가분의 원칙이란 상소의 제기에 의한 확정차단의 효력과 이심의 효력은 원칙적으로 상소인의 불복신청의 범위에 관계없이 원판결의 전부에 대해 불가분으로 발생한다는 원칙을 이른다.

2) 내 용

상소불가분의 원칙이 적용되기 위해서는 ① 1개나 수개의 청구(다만 단순병합의 경우에는 상소불가분의 원칙이 적용되지 않는다는 소수설이 있다)가 있어야 하며, ② 현실적으로 판결한 전부판결(즉 주문이 하나)이 있어야 한다. 상소불가분의 원칙은 이 판결의 일부에 대해 불복한다고 해도 확정차단·이심의 효력은 그 전부에 미친다는 것이다. 判例도 "가옥명도와 손해배상을 청구하여 손해배상청구만 기각이 된 경우 그 패소부분만 항소하였다면 승소한 가옥명도청구 부분은 불복항소의 대상이 되어 있지 아니하므로 항소심의 심판범위는 될 수 없으나 승소부분도 패소부분과 함께 항소심에 이심되고 그 확정이 차단되므로 일정한 제한 하에서라면 항소심에서 그 청구부분에 대하여도 변경할 수 있는 것이다(대판 1966.06.28. 66다711)."라고 하였다.

3) 전부판결

① 선택적 병합에서 하나의 청구가 인용되어 나머지 청구를 판단하지 아니한 경우, ② 예비적 병합에서 주위적 청구가 인용되어 예비적 청구를 판단하지 아니한 경우, ③ 예비적 반소에서 본소가 배척됨으로써 반소청구를 판단하지 아니한 경우 등은 형식적으로는 일부판결처럼 보이지만, 실질은 전부판결이다. 따라서 상소불가분의 원칙이 적용되어 판단하지 아니한 부분도 이심이 된다.

(2) 상소불가분의 원칙의 예외

① 상소불가분의 원칙에는 다음과 같은 예외가 있다.

② 청구의 일부에 대해서 불항소의 합의나 항소권, 부대항소권의 포기의 경우에는 그 부분만이 가분적으로 확정된다. 예를 들어 대여금청구와 매매대금청구를 병합하여 소를 제기하여 하나의 전부판결이 나온 경우에, 대여금청구부분에 대해서만 당사자가 불항소의 합의를 하였거나 항소권·부대항소권포기를 한 때에는 패소당사자가 매매대금청구에 대해 항소를 한다고 하여도, 대여금청구부분은 상소불가분의 원칙이 작용하지 않고 그대로 확정된다.

☞ 주의할 것은 만약 1심법원이 매매대금청구에 대해서만 일부판결한 경우에는 비록 대여금청구에 대해 불항소의 합의 등이 없다고 해도, 패소당사자가 매매대금청구에 항소하면 매매대금청구부분만 확정, 차단되고 항소심에 이심이 된다는 점이다. 즉 상소불가분의 원칙의 전제인 양 청구에 하나의 전부판결이 행해진 것이 아니기 때문에 상소불가분의 원칙과는 관계가 없다.

③ 통상공동소송에 있어서도 공동소송인독립의 원칙(법 제66조) 때문에 공동소송인 1인의 또는 1인에 대한 상소는 다른 공동소송인에 관한 청구에 상소의 효력이 미치지 않으므로 그 상소하지 않은 자에 대한 부분은 그대로 확정된다. 예를 들어 甲이 乙, 丙을 공동피고로 하여 통상공동소송을 제기하여 전부승소 하였을 때, 패소한 乙만이 항소했다면 공동소송독립의 원칙에 의해 甲과 乙간의 부분만 가분적으로 확정차단 및 이심의 효력이 생기고, 甲과 丙간의 부분은 동일한 효력이 생기지 않고 그대로 확정된다.

☞ 다만 필수적 공동소송·독립당사자참가에 있어서는 소송결과의 합일확정의 요청이 당사자의 상소권보장의 요청보다 우선하므로 패소한 당사자 중 1인이 상소하면 다른 당사자에 대해서도 상소의 효력이 생긴다는 점을 주의해야 한다.

(3) 상소의 범위와 심판의 범위

1) 내 용

상소불가분의 원칙이 작동하여도, 그 심판범위는 불이익변경금지원칙(제415조, 제407조)에 의해 불복당사자가 불복한 범위에 제한된다는 점을 주의해야 한다.

☞ 심판범위가 불복당사자의 불복범위에 제한되면 확정차단·이심의 효력이 전부에 대해 작용한다는 상소불가분의 원칙은 별 의미가 없는 것이 아닌가 생각할 수 있으나, 이는 청구확장을 하는 경우(예, 5천만원중 2천만원만 인용판결이 나서 항소한 경우에 원고가 다시 5천만원이 아닌 1억원으로 청구확장을 할 수 있는 것 – 다만 상소의 이익은 인정되어야 한다. 5천만원이 일부청구라고 생각하면 될 것이다 – 은 5천만원 전부에 대해 확정이 차단되고 항소심에 이심이 되어 있기 때문이다), 상대방이 부대항소를 하는 경우(먼저 위 사례에서 피고는 패소한 2천만원부분에

대해 부대항소를 할 수 있다)는 바로 이 상소불가분의 원칙 때문에 가능한 것이므로 의미가 있다고 생각해야 할 것이다.

2) 주위적 청구 인용판결의 경우

이 경우 피고가 주위적 청구에 대해 항소하면 상소불가분의 원칙상 주위적 청구, 예비적 청구 모두 항소심으로 이심이 된다. 다만 예비적 청구는 주위적 청구의 인용을 해제조건으로 하여 소급적으로 소멸할 뿐이다. 다만 처분권주의 즉 불이익변경금지원칙상 피고의 불복대상은 어디까지나 주위적 청구부분이므로 항소심이 주위적 청구에 대해 이유 없다는 판단을 하여 주위적 청구에 대한 판결을 취소, 청구를 기각하는 경우, 예비적 청구에 대해서는 판단을 할 수 없다고 생각할 수 있다. 하지만 이 경우 원고로서는 주위적 청구가 인정되지 않는 경우에 대비하여 예비적 청구를 하는 것이고, 주위적 청구가 인정되지 않는 경우에 예비적 청구에 대하여 심판받기를 바라는 것이므로 당연히(즉 피항소인의 부대항소를 요하지 않고) 예비적 청구가 현실적인 심판의 대상이 될 수 있다는 것이 통설, 判例의 태도이다(대판(전) 2000.11.16. 98다22253 등).

(4) 심판 범위의 확장

일부만 상소한 경우에도 상소불가분의 원칙에서 의하여 상소의 효력은 원판결에 전부에 대하여 미치므로 항소인은 항소심의 변론종결 시까지 어느 때나 항소취지의 확장으로 심판의 범위를 확장할 수 있다. 예를 들어 이혼 및 위자료 청구소송에서 패소한 피고가 위자료 청구 부분만 항소하였다가, 이혼청구 부분도 항소취지를 확장하여 불복이 가능한 것은 이혼 청구도 이심이 되어있기 때문이다. 그리고 피항소인도 부대항소를 할 수 있다. 이런 이유에서 항소의 일부취하는 인정되지 아니한다.

제2장 항 소

제1절 총 설

I 항소의 의의

항소라 함은 지방법원이나 시·군 법원의 단독판사 또는 지방법원 합의부가 한 제1심의 종국판결에 대하여 다시 유리한 판결을 구하기 위하여 그 직근의 상급법원에 하는 불복신청이다(제390조). 불복신청의 이유에 대해서는 제한이 없기 때문에 사실인정의 부당 뿐만 아니라 법령위반도 항소이유로 된다.

II 항소심의 구조

1. 복심제

항소심이 제1심의 소송자료와 관계없이 독자적으로 소송자료를 수집하여 다시 한번 심판을 되풀이 하는 구조이다.

2. 사후심제

항소심에서는 새로운 소송자료의 제출을 제한하고 제1심에서 제출된 소송자료만을 기초로 그 내용의 당부를 재심사하는 구조이다.

3. 속심제

복심제와 사후심제의 중간형태로서 제1심에서 수집한 소송자료를 기초로 하고 여기에 새로운 소송자료를 보태어 제1심판결을 재심사하는 구조이다. 이는 우리 민사소송법이 채택하고 있는 입장이다. 즉 항소심은 속심으로서 제1심에서의 당사자의 주장이 그대로 유지되므로, 항소심에서 항소이유로 특별히 지적하거나 그 후의 심리에서 다시 지적하지 않는다 하더라도 법원은 제1심에서의 주장을 받아들일 수 있음은 당연하고, 이를 들어 직접주의나 변론주의의 원칙에 어긋난다거나 불의타를 가한 것이라 할 수는 없다(대판 1996.04.09. 95다14572).

Ⅲ 항소요건

항소요건이라 함은 당사자가 한 항소를 적법한 것으로 보아 법원이 본안심리를 하는데 필요한 조건을 말한다. 항소요건 가운데 어느 하나라도 흠결된 때에는 항소를 부적법각하하여야 한다. 항소요건으로는 ① 불복하는 판결이 항소할 수 있는 판결일 것(항소의 대상적격), ② 항소제기의 방식이 적식이고 항소기간이 준수되었을 것, ③ 항소의 당사자적격이 있을 것, ④ 항소의 이익이 있을 것, ⑤ 항소인이 항소권을 포기하지 않았거나 혹은 당사자간에 불항소의 합의가 없을 것 등의 5가지가 있다.

Ⅳ 항소의 당사자

1. 당사자

제1심의 원·피고가 항소의 당사자가 된다. 원·피고 가운데 항소의 이익을 가지는 자가 항소인, 그 상대방이 피항소인이 된다. 피항소인이 동시에 부대항소인이 되는 경우도 있다.

2. 가사소송

가사소송사건에 있어서 당사자로 된 검사도 항소인·피항소인이 될 수 있다.

제2절 항소의 제기

Ⅰ 항소제기의 방식

1. 원심법원제출주의

> 제397조(항소의 방식, 항소장의 기재사항) ① 항소는 항소장을 제1심 법원에 제출함으로써 한다.

항소의 제기는 원심법원(제1심 법원)에 항소장을 제출하여야 한다. 항소장에는 당사자 또는 대리인이 기명날인 또는 서명하여야 하나 항소장에 항소인의 기명날인 등이 누락되었다고 하더라도 기재에 의하여 항소인이 누구인지 알 수 있고, 그것이 항소인 의사에 기하여 제출된 것으로 인정되면 이를 무효라고 할 수 없다(대판 2011.05.13. 2010다84956). 직접제출이 아닌 우편제출이라도 무방하다. 원심법원 이외의 법원에 항소장이 제출되었을 때의 처리에 대해서 견해의 대립이 있으나, 이 경우에도 항소제기의 효력이 생기기 때문에 항소인의 이익을 위해 제34조에 의하여 원심법원으로 이송하여야 할 것이다.

2. 항소장의 필수적 기재사항

> 제397조(항소의 방식, 항소장의 기재사항) ② 항소장에는 다음 각 호의 사항을 적어야 한다.
> 1. 당사자와 법정대리인
> 2. 제1심 판결의 표시와 그 판결에 대한 항소의 취지

당사자와 법정대리인, 제1심판결의 표시와 그 판결에 대한 항소의 취지 등이다(제397조 2항).

3. 인지 첨부

항소장에는 제2조(소장) 규정액의 1.5배액의 인지를 붙여야 한다(민사소송등인지법 제3조 전단). 항소장 또는 상고장에 첨부할 인지액은 상소로써 불복하는 범위의 소가를 기준으로 하여 산정한다(규칙 25조).

II 재판장의 항소장심사권 – 제399조, 제402조

1. 원심재판장의 심사

> 구법 제399조(원심재판장의 항소장심사권) ① 항소장이 제397조제2항의 규정에 어긋난 경우와 항소장에 법률의 규정에 따른 인지를 붙이지 아니한 경우에는 원심재판장은 항소인에게 상당한 기간을 정하여 그 기간 이내에 흠을 보정하도록 명하여야 한다.
> ② 항소인이 제1항의 기간 이내에 흠을 보정하지 아니한 때와, 항소기간을 넘긴 것이 분명한 때에는 원심재판장은 명령으로 항소장을 각하하여야 한다.
> ③ 제2항의 명령에 대하여는 즉시항고를 할 수 있다.
>
> 신법 제399조(원심재판장등의 항소장심사권) ① 항소장이 제397조제2항의 규정에 어긋난 경우와 항소장에 법률의 규정에 따른 인지를 붙이지 아니한 경우에는 원심재판장은 항소인에게 상당한 기간을 정하여 그 기간 이내에 흠을 보정하도록 명하여야 한다. 원심재판장은 법원사무관등으로 하여금 위 보정명령을 하게 할 수 있다. 〈개정 2014.12.30.〉
> ② 항소인이 제1항의 기간 이내에 흠을 보정하지 아니한 때와, 항소기간을 넘긴 것이 분명한 때에는 원심재판장은 명령으로 항소장을 각하하여야 한다.
> ③ 제2항의 명령에 대하여는 즉시항고를 할 수 있다. [제목개정 2014.12.30.]

(1) 의의 및 취지

항소장이 원심법원에 제출되면 원심재판장은 제397조 2항의 필수적 기재사항이 기재되었는지 여부, 소정인지가 붙어 있는가의 여부, 항소기간의 도과여부 등을 심사한다. 원심재판장에게도 항소장심사권을 부여한 것은 항소장의 원심법원제출주의와 일치시키려는 것으로, 부적식의 상소장을 사전정리하여 상소심의 부담을 경감시키고 상소권의 남용을 방지하는데 취지가 있다.

(2) 보정명령 및 항소장각하명령

1) 보정명령

재판장은 항소인에게 상당한 기간을 정하여 그 기간 이내에 흠을 보정하도록 명하여야 한다. 재판장은 법원사무관 등으로 하여금 보정명령을 하게 할 수 있다.

2) 각하명령

항소인이 그 기간 이내에 보정하지 않으면 원심재판장은 명령으로 항소장을 각하하여야 한다. 그리고 항소장의 송달비용을 예납하지 않은 경우에도 각하명령을 할 수 있다(대결 1995.10.05. 94마2452). 항소기간의 도과도 심사할 수 있으며, 도과하였음이 분명한 경우에는 각하명령을 하여야 한다. 항소권의 포기 등으로 제1심판결이 확정된 뒤에 제출한 항소장도 각하명령의 대상이 된다[1] (대결 2006.05.02. 2005마933).

(3) 즉시항고

원심재판장의 항소장각하명령에 대해서는 즉시항고가 가능하다. 이 경우의 항고는 성질상 최초의 항고라고 할 것이므로, 항고법원은 제2심 법원이고 제3심인 대법원이라고 볼 것이 아니다(대결 1995.05.15. 94마1059·1060 참조).

(4) 재도의 고안

판결과 같이 선고가 필요하지 않은 결정이나 명령과 같은 재판은 그 원본이 법원사무관등에게 교부되었을 때 성립한 것으로 보아야 하므로, 이미 각하명령이 성립한 이상 그 명령정본이 당사자에게 고지되기 전에 부족한 인지를 보정하였다 하여 위 각하명령이 위법한 것으로 되거나 재도의 고안에 의하여 그 명령을 취소할 수 있는 것은 아니다(대결 2013.07.31. 2013마670).

(5) 기록송부기간

> 제400조(항소기록의 송부) ① 항소장이 각하되지 아니한 때에 원심법원의 법원사무관등은 항소장이 제출된 날부터 2주 이내에 항소기록에 항소장을 붙여 항소법원으로 보내야 한다.
> ② 제399조제1항의 규정에 의하여 원심재판장등이 흠을 보정하도록 명한 때에는 그 흠이 보정된 날부터 1주 이내에 항소기록을 보내야 한다. 〈개정 2014.12.30.〉
> 규칙 제127조(항소기록 송부기간) ① 항소장이 판결 정본의 송달 전에 제출된 경우 항소기록 송부기간은 판결정본이 송달된 날부터 2주로 한다.
> ② 원심재판장등이 판결정본의 송달 전에 제출된 항소장에 대하여 보정명령을 내린 경우의 항소기록 송부기간은 판결정본의 송달 전에 그 흠이 보정된 때에는 판결정본이 송달된 날부터 2주, 판결정본의 송달 이후에 그 흠이 보정된 때에는 보정된 날부터 1주로 한다. 〈개정 2015.6.29〉

항소법원이 항소기록을 보내는 기간은 항소장이 제출된 날로부터 2주이다. 항소장이 판결정본의 송달 전에 제출된 경우는 그 송달된 날로부터 기산한다.

2. 항소심재판장의 재심사

(1) 의 의

> 구법 제402조(항소심재판장의 항소장심사권) ① 항소장이 제397조제2항의 규정에 어긋나거나 항소장에

---

[1] 민사소송법 제399조 제2항에 의하면, '항소기간을 넘긴 것이 분명한 때'에는 원심재판장이 명령으로 항소장을 각하하도록 규정하고 있는 바, 그 규정의 취지에 비추어 볼 때 항소권의 포기 등으로 제1심판결이 확정된 후에 항소장이 제출되었음이 분명한 경우도 이와 달리 볼 이유가 없으므로, 이 경우에도 원심재판장이 항소장 각하명령을 할 수 있는 것으로 봄이 상당하다(대결 2006.05.02. 2005마933).

> 법률의 규정에 따른 인지를 붙이지 아니하였음에도 원심재판장이 제399조제1항의 규정에 의한 명령을 하지 아니한 경우, 또는 항소장의 부본을 송달할 수 없는 경우에는 항소심재판장은 항소인에게 상당한 기간을 정하여 그 기간 이내에 흠을 보정하도록 명하여야 한다.
> ② 항소인이 제1항의 기간 이내에 흠을 보정하지 아니한 때, 또는 제399조제2항의 규정에 따라 원심재판장이 항소장을 각하하지 아니한 때에는 항소심재판장은 명령으로 항소장을 각하하여야 한다.
> ③ 제2항의 명령에 대하여는 즉시항고를 할 수 있다.
>
> **신법 제402조(항소심재판장등의 항소장심사권)** ① 항소장이 제397조제2항의 규정에 어긋나거나 항소장에 법률의 규정에 따른 인지를 붙이지 아니하였음에도 원심재판장등이 제399조제1항의 규정에 의한 명령을 하지 아니한 경우, 또는 항소장의 부본을 송달할 수 없는 경우에는 항소심재판장은 항소인에게 상당한 기간을 정하여 그 기간 이내에 흠을 보정하도록 명하여야 한다. 항소심재판장은 법원사무관등으로 하여금 위 보정명령을 하게 할 수 있다. 〈개정 2014.12.30.〉
> ② 항소인이 제1항의 기간 이내에 흠을 보정하지 아니한 때, 또는 제399조제2항의 규정에 따라 원심재판장이 항소장을 각하하지 아니한 때에는 항소심재판장은 명령으로 항소장을 각하하여야 한다.
> ③ 제2항의 명령에 대하여는 즉시항고를 할 수 있다. [제목개정 2014.12.30.]

항소장이 항소기록과 더불어 항소심으로 송부되면 항소심 재판장은 항소장을 다시 심사한다(제402조).

(2) 보정명령 및 각하명령

심사한 결과 필수적 기재사항이 흠결되거나 원심재판장이 제대로 납부하지 아니한 인지의 보정명령을 하지 않고 이를 간과한 때, 그리고 항소장부본이 피항소인에게 송달불능이 된 때에는 상당한 기간[2]을 정하여 보정명령을 해야 한다. 법원사무관등도 보정명령이 가능하다. 항소인이 이에 응하지 않으면 항소심재판장은 항소장각하명령을 한다. 항소기간이 도과되었는데, 원심재판장이 이를 간과한 경우도 각하명령을 하여야 한다. 그리고 항소심에서 항소장 부본을 송달할 수 없는 경우 항소심재판장은 민사소송법 제402조 제1항, 제2항에 따라 항소인에게 상당한 기간을 정하여 그 기간 이내에 피항소인의 주소를 보정하도록 명하여야 하고, 항소인이 그 기간 이내에 피항소인의 주소를 보정하지 아니한 때에는 명령으로 항소장을 각하하여야 한다(대결(전) 2021.04.22. 2017마6438]. 다만 判例는 "소송기록에 나타나 있는 다른 주소로 송달을 시도해 보고 그곳으로도 송달이 되지 않는 경우에 주소보정을 명하였어야 하는데도, 이러한 조치를 취하지 않은 채 항소장에 기재된 주소가 불명하여 송달이 되지 않았다는 것만으로 송달불능이라 하여 주소보정을 명한 것은 잘못이므로, 주소보정을 하지 않았다는 이유로 항소장을 각하한 원심명령은 위법하다(대결 2011.11.11. 2011마1760)."고 하였다. 그리고 항소장이 송달된 뒤에 소송이 진행된 뒤에 기일통지서가 송달불능이 되었다면 각하명령을 할 수 없다.

(3) 즉시항고

각하명령에 대해서는 즉시항고가 가능하다.

---

[2] 여기에서 "상당한 기간"이라함은 항소인이 상대방의 주소를 알아내어 보정하거나, 또는 상대방의 주소를 조사하여 보았으나 알 수 없어서 공시송달을 신청하는 데 필요한 적절하고도 합당한 기간을 가리킨다고 할 것이므로 항소심 재판장이 상당한 기간을 주지 아니하고 주소보정을 명하고 이와 같은 상당한 기간이 지나지 아니하였는데도 항소장을 각하하는 것은 위법하다고 보아야 할 것이다(대결 1991.11.20. 91마620).

(4) 추후보완

항소인이 추완항소임을 명백히 하지 아니한 이상 법원이 항소각하판결을 하기 전에 반드시 그 추완사유의 유무를 심리하거나 이를 주장할 수 있는 기회를 주어야 하는 것은 아니다(대결 2011.09.29. 2011마1335).

Ⅲ 항소제기의 효력

항소제기에 의하여 제1심 판결의 확정은 차단되고, 사건의 계속은 항소심으로 이심된다. 항소장부본은 피항소인에게 송달하여야 한다(제401조).

Ⅳ 항소의 취하

> 제393조(항소의 취하) ① 항소는 항소심의 종국판결이 있기 전에 취하할 수 있다.
> ② 항소의 취하에는 제266조제3항 내지 제5항 및 제267조제1항의 규정을 준용한다.
> 규칙 제126조(항소취하를 할 법원) 소송기록이 원심법원에 있는 때에는 항소의 취하는 원심법원에 하여야 한다.

1. 항소취하의 의의

항소의 취하란 항소의 신청을 철회하는 소송행위이다. 항소를 제기하지 않았던 것으로 될 뿐이라는 면에서 소 자체를 철회하는 소취하나 항소할 권리를 소멸시키는 항소권의 포기와 비교된다. 判例는 "항소의 취하가 있으면 소송은 처음부터 항소심에 계속되지 아니한 것으로 보게 되나(민사소송법 제393조 제2항, 제267조 제1항), 항소취하는 소의 취하나 항소권의 포기와 달리 제1심 종국판결이 유효하게 존재하므로, 항소기간 경과 후에 항소취하가 있는 경우에는 항소기간 만료시로 소급하여 제1심판결이 확정되나, 항소기간 경과 전에 항소취하가 있는 경우에는 판결은 확정되지 아니하고 항소기간 내라면 항소인은 다시 항소의 제기가 가능하다(대판 2016.01.14. 2015므3455)."고 한다. 그리고 항소의 취하는 항소의 전부에 대하여 하여야 하고 항소의 일부 취하는 효력이 없으므로 병합된 수개의 청구 전부에 대하여 불복한 항소에서 그중 일부 청구에 대한 불복신청을 철회하였더라도 그것은 단지 불복의 범위를 감축하여 심판의 대상을 변경하는 효과를 가져오는 것에 지나지 아니하고, 항소인이 항소심의 변론종결시까지 언제든지 서면 또는 구두진술에 의하여 불복의 범위를 다시 확장할 수 있는 이상 항소 자체의 효력에 아무런 영향이 없다(대판 2017.01.12. 2016다241249).

2. 항소취하와 소취하와의 비교

(1) 시 기

항소취하는 항소심판결선고 시까지 할 수 있으나(제393조 제1항), 소취하는 판결의 확정시까지 가능하다(제266조 제1항).

(2) 동 의

항소취하는 전 판결이 확정되는 것이므로 오히려 피항소인에게 유리하여 피항소인의 동의를 요하지 아니하나(제393조 2항 참고), 소취하는 상대방이 본안에 응소한 경우 상대방의 승소의 이익 때문에 그 동의를 필요로 한다(제266조 제2항).

(3) 효 력

항소취하는 항소심이 소급적으로 소멸되므로 제1심판결이 확정되지만(제393조 2항, 제267조 1항, 제498조), 소취하는 소송이 소급적으로 소멸된다(제267조 제1항).

(4) 효력의 발생 시기

항소취하는 항소취하서 제출 시에 효력이 발생함에 대해, 소취하는 동의가 필요한 경우에는 소취하서가 상대방에게 도달할 때에 그리고 동의를 요하지 아니하는 경우에는 제출시에 효력이 발생한다.

(5) 일부취하

항소취하는 항소불가분의 원칙, 상대방의 부대항소권의 보장 등을 이유로 허용되지 않지만3), 소취하는 당사자처분권주의의 원칙상 당연히 허용된다(제266조 1항).

3. 공동소송에 있어 항소취하의 특징

(1) 통상공동소송에 있어서는 공동소송인 독립의 원칙에 의해 당연히 1인만이 항소를 취하하여 소송에서 탈퇴할 수 있으나, 필수적 공동소송에 있어서는 소송의 합일확정의 요구 때문에 전원으로부터 또는 전원에 대해 항소를 취하해야 한다(제67조).

(2) 독립당사자참가에 있어 항소의 취하가 문제되는데, 원고와 참가인 모두가 패소하여 항소를 제기하였다가 원고만 항소를 취하한 경우, 참가인의 항소는 여전히 유효하므로 합일확정의 요청 때문에 원고가 비록 항소취하를 했어도 원고, 피고, 참가인의 청구는 모두 항소심의 심판대상이 된다. 다만 원고만이 항소하여 항소를 취하한 경우 그 항소취하로 인해 항소심은 소급적으로 끝나고 제1심판결이 확정된다.

사 례

> 甲은 친구 乙에게 자신의 자동차를 매도하였는데 매매대금을 지급받지 못하였다. 그래서 甲은 乙에게 매매대금지급을 구하는 소를 제기하면서 과거에 乙에게 대여하고도 받지 못했던 금전지급을 구하는 소를 병합해서 제기하였다. 이에 제1심 법원은 甲의 매매대금지급을 구하는 청구에 대해서는 인용하였지만 금전지급을 구하는 청구는 소멸시효가 완성되었다고 하여 기각하였다. 甲은 금전지급을 구하는 청구에 대해 항소하였고 항소심

---

3) 항소의 취하는 항소의 전부에 대하여 하여야 하고 항소의 일부 취하는 효력이 없으므로 병합된 수개의 청구 전부에 대하여 불복한 항소에서 그중 일부 청구에 대한 불복신청을 철회하였더라도 그것은 단지 불복의 범위를 감축하여 심판의 대상을 변경하는 효과를 가져오는 것에 지나지 아니하고, 항소인이 항소심의 변론종결시까지 언제든지 서면 또는 구두진술에 의하여 불복의 범위를 다시 확장할 수 있는 이상 항소 자체의 효력에 아무런 영향이 없다(대판 2017.01.12. 2016다241249).

계속중 乙도 매매대금지급청구에 대해 부대항소를 하였다. 이에 항소심은 금전지급을 구하는 청구에 대해서는 원심판단을 인정하여 甲의 항소를 기각하고, 매매대금지급 청구에 대해서는 乙이 매매계약을 적법히 해제했음을 이유로 원심을 취소하고 乙의 부대항소를 인용하였다.
(1) 이 경우 甲은 오히려 1심보다 불리하게 되었다고 생각하여 항소를 취하할 수 있는가?
(2) 그리고 만약 甲이 항소가 아닌 소를 취하할 수는 있는가?

해설

설문은 항소취하와 소취하의 시기에 관한 문제이다. (1) 먼저 항소취하는 항소심판결선고시까지 할 수 있는데(제393조 제1항) 설문의 경우는 항소심판결 후이므로 甲은 항소를 취하할 수 없다(항소취하 시기를 항소심판결 선고시까지라고 하고 있는 이유는 위와 같이 항소인이 재판의 결과를 보고 불리하면 항소를 취하하여 피항소인의 무위로 하는 것을 방지하기 위함에 있다). 따라서 시기에 위반한 甲의 항소취하는 무효이다. (2) 반면에 소취하는 판결확정시까지 언제든지 가능하므로(제266조 제1항) 甲은 乙의 동의를 얻어 소를 취하할 수는 있다. 그러나 이는 소송계속이 소멸되기는 하지만, 甲은 재소금지에 걸리게 되어(제267조 제2항) 동일한 청구를 할 수 없게 되는 문제가 있다.

■ **항소취하합의의 소송상 취급**

당사자 사이에 항소취하의 합의가 있는데도 항소취하서가 제출되지 않는 경우 상대방은 이를 항변으로 주장할 수 있고, 이 경우 항소심법원은 항소의 이익이 없다고 보아 그 항소를 각하함이 원칙이다. 청구의 교환적 변경은 기존 청구의 소송계속을 소멸시키고 새로운 청구에 대하여 법원의 판단을 받고자 하는 소송법상 행위이다. 항소심의 소송절차에는 특별한 규정이 없으면 제1심의 소송절차에 관한 규정이 준용되므로(민사소송법 제408조), 항소심에서도 청구의 교환적 변경을 할 수 있다. 청구의 변경 신청이나 항소취하는 법원에 대한 소송행위로서, 청구취지의 변경은 서면으로 신청하여야 하고(민사소송법 제262조 제2항), 항소취하는 서면으로 하는 것이 원칙이나 변론 또는 변론준비기일에서 말로 할 수도 있다(민사소송법 제393조 제2항, 제266조 제3항). 항소심에서 청구의 교환적 변경 신청이 있는 경우 그 시점에 항소취하서가 법원에 제출되지 않은 이상 법원은 특별한 사정이 없는 한 민사소송법 제262조에서 정한 청구변경의 요건을 갖추었는지에 따라 허가 여부를 결정하면 된다. 항소심에서 청구의 교환적 변경이 적법하게 이루어지면, 청구의 교환적 변경에 따라 항소심의 심판 대상이었던 제1심판결이 실효되고 항소심의 심판대상은 새로운 청구로 바뀐다. 이러한 경우 항소심은 제1심판결이 있음을 전제로 한 항소각하 판결을 할 수 없고, 사실상 제1심으로서 새로운 청구의 당부를 판단하여야 한다(대판 2018.05.30. 2017다21411).

V 부대항소

제403조(부대항소) 피항소인은 항소권이 소멸된 뒤에도 변론이 종결될 때까지 부대항소를 할 수 있다.

1. 부대항소의 의의 및 취지

(1) 의 의

부대항소란 피항소인이 상대방의 항소에 의하여 개시된 항소심절차에 편승해서, 원판결에 대한 불복을 주장하여 항소심의 심판범위를 자기에게 유리하게 확장시키는 신청을 말한다(제403조).

(2) 취　지

이는 항소인의 항소심에서의 항소범위 확장에 대응하여 항소권이 소멸된 피항소인에게도 부대항소를 허용함이 공평의 원칙에 부합하고, 독립하여 항소의 이익이 인정될 수 없는 것까지도 항소심의 심판범위에 포함시킴으로써 소송경제를 도모함에 있다.

2. 부대항소의 성질

(1) 학　설

1) 항소설(항소이익필요설)

부대항소도 엄연히 항소이므로 항소의 이익이 필요하다고 하고, 이에 의하면 제1심에서 전부승소한 피항소인은 청구의 확장·변경 또는 반소의 제기를 위해 부대항소를 할 수 없다고 한다.

2) 비항소설(항소이익불요설)

부대항소는 공격적 신청 내지 특수한 구제방법이고 항소가 아니므로 항소의 이익이 필요 없다고 한다. 이에 의하면 제1심에서 전부승소한 피항소인도 청구의 확장·변경 또는 반소의 제기를 위해 부대항소를 할 수 있게 된다. 통설의 입장이다.

(2) 判　例

판례는 "원고가 전부승소하였기 때문에 원고는 항소하지 아니하고 피고만 항소한 사건에서 청구취지를 확장 변경함으로서 그것이 피고에게 불리하게 된 경우에는 그 한도에서 부대항소를 한 취지로 볼 것이다(대판 1967.09.19. 67다1709)."고 하여 비항소설(불복이익불요설)의 입장이다.

(3) 검　토

항소설의 입장에서 법 제403조 규정은 "피항소인은 항소권이 소멸된 뒤에도"라고 표현하여 항소의 이익을 전제하고 있다고 볼 수도 있으나(김상수, 371면 참고), 부대항소는 소송에서 항소인의 항소에 편승하여 하는 공격적 신청이므로 이는 항소가 아니라고 보는 비항소설(불복이익불요설)이 소송의 공평, 신속이라는 부대항소의 취지에 부합한다고 본다.

3. 요　건

(1) 부대항소의 대상

부대항소의 대상은 상대방이 주된 항소에 대하여 불복을 신청한 종국판결에 한한다. 따라서 제1심판결이 당사자일방에 대하여 일부패소의 판결을 선고할 때에 그 부분에 대한 주된 항소가 있으면 사건 전부에 대하여 이심의 효력이 발생하므로 그 항소인의 승소부분에 대하여 부대항소를 할 수도 있다.

(2) 부대항소의 당사자

주된 항소의 피항소인 또는 보조참가인이 항소인을 상대로 제기하여야 한다(제403조). 그러므로 당사자쌍방이 모두 주된 항소를 제기한 경우에는 그 일방은 상대방의 항소에 부대항소를 할 수 없다.

(3) 주된 항소가 적법하게 계속 중일 것

부대항소가 제기되기 위해서는 상대방과의 사이에 주된 항소가 적법하게 계속되어 있어야 한다. 이에 대해서는 제1심판결선고 후 그 판결의 송달 전에도 항소가 가능한 점에 비추어 피항소인에게 항소장부본이 송달되기 전이라도 부대항소의 제기가 가능하다는 견해가 있다.

(4) 부대항소를 할 수 있는 시기

부대항소는 항소기간의 제한을 받지 않으며 주된 항소의 변론종결 전이면 제기가 가능하다.

(5) 부대항소권의 포기가 없을 것

피항소인은 부대항소권 자체를 포기한 것이 아닌 한, 자기의 항소권을 포기하거나 항소기간의 도과로 소멸된 경우에도 부대항소를 제기할 수 있다. 그리고 소취하도 원칙적으로 재소가 허용되고, 항소도 취하 후 항소기간 경과 전에는 다시 제기할 수 있는 것과 비교할 때 부대항소를 취하했다 하여도 변론종결 전이라면 다시 부대항소를 제기할 수 있다.

4. 부대항소의 방식

> 제405조(부대항소의 방식) 부대항소에는 항소에 관한 규정을 적용한다.

(1) 항소에 준함

부대항소의 방식은 항소의 경우에 준한다(제405조). 하지만 부대항소장을 제출하지 않고 청구취지확장서·반소장을 제출해도 상대방에게 불리하게 되는 한도에서는 부대항소를 한 것으로 의제된다[4]. 판례도 위 67다1709에서 같은 입장을 취하고 있다. 그리고 항소의 취하는 상대방의 동의 없이 일방적으로 할 수 있으며(제393조 2항이 소취하에 관한 제266조 2항을 준용하지 아니함), 상대방이 부대항소를 하였더라도 상관없이 취하할 수 있다. 그러므로 부대항소 자체도 상대방의 동의 없이 취하할 수 있다.

(2) 부대항소로 간주

예를 들어 제1심에서 전부승소 한 피항소인이 구청구인 토지인도청구에서 신청구인 토지거래허가절차이행의 청구로 청구의 교환적 변경을 한 경우에도 항소인에게 불리한 한도 내에서는 부대항소가 되는 것이므로 비록 전부승소한 피항소인이라 해도 청구의 변경을 할 수 있는 것[5]이

---

[4] 원고가 제1심에서 금원의 수령과 동시에 소유권이전등기의 말소를 구하여 승소판결을 받았는데 이에 대하여 피고만이 항소를 제기한 경우 항소심에서 원고가 금원 수령과의 동시이행부분을 철회한 것을 부대 항소로 보아 등기말소 청구만을 인용하는 변경 판결을 한 것은 불이익변경금지의 원칙에 위배되지 아니한다(대판 1979.08.31. 79다892).

[5] 원고는 제1심에서 이 사건 부동산에 대하여 피고에게 매매로 인한 지분소유권이전등기절차의 이행을 구하는 소송을 제기하여 원고 승소판결이 선고되었고, 이에 대하여 피고가 추완항소를 제기하여 사건이 원심에 계류중 1992.9.25. 원심 제3차 변론기일에서 원고는 이 사건 부동산 거래에 대하여 관할관청인 광주직할시장에 대한 토지거래허가신청절차의 이행을 구하는 원심판결 주문 제1항과 같은 취지의 청구로 소의 교환적 변경을 하였고, 피고는 청구의 기초가 동일한 위 변경에 대하여 별다른 이의 없이 2주 이상을 경과함으로서 위 소의 교환적

다(청구의 교환적 변경의 실질이 신청구 제기·구청구 취하의 실질을 가진다는 결합설에 의하면 항소심에서는 항소의 이익이 필요하기 때문이다).

(3) 인지 첨부

항소장에는 2조(소장) 규정액의 1.5배액의 인지를 붙여야 한다(민사소송등 인지법 제3조 전단). 항소장 또는 상고장에 첨부할 인지액은 상소로써 불복하는 범위의 소가를 기준으로 하여 산정한다(규칙 25조). 제25조의 규정은 부대항소장 또는 부대상고장에 이를 준용한다(규칙 제26조 본문).

(4) 사건번호

부대항소장을 접수하면 문건으로 전산입력 할 뿐 독립된 사건번호를 부여하지는 아니하며 관계서류는 주된 항소사건의 기록에 가철한다(인지액·편철방법예규). 다만, 기록표지의 당사자 표시 란에는 반소의 경우와 같이 괄호하고 부대항소인 및 부대피항소인의 표시를 병기한다(법원실무제요(Ⅲ), 321면).

5. 부대항소의 효력

(1) 항소심 심판범위의 확장

부대항소는 그 한도 내에서 심판범위가 확장되어 항소인에게 불리한 판결도 가능하게 된다(불이익변경금지원칙의 배제). 判例도 "부대항소란 피항소인의 항소권이 소멸하여 독립하여 항소를 할 수 없게 된 후에도 상대방이 제기한 항소의 존재를 전제로 이에 부대하여 원판결을 자기에게 유리하게 변경을 구하는 제도로서, 피항소인이 부대항소를 할 수 있는 범위는 항소인이 주된 항소에 의하여 불복을 제기한 범위에 의하여 제한을 받지 아니한다(대판 2003.09.26. 2001다68914)."고 한다.

(2) 부대항소의 종속성

> 제404조(부대항소의 종속성) 부대항소는 항소가 취하되거나 부적법하여 각하된 때에는 그 효력을 잃는다. 다만, 항소기간 이내에 한 부대항소는 독립된 항소로 본다.

제404조에 의하면 부대항소는 항소가 취하되거나 부적법하여 각하된 때에는 그 효력을 잃는다(부대항소의 종속성). 다만 항소기간 내에 한 부대항소는 독립한 항소로 본다(독립부대항소). 즉 독립부대항소는 부대항소가 독립항소로서 요건을 갖춘 때 독립의 항소로 간주되어 부대항소를 실효케 하지 않도록 한 것이다. 부대항소가 항소의 적법요건을 갖추었다는 것은 구체적으로 자기의

변경은 적법하게 이루어졌음을 볼 수 있다. 그렇다면 이 사건 제1심판결은 소의 교환적 변경에 의한 소취하로 실효되고, 원심의 심판대상은 토지거래허가신청절차의 이행을 구하는 새로운 소송으로 바뀌어지고(결합설)(당원 1980.7.22. 선고, 80다127 판결, 1980.11.11. 선고, 80다1182 판결 등 참조), 원심은 사실상 제1심으로 재판하는 것이 되므로, 그 뒤에 피고가 항소를 취하한다 하더라도 항소취하는 그 대상이 없어 아무런 효력을 발생할 수 없다 할 것이다. 같은 취지에서 피고 김태종이 1993. 3. 26. 원심8차 변론기일에서 한 항소취하를 무효라고 한 원심의 판단은 정당하고, 거기에 항소취하의 효력에 관한 거기에 항소취하에 관한 법리를 오해한 위법이 있다고 할 수 없다(대판 1995.01.24. 93다25875).

항소제기기간 내에 부대항소를 제출한 경우를 생각하면 된다. 이에 반하여 항소의 적법요건이 흠결된 경우에는 독립의 항소로 간주되지 아니한다(주석 민소법(Ⅵ), 146면).

📚 사 례

> 甲은 丙이 운전하는 시내버스에 의해 교통사고를 당하였고, 丙은 乙회사 소속이었다. 그래서 甲은 변제자력이 있는 乙회사에 대해 손해배상을 구하는 소를 제기하였고, 1심법원은 甲에게 일부승소의 판결을 내렸다. 이에 乙은 불복항소하였고, 甲도 청구취지를 확장하는 부대항소를 하였다. 항소심은 乙이 甲에게 일정금액의 지급을 할 것을 명함과 동시에 정기금 내지는 장래의 지급을 명하는 판결을 선고하였다. 이에 이번에는 甲이 불복상고 하였는데, 상고심은 甲의 상고를 일부인정하여 원심판결 중 정기금을 지급할 것을 명한 부분을 파기환송하였다. 이에 환송심인 항소심에서 乙은 항소를 취하할 수 있는가? 그리고 甲의 부대항소의 운명은 어떻게 되는가?

📚 해 설

부대항소의 성질에 대해서는 항소설도 있으나 비항소설로 보는 것이 통설·판례이다. 이에 의하면 부대항소는 항소인의 항소에 편승한 은혜적인 것에 불과할 뿐 독립적인 항소가 아니게 된다. 따라서 비록 환송되어 있기는 하지만 엄연히 항소심이므로 乙은 제393조 제1항에 의해 항소를 취하할 수 있고, 이에 편승한 甲의 부대항소도 제404조에 의해 그 효력을 상실하게 된다. 判例도 "항소는 항소심의 종국판결이 있기 전에 취하할 수 있는 것으로서(민사소송법 제393조 제1항), 일단 항소심의 종국판결이 있은 후라도 그 종국판결이 상고심에서 파기되어 사건이 다시 항소심에 환송된 경우에는 먼저 있은 종국판결은 그 효력을 잃고 그 종국판결이 없었던 것과 같은 상태로 돌아가게 되므로 새로운 종국판결이 있기까지는 <u>항소인은 피항소인이 부대항소를 제기하였는지 여부에 관계없이 항소를 취하할 수 있고, 그 때문에 피항소인이 부대항소의 이익을 잃게 되어도 이는 그 이익이 본래 상대방의 항소에 의존한 은혜적인 것으로 주된 항소의 취하에 따라 소멸되는 것이어서 어쩔 수 없다 할 것이므로, 이미 부대항소가 제기되어 있다 하더라도 주된 항소의 취하는 그대로 유효하다</u>(대판 1995.03.10. 94다51543)."고 하여 같은 입장이다. 다만 학설 중에는 甲의 부대항소권 보장을 위해 乙의 항소취하를 금지해야 한다는 견해도 있다.

제3절 항소심의 심리

Ⅰ 항소의 적법성의 심리

항소법원은 항소장의 방식이나 제소기간이 지켜진 것으로 인정되면 항소의 적법요건에 관하여 직권조사 하여야 한다. 조사결과 부적법한 항소로서 그 흠결을 보정할 수 없는 경우에는 변론 없이 항소를 각하할 수 있다(제413조).

Ⅱ 본안심리

항소가 적법하면 항소가 이유 있는가의 여부에 관한 본안심리를 한다. 항소심의 변론·심판은 처분권주의에 의하여 제1심 판결의 변경을 구하는 한도, 즉 불복신청의 범위 내에서 행한다(제407조). 불복의 범위는 항소심의 변론종결 시까지 변경할 수 있으며, 피항소인도 부대항소에 의하여 불복의 범위를 넓힐 수 있다. 항소불가분의 원칙에 의해 제1심판결에서 심판한 모든 청구가 이심되지만, 심판의 범위는 불복의 범위에 한정된다(불이익변경금지원칙).

제4절 항소심의 종국적 재판

I 항소장각하

항소장이 부적식인 경우(제402조), 항소기간의 도과인 경우, 항소장이 송달불능인 경우에는 재판장의 명령으로 항소장은 각하된다.

II 항소각하

> 제413조(변론 없이 하는 항소각하) 부적법한 항소로서 흠을 보정할 수 없으면 변론 없이 판결로 항소를 각하할 수 있다.

항소요건에 흠결이 있어 항소가 부적법할 경우에는 항소법원은 판결로써 항소를 각하한다. 부적법한 항소로서 그 흠결을 보정할 수 없을 때에는 변론 없이 각하할 수 있다(제413조).

III 항소기각

> 제414조(항소기각) ① 항소법원은 제1심 판결을 정당하다고 인정한 때에는 항소를 기각하여야 한다.
> ② 제1심 판결의 이유가 정당하지 아니한 경우에도 다른 이유에 따라 그 판결이 정당하다고 인정되는 때에는 항소를 기각하여야 한다.

제1심판결이 상당하거나 또는 그 이유가 부당하다고 하여도 다른 이유로 정당하다고 인정할 때에는 항소기각을 한다(제414조). 항소기각판결 시 원심판결도 확정된다. 다만 예비적 상계의 항변에 의하여 승소한 피고가 항소를 했을 경우에 항소심에서 상계에 의할 필요 없이 청구를 기각할 수 있으면, 원판결을 취소하고 다시 청구기각의 선고를 하여야 한다.

IV 항소의 인용

1\. 원판결의 취소

(1) 원칙 - 自判(자판)

> 제416조(제1심 판결의 취소) 항소법원은 제1심 판결을 정당하지 아니하다고 인정한 때에는 취소하여야 한다.

제1심판결을 부당하다고 인정한 때(제416조), 제1심판결의 절차가 법률에 위배된 때(제417조)에 원판결을 취소한다. 항소법원이 제1심에 갈음하여 종국적 해결의 재판을 하는 경우이다. 항소심은 사실심이므로 自判이 원칙이며, 환송은 예외적이다.

> 제417조(판결절차의 위법으로 말미암은 취소) 제1심 판결의 절차가 법률에 어긋날 때에 항소법원은 제1심 판결을 취소하여야 한다.

제1심법원이 피고에게 소장의 부본을 송달하였을 때 피고가 원고의 청구를 다투는 경우에는 소장의 부본을 송달받은 날부터 30일 이내에 답변서를 제출하여야 하고(민사소송법 제256조 제1항), 법원은 피고가 답변서를 제출하지 아니한 때에는 청구의 원인이 된 사실을 자백한 것으로 보고 변론 없이 판결할 수 있으나(이하 '무변론판결'이라 한다), 판결이 선고되기까지 피고가 원고의 청구를 다투는 취지의 답변서를 제출한 경우에는 무변론판결을 할 수 없다(같은 법 제257조 제1항). 따라서 제1심법원이 피고의 답변서 제출을 간과한 채 민사소송법 제257조 제1항에 따라 무변론판결을 선고하였다면, 이러한 제1심판결의 절차는 법률에 어긋난 경우에 해당한다. 항소법원은 제1심판결의 절차가 법률에 어긋날 때에 제1심판결을 취소하여야 한다(같은 법 제417조). 따라서 제1심법원이 피고의 답변서 제출을 간과한 채 민사소송법 제257조 제1항에 따라 무변론판결을 선고함으로써 제1심판결 절차가 법률에 어긋난 경우 항소법원은 민사소송법 제417조에 의하여 제1심판결을 취소하여야 한다. 다만 항소법원이 제1심판결을 취소하는 경우 반드시 사건을 제1심법원에 환송하여야 하는 것은 아니므로, 사건을 환송하지 않고 직접 다시 판결할 수 있다(대판 2020.12.10. 2020다255085).

(2) 예외 - 환송

> 제418조(필수적 환송) 소가 부적법하다고 각하한 제1심 판결을 취소하는 경우에는 항소법원은 사건을 제1심 법원에 환송(환송)하여야 한다. 다만, 제1심에서 본안판결을 할 수 있을 정도로 심리가 된 경우, 또는 당사자의 동의가 있는 경우에는 항소법원은 스스로 본안판결을 할 수 있다.

1) 필수적 환송

제1심에서 소에 대해 아무런 본안심리가 행하여지지 않았기 때문에 삼심제를 유지하기 위해 항소심이 취소할 원판결이 소각하의 판결인 경우에는 필수적 환송을 하여야 한다. 다만 제418조 단서에서는 예외적으로 ① 제1심에서 본안판결을 할 수 있을 정도로 심리가 된 경우, ② 당사자의 동의가 있는 경우에는 환송치 않고 자판할 수 있게 하였다. 판례는 소각하가 잘못되었다 하여도 본안에서 청구기각 될 사안이면 필수적 환송규정을 배제시키고 항소기각 하여야 한다고 한다.

2) 임의적 환송의 허부 - 소극설

우리 민사소송법이 항소심의 구조에 관하여 기본적으로 사후심제가 아닌 속심제를 채택하고 있는 만큼 심급제도의 유지나 소송절차의 적법성의 보장이라는 이념이 재판의 신속과 경제라는 민사소송제도의 또 다른 이념에 항상 우선한다고 볼 수는 없을 뿐만 아니라, 현행 민사소송법은 소송의 지연을 방지하기 위하여 항소심이 재량에 의하여 임의로 사건을 제1심법원에 환송할 수 있는 임의적 환송에 관한 규정을 두지 않고, 나아가 민사소송법 제418조가 항소법원은 소가 부적법하다고 각하한 제1심판결을 취소하는 경우에만 사건을 제1심법원에 필요적으로 환송하도록 규정하면서 그 경우에도 제1심에서 본안판결을 할 수 있을 정도로 심리가 된 경우 또는 당사자의 동의가 있는 경우에는 항소법원은 스스로 본안판결을 할 수 있도록 규정함으로써, 재판의 신속과 경제를 위하여 심급제도의 유지와 소송절차의 적법성의 보장이라는 이념을 제한할 수 있는 예외적인 경우를 인정하고 있는 점 등에 비추어 볼 때, 항소법원이 제1심판결을 취소하는 경우 반드시 사건을 제1심법원에 환송하여야 하는 것은 아니다(대판 2013.08.23. 2013다28971).

3) 환송판결의 기속력

> 제8조(상급심 재판의 기속력) 상급법원 재판에서의 판단은 해당 사건에 관하여 하급심(하급심)을 기속(기속)한다. [전문개정 2014.12.30]

환송 받은 제1심법원이 다시 심판할 경우 항소법원이 취소이유로 한 법률적 및 사실적 판단에 기속 된다(법원조직법 제8조).

4) 관할위반의 경우

전속관할위반을 이유로 원판결을 취소하는 경우에는 원심으로 환송하지 않고, 관할권이 있는 제1심 법원으로 이송하여야 한다(제419조). 다만 임의관할위반은 원판결 취소사유로 되지 않는다(제411조).

2. 불이익변경금지의 원칙

> 제415조(항소를 받아들이는 범위) 제1심 판결은 그 불복의 한도 안에서 바꿀 수 있다. 다만, 상계에 관한 주장을 인정한 때에는 그러하지 아니하다.
> 제407조(변론의 범위) ① 변론은 당사자가 제1심 판결의 변경을 청구하는 한도 안에서 한다.

(1) 의의 및 취지

1) 의 의

항소를 받아들여 제1심판결을 변경할 때에는 불복신청의 한도를 넘을 수 없다는 원칙을 불이익변경금지의 원칙이라고 한다(제415조, 제407조).

2) 취 지

① 당사자의 상소권을 보장하고 ② 당사자처분권주의(제203조)가 항소심에서 발현된 것이라는 데 그 취지가 있다.

(2) 원 칙

1) 이익변경의 금지

항소인이 불복을 신청하지 아니한 패소부분은 설사 부당하다고 인정될 지라도 항소인에게 유리하게 변경할 수 없다(이익변경의 금지). 따라서 본소와 반소에 관하여 모두 패소한 피고가 반소의 판결에 대하여만 항소한 때에는 설사 본소의 판결이 부당하다고 하더라도 이를 심판할 수 없고, 재산상 손해배상청구에 대하여만 항소하고 위자료청구에 대하여는 불복하지 아니한 경우에 제1심판결보다 더 많은 위자료지급을 명할 수는 없다(손해3개설에 의할 경우, 대판 1980.07.08. 80다1192 등).

2) 불이익변경의 금지

① 내 용

상대방으로부터 항소나 부대항소가 없는 한 항소인에게 더 불리하게 원심판결을 변경할 수 없다(불이익변경의 금지[6]). 즉 항소인은 상대방의 불복신청이 없는 한 최악의 경우에도 불복신청이 배척되어 원심판결이 유지되는데 그치고, 그 이상의 위험을 부담하지 않는 결과 당사자의 상소권이 보장되는 것이다[7]. 소송물 별로 판단하여야 한다. 判例도 "금전채무불이행의 경우에 발생하는 원본채권과 지연손해금채권은 별개의 소송물이므로, 불이익변경에 해당하는지 여부는 원금과 지연손해금 부분을 각각 따로 비교하여 판단하여야 하는 것이고, 별개의 소송물을 합산한 전체 금액을 기준으로 판단하여서는 아니 된다(대판 2009.06.11. 2009다12399)."고 하였다.

② 동시이행판결의 경우

항소심은 당사자의 불복신청범위 내에서 제1심판결의 당부를 판단할 수 있을 뿐이므로, 설사 제1심판결이 부당하다고 인정되는 경우라 하더라도 그 판결을 불복당사자의 불이익으로 변경하는 것은 당사자가 신청한 불복의 한도를 넘어 제1심판결의 당부를 판단하는 것이 되어 허용될 수 없다 할 것인바, 원고만이 항소한 경우에 항소심으로서는 제1심보다 원고에게 불리한 판결을 할 수는 없고, 한편 불이익하게 변경된 것인지 여부는 기판력의 범위를 기준으로 하나 공동소송의 경우 원·피고별로 각각 판단하여야 하고, 동시이행의 판결에 있어서는 원고가 그 반대급부를 제공하지 아니하고는 판결에 따른 집행을 할 수 없어 비록 피고의 반대급부이행청구에 관하여 기판력이 생기지 아니하더라도 반대급부의 내용이 원고에게 불리하게 변경된 경우에는 불이익

---

6) 제1심이 원고들의 본소 중 주위적 청구를 전부 인용하고, 피고의 반소 중 주위적 청구에 대한 소를 각하하고 예비적 청구를 일부 인용한 데 대하여, 피고는 반소의 예비적 청구를 일부 기각한 부분에 대하여만 항소를 제기하였을 뿐 본소에 대하여는 항소를 제기하지 아니하였으므로, 원고들의 본소는 주위적 청구뿐만 아니라 예비적 청구 역시 원심의 심판범위에서 제외되는 것이고, 따라서 원고들이 원심에서 청구취지 및 청구원인변경신청서를 제출하여 예비적 청구에 불법행위에 의한 손해배상청구를 선택적으로 추가하였다고 하더라도 추가된 예비적 청구가 원심의 심판범위에 포함된다고 할 수 없다(대판 2008.03.13. 2006다53733·53740).

7) 예를 들어 청구를 일부인용 한 판결에 대하여 피고만이 항소한 경우에는 항소법원이 피고에게 제1심 패소부분 이상의 지급의무가 있다고 판단하더라도 그것을 넘어 지급을 명할 수 없고, 반대로 원고만이 항소한 경우에 항소법원이 청구의 전부가 이유가 없는 것으로 판단하더라도 원심판결 중 원고 승소부분을 취소하여 청구전부를 기각할 수는 없는 것이다.

변경금지 원칙에 반하게 된다(대판 2005.08.19. 2004다8197).

③ 소각하의 원심판결에 대하여 원고만이 상소한 경우에 소가 적법하고 청구가 이유 없다고 판단되는 경우

判例는 "원심이 이와 달리 이 사건 본소를 부적법한 것으로 보아 이를 각하한 것은 소의 이익에 관한 법리를 오해한 것이다. 다만, 위에서 본 바와 같이 위 교통사고와 관련하여 원고에게 손해배상채무가 있는 이상 그 부존재확인을 구하는 원고의 본소청구는 이유 없고(청구기각의 심증), 원고만이 상고한 이 사건에서 소를 각하한 원심판결을 파기하여 원고에게 더 불리한 청구기각의 판결을 할 수는 없으므로, 원심판결을 그대로 유지하지 않을 수 없다(대판 1999.06.08. 99다17401·17418)."고 하여 상소기각설의 입장이다.

3) 이유의 변경

이유를 변경하는 것은 판결주문에 영향이 없는 한 당사자에게 불리하게 변경하여도 상관이 없다.[8]

4) 상계의 항변

상계의 항변을 인정하여 청구를 기각한 판결에 대하여 원고가 항소한 경우에 상계 이외의 이유(채권의 부존재를 이유로)로 항소를 기각하는 것은 불이익변경이 된다. 상계에 제공된 반대채권(자동채권)이 소멸하는 이익을 잃게 되기 때문이다. 따라서 이 경우는 이유를 바꿀 수 없어 제1심판결과 똑같은 이유를 달아 항소기각 하여야 한다(대판 2010.12.23. 2010다67258). 그리고 이 때에 피고만이 항소한 경우에 피고주장의 반대채권이 부존재한다고 하여 피고의 상계항변을 배척하면서 항소기각 하는 것도 제1심판결보다 더 불리해져서 허용되지 않는다(대판 1995.09.29. 94다18911).

5) 재심의 경우

재심은 상소와 유사한 성질을 갖는 것으로서 부대재심이 제기되지 않는 한 재심원고에 대하여 원래의 확정판결보다 불이익한 판결을 할 수 없다(대판 2003.07.22. 2001다76298).

(3) 예 외

1) 직권조사사항

불이익변경금지의 원칙은 처분권주의에 바탕을 두고 있으므로, 법원이 직권으로 조사할 사항에 대하여는 적용되지 않는다. 예를 들어 소송요건의 흠이 인정되는 경우에는 일부 패소의 원고에 의하여 항소가 된 때라도 제1심판결의 전부를 취소하여 소각하나 이송 등의 조치를 취할 수 있다[9].

2) 소송비용재판과 가집행선고의 변경

소송비용의 재판과 가집행선고의 변경도 당사자의 신청유무에 관계없이 할 수 있다(제104조, 제105조, 제213조). 즉 가집행선고는 당사자의 신청 유무에 관계없이 법원이 직권으로 판단할 사항

---

8) 예를 들어 채무부존재를 이유로 하여 원고의 청구를 기각한 판결에 대하여 원고가 항소를 제기한 경우에 변제를 이유로 항소기각판결을 하는 것을 들 수 있다.
9) 判例는 A, B 토지에 대한 소유권확인의 소에서 A토지 청구인용, B토지 청구기각의 제1심판결에 대하여 원고만이 항소한 항소심에서 A, B 두 청구 모두 확인의 이익이 없다고 소각하판결한 사안이 있다(95다14817판결).

으로 처분권주의를 근거로 하는 민사소송법 제415조의 적용을 받지 아니하므로, 가집행선고가 붙지 아니한 제1심판결에 대하여 피고만이 항소한 항소심에서 항소를 기각하면서 가집행선고를 붙였어도 불이익변경금지의 원칙에 위배되지 아니 한다(대판 1998.11.10. 98다42141).

3) 형식적 형성의 소

성질상 비송사건에 속하는 형식적 형성의 소(경계확정소송, 공유물분할소송)도 이 원칙이 적용되지 않는다.

4) 합일확정소송

필수적 공동소송, 독립당사자참가와 예비적·선택적 공동소송의 경우에도 합일확정의 필요를 위하여 상소하지 아니한 당사자에게 유리하게 원심판결이 변경되는 수가 있다.

5) 상계의 항변

항소심에서 상계의 항변이 받아들여진 경우에도 불이익변경금지의 원칙이 적용되지 아니한다(제415조 단서). 예를 들어 원고가 1억원을 청구한 경우에 제1심이 피고가 1억원 전부를 상계한다는 상계의 항변을 3,000만원만 인정하여 원고의 청구 중 7,000만원을 인용한 경우 원고만이 항소하였다. 이 때 항소심은 이 경우에 불이익변경금지의 원칙이 인정된다면 원고의 불복부분인 3,000만원부분만 판단을 해야 할 것이나, 이 경우 피고의 상계의 항변을 인정하여 원고의 승소부분인 7,000만원 부분까지도 취소하여 청구를 전부 기각할 수 있다. 왜냐하면 만일 원고의 항소를 기각만 한다면 부당한 제1심판결이 유지되고, 피고는 항소심에서 상계로 주장한 반대채권까지 상실하게 되어 부당하기 때문이다. 따라서 항소심은 상계의 항변의 경우에는 원고의 불복부분에 한하지 않고 판단을 할 수 있는 것이다.

제3장 상고

제1절 상고심의 특색

1. 법률심
상고는 종국판결에 대한 상소로서, 원판결의 당부를 전적으로 법률적인 측면에서만 심사할 것을 구하는 법률심이다.

2. 상고심의 목적
오판으로부터의 당사자의 구제, 법령해석, 적용의 통일에 있다.

3. 사후심
상고심은 원판결의 당부를 법률적인 측면에서만 심사하기 때문에 항소와 달리 사후심에 해당한다. 상고심에서 새로운 청구나 소의 변경은 허용되지 않는다. 다만 예외적으로 직권조사사항인 소송요건이나 상소요건의 존부, 재심사유, 원심의 소송 절차 위배의 유무 등을 판단하는 경우에는 새로운 사실을 참작할 수 있으며, 필요한 증거조사를 할 수 있다.

제2절 상고이유

상고이유의 기재

상고이유는 상고장에 기재하거나 상고이유서라는 독립된 서면으로 하여야 하고 다른 서면의 기재 내용을 원용할 수 없는 것이며, 상고법원은 상고이유에 의하여 불복신청한 한도 내에서만 조사·판단할 수 있으므로, 상고이유서에는 상고이유를 특정하여 원심판결의 어떤 점이 법령에 어떻게 위반되었는지에 관하여 구체적이고 명시적인 이유의 설시가 있어야 한다. 이 사건에 있어서 상고장에는 상고이유의 기재가 없으며, 원고들 소송대리인이 제출한 상고이유서에는 '원심은, 원고들이 제1심 및 제2심에서 제출한 소장, 각 준비서면, 항소이유서 등에 설시한 바와 같이, 이 사건 재산세 부과처분의 위법성 여부를 판단함에 있어 헌법상 조세법률주의, 평등의 원칙, 재산권보장의 원칙, 관련 지방세법 위반 등 주장에 관하여 법령해석의 위반을 함으로써 판결에 영향을 미친 위법사유가 있다'고 한 다음 원심 기록 일체를 빠뜨리지 않고 정독한 후 판단하여 달라고 기재되어 있는바, 위와 같은 상고이유서의 기재는 다른 서면의 기재 내용을 원용하고 있을 뿐이고, 또한 상고이유를 특정하여 원심판결 중 어떤 부분이 법령에 어떻게 위반되었는지에 관하여 구체적이고 명시적인 근거를 밝히지 아니한 것이므로 적법한 상고이유의 기재가 될 수 없다(대판 2008.01.24. 2007두23187).

I 일반적 상고이유

현행법상 일반적 상고이유가 되는 것은 '판결에 영향을 미친 헌법·법률·명령 또는 규칙의 위반'이 있는 경우이다(제423조).

II 절대적 상고이유

> 제424조(절대적 상고이유) ① 판결에 다음 각호 가운데 어느 하나의 사유가 있는 때에는 상고에 정당한 이유가 있는 것으로 한다.
> 1. 법률에 따라 판결법원을 구성하지 아니한 때
> 2. 법률에 따라 판결에 관여할 수 없는 판사가 판결에 관여한 때
> 3. <u>전속관할에 관한 규정에 어긋난 때[1]</u>
> 4. <u>법정대리권·소송대리권 또는 대리인의 소송행위에 대한 특별한 권한의 수여에 흠이 있는 때</u>
> 5. <u>변론을 공개하는 규정에 어긋난 때</u>
> 6. <u>판결의 이유를 밝히지 아니하거나 이유에 모순이 있는 때[2]</u>
> ② <u>제60조 또는 제97조의 규정에 따라 추인한 때에는 제1항 제4호의 규정을 적용하지 아니한다.</u>

일반적 상고이유와 달리 원판결의 결과에 영향을 미쳤는지에 관계없이 상고이유로 되는 경우이다. 제424조에 열거된 절차상의 과오가 이에 해당되는데, 판단상의 과오와 달리 판결의 결론과의 사이에 인과관계의 유무의 판단이 어렵기 때문이다. (1) 판결법원구성의 위법, (2) 판결에 관여할 수 없는 법관의 관여, (3) 전속관할 위배, (4) 대리권 흠결, (5) 변론공개규정의 위배, (6) 이유 불비·이유모순이 있다. 특히 판결에 이유를 기재하도록 하는 법률의 취지는 법원이 증거에 의하여 인정한 구체적 사실에 법규를 적용하여 결론을 도출하는 방식으로 이루어진 판단과정이 불합리하거나 주관적이 아니라는 것을 보장하기 위하여 그 재판과정에서 이루어진 사실인정과 법규의 선정, 적용 및 추론의 합리성과 객관성을 검증하려고 하는 것이므로, 판결의 이유는 그와 같은 과정이 합리적·객관적이라는 것을 밝힐 수 있도록 그 결론에 이르게 된 과정에 필요한 판단을 빠짐없이 기재하여야 하고, 그와 같은 기재가 누락되거나 불명확한 경우에는 민사소송법 제424조 제1항 제6호의 절대적 상고이유가 된다. 판결에 이유를 밝히지 아니한 위법이 이유의 일부를 빠뜨리거나 이유의 어느 부분을 명확하게 하지 아니한 정도가 아니라 판결에 이유를 전혀 기재하지 아니한 것과 같은 정도가 되어 당사자가 상고이유로 내세우는 법령 위반 등의 주장의 당부를 판단할 수도 없게 되었다면 그와 같은 사유는 당사자의 주장이 없더라도 법원이 직권으로 조사하여 판단할 수 있다(대판 2005.01.28. 2004다38624).

III 그 밖의 상고이유 - 재심사유

제451조 1항 단서에 의하여 재심사유도 상소에 의하여 주장할 수 있기 때문에, 절대적 상고이유에 포함되지 않아도 법령위배로서 상고이유로 된다(통설·판례).

---

1) 이는 절대적 상고이유이기는 하나, 재심사유는 되지 않음을 주의해야 한다(제451조 1항 참고).
2) 여기에는 당연히 판단누락이 포함된다는 것이 통설, 판례이다.

다만 제451조 1항 1호 내지 3호의 사유는 제424조와 중복되므로 동 조항 4호 이하의 재심사유가 또 다른 상고이유가 되게 된다. 재심사유에 해당하는 사실은 직권조사사항으로서, 기속력 때문에 상고심에서도 사실조사를 할 수 있다.

Ⅳ 소액사건심판법상의 상고이유(소액사건심판법 제3조)

> 제3조(상고 및 재항고) 소액사건에 대한 지방법원 본원 합의부의 제2심판결이나 결정·명령에 대하여는 다음 각호의 1에 해당하는 경우에 한하여 대법원에 상고 또는 재항고를 할 수 있다.
> 1. 법률·명령·규칙 또는 처분의 헌법위반여부와 명령·규칙 또는 처분의 법률위반여부에 대한 판단이 부당한 때
> 2. 대법원의 판례에 상반되는 판단을 한 때

Ⅴ 상고심절차에 관한 특례법

> 제1조(목적) 이 법은 상고심절차(상고심절차)에 관한 특례를 규정함으로써 대법원이 법률심(법률심)으로서의 기능을 효율적으로 수행하고, 법률관계를 신속하게 확정함을 목적으로 한다.
> [전문개정 2009.11.2]
> 제2조(적용 범위) 이 법은 민사소송, 가사소송 및 행정소송(「특허법」 제9장과 이를 준용하는 규정에 따른 소송을 포함한다. 이하 같다)의 상고사건(상고사건)에 적용한다.
> [전문개정 2009.11.2]
> 제3조(「민사소송법」 적용의 배제) 「민사소송법」의 규정(다른 법률에 따라 준용하는 경우를 포함한다)이 이 법의 규정에 저촉되는 경우에는 이 법에 따른다.
> [전문개정 2009.11.2]
> 제4조(심리의 불속행) ① 대법원은 상고이유에 관한 주장이 다음 각 호의 어느 하나의 사유를 포함하지 아니한다고 인정하면 더 나아가 심리(심리)를 하지 아니하고 **"판결"**로 상고를 기각(기각)한다.
> 1. 원심판결(원심판결)이 헌법에 위반되거나, 헌법을 부당하게 해석한 경우
> 2. 원심판결이 명령·규칙 또는 처분의 법률위반 여부에 대하여 부당하게 판단한 경우
> 3. 원심판결이 법률·명령·규칙 또는 처분에 대하여 대법원 판례와 상반되게 해석한 경우
> 4. 법률·명령·규칙 또는 처분에 대한 해석에 관하여 대법원 판례가 없거나 대법원 판례를 변경할 필요가 있는 경우
> 5. 제1호부터 제4호까지의 규정 외에 중대한 법령위반에 관한 사항이 있는 경우
> 6. 「민사소송법」 제424조제1항 제1호부터 제5호까지에 규정된 사유가 있는 경우
> ② 가압류 및 가처분에 관한 판결에 대하여는 상고이유에 관한 주장이 제1항제1호부터 제3호까지에 규정된 사유를 포함하지 아니한다고 인정되는 경우 제1항의 예에 따른다.
> ③ 상고이유에 관한 주장이 제1항 각 호의 사유(가압류 및 가처분에 관한 판결의 경우에는 제1항제1호부터 제3호까지에 규정된 사유)를 포함하는 경우에도 다음 각 호의 어느 하나에 해당할 때에는 제1항의 예에 따른다.
> 1. 그 주장 자체로 보아 이유가 없는 때
> 2. 원심판결과 관계가 없거나 원심판결에 영향을 미치지 아니하는 때
> [전문개정 2009.11.2]
> 제5조(판결의 특례) ① 제4조 및 「민사소송법」 제429조 본문에 따른 판결에는 이유를 적지 아니할 수 있다.

② 제1항의 판결은 선고(宣告)가 필요하지 아니하며, 상고인에게 송달됨으로써 그 효력이 생긴다.
③ 제1항의 판결은 그 원본을 법원서기관, 법원사무관, 법원주사 또는 법원주사보(이하 "법원사무관등"이라 한다)에게 교부하며, 법원사무관등은 즉시 이를 받은 날짜를 덧붙여 적고 도장을 찍은 후 당사자에게 송달하여야 한다.
[전문개정 2009.11.2]

제6조(특례의 제한) ① 제4조 및 제5조는 「법원조직법」 제7조제1항 단서에 따라 재판하는 경우에만 적용한다.
② 원심법원으로부터 상고기록을 받은 날부터 4개월 이내에 제5조에 따른 판결의 원본이 법원사무관등에게 교부되지 아니한 경우에는 제4조 및 제5조를 적용하지 아니한다.
[전문개정 2009.11.2]

제7조(재항고 및 특별항고에의 준용) 민사소송, 가사소송 및 행정소송의 재항고(재항고) 및 특별항고 사건에는 제3조, 제4조제2항·제3항, 제5조제1항·제3항 및 제6조를 준용한다.
[전문개정 2009.11.2]

제3절 상고심의 절차

I 상고심의 절차

상고장의 제출 → 소송기록접수통지 → 상고이유서제출 → 심리속행사유의 심사 → 상고이유의 심리의 순으로 상고심절차는 진행된다.

1. 상고의 제기

(1) 상고장의 제출

상고의 제기는 상고기간 내(제425조, 제396조, 2주)에 상고장을 원심법원에 제출하여 제기한다(제425조, 제367조). 2011년 5월부터 전자접수가 가능하다. 상고장이 대법원에 바로 제출되었다가 다시 원심법원에 송부된 경우에는 상고장이 원심법원에 접수된 때를 기준하여 상고 제기기간 준수 여부를 따져야 한다(대판 1981.10.13. 81누230). 상고장의 기재는 항소장에 준하지만, <u>인지액은 소장의 2배이다</u>(민사소송등 인지법 제3조). 그리고 상고장의 송달비용의 예납이 필요하다.

(2) 재판장의 상고장 심사

제425조(항소심절차의 준용) 상고와 상고심의 소송절차에는 특별한 규정이 없으면 제1장의 규정을 준용한다.
제399조(원심재판장등의 항소장심사권) ① 항소장이 제397조제2항의 규정에 어긋난 경우와 항소장에 법률의 규정에 따른 인지를 붙이지 아니한 경우에는 원심재판장은 항소인에게 상당한 기간을 정하여 그 기간 이내에 흠을 보정하도록 명하여야 한다. 원심재판장은 법원사무관등으로 하여금 위 보정명령을 하게 할 수 있다. 〈개정 2014.12.30.〉
② 항소인이 제1항의 기간 이내에 흠을 보정하지 아니한 때와, 항소기간을 넘긴 것이 분명한 때에는 원심재판장은 명령으로 항소장을 각하하여야 한다.
③ 제2항의 명령에 대하여는 즉시항고를 할 수 있다. [제목개정 2014.12.30.]

> 제402조(항소심재판장등의 항소장심사권) ① 항소장이 제397조제2항의 규정에 어긋나거나 항소장에 법률의 규정에 따른 인지를 붙이지 아니하였음에도 원심재판장등이 제399조제1항의 규정에 의한 명령을 하지 아니한 경우, 또는 항소장의 부본을 송달할 수 없는 경우에는 항소심재판장은 항소인에게 상당한 기간을 정하여 그 기간 이내에 흠을 보정하도록 명하여야 한다. 항소심재판장은 법원사무관등으로 하여금 위 보정명령을 하게 할 수 있다. 〈개정 2014.12.30.〉
> ② 항소인이 제1항의 기간 이내에 흠을 보정하지 아니한 때, 또는 제399조제2항의 규정에 따라 원심재판장이 항소장을 각하하지 아니한 때에는 항소심재판장은 명령으로 항소장을 각하하여야 한다.
> ③ 제2항의 명령에 대하여는 즉시항고를 할 수 있다. [제목개정 2014.12.30.]

(3) 소송기록의 송부와 접수 통지

상고장에 형식적 불비가 있어 원심재판장이 보정명령을 한 때를 제외하고는 원칙적으로 원심법원의 법원사무관등은 상고장이 제출된 날부터, 판결정본송달 전에 상고가 제기된 때에는 판결정본이 송달된 날부터 2주 이내에 소송기록을 상고법원에 보내야 한다. 소송기록이 상고법원에 송부되기까지는 기록보관의 원심법원이 사건으로부터 파생되는 부수적 재판(집행정지신청, 소송구조신청 등)에 대해 관할권을 가지며, 상고의 취하·상고권의 포기·소의 취하도 원심법원에 대해 한다. 상고법원의 법원사무관등이 소송기록의 송부를 받은 때에는 바로 그 사유를 당사자에게 통지하여야 한다.

(4) 상고이유서의 제출

> 제427조(상고이유서 제출) 상고장에 상고이유를 적지 아니한 때에 상고인은 제426조의 통지를 받은 날부터 20일 이내에 상고이유서를 제출하여야 한다.

1) 상고이유서의 제출기간은 법정기간이지만 불변기간이 아니다. 따라서 추후보완이 허용되지 않는다(대판 1970.01.27. 67다774). 다만 기간 경과 후라도 상고이유서의 제출이 있으면 그 기간의 신장(제172조 1항)을 인정하여 상고이유서를 적법한 것으로 처리할 수 있다[3](대판 1980.06.12. 80다918).

2) 상고법원의 판단 대상이 되는 상고이유는 상고이유서제출기간 내에 제출된 상고이유에 한하며, 기간 경과 후에 제출된 것은 이미 제출한 상고이유서를 석명보충 한 것 이외에는 판단의 대상이 되지 않는다(대판 1960.06.30. 4292민재항5). 다만 예외적으로 ㉠ 기간 경과 후에 새로운 상고사유가 생긴 경우 ㉡ 직권조사사항은 그 후라도 추가제출이 가능하다(확정판결의 존재, 제척기간의 도과 등). 그러나 패소부분 전부에 관하여 상고하였으면서도 위자료 부분에 대하여는 상고이유를 개진하고 있지 아니하다면 이 부분 상고는 기각을 면하지 못한다(대판 1987.03.24. 86다카1289).

3) 상고이유를 기재할 때에는 원판결의 어느 점이 어떻게 법령에 위배되었는지 알 수 있도록 명시적이고 구체적인 위배의 사유, 법령의 조항 또는 내용, 절차위반의 사실을 표시해야 하며, 절대적 상고이유라면 해당 조항 및 이에 해당하는 사실, 판례위반을 주장하는 때에는 그 판례를 구체적으로 명시해야 한다[4](규칙 제129조 ~ 제131조). 그렇지 않으면 상고이유의 부제출로 취급된다

---

3) 당사자의 책임에 돌릴 수 없는 사유로 제출기간을 준수하지 못한 경우 추후 보완은 허용되지 않지만 기간이 경과된 후라도 상고이유서가 제출되면 기간의 신장을 인정하여 상고이유서를 적법한 것으로 처리할 수도 있는 점에 비추어 민사소송법 제429조는 위헌이 아니다(헌재 2008.10.30. 2007헌마532).
4) ① 원판결에 사실오인 내지 채증법칙의 위배가 있다고만 적시한 경우(대판 1993.09.28. 93누5994), ② 억울한 사정을

(대판 1983.11.22. 82누297).

(5) 상고이유서의 부제출

> **제429조(상고이유서를 제출하지 아니함으로 말미암은 상고기각)** 상고인이 제427조의 규정을 어기어 상고이유서를 제출하지 아니한 때에는 상고법원은 변론 없이 판결로 상고를 기각하여야 한다. 다만, 직권으로 조사하여야 할 사유가 있는 때에는 그러하지 아니하다.

상고인이 상고이유서를 제출하지 아니한 때에는 직권으로 조사하여야 할 사유가 없는 한 상고법원은 변론 없이 판결로 상고를 기각하여야 한다(대판 2019.03.14. 2018다260930).

(6) 부대상고

부대항소와 같이 피상고인은 상고에 부대하여 원판결을 자기에게 유리하게 변경할 것을 신청할 수 있다. 다만 법률심인 상고심에서는 소 변경이나 반소가 허용되지 아니하므로, 부대항소와 달리 전부승소자는 부대상고를 할 수 없다. 일부승소한 피상고인이 할 수 있다. 피상고인은 상고권이 소멸된 후에도 부대상고를 할 수 있지만 상고이유서 제출기간 내에 부대상고를 제기하고 부대상고이유서를 제출하여야 한다(대판 2013.02.14. 2011두25005).

2. 심리불속행 제도 - 심리속행 사유의 심사

(1) 의 의

상고심리불속행제도는 상고인 주장의 상고이유에 중대한 법령위반에 관한 사항 등 사유가 포함되어 있지 않으면 상고이유의 당부에 대하여 본안심리를 진행하지 않고 판결로 상고기각하는 제도이다. 즉 대법원이 법률심으로 판단할 가치가 있는 사건이 아니면 2심으로 끝낸다는 취지이다. 심리불속행제도는 처음부터 인지대 전액을 부담시켜 상고를 진행하다가, 심리속행사유가 없어 심리불속행기각판결 하는 경우에는 인지대 1/2을 돌려준다.

(2) 심리속행사유

> **제4조(심리의 불속행)** ① 대법원은 <u>상고이유에 관한 주장이 다음 각 호의 어느 하나의 사유를 포함하지 아니한다고 인정하면</u> 더 나아가 심리(심리)를 하지 아니하고 **"판결"로 상고를 기각**(기각)한다.
> 1. 원심판결(원심판결)이 헌법에 위반되거나, 헌법을 부당하게 해석한 경우
> 2. 원심판결이 명령·규칙 또는 처분의 법률위반 여부에 대하여 부당하게 판단한 경우
> 3. 원심판결이 법률·명령·규칙 또는 처분에 대하여 대법원 판례와 상반되게 해석한 경우
> 4. 법률·명령·규칙 또는 처분에 대한 해석에 관하여 대법원 판례가 없거나 대법원 판례를 변경할 필요가 있는 경우
> 5. 제1호부터 제4호까지의 규정 외에 중대한 법령위반에 관한 사항이 있는 경우
> 6. 「민사소송법」 제424조제1항 제1호부터 제5호까지에 규정된 사유가 있는 경우
> ② 가압류 및 가처분에 관한 판결에 대하여는 상고이유에 관한 주장이 제1항제1호부터 제3호까지에 규정된 사유를 포함하지 아니한다고 인정되는 경우 제1항의 예에 따른다.

호소한 것에 불과한 진정서(대판 1981.05.26. 81다494), ③ 독립적인 서면이 아니고 1심 이후 항소심까지 주장준비서면의 내용을 모두 그대로 원용(대판 2008.02.28. 2007다52287), ④ 자기에게 불리한 주장(대판 1983.06.28. 82다카1767) 등은 적법한 상고이유의 기재라고 할 수 없다.

> ③ 상고이유에 관한 주장이 제1항 각 호의 사유(가압류 및 가처분에 관한 판결의 경우에는 제1항제1호부터 제3호까지에 규정된 사유)를 포함하는 경우에도 다음 각 호의 어느 하나에 해당할 때에는 제1항의 예에 따른다.
> 1. 그 주장 자체로 보아 이유가 없는 때
> 2. 원심판결과 관계가 없거나 원심판결에 영향을 미치지 아니하는 때

1) 원 칙

① 헌법위반이나 헌법의 부당해석
② 명령·규칙 또는 처분의 법률위반 여부에 대한 부당판단
③ 대법원판례 위반
④ 대법원판례의 부존재 또는 변경의 필요성

새로운 판례를 내서 유사사건에 대한 재판기준으로 제시할 필요가 있는 표본소송 사건(model case)이나 하급심판례나 실무상 법령해석이 달라 대법원 판례가 필요할 때가 여기에 해당한다. 그리고 잘못된 판례를 변경하는 경우나 서로 엇갈리는 판례를 정리하는 경우도 이에 포함된다.

⑤ 중대한 법령위반에 관한 사항

① 내지 ④는 ⑤의 예시에 불과하므로, 결국은 중대한 법령위반이 중심적인 심리속행사유가 될 것이다. 다만 어떠한 법령위반을 중대한 법령위반으로 할 것인가[5]는 모호하기 때문에 구체적 기준의 설정이 필요하다(이시윤). 상고심의 기능에 비추어 법령해석의 통일이나 법 발전과 직결되는 중요한 실체법·소송법상의 문제를 포함하고 있을 때와 원판결을 유지하면 정의와 형평의 이념에 현저히 반하는 경우가 이에 포함될 것이다. 예를 들어 '심리미진'은 현저한 것일 때 이에 해당하고, 채증법칙이나 경험법칙의 위반이 현저한 경우, 증거판단의 누락도 중요한 증거일 때 이에 해당한다. 그리고 소송물의 값이 커서 원심판결이 그대로 확정될 때 당사자의 불이익이 중대한 경우(비례의 원칙), 원판결과 상고이유서를 대조하여 승소가능성이 예견되는 경우, 1·2심의 판결이 정면배치 되는 경우, 사회적으로 이목이 집중된 사건 등이 해당한다.

⑥ 이유 불명·이유모순을 제외한 제424조 소정의 각 절대적 상고사유

2) 예 외

예외적으로 상고이유로 ①호 내지 ⑥호에 해당되어도 주장자체로 이유가 없는 때, 원심판결과 관계가 없거나 원심판결에 영향을 미치지 아니하는 때에는 심리속행을 하지 않는다.

3) 가압류·가처분절차

보전절차는 심리의 신속성에 비추어 ①호 내지 ③호에 해당하는 경우에만 심리속행사유에 해당한다. 재항고사건도 보전절차에 관한 규정을 준용하므로, 마찬가지이다.

---

[5] 다만 '중대한 법령위반'은 '중대한 법령'의 위반이 아니라 법령의 '중대한 위반'으로 보는 견해도 유력하다(정동윤·유병현·김경욱). 왜냐하면 법령을 중대한 법령과 중대하지 아니한 법령으로 구분하는 것 자체가 자의적이기 때문이다. 이렇게 풀이하면 제4조에서 말하는 법령의 위반은 모두 중대한 위반이 되므로, '중대한'이라는 수식어는 무의하다고 한다.

(3) 심리속행사유의 조사

심리속행사유는 상고이유에 대한 본안심리속행을 위한 요건이므로 직권조사사항이다. 그리고 속행사유 존부의 조사기간은 원심법원으로부터 상고기록을 송부 받은 날로부터 4개월이다. 이 기간 내에 조사하여 속행사유가 포함되어 있지 않다고 인정되면 심리불속행기각판결로 절차가 끝이 나지만, 그와 같은 판결 없이 그 기간이 넘어가게 되면 심리불속행절차만 끝이 나고 통상의 상고심 절차에 따라 심리가 속행된다(제6조 2항). 상고법원은 제출기간 내에 제출한 상고이유서의 주장을 기준으로 하여 속행사유의 존부를 가리지만, 속행사유가 직권조사사항임에 비추어 직권발동을 촉구하는 의미에서 이유서제출기간 이후라도 상고인은 속행사유에 대한 주장을 보충·변경할 수 있다.

(4) 심리불속행판결의 특례와 적용 범위

1) 특 례

① 심리속행사유가 없을 때는 심리불속행기각판결을 하며, 상고비용은 상고인의 부담이 된다. 그리고 상고본안심리의 거부라는 점에서 내용상으로는 상고각하와 같은 소송판결이지만, 형식상으로는 '각하'가 아니라 '기각'이므로 본안판결이다.
② 판결이유의 기재를 생략할 수 있다. 이유가 생략되므로, 판단누락은 있을 수 없다.
③ 판결의 선고가 불필요하며, 상고인에 대한 송달로써 선고에 갈음한다. 이 경우 판결의 성립시기는 법원사무관등에게 판결원본을 교부한 때이며, 효력발생시기는 상고인에게 송달 시이다.
④ 대법원 전원합의체가 아닌 3인 이상으로 구성되는 소부에서 재판하는 경우에만 가능하다.
⑤ 판결의 시한은 상고기록을 송부 받은 날부터 기각판결원본을 법원사무관등에게 교부하기까지 4월 이내이다. 따라서 4월이 지나면 따로 결정이 없어도 속행 결정이 난 것이다.
⑥ 법원사무관등은 교부받은 판결원본에 영수일자만 부기하고 날인 후 바로 당사자에게 송달하여야 한다.

2) 범 위

심리불속행제도는 민사소송, 가사소송, 행정소송, 특허소송의 상고사건까지 모두 적용되며, 같은 소송들의 재항고에도 준용된다. 다만 소액사건에 대한 상고사건과 특별항고 등에는 적용이 배제된다.

3. 상고심의 본안심리

(1) 상고이유서의 송달과 답변서의 제출

> 제428조(상고이유서, 답변서의 송달 등) ① 상고이유서를 제출받은 상고법원은 바로 그 부본이나 등본을 상대방에게 송달하여야 한다.
> ② 상대방은 제1항의 서면을 송달받은 날부터 10일 이내에 답변서를 제출할 수 있다.
> ③ 상고법원은 제2항의 답변서의 부본이나 등본을 상고인에게 송달하여야 한다.

상고법원은 상고이유서의 제출을 받은 경우에는 지체 없이 피상고인에게 그 부본이나 등본을 송달하여야 한다. 부적법한 상고이기 때문에 곧바로 각하할 경우에는 송달을 요하지 않는다. 피상고인은 송달을 받은 날로부터 10일 이내에 답변서를 제출할 수 있다. 답변서의 부본이나 등본은 상고인에게 송달을 요한다.

(2) 심리의 범위

상고법원은 상고이유가 심리속행사유를 포함하고 있으면 상고이유에 대하여 심리를 속행한다. 이 경우 상고법원은 상고이유로서 주장한 사항에 한하여 그리고 불복신청 한 한도에서 원판결의 당부를 조사한다. 그 결과 원판결을 변경하는 경우에도 불복신청의 한도에 한한다. 예를 들어 주위적 청구기각·예비적 청구인용의 항소심판결에 대해 피고만이 상고하고 원고는 상고나 부대상고를 하지 않은 경우, 주위적 청구에 대한 판결 부분은 이심은 되어도 상고심의 심판 대상은 되지 않는다[6]. 그리고 원고일부승소의 1심판결에 대하여 원고만이 항소하고 피고는 항소·부대항소조차 하지 않은 경우 피고가 1심판결의 원고승소부분에 대해 상고를 제기할 수 없다(대판 2009.10.29. 2007다22514·22521). 다만 직권조사사항은 이 원칙이 적용되지 않으므로, 불복신청이 없는 부분도 파기할 수 있다(대판 1980.11.11. 80다284). 즉 확정판결의 존부는 직권조사사항이어서 당사자의 주장이 없더라도 법원이 이를 직권으로 조사하여 판단하지 않으면 아니 되고, 당사자는 확정판결의 존재를 사실심 변론종결 시까지 주장하지 아니하였다 하더라도 상고심에서 새로이 이를 주장, 증명할 수 있는 것이다(대판 2006.10.13. 2004두10227).

(3) 소송자료

상고심은 법률심이므로 직권조사사항을 제외하고, 새로운 소송자료의 수집과 사실 확정을 할 수 없다. 원판결이 적법하게 확정한 사실은 항고법원을 기속하기 때문에, 사실인정은 사실심법관의 전권사항이다. 따라서 상고심에서는 소 변경, 중간확인의 소, 반소도 허용되지 않는다. 원심에서 한 자백도 취소할 수 없다(대판 1998.01.23. 97다38305). 예외적으로 가집행선고 실효로 인한 가지급물반환신청이 허용될 뿐이다(제215조, 이 경우도 사실심리를 요하지 않는 경우에 한한다).

(4) 심리방법과 참고인제

> 제430조(상고심의 심리절차) ① 상고법원은 상고장·상고이유서·답변서, 그 밖의 소송기록에 의하여 변론 없이 판결할 수 있다.
> ② 상고법원은 소송관계를 분명하게 하기 위하여 필요한 경우에는 특정한 사항에 관하여 변론을 열어 참고인의 진술을 들을 수 있다.

---

[6] 원고의 주위적 청구를 기각하면서 예비적 청구를 일부 인용한 환송 전 항소심판결에 대하여 피고만이 상고하고 원고는 상고도 부대상고도 하지 않은 경우에, 주위적 청구에 대한 항소심판단의 적부는 상고심의 조사대상으로 되지 아니하고 환송 전 항소심판결의 예비적 청구 중 피고 패소 부분만이 상고심의 심판대상이 되는 것이므로, 피고의 상고에 이유가 있는 때에는 상고심은 환송 전 항소심판결 중 예비적 청구에 관한 피고 패소 부분만 파기하여야 하고, 파기환송의 대상이 되지 아니한 주위적 청구부분은 예비적 청구에 관한 파기환송판결의 선고와 동시에 확정되며 그 결과 환송 후 원심에서의 심판범위는 예비적 청구 중 피고 패소 부분에 한정된다(대판 2001.12.24. 2001다62213).

상고법원은 상고장, 상고이유서, 답변서 그 밖의 소송기록에 의하여 서면심리만으로 판결할 수 있다. 상고기각·상고인용 어느 경우든 변론을 열지 않아도 되는 임의적 변론절차이다. 다만 상고심에서 무조건 변론을 열지 않는 것은 문제가 있을 수 있으므로, 현행법은 상고법원이 소송관계를 분명하게 하기 위하여 필요한 경우에는 변론을 열어 참고인의 진술을 들을 수 있도록 하였다. 참고인 진술의 경우에는 당사자를 참여하게 하여야 한다(규칙 제134조 1항). 상고심에서 변론을 여는 경우라도 임의적 변론절차이므로, 진술간주(제148조)·쌍불취하(제268조) 규정 등은 적용이 없다.

Ⅱ 상고심의 종료

1. 상고장각하명령

상고심재판장의 상고장각하명령에서는 항고할 수 없다.

2. 상고각하판결

상고요건의 흠결이 있는 경우에는 상고법원은 판결로써 상고를 각하한다. 다만 상고기간 경과 후의 상고임을 발견한 때에는 명령으로 상고장각하를 한다.

3. 상고기각판결

상고가 이유 없다고 인정할 때에는 상고기각의 본안판결을 하여야 한다. 상고이유대로 원판결이 부당하다 하여도 다른 이유에 의하여 결과적으로 정당하다고 인정할 때에는 상고기각을 하여야 한다.

4. 상고인용판결 - 원판결의 파기

(1) 파기사유

상고이유에 해당할 때, 직권조사사항에 관하여 조사한 결과 원판결이 부당한 때이다.

(2) 환송 또는 이송의 원칙(제436조)

1) 환송 후의 심리절차

① 사건은 환송받은 법원에 당연히 계속된다. 따라서 환송받은 법원은 새로 변론을 열어야 한다[7]. 그러나 환송 후의 항소심은 새로 재판부를 구성해야 하는 관계로 변론의 갱신절차를 밟아야 한다(제204조 2항). ② 소송대리인의 대리권은 환송에 의하여 당연히 부활한다는 것이 判例이다. ③ 환송 후 심판의 대상이 되는 청구는 원판결로 파기되어 환송된 부분만이다. 그리고 환송 후 원심의 소송절차는 환송 전 항소심의 속행이므로 당사자는 원칙적으로 새로운 사실과 증거를 제출할 수 있음은 물론, 소의 변경, 부대항소의 제기뿐만 아니라 청구의 확장 등 그 심급에서 허용

---

[7] 환송 후 원심의 소송절차는 환송 전 항소심의 속행이므로 당사자는 원칙적으로 새로운 사실과 증거를 제출할 수 있음은 물론, 소의 변경, 부대항소의 제기뿐만 아니라 청구의 확장 등 그 심급에서 허용되는 모든 소송행위를 할 수 있고, 이때 소를 교환적으로 변경하면, 제1심판결은 소 취하로 실효되고 항소심의 심판대상은 교환된 청구에 대한 새로운 소송으로 바뀌어 항소심은 사실상 제1심으로 재판하는 것이 된다(대판 2013.02.28. 2011다31706).

되는 모든 소송행위를 할 수 있고, 이러한 이유로 환송 전의 판결보다 상고인에게 불리한 결과가 생기는 것은 불가피하다(대판 2014.06.12. 2014다11376,11383).

2) 환송판결의 기속력

아래 내용 참고

(3) 自 判(자판)(제437조)

> 제437조(파기자판) 다음 각 호 가운데 어느 하나에 해당하면 상고법원은 사건에 대하여 종국판결을 하여야 한다.
> 1. 확정된 사실에 대하여 법령적용이 어긋난다 하여 판결을 파기하는 경우에 사건이 그 사실을 바탕으로 재판하기 충분한 때
> 2. 사건이 법원의 권한에 속하지 아니한다 하여 판결을 파기하는 때

상고법원이 원판결을 파기하는 때라도 제437조에 해당하는 경우에는 상고법원은 사건에 대해 자판을 하여야 한다.

5. 환송판결의 기속력

> 제436조(파기환송, 이송) ① 상고법원은 상고에 정당한 이유가 있다고 인정할 때에는 원심판결을 파기하고 사건을 원심법원에 환송하거나, 동등한 다른 법원에 이송하여야 한다.
> ② 사건을 환송받거나 이송 받은 법원은 다시 변론을 거쳐 재판하여야 한다. 이 경우에는 상고법원이 파기의 이유로 삼은 사실상 및 법률상 판단에 기속된다. → 환송판결의 기속력
> ③ 원심판결에 관여한 판사는 제2항의 재판에 관여하지 못한다.

(1) 환송판결의 기속력 일반

1) 의 의

환송판결의 기속력이란 환송 또는 이송을 받은 법원이 다시 심판을 하는 경우에는 상고법원이 파기의 이유로 한 법률상 및 사실상의 판단에 기속되는 것을 이른다(제436조 제2항 후문, 법원조직법 제8조).

2) 법적성질

학설은 ① 중간판결에 인정되는 기속력과 동일시하는 중간판결설, ② 확정판결의 기판력으로 보는 기판력설도 있으나, ③ 심급제도의 유지를 위해 상급심의 판결이 하급심을 구속하는 특수한 효력으로 보는 특수효력설이 통설이다. ⅰ) 상고심에 의한 법령해석의 통일, ⅱ) 심급제도의 본질 유지라는 환송판결의 기속력의 취지상 이 견해가 타당하다고 본다. 判例도 "환송판결도 동일절차 내에서는 철회, 취소될 수 없다는 의미에서 기속력이 인정됨은 물론 법원조직법 제8조, 민사소송법 제436조 제2항 후문의 규정에 의하여 하급심에 대한 특수한 기속력은 인정되지만…(93재다27·34(전))."고 하여 특수효력설의 입장이다.

3) 내 용

① 사실상의 판단

소송요건 등의 직권조사사항과 재심사유에 해당하는 사실을 지칭하고, 본안에 관한 사실은 상고심이 법률심이기 때문에 포함되지 않는다. 따라서 환송받은 법원은 본안에 관해서는 새로운 자료에 기하여 새로운 사실인정이 가능하다.

② 법률상의 판단

법령의 해석, 적용에 관한 판단으로 파기의 전제가 된 것을 의미한다. 다만 이는 파기이유와 논리적, 필연적 관계가 없는 부분[8] 즉 부수적으로 지적한 사항에까지 미치는 것은 아니다.

③ 소극적 효력

환송받은 법원은 상고법원이 파기이유로 삼은 잘못된 견해만 피하면 다른 가능한 견해에 의하여 환송 전의 판결과 동일한 결론을 내려도 기속력에 반하지 않는다(대판 1995.10.13. 95다33047).

4) 기속력의 소멸

① 환송판결에 나타난 법률상의 견해가 뒤에 판례변경으로 바뀌었을 때, ② 새로운 주장·입증이나 이의 보강으로 전제된 사실관계의 변동이 생긴 때[9](대판 1992.09.14. 92다4192 등), ③ 법령

---

8) [1] 민사소송법 제436조 제2항에 의하여 환송받은 법원이 기속되는 '상고법원이 파기이유로 한 법률상 판단'에는 상고법원이 명시적으로 설시한 법률상 판단뿐 아니라 명시적으로 설시하지 아니하였더라도 파기이유로 한 부분과 논리적·필연적 관계가 있어서 상고법원이 파기이유의 전제로서 당연히 판단하였다고 볼 수 있는 법률상 판단도 포함되는 것으로 보아야 한다.
[2] 환송 전 원심이 甲이 乙 등에게 부동산을 명의신탁하였고, 그 후 丙이 위 부동산을 증여받았음을 원인으로 하여 구 임야소유권 이전등기에 관한 특별조치법(이하 '구 특조법'이라 한다)에 따라 소유권이전등기를 마친 사실 등을 인정한 다음, 위 증여에 대하여는 구 특조법이 적용되지 않음을 전제로 丙 명의 등기의 추정력이 깨어졌으므로 甲은 乙 등에 대한 명의신탁을 해지하고 乙 등 또는 상속인을 대위하여 위 부동산에 경료된 등기의 말소를 청구할 수 있다는 취지로 판단하였고, 이에 대하여 환송판결이 丙이 등기원인으로 내세웠던 사실에 대하여도 구 특조법이 적용된다는 이유로 환송 전 원심판결을 파기환송하였는데, 환송 후 원심이 甲이 부동산을 乙 등에게 명의신탁하였음을 인정할 증거가 없다는 이유로 甲의 소를 각하한 사안에서, 채권자대위소송에서 대위에 의하여 보전될 채권자의 채무자에 대한 권리(피보전채권)가 존재하는지는 소송요건으로서 법원의 직권조사사항이므로, 환송판결이 구 특조법에 의하여 경료된 등기의 추정력이 번복되는 경우인지에 관해서만 판단하였더라도, 그 판단은 甲이 乙 등 또는 상속인에 대하여 명의신탁 해지에 따른 이전등기청구권을 가지고 이를 피보전채권으로 하여 乙 등 또는 상속인을 대위할 수 있어 소송요건을 구비하였다는 판단을 당연한 논리적 전제로 하고 있으므로, 환송판결의 기속력은 甲의 청구가 소송요건을 구비한 적법한 것이라는 판단에 대하여도 미침에도, 환송 후 원심이 甲의 청구가 소송요건을 구비하지 못한 부적법한 소라고 본 것은 환송판결의 기속력에 반하여 위법하다(대판 2012.03.29. 2011다106136).
9) 민사소송법 규정에 의한 파기환송판결의 기속력이라 함은 사건을 환송받은 법원은 상고법원이 파기의 이유로 삼은 사실상 및 법률상 판단에 기속된다는 것으로서, 여기에서 '파기이유로 삼은 사실상의 판단'이란 상고법원이 절차상의 직권조사사항에 관하여 한 사실상의 판단을 말하고 본안에 관한 사실판단을 말하는 것이 아니며, 환송판결에서 파기이유로 하지 않은 부분에서 부수적으로 지적한 사항에 미치지도 아니하고, 또한 환송을 받은 법원은 변론을 거쳐 새로운 증거나 보강된 증거에 의하여 본안의 쟁점에 관하여 새로운 사실인정을 할 수 있는 것이므로, 그 심리과정에서 당사자의 주장·입증이 새로이 제출되거나 또는 보강되어 상고법원의 기속적 판단의 기초가 된 사실관계에 변동이 생긴 때에는 환송판결의 기속은 미치지 않는 것이다(대판 2008.02.28. 2005다11954).

의 변경이 생겼을 때는 기속력을 잃는다(이시윤).

(2) 환송판결의 기속력의 재상고심에 대한 인정여부

1) 문제점

원칙적으로 환송판결의 기속력은 환송을 받은 법원뿐만 아니라 환송판결에 대하여 다시 상고가 행해진 때 재상고심도 기속하는데, 이 경우 법률상 판단을 변경할 필요가 있어 재상고심이 전원합의체를 구성할 경우에는 기속력이 미치지 않아 환송판결과 다른 판단을 할 수 있는지 문제된다.

2) 判 例

과거 判例는 "환송판결의 기속력이 재상고심의 전원합의체까지도 예외 없이 미친다(대판 1995.05.23. 94재누18 등)."고 하였다. 그러나 현재 判例는 원고가 손실보상금재결처분취소를 구한 사안에서 "대법원의 전원합의체가 종전의 환송판결의 법률상 판단을 변경할 필요가 있다고 인정하는 경우에는, 그에 기속되지 아니하고 통상적인 법령의 해석적용에 관한 의견의 변경절차에 따라 이를 변경할 수 있다고 보아야 할 것이다(대판(전) 2001.03.15. 98두15597)"고 하여 재상고심의 전원합의체에는 환송판결의 기속력을 부정하여 과거 견해들을 변경[10]하였다.

---

[10] 만약 대법원의 전원합의체에도 환송판결의 기속력이 미친다면 위 변경된 판례가 지적하듯이, 전원합의체의 권능 행사를 통하여 법령의 올바른 해석적용과 그 통일을 기하고 무엇이 정당한 법인가를 선언함으로써 사법적 정의를 실현하여야 할 임무가 있는 대법원이 자신의 책무를 스스로 포기하는 셈이 될 것이고, 그로 인하여 하급심법원을 비롯한 사법전체가 심각한 혼란과 불안정에 빠질 수도 있을 것이며, 소송경제에도 반하게 될 것임이 분명하다. 그리고 환송판결은 확정된 종국판결이 아니므로 재심사유에 국한하여 환송판결의 기속력을 배제하는 제한적 긍정설을 취하기는 어렵다고 생각한다. 따라서 환송판결의 기속력은 원칙적으로 상고심 자신도 기속하는 것이지만 법률상 견해 변경을 위한 전원합의체에는 미치지 않는다고 할 것이다(긍정설, 이규호 고시계 2006/5, 127면).

제4장 항고

> 제439조(항고의 대상) 소송절차에 관한 신청을 기각한 결정이나 명령에 대하여 불복하면 항고할 수 있다.
> 제442조(재항고) 항고법원·고등법원 또는 항소법원의 결정 및 명령에 대하여는 재판에 영향을 미친 헌법·법률·명령 또는 규칙의 위반을 이유로 드는 때에만 재항고(재항고)할 수 있다.
> 제444조(즉시항고) ① 즉시항고는 재판이 고지된 날부터 1주 이내에 하여야 한다.
> ② 제1항의 기간은 불변기간으로 한다.
> 제447조(즉시항고의 효력) 즉시항고는 집행을 정지시키는 효력을 가진다.

I 항고의 의의와 목적

항고는 판결 이외의 재판인 결정·명령에 대하여 하는 독립된 상소이다. 항고는 상소로서 상급법원에 대하여 원심재판의 당부의 심사를 구하는 것이지만, 그 절차는 간편하게 진행되는 결정절차이며, 항고가 제기되면 원심법원도 스스로 재판을 변경할 수 있는 기회를 가지게 되는 점에서 항소·상고와 다르다. 또한 항고는 상소의 일종으로서 상급법원에 대한 불복신청인 점에서 특별한 결정·명령에 대하여 같은 심급에 하는 불복신청인 이의신청(제138조, 제441조, 제470조, 민집 제283조, 제301조)과 다르다. 항고는 모든 결정·명령에 대하여 허용되는 것이 아니고, 법률이 특히 인정한 경우에만 허용된다.

II 항고의 종류

1. 통상항고·즉시항고

이것은 항고제기기간의 유무에 따른 구분이다. 통상항고(보통항고)는 항고제기의 기간이 정하여져 있지 아니한 항고로서, 원재판을 취소할 실익(항고의 이익)이 있는 한 언제든지 제기할 수 있다. 즉시항고[1]는 재판이 고지된 날부터 1주의 불변기간 안에 제기하여야 하는 항고로서(제444조), 법률이 이를 허용하는 취지를 명확하게 규정하고 있는 경우에만 인정된다. 즉시항고는 원재판의 집행을 정지하는 효력이 있다(제447조, 민집 제15조 2항 참고). 그리고 가압류이의신청에 대한 재판은 집행절차에 관한 집행법원의 재판에 해당하지 아니하므로 그에 대한 즉시항고에는 민사집행

---

[1] 강제집행정지신청 기각결정에 대한 특별항고는 민사집행법 제15조가 규정한 집행법원의 재판에 대한 불복에 해당하지 아니하고, 특별항고장을 각하한 원심재판장의 명령에 대한 즉시항고는 민사소송법상 즉시항고에 불과하므로(민사소송법 제450조, 제425조, 제399조 제3항 참조) 거기에 민사집행법 제15조가 적용될 여지는 없다. 나아가 민사소송법상 항고법원의 소송절차에는 항소에 관한 규정이 준용되는데, 민사소송법은 항소이유서의 제출기한에 관한 규정을 두고 있지 아니하므로 즉시항고이유서를 제출하지 않았다는 이유로 즉시항고를 각하할 수는 없다(대결 2016.09.30. 2016그99).

법 제15조가 적용되지 않고 민사소송법의 즉시항고에 관한 규정이 적용된다. 민사소송법상 항고법원의 소송절차에는 항소에 관한 규정이 준용되는데, 민사소송법은 항소이유서의 제출기한에 관한 규정을 두고 있지 아니하므로 가압류이의신청에 대한 재판의 항고인이 즉시항고이유서를 제출하지 아니하였다거나 그 이유를 적어내지 아니하였다는 이유로 그 즉시항고를 각하할 수는 없다(대결 2008.02.29. 2008마145).

2. 최초의 항고·재항고

이것은 심급에 의한 구분이다. 최초의 항고는 제1심에서 내려진 결정·명령에 대하여 행하는 항고이고, 재항고는 최초의 항고에 관하여 항고심에서 내린 결정과 고등법원 또는 항소법원의 결정·명령에 대하여 하는 항고이다. 최초의 항고에는 항소에 관한 규정이 재항고에는 상고에 관한 규정이 각각 준용된다.

3. 특별항고

특별항고라 함은 불복을 신청할 수 없는 결정이나 명령에 대하여 재판에 영향을 미친 헌법위반이 있거나, 재판의 전제가 된 명령·규칙·처분의 헌법 또는 법률위반 여부에 대한 판단이 부당하다는 것을 이유로 하여 대법원에 하는 항고를 말한다. 특별항고에 대하여 그렇지 아니한 항고를 일반항고라고 한다.

4. 부수적 결정에 대한 항고, 독립적 결정에 대한 항고

전자는 민사소송절차에서 부수적으로 행하는 결정에 대한 항고이고, 후자는 각각의 법률에 정한 특칙 외에 민사소송법의 규정이 준용된다. 전자와 후자는 본래 그 성질이 판이하므로, 민사소송법을 준용할 때는 이 점을 충분히 고려하여야 한다.

III 항고절차

1. 당사자

(1) 항고인 및 법정대리인

항고를 제기할 수 있는 당사자는 원판결에 의하여 불이익을 받을 사람으로서 소송당사자, 보조참가인 또는 제3자이다. 증인으로서 의무위반이 있다고 하여 제재를 받은 증인(제311조, 제317조, 제326조), 비용상환을 명받은 대리인(제107조), 문서의 제출을 명받은 제3자(제348조, 제347조 2항) 등이 항고 할 수 있는 제3자이다. 항고권자만이 행사할 수 있으므로[2], 항고권자의 채권자는 항고권자를 대위하여 항고할 수는 없다.

---

[2] 개인회생절차에서 변제계획 변경 인가결정에 대하여 즉시항고가 있어 항고심이나 재항고심에 계속 중이더라도 면책결정이 확정되면, 항고인이나 재항고인으로서는 변제 계획 변경 인가결정에 대하여 더 이상 즉시항고나 재항고로 불복할 이익이 없으므로 즉시항고나 재항고는 부적법하다(대결 2019.07.25. 2018마6313).

(2) 항고의 상대방

항고는 엄격한 당사자 대립의 구조를 가지지 않는 편면적 불복절차이다. 그러나 재판사항이 대립하는 이해관계인을 전제로 하는 경우에는 항고인에 대한 상대방이 존재하며, 절차상으로도 당사자가 된다. 판결절차에서 파생하는 사항의 경우에는 원고·피고가 항고인·상대방으로 되는 경우가 많다. 그러나 처음부터 반대의 이해관계인이 없는 경우도 있고, 또 상대방이 명백하지 아니한 경우에는 법원이 반대의 이해관계인을 지정하여 이를 심문할 수도 있다. 따라서 보통의 경우에는 항고장에 피항고인을 표시하거나 항고장을 상대방에 송달하여야 하는 것은 아니다[3].

2. 항고의 제기

(1) 제기의 방식

원재판에 의하여 불이익을 받는 당사자 또는 제3자는 항고를 제기할 수 있다. 항고의 제기는 원심법원에 항고장을 제출함으로써 한다. 항고장에는 당사자 및 법정대리인, 원재판의 표시, 그 재판에 대한 항고의 취지를 적어야 한다. 항고장에는 소정의 인지를 붙여야 한다[4]. 부동산경매절차에서 매각허가결정에 대하여 항고를 할 때는 항고장에 보증공탁증명서를 첨부하여야 한다(민집 제130조 4항). 민사집행법은 강제집행절차상의 즉시항고에 항고이유서제도를 도입하고 있다. 따라서 항고장에 항고이유를 적지 아니한 때에는 항고장을 제출한 날로부터 10일 이내에 항고이유를 적은 항고이유서를 원심법원에 제출하여야 하도록 하고 있다(민집 제15조 3항). 따라서 민사집행법상의 재항고인이 재항고장에 재항고의 이유를 기재하지 아니한 때에는 재항고장을 제출한 날부터 10일 이내에 항고이유서를 원심법원에 제출하여야 하고, 위 기간 안에 항고이유서가 제출되지 아니한 경우 원심법원은 그 재항고를 각하해야 한다(대결 2004.09.13. 2004마505). 따라서 원심법원은 재항고가 민사소송법상의 재항고인지 민사집행법상의 재항고인지 여부의 판단에 주의하여야 한다(법원실무제요[Ⅲ], 366면). 항고심절차에는 항소심절차가 준용되므로, 원심재판장의 항고장심사권이 인정된다(통설).

(2) 항고기간

즉시항고는 재판이 고지된 날부터 1주 이내의 불변기간 안에 제기하여야 하고, 통상항고에 관하여는 기간의 정함이 없고 불복의 이익이 있는 한 언제든지 제기할 수 있다. 항고기간의 준수 여부는 원심법원에 항고장이 접수된 때를 기준으로 하여야 하며, 다른 법원에 항고장이 접수되었다가 원심법원에 송부되었을 때에도 원심법원에 송부되어 접수되었을 때라는 것이 判例이다(대결 1979.08.31. 79마268).

---

[3] 항고는 원칙적으로 두 당사자의 대립을 예상하지 않는 편면적인 불복절차로서 항고인과 이해가 상반되는 자가 있는 경우라도 판결절차에 있어서와 같이 엄격한 의미의 대립을 인정할 수 있는 것이 아니므로, 항고장에 반드시 상대방의 표시가 있어야 하는 것도 아니고, 항고장을 상대방에게 송달하여야 하는 것도 아니다(대결 1997.11.27. 97스4).

[4] 항고의 대상이 되는 결정이나 명령이 민사소송등인지법 제9조, 제10조의 신청에 의한 재판인 경우에는 당해 신청서에 붙인 인지액의 두 배이고, 그 외의 결정이나 명령에 대한 경우에는 2000원의 인지를 붙인다.

■ 결정·명령의 원본이 법원사무관등에게 교부되어 성립한 경우, 결정·명령이 당사자에게 고지되어 효력이 발생하기 전에 결정·명령에 불복하여 항고할 수 있는지 여부(적극)(대결(전) 2014.10.08. 2014마667)

[다수의견] 판결과 달리 선고가 필요하지 않은 결정이나 명령(이하 '결정'이라고만 한다)과 같은 재판은 원본이 법원사무관등에게 교부되었을 때 성립한 것으로 보아야 하고, 일단 성립한 결정은 취소 또는 변경을 허용하는 별도의 규정이 있는 등의 특별한 사정이 없는 한 결정법원이라도 이를 취소·변경할 수 없다. 또한 결정법원은 즉시항고가 제기되었는지 여부와 관계없이 일단 성립한 결정을 당사자에게 고지하여야 하고 고지는 상당한 방법으로 가능하며(민사소송법 제221조 제1항), 재판기록이 항고심으로 송부된 이후에는 항고심에서의 고지도 가능하므로 결정의 고지에 의한 효력 발생이 당연히 예정되어 있다. 일단 결정이 성립하면 당사자가 법원으로부터 결정서를 송달받는 등의 방법으로 결정을 직접 고지 받지 못한 경우라도 결정을 고지 받은 다른 당사자로부터 전해 듣거나 기타 방법에 의하여 결론을 아는 것이 가능하여 본인에 대해 결정이 고지되기 전에 불복 여부를 결정할 수 있다. 그럼에도 이미 성립한 결정에 불복하여 제기한 즉시항고가 항고인에 대한 결정의 고지 전에 이루어졌다는 이유만으로 부적법하다고 한다면, 항고인에게 결정의 고지 후에 동일한 즉시항고를 다시 제기하도록 하는 부담을 지우는 것이 될 뿐만 아니라 이미 즉시항고를 한 당사자는 그 후 법원으로부터 결정서를 송달받아도 다시 항고할 필요가 없다고 생각하는 것이 통상의 경우이므로 다시 즉시항고를 제기하여야 한다는 것을 알게 되는 시점에서는 이미 즉시항고기간이 경과하여 회복할 수 없는 불이익을 입게 된다. 이와 같은 사정을 종합적으로 고려하면, 이미 성립한 결정에 대하여는 결정이 고지되어 효력을 발생하기 전에도 결정에 불복하여 항고할 수 있다.

[대법관 조희대의 반대의견] 판결의 경우와는 달리 즉시항고에 관하여는 재판 고지 전의 즉시항고를 허용하는 규정이 없을 뿐만 아니라, 결정과 명령은 원칙적으로 고지되어야 효력이 발생하므로 민사소송법 제226조 제1항 단서와 같은 특별한 규정이 없는 한 아직 고지되기 전이어서 효력이 발생하지도 않은 결정과 명령을 다투어 즉시항고를 제기할 수 있다고 해석할 여지 자체가 없다고 보아야 하는 이상, 민사소송법 제444조 제1항과 민사집행법 제15조 제2항은 즉시항고기간에 관하여 종기뿐만 아니라 시기도 규정한 것으로 새겨야 마땅하다. 효력이 없는 재판에 대하여 불복을 허용해야 할 논리적 근거는 있을 수 없고, 곧 재판이 고지되어 효력이 발생할 것이라는 점은 그야말로 비법률적인 사실 추측에 불과한 것으로서, 법적 안정성을 위하여 획일성이 요구되는 민사소송법 규정의 해석에서 그와 같은 사정이 고려되어야 하는 성질의 것이라고 보아서는 안 된다. 상소기간 등 민사소송상의 여러 제도는 당사자의 이익뿐만 아니라 획일적 운용이 가져올 공익적 장점에 기초하여 마련된 것이므로, 단순히 규정에 따를 때 초래되는 다소의 불합리가 있다 하여 함부로 문언과 다른 해석을 하는 것은 허용될 수 없다. 따라서 아직 효력이 발생하지 않은 결정에 대하여는 항고권이 발생하지 않고 항고권 발생 전에 한 항고는 부적법한 것으로 각하하여야 한다.

3. 항고제기의 효력

(1) 재도(再度)의 고안

> 재도의 고안(법 제446조) - 판결의 기속력과 연결
> 제446조 (항고의 처리) → 再度의 考案(재도의 고안), 판결의 기속력과 연결
> 원심법원이 항고에 정당한 이유가 있다고 인정하는 때에는 그 재판을 경정하여야 한다.

1) 의의 및 취지

재도의 고안이란 항고가 제기되면 원재판의 기속력이 배제되어, 원심법원이 스스로 항고의 적부 및 당부를 심사할 수 있으며, 만일 항고에 정당한 이유가 있다고 인정하면 스스로 재판을 경정할 수 있는 제도를 말한다(제446조). 상소심 절차를 생략하고 간이·신속하게 사건을 처리하여

당사자의 이익을 보호하기 위한 것이다.

2) 내 용

① 更正(경정)의 의미

법조문은 경정이라고 되어 있으나, 단순히 잘못된 계산·기재의 경정 뿐 아니라, 재판의 취소·변경도 할 수 있다. 법령위반 뿐만 아니라 사실인정의 부당도 바로 잡을 수 있고, 재판누락의 경우에도 경정이 가능하다(대판 1959.03.12. 4291민재항53). 다만, 주문을 변경하지 않고 이유만을 경정하는 것은 허용되지 않는다(통설).

② 절 차

원심법원은 재도의 고안을 위해서 필요하다면 변론을 열거나 당사자를 심문하고 새로운 사실과 증거를 조사할 수 있다(통설). 다만, 인지부족으로 소장각하명령을 한 경우에 뒤에 인지를 보정하여 항고를 하여도 재도의 고안에 의해 소장각하명령을 경정할 수는 없다5)(대결(전) 1968.07.29. 68사49).

③ 항고의 적법성

재도의 고안에 의한 경정은 항고가 적법한 경우에만 가능하다(통설, 대결 1967.03.22. 67마141).

④ 즉시항고의 경우

학설은 즉시항고는 기속력이 인정되는 결정·명령에 대한 것이기 때문에 통상항고에 대해서만 허용된다고 본다. 그러나 判例는 즉시항고에 대해서도 재도의 고안을 허용 한다(대결 1967.03.22. 67마141).

3) 효력

경정결정을 하면 원결정은 그때부터 확정적으로 실효되고 그 한도에서 항고의 목적이 달성되므로 항고절차는 종료된다. 다만, 경정결정 자체에 대해서는 즉시항고가 허용된다(제211조 3항).

(2) 이심의 효력

원심법원이 항고를 부적법 또는 이유 없다고 인정하는 때에는 항고기록을 항고법원에 송부하여야 한다(제446조, 제443조 1항, 제400조). 이에 의하여 사건은 항고법원으로 이심된다.

(3) 집행정지의 효력

결정·명령은 즉시 집행력을 발생시키는 것이 원칙이지만(민집 제56조 1항), 이에 대하여 즉시항고가 제기되면 일단 발생한 집행력이 정지된다(제447조). 통상항고의 경우에는 당연히 집행정지의 효력이 있는 것이 아니므로, 항고법원 또는 원심법원이나 법관은 항고에 대한 결정이 있을 때까지 원심재판의 집행을 정지하거나, 그 밖의 필요한 처분을 명할 수 있다(제448조). 이 집행정지 등의 처분은 직권 또는 당사자의 신청에 의하여야 한다. 이 재판에 대하여는 불복신청을 할 수 없다

---

5) 판결과 같이 선고가 필요하지 않은 결정이나 명령과 같은 재판은 그 원본이 법원사무관등에게 교부되었을 때 성립한 것으로 보아야 하므로, 이미 각하명령이 성립한 이상 그 명령정본이 당사자에게 고지되기 전에 부족한 인지를 보정하였다 하여 위 각하명령이 위법한 것으로 되거나 재도의 고안에 의하여 그 명령을 취소할 수 있는 것은 아니다(대결 2013.07.31. 2013마670).

(제500조 3항 유추).

4. 항고심의 심판

(1) 항소심의 준용

항고심의 절차는 성질에 반하지 않는 한 항소심에 관한 규정을 준용한다(제443조). 따라서 항고심의 심판범위는 항고인이 불복을 신청한 한도에 제한되고(제443조 1항, 407조), 항고인은 항고심 재판이 있기까지 언제나 불복신청의 범위를 변경할 수 있다. 항고심에서도 제3자의 소송참가가 인정되고[6], 부대항고도 허용된다.

(2) 임의적 변론

항고심의 절차는 결정절차이므로 변론을 여느냐 여부는 법원이 임의로 정한다(제134조 1항 단서). 변론을 열지 않는 경우라도 항고인·이해관계인, 그 밖의 참고인을 심문할 수 있다(제134조 2항). 이해관계인 등의 심문은 항고법원의 재량에 속하며(대결 2001.03.22. 2000마6319), 항고인에게 증거제출의 기회를 주지 아니하였다고 하여도 위법이 아니지만(대결 1964.05.26. 64마369), 항고인의 주장이 진실하고 이해관계가 중대한 것으로 보여질 때에는 심문이 재량일 수 없다(대결 1960.12.27. 4293민재항386).

(3) 사실심

항고심도 사실심이므로, 항고인, 그 밖의 이해관계인은 새로운 사실이나 증거를 제출할 수 있다(속심제). 항고법원의 조사법원의 조사범위는 항고이유에 의하여 제한되는 것이 아니다(대결 1982.10.12. 82마523).

(4) 종국재판

항고심의 종국재판은 결정이고, 그 내용은 항소심의 종국판결에 준한다. 따라서 항고각하·항고기각 및 항고인용의 세 가지가 있다. 항고인용의 경우 즉 항고법원이 제1심 재판을 취소하는 때에는 특별한 규정이 없는 한 제1심 법원으로 환송하지 아니하고 직접 스스로 신청에 대한 재판을 할 수 있다(대결 2008.04.14. 2008마277). 항소심에 준하는 항고심은 환송이 아니라 自判이 원칙이기 때문이다. 항고법원의 소송절차에 항소에 관한 규정이 준용되므로(제393조 1항, 제443조 1항), 항고 역시 항고심의 결정이 있기까지만 취하할 수 있다.

IV 재항고

> 제442조(재항고) <u>항고법원·고등법원 또는 항소법원의 결정 및 명령에 대하여는 재판에 영향을 미친 헌법·법률·명령 또는 규칙의 위반을 이유로 드는 때에만 재항고(재항고)할 수 있다.</u>

---

[6] 대결 1962.06.21. 4294민재항472, 이시윤, 정동윤·유병현. 反對: 대립하는 당사자의 구조를 가지지 못하는 결정절차에 있어서는 제3자는 재항고인을 위하여 보조참가 신청을 할 수 없다(대결 1973.11.15. 73마849).

1. 의 의

재항고는 항고법원의 결정과 고등법원 또는 항소법원의 결정 및 명령에 대하여 법률심인 대법원에 하는 항고이다. 재판에 영향을 미친 헌법·법률·명령 또는 규칙의 위반을 이유로 드는 때에만 할 수 있다(제442조). 상고심절차에관한특례법은 재항고사유를 더욱 제한하여, ① 헌법에 위반하거나 헌법을 부당하게 해석할 때, ② 명령·규칙·처분의 법률위반 여부에 대하여 부당하게 판단한 때, ③ 법률·명령·규칙 또는 처분에 대하여 대법원판례와 상반되게 해석한 때에 한하여 원심결정이나 명령에 영향을 미쳤을 때 허용하고 있다(동법 제7조. 제4조 2항).

2. 재항고할 수 있는 재판

(1) 내 용

재항고를 할 수 있는 재판은 항고법원의 결정과 고등법원 또는 항소법원의 결정 및 명령이다. 종국적 결정·명령에 한한다(대결 1981.07.03. 80마505). 여기에서 항고법원의 결정이란 지방법원 합의부나 고등법원이 항고심으로서 한 결정을 뜻한다. 지방법원 합의부 또는 고등법원이 제1심으로 한 결정·명령에 대하여도 대법원에 재항고를 한다[7](대결 2004.04.28. 2004스19).

(2) 대상적격 및 당사자적격

어느 재판이 재항고의 대상적격을 가지느냐는 항고법원의 결정의 내용에 의하여 결정된다. 항고를 부적법 각하한 재판은 재항고적격이 있다(제439조). 항고기각의 결정은 항고가 허용되는 원재판(최초의 재판)을 유지하는 것이므로, 이에 대하여 재항고가 가능하지만, 재항고권은 결정을 받은 항고인만이 가진다[8](대결 1985.04.02. 85마123). 따라서 경락허가결정에 대한 즉시항고에 대하여 항고법원이 항고를 기각한 경우 항고인만이 재항고를 할 수 있고 다른 사람은 그 결정에 이해관계가 있다 할지라도 재항고를 할 수 없는 것이지만, 항고법원이 항고를 인용하여 원결정을 취소하고 다시 상당한 결정을 하거나 원심법원으로 환송하는 결정을 하였을 때에는 그 새로운 결정에 따라 손해를 볼 이해관계인은 재항고를 할 수 있다(대결[전합] 2002. 12. 24. 자 2001마1047). 항고를 인용한 결정에 대하여는 그 내용이 항고에 적합한 경우에 한하여 재항고할 수 있다. 예를 들어 기피신청기각결정에 대한 항고심이 기피를 이유 있다는 결정을 할 때에는 이에 대하여 불복신청을 할 수 없으므로(제47조 1항), 재항고도 허용되지 아니한다.

(3) 재항고의 성질

기피신청에 관한 각하 또는 기각결정에 대하여는 즉시항고를 할 수 있고(민사소송법 제47조 제2항), 재항고도 항고와 마찬가지로 통상항고와 즉시항고로 나누어지나 그 구분은 원래의 항고 자체가 통상항고인가 즉시항고인가에 의하는 것이 아니라 재항고의 대상이 되는 재판의 내용에 따

---

[7] 과거에는 지방법원 본원합의부(항소부)가 제1심으로 한 결정·명령에 대하여 고등법원에 항고할 것인가(박우동, 주석민소(하), 578면), 대법원에 재항고할 것인가(이시윤, 민사소송법(전정판, 1984), 778면) 논란이 있었다.
[8] 항고법원이 항고를 기각한 결정에 대하여는 그 재판을 받은 항고인만이 재항고를 할 수 있고 다른 사람은 그 결정에 이해관계가 있다 할지라도 재항고를 할 수 없다(대결 1985.04.02. 85마123).

르게 되므로 위와 같은 즉시항고를 항고심이 각하, 기각하였으면 그에 대한 재항고는 즉시항고로서의 성격을 가진다(대결 2007.07.02. 2006마409). 즉 <u>최초의 항고가 즉시항고인데 항고법원이 항고를 기각한 때에는 이에 대한 재항고도 즉시항고이다. 그러나 항고법원이 원심재판을 변경한 때에는 그 내용이 즉시항고에 의할 것이면 즉시항고, 통상항고에 의할 것이면 통상항고</u>이다. 예를 들어 담보취소신청을 기각한 경우에 그 결정에 대하여 하는 재항고는 통상항고이며(제439조), 반대로 담보취소신청을 기각한 결정에 대한 항고는 통상항고인데, 항고법원이 이를 받아들여 담보취소결정을 하면 이에 대한 재항고는 즉시항고이다(제125조 4항).

3. 재항고의 절차

재항고와 이에 관한 소송절차에는 민사소송법의 상고에 관한 규정이 준용된다(제443조 2항). 따라서 재항고를 제기할 때에는 재항고장을 원심법원에 제출하여야 한다. 심리불속행으로 인한 재항고기각결정 및 재항고이유서 부제출로 인한 재항고기각결정에는 이유를 기재하지 아니할 수 있다(동법 제7조, 제5조 1항). 다만 상고특례법 제6조의 제한이 있다. 특히 항고법원이 제1심 결정을 취소하는 때에는 특별한 규정이 없는 한 사건을 제1심법원으로 환송하지 아니하고 직접 신청에 대한 결정을 할 수 있고, 이 경우 그 사건이 항고법원에 계속 중인 때에는 항고법원은 당해 항고사건에 견련되는 사건의 관할법원도 될 수 있다(대결 2008.04.14. 2008마277). 또한 지방법원 항소부 소속 법관에 대한 제척 또는 기피신청이 제기되어 민사소송법 제45조 제1항의 각하결정 또는 소속 법원 합의부의 기각결정이 있는 경우에 이는 항소법원의 결정과 같은 것으로 보아야 할 것이고, 이 결정에 대하여는 대법원에 재항고하는 방법으로 다투어야 한다(대결 2008.05.02. 2008마427).

V 특별항고

> 제449조(특별항고) ① 불복할 수 없는 결정이나 명령에 대하여는 재판에 영향을 미친 헌법위반이 있거나, 재판의 전제가 된 명령·규칙·처분의 헌법 또는 법률의 위반여부에 대한 판단이 부당하다는 것을 이유로 하는 때에만 대법원에 특별항고를 할 수 있다.
> ② 제1항의 항고는 재판이 고지된 날부터 1주 이내에 하여야 한다.
> ③ 제2항의 기간은 불변기간으로 한다.

1. 의의 및 취지

(1) 의 의

특별항고란 불복을 신청할 수 없는 결정이나 명령에 대하여 대법원에 하는 항고이다(제449조). 형식적으로 확정된 결정·명령에 대한 불복신청이므로 본래의 상소는 아니다.

(2) 취 지

헌법에서 명령·규칙 또는 처분이 헌법이나 법률에 위반되는 여부가 재판의 전제가 되는 경우에 대법원이 이를 최종적으로 심사할 권한을 가진다고 하고 있기 때문에(헌법 제107조 2항), 불복을 신청할 수 없는 결정이나 명령에 대하여도 예외적으로 대법원에 불복할 수 있도록 하고 있다.

2. 요 건

(1) 대 상

1) 대상이 되는 경우

불복을 신청할 수 없는 결정·명령이다. 명문의 규정에 의하여 불복이 금지되는 결정·명령(제500조 3항 후단, 제28조의 관할지정결정 등)뿐만 아니라, 해석상 불복이 금지되는 결정·명령(판결경정신청에 대한 기각결정 등)도 포함된다. 즉 강제집행정지신청 기각결정에 대한 특별항고는 민사집행법 제15조가 규정한 집행법원의 재판에 대한 불복에 해당하지 아니하고, 특별항고장을 각하한 원심재판장의 명령에 대한 즉시항고는 민사소송법상 즉시항고에 불과하므로(민사소송법 제450조, 제425조, 제399조 제3항 참조) 거기에 민사집행법 제15조가 적용될 여지는 없다. 나아가 민사소송법상 항고법원의 소송절차에는 항소에 관한 규정이 준용되는데, 민사소송법은 항소이유서의 제출기한에 관한 규정을 두고 있지 아니하므로 즉시항고이유서를 제출하지 않았다는 이유로 즉시항고를 각하할 수는 없다(대결 2016.09.30. 2016그99).

2) 대상이 되지 않는 경우

대법원의 결정·명령에 대하여는 다시 대법원에 특별항고를 할 수 없다(대결 1984.02.07. 84그6). 그리고 경락허가결정이나 그에 대한 즉시항고를 각하한 결정(대결 1983.11.25. 83그37), 관할위반에 의한 이송신청각하 또는 기각결정(대결(전) 1993.12.06. 93마524), 가처분결정(대결 1992.08.29. 92그19), 강제집행취소결정(대결 1994.05.09. 94그4), 대법원 재판장의 재항고장각하명령(대결 1994.08.11. 94그25) 등은 특별항고의 대상이 될 수 없다는 것이 판례이다.

(2) 사 유

재판에 영향을 미친 '헌법'위반[9]이 있거나 재판의 전제가 된 명령·규칙·처분의 헌법 또는 법률 위반에 대한 판단이 부당한 것을 이유로 하는 때이다(제449조 1항). 구법에서는 재판에 영향을 미친 헌법 위반 뿐만 아니라 '법률위반'도 특별항고의 이유가 되었으나, 현행법[10]은 특별항고의 남

---

[9] 특별항고는 법률상 불복할 수 없는 결정·명령에 재판에 영향을 미친 헌법 위반이 있거나, 재판의 전제가 된 명령·규칙·처분의 헌법 또는 법률의 위반 여부에 대한 판단이 부당하다는 것을 이유로 하는 때에 한하여 허용되므로(민사소송법 제449조 제1항), 결정이 법률을 위반하였다는 사유만으로는 재판에 영향을 미친 헌법 위반이 있다고 할 수 없어 특별항고 사유가 되지 못한다(대결 2008.01.24. 2007그18).

[10] 특별항고제도는 원래 대법원의 명령·규칙·처분에 관한 위헌심사권과 관련하여 마련된 제도이다. 즉 헌법의 규정에 따라서 비록 통상의 불복방법이 없어 확정된 결정 또는 명령이라고 하여도 위헌성 여부의 판단을 위해 필요한 경우에는 예외적으로 대법원에 불복할 수 있도록 하려는 것이 특별항고 제도의 취지인데, 구 민소법은 특별항고의 이유를 위 헌법조항의 범위를 넘어, 널리 '재판에 영향을 미친 헌법 또는 법률의 위반이 있는 때'로 확장하고 있었다. 그런데 잘못된 재판이라면 법률위반이 아닌 경우가 없으므로, 위 규정은 결국 모든 결정 또는 명령에 대하여 특별항고 할 수 있는 길을 열어준 것이 되어 불복할 수 없는 결정·명령이 마치 불복할 수 있는 결정·명령처럼 되었고, 실무상으로도 재판의 지연을 위하여 특별항고가 남용되는 경향이 있었다. 이에 02년 개정법은 특별항고의 이유를 제한하여 "재판에 영향을 미친 '헌법'위반이 있거나 재판의 전제가 된 명령·규칙·처분의 헌법 또는 법률위반에 대한 판단이 부당한 것을 이유로 하는 때"에만 대법원에 특별항고를 할 수 있도록 하겠다(민사소송법 개정내용 해설, 243-244면, 법원행정처).

용을 막기 위하여 후자를 삭제하였다. 민사소송법에 우선하여 적용되는 상고심절차에 관한 특례법에 의하면, 원심결정이나 명령이 ㉠ 헌법에 위반되거나 헌법을 부당하게 해석한 때, ㉡ 명령·규칙 또는 처분의 법률위반 여부에 대하여 부당하게 판단한 때 및 ㉢ 법률·명령·규칙 또는 처분에 대하여 대법원판례와 상반되게 해석한 때에 한하여 그것이 원심결정이나 명령에 영향을 미쳤을 때에만 특별항고를 할 수 있다(동법 제7조, 제4조 2항). 判例도 "특별항고는 법률상 불복할 수 없는 결정·명령에 재판에 영향을 미친 헌법 위반이 있거나, 재판의 전제가 된 명령·규칙·처분의 헌법 또는 법률의 위반 여부에 대한 판단이 부당하다는 것을 이유로 하는 때에 한하여 허용되므로(민사소송법 제449조 제1항), 결정이 법률을 위반하였다는 사유만으로는 재판에 영향을 미친 헌법 위반이 있다고 할 수 없어 특별항고 사유가 되지 못 한다(대결 2008.01.24. 2007그18)."고 한다.

(3) 항고기간

결정 또는 명령이 고지된 날부터 1주의 불변기간이다(제449조 2항, 3항).

3. 심판절차

(1) 절 차

특별항고에는 그 성질에 반하지 않는 한 상고에 관한 규정을 준용하지만(제450조), 상고심 절차에 관한 특례법 제7조, 제5조, 제6조의 특례가 있다. 특별항고의 경우에는 재도의 고안이 허용되지 아니 한다(대결 2001.02.28. 2001그4).

(2) 특별항고를 일반항고로 제기한 경우

특별항고의 대상밖에 되지 않는 재판을 일반항고의 대상이 되는 것으로 오해하여 일반항고를 제기하는 경우가 적지 않다. 判例는 "특별항고만이 허용되는 재판에 대한 불복으로서 당사자가 특히 특별항고라는 표시와 항고법원을 대법원으로 표시하지 아니하였다고 하더라도 그 항고장을 접수한 법원으로서는 이를 특별항고로 보아 소송기록을 대법원에 송부함이 마땅하다(대결 1999.07.26. 99마2081)."고 한다.

4. 효 과

특별항고는 집행정지의 효력이 없으므로, 원심법원 또는 대법원은 집행정지, 그 밖의 필요한 처분을 할 수 있다(제450조, 제448조).

특별항고가 인정된 경우

(1) 민사소송법 제501조, 제500조에 의하면 가집행선고가 붙은 판결에 대하여 항소가 있는 경우 그 불복하는 이유로 내세운 사유가 법률상 정당한 이유가 있다고 인정되고 사실에 대한 소명이 있는 때에는 법원은 당사자의 신청에 따라 강제집행을 일시 정지하도록 명할 수 있는바, 그에 관한 재판은 원래 항소심법원이 하여야 할 것이나 소송기록이 제1심법원에 있는 때에는 그 법원이 이를 하도록 규정되어 있다. 이는 불복하는 사유에 정당한 이유와 소명이 있는지 여부를 판단함에 있어 소송기록이 불가결한 자료가 되므로 그 기록이 제1심 법원에 있을 때에는 그 법원으로 하여금 당해 소송기록에 의하여 신속하게 강제집행 정지 여부를 결정하게 하기 위한 것으로 풀이된다.

(2) 이 사건 원심법원은 의정부지방법원 고양지원 2006가합7778 사건의 제1심법원으로서, 위 사건의 가집행선고부 판결에 대한 강제집행정지신청을 받고서 그 본안소송기록이 2007.9.18. 이미 항소심법원으로 송부되어 제1심법원에 소송기록이 없는데도, 같은 달 21.에 담보제공을 받고 이어 같은 달 27.에 강제집행정지 신청인에게 그 신청사유를 보완하도록 보정명령을 발하여 그에 대한 답변서를 받는 등 이를 심리하여 2007.9.28. 강제집행정지결정을 하였음을 알 수 있다.

(3) 원심법원은 제1심법원에 소송기록이 없어 강제집행정지에 관한 재판을 할 권한이 없을 뿐 아니라, 항소로 불복하는 사유에 정당한 이유와 소명이 있는지 여부를 판단함에 필요불가결한 자료도 없이 그 이유와 소명이 있다고 인정하여 강제집행정지결정을 한 셈이니, 이러한 원심결정에는 중대한 절차적 오류가 있음이 명백하여 이로써 헌법 제27조 등에서 보장하고 있는 적법한 절차에 따라 공정한 재판을 받을 특별항고인의 권리가 침해되었다고 할 것이며, 이러한 헌법 위반은 결정의 결과에 영향을 미쳤다 할 것이다.

(4) 그러므로 나머지 특별항고 신청이유에 대한 판단을 생략한 채로 원심결정을 파기하고, 본안의 항소심법원으로서 이 사건 강제집행정지 여부를 재판할 권한을 가진 서울고등법원으로 이 사건을 "이송"하기로 하여 관여 대법관의 일치된 의견으로 주문과 같이 결정한다(대결 2008.01.16. 2007그179).

제 **7** 편

재심 절차

학습개요		난이도	핵심사항	시험별 대표 지문
제7편 재심절차	재심의 절차 및 사유	上	• 재심의 사유 • 재심에 대한 중간판결 • 재심제기 기간	• 소송대리인이 권한의 범위를 넘어 당해 소송물이외의 권리관계를 포함시켜 소송상 화해를 한 경우, 소송대리권에 흠이 있음을 이유로 화해조서의 취소를 구하는 준재심의 소는 화해를 한 날로부터 5년이 지난 뒤에도 제기할 수 있다. (X)

구 분	법원서기보								
	2014	2015	2016	2017	2018	2019	2020	2021	2022
재심절차	0	0	1	0	0	0	1	0	0
출제율	0%	0%	4%	0%	0%	0%	4%	0%	0%

Advice

재심 부분은 제451조 이하의 조문을 위주로 정리하되, 제451조 1항 3호와 제457조의 대리권의 흠의 차이점을 묻는 등 어려운 판례도 출제가 되고 있으므로, 관련 판례도 챙겨보아야 한다.

I 재심의 개념

재심이란 확정된 종국판결에 재심사유에 해당하는 중대한 하자가 있는 경우에 그 판결의 취소와 이미 종결되었던 사건의 심판을 구하는 비상의 불복신청방법을 이른다(제451조). 재심은 확정된 종국판결에 대하여 판결의 효력을 인정할 수 없는 중대한 하자가 있는 경우 예외적으로 판결의 확정에 따른 법적 안정성을 후퇴시켜 그 하자를 시정함으로써 구체적 정의를 실현하고자 마련된 것이다(대판(전) 2020.01.22. 2016후2522). 다만 재심의 소에 통상의 민사상 청구를 병합할 수 있는가에 대해, 판례는 "원고가 피고의 주소를 알면서 허위주소로 제소하여 공시송달의 방법으로 승소확정판결을 받았다는 이유로 피고가 제기한 재심의 소에서는 피고는 확정판결의 취소를 구함과 동시에 본소 청구기각을 구하는 외에 원고에 대한 새로운 청구를 병합하는 것은 부적법하다(대판 1971.03.31. 71다8; 대판 1997.05.28. 96다41649)."고 하여 부정하였다. 다만 상소심판결에 대한 재심의 소가 아닌 한 통상의 민사상 청구를 병합시키는 것을 막을 이유가 없다는 것이 통설이다.

II 재심소송의 소송물

재심의 소송물에 대해서는 ① 재심의 소는 원판결의 취소·변경을 구하는 상소와 유사한 면이 있다는 것을 근거로 재심의 소의 소송물은 구소송의 소송물 하나로 구성된다는 일원설(본안소송설)이 있으나 ② 재심의 소의 소송물은 확정판결의 취소와 구소송의 소송물 두 가지로 구성된다고 보는 이원설이 통설·判例[1]이며, 재심의 소는 확정판결을 취소하는 형성소송의 성질이 있으므로 이원설이 타당하다고 본다.

III 적법요건

1. 재심당사자

(1) 당사자

재심원고는 확정판결의 효력을 받고 또 그 취소를 구할 이익이 있는 사람이어야 한다. 따라서 원칙적으로 확정판결의 당사자로서 전부 또는 일부 패소를 한 사람이다. 하지만 확정판결의 당사자라고 해도 현재 소송물에 관한 적격이 없다면 재심원고가 될 수 없다. 재심피고는 원칙적으로 확정판결에 승소한 당사자이다. 그의 변론종결후의 승계인도 재심피고가 된다고 할 것이다. 당사자는 아니더라도 변론을 종결한 뒤의 일반 또는 특정승계인은 재심의 소를 제기할 수 있고, 제3자가 소송을 담당하는 경우의 피담당자(제218조 3항 참고)도 소송물에 관하여 소송을 할 권능을 가지면, 재심의 소를 제기할 수 있다. 판결의 효력이 제3자에게 미치는 경우에는 판결의 취소에 관하여 고유의 이익을 가지는 제3자에게도 당사자적격이 인정된다. 이 경우 독립당사자참가(제79조)의

---

[1] 확정된 판결에 대한 재심의 소는 확정된 판결의 취소와 본안사건에 관하여 확정된 판결에 갈음한 판결을 구하는 복합적 목적을 가진 것으로서 이론상으로는 재심의 허부와 재심이 허용됨을 전제로 한 본안심판의 두 단계로 구성되는 것이라고 할 수 있다(대판 1994.12.27. 92다22473·92다22480).

방식에 의하여 본소의 당사자를 공동피고로 하여야 한다.

(2) 필수적 공동소송, 참가소송

필수적 공동소송의 확정판결에 대해서는 공동소송인 중 한 사람이 재심의 소를 제기하면 다른 공동소송인도 재심당사자가 되지만[2], 상대방으로부터 재심의 소가 제기된 때에는 공동소송인 전원이 재심피고로 되어야 한다(제67조 1, 2항). 보조참가인은 피참가인을 위하여 재심의 소를 제기할 수 있고(제76조 1항), 보조참가신청과 동시에 재심의 소를 제기할 수 있다(제72조 3항). 재심의 소에 공동소송적 보조참가한 후에 피참가인은 참가인의 동의 없이 재심의 소를 취하할 수 없다(대판 2015.10.29. 2014다13044). 또 성명모용소송의 확정판결에 대하여 피모용자는 재심의 소를 제기할 수 있다.

(3) 채권자대위권에 기한 재심청구

채권을 보전하기 위하여 대위행사가 필요한 경우는 실체법상 권리뿐만 아니라 소송법상 권리에 대하여서도 대위가 허용되나, 채무자와 제3채무자 사이의 소송이 계속된 이후의 소송수행과 관련한 개개의 소송상 행위는 그 권리의 행사를 소송당사자인 채무자의 의사에 맡기는 것이 타당하므로 채권자대위가 허용될 수 없다. 같은 취지에서 볼 때 상소의 제기와 마찬가지로 종전 재심대상판결에 대하여 불복하여 종전 소송절차의 재개, 속행 및 재심판을 구하는 재심의 소 제기는 채권자대위권의 목적이 될 수 없다(대판 2012.12.27. 2012다75239).

2. 재심의 대상적격

(1) 확정된 종국판결

확정된 종국판결이어야 한다. 判例는 무효판결의 경우 기판력이 없으므로, 재심의 대상이 되지 않는다고 본다. 하지만 이에 대해서는 재심은 형식적 확정력을 배제시키기 위한 제도이므로 재심의 대상이 된다고 보는 견해도 있다(정동윤·유병현·김경욱). 그리고 중재판정은 확정판결과 동일한 효력을 갖지만(중재법 제12조), 별도로 중재판정취소의 소가 인정되기 때문에(동법 36조) 재심의 소가 인정되지 않는다. 그리고 재심은 확정된 종국판결에 대하여 제기할 수 있는 것이므로, 확정되지 아니한 판결에 대한 재심의 소는 부적법하고, 판결 확정 전에 제기한 재심의 소가 부적법하다는 이유로 각하되지 아니하고 있는 동안에 판결이 확정되었더라도, 재심의 소는 적법한 것으로 되는 것이 아니다(대판 2016.12.27. 2016다35123).

(2) 환송판결의 경우(대판(전) 1995.02.14. 93재다27·34)

1) 대법원의 환송판결이 종국판결인지 여부

<u>원래 종국판결이라 함은 소 또는 상소에 의하여 계속 중인 사건의 전부 또는 일부에 대하여 심판을 마치고 그 심급을 이탈시키는 판결이라고 이해하여야 할 것이다. 대법원의 환송판결도 당해 사건에 대하여 재판을 마치고 그 심급을 이탈시키는 판결인 점에서 당연히 제2심의 환송판</u>

---

[2] 즉 필수적 공동소송이 확정된 경우에 공동소송인의 한 사람이 재심의 소를 제기하면 모두가 재심원고의 지위에 선다.

결과 같이 종국판결로 보아야 할 것이다. 따라서 위의 견해와는 달리 대법원의 환송판결을 중간판결이라고 판시한 종전의 대법원판결은 이를 변경하기로 하는바, 이 점에 관하여는 관여 대법관 전원의 의견이 일치되었다.

2) 대법원의 환송판결이 재심대상을 규정한 민사소송법 제451조 제1항 소정의 "확정된 종국판결"인지 여부

재심제도의 본래의 목적에 비추어 볼 때 재심의 대상이 되는 "확정된 종국판결"이란 당해 사건에 대한 소송절차를 최종적으로 종결시켜 그것에 하자가 있다고 하더라도 다시 통상의 절차로는 더 이상 다툴 수 없는 기판력이나 형성력, 집행력을 갖는 판결을 뜻하는 것이라고 이해하여야 할 것이다. 대법원의 환송판결은 형식적으로 보면 "확정된 종국판결"에 해당하지만, 여기서 종국판결이라고 하는 의미는 당해 심급의 심리를 완결하여 사건을 당해 심급에서 이탈시킨다는 것을 의미하는 것일 뿐이고 실제로는 환송받은 하급심에서 다시 심리를 계속하게 되므로 소송절차를 최종적으로 종료시키는 판결은 아니며, 또한 환송판결도 동일절차 내에서는 철회, 취소될 수 없다는 의미에서 기속력이 인정됨은 물론 법원조직법 제8조, 민사소송법 제436조 제2항 후문의 규정에 의하여 하급심에 대한 특수한 기속력은 인정되지만 소송물에 관하여 직접적으로 재판하지 아니하고 원심의 재판을 파기하여 다시 심리판단 하여 보라는 종국적 판단을 유보한 재판의 성질상 직접적으로 기판력이나 실체법상 형성력, 집행력이 생기지 아니한다고 하겠으므로 이는 중간판결의 특성을 갖는 판결로서 "실질적으로 확정된 종국판결"이라 할 수 없다. 종국판결은 당해 심급의 심리를 완결하여 심급을 이탈시킨다는 측면에서 상소의 대상이 되는 판결인지 여부를 결정하는 기준이 됨은 분명하지만 종국판결에 해당하는 모든 판결이 바로 재심의 대상이 된다고 이해할 아무런 이유가 없다. 통상의 불복방법인 상소제도와 비상의 불복방법인 재심제도의 본래의 목적상의 차이에 비추어 보더라도 당연하다. 따라서 환송판결은 재심의 대상을 규정한 민사소송법 제451조 제1항 소정의 "확정된 종국판결"에는 해당하지 아니하는 것으로 보아야 할 것이어서, 환송판결을 대상으로 하여 제기한 이 사건 재심의 소는 부적법하므로 이를 각하하여야 한다.

3. 재심기간

> 제456조(재심제기의 기간) ① 재심의 소는 당사자가 판결이 확정된 뒤 재심의 사유를 안 날부터 30일 이내에 제기하여야 한다. ② 제1항의 기간은 불변기간으로 한다. ③ 판결이 확정된 뒤 5년이 지난 때에는 재심의 소를 제기하지 못한다. ④ 재심의 사유가 판결이 확정된 뒤에 생긴 때에는 제3항의 기간은 그 사유가 발생한 날부터 계산한다.
> 제457조(재심제기의 기간) 대리권의 흠 또는 제451조제1항 제10호에 규정한 사항을 이유로 들어 제기하는 재심의 소에는 제456조의 규정을 적용하지 아니한다.

(1) 의의

제451조 1항이 정하고 있는 재심사유 가운데 대리권의 흠(제3호), 기판력 저촉(제10호)을 제외한 재심사유는 제소기간이 정하여져 있다. 특히 재심기간이 배제되는 민사소송법 제457조 소정의 "대리권의 흠결"이라고 함은 대리권이 전혀 없는 경우를 의미하는 것이므로, 대리권은 있지만 소

송행위를 함에 필요한 특별수권의 흠결이 있는 경우에는 위 제457조가 적용되지 않는다[3](대판 1994.06.24. 94다4967).

(2) 재심사유를 안 날부터 30일(출소기간)

1) 각 재심사유 마다 이를 안 때부터 재심기간이 진행 한다(대판 1982.12.28. 82무2). 재심사유는 각각 별개의 청구원인을 이루는 것이므로 재심의 소제기기간의 준수여부도 각호 소정의 재심사유별로 가려 보아야 하는 것이다(대판 1990.12.26. 90재다19). 즉 판결법원 구성의 위법(제451조 1항 1호), 판단누락(제451조 1항 9호)은 판결정본이 송달되었을 때 알았다고 봄이 상당하므로, 송달 시부터 기산한다(대판 2015.10.29. 2014다13044). 소송대리인이 있었던 경우에는 대리인이 판결정본을 송달 받은 때부터 기산한다(대판 2000.09.08. 2000재다49). 형사상의 가벌적 행위를 재심사유로 하는 경우의 재심기간은 제451조 2항의 유죄판결이 확정되었을 경우에는 유죄확정판결을 알았을 때부터 진행 한다(대판 1996.05.31. 95다33993).

2) 재심원고는 원칙적으로 재심의 대상인 판결이 확정된 후 재심사유를 안 날부터 30일 이내에 재심의 소를 제기하여야 한다(제456조 1항). 30일의 기간은 불변기간이다(제456조 2항). 따라서 추후보완이 가능하다(제173조). 그리고 재심사유의 발생일이 아니라 재심사유를 안 날로부터 진행하는 민사소송법 제451조 제1항의 출소기간은 같은 조 제3항 제척기간과는 별개의 재심제기기간으로서, 그 출소기간이 경과한 이상 재심대상판결의 확정일로부터 진행하는 제척기간이 경과하였는지 여부와는 관계없이 재심의 소를 제기할 수 없다(대판 1996.05.31. 95다33993).

(3) 판결확정일 등부터 5년(제척기간)

재심사유의 존재를 몰랐다고 하여도, 판결이 확정된 후 5년이 지난 후에는 재심의 소를 제기하지 못한다. 이 경우의 제척기간은 불변기간이 아니어서 그 기간을 지난 후에는 당사자가 책임질 수 없는 사유로 그 기간을 준수하지 못하였더라도 그 재심의 소제기가 적법히 추완 될 수 없다(대판 1992.05.26. 92다4079). 5년의 제척기간은 재심사유가 확정판결 전에 생긴 경우에는 그 확정판결 일부터 기산하고, 확정판결 뒤에 생긴 경우에는 그 사유가 발생한 때부터 기산 한다(제456조 4항). 재심사유가 '판결이 확정된 뒤에 생긴 때'라 함은 재심대상판결이 확정된 뒤에 가벌적 행위에 대한 유죄확정판결 등이 존재하거나 또는 판결의 기초된 재판 또는 행정처분이 바뀐 경우를 말한다(제451조 1항 8호).

---

3) 화해가 성립된 소송사건에서 원고들의 소송대리인이었던 변호사가 원고들로부터 그 소송사건만을 위임받아 그 소송의 목적이 된 부동산에 관하여만 화해할 권한을 부여받았음에도 불구하고 그 권한의 범위를 넘어 당해 소송물 이외의 권리관계를 포함시켜 화해를 하였음을 이유로 하는 준재심청구는 결국 대리인이 소송행위를 함에 필요한 특별수권의 흠결을 그 사유로 하는 것이므로 민사소송법 제457조가 적용될 수 없다(대판 1993.10.12. 93다32354). 주식회사의 대표이사가 금원을 차용함에 있어 주주총회의 특별결의 없이 제소전화해를 하였다면 이는 소송행위를 함에 있어서 필요한 특별수권을 얻지 않고 한 셈이 되어 민사소송법 제451조 제1항 제3호 소정의 재심사유에 해당되는 것이지만 전연 대리권을 갖지 아니한 자가 소송대리를 한 대리권 흠결의 경우와는 달라서 같은 법 제457조가 적용되지 아니한다(대판 1980.12.09. 80다584).

Ⅳ 재심사유

1. 재심사유의 의의

재심의 소는 제451조에 한정적으로 열거된 재심사유가 있을 때 허용된다. 재심원고가 법정재심사유를 주장하는 것은 소의 적법요건이 되며, 그 주장이 없거나 주장사유자체가 재심사유가 되지 아니하면 재심의 소는 각하 된다(대판 1996.10.25. 96다31307). 따라서 사실오인 내지 법리오해의 위법(대판 1987.12.08. 87재다24), 소송기록수리통지를 받지 못했다는 사실(대판 1974.02.14. 73사26)을 이유로 한 재심의 소는 부적법하다.

2. 재심의 소의 보충성

재심의 소는 재심사유를 전소에서 상소로 주장할 수 없었던 경우에 한하여 보충적으로 제기가 허용된다(재심의 소의 보충성). 그러므로 당사자가 ① 재심사유를 상소이유로 주장하였으나 기각된 때 ② 재심사유를 알면서도 이를 상소심에서 주장하지 아니한 경우 ③ 알면서 상소를 제기하지 않음으로써 확정된 경우에는 동일한 사유로 재심의 소를 제기할 수 없다(제451조 1항 단서). <u>의는 재심사유는 당연히 상고사유(상고심리속행사유 포함)가 됨을 전제로 한 것이다</u>(대판 1962.08.02. 62다204). 법정대리인이나 소송대리인이 알았던 경우도 여기에 해당한다. 다만 判例는 "민사소송법 제451조 제1항 단서에 따라 당사자가 상소에 의하여 재심사유를 주장하였다고 하기 위하여서는 단지 증거인 문서가 위조되었다는 등 제451조 제1항 각 호의 사실만 주장하는 것으로는 부족하고 재심의 대상이 되는 상태, 즉 유죄판결이 확정되었다거나 증거부족 외의 이유로 유죄판결을 할 수 없다는 등 같은 조 제2항의 사실도 아울러 주장하였어야 한다(대판 2006.10.12. 2005다72508)."고 본다. 법정대리인이나 소송대리인이 알았던 경우도 여기에 해당한다. 그러나 상고사유를 제한하고 있는 소액사건은 재심사유가 상고사유가 될 수 없으므로(소심법 제3조), 재심의 소의 보충성은 적용되지 않는다(통설).

3. 재심사유

> 제451조(재심사유) ① 다음 각 호 가운데 어느 하나에 해당하면 확정된 종국판결에 대하여 재심의 소를 제기할 수 있다. 다만, 당사자가 상소에 의하여 그 사유를 주장하였거나, 이를 알고도 주장하지 아니한 때에는 그러하지 아니하다(재심의 소의 보충성).
> 1. 법률에 따라 판결법원을 구성하지 아니한 때
> 2. 법률상 그 재판에 관여할 수 없는 법관이 관여한 때
> 3. **법정대리권·소송대리권 또는 대리인이 소송행위를 하는 데에 필요한 권한의 수여에 흠이 있는 때**. 다만, 제60조 또는 제97조의 규정에 따라 추인한 때에는 그러하지 아니하다.
> 4. 재판에 관여한 법관이 그 사건에 관하여 직무에 관한 **죄**를 범한 때
> 5. 형사상 처벌을 받을 다른 사람의 행위로 말미암아 자백을 하였거나 판결에 영향을 미칠 공격 또는 방어방법의 제출에 방해를 받은 때
> 6. 판결의 증거가 된 문서, 그 밖의 물건이 위조되거나 **변조된** 것인 때
> 7. 증인·감정인·통역인의 거짓 진술 또는 당사자신문에 따른 당사자나 법정대리인의 거짓 진술이

> 판결의 증거가 된 때
> 8. 판결의 기초가 된 민사나 형사의 판결, 그 밖의 재판 또는 행정처분이 다른 재판이나 행정처분에 따라 바뀐 때
> 9. 판결에 영향을 미칠 중요한 사항에 관하여 판단을 누락한 때
> 10. 재심을 제기할 판결이 전에 선고한 확정판결에 어긋나는 때
> 11. 당사자가 상대방의 주소 또는 거소를 알고 있었음에도 있는 곳을 잘 모른다고 하거나 주소나 거소를 거짓으로 하여 소를 제기한 때
> ② 제1항 제4호 내지 제7호의 경우에는 처벌받을 행위에 대하여 유죄의 판결이나 과태료부과의 재판이 확정된 때 또는 증거부족 외의 이유로 유죄의 확정판결이나 과태료부과의 확정재판을 할 수 없을 때에만 재심의 소를 제기할 수 있다.
> ③ 항소심에서 사건에 대하여 본안판결을 하였을 때에는 제1심 판결에 대하여 재심의 소를 제기하지 못한다.
> 제452조(기본이 되는 재판의 재심사유) 판결의 기본이 되는 재판에 제451조에 정한 사유가 있을 때에는 그 재판에 대하여 독립된 불복방법이 있는 경우라도 그 사유를 재심의 이유로 삼을 수 있다.

(1) 판결법원 구성의 위법(1호)

법원의 구성원이 법관이 아닌 경우, 기본 되는 변론에 관여하지 않은 법관이 판결에 관여한 경우(제204조 1항), 대법원에서 종전의 판례를 변경하면서 전원합의체가 아닌 부에서 한 경우(법원조직법 제7조 1항) 등이 이에 해당한다.

(2) 재판에 관여할 수 없는 법관의 관여(2호)

법률상 당연히 직무집행에서 제척되는 법관(제41조), 기피신청이 이유 있다는 재판이 확정된 법관(제436조 제3항)이 판결에 관여한 경우 등이 제2호에 해당되는 경우이다. 다만 재심의 대상이 된 원재판에 관여한 법관이 그 재심사건에 관여하는 것은 본조의 재심사유에 해당되지 아니 한다(대판 1971.05.11. 71사27).

(3) 대리권의 흠(3호)

법정대리권, 소송대리권 또는 대리인이 소송행위를 함에 필요한 수권의 흠이 있는 때가 이에 해당된다. 예를 들어 제3자가 피고의 성명을 모용하여 소송위임을 하고, 그 소송대리인의 소송수행에 의하여 행하여진 확정판결, 소송의 당초부터 미성년자를 상대방으로 하여 소송대리인 없이 소송이 행하여진 확정판결이 이에 속한다. 이와 같은 소송대리권의 흠은 추인이 있으면 재심사유가 되지 아니한다(제60조, 제97조). 그리고 상대방은 대리권의 흠을 주장함으로써 이익을 받을 수 있는 경우에 한하여 이를 재심사유로 주장할 수 있고(대판 1983.02.08. 80사50), 소송서류가 무권대리인에게 송달된 채 판결이 확정되었다고 하여도 그로 말미암아 본인이나 소송대리인이 공격방어방법을 제출할 기회를 박탈당하지 아니하였으면 그 사유를 재심사유로 주장할 수 없다(대판 1992.12.22. 92재다259). 대리권의 흠은 소송행위의 추후보완사유도 가능하다(제173조).

(4) 법관의 직무상 범죄(4호)

법관의 직무상 청렴에 대한 국민의 신뢰에 배반하는 것으로서 재판에 관여한 법관이 형법 제7장에 규정된 직무유기, 권리행사방해, 수뢰 등과 같은 법 제225조의 문서위조 등의 범죄를 범한

경우이다. 다만 이 경우에는 민사소송법 제451조 제2항의 요건을 구비하여야 한다.

(5) 형사상 처벌을 받을 다른 사람의 행위로 말미암아 자백을 하였거나, 판결에 영향을 미칠 공격 또는 방어방법의 제출에 방해를 받은 때(5호)

형사상 처벌을 받을 다른 사람의 행위라 함은 횡령죄, 공정증서부실기재죄와 같은 형법상의 범죄행위만을 뜻하고, 단순한 경범죄처벌법 위반행위나 질서벌에 해당하는 행위는 제외된다.

(6) 판결의 증거가 된 문서, 그 밖의 물건이 위조되거나 변조된 것인 때(6호)

판결의 증거가 된 문서란 그것이 판결의 사실인정의 기초로서 채용되고 또 그것이 판결의 결론을 이끌어내는데 중요한 것이어야 한다. 따라서 사실인정의 자료로 채택되지 아니한 경우는 이에 해당하지 않는다(대판 1963.10.31. 63다458 등). 판결의 증거로 된 문서는 공문서이든 사문서이든 가리지 아니하며, 위조·변조 외에 허위공문서작성도 포함된다(대판 1982.09.28. 81다557). 그리고 이들 문서의 위조·변조·허위문서작성이 형사상 범죄를 구성하고 유죄판결이 확정된 때 또는 증거부족 외의 이유로 확정판결을 할 수 없을 때에만 재심사유가 된다. 그리고 '그 밖의 물건'이라 함은 공인(公印)·사인(私印)뿐 아니라, 권리의 증명을 위해 만든 경계표도 해당된다. 문서의 위조에는 형사상의 범죄를 구성하지 아니하는 사문서의 무형(無形)위조는 포함되지 않는다(대판 1974.06.25. 73다2008). 그리고 상고심의 판결에 대하여 재심의 소를 제기하려면, 상고심의 소송절차 또는 판결에 민사소송법 제451조 소정의 사유가 있는 경우에 한하는 것인 바, 상고심에는 직권조사 사항이 아닌 이상 사실인정의 직책은 없고 다만, 사실심인 제2심법원이 한 증거의 판단과 사실인정의 적법 여부를 판단할 뿐이고, 사실심에서 적법하게 확정한 사실은 상고심을 기속하는 바이므로, 재심사유 가운데 사실인정 자체에 관한 것, 예컨대 민사소송법 제451조 제1항 제6호의 서증의 위조·변조에 관한 것이나 제7호의 허위진술에 관한 것 등에 대하여는 사실심의 판결에 대한 재심사유는 될지언정 상고심 판결에 대하여서는 재심사유로 삼을 수 없다(대판 2000.04.11. 99재다746).

(7) 증인 등의 거짓진술(7호)

여기에서 '거짓 진술'이라 함은 판결주문의 이유가 되어서 사실인정의 자료가 된 진술을 말한다. 따라서 가정적으로 한 증언의 허위나 주요사실의 인정에 영향이 없는 경우는 재심사유가 되지 아니 한다(대판 1983.03.22. 81다1319). 그리고 민사소송법 제451조 제1항 제7호에서 정한 재심사유인 '증인의 거짓 진술이 판결의 증거가 된 때'는 그 거짓 진술이 판결 주문에 영향을 미치는 사실인정의 직접적 또는 간접적인 자료로 제공되어 그 거짓 진술이 없었더라면 판결의 주문이 달라질 수도 있었을 것이라는 개연성이 있는 경우를 말한다(대판 2016.01.14. 2013다53212).

(8) 판결의 기초가 된 재판·행정처분의 변경(8호)

결이 기초로 된 민사나 형사의 판결, 그 밖의 재판 또는 행정처분이 다른 재판이나 행정처분에 따라 바뀐 때이다. 재판이 '판결의 기초'로 되었다고 함은 재판이 확정판결에 법률적으로 구속력을 미치는 경우 또는 재판내용이 확정판결에서 사실인정의 자료가 되었고, 그 재판의 변경이 확정판결의 사실인정에 영향을 미칠 가능성이 있는 경우를 말한다[4](대판 1965.01.28. 64다1377). 그리고

'바뀐 때'라 함은 판결의 기초가 된 민·형사판결이나 행정처분이 그 뒤에 확정판결 또는 행정처분에 의하여 취소·변경된 경우를 말한다(대판 1981.01.27. 80다1210). 또한 재심사유는 그 하나하나의 사유가 별개의 청구원인을 이루는 것이므로, 여러 개의 유죄판결이 재심대상판결의 기초가 되었는데 이후 각 유죄판결이 재심을 통하여 효력을 잃고 무죄판결이 확정된 경우, 어느 한 유죄판결이 효력을 잃고 무죄판결이 확정되었다는 사정은 특별한 사정이 없는 한 별개의 독립된 재심사유라고 보아야 한다. 재심대상판결의 기초가 된 각 유죄판결에 대하여 형사재심에서 인정된 재심사유가 공통된다거나 무죄판결의 이유가 동일하다고 하더라도 달리 볼 수 없다[5](대판 2019.10.17. 2018다300470). 그리고 특허권자가 정정심판을 청구하여 특허무효심판에 대한 심결취소소송의 사실심 변론종결 이후에 특허발명의 명세서 또는 도면(이하 '명세서 등'이라 한다)에 대하여 정정을 한다는 심결(이하 '정정심결'이라 한다)이 확정되더라도 정정 전 명세서 등으로 판단한 원심판결에 민사소송법 제451조 제1항 제8호가 규정한 재심사유가 있다고 볼 수 없다[6](대판(전) 2020.01.22. 2016후2522).

(9) 판단누락(9호)

판결에 영향을 미칠 중요한 사항에 관하여 판단을 누락한 때이다. 여기서 판단누락이란 당사자가 주장한 공격·방어방법의 판단을 판결이유 중에 명시하지 아니하거나(대판 1964.11.30. 64사11), 당사자가 법원에 직권조사사항의 조치를 촉구하였음에도 불구하고 법원이 그 판단을 판결이유 중에 명시하지 아니한 경우에 한하여 재심사유가 된다(대판 1962.05.10. 62무4). 우편집배원의 착오

---

4) 민사소송법 제451조 제1항 제8호는 "판결의 기초가 된 민사나 형사의 판결, 그 밖의 재판 또는 행정처분이 다른 재판이나 행정처분에 따라 바뀐 때"를 재심사유로 정하고 있다. 이는 판결의 기초가 된 재판이나 행정처분이 그 후의 다른 재판이나 행정처분에 따라 확정적이고 또한 소급적으로 변경된 경우를 말한다. 여기에서 재판이 판결의 기초가 되었다고 함은 재판이 확정판결에 법률적으로 구속력을 미치는 경우 또는 재판 내용이 확정판결에서 사실인정의 자료가 되었고 그 재판의 변경이 확정판결의 사실인정에 영향을 미칠 가능성이 있는 경우를 말한다(대판 2019.10.17. 2018다300470).
5) ☞ 이른바 '구로동 분배농지 사건'에서 수분배자들의 분배농지에 관한 소유권이전등기청구를 기각한 재심대상판결에 대하여, 재심대상판결의 기초가 된 복수의 유죄판결들 중 일부가 형사재심을 통해 변경되자 이를 민사소송법 제451조 제1항 제8호의 재심사유("판결의 기초가 된 민사나 형사의 판결, 그 밖의 재판 또는 행정처분이 다른 재판이나 행정처분에 따라 바뀐 때")로 주장했던 원고들의 1차 재심청구가 재심제기기간 도과로 각하되었으나, 나머지 유죄판결들 역시 형사재심을 통해 변경되자, 원고들이 이를 다시 민사소송법 제451조 제1항 제8호의 재심사유로 주장하며 2차 재심을 청구한 사건에서, 위 유죄판결들 중 어느 한 유죄판결이 변경된 사정은 다른 유죄판결이 변경된 사정과 별개로 독립하여 민사소송법 제451조 제1항 제8호의 재심사유가 된다고 보아, 원고들의 2차 재심청구를 받아들인 원심에 대한 피고의 상고를 모두 기각한 사례
6) 재심은 확정된 종국판결에 대하여 판결의 효력을 인정할 수 없는 중대한 하자가 있는 경우 예외적으로 판결의 확정에 따른 법적 안정성을 후퇴시켜 그 하자를 시정함으로써 구체적 정의를 실현하고자 마련된 것이다. 행정소송법 제8조에 따라 심결취소소송에 준용되는 민사소송법 제451조 제1항 제8호는 "판결의 기초로 된 행정처분이 다른 행정처분에 의하여 변경된 때"를 재심사유로 규정하고 있다. 이는 판결의 심리·판단 대상이 되는 행정처분 그 자체가 그 후 다른 행정처분에 의하여 확정적·소급적으로 변경된 경우를 말하는 것이 아니고, 확정판결에 법률적으로 구속력을 미치거나 또는 그 확정판결에서 사실인정의 자료가 된 행정처분이 다른 행정처분에 의하여 확정적·소급적으로 변경된 경우를 말하는 것이다. 여기서 '사실인정의 자료가 되었다'는 것은 그 행정처분이 확정판결의 사실인정에 있어서 증거자료로 채택되었고 그 행정처분의 변경이 확정판결의 사실인정에 영향을 미칠 가능성이 있는 경우를 말한다.

로 송달보고서에 송달일자를 잘못 적는 바람에 법원이 상고이유서 제출기간 내에 상고이유서를 제출기간이 지나서 제출된 것으로 보아 상고를 기각한 경우에 판결에 영향을 미칠 중요한 사항에 관한 판단을 누락한 것이다(대판 2006.03.09. 2004재다672).

(10) 확정판결에 어긋나는 경우(10호)

이것은 재심청구 된 판결의 기판력과 그 전에 선고된 확정판결의 기판력과의 충돌을 막기 위한 것이다. 재심에서 불복신청 한 판결이 그 전에 선고된 확정판결과 저촉되는 때가 이에 해당한다. 따라서 재심대상판결이 그보다 늦게 선고된 확정판결과 어긋나는 때에는 재심사유에 해당하지 않는다(대판 1981.07.28. 80다2668).

(11) 공시송달 또는 허위주소 송달에 의한 판결편취(11호)

소제기 당시 상대방의 주소를 알고 있음에도 불구하고 소장에는 허위의 주소를 적어서 송달할 수 없게 한 뒤에 소장에 소재부지로 허위기재하여 공시송달제도를 이용하여 확정판결을 편취하는 경우가 그 전형적인 경우이다(공시송달의 남용). 또 다른 경우는 소제기 당시 고의로 상대방의 주소와 다른 주소를 소장에 적고 상대방이 아닌 다른 사람이 소장의 송달을 받게 함으로써 상대방이 기일통지를 받고도 불출석한 것같이 함으로써 결국 자백간주에 의하여 확정판결을 편취하는 경우이다(허위주소송달). 이 경우는 민사소송법 제451조 제1항 제5호의 재심사유에도 해당되지만, 유죄의 확정판결을 받을 것을 요건으로 하고 있으므로, 본 호는 이 요건 충족 없이 쉽게 재심청구를 할 수 있다는 장점이 있다. 判例는 위 자백간주로 판결을 편취한 경우는 본 호가 적용되지 아니하는 것으로 본다. 즉, 자백간주에 의한 판결편취의 경우에는 판결정본의 송달은 무효이므로 아직 판결이 확정되지 아니하였다는 이유로 항소로 다투어야 한다고 한다(항소설, 대판(전) 1978.05.09. 75다634).

(12) 위헌여부심판을 위한 헌법소원이 인용된 경우(헌재법 제75조 7항)

법률이 헌법에 위반되는 여부가 재판의 전제가 된 때에, 헌법재판소법 제41조 제1항에 의하여 당해 사건을 담당하는 법원이 헌법재판소에 위헌여부심판을 제청하였으나 기각결정을 받았을 때는 이에 불복하는 당사자는 헌법재판소에 직접 위헌여부심판을 청구할 수 있다. 법원이 위헌여부심판을 제청한 때는 위헌여부의 결정이 있을 때까지 당해 소송사건의 재판은 정지되지만(헌재법 제42조), 당사자가 위헌여부심판을 신청한 경우는 위헌여부의 결정이 있을 때까지 당해 소송사건의 재판은 반드시 정지되는 것은 아니다(헌재법 제68조 2항). 따라서 당사자가 위헌여부심판을 신청하였지만 당해 소송절차가 정지되지 않고 진행하여 확정된 경우 위헌심판신청이 인용되어 위헌법률판단이 나면 당사자는 재심을 신청할 수 있다(헌재법 제75조 7항).

> ※ 제451조 제1항 제4호 내지 제7호의 의미 - 유죄의 확정판결의 의미
>
> **1. 문제점**
> 제451조 제1항 제4호 내지 제7호는 다른 재심사유와는 달리 동조 2항에서 유죄의 확정판결을 요구하는 바, 이는 이러한 가벌적 행위인 경우 판결의 부당성이 분명할 때 재심을 인정하려는 취지라 할 것인데(증거확실

성의 원칙, Beweissicherheit), 문제는 과연 유죄의 확정판결의 의미가 무엇인가에 있다.

2. 학 설

(1) 적법요건설

제451조 제1항 제4호 내지 제7호에 규정된 사유만이 재심사유가 되고, 제2항의 유죄의 확정판결은 단지 재심의 소의 남용을 방지하기 위한 소의 적법요건에 불과하다고 한다. 이에 의하면 유죄의 확정판결이 없는 경우 요건불비로 재심의 소를 각하하게 된다.

(2) 합체설

위 법조상의 사유와 유죄의 확정판결이 합체되어 하나의 재심사유가 된다고 한다. 이에 의하면 유죄의 확정판결이 없는 경우 재심사유가 없어 재심의 소를 기각하게 된다.

3. 判例

(1) 원칙

판례는 "민사소송법 제451조 제1항 제7호 소정의 증인의 허위진술이 확정판결의 증거가 된 때임을 재심사유로 하는 경우에는 원칙적으로 위증의 유죄확정판결이 있어야 할 것이나 그 확정판결을 기다리지 않고 재심의 소가 제기되어도 재심의 소의 판결이 있을 때까지에 유죄의 확정판결이 있으면 그 재심의 소는 적법하다(대판 1983.12.27. 82다146)"고 하여 적법요건설의 입장으로 보인다.

(2) 예외

다만 "민사확정판결의 증거된 문서나 증언이 위조나 변조 또 허위진술인 경우 그 행위에 대한 유죄의 판결이 확정이 되면 이로써 위 민사판결에 대한 재심사유가 된다(대판 1971.03.09. 71다113)"고 하여 합체설로 풀이할 수 있는 예도 발견된다.

4. 검토

물론 합체설에 의할 경우 재심의 소의 본안심판을 어느 정도 할 수 있다는 면에서 일리는 있으나, 법 제451조 제2항에서 확정판결을 요구하는 입법취지는 재심의 소의 부당한 남용을 막으려는데 있으므로 이는 재심의 소의 요건으로 이해하는 적법요건설의 입장이 타당하다.

〈관련사례〉 재심원고 甲은 재심피고 乙이 재심의 대상이 된 확정판결에서 제출한 증거를 위조하였다는 이유로 乙을 고소하였으나, 乙은 그 이전에 출국하여 고소될 당시에 국내에 있지 않음을 이유로 위 고소사건을 수사한 검사는 乙을 소재불명을 이유로 기소중지결정을 하였다. 이 경우 甲은 재심을 청구하면서 乙의 증거에 대한 위조사실을 재심사유로 재심을 청구하는 경우, 재심법원은 어떻게 판단해야 하는가?

〈해설〉 甲이 재심사유로 삼고자 하는 것은 제451조 제1항 제6호의 재심사유로 보이므로, 동조 제2항에 의하여 확정판결이나 이에 준하는 사유가 있어야 한다. 설문의 경우에는 乙에 대한 기소중지결정이 이에 포함되는 사유인지가 문제된다. 이 경우 判例는 "위에서 본 제2항 소정의 적법요건 해당사실은 같은 제1항 제4호 내지 제7호 소정의 재심의 소를 제기한 당사자가 유죄의 확정판결을 받아 그 판결일이 확정되었다는 것을 증명하거나 또는 유죄의 확정판결을 받을 가능성이 있었는데 피의자가 사망하거나 공소시효가 완성되었거나 기소유예처분을 받았거나 해서 유죄의 확정판결을 받을 수 없었다는 것을 증명해야 한다. 그런데 피의자의 소재불명을 이유로 검사가 기소중지결정을 한 경우는 기소유예처분의 경우와는 달리 민사소송법 제451조 제2항의 요건에 해당하지 않는다(대법 1989.10.24, 88다카29658 판결)."고 하여 기소중지를 포함시키지 아니한다. 이 경우 제451조 제4호 내지 제7호에서 요구하는 유죄의 확정판결의 의미에 대해서 적법요건설과 합체설의 대립이 있으나, 통설, 판례인 적법요건설이 타당하다고 본다. 따라서 재심법원은 甲의 재심청구는 재심의 적법요건을 흠결한 것이므로 재심의 소를 각하해야 할 것이다. 다만 합체설에 의하면 재심의 소를 기각하게 될 것이다.

5. 재심기간과의 관계

(1) 재심제기기간

제456조(재심제기의 기간) ① 재심의 소는 당사자가 판결이 확정된 뒤 재심의 사유를 안 날부터 30일 이내에 제기하여야 한다. ② 제1항의 기간은 불변기간으로 한다. ③ 판결이 확정된 뒤 5년이 지난 때에는 재심의 소를 제기하지 못한다. ④ 재심의 사유가 판결이 확정된 뒤에 생긴 때에는 제3항의 기간은 그 사유가 발생한 날부터 계산한다.

(2) 제456조 1항의 해석

이 경우 적법요건설에 의하면 가벌적 재심사유만이 재심사유가 되고, 유죄확정판결은 재심사유가 되지 않아 유죄확정판결이 아닌, 가벌적 행위를 안 날부터 30일이 기산된다는 결론에 이르게 되어 부당한 결과가 된다. 따라서 적법요건설을 취하는 견해들도 형사상의 가벌적 행위를 재심사유로 하는 경우의 재심기간은 제451조 2항의 유죄판결이 확정되었을 경우에는 유죄확정판결을 알았을 때부터 진행한다고 하여, 합체설과 같은 결론을 취하는 것이 일반적이다(대판 1996.05.31. 95다33993, 이시윤).

(3) 제456조 3, 4항의 해석

이 경우도 적법요건설에 의할 경우 가벌적 행위만이 재심사유이어서 4항의 재심사유에 유죄확정판결이 포함되지 않아, 재심의 대상이 된 민사확정판결 후에 오랜 시간이 경과하여(형사판결의 지연 등) 유죄확정판결이 내려진 경우라 하여도 3항의 민사확정판결 후 5년이 지나게 되어 부당한 결과가 된다. 따라서 이 경우 적법요건설도 4항의 재심사유에 유죄확정판결이 포함된다고 보아 합체설과 같은 결론을 취하는 것이 일반적이다.

Ⅴ 재심절차

1. 관할법원

> 제451조 ③ 항소심에서 사건에 대하여 본안판결을 하였을 때에는 제1심 판결에 대하여 재심의 소를 제기하지 못한다[7].
> 제453조(재심관할법원) ① 재심은 재심을 제기할 판결을 한 법원의 전속관할로 한다.
> ② 심급을 달리하는 법원이 같은 사건에 대하여 내린 판결에 대한 재심의 소는 **상급법원**이 관할한다. 다만, 항소심판결과 상고심판결에 각각 독립된 재심사유가 있는 때에는 그러하지 아니하다.

(1) 서증의 위조·변조, 증인 등의 거짓 진술 등 사실인정에 관한 것(제451조 1항 6호, 7호)을 재심사유로 하는 경우

비록 상고심법원이 채증법칙위반이 없다고 하여 상고를 기각하였더라도 사실심인 항소심법원의 판결에 대하여 재심의 소를 제기하여야 한다(대판 1967.11.21. 67사45 등). 왜냐하면 상고심법원은

---

[7] 항소심에서 본안판결을 한 경우에는 제1심판결에 대하여 재심의 소를 제기하지 못하므로 그 경우 항소심판결이 아닌 제1심 판결에 대하여 제1심법원에 제기된 재심의 소는 재심대상이 아닌 판결을 대상으로 한 것으로서 재심의 소송요건을 결여한 부적합한 소송이며 단순히 재심의 관할을 위반한 소송이라고 볼 수는 없으나, 항소심에서 본안판결을 한 사건에 관하여 제기된 재심의 소가 제1심판결을 대상으로 한 것인가 또는 항소심판결을 대상으로 한 것인가의 여부는 재심소장에 기재된 재심을 할 판결의 표시만 가지고 판단할 것이 아니라 재심의 이유에 기재된 주장내용(재심사유가 항소심 판결에 관한 것인지 여부)을 살펴보고 재심을 제기한 당사자의 의사를 참작하여 판단할 것이다(대판(전) 1984.02.28. 83다카1981).

직접 사실인정을 한 것이 아니기 때문이다. 즉 判例는 "사실심이 사실인정의 자료로 채택한 증언 내용이 위증임이 판명되어 유죄판결을 받은 경우에도 그 사유는 사실심의 판결에 대한 재심사유는 될지언정 상고심판결에 대하여서는 재심사유로 삼을 수 없다(대판 1967.11.21. 67사74)."고 하고, "민사사건의 1,2,3심 판결의 기초가 된 형사 제1심의 유죄판결이 제2,3심에서 무죄로 변경되었다는 사유는 증거판단의 적부에 관한 사항이므로 사실심의 판결에 대한 재심사유는 될지언정 상고심 판결에 대한 재심사유는 되지 않는다(대판 1983.04.26. 83사2)."고 한다.

(2) 제453조 해설

예를 들어 제1심의 패소판결에 대하여 항소심이 항소각하판결을 하였고, 각 판결마다 재심사유가 있으면 재심원고는 각 재심사유를 주장하여 각 법원에 재심의 소를 제기할 수 있다(제453조 1항). 하지만 이 경우 재심원고가 재심사유를 모아서 재심의 소를 병합하여 제기하는 경우에는 재판의 모순을 피하기 위하고, 당사자의 편의를 위하여, 상급법원이 모두에 관하여 관할권을 갖는다(제453조 2항 본문). 다만 당사자에게 재심의 소를 병합하여 제기하는 것을 강요할 수는 없다. 즉 위 예에서 항소심판결에 대하여 상고하였으나 대법원이 상고기각판결을 하고, 각 판결에 대하여 재심사유가 있더라도, 이 경우에는 대법원이 모든 재심의 소를 병합하여 심판할 수는 없는 것이다(제453조 2항 단서).

2. 재심의 소의 제기

> 제458조(재심소장의 필수적 기재사항) 재심소장에는 다음 각 호의 사항을 적어야 한다.
> 1. 당사자와 법정대리인
> 2. 재심할 판결의 표시와 그 판결에 대하여 재심을 청구하는 취지
> 3. 재심의 이유

3. 준용절차

> 제455조(재심의 소송절차) 재심의 소송절차에는 각 심급의 소송절차에 관한 규정을 준용한다.

4. 재심의 소의 심리와 중간 판결 제도

> 제454조(재심사유에 관한 중간판결) ① 법원은 재심의 소가 적법한지 여부와 재심사유가 있는지 여부에 관한 심리 및 재판을 본안에 관한 심리 및 재판과 분리하여 먼저 시행할 수 있다.
> ② 제1항의 경우에 법원은 재심사유가 있다고 인정한 때에는 그 취지의 중간판결을 한 뒤 본안에 관하여 심리·재판한다.

현행법 제454조는 재심의 소의 적법요건 및 재심사유의 유무에 관한 심판과 본안심판을 분리하여 앞의 것만 선행심리 할 수 있도록 하되, 이 경우에 재심사유 등이 있다고 인정할 때에는 그에 관한 쟁점을 먼저 정리하는 의미에서 그 취지의 중간판결을 할 수 있도록 하였다. 그러나 이러한 중간판결 제도의 이용 여부는 법원의 재량에 맡겨져 있다. 기존의 중간판결제도(제201조)가 사문화되어 있어 소송경제를 위해 주의적으로 규정한 것이라는 견해가 있다(법원행정처, 민사소송법 개정내용과 해설, 247면).

> 제459조(변론과 재판의 범위) ① 본안의 변론과 재판은 재심청구이유의 범위 안에서 하여야 한다.
> ② 재심의 이유는 바꿀 수 있다.
> 제460조(결과가 정당한 경우의 재심기각) 재심의 사유가 있는 경우라도 판결이 정당하다고 인정한 때에는 법원은 재심의 청구를 기각하여야 한다.

(1) 소의 적법 여부

1단계로 일반소송요건과 함께 재심의 소의 적법요건을 심리한다. 이는 직권조사사항이다. 그 흠이 있는 경우 보정하지 않거나 보정할 수 없다면 판결로 재심의 소를 각하한다(제455조, 제219조, 413조). 재심원고의 법정재심사유의 주장은 소의 적법요건이다. 이 경우 각하가 아니라 기각이라고 하여도 배척되었다는 점에서 결과적으로는 정당하다(대판 1990.01.11. 80다2126). 재심은 확정된 종국판결에 대하여 제기할 수 있는 것이므로, 확정되지 아니한 판결에 대한 재심의 소는 부적법하고, 판결 확정 전에 제기한 재심의 소가 부적법하다는 이유로 각하되지 아니하고 있는 동안에 판결이 확정되었더라도, 재심의 소는 적법한 것으로 되는 것이 아니다(대판 2016.12.27. 2016다35123).

(2) 재심사유의 존부

재심의 소가 적법하면 2단계로 재심사유의 존재여부를 조사하여야 한다. 그 증명책임은 재심원고에게 있다. 재심사유의 존부에 대해서는 직권으로 사실탐지가 가능하므로, 청구의 포기·인낙, 자백에 구속되지 않으며, 자백간주의 규정도 배제 된다[8]. 그리고 화해·조정도 당연무효가 된다[9]. 이 한도에서 직권탐지주의에 의하며, 이 점이 재심에 대한 본안심판의 경우와는 다르다. 심리하여 재심사유가 없는 것으로 판단이 되면 종국판결로 재심청구를 기각하여야 한다[10]. 재심절차에서

---

[8] 재심의 소는 확정판결에 대하여 그 판결의 효력을 인정할 수 없는 흠결이 있는 경우에 구체적 정의를 위하여 법적 안정성을 희생시키면서 확정판결의 취소를 허용하는 비상수단으로서, 소송제도의 기본목적인 분쟁해결의 실효성과 정의실현과의 조화를 도모하여야 하는 것이므로 재심사유의 존부에 관하여는 당사자의 처분권을 인정할 수 없고, 재심법원은 직권으로 당사자가 주장하는 재심사유 해당사실의 존부에 관한 자료를 탐지하여 판단할 필요가 있고, 따라서 재심사유에 대하여는 당사자의 자백이 허용되지 아니하며 자백간주에 관한 민사소송법 제150조 제1항은 적용되지 아니한다고 할 것이다(대판 1992.07.24. 91다45691).

[9] 조정이나 재판상 화해의 대상인 권리관계는 사적 이익에 관한 것으로서, 당사자가 자유롭게 처분할 수 있는 것이어야 하므로, 성질상 당사자가 임의로 처분할 수 없는 사항을 대상으로 한 조정이나 재판상 화해는 허용될 수 없고, 설령 그에 관하여 조정이나 재판상 화해가 성립하였더라도 효력이 없어 당연무효이다. 甲이 乙 주식회사에 마쳐 준 근저당권설정등기의 말소를 구하는 소송을 제기하여 승소판결을 받고 이에 대한 乙 회사의 항소 및 상고(이하 '재심대상판결'이라 한다)가 모두 기각되어 제1심판결이 그대로 확정되었고, 이에 甲이 丙 신용협동조합에 근저당권 및 지상권 설정등기를 마쳐 주고 이어 乙 회사 명의의 근저당권설정등기 말소등기를 마쳤는데, 乙 회사가 甲을 상대로 위 판결에 대한 재심의 소를 제기하여 "1. 재심대상판결 및 제1심판결을 각 취소한다. 2. 甲은 이 사건 청구를 포기한다. 3. 甲은 乙 회사에 근저당설정등기의 회복등기절차를 이행한다."는 취지의 조정이 성립하였고, 이에 乙 회사가 丙 조합을 상대로 말소등기의 회복에 관하여 승낙을 구하는 소를 제기한 사안에서, '재심대상판결 및 제1심판결을 각 취소한다'는 조정조항은 법원의 형성재판 대상으로서 甲과 乙 회사가 자유롭게 처분할 수 있는 권리에 관한 것이 아니어서 당연무효이고, 확정된 재심대상판결과 제1심판결이 당연무효인 위 조정조항에 의하여 취소되었다고 할 수 없으며, 나머지 조정조항들에 의하여 판결들의 효력이 당연히 상실되는 것도 아니므로, 위 판결들에 기한 근저당권설정등기의 말소등기는 원인무효인 등기가 아니고 따라서 丙 조합은 근저당권설정등기의 말소회복에 승낙을 하여야 할 실체법상 의무를 부담하지 않음에도, 이와 달리 본 원심판결에 법리오해의 잘못이 있다(대판 2012.09.13. 2010다97846).

제기된 중간확인의 소는 재심사유가 인정되지 아니하여 재심청구를 기각하는 경우에 판결주문에서 소 각하를 하여야 한다(대판 2008.11.27. 2007다69834). 재심사유가 인정이 될 때 그 존부에 대하여 다툼이 있는 경우 중간판결(제454조)나 종국판결의 이유 속에서 판단한다.

(3) 본안 심판

1) 본안의 심리

　　재심사유가 인정이 되면 3단계인 본안에 관한 심리에 들어가게 된다[11]. 여기에서 원판결에 의하여 완결된 전소송(소 또는 상소)에 대하여 다시 심판한다. 본안에 관한 변론은 전소송의 변론의 속행으로서 일체를 이루게 된다. 즉 재심사유인 하자가 존재하는 절차부분을 제외하고, 종전의 절차는 그대로 효력이 지속된다. 따라서 변론의 갱신절차를 밟아야 하며(제455조, 제204조), 사실심이면 새로운 공격방어방법을 제출할 수 있다(대판 1965.01.19. 64다1260). 전소송의 변론종결 뒤에 발생한 새로운 공격방어방법이라도 당연히 제출할 수 있으며, 만일 이를 제출하지 않고 패소하면 그 뒤에는 기판력에 의하여 실권된다. 본안의 변론과 재판은 재심청구이유의 범위 즉 원판결에 대한 불복신청의 범위 내에서 한다(제459조 1항). <u>재심피고에 의하여 부대재심이 제기되지 않는 한 재심원고에 대하여 원래의 확정판결 보다 불이익한 판결을 할 수 없다</u>(불이익변경의 금지, 대판 2003.07.22. 2001다76298). 가벌적 행위에 관한 유죄의 확정판결은 재심의 소의 적법요건이 되지만, 재심법원의 본안심판에 있어서 형사법원의 유죄판결의 내용과 같은 사실을 인정하여야 한다는 구속은 없으며 자유롭게 판단할 수 있다[12]. 다만 判例는 "어떠한 소송행위에 민사소송법 제451조 제1항 제5호의 재심사유가 있다고 인정되는 경우 그러한 소송행위에 기초한 확정판결의 효력을 배제하기 위한 재심제도 취지상 재심절차에서 해당 소송행위 효력은 당연히 부정될 수밖에 없고, 그에 따라 법원으로서는 위 소송행위가 존재하지 않은 것과 같은 상태를 전제로 재심대상 사건의 본안에 나아가 심리·판단하여야 하며 달리 소송행위의 효력을 인정할 여지가 없다(대판 2012.06.14. 2010다86112)."고 한다. 그리고 <u>원래의 확정판결을 취소한 재심판결에 대한 재심의 소에서 원래의 확정판결에 대하여 재심사유를 인정한 종전 재심법원의 판단에 재심사유가 있어 종전 재심청구에 관하여 다시 심리한 결과 원래의 확정판결에 재심사유가 인정되지 않을 경우에는 재심판결을 취소하고 종전 재심청구를 기각하여야 하며, 그 경우 재심사유가 없는 원래의 확정판결 사건의 본안에 관하여 다시 심리와 재판을 할 수는 없다</u>[13](대판 2015.12.23. 2013다17124).

---

10) 원래의 확정판결을 취소한 재심판결에 대한 재심의 소에서 원래의 확정판결에 대하여 재심사유를 인정한 종전 재심법원의 판단에 재심사유가 있어 종전 재심청구에 관하여 다시 심리한 결과 원래의 확정판결에 재심사유가 인정되지 않을 경우에는 재심판결을 취소하고 종전 재심청구를 기각하여야 하며, 그 경우 재심사유가 없는 원래의 확정판결 사건의 본안에 관하여 다시 심리와 재판을 할 수는 없다(대판 2016.01.28. 2013다51933).
11) 확정된 재심판결에 대한 재심의 소에서는 종전 재심청구를 다시 심판하는 것이 본안의 심리에 해당 된다(대판 2015.12.23. 2013다17124).
12) 본조 제2항에서의 (1) 전단의 의미는 유죄의 확정판결이나 과태료의 확정재판의 존재 자체로 재심사유가 되고 그 유죄의 확정판결 등의 내용과 같은 사실이 확실히 있었는지 여부의 실질적 판단은 재심법원이 그 유죄인정 판결 등에 구애됨이 없이 자유로 판단할 수 있는 것이고 (2) 후단의 의미는 범죄사실이 있었음은 확실하나 증거가 없다는 이유아닌 다른 이유로서 유죄의 확정판결 등을 얻을 수 없는 때에는 재심법원이 독자적으로 증명에 의한 인정을 할 수 있는 것이다(대판 1965.06.15. 64다1885).

2) 종국판결

① 심리한 결과 원판결이 부당하면 불복신청의 한도 내에서 이를 취소하고, 이에 갈음하는 판결을 한다. 재심판결은 원판결을 소급적으로 취소하는 형성판결이다.

② 원판결이 정당하다고 인정되면 재심사유가 있어도 재심청구를 기각한다(제460조). 원판결이 정당하여 유지하여야 할 경우로는 ⅰ) 원판결의 표준시 이전의 사유로 보아 정당한 경우, ⅱ) 원판결의 표준시를 기준으로 하면 부당하지만 그 표준시 이후에 발생한 새로운 사유 때문에 원판결의 결론이 정당한 경우[14)15)] 등이 있다.

③ 재심의 소에 대한 종국판결에는 어느 심급에 대한 재심인가에 따라 항소나 상고가 인정된다. 다만 상고심판결에 대한 재심의 소에 관한 판결은 상소할 수 없다. 재심의 상고심에 있어서 사실심의 변론종결 뒤에 생긴 재심사유인 사실을 주장할 수 없다(이시윤).

Ⅵ 준재심

1. 의 의

확정판결과 동일한 효력을 가지는 조서 및 즉시항고로 불복을 신청할 수 있는 결정이나 명령이 확정되고 거기에 재심사유가 있을 때에 재심의 소에 준하여 제기하는 재심을 준재심이라고 한다[16)](제461조).

---

13) [1] 민사소송법 제451조 제1항은 '확정된 종국판결'에 대하여 재심의 소를 제기할 수 있다고 규정하고 있는데, 재심의 소에서 확정된 종국판결도 위 조항에서 말하는 '확정된 종국판결'에 해당하므로 확정된 재심판결에 위 조항에서 정한 재심사유가 있을 때에는 확정된 재심판결에 대하여 재심의 소를 제기할 수 있다. [2] 민사소송법 제454조 제1항은 "재심의 소가 적법한지 여부와 재심사유가 있는지 여부에 관한 심리 및 재판을 본안에 관한 심리 및 재판과 분리하여 먼저 시행할 수 있다."고 규정하고, 민사소송법 제459조 제1항은 "본안의 변론과 재판은 재심청구이유의 범위 안에서 하여야 한다."고 규정하고 있는데, 확정된 재심판결에 대한 재심의 소에서 재심판결에 재심사유가 있다고 인정하여 본안에 관하여 심리한다는 것은 재심판결 이전의 상태로 돌아가 전 소송인 종전 재심청구에 관한 변론을 재개하여 속행하는 것을 말한다. 따라서 원래의 확정판결을 취소한 재심판결에 대한 재심의 소에서 원래의 확정판결에 대하여 재심사유를 인정한 종전 재심법원의 판단에 재심사유가 있어 종전 재심청구에 관하여 다시 심리한 결과 원래의 확정판결에 재심사유가 인정되지 않을 경우에는 재심판결을 취소하고 종전 재심청구를 기각하여야 하며, 그 경우 재심사유가 없는 원래의 확정판결 사건의 본안에 관하여 다시 심리와 재판을 할 수는 없다(대판 2015.12.23. 2013다17124).

14) 재심대상인 확정판결에서 채택된 증언을 한 증인이 위증으로 유죄판결이 확정된 경우에 위 증인의 증언을 제외하더라도 그 확정판결의 결과에 영향이 없는지의 여부를 판단하려면 재심 전 확정판결에서 인용된 증거들과 함께 재심소송에서 조사된 각 증거들까지도 종합하여 그 판단의 자료로 삼아야 하며 재심 전 확정판결에서 인용되었던 증거만에 의하여 확정판결의 결론에 영향이 없다고 단정하였음은 위법이다(대판 1980.09.09. 80다915).

15) 이 경우 재심청구기각이 아니라 원판결취소에 동일내용의 판결을 하여야 한다는 견해(이영섭)가 있으나, 명문에 충실하게 재심청구를 기각하되 다만 기판력의 표준시만이 재심대상판결의 변론종결시가 아니라 재심의 소의 변론종결시로 이동되는 것으로 보아야 한다(대판 1993.02.12. 92다25151).

16) 원래 준재심의 대상은 즉시항고로 불복할 수 있는 결정·명령뿐이었으나, 1961년 9월 1일 민사소송법 개정 시에 대법원의 요청으로 국가재건최고회의라는 비상입법기관에서 제220조의 조서를 추가하였는데, 이것은 세계에 유래가 없는 입법이고, 소송상 화해의 성질에 관하여 이미 망각되다시피 한 소송행위설을 맹종한 것으로서

2. 준재심의 소(조서에 대한 준재심), 준재심신청(결정·명령에 대한 준재심)

> 제461조(준재심) 제220조의 조서 또는 즉시항고로 불복할 수 있는 결정이나 명령이 확정된 경우에 제451조제1항에 규정된 사유가 있는 때에는 확정판결에 대한 제451조 내지 제460조의 규정에 준하여 재심을 제기할 수 있다.

(1) 준재심의 소

청구의 포기·인낙조서 및 화해조서에 대한 준재심절차는 확정판결에 대한 재심절차를 준용한다. 준재심의 대상이 되는 조서에는 화해조서와 동일한 효력을 가지는 조정조서도 포함된다(대판 1968.10.22. 68므32). 조서에 재심사유가 있으면 그 조서를 취소하고 청구의 포기·인낙, 소송상 화해 등에 의해 종료되었다가 부활될 소송에 대하여 심판한다. 제460조의 경우에도 조서를 취소하고 자판하여야 한다(대판 1998.10.09. 96다44051). 그 밖의 절차는 재심의 경우와 동일하다. 하지만 제소전화해의 경우에는 부활할 소송이 없으므로 조서를 취소하기만 하면 된다(대판 1996.03.22. 95다14275). 따라서 이 경우에는 제460조가 적용될 여지가 없다. 준재심의 소장에는 제기하는 심급에 따라 소장·항소장 또는 상고장의 인지에 해당하는 인지를 붙여야 한다(민사소송등인지법 제8조 2항 본문). 다만 제소전화해조서에 대한 준재심의 소장에는 소장에 붙일 인지액의 5분의 1만 붙이면 된다(민사소송등인지법 제8조 2항 단서).

■ **준재심 사유 – 대리권 흠결**
소송절차 내에서 법인 또는 법인이 아닌 사단(이하 '법인 등'이라고 한다)이 당사자로서 청구의 포기·인낙 또는 화해를 하여 이를 변론조서나 변론준비기일조서에 적은 경우에, 법인 등의 대표자가 청구의 포기·인낙 또는 화해를 하는 데에 필요한 권한의 수여에 흠이 있는 때에는 법인 등은 변론조서나 변론준비기일조서에 대하여 준재심의 소를 제기할 수 있고, 준재심의 소는 법인 등이 청구를 포기·인낙 또는 화해를 한 뒤 준재심의 사유를 안 날부터 30일 이내에 제기하여야 한다(민사소송법 제461조, 제220조, 제451조 제1항 제3호, 제456조, 제64조, 제52조). 이때 '법인 등이 준재심의 사유를 안 날'은 특별한 사정이 없는 한 법인 등의 대표자가 준재심의 사유를 안 날로서 그때부터 준재심 제기 기간이 진행되는 것이 원칙이다. 그렇지만 법인 등의 대표자가 준재심의 사유인 청구의 포기·인낙 또는 화해를 하는 데에 필요한 권한을 수여받지 아니한 것에서 더 나아가 자기 또는 제3자의 이익을 도모할 목적으로 권한을 남용하여 법인 등의 이익에 배치되는 청구의 포기·인낙 또는 화해를 하였고 또한 상대방 당사자가 대표자의 진의를 알았거나 알 수 있었을 경우에는, 일반적으로 법인 등에 대하여 대표권의 효력이 부인될 수 있는 사유에 해당할 뿐 아니라 준재심의 사유가 된 대표권 행사에 관하여 법인 등과 대표자의 이익이 상반되어 법인 등의 대표자가 준재심 제기 권한을 행사하리라고 기대하기 어려움에 비추어 보면, 단지 대표자가 준재심의 사유를 아는 것만으로는 부족하고 적어도 법인 등의 이익을 정당하게 보전할 권한을 가진 다른 임원 등이 준재심의 사유를 안 때에 비로소 준재심 제기 기간이 진행된다(대판 2016.10.13. 2014다12348).

(2) 준재심신청

즉시항고로 불복을 신청할 수 있는 결정·명령에 대한 준재심은 소가 아니라 신청의 방식에 의하여야 한다. 결정·명령은 신청에 대한 응답이기 때문이다. 심리한 결과도 판결이 아니라 결

시급히 개정하여야 할 부분이다(정동윤·유병현·김경욱).

정으로 재판한다. 즉시항고로 불복을 신청할 수 있는 결정·명령 가운데 준재심의 대상이 될 수 있는 것은 종국적 재판인 소장각하명령(제254조 3항), 소송비용액확정결정(제110조 1항), 매각허가결정(민집 제129조) 등 이다. 민사소송법 제461조가 즉시항고로 불복할 수 있는 결정이나 명령을 준재심의 대상으로 한 것은 예시적인 것에 불과하므로, 종국적 재판의 성질을 가지는 결정이나 명령 또는 종국적 재판과는 관계없이 독립하여 확정되는 결정이나 명령에 해당하는 경우라면 준재심을 신청할 수 있다. 따라서 담보권실행을 위한 경매개시결정은 매각허가결정에 대한 즉시항고로 다툴 수 있는 것이므로 준재심의 대상이 아니다(대결 2004.09.13. 2004마660).

VII 판결의 집행정지

1. 재심 또는 상소의 추후보완신청으로 인한 집행정지

> 제500조(재심 또는 상소의 추후보완신청으로 말미암은 집행정지) ① 재심 또는 제173조에 따른 상소의 추후보완신청이 있는 경우에 불복하는 이유로 내세운 사유가 법률상 정당한 이유가 있다고 인정되고, 사실에 대한 소명이 있는 때에는 법원은 당사자의 신청에 따라 담보를 제공하게 하거나 담보를 제공하지 아니하게 하고 강제집행을 일시정지 하도록 명할 수 있으며, 담보를 제공하게 하고 강제집행을 실시하도록 명하거나 실시한 강제처분을 취소하도록 명할 수 있다.
> ② 담보 없이 하는 강제집행의 정지는 그 집행으로 말미암아 보상할 수 없는 손해가 생기는 것을 소명한 때에만 한다.
> ③ 제1항 및 제2항의 재판은 변론 없이 할 수 있으며, 이 재판에 대하여는 불복할 수 없다[17].
> ④ 상소의 추후보완신청의 경우에 소송기록이 원심법원에 있으면 그 법원이 제1항 및 제2항의 재판을 한다.
> 제501조(상소제기 또는 변경의 소제기로 말미암은 집행정지) 가집행의 선고가 붙은 판결에 대하여 상소를 한 경우 또는 정기금의 지급을 명한 확정판결에 대하여 제252조제1항의 규정에 따른 소를 제기한 경우에는 제500조의 규정을 준용한다.

(1) 취지

확정판결도 예외적으로 재심이나 상소의 추후보완에 의하여 취소되는 수가 있으며, 이에 따라 그 집행력도 소멸할 수 있다. 그러나 판결이 취소되기 전까지는 집행력이 지속되어 집행될 수 있으므로, 재심이나 민사소송법 제173조의 상소의 추후보완신청이 있는 경우에는 사정에 따라 그 당부가 판명될 때까지 집행을 정지하거나 기타 일시적인 잠정처분을 명할 필요가 있는데(주석 민소법[VIII], 281면), 이를 위한 것이 집행정지제도이다. 다만 본조에 의한 잠정처분은 그 목적인 집행절차전부가 종료되지 아니한 경우에만 가능하다. 즉 그 집행절차가 아직 착수되지 아니하였거나

---

[17] 강제집행정지신청 기각결정에 대한 특별항고는 민사집행법 제15조가 규정한 집행법원의 재판에 대한 불복에 해당하지 아니하고, 특별항고장을 각하한 원심재판장의 명령에 대한 즉시항고는 민사소송법상 즉시항고에 불과하므로(민사소송법 제450조, 제425조, 제399조 제3항 참조) 거기에 민사집행법 제15조가 적용될 여지는 없다. 나아가 민사소송법상 항고법원의 소송절차에는 항소에 관한 규정이 준용되는데, 민사소송법은 항소이유서의 제출기한에 관한 규정을 두고 있지 아니하므로 즉시항고이유서를 제출하지 않았다는 이유로 즉시항고를 각하할 수는 없다(대결 2016.09.30. 2016그99).

또는 착수하였다 하더라도 그 강제집행이 완료되지 아니하였어야 가능하고, 집행이 종료되었으면 집행정지를 할 여지가 없다. 이와 같이 이 잠정처분은 집행개시 전 또는 집행속행 중에만 할 수 있기 때문에 재심이나 상소의 추후보완신청을 전제로 본조의 잠정처분을 구하는 예는 별로 없다(주석 민소법[Ⅷ], 282면).

(2) 요건

1) 재심이나 상소의 추후보완신청이 있을 것

재심(제451조)이나 상소의 추후보완신청(제173조)이 있어야 한다.

2) 불복사유가 법률상 정당한 이유가 있다고 인정되고, 사실에 대한 소명이 있을 것

재심이나 상소의 추후보완이 있다고 하여도 법원이 당사자의 신청에 따라 바로 잠정처분을 하는 것이 아니며, 그 처분이 인용되기 위해서는 불복의 이유로 주장한 사유, 즉 재심사유(제451조 1항 1호 ~ 11호)와 상소의 추후보완사유(제173조 1항)가 주장 자체로서 법률상 이유 있다고 인정되고 사실에 대한 소명이 있어야 한다. 이러한 요건이 필요한 이유는 본안인 재심 또는 상소의 추후보완의 신청이 전혀 이유가 없는 경우에는 집행채무자의 잠정처분신청이 집행의 지연 내지 방해를 하기 위한 것이라고 볼 수 있어, 이를 허용하여서는 아니 되기 때문이다. 그런 의미에서 본조에서 말하는 "불복사유가 법률상 정당한 이유가 있다고 인정되고, 사실에 대한 소명이 있는 때"란 승소의 개연성이 있는 것을 의미한다고 볼 수 있다.

3) 의사진술을 명하는 재판

소유권이전등기, 근저당권의 이행 또는 말소를 명하는 것과 같은 피고의 의사진술을 명하는 판결에 대해서는 집행기관이 관여할 여지가 없으므로, 그에 대한 집행정지신청이 허용되지 않는다[18].

4) 서면에 의할 것

제500조 제1항 또는 제501조의 규정에 따른 집행정지 등의 신청은 서면으로 하여야 한다(규칙 제144조). 이에 위반한 신청은 각하된다.

(3) 관할법원

이 경우 강제집행정지사건을 관할하는 법원은 본안의 수소법원이며 집행법원이 아니다. 즉 재심의 경우에는 재심법원이고, 상소추후보완신청의 경우에는 상소심법원이 된다. 상소추후보완신청의 경우에는 상소장을 제출하면서 동시에 강제집행정지를 신청하는 경우가 많은데, 이 경우에는 소송기록이 원심법원에 있으므로 그 때에는 기록이 있는 법원이 잠정처분의 재판을 한다(제500조 4항, 주석 민소법[Ⅷ], 283면).

---

[18] 조건부 의사진술을 명하는 재판은, 그 조건이 성취되어 집행문이 부여될 때 의사를 진술한 것과 동일한 효력이 발생하고, 집행기관이 관여하는 현실적인 강제집행절차가 존재할 수 없으므로, 강제집행의 정지도 있을 수 없으니, 등기공무원은 강제집행정지결정에 구애됨이 없이 등기신청을 받아들여 등기기입을 할 수 있다(대결 1979.05.22. 77마427).

(4) 심리

본조의 잠정처분은 당사자의 신청에 의하여 법원이 직권으로 할 수는 없다. 신청인은 재심원고 또는 상소추후보완신청을 한 당사자에 한한다. 화해 또는 청구의 인낙조서 등에 대한 준재심을 제기한 경우에도 본조가 적용되므로, 준재심 원고도 신청할 수 있다. 이 잠정처분은 변론을 거치지 않고 할 수 있다(제500조 3항). 실무상 거의 변론을 열지 아니하고, 결정으로 재판한다. 변론을 열지 아니하고, 상대방인 채권자에 대한 심문도 하지 않고 처리하는 경우가 많으므로, 집행의 정지 또는 취소의 결정에 대하여 불복을 허용하지 아니하고 있는 것을 생각할 때 문제가 없지 않지만, 대체로 정지의 신청이 매각기일 또는 명도집행의 우려가 절박한 시기에 제기되는 것이 통례일 뿐 아니라, 소명의 정도도 담보액으로써 조절할 수 있는데 기인한다(주석 민소법[Ⅷ], 284면).

(5) 정지명령의 내용

1) 형식 및 내용

잠정처분은 결정의 형식으로 한다. 그 내용은 ① 재심원고 또는 상소추후보완신청인으로 하여금 담보를 제공하게 하거나, 담보를 제공하지 아니하게 하고 강제집행의 개시·속행을 일시정지하는 것 ② 일단 집행정지를 명하되 상대방이 담보를 제공하면 강제집행을 실시할 수 있다는 것 ③ 집행의 정지를 명하는 외에 다시 재심원고 또는 상소추후보완신청으로 하여금 담보를 제공하게 하고 이미 한 집행행위까지 취소하는 것 등 세 가지로 나눌 수 있다(제500조 1항). 담보를 제공하게 할 것인가 이를 제공하지 아니하게 할 것인가는 법원의 재량에 속하지만, 담보 없이 하는 강제집행의 정지는 그 집행에 의하여 보상할 수 없는 손해가 있는 것을 소명한 때에 한하며(동조 2항), 집행의 실시나 취소를 명함에 있어서는 반드시 담보를 제공하게 하지 않으면 안 된다(대결 1965.07.26. 65마41).

2) 시간적 한계

본조는 강제집행의 '일시정지'라고 있어 민사집행법 제46조 2항에서와 같이 "판결이 있을 때까지"라는 잠정처분의 시간적 한계가 명시되어 있지 않으나, '일시'라는 뜻도 '판결이 있을 때까지'라고 해석되고(주석 민소법[Ⅷ], 284면), 실무상으로도 '판결 선고 시까지'라는 시간적 한계를 밝히고 잠정처분을 하는 것이 보통이다. 그러나 判例는 판결확정시까지 정지를 명하여도 위법이 아니라고 한다[19].

3) 보상할 수 없는 손해의 의미

담보 없이 하는 강제집행의 정지는 그 집행에 의하여 보상할 수 없는 손해가 있는 것을 소명한

---

[19] 본조, 본법 제473조(현 제500조) 제1항 그 정지기간에 관하여 일시 정지할 수 있다는 취지로 규정되어 있기는 하나 본법 제507조(현 민사집행법 제46조) 제2항과 같이 그 종기를 명시하지 아니 하였으므로 그 규정을 하는 법원이 정지의 조건이 되는 사유를 참작하여 본안판결확정시까지의 기간 중에서 재량에 따라 정지의 기간을 정할 수 있다(대판 1964.06.09. 63다982). 민사소송법 507조(민사집행법 제46조) 2항의 " 판결이 있을 때까지" 라고 함은 「본안판결시까지」만이라고 해석할 이유는 없고 당해법원의 재량에 의하여 「본안판결 확정시까지」로 그 시한을 정할 수 있는 것이라고 해석함이 타당하다(대결 1977.12.21. 77그6).

때에 한하는데, 집행으로 말미암아 생기는 '보상할 수 없는 손해'가 무엇인지 문제된다. 이 경우의 손해란 단지 보상이 곤란하다는 정도에서 그치는 것이 아니라, 그것이 불가능 또는 그에 가까운 경우를 말하는 것이고, 통상 금전으로서는 손해의 회복이 될 수 없는 경우, 채권자의 재산상태로서는 도저히 보상할 수 없는 큰 손해가 생기는 경우라고 할 수 있다[20].

4) 강제집행의 일시정지에 관한 재판의 효력

민사소송법 제500조, 제501조의 규정에 의한 일시정지에 관한 재판은 잠정적인 것에 불과하여 확정된 경우에도 기판력이 생기지 아니하고 따라서 한번 신청을 배척당한 신청인이 주장과 소명을 보충해서 다시 신청을 하거나 일부의 정지결정을 받은 자가 그 후 사정의 변경을 주장 소명해서 그와 범위를 달리하는 결정을 신청하는 것을 금지할 이유가 없으며 이러한 경우 법원은 심리의 과정에 따라 새로이 정지결정을 할 수도 있고 또 그 내용을 변경할 수도 있다고 새겨진다(대결 1984.01.26. 83그54; 대결 1988.02.24. 88그2). 그리고 강제집행의 일시정지를 위한 신청사건은 판결절차와 같이 엄격한 형식으로서의 당사자대위의 구조를 가지지 아니하므로 그 기각결정에 대하여는 신청인에게 고지하면 그 효력을 발생하여 확정되는 것이고 아무런 불이익이 없는 상대방에게 반드시 이를 고지하여야만 하는 것은 아니며 그 확정은 특별항고가 제기되었다 하여 차단되는 것도 아니다(대결 1988.02.24. 88그2).

(6) 불복신청

본조의 재판에 대하여는 불복을 신청하지 못한다(제500조 3항). 불복을 금지하는 것은 그 신청의 실질에 대하여 심리하고 잠정처분을 한 경우뿐만 아니라 이유 없다는 취지로 신청을 기각한 경우도 포함한다. 다만 그 신청을 부적법하다 하여 각하한 경우에는 즉시항고를 할 수 있다는 것이 과거의 判例(대결 1990.07.28. 89마653)였지만, 현행법상으로는 이 경우에도 즉시항고가 불가능하다고 보아야 한다(민사집행법 제15조 참고, 주석 민소법[Ⅷ], 287면). 따라서 강제집행정지 신청을 기각한 재판에 대하여는 즉시항고로 불복을 신청할 수 없는 것이므로 그에 대한 불복은 제449조 특별항고로 보아야 한다(대결 1986.02.18. 86사6). 그리고 강제집행정지결정 등을 명하기 위하여 담보제공명령을 내렸다면 이러한 담보제공명령은 나중에 있을 강제집행을 정지하는 재판에 대한 중간적 재판에 해당하는바, 위 명령에서 정한 공탁금액이 너무 과다하여 부당하다고 하더라도 이는 강제집행정지의 재판에 대한 불복절차에서 그 당부를 다툴 수 있을 뿐, 중간적 재판에 해당하는 담보제공명령에 대하여는 독립하여 불복할 수 없다(대결 2001.09.03. 2001그85). 신청인의 신청으로

---

[20] 예를 들어 건물수거, 토지인도의 청구 등의 경우 재심원고 또는 상소추후보완신청인이 그 가옥에 거주하면서 영업을 하고 있다든지 생활의 본거지로 하고 있는 경우를 생각하여 보면, 판결에 의하여 그 가옥에서 쫓겨나거나 퇴거하여 토지를 인도한다면 그 판결이 재심이나 상소심에서 취소되더라도 다시 그 가옥에 돌아갈 수 있는 가능성을 인정하기가 어려운 경우가 많을 것이고, 그로 인하여 입게 되는 유형·무형의 손해는 회복할 수 없는 것이거나 적어도 회복이 곤란한 손해가 될 것이다. 그리고 골동품 등 '家寶(가보)'라고 할 만한 동산에 대하여 강제집행이 실시됨으로써 그것이 매각되어 제3자의 손에 들어가는 경우에 이에 해당한다. 또한 재심피고나 상소추후보완신청인으로부터 금전의 지급을 받는다 하더라도 거의 남는 것이 없게 될 것이고, 따라서 원판결이 취소되더라도 지급한 금전의 반환을 받기가 불가능에 가깝다고 할 수 있다면, 이 역시 "집행으로 말미암아 보상할 수 없는 손해"가 있는 때에 해당 한다(주석 민소법[Ⅷ], 286면).

집행정지명령이 내려졌는데, 이에 대하여 상대방이 다시 담보제공에 의한 집행의 속행을 신청하는 것은 허용되지 않는다(대결 1964.09.18. 64마588). 그 필요성이 없는 것은 아니지만, 이를 허용하면 사실상 불복을 인정하는 결과로 되기 때문이다(주석 민소법[Ⅷ], 287면).

2. 상소제기 또는 변경의 소제기로 말미암은 집행정지

> 제501조(상소제기 또는 변경의 소제기로 말미암은 집행정지) 가집행의 선고가 붙은 판결에 대하여 상소를 한 경우 또는 정기금의 지급을 명한 확정판결에 대하여 제252조제1항의 규정에 따른 소를 제기한 경우에는 제500조의 규정을 준용한다.

(1) 취지

가집행선고가 있는 판결에 대해서 피고가 상소를 제기한 때 가집행 선고가 그 효력을 잃지 않는 것은 확정판결의 집행력의 재심의 소에 대한 관계와 같다고 할 수 있다. 따라서 상소가 제기되었을 때 가집행을 일시정지 할 필요가 있으나, 제1심에서 원고가 승소하여 가집행의 선고를 얻었는데 피고가 항소를 하였다고 해서 무조건 집행정지를 인정하면 권리자의 보호가 소홀하게 되므로, 법은 불복의 이유로 주장한 사유가 법률상 정당한 이유가 있다고 인정되고 사실에 대한 소명이 있는 때에 한하여 정지결정을 할 수 있게 한 것이다.

(2) 요건

1) 가집행의 선고가 붙은 판결에 대하여 상소를 한 경우이어야 한다.

2) 재심 또는 상소추후보완의 경우와는 달리, 상소의 경우에는 '법률상 정당한 이유가 있다고 인정되고 사실에 대한 소명이 있는 때'라는 요건이 엄격히 요구되지는 않는다. 현행법상 항소를 제기할 때 항소이유를 밝힐 필요가 없어, 항소법원이나 기록이 있는 원심법원으로서는 항소의 이유를 충분히 검토하기가 어렵다. 따라서 원판결의 정당성이 충분히 인정되는 경우, 예를 들어 피고가 청구원인사실을 거의 시인하고 있다든가, 법률상 이유가 희박한 항변으로 다투고 있는 등 일견하여 집행을 지연시키기 위하여 신청을 하고 있는 경우가 아니면, 많은 경우 상당한 담보를 제공케 하고 잠정처분을 인용하는 것이 현재의 실정이다(주석 민소법[Ⅷ], 289면).

3) 가집행선고부 제1심판결 중 항소심판결에 의하여 취소된 부분의 가집행선고는 항소심판결의 선고로 인하여 그 효력을 잃게 되어 피고로서는 이 부분의 강제집행을 정지하기 위하여는 항소심판결의 정본을 집행법원에 제출하기만 하면 되는 것이므로 별도로 강제집행정지신청을 할 이익이 없어 이 부분 신청은 부적법하다(대결 2000.07.19. 2000카기90). 그리고 가집행선고부 제1심판결 중 항소심판결에 의하여 유지된 부분에 관하여 불복하여 상고를 제기한 바 없는 피고로서는 상고심 법원에 그 판결에 기한 강제집행의 정지를 구할 수 없다 할 것이므로 이 부분에 관한 강제집행정지신청은 부적법하다(대결 2000.07.19. 2000카기90).

(3) 재판

1) 재판은 변론 없이 할 수 있으며, 내용도 제500조와 같이 담보를 제공하게 하거나 담보를

제공하지 아니하게 하고 강제집행의 일시정지를 명할 수 있고, 집행정지를 명하면서 담보를 제공하게 하고 강제집행의 실시를 명하거나, 담보를 제공하게 하고 실시한 강제분의 취소를 명하는 것이다. 그리고 실시한 강제처분을 취소하는 경우에는 반드시 담보를 제공하게 하여야 한다(대결 1965.07.26. 65마41).

2) 집행정지의 잠정처분은 피고가 제기한 상소가 재판에 의하여 그 목적을 달성할 수 있는 가능성이 있음을 고려하여야 한다. 따라서 상소가 제기되었다고 하여도, 원판결이 정당한 것으로 인정이 된다면, 상소는 목적을 달성할 수 없으므로 그 정지명령의 효력도 소멸한다고 할 것이다. 그리고 상소에 의하여 가집행 선고 있는 판결이 취소·변경된 때에는 이 판결이 확정될 때까지 정지명령의 효력이 지속되는 것이지만, 가집행선고는 원심을 변경하는 상소심의 판결 선고와 동시에 그 변경의 한도에서 그 효력을 잃으므로(제215조 1항), 정지명령 등도 그 대상이 없는 것이 되어 법률상 당연히 효력을 잃게 된다.

3) 집행정지 또는 취소의 명령이 있다고 하여, 강제집행의 정지·취소가 바로 되는 것은 아니다. 신청인이 이 명령정본을 집행기관에 제출하여(민사집행법 제49조 1, 2호) 그 정지·취소를 구하고 집행기관이 그가 한 집행처분을 집행종료 전에 정지·취소함으로써 그 목적을 달성한다. 그러나 집행이 종결된 뒤라면 정지·취소의 여지가 없다. 그리고 집행정지·취소명령의 효과가 소급하는 것도 아니므로, 매각결정이나 전부명령에 의한 권리이전의 결과에는 아무런 영향이 없다. 단지 당사자 사이에 부당이득반환이나 손해배상의 문제가 남을 뿐이다(주석 민소법[Ⅷ], 292면).

(4) 불복신청

본조의 재판에 대하여는 불복을 신청하지 못한다(제501조, 제500조 3항). 그 내용은 제500조의 경우와 동일하다. 그리고 判例는 "가집행선고 있는 판결에 대하여 항소제기가 있는 경우에 당사자의 강제집행정지 신청에 의하여 소송기록이 1심법원에 있는 관계로 동법원에서 일부 정지를 명하고 항소법원에서 소송기록의 송부를 받은 후 다시 당사자의 신청에 의하여 1심법원에서 정지를 명한 부분도 포함한 전액에 대하여 강제집행정지를 명하는 것은 법령위배가 아니다(대결 1973.06.16. 72그4)."고 한다.

(5) 관할

강제집행의 정지 또는 취소신청에 대한 재판은 상소가 제기되었으나 아직 소송기록이 원심법원에 있는 경우에는 항소심 법원이 아니라 원심법원이 그에 대한 재판을 하여야 한다[21]. 그리고 정기금변경의 소는 제1심 법원의 전속관할이므로(제252조 2항), 이에 대한 강제집행의 정지 등도 제1심 법원에서 재판을 하여야 한다.

3. 담보를 공탁할 법원

제502조(담보를 공탁할 법원)

---

[21] 상소의 대상이 되는 판결을 한 단독판사나 합의부가 스스로 그 재판에 대한 잠정처분의 당부를 심사하지 않고 다른 재판부(주로 대리부)가 이를 담당하는 것이 실무관행이다(주석 민소법[Ⅷ], 293면, 각주 16).

> ① 이 편의 규정에 의한 담보의 제공이나 공탁은 원고나 피고의 보통재판적이 있는 곳의 지방법원 또는 집행법원에 할 수 있다.
> ② 담보를 제공하거나 공탁을 한 때에는 법원은 당사자의 신청에 따라서 증명서를 주어야 한다.
> ③ 이 편에 규정된 담보에는 달리 규정이 있는 경우를 제외하고는 제122조·제123조·제125조 및 제126조의 규정을 준용한다.

본조는 재심의 소, 상소추후보완신청, 상소, 정기금판결 변경의 소가 제기된 것을 이유로 집행정지의 잠정처분을 하면서 담보를 제공하게 한 경우에 그 담보의 제공에 관한 방식, 담보제공법원, 담보물에 대한 상대방의 권리 등을 규정한 조문이다. 그런데 조문의 제목을 담보를 '공탁할' 법원이라 하고, 조문의 내용에도 담보의 제공 외에 '공탁'을 규정하고 있어 마치 공탁에 관하여도 규율하는 것처럼 되어 있는 바, 본조가 입법체계상 강제집행 편에 속해 있던 구민사소송법의 조문을 그대로 옮겨 오면서 성격이 달라지는 데 따른 정리를 제대로 하지 못한 탓이다. 즉 본조는 이젠 더 이상 강제집행 전반에 걸쳐 담보의 제공이나 공탁을 규율하는 조문이 아니라(그런 역할 하는 조문은 민사집행법 제19조[22]이다), 단지 재심, 상소추후보완신청, 상소, 정기금판결 변경의 소가 제기된 것을 이유로 집행정지의 잠정처분을 하면서 담보를 제공하게 한 경우에 국한되는 조문인 것을 입법자가 간과한 것이다(주석 민소법[Ⅷ], 294면).

---

[22] 제19조 (담보제공·공탁 법원) ① 이 법의 규정에 의한 담보의 제공이나 공탁은 채권자나 채무자의 보통재판적(보통재판적)이 있는 곳의 지방법원 또는 집행법원에 할 수 있다. ② 당사자가 담보를 제공하거나 공탁을 한 때에는, 법원은 그의 신청에 따라 증명서를 주어야 한다. ③ 이 법에 규정된 담보에는 특별한 규정이 있는 경우를 제외하고는 민사소송법 제122조·제123조·제125조 및 제126조의 규정을 준용한다.

FORTUNE 김/춘/환 민사소송법

제8편
간이소송절차

학습개요		난이도	핵심사항	시험별 대표 지문
제8편 간이소송절차	제1절 소액사건심판	中	• 소액사건심판절차 • 독촉절차(지급명령) • 공시최고절차 • 민사조정절차	• 확정된 이행권고결정에 재심사유에 해당하는 하자가 있다면 준재심의 소를 제기할 수 있다. (X) • 확정된 지급명령에 대한 청구이의 소에서는 지급명령 발령 전의 청구권의 불성립이나 무효 등을 주장할 수 없다. (X) • 법원은 신청인이 진술을 한 뒤에 제권판결신청에 정당한 이유가 없다고 인정할 때에는 판결로서 신청을 기각하여야 하며, 이유가 있다고 인정할 때에는 제권판결을 선고하여야 한다. (X) • 조정절차에서 공동의 이해관계가 있는 다수의 당사자는 그 중 1인 또는 수인을 대표당사자로 선임할 수 있고, 선임된 대표당사자는 각자 조정절차에 관한 일체의 행위를 할 수 있는 것이 원칙이나 조정안의 수락, 조정신청의 취하, 대리인 선임 등의 행위는 할 수 없다. (O)
	제2절 독촉절차	中		
	제3절 공시최고	中		
	제4절 민사조정	中		

구 분	법원서기보								
	2014	2015	2016	2017	2018	2019	2020	2021	2022
간이소송절차	0	1	2	0	1	1	2	0	0
출제율	0%	4%	8%	0%	4%	4%	8%	0%	0%

Advice

소액사건심판법, 독촉절차, 공시최고절차에 대한 부분은 기출문제가 반복해서 출제되는 경향이 있으므로, 기출문제 위주로 정리가 필요하다. 그리고 민사조정법은 조문을 위주로 기출문제를 정리하고 있어야 한다.

I 서 설

1. 소액사건심판절차와 독촉절차

(1) 현행법은 보통의 소송절차에 비하여 간이한 소송절차로서 소액사건심판절차와 독촉절차의 두 가지를 마련해 놓고 있는데, 이 절차들은 모두 금전 그 밖의 대체물의 지급을 목적으로 하는 채권을 대상으로 하는 점에서 공통적이다.

(2) 하지만 소액사건심판절차는 ① 쌍방심리주의가 적용되고 ② 판결절차의 일종임에 비해, 독촉절차는 ① 일방심리주의(채권자)에 의하고 ② 판결절차에 선행하는 대용절차라는 점에서 차이점이 있다.

(3) 따라서 이하에서는 위 절차들[1]의 내용에 대해 살펴보기로 한다.

II 소액사건심판절차

1. 소액사건의 범위

(1) 소액사건

> 소액사건심판규칙 제1조의2(소액사건의 범위) 법 제2조제1항의 규정에 의한 소액사건은 제소한 때의 소송목적의 값이 3,000만원을 초과하지 아니하는 금전 기타 대체물이나 유가증권의 일정한 수량의 지급을 목적으로 하는 제1심의 민사사건으로 한다. 다만, 다음 각호에 해당하는 사건은 이를 제외한다. 〈개정 1987.8.19, 1993.9.8, 1997.12.31, 2002.6.28, 2016.11.29.〉 〈시행 : 2017.1.1〉
> 1. 소의 변경으로 본문의 경우에 해당하지 아니하게 된 사건
> 2. 당사자참가, 중간확인의 소 또는 반소의 제기 및 변론의 병합으로 인하여 본문의 경우에 해당하지 않는 사건과 병합심리하게 된 사건 [전문개정 1985.12.23]

사 례

1. 甲은 乙에게 2014.3.3. 자 대여금 1천5백만원을 구하는 소(A청구)를 2021.3.10. 제기하였고, 2014.4.3. 자 매매대금 2천만원을 구하는 소(B청구)를 2021.3.12. 제기하였다. 이 때 법원이 A, B 두 청구의 변론을 병합하였다면 이에 대해서도 소액사건심판법을 적용하여야 하는가?
2. 甲은 乙에게 2014.3.3. 자 대여금 1천5백만원을 구하는 소(A청구)를 2021.3.10. 제기하였고, 2014.4.3. 자 매매대금 3천5백만원을 구하는 소(B청구)를 2021.3.12. 제기하였다. 이 때 법원이 A, B 두 청구의 변론을 병합하였다면 이에 대해서도 소액사건심판법을 적용하여야 하는가?

해 설

1. 소액사건심판법의 적용대상인 소액사건에 해당하는지 여부는 제소 당시를 기준으로 정하여지는 것이므로, 병합심리로 그 소가의 합산액이 소액사건의 소가를 초과하였다고 하여도 소액사건임에는 변함이 없다

---

[1] 2018년 기준 제1심 민사본안사건을 소송물가액별로 구분하면 전체 959,270건 중 73.9%에 해당하는 708,760건이 소액사건으로 가장 높은 비율을 차지하고 있다(사법연감, 570면, 2019, 대법원).

(대판 1992.07.24. 91다43176). 따라서 여전히 소액사건심판법이 적용 된다.

2. 소액사건이 소의 변경으로 소액사건의 범위를 넘게 되는 경우나, 당사자참가·중간확인의 소 또는 반소의 제기 및 변론의 병합으로 인하여 소액사건이 아닌 사건과 병합심리하게 된 경우에는 그 전체가 소액사건의 범위에 속하지 않게 된다(소액사건심판규칙 1조의2 단서). 따라서 B청구는 소액사건이 아닌 사건이므로 A, B 청구 전체에 대해서 소액사건심판법을 적용하여서는 아니 된다.

1) 소액사건심판법(이하 '소심법'이라 한다)상의 소액사건이란 소송목적의 값이 3000만원 이하의 금전 그 밖의 대체물·유가증권의 일정수량의 지급을 구하는 사건을 말한다(동법 제2조 1항 참고). **절차진행 중에 여러 가지의 소액사건을 법원이 변론병합 하여 그 합산액이 소액사건의 범위를 넘어도 소제기시에 소액사건이었다면 소액사건으로 본다**(대판 1992.07.24. 91다43176). 다만 부동산 등 특정물에 대한 청구는 비록 소가가 3000만원 이하라고 하여도 소액사건이 아니다. 그리고 주택·상가임대차보호법 상의 보증금반환청구는 소가의 많고 적음을 불문하고 소심법의 일부 조문을 준용하여 재판의 신속을 추구하고 있다. 그리고 재심대상사건이 소액사건이면 소액사건심판법은 소액사건의 재심절차에도 적용된다(대판 2003.06.27. 2003다17088).

2) 소액사건은 지방법원 관할구역 내에서는 지법단독판사가 관할하지만, 시·군법원 관할구역 안의 사건은 시·군법원판사의 전속적 사물관할에 속한다(법원조직법 제7조 4항). 이 경우 시·군법원판사의 사물관할은 소가가 3000만원 한도이기 때문에 청구의 확장, 반소, 중간확인의 소 등에 의해 소가가 3000만원을 넘어서면 시·군법원은 사물관할권이 없게 되어 이송해야 할 것[2])이다(제34조 1항).

> 제5조의2(일부청구의 제한) ① 금전 기타 대체물이나 유가증권의 일정한 수량의 지급을 목적으로 하는 청구에 있어서 채권자는 소액사건심판법의 적용을 받을 목적으로 청구를 분할하여 그 일부만을 청구할 수 없다.
> ② 제1항의 규정에 위반한 소는 판결로 이를 각하하여야 한다.

3) 이 절차는 영세소액채권자의 권리구제를 위한 특례절차이므로, 소심법의 적용을 받을 목적으로 다액을 채권을 분할하여 일부청구하는 것은 판결로 소를 각하해야 한다(소심법 제5조의 2).

2. 이행권고제도

(1) 의 의

소액사건에서 간이한 처리와 당사자의 법정출석의 불편해소를 위해 임의적 전치절차로서 규정하고 있는 절차이다(소심법 제5조의 3).

(2) 이행권고결정

> 제5조의3(결정에 의한 이행권고) ① 법원은 소가 제기된 경우에 결정으로 소장부본이나 제소조서등본을 첨부하여 피고에게 청구취지대로 이행할 것을 권고할 수 있다. 다만, 다음 각호 가운데 어느 하나에 해당하는 때에는 그러하지 아니하다.

---

[2]) 대법원운영예규는 소액사건을 다루는 시·군법원 101개를 49개의 판사상주법원과 52개의 비상주법원으로 분류하고 상주법원에서는 주 1회 이상 법정을 열도록 하였다.

>   1. 독촉절차 또는 조정절차에서 소송절차로 이행된 때
>   2. 청구취지나 청구원인이 불명한 때
>   3. 그 밖에 이행권고를 하기에 적절하지 아니하다고 인정하는 때
>   ② 이행권고결정에는 당사자, 법정대리인, 청구의 취지와 원인, 이행조항을 기재하고, 피고가 이의신청을 할 수 있음과 이행권고결정의 효력의 취지를 부기하여야 한다.

(3) 피고에게 결정서 송달

> ③ 법원사무관등은 이행권고결정서의 등본을 피고에게 송달하여야 한다. 다만, 그 송달은 민사소송법 제187조, 제194조 내지 제196조에 규정한 방법으로는 이를 할 수 없다.
> ④ 법원은 민사소송법 제187조, 제194조 내지 제196조에 규정된 방법에 의하지 아니하고는 피고에게 이행권고결정서의 등본을 송달할 수 없는 때에는 지체없이 변론기일을 지정하여야 한다. 〈개정 2002.1.26〉

(4) 피고의 이의신청과 추후보완

> 제5조의4(이행권고결정에 대한 이의신청) ① 피고는 이행권고결정서의 등본을 송달받은 날부터 2주일내에 서면으로 이의신청을 할 수 있다. 다만, 그 등본이 송달되기 전에도 이의신청을 할 수 있다.
> ② 제1항의 기간은 불변기간으로 한다.
> ③ 법원은 제1항의 이의신청이 있는 때에는 지체없이 변론기일을 지정하여야 한다.
> ④ <u>이의신청을 한 피고는 제1심 판결이 선고되기 전까지 이의신청을 취하할 수 있다.</u>
> ⑤ 피고가 이의신청을 한 때에는 원고가 주장한 사실을 다툰 것으로 본다.

이행권고결정의 일부만에 대한 이의신청이 있으면 이행권고결정의 전부에 대한 이의가 있는 것으로 보아 변론기일을 지정하여 심리하여야 한다. 이 점에서 채무자가 일부에 대해 이의신청을 한 때에도 그 이의의 범위 안에서 그 효력을 잃도록 하는 지급명령제도와 차이가 있다(법원실무제요[Ⅲ], 412면). 이행권고결정에 대한 이의신청권자는 원칙적으로 피고이다. 그러나 피고의 보조참가인이 보조참가신청과 동시에 이의신청을 한 경우도 적법한 이의신청이 된다[법원실무제요(Ⅱ), 412면].

> 제5조의6(이의신청의 추후보완) ① 피고는 부득이한 사유로 제5조의4제1항의 기간내에 이의신청을 할 수 없었던 경우에는 그 사유가 없어진 후 2주일내에 이의신청을 추후보완할 수 있다. 다만, 그 사유가 없어질 당시 외국에 있는 피고에 대하여는 그 기간을 30일로 한다.
> ② 피고는 이의신청과 동시에 서면으로 그 추후보완사유를 소명하여야 한다.
> ③ 법원은 추후보완사유가 이유 없다고 인정되는 때에는 결정으로 이의신청을 각하하여야 한다.
> ④ 제3항의 결정에 대하여는 즉시항고를 할 수 있다.
> ⑤ 이의신청의 추후보완이 있는 때에는 민사소송법 제500조를 준용한다. 〈개정 2002.1.26〉

(5) 이행권고결정의 효력

> 제5조의7(이행권고결정의 효력) ① 이행권고결정은 다음 각호 가운데 어느 하나에 해당하면 확정판결과 같은 효력을 가진다.
>   1. 피고가 제5조의4 제1항의 기간내에 이의신청을 하지 아니한 때
>   2. 이의신청에 대한 각하결정이 확정된 때

3. 이의신청이 취하된 때
② 법원사무관등은 이행권고결정이 확정판결과 같은 효력을 가지게 된 때에는 이행권고결정서의 정본을 원고에게 송달하여야 한다.
③ 제1항에 해당하지 아니하는 이행권고결정은 제1심 법원에서 판결이 선고된 때에는 그 효력을 잃는다.

■ **소액사건심판법상의 이행권고결정에 기판력이 인정되는지 여부**

소액사건심판법 제5조의7 제1항은 이행권고결정에 관하여 피고가 일정한 기간 내 이의신청을 하지 아니하거나 이의신청에 대한 각하결정이 확정된 때 또는 이의신청이 취하된 때에는 그 이행권고결정은 확정판결과 같은 효력을 가진다고 규정하고 있다. 그러나 확정판결에 대한 청구이의 이유를 변론이 종결된 뒤(변론 없이 한 판결의 경우에는 판결이 선고된 뒤)에 생긴 것으로 한정하고 있는 민사집행법 제44조 제2항과는 달리, 소액사건심판법 제5조의8 제3항은 이행권고결정에 대한 청구에 관한 이의의 주장에 관하여는 위 민사집행법 규정에 의한 제한을 받지 아니한다고 규정하고 있으므로, 확정된 이행권고결정에 관하여는 <u>그 결정 전에 생긴 사유도 청구에 관한 이의의 소에서 주장할 수 있다.</u> 이에 비추어 보면 <u>위 소액사건심판법 규정들의 취지는 확정된 이행권고결정에 확정판결이 가지는 효력 중 기판력을 제외한 나머지 효력인 집행력 및 법률요건적 효력 등의 부수적 효력을 인정하는 것이고, 기판력까지 인정하는 것은 아니다</u>(대판 2009.05.14. 2006다34190).

금전채무불이행의 경우에 발생하는 원본채권과 지연손해금채권은 별개의 소송물이므로, 불이익변경에 해당하는지 여부는 원금과 지연손해금 부분을 각각 따로 비교하여 판단하여야 하는 것이고, 별개의 소송물을 합산한 전체 금액을 기준으로 판단하여서는 아니 된다. 그리고 **이행권고결정에 관한 청구이의의 소에 있어서는 그 이행권고결정에서 병합된 각 소송물별로 불이익변경 여부를 따로 판단하여야 한다**(대판 2013.10.31. 2013다59050).

(6) 강제집행의 특례

> 제5조의8(이행권고결정에 기한 강제집행의 특례) ① <u>이행권고결정에 기한 강제집행은 집행문을 부여받을 필요 없이 제5조의7제2항의 결정서의 정본에 의하여 행한다.</u> 다만, 다음 각호 가운데 어느 하나에 해당하는 경우에는 그러하지 아니하다.
> 1. 이행권고결정의 집행에 조건을 붙인 경우
> 2. 당사자의 승계인을 위하여 강제집행을 하는 경우
> 3. 당사자의 승계인에 대하여 강제집행을 하는 경우
> ② 원고가 여러 통의 이행권고결정서의 정본을 신청하거나, 전에 내어준 이행권고결정서 정본을 돌려주지 아니하고 다시 이행권고결정서 정본을 신청한 때에는 법원사무관등이 이를 부여한다. 이 경우 그 사유를 원본과 정본에 적어야 한다.
> ③ 청구에 관한 이의의 주장에 관하여는 민사집행법 제44조제2항의 규정에 의한 제한을 받지 아니한다. 〈개정 2002.1.26〉

집행권원상의 청구권이 양도되어 대항요건을 갖춘 경우 집행당사자적격이 양수인으로 변경되고, 양수인이 승계집행문을 부여받음에 따라 집행채권자는 양수인으로 확정되는 것이므로, 승계집행문의 부여로 인하여 양도인에 대한 기존 집행권원의 집행력은 소멸한다. 따라서, 그 후 양도인을 상대로 제기한 청구이의의 소는 피고적격이 없는 자를 상대로 한 소이거나 이미 집행력이 소멸한 집행권원의 집행력 배제를 구하는 것으로 권리보호의 이익이 없어 부적법하고, 이러한 법리는 소액사건심판법상의 확정된 이행권고결정과 같이 위 법 제5조의8 제1항에 의하여 집행

문을 별도로 부여받을 필요 없이 이행권고결정서의 정본에 의하여 강제집행이 가능한 경우에도 마찬가지이다(집행권원상의 청구권을 양도한 채권자가 집행력이 소멸한 이행권고결정서의 정본에 기하여 강제집행절차에 나아간 경우에 채무자는 민사집행법 제16조의 집행이의의 방법으로 이를 다툴 수 있다)(대판 2008.02.01. 2005다23889).

3. 절차상의 특례

(1) 소송대리에 관한 특칙 - 비변호사 대리

> 제8조(소송대리에 관한 특칙) ① 당사자의 배우자·직계혈족 또는 형제자매는 법원의 허가없이 소송대리인이 될 수 있다.〈개정 2005.3.31〉
> ② 제1항의 소송대리인은 당사자와의 신분관계 및 수권관계를 서면으로 증명하여야 한다. 그러나 수권관계에 대하여는 당사자가 판사의 면전에서 구술로 제1항의 소송대리인을 선임하고 법원사무관등이 조서에 이를 기재한 때에는 그러하지 아니하다.〈개정 2001.1.29〉

(2) 구술에 의한 소제기 등

> 제4조(구술에 의한 소의 제기) ① 소는 구술로써 이를 제기할 수 있다.
> ② 구술로써 소를 제기하는 때에는 법원서기관·법원사무관·법원주사 또는 법원주사보(이하 "법원사무관등"이라 한다)의 면전에서 진술하여야 한다.〈개정 2001.1.29〉
> ③ 제2항의 경우에 법원사무관등은 제소조서를 작성하고 이에 기명날인하여야 한다.〈개정 2001.1.29〉
>
> 제5조(임의출석에 의한 소의 제기) ① 당사자쌍방은 임의로 법원에 출석하여 소송에 관하여 변론할 수 있다.
> ② 제1항의 경우에 소의 제기는 구술에 의한 진술로써 행한다.

(3) 1회 심리의 원칙

> 제7조(기일지정 등) ② 제1항의 경우에 판사는 되도록 1회의 변론기일로 심리를 마치도록 하여야 한다.

1) 지체 없는 소송부본의 송달

> 제6조(소장의 송달) 소장부본이나 제소조서등본은 지체없이 피고에게 송달하여야 한다. 다만, 피고에게 이행권고결정서의 등본이 송달된 때에는 소장부본이나 제소조서등본이 송달된 것으로 본다.

2) 신속한 변론기일 지정

> 제7조(기일지정 등) ① 소의 제기가 있는 경우에 판사는 민사소송법 제256조 내지 제258조의 규정에 불구하고 바로 변론기일을 정할 수 있다.

3) 기일전의 증명촉구 등

> 제7조(기일지정 등) ③ 제2항의 목적을 달성하기 위하여 판사는 변론기일전이라도 당사자로 하여금 증거신청을 하게 하는 등 필요한 조치를 취할 수 있다.

(4) 심리절차상의 특칙

1) 공휴일·야간의 개정

> 제7조의2 (공휴일, 야간의 개정) 판사는 필요한 경우 근무시간외 또는 공휴일에도 개정할 수 있다.

2) 원격영상재판

　이는 재판관계인이 교통의 불편 등으로 법정에 직접 출석하기 어려운 경우에 재판관계인이 동영상 및 음향을 동시에 송수신하는 장치를 갖춘 다른 원격지의 법정에 출석하여 진행하는 재판을 말한다(원격영상재판에 관한 특례법 제2조). 즉 판사 상주의 군법원과 비상주의 군법원 사이에 원격영상시스템을 설치하여 비상주법원 주민들의 편의를 위한 것으로, 즉결사건·협의이혼확인사건·소액사건 등이 그 대상이다.

3) 무변론의 청구기각

> 제9조(심리절차상의 특칙) ① 법원은 소장·준비서면 기타 소송기록에 의하여 청구가 이유없음이 명백한 때에는 변론 없이 청구를 기각할 수 있다.

4) 변론갱신의 생략

> 제9조(심리절차상의 특칙) ② 판사의 경질이 있는 경우라도 변론의 갱신 없이 판결할 수 있다.

5) 조서의 기재생략

> 제11조(조서의 기재생략) ① 조서는 당사자의 이의가 있는 경우를 제외하고 판사의 허가가 있는 때에는 이에 기재할 사항을 생략할 수 있다.

(5) 증거조사에 대한 특칙

1) 직권증거조사

> 제10조(증거조사에 관한 특칙) ① 판사는 필요하다고 인정한 때에는 직권으로 증거조사를 할 수 있다. 그러나 그 증거조사의 결과에 관하여는 당사자의 의견을 들어야 한다.

2) 교호신문제의 폐지

> 제10조(증거조사에 관한 특칙) ② 증인은 판사가 신문한다. 그러나 당사자는 판사에게 고하고 신문할 수 있다.

3) 증인·감정인 등에 대한 서면신문제

> 제10조(증거조사에 관한 특칙) ③ 판사는 상당하다고 인정한 때에는 증인 또는 감정인의 신문에 갈음하여 서면을 제출하게 할 수 있다.

　이 경우의 서면은 신문과 동일한 효력이 있으므로 서증이 아니므로, 서증에 관한 증거조사절차에 의할 것이 아니다. 이는 상대방의 이의가 있으면 출석증언하게 할 수 있는 특칙을 둔 민사소송법 제310조의 서면증언제도와도 다르다고 할 것이다(이시윤, 841면).

(6) 판결에 대한 특례

1) 변론종결 후 즉시 판결의 선고

> 제11조의2 (판결에 관한 특례) ① 판결의 선고는 변론종결후 즉시 할 수 있다.

2) 구술에 의한 판결이유요지의 설명과 판결이유기재의 생략 - 민소법 제208조의 특례

> 제11조의2 (판결에 관한 특례) ② 판결을 선고함에는 주문을 낭독하고 주문이 정당함을 인정할 수 있는 범위 안에서 그 이유의 요지를 구술로 설명하여야 한다.
> ③ 판결서에는 민사소송법 제208조의 규정에 불구하고 이유를 기재하지 아니할 수 있다. 〈개정 2002.1.26〉

(7) 상고 및 재항고 제한

1) 법 규정

> 제3조(상고 및 재항고) 소액사건에 대한 지방법원 본원 합의부의 제2심판결이나 결정·명령에 대하여는 다음 각 호의 1에 해당하는 경우에 한하여 대법원에 상고 또는 재항고를 할 수 있다.
> 1. 법률·명령·규칙 또는 처분의 헌법위반여부와 명령·규칙 또는 처분의 법률위반여부에 대한 판단이 부당한 때
> 2. 대법원의 판례에 상반되는 판단을 한 때

判例는 "소액사건에 있어서 구체적 사건에 적용할 법령의 해석에 관한 대법원판례가 아직 없는 상황에서 같은 법령의 해석이 쟁점으로 되어 있는 다수의 소액사건들이 하급심에 계속되어 있을 뿐 아니라 재판부에 따라 엇갈리는 판단을 하는 사례가 나타나고 있는 경우, 소액사건이라는 이유로 대법원이 그 법령의 해석에 관하여 판단을 하지 아니한 채 사건을 종결하고 만다면 국민생활의 법적 안전성을 해칠 것이 우려된다고 할 것인바, 이와 같은 특별한 사정이 있는 경우에는 소액사건에 관하여 상고이유로 할 수 있는 '대법원의 판례에 상반되는 판단을 한 때'의 요건을 갖추지 아니하였다고 하더라도 법령해석의 통일이라는 대법원의 본질적 기능을 수행하는 차원에서 실체법 해석적용에 있어서의 잘못에 관하여 직권으로 판단할 수 있다고 보아야 한다(대판 2004.08.20. 2003다1878)."고 판시하였는데, 이에 대해서는 사법권의 한계를 벗어나 입법사항에 관여한 느낌이라 하여 비판하는 견해가 유력하다(이시윤, 842면).

2) 특 징

① 통상의 민사사건처럼 일반법령위반은 상고이유가 되지 않고, 상고심의 부담경감을 목적으로 제정된 상고심절차에 관한 특례법의 적용이 없다.

② 判例는 "소액사건심판법 제3조 제2호에 규정된 '대법원의 판례에 상반되는 판단을 한 때'라 함은 구체적인 당해 사건에 적용될 법령의 해석에 관하여 대법원이 내린 판단과 상반되는 해석을 한 경우를 말하고, 단순한 법리오해나 채증법칙 위반 내지 심리미진과 같은 법령위반 사유는 이에 해당하지 않는다(대판 2004.08.20. 2003다1878)."고 본다.

3) 상고이유기재 방식

> 소액사건심판규칙 제2조(상고 또는 재항고이유서의 기재방식) 상고 또는 재항고이유서에는 법 제3조 각호에 해당되는 사유만을 구체적으로 명시하여야 하며, 이 밖의 사유를 기재한 때에는 기재하지 아니한 것으로 본다.

소액사건의 상고이유서에 상고이유에 해당되는 사유의 기재가 없고 기타 사유의 기재만 있는 경우에는 아무런 기재도 하지 아니한 것이 되므로, 결국 적법한 상고이유서의 제출이 없음에 귀착된다(대판 1980.01.15. 79다1924).

(8) 그 밖의 특례

현지 재판의 편의를 위해 시·군법원에서 재판을 받을 수 있게 하였다(법원조직법 제33조, 제34조).

4. 소액사건심판절차의 문제점

(1) 이행권고결정제도는 소송의 신속을 위해 좋은 제도이기는 하나, 우리나라에서는 독촉절차가 있으므로, 오스트리아와 같이 독촉절차전치주의를 채택하는 것이 바람직했다는 견해가 유력하다(이시윤, 김상영, '소액사건심판법의 제문제', 2002년 민소법학회발표논문, 16면).

(2) 소액채권집행은 판결한 간이법원의 서기관이 압류처분을 할 수 있게 한 일본의 경우를 참고할 필요가 있다고 할 것이다.

Ⅲ 독촉절차

1. 서 설

> 제462조(적용의 요건) 금전, 그 밖에 대체물(대체물)이나 유가증권의 일정한 수량의 지급을 목적으로 하는 청구에 대하여 법원은 채권자의 신청에 따라 지급명령을 할 수 있다. 다만, 대한민국에서 공시송달 외의 방법으로 송달할 수 있는 경우에 한한다.

(1) 의 의

독촉절차란 금전 그 밖의 대체물이나 유가증권의 일정 수량의 지급을 목적으로 하는 청구권에 대하여 채무자가 다투지 않을 것으로 예상될 경우에 채권자가 간이·신속·저렴하게 집행권원을 얻을 수 있게 한 절차이다. 그리고 지급명령 신청은 권리자가 권리의 존재를 주장하면서 재판상 그 실현을 요구하는 것이므로 본질적으로 소의 제기와 다르지 않다[3](대판 2011.11.10. 2011다54686).

---

[3] 지급명령이란 금전 그 밖에 대체물이나 유가증권의 일정한 수량의 지급을 목적으로 하는 청구에 대하여 법원이 보통의 소송절차에 의함이 없이 채권자의 신청에 의하여 간이, 신속하게 발하는 이행에 관한 명령으로 지급명령에 관한 절차는 종국판결을 받기 위한 소의 제기는 아니지만, 채권자로 하여금 간이, 신속하게 집행권원을 취득하도록 하기 위하여 이행의 소를 대신하여 법이 마련한 특별소송절차로 볼 수 있다. 그런데 재판상 청구에 시효중단의 효력을 인정하는 근거는 권리자가 재판상 그 권리를 주장하여 권리 위에 잠자는 것이 아님을 표명하고 이로써 시효제도의 기초인 영속되는 사실상태와 상용할 수 없는 다른 사정이 발생하였다는 점에 기인하는 것인데, 그와 같은 점에서 보면…

(2) 특 징

소제기·변론·판결 없이 채무자를 심문하지 않고 지급명령을 발하고, 이 지급명령에 대해서는 이의신청이 가능하며, 이의신청이 있으면 통상소송으로 이행하는 점에서 그 선행절차라고 할 수 있다. 독촉절차에서는 신청인을 채권자, 상대방을 채무자라고 하며 채권자는 통상의 소송절차와 독촉절차 가운데 어느 것이나 자유롭게 선택할 수 있다. 특히 당사자의 불소환, 소명방법의 불필요 그리고 저렴한 인지액 등 간이·신속·경제적인 절차라고 할 것이다. 90년 개정 법률은 독촉절차에서의 지급명령에 대한 가집행선고제도를 삭제하여, 독촉절차를 크게 간소화시켜, 처음 발부된 지급명령에 대하여 채무자가 이의신청이 없는 것만으로 지급명령이 확정되게 되었다.

(3) 독촉절차의 전자문서화

06년 제정된 '독촉절차에서의 전자문서 이용 등에 관한 법률'에 의하여 인터넷상 대법원홈페이지를 통해 독촉사건을 신청하고 전자문서로 지급명령을 발하는 전자독촉시스템이 시행중에 있었다. 2014.12.1. 부터는 이 법이 폐지되고, 독촉절차에도 '민사소송 등에서의 전자문서 이용 등에 관한 법률'이 적용되고 있다.

2. 지급명령의 신청

(1) 관 할

> 제463조(관할법원) 독촉절차는 채무자의 보통재판적이 있는 곳의 지방법원이나 제7조 내지 제9조, 제12조 또는 제18조의 규정에 의한 관할법원의 전속관할로 한다.

청구의 가액에 상관없이 시·군법원판사(법원조직법 제34조 1항 2호) 또는 사법보좌관(법원조직법 제54조 1항 2호)의 업무에 속한다. 그리고 토지관할은 현행법이 확대하여 채무자의 보통재판적 소재지(제2조), 근무지(제7조), 사무소·영업소 소재지(제12조) 뿐만 아니라 거소지·의무이행지(제8조), 어음·수표지급지(제9조), 불법행위지(제18조)를 추가하여 그 법원의 전속관할로 하였다(제463조).

(2) 요 건

1) 금전 그 밖의 대체물 또는 유가증권의 일정수량의 지급을 목적을 하는 청구일 것

① 청구금액의 액수는 불문하며, 청구의 발생원인도 문제되지 않는다. 判例는 국가에 대한 징발보상청구권(대판 1973.03.10. 69다1886)이나 공법인에 대한 급여청구권(대판 1967.11.14. 67다2271)에 대해서도 지급명령신청을 할 수 있다고 하였다. ② 현재(이의신청기간 경과 전)의 이행기에 이르러 즉시 그 지급을 구할 수 있는 것이어야 한다. 따라서 반대급여와 맞바꾸는 상환이행청구는 이에 해당되지만, 즉시 집행할 수 없는 조건부 또는 기한부의 청구에 대해서는 허용되지 않고, 예비적 청구도 허용되지 않는다.

2) 채무자에 대한 지급명령을 국내에서 공시송달에 의하지 않고 송달할 수 있는 경우일 것

① 공시송달이 아니면 되므로(다만 금융기관의 경우는 예외[4]), 보충송달 등의 방법에 의할 수는 있다.

---

[4] 소송촉진 등에 관한 특례법 제20조의2(공시송달에 의한 지급명령) ① 다음 각 호의 어느 하나에 해당하는 자

② 지급명령이 제대로 송달되지 아니할 때를 대비하여 제446조를 두고 있다.

> 제466조(지급명령을 하지 아니하는 경우) ① 채권자는 법원으로부터 채무자의 주소를 보정하라는 명령을 받은 경우에 소제기신청을 할 수 있다.
> ② 지급명령을 공시송달에 의하지 아니하고는 송달할 수 없거나 외국으로 송달하여야 할 때에는 법원은 직권에 의한 결정으로 사건을 소송절차에 부칠 수 있다.
> ③ 제2항의 결정에 대하여는 불복할 수 없다.

(3) 신청절차

> 제464조(지급명령의 신청) 지급명령의 신청에는 그 성질에 어긋나지 아니하면 소에 관한 규정을 준용한다.

이 경우 신청은 원칙적으로 서면에 의하며, 신청서에는 청구취지·청구원인의 기재를 요한다(제249조). 다만 권리의 존재나 관할에 관한 소명자료 등은 불필요하다. 그리고 신청서 등본도 상대방에게 송달할 필요가 없다. 소의 병합요건에 준하여 수개의 청구 또는 수인의 채무자에 대한 청구를 병합하여 신청할 수 있다. 붙일 인지액은 종전에는 소장의 1/2이었으나, **현재는 1/10이다**(민사소송등인지법 제7조 2항). 지급명령의 신청이라도 재판상 청구로서 그 신청 시에 청구에 대해 시효중단의 효력이 있다(제265조, 민법 제172조).

3. 지급명령신청에 대한 재판

(1) 임의적 변론

지급명령의 신청에 대해서는 채무자를 심문하지 않고(제467조), 결정으로 지급명령을 한다.

(2) 신청각하

> 제465조(신청의 각하) ① 지급명령의 신청이 제462조 본문 또는 제463조의 규정에 어긋나거나, 신청의 취지로 보아 청구에 정당한 이유가 없는 것이 명백한 때에는 그 신청을 각하하여야 한다. 청구의 일부에 대하여 지급명령을 할 수 없는 때에 그 일부에 대하여도 또한 같다.
> ② 신청을 각하하는 결정에 대하여는 불복할 수 없다.

지급명령의 신청이 신청취지로 보아 청구에 정당한 이유가 없는 것이 명백한 때에는 그 신청을 각하하여야 하고, 신청을 각하하는 결정에 대하여는 불복할 수 없다. 지급명령의 신청이 제462조(적용의 요건) 본문 또는 제463조(관할법원)의 규정에 어긋나는 때에는 그 신청을 각하하여야 한다(제465조 1항 전문 전단). 즉 **관할을 위반한 지급명령의 신청에 대해서는 각하한다**. 관할위반의 경우에 이송하는 일반적인 민사소송사건과는 구분하여야 한다(제34조 1항). 다만 전속관할을 위반한 지급명령신청은 각하해야 하지만, 법원이 전속관할의 규정에 위배하여 지급명령을 한 경우에도

가 그 업무 또는 사업으로 취득하여 행사하는 대여금, 구상금, 보증금 및 그 양수금 채권에 대하여 지급명령을 신청하는 경우에는 「민사소송법」 제462조 단서 및 같은 법 제466조제2항 중 공시송달에 관한 규정을 적용하지 아니한다. 〈개정 2015.12.22.〉 1. 「은행법」에 따른 은행 ② 제1항의 채권자는 지급명령을 공시송달에 의하지 아니하고는 송달할 수 없는 경우 청구원인을 소명하여야 한다.

지급명령이 채무자에게 송달된 이상 지급명령으로서 효력이 있다. 따라서 채무자로서는 이의신청을 하는 외에 다른 수단이 없다(실무제요(Ⅲ), 1821면).

(3) 지급명령과 확정

1) 지급명령의 송달과 지급명령의 기재사항

> 제469조(지급명령의 송달) ① 지급명령은 당사자에게 송달하여야 한다.
> ② 채무자는 지급명령에 대하여 이의신청을 할 수 있다.

> 제468조(지급명령의 기재사항) 지급명령에는 당사자, 법정대리인, 청구의 취지와 원인을 적고, 채무자가 지급명령이 송달된 날부터 2주 이내에 이의신청을 할 수 있다는 것을 덧붙여 적어야 한다.

각하사유가 없으면 청구가 이유 있는지 여부를 심리할 필요 없이 지급명령을 발하고, 당사자 양쪽에 직권으로 송달하여야 한다(제469조 1항). 지급명령에는 당사자, 법정대리인, 청구의 취지와 원인을 적고, 채무자가 지급명령이 송달된 날부터 2주 이내에 이의신청을 할 수 있다는 것을 덧붙여 적어야 한다(제468조). 채무자의 이의신청권의 실질적 보장을 위하여 지급명령을 발하면서 이의신청 안내서를 보내는 것이 실무이다. 그리고 청구원인 주장을 특정함에 있어서는 서면에 의한 일방 심문으로 이루어지는 독촉절차의 특성과 소송경제의 이념을 고려하면서 구체적 사안에 적응하여 지급명령 신청서상의 청구원인 기재를 합리적으로 선해할 수 있는 것이다(대판 2002.02.22. 2001다73480). 지급명령은 채무자를 불러서 심문하는 것이 아니므로, 채무자가 항변할 여지가 없고, 채무자가 이의신청 후 소송으로 이행된 뒤에 항변을 하여야 한다. 그리고 채권자가 채무자들 2인을 상대로 물품대금청구에 대하여 지급명령을 신청함에 있어서 청구원인에는 채무자들이 연대채무자임을 기재하고도 청구취지에는 "채무자들은 연대하여"라고 기재하지 아니한 채 "채무자들은"이라고만 기재하여, 법원이 청구취지대로 지급명령을 하였다면, 법원이 한 지급명령에 오류가 있는 것이 명백한 때에 해당한다고 볼 수 없다(대결 1993.07.15. 93그28).

3) 지급명령의 효력

> 제474조(지급명령의 효력) 지급명령에 대하여 이의신청이 없거나, 이의신청을 취하하거나, 각하결정이 확정된 때에는 지급명령은 확정판결과 같은 효력이 있다.

이 경우 확정판결과 같은 효력에 기판력이 포함되는지가 문제되는데, 학설은 ① 확정된 지급명령에 기판력을 인정함으로써 청구이의의 소는 그 원인이 지급명령이 확정된 뒤에 생긴 때에 한하여 제기할 수 있다고 하여 기판력을 포함한다는 견해(김홍규·강태원)도 있으나, ② 민사집행법 제58조 3항은 구법과 동일하게 청구에 관한 이의의 소의 규정인 제44조 2항의 규정을 배제하고 있어, 기판력의 시적한계에 따른 제한을 받지 않으므로 기판력이 포함되지 않는다고 보는 견해(이시윤)가 타당하다. 判例도 "현행 민사소송법 제474조는 확정된 지급명령은 확정판결과 같은 효력을 가진다고 규정하고 있으나, 확정판결에 대한 청구이의 이유를 변론이 종결된 뒤(변론 없이 한 판결의 경우에는 판결이 선고된 뒤)에 생긴 것으로 한정하고 있는 민사집행법 제44조 제2항과는 달리 민사집행법 제58조 제3항은 지급명령에 대한 청구에 관한 이의의 주장에 관하여는 위

제44조 제2항의 규정을 적용하지 아니한다고 규정하고 있으므로, <u>현행 민사소송법에 의한 지급명령에 있어서도 지급명령 발령 전에 생긴 청구권의 불성립이나 무효 등의 사유를 그 지급명령에 관한 이의의 소에서 주장할 수 있다. 이러한 의미에서 구 민사소송법뿐만 아니라 현행 민사소송법에 의한 지급명령에도 기판력은 인정되지 아니한다</u>(대판 2009.07.09. 2006다73966)."고 하여 동일한 입장이다. 확정된 지급명령에 기한 강제집행은 집행문을 부여받을 필요 없이 지급명령 정본에 의하여 행하므로(민집 제58조 1항 본문), 채권자는 별도로 지급명령의 송달증명 및 확정증명을 받을 필요 없이 송달일자와 확정일자를 기재하여 작성된 지급명령 정본에 기초하여 바로 강제집행을 신청할 수 있다(독촉예규 제12조)[법원실무제요(Ⅲ), 481면].

4. 채무자의 이의신청

(1) 이의의 성질

1) 지급명령은 적정한 재판을 위한 심리원칙이 적용되지 않고 내려진 것이므로, 청구의 당부에 대하여 본래 보장되어 있는 변론 및 판결을 구하는 것을 보장할 필요가 있다. 따라서 법은 지급명령에 대한 유일한 불복방법으로서 이의신청을 규정하고 있다.

2) 즉 다툼이 없는 청구에 관하여는 채무자가 이의를 신청하지 아니할 것이므로 지급명령을 발함으로써 다툼이 있는 청구와 그렇지 아니한 청구를 구별하고, 다툼이 없는 청구에 관하여 집행권원을 신속히 얻게 하기 위하여 채무자를 심문함이 없이 서면심리에 의하여 지급명령을 발하므로, 청구에 관하여 다투려고 하는 채무자에게 쉽게 정규의 방식에 의하여 심리·재판을 받을 수 있는 기회를 주어야 한다. 채무자에게 이의신청할 권리를 인정하는 이유는 바로 이점에 있는 것이다(김홍규·강태원).

(2) 이의신청

1) 방 식

채무자의 이의신청은 서면 또는 말로 지급명령을 발한 법원에 신청한다.

2) 법 규정

> 제470조(이의신청의 효력) ① 채무자가 지급명령을 송달받은 날부터 2주 이내에 이의신청을 한 때에는 지급명령은 그 범위 안에서 효력을 잃는다.
> ② 제1항의 기간은 불변기간으로 한다.

3) 추후보완

이 경우 책임질 수 없는 사유로 이의신청기간을 놓친 경우에는 추후보완신청이 가능하다.

(3) 이의의 조사

1) 법 규정

> 제471조(이의신청의 각하) ① 법원은 이의신청이 부적법하다고 인정한 때에는 결정으로 이를 각하하여야 한다.

> ② 제1항의 결정에 대하여는 즉시항고를 할 수 있다.

2) 문제점

이의신청을 적법하다고 받아들여 소송으로 이행된 뒤에 이의가 부적법하다고 밝혀진 경우, 이의의 적법인정이 소송으로 이행된 법원을 구속하느냐가 문제된다. 이 경우 구속되지 않는다고 보면 채권자를 너무 보호하게 되고, 이행 후의 절차안정도 보장할 수 없다. 따라서 제38조의 이송결정의 구속력을 유추하여 구속력이 있다고 보아야 한다(구속설).

(4) 이의의 효과 등과 취하

1) 법 규정

> 제472조(소송으로의 이행) ① 채권자가 제466조제1항의 규정에 따라 소제기신청을 한 경우, 또는 법원이 제466조제2항의 규정에 따라 지급명령신청사건을 소송절차에 부치는 결정을 한 경우에는 지급명령을 신청한 때에 소가 제기된 것으로 본다.
> ② 채무자가 지급명령에 대하여 적법한 이의신청을 한 경우에는 지급명령을 신청한 때에 이의신청된 청구목적의 값에 관하여 소가 제기된 것으로 본다.

2) 철회의 시기

이의신청은 이의신청각하 결정전 또는 그에 기해 소송으로 이행되기(기일지정 또는 기록송부시)까지 채무자가 임의로 철회할 수 있다. 하지만 그 후에는 지급명령의 실효가 확정적인 것이 되고 독촉절차가 소멸되었다고 할 것이므로 취하의 여지가 없다(대판 1977.07.12. 76다2146·2147). 그리고 이의신청 후에 그 지급명령이 관할을 위반하여 내려진 것임이 발견된 경우에는, 독촉법원의 법원사무관등은 그 기록을 본안의 관할법원으로 송부하여야 한다(민사소송(Ⅲ,) 478면).

5. 이의 후의 소송절차

> 제473조(소송으로의 이행에 따른 처리) ① 제472조의 규정에 따라 소가 제기된 것으로 보는 경우, 지급명령을 발령한 법원은 채권자에게 상당한 기간을 정하여, 소를 제기하는 경우 소장에 붙여야 할 인지액에서 소제기신청 또는 지급명령신청시에 붙인 인지액을 뺀 액수의 인지를 보정하도록 명하여야 한다.
> ② 채권자가 제1항의 기간 이내에 인지를 보정하지 아니한 때에는 위 법원은 결정으로 지급명령신청서를 각하하여야 한다. 이 결정에 대하여는 즉시항고를 할 수 있다.
> ③ 제1항에 규정된 인지가 보정되면 법원사무관 등은 바로 소송기록을 관할법원에 보내야 한다. 이 경우 사건이 합의부의 관할에 해당되면 법원사무관등은 바로 소송기록을 관할법원 합의부에 보내야 한다.
> ④ 제472조의 경우 독촉절차의 비용은 소송비용의 일부로 한다.

채무자가 이의신청, 소송절차회부결정, 소제기신청을 하면 소가 제기된 것으로 본다. 이 경우 지급명령의 신청은 소장으로 취급되므로, 이미 붙인 인지액 1/10을 뺀 나머지 9/10를 더 내게 하여 소장의 인지와 동일하게 하여야 한다. 따라서 채권자가 더 내도록 법원은 상당한 기간을 정하여 보정을 명하여야 한다(제473조 1항). 채권자가 보정기간 내에 인지보정을 하지 아니할 때에는 지급명령신청서의 각하결정을 한다(제473조 2항). 현행법은 인지보정절차를 거쳐 인지보정이 제대로 된 사건에 대해서만 법원사무관등이 소송사건의 관할법원에 소송기록을 보내게 하였다(제473조 2항). 채권자제출의 지급명령선청서의 기재사항이나 채무자제출의 이의신청서의 이의사유라고 하여 소송이행 후에 당연히 소송자료가 되는 것은 아니며, 변론기일에 이를 주장하지 아니하면 효력이 없다(대판 1970.12.22. 70다2297).

6. 독촉절차의 조정으로의 이행

> **민사조정법 제5조의2(독촉절차의 조정으로의 이행)**
> ① 「민사소송법」 제469조제2항에 따라 채무자가 적법한 이의신청을 하여 같은 법 제473조제1항에 따라 지급명령을 발령한 법원이 인지의 보정을 명한 경우 채권자는 인지를 보정하는 대신 해당 기간 이내에 조정으로의 이행을 신청할 수 있다.
> ② 제1항의 이행신청이 부적법하다고 인정하는 때에는 위 법원은 결정으로 이를 각하하여야 한다. 이 결정에 대하여는 즉시항고(즉시항고)를 할 수 있다.
> ③ 채권자가 제1항에 따라 적법한 이행신청을 한 경우에는 「민사소송법」 제472조제2항에도 불구하고 지급명령을 신청한 때에 이의신청된 청구목적의 값에 관하여 조정이 신청된 것으로 본다. [본조신설 2012.1.17]
>
> **동법 제5조의3(독촉절차의 조정으로의 이행에 따른 처리)**
> ① 제5조의2제3항에 따라 조정이 신청된 것으로 보는 경우, 지급명령을 발령한 법원은 채권자에게 상당한 기간을 정하여, 조정을 신청하는 경우 제5조제4항에 따라 내야 할 수수료에서 지급명령 신청 시에 붙인 인지액을 뺀 액수에 해당하는 수수료를 보정하도록 명하여야 한다.
> ② 채권자가 제1항의 기간 이내에 수수료를 보정하지 아니한 때에는 위 법원은 결정으로 지급명령신청서를 각하하여야 한다. 이 결정에 대하여는 즉시항고를 할 수 있다.
> ③ 제1항에 따른 수수료가 보정되면 법원사무관등은 바로 조정사건에 관한 기록을 제3조에 따른 관할법원에 보내야 한다.
> ④ 제5조의2의 경우 독촉절차의 비용은 조정절차의 비용의 일부로 한다.
> [본조신설 2012.1.17]

2012.1.17. 개정 민사조정법 제5조의2·3에서는 채무자가 이의신청을 하여 지급명령을 발령한 법원이 인지보정명령을 한 경우 채권자는 인지보정 대신에 해당기간 내에 조정으로의 이행신청을 할 수 있다. 적법한 이행신청이면 소송 대신에 조정절차로 넘어가게 된다.

Ⅳ 공시최고절차

1. 서 설

(1) 의의 및 법적 성질

1) 의 의

공시최고란 법원이 불특정 또는 불분명한 이해관계인에게 그 신고를 하지 아니하면 권리를 잃게 되는 효력이 발생할 것이라는 경고와 함께 권리 또는 청구를 신고할 것을 재판에 의하여 최고하는 것을 말한다(제475조). 즉 공시최고절차는 공시최고를 발하고, 위 최고로 경고하였던 권리의 상실을 제권판결에 의하여 실현시키는 것을 목적으로 하는 절차이다.

2) 법적성질

공시최고절차는 권리자에게 권리행사의 길을 열어주기 위하여 법원이 사법상의 법률관계의 형성에 협력하는 것이고, 대립당사자 사이의 법률관계를 확정·실현하는 것이 아니므로, 그 본질은 비송사건이다. 그러나 이는 민사소송에 규정되어 있으므로 형식상으로는 소송사건이며, 따라서 민사소송법의 총칙규정·판결절차·상소의 규정이 적용되고 비송사건절차법은 적용되지 않는다.

(2) 현행법상 공시최고절차

> 제475조(공시최고의 적용범위) 공시최고(공시최고)는 권리 또는 청구의 신고를 하지 아니하면 그 권리를 잃게 될 것을 법률로 정한 경우에만 할 수 있다.

공시최고는 법률이 특히 정한 경우에만 적용된다(제475조). 현행법상으로는 다음 세 가지 경우에 인정된다. 즉 ① 실종선고를 위한 공시최고(민법 제27조, 가사소송법 제2조), ② 등기·등록의 말소를 위한 공시최고(부동산등기법 제56조), ③ 증권 또는 증서의 무효선고를 위한 공시최고(민법 제521조) 등이 그 예이다. 공시최고의 필요성, 그 실질적 요건 및 효과는 실체법에 규정되어 있고, 민사소송법은 단지 제권판결의 선고에 관한 형식적 요건과 제권판결의 효력에 관하여 규정하고 있을 뿐이다. 다만 증권 등의 무효선고에 대해서는 상세한 규정을 두고 있다(제492조 이하).

2. 공시최고의 절차

(1) 관할법원

> 제476조(공시최고절차를 관할하는 법원) ① 공시최고는 법률에 다른 규정이 있는 경우를 제외하고는 권리자의 보통재판적이 있는 곳의 지방법원이 관할한다. 다만, 등기 또는 등록을 말소하기 위한 공시최고는 그 등기 또는 등록을 한 공공기관이 있는 곳의 지방법원에 신청할 수 있다.
> ② 제492조의 경우에는 증권이나 증서에 표시된 이행지의 지방법원이 관할한다. 다만, 증권이나 증서에 이행지의 표시가 없는 때에는 발행인의 보통재판적이 있는 곳의 지방법원이, 그 법원이 없는 때에는 발행 당시에 발행인의 보통재판적이 있었던 곳의 지방법원이 각각 관할한다.
> ③ 제1항 및 제2항의 관할은 전속관할로 한다.

(2) 신청 및 재판

> 제477조(공시최고의 신청) ① 공시최고의 신청에는 그 신청의 이유와 제권판결(제권판결)을 청구하는 취지를 밝혀야 한다.
> ② 제1항의 신청은 서면으로 하여야 한다.
> ③ 법원은 여러 개의 공시최고를 병합하도록 명할 수 있다.
> 제478조(공시최고의 허가여부) ① 공시최고의 허가여부에 대한 재판은 결정으로 한다. 허가하지 아니하는 결정에 대하여는 즉시항고를 할 수 있다.
> ② 제1항의 경우에는 신청인을 심문할 수 있다.

(3) 공시최고의 실시

> 제479조(공시최고의 기재사항) ① 공시최고의 신청을 허가한 때에는 법원은 공시최고를 하여야 한다.
> ② 공시최고에는 다음 각호의 사항을 적어야 한다.
>   1. 신청인의 표시
>   2. 공시최고기일까지 권리 또는 청구의 신고를 하여야 한다는 최고
>   3. 신고를 하지 아니하면 권리를 잃게 될 사항
>   4. 공시최고기일
>
> 제480조(공고방법) 공시최고는 대법원규칙이 정하는 바에 따라 공고하여야 한다.

> 규칙 제142조(공시최고의 공고) ① 공시최고의 공고는 다음 각호 가운데 어느 하나의 방법으로 한다. 이 경우 필요하다고 인정하는 때에는 적당한 방법으로 공고사항의 요지를 공시할 수 있다.
>   1. 법원게시판 게시
>   2. 관보·공보 또는 신문 게재
>   3. 전자통신매체를 이용한 공고
> ② 법원사무관등은 공고한 날짜와 방법을 기록에 표시하여야 한다.
>
> 제481조(공시최고기간) 공시최고의 기간은 공고가 끝난 날부터 '3월' 뒤로 정하여야 한다.
>
> 제490조(제권판결에 대한 불복소송) ② 제권판결에 대하여는 다음 각호 가운데 어느 하나에 해당하면 신청인에 대한 소로써 최고법원에 불복할 수 있다.
>   2. 공시최고의 공고를 하지 아니하였거나, 법령이 정한 방법으로 공고를 하지 아니한 때
>   3. 공시최고기간을 지키지 아니한 때

(4) 권리 또는 청구의 신고

> 제482조(제권판결전의 신고) 공시최고기일이 끝난 뒤에도 제권판결에 앞서 권리 또는 청구의 신고[5]가 있는 때에는 그 권리를 잃지 아니한다.
>
> 제485조(신고가 있는 경우) 신청이유로 내세운 권리 또는 청구를 다투는 신고가 있는 때에는 법원은 그 권리에 대한 재판이 확정될 때까지 공시최고절차를 중지하거나, 신고한 권리를 유보하고 제권판결을 하여야 한다.

(5) 신청의 취하

> 제484조(취하간주) 신청인이 제483조의 새 기일에 출석하지 아니한 때에는 공시최고신청을 취하한 것으로 본다.

3. 제권판결

(1) 의 의

제권판결이란 공시최고절차에서 공시최고신청인의 신청에 의하여 공시최고 대상인 사항에 관하여 실권최고를 하는 법원의 판결이다. 형성판결이며, 공시최고절차는 이 제권판결을 얻는 것을

---

[5] 은행에 지급제시를 하거나, 어음·수표금청구소송을 제기하는 것은 권리 또는 청구의 신고에 해당하지 않는다 (대판 1983.11.08. 83다508).

최종적인 목적으로 한다.

(2) 절 차

1) 신청인의 진술의무

> 제486조(신청인의 진술의무) 공시최고의 신청인은 공시최고기일에 출석하여 그 신청을 하게 된 이유와 제권판결을 청구하는 취지를 진술하여야 한다.

2) 신청인의 불출석과 새 기일의 지정

> 제483조(신청인의 불출석과 새 기일의 지정) ① 신청인이 공시최고기일에 출석하지 아니하거나, 기일변경신청을 하는 때에는 법원은 '1회'에 한하여 새 기일을 정하여 주어야 한다.
> ② 제1항의 새 기일은 공시최고기일부터 '2월'을 넘기지 아니하여야 하며, 공고는 필요로 하지 아니한다.

3) 취하간주

> 제484조(취하간주) 신청인이 제483조의 새 기일에 출석하지 아니한 때에는 공시최고신청을 취하한 것으로 본다.

4) 직권탐지

> 제487조(제권판결) ① 법원은 신청인이 진술을 한 뒤에 제권판결신청에 정당한 이유가 없다고 인정할 때에는 '결정'으로 신청을 각하하여야 하며, 이유가 있다고 인정할 때에는 제권판결을 선고하여야 한다.
> ② 법원은 제1항의 재판에 앞서 직권으로 사실을 탐지할 수 있다.
> 제488조(불복신청) 제권판결의 신청을 각하한 결정이나, 제권판결에 덧붙인 제한 또는 유보에 대하여는 즉시항고를 할 수 있다.

5) 공 고

> 제489조(제권판결의 공고) 법원은 제권판결의 요지를 대법원규칙이 정하는 바에 따라 공고할 수 있다.
> 제142조(공시최고의 공고) ① 공시최고의 공고는 다음 각호 가운데 어느 하나의 방법으로 한다. 이 경우 필요하다고 인정하는 때에는 적당한 방법으로 공고사항의 요지를 공시할 수 있다.
>   1. 법원게시판 게시
>   2. 관보·공보 또는 신문 게재
>   3. 전자통신매체를 이용한 공고
> ② 법원사무관등은 공고한 날짜와 방법을 기록에 표시하여야 한다.
> 제143조(제권판결의 공고) 제권판결의 요지를 공고하는 때에는 제142조의 규정을 준용한다.

(3) 효 력

> 제490조(제권판결에 대한 불복소송) ① 제권판결에 대하여는 상소를 하지 못한다.

제권판결은 상소가 허용되지 않으므로, 선고와 동시에 확정되고 판결로 권리를 유보하는 사람 이외에 권리자가 없음을 확정하며, 이해관계인이 가질 수 있는 권리를 소멸·변경시키는 효력을 가진다. 그리고 증권의 무효선고를 위한 제권판결에는 특수한 효력이 인정된다.

(4) 불복의 소

> 제490조(제권판결에 대한 불복소송) ① 제권판결에 대하여는 상소를 하지 못한다.
> ② 제권판결에 대하여는 다음 각호 가운데 어느 하나에 해당하면 신청인에 대한 소로써 최고법원에 불복할 수 있다.
>   1. 법률상 공시최고절차를 허가하지 아니할 경우일 때
>   2. 공시최고의 공고를 하지 아니하였거나, 법령이 정한 방법으로 공고를 하지 아니한 때
>   3. 공시최고기간을 지키지 아니한 때
>   4. 판결을 한 판사가 법률에 따라 직무집행에서 제척된 때
>   5. 전속관할에 관한 규정에 어긋난 때
>   6. 권리 또는 청구의 신고가 있음에도 법률에 어긋나는 판결을 한 때
>   7. 거짓 또는 부정한 방법으로 제권판결을 받은 때
>   8. 제451조제1항제4호 내지 제8호의 재심사유가 있는 때
>
> 제491조(소제기기간) ① 제490조제2항의 소는 '1월' 이내에 제기하여야 한다.
> ② 제1항의 기간은 불변기간으로 한다.
> ③ 제1항의 기간은 원고가 제권판결이 있다는 것을 안 날부터 계산한다. 다만, 제490조 제2항 제4호·제7호 및 제8호의 사유를 들어 소를 제기하는 경우에는 원고가 이러한 사유가 있음을 안 날부터 계산한다.
> ④ 이 소는 제권판결이 선고된 날부터 3년이 지나면 제기하지 못한다.

1) 제권판결에 대해 상소는 허용되지 않지만, 그 절차나 내용에 중대한 흠이 있는 경우에는 제권판결의 취소를 구하기 위하여 불복의 소를 제기할 수 있다. 이 소는 형성의 소이다. 그리고 불복의 소에는 다른 민사상 청구를 병합할 수 있다(대판 1989.06.13. 88다카7962). 다만 최근 판례는 "제권판결 불복의 소와 같은 형성의 소는 그 판결이 확정됨으로써 비로소 권리변동의 효력이 발생하게 되므로 이에 의하여 형성되는 법률관계를 전제로 하는 이행소송 등을 병합하여 제기할 수 없는 것이 원칙이다. 또한 제권판결에 대한 취소판결의 확정 여부가 불확실한 상황에서 그 확정을 조건으로 한 수표금 청구는 장래이행의 소의 요건을 갖추었다고 보기 어려울 뿐만 아니라, 제권판결 불복의 소의 결과에 따라서는 수표금 청구소송의 심리가 무위에 그칠 우려가 있고, 제권판결 불복의 소가 인용될 경우를 대비하여 방어하여야 하는 수표금 청구소송의 피고에게도 지나친 부담을 지우게 된다는 점에서 이를 쉽사리 허용할 수 없다(대판 2013.09.13. 2012다36661)."고 한다.

2) 불복의 소는 최고법원의 전속관할에 속한다. 이를 제기할 수 있는 자는 신고의 최고를 받은 이해관계인이며, 권리보호의 이익이 있어야 한다. 피고는 공시최고신청인이다. 불복의 소에서 판단을 받는 것은 제490조에 열거된 불복사유가 있는지 여부이고, 원고가 실질적 권리자인지 여부는 아니다.

4. 증권의 무효선고를 위한 공시최고의 특칙

(1) 서 설

> 제492조(증권의 무효선고를 위한 공시최고) ① 도난·분실되거나 없어진 증권, 그 밖에 상법에서 무효로 할 수 있다고 규정한 증서의 무효선고를 청구하는 공시최고절차에는 제493조 내지 제497조의 규정을 적용한다.
> ② 법률상 공시최고를 할 수 있는 그 밖의 증서에 관하여 그 법률에 특별한 규정이 없으면 제1항의 규정을 적용한다.
> 제493조(증서에 관한 공시최고신청권자) 무기명증권 또는 배서(배서)로 이전할 수 있거나 약식배서(약식배서)가 있는 증권 또는 증서에 관하여는 최종소지인이 공시최고절차를 신청할 수 있으며, 그 밖의 증서에 관하여는 그 증서에 따라서 권리를 주장할 수 있는 사람이 공시최고절차를 신청할 수 있다.

(2) 특 칙

> 제494조(신청사유의 소명) ① 신청인은 증서의 등본을 제출하거나 또는 증서의 존재 및 그 중요한 취지를 충분히 알리기에 필요한 사항을 제시하여야 한다.
> ② 신청인은 증서가 도난·분실되거나 없어진 사실과, 그 밖에 공시최고절차를 신청할 수 있는 이유가 되는 사실 등을 소명하여야 한다.
> 제495조(신고최고, 실권경고) 공시최고에는 공시최고기일까지 권리 또는 청구의 신고를 하고 그 증서를 제출하도록 최고하고, 이를 게을리 하면 권리를 잃게 되어 증서의 무효가 선고된다는 것을 경고하여야 한다.
> 제496조(제권판결의 선고) 제권판결에서는 증권 또는 증서의 무효를 선고하여야 한다.
> 제497조(제권판결의 효력) 제권판결이 내려진 때에는 신청인은 증권 또는 증서에 따라 의무를 지는 사람에게 증권 또는 증서에 따른 권리를 주장할 수 있다.

(3) 제권판결취득자와 선의취득자의 관계

증권의 무효선고를 위한 공시최고기간 중에도 증권은 유통되므로 제3자가 그 증권을 선의취득할 수도 있다. 이 경우 선의취득자는 공시최고사실을 모르기 때문에 권리의 신고를 하지 못하고 공시최고기간이 지나서 제권판결이 선고될 수가 있다. 이 경우 제권판결취득자와 선의취득자 사이에 누구를 우선시킬지가 문제된다. 이 경우 제권판결취득자우선설, 선의취득자우선설 등의 대립이 있고, 判例는 선의취득자우선설의 입장이다(대판 1965.07.27. 65다1002).

판례색인

[대법원판결]

대판 1946.10.11. 4279민상32·33 ·················· 408
대판 1947.10.21. 4280민상114 ······················ 402
대판 1947.12.30. 4280민상169 ······················ 402
대판 1952.09.06. 4285민상43 ························ 293
대판 1952.10.30. 4285민상106 ······················ 363
대판 1953.02.19. 4285민상134 ······················ 632
대판 1955.07.07. 4288민상53 ················ 118, 384
대판 1955.07.21. 4288민상59 ························ 343
대판 1956.01.12. 4288민상126 ···················· 9, 94
대판 1956.04.16. 4288민상377 ······················ 602
대판 1957.03.14. 4289민상439 ················ 498, 501
대판 1957.06.29. 4290민상13 ························ 339
대판 1957.11.14. 4290민상454·455 ·············· 622
대판 1958.11.20. 4290민상308·309·310·311 ······ 668
대판 1959.02.19. 4291민항231 ······················ 628
대판 1959.03.12. 4291민재항53 ···················· 736
대판 1959.07.02. 4291민상336 ······················ 412
대판 1959.07.30. 4291민상551 ······················ 288
대판 1959.09.24. 4291민상318 ······················ 612
대판 1960.03.24. 4290민상326 ······················ 349
대판 1960.05.26. 4292민상524 ······················ 334
대판 1960.06.06. 4292민상932·933 ·············· 195
대판 1960.06.30. 4292민재항5 ······················ 723
대판 1960.08.12. 4293민재항200 ·················· 505
대판 1960.09.29. 4292민상229 ······················ 430
대판 1960.09.29. 4293민상18 ························ 278
대판 1961.05.04. 4292민상853 ······················ 672
대판 1961.09.28. 4294민상50 ······················· 212
대판 1961.10.05. 4292행상63 ························ 124
대판 1961.10.19. 4293민상531 ······················ 612
대판 1961.11.02. 4293민상325 ······················ 236
대판 1962.01.11. 4294민상386 ······················ 462
대판 1962.01.25. 4294민상148 ························ 29
대판 1962.01.31. 4294민상310 ······················ 609
대판(전) 1962.02.15. 4294민상914 ················ 505

대판 1962.04.04. 4294민상1122 ···················· 303
대판 1962.04.18. 4294민상1145 ···················· 611
대판 1962.04.18. 4294민상1195 ···················· 661
대판 1962.04.18. 4294민상1397 ···················· 124
대판 1962.04.26. 4294민상1071 ···················· 397
대판 1962.04.26. 4294민상809 ······················ 497
대판 1962.05.10. 62무4 ································ 753
대판 1962.05.17. 4294행상172 ······················ 657
대판 1962.05.17. 61민상1114 ······················· 202
대판 1962.06.21. 62다102 ···························· 236
대판 1962.07.26. 62다315 ···························· 304
대판 1962.08.02. 62다204 ···························· 750
대판 1962.09.20. 62다380 ···························· 352
대판 1962.09.27. 62다342 ···························· 402
대판 1962.09.27. 62다441 ···························· 377
대판 1962.10.18. 62다548 ···························· 173
대판 1963.01.31. 62다812 ······················ 237, 274
대판 1963.04.18. 63다114 ···························· 474
대판 1963.06.20. 63다166 ···························· 345
대판 1963.07.25. 63다241 ······················ 234, 274
대판 1963.10.31. 63다458 ···························· 752
대판 1963.11.28. 63다493 ···························· 403
대판 1963.12.12. 63다449 ································ 9
대판 1963.12.12. 63다689 ···························· 610
대판 1964.03.31. 63다656 ···························· 111
대판 1964.04.28. 63다735 ···························· 299
대판 1964.05.26. 63다973 ···························· 611
대판 1964.05.26. 63다974 ···························· 383
대판 1964.06.09. 63다982 ···························· 764
대판 1964.09.22. 64다480 ···························· 611
대판 1964.11.10. 64다325 ···························· 293
대판 1964.11.17. 64다328 ················ 105, 110, 113
대판 1964.11.30. 64사11 ······························ 753
대판 1965.01.19. 64다1260 ·························· 759
대판 1965.01.26. 64다1391 ·························· 611
대판 1965.01.28. 64다1377 ·························· 752

대판 1965.03.02. 64다1761 ·· 403
대판 1965.03.16. 64다1691·1692 ···························· 667
대판 1965.03.23. 64다1828 ·· 343
대판 1965.05.31. 65다159 ·· 411
대판 1965.06.15. 64다1885 ·· 759
대판 1965.06.29. 65다434 ·· 494
대판 1965.07.27. 65다1002 ·· 790
대판 1965.08.31. 65다1102 ·· 56
대판 1965.08.31. 65다1311 ································ 578, 579
대판 1965.11.30. 65다1989 ·· 691
대판 1965.12.01. 63다848 ·· 250
대판 1965.12.07. 65다2034·2035 ······························ 623
대판 1965.12.28. 65다2172 ·· 211
대판 1966.01.31. 65다2296 ·· 342
대판 1966.02.28. 62다251 ·· 502
대판 1966.03.15. 65다2455 ·· 632
대판 1966.03.15. 66다17 ·· 224
대판 1966.03.29. 65다2407·2408 ······························ 664
대판 1966.03.29. 66다171 ·· 351
대판 1966.05.31. 66다564 ·· 329
대판 1966.06.28. 66다689 ·· 378
대판 1966.06.28. 66다697 ·· 411
대판 1966.06.28. 66다711 ·· 699
대판 1966.07.19. 66다869 ·· 665
대판 1966.08.30. 66마324 ·· 96
대판 1966.09.20. 66다1304 ·· 293
대판 1966.10.04. 66다985 ·· 404
대판 1966.10.21. 64다1102 ·· 611
대판 1966.10.21. 66다1439 ·· 351
대판 1967.02.28. 66다2569 ·· 176
대판 1967.03.21. 66다2154 ·· 230
대판 1967.03.28. 67다212 ·································· 136, 140
대판 1967.06.20. 67다479 ·· 622
대판 1967.07.18. 67다1042 ·· 495
대판 1967.09.05. 67다1323 ·· 605
대판 1967.09.19. 67다1709 ·· 709
대판 1967.09.20. 67마560 ·· 77
대판 1967.10.10. 67다1548 ·· 610
대판 1967.10.25. 66다2489 ·· 230
대판 1967.10.31. 66다1814 ·· 293
대판 1967.11.14. 67다2271 ·· 780
대판 1967.11.21. 67사45 ·· 756
대판 1967.11.21. 67사74 ·· 757
대판 1968.01.31. 67다2628 ································ 303, 304
대판 1968.04.23. 66다2499 ·· 5

대판 1968.04.23. 68다217 ·· 490
대판 1968.04.30. 67다2117 ·· 158
대판 1968.05.07. 68다326 ·· 52
대판 1968.07.02. 68다37 ···································· 271, 352
대판 1968.09.03. 68다1147 ·· 348
대판 1968.10.22. 68므32 ·· 761
대판 1968.11.05. 68다1665 ·· 329
대판 1968.11.05. 68다1773 ·· 485
대판 1968.11.08. 68마1303 ·· 334
대판 1968.11.19. 68다1882,68다1883 ······················· 618
대판 1968.12.24. 68다2021 ·· 364
대판 1969.03.25. 68그21 ·· 156
대판 1969.03.25. 68다1094·1095 ······························ 620
대판 1969.03.25. 68다2024 ·· 499
대판 1969.05.13. 68다656·657·658 ··························· 668
대판 1969.05.27. 68다1798 ·· 495
대판 1969.05.27. 69다130 ·· 490
대판 1969.06.24. 69다571 ·· 508
대판 1969.06.24. 69다837 ·· 123
대판 1969.07.22. 69다507 ·· 157
대판 1969.11.04. 69그17 ·· 57
대판 1969.11.25. 69다1592 ································ 280, 325
대판 1969.12.09. 69다1232 ·· 57
대판 1969.12.09. 69다1578 ·· 682
대판 1969.12.23. 67다1664 ·· 271
대판 1969.12.29. 68다2425 ·· 219
대판 1969.12.30. 69다1604 ·· 475
대판 1970.01.02. 69다1888 ·· 237
대판 1970.01.27. 67다774 ··································· 355, 723
대판 1970.04.14. 69다1613 ·· 163
대판 1970.04.14. 69다597 ·· 256
대판 1970.06.30. 70다809 ·· 177
대판 1970.06.30. 70다881 ·· 661
대판 1970.07.24. 70다1015 ·· 356
대판 1970.07.24. 70다621 ·· 279
대판 1970.08.31. 70다1360 ·· 163
대판 1970.11.20. 70다1376 ·· 212
대판 1970.11.24. 70다1501 ·· 610
대판 1970.11.24. 70다1894 ·· 353
대판 1970.11.24. 70다2130 ·· 475
대판 1970.12.22. 70다2297 ································ 145, 785
대판 1971.03.09. 71다113 ·· 755
대판 1971.03.23. 70다3013 ································ 408, 446
대판 1971.03.31. 71다8 ······································ 597, 746
대판 1971.05.11. 71사27 ·· 751

대판 1971.06.30. 71다1027 ············· 266, 414	대판 1976.05.11. 75다1427 ············· 288
대판 1971.07.06. 71다726 ············· 684	대판 1976.05.25. 76다626 ············· 29
대판 1971.07.27. 71다1195 ············· 411	대판 1976.06.04. 73다1030 ············· 651
대판 1971.10.11. 71다1805 ············· 611	대판 1976.06.08. 72다1842 ············· 505
대판 1971.11.15. 71다1934 ············· 292	대판 1976.06.22. 75다819 ············· 278
대판 1971.11.15. 71다2070 ············· 394	대판 1976.06.26. 79다669 ············· 293
대판 1972.02.29. 71다13131 ············· 600	대판 1976.08.24. 75다2152 ············· 628
대판 1972.04.28. 72다337 ············· 6	대판 1976.09.14. 75다399 ············· 218
대판 1972.06.27. 72다546 ············· 611	대판 1976.10.12. 76다1313 ············· 237
대판 1972.06.27. 72다857 ············· 435	대판 1976.12.14. 76다1488 ············· 565
대판 1972.10.31. 72다1271 ············· 380	대판 1976.12.28. 76다797 ············· 670
대판 1972.10.31. 72다1271·1272 ······· 380, 381	대판 1977.01.11. 76다2038 ············· 284
대판 1972.10.31. 72다1570 ············· 272	대판 1977.01.25. 76다2194 ············· 125
대판 1972.11.14. 72다908 ············· 433	대판 1977.01.25. 76다2223 ············· 204
대판 1973.01.16. 72므25 ············· 201	대판 1977.07.12. 76다2146·2147 ············· 784
대판 1973.03.10. 69다1886 ············· 780	대판 1977.07.12. 76다2251·77다218 ······· 664
대판 1973.07.24. 69다60 ············· 146, 175	대판 1977.07.26. 77다92 ············· 549
대판 1973.09.25. 73다1060 ············· 453	대판 1977.10.11. 77다1316 ············· 453
대판 1973.10.10. 72다2329 ············· 449	대판 1978.04.25. 78다76 ············· 691
대판 1973.10.10. 73다907 ············· 401	대판(전) 1978.05.09. 75다634 ······· 375, 573, 754
대판 1974.02.14. 73사26 ············· 750	대판 1978.07.11. 78므7 ············· 229
대판 1974.03.26. 73다160 ············· 462	대판 1978.09.12. 78다879 ············· 399, 451
대판 1974.04.23. 73다1806 ············· 408	대판 1978.10.23. 78마255 ············· 60
대판 1974.05.28. 74다217 ············· 475	대판 1978.10.31. 78다1242 ············· 62
대판 1974.06.25. 73다2008 ············· 752	대판 1978.11.01. 78다1206 ············· 126
대판 1974.07.16. 73다1190 ············· 114	대판 1979.02.28. 78다913 ············· 211
대판 1974.08.01. 74마71 ············· 96	대판 1979.05.15. 78다1094 ············· 506
대판 1974.09.24. 74다767 ············· 19, 216	대판 1979.05.22. 79다239 ············· 474
대판 1974.10.22. 74다1216 ············· 158	대판 1979.07.24. 79다879 ············· 284
대판 1974.11.23. 74다24 ············· 230	대판 1979.08.14. 79다1105 ············· 564
대판 1974.11.26. 74다246 ············· 475	대판 1979.08.31. 79다892 ············· 710
대판 1974.12.10. 74다428 ············· 155	대판 1979.09.11. 79다1275 ············· 28, 535
대판 1974.12.24. 72다1532 ············· 203	대판 1979.11.13. 79다1577 ············· 448
대판 1974.12.24. 72다15320 ············· 449	대판 1979.11.27. 79다575 ············· 208
대판 1975.01.28. 74다1721 ············· 314	대판 1979.12.11. 79다1487 ············· 29
대판 1975.02.25. 74다1557 ············· 256	대판 1980.01.15. 79다1924 ············· 779
대판(전) 1975.04.22. 74다1184 ············· 220	대판 1980.01.29. 79다1124 ············· 211
대판 1975.04.22. 74다1519 ············· 661	대판 1980.01.29. 79다2066 ············· 330, 694
대판(전) 1975.05.13. 74다1664 ······· 136, 140, 660	대판 1980.02.26. 80다56 ············· 280
대판 1975.05.23. 74마281 ············· 39	대판 1980.04.22. 80다308 ············· 145
대판 1975.07.22. 75다450 ············· 221, 598, 599	대판 1980.06.12. 80다918 ············· 354, 723
대판 1975.09.23. 75다1109 ············· 193	대판 1980.07.08. 80다1192 ············· 716
대판 1975.10.21. 75다48 ············· 559	대판(전) 1980.09.09. 79다1281 ············· 440
대판 1976.03.23. 75다2209 ············· 580	대판 1980.09.09. 80다915 ············· 760
대판 1976.04.27. 76다192 ············· 368	대판 1980.09.09. 80다939 ············· 30

대판 1980.09.26. 80마403 ·················· 347
대판 1980.10.14. 80다1795 ············ 334, 691
대판 1980.10.14. 80다623 ·················· 381
대판 1980.10.14. 80다623·624 ······ 118, 377, 384
대판 1980.11.11. 80다284 ·················· 727
대판 1980.11.25. 80다1671 ············ 238, 568
대판 1980.11.25. 80다2217 ·················· 548
대판 1980.12.09. 80다532 ·················· 289
대판 1980.12.09. 80다584 ············ 163, 749
대판 1981.01.27. 79다1618·1619 ············ 493
대판 1981.01.27. 80다1210 ·················· 753
대판 1981.03.10. 80다1895 ········ 118, 385, 686
대판 1981.03.24. 80다2220 ·················· 575
대판 1981.04.14. 80다1881 ·················· 521
대판 1981.04.14. 80다2314 ·················· 390
대판 1981.05.26. 80마2591 ·················· 578
대판 1981.05.26. 81다494 ·················· 724
대판 1981.06.23. 80다1761 ·················· 654
대판 1981.07.07. 80다1424 ·················· 402
대판 1981.07.07. 80다2751 ············ 249, 565
대판 1981.07.14. 81다64 ·················· 496
대판 1981.07.28. 80다2569 ·················· 475
대판 1981.07.28. 80다2668 ·················· 754
대판 1981.07.28. 81다145 ·················· 376
대판 1981.08.25. 80다3149 ·················· 145
대판(전) 1981.09.08. 80다3271 ········ 518, 691
대판 1981.09.08. 81다86 ·················· 691
대판 1981.10.13. 81누230 ·················· 722
대판(전) 1981.11.10. 80다870 ·················· 563
대판 1981.11.10. 87다카1405 ·················· 609
대판 1981.11.19. 81다카43 ·················· 156
대판 1981.12.08. 80다577
 ················ 490, 522, 668, 669, 670
대판 1981.12.22. 78다2278 ·················· 503
대판 1982.02.09. 81다534 ·················· 288
대판 1982.03.09. 81다1312 ·················· 329
대판 1982.03.23. 80다1857 ············ 436, 461
대판 1982.03.23. 81다540 ·················· 138
대판 1982.05.11. 80다916 ············ 195, 326
대판 1982.06.08. 81다817 ·················· 343
대판 1982.06.22. 81다791 ·················· 344
대판 1982.07.13. 81다카1120 ·················· 599
대판 1982.07.13. 82다카262 ·················· 613
대판 1982.07.27. 82다68 ·················· 167
대판 1982.07.27. 82도1217 ·················· 262

대판(전) 1982.09.14. 80다2425 ·················· 132
대판 1982.09.14. 80다2425 ·················· 658
대판 1982.09.28. 81누106 ·················· 608
대판 1982.09.28. 81다557 ·················· 752
대판 1982.10.12. 80누495 ·················· 123
대판 1982.10.26. 82다108 ·················· 228
대판 1982.10.26. 82다카884 ·················· 114
대판 1982.12.14. 80다1101·1102 ·················· 578
대판 1982.12.18. 81므53 ·················· 103
대판 1982.12.28. 82누486 ·················· 343
대판(전) 1982.12.28. 82다카349 ·················· 365
대판 1982.12.28. 82무2 ·················· 749
대판 1983.02.08. 80사50 ············ 176, 751
대판 1983.03.22. 81다1319 ·················· 752
대판(전) 1983.03.22. 82다카1533 ·················· 236
대판(전) 1983.03.22. 82다카1810 ·················· 237
대판 1983.04.26. 83사2 ·················· 757
대판 1983.05.24. 82다카1919 ·················· 16
대판 1983.06.14. 82다카1912 ·················· 373
대판 1983.06.28. 82다카1767 ·················· 724
대판 1983.06.28. 83다191 ·················· 286
대판 1983.07.26. 80다3106 ·················· 162
대판 1983.08.23. 83다카450 ·················· 607
대판 1983.09.13. 83다카971 ·················· 461
대판 1983.09.27. 83다카1027 ·················· 681
대판 1983.10.25. 83다카850 ············ 174, 631
대판 1983.11.08. 83다508 ·················· 787
대판 1983.11.22. 82누297 ·················· 724
대판(전) 1983.12.13. 83다카1489 ·················· 287
대판 1983.12.27. 80다1302 ·················· 312
대판 1983.12.27. 82다146 ······ 105, 110, 114, 755
대판 1984.02.14. 83다카1815 ············ 128, 139
대판 1984.02.14. 83다카514 ·················· 611
대판(전) 1984.02.28. 83다카1981 ············ 92, 756
대판 1984.03.13. 82므40 ············ 170, 490
대판(전) 1984.03.15. 84마20 ·················· 373
대판 1984.03.27. 83다카2337 ·················· 227
대판 1984.05.29. 82다카963 ············ 332, 333, 491
대판 1984.05.29. 84다122 ·················· 397
대판 1984.06.12. 83다카1409 ············ 118, 385
대판 1984.06.14. 84다카744 ·················· 356
대판 1984.07.10. 84다카298 ·················· 620
대판 1984.09.25. 84다카148 ·················· 547
대판 1984.10.17. 83다325 ·················· 211
대판 1984.11.27. 84다카1349 ·················· 405

대판 1984.12.26. 84다카1695 ············· 579	대판 1989.08.08. 88누10251 ············· 294
대판 1985.04.09. 84다552 ········· 238, 252	대판 1989.09.12. 88다카12506 ·········· 439
대판 1985.05.28. 84후102 ················ 172	대판 1989.09.12. 88다카16270 ·········· 614
대판 1985.09.24. 82다카312·313·314 ······ 333, 491	대판 1989.09.12. 88다카5836 ··········· 436
대판 1986.02.25. 85다카2091 ············ 662	대판 1989.10.10. 88다카18023 ·········· 494
대판(전) 1986.06.10. 84다카1773 ·········· 440	대판 1989.10.10. 89누1308 ·············· 208
대판 1986.06.10. 85다카180 ·············· 464	대판 1989.11.28. 88다카34148 ·········· 408
대판 1986.07.22. 85다카944 ·············· 399	대판 1990.01.11. 80다2126 ·············· 758
대판 1986.09.23. 85누953 ················ 106	대판 1990.01.12. 88다카24622 ·········· 611
대판 1986.09.23. 85다353 ·········· 236, 237	대판 1990.04.13. 89다카1084 ············ 453
대판 1986.11.25. 86므81 ·················· 693	대판 1990.06.12. 90누356 ················ 435
대판 1987.02.24. 86누509 ·········· 342, 343	대판 1990.06.26. 89다카15359 ·········· 283
대판 1987.03.10. 84다카2132 ············ 234	대판 1990.07.10. 90다카6825·6832 ···· 293
대판 1987.03.24. 85다카1151 ············ 376	대판 1990.11.23. 90다카21022 ·········· 440
대판 1987.03.24. 86다카1289 ············ 723	대판 1990.11.27. 90다카20548 ·········· 400
대판 1987.03.24. 86다카1588 ·············· 29	대판 1990.11.27. 90다카25222 ·········· 284
대판 1987.03.24. 86다카1958 ············ 538	대판 1990.12.11. 90다카7545 ············ 561
대판 1987.04.04. 86다카2479 ············ 123	대판 1990.12.26. 90재다19 ·············· 749
대판 1987.04.14. 86다카2479 ············ 123	대판 1991.01.15. 90다9964 ·············· 547
대판 1987.05.26. 86누909 ················ 452	대판 1991.01.25. 90다4723 ········ 669, 670
대판 1987.06.23. 86다카2728 ······ 694, 695	대판 1991.03.27. 91다1783·1790 ········ 620
대판 1987.07.24. 84다카572 ·············· 562	대판 1991.04.12. 90다17491 ············· 155
대판 1987.11.10. 87다카1761 ············ 214	대판 1991.04.23. 91다6009 ·············· 281
대판 1987.11.10. 87다카473 ······· 284, 685	대판 1991.05.28. 91다5730 ·············· 494
대판 1987.12.08. 87다368 ················ 403	대판 1991.06.25. 88다카6358 ············ 127
대판 1987.12.08. 87다368등 ·············· 348	대판 1991.07.23. 89다카1275 ············ 463
대판 1987.12.08. 87재다24 ·············· 750	대판 1991.07.26. 90다19121 ············· 409
대판 1988.02.09. 87다카1427 ············ 395	대판 1991.07.26. 91다5631 ·············· 284
대판 1988.02.23. 87다카1989 ············ 551	대판 1991.08.27. 91다15591·15607 ···· 461
대판 1988.02.23. 87다카961 ········ 349, 402	대판 1991.10.08. 91다17139 ············· 221
대판 1988.03.08. 87다카1354 ············ 431	대판 1991.10.22. 91다9985 ········ 372, 373
대판 1988.04.12. 85므71 ·················· 541	대판 1991.11.08. 91다15775 ······· 347, 441
대판 1988.04.25. 87누399 ················ 553	대판 1991.11.22. 91다30705 ············· 631
대판 1988.10.11. 87다카113 ················ 19	대판 1991.12.10. 91다15317 ············· 230
대판 1988.10.25. 87다카1728 ·············· 86	대판 1991.12.13. 90다카1158 ·············· 16
대판 1988.11.22. 87다카1671 ·············· 16	대판 1991.12.13. 91다34509 ············· 356
대판 1988.12.13. 86다카2289 ············ 656	대판(전) 1991.12.24. 90다12243 ·········· 219
대판 1989.02.28. 87다카823·824 ·········· 596	대판 1991.12.24. 91다21145·21152 ······ 663, 665
대판 1989.03.14. 88누1844 ·············· 408	대판 1991.12.24. 91다4355 ··············· 163
대판 1989.04.11. 87다카3155 ············ 249	대판 1991.12.27. 91다23486 ······· 551, 570, 632
대판 1989.05.09. 87다카749 ·············· 398	대판 1991.12.27. 91다4409 ·············· 666
대판 1989.06.13. 88다카19231 ············ 613	대판 1991.12.27. 91마631 ················· 57
대판 1989.06.13. 88다카7962 ······ 597, 789	대판 1992.01.21. 91다30118 ··············· 18
대판 1989.06.27. 87다카2478 ······ 536, 555	대판 1992.01.21. 91다35175 ············· 220
대판 1989.07.11. 87다카2406 ············ 163	대판 1992.02.11. 91누4126 ·············· 610

대판 1992.02.11. 91다36932 ································ 474	대판(전) 1992.11.10. 92다4680 ···························· 217
대판 1992.02.25. 91누6108 ··································· 237	대판 1992.11.24. 91다29026 ································ 208
대판 1992.03.10. 91누12639 ································· 211	대판 1992.12.08. 92다26772·26789 ···················· 664
대판 1992.03.10. 91다25208 ······················ 154, 155	대판 1992.12.11. 92다18627 ································ 575
대판 1992.03.27. 91다40696 ······················ 274, 696	대판 1992.12.22. 91다35540 ································ 441
대판 1992.03.31. 91다39184 ································ 218	대판 1992.12.22. 92재다259 ································· 751
대판 1992.04.10. 91다43695 ································ 256	대판 1993.02.09. 92다30382 ·································· 54
대판 1992.04.14. 91다24775 ································ 462	대판 1993.02.12. 92다25151 ································ 760
대판 1992.04.14. 92다3441 ·································· 356	대판 1993.02.23. 92다49218 ································ 632
대판 1992.04.21. 92마175 ···································· 345	대판 1993.03.09. 91다46717 ································ 221
대판 1992.04.24. 91다25444 ································ 446	대판 1993.03.09. 92다54517 ······················ 284, 290
대판 1992.05.12. 92다2066 ·································· 610	대판 1993.03.26. 92다32876 ································ 249
대판 1992.05.12. 92다5638 ·································· 133	대판 1993.04.13. 92다12070 ································ 464
대판 1992.05.22. 91다41187 ································ 613	대판 1993.04.27. 93다5727·93다5734 ················ 651
대판 1992.05.26. 90므1135 ························· 376, 654	대판 1993.05.11. 92다3823 ·································· 464
대판 1992.05.26. 91다28528 ································ 509	대판 1993.05.14. 92다21760 ························ 15, 212
대판 1992.05.26. 91다4669 ························· 668, 670	대판 1993.06.08. 93누6164 ·································· 232
대판 1992.05.26. 91다4669·4679 ······················· 666	대판 1993.06.29. 92다56056 ································ 504
대판 1992.05.26. 92다4079 ·································· 749	대판 1993.06.29. 93다11050 ······················ 236, 555
대판 1992.05.26. 92다8293 ·································· 464	대판 1993.07.13. 92다23230 ······················ 347, 500
대판 1992.06.12. 92다11848 ································ 608	대판 1993.07.13. 92다48857 ································ 208
대판 1992.06.12. 92다13394 ································ 119	대판 1993.07.27. 92다15031 ································ 475
대판 1992.07.10. 12919 ······································· 432	대판 1993.07.27. 92다48017 ································ 114
대판 1992.07.10. 92다2431 ·································· 127	대판 1993.07.27. 93다8986 ························· 155, 156
대판 1992.07.14. 92누2424 ·································· 272	대판 1993.08.24. 93다22074 ································ 496
대판 1992.07.14. 92다2455 ·································· 130	대판 1993.09.14. 92다24899 ································ 398
대판 1992.07.14. 92다2585 ·································· 542	대판 1993.09.14. 92다35462 ································ 202
대판 1992.07.24. 91다43176 ································ 773	대판 1993.09.14. 93다28379 ································ 286
대판 1992.07.24. 91다45691 ······ 289, 396, 401, 758	대판 1993.09.28. 93누5994 ·································· 723
대판 1992.07.28. 91다35816 ································ 436	대판 1993.09.28. 93다32095 ······················ 641, 677
대판 1992.07.28. 91다41897 ·································· 77	대판 1993.09.28. 93므324 ···································· 357
대판 1992.07.28. 92다7726 ···································· 16	대판 1993.10.08. 93다26175 ································ 578
대판 1992.08.18. 91다39924 ································ 202	대판 1993.10.12. 93다32354 ································ 749
대판 1992.08.18. 92다13875 ································ 211	대판 1993.10.26. 93다19542 ································ 343
대판 1992.09.14. 92다4192 ·································· 730	대판 1993.10.26. 93다6669 ·································· 605
대판 1992.09.14. 92다7023 ·································· 604	대판 1993.11.09. 92다43128 ································ 218
대판 1992.09.25. 92누5096 ························· 411, 613	대판 1993.11.12. 93다18129 ································ 463
대판 1992.10.09. 92다23087 ································ 123	대판 1993.11.12. 93다36882 ·································· 54
대판 1992.10.13. 92다18283 ································ 603	대판 1993.11.23. 93다41729·41808 ··········· 203, 276
대판 1992.10.23. 92다29662 ································ 611	대판 1993.11.23. 93다41792 ······················ 189, 231
대판 1992.10.27. 92다10883 ································ 546	대판 1993.12.07. 93다27819 ······················ 203, 276
대판 1992.10.27. 92다18597 ································ 287	대판(전) 1993.12.21. 92다46226 ························· 564
대판 1992.10.27. 92다30047 ································ 474	대판 1993.12.28. 93다30471 ································ 294
대판 1992.10.27. 92다756 ···································· 211	대판 1994.01.11. 92다47632 ································ 573
대판 1992.11.05. 91마342 ···································· 380	대판 1994.01.25. 93다35353 ································ 437

대판 1994.01.25. 93다9422 ·············· 279
대판 1994.02.22. 81다카621 ·············· 178
대판 1994.02.25. 93다39225 ·············· 131
대판 1994.03.08. 93다52105 ·············· 171
대판 1994.03.11. 93다57100 ·············· 293
대판 1994.04.12. 93다56053 ·············· 578
대판 1994.04.29. 94다3629 ·············· 653
대판 1994.05.10. 93다47196 ·············· 629
대판 1994.05.10. 93다47615 ·············· 303
대판 1994.05.10. 93므1051·1068 ·············· 620
대판 1994.06.10. 94다1883 ·············· 440
대판 1994.06.14. 94다14797 ·············· 131
대판 1994.06.24. 94다4967 ·············· 749
대판 1994.06.28. 94누2046 ·············· 433, 436
대판 1994.06.28. 94다3063 ·············· 277, 697
대판 1994.07.29. 94다9986 ·············· 219
대판 1994.08.12. 93다52808 ·············· 551
대판 1994.09.27. 94다22897 ·············· 400
대판 1994.10.11. 94다42626 ·············· 284, 290
대판 1994.10.14. 94다11590 ·············· 434
대판 1994.10.21. 94다17109 ·············· 296
대판 1994.10.21. 94재후57 ·············· 94
대판 1994.10.25. 93다54064 ·············· 631
대판 1994.10.28. 94므246·253 ·············· 376
대판 1994.11.04. 93다31993 ·············· 383
대판 1994.11.04. 94다37868 ·············· 286
대판 1994.11.08. 94다31549 ·············· 435
대판 1994.11.11. 94다34012 ·············· 27
대판 1994.11.11. 94다36278 ·············· 370
대판 1994.11.25. 94다12517·12524 ·············· 249
대판 1994.12.02. 94다41454 ·············· 68
대판 1994.12.09. 94다16564 ·············· 115
대판 1994.12.09. 94다17680 ·············· 509
대판 1994.12.13. 94다15486 ·············· 488
대판 1994.12.23. 94다44644 ·············· 534
대판 1994.12.27. 92다22473·22480 ·············· 667
대판 1994.12.27. 92다22473·92다22480 ·············· 746
대판 1994.12.27. 93다32880·93다32897 ·············· 632
대판 1994.12.27. 94다38355 ·············· 516
대판 1994.12.27. 94다4684 ·············· 537
대판 1995.01.12. 94다33002 ·············· 634
대판 1995.01.12. 94도2687 ·············· 365
대판 1995.01.24. 93다25875 ·············· 16, 711
대판 1995.01.24. 94다28017 ·············· 563
대판 1995.02.10. 93다52402 ·············· 478

대판 1995.02.10. 94다16601 ·············· 293
대판(전) 1995.02.14. 93재다27 ·············· 518
대판 1995.02.24. 94다50427 ·············· 231
대판 1995.02.28. 94누4325 ·············· 293
대판 1995.03.10. 94다51543 ·············· 712
대판 1995.03.24. 93다52488 ·············· 538
대판 1995.03.28. 94므1447 ·············· 224
대판(전) 1995.04.25. 94다17956 ·············· 554
대판 1995.05.03. 95마337 ·············· 193
대판 1995.05.12. 94다6802 ·············· 292, 609
대판 1995.05.23. 94다23500 ·············· 383
대판(전) 1995.05.23. 94다28444 ·············· 117, 119, 387
대판 1995.05.23. 94재누18 ·············· 731
대판 1995.06.13. 93다43491 ·············· 539
대판 1995.06.16. 95다5905 ·············· 384
대판 1995.06.16. 95다5905·5912 ·············· 665
대판 1995.06.29. 94다41430 ·············· 575
대판 1995.06.30. 95다15827 ·············· 579
대판(전) 1995.07.11. 94다34265 ·············· 281
대판(전) 1995.07.11. 94다34265 ·············· 292
대판 1995.07.25. 94다62017 ·············· 499, 602
대판 1995.07.28. 94다44903 ·············· 177
대판 1995.08.25. 94다35886 ·············· 285
대판 1995.09.15. 94누4455 ·············· 212
대판 1995.09.26. 64다54160 ·············· 381
대판 1995.09.29. 94다18911 ·············· 717
대판 1995.09.29. 95다22849 ·············· 279
대판 1995.10.12. 94다47483 ·············· 216
대판 1995.10.13. 95다33047 ·············· 730
대판 1995.12.05. 94다59028 ·············· 506
대판 1995.12.26. 95다42195 ·············· 565
대판 1996.01.13. 95누1378 ·············· 676
대판 1996.02.09. 94다50274 ·············· 521, 691
대판 1996.02.09. 94다61649 ·············· 117, 381, 383
대판 1996.02.27. 95다43044 ·············· 284
대판 1996.03.22. 95다14275 ·············· 761
대판 1996.03.26. 95다45545 ·············· 621
대판 1996.04.09. 95다14572 ·············· 701
대판 1996.04.12. 93다40614·40621 ·············· 597
대판 1996.05.28. 96누2699 ·············· 527
대판 1996.05.31. 94다55774 ·············· 356
대판 1996.05.31. 95다33993 ·············· 749, 756
대판 1996.06.14. 94다53006 ·············· 235
대판 1996.06.25. 95누18880 ·············· 238
대판 1996.06.28. 66다780 ·············· 565

대판(전) 1996.07.18. 94다20051 ·················· 405
대판 1996.07.30. 94다51840 ·························· 17
대판 1996.08.23. 94다49922 ················ 236, 555
대판 1996.09.24. 96다13781 ······················ 253
대판 1996.10.11. 96다3852 ························ 107
대판 1996.10.15. 96다11785 ······················ 218
대판 1996.10.25. 96다29700 ······················ 464
대판 1996.10.25. 96다31307 ······················ 750
대판 1996.11.12. 96다33938 ················ 222, 281
대판 1996.11.22. 96다37176 ·················· 29, 231
대판 1996.12.19. 94다22927 ······················ 284
대판 1996.12.20. 95다26773 ······················ 109
대판 1996.12.23. 95다40038 ······················ 288
대판 1997.01.24. 95므1413·1420 ··············· 532
대판 1997.01.24. 96다32706 ················ 253, 564
대판 1997.03.25. 96다42130 ······················ 325
대판 1997.04.11. 96다50520 ······················ 433
대판 1997.04.22. 95다10204 ······················ 399
대판 1997.04.25. 96다32133 ······················ 236
대판 1997.05.28. 96다41649 ················ 597, 746
대판 1997.05.30. 95다21356 ······················ 407
대판 1997.06.13. 96재다462 ······················ 437
대판 1997.06.27. 97다6124 ······················ 332
대판 1997.06.27. 97후235 ························ 208
대판 1997.07.11. 96므1380 ······················ 343
대판 1997.07.25. 96다15916 ······················ 132
대판 1997.07.25. 96다39301 ······················ 208
대판 1997.07.25. 97다362 ························ 643
대판 1997.09.09. 96다20093 ·················· 45, 85
대판 1997.09.12. 96다4862 ······················ 574
대판 1997.10.10. 95다44283 ······················ 286
대판 1997.10.24. 95다11740 ················ 332, 491
대판 1997.10.24. 96다12276 ················ 696, 698
대판 1997.10.28. 97다33089 ······················ 466
대판 1997.11.11. 97다30646 ······················ 401
대판 1997.11.28. 95다29390 ······················ 275
대판 1997.12.12. 95다20775 ······················ 172
대판 1997.12.12. 95다38240 ······················ 438
대판 1997.12.23. 96재다226 ······················ 18
대판 1997.12.23. 97다45341 ······················ 496
대판 1997.12.26. 96다51714 ······················ 650
대판 1998.01.23. 96다41496 ······················ 676
대판 1998.01.23. 97다38305 ················ 400, 727
대판 1998.02.13. 95다15667 ······················ 374
대판(전) 1998.02.19. 95다52710 ··············· 161

대판 1998.02.27. 97다38442 ······················ 293
대판 1998.03.13. 95다48599·48605 ············· 493
대판 1998.04.28. 97다44416 ······················ 612
대판 1998.05.15. 96다24668 ······················ 398
대판 1998.05.29. 96다51110 ······················ 288
대판 1998.06.12. 97다38510 ······················ 410
대판 1998.06.26. 97다48937 ······················ 211
대판 1998.07.10. 98다4774 ······················ 393
대판 1998.07.10. 98다5708 ······················ 664
대판 1998.07.10. 98다6763 ······················ 397
대판 1998.07.10. 98다7001 ······················ 563
대판 1998.07.24. 96다99 ·············· 522, 602, 603
대판 1998.08.21. 98다8974 ······················ 473
대판 1998.08.31. 98마1535 ························ 27
대판 1998.10.09. 96다44051 ······················ 761
대판 1998.11.10. 98다42141 ······················ 718
대판 1998.11.13. 98므1193 ······················ 576
대판 1998.12.08. 97므513·97스12 ············· 463
대판 1998.12.11. 97재다445 ······················ 355
대판(전) 1998.12.17. 97다39216 ················ 39
대판 1999.02.24. 97다38930 ······················ 401
대판 1999.04.09. 98다57198 ······················ 431
대판 1999.04.13. 98다9915 ················ 448, 465
대판 1999.04.23. 98다61463 ······················ 600
대판 1999.04.23. 99다4504 ······················ 127
대판 1999.05.25. 99다1789 ················ 390, 454
대판 1999.06.08. 99다17401·17418 ····· 251, 618, 717
대판 1999.06.11. 98다22963 ······················ 217
대판 1999.06.11. 99다16378 ······················ 257
대판 1999.06.11. 99다9622 ······················ 356
대판 1999.07.09. 98다13754·13761 ············· 292
대판 1999.07.09. 99다12796 ················ 650, 651
대판 1999.08.20. 97누6889 ······················ 600
대판 1999.08.20. 99다20179 ························ 6
대판 1999.10.08. 98다38760 ······················ 503
대판 1999.11.26. 99다36617 ······················ 620
대판 1999.12.10. 99다42346 ······················ 531
대판 2000.01.14. 98다24914 ······················ 579
대판 2000.01.18. 99다47365 ······················ 654
대판 2000.01.21. 99다3501 ······················ 538
대판 2000.01.21. 99다50422 ······················ 603
대판 2000.02.25. 98다15934 ······················ 478
대판 2000.03.10. 99다67703 ······················ 485
대판 2000.04.07. 99다53742 ······················ 303
대판 2000.04.11. 2000다5640 ············ 131, 132, 228

대판 2000.04.11. 99다23888 ············ 132, 216	대판 2001.12.24. 2001다62213 ············ 605, 727
대판 2000.04.11. 99다51685 ···················· 464	대판 2002.01.11. 2001다41971 ···················· 378
대판 2000.04.11. 99재다746 ···················· 752	대판 2002.02.22. 2001다73480 ···················· 782
대판(전) 2000.05.08. 95재다199 ············ 223	대판 2002.02.22. 2001다78768 ···················· 436
대판 2000.05.12. 99다68557 ···················· 587	대판 2002.03.15. 2000다9086 ············ 657, 673
대판(전) 2000.05.18. 95재다199 ············ 224	대판 2002.03.29. 2001다83258 ············ 107, 123
대판 2000.06.09. 99다3709 ···················· 438	대판 2002.04.26. 2000다30578 ···················· 115
대판 2000.07.04. 2000두1164 ···················· 368	대판 2002.04.26. 2001다59033 ···················· 216
대판 2000.07.06. 2000다560 ···················· 578	대판 2002.05.10. 2000다37296 ···················· 289
대판 2000.08.18. 2000재다87 ······················ 57	대판 2002.05.10. 2000다50909 ···················· 563
대판 2000.08.22. 2000다25576 ···················· 218	대판 2002.05.14. 2000다42908 ···················· 396
대판 2000.08.23. 2005다72386·72393 ···· 440	대판 2002.05.31. 2001다42080 ···················· 284
대판 2000.09.08. 2000다23013 ···················· 401	대판 2002.06.11. 99다41657 ···················· 464
대판 2000.09.08. 2000재다49 ···················· 749	대판 2002.06.14. 99다61378 ···················· 696
대판 2000.09.08. 99다26924 ···················· 650	대판 2002.06.28. 2001다27777 ···················· 431
대판 2000.09.08. 99다58471 ························ 5	대판 2002.07.26. 2001다60491 ···················· 345
대판 2000.10.27. 2000다33775 ············ 114, 572	대판 2002.08.23. 2000다66133 ···················· 441
대판 2000.11.16. 98다22253 ···················· 522	대판 2002.09.04. 98다17145
대판(전) 2000.11.16. 98다22253 ············ 605, 700	············ 18, 213, 522, 598, 600, 604, 606
대판 2000.11.26. 98다22253 ···················· 520	대판 2002.09.10. 2002다34581 ···················· 276
대판 2001.02.27. 2000다44348 ···················· 413	대판 2002.09.23. 2000마5257 ···················· 587
대판 2001.03.09. 98다51169 ···················· 681	대판 2002.09.24. 2000다49374 ············ 380, 387
대판 2001.03.13. 99다11328 ···················· 611	대판 2002.09.24. 2002다11847 ············ 557, 561
대판(전) 2001.03.15. 98두15597 ············ 50, 731	대판 2002.09.24. 2002다26252 ···················· 474
대판 2001.04.10. 99다49170 ···················· 645	대판 2002.09.24. 99두1519 ···················· 649
대판 2001.04.13. 2001다6367 ···················· 342	대판 2002.10.11. 2000다17803 ············ 334, 695
대판 2001.04.24. 2000다16114 ······················ 50	대판 2002.10.11. 2002다43851 ···················· 549
대판 2001.04.24. 2001다5654 ············ 398, 435	대판 2002.12.06. 2002다44014 ···· 503, 509, 538
대판 2001.04.27. 2000다4050 ············ 251, 559	대판 2002.12.27. 2000다47361 ···················· 430
대판 2001.04.27. 2001다1398 ···················· 549	대판 2003.01.10. 2000다70064 ···················· 395
대판 2001.06.15. 2001므626 ···················· 619	대판 2003.01.10. 2002다4143 ···················· 293
대판 2001.06.29. 2001다21991 ···················· 125	대판 2003.01.10. 2002다41435 ···················· 609
대판 2001.07.13. 2001다13013 ···················· 673	대판 2003.01.10. 2002다57904 ············ 208, 218
대판 2001.07.24. 2001다22246 ···················· 251	대판 2003.01.24. 2002다56987 ···················· 614
대판 2001.08.24. 2000다12785 ···················· 666	대판 2003.02.26. 2000다42786 ···················· 682
대판 2001.09.04. 2000다66416 ···················· 281	대판 2003.03.28. 2002다73067·73074 ···· 357
대판 2001.09.07. 2001다30025 ···················· 370	대판 2003.04.08. 2002다70181 ············ 209, 540
대판 2001.09.14. 2000다66430 ···················· 397	대판 2003.04.11. 2001다11406 ···················· 438
대판(전) 2001.09.20. 99다37894 ···················· 554	대판 2003.04.25. 2002다72514 ············ 120, 353
대판 2001.09.28. 99다35331·35348 ············ 666	대판 2003.05.13. 2003다16238 ······················ 25
대판 2001.09.28. 99다72521 ···················· 256	대판 2003.05.23. 2003마89 ···················· 243
대판 2001.10.26. 2001다37514 ···················· 492	대판 2003.05.27. 2002다69211 ···················· 383
대판 2001.11.13. 99다32905 ···················· 538	대판 2003.05.30. 2002두11073 ···················· 163
대판 2001.11.24. 99두3980 ···················· 410	대판 2003.05.30. 2003다13604 ···················· 521
대판 2001.12.24. 2001다53714 ···················· 230	대판 2003.05.30. 2003다15556 ···················· 177

대판 2003.06.10. 2002다67628 ·················· 356	대판 2006.03.09. 2004재다672 ·················· 754
대판 2003.06.10. 2003다14010·14027 ·········· 580	대판 2006.03.24. 2006다2803 ··················· 176
대판 2003.06.13. 2003다16962 ·················· 621	대판 2006.04.14. 2005다74764 ·················· 214
대판 2003.06.13. 2003다17927·17934 ·········· 255	대판 2006.05.25. 2005다77848 ·················· 431
대판 2003.06.27. 2003다17088 ·················· 773	대판 2006.06.29. 2006다19061·19078 ·········· 619
대판 2003.07.11. 2001다45584 ·················· 238	대판 2006.08.24. 2004다23110 ·················· 545
대판 2003.07.11. 2003다19558 ·················· 249	대판 2006.08.24. 2004다26287 ·················· 259
대판 2003.07.11. 99다24218 ······················ 50	대판 2006.09.28. 2006다28775 ·················· 646
대판 2003.07.22. 2001다76298 ············ 717, 759	대판 2006.10.12. 2004재다818 ··················· 582
대판 2003.08.22. 2001다23225 ·················· 597	대판 2006.10.12. 2005다72508 ·················· 750
대판 2003.09.26. 2001다68914 ·················· 711	대판 2006.10.12. 2006도4981 ··················· 391
대판 2003.11.14. 2003다34038 ·················· 119	대판 2006.10.13. 2004두10227 ·················· 727
대판 2004.01.16. 2003다30890 ·················· 256	대판 2006.10.13. 2006다23138 ·················· 562
대판 2004.01.27. 2000다63639 ·················· 683	대판 2006.10.27. 2004다69581 ·· 266, 318, 319, 345
대판 2004.03.12. 2003다49092 ············ 226, 227	대판 2006.11.10. 2005다41856 ·················· 345
대판 2004.03.25. 2003다70010 ·················· 620	대판 2006.11.23. 2006재다171 ·················· 385
대판 2004.03.26. 2003다60549 ·················· 464	대판 2007.01.11. 2005다67971 ·················· 486
대판 2004.05.14. 2003다57697 ·················· 462	대판 2007.02.22. 2006다75641 ·················· 653
대판 2004.05.14. 2004다7354 ···················· 54	대판 2007.04.12. 2005다1407 ···················· 29
대판 2004.07.09. 2002다16729 ·················· 683	대판 2007.04.13. 2005다40709·40716 ······ 251, 618
대판 2004.07.21. 2004마535 ····················· 366	대판 2007.04.13. 2006다78640 ·················· 556
대판 2004.08.20. 2003다1878 ···················· 778	대판 2007.05.11. 2005후1202 ··················· 330
대판 2004.09.24. 2004다28047 ·················· 282	대판 2007.05.31. 2005다5867 ···················· 478
대판 2004.10.28. 2002다74213 ·················· 543	대판 2007.06.14. 2005다29270 ·················· 230
대판 2004.11.26. 2003다58959 ·················· 368	대판 2007.06.14. 2005다29290·29306 ··········· 230
대판 2005.01.14. 2001다81320 ·················· 579	대판 2007.06.15. 2006다80322 ·················· 664
대판 2005.01.27. 2002다59788 ···················· 43	대판 2007.07.12. 2005다10470 ·················· 647
대판 2005.01.28. 2004다38624 ·················· 720	대판 2007.08.24. 2006다40980 ········ 490, 491, 633
대판 2005.03.11. 2004다26997 ·················· 336	대판 2007.09.06. 2007다41966 ·················· 653
대판 2005.03.24. 2004다71522·71539 ·········· 583	대판 2007.10.26. 2006다86573·86580 ·········· 669
대판 2005.05.26. 2004다25901·25918 ·········· 668	대판 2007.11.15. 2007도3061 ··················· 391
대판 2005.06.10. 2005다14861 ·················· 329	대판 2007.11.29. 2006다3561 ···················· 464
대판 2005.06.23. 2004다3864 ···················· 504	대판 2007.11.29. 2007다53310 ·················· 654
대판 2005.07.14. 2005다19477 ············ 490, 607	대판 2007.12.14. 2007다37776·37783 ·········· 669
대판 2005.07.22. 2004다17207 ············ 559, 560	대판 2007.12.14. 2007다52997 ············ 120, 374
대판 2005.08.19. 2004다8197 ···················· 717	대판 2007.12.27. 2006다60229 ·················· 211
대판(전) 2005.09.15. 2004다44971 ····· 162, 630, 642	대판 2007.12.27. 2006다9408 ···················· 469
대판 2005.10.07. 2003다44387 ·················· 303	대판 2008.01.24. 2007두23187 ·················· 719
대판 2005.10.27. 2003다66691 ············ 685, 686	대판 2008.01.31. 2007다64471 ·················· 207
대판 2005.10.28. 2005다45827 ···················· 18	대판 2008.02.01. 2005다23889 ·················· 776
대판 2005.11.10. 2005다34667·34674 ····· 546, 549	대판 2008.02.01. 2007다9009 ······················ 32
대판 2005.12.08. 2005다36298 ·················· 169	대판 2008.02.14. 2006다18969 ·················· 331
대판 2005.12.23. 2004다55698 ·················· 539	대판 2008.02.28. 2005다11954 ·················· 730
대판 2006.02.24. 2004다8005 ···················· 358	대판 2008.02.28. 2005다4734 ···················· 361
대판 2006.03.01. 2003다36225 ·················· 163	대판 2008.02.28. 2007다41560 ·················· 359

대판 2008.02.28. 2007다52287 ·················· 724	대판 2009.10.15. 2009다49964 ·················· 106
대판 2008.03.13. 2006다53733·53740 ·········· 716	대판(전) 2009.10.22. 2009도7436 ················ 5
대판 2008.03.13. 2006다68209 ···················· 85	대판 2009.10.29. 2007다22514·22521 ·········· 727
대판 2008.03.14. 2006다2940 ····················· 533	대판 2009.10.29. 2008다51359 ·················· 288
대판(전) 2008.03.20. 2007두6342 ················ 228	대판 2009.10.29. 2009다47852 ·················· 208
대판 2008.03.27. 2005다49430 ·················· 640	대판 2009.11.12. 2009다42765 ············ 297, 298
대판 2008.03.27. 2006다70929·70936 ·········· 285	대판 2009.12.10. 2009다22846 ·················· 207
대판 2008.03.27. 2007다85157 ·················· 231	대판 2009.12.24. 2008다3527 ··················· 289
대판 2008.03.27. 2007다87061 ·················· 397	대판 2009.12.24. 2009다64215 ·················· 567
대판 2008.04.10. 2007다36308 ·················· 637	대판 2010.02.11. 2009다78467·78474 ············ 62
대판 2008.04.10. 2007다86860 ·················· 639	대판 2010.02.11. 2009다82046·82053 ·········· 575
대판 2008.04.24. 2006다14363 ············ 379, 630	대판 2010.03.11. 2007다51505 ············ 238, 613
대판 2008.05.08. 2008다2890 ···················· 346	대판 2010.03.25. 2009다88617 ·················· 294
대판 2008.05.29. 2006다71908 ···················· 44	대판 2010.04.08. 2009므3652 ···················· 156
대판 2008.05.29. 2006다71908·71915 ············ 44	대판 2010.04.15. 2010다57 ······················ 360
대판 2008.06.12. 2008다11276 ·················· 109	대판 2010.05.13. 2009다102254 ·················· 57
대판 2008.07.10. 2005다41153 ·················· 228	대판 2010.05.13. 2009다105246 ················ 645
대판 2008.07.10. 2006다57872 ·················· 639	대판 2010.06.10. 2010다5373 ···················· 157
대판 2008.07.10. 2006재다218 ···················· 526	대판 2010.06.24. 2010다12852 ·················· 468
대판 2008.07.24. 2007다25261 ···················· 93	대판 2010.06.24. 2010다17284 ·················· 259
대판 2008.08.21. 2007다79480 ·················· 175	대판 2010.07.15. 2009다50308 ·················· 331
대판 2008.09.11. 2007다90982 ·················· 112	대판 2010.07.15. 2009다67276 ·················· 437
대판 2008.09.25. 2006두8068 ···················· 473	대판 2010.07.15. 2010다18294 ·················· 622
대판 2008.10.09. 2005다72430 ·················· 631	대판 2010.07.15. 2010다18355 ···················· 41
대판 2008.11.27. 2007다69834 ·················· 759	대판 2010.07.15. 2010다2428 ···················· 251
대판 2008.11.27. 2007다69834·69841 ·········· 617	대판 2010.07.15. 2010다2428·2435 ············· 252
대판 2008.11.27. 2008다59230 ·················· 565	대판 2010.08.26. 2008다42416·42423 ·········· 258
대판 2008.12.11. 2005다51495 ·················· 601	대판 2010.09.30. 201012241·12258 ············ 465
대판 2009.01.15. 2008다72394 ·················· 134	대판 2010.09.30. 2010다12241·12258 ·········· 478
대판 2009.01.15. 2008다74130 ·················· 226	대판 2010.10.14. 2010다38168 ·················· 653
대판 2009.01.30. 2006다60908 ·················· 125	대판 2010.10.14. 2010다48455 ·················· 368
대판 2009.02.26. 2007다83908 ·················· 610	대판 2010.10.14. 2010다53273 ·················· 260
대판 2009.03.12. 2008다65839 ·················· 249	대판 2010.10.28. 2008다6755 ···················· 463
대판 2009.04.09. 2008다93384 ·················· 397	대판 2010.11.11. 2009다18557 ·················· 579
대판 2009.04.23. 2008다50615 ·················· 216	대판 2010.11.11. 2010두14534 ············ 696, 698
대판 2009.04.23. 2009다3234 ···················· 207	대판(전) 2010.12.16. 2010도5986 ··············· 212
대판 2009.05.14. 2006다34190 ·················· 775	대판 2010.12.23. 2007다22859 ······· 376, 381, 382
대판 2009.05.28. 2008다79876 ·················· 562	대판 2010.12.23. 2010다58889 ············ 126, 545
대판 2009.06.11. 2009다12399 ·················· 716	대판 2010.12.23. 2010다67258 ·················· 717
대판 2009.06.23. 2007다26165 ·················· 195	대판 2011.01.27. 2008다27615 ·················· 106
대판 2009.06.25. 2008모1396 ······················ 25	대판 2011.01.27. 2008다85758 ·················· 154
대판 2009.06.25. 2009다22037 ············ 494, 496	대판 2011.01.27. 2010다81957 ·················· 439
대판 2009.07.09. 2006다73966 ············ 541, 783	대판 2011.02.24. 2009다33655 ············ 612, 614
대판 2009.07.09. 2009다14340 ·················· 663	대판 2011.03.10. 2010다92506 ·················· 276
대판 2009.10.15. 2009다48633 ·················· 228	대판 2011.03.10. 2010다99040 ············ 109, 289

대판 2011.04.14. 2010다5694 ················ 512	대판 2012.12.27. 2012다75239 ················ 747
대판 2011.05.13. 2009다94384 ················ 289	대판 2013.01.10. 2010다75044 ················ 359
대판 2011.05.13. 2010다84956 ················ 702	대판 2013.01.10. 2011다64607 ················ 208
대판 2011.05.13. 2010다94472 ················ 112	대판 2013.01.16. 2011다102776 ··············· 439
대판 2011.06.24. 2009다8345 ················· 631	대판 2013.01.16. 2012재다370 ················· 367
대판 2011.06.30. 2011다24340 ······ 234, 235, 563	대판 2013.02.14. 2011두25005 ················ 724
대판 2011.07.14. 2010다103451 ··············· 413	대판 2013.02.15. 2011다103984 ··············· 112
대판 2011.07.14. 2010다107064 ········· 236, 555	대판 2013.02.15. 2012다67399 ·········· 132, 223
대판 2011.07.14. 2011다21143 ················ 289	대판 2013.02.15. 2012다68217 ·········· 285, 288
대판 2011.07.28. 2009다35842 ················ 534	대판 2013.02.28. 2011다31706 ················ 728
대판 2011.07.28. 2009도14928 ················ 421	대판 2013.03.14. 2011다28946 ················ 205
대판 2011.09.29. 2008다16776 ················ 478	대판 2013.03.28. 2009다78214 ················ 290
대판 2011.09.29. 2009다7076 ················· 637	대판 2013.03.28. 2011다3329 ········ 322, 327, 558
대판 2011.09.29. 2010다65818 ················ 518	대판 2013.03.28. 2012다100746 ··············· 379
대판 2011.09.29. 2011다17847 ················ 580	대판 2013.04.11. 2012다111340 ··············· 214
대판 2011.09.29. 2011다41796 ················ 532	대판 2013.04.11. 2012다64116 ················ 289
대판 2011.10.13. 2009다102452 ··············· 564	대판 2013.04.11. 2012다65294 ················ 469
대판 2011.10.27. 2010다88682 ················ 440	대판 2013.04.25. 2012다118594 ··············· 122
대판 2011.11.10. 2011다54686 ··········· 258, 779	대판 2013.04.25. 2012다98423 ················ 368
대판 2011.11.24. 2009다19246 ················· 21	대판 2013.05.09. 2011다61646 ················ 279
대판 2011.12.22. 2010다76573 ················ 213	대판 2013.05.09. 2012다108863 ··············· 227
대판 2011.12.22. 2011다84298 ············ 16, 229	대판 2013.05.23. 2013다10482 ················ 274
대판 2012.01.12. 2009다84608 ················ 477	대판 2013.06.27. 2012다86048 ················ 401
대판(전) 2012.02.16. 2010다82530 ············· 630	대판 2013.07.11. 2011다18864 ·················· 54
대판 2012.03.15. 2011다105966 ··············· 645	대판 2013.07.12. 2006다17539 ·················· 41
대판 2012.03.29. 2010다28338·28345 ·········· 610	대판 2013.07.12. 2013다19571 ················ 329
대판 2012.03.29. 2011다106136 ··············· 730	대판 2013.07.12. 2013다22775 ················ 233
대판 2012.03.29. 2011다81541 ················ 213	대판 2013.07.25. 2012다34757 ················ 470
대판 2012.04.12. 2009다22419 ················ 377	대판 2013.08.22. 2011다100923 ··············· 438
대판 2012.04.26. 2011다85789 ················ 681	대판 2013.08.22. 2012다68279 ·········· 106, 107
대판 2012.05.10. 2010다2558 ············ 513, 681	대판 2013.08.23. 2012다17585 ················ 223
대판 2012.05.10. 2010다87474 ················ 139	대판 2013.08.23. 2013다28971 ················ 715
대판(전) 2012.05.17. 2009다105406 ············ 127	대판 2013.09.13. 2011두33044 ················ 376
대판(전) 2012.05.17. 2010다28604 ············· 274	대판 2013.09.13. 2012다36661 ·· 219, 597, 598, 789
대판 2012.05.24. 2009다22549	대판 2013.09.13. 2013다45457 ················ 235
·· 41, 46, 254, 255, 543	대판 2013.09.26. 2011다88870 ················ 478
대판 2012.06.14. 2010다105310 ··············· 108	대판 2013.10.11. 2013다38442 ················ 123
대판 2012.06.14. 2010다86112 ··········· 333, 759	대판 2013.10.24. 2010다90661·90678 ······ 495, 610
대판 2012.07.05. 2010다80503 ··········· 202, 249	대판 2013.10.31. 2011다98426 ················ 132
대판 2012.09.13. 2009다23160 ················ 637	대판 2013.10.31. 2013다49572 ················ 474
대판 2012.09.13. 2010다88699 ··········· 211, 223	대판 2013.10.31. 2013다59050 ················ 775
대판 2012.09.13. 2010다97846 ··········· 503, 758	대판 2013.11.14. 2013다46023 ················ 557
대판 2012.09.27. 2011다76747 ······ 486, 637, 638	대판(전) 2013.11.21. 2011두1917 ··············· 502
대판 2012.10.11. 2012다44730 ··········· 357, 359	대판 2013.11.25. 2011다80449 ················ 290
대판 2012.10.25. 2010다108104 ·········· 149, 167	대판 2013.11.28. 2011다80449

································· 206, 213, 323, 329, 631
대판 2013.12.12. 2013다201844 ················ 213
대판(전) 2013.12.18. 2013다202120 ············ 27
대판 2014.01.23. 2011다108095 ················ 550
대판 2014.01.23. 2013다64793 ·················· 563
대판 2014.01.29. 2013다78556 ·················· 685
대판 2014.02.27. 2013다94312 ·················· 259
대판 2014.03.27. 2011다49981 ·················· 562
대판 2014.04.10. 2010다84932 ·················· 225
대판 2014.04.10. 2012다7571 ····················· 41
대판 2014.04.10. 2013다54390 ··········· 560, 697
대판 2014.05.29. 2011다31225 ·················· 597
대판 2014.05.29. 2011두25876 ·················· 303
대판 2014.05.29. 2013다73780 ·················· 379
대판 2014.05.29. 2013다96868 ·················· 600
대판 2014.06.12. 2012다47548 ·················· 666
대판 2014.06.12. 2013다95964 ··········· 327, 558
대판 2014.06.12. 2014다11376,11383 ········ 729
대판 2014.07.10. 2013다74769 ·················· 551
대판(전) 2014.07.16. 2011다76402 ············ 214
대판 2014.09.04. 2014다36771 ·················· 134
대판 2014.09.26. 2014다29667 ·················· 437
대판 2014.10.27. 2013다27343 ·················· 337
대판 2014.10.27. 2013다67105·67112 ··· 671, 682
대판 2014.10.30. 2013다53939 ··········· 537, 546
대판 2014.10.30. 2014다43076 ·················· 366
대판(전) 2014.11.20. 2013다64908 ············ 379
대판 2014.12.11. 2014다218511 ················ 440
대판 2014.12.24. 2012다74304 ·················· 378
대판 2015.01.27. 2010다81957 ·················· 439
대판 2015.01.29. 2014다34041 ·················· 116
대판 2015.02.12. 2014다228440 ················ 259
대판 2015.02.12. 2014다229870 ················ 347
대판 2015.02.26. 2012다89320 ·················· 380
대판 2015.02.26. 2013다87055 ·················· 127
대판 2015.03.20. 2012다17479 ·················· 285
대판 2015.03.20. 2013다88829 ···················· 18
대판 2015.03.20. 2014다75202 ·················· 641
대판 2015.04.09. 2013다89372 ·················· 155
대판 2015.04.23. 2011다19102 ········ 325, 468, 470
대판 2015.04.23. 2013다20311 ·················· 212
대판 2015.05.14. 2014다16494 ············ 259, 662
대판(전) 2015.05.21. 2012다952 ················ 133
대판 2015.05.28. 2012다78184 ·················· 656
대판 2015.05.28. 2014다24327 ·················· 695

대판 2015.05.29. 2012다87751 ·················· 380
대판 2015.05.29. 2014다235042 ················ 619
대판 2015.06.11. 2014다232913 ················ 635
대판 2015.06.11. 2014므8217 ······················· 7
대판 2015.07.23. 2013다30301 ·················· 673
대판 2015.07.23. 2014다228099 ················ 571
대판(전) 2015.07.23. 2015다200111 ············ 55
대판 2015.08.13. 2015다213322 ·········· 356, 357
대판 2015.10.15. 2012다64253 ·················· 439
대판 2015.10.15. 2015다1284 ···················· 544
대판 2015.10.29. 2014다13044 ·· 654, 659, 747, 749
대판 2015.11.17. 2014다81542 ·················· 448
대판 2015.12.23. 2013다17124 ············ 759, 760
대판 2016.01.14. 2013다53212 ·················· 752
대판 2016.01.14. 2015므3455 ············· 532, 706
대판 2016.01.28. 2013다51933 ·················· 759
대판 2016.01.28. 2015다207747 ····· 542, 543, 544
대판 2016.03.10. 2013다99409 ········ 225, 467, 471
대판 2016.03.10. 2013두14269 ·················· 436
대판 2016.03.10. 2015다243996 ················ 567
대판 2016.03.24. 2013다81514 ·················· 397
대판 2016.03.24. 2015두48235 ····················· 6
대판 2016.04.12. 2013다31137 ·················· 289
대판 2016.04.15. 2015다201510 ················ 374
대판 2016.04.15. 2015다251645 ················ 260
대판 2016.04.29. 2014다210449
··························· 116, 174, 382, 384, 387
대판(전) 2016.05.19. 2009다66549 ············ 477
대판 2016.06.23. 2015다52190 ·················· 470
대판 2016.06.28. 2014다31721 ·················· 548
대판 2016.07.07. 2013다76871 ·················· 106
대판 2016.07.07. 2014다1447 ···················· 171
대판 2016.08.24. 2016다220679 ·········· 468, 471
대판 2016.08.29. 2015다236547 ················ 136
대판 2016.08.30. 2015다255265 ·················· 41
대판 2016.09.30. 2016다200552 ················ 217
대판 2016.10.13. 2014다12348 ·················· 761
대판 2016.11.10. 2014다54366 ·················· 368
대판 2016.12.15. 2014다87885 ·················· 139
대판 2016.12.27. 2016다35123 ············ 747, 758
대판 2016.12.27. 2016두50440 ·················· 104
대판 2016.12.29. 2016다22837 ·················· 175
대판 2017.01.12. 2016다241249 ·········· 706, 707
대판 2017.01.12. 2016다38658 ·················· 531
대판 2017.01.12. 2016다39422 ·················· 279

대판(전) 2017.01.19. 2013후37 ·························· 404
대판 2017.02.15. 2014다19776 ······················ 621
대판 2017.02.21. 2016다225353 ···················· 600
대판 2017.03.09. 2016다256968 ···················· 226
대판 2017.03.09. 2016두55933 ······················ 460
대판 2017.03.16. 2015다3570 ························ 139
대판 2017.03.22. 2016다258124 ···················· 285
대판(전) 2017.03.23. 2015다248342 ············· 134
대판(전) 2017.03.23. 2016다251215 ············· 134
대판 2017.03.30. 2016다253297 ············ 609, 611
대판 2017.04.07. 2016다204783 ···················· 538
대판 2017.04.07. 2016다35451 ······················ 259
대판 2017.04.13. 2016다274966 ···················· 513
대판 2017.04.26. 2014다221777 ···················· 666
대판 2017.05.17. 2016다274188 ············ 114, 116
대판 2017.05.17. 2017다1097 ························ 302
대판 2017.06.19. 2017다204131 ···················· 540
대판 2017.06.29. 2014다30803 ······················ 229
대판 2017.07.11. 2014다32458 ······················ 288
대판 2017.07.11. 2017다216271 ···················· 229
대판 2017.07.18. 2016다35789 ······················ 686
대판 2017.09.12. 2017다865 ·························· 287
대판 2017.09.21. 2017다233931 ···················· 634
대판 2017.09.26. 2014다27425 ······················ 459
대판 2017.10.12. 2015두36836 ······················ 659
대판 2017.10.12. 2017다17771 ······················ 229
대판 2017.10.26. 2015다42599 ······················ 602
대판 2017.10.31. 2015다65042 ······················ 229
대판 2017.11.14. 2017다23066 ····· 28, 214, 252, 535
대판 2017.12.28. 2014다229023 ···················· 534
대판 2018.01.24. 2017다37324 ······················ 471
대판 2018.02.13. 2014두11328 ························ 93
대판 2018.02.13. 2015다242429 ············ 640, 641
대판 2018.02.28. 2013다26425 ······················ 600
대판 2018.02.28. 2017다270916 ···················· 523
대판 2018.04.12. 2017다292244 ···················· 436
대판 2018.04.12. 2017다53623 ············· 356, 366
대판 2018.04.24. 2017다287587 ···················· 380
대판 2018.04.24. 2017다293858 ···················· 214
대판 2018.04.26. 2017다288115 ···················· 556
대판 2018.05.30. 2017다21411 ······················ 708
대판 2018.07.12. 2015다36167 ············· 349, 403
대판(전) 2018.07.19. 2018다22008 ·············· 214
대판 2018.07.26. 2018다227551 ···················· 221
대판 2018.08.01. 2018다227865 ············ 123, 124

대판 2018.08.30. 2016다46338·46345 ········ 558, 559
대판 2018.09.13. 2018다231031 ···················· 569
대판(전) 2018.10.18. 2015다232316 ············ 215
대판 2018.10.25. 2018다210539 ···················· 137
대판(전) 2018.10.30. 2013다61381 ················ 31
대판 2018.11.29. 2018다200730 ············ 471, 474
대판 2018.11.29. 2018므14210 ······················ 654
대판 2018.12.13. 2016다210849(본소)·2016다210856
(반소) ··· 157
대판 2019.01.17. 2018다24349 ······················ 215
대판 2019.01.31. 2017다228618 ···················· 551
대판 2019.02.14. 2015다244432 ···················· 221
대판 2019.02.14. 2015다255258 ···················· 376
대판 2019.02.14. 2017다203763 ···················· 478
대판(전) 2019.02.21. 2017후2819 ················ 337
대판(전) 2019.02.21. 2018다248909 ············ 394
대판 2019.02.28. 2016다255613 ···················· 684
대판 2019.03.14. 2018다260930 ···················· 724
대판 2019.04.25. 2017다21176 ······················ 504
대판 2019.05.16. 2018다242246 ···················· 228
대판 2019.05.30. 2015다8902 ························ 431
대판 2019.06.13. 2016다33752 ························ 42
대판 2019.07.04. 2018두58431 ············· 608, 609
대판 2019.07.25. 2019다212945 ···················· 260
대판 2019.08.09. 2019다222140 ···················· 405
대판 2019.08.14. 2017다217151 ···················· 212
대판 2019.08.29. 2019다215272 ········ 261, 556, 563
대판 2019.08.30. 2018다259541 ············ 345, 692
대판 2019.10.17. 2014다46778 ······················ 554
대판 2019.10.17. 2018다300470 ········ 238, 526, 753
대판 2019.10.17. 2019다238305 ······················ 64
대판 2019.11.14. 2016다227694 ···················· 460
대판 2020.01.16. 2019다247385 ············ 225, 226
대판(전) 2020.01.22. 2016후2522 ········ 746, 753
대판 2020.01.30. 2015다49422 ······················ 275
대판 2020.01.30. 2016다267890 ···················· 275
대판 2020.02.06. 2019다223723 ···················· 256
대판 2020.02.27. 2019다284186 ······················ 80
대판 2020.03.02. 2017두41771 ······················ 225
대판 2020.03.26. 2018다301336 ···················· 460
대판 2020.04.24. 2019마6990 ························ 581
대판 2020.04.29. 2016후2317 ························ 252
대판 2020.05.14. 2017다220058 ···················· 579
대판(전) 2020.05.21. 2018다879 ·················· 137
대판 2020.07.23. 2017다224906 ···················· 544

대판 2020.10.15. 2020다227523(본소)·227530(반소) ·· 330
대판 2020.10.29. 2016다35390 ············ 505, 552
대판 2020.12.10. 2020다255085 ··············· 714
대판 2020.12.30. 2017다17603 ················ 439
대판 2021.01.14. 2020다261776 ··············· 285
대판 2021.02.04. 2017프12552 ················· 42
대판 2021.02.04. 2018다271909 ··············· 134
대판 2021.02.04. 2019다202795(본소)·202801(반소) ·· 622
대판 2021.02.04. 2020다259506 ··············· 525
대판 2021.03.11. 2020다253836 ··············· 545
대판 2021.03.11. 2020프11658 ················ 368
대판 2021.03.25. 2018다230588 ················ 43
대판 2021.03.25. 2020다46601 ················ 358
대판 2021.04.08. 2020다219690 ··············· 557
대판 2021.04.15. 2019다244980·244997 ······ 368
대판 2021.04.29. 2016두39856 ················ 224
대판 2021.05.07. 2018다259213 ··············· 496
대판 2021.05.07. 2020다292411 ········ 600, 603, 611
대판(전) 2021.06.17. 2018다257958·257965 ······ 227
대판 2021.06.24. 2019다278433 ··············· 124
대판 2021.07.21. 2020다300893 ··············· 137
대판(전) 2021.07.22. 2020다248124 ············ 526
대판(전) 2021.07.22. 2020다284977 ············ 633
대판 2021.07.29. 2018다230229 ··············· 495
대판 2021.08.19. 2021다53 ····················· 365
대판 2021.09.15. 2020다297843 ··············· 138
대판 2021.09.16. 2021다200914·200921 ······ 294
대판(전) 2021.12.23. 2017다257746 ············ 542
대판 2021.12.30. 2021다252458 ··············· 569
대판 2022.01.13. 2019다220618 ········· 365, 370
대판 2022.01.13. 2021다269388 ··············· 394
대판 2022.01.14. 2021도13768 ················ 262
대판 2022.01.14. 2021프15145(본소), 2021프15152(반소) ······························· 220
대판 2022.01.27. 2018다259565 ··············· 217
대판 2022.01.27. 2019다277751 ··············· 398
대판 2022.01.27. 2019다299058 ··············· 509
대판 2022.02.17. 2021다275741 ··············· 494
대판 2022.03.11. 2018다231550 ··············· 544
대판 2022.03.31. 2020다271919 ··············· 498
대판 2022.04.14. 2019다292736·292743 ······· 32
대판 2022.04.14. 2020다224975 ··············· 640
대판 2022.04.14. 2020다268760 ··············· 239
대판 2022.04.14. 2021다276973 ··············· 176
대판 2022.04.14. 2021다305796 ··············· 356
대판 2022.04.28. 2021마7088 ·················· 696
대판 2022.05.12. 2017마6274 ·················· 582
대판 2022.05.12. 2021다309484 ··············· 472
대판 2022.05.31. 2022마5141 ·················· 582
대판 2022.06.09. 2021다244617 ··············· 603
대판 2022.06.16. 2022다207967 ··············· 224
대판 2022.06.30. 2018두289 ··················· 696
대판 2022.06.30. 2020다210686·210693 ······ 134
대판 2022.07.14. 2019다271685 ··············· 563

[대법원결정]
대결 1960.12.27. 4293민재항386 ·············· 737
대결 1961.06.22. 4294민재항12 ················ 339
대결 1961.07.27. 4291민재항372 ··············· 265
대결 1961.10.02. 4294민재항445 ··············· 65
대결 1962.05.31. 4293민재항6 ·················· 502
대결 1962.06.14. 62마6 ················· 486, 500
대결 1962.06.21. 4294민재항472 ·············· 737
대결 1962.07.20. 61민재항3 ······················ 57
대결 1963.05.02. 63마4 ·························· 156
대결 1964.03.31. 63마78 ························ 578
대결 1964.05.12. 63아37 ················· 121, 364
대결 1964.05.26. 64마369 ······················ 737
대결 1964.09.18. 64마588 ······················ 766
대결 1965.07.26. 65마41 ················ 764, 767
대결 1966.01.19. 65마1007 ····················· 694
대결 1966.03.22. 66마71 ··············· 359, 527
대결 1966.04.04. 64마830 ························ 59
대결 1966.04.04. 66마830 ························ 59
대결 1966.06.08. 66마273 ······················ 265
대결 1966.10.25. 66마162 ······················ 367
대결 1967.02.23. 67마55 ······················· 546
대결 1967.03.22. 67마141 ······················ 736
대결 1967.07.07. 67마335 ······················ 377
대결 1968.05.07. 68마336 ······················ 367
대결 1968.05.31. 68마384 ······················ 653
대결 1968.07.05. 68마458 ······················ 356
대결(전) 1968.07.29. 6849 ······················ 192
대결 1968.07.29. 68마756 ······················ 194
대결(전) 1968.07.29. 68사49 ··················· 736
대결 1968.07.30. 68마756 ······················ 194
대결 1969.03.08. 68마1622 ····················· 694
대결 1969.03.10. 68마1100 ············· 380, 381

대결 1969.10.18. 69마683 ·········· 124	대결 1992.04.21. 92마175 ·········· 353
대결 1969.11.25. 69므25 ·········· 145	대결 1992.05.27. 92그6 ·········· 530
대결 1969.12.30. 64주4 ·········· 529	대결 1992.08.29. 92그19 ·········· 740
대결 1971.04.22. 71마279 ·········· 115	대결 1992.09.28. 92두25 ·········· 60
대결 1971.07.21. 71마382 ·········· 531	대결 1992.11.05. 91마342 ·········· 381, 382
대결 1972.11.30. 72마787 ·········· 490	대결 1992.11.30. 90마1003 ·········· 589
대결 1973.06.16. 72그4 ·········· 767	대결 1992.12.30. 92마783 ·········· 59
대결 1973.09.26. 73마815 ·········· 78	대결 1993.01.25. 92마1134 ·········· 243
대결 1973.10.26. 73마641 ·········· 193	대결 1993.06.18. 93마434 ·········· 443
대결 1973.11.15. 73마849 ·········· 660, 737	대결 1993.06.22. 93재누97 ·········· 59
대결 1973.11.26. 73마910 ·········· 76	대결 1993.07.15. 93그28 ·········· 782
대결 1974.02.27. 74마8 ·········· 385	대결(전) 1993.12.06. 93마524 ·········· 94, 99, 740
대결 1975.12.08. 75마372 ·········· 341	대결 1994.01.20. 93마1701 ·········· 649
대결 1977.11.09. 77마284 ·········· 84	대결 1994.05.09. 94그4 ·········· 740
대결 1977.12.21. 77그6 ·········· 764	대결 1994.05.26. 94마536 ·········· 86
대결 1979.05.22. 77마427 ·········· 763	대결 1994.08.11. 94그25 ·········· 740
대결 1979.07.24. 79마173 ·········· 376	대결 1994.08.16. 94그17 ·········· 530
대결 1979.08.10. 79마232 ·········· 569	대결 1995.04.26. 94그26 ·········· 529
대결 1979.08.31. 79마268 ·········· 734	대결 1995.05.12. 93마44531 ·········· 112
대결 1980.07.22. 80마208 ·········· 76	대결 1995.05.15. 94마1059·1060 ··· 92, 95, 100, 704
대결 1980.09.26. 80마403 ·········· 88	대결 1995.10.05. 94마2452 ·········· 644, 704
대결 1980.11.25. 80마445 ·········· 93	대결 1996.01.09. 95그13 ·········· 529
대결 1981.07.03. 80마505 ·········· 738	대결 1996.04.04. 96마148 ·········· 172
대결 1981.11.26. 81마275 ·········· 193	대결 1996.05.09. 96마299 ·········· 590
대결 1982.10.12. 82마523 ·········· 737	대결 1996.10.25. 96마1590 ·········· 693
대결 1982.11.05. 82마637 ·········· 59	대결 1997.05.19. 97마600 ·········· 364
대결 1983.03.22. 80다283 ·········· 684	대결 1997.10.17. 97마1632 ·········· 676
대결 1983.11.25. 83그37 ·········· 740	대결 1997.11.27. 97스4 ·········· 734
대결 1984.01.26. 83그54 ·········· 765	대결 1998.05.30. 98그7 ·········· 120
대결 1984.02.07. 84그6 ·········· 740	대결 1998.07.27. 98마938 ·········· 71
대결 1985.04.02. 85마123 ·········· 738	대결 1998.08.14. 98마1301 ·········· 95
대결 1985.05.24. 85마178 ·········· 692	대결 1999.07.26. 99마2081 ·········· 741
대결 1985.07.09. 84카55 ·········· 515	대결(전) 1999.12.03. 99마2078 ·········· 578
대결 1986.02.18. 86사6 ·········· 765	대결 2000.01.31. 99마6205 ·········· 170
대결 1987.02.11. 86그154 ·········· 540	대결 2000.01.31. 99마7663 ·········· 369
대결 1987.12.30. 87마1028 ·········· 692	대결 2000.04.15. 2000그20 ·········· 61
대결 1988.02.24. 88그2 ·········· 765	대결 2000.05.24. 98마1839 ·········· 529
대결 1990.01.11. 89그18 ·········· 529	대결 2000.07.19. 2000카기90 ·········· 766
대결 1990.07.28. 89마653 ·········· 765	대결 2000.09.05. 2000므87 ·········· 356
대결 1990.09.26. 90그30 ·········· 685	대결 2000.10.18. 2000마2999 ·········· 149, 151, 646
대결 1991.03.29. 89그9 ·········· 114	대결 2001.02.28. 2001그4 ·········· 741
대결 1991.11.20. 91마620 ·········· 705	대결 2001.03.08. 2001카기38 ·········· 242
대결 1992.01.29. 91마748 ·········· 530	대결 2001.03.22. 2000마6319 ·········· 737
대결 1992.01.30. 91마728 ·········· 370	대결 2001.05.02. 2001마1733 ·········· 419
대결 1992.03.04. 92그1결정 ·········· 529	대결 2001.06.09. 2001마1044 ·········· 242

대결 2001.08.31. 2001마3790 ·················· 367	대결 2011.07.14. 2011그65 ················ 97, 623
대결 2001.09.03. 2001그85 ····················· 765	대결 2011.09.08. 2009마1689 ················ 587
대결 2001.12.04. 2001그112 ···················· 529	대결 2011.09.29. 2011마1335 ········· 364, 706
대결 2002.05.10. 2002마1156 ··················· 75	대결 2011.09.29. 2011마62 ················ 15, 82
대결 2002.09.27. 2002마3411 ·················· 243	대결 2011.11.11. 2011마1760 ················· 705
대결 2003.03.31. 2003마324 ···················· 170	대결 2012.03.20. 2012그21 ······················ 458
대결 2003.05.23. 2003마89 ····················· 245	대결 2012.04.13. 2012마249 ···················· 493
대결 2003.12.12. 2003마1694 ·················· 196	대결 2012.11.21. 2011마1980 ················· 333
대결 2004.04.28. 2004스19 ······················ 738	대결 2013.03.28. 2012아43 ······················ 658
대결 2004.06.25. 2003그136 ···················· 531	대결 2013.05.31. 2013마488 ···················· 589
대결 2004.09.13. 2004마505 ···················· 734	대결 2013.07.26. 2013마643 ···················· 584
대결 2004.09.13. 2004마660 ···················· 762	대결 2013.07.31. 2013마670 ········ 171, 704, 736
대결 2005.04.30. 2004마1055 ·················· 581	대결 2013.09.09. 2013마1273 ·················· 191
대결 2005.07.11. 2005마259 ···················· 446	대결 2014.04.30. 2014마76 ······················ 192
대결 2005.10.17. 2005마814 ···················· 665	대결(전) 2014.10.08. 2014마667 ·············· 691
대결 2006.05.02. 2005마933 ············· 694, 704	대결(전) 2014.10.18. 2014마667 ·············· 693
대결 2006.06.02. 2004마1148·1149 ············ 123	대결 2014.10.30. 2014스123 ···················· 529
대결 2006.06.30. 2006마257 ···················· 592	대결 2015.03.03. 2014그352 ···················· 193
대결 2006.07.04. 2005마425 ···················· 105	대결 2015.09.14. 2015마813 ············· 397, 401
대결 2007.03.30. 2007마80 ······················ 192	대결 2016.04.02. 2016으2 ························ 220
대결 2007.06.26. 2007마515 ···················· 638	대결 2016.06.17. 2016마371 ···················· 586
대결 2007.07.02. 2006마409 ···················· 739	대결 2016.07.01. 2014마2239 ·················· 444
대결 2007.08.23. 2006마1171 ·················· 681	대결 2016.09.30. 2016그99 ········· 732, 740, 762
대결 2008.01.16. 2007그179 ···················· 742	대결 2017.02.07. 2016마937 ···················· 588
대결 2008.01.24. 2007그18 ················ 740, 741	대결 2017.04.21. 2017마63 ··············· 589, 590
대결 2008.02.29. 2008마145 ···················· 733	대결 2017.09.14. 2017카담507 ················ 590
대결 2008.03.17. 2008마60 ······················ 592	대결 2017.11.21. 2016마1854 ·················· 584
대결 2008.03.31. 2006마1488 ············ 587, 588	대결 2017.12.28. 2015무423 ···················· 443
대결 2008.04.14. 2008마277 ············· 737, 739	대결 2018.01.19. 2017마1332 ···················· 98
대결 2008.05.02. 2008마427 ···················· 739	대결 2018.01.25. 2017마1093 ·················· 472
대결 2008.05.07. 2008마482 ···················· 587	대결 2018.02.02. 2017마6087 ····················· 11
대결 2008.05.30. 2008마568 ···················· 590	대결 2018.06.01. 2018마5162 ·················· 590
대결 2008.06.23. 2007마634 ················ 51, 588	대결 2018.10.04. 2017마6308 ·················· 247
대결 2009.04.28. 2009무12 ····················· 445	대결 2018.11.21. 2018그636 ···················· 530
대결 2009.08.06. 2009마897 ···················· 587	대결 2019.01.04. 2018스563 ······················ 59
대결 2009.09.10. 2009스89 ····················· 241	대결 2019.03.25. 2016마5908 ·················· 125
대결 2009.10.29. 2009마1029 ·················· 370	대결 2019.04.10. 2017마6337 ···················· 80
대결 2009.11.13. 2009마1482 ··················· 87	대결 2019.07.25. 2018마6313 ·················· 733
대결 2010.01.29. 2009마2050 ·················· 441	대결 2020.01.09. 2019마6016 ··········· 267, 448
대결 2010.02.16. 2009마2224 ·················· 588	대결 2020.01.30. 2019마5599·5600 ···· 193, 194
대결 2010.03.22. 2010마215 ····················· 95	대결 2020.03.16. 2020그507 ···················· 530
대결 2010.07.14. 2009마2105 ·················· 454	대결 2021.03.11. 2020마7755 ·················· 192
대결 2011.02.21. 2010그220 ···················· 592	대결 2021.09.30. 2021그633 ···················· 531
대결 2011.02.21. 2010마1689 ···················· 91	대결 2021.12.10. 2021마6702 ·················· 650
대결 2011.05.02. 2010부8 ······················· 591	

[기타]

서울고법 1962.07.30. 62마97		356
광주지법 1990.04.10. 90자129		507
서울지법 1998.08.13. 97가합47366		451
부산지법 2007.02.02. 2000가합7960		46, 254

[헌법재판소]

헌재결 1989.07.14. 88헌가5·8	50
헌재결 1990.06.25. 89헌가98	50
헌재결 1996.02.29. 93헌마186	212
헌재결 1996.10.04. 95헌가1·4	191
헌재결 2006.06.29. 2005헌마165·314	13
헌재결 2008.02.28. 2005헌마872·918	334
헌재결 2008.05.29. 2005헌마1173	674
헌재결 2008.10.30. 2007헌마532	723
헌재결 2012.11.29. 2012헌바180	493

지은이 **김춘환**

[약 력]
부산대학교 법과대학 사법학과 졸업
부산대학교 일반대학원 법학과 석사과정(민사법 전공) 수료
중앙대학교 일반대학원 법학과 박사과정(Ph.D, 민사법 전공) 수료
(前) 평생교육진흥원 학점은행 교강사(민법, 민소법)
(現) 차세대콘텐츠재산학회 이사(회장 이규호 중앙대 법학전문대학원 교수)
(現) 중앙법학회 이사
(現) 한국법제연구원 법령번역센터 전문가 과정 강사(민법, 민소법)
(주) 윌비스 한림법학원 공인노무사, 감정평가사 민사법 전임교수
(주) 윌비스 나무경영아카데미 세무사 민법 전임교수
공단기, 법검단기, 경찰간부단기 민사법 대표 교수

[주요저서]
THEME 민사소송법
THEME 민사소송법 주관식 핵심암기장
FORTUNE 슬림한 민사소송법 조문집(학연, 2019)
FORTUNE 민사법(민법·민소법) 최신판례(학연, 2020)
FORTUNE 수험민법입문(학연, 2020)
FORTUNE 민사법 법령집(학연, 2020)
FORTUNE 민법(학연, 2020)
FORTUNE 객관식 민사소송법의 종결(학연, 2020)
FORTUNE 객관식 민법의 종결(학연, 2020)
김춘환 민사소송법 필기노트(학연, 2021)
FORTUNE 민사소송법 중요지문 OX(학연, 2022)
FORTUNE 수험 민사소송법 입문(학연, 2022)
FORTUNE 민법 중요지문 OX(학연, 2022)

FORTUNE 민사소송법

발행일 : 2022년 08월 03일(제3판)
저　자 : 김 춘 환
발행인 : 이 인 규
발행처 : 도서출판 (주)학연
주　소 : 서울시 관악구 호암로 602, 7층
전　화 : 02-887-4203　팩　스 : 02-6008-1800
출판등록 : 2012.02.06. 제2012-13호
www.baracademy.co.kr / e-mail : baracademy@naver.com

저자와 협의하여
인지를 생략함

정가 : 49,000원　　ISBN : 979-11-5824-800-0(93360)

* 파본은 구입하신 서점에서 바꿔드립니다
* 본 서는 저작권법에 의하여 보호를 받는 저작물이므로 무단 전재와 복제를 금합니다.